Handelsbilanzielle und körperschaftsteuerliche Aspekte der Sitzverlegung einer Europäischen Aktiengesellschaft (SE)

Schriften zum Gesellschafts-, Bilanz- und Unternehmensteuerrecht

Herausgegeben von Barbara Grunewald und Joachim Hennrichs

Band 23

Zur Qualitätssicherung und Peer Review der vorliegenden Publikation

Die Qualität der in dieser Reihe erscheinenden Arbeiten wird vor der Publikation durch den Herausgeber der Reihe geprüft.

Notes on the quality assurance and peer review of this publication

Prior to publication, the quality of the work published in this series is reviewed by the editor of the series.

Gudrun Dorothea von der Laage

Handelsbilanzielle und körperschaftsteuerliche Aspekte der Sitzverlegung einer Europäischen Aktiengesellschaft (SE)

Profili contabili e fiscali (dell'IRES) del trasferimento di sede di una Società Europea (SE)

PL ACADEMIC RESEARCH

Bibliografische Information der Deutschen Nationalbibliothek
Die Deutsche Nationalbibliothek verzeichnet diese Publikation in der Deutschen Nationalbibliografie; detaillierte bibliografische Daten sind im Internet über http://dnb.d-nb.de abrufbar.

Zugl.: Köln, Univ., Diss., 2016

D 38
ISSN 1867-500X
ISBN 978-3-631-71694-6 (Print)
E-ISBN 978-3-631-71695-3 (E-PDF)
E-ISBN 978-3-631-71696-0 (EPUB)
E-ISBN 978-3-631-71697-7 (MOBI)
DOI 10.3726/b10779

PL Academic Research ist ein Imprint der Peter Lang GmbH.

Peter Lang – Frankfurt am Main · Bern · Bruxelles · New York · Oxford · Warszawa · Wien

Diese Publikation wurde begutachtet.

www.peterlang.com

Meiner Familie

Vorwort

Die Europäische Aktiengesellschaft entstand aus dem Bedürfnis der Mitgliedstaaten nach einer europaweit anerkannten Gesellschaftsform, wodurch insbesondere grenzüberschreitende Tätigkeiten vereinfacht werden sollten. Dafür wurde der Europäischen Aktiengesellschaft eine besondere Mobilität innerhalb Europas zuerkannt. Die vorliegende Arbeit widmet sich den weiterhin bestehenden Schwierigkeiten, die der Grenzübertritt einer Europäischen Aktiengesellschaft mit sich bringt, fokussiert dabei das Handelsbilanz- und das Steuerrecht und erörtert die Thematik am Beispiel eines Grenzübertrittes zwischen Deutschland und Italien.

Die Arbeit erfolgte im Rahmen eines Promotionsverfahrens unter gemeinschaftlicher Betreuung (sog. Cotutela) an den Rechtswissenschaftlichen Fakultäten der Universität zu Köln und der Università Cattolica del Sacro Cuore di Milano. Sie lag der Rechtswissenschaftlichen Fakultät der Universität zu Köln im August 2015 im Promotionsverfahren vor. Für die Drucklegung wurde die Literatur – bis auf einzelne Ausnahmen – bis August 2015 berücksichtigt; die Gesetzeslage, die Rechtsprechung sowie ausgewählte Literaturbeiträge konnten bis Oktober 2016 Berücksichtigung finden.

Danken möchte ich zunächst meinen beiden Doktorvätern, Herrn Professor Dr. Joachim Hennrichs und Herrn Professor Dr. Dr. h.c. Giuseppe B. Portale, die mich nicht nur bei der Anfertigung der Dissertation, sondern generell in meiner wissenschaftlichen und beruflichen Entwicklung stets unterstützt haben. Herr Professor Hennrichs nahm mich schon als studentische Hilfskraft an seinem Lehrstuhl auf und begeisterte mich bereits früh für die Forschung und für den Blick „über den Tellerrand“. Ohne ihn hätte ich vermutlich nicht erfahren, wie spannend der für Juristen eher ungewöhnliche Bereich des Bilanz- und Steuerrechtes sein kann. Herr Professor Portale nahm mich in Mailand wie eine originär italienische Doktorandin auf. Er ließ mich an außergewöhnlichen Diskussionen über Rechtsfragen italienischer sowie rechtsvergleichender Natur teilhaben und bestärkte mich in meiner wissenschaftlichen Neugierde. Beide Doktorväter haben mich über viele Jahre begleitet und stets ermutigt, meinen Weg weiter zu gehen. Hierfür danke ich ihnen herzlich.

Weiterer Dank gebührt Herrn Professor Dr. Heinz-Peter Mansel, der entscheidend dazu beitrug, dass das Promotionsverfahren unter gemeinschaftlicher Betreuung an der Universität zu Köln und der Università Cattolica del Sacro Cuore di Milano erfolgen konnte, sowie Herrn Professor Dr. Giovanni Strampelli für seine Unterstützung und den regen Austausch bezüglich der Unterschiede in der deutschen und der italienischen Rechtsordnung.

Ganz besonders bedanken möchte ich mich bei meiner Mutter und meinem Vater. Sie haben sowohl mein Interesse an Jura als auch an fremden Ländern und Sprachen früh gefördert, mich zum Verfassen dieser Arbeit ermutigt und dabei liebevoll unterstützt. Danken möchte ich auch meiner Schwester Sarah Flock und meiner Freundin Annika Leick, die mir unentwegt beiseite standen und immer ein offenes Ohr für mich hatten, sowie meiner Freundin Dr. Heide Daniels, die mir nicht nur als moralische Unterstützung, sondern auch als wertvolle Diskussionspartnerin diente. Nicht zuletzt möchte ich meinem Freund Rainer Buffo danken. Gerade in der „heißen Endphase“ der Arbeit hat er mir den Rücken freigehalten, mit mir mitgefiebert und mich bestärkt. Ihnen allen möchte ich für ihre unvergleichliche Unterstützung danken.

Köln, im Oktober 2016 Gudrun von der Laage

Inhaltsübersicht

Inhaltsverzeichnis

Abkürzungsverzeichnis

a. A.	andere Ansicht
Abs.	Absatz
a. E.	am Ende
a. F.	alte Fassung
AfA	Absetzung für Abnutzungen
AG	Aktiengesellschaft bzw. (Zeitschrift) Die Aktiengesellschaft
AktG	Aktiengesetz
Anh.	Anhang
AöR	Archiv des öffentlichen Rechts
Art.	Artikel
AStG	Außensteuergesetz
AT	Österreich
Aufl.	Auflage
BB	Betriebsberater
BC	Zeitschrift für Bilanzierung, Rechnungswesen und Controlling
Bd.	Band
BeSt	Beratersicht zur Steuerrechtsprechung
BewG	Bewertungsgesetz
BFH	Bundesfinanzhof
BFHE	Sammlung der Entscheidungen des Bundesfinanzhofs
BFH/NV	Sammlung amtlich nicht veröffentlichter Entscheidungen des BFH
BFH-PR	BFH-Richter kommentieren für die Praxis
BGB	Bürgerliches Gesetzbuch
BGH	Bundesgerichtshof
BilMoG	Bilanzrechtsmodernisierungsgesetz vom 25. Mai 2009, BGBl. I 2009, 1102.
BilRUG	Bilanzrichtlinie-Umsetzungsgesetz vom 17. Juli 2015, BGBl. I 2015, 1245
BMF	Bundesfinanzministerium
BRD	Bundesrepublik Deutschland

bspw.	beispielsweise
BStBl.	Bundessteuerblatt
BS-VWG	Betriebsstätten-Verwaltungsgrundsätze
BR-Dr.	Bundesratsdrucksache
BT-Dr.	Bundestagsdrucksache
BVerfG	Bundesverfassungsgericht
BVerfGE	Bundesverfassungsgerichtsentscheidung
bzgl.	bezüglich
bzw.	beziehungsweise
c.c.	Codice civile (italienisches Zivilgesetzbuch)
c.d.	cosiddetto (sogenannte(r/s))
CDFI	Cahiers de droit fiscal international
cgu	cash generating units
cfr.	confronta (vergleiche)
dass.	dasselbe
DB	Der Betrieb
DBA	Doppelbesteuerungsabkommen
DBA BRD/Ital.	Zwischen Deutschland und Italien geschlossenes Doppelbesteuerungsabkommen vom 18. Oktober 1989
ders.	derselbe
dies.	dieselbe(n)
d.lgs.	Decreto legislativo
DStJG	Deutsche Steuerjuristische Gesellschaft (Bände der Jahrestagungen)
DStR	Deutsches Steuerrecht
DStZ	Deutsche Steuer-Zeitung
DZWIR	Deutsche Zeitschrift für Wirtschafts- und Insolvenzrecht
EBOR	European Business Organization Law Review
ECFR	European Company and Financial Law Review
EFG	Entscheidungen der Finanzgerichte
endg.	endgültig
EStG	Einkommensteuergesetz
etc.	et cetera

EU	Europäische Union
EuGH	Europäischer Gerichtshof
EuR	Zeitschrift Europarecht
EuZW	Europäische Zeitschrift für Wirtschaftsrecht
EwiR	Entscheidungen zum Wirtschaftsrecht
EWR	Europäischer Wirtschaftsraum
EWS	Europäisches Wirtschafts- und Steuerrecht
f.	Folgende
ff.	Fortfolgende
FG	Finanzgericht
FN	Fachnachrichten
FR	Finanzrundschau
FRL	Fusionsrichtlinie
FS	Festschrift
FVerlV	Funktionsverlagerungsverordnung
gem.	gemäß
GG	Grundgesetz
ggf.	gegebenenfalls
Giur. comm.	Giurisprudenza Commerciale
GmbH	Gesellschaft mit beschränkter Haftung
GmbHR	GmbH-Rundschau
GmbH-StB	GmbH-Steuer-Berater
grds.	grundsätzlich
GWR	Gesellschafts- und Wirtschaftsrecht
Herv.	Hervorhebung
HGB	Handelsgesetzbuch
HGB-E	Gesetzesentwurf für ein Handelsgesetzbuch
IAS	International Accounting Standards
id.	idem (lat.: derselbe, dieselbe, dasselbe)
i.d.F.	in der Fassung
i.e.S.	im engeren Sinne
IFRS	International Financial Reporting Standards
IFSt	Institut Finanzen und Steuern

inkl.	inklusive
i.R.e.	in Richtung eines/-r
IRES	Imposta sul reddito delle società
i.S.d.	im Sinne des/der
i.S.e.	im Sinne eines/-r
ISR	Internationale Steuer-Rundschau
IStR	Internationales Steuerrecht
Ital.	Italien / italienisch(er/e/es)
i.V.m.	in Verbindung mit
IWB	Internationale Wirtschafts-Briefe
i.w.S.	im weiteren Sinne
JbFfSt	Jahrbuch der Fachanwälte für Steuerrecht
JStG	Jahressteuergesetz
JZ	JuristenZeitung
Kap.	Kapitel
KoR	Zeitschrift für internationale und kapitalmarktorientierte Rechnungslegung
KStG	Körperschaftsteuergesetz
lit.	Littera
MA	Musterabkommen
MüKo	Münchener Kommentar
n.	numero
n. F.	neue Fassung
NJW	Neue Juristische Wochenschrift
Nr.	Nummer
NV	nicht veröffentlicht
NWB	Neue Wirtschaftsbriefe für Steuer- und Wirtschaftsrecht
NZG	Neue Zeitschrift für Gesellschaftsrecht
OECD	Organisation for Economic Co-operation and Development
PiR	Praxis der internationalen Rechnungslegung
PISTB	Praxis Internationale Steuerberatung

RabelsZ	Rabels Zeitschrift für ausländisches und internationales Privatrecht – The Rabel Journal of Comparative and International Private Law
RIW	Recht der Internationalen Wirtschaft
Rn.	Randnummer
Rs.	Rechtssache
Rspr.	Rechtsprechung
S.	Seite
SCE	Societas Cooperativa Europaea – Europäische Genossenschaft
SE	Societas Europaea – Europäische Aktiengesellschaft
SEStEG	Gesetz über steuerliche Begleitmaßnahmen zur Einführung der Europäischen Gesellschaft und zur Änderung weiterer steuerrechtlicher Vorschriften vom 7. Dezember 2006, BGBl. I 2006, 2782.
sog.	sogenannte(r/s)
StbJb. / StJB	Steuerberaterjahrbuch
StGEG-E	Entwurf für ein eigenständiges steuerliches Gewinnermittelungsgesetz der Stiftung Marktwirtschaft, Kommission Steuergesetzbuch
st. Rspr.	ständige Rechtsprechung
StuB	Steuern und Bilanzen
StuW	Steuer und Wirtschaft
SWI	Steuer & Wirtschaft International – Tax and Business Review
TUIR	Testo unico delle imposte sui redditi
Tz.	Textziffer
u. a.	und andere / unter anderem
Ubg	Die Unternehmensbesteuerung
v.	vom
Verf.	Verfasser/-in
vgl.	vergleiche
vs.	versus
WPg	Die Wirtschaftsprüfung
z. B.	zum Beispiel
ZeuP	Zeitschrift für Europäisches Privatrecht

ZfB	Zeitschrift für Betriebswirtschaft
ZGR	Zeitschrift für Unternehmens- und Gesellschaftsrecht
ZHR	Zeitschrift für das gesamte Handelsrecht und Wirtschaftsrecht
ZIP	Zeitschrift für Wirtschaftsrecht
z. T.	zum Teil
zutr.	zutreffend

§ 1 Untersuchung in deutscher Sprache

Kapitel 1 – Einführung in die Thematik und ihre gesellschaftsrechtliche Einbettung

A. Die europäische Gesellschaftsrechtsform „Societas Europaea“ (SE)

Die Vorstellung von einem vereinten Europa wird durch die weiterhin spürbare Finanzkrise mehr denn je in Frage gestellt.[1] Ein anschauliches Beispiel dafür, wie schwierig sich gemeinsame Projekte unter den Mitgliedstaaten gestalten können, ist die Europäische Aktiengesellschaft. An ihrer Entstehungsgeschichte zeigt sich aber auch, dass die Mitgliedstaaten dennoch eine gemeinsame Grundvorstellung haben, wodurch Kompromisslösungen möglich werden:

Die Idee zur Schaffung einer von mehreren Staaten anerkannten Gesellschaftsform kam sehr früh auf, war jedoch rechtspolitisch zunächst nicht umsetzbar. Erst mit dem Ausbau des europäischen Binnenmarktes und der damit einhergehenden Harmonisierung der nationalen Gesellschaftsrechte konnte eine reelle Hoffnung für eine entsprechende Gesellschaftsform entstehen.[2] Dennoch war es zunächst nicht möglich, unter den Mitgliedstaaten einen Konsens in Bezug auf detaillierte Einzelregelungen für die europäische Gesellschaftsform zu erlangen. Es wurden daher aus den ersten Entwürfen immer mehr Regelungen gestrichen und letzten Endes nur noch ein „Rahmenkonzept“ hervorgebracht.

Ohne Regelung blieben unter anderem die in dieser Arbeit zu behandelnden Rechtsgebiete des Bilanz- und des Steuerrechts. Die SE-Verordnung verweist in diesen Bereichen auf die nationalen Rechtsvorschriften des Mitgliedstaates, in dem die SE ihren Satzungssitz hat.[3] Zieht die SE mit ihrem Satzungssitz in einen anderen Mitgliedstaat, wie von Art. 8 Abs. 1 SE-VO vorgesehen, wechselt mithin das anwendbare nationale Recht. In der vorliegenden Arbeit soll untersucht werden, wie dieser Wechsel in den Bereichen des Handelsbilanz- und des Körperschaftsteuerrechts vorzunehmen ist.

---

1 Besonders deutlich wird dies an der gemeinsamen Währung: In Italien waren 2014 nur noch 54%, in den UK nur 16% der Bevölkerung für den Euro, vgl. Bericht der Europäischen Kommission, Standard-Eurobarometer 81, Die öffentliche Meinung in der Europäischen Union, Befragung v. Juni 2014, S. 150 (abrufbar unter: http://ec.europa.eu/public_opinion/archives/eb/eb81/eb81_publ_de.pdf).

2 *Bianca*, Contratto e Impresa / Europa 2002, 453, 472; *Miola*, Rivista delle società 2003, 322, 322; *ders.*, in: Principe, Lo Statuto legale di Società Europea, S. 39 ff., 49. Vgl. zudem die Voraussicht von *Minervini*, Rivista delle società 1966, 984, 990.

3 Siehe Kapitel 1, A. II. 4.

I. Entstehungsgeschichte der SE

1. *Erste Überlegungen zur Schaffung einer internationalen Handelsgesellschaft*

Die Vorstellung von einer Gesellschaftsform, die über die Grenze hinaus rechtlich anerkannt ist und einheitlichen Rechtsvorschriften unterliegt, hatte schon in den Anfängen des 20. Jahrhunderts seine Reize. So kam es in Deutschland bereits im Jahre 1926 auf dem 34. Deutschen Juristentag in Köln zu ersten Vorüberlegungen für die Schaffung einer internationalen Handelsgesellschaft.[4] Diese Grundidee wurde aber erst Mitte des Jahrhunderts wieder aufgegriffen, als vom Europarat in den Jahren 1949 und 1952 zwei Entwürfe für eine europäische Gesellschaftsform entwickelt wurden, die jedoch nur öffentliche Zwecke verfolgen sollte.[5] Kurz darauf kamen auch in der Literatur verstärkt Überlegungen zur Schaffung einer europäischen Gesellschaftsform auf, zu der insbesondere der französische Notar *Thibièrge* und der niederländische Rechtsprofessor *Sanders* beitrugen.[6] Aufgrund der dennoch weiterhin überwiegenden Skepsis[7] gegenüber einer europäischen Gesellschaftsrechtsform blieben diese Ansätze zunächst unverfolgt.

Erst im Jahre 1965 brachten amerikanische Unternehmenskäufe und rechtliche Schwierigkeiten bei grenzüberschreitenden Unternehmenszusammenschlüssen

---

4 *M. Casper*, in: Spindler/Stilz, AktG, Vor Art. 1 SE-VO, Rn. 5; *Siems*, in: Kölner Kommentar AktG, Vor Art. 1 SE-VO, Rn. 2; *Theisen/Wenz*, in: Theisen/Wenz, Die Europäische Aktiengesellschaft, S. 1 ff., 27 f. Siehe auch *A. Schröder*, in: Manz/Mayer/Schröder, SE, Teil A, Vorbemerkung, Rn. 1.

5 *A. Schröder*, in: Manz/Mayer/Schröder, SE, Teil A, Vorbemerkung, Rn. 1; *Siems*, in: Kölner Kommentar AktG, Vor Art. 1 SE-VO, Rn. 3; *Theisen/Wenz*, in: Theisen/Wenz, Die Europäische Aktiengesellschaft, S. 1 ff., 28. Siehe auch *Corapi*, in: Corapi/Pernazza, La Società Europea, Introd., 1., S. 8; *Ducouloux Favard*, in: Principe, Lo Statuto legale di Società Europea, S. 23 ff., 23; *Fimmanò*, Rivista delle società 1994, 994, 994; *Laurini*, Rivista del notariato 1993, 757, 758; *Minervini*, Rivista delle società 1966, 984, 984; *Schwarz*, SE-VO, Einl., Rn. 2.

6 *Blanquet*, ZGR 2002, 20, 21; *M. Casper*, in: Spindler/Stilz, AktG, Vor Art. 1 SE-VO, Rn. 6; *Ducouloux Favard*, in: Principe, Lo Statuto legale di Società Europea, S. 23 ff., 24; *Fimmanò*, Rivista delle società 1994, 994, 994 f.; *Lutter*, in: Lutter, Die europäische Aktiengesellschaft, Einführung, S. V; *ders.*, in: Lutter/Hommelhoff/Teichmann, SE, Einl. SE-VO, Rn. 7a; *ders.*, AG 1990, 413, 413; *ders.*, BB 2002, 1, 1; *Minervini*, Rivista delle società 1966, 984, 984; *Oechsler*, in: MüKo AktG, Bd. 7, Vor Art. 1 SE-VO, Rn. 1; *Sanders*, AG 1967, 344, 346; *A. Schröder*, in: Manz/Mayer/Schröder, SE, Teil A, Vorbemerkung, Rn. 1; *Schwarz*, SE-VO, Einl., Rn. 2; *ders.*, Europäisches Gesellschaftsrecht, 1. Teil, B. II. 1., Rn. 33, 4. Teil, C. I. 2., Rn. 1087; *Siems*, in: Kölner Kommentar AktG, Vor Art. 1 SE-VO, Rn. 4; *Taschner/Bodenschatz*, in: Jannott/Frodermann, Handbuch der Europäischen Aktiengesellschaft, Kap. 1, I., Rn. 4; *Theisen/Wenz*, in: Theisen/Wenz, Die Europäische Aktiengesellschaft, S. 1 ff., 28. Siehe auch *Arnò/Cancarini*, La società europea, 1.1, S. 4; *Fleischer*, AcP 204 (2004), 502, 505.

7 Siehe *Lutter*, in: Lutter/Hommelhoff/Teichmann, SE, Einl. SE-VO, Rn. 7a.

die französische Regierung dazu, dem Ministerrat der EWG vorzuschlagen, eine Europäischen Handelsgesellschaft zu schaffen.[8] Daraufhin beauftragte die Kommission eine Sachverständigengruppe unter der Leitung von *Sanders* zur Ausarbeitung eines Vorentwurfs, der im September 1966 vorgelegt wurde.[9]

Dieser Entwurf regelte ausführlichst in über 400 Artikeln jegliche, die europäische Aktiengesellschaft berührende Rechtsgebiete,[10] so auch das Konzernrecht, das Betriebsverfassungsrecht und – was für diese Arbeit von besonderem Interesse ist – das Bilanz- sowie das Steuerrecht der SE.

Das im Entwurf vorgesehene Bilanzrecht orientierte sich weitestgehend an dem damaligen Vorschlag für eine vierte gesellschaftsrechtliche EG-Richtlinie[11], sah aber neben dem Erfordernis der Aufstellung von Bilanz und Gewinn- und Verlustrechnung auch eine Kapitalflussrechnung vor, durch die ein besserer Einblick in die Finanzlage der Gesellschaft gewährleistet werden sollte.[12] Von den im Entwurf vorgesehenen Einzelregelungen seien zwei Besonderheiten genannt: Zum einen war die Möglichkeit zur Aktivierung von Forschungs- und Entwicklungskosten, flankiert mit einer Ausschüttungssperre, vorgesehen.[13] Zum anderen sollte es für abnutzbare Sachanlagen und Vorräte zulässig sein, einen über den Anschaffungs- und

8 *M. Casper*, in: Spindler/Stilz, AktG, Vor Art. 1 SE-VO, Rn. 8; *Lutter*, in: Lutter, Die europäische Aktiengesellschaft, Einführung, S. V; *ders.*, in: Lutter/Hommelhoff/Teichmann, SE, Einl. SE-VO, Rn. 8; *ders.*, AG 1990, 413, 413. Siehe zudem *Bianca*, Contratto e Impresa / Europa 2002, 453, 459; *Di Marco*, Società 2001, 746, 746; *Ducouloux Favard*, in: Principe, Lo Statuto legale di Società Europea, S. 23 ff., 24; *Minervini*, Rivista delle società 1966, 984, 985; *Schwarz*, Europäisches Gesellschaftsrecht, 1. Teil, B. II. 1., Rn. 34; *Theisen/Wenz*, in: Theisen/Wenz, Die Europäische Aktiengesellschaft, S. 1 ff., 29.

9 *Arnò/Cancarini*, La società europea, 1.1, S. 4; *Bianca*, Contratto e Impresa / Europa 2002, 453, 460; *Blanquet*, ZGR 2002, 20, 22; *M. Casper*, in: Spindler/Stilz, AktG, Vor Art. 1 SE-VO, Rn. 8; *Ducouloux Favard*, in: Principe, Lo Statuto legale di Società Europea, S. 23 ff., 24 f.; *Fimmanò*, Rivista delle società 1994, 994, 996; *Laurini*, Rivista del notariato 1993, 757, 758; *Lutter*, in: Lutter/Hommelhoff/Teichmann, SE, Einl. SE-VO, Rn. 8; *ders.*, BB 2002, 1, 1; *Minervini*, Rivista delle società 1966, 984, 986; *Pellegrini*, in: Capriglione, Società europea, Teil 2, Kap. 4, 2., S. 110 ff.; *Sanders*, AG 1967, 344, 344; *A. Schröder*, in: Manz/Mayer/Schröder, SE, Teil A, Vorbemerkung, Rn. 2; *Schwarz*, SE-VO, Einl., Rn. 3; *ders.*, Europäisches Gesellschaftsrecht, 1. Teil, B. II. 1., Rn. 34, 4. Teil, C. I. 2., Rn. 1087; *Siems*, in: Kölner Kommentar AktG, Vor Art. 1 SE-VO, Rn. 8; *Theisen/Wenz*, in: Theisen/Wenz, Die Europäische Aktiengesellschaft, S. 1 ff., 29 f.

10 *Lutter*, in: Lutter, Die europäische Aktiengesellschaft, Einführung, S. VI; *ders.*, in: Lutter/Hommelhoff/Teichmann, SE, Einl. SE-VO, Rn. 10; *Schwarz*, SE-VO, Einl., Rn. 4; *ders.*, Europäisches Gesellschaftsrecht, 4. Teil, C. I. 2., Rn. 1087. Siehe zudem *A. Schröder*, in: Manz/Mayer/Schröder, SE, Teil A, Vorbemerkung, Rn. 2 f.

11 Später in Kraft getreten als Vierte Richtlinie 78/660/EWG des Rates v. 25.07.1978, mehrfach modifiziert und nnunmehr ersetzt durch die Richtlinie 2013/34/EU des Europäischen Parlaments und des Rates v. 26.06.2013, ABl. L 182 vom 29.06.2013, S. 19.

12 *Busse von Colbe*, in: Lutter, Die europäische Aktiengesellschaft, S. 241 ff., 241, 243.

13 *Busse von Colbe*, in: Lutter, Die europäische Aktiengesellschaft, S. 241 ff., 249.

Herstellungskosten liegenden Wiederbeschaffungswert (als Zeitwert) anzusetzen (Wahlrecht!), allerdings sollte der Unterschiedsbetrag zu den Anschaffungs- und Herstellungskosten in besondere Neubewertungsrücklagen zu stellen sein.[14]

Mit dem im Entwurf vorgesehenen Steuerrecht sollte hauptsächlich die grenzüberschreitende Aktivität der SE geregelt und Doppelbesteuerungen vermieden werden.[15] Allein der Staat sollte zur Besteuerung befugt sein, in dem die SE den Ort ihrer tatsächlichen Geschäftsleitung hält,[16] mit Ausnahme der Gewinne einer ausländischen Betriebsstätte, die dem Betriebsstättenstaat zukommen sollten.[17] Die Steuerregelung für die Sitzverlegung der SE kam zudem der geltenden Regelung der Fusionsrichtlinie[18] sehr nahe: Eine Besteuerung der in einer inländischen Betriebsstätte verbleibenden stillen Reserven wurde untersagt.[19]

Doch blieb dieser erste Entwurf von Sorgen über eine mögliches „Austrocknen" der nationalen Aktienrechte und ein „Auswandern" der nationalen Aktiengesellschaften in die SE überschattet,[20] so dass eine weitere Auseinandersetzung mit dem Entwurf ausblieb und die Arbeiten im Rat sogar förmlich ausgesetzt wurden.[21]

2. *Endgültige Einigung über ein SE-Statut*

Erneut aufgegriffen wurde das Thema einer europäischen Aktiengesellschaft in der Kommission erst im Jahre 1985 durch das Weißbuch zur Vollendung des Binnenmarktes mit der Begründung, „daß die Schaffung einer zusätzlich zur Wahl stehenden Rechtsform auf Gemeinschaftsebene als Mittel der in einem echten Binnenmarkt benötigten industriellen Zusammenarbeit äußerst attraktiv [sei]".[22] Daraufhin erarbeitete die Kommission (1989) einen neuen Vorschlag, der im Umfang erheblich reduziert wurde und in einen Verordnungsvorschlag sowie einen Vorschlag für eine

---

14 *Busse von Colbe*, in: Lutter, Die europäische Aktiengesellschaft, S. 241 ff., 241, 256 f.

15 Zitiert von *Debatin*, in: Lutter, Die europäische Aktiengesellschaft, S. 217 ff., 218, 224.

16 *Debatin*, in: Lutter, Die europäische Aktiengesellschaft, S. 217 ff., 221 f. Vgl. auch *Schön*, in: Schön/Schindler, Die SE im Steuerrecht, I. 1. a) bb), Rn. 4.

17 *Debatin*, in: Lutter, Die europäische Aktiengesellschaft, S. 217 ff., 228.

18 Richtlinie 2009/133/EG des Rates v. 19.10.2009, Abl. 2009 L 310/34.

19 *Debatin*, in: Lutter, Die europäische Aktiengesellschaft, S. 217 ff., 240; *Fischer*, in: MüKo AktG, Bd. 7, SteuerR, Rn. 3.

20 *Lutter*, in: Lutter/Hommelhoff/Teichmann, SE, Einl. SE-VO, Rn. 10. Siehe auch *Oechsler*, in: MüKo AktG, Bd. 7, Vor Art. 1 SE-VO, Rn. 1.

21 *Blanquet*, ZGR 2002, 20, 23; *Fimmanò*, Rivista delle società 1994, 994, 999; *Lutter*, in: Lutter/Hommelhoff/Teichmann, SE, Einl. SE-VO, Rn. 10; *A. Schröder*, in: Manz/Mayer/Schröder, SE, Teil A, Vorbemerkung, Rn. 3; *Taschner/Bodenschatz*, in: Jannott/Frodermann, Handbuch der Europäischen Aktiengesellschaft, Kap. 1, III., Rn. 40; *Theisen/Wenz*, in: Theisen/Wenz, Die Europäische Aktiengesellschaft, S. 1 ff., 31.

22 Kommission der Europäischen Gemeinschaften, KOM(85) 310 endg. v. 14.06.1985, S. 34, Rn. 137. Siehe zudem Memorandum der Kommission, KOM(88) 320 endg. v. 08.06.1988, IV.-VI., S. 11 ff.

die Mitbestimmungsfragen behandelnde Richtlinie aufgeteilt wurde.[23] Nach einer weiteren Überarbeitung (1991) wurde der Vorschlag mit nur noch 108 Artikeln und vielzähligen Verweisen auf nationale Rechtsordnungen erneut vorgelegt.[24]

Die Regelungen über das Bilanzrecht waren weitestgehend entnommen und ein unmittelbarer Verweis auf die mittlerweile in Kraft getretene vierte und siebente Richtlinie[25] eingefügt worden. Dabei sollten die vielzähligen Mitgliedstaatenwahlrechte der Richtlinien für die SE zu Unternehmenswahlrechten werden.[26] Und auch die steuerrechtlichen Regelungen wurden am Ende vollständig aus dem Verordnungsentwurf gestrichen.[27]

---

23 *Arnò/Cancarini*, La società europea, 1.1, S. 6; *Bianca*, Contratto e Impresa / Europa 2002, 453, 463 f.; *Blanquet*, ZGR 2002, 20, 25; *Ducouloux Favard*, in: Principe, Lo Statuto legale di Società Europea, S. 23 ff., 26; *Fimmanò*, Rivista delle società 1994, 994, 1000; *Hommelhoff*, AG 1990, 422, 422; *Lutter*, in: Lutter/Hommelhoff/Teichmann, SE, Einl. SE-VO, Rn. 12; *ders.*, AG 1990, 413, 415; *ders.*, BB 2002, 1, 2; *Santosuosso*, Riv. dir. comm. 1990, 837, 837 f.; *A. Schröder*, in: Manz/Mayer/Schröder, SE, Teil A, Vorbemerkung, Rn. 4; *Schwarz*, SE-VO, Einl., Rn. 6; *Theisen/Wenz*, in: Theisen/Wenz, Die Europäische Aktiengesellschaft, S. 1 ff., 31 ff.

24 *Arnò/Cancarini*, La società europea, 1.1, S. 6; *Bianca*, Contratto e Impresa / Europa 2002, 453, 464 f.; *M. Casper*, in: Spindler/Stilz, AktG, Vor Art. 1 SE-VO, Rn. 14; *Lutter*, in: Lutter/Hommelhoff/Teichmann, SE, Einl. SE-VO, Rn. 12 f.; *Minervini*, Riv. dir. comm. 1992, 7, 7 (ff.): *A. Schröder*, in: Manz/Mayer/Schröder, SE, Teil A, Vorbemerkung, Rn. 5; *Schwarz*, SE-VO, Einl., Rn. 7; *ders.*, Europäisches Gesellschaftsrecht, 4. Teil, C. I. 2., Rn. 1089; *Theisen/Wenz*, in: Theisen/Wenz, Die Europäische Aktiengesellschaft, S. 1 ff., 32 f. Hierzu *Ducoulux Favard*, Riv. dir. comm. 1992, 13, 21 f.

25 Vierte Richtlinie 78/660/EWG des Rates v. 25.07.1978, mehrfach modifiziert, zuletzt durch die Richtlinie 2009/49/EG des Europäischen Parlaments und des Rates v. 18.06.2009, und siebente Richtlinie 83/349/EWG des Rates v. 13.06.1983, mehrfach modifiziert, zuletzt durch die Richtlinie 2009/49/EG des Europäischen Parlaments und des Rates v. 18.06.2009.

26 *Fischer*, in: MüKo AktG, Bd. 7, Art. 61 SE-VO, Rn. 14; *Lutter*, AG 1990, 413, 417 f.; *Rödder*, WPg 1991, 200, 203; *A. Schröder*, in: Manz/Mayer/Schröder, SE, Teil B, Art. 61, Rn. 2; *Schwarz*, SE-VO, Art. 61, Rn. 3, 8; *ders.*, Europäisches Gesellschaftsrecht, 4. Teil, C. XI., Rn. 1178; *Wenz*, in: Kölner Kommentar AktG, Art. 61 SE-VO, Rn. 3. Zum Verweis auf die Richtlinien siehe *Guaccero*, Vita notarile 1993, 517, 535; *Laurini*, Rivista del notariato 1993, 757, 768; *Minervini*, Riv. dir. comm. 1992, 7, 9; (ausführlich) *Rödder*, WPg 1991, 200, 200 ff.; *Santosuosso*, Riv. dir. comm. 1990, 837, 840.

27 *Jochum*, in: Habersack/Drinhausen, SE-Recht, SteuerR der SE, Rn. 2; *Schön*, in: Schön/Schindler, Die SE im Steuerrecht, I. 1. a) bb), Rn. 5; *Schwarz*, Europäisches Gesellschaftsrecht, 4. Teil, C. XIV. 1., Rn. 1186, C. XV. 1., Rn. 1190. Vgl. zudem *Blanquet*, ZGR 2002, 20, 25 (zum Entwurf von 1989); *Fimmanò*, Rivista delle società 1994, 994, 1008; *Knobbe-Keuk*, AG 1990, 435, 436 ff. (zum Entwurf von 1989); *Lutter*, AG 1990, 413, 418 (zum Entwurf von 1989); *Rödder*, WPg 1991, 229, 235 (zum Entwurf von 1989); *Theisen/Wenz*, in: Theisen/Wenz, Die Europäische Aktiengesellschaft, S. 1 ff., 33; *Thömmes*, in: Theisen/Wenz, Die Europäische Aktiengesellschaft, S. 505 ff., 527 f.

Die Verabschiedung des Statuts wurde aber weiterhin durch Divergenzen der Mitgliedstaaten in Bezug auf das Mitbestimmungsrecht konterkariert,[28] wodurch es diesmal jedoch nicht mehr beiseite geschoben wurde: der Wunsch von Seiten der Wirtschaft und der Unternehmen nach einem entsprechenden Statut war mittlerweile zu groß geworden.[29] Eine Änderung des bisherigen Mitbestimmungskonzeptes wurde in den Jahren 1996–1998 durch eine Expertengruppe unter Vorsitz von *Davignon* erarbeitet, der allein Spanien (noch) nicht zustimmte.[30] Erst bei der Ratssitzung von Nizza wurde am 20. Dezember 2000 das Mitbestimmungskonzept einheitlich verabschiedet.[31]

Im endgültigen SE-Statut war letzten Endes selbst für das Bilanzrecht ein Verweis auf die nationalen Vorschriften anstatt auf die vierte und siebente Richtlinie enthalten.[32]

3. In-Kraft-Treten der SE-Verordnung

Die folgenden Schritte bis zum aktuell gültigen Recht der Europäischen Aktiengesellschaft verliefen vergleichsweise schnell, wenn auch erneut vier bis fünf Jahre

---

28 *Arnò/Cancarini*, La società europea, 1.1, S. 7; *Bianca*, Contratto e Impresa / Europa 2002, 453, 466; *M. Casper*, in: Spindler/Stilz, AktG, Vor Art. 1 SE-VO, Rn. 14; *Ducouloux Favard*, in: Principe, Lo Statuto legale di Società Europea, S. 23 ff., 27 f.; *Lutter*, in: Lutter/Hommelhoff/Teichmann, SE, Einl. SE-VO, Rn. 14; *Schwarz*, SE-VO, Einl., Rn. 8; *ders.*, Europäisches Gesellschaftsrecht, 1. Teil, B. IV. 3. a), b), Rn. 43 f., 4. Teil, C. I. 4., Rn. 1091; *Theisen/Wenz*, in: Theisen/Wenz, Die Europäische Aktiengesellschaft, S. 1 ff., 33. Vgl. auch *Miola*, Rivista delle società 2003, 322, 322; *ders.*, in: Principe, Lo Statuto legale di Società Europea, S. 39 ff., 39.

29 *Lutter*, in: Lutter/Hommelhoff/Teichmann, SE, Einl. SE-VO, Rn. 15; *Theisen/Wenz*, in: Theisen/Wenz, Die Europäische Aktiengesellschaft, S. 1 ff., 33.

30 *Arnò/Cancarini*, La società europea, 1.1, S. 7; *M. Casper*, in: Spindler/Stilz, AktG, Vor Art. 1 SE-VO, Rn. 15; *Lutter*, in: Lutter/Hommelhoff/Teichmann, SE, Einl. SE-VO, Rn. 16; *ders.*, BB 2002, 1, 2; *Theisen/Wenz*, in: Theisen/Wenz, Die Europäische Aktiengesellschaft, S. 1 ff., 33 f. Siehe auch *A. Schröder*, in: Manz/Mayer/Schröder, SE, Teil A, Vorbemerkung, Rn. 6.

31 *Arnò/Cancarini*, La società europea, 1.1, S. 7; *Bianca*, Contratto e Impresa / Europa 2002, 453, 469; *Blanquet*, ZGR 2002, 20, 21, 33; *Buonocore*, in: Principe, Lo Statuto legale di Società Europea, Present., S. 8; *Ducouloux Favard*, in: Principe, Lo Statuto legale di Società Europea, S. 23 ff., 29; *Hirte*, NZG 2002, 1, 1; *Lutter*, in: Lutter/Hommelhoff/Teichmann, SE, Einl. SE-VO, Rn. 17; *Paciello*, in: Principe, Lo Statuto legale di Società Europea, S. 119 ff., 119; *A. Schröder*, in: Manz/Mayer/Schröder, SE, Teil A, Vorbemerkung, Rn. 8; *Schwarz*, SE-VO, Einl., Rn. 9; *Taschner/Bodenschatz*, in: Jannott/Frodermann, Handbuch der Europäischen Aktiengesellschaft, Kap. 1, V., Rn. 49; *Theisen/Wenz*, in: Theisen/Wenz, Die Europäische Aktiengesellschaft, S. 1 ff., 35.

32 *A. Schröder*, in: Manz/Mayer/Schröder, SE, Teil B, Art. 61 SE-VO, Rn. 2.

verstreichen mussten: Am 8. Oktober 2001 wurden zunächst die Verordnung[33] und die Richtlinie[34] verabschiedet. Dem folgte am 25. Juni 2002 der Beschluss des Gemeinsamen Ausschusses des EWR zur Übernahme beider Rechtsakte.[35] Wie von Art. 70 SE-VO vorgesehen, trat die Verordnung aber erst am 8. Oktober 2004 in Kraft und eben dieses Datum wurde nach Art. 14 Abs. 1 SE-RiLi auch als Ende der Umsetzungsfrist für die Richtlinie gewählt.[36]

Mögliche Ergänzungen der SE-VO sowie die Umsetzung der SE-RiLi erfolgten in Deutschland dennoch erst am 29. Dezember 2004 durch das Gesetz zur Einführung der Europäischen Gesellschaft (SEEG).[37] Das SEEG umfasst sowohl das Gesetz zur Ausführung der Verordnung (EG) Nr. 2157/2001 des Rates vom 8. Oktober 2001 über das Statut der Europäischen Gesellschaft (SE), sog. SE-Ausführungsgesetz (SEAG), als auch das Gesetz über die Beteiligung der Arbeitnehmer in einer Europäischen Gesellschaft, sog. SE-Beteiligungsgesetz (SEBG).

In Italien ist die SE-Mitbestimmungsrichtlinie durch das decreto legislativo vom 19. August 2005, Nr. 188, (d.lgs. 188/2005) umgesetzt worden.[38] Ein auch die SE-Verordnung begleitendes Gesetz erfolgte in Italien nicht,[39] wodurch es zu Schwierigkeiten an den Stellen kommen kann, an denen die SE-VO den Mitgliedstaaten aufgibt,

---

33 Verordnung (EG) Nr. 2157/2001 des Rates v. 08.10.2001 über das Statut der Europäischen Gesellschaft (SE), Abl. EG Nr. L 294 v. 10.11.2001, S. 1.

34 Richtlinie 2001/86/EG des Rates v. 08.10.2001 zur Ergänzung des Statuts der Europäischen Gesellschaft hinsichtlich der Beteiligung der Arbeitnehmer, Abl. EG Nr. L 294 v. 10.11.2001, S. 22.

35 *Theisen/Wenz*, in: Theisen/Wenz, Die Europäische Aktiengesellschaft, S. 1 ff., 35.

36 *Bianca*, Contratto e Impresa / Europa 2002, 453, 454; *Lutter*, in: Lutter/Hommelhoff/Teichmann, SE, Einl. SE-VO, Rn. 19; *Malatesta*, Rivista di diritto internazionale privato e processuale 2002, 613, 615; *A. Schröder*, in: Manz/Mayer/Schröder, SE, Teil A, Vorbemerkung, Rn. 9; *Theisen/Wenz*, in: Theisen/Wenz, Die Europäische Aktiengesellschaft, S. 1 ff., 35.

37 BGBl. I 2004, 3675.

38 *Allotti*, in: Corapi/Pernazza, La Società Europea, Art. 7 e 8, 3.1., S. 57; *Arnò/Cancarini*, La società europea, 4.1, S. 72; *Campobasso*, Diritto delle società, Kap. 21, 1., S. 674; *Ficari*, in: Capriglione, Società europea, Teil 2, Kap. 8, 4., S. 222, 6., S. 230; *Kindler*, Einführung in das italienische Recht, 3. Teil, § 18, III. 2., Rn. 12; *Lutter*, in: Lutter/Hommelhoff/Teichmann, SE, Einl. SE-VO, Rn. 28; *Rescio*, Società 2007, 359, 359; *Scarchillo*, in: Corapi/Pernazza, La Società Europea, Art. 9 e 10, 4., S. 67; *Siclari*, in: Capriglione, Società europea, Teil 1, Kap. 3, 2., S. 96.

39 *Allotti*, in: Corapi/Pernazza, La Società Europea, Art. 7 e 8, 3.1., S. 57 f.; *Arnò/Cancarini*, La società europea, 4.1, S. 72 f.; *Campobasso*, Diritto delle società, Kap. 21, 1., S. 674; *Corapi*, in: Corapi/Pernazza, La Società Europea, Introd., 7., S. 12; *Kindler*, Einführung in das italienische Recht, 3. Teil, § 18, III. 2., Rn. 12, insbes. Fn. 43; *Rescio*, Società 2007, 359, 359; *Scarchillo*, in: Corapi/Pernazza, La Società Europea, Art. 9 e 10, 4., S. 67.

besondere Maßnahmen zu treffen, so bei Art. 64 Abs. 2 SE-VO.[40] Den Hauptregelungsgehalt des deutschen SEAG, die Ermöglichung eines monistischen Corporate Governance-Systems für die SE, gewährleistet aber bereits das italienische Aktienrecht, das seit der Gesellschaftsrechtsreform 2003[41] neben dem traditionellen dreigeteilten Leitungssystem (Verwaltungsrat, Aufsichtsrat und ein externes Rechnungslegungsorgan) sowohl das dualistische (Art. 2409-*octies* ff. c.c.) als auch das monistische (Art. 2409-*sexiesdecies* ff. c.c.) Leitungssystem vorsieht.[42]

4. *Reaktionen der Praxis auf das SE-Statut*

Fünf Jahre nach dem In-Kraft-Treten der SE-Verordnung hat sich die Kommission, wie von Art. 69 SE-VO vorgesehen, ein Bild von der Anwendung der Verordnung in der Praxis gemacht, dazu die Beteiligten in einer öffentlichen Konsultation sowie auf einer Konferenz befragt und eine externe Studie in Auftrag gegeben.[43] Die Ergebnisse hat sie dem Europäischen Parlament und Rat mit Bericht vom 17. November 2010, begleitet von einem Commission Staff Document, vorgelegt.[44]

Sie enthalten mehrere interessante Punkte: So ist die unterschiedliche Verbreitung der SE innerhalb Europas auffällig, mit der zweithöchsten Verbreitung (am 25. Juni 2010: 134 Eintragungen) in Deutschland und damals nicht einer eingetragenen

40 Zu dieser Problematik und möglichen Lösungen eingängig *Rescio*, Società 2007, 359, 359 ff.

41 Umgesetzt durch den decreto legislativo v. 17.01.2003, Nr. 6, Gazzetta Ufficiale Nr. 17 v. 22.01.2003 – Supplemento Ordinario Nr. 8.

42 *Arnò/Cancarini*, La società europea, 4.2, S. 76 ff.; *Campobasso*, Diritto Commerciale, Teil 2, XVII. 1., S. 256 f.; *Cavasola/Zischg*, in: Jannott/Frodermann, Handbuch der Europäischen Aktiengesellschaft, Kap. 15, XI. 3., Rn. 1482; *M. Colangelo*, Europa e diritto privato 2005, 147, 175; *Donativi*, in: Capriglione, Società europea, Teil 2, Kap. 7, 1., S. 178; *Ferrarini*, in: Baums/Cahn, Die Europäische Aktiengesellschaft, S. 79 ff., 84 ff.; *Lutter*, in: Lutter/Hommelhoff/Teichmann, SE, Einl. SE-VO, Rn. 28; *Portale*, in: Abbadessa/Portale, Le società per azioni, Bd. 1, Parte indroduttiva, II., S. 47 ff.; *Scarchillo*, in: Corapi/Pernazza, La Società Europea, Art. 9 e 10, 4., S. 68. Vgl. zudem *Bachmann*, ZEuP 2008, 32, 42.

43 Der zusammenfassende Bericht über die Konsultation und Informationen über die Konferenz v. 26.05.2010 sowie die externe Studie von Ernst&Young [Study on the operation and the impacts of the Statute for a European Company (2009)], sind abrufbar unter http://ec.europa.eu/internal_market/company/se/index_en.htm.

44 Bericht der Kommission an das Europäische Parlament und den Rat über die Anwendung der Verordnung (EG) Nr. 2157/2001 des Rates v. 08.10.2001 über das Statut der Eurpäischen Gesellschaft (SE), KOM(2010) 676 endg.; Commission staff working document, Accompanying document to the Report from the Commission to the European Parliament and the Council on the application of Council Regulation 2157/2001 of 8 October 2001 on the Statute for a European Company (SE), SEC(2010) 1391 final.

SE in Italien.[45] Mittlerweile sind in Deutschland 292 SEs und in Italien 2 SEs registriert.[46]

Als negative Aspekte der Europäischen Aktiengesellschaft wurden neben den nur begrenzten Gründungsmethoden[47] insbesondere das sog. Einheitlichkeitserfordernis gem. Art. 7 Satz 1 SE-VO genannt, nach dem sich der Satzungssitz und der Ort der Hauptverwaltung im gleichen Mitgliedstaat befinden müssen.[48] Zudem wurde kritisiert, dass aufgrund der vielen Verweise in das jeweilige nationale Aktienrecht des Sitzstaates nicht ein einheitliches SE-Recht, sondern vielmehr 28 verschiedene „SE-Typen“ bestünden[49] (aufgrund der Anwendbarkeit auch in EWR-Staaten sogar 31 verschiedene).

Hingegen für vorteilhaft befunden wurde neben dem europäischen Image der SE die Möglichkeit ihrer grenzüberschreitenden Verlegung des Satzungssitzes. Solange es keine entsprechende Richtlinie für nationale Gesellschaftsformen gebe, stelle die Mobilität der SE innerhalb Europas einen wichtigen Wettbewerbsvorteil dar.[50]

Tatsächlich über die Staatsgrenze gezogen sind aber bisher nur wenige SEs: Von den am 25. Juni 2010 in der EU/dem EWR registrierten 595 SEs hatten erst 49 von der Möglichkeit der Sitzverlegung Gebrauch gemacht.[51] Davon sind sieben aus Deutschland *weg*gezogen, unter denen drei in das Vereinigte Königreich, aber auch drei SEs nach Deutschland *zu*gezogen. Aus Italien ist noch keine SE weggezogen, so dass nicht nur zum Zeitpunkt der Erhebung der EU, sondern auch zuvor keine SE im italienischen Handelsregister eingetragen war.[52]

Nach aktuellen Recherchen des ETUI (European Trade Union Institute) waren im August 2016 europaweit 2.617 SEs registriert.[53] Dennoch haben allein 95 SEs und damit weniger als 4% aller registrierten SEs ihren Sitz grenzüberschreitend verlegt, die meisten davon in das Vereinigte Königreich und aus den Niederlanden. Nach Deutschland sind bis August 2016 sieben SEs zugezogen und ebenso viele weggezogen. Nach Italien sind zwei SEs zugezogen und ist noch keine weggezogen.[54]

---

45 SEC(2010) 1391 final, S. 14. Siehe auch Untersuchung von *Eidenmüller/Engert/Hornuf*, AG 2008, 721, 725; *Scarchillo*, in: Corapi/Pernazza, La Società Europea, Art. 2 e 3, 6., S. 25.

46 Siehe unter http://ecdb.worker-participation.eu/.

47 KOM(2010) 676 endg., S. 7; SEC(2010) 1391 final, S. 7.

48 KOM(2010) 676 endg., S. 8 f., auch zu den das Einheitsprinzip befürwortenden Mitgliedstaaten und Gewerkschaften; SEC(2010) 1391 final, S. 11.

49 KOM(2010) 676 endg., S. 11. Mit dem sog. Brexit wird sich diese Anzahl um das Vereinigte Königreich verringern.

50 KOM(2010) 676 endg., S. 3 f. Siehe auch Untersuchung von *Eidenmüller/Engert/Hornuf*, AG 2009, 845, 847, 850.

51 SEC(2010) 1391 final, S. 3, 14, 17. Siehe zudem Untersuchung von *Eidenmüller/Engert/Hornuf*, AG 2008, 721, 725.

52 Siehe Tabelle in SEC(2010) 1391 final, S. 17.

53 Siehe http://ecdb.worker-participation.eu/.

54 Siehe http://ecdb.worker-participation.eu/.

Die grenzüberschreitende Sitzverlegung ist für die SEs ein aktuelles Thema, das bilanz- und steuerrechtlich abgesichert und für die Gesellschaften planbar gestaltet sein sollte.

II. Gesellschaftsrechtliche Grundlagen

Die vorliegende Arbeit beschäftigt sich nicht mit den gesellschaftsrechtlichen Aspekte der SE, sondern mit den bilanz- und steuerrechtlichen Auswirkungen ihrer Mobilität innerhalb Europas. Dennoch ist ein Einblick in die gesellschaftsrechtliche Ausgestaltung erforderlich, um ihre Folgen für die anderen Rechtsbereiche erörtern zu können.

1. Die Mobilität der SE unter Beibehaltung ihrer Rechtspersönlichkeit

Der Europäischen Aktiengesellschaft kommt kraft SE-Verordnung (Art. 1 Abs. 3 SE-VO) Rechtspersönlichkeit zu. Auch wenn das Verständnis des Begriffs „Rechtspersönlichkeit" in den einzelnen Mitgliedstaaten variiert, umfasst es jedenfalls die Fähigkeit, Träger von Rechten und Pflichten zu sein sowie an Prozessen teilnehmen zu können. Damit ist die SE in den Mitgliedstaaten – unabhängig (!) von den nationalen Aktienrechten – als (juristisches) Rechtssubjekt anzuerkennen.[55]

Nach Art. 8 Abs. 1 Satz 1 SE-VO ist es der SE zudem ausdrücklich gestattet, ihren „Sitz" (ital. Fassung: „sede sociale") in einen anderen Mitgliedstaat zu verlegen. Mit dem Begriff des „Sitzes" ist der Satzungssitz („sede statutaria") der Gesellschaft gemeint.[56] Dies ergibt sich sowohl in Abgrenzung zum Begriff der „Hauptverwaltung" in Art. 7 Satz 1 SE-VO[57] als auch aus der englischen wie der französischen Sprachfassung,[58] in denen der Begriff des Satzungssitzes explizit verwendet wird

---

55 *Lutter*, in: Lutter/Hommelhoff/Teichmann, SE, Art. 1 SE-VO, Rn. 13; *Schwarz*, SE-VO, Art. 1, Rn. 35. Siehe auch *Campobasso*, Diritto delle società, Kap. 21, 1., S. 675; *Ducouloux Favard*, in: Principe, Lo Statuto legale di Società Europea, S. 23 ff., 32; *A. Schröder*, in: Manz/Mayer/Schröder, SE, Teil B, Art. 1, Rn. 31.

56 *Mucciarelli*, Società di capitali, Kap. 2, 6.1, S. 76; *Ringe*, in: Lutter/Hommelhoff/Teichmann, SE, Art. 8 SE-VO, Rn. 4; *A. Schröder*, in: Manz/Mayer/Schröder, SE, Teil B, Art. 8, Rn. 10; *Schwarz*, SE-VO, Art. 8, Rn. 4; *Teichmann*, ZGR 2002, 383, 456; *ders.*, in: Van Hulle/Maul/Drinhausen, SE, 7. Abschnitt, I. 1., Rn. 9; *Thömmes*, in: Theisen/Wenz, Die Europäische Aktiengesellschaft, S. 505 ff., 576; *Urbani*, in: Capriglione, Società europea, Teil 3, Kap. 12, 2., S. 326.

57 Vgl. *Ringe*, in: Lutter/Hommelhoff/Teichmann, SE, Art. 8 SE-VO, Rn. 4; *Teichmann*, in: Van Hulle/Maul/Drinhausen, SE, 7. Abschnitt, I. 1., Rn. 7.

58 Zur Auslegung von europäischem Sekundärrecht und zu der Bedeutung der Sprachfassungen: *M. Casper*, in: Spindler/Stilz, AktG, Art. 9 SE-VO, Rn. 16; *Hennrichs*, Wahlrechte im Bilanzrecht, Kap. 2, C. I., S. 128; *Hommelhoff/Teichmann*, in: Lutter/Hommelhoff/Teichmann, SE, Art. 9 SE-VO, Rn. 36 f.; *C. Schäfer*, in: MüKo AktG, Bd. 7, Art. 9 SE-VO, Rn. 13; *A. Schröder*, in: Manz/Mayer/Schröder, SE, Teil A, Vorbemerkung, Rn. 56 ff.; *Schwarz*, SE-VO, Einl., Rn. 69 f., Art. 7, Rn. 5; *Teichmann*,

(„registered office“, „siège statutaire“). Die Sitzverlegung wird nach Art. 8 Abs. 10 SE-VO in dem Moment wirksam, in dem die Gesellschaft in das Handelsregister des Zuzugsstaates eingetragen ist; der Zeitpunkt der (späteren, vgl. Art. 8 Abs. 11 SE-VO) Löschung aus dem Register des Wegzugsstaates ist nicht von Bedeutung.[59]

Besonders hervorzuheben ist die Verknüpfung beider Regelungen: nach Art. 8 Abs. 1 Satz 2 SE-VO kommt es bei Grenzübertritt „weder zur Auflösung der SE noch zur Gründung einer neuen juristischen Person“. Das bedeutet, dass die SE ihre nach Art. 1 Abs. 3 SE-VO bestehende Rechtspersönlichkeit auch dann beibehält, wenn sie von ihrem Mobilitätsrecht Gebrauch macht. Sie kann sich mithin unter Beibehaltung ihrer Rechtspersönlichkeit frei innerhalb Europas bewegen.[60] Diese Vorgabe wird im Laufe der Arbeit eine bedeutende Rolle spielen.

2. *Einschränkung der Mobilität durch das Territorialitäts- und das Einheitlichkeitsprinzip*

Die Bewegungsfreiheit der SE wird nach Art. 7 Satz 1 SE-VO durch zwei Prinzipien eingeschränkt: das Territorialitätserfordernis sowie das Prinzip der Einheitlichkeit von Satzungssitz und Hauptverwaltung.[61]

Das Territorialitätserfordernis bestimmt nach Art. 7 Satz 1 Halbs. 1 SE-VO, dass sich der Sitz der SE (wiederum i.S.d. Satzungssitzes[62]) innerhalb der Gemeinschaft

---

ZGR 2002, 383, 403 ff. Auf die Sprachfassungen verweist auch *Mucciarelli*, Società di capitali, Kap. 2, 6.1, S. 76; *Ringe*, in: Lutter/Hommelhoff/Teichmann, SE, Art. 7 SE-VO, Rn. 6.

59 Hierzu *Ringe*, in: Lutter/Hommelhoff/Teichmann, SE, Art. 8 SE-VO, Rn. 80; *A. Schröder*, in: Manz/Mayer/Schröder, SE, Teil B, Art. 8 SE-VO, Rn. 103; *Teichmann*, in: Van Hulle/Maul/Drinhausen, SE, 7. Abschnitt, II. 2. e), Rn. 43; *Wenz*, BC 2004, 77, 80. Siehe auch *IDW HFA*, FN 2007, 506, 506; *Knittel/Eble*, BB 2008, 2283, 2283.

60 *Cavallaro*, Il diritto fallimentare delle società commerciali 2005, 951, 958; *Di Marco*, Società 2001, 746, 749; *Knittel/Eble*, BB 2008, 2283, 2283; *Ringe*, in: Lutter/Hommelhoff/Teichmann, SE, Art. 8 SE-VO, Rn. 1; *Schwarz*, SE-VO, Art. 8, Rn. 5. Vgl. zudem *Carmini*, Le operazioni di gestione straordinaria in ambito internazionale, Kap. 1, 8., S. 42; *Pa. Didier/Ph. Didier*, Les sociétés commerciales, Untertitel II, Kap. 6, Teil 2, § 1, 1014., S. 771; *Malatesta*, Rivista di diritto internazionale privato e processuale 2002, 613, 623; *Righini*, Contratto e impresa 2006, 755, 772; *Teichmann*, in: Van Hulle/Maul/Drinhausen, SE, 7. Abschnitt, I. 2., Rn. 11; *Wymeersch*, Rivista delle società 2003, 723, 758. Bereits zum Entwurf von 1991: *Schwarz*, Europäisches Gesellschaftsrecht, 4. Teil, C. IV. 2., Rn. 1114.

61 Begriffe nach *Eickmann/Stein*, DStZ 2007, 723, 725. Siehe zudem *M. Casper/Weller*, NZG 2009, 681, 681 ff.

62 Siehe soeben Kapitel 1, A. II. 2., sowie *M. Casper*, in: Spindler/Stilz, AktG, Art. 7 SE-VO, Rn. 3; *Diekmann*, in: Habersack/Drinhausen, SE-Recht, Art. 7 SE-VO, Rn. 1; *Fischer*, in: MüKo AktG, Bd. 7, SteuerR, Rn. 87; *Oechsler*, in: MüKo AktG, Bd. 7, Art. 7 SE-VO, Rn. 3; *Ringe*, in: Lutter/Hommelhoff/Teichmann, SE, Art. 7 SE-VO, Rn. 6; *A. Schröder*, in: Manz/Mayer/Schröder, SE, Teil B, Art. 7, Rn. 2; *Schwarz*, SE-VO, Art. 7,

befinden muss.[63] Dementsprechend ist auch der Grenzübertritt in Art. 8 Abs. 1 Satz 1 SE-VO auf die Verlegung des Sitzes „in einen anderen Mitgliedstaat" begrenzt;[64] mit Übernahme der SE-Verordnung durch die EWR-Staaten, sind auch diese vom Begriff „Mitgliedstaaten" als erfasst anzusehen.[65]

Daneben gibt Art. 7 Satz 1 Halbs. 2 SE-VO vor, dass sich der Satzungssitz in dem Mitgliedstaat befinden muss, in dem der Ort der Hauptverwaltung liegt, sog. Einheitlichkeitserfordernis. Als Grund für diese Regelung wird zumeist genannt, dass der europäische Gesetzgeber eine Entscheidung zwischen der Gründungs- und der Sitztheorie, also über die Bestimmung des auf eine Gesellschaft anwendbaren Rechts (sog. Gesellschaftsstatut),[66] habe vermeiden wollen: durch die Regelung kämen beide Theorien zum selben Ergebnis.[67]

Rn. 4 f.; *Veil*, in: Kölner Kommentar AktG, Art. 7 SE-VO, Rn. 11; *Wenz*, in: Theisen/Wenz, Die Europäische Aktiengesellschaft, S. 189 ff., 221; *H. Zimmer*, EWS 2010, 222, 222. Zu diesem Verständnis auch der in der italienischen Fassung verwendeten „sede sociale" *Urbani*, in: Capriglione, Società europea, Teil 3, Kap. 12, 2., S. 326.

63 *Ducouloux Favard*, in: Principe, Lo Statuto legale di Società Europea, S. 23 ff., 31; *Heuschmid/C. Schmidt*, NZG 2007, 54, 55; *Laurini*, Rivista del notariato 1993, 757, 761; *Ringe*, in: Lutter/Hommelhoff/Teichmann, SE, Art. 7 SE-VO, Rn. 7; *A. Schröder*, in: Manz/Mayer/Schröder, SE, Teil B, Art. 7, Rn. 6; *Urbani*, in: Capriglione, Società europea, Teil 3, Kap. 12, 2., S. 323.

64 *A. Schröder*, in: Manz/Mayer/Schröder, SE, Teil B, Art. 8, Rn. 12.

65 *Schwarz*, SE-VO, Art. 7, Rn. 8. Zur Übernahme von Verordnung und Richtlinie durch die EWR-Staaten siehe oben unter Kapitel 1, A. I. 3.

66 Nach der Sitztheorie ist das Recht des Staates auf eine Gesellschaft anzuwenden, in dem sich ihr tatsächlicher Sitz befindet, während im Gegensatz dazu nach der Gründungstheorie das Recht Anwendung findet, nach dem die Gesellschaft gegründet wurde, siehe *Altmeppen/Ego*, in: MüKo AktG, Bd. 7, Europ. Niederlassungsfreiheit, Rn. 173, 182; *G. Colangelo*, Corriere giuridico 2003, 307, 308; *Righini*, Contratto e impresa 2006, 755, 756 ff.; *Wymeersch*, Rivista delle società 2003, 723, 729, 731.

67 Vgl. *M. Casper*, in: Spindler/Stilz, AktG, Art. 7 SE-VO, Rn. 1; *Cavallaro*, Il diritto fallimentare delle società commerciali 2005, 951, 958; *Corapi*, in: Corapi/Pernazza, La Società Europea, Introduzione, 5., S. 10; *Di Brina*, in: Capriglione, Società europea, Teil 3, Kap. 18, 2., S. 488; *Di Marco*, Società 2001, 746, 749; *Miola*, Rivista delle società 2003, 322, 351; *ders.*, in: Principe, Lo Statuto legale di Società Europea, S. 39 ff., 71; *Oechsler*, in: MüKo AktG, Bd. 7, Art. 7 SE-VO, Rn. 1; *Paciello*, Riv. dir. dell'impresa 2001, 317, 329; *Ringe*, Die Sitzverlegung der Europäischen Aktiengesellschaft, 4. Teil, A. II. 1. c) aa), S. 201; *ders.*, in: Lutter/Hommelhoff/Teichmann, SE, Art. 7 SE-VO, Rn. 25; *Schwarz*, SE-VO, Art. 7, Rn. 5; *Teichmann*, ZGR 2002, 383, 456; *Thömmes*, in: Theisen/Wenz, Die Europäische Aktiengesellschaft, S. 505 ff., 577 f.; *Veil*, in: Kölner Kommentar AktG, Art. 7 SE-VO, Rn. 3 f.; *Wenz*, in: Theisen/Wenz, Die Europäische Aktiengesellschaft, S. 189 ff., 221 f.; *H. Zimmer*, EWS 2010, 222, 222. Für weitere Gründe siehe *M. Casper/Weller*, NZG 2009, 681, 682; *A. Schröder*, in: Manz/Mayer/Schröder, SE, Teil B, Art. 7, Rn. 8; *Urbani*, in: Capriglione, Società europea, Teil 3, Kap. 12, 2., S. 324, 4., S. 341.

Nicht unerwähnt bleiben soll die im Schrifttum geführte Diskussion um die Vereinbarkeit des Einheitlichkeitsprinzips mit den Grundfreiheiten.[68] Auch spiegelt die Umfrage der Europäischen Kommission diesbezüglich Skepsis wider: „It is also argued that this requirement may be contrary to the freedom of establishment as mentioned in Article 49 of the TFEU Treaty."[69] Eine Erörterung dieser Frage würde aber über den Recherchegegenstand der Arbeit hinausgehen.

3. Der Begriff der Hauptverwaltung i.S.d. Art. 7 SE-VO

Sowohl das Einheitlichkeits- als auch das Territorialitätsprinzip nach Art. 7 Satz 1 SE-VO setzen Vorgaben für die örtliche Verknüpfung der SE: „Sitz" und „Hauptverwaltung" müssen sich im gleichen Staat und zudem innerhalb Europas befinden. Doch während sich der Begriff des „Sitzes" eindeutig als Satzungssitz auslegen lässt,[70] erweist es sich als schwierig, den Begriff der „Hauptverwaltung" i.S.d. SE-Verordnung zu bestimmen.

Hierfür ist es erforderlich, zwischen drei verschiedenen Ortsbezeichnungen zu unterscheiden: als erstes der Ort, an dem der für die Gesellschaft maßgebliche Wille gebildet wird, zweitens der, an dem dieser Wille in Geschäftsführungsakte umgesetzt wird, und drittens der Ort, an dem die Hauptaktivität der Gesellschaft vollzogen wird.

Die dritte Begriffsbestimmung, also der Vollzug der Hauptaktivität der Gesellschaft, kann dabei relativ unstreitig als Definition des Begriffes „Hauptverwaltung" ausgeschlossen werden.[71] Sie wird vielmehr mit dem Begriff der „Hauptniederlassung"

---

68 Die Frage aufwerfend *Fleischer*, AcP 204 (2004), 502, 519. Zu den verschiedenen Ansichten *Diekmann*, in: Habersack/Drinhausen, SE-Recht, Art. 7 SE-VO, Rn. 21 f.; *Ringe*, in: Lutter/Hommelhoff/Teichmann, SE, Art. 7 SE-VO, Rn. 27 ff.; *Schwarz*, SE-VO, Art. 7, Rn. 13 ff. Das überwiegend deutsche Schrifttum lehnt unter Zugrundelegung der EuGH-Judikatur einen Verstoß gegen die Niederlassungsfreiheit ab: *Altmeppen/Ego*, in: MüKo AktG, Bd. 7, Europ. Niederlassungsfreiheit, Rn. 55; *Aßmann*, Steuer&Studium 2006, 131, 132; *Bachmann*, ZEuP 2008, 32, 52; *M. Casper*, in: Spindler/Stilz, AktG, Art. 7 SE-VO, Rn. 2; *ders./Weller*, NZG 2009, 681, 682 f.; *Ehricke*, in: Lutter/Hommelhoff/Teichmann, SE, Art. 64 SE-VO, Rn. 4; *Eidenmüller*, in: Baums/Cahn, Die Europäische Aktiengesellschaft, S. 164 ff., 186; *Horn*, DB 2005, 147, 153; *Oechsler*, in: MüKo AktG, Bd. 7, Art. 7 SE-VO, Rn. 2; *C. Schäfer*, in: MüKo AktG, Bd. 7, Art. 64 SE-VO, Rn. 3; *A. Schröder*, in: Manz/Mayer/Schröder, SE, Teil B, Art. 7, Rn. 14; *Schwarz*, SE-VO, Art. 7, Rn. 16; *Teichmann*, ZGR 2011, 639, 658; *Wenz*, in: Theisen/Wenz, Die Europäische Aktiengesellschaft, S. 189 ff., 224; *H. Zimmer*, EWS 2010, 222, 226 f. Kritisch in Bezug auf die Vereinbarkeit mit der Niederlassungsfreiheit ist hingegen die italienische Literatur: *Allotti*, in: Corapi/Pernazza, La Società Europea, Art. 7 e 8, 2., S. 52 f.; *Urbani*, in: Capriglione, Società europea, Teil 3, Kap. 12, 4., S. 339; *Wymeersch*, Rivista delle società 2003, 723, 760 f.

69 SEC(2010) 1391 final, S. 11.

70 Siehe soeben Kapitel 1, A. II. 1.

71 Explizit zu Art. 7 SE-VO *Urbani*, in: Capriglione, Società europea, Teil 3, Kap. 12, 2., S. 328; vgl. auch *Mäsch*, in: Bamberger/Roth, BGB, Art. 12 EGBGB Anh II, Rn. 59; *Mucciarelli*, Società di capitali, Kap. 2, 6.2, S. 80.

einer Gesellschaft bezeichnet (vgl. Art. 54 Abs. 1 AEUV[72]). Ob die SE-Verordnung aber mit dem Terminus „Hauptverwaltung" die erste Ortsbezeichnung, also den Ort der Willensbildung, oder die zweite und damit den Ort der Umsetzung dieses Willens in Geschäftsführungsmaßnahmen meint, gilt es zu erörtern.

a) Unterschiedliche Definitionen von „Hauptverwaltung"

Im deutschen (internationalen) Gesellschaftsrecht wird unter der Hauptverwaltung (meist als „Verwaltungssitz" bezeichnet) nach mittlerweile wohl herrschender Ansicht der Ort verstanden, an dem „die grundlegenden Entscheidungen der Unternehmensleitung effektiv in laufende Geschäftsführungsakte umgesetzt werden"[73] (zweite Begriffsbestimmung). Daher wird in der deutschen Literatur vertreten, dass entsprechend auch der Begriff der Hauptverwaltung i.S.d. SE-VO zu definieren sei.[74] Hingegen sei der Ort der maßgeblichen Willensbildung (erste Begriffsbestimmung) allein steuerrechtlich relevant und bezeichne dort den Ort der Geschäftsleitung nach § 10 AO.[75]

Im italienischen Schrifttum wird die Hauptverwaltung i.S.d. SE-Verordnung hingegen als der Ort verstanden, an dem der „‚denkende Kopf' der Gesellschaft [sitzt], also im Zentrum der Strategie- und Führungsentscheidungen" („[...] alla ‚testa pensante' della società, al centro cioè delle decisioni strategiche e gestionali.").[76] Dieser Begriffsbestimmung entspricht im Grunde auch die Definition des im

72 Vgl. *Frenz*, Handbuch Europarecht, Bd. 1, Kap. 8, § 2, D. II. 1. b) dd), Rn. 2297; *Jung*, in: Schwarze, EU-Kommentar, Art. 54 AEUV, Rn. 15; *Jürgen/Tiedje*, in: von der Groeben/Schwarze/Hatje, Europäisches Unionsrecht, Art. 54 AEUV, Rn. 10.

73 BGH v. 21.03.1986 – V ZR 10/85, BGHZ 97, 269, 272, Tz. 9; *Altmeppen/Ego*, in: MüKo AktG, Bd. 7, Europ. Niederlassungsfreiheit, Rn. 173; *Großfeld*, in: Staudinger, EGBGB/IPR/IntGesR, IntGesR, Rn. 228; *Mäsch*, in: Bamberger/Roth, BGB, Art. 12 EGBGB Anh II, Rn. 59; *H.-F. Müller*, in: Spindler/Stilz, AktG, IntGesR, Rn. 4.

74 Vgl. *Oechsler*, in: MüKo AktG, Bd. 7, Art. 7 SE-VO, Rn. 3; *Schwarz*, SE-VO, Art. 7, Rn. 9. Im Ergebnis ebenso, aber unter verordnungsautonomer Herleitung *M. Casper*, in: Spindler/Stilz, AktG, Art. 7 SE-VO, Rn. 3; *Ringe*, Die Sitzverlegung der Europäischen Aktiengesellschaft, 4. Teil, A. II. 1. c) cc), S. 204; *Schön*, in: Schön/Schindler, Die SE im Steuerrecht, II. 2. a) bb), Rn. 49.

75 RFH v. 16.06.1931 – I A 462/30, RFHE 29, 78, 78; BFH v. 07.12.1994 – I K 1/93, BStBl. II 1995, 175, 178; *Drüen*, in: Tipke/Kruse, AO, § 10 (Aug. 2014), Rn. 1 ff.; *Mössner*, in: Mössner, Steuerrecht international tätiger Unternehmen, Kap. 2, B. III. 4., Rn. 2.71; *Schädle/Eich*, DStR 2012, 2341, 2342; *Schön*, in: Schön/Schindler, Die SE im Steuerrecht, II. 2. a) bb), Rn. 50.

76 *Urbani*, in: Capriglione, Società europea, Teil 3, Kap. 12, 2., S. 326 f. Siehe auch: (differenzierend) *Allotti*, in: Corapi/Pernazza, La Società Europea, Art. 7 e 8, 1., S. 48 f.; *Arnò/Cancarini*, La società europea, 2.2, S. 27; *Ferrarini*, in: Baums/Cahn, Die Europäische Aktiengesellschaft, S. 79 ff., 90; *Mucciarelli*, Società di capitali, Kap. 2, 6.2, S. 80. Ohne Bezug zum Ort der Willensbildung hingegen *M. Colangelo*, Europa e diritto privato 2005, 147, 160.

italienischen Steuerrecht maßgeblichen Begriffs der „sede dell'amministrazione" (wörtlich: Verwaltungssitz) i.S.d. Art. 73 Abs. 3 TUIR.[77]

In Italien wird mithin der Begriff der „Hauptverwaltung" mit dem Ort des Willensbildungsprozesses verbunden, wodurch er mit der deutschen Definition vom „Ort der Geschäftsleitung" vergleichbar ist. Damit unterscheidet er sich aber vom deutschen Verständnis der „Hauptverwaltung" (besser: Verwaltungssitz), das auf den Ort der Umsetzung dieses Willens in Geschäftsführungsakte abstellt.

b) Verordnungsautonome Auslegung des Begriffes „Hauptverwaltung"

Zur Erörterung, welche Begriffsbestimmung für die SE-Verordnung maßgeblich ist, ist eine „verordnungsautonome Auslegung"[78] vorzunehmen; nur so kann dem supranationalen Charakter und dem Telos der Verordnung gerecht werden.[79]

Da für das Prinzip der Einheitlichkeit von Satzungssitz und Hauptverwaltung angebracht wird, dass der europäische Gesetzgeber keine Entscheidung zwischen der Gründungs- und der Sitztheorie fällen wollte,[80] könnte der Begriff der Hauptverwaltung nach dem Verständnis dieser Theorien auszulegen sein. Da es aber gerade an einer einheitlichen Definition des Begriffes „Hauptverwaltung"[81] nach den kollisionsrechtlichen

---

77 Zum steuerrechtlichen Begriff *Cociani*, in: Tinelli, TUIR, Art. 73, Nr. 5, S. 627; *Melis*, Il trasferimento della residenza fiscale, Kap. 2, 5.2.3., S. 226; *Peverini*, in: Fantozzi, TUIR, Art. 73, V., Rn. 4; *Sallustio*, in: Corapi/Pernazza, La Società Europea, Art. 12 della direttiva 2009/133/CE, 2., S. 342; *Zizzo*, in: Sacchetto/Alemanno, Diritto Tributario Internazionale, S. 210; *ders.*, in: Falsitta, Diritto Tributario, Parte speciale, Kap. 3, I. 5., S. 310 f.

78 *M. Casper*, in: Spindler/Stilz, AktG, Art. 7 SE-VO, Rn. 3; *Ringe*, Die Sitzverlegung der Europäischen Aktiengesellschaft, 4. Teil, A. II. 1. c), S. 200; *ders.*, in: Lutter/Hommelhoff/Teichmann, SE, Art. 7 SE-VO, Rn. 11; *Teichmann*, ZGR 2002, 383, 402 f.. Siehe auch *Bachmann*, ZEuP 2008, 32, 43; *Drinhausen/Teichmann*, in: Van Hulle/Maul/Drinhausen, SE, 3. Abschnitt, C., Rn. 14; *Schön*, in: Schön/Schindler, Die SE im Steuerrecht, II. 2. a) bb), Rn. 49.

79 Vgl. auch kürzlich EuGH v. 20.10.2011 – C-396/09 („Interedil"), ZIP 2011, 2153, 2156, Tz. 42: „[...] folgt aus den Anforderungen sowohl der einheitlichen Anwendung des Unionsrechts als auch des Gleichheitsgrundsatzes, dass die Begriffe einer unionsrechtlichen Bestimmung, die für die Ermittlung ihres Sinnes und ihrer Bedeutung nicht ausdrücklich auf das Recht der Mitgliedstaaten verweist, in der Regel in der gesamten Union eine autonome und einheitliche Auslegung erhalten müssen, die unter Berücksichtigung des Kontextes der Bestimmung und des mit der fraglichen Regelung verfolgten Ziels gefunden werden muss."

80 Siehe soeben unter Kapitel 1, A. II. 2.

81 Siehe soeben und für ein französisches Verständnis von „Hauptverwaltung" bei *Pa. Didier/Ph. Didier*, Les sociétés commerciales, Untertitel I, Kap. 2, Teil 4, § 1, 141., S. 129 f.

Theorien (mit ihren teilweise sogar unterschiedlichen Ausprägungen[82]) fehlt, ist dieser Ansatz nicht weiterführend. Eine Definition muss vielmehr davon losgelöst erfolgen.

Hierbei erscheint es hilfreich, die Fälle zu betrachten, in denen der (erste) Begriff des Ortes der maßgeblichen Willensbildung und der (zweite) Begriff des Ortes der Umsetzung in Geschäftsführungsakte in der Praxis tatsächlich unterschiedliche Orte bestimmen.

Dies kann zum einen dann erfolgen, wenn die Entscheidungen der Gesellschaft maßgebend durch einen Gesellschaft*er* bestimmt werden.[83] In diesem Fall findet der Willens*bildungs*prozess beim Gesellschafter statt, während die *Umsetzung* in laufende Geschäftsführungsakte weiterhin durch die Geschäftsführung der Gesellschaft erfolgt. Zum anderen wird in der Literatur aufgeführt, dass die beiden Ortsbezeichnungen bei Holdinggesellschaften auseinanderfallen können, wenn der Wille der Holding nicht an dem Ort ihrer Geschäftsleitungsorgane, sondern erst „durch eine gesonderte Controlling-Abteilung" am Ort der jeweiligen Tochtergesellschaft(en) umgesetzt wird.[84]

Die Besonderheit der Fälle liegt mithin darin, dass einer der beiden Ortsbestimmungen ausnahmsweise nicht am Tätigkeitsort der Geschäftsleitungsorgane liegt: beim ersten Fall ist der Ort der Willensbildung beim einflussnehmenden Gesellschafter und im zweiten Fall befindet sich der Ort der Umsetzung des Willens in Geschäftsführungsakte bei der/den Tochtergesellschaft(en). Würde sich das Erfordernis der Einheitlichkeit nach Art. 7 Satz 1 SE-VO auf eben diese Begriffsbestimmungen beziehen, hätte das zur Konsequenz, dass sich der Gesellschafter bzw. die Tochtergesellschaften (besser: ihre Geschäftsleitungen) im Satzungssitzstaat der SE befinden müssten. Ein solches Ergebnis würde aber im Widerspruch zu dem Prinzip der Mehrstaatlichkeit der SE stehen, das nicht nur in Art. 2 SE-VO in Bezug auf die

---

82 *Altmeppen/Ego*, in: MüKo AktG, Bd. 7, Europ. Niederlassungsfreiheit, Rn. 172. Zudem *Cavallaro*, Il diritto fallimentare delle società commerciali 2005, 951, 952. Italien selbst folgt keiner der beiden Theorie-„Arten", vgl. *Arnò/Cancarini*, La società europea, 2.2, S. 27; *G. Colangelo*, Corriere giuridico 2003, 307, 308; *Ferrarini*, in: Baums/Cahn, Die Europäische Aktiengesellschaft, S. 79 ff., 92; *Kindler*, Einführung in das italienische Recht, 4. Teil, § 21, VII., Rn. 37 ff.; *Schwarz*, Europäisches Gesellschaftsrecht, 2. Teil, B. II. 3. d) aa) (3) (b), Rn. 164. Zu Besonderheiten im französischen Recht *Cozian/Viandier/Deboissy*, Droit des sociétés, Erster Teil, Kap. 2, Teil 3, Unterteil 3, § 1, S. 127 f.

83 Dafür ist eine einfache Einflussnahme nicht ausreichend; vielmehr ist dies „nur dann [der Fall], wenn der Gesellschafter in den gewöhnlichen Geschäftsverkehr hineinreden kann und hineinredet, wenn er sich dauernd über die einzelnen Geschäfte auf dem laufenden halten lässt und die Abwicklung der laufenden Geschäfte durch seine Entscheidung maßgebend beeinflusst", RFH v. 11.07.1940 – III 135/39, RStBl. 1940, 706, 707. Siehe auch *Debatin*, BB 1988, 1155, 1159; *Mössner*, in: Mössner, Steuerrecht international tätiger Unternehmen, Kap. 2, B. III. 4., Rn. 2.71.

84 *Eilers/Wienands*, IStR 1999, 289, 292. Zustimmend *Schön*, in: Schön/Schindler, Die SE im Steuerrecht, II. 2. a) bb), Rn. 51.

Gründung ihren Niederschlag findet,[85] sondern auch in den Erwägungsgründen der SE-Verordnung[86], in denen die Möglichkeit der SE einer grenzüberschreitenden Konzernbildung besonders hervorgehoben wird.

Nach dem Telos der SE-Verordnung kann daher als Ort der Hauptverwaltung i.S.d. SE-VO keiner der beiden Begriffsbestimmungen relevant sein. Vielmehr bezieht sich die Hauptverwaltung stets auf den Ort, an dem die Geschäftsleitung selbst tätig ist (im dualistischen System das Leitungsorgan, Art. 39 Abs. 1 SE-VO, und im monistischen System das Verwaltungsorgan, Art. 43 Abs. 1 SE-VO). Dieses Verständnis entspricht außerdem dem im europäischen Primärrecht (Art. 54 Abs. 1 AEUV) verwandten Begriff der Hauptverwaltung, für den *Troberg* und *Tiedje* präzisieren, dass „bei einer in einem Konzern eingebundenen Gesellschaft [...] nicht der Sitz der Konzernleitung, sondern der Organe desjenigen abhängigen Unternehmens [ausschlaggebend sei], welches das Niederlassungsrecht in Anspruch nehmen will."[87]

c) Konsequenzen für den Wegzug der SE

Die verordnungsautonome Auslegung des Begriffs der Hauptverwaltung hat zur Folge, dass der Begriff nach der SE-VO nicht immer mit den steuerrechtlichen Begriffen des Ortes der Geschäftsleitung nach § 10 AO bzw. der „sede dell'amministrazione" (wörtlich: Verwaltungssitz) i.S.d. Art. 73 Abs. 3 TUIR zusammenfällt. Denn die steuerrechtlichen Begriffe stellen auf den Ort der Willensbildung ab, der in dem soeben geschilderten Fall des einflussnehmenden Mehrheitsgesellschafters ausnahmsweise nicht mit dem Ort übereinstimmt, an dem die Geschäftsleitungsorgane tätig werden.

Beim Grenzübertritt der SE ist im Hinblick auf die steuerrechtlichen Folgen daher genau zu beachten, ob durch den (SE-VO-rechtlichen) Wegzug der Hauptverwaltung auch der (steuerrechtliche) Ort der Geschäftsleitung über die Grenze zieht. Entsprechende steuerrechtliche Folgen finden in Kapitel 4 der Arbeit Erörterung.

---

85 Siehe Kapitel 1, A. II. 1.

86 Siehe insbesondere Erwägungsgründe Nr. 10 und 11. Hierzu *Habersack*, ZGR 2003, 724, 724 f.; *Schwarz*, SE-VO, Einl., Rn. 163.

87 *Troberg*/*Tiedje*, in: von der Groeben/Schwarze, EU/EG, Art. 48 EG, Rn. 9. Siehe auch *Bischoff*, in: Constantinesco u. a., Traité instituant la CEE, Art. 58, S. 303, 306, zitiert bei *Ferrarini*, in: Baums/Cahn, Die Europäische Aktiengesellschaft, S. 79 ff., 90: „[...] centre de décision, là où siègent les organes de la société et où s'établit la politique général de l'entreprise." („[...] Zentrum der Entscheidungen, dort, wo die Organe der Gesellschaft tagen und wo die Hauptpolitik des Unternehmens festgelegt wird."); *Jung*, in: Schwarze, EU-Kommentar, Art. 54 AEUV, Rn. 15. Dahingehend, aber einschränkend für die SE, sogar *Ringe*, Die Sitzverlegung der Europäischen Aktiengesellschaft, 4. Teil, A. II. 1. c) ee), S. 206.

4. *Der Verweis auf nationale Vorschriften des Aktienrechts*

Während die ersten Entwürfe zur SE-Verordnung noch detaillierte Einzelregelungen vorsahen, sind diese im Laufe der Entstehungsgeschichte der SE größtenteils wieder entnommen worden.[88] Die dadurch entstandenen Regelungslücken werden nun nach Art. 9 Abs. 1 lit. c, ii SE-VO durch die aktienrechtlichen Regelungen des Mitgliedstaates, in dem sich der Satzungssitz der SE befindet, ausgefüllt.

Der Verweis auf die Rechtsvorschriften des Sitzmitgliedstaates führt bei der grenzüberschreitenden Sitzverlegung der SE dazu, dass sich das auf die Gesellschaft sekundär anwendbare Recht ändert.[89] In der von der EU-Kommission durchgeführten Umfrage ist hierzu kritisch angemerkt worden, dass „the current drafting of the SE Statute does not solve problems with differences in national rules when transferring the seat of the SE."[90]

Erörterungsbedürftig bei dem Verweis auf die nationalen Vorschriften ist insbesondere die im deutschen Schrifttum diskutierte Frage nach dem Bezugsobjekt des Verweises, also ob ein unmittelbarer Bezug auf das nationale *Sach*recht besteht oder ob auch das nationale *Kollisions*recht vom Verweis erfasst ist.

Ein Großteil der Literatur vertritt diesbezüglich, dass sich der Verweis für die Rechtsgebiete, die dem Anwendungsbereich der SE-Verordnung unterfallen, unmittelbar auf das nationale Sachrecht beziehe.[91] Ein Einbezug auch des nicht-harmonisierten Kollisionsrechtes würde aufgrund der daran anknüpfenden Weiter- und Rückverweisungen in andere Rechtsordnungen zu Rechtsunsicherheit führen.[92] Dabei ist allerdings die Frage, welche Rechtsgebiete der SE-Verordnung unterliegen, wiederum umstritten: Nach *Schwarz* ist der Anwendungsbereich der SE-VO

---

88 Siehe Kapitel 1, A. I.

89 *Allotti*, in: Corapi/Pernazza, La Società Europea, Art. 7 e 8, 3., S. 56; *Horn*, DB 2005, 147, 147; *IDW HFA*, FN 2007, 506, 506; *Knittel/Eble*, BB 2008, 2283, 2283 f.; *Minervini*, Riv. dir. comm. 1992, 7, 10, Rn. 16; *Ringe*, in: Lutter/Hommelhoff/Teichmann, SE, Art. 8 SE-VO, Rn. 7; *A. Schröder*, in: Manz/Mayer/Schröder, SE, Teil B, Art. 8, Rn. 5, 18; *Schwarz*, SE-VO, Art. 8, Rn. 67; *Teichmann*, in: Van Hulle/Maul/Drinhausen, SE, 7. Abschnitt, I. 3.

90 SEC(2010) 1391 final, S. 12. Kritisch zu den Verweisen auch *Laurini*, Rivista del notariato 1993, 757, 770; *Guaccero*, Vita notarile 1993, 517, 521; *Paciello*, Riv. dir. dell'impresa 2001, 317, 327 f.

91 *C. Schäfer*, in: MüKo AktG, Bd. 7, Art. 9 SE-VO, Rn. 3, 7; *Schwarz*, SE-VO, Einl., Rn. 49, 128, Art. 9, Rn. 25; (zum Entwurf von 1991) *ders.*, Europäisches Gesellschaftsrecht, 4. Teil, C. III. 1. c) aa), Rn. 1100. Siehe auch *M. Casper*, in: Spindler/Stilz, AktG, Art. 9 SE-VO, Rn. 6; *Horn*, DB 2005, 147, 147; *Kuhn*, in: Jannott/Frodermann, Handbuch der Europäischen Aktiengesellschaft, Kap. 2, II. 3.1, Rn. 20; *Mäsch*, in: Bamberger/Roth, BGB, Art. 12 EGBGB Anh II, Rn. 44a. Dahingehend zudem *Habersack*, ZGR 2003, 724, 727 f., und (noch) *Hommelhoff*, in: Lutter/Hommelhoff, Die Europäische Gesellschaft, S. 5 ff., 19.

92 *Kuhn*, in: Jannott/Frodermann, Handbuch der Europäischen Aktiengesellschaft, Kap. 2, II. 3.1, Rn. 20; *Schwarz*, SE-VO, Einl., Rn. 128.

denkbar weit gefasst, so dass für alle Rechtsbereiche ein unmittelbarer Verweis auf das nationale Sachrecht vorliege.[93] Zumeist wird der Anwendungsbereich der SE-Verordnung aber auf das Gesellschaftsrecht beschränkt[94] mit der Folge, dass auf die SE für gesellschaftsrechtliche Fragen das Sachrecht des Sitzstaates, für die übrigen Rechtsgebiete hingegen das jeweilige Kollisionsrecht herangezogen werden müsste.

Nach einer zweiten, hauptsächlich von *Hommelhoff* und *Teichmann* vertretenen Ansicht bezieht sich der Verweis der SE-VO zunächst auf das nationale Kollisionsrecht, bevor über das anwendbare Sachrecht entschieden werden könne.[95] Nur so könne die in Art. 10 SE-VO geforderte Gleichbehandlung der SE mit den nationalen Aktiengesellschaften erreicht werden.[96]

Betrachtet man zunächst den Bereich des Gesellschaftsrechts, so würde ein Verweis auf das nationale Kollisionsrecht bedeuten, dass auf die SE – je nach Sitzmitgliedstaat – die Sitz- oder die Gründungstheorie Anwendung fände. Das auf die SE anzuwendende Sachrecht würde davon abhängen, welcher Theorie der jeweilige Satzungssitzstaat folgt. In Bezug auf die SE wollte der europäische Gesetzgeber aber gerade vermeiden, dass ein Streit um die „richtige" Theorie aufkommen könnte.[97] Bereits durch das Gebot der Einheitlichkeit von Satzungssitz und Hauptverwaltung nach Art. 7 Satz 1 SE-VO hat er versucht, die Problematik zu umgehen und beide Theorien zu einem gleichen Ergebnis zu führen.[98] Dies ist aber nur ansatzweise gelungen: Denn die kollisionsrechtlichen Theorien werden teilweise mit

93 *Schwarz*, SE-VO, Einl., Rn. 56 ff., Art. 9, Rn. 7, 37.

94 *M. Casper*, in: Spindler/Stilz, AktG, Art. 9 SE-VO, Rn. 6, 11; *Habersack*, ZGR 2003, 724, 727 f.; *Hommelhoff/Teichmann*, in: Lutter/Hommelhoff/Teichmann, SE, Art. 9 SE-VO, Rn. 22; *A. Schröder*, in: Manz/Mayer/Schröder, SE, Teil B, Art. 9, Rn. 26. Vgl. auch *C. Schäfer*, in: MüKo AktG, Bd. 7, Art. 9 SE-VO, Rn. 7.

95 *Hommelhoff/Teichmann*, in: Lutter/Hommelhoff/Teichmann, SE, Art. 9 SE-VO, Rn. 28 ff. (anders noch *Hommelhoff*, in: Lutter/Hommelhoff, Die Europäische Gesellschaft, S. 5 ff., 19). Zudem *Maul*, in: Lutter/Hommelhoff, Die Europäische Gesellschaft, S. 249 ff., 250; *dies.*, in: Theisen/Wenz, Die Europäische Aktiengesellschaft, S. 457 ff., 466; *Paciello*, Riv. dir. dell'impresa 2001, 317, 328; *A. Schröder*, in: Manz/Mayer/Schröder, SE, Teil B, Art. 7, Rn. 12, Art. 9, Rn. 23. Vgl. auch die Auffassung des französischen Gesetzgebers, der in Art. L.229-1 Abs. 3 Satz 1 Code de commerce bestimmt, dass auf die SE die kollisionsrechtlichen Bestimmungen des Art. L.210-3 Code de commerce Anwendung finden; hierzu *Cozian/Viandier/Deboissy*, Droit des sociétés, Zweiter Teil, Kap. 3, S. 711; *Pa. Didier/Ph. Didier*, Les sociétés commerciales, Untertitel II, Kap. 6, 986., S. 758.

96 *Hommelhoff/Teichmann*, in: Lutter/Hommelhoff/Teichmann, SE, Art. 9 SE-VO, Rn. 29; *A. Schröder*, in: Manz/Mayer/Schröder, SE, Teil B, Art. 9, Rn. 23.

97 Vgl. Erwägungsgrund Nr. 27 der SE-Verordnung. Siehe auch *M. Colangelo*, Europa e diritto privato 2005, 147, 165: „il principio di neutralità" („das Prinzip der Neutralität").

98 Siehe Kapitel 1, A. II. 2. Dies betont *Teichmann*, ZGR 2002, 383, 397.

ganz unterschiedlichen Ausprägungen vertreten,[99] nach denen zur Ermittlung des anwendbaren Rechtes beispielweise neben der Hauptverwaltung auch die Hauptniederlassung ausschlaggebend sein kann.[100] Zudem besteht unter den Mitgliedstaaten keine einheitliche Definition des Begriffes „Hauptverwaltung“[101], wodurch es ebenfalls zu unterschiedlichen Ergebnissen bei der Ermittlung des anwendbaren Sachrechtes kommen kann.

Eine Auswirkung der verschiedenen kollisionsrechtlichen Theorien kann allein dadurch vollständig vermieden werden, dass der Verweis auf das nationale Gesellschaftsrecht in Art. 9 Abs. 1 lit. c, ii SE-VO unmittelbar das Sachrecht und nicht auch das Kollisionsrecht umfasst.

Bei Rechtsgebieten außerhalb des Gesellschaftsrechts, beispielsweise beim Schuld- oder Sachenrecht, erscheint es hingegen sachgerecht, auch das Kollisionsrecht auf die SE anzuwenden. Denn in der Tat würde es merkwürdig anmuten, wenn sich die Folgen einer von der SE begangenen unerlaubten Handlung nach dem Sachrecht ihres Sitzmitgliedstaates und nicht, wie es bspw. Art. 40 EGBGB im deutschen Kollisionsrecht vorschreibt, nach dem Sachrecht des Staates richten würden, in dem sie gehandelt hat. In den Rechtsgebieten außerhalb des Gesellschaftsrechtes ist daher zunächst das Kollisionsrecht des Satzungssitzstaates der SE anzuwenden, um sodann das maßgebliche Sachrecht zu ermitteln.

Damit ist im Ergebnis der Ansicht zuzustimmen, die für das (unstreitig) von der SE-Verordnung erfasste Gesellschaftsrecht einen Verweis auf das Sachrecht annimmt, in anderen Rechtsgebieten hingegen das jeweilige Kollisionsrecht heranzieht.

---

99 *Altmeppen/Ego*, in: MüKo AktG, Bd. 7, Europ. Niederlassungsfreiheit, Rn. 172: „Es gibt weder ‚die‘ Sitztheorie noch ‚die‘ Gründungstheorie.“; *Cavallaro*, Il diritto fallimentare delle società commerciali 2005, 951, 952. Zur Mischung der Theorien nach italienischem Kollisionsrecht siehe *Arnò/Cancarini*, La società europea, 2.2, S. 27; *Cavallaro*, Il diritto fallimentare delle società commerciali 2005, 951, 953; *G. Colangelo*, Corriere giuridico 2003, 307, 308; *Ferrarini*, in: Baums/Cahn, Die Europäische Aktiengesellschaft, S. 79 ff., 92; *Kindler*, Einführung in das italienische Recht, 4. Teil, § 21, VII., Rn. 37 ff.; *ders.*, RabelsZ 61 (1997), 227, 281 ff.; *Righini*, Contratto e impresa 2006, 755, 775 ff.; *Wymeersch*, Rivista delle società 2003, 723, 733, 735. Zu Besonderheiten im französischen Recht *Cozian/Viandier/Deboissy*, Droit des sociétés, Erster Teil, Kap. 2, Teil 3, Unterteil 3, § 1, S. 127 f.

100 So teilweise im italienischen Kollisionsrecht nach Art. 25 Abs. 1 des Gesetzes v. 31.05.1995, Nr. 218, Suppl. ordinario Nr. 68 der Gazzetta Ufficiale Nr. 128 v. 03.06.1995. Hierzu *Cavallaro*, Il diritto fallimentare delle società commerciali 2005, 951, 953; *Kindler*, Einführung in das italienische Recht, 4. Teil, § 21, VII., Rn. 37 ff.; *ders.*, RabelsZ 61 (1997), 227, 283; *Schwarz*, Europäisches Gesellschaftsrecht, 2. Teil, B. II. 3. d) aa) (3) (b), Rn. 164.

101 Zu der daher erforderlichen verordnungsautonomen Auslegung des Begriffes „Hauptverwaltung“ siehe soeben Kapitel 1, A. II. 3. b).

B. „Das“ Bilanz- und „das“ Steuerrecht der SE

Die SE-Verordnung enthält weder Vorgaben für die Rechnungslegung der SE noch für ihre Besteuerung. Damit ist in diesen Bereichen allein Mitgliedstaatenrecht anwendbar. Das bedeutet, dass es für die SE nicht *das* Bilanzrecht oder *das* Steuerrecht gibt, sondern 28 (mit dem EWR sogar 31) verschiedene.

Die Rechnungslegungsvorschriften der Mitgliedstaaten sind zwar mittels Richtlinien (zunächst durch die vierte und die siebente gesellschaftsrechtliche Richtlinie[102], nun durch die Bilanzrichtlinie[103]) angenähert worden und für den konsolidierten Abschluss kapitalmarktorientierter Gesellschaften schreibt Art. 4 der IAS-Verordnung[104] sogar einheitlich die Anwendung der ins EU-Recht übernommenen (sog. endorsed)[105] Internationalen Rechnungslegungsstandards (International Financial Reporting Standards, IFRS) vor. Für die nicht einheitlich geregelten Abschlüsse und damit insbesondere für den Jahresabschluss, ergeben sich aber trotz Harmonisierung weiterhin Unterschiede in den Rechnungslegungsvorgaben der Mitgliedstaaten.

In Bezug auf das Steuerrecht ist eine Harmonisierung bei den indirekten Steuern, insbesondere durch die Umsatzsteuerrichtlinie[106], erfolgt. Im Ertragsteuerrecht sind aber nur vereinzelte Maßnahmen, wie die Mutter-Tochter-Richtlinie[107] und die Fusionsrichtlinie[108], getroffen worden. Auch sind entsprechende Regelungen aufgrund

---

102 Vierte Richtlinie 78/660/EWG des Rates v. 25.07.1978, mehrfach modifiziert, zuletzt durch die Richtlinie 2009/49/EG des Europäischen Parlaments und des Rates v. 18.06.2009, und siebente Richtlinie 83/349/EWG des Rates v. 13.06.1983, mehrfach modifiziert, zuletzt durch die Richtlinie 2009/49/EG des Europäischen Parlaments und des Rates v. 18.06.2009.

103 Richtlinie 2013/34/EU des Europäischen Parlaments und des Rates v. 26.06.2013, ABl. L 182 vom 29.06.2013, S. 19 ff.

104 Verordnung (EG) Nr. 1606/2002 des Europäischen Parlaments und des Rates v. 19.07.2002.
Mit dem Bericht der Kommission an das Europäische Parlament und den Rat zur Bewertung der Verordnung (EG) Nr. 1606/2002 vom 19.7.2002 betreffend die Anwendung Internationaler Rechnungslegungsstandards v. 18.6.2015, COM(2015) 301 final, hat die Kommission eine durchaus positive Bilanz gezogen sowie Verbesserungsmöglichkeiten aufgezeigt.

105 Zum sog. Endorsementprozess siehe *Driesch*, in: Beck'sches IFRS-Handbuch, § 1, Rn. 70 ff.; *Hennrichs*, in: MüKo Bilanzrecht, Bd. 1, Einf (Juli 2008), Rn. 48; *Lanfermann/Röhricht*, BB 2008, 826, 826 ff.; *Scognamiglio*, in: A.B.I., IAS/IFRS, S. 29 ff., 39 ff.; *Theile*, in: Heuser/Theile, IFRS, Rn. 55 ff.; *Venuti*, Il bilancio di esercizio fino agli IFRS, Teil 3, 10.3., S. 362 ff.; *Wojcik*, Die IAS/IFRS als europäisches Recht.

106 Achte Richtlinie 79/1072/EWG des Rates v. 06.12.1979, Abl. 1979 L 331.

107 Richtlinie 90/435/EWG des Rates v. 23.07.1990, Abl. 1990 L 225, geändert durch Richtlinie 2003/123/EG des Rates v. 22.12.2003, Abl. 2004 L 7, neugefasst durch Richtlinie 2011/96/EU des Rates v. 30.11.2011, Abl. 2011 L 345/8.

108 Richtlinie 90/434/EWG v. 23.07.1990, Abl. 1990 L 225/1, geändert durch Richtlinie 2005/19/EG des Rates v. 17.02.2005, Abl. 2005 L 58, und neu gefasst durch Richtlinie 2009/133/EG des Rates v. 19.10.2009, Abl. 2009 L 310/34.

des Einstimmigkeitserfordernisses nach Art. 115 AEUV (Art. 94 EG a. F.)[109] kaum durchsetzbar, so dass es weitestgehend nicht-harmonisiert bleibt.

I. Das auf die SE anzuwendende Bilanzrecht

Für die Aufstellung des Jahresabschlusses und des konsolidierten Abschlusses enthält die Vorschrift des Art. 61 SE-VO einen speziellen Verweis auf die nationalen Rechnungslegungsvorschriften des Satzungssitzmitgliedstaates. Ein gesonderter Regelungsgehalt kommt Art. 61 SE-VO im Vergleich zu Art. 9 Abs. 1 lit. c, ii SE-VO jedoch nicht zu.[110] Die Vorschrift begründet sich vielmehr historisch[111] dadurch, dass in dem Entwurf von 1991 noch ein Verweis auf die Bilanzrichtlinien vorgesehen war, der nun durch den Verweis auf die Mitgliedstaatenrechte ersetzt wurde.

Als *lex specialis* zu Art. 61 SE-VO gibt Art. 62 SE-VO vor, dass auf die SE spezifischer Geschäftszweige (Kredit-, Finanzinstitut, Versicherungsunternehmen) nicht nur die allgemeinen Rechnungslegungsvorschriften, sondern die speziell für diese Unternehmen in Umsetzung der EU-Richtlinienvorgaben erlassenen Vorschriften Anwendung finden. Im Einzelnen verweist Art. 62 Abs. 1 SE-VO auf die Kreditinstituterichtlinie[112] und Art. 62 Abs. 2 SE-VO auf die Versicherungsbilanzrichtlinie[113]. Der Verweis auf die Kreditinstituterichtlinie wird in der Literatur für ein mögliches Redaktionsversehen gehalten, da sie selbst keine Rechnungslegungsvorschriften enthält und vielmehr die Bankbilanzrichtlinie[114] einschlägig sei.[115] Dies könne aber dahinstehen, da die

---

109 *Bahns/Brinkmann/Gläser/Sedlaczek*, in: von der Groeben/Schwarze/Hatje, Europäisches Unionsrecht, Vorbem. zu Art. 110–113 AEUV, Rn. 4; *Eilers/Bahns/Sedlaczek*, in: von der Groeben/Schwarze, EU/EG, Vorbem. zu Art. 90–93 EG, Rn. 1; *Hey*, in: Herrmann/Heuer/Raupach, EStG/KStG, Einf. KSt (Sept. 1999), Rn. 66. Siehe auch *Kamann*, in: Streinz, EUV/AEUV, Art. 113 AEUV, Rn. 27.

110 *Fischer*, in: MüKo AktG, Bd. 7, Art. 61 SE-VO, Rn. 14; *Habersack*, in: Habersack/Drinhausen, SE-Recht, Art. 61 SE-VO, Rn. 1. Zum allgemeinen Verhältnis der Generalverweisung des Art. 9 Abs. 1 lit. c, ii SE-VO zu Spezialverweisungen der SE-VO *Hommelhoff/Teichmann*, in: Lutter/Hommelhoff/Teichmann, SE, Art. 9 SE-VO, Rn. 7.

111 *M. Casper*, in: Spindler/Stilz, AktG, Art. 61, 62 SE-VO, Rn. 1; *Fischer*, in: MüKo AktG, Bd. 7, Art. 61 SE-VO, Rn. 14; *Plendl/Niehues*, in: Theisen/Wenz, Die Europäische Aktiengesellschaft, S. 405 ff., 420.

112 Richtlinie 2000/12/EG des Europäischen Parlaments und des Rates v. 20.03.2000, mehrfach modifiziert, zuletzt durch die Richtlinie 2006/29/EG der Kommission v. 08.03.2006.

113 Richtlinie 91/674/EWG des Rates v. 19.12.1991, mehrfach modifiziert, zuletzt durch Richtlinie 2006/46/EG des Europäischen Parlaments und des Rates v. 14.06.2006.

114 Richtlinie 86/635/EWG des Rates v. 08.12.1986, mehrfach modifiziert, zuletzt durch Richtlinie 2006/46/EG des Europäischen Parlaments und des Rates v. 14.06.2006.

115 *Kleindiek*, in: Lutter/Hommelhoff/Teichmann, SE, Art. 62 SE-VO, Rn. 3; *Schwarz*, SE-VO, Art. 62, Rn. 6. Kritisch auch *M. Casper*, in: Spindler/Stilz, AktG, Art. 61, 62 SE-VO, Rn. 6; *Fischer*, in: MüKo AktG, Bd. 7, Art. 62 SE-VO, Rn. 2; *Lanfermann*,

nationalen Umsetzungsregelungen der Bankbilanzrichtlinie bereits von dem Verweis der Art. 61, 9 Abs. 3 SE-VO erfasst seien[116] und somit Art. 62 eine rein deklaratorische Bedeutung zukomme.[117]

1. *Unmittelbarer Verweis auf das bilanzielle Sachrecht des Sitzmitgliedstaates der SE*

Wie für jeden Verweis der SE-VO auf nationale Rechtsvorschriften ist auch für das Bilanzrecht klärungsbedürftig, ob ein unmittelbarer Bezug auf das Sachrecht des Sitzmitgliedstaates vorliegt oder ob zunächst das nationale Kollisionsrecht anzuwenden ist, wodurch es zu Weiterverweisungen auf die Rechnungslegungsvorschriften anderer Mitgliedstaaten kommen könnte. Da die SE-Verordnung nach hier vertretener Auffassung für das Gesellschaftsrecht einen unmittelbaren Verweis auf das nationale Sachrecht, für Rechtsgebiete außerhalb des Gesellschaftsrechts hingegen zunächst einen Verweis auf das Kollisionsrecht vorsieht,[118] ist es entscheidend, ob das Bilanzrecht als Teil des Gesellschaftsrechts[119] oder vielmehr des öffentlichen Rechtes[120] zu klassifizieren ist.

Die Einordnung des Bilanzrechts fällt jedoch nicht leicht, da es auf der Schneide zwischen beiden Rechtsgebieten steht: auf der einen Seite kann ihm sein öffentlichrechtlicher Charakter durch die im öffentlichen Interesse stehende Kontrollfunktion nicht abgesprochen werden,[121] auf der anderen Seite enthält das Bilanzrecht aber auch gesellschaftsrechtliche Elemente, wie die Ausschüttungsbemessung als

---

in: Van Hulle/Maul/Drinhausen, SE, 10. Abschnitt, II., Rn. 3; *Plendl/Niehues*, in: Theisen/Wenz, Die Europäische Aktiengesellschaft, S. 405 ff., 417.

116 *Fischer*, in: MüKo AktG, Bd. 7, Art. 62 SE-VO, Rn. 5; *Kleindiek*, in: Lutter/Hommelhoff/Teichmann, SE, Art. 62 SE-VO, Rn. 3; *Schwarz*, SE-VO, Art. 62, Rn. 6.

117 *Schwarz*, SE-VO, Art. 62, Rn. 4, 8. Siehe auch *Fischer*, in: MüKo AktG, Bd. 7, Art. 62 SE-VO, Rn. 5.

118 Siehe soeben Kapitel 1, A. II. 4.

119 *Graf/Bisle*, IStR 2004, 873, 873 f.; *Mäsch*, in: Bamberger/Roth, BGB, Art. 12 EGBGB Anh II, Rn. 73; *H.-F. Müller*, in: Spindler/Stilz, AktG, IntGesR, Rn. 42. Nach *Großfeld*, in: Staudinger, EGBGB/IPR/IntGesR, IntGesR, Rn. 362, 583, regelt internationalprivatrechtlich (unabhängig von der sonstigen Einordnung) das Gesellschaftsstatut die Rechnungslegung. Unabhängig von der Einordnung im internationalen Privatrecht siehe *Claussen*, in: Kölner Kommentar Rechnungslegung, Einl., Rn. 67 ff., der die Buchführungspflicht als „zivilrechtliche Verpflichtung" klassifiziert.

120 *Kindler*, in: MüKo BGB, Bd. 11, IntGesR, Rn. 273; *Schumann*, ZIP 2007, 1189, 1190. Unabhängig von der Einordnung im internationalen Privatrecht *Merkt*, in: Baumbach/Hopt, HGB, 34. Aufl., § 238, Rn. 4; *Pöschke*, in: Staub, Großkomm. HGB, Bd. 5, § 238, Rn. 3; *Schulze-Osterloh*, in: Baumbach/Hueck, GmbHG, 18. Aufl., § 41, Rn. 1.

121 Im Einzelnen, wenn auch kritisch in Bezug auf die Formulierung des „öffentlichrechtlichen Interesses", *Icking*, Die Rechtsnatur des Handelsbilanzrechts, S. 168 ff. Siehe auch *Schumann*, ZIP 2007, 1189, 1190.

bilanzgestützter Gläubigerschutz.[122] *Hennrichs* spricht daher eingängig von „öffentliche[m] Gesellschaftsrecht".[123]

Für die hier allein interessierende Klassifizierung des Bilanzrechts i.S.d. Verweisungsnormen der SE-Verordnung bedarf es einer verordnungsautonomen Betrachtungsweise. Dabei spricht für eine Einordnung als Teil des Gesellschaftsrechts zum einen die (wenn auch vorwiegend historisch begründete)[124] Vorschrift des Art. 61 SE-VO, durch die in die grundsätzlich von gesellschaftsrechtlichen Regelungen geprägte SE-Verordnung auch das Bilanzrecht einsortiert wird. Zum anderen – und dies ist bedeutsamer – sieht die zweite Gesellschaftsrechtsrichtlinie[125] (in Art. 15 und 16) für Aktiengesellschaften und damit auch für die SE (vgl. Art. 5, 10 SE-VO) einen auf der Ausschüttungsbemessung beruhenden und daher bilanzgestützten Gläubigerschutz vor.[126] Damit dieser möglich ist, sollten Kapitalerhaltungs- und die Bilanzierungsregeln aufeinander abgestimmt und in einem einheitlichen Rechtssystem geregelt sein.[127] Wird für das Kapitalerhaltungsrecht als Teil des Gesellschaftsrechts nach Art. 5, 9 Abs. 1 lit. c, ii SE-VO auf das Sachrecht des Satzungssitzmitgliedstaates verwiesen, so muss dies daher ebenfalls für das Bilanzrecht gelten.[128] Mithin bezieht sich der Verweis auf das nationale Mitgliedstaatenrecht für den Bereich der Rechnungslegung unmittelbar auf das Sachrecht.[129]

2. *Auf die „deutsche" SE anzuwendendes Bilanzrecht*

Durch den Verweis des Art. 61 SE-VO auf das Sachrecht einer nationalen Aktiengesellschaft des Satzungssitzmitgliedstaates hat die SE mit satzungsmäßigem Sitz in Deutschland ihren Jahresabschluss nach den §§ 238 ff., 264 ff. HGB, 150 ff.

122 *Graf/Bisle*, IStR 2004, 873, 874; *Hennrichs*, in: FS Horn, 2006, S. 387 ff., 392. Vgl. auch *Schwarz*, SE-VO, Art. 61, Rn. 2: „[...] Rechnungslegungsvorschriften, die als Korrelat für die [....] Haftungsbeschränkung effektiven Gläubigerschutz gewährleisten [...]."

123 *Hennrichs*, in: FS Horn, 2006, S. 387 ff., 391.

124 Siehe soeben Kapitel 1, B. I.

125 Richtlinie 77/91/EWG des Rates v. 13.12.1976, geändert durch Richtlinie 92/101/EWG des Rates v. 23.11.1992, Richtlinie 2006/68/EG des Europäischen Parlaments und des Rates v. 06.09.2006 sowie Richtlinie 2009/109/EG des Europäischen Parlaments und des Rates v. 16.09.2009, neugefasst durch Richtlinie 2012/30/EU des Europäischen Parlaments und des Rates v. 25.10.2012, Abl. 2012 L 315/74.

126 Hierauf verweist – in anderem Zusammenhang – auch *Kleindiek*, in: Lutter/Hommelhoff/Teichmann, SE, Art. 61 SE-VO, Rn. 10. Vgl. zudem *Fischer*, in: MüKo AktG, Bd. 7, Art. 61 SE-VO, Rn. 3.

127 Auf die „Funktionszusammenhänge" von Gesellschafts- und Bilanzrecht verweist auch *Hennrichs*, in: FS Horn, 2006, S. 387 ff., 392.

128 Im Ergebnis auch *Wenz*, in: Kölner Kommentar AktG, Art. 61 SE-VO, Rn. 6. Vgl. zudem *Fischer*, in: MüKo AktG, Bd. 7, Art. 61 SE-VO, Rn. 4.

129 Im Ergebnis ebenso *M. Casper*, in: Spindler/Stilz, AktG, Art. 61, 62 SE-VO, Rn. 1; *C. Schäfer*, in: MüKo AktG, Bd. 7, Art. 9 SE-VO, Rn. 9.

AktG[130] aufzustellen. Dabei ergibt sich die Pflicht zur Buchführung und Bilanzierung unmittelbar aus dem Verweis des Art. 61 SE-VO auf die Vorschriften der nationalen Aktiengesellschaft, die nach § 3 Abs. 1 AktG i.V.m. § 6 Abs. 1 HGB Formkaufmann und daher gem. §§ 238 Abs. 1 Satz 1, 242 Abs. 1 Satz 1 HGB zur Buchführung und Bilanzierung verpflichtet ist.[131] Unerheblich ist die Beurteilung der (von der herrschenden Ansicht mit unterschiedlichen Argumenten bejahten)[132] Eigenschaft der SE selbst als Formkaufmann.

Die Aufstellung des konsolidierten Abschlusses unterliegt in Deutschland den Vorschriften der §§ 290 ff. HGB oder nach Wahl (Art. 5 lit. b IAS-VO, § 315a Abs. 3 Satz 1 HGB) und bei kapitalmarktorientierten Gesellschaften verpflichtend (Art. 4 IAS-VO, § 315a Abs. 1, 2 HGB) nach den ins EU-Recht übernommenen IFRS.[133] Das Mitgliedstaatenwahlrecht des Art. 5 IAS-VO, auch die Aufstellung des Jahresabschlusses nach den IFRS zuzulassen oder sogar vorzuschreiben, hat der deutsche Gesetzgeber nicht wahrgenommen, so dass ein nach den IFRS aufgestellter Jahresabschluss die „deutsche" SE nicht von ihrer Rechnungslegungspflicht befreit.

Ist die SE als Kredit- oder Finanzdienstleistungsinstitut tätig, unterliegt ihr Jahresabschluss sowie der Konzernabschluss den in Umsetzung der EU-Vorgaben vorgesehenen Sondervorschriften der §§ 340 ff. HGB (Art. 62 Abs. 1, Art. 61, 9 Abs. 3 SE-VO). Ist sie als Versicherungsunternehmen tätig, gelten die §§ 341 ff. HGB (Art. 62 Abs. 2 SE-VO).[134]

---

130 *M. Casper*, in: Spindler/Stilz, AktG, Art. 61, 62 SE-VO, Rn. 3; *Fischer*, in: MüKo AktG, Bd. 7, Art. 61 SE-VO, Rn. 17; *Kleindiek*, in: Lutter/Hommelhoff/Teichmann, SE, Art. 61 SE-VO, Rn. 7 f.; *Knittel/Eble*, BB 2008, 2283, 2283 f.; *Lutter*, in: Lutter/Hommelhoff/Teichmann, SE, Einl. SE-VO, Rn. 47; *Schwarz*, SE-VO, Art. 61, Rn. 11. Siehe auch *IDW HFA*, FN 2007, 506, 506; (kritisch) *Wenz*, BC 2004, 77, 78.

131 Zutreffend *Drüen*, in: Kölner Kommentar Rechnungslegung, § 238, Rn. 4; *Pöschke*, in: Staub, Großkomm. HGB, Bd. 5, § 238, Rn. 9; a. A. hingegen *Wenz*, in: Kölner Kommentar AktG, Art. 61 SE-VO, Rn. 16.

132 *Aßmann*, Steuer&Studium 2006, 131, 133; *Fischer*, in: MüKo AktG, Bd. 7, Art. 61 SE-VO, Rn. 16; *Kleindiek*, in: Lutter/Hommelhoff/Teichmann, SE, Art. 61 SE-VO, Rn. 6; *Lutter*, in: Lutter/Hommelhoff/Teichmann, SE, Art. 1 SE-VO, Rn. 5; *Maul*, in: Van Hulle/Maul/Drinhausen, SE, 2. Abschnitt, A., Rn. 1; *A. Schröder*, in: Manz/Mayer/Schröder, SE, Teil B, Art. 1, Rn. 36; *Wenz*, in: Kölner Kommentar AktG, Art. 61 SE-VO, Rn. 18. Siehe auch *Oechsler*, in: MüKo AktG, Bd. 7, Art. 1 SE-VO, Rn. 4; *Schwarz*, SE-VO, Art. 1, Rn. 16.

133 *Fischer*, in: MüKo AktG, Bd. 7, Art. 61 SE-VO, Rn. 18 ff.; *Kleindiek*, in: Lutter/Hommelhoff/Teichmann, SE, Art. 61 SE-VO, Rn. 16 ff.; *Lutter*, in: Lutter/Hommelhoff/Teichmann, SE, Einl. SE-VO, Rn. 47; *Plendl/Niehues*, in: Theisen/Wenz, Die Europäische Aktiengesellschaft, S. 405 ff., 415.

134 *Kleindiek*, in: Lutter/Hommelhoff/Teichmann, SE, Art. 62 SE-VO, Rn. 4; *A. Schröder*, in: Manz/Mayer/Schröder, SE, Teil B, Art. 62, Rn. 5; *Schwarz*, SE-VO, Art. 62, Rn. 6, 8.

3. *Auf die „italienische" SE anzuwendendes Bilanzrecht*

Die italienische Aktiengesellschaft (società per azioni) unterliegt, wie die deutsche, unabhängig vom Betreiben eines Handelsgewerbes nach Art. 2214 Abs. 1 c.c. der Buchführungspflicht.[135] Diese Verpflichtung trifft daher nach Art. 61 SE-VO auch die in Italien ansässige SE.[136] Sie hat ihren Jahresabschluss nach den Art. 2214 ff. c.c. sowie nach den speziell im Aktienrecht geregelten Rechnungslegungsvorschriften der Art. 2423 ff. c.c. aufzustellen.[137]

Überdies hat Italien das Mitgliedstaatenwahlrecht des Art. 5 IAS-VO, den Jahresabschluss nach den IFRS verpflichtend oder freiwillig vorzusehen, – anders als Deutschland – mit dem decreto legislativo Nr. 38 vom 28. Februar 2005 (d.lgs. 38/2005)[138] umgesetzt. Danach ist es bestimmten Gesellschaften gestattet und anderen sogar vorgeschrieben, den Jahresabschluss nicht nach den Vorschriften des Codice civile, sondern nach den „endorsed" IFRS aufzustellen. Allerdings ist mittlerweile mit Gesetz vom 26. Februar 2011, Nr. 10,[139] vorgesehen worden, dass die so anwendbaren IFRS durch ein Ministerialdekret (decreto del Ministro della giustizia) mit den Vorgaben des Codice civile in Übereinstimmung zu bringen sind; ein entsprechendes Dekret ist bisher nicht erlassen worden.

Der Pflicht zur Aufstellung eines Jahresabschlusses nach den IFRS unterliegen (1) kapitalmarktorientierte Gesellschaften, die keine Versicherungsunternehmen sind, (2) Gesellschaften, die mit Finanzinstrumenten in sonstiger Weise öffentlich handeln, (3) bestimmte Finanzinstitute sowie (4) kapitalmarktorientierte Versicherungsunternehmen, wenn sie keinen konsolidierten Abschluss aufstellen, Art. 4 Abs. 1–4, Art. 2 lit. a-d d.lgs. 38/2005. Ein Wahlrecht ist für solche Gesellschaften vorgesehen, die in einen Konzernabschluss der soeben aufgelisteten Gesellschaften einbezogen sind (Art. 4 Abs. 4, Art. 2 lit. e d.lgs. 38/2005) sowie für Gesellschaften, die freiwillig den Konzernabschluss nach den IFRS aufstellen oder in einen solchen einbezogen sind (Art. 4 Abs. 5, Art. 2 lit. f, g d.lgs. 38/2005) und zuletzt sogar für Gesellschaften, die weder selbst einen konsolidierten Abschluss aufstellen noch in einen solchen einbezogen sind, allerdings erst mit Ministerialdekret, welches noch nicht erlassen wurde (Art. 4 Abs. 6, Art. 2 lit. g d.lgs. 38/2005). Ausgenommen vom Wahlrecht sind jeweils Gesellschaften, die

---

135 *Buonocore*, in: Buonocore, Diritto Commerciale, 9. Aufl., Teil 1, Kap. 1, 7.2.1.1., S. 83; *Campobasso*, Diritto Commerciale, Teil 1, II. C. 10., S. 33, IV. B. 4., S. 55, Teil 2, XVIII. 1., S. 294; *Galgano*, Diritto Commerciale, VI. 2., S. 104 f.

136 Vgl. im Ergebnis *Lemma*, in: Capriglione, Società europea, Teil 2, Kap. 9, 3., S. 246.

137 Kritisch zur Anwendung dieser nationalen Rechnungslegungsvorschriften, die (im Gegensatz zu den IFRS) nicht immer „ein Bild der Unternehmensrealität" („una visione della realtà d'impresa") widerspiegelten, *Lemma*, in: Capriglione, Società europea, Teil 2, Kap. 9, 3., S. 250.

138 Gazzetta Ufficiale Nr. 66 v. 21.03.2005, Änderungen zuletzt vorgesehen vom Entwurf zur Umsetzung der Bilanzrichtlinie, Camera dei deputati, n. 171, Schema di decreto legislativo recante attuazione della direttiva 2013/34/UE.

139 Gazzetta Ufficiale Nr. 47 v. 26.02.2011.

einen verkürzten Jahresabschluss nach Art. 2435-*bis* c.c. aufstellen, und solche, die bereits unter der verpflichtenden Anwendung der IFRS diskutiert wurden, was dazu führt, dass kapitalmarktorientierte Versicherungsunternehmen, die einen Konzernabschluss aufstellen, wie nicht-kapitalmarktorientierte Versicherungsunternehmen von dem Wahlrecht ausgeschlossen sind.[140] Mit Art. 9 des d.lgs. 139/2015 zur Umsetzung der neuen Bilanzrichtlinie ist die Anwendung der IFRS auf weitere Gesellschaften im Finanzierungsbereich ausgeweitet worden.[141]

Für den Konzernabschluss hat die italienische SE grundsätzlich die Vorgaben der Art. 25 ff. des decreto legislativo vom 9. April 1991, Nr. 127 (d.lgs. 127/1991),[142] zu befolgen. Insbesondere beim konsolidierten Abschluss kommt aber den IFRS Bedeutung zu, die nach Art. 4 IAS-VO für kapitalmarktorientierte Gesellschaften sogar verpflichtend sind. Im nationalen Recht wiederholt Art. 3 Abs. 1 d.lgs. 38/2005 diese Pflicht und weitet sie zudem auf Gesellschaften, die Finanzinstrumente in sonstiger Weise öffentlich handeln, auf bestimmte Finanzinstitute sowie auf Versicherungsunternehmen aus. Ein Wahlrecht ist für den Konzernabschluss nach Art. 3 Abs. 2 d.lgs. 38/2005 außerdem für alle übrigen Gesellschaften vorgesehen.[143]

Die EU-Richtlinien für Kredit- oder Finanzdienstleistungsinstitute hat Italien mit den decreti legislativi vom 27. Januar 1992, Nr. 87 (d.lgs. 87/1992), und vom 26. Mai 1997, Nr. 173 (d.lgs. 173/1997), umgesetzt,[144] die entsprechend von einer in diesen Geschäftszweigen tätigen SE anzuwenden sind (vgl. Art. 62, 9 Abs. 3 SE-VO).

II. Das auf die SE anzuwendende Steuerrecht

Wie zum Bilanzrecht enthält die SE-Verordnung auch keine Regelungen zur Besteuerung der SE. Doch sieht sie auch keine spezielle Verweisungsnorm vor, so dass in der Literatur umstritten ist, ob Art. 9 Abs. 1 lit. c, ii SE-VO oder Art. 10 SE-VO

---

140 Siehe *Arnò/Cancarini*, La società europea, 2.8, S. 49; *Caratozzolo*, Il bilancio d'esercizio, Einl., 5.2, S. 20 f., Teil 2, Kap. 13, 13.1, S. 1098 ff.; *Colombo*, in: A.B.I., IAS/IFRS, S. 7 ff., 8 f.; *Sabatini*, in: A.B.I., IAS/IFRS, S. 73 ff., 77; *Santesso/Sòstero*, Il bilancio, S. XI f.; *Venuti*, Il bilancio di esercizio fino agli IFRS, Teil 3, 10.4., S. 369 f.

141 Siehe im Einzelnen: *Bocchini*, Bilancio d'esercizio, Kap. 14, 7., S. 573 ff.

142 Gazzetta Ufficiale Nr. 90 S.O. Nr. 27 v. 17.04.1991, Änderungen zuletzt vorgesehen vom Entwurf zur Umsetzung der Bilanzrichtlinie, Camera dei deputati, n. 171, Schema di decreto legislativo recante attuazione della direttiva 2013/34/UE. Hierzu *Lemma*, in: Capriglione, Società europea, Teil 2, Kap. 9, 4., S. 255.

143 Siehe *Arnò/Cancarini*, La società europea, 2.8, S. 49; *Caratozzolo*, Il bilancio d'esercizio, Einl., 5.2, S. 20 f., Teil 2, Kap. 13, 13.1, S. 1098 ff.; *Colombo*, in: A.B.I., IAS/IFRS, S. 7 ff., 8 f.; *Sabatini*, in: A.B.I., IAS/IFRS, S. 73 ff., 77; *Santesso/Sòstero*, Il bilancio, S. XI f.; *Venuti*, Il bilancio di esercizio fino agli IFRS, Teil 3, 10.4., S. 369 f.

144 Änderungen zuletzt vorgesehen vom Entwurf zur Umsetzung der Bilanzrichtlinie, Camera dei deputati, n. 171, Schema di decreto legislativo recante attuazione della direttiva 2013/34/UE. *Colombo*, in: A. Palma, Il bilancio di esercizio, Kap. 5, 1., S. 75; *Sabatini*, in: A.B.I., IAS/IFRS, S. 73 ff., 74, Fn. 5.

Anwendung findet.[145] Da als Verweisnorm grundsätzlich Art. 9 SE-VO dient, könnte man meinen, dass sie auch für das Steuerrecht gilt.[146] Dem wird aber teilweise erwidert, dass Art. 9 Abs. 1 lit. c, ii SE-VO nur für den Regelungsbereich der Verordnung gelte und daher lediglich auf das Gesellschaftsrecht des Sitzmitgliedstaates Bezug nehme, nicht aber auf sonstige Rechtsgebiete wie das Steuerrecht. Die Vorschrift des Art. 10 SE-VO sei hingegen weitergehend und bedinge allgemein die Gleichstellung der SE mit nationalen Aktiengesellschaften. Daher sei sie auch für das anzuwendende Steuerrecht maßgeblich.[147]

Eine Entscheidung ist insoweit entbehrlich, als nach beiden Vorschriften die Rechtsnormen anzuwenden sind, die für eine nationale AG gelten. Dies bedeutet freilich nicht, dass lediglich dem Satzungssitzmitgliedstaat ein Besteuerungsrecht zukommt. Wie nationale Aktiengesellschaften kann auch eine SE den Steuertatbeständen anderer Mitgliedstaaten beispielsweise durch ausländische Quelleneinkünfte unterfallen. Denn auch dies sind „Rechtsvorschriften der Mitgliedstaaten, die auf eine [nationale] Aktiengesellschaft Anwendung finden" i.S.d. Art. 9 Abs. 1 lit. c, ii SE-VO und ihre Anwendung führt gerade zu der in Art. 10 SE-VO vorgesehenen Gleichstellung mit nationalen Aktiengesellschaften.

1. *Auf die „deutsche" SE anzuwendendes Steuerrecht*

Der deutsche Steuergesetzgeber hat die SE mit dem Gesetz über steuerliche Begleitmaßnahmen zur Einführung der Europäischen Gesellschaft und zur Änderung weiterer steuerrechtlicher Vorschriften (SEStEG) vom 7. Dezember 2006[148] explizit in die Liste der dem Körperschaftsteuerrecht unterliegenden Steuersubjekte des § 1

---

145 Auf beide Normen verweist *Schaumburg*, in: Lutter/Hommelhoff, Die Europäische Gesellschaft, S. 319 ff., 320.

146 *Bartone/Klapdor*, Die Europäische Aktiengesellschaft, Teil 4, 1., S. 109; *Büsching*, in: Jannott/Frodermann, Handbuch der Europäischen Aktiengesellschaft, Kap. 14, I., Rn. 1; *Sallustio*, in: Corapi/Pernazza, La Società Europea, Art. 12 della direttiva 2009/133/CE, 1., S. 339; *Schwarz*, SE-VO, Einl., Rn. 346. Zur Verweisnorm des SE-Statuten-Entwurfs von 1989 *Rödder*, WPg 1991, 229, 229.

147 *Ringe*, Die Sitzverlegung der Europäischen Aktiengesellschaft, 3. Teil, C. I. 1., S. 168; *C. Schäfer*, in: MüKo AktG, Bd. 7, Art. 10 SE-VO, Rn. 3; *Schön*, in: Schön/Schindler, Die SE im Steuerrecht, II. 1., Rn. 38; *ders.*, in: Lutter/Hommelhoff/Teichmann, SE, Die SE im Steuerrecht, Rn. 26. siehe auch *Thömmes*, in: Theisen/Wenz, Die Europäische Aktiengesellschaft, S. 505 ff., 590; a.A. *Schwarz*, SE-VO, Art. 10, Rn. 8, der Art. 10 SE-VO für außerhalb der Verordnung stehende Rechtsgebiete keine Anwendung finden lassen möchte (dazu kritisch *Schön*, in: Schön/Schindler, Die SE im Steuerrecht, II. 1., Rn. 38), dabei den Anwendungsbereich der SE-VO aber sehr weit formuliert, *Schwarz*, SE-VO, Art. 9, Rn. 37, Einl., Rn. 56 ff.: „jegliches nationale Recht".

148 BGBl. I 2006, 2782.

Abs. 1 KStG und dort bei den Kapitalgesellschaften unter Nr. 1 aufgenommen. Damit unterliegt eine SE mit satzungsmäßigem Sitz in Deutschland der deutschen unbeschränkten Steuerpflicht nach § 1 Abs. 1 KStG i.V.m. § 11 AO, und hat in Deutschland ihr Welteinkommen zu versteuern (§ 1 Abs. 2 KStG).

Eine zusätzliche Besteuerung durch andere Staaten kann dem hinzutreten, wenn sich der Ort der Geschäftsleitung oder ein sonstiger Anknüpfungspunkt für die unbeschränkte Steuerpflicht (vgl. für Italien Art. 73 Abs. 3 TUIR) in einem anderen Staat befindet und dieser die SE daher ebenfalls für unbeschränkt steuerpflichtig erachtet. Zudem wird sich gerade für die SE als typischerweise international tätige Gesellschaft nicht selten eine beschränkte Steuerpflicht in einem anderen Staat ergeben, indem dieser die in seinem Hoheitsgebiet erzielten Quelleneinkünfte der Besteuerung unterwirft (vgl. § 49 EStG, Art. 23 TUIR).

2. *Auf die „italienische" SE anzuwendendes Steuerrecht*

Gleichfalls erachtet das italienische Steuerrecht die Europäische Aktiengesellschaft als Subjekt der Gesellschaftsteuer (Imposta sul reddito delle società – IRES) und listet sie bei den anderen Kapitalgesellschaften in Art. 73 Abs. 1 lit. a TUIR auf. Hält die SE ihren Satzungssitz in Italien, unterfällt sie daher gem. Art. 73 Abs. 3 TUIR der unbeschränkten italienischen Steuerpflicht.

Wiederum können Steuerpflichten nach den Rechtsvorschriften anderer Staaten hinzutreten. So bedingt beispielsweise ein deutscher Ort der Geschäftsleitung die zusätzliche unbeschränkte Steuerpflicht nach § 1 Abs. 1 KStG i.V.m. § 10 AO. Und auch in Deutschland erzielte Quelleneinkünfte können der beschränkten Steuerpflicht unterfallen (vgl. § 2 Nr. 1 KStG i.V.m. § 49 Abs. 1 EStG, § 8 Abs. 1 KStG).

3. *Keine Kollisionsnormen i.S.d. internationalen Privatrechts, aber Bedeutung von Doppelbesteuerungsabkommen*

Die sich durch die internationale Tätigkeit der SE ergebende Anwendung von Vorschriften mehrerer Staaten wird im internationalen Steuerrecht nicht durch Kollisionsnormen nach der Konzeption des internationalen Privatrechts geregelt, die über das anzuwendende (Sach-)Recht bestimmen. Der besteuernde Staat wendet – anders als im internationalen Privatrecht – nicht ausländische Steuernormen an, sondern ermittelt lediglich, ob nach „seinen" Vorschriften ein Steuertatbestand verwirklicht wurde.[149]

Da ein einziger Vorgang aber nach den Vorschriften mehrerer Staaten zu einer Steuerschuld führen kann, kann es zu Doppelbesteuerungen kommen. Um dieses Risiko einzugrenzen, haben vielen Staaten (neben möglichen unilateralen Vermeidungen von Doppelbesteuerungen) bilaterale Doppelbesteuerungsabkommen

149 Siehe *Uckmar/Corasaniti/De' Capitani di Vimercate*, Diritto tributario internazionale, Kap. 1, Sez. I, 5., S. 10 f.; *Vogel*, in: Vogel/Lehner, DBA, 5. Aufl., Einl., Rn. 42 f.

geschlossen, die das Steuerrecht der Vertragsstaaten beschränken.[150] Diese Abkommen spielen für die international tätige SE eine wichtige Rolle.[151]

C. Eingrenzung des Untersuchungsgegenstandes und Gang der Untersuchung

Die vorliegende Arbeit befasst sich mit den Auswirkungen der grenzüberschreitenden Mobilität der SE auf den Jahresabschluss sowie auf das Körperschaftsteuerrecht der Mitgliedstaaten. Damit wird der Untersuchungsgegenstand zum einen begrenzt auf die Situation des Grenzübertrittes; nicht behandelt werden die laufende Rechnungslegung und die laufende Besteuerung der SE. Ausgeschlossen sind zum anderen die gesellschaftsrechtlichen Aspekte der Mobilität der SE und damit auch die Frage nach der europarechtlichen Beurteilung des Einheitlichkeitsprinzips des Art. 7 Satz 1 SE-VO.[152] In Kapitel 1 ist den gesellschaftsrechtlichen Grundlagen nur insoweit Aufmerksamkeit gewidmet worden, als sie für die handelsbilanzielle und körperschaftsteuerliche Beurteilung von Bedeutung sind.

In einem gesonderten Kapitel (Kapitel 2) wird der Grenzübertritt der SE zunächst in einen europarechtlichen Kontext gestellt. Dabei wird insbesondere die Frage nach der Eröffnung der Niederlassungsfreiheit bei Grenzübertritt der SE erörtert, die mit dem EuGH-Urteil in der Rechtssache *Daily Mail*[153] aufgeworfen wurde und bis heute ein Thema beim Grenzübertritt von Gesellschaften ist. Denn nach *Daily Mail* scheint ein Mitgliedstaat den Wegzug „seiner" Gesellschaften mit dem Verlust ihrer Rechtspersönlichkeit sanktionieren zu dürfen, so dass sich die Frage stellt, ob er auch sonstige nachteilhafte Folgen an den Wegzug knüpfen darf.

Die handelsbilanziellen Folgen des Grenzübertrittes finden in Kapitel 3 Erörterung. Dabei ist zu untersuchen, wie die SE in das Rechnungslegungssystem des Zuzugsstaates aufzunehmen ist, wie also der Übergang auf die „neuen" Bilanzierungsvorschriften zu vollziehen ist. Neben den primärrechtlichen Vorgaben sind sekundärrechtlich die SE-Verordnung selbst sowie die Bilanzierungsprinzipien der Bilanzrichtlinie[154] auszuwerten. Dabei soll die Problematik am Grenzübertritt zwischen Deutschland und Italien veranschaulicht und beispielhaft Unterschiede zwischen den beiden Rechnungslegungssystemen aufgeführt werden, die trotz

150 Siehe *Pansieri*, in: Falsitta, Diritto Tributario, Parte speciale, Kap. 2, I. 2., S. 85; *Schaumburg*, Internationales Steuerrecht, Kap. 2, B., Rn. 2.3 ff.; *Uckmar/Corasaniti/De' Capitani di Vimercate*, Diritto tributario internazionale, Kap. 1, Sez. I, 5., S. 10 f.; *Vogel*, in: Vogel/Lehner, DBA, 5. Aufl., Einl., Rn. 42 f.

151 Ebenso *Schwarz*, SE-VO, Einl., Rn. 349. Zur Bedeutung für die Wegzugsbesteuerung unter Kapitel 4, A. II.

152 Angedeutet in Kapitel 1, A. II. 2.

153 EuGH v. 27.09.1988 – 81/87 („Daily Mail"), Slg. 1988, 5505.

154 Vierte Richtlinie 78/660/EWG des Rates v. 25.07.1978, mehrfach modifiziert, zuletzt durch Richtlinie 2009/49/EG des Europäischen Parlaments und des Rates v. 18.06.2009.

Harmonisierung des Bilanzrechts innerhalb Europas weiterhin bestehen. Sodann sollen die möglichen Aufnahmemethoden dargestellt und kritisch untersucht werden. Zuletzt wird unter europarechtskonformer Auslegung des Art. 61 SE-VO Stellung genommen und die Umsetzung einer europarechtskonformen Aufnahme der SE anhand der Unterschiede im deutschen und italienischen Bilanzrecht erprobt werden.

Im Anschluss an die Erörterung der Aufnahme der SE im Rechnungslegungssystem des Zuzugsstaates ist der Frage nach der Aufstellung einer Schlussbilanz im Wegzugsstaat nachzugehen. Auch hier werden die europarechtlichen Vorgaben maßgebend sein.

Die Untersuchung wird auf die bilanzgestützte Ausschüttungsbemessung und damit auf den Jahresabschluss fokussiert werden. Ausgeklammert werden der Konzernabschluss sowie der für steuerliche Zwecke aufzustellende Abschluss. Ebenfalls nicht behandelt werden die Pflichten der Gesellschaftsorgane zur Aufstellung und Feststellung der Abschlüsse sowie die Offenlegung der Abschlüsse und ihre Kontrolle.

Die steuerbilanzielle Auswirkung des Grenzübertrittes wird in Kapitel 4 erörtert. Hauptaugenmerk ist hierbei die in Deutschland wie auch in Italien vorgesehene Wegzugsbesteuerung. Anders als bei den handelsbilanziellen Aspekten in Kapitel 3 stellt sich hier nicht der Zuzug der SE, sondern vielmehr der Wegzug als problematisch dar, da jeder Mitgliedstaat darauf bedacht ist, die in seinem Hoheitsgebiet angewachsenen stillen Reserven besteuern zu können. Eine konzeptionelle Grundlegungen schafft hier wiederum das Europarecht. Das daneben ebenfalls zu untersuchende Verfassungsrecht bleibt aufgrund der hauptsächlich europarechtlichen Brisanz des grenzüberschreitenden Themas eher von nachrangiger Bedeutung.

Nach dieser rechtlichen Grundlegung wird konkret die deutsche Entstrickungsbesteuerung des § 12 Abs. 1 KStG sowie die italienischen Wegzugsbesteuerung des Art. 166 TUIR untersucht werden. Dabei sollen die folgenden drei Aspekte herauskristallisiert werden: Besteuerungsauslöser, von der Besteuerung erfasste Werte und Rechtsfolge der beiden Vorschriften. Im Anschluss wird die steuerliche Behandlung des Zuzugs der SE Erörterung finden. Zu untersuchen ist hier, zu welchem Wert der Zuzugsmitgliedstaat die SE in sein Steuersystem aufzunehmen hat.

Abschließend sollen Möglichkeiten für eine europarechtskonform gestaltete Wegzugsbesteuerung aufgezeigt und ein Spagat zwischen den europarechtlichen Vorgaben und dem Besteuerungsbedürfnis der Mitgliedstaaten gewagt werden.

Ausgenommen von der Erörterung bleiben die laufende Besteuerung der SE sowie die steuerliche Behandlung ihrer Gründung. Weiter ausgeschlossen sind sonstige Steuerarten außerhalb der Körperschaftsteuer, wie die Gewerbesteuer.

Als Abschluss werden in Kapitel 5 die in der Arbeit erzielten Ergebnisse zusammengefasst, ein Resümee gezogen und ein kurzer Ausblick gewagt werden.

Kapitel 2 – Primärrechtliche Vorgaben für den Grenzübertritt der SE

Beim Grenzübertritt einer Europäischen Aktiengesellschaft drängt sich die Frage nach europarechtlichen Vorgaben geradezu auf und man ist auf den ersten Blick dazu geneigt, Einschränkungen des Grenzübertritts allgemein für europarechtswidrig zu erachten, schließlich erscheint die Mobilität insbesondere der *europäischen* Gesellschaftsform innerhalb Europas zu schützen zu sein. Bei einem zweiten Blick fällt aber auf, dass diese Schlussfolgerung voreilig sein könnte und sich für die europarechtlichen Vorgaben des Grenzübertritts der SE mehrere Diskussionspunkte ergeben, die so bedeutend sind, dass sie einen der Hauptaspekte der vorliegenden Arbeit darstellen.

Bevor auf die handelsbilanz- und steuerrechtlichen Aspekte des Umzugs der SE im Einzelnen eingegangen wird, soll daher an dieser Stelle „vor die Klammer gezogen" der europarechtliche Rahmen des Grenzübertrittes erörtert werden. Insbesondere wird die Frage nach der Eröffnung der Niederlassungsfreiheit von Bedeutung sein (unter D.). Zuvor soll aber die Niederlassungsfreiheit als einschlägige Grundfreiheit bestimmt (unter B. I.) und ihre Anwendung auf die SE als supranationale Gesellschaftsform (unter B. II.) erörtert werden. Auch wird die für die Arbeit relevante EuGH-Judikatur, aufgeteilt in Weg- und Zuzugsurteile, dargestellt werden (unter C.). Zuletzt soll noch aufgeführt werden, wann eine Beschränkung der Niederlassungsfreiheit vorliegt und welche Rechtfertigungsgründe in Betracht kommen (unter E.).

A. Vorweg: die SE als Gesellschaftsrechtsform der Europäischen Union

Eine zentrale Rolle für die Ermittlung der europarechtlichen Vorgaben spielt die Frage, ob die SE als Gesellschaftsform der Europäische Union anzusehen ist oder vielmehr des Mitgliedstaates, in dem sie gegründet wurde und/oder ihren Sitz hat. Sie soll daher an dieser Stelle vorgezogen behandelt werden.

Die europäische Aktiengesellschaft ist durch die SE-Verordnung und damit vom *europäischen* Gesetzgeber ins Leben gerufen worden, der ihr nach Art. 1 Abs. 3 SE-VO Rechtspersönlichkeit zuerkennt. Die SE-VO enthält aber nur grundlegende Bestimmungen und verweist für Einzelheiten nach Art. 9 Abs. 1 lit. c, ii SE-VO (im Sinne einer dynamischen Verweisung) auf die aktienrechtlichen Vorschriften des (Satzungssitz-)Mitgliedstaates,[155] so dass die Frage aufkommt, ob die SE nicht zumindest auch als Gesellschaftsform des Mitgliedstaates angesehen werden kann, in dem sie ihren Satzungssitz hält. Hinzu kommt, dass bei Gründung der SE bereits existierende, zum Teil nationale Rechtsträger erforderlich sind und durch

155 Siehe Kapitel 1, A. II. 4.

Spezialverweisungen die nationalen Vorschriften für Umwandlungen (Art. 18 SE-VO, Art. 37 Abs. 7 Satz 2 SE-VO) oder auch für die Gründung einer Tochtergesellschaft (Art. 36 SE-VO) Anwendung finden, so dass auch dem Gründungsmitgliedstaat Bedeutung zukommen könnte.

Gegen die Qualifizierung der SE als Gesellschaftsform einzelner Mitgliedstaaten spricht aber, dass die Verweisung des Art. 9 Abs. 1 lit. c, ii SE-VO nicht auf der Gesetzgebungskompetenz der Mitgliedstaaten beruht, sondern die nationalen Aktienrechte allein aufgrund des Rechtsanwendungsbefehls der Verordnung Anwendung finden können.[156] Zudem betreffen die für die Gründung relevanten Spezialverweisungen allein *Verfahrens*schritte, die von den nationalen Rechtsordnungen für eine Gründung durch Verschmelzung etc. vorgegeben sind.[157] Somit kann die SE trotz der Verweisungen auf nationale Vorschriften nicht als Gesellschaft nationalen Rechts angesehen werden. Sie fällt nicht in den „Hoheitsbereich" der Mitgliedstaaten, sondern in den der EU. Teilweise wird sogar darüber hinaus vertreten, dass aus dem anzuwendenden mitgliedstaatlichen Recht europäisches Recht werde.[158] Auch wenn dies wohl eher fragwürdig ist, bleibt festzuhalten, dass die SE eine supranationale Gesellschaftsrechtsform der Europäischen Union ist. Hierauf wird an mehreren Stellen der Arbeit zurückzukommen sein.

B. Prüfungsrelevante Grundfreiheiten beim Grenzübertritt der SE

I. Einschlägige Grundfreiheiten beim Grenzübertritt von Gesellschaften

1. Die Niederlassungsfreiheit als Maßstab für den Grenzübertritt

Für den grenzüberschreitenden Umzug von Gesellschaften kommt von den europäischen Grundfreiheiten insbesondere der Niederlassungsfreiheit gem. Art. 49, 54 AEUV Bedeutung zu, die die dauerhafte Integration in die Wirtschaft eines anderen Mitgliedstaates auf der Grundlage einer festen Einrichtung umfasst.[159] Dabei wird zwischen der primären und der sekundären Niederlassungsfreiheit unterschieden: Unter

---

156 *Hommelhoff/Teichmann*, in: Lutter/Hommelhoff/Teichmann, SE, Art. 9 SE-VO, Rn. 5; *Schwarz*, SE-VO, Art. 7, Rn. 16, Art. 9, Rn. 23. Vgl. zudem *Ringe*, Die Sitzverlegung der Europäischen Aktiengesellschaft, 2. Teil, A. I. 1., S. 49.

157 *Bayer*, in: Lutter/Hommelhoff/Teichmann, SE, Art. 36 SE-VO, Rn. 3; *Hommelhoff/Teichmann*, in: Lutter/Hommelhoff/Teichmann, SE, Art. 9 SE-VO, Rn. 8.

158 *Grote*, Das neue Statut der Europäischen Aktiengesellschaft, S. 52; a. A. *Hommelhoff/Teichmann*, in: Lutter/Hommelhoff/Teichmann, SE, Art. 9 SE-VO, Rn. 55.

159 Vgl. *Bröhmer*, in: Calliess/Ruffert, EUV/AEUV, Art. 49 AEUV, Rn. 12 ff.; *Müller-Graff*, in: Streinz, EUV/AEUV, Art. 49 AEUV, Rn. 11; *Schlag*, in: Schwarze, EU-Kommentar, Art. 49 AEUV, Rn. 1 f.; *Teichmann*, DB 2012, 2085, 2085, 2087; *Wicke*, DStR 2012, 1756, 1757 f. Einschränkend zur Erforderlichkeit des Kriteriums einer

der sog. „sekundären Niederlassungsfreiheit“ wird die Errichtung von „Nebenstellen, die nicht den Unternehmensschwerpunkt darstellen“ (z.B. die Errichtung von Zweigniederlassungen, Tochterunternehmen etc.), verstanden,[160] während mit der primären Niederlassungsfreiheit der Wechsel des Schwerpunktes der wirtschaftlichen Tätigkeit gemeint und der grenzüberschreitende Wechsel der Ansässigkeit durch Weg- bzw. Zuzug umfasst ist.[161] Da in der vorliegenden Arbeit der Grenzübertritt der SE mit ihrem Unternehmensschwerpunkt erörtert wird, ist die primäre Niederlassungsfreiheit relevanter Prüfungsmaßstab.

Die Niederlassungsfreiheit umfasst sowohl ein Diskriminierungs- als auch ein Beschränkungsverbot.[162] Dies ist spätestens seit der Rs. *Daily Mail* entschieden, in der der EuGH festgestellt hat, dass die Niederlassungsfreiheit zwar in erster Linie die „Inländerbehandlung im Aufnahmemitgliedstaat sicherstellen“ solle (Diskriminierungsverbot), aber auch dem Herkunftsstaat eine Behinderung der Niederlassung in einem anderen Staat verbiete (Beschränkungsverbot).[163]

---

festen Einrichtung *Forsthoff*, in: Grabitz/Hilf/Nettesheim, Recht der EU, Art. 49 AEUV (März 2011), Rn. 36.

160 *Altmeppen/Ego*, in: MüKo AktG, Bd. 7, Europ. Niederlassungsfreiheit, Rn. 34; *Schlag*, in: Schwarze, EU-Kommentar, Art. 49 AEUV, Rn. 20. Vgl. auch *Bröhmer*, in: Calliess/Ruffert, EUV/AEUV, Art. 49 AEUV, Rn. 17; *G. Colangelo*, Corriere giuridico 2003, 307, 309; *Jürgen/Troberg*, in: von der Groeben/Schwarze/Hatje, Europäisches Unionsrecht, Art. 49 AEUV, Rn. 39; *L. Miele*, Corr. trib. 2010, 434, 435; *Müller-Graff*, in: Streinz, EUV/AEUV, Art. 49 AEUV, Rn. 23, Art. 54 AEUV, Rn. 23.

161 *Altmeppen/Ego*, in: MüKo AktG, Bd. 7, Europ. Niederlassungsfreiheit, Rn. 45; *Schlag*, in: Schwarze, EU-Kommentar, Art. 49 AEUV, Rn. 19; *Schwarz*, SE-VO, Einl., Rn. 35. Vgl. auch *Bröhmer*, in: Calliess/Ruffert, EUV/AEUV, Art. 49 AEUV, Rn. 17; *G. Colangelo*, Corriere giuridico 2003, 307, 309; *Jürgen/Troberg*, in: von der Groeben/Schwarze/Hatje, Europäisches Unionsrecht, Art. 49 AEUV, Rn. 39; *L. Miele*, Corr. trib. 2010, 434, 435; *Müller-Graff*, in: Streinz, EUV/AEUV, Art. 49 AEUV, Rn. 22, 24.

162 *Altmeppen/Ego*, in: MüKo AktG, Bd. 7, Europ. Niederlassungsfreiheit, Rn. 96; *Aßmann*, Steuer&Studium 2006, 131, 136; *Eickmann/Stein*, DStZ 2007, 723, 727; *Jürgen/Troberg*, in: von der Groeben/Schwarze/Hatje, Europäisches Unionsrecht, Art. 49 AEUV, Rn. 69 ff.; *Hey*, Der Konzern 2004, 577, 579; *Jacobs*, Internationale Unternehmensbesteuerung, 2. Teil, Kap. 3, D. II. 1., S. 198; *Melis*, Dir. prat. trib. int. 2004, 13, 49; *L. Miele*, Corr. trib. 2010, 434, 435; *Romano*, Rassegna Tributaria 2004, 1291, 1297; *Schlag*, in: Schwarze, EU-Kommentar, Art. 49 AEUV, Rn. 3; *Schwarz*, SE-VO, Einl., Rn. 35; *Wenz*, in: Theisen/Wenz, Die Europäische Aktiengesellschaft, S. 189 ff., 215.

163 EuGH v. 27.09.1988 – 81/87 („Daily Mail“), Slg. 1988, 5505, 5510, Tz. 16; ebenso v. 11.03.2004 – C-9/02 („Lasteyrie du Saillant“), Slg. 2004, I-2431, I-2452, Tz. 42; v. 29.11.2011 – C-371/10 („National Grid Indus“), DStR 2011, 2334, 2337, Tz. 35; v. 06.09.2012 – C-38/10 („Kommission/Portugal“), ZIP 2012, 1801, 1803, Tz. 25. Vgl. zudem FG Rheinland-Pfalz v. 07.01.2011 – 1 V 1217/10, EFG 2011, 1096, 1097, Tz. 49; *Cavallaro*, Il diritto fallimentare delle società commerciali 2005, 951, 972; *De Pietro*, Rassegna Tributaria 2006, 1377, 1386; *Romano*, Rassegna Tributaria 2004, 1291, 1301.

2. *(Zusätzliche) Bedeutung der Kapitalverkehrsfreiheit*

Als weitere Grundfreiheit kommt die Kapitalverkehrsfreiheit nach Art. 63 AEUV in Betracht, die die grenzüberscheitende „Werteübertragung in Form von Sach- und Geldkapital“[164] umfasst, zu der es in der Regel beim Wegzug einer Gesellschaft kommt.

Das Rangverhältnis dieser Grundfreiheiten ist umstritten.[165] Während teilweise ein Nebeneinander beider Grundfreiheiten angenommen wird, verdrängt die Niederlassungsfreiheit nach anderer Ansicht die Kapitalverkehrsfreiheit, soweit erstere einschlägig ist. Da nach wohl überwiegender Meinung jedenfalls nicht die Niederlassungsfreiheit von der Kapitalverkehrsfreiheit verdrängt wird,[166] die Kriterien einer Beschränkung beider Grundfreiheiten vergleichbar sind[167] und die Rechtfertigung einer möglichen Beschränkung der Kapitalverkehrsfreiheit wegen Art. 65 AEUV sogar leichter gelingen dürfte,[168] wird im Weiteren allein auf die Niederlassungsfreiheit abgestellt werden, die auch in den EuGH-Urteilen zum Umzug einer Gesellschaft zumeist relevanter Prüfungsmaßstab war.[169]

---

164 *Birk*, in: FS Offerhaus, 1999, S. 163 ff., 172; *Glaesner*, in: Schwarze, EU-Kommentar, Art. 63 AEUV, Rn. 7; *Wojcik*, in: von der Groeben/Schwarze/Hatje, Europäisches Unionsrecht, Art. 63 AEUV, Rn. 1 ff.

165 Siehe im Einzelnen EuGH v. 21.11.2002 – C-436/00 („X und Y“), Slg. 2002, I-10847, I-10870, Tz. 68; v. 23.01.2014 – C-164/12 („DMC“), DStR 2014, 193, 195 f., Tz. 28 ff.; *Bröhmer*, in: Calliess/Ruffert, EUV/AEUV, Art. 63 AEUV, Rn. 16 ff.; *Förster*, DB 2007, 72, 75; *Frenz*, Handbuch Europarecht, Bd. 1, Kap. 8, § 1, C. II. 2., Rn. 2145 ff.; *Gosch*, Ubg 2009, 73, 76; ausführlich zu Tatbestands- und Konkurrenzlösungen *Hey*, in: Herrmann/Heuer/Raupach, EStG/KStG, Einf. KSt (Sept. 1999), Rn. 110; *Jacobs*, Internationale Unternehmensbesteuerung, 2. Teil, Kap. 3, D. II. 3., S. 205 ff.; *M. Lang*, in: FS Spindler, 2011, S. 297 ff., 310 f.; *Musil*, DB 2009, 1037, 1039 f., 1041 f.; *Schön*, in: Schön/Schindler, Die SE im Steuerrecht, IV. 1. a) aa) (2), Rn. 110; *Sedemund*, Ubg 2009, 560, 562; *Sedlaczek/Züger*, in: Streinz, EUV/AEUV, Art. 63 AEUV, Rn. 31 ff.; *Schlag*, in: Schwarze, EU-Kommentar, Art. 49 AEUV, Rn. 11; *Wassermeyer*, GmbHR 2004, 613, 615.

166 *Hey*, in: Herrmann/Heuer/Raupach, EStG/KStG, Einf. KSt (Sept. 1999), Rn. 110.

167 Vgl. *Glaesner*, in: Schwarze, EU-Kommentar, Art. 63 AEUV, Rn. 11; *Ismer/Reimer/Rust*, EWS 2004, 207, 211; *Jürgen/Troberg*, in: von der Groeben/Schwarze/Hatje, Europäisches Unionsrecht, Art. 49 AEUV, Rn. 24.

168 *Hey*, in: Herrmann/Heuer/Raupach, EStG/KStG, Einf. KSt (Sept. 1999), Rn. 110.

169 Vgl. die Darstellung der Urteile unter Kapitel 2, C. Auch bezeichnet das FG Rheinland-Pfalz im Beschluss v. 07.01.2011 – 1 V 1217/10, EFG 2011, 1096, 1097, Tz. 48, zu den ertragsteuerlichen Folgen des Grenzübertrittes einer SE die Niederlassungsfreiheit als die „allein in Betracht kommende[.] europarechtliche[.] Grundfreiheit.“ Vgl. zudem EuGH v. 21.05.2015 – C-657/13 („Verder LabTec“), DStR 2015, 1166, 1169, Tz. 35.

Als Besonderheit der Kapitalverkehrsfreiheit ist zwar zu nennen, dass sie auch im Verhältnis zu Drittstaaten anwendbar ist, Art. 63 Abs. 2, 2. Alt. AEUV.[170] Der Wegzug der SE in Drittstaaten ist aber nach Art. 7 SE-VO gesellschaftsrechtlich nicht zulässig und kann nur (kurzfristig) vereinzelt vorkommen. Die europarechtliche Zulässigkeit einer daran anknüpfenden Besteuerung ist daher nicht Gegenstand der Arbeit.

II. Die SE als (supranationales) Subjekt der Niederlassungsfreiheit

Die Niederlassungsfreiheit ist nur dann relevanter Prüfungsmaßstab für den Grenzübertritt der SE, wenn diese als Subjekt der Niederlassungsfreiheit zu qualifizieren ist. Und auch wenn es auf den ersten Blick seltsam erscheint, den Schutz der SE durch die Niederlassungsfreiheit in Frage zu stellen – kommt ihr doch nach Art. 8 Abs. 1 SE-VO eine besondere Freizügigkeit zu –, ist die Anerkennung der SE als Gesellschaft i.S.v. Art. 54 AEUV und damit als Subjekt der Niederlassungsfreiheit durchaus umstritten.

1. Überblick über den Meinungsstand

Die Qualifizierung der europäischen Aktiengesellschaft als Subjekt der Niederlassungsfreiheit wird namentlich von *Ulmer* mit der Begründung abgelehnt, dass die SE „nicht zu den von Art. 48 EG [nun Art. 54 AEUV] erfassten Gesellschaften gehör[e]."[171] Und in der Tat spricht der Wortlaut des Art. 54 AEUV von einer Erstreckung der Niederlassungsfreiheit nur auf „nach den *Rechtsvorschriften eines Mitgliedstaats* gegründete[.] Gesellschaften" (Herv. durch Verf.), „verführt" daher geradewegs zu der Auslegung, die SE als supranationale Gesellschaft nicht unter Art. 54 AEUV zu fassen. Denn schließlich wird sie als Gesellschaft der Europäischen Union primär nach der SE-VO und damit nach Rechtsvorschriften der EU und nicht nach solchen eines Mitgliedstaates gegründet.[172]

Die wohl überwiegende Literaturmeinung spricht sich dennoch *für* eine Anwendung des Art. 54 AEUV auf die SE aus, wenn auch teilweise mit unterschiedlichen Argumenten:

170 Europäische Kommission, KOM(2006) 825 endgültig, S. 11; *Jacobs*, Internationale Unternehmensbesteuerung, 2. Teil, Kap. 3, D. II. 2., S. 204; *Klingberg/van Lishaut*, Der Konzern 2005, 698, 703; *Rödder*, DStR 2004, 1629, 1629; *Schön*, in: Schön/Schindler, Die SE im Steuerrecht, IV. 1. a) aa) (2), Rn. 110; *Sedemund*, Ubg 2009, 560, 562. Zu Begrenzungen dieses Drittstaatenbezugs *Weber-Grellet*, DStR 2009, 1229, 1229.

171 *Ulmer*, NJW 2004, 1201, 1210.

172 Soeben Kapitel 2, A. Zudem *Schwarz*, SE-VO, Einl., Rn. 33; *ders.*, Europäisches Gesellschaftsrecht, 2. Teil, B. II. 3. b) aa), Rn. 151.

Nach *Schwarz* ist der enge Wortlaut der Vorschrift historisch bedingt, schließlich habe eine europäische Gesellschaftsform zum Zeitpunkt des Abschlusses der Römischen Verträge noch nicht existiert.[173] Zudem müsse, wenn sich nationale Gesellschaftsformen auf die Niederlassungsfreiheit berufen könnten, dies „*erst recht* für solche Gesellschaften gelten, die nach in allen Mitgliedstaaten unmittelbar geltendem Gemeinschaftsrecht gegründet worden sind."[174] (Herv. durch Verf.)

Ehricke argumentiert hingegen, dass Sinn und Zweck der europäischen Regelung der SE-VO allein darin liege, „eine Vereinheitlichung der Gründung einer Gesellschaftsform in den nationalen Rechten" zu erreichen, nicht aber, die SE aus der Niederlassungsfreiheit auszuschließen. Durch die Wortlautbeschränkung des Art. 54 AEUV solle *Drittstaaten*-Gesellschaften, nicht hingegen (supranationalen) europäischen Gesellschaften die Berufung auf die Niederlassungsfreiheit verwehrt werden. Außerdem zeige Art. 10 SE-VO, dass eine SE den nationalen Aktiengesellschaften gleich behandelt werden müsse, für die Art. 54 AEUV schließlich unzweifelhaft gelte.[175] Diesem „Gleichstellungs"-Argument wird jedoch zu Recht entgegengehalten, dass Art. 10 SE-VO als *sekundär*rechtliche Vorschrift nicht den Anwendungsbereich des *primär*rechtlichen Art. 54 AEUV beeinflussen könne.[176]

Nach *Eidenmüller* und *Jung* ist für eine Anwendung des Art. 54 AEUV hingegen ausschlaggebend, dass auf die SE stets subsidiär nationale Aktiengesellschaftsvorschriften Anwendung finden, „eine SE [daher] immer auch zumindest partiell nach den Rechtsvorschriften eines Mitgliedstaates gegründet" und damit das Kriterium des Art. 54 AEUV erfüllt werde.[177]

Außerdem wird von Teilen der Literatur an die Funktion der SE erinnert: sie diene gerade der „Komplettierung des Binnenmarktes" und solle die Niederlassungsfreiheit effektiv realisieren, daher müsse sie auch durch diese geschützt werden.[178]

---

173 *Schwarz*, SE-VO, Einl., Rn. 33. Vgl. auch *Diekmann*, in: Habersack/Drinhausen, SE-Recht, Art. 7 SE-VO, Rn. 23; *Ringe*, Die Sitzverlegung der Europäischen Aktiengesellschaft, 2. Teil, A. I. 1., S. 54.

174 *Schwarz*, Europäisches Gesellschaftsrecht, 2. Teil, B. II. 3. b) aa), Rn. 151; *ders.*, SE-VO, Einl., Rn. 34, unter Abgrenzung zu Drittstaatengesellschaften.

175 *Ehricke*, in: Lutter/Hommelhoff/Teichmann, SE, Art. 64 SE-VO, Rn. 3. Auf die Gleichstellung mit nationalen Aktiengesellschaften nach Art. 9, 10 SE-VO stellt auch *Schön*, in: Schön/Schindler, Die SE im Steuerrecht, I. 2. a), Rn. 18, ab.

176 *Ringe*, Die Sitzverlegung der Europäischen Aktiengesellschaft, 2. Teil, A. I. 1., S. 51.

177 *Eidenmüller*, JZ 2004, 24, 31; *ders.*, in: Baums/Cahn, Die Europäische Aktiengesellschaft, S. 164 ff., 186; *Jung*, in: Schwarze, EU-Kommentar, Art. 54 AEUV, Rn. 13. Zudem *Diekmann*, in: Habersack/Drinhausen, SE-Recht, Art. 7 SE-VO, Rn. 23. Dazu kritisch *Ringe*, Die Sitzverlegung der Europäischen Aktiengesellschaft, 2. Teil, A. I. 1., S. 49.

178 Vgl. *Schwarz*, SE-VO, Einl., Rn. 32. Zudem *Eilers/Dondorf*, in: Reimer, Europäisches Gesellschafts- und Steuerrecht, S. 193 ff., 200 f.; *Fischer*, in: MüKo AktG, Bd. 7, SteuerR, Rn. 87; *Jung*, in: Schwarze, EU-Kommentar, Art. 54 AEUV, Rn. 54.

Zuletzt führt *Frenz* an, dass Verordnungen gem. Art. 288 Abs. 2 AEUV aufgrund ihrer unmittelbaren Geltung Bestandteil der jeweiligen nationalen Rechtsordnung jedes Mitgliedstaates würden. Die SE-VO, nach der die SE gegründet wird, sei mithin Bestandteil der Rechtsordnung der Mitgliedstaaten. Zusätzlich fänden subsidiär die nationalen Aktienrechtsvorschriften Anwendung, Art. 9 SE-VO. Daher werde eine SE stets nach der Rechtsordnung eines Mitgliedstaates i.S.v. Art. 54 AEUV gegründet.[179]

2. *Würdigung unter Auslegung des Art. 54 AEUV*

Für die Qualifizierung der SE als Subjekt der Niederlassungsfreiheit i.S.d. Art. 54 AEUV sind die grundlegenden Auslegungskriterien heranzuziehen, die auch der Auslegung europäischer Normen[180] dienen. Dabei spricht die Wortlautauslegung, wie von *Ulmer* dargelegt, gegen eine Subsumtion der SE unter Art. 54 AEUV, denn die Vorschrift bezieht sich auf Gesellschaften, die „nach den *Rechtsvorschriften eines Mitgliedstaats* gegründet[.]" worden sind (Herv. durch Verf.). Die SE wird aber primär nach den Rechtsvorschriften der Europäischen Union und nicht nach denen eines Mitgliedstaates gegründet.[181] Andere Sprachfassungen[182] sind zwar weiter gefasst und erfordern lediglich die Gründung „*in Übereinstimmung* mit dem Recht eines Mitgliedstaates".[183] Dies allein führt aber noch nicht zu einer Einbeziehung von supranationalen Gesellschaften wie der SE.

Bei der Ermittlung des Regelungshintergrundes des historischen „Gesetzgebers" (besser: der Gründer der Verträge), zeigt sich aber, dass die Niederlassungsfreiheit lediglich Gesellschaften aus Drittstaaten nicht gewährt werden sollte.[184] Da zur

---

179 *Frenz*, Handbuch Europarecht, Bd. 1, 1. Aufl., Kap. 8, § 4, B. II. 2. a), Rn. 2052, B. II. 1. a), Rn. 2049. Im Ergebnis auch *Müller-Graff*, in: Streinz, EUV/AEUV, Art. 54 AEUV, Rn. 9.

180 Siehe *M. Casper*, in: Spindler/Stilz, AktG, Art. 9 SE-VO, Rn. 16 f.; *Hennrichs*, Wahlrechte im Bilanzrecht, Kap. 3, C. I., S. 127 ff.; *Heuschmid/C. Schmidt*, NZG 2007, 54, 55; *Hommelhoff/Teichmann*, in: Lutter/Hommelhoff/Teichmann, SE, Art. 9 SE-VO, Rn. 36 f.; *C. Schäfer*, in: MüKo AktG, Bd. 7, Art. 9 SE-VO, Rn. 13; *Schwarz*, SE-VO, Einl., Rn. 68 ff.; *Teichmann*, ZGR 2002, 383, 403 ff. Zu den anerkannten Auslegungsmethoden siehe *Larenz*, Methodenlehre, Kapitel 4, 2. c), d), S. 320 ff.

181 Siehe oben Kapitel 2, A.

182 Zum Erfordernis, bei der Auslegung europäischer Rechtsakte die verschiedenen Sprachfassungen zu vergleichen, siehe *M. Casper*, in: Spindler/Stilz, AktG, Art. 9 SE-VO, Rn. 16; *Hennrichs*, Wahlrechte im Bilanzrecht, Kap. 2, C. I., S. 128; *Schwarz*, SE-VO, Einl., Rn. 70; *Teichmann*, ZGR 2002, 383, 404.

183 Vgl. die englische Fassung „formed in accordance with the law of a Member State", die französische „constituées en conformité de la législation d'un État membre" und die italienische Fassung „costituite conformemente alla legislazione di uno Stato membro".

184 *Jung*, in: Schwarze, EU-Kommentar, Art. 54 AEUV, Rn. 11; *Müller-Graff*, in: Streinz, EUV/AEUV, Art. 54 AEUV, Rn. 7; *Schwarz*, SE-VO, Einl., Rn. 34.

Abgrenzung zwischen europäischen Gesellschaften und Drittstaatengesellschaften jedoch nicht wie bei natürlichen Personen die Staatsangehörigkeit dienen kann, bedurfte es eines anderen Kriteriums, um eine entsprechende Differenzierung vornehmen zu können. Das Erfordernis der Gründung „nach den Rechtsvorschriften eines Mitgliedstaates" sollte mithin lediglich die „Zuordnung der Gesellschaft zu einem mitgliedstaatlichen Recht"[185] bewirken. Ein Ausschluss europäischer, supranationaler Gesellschaftsformen, die zum damaligen Zeitpunkt noch nicht existierten und trotz ersten, vorsichtigen Überlegungen in diese Richtung aus rechtspolitischen Gründen kaum denkbar gewesen waren[186] (man denke nur an den langwierigen und politisch komplizierten Weg bis zur Entstehung der SE)[187], wurde mit der Formulierung nicht bezweckt. Folglich ist *Ehricke* und *Schwarz* beizupflichten, dass die SE als „Nicht-Drittstaatengesellschaft" unter Art. 54 AEUV zu subsumieren ist.

Dieses Ergebnis bestätigt sich zudem unter objektiv-teleologischen Gesichtspunkten: Denn gerade die SE verkörpert den Binnenmarktgedanken durch ihre grenzüberschreitenden Bezüge in besonderer Weise.[188] Ein Ausschluss aus dem Schutzbereich der Niederlassungsfreiheit würde Sinn und Zweck dieses Gedankens zuwiderlaufen.

Nach historischer sowie teleologischer Auslegung ist die SE mithin in den Schutzbereich der Niederlassungsfreiheit einzubeziehen. Eine solche Auslegung ist auch von einem weiten Wortlautverständnis des Art. 54 AEUV gedeckt, da europäische Verordnungen – und damit auch die SE-VO –, wie *Frenz* zutreffend bemerkt, nach Art. 288 Abs. 2 AEUV unmittelbar anwendbares Recht der einzelnen Mitgliedstaaten werden und daher zu den „Rechtsvorschriften eines Mitgliedstaates" gezählt werden können.[189]

III. Zusammenfassung

Zusammenfassend ist festzuhalten, dass relevanter Prüfungsmaßstab für an den Grenzübertritt der SE knüpfende Maßnahmen insbesondere die primäre Niederlassungsfreiheit nach Art. 49, 54 AEUV ist, die die Verlegung des Schwerpunktes der wirtschaftlichen Tätigkeit in einen anderen Mitgliedstaates umfasst. Auch

---

185 *Bröhmer*, in: Calliess/Ruffert, EUV/AEUV, Art. 54 AEUV, Rn. 5; *Schlag*, in: Schwarze, EU-Kommentar, Art. 49 AEUV, Rn. 31.

186 *Schwarz*, SE-VO, Einl., Rn. 33. Vgl. auch *Ringe*, Die Sitzverlegung der Europäischen Aktiengesellschaft, 2. Teil, A. I. 1., S. 54. Zur Entstehungsgeschichte der SE siehe eingangs unter Kapitel 1, A. I.

187 Siehe eingangs Kapitel 1, A. I.

188 Vgl. *Eilers/Dondorf*, in: Reimer, Europäisches Gesellschafts- und Steuerrecht, S. 193 ff., 200 f.; *Fischer*, in: MüKo AktG, Bd. 7, SteuerR, Rn. 87; *Jung*, in: Schwarze, EU-Kommentar, Art. 54 AEUV, Rn. 54; *Schwarz*, SE-VO, Einl., Rn. 32.

189 Der Bildung einer Analogie bedarf es daher nicht; so hingegen *Schwarz*, Europäisches Gesellschaftsrecht, 2. Teil, B. II. 3. b) aa), Rn. 151; *ders.*, SE-VO, Einl., Rn. 34.

die SE als supranationale Gesellschaftsform kann sich nach Art. 54 AEUV auf die Niederlassungsfreiheit berufen, da mit dem Bezug der Vorschrift auf „nach den *Rechtsvorschriften eines Mitgliedstaats* gegründete[.] Gesellschaften" allein Gesellschaften aus Drittstaaten, nicht aber supranationalen Gesellschaftsformen die Qualifizierung als Subjekt der Niederlassungsfreiheit versagt werden sollte.

C. Überblick über die relevante EuGH-Judikatur

I. Zum Wegzug ergangene EuGH-Urteile

Bisher sind bilanzielle Fragen des Wegzugs einer Gesellschaft nicht in Urteilen des EuGH behandelt worden. Ebenfalls war die Besteuerung beim Wegzug von Gesellschaften lange Zeit nicht Gegenstand der EuGH-Rechtsprechung.[190] In Bezug auf *gesellschafts*rechtliche Behinderungen eines Wegzugs sind hingegen schon relativ früh Urteile ergangen, die daher zunächst (unter 1.) dargestellt werden sollen.

Die Auswirkung dieser gesellschaftsrechtlichen Urteile auf die Wegzugs*besteuerung* von Gesellschaften war daher umstritten. So wurde insbesondere diskutiert, ob die zur Wegzugsbesteuerung von natürlichen Personen ergangenen Entscheidungen (unter 2.) auf die Wegzugsbesteuerung von Gesellschaften übertragbar seien. Erst am 29. November 2011 erging das erste Judikat des europäischen Gerichtshofs in Bezug auf die Wegzugsbesteuerung von Gesellschaften. Auch dieses Urteil und die sich anschließenden Urteile werden im Folgenden (unter 3.) kurz dargestellt.

1. *Hauptsächlich gesellschaftsrechtlich geprägte EuGH-Urteile zum Wegzug von Gesellschaften*

a) Rs. Daily Mail

1988 entschied der EuGH mit der Rechtssache *Daily Mail*[191] zum ersten Mal über die Freiheit einer Gesellschaft, ihren Gründungsstaat zu verlassen. Die Gesellschaft Daily Mail and General Trust PLC mit satzungsmäßigem Sitz in Groß Britannien beantragte, ihren Verwaltungssitz in die Niederlande zu verlegen. Hauptbeweggrund war es, zu einem späteren Zeitpunkt in den Niederlanden einen erheblichen Teil ihrer Papiere zu veräußern, um eine in England darauf anfallende Steuer zu vermeiden. In den Niederlanden wäre keine Steuer angefallen, da dort nur der nach dem Zuzug angehäufte Wertzuwachs einer Besteuerung unterlegen hätte.

---

190 *Daily Mail* entstand zwar aus steuerrechtlichen Gründen, wurde vom EuGH aber auf gesellschaftsrechtlicher Ebene gelöst, vgl. *Boers*, Rassegna Tributaria 2006, 1401, 1413; *Cordewener*, Europäische Grundfreiheiten und nationales Steuerrecht, 6. Kapitel, § 18, II. 3. c), S. 408; *Engert*, DStR 2004, 664, 668.

191 EuGH v. 27.09.1988 – 81/87 („Daily Mail"), Slg. 1988, 5505.

Das britische Gesellschaftsrecht erlaubte zwar die Verlegung des Verwaltungssitzes. Nach britischem Steuerrecht erforderte der Wegzug aber die Zustimmung des Finanzministeriums, die in diesem Fall versagt wurde. Das Finanzministerium forderte nach langen Verhandlungen die Veräußerung wenigstens eines Teiles der Papiere vor Wegzug.

Die Rs. *Daily Mail* war mithin durchaus von steuerrechtlichen Fragestellungen geprägt. Der Gerichtshof löste diese aber auf gesellschaftsrechtlicher Ebene:[192] Gesellschaften würden, anders als natürliche Personen, „aufgrund einer Rechtsordnung [...] gegründet. *Jenseits der jeweiligen nationalen Rechtsordnung*, die ihre Gründung und ihre Existenz regelt, [hätten] sie *keine Realität*."[193] Die Niederlassungsfreiheit gewähre „den Gesellschaften nationalen Rechts *kein Recht, den Sitz ihrer Geschäftsleitung* unter Bewahrung ihrer Eigenschaft als Gesellschaften des Mitgliedstaats ihrer Gründung in einen anderen Mitgliedstaat *zu verlegen*."[194] (Herv. durch Verf.)

b) Rs. Cartesio

Nach *Daily Mail* wurde lange Zeit kein weiterer Wegzugsfall vom EuGH entschieden. Zu der Zuzugsfreiheit von Gesellschaften ergingen hingegen mit *Centros*, *Überseering* und *Inspire Art* mehrere, im Anschluss vorzustellende[195] Judikate, nach denen diese von der Niederlassungsfreiheit erfasst wird.[196] Dabei grenzte der EuGH jedoch regelmäßig zu der Situation des Wegzugs ab und nahm keine Änderung seiner Aussage von *Daily Mail* vor.[197]

---

192 *Boers*, Rassegna Tributaria 2006, 1401, 1413; *Cordewener*, Europäische Grundfreiheiten und nationales Steuerrecht, 6. Kapitel, § 18, II. 3. c), S. 408; *Engert*, DStR 2004, 664, 668.

193 EuGH v. 27.09.1988 – 81/87 („Daily Mail"), Slg. 1988, 5505, 5511, Tz. 19.

194 EuGH v. 27.09.1988 – 81/87 („Daily Mail"), Slg. 1988, 5505, 5512, Tz. 24.

195 Sogleich unter Kapitel 2, C. II.

196 EuGH v. 09.03.1999 – C-212/97 („Centros"), Slg. 1999, I-1484; v. 05.11.2002 – C-208/00 („Überseering"), Slg. 2002, I-9943; v. 30.09.2003 – C-167/01 („Inspire Art"), Slg. 2003, I-10195. Hierzu *Crazzolara*, Riv. dir. trib. 2011, IV, 349, 354; *Ege/Klett*, DStR 2012, 2442, 2447; *Frobenius*, DStR 2009, 487, 487; *Hennrichs/Pöschke/von der Laage/Kļaviņa*, WM 2009, 2009, 2010 f.; *Hey*, Der Konzern 2004, 577, 579; *Melis*, Il trasferimento della residenza fiscale, Kap. 2, 4., S. 200 ff.; *Mucciarelli*, EBOR 2008, 267, 277 f.; *ders.*, Società di capitali, Kap. 3, 2.4.-2.6., S. 95 ff.; *Portale*, Europa e diritto privato 2005, 101, 125 ff.; *ders.*, Diritto Privato Comparato, Parte generale, Kap. 1, 6.6, S. 42; *Ringe*, Die Sitzverlegung der Europäischen Aktiengesellschaft, 2. Teil, A. II. 1., S. 57; *Stewen*, FR 2010, 18, 20.

197 *Eidenmüller*, in: Baums/Cahn, Die Europäische Aktiengesellschaft, S. 164 ff., 179; *Fleischer*, AcP 204 (2004), 502, 520; *Leible*, ZGR 2004, 531, 536; *Mucciarelli*, EBOR 2008, 267, 296; *Schaumburg*, in: Lutter/Hommelhoff, Die Europäische Gesellschaft, S. 319 ff., 351; *Schön*, in: Schön/Schindler, Die SE im Steuerrecht, IV. 1. a) aa) (2), Rn. 107; *Thiel*, DB 2005, 2316, 2318. Vgl. auch *Hennrichs/Pöschke/von der Laage/Kļaviņa*, WM 2009, 2009, 2010; *Melis*, Il trasferimento della residenza fiscale, Kap. 2, 4., S. 204; *Wymeersch*, Rivista delle società 2003, 723, 741.

Erst 20 Jahre später, am 16. Dezember 2008, wurde dem EuGH die Möglichkeit gegeben, erneut über den Wegzug von Gesellschaften zu judizieren und, so hoffte die Literatur,[198] die Unterscheidung zwischen Zuzugs- und Wegzugsfreiheit einzuebnen.

In der Rechtssache *Cartesio*[199] wollte die ungarische Gesellschaft Cartesio Oktató és Szolgáltató bt. ihren Verwaltungs- und ihren Satzungssitz, die nach ungarischem Gesellschaftsrecht stets miteinander gekoppelt sind, nach Italien verlegen. Das ungarische Registergericht verweigerte die Eintragung der Sitzänderung mit der Begründung, dass nach ungarischem Gesellschaftsrecht eine Gesellschaft ihren Sitz nicht unter Beibehaltung ihrer Eigenschaft als ungarische Gesellschaft ins Ausland verlegen könne. Cartesio bt. sah hierin einen Verstoß gegen die Niederlassungsfreiheit.

Der EuGH hingegen verneinte den Verstoß gegen die Niederlassungsfreiheit und befand in Übereinstimmung mit dem 20 Jahre älteren Urteil *Daily Mail*: Die Niederlassungsfreiheit nach Art. 49, 54 AEUV stehe nicht Vorschriften entgegen, „die es einer nach dem nationalen Recht dieses Mitgliedstaats gegründeten Gesellschaft verwehren, ihren Sitz in einen anderen Mitgliedstaat zu verlegen und dabei ihre Eigenschaft als Gesellschaft des nationalen Rechts des Mitgliedstaats, nach dessen Recht sie gegründet wurde, zu behalten."[200] Dabei wiederholte der EuGH explizit seine Aussage aus *Daily Mail*, „dass eine aufgrund einer nationalen Rechtsordnung gegründete Gesellschaft *jenseits der nationalen Rechtsordnung*, die ihre Gründung und ihre Existenz regelt, *keine Realität ha[be]*."[201] Die Frage danach, ob einer Gesellschaft die Niederlassungsfreiheit nach Art. 54 AEUV zugutekommt, sei eine „Vorfrage"; erst wenn diese bejaht werde, stelle sich die Frage nach einer Beschränkung der Niederlassungsfreiheit i.S.v. Art. 49 AEUV.[202] Zu dieser Vorfrage sei zu sagen, dass „ein Mitgliedstaat [...] sowohl die Anknüpfung bestimmen [könne], die eine Gesellschaft aufweisen m[ü]ss[e], um als *nach seinem innerstaatlichen Recht gegründet angesehen werden* und damit in den Genuss der Niederlassungsfreiheit gelangen zu können, als auch die *Anknüpfung, die für den Erhalt dieser Eigenschaft verlangt w[e]rd[e]*."[203] (Herv. durch Verf.)

In einem anschließenden *obiter dictum* nimmt der EuGH allerdings eine Unterscheidung des Wegzugs unter *Beibehaltung* des Gründungsrechts, so in *Cartesio*, und dem Wegzug unter *Änderung* des maßgeblichen Rechts vor.[204] Die Befugnis des

---

198 Vgl. *Leible/J. Hoffmann*, BB 2009, 58, 58: „Dennoch erschien der Wertungswiderspruch zwischen der Behandlung von Weg- und Zuzug durch den EuGH so augenfällig, dass man vielerorts damit rechnete, dass der EuGH die ‚Daily Mail'-Doktrin aufgeben würde, wenn ein geeigneter Fall zu entscheiden wäre [...]." Siehe zudem Ausführungen bei *Righini*, Contratto e impresa 2006, 755, 766 ff.

199 EuGH v. 16.12.2008 – C-210/06 („Cartesio"), Slg. 2008, I-9664.

200 EuGH v. 16.12.2008 – C-210/06 („Cartesio"), Slg. 2008, I-9664, I-9702, Tz. 124.

201 EuGH v. 16.12.2008 – C-210/06 („Cartesio"), Slg. 2008, I-9664, I-9697, Tz. 104.

202 EuGH v. 16.12.2008 – C-210/06 („Cartesio"), Slg. 2008, I-9664, I-9698, Tz. 109.

203 EuGH v. 16.12.2008 – C-210/06 („Cartesio"), Slg. 2008, I-9664, I-9698 f., Tz. 110.

204 EuGH v. 16.12.2008 – C-210/06 („Cartesio"), Slg. 2008, I-9664, I-9699, Tz. 111.

Gründungsstaats, die Voraussetzungen zu bestimmen, unter denen eine Gesellschaft die Existenz nach dem Gründungsrecht beibehalte, könne „nicht rechtfertigen, dass der Gründungsmitgliedstaat die Gesellschaft dadurch, dass er ihre Auflösung und Liquidation verlangt, daran hinder[e], *sich in eine Gesellschaft nach dem nationalen Recht dieses anderen Mitgliedstaats umzuwandeln, soweit dies nach diesem Recht möglich [sei].*"[205] (Herv. durch Verf.) Ob dieser zweite Halbsatz als Verpflichtung des Zuzugsstaates zur Bereithaltung von Umwandlungsmöglichkeiten oder vielmehr als Ermessen zu verstehen ist, war im Schrifttum hoch umstritten,[206] wurde nun aber vom EuGH in der Rs. *VALE* als Verpflichtung klargestellt, soweit der Zuzugsstaat entsprechende Vorschriften für inländische Gesellschaften vorsehe.[207]

2. *Steuerrechtliche EuGH-Urteile zum Wegzug von natürlichen Personen*

Neben diesen gesellschaftsrechtlichen Urteilen zur Wegzugsfreiheit von Gesellschaften hat sich der EuGH zu den steuerrechtlichen Folgen eines Wegzugs befasst, bis zum Jahre 2011 allerdings allein in Bezug auf natürliche Personen. Als einschlägige Urteile sind hier die Rs. *X und Y*, *de Lasteyrie du Saillant* und *N* zu nennen.

a) Rs. X und Y

Im Jahre 2002 erging mit der Rs. *X und Y*[208] das erste Urteil in Bezug auf die Vereinbarung von Wegzugsbesteuerungen mit den Grundfreiheiten, auch wenn es dabei weder um den Wegzug von Gesellschaften, noch um den von natürlichen Personen ging, sondern allein die Übertragung von Aktien betroffen war.

Kläger waren zwei natürliche Personen, die schwedischen Staatsangehörigen X und Y, wohnhaft in Schweden. X und Y wollten ihre Aktien an der schwedischen Gesellschaft X-AB auf die ebenfalls schwedische Gesellschaft Z-AB übertragen, die wiederum eine Tochtergesellschaft der belgischen Gesellschaft Y-SA war. Die X-AB sowie die Y-SA gehörten X und Y, sowie einer maltesischen Gesellschaft, an der weder X noch Y beteiligt waren. Nach schwedischem Steuerrecht waren solche Übertragungen zum Anschaffungswert der Aktien möglich, solange die Übertragungen nicht auf eine ausländische juristische Person (Fall 1) oder auf eine Gesellschaft, an der eine ausländische juristische Person beteiligt ist, (Fall 2) erfolgt. X und Y wollten klären lassen, ob diese unterschiedliche Behandlung mit den Grundfreiheiten vereinbar ist und erhoben letzten Endes Klage beim „Regeringsrätt", welches die Frage dem EuGH vorlegte.[209]

---

205 EuGH v. 16.12.2008 – C-210/06 („Cartesio"), Slg. 2008, I-9664, I-9699, Tz. 112.

206 Siehe *Campos Nave*, BB 2009, 870, 872; *Frobenius*, DStR 2009, 487, 490 f.; *Hennrichs/Pöschke/von der Laage/Kļaviņa*, WM 2009, 2009, 2012; *D. Zimmer/Naendrup*, NJW 2009, 545, 547 ff.

207 EuGH v. 12.07.2012 – C-378/10 („VALE"), ZIP 2012, 1394, 1396, Tz. 32. Darstellung des Urteils sogleich unter Kapitel 2, C. II. 4.

208 EuGH v. 21.11.2002 – C-436/00 („X und Y"), Slg. 2002, I-10847.

209 EuGH v. 21.11.2002 – C-436/00 („X und Y"), Slg. 2002, I-10847, I-10854 ff., Tz. 12 ff.

Der EuGH bejahte die Verletzung der Niederlassungsfreiheit: Im Fall 1 sei die Niederlassungsfreiheit des Übertragenden beschränkt, da die Untersagung des Ansatzes zum Anschaffungswert geeignet sei, ihn „von der Wahrnehmung seines Rechts aus Artikel 43 EG [nun Art. 49 AEUV] ab[zu]halten, über eine Gesellschaft in dem anderen Mitgliedstaat geschäftlich tätig zu werden."[210] In Fall 2 sei die Niederlassungsfreiheit der Gesellschaft des anderen Mitgliedstaates beschränkt, „die über eine Tochtergesellschaft ihre Tätigkeit in dem fraglichen Mitgliedstaat [sc. Schweden] ausüben möchte."[211]

Eine Rechtfertigung der Beschränkungen lehnte der EuGH ab: Steuermindereinnahmen stellten bereits keinen im Allgemeininteresse liegenden Rechtfertigungsgrund dar.[212] Anders zwar das Kohärenzprinzip, dieses sei aber zum einen hier nicht passend, da sich die Kohärenz durch den Abschluss von Doppelbesteuerungsabkommen auf die zwischenstaatliche Ebene verlagert habe,[213] zum anderen sei die Kohärenz „jedenfalls" durch mildere Maßnahmen als eine Sofortbesteuerung erreichbar.[214] Zuletzt stellte der EuGH noch fest, dass die schwedische Regelung nicht auf die Wirksamkeit steuerlicher Kontrollen und somit nicht auf die Verhinderung von Missbrauch angelegt sei, da sie jegliche Übertragungen erfasse und nicht nur solche zur Umgehung des schwedischen Steuerrechts. Auch dies könne somit nicht als Rechtfertigung herangezogen werden.[215] Mithin sei die schwedische Regelung nicht mit den Grundfreiheiten vereinbar.

b) Rs. de Lasteyrie du Saillant

Als das bekannteste EuGH-Urteil zu Wegzugsbesteuerung natürlicher Personen kann sicherlich das Urteil in der Rs. *Hughes de Lasteyrie du Saillant*[216] bezeichnet werden. Dort ging es zum ersten Mal darum, dass das Steuersubjekt selbst den territorialen Herrschaftsbereich verlässt und damit in der Regel die unbeschränkte Steuerpflicht im Wegzugsstaat aufgibt.

Die natürliche Person Hughes de Lasteyrie du Saillant wollte von Frankreich nach Belgien ziehen. Mit dem Wegzug wollte aber der französische Fiskus die stillen Reserven besteuern, die in Anteilen an einer in Frankreich ansässigen Gesellschaft ruhten. Ein Besteuerungsaufschub war zwar nach französischem Steuerrecht auf Antrag möglich. Dafür bedurfte es aber einer Erklärung über die Höhe der stillen Reserven, der Benennung eines in Frankreich ansässigen Bevollmächtigten als Referenzperson und insbesondere der Leistung von Sicherheiten.[217] Im Fall eines solchen

---

210 EuGH v. 21.11.2002 – C-436/00 („X und Y"), Slg. 2002, I-10847, I-10861, Tz. 36.
211 EuGH v. 21.11.2002 – C-436/00 („X und Y"), Slg. 2002, I-10847, I-10861 f., Tz. 38.
212 EuGH v. 21.11.2002 – C-436/00 („X und Y"), Slg. 2002, I-10847, I-10865, Tz. 50.
213 Sog. Makro-Kohärenz, siehe Kapitel 2, E. II. 1. c) ii).
214 EuGH v. 21.11.2002 – C-436/00 („X und Y"), Slg. 2002, I-10847, I-10865 ff., Tz. 51 ff.
215 EuGH v. 21.11.2002 – C-436/00 („X und Y"), Slg. 2002, I-10847, I-10868, Tz. 60 ff.
216 EuGH v. 11.03.2004 – C-9/02 („Lasteyrie du Saillant"), Slg. 2004, I-2431.
217 EuGH v. 11.03.2004 – C-9/02 („Lasteyrie du Saillant"), Slg. 2004, I-2431, I-2436, Tz. 3.

Aufschubs wurde nur der Wert der im Realisationszeitpunkt noch vorhandenen stillen Reserven besteuert, unabhängig von ihrem Wert zum Wegzugszeitpunkt. Die im Ausland gezahlte Steuer wurde außerdem auf die französische angerechnet.[218]

Letzten Endes wurde auch diese Rechtssache dem EuGH vorgelegt mit der Frage, ob es gegen die Niederlassungsfreiheit verstoße, „zur Vorbeugung gegen die Steuerflucht eine Regelung wie die hier beschriebene einzuführen, wonach Wertsteigerungen bei Verlegung des steuerlichen Wohnsitzes besteuert werden."[219]

Nach dem EuGH ist es für eine Beschränkung der Niederlassungsfreiheit ausreichend, wenn einer Regelung lediglich eine „abschreckende Wirkung" zukommt, auch wenn sie dem Steuerpflichtigen nicht verbiete, von der Niederlassungsfreiheit Gebrauch zu machen. Da dem Steuerpflichtigen, der seinen Wohnsitz ins Ausland verlegen wollte, durch die französische Regelung ein Nachteil zukomme, sei die Vorschrift durchaus „geeignet, einen Steuerpflichtigen von einer solchen Wohnsitzverlegung abzuhalten" und stelle damit eine Beschränkung der Niederlassungsfreiheit dar. Bereits in diesem Urteil erklärte der EuGH, dass damit neben der Sofortbesteuerung auch dem Erfordernis an Sicherheiten bei einem Steueraufschub eine beschränkende Wirkung zukomme, „da sie den Steuerpflichtigen an der Nutzung der als Sicherheit geleisteten Vermögenswerte hinder[te]n."[220]

Eine Rechtfertigung der Beschränkung lehnte der EuGH ab. Zwar stelle die Steuerflucht an sich einen möglichen Rechtfertigungsgrund dar, die französische Regelung gehe aber weit über das Erforderliche hinaus.[221] In Steuermindereinnahmen hingegen sei bereits kein im Allgemeininteresse liegender Rechtfertigungsgrund zu sehen[222] und zum Kohärenzprinzip führt der EuGH lediglich aus, dass mit der französischen Regelung „offenbar nicht das Ziel verfolgt [werde], allgemein in dem Fall, dass ein Steuerpflichtiger seinen Wohnsitz ins Ausland verlegt, die Besteuerung der Wertsteigerungen sicherzustellen, die während seines Aufenthalts in Frankreich eingetreten sind". Denn zum einen habe sie allein zum Ziel, die Steuerflucht vorzubeugen, zum anderen werde die im Ausland anfallende Besteuerung angerechnet, so dass es auch mit der Steuerregel dazu kommen könne, dass die in Frankreich angewachsenen Wertsteigerungen nicht von Frankreich besteuert würden. Zudem äußerte sich der EuGH zum Erfordernis der Aufteilung der Besteuerungsbefugnisse zwischen den Mitgliedstaaten nach dem Territorialitätsprinzip nur knapp, dass es in dieser Rechtssache nicht um ihre Aufteilung an sich gehe, sondern allein darum, ob

---

218 EuGH v. 11.03.2004 – C-9/02 („Lasteyrie du Saillant"), Slg. 2004, I-2431, I-2437, Tz. 3.

219 EuGH v. 11.03.2004 – C-9/02 („Lasteyrie du Saillant"), Slg. 2004, I-2431, I-2444, Tz. 18.

220 EuGH v. 11.03.2004 – C-9/02 („Lasteyrie du Saillant"), Slg. 2004, I-2431, I-2452 f., Tz. 45 ff.

221 EuGH v. 11.03.2004 – C-9/02 („Lasteyrie du Saillant"), Slg. 2004, I-2431, I-2454, Tz. 50 ff.

222 EuGH v. 11.03.2004 – C-9/02 („Lasteyrie du Saillant"), Slg. 2004, I-2431, I-2456, Tz. 60.

die dazu erlassenen Maßnahmen mit der Niederlassungsfreiheit vereinbar seien.[223] Mitunter fällt es schwer, aus diesen Angaben allgemeine Rückschlüsse auf die Zulässigkeit von Wegzugsbesteuerungen zu ziehen.[224]

c) Rs. N

Am 7. September 2006 folgte das Urteil in der Rs. *N*[225], in dem es wieder um den Wegzug einer natürlichen Person (N) ging, in diesem Fall von den Niederlanden in das Vereinigte Königreich. N war zum Zeitpunkt des Wegzugs Alleingesellschafter von drei niederländischen Gesellschaften.

Auf die in den Gesellschaftsanteilen enthaltenen (stillen) Wertsteigerungen wurde bei Wegzug eine Steuer festgesetzt und auf Antrag von N gestundet, allerdings nur gegen Gewährung von Sicherheiten.[226] In dem durch das Urteil *Lasteyrie* entfachten Rechtsstreit kam die Frage auf, ob „eine Besteuerung, [...] bei der der Steuertatbestand darin besteht, dass ein in den Niederlanden ansässiger Inhaber einer wesentlichen Beteiligung [...] seinen Wohnsitz in einen anderen Mitgliedstaat verlegt, [(1)] grundsätzlich [und (2) bei einer Stundung die Leistung von Sicherheiten] mit dem Gemeinschaftsrecht vereinbar ist".[227] Entsprechende Fragen wurden dem EuGH zur Entscheidung vorgelegt.

Wie bereits in der Rs. *Lasteyrie* hob der EuGH hervor, dass Regelungen mit abschreckender Wirkung ausreichend seien, die Niederlassungsfreiheit zu beschränken. Die Wegzugsbesteuerung stelle eine solche Beschränkung dar, da sie alleine an den Umstand des Wegzugs anknüpfe und geeignet sei, den Steuerpflichtigen von der Ausübung seiner Niederlassungsfreiheit abzuhalten. Dies bezöge sich nicht allein auf eine Sofortbesteuerung, sondern auch darauf, dass eine Stundung nur unter Leistung von Sicherheiten möglich sei sowie nach dem Wegzug eintretende Wertminderungen nicht berücksichtigt würden. Selbst die Abgabe der Steuererklärung bei Wegzug sei eine Formalität, die den Steuerpflichtigen von der Ausübung seiner Niederlassungsfreiheit abhalten könne.[228]

In der Rechtfertigung ging der EuGH in dieser Rechtssache unmittelbar auf die Aufteilung der Besteuerungsbefugnisse nach dem Territorialitätsprinzip ein, welches ein im Allgemeininteresse liegendes Ziel darstelle und sich somit als Rechtfertigungsgrund eigne.[229] Die Formalität der Steuererklärung befand der EuGH auch für verhältnismäßig, allerdings gingen die Stellung von Sicherheiten sowie die

---

223 EuGH v. 11.03.2004 – C-9/02 („Lasteyrie du Saillant"), Slg. 2004, I-2431, I-2456 f., Tz. 61 ff.

224 Zutr. *Hey*, Der Konzern 2004, 577, 583; *Schön*, IStR 2004, 289, 296; *ders.*, JbFfSt 2004/2005, 72, 78; *Wassermeyer*, GmbHR 2004, 613, 613 f.

225 EuGH v. 07.09.2006 – C-470/04 („N"), Slg. 2006, I-7445.

226 EuGH v. 07.09.2006 – C-470/04 („N"), Slg. 2006, I-7445, I-7452, Tz. 13.

227 EuGH v. 07.09.2006 – C-470/04 („N"), Slg. 2006, I-7445, I-7452 f., Tz. 14 ff.

228 EuGH v. 07.09.2006 – C-470/04 („N"), Slg. 2006, I-7445, I-7458 f., Tz. 34 ff.

229 EuGH v. 07.09.2006 – C-470/04 („N"), Slg. 2006, I-7445, I-7460 f., Tz. 41 f.

Nichtberücksichtigung späterer Wertsteigerungen über das Erforderliche hinaus und verstießen somit gegen die Niederlassungsfreiheit.[230]

3. Entscheidendes steuerrechtliches EuGH-Urteil zum Wegzug von Gesellschaften

a) Kontroverse Ansichten zum Verständnis der bis dato ergangenen EuGH-Judikatur

Die Wegzugsbesteuerung von Gesellschaften wurde Jahre lang kontrovers diskutiert, ohne dass der EuGH die Möglichkeit hatte, hierzu Stellung zu nehmen: Die Urteile zum Wegzug von Gesellschaften betrafen letztendlich *gesellschafts*rechtliche Hindernisse des Wegzugs; Urteile zur Wegzug*besteuerung* hingegen waren allein zu natürlichen Personen ergangen. Das Verhältnis der Urteile zueinander sowie ihre Bedeutung für die Wegzugsbesteuerung einer Gesellschaft waren unklar. Die unterschiedlichen Ansichten reichten von der Versagung der Eröffnung der Niederlassungsfreiheit gemäß der gesellschaftsrechtlichen Urteile bis hin zur vollständigen Übertragbarkeit der zur Wegzugsbesteuerung von natürlichen Personen ergangenen Judikate und damit zur Forderung einer Besteuerung der stillen Reserven erst bei tatsächlicher Realisierung im Ausland.[231]

b) Stellungnahme des EuGH in der Rs. National Grid Indus

Mit Spannung wurde daher das Urteil vom 29. November 2011 in der Rs. *National Grid Indus*[232] erwartet, in dem sich der EuGH das erste Mal zur Wegzugsbesteuerung von Gesellschaften äußerte.

Das Urteil betraf die Verlegung des Verwaltungssitzes der niederländischen Gesellschaft National Grid Indus BV von den Niederlanden in das Vereinigte Königreich. Nach innerstaatlichem Steuerrecht blieb die Gesellschaft damit zwar weiterhin in den Niederlanden unbeschränkt steuerpflichtig. Nach dem mit dem Vereinigten Königreich abgeschlossenen Doppelbesteuerungsabkommen war die Gesellschaft aber nicht mehr in den Niederlanden als steuerlich ansässig zu erachten, woran das niederländische Steuerrecht eine Sofortbesteuerung aller noch stillen Reserven knüpfte. Betroffen waren davon in diesem Fall zwar nur die in Fremdwährungsforderungen verhaftete stille Reserven, die durch Kursänderungen entstanden waren. Sie betrugen aber die beachtliche Summe von 22.128.160 niederländischen Gulden.[233]

230 EuGH v. 07.09.2006 – C-470/04 („N“), Slg. 2006, I-7445, I-7462 f., Tz. 48 ff.
231 Zu den Ansichten sogleich unter Kapitel 2, D. I. 1. a), 2. b).
232 EuGH v. 29.11.2011 – C-371/10 („National Grid Indus“), DStR 2011, 2334.
233 EuGH v. 29.11.2011 – C-371/10 („National Grid Indus“), DStR 2011, 2334, 2335, Tz. 10 ff.

Der EuGH erörterte zunächst als „Vorfrage" die Eröffnung der Niederlassungsfreiheit und wiederholte seine Aussage aus dem Urteil *Cartesio*, nach der ein Mitgliedstaat „sowohl die Anknüpfung bestimmen [kann], die eine Gesellschaft aufweisen m[ü]ss[e], um als nach seinem innerstaatlichen Recht gegründet angesehen werden und damit in den Genuss der Niederlassungsfreiheit gelangen zu können, als auch die Anknüpfung, die für den Erhalt dieser Eigenschaft verlangt w[e]rd[e]." In der Rs. *National Grid Indus* habe aber „die Verlegung des tatsächlichen Verwaltungssitzes [...] in das Vereinigte Königreich [...] die Eigenschaft dieses Unternehmens als Gesellschaft nach niederländischem Recht nach dieser Rechtsordnung nicht berührt, die in Bezug auf Gesellschaften die Gründungstheorie anwende[.]."[234] Die Niederlassungsfreiheit sei daher eröffnet.

Sodann bejahte der EuGH – in Übereinstimmung mit den zu natürlichen Personen ergangenen Urteilen – eine Beschränkung der Niederlassungsfreiheit durch die Sofortbesteuerung.[235] Als Rechtfertigungsgrund sei in Anlehnung an das Urteil *N* das Territorialitätsprinzip einschlägig. Daneben erwähnte er aber auch das Kohärenzprinzip, das sich mit Ersterem decke.[236] Innerhalb der Verhältnismäßigkeitsprüfung nahm der Gerichtshof hingegen Abstand von seinen Aussagen zur Wegzugsbesteuerung von natürlichen Personen und erörtert, dass sich der Verwaltungsaufwand zur Nachverfolgung der stillen Reserven im Ausland mitunter als schwierig erweisen könne. Eine verhältnismäßige Wegzugsbesteuerung könne aber durch eine Wahlfreiheit des Steuerpflichtigen zwischen der aufgeschobenen Besteuerung und einer Sofortbesteuerung ermöglicht werden.[237]

c) Bestätigung durch die Rs. Kommission/Portugal

Das Urteil in der Rs. *National Grid Indus* wurde kurze Zeit darauf bestätigt durch die Entscheidung des Europäischen Gerichtshofs in der Rs. *Kommission/Portugal.*[238] Weitere Urteile folgten mit der Rs. *Kommission/Spanien*, der Rs. *Kommission/Niederlande* und bezüglich der Überführung einzelner Wirtschaftsgüter mit der Rs. *Kommission/Dänemark.*[239]

---

234 EuGH v. 29.11.2011 – C-371/10 („National Grid Indus"), DStR 2011, 2334, 2337, Tz. 27 f.

235 EuGH v. 29.11.2011 – C-371/10 („National Grid Indus"), DStR 2011, 2334, 2338, Tz. 37.

236 EuGH v. 29.11.2011 – C-371/10 („National Grid Indus"), DStR 2011, 2334, 2339, Tz. 46, 2342, Tz. 80.

237 EuGH v. 29.11.2011 – C-371/10 („National Grid Indus"), DStR 2011, 2334, 2341 f., Tz. 69 ff.

238 EuGH v. 06.09.2012 – C-38/10 („Kommission/Portugal"), ZIP 2012, 1801.

239 EuGH v. 25.04.2013 – C-64/11 („Kommission/Spanien"), PISTB 2013, 178; v. 31.01.2013 – C-301/11 („Kommission/Niederlande"), ABl. EU 2013, Nr. C 86, 4; v. 18.07.2013 – C-261/11 („Kommission/Dänemark"), ABl. EU 2013, Nr. C 260, 5.

In der Rs. *Kommission/Portugal* hatte die Europäische Kommission gegen Portugal Klage erhoben, weil Vorschriften der portugiesischen Körperschaftsteuer für den Wegzug einer Gesellschaft in einen anderen Mitgliedstaat sowie bei der Überführung einzelner Vermögenswerte eine Sofortbesteuerung vorsahen.[240]

Der EuGH stellte in Anlehnung an das Urteil *National Grid Indus* fest, „dass die Niederlassungsfreiheit [...] anwendbar [sei], und zwar unabhängig davon, ob die fragliche Gesellschaft ihren satzungsmäßigen Sitz und ihre tatsächliche Leitung aus dem portugiesischen Hoheitsgebiet wegverleg[e] oder ob sie Vermögenswerte einer im portugiesischen Hoheitsgebiet ansässigen festen Niederlassung in einen anderen Mitgliedstaat überführ[e].“[241] Weitere Ausführungen in Bezug auf die Eröffnung der Niederlassungsfreiheit beim Wegzug einer Gesellschaft erfolgten nicht.

Sodann bejahte der Gerichtshof die Beschränkung der Niederlassungsfreiheit, da durch die Steuervorschriften der Grenzübertritt finanziell schlechter gestellt werde als ein inländischer Umzug und dadurch weniger attraktiv gemacht werde.[242] Für die Rechtfertigung und ihre Verhältnismäßigkeit verwies der EuGH abermals auf die Rs. *National Grid Indus* und stellte auch hier auf die Wahl des Steuerpflichtigen zwischen einer aufgeschobenen Besteuerung und der Sofortbesteuerung als verhältnismäßigere Maßnahme ab.[243] Allein eine Sofortbesteuerung sei nicht zu rechtfertigen.

d) Ergänzung durch die Rs. DMC

Eine weitere Bestätigung des Urteils in der Rs. *National Grid Indus* erfolgte im Jahre 2014 mit der Rs. *DMC*. Dort ging es zwar nicht um den Wegzug einer Gesellschaft, sondern um die Auflösung einer deutschen KG (DMC-KG) durch Anwachsung auf ihre Komplementärin (die DMC-GmbH), indem die beiden österreichischen Kommanditisten ihre Anteile an der DMC-KG in die DMC-GmbH gegen Gewährung von Anteilen einbrachten.

Das Finanzamt Hamburg-Mitte war der Ansicht, dass mit Auflösung der deutschen DMC-KG die österreichischen (ehemaligen) Kommanditisten (nunmehr Anteilseigner an der DMC-GmbH) über keine inländische Betriebsstätte mehr verfügten, über die der Bundesrepublik Deutschland nach Art. 7 DBA BRD/AT ein Besteuerungsrecht hinsichtlich des Gewinns aus einer Veräußerung der ihnen

---

240 Die Kommission rügte die Sofortbesteuerung sowohl auf der Ebene der Gesellschaft als auch auf der der Anteilseigner; für letztere legte sie nach Auffassung des EuGH aber nicht hinreichend die Beschränkung der Niederlassungsfreiheit dar, so dass der EuGH diese Rüge für unzulässig erklärte, EuGH v. 06.09.2012 – C-38/10 („Kommission/Portugal“), ZIP 2012, 1801, Tz. 19 f.

241 EuGH v. 06.09.2012 – C-38/10 („Kommission/Portugal“), ZIP 2012, 1801, 1803, Tz. 23.

242 EuGH v. 06.09.2012 – C-38/10 („Kommission/Portugal“), ZIP 2012, 1801, 1803, Tz. 27 f.

243 EuGH v. 06.09.2012 – C-38/10 („Kommission/Portugal“), ZIP 2012, 1801, 1804, Tz. 31 f.

gewährten Gesellschaftsanteile an der DMC-GmbH zustünde. Entsprechend lehnte das Finanzamt eine Buchwerteinbringung nach § 20 Abs. 2 UmwStG i.d.F. 1995 ab und deckte die in den Anteilen an der DMC-KG enthaltenen stillen Reserven durch einen Teilwertansatz nach § 20 Abs. 3 UmwStG i.d.F. 1995 auf.[244]

Mangels Wegzugskonstellation war in der Rs. *DMC* die Eröffnung der Grundfreiheiten – hier der Kapitalverkehrsfreiheit[245] – unproblematisch. Die Beschränkung der Kapitalverkehrsfreiheit bejahte der EuGH mit dem Hinweis darauf, dass eine Besteuerung der Wertzuwächse im Moment der Anwachsung geeignet sei, „Investoren ohne steuerlichen Sitz in Deutschland davon abzuhalten, Kapital in eine Kommanditgesellschaft deutschen Rechts einzubringen".[246] Eine Rechtfertigung sei nach dem Territorialitätsprinzip grundsätzlich zulässig,[247] erfordere aber, dass „der Mitgliedstaat, in dessen Hoheitsgebiet die Einkünfte entstanden sind, *tatsächlich* an der Ausübung seiner Steuerhoheit über die Einkünfte gehindert [sei] [Herv. durch Verf.]."[248] „Im vorliegenden Fall [...] schein[e] [aber] nicht ausgeschlossen, dass diese nicht realisierten Wertzuwächse im Zusammenhang mit den in das Betriebsvermögen der Kapitalgesellschaft eingebrachten Anteilen bei der Festsetzung der Körperschaftsteuer berücksichtigt werden könn[t]en [...]."[249]

In Bezug auf die Verhältnismäßigkeit stellt der EuGH zunächst fest, dass die Festsetzung der Wertzuwächse zum Zeitpunkt der entstrickenden Maßnahme ein verhältnismäßiger Aufwand sei.[250] Sodann äußerte sich der Gerichtshof zum zulässigen Zeitpunkt der Steuererhebung i.S.d. Rs. *National Grid Indus*: dem Steuerpflichtigen sei die Wahl zu lassen zwischen Sofortbesteuerung und Stundung des Steuerbetrags, „gegebenenfalls zuzüglich Zinsen nach der geltenden nationalen Regelung."[251] Dem fügte er hinzu, dass „die Staffelung der Zahlung der [...] Steuer in fünf Jahresraten in Anbetracht des mit der Zeit steigenden Risikos der Nichteinbringung eine Maßnahme dar[stelle], die [...] angemessen und verhältnismäßig [sei]."[252] Zudem äußerte sich der EuGH in Bezug auf die Stellung einer Banksicherheit, dass diese aufgrund ihrer beschränkenden Wirkung „nicht grundsätzlich ohne vorherige Bewertung des Nichteinbringungsrisikos" gefordert werden könne.[253]

---

244 EuGH v. 23.01.2014 – C-164/12 („DMC"), DStR 2014, 193, 194, Tz. 9 ff.

245 Zur Abgrenzung zur Niederlassungsfreiheit siehe EuGH v. 23.01.2014 – C-164/12 („DMC"), DStR 2014, 193, 195 ff., Tz. 28 ff.

246 EuGH v. 23.01.2014 – C-164/12 („DMC"), DStR 2014, 193, 196, Tz. 39 ff.

247 EuGH v. 23.01.2014 – C-164/12 („DMC"), DStR 2014, 193, 197, Tz. 45 ff.

248 EuGH v. 23.01.2014 – C-164/12 („DMC"), DStR 2014, 193, 198, Tz. 56.

249 EuGH v. 23.01.2014 – C-164/12 („DMC"), DStR 2014, 193, 198, Tz. 57.

250 EuGH v. 23.01.2014 – C-164/12 („DMC"), DStR 2014, 193, 198, Tz. 60.

251 EuGH v. 23.01.2014 – C-164/12 („DMC"), DStR 2014, 193, 198, Tz. 61.

252 EuGH v. 23.01.2014 – C-164/12 („DMC"), DStR 2014, 193, 198, Tz. 62. Bestätigt durch EuGH v. 21.05.2015 – C-657/13 („Verder LabTec"), DStR 2015, 1166, 1170, Tz. 52.

253 EuGH v. 23.01.2014 – C-164/12 („DMC"), DStR 2014, 193, 198 f., Tz. 65 ff.

II. Zum Zuzug ergangene EuGH-Urteile

Zu der Vereinbarkeit von Zuzugsvorschriften einer Gesellschaft mit der Niederlassungsfreiheit sind vier grundlegende EuGH-Urteile ergangen: in den Rechtssachen *Centros, Überseering, Inspire Art* und *VALE.*

1. Rs. Centros

Mit der Rs. *Centros*[254] äußerte sich der EuGH das erste Mal zur Vereinbarkeit von Zuzugsbeschränkungen einer Gesellschaft mit der Niederlassungsfreiheit. Zwar betraf *Centros* allein die Errichtung einer ausländischen Zweigniederlassung und nicht den Umzug der Gesellschaft selbst, dennoch sind dem Urteil generelle Aussagen zur Aufnahme von Gesellschaften im Zuzugsstaat zu entnehmen. Bis zu dieser Entscheidung hatte sich der EuGH mit der Rs. *Daily Mail*[255] nur zum Wegzug von Gesellschaften geäußert.

Dem Urteil *Centros* lag der Sachverhalt zugrunde, dass die britische Centros Ltd. (private limited company) eine Zweigniederlassung in Dänemark errichten wollte. Die Eintragung einer Zweigniederlassung war nach dänischem Gesellschaftsrecht zwar grundsätzlich für Gesellschaften mit beschränkter Haftung bei Niederlassung in einem Mitgliedstaat der Europäischen Gemeinschaft zulässig. Da die Centros Ltd. aber bisher noch keine Geschäftstätigkeit entfaltet hatte, das Stammkapital noch nicht in die Gesellschaft einbezahlt war und die Gesellschafter zwei in Dänemark ansässige Eheleute dänischer Staatsangehörigkeit waren, wurde die Eintragung in Dänemark mit der Begründung verweigert, dass scheinbar allein „beabsichtig[t] [werde,] unter Umgehung der nationalen Vorschriften insbesondere über die Einzahlung eines Mindestgesellschaftskapitals [...] in Wirklichkeit, in Dänemark nicht eine Zweigniederlassung, sondern einen Hauptsitz zu errichten."[256]

Der daraufhin eröffnete Rechtsstreit durchlief mehrere Instanzen und wurde letztendlich dem EuGH zur Entscheidung vorgelegt. Der EuGH befand zunächst die Niederlassungsfreiheit nach Art. 49 AEUV für einschlägig und auch für Gesellschaften unproblematisch nach Art. 54 AEUV für eröffnet.

Zudem liege eine Beschränkung der Niederlassungsfreiheit durch die Verweigerung der Eintragung einer Zweigniederlassung in Dänemark vor. Zwar sei „die missbräuchliche oder betrügerische Berufung auf Gemeinschaftsrecht [grundsätzlich] nicht gestattet".[257] Es sei aber nicht als Missbrauch der Niederlassungsfreiheit zu beurteilen, „wenn ein Staatsangehöriger eines Mitgliedstaats, der eine Gesellschaft gründen möchte, diese in dem Mitgliedstaat errichte[.], dessen

---

254 EuGH v. 09.03.1999 – C-212/97 („Centros"), Slg. 1999, I-1484.
255 EuGH v. 27.09.1988 – 81/87 („Daily Mail"), Slg. 1988, 5505, dargestellt unter Kapitel 2, C. I. 1. a).
256 EuGH v. 09.03.1999 – C-212/97 („Centros"), Slg. 1999, I-1484, I-1488, Tz. 7.
257 EuGH v. 09.03.1999 – C-212/97 („Centros"), Slg. 1999, I-1484, I-1492, Tz. 24.

gesellschaftsrechtliche Vorschriften ihm die größte Freiheit l[ieß]en, und in anderen Mitgliedstaaten Zweigniederlassungen gründe[.]."[258] Denn hierin liege gerade der Kern der Niederlassungsfreiheit.

Zu dem von der dänischen Zentralverwaltung aufgeführten Rechtfertigungsgrund des Gläubigerschutzes äußerte sich der Gerichtshof, dass die Gesellschaft „nicht als Gesellschaft dänischen Rechts auftr[e]t[e], [so dass] den Gläubigern weiter bekannt [sei], daß sie nicht dem dänischen Recht über die Errichtung von Gesellschaften mit beschränkter Haftung unterlieg[e]".[259] Auch gelinge eine Rechtfertigung unter dem Aspekt der Bekämpfung von Betrügereien nicht. Denn zwar dürfe ein Mitgliedstaat diesbezüglich geeignete Maßnahmen treffen, sie müssten aber verhältnismäßig sein, was bei der vollständigen Verweigerung der Eintragung der Zweigniederlassung nicht zutreffe. Daher sei die Beschränkung der Niederlassungsfreiheit nicht zu rechtfertigen.[260]

2. *Rs.* Überseering

Fast vier Jahre später bestätigte der EuGH das Urteil *Centros* in der Rs. *Überseering*[261]. Hierbei ging es um die niederländische Gesellschaft Überseering BV, die in der Bundesrepublik Deutschland einen Rechtsstreit mit der deutschen Nordic Construction Company Baumanagement GmbH führte, besser: führen wollte. Denn ihre Klage wurde als unzulässig abgewiesen. Die Fachgerichte begründeten dies damit, dass die Überseering BV ihren Verwaltungssitz nach Deutschland verlegt hatte[262] und damit nach der in Deutschland vertretenen Sitztheorie[263] weder für rechts- noch für parteifähig zu erachten sei. Der Bundesgerichtshof legte darauf dem EuGH die Frage vor, ob die Sitztheorie gegen die Niederlassungsfreiheit gem. Art. 49, 54 AEUV verstoße, wenn durch sie die „Parteifähigkeit [einer Gesellschaf] zu dem Zweck, dort [sc. im Zuzugsstaat] Ansprüche aus einem Vertrag geltend zu machen, nicht anerkannt w[e]rd[e]."[264]

---

258 EuGH v. 09.03.1999 – C-212/97 („Centros"), Slg. 1999, I-1484, I-1493, Tz. 27. Hierzu *G. Colangelo*, Corriere giuridico 2003, 307, 309 f.

259 EuGH v. 09.03.1999 – C-212/97 („Centros"), Slg. 1999, I-1484, I-1495, Tz. 36.

260 EuGH v. 09.03.1999 – C-212/97 („Centros"), Slg. 1999, I-1484, I-1496, Tz. 37 f.

261 EuGH v. 05.11.2002 – C-208/00 („Überseering"), Slg. 2002, I-9943.

262 Diese vom EuGH bezweifelte (EuGH v. 05.11.2002 – C-208/00 („Überseering"), Slg. 2002, I-9943, I-9966, Tz. 63) Erkenntnis der Fachgerichte soll hier nicht in Frage gestellt werden.

263 Nach der Sitztheorie ist das Recht des Staates auf die Gesellschaft anzuwenden, in dem sich ihr tatsächlicher Sitz befindet, während im Gegensatz dazu nach der Gründungstheorie das Recht Anwendung findet, nach dem die Gesellschaft gegründet wurde, siehe *Altmeppen/Ego*, in: MüKo AktG, Bd. 7, Europ. Niederlassungsfreiheit, Rn. 173, 182; *G. Colangelo*, Corriere giuridico 2003, 307, 308; *Righini*, Contratto e impresa 2006, 755, 756 ff.; *Wymeersch*, Rivista delle società 2003, 723, 729, 731.

264 EuGH v. 05.11.2002 – C-208/00 („Überseering"), Slg. 2002, I-9943, I-9951, Tz. 20.

Auch in dieser Rechtssache erachtete der EuGH die Niederlassungsfreiheit bei Zuzug der Gesellschaft gem. Art. 54 AEUV für eröffnet und differenzierte diesbezüglich zu dem Wegzugsurteil *Daily Mail*.[265] In *Daily Mail* sei gerade nicht die Frage erörtert worden, „ob in einem Fall [...], in dem von einer nach dem Recht eines Mitgliedstaats gegründeten Gesellschaft nach dem Recht eines anderen Mitgliedstaats angenommen wird, dass sie ihren tatsächlichen Verwaltungssitz in diesen verlegt hat, dieser *andere* Mitgliedstaat sich weigern darf, die Rechtspersönlichkeit anzuerkennen, die ihr nach der Rechtsordnung ihres Gründungsstaats zuerkannt wird [Herv. durch Verf.]."[266]

Auch sei eine Beschränkung der Niederlassungsfreiheit durch Versagung der Rechts- und Parteifähigkeit der Gesellschaft unproblematisch gegeben. Denn die Gesellschaft habe dadurch keine andere Wahl, als sich in Deutschland neu zu gründen, welches einer „Negierung der Niederlassungsfreiheit" gleich komme.[267]

Schließlich verneinte der EuGH auch in *Überseering* die Rechtfertigung der Beschränkung. Zu den von der deutschen Regierung vorgebrachten Argumenten des Gläubiger- und Minderheitsgesellschafterschutzes, des Arbeitnehmerschutzes sowie möglicher Fiskalinteressen[268] äußerte sich der Gerichtshof zwar vorsichtig, dass „es [...] sich nicht ausschließen [ließe], dass [diese Gründe], unter bestimmten Umständen und unter Beachtung bestimmter Voraussetzungen Beschränkungen der Niederlassungsfreiheit rechtfertigen könn[t]en."[269] In Bezug auf die Aberkennung von der Rechts- und Parteifähigkeit sei eine Rechtfertigung aber keinesfalls möglich, da dies eine unverhältnismäßige Maßnahme darstelle.[270]

3. *Rs.* Inspire Art

Das dritte bedeutende Urteil zur Zuzugsfreiheit von Gesellschaften ist in der Rs. *Inspire Art*[271] ergangen, in der der EuGH seine Entscheidungslinie der ersten beiden Urteile fortsetzte.

In dieser Rechtssache wollte die britische Gesellschaft Inspire Art Ltd. (private company limited by shares) eine Zweigniederlassung in den Niederlanden gründen, welches nach niederländischem Gesellschaftsrecht auch grundsätzlich zulässig war. Da die Gesellschaft ihre Geschäftstätigkeit aber allein in den Niederlanden ausübte, hielt es die Handelskammer von Amsterdam für erforderlich, die Registereintragung mit dem Zusatz „formeel buitenlandse vennootschap" („formal ausländische

265 EuGH v. 05.11.2002 – C-208/00 („Überseering"), Slg. 2002, I-9943, I-9966 ff., Tz. 64 ff. Zu *Daily Mail* siehe soeben Kapitel 2, C. I. 1. a).
266 EuGH v. 05.11.2002 – C-208/00 („Überseering"), Slg. 2002, I-9943, I-9968, Tz. 71.
267 EuGH v. 05.11.2002 – C-208/00 („Überseering"), Slg. 2002, I-9943, I-9970 f., Tz. 79 ff.
268 EuGH v. 05.11.2002 – C-208/00 („Überseering"), Slg. 2002, I-9943, I-9972 f., Tz. 87 ff.
269 EuGH v. 05.11.2002 – C-208/00 („Überseering"), Slg. 2002, I-9943, I-9974, Tz. 92.
270 EuGH v. 05.11.2002 – C-208/00 („Überseering"), Slg. 2002, I-9943, I-9974, Tz. 93.
271 EuGH v. 30.09.2003 – C-167/01 („Inspire Art"), Slg. 2003, I-10195.

Gesellschaft") zu ergänzen. Zudem knüpfte das niederländische Gesellschaftsrecht an diesen Status noch weitere Pflichten.

Die Inspire Art Ltd. erachtete die betroffene Vorschrift des niederländischen Gesellschaftsrechts für nicht einschlägig und, hilfsweise, die Niederlassungsfreiheit für verletzt. Das Kantongerecht Amsterdam legte die Frage dem EuGH vor.

Unter Hinweis auf das Urteil *Centros* bejahte der Europäische Gerichtshof die Anwendung der Niederlassungsfreiheit; auch sei ein die Niederlassungsfreiheit ausschließender Missbrauch nicht erkennbar.[272] Zudem liege eine Beschränkung der Grundfreiheit vor,[273] da das niederländische Gesellschaftsrecht die Gesellschaft sogar dazu verpflichten könne, „die Vorschriften des Niederlassungsstaats über das Stammkapital und die Haftung der Geschäftsführer zu beachten".[274]

Die Beschränkung sei nicht zu rechtfertigen. Zwar erkannte der EuGH den Gläubigerschutz als Rechtfertigungsgrund an. Die (potentiellen) Gläubiger seien aber bereits ausreichend dadurch geschützt, dass Inspire Art nicht als Gesellschaft niederländischen, sondern britischen Rechts auftrete. Denn so sei ersichtlich, dass sie anderen Rechtsvorschriften unterliege als niederländische Gesellschaften.[275] Weiter erkannte der EuGH auch die Unterbindung von Missbräuchen und Betrügereien als Rechtfertigungsgrund an. Doch auch hier betonte er wieder, dass die Gründung einer Gesellschaft in einem Mitgliedstaat mit einem weniger strengen Gesellschaftsrecht und die anschließende Tätigkeit der Gesellschaft in einem anderen Mitgliedstaat (als eigentlichen Zielmitgliedstaat) gerade eine Gestaltung sei, die den Kern der Niederlassungsfreiheit ausmache, so dass in ihr selbst noch kein Missbrauch und keine Betrügerei zu erkennen seien.[276] Zuletzt äußerte sich der Gerichtshof zur Rechtfertigung durch Erhaltung der Lauterkeit des Handelsverkehrs und der Wirksamkeit von Steuerkontrollen, dass diesbezüglich nicht dargelegt worden sei, dass die Maßnahme die „Kriterien der Wirksamkeit, der Verhältnismäßigkeit und der Gleichbehandlung erfüll[e]."[277] Daher sei die Beschränkung der Niederlassungsfreiheit nicht zu rechtfertigen.

4. *Rs.* VALE

Zuletzt sei das in der Rechtssache *VALE*[278] ergangene Urteil vorgestellt. Dieses betraf den Zuzug einer Gesellschaft unter Wechsel in eine Gesellschaftsform des Zuzugsstaates und damit – anders als die Urteile *Centros*, *Überseering* und *Inspire Art* – einen Grenzübertritt unter *Änderung* des anwendbaren Gesellschaftsrechts.[279]

---

272 EuGH v. 30.09.2003 – C-167/01 („Inspire Art"), Slg. 2003, I-10195, I-10223 f., Tz. 95 ff.
273 EuGH v. 30.09.2003 – C-167/01 („Inspire Art"), Slg. 2003, I-10195, I-10224 f., Tz. 99 ff.
274 EuGH v. 30.09.2003 – C-167/01 („Inspire Art"), Slg. 2003, I-10195, I-10225, Tz. 101.
275 EuGH v. 30.09.2003 – C-167/01 („Inspire Art"), Slg. 2003, I-10195, I-10234, Tz. 135.
276 EuGH v. 30.09.2003 – C-167/01 („Inspire Art"), Slg. 2003, I-10195, I-10234 f., Tz. 136 ff.
277 EuGH v. 30.09.2003 – C-167/01 („Inspire Art"), Slg. 2003, I-10195, I-10235, Tz. 140 f.
278 EuGH v. 12.07.2012 – C-378/10 („VALE"), ZIP 2012, 1394.
279 Zutreffend *Teichmann*, DB 2012, 2085, 2086.

Die italienische Gesellschaft VALE Costruzioni srl wollte ihren Sitz nach Ungarn verlegen und sich dabei in eine Gesellschaft ungarischen Rechts, die VALE Építési kft, wandeln. Das ungarische Handelsregistergericht wies jedoch den Eintragungsantrag der Gesellschaft mit der Begründung ab, dass sich eine ausländische Gesellschaft nach ungarischem Umwandlungsrecht nicht in eine ungarische Gesellschaftsform umwandeln könne.

Der EuGH bejahte letztendlich auch hier die Eröffnung der Niederlassungsfreiheit und führte die Grundüberlegung der Rs. *Daily Mail* und *Cartesio*[280] fort. Nach dieser „kann ein Mitgliedstaat [...] sowohl die Anknüpfung bestimmen, die eine Gesellschaft aufweisen muss, um als nach seinem innerstaatlichen Recht gegründet angesehen werden und damit in den Genuss der Niederlassungsfreiheit gelangen zu können, als auch die Anknüpfung, die erforderlich ist, damit diese Eigenschaft später erhalten bleibt."[281] Nicht nur der Wegzugsstaat, sondern auch ein Zuzugsstaat sei frei darin, zu bestimmen, welche Anknüpfungspunkte erfüllt sein müssen, um nach seiner Rechtsordnung als Gesellschaft anerkannt zu werden. Denn „eine aufgrund einer nationalen Rechtsordnung gegründete Gesellschaft [existiere] nur vermittels der nationalen Rechtsvorschriften, die für ihre Gründung und ihre Funktionsweise maßgebend sind."[282] Erfülle die Gesellschaft aber die erforderlichen Anknüpfungspunkte, sei die Niederlassungsfreiheit eröffnet. Der in der Rs. *Cartesio* für den Grenzübertritt unter Umwandlung in eine Gesellschaftsrechtsform des Zuzugsstaates in einem *obiter dictum* angefügte Nebensatz „‚soweit dies [sc. die Umwandlung] nach diesem Recht [sc. des Zuzugsstaates] möglich ist' [...] [könne daher] nicht dahin verstanden werden, dass damit die Rechtsvorschriften des Aufnahmemitgliedstaats über die Umwandlung von Gesellschaften von vornherein den Regeln des AEU-Vertrags über die Niederlassungsfreiheit entzogen werden sollen; vielmehr soll[e] damit schlicht die Erwägung zum Ausdruck gebracht werden, dass eine aufgrund einer nationalen Rechtsordnung gegründete Gesellschaft nur vermittels der nationalen Rechtsvorschriften existiert, die somit die Gründung der Gesellschaft ‚ermöglichen', wenn die hierfür aufgestellten Bedingungen erfüllt [seien]."[283]

Eine Beschränkung der Niederlassungsfreiheit liege ebenfalls vor, da die „unterschiedliche Behandlung [inländischer und ausländischer Gesellschaften in Bezug auf die Umwandlung in eine inländische Gesellschaftsform] [...] geeignet [sei], Gesellschaften mit Sitz in anderen Mitgliedstaaten davon abzuhalten, von der im AEU-Vertrag verankerten Niederlassungsfreiheit Gebrauch zu machen [...]."[284] Sodann erkannte der Gerichtshof auch in diesem Urteil „den Schutz der Interessen von Gläubigern, Minderheitsgesellschaftern und Arbeitnehmern sowie der Wahrung der

280 Siehe soeben Kapitel 2, C. I. 1.
281 EuGH v. 12.07.2012 – C-378/10 („VALE"), ZIP 2012, 1394, 1395, Tz. 29.
282 EuGH v. 12.07.2012 – C-378/10 („VALE"), ZIP 2012, 1394, 1395, Tz. 27, zudem Tz. 29.
283 EuGH v. 12.07.2012 – C-378/10 („VALE"), ZIP 2012, 1394, 1395, Tz. 29.
284 EuGH v. 12.07.2012 – C-378/10 („VALE"), ZIP 2012, 1394, 1396, Tz. 36. Hierzu *Teichmann*, DB 2012, 2085, 2089.

Wirksamkeit steuerlicher Kontrollen“ als Rechtfertigungsgründe an.[285] Der Zuzug unter Wechsel in eine inländische Gesellschaftsrechtsform sei aber vom ungarischen Umwandlungsrecht generell und nicht nur bei Bedrohung dieser Interessen untersagt worden, so dass die Rechtfertigungsgründe nicht einschlägig seien. „Jedenfalls geh[e] eine solche Regelung über das hinaus, was zur Erreichung der im Schutz der genannten Interessen bestehenden Ziele erforderlich [sei]“, so dass die Verhältnismäßigkeit nicht gewahrt werde.[286]

Abschließend wies der EuGH darauf hin, dass zwar „in vielen Bereichen mangels einer einschlägigen Unionsregelung die Modalitäten, die den Schutz der den Rechtssuchenden aus dem Unionsrecht erwachsenden Rechte gewährleisten sollen, Sache der innerstaatlichen Rechtsordnung eines jeden Mitgliedstaats [seien]; sie dürf[t]en jedoch nicht ungünstiger sein als diejenigen, die gleichartige innerstaatliche Sachverhalte regeln (Äquivalenzgrundsatz), und die Ausübung der durch die Unionsrechtsordnung verliehenen Rechte nicht praktisch unmöglich machen oder übermäßig erschweren (Effektivitätsgrundsatz).“[287] Dabei ist besonders interessant, dass „nicht zu beanstanden [sei], dass [...] die Bestimmungen [des] nationalen Rechts über innerstaatliche Umwandlungen an[ge]wendet [würden], die – wie die Anforderungen an die Erstellung einer Bilanz und eines Vermögensverzeichnisses – die Gründung und die Funktionsweise einer Gesellschaft regel[te]n.“[288] Denn der Äquivalenzgrundsatz verlange keine Besser-, sondern verhindere nur eine Schlechterstellung grenzüberschreitender Vorgänge.[289]

D. Die Eröffnung der Niederlassungsfreiheit bei Grenzübertritt der SE

Die Eröffnung der Niederlassungsfreiheit ist beim Grenzübertritt von Gesellschaften ein bedeutsamer Aspekt. Wie bei der Darstellung der einschlägigen EuGH-Judikatur erkennbar wurde,[290] hat der EuGH sie als „Vorfrage“ beim Wegzug von Gesellschaften stets ausführlich diskutiert und zumeist abgelehnt. Beim Zuzug von Gesellschaften hat der Gerichtshof die Niederlassungsfreiheit hingegen für eröffnet erachtet und teilweise sogar nicht näher problematisiert.

Im Folgenden sei daher die Eröffnung der Niederlassungsfreiheit insbesondere für den *Weg*zug der SE zu erörtern (unter I.). Diese ist vorwiegend in Bezug auf

285 EuGH v. 12.07.2012 – C-378/10 („VALE“), ZIP 2012, 1394, 1396, Tz. 39.
286 EuGH v. 12.07.2012 – C-378/10 („VALE“), ZIP 2012, 1394, 1396, Tz. 40.
287 EuGH v. 12.07.2012 – C-378/10 („VALE“), ZIP 2012, 1394, 1397, Tz. 48. Hierzu *Bayer/J. Schmidt*, ZIP 2012, 1481, 1487 f.; *Behme*, NZG 2012, 936, 938 f.; *Benrath/König*, Der Konzern 2012, 377, 380; *Braun*, DZWIR 2012, 411, 414 f.; *Kruis/Widmayer*, CORPORATE FINANCE law 2012, 349, 350; *Teichmann*, DB 2012, 2085, 2090 f.; *Wicke*, DStR 2012, 1756, 1757.
288 EuGH v. 12.07.2012 – C-378/10 („VALE“), ZIP 2012, 1394, 1397, Tz. 52.
289 EuGH v. 12.07.2012 – C-378/10 („VALE“), ZIP 2012, 1394, 1397, Tz. 54.
290 Soeben Kapitel 2, C.

die steuerlichen Konsequenzen eines Wegzug diskutiert worden und soll daher primär diesbezüglich diskutiert werden; die Ausführungen werden sich aber auf die handelsbilanziellen Folgen eines Wegzugs übertragen lassen. Sodann soll auch die Frage behandelt werden, warum der EuGH beim *Zu*zug einer Gesellschaft die Niederlassungsfreiheit stets für eröffnet gehalten hat (unter II.).

I. Eröffnung der Niederlassungsfreiheit bei Wegzugsmaßnahmen

Speziell in Bezug auf die Wegzugsbesteuerung von Gesellschaften ist die Eröffnung der Niederlassungsfreiheit umfassend diskutiert worden.[291] Hierzu trugen entscheidend die bis zur Rs. *National Grid Indus* ergangenen Urteile des Europäischen Gerichtshofs bei.

Denn in den Rs. *Daily Mail* und *Cartesio*[292] hatte der EuGH die Eröffnung der Niederlassungsfreiheit bei grenzüberschreitendem Wegzug von Gesellschaften verneint: „eine aufgrund einer nationalen Rechtsordnung gegründete Gesellschaft [habe] jenseits der nationalen Rechtsordnung, die ihre Gründung und ihre Existenz regelt, keine Realität“[293] und könne sich daher auch nicht auf die Niederlassungsfreiheit berufen. Die Urteile behandelten aber allein die *gesellschafts*rechtliche Frage, ob die Mitgliedstaaten „ihren“ Gesellschaften den Wegzug aus ihrem Hoheitsgebiet erlauben müssen. Sie erörterten hingegen nicht die Zulässigkeit *steuer*rechtlicher Konsequenzen eines Wegzugs.[294] Zu ihrer Bedeutung für die Wegzugsbesteuerung von Gesellschaften wurden daher unterschiedliche Ansichten vertreten.[295]

Zeitlich nach der ersten gesellschaftsrechtlichen Entscheidung (Rs. *Daily Mail*) ergingen sodann EuGH-Urteile zu den *steuer*rechtlichen Folgen eines Wegzugs, bei denen die Niederlassungsfreiheit unproblematisch für eröffnet erachtet wurde. Jedoch betrafen diese den Wegzug allein von natürlichen Personen, nicht hingegen von Gesellschaften.[296] Wiederum stellte sich die Frage, welche Bedeutung diesen Urteilen für die Wegzugsbesteuerung von Gesellschaften zukommt, und vor allem, wie sich die steuerrechtlichen Urteile zu den gesellschaftsrechtlichen verhalten.[297]

---

291 Die handelsbilanziellen Folgen eines Wegzugs haben hingegen kaum Beachtung gefunden.

292 Darstellung der Urteile unter Kapitel 2, C. I. 1.

293 EuGH v. 16.12.2008 – C-210/06 („Cartesio“), Slg. 2008, I-9664, I-9697, Tz. 104.

294 Zwar war das Urteil in der Rs. *Daily Mail* durchaus von steuerrechtlichen Fragen geprägt; der EuGH beantwortete diese jedoch allein auf gesellschaftsrechtlicher Ebene, siehe Kapitel 2, C. I. 1. a).

295 Siehe Kapitel 2, D. I. 2. b).

296 Darstellung der Urteile unter Kapitel 2, C. I. 2.

297 Siehe Kapitel 2, D. I. 1. a).

Mit dem Urteil in der Rechtssache *National Grid Indus* hat der EuGH zu diesen Fragen endlich Stellung genommen.[298] Die bis dahin entstandenen Ansichten im Schrifttum zum Verhältnis zwischen der gesellschaftsrechtlichen und der steuerrechtlichen EuGH-Judikatur [unter 1.] sowie zur Bedeutung der gesellschaftsrechtlichen Urteile für die Wegzugsbesteuerung von Gesellschaften [unter 2.] sollen gleichwohl zunächst dargelegt und kritisch gewürdigt werden, bevor die Sichtweise des EuGH in der Rs. *National Grid Indus* beleuchtet werden kann.

1. Verhältnis der gesellschaftsrechtlichen zur steuerrechtlichen „Wegzug-Judikatur" des EuGH

a) Darstellung des Meinungsstandes

i) Ansicht 1: Steuerrechtliche Urteile maßgebend

Von den erst lange Zeit nach der Rs. *Daily Mail* (1988) ergangenen Urteilen zur Wegzugsbesteuerung natürlicher Personen hatte das Urteil *X und Y* aus dem Jahre 2002 noch keine allzu große Aufmerksamkeit erhalten. Hingegen hatte die Rs. *de Lasteyrie du Saillant* im Jahre 2004 geradezu eine Welle ausgelöst: Für den Wegzug natürlicher Personen wurde von Seiten der Literatur wohl einstimmig die Europarechtswidrigkeit auch der deutschen Wegzugsbesteuerung nach § 6 AStG a.F. erklärt[299] und teilweise wurden Ansätze des Urteils auch auf die Besteuerung von Wegzügen juristischer Personen übertragen.[300]

Demzufolge bildete sich in der Literatur eine Ansicht, nach der sich der EuGH nun *generell* für die Überprüfung von Wegzugsbesteuerungen an der Niederlassungsfreiheit ausgesprochen habe, also nicht nur beim Wegzug von natürlichen Personen, sondern auch beim Wegzug von Gesellschaften. Das Urteil in der Rs. *Daily Mail* sei insofern überholt.

---

298 Darstellung des Urteils unter Kapitel 2, C. I. 3. b).

299 Mit teilweise unterschiedlichen Argumenten: *Aßmann*, Steuer&Studium 2006, 131, 135, 137; *Ismer/Reimer/Rust*, EWS 2004, 207, 215; *Lausterer*,, in: Blumenberg/Schäfer, SEStEG, F. I., S. 223 f.; *Schaumburg*, in: FS Wassermeyer, 2005, S. 411 ff., 413; vorsichtig *Schindler*, IStR 2004, 300, 310; *Schnitger*, BB 2004, 804, 808; *Wassermeyer*, GmbHR 2004, 613, 614 f.

300 Europäische Kommission, KOM(2006) 825 endgültig, S. 6 ff.; *Aßmann*, Steuer&Studium 2006, 131, 137; *Blumenberg/Lechner*, BB-Special 8/2006, 25, 28, und *dies.*, in: Blumenberg/Schäfer, SEStEG, C. I. 1. b) bb), S. 68 (Übertragung auf den betrieblichen Bereich im Allgemeinen); *Eickmann/Stein*, DStZ 2007, 723, 727; *Fischer*, in: MüKo AktG, Bd. 7, SteuerR, Rn. 92; *Köhler*, in: FS Schaumburg, 2009, S. 813 ff., 826; vorsichtig *Sedemund*, DStZ 2003, 407, 412; *Stadler/Elser*, in: Blumenberg/Schäfer, SEStEG, B. II. 2. h), S. 57 (Übertragung auf den betrieblichen Bereich im Allgemeinen); *Wagner*, Der Konzern 2009, 235, 242; *Wassermeyer*, GmbHR 2004, 613, 615 f.; in Bezug auf grenzüberschreitende Umwandlungen *Blumers/Kinzl*, BB 2005, 971, 973; a.A. *Ringe*, Die Sitzverlegung der Europäischen Aktiengesellschaft, 2. Teil, A. II. 4. b), S. 69 f.; III., S. 181; differenzierend *Baggio*, Riv. d. trib. 2006, 537, 553.

So vertritt *Rödder*, dass nach *Daily Mail* zwar eine Wegzugsbesteuerung zulässig war, sich diese Beurteilung des EuGH mit den Rechtssachen *X und Y* und *de Lasteyrie* „aber in Richtung einer generellen Verwerfung der Wegzugsbesteuerung verschoben" habe.[301] Ein wenig vorsichtiger, aber dennoch klar ist auch die Aussage von *Horn*, nach dem „einiges dafür [spricht], das Grundprinzip der Entscheidung [Lasteyrie du Saillant] (Verbot der Besteuerung latenter Wertsteigerungen bei EU-Ansässigkeitswechsel) auch auf juristische Personen zu übertragen."[302]

Auch äußert sich *Schaumburg* dahingehend, dass *Daily Mail* „durch die *Hughes-de-Lasteyrie-du-Saillant*-Entscheidung des EuGH [überlagert werde], wonach wegzugsbedingte steuerliche Nachteile nicht eintreten dürf[t]en."[303] Mit dieser Aussage bezieht er sich jedoch nur auf die steuerrechtlichen Folgen eines Wegzugs. Die Auflösung der Gesellschaft aufgrund ihres Wegzugs sei hingegen weiterhin nach der *Daily Mail*-Entscheidung zulässig, die der EuGH insofern nicht aufgegeben habe:[304] Es sei „in erster Linie Aufgabe des Gründungsstaates [...], über die Entstehung und den Fortbestand einer Kapitalgesellschaft im Falle der Sitzverlegung zu entscheiden, [aber] hinsichtlich der steuerlichen Rechtsfolgen eines Wegzuges [sei] nunmehr der Rahmen gesteckt [...]."[305] Damit entspricht die Auffassung von *Schaumburg* letzten Endes der sogleich[306] aufgeführten Ansicht.

Nach *Kleinert* und *Probst* weisen die beiden Urteile *Daily Mail* und *de Lasteyrie* hingegen einen unterschiedlichen Regelungsgehalt auf: *Daily Mail* habe lediglich eine Aussage bzgl. *identitätswahrender* Verwaltungssitzverlegungen getroffen und „den Mitgliedstaaten erlaubt [...], [diesen] identitätswahrenden Wegzug der nach ihrem Recht gegründeten juristischen Personen von ihrer Zustimmung abhängig zu machen." Eine Aussage bzgl. *nicht identitätswahrender* Wegzüge enthalte das Urteil nicht. Diese Lücke sei nun durch *de Lasteyrie* gefüllt worden, so dass sämtliche nicht identitätswahrende Wegzüge „an den Grundfreiheiten zu messen" seien.[307]

---

301 *Rödder*, DStR 2004, 1629, 1633; *ders.*, IStR 2005, 297, 297; *ders.*, in: FS Wassermeyer, 2005, S. 163 ff., 175. Ähnlich *Aßmann*, Steuer&Studium 2006, 131, 137; *Campos Nave*, BB 2009, 870, 872. Vgl. zudem *Frobenius*, DStR 2009, 487, 490: „Überdies ist *Daily Mail* unter steuerrechtlichen Gesichtspunkten durch die spätere Rechtsprechung des EuGH überholt."

302 *Horn*, DB 2005, 147, 153. Bzgl. des Erfordernisses einer Betriebsstättenklausel, die noch in § 12 Abs. 1 KStG a.F. fehlte, auch *Endres*, RIW 2004, 735, 738. Zudem (vorsichtig) *Klingberg/van Lishaut*, Der Konzern 2005, 698, 700, 705, 714; *Romano*, Rassegna Tributaria 2004, 1291, 1299, 1302.

303 *Schaumburg*, in: FS Wassermeyer, 2005, S. 411 ff., 422; *ders.*, in: Lutter/Hommelhoff, Die Europäische Gesellschaft, S. 319 ff., 351; *ders.*, StJB 2008/2009, 193, 202: „Was für den Wegzug natürlicher Personen gilt, hat freilich auch für Kapitalgesellschaften zu gelten."

304 *Schaumburg*, in: FS Wassermeyer, 2005, S. 411 ff., 422.

305 *Schaumburg*, in: FS Wassermeyer, 2005, S. 411 ff., 414.

306 Kapitel 2, D. I. 1. a) ii).

307 *Kleinert/Probst*, DB 2004, 673, 673 f. Dazu kritisch *Körner*, IStR 2004, 424, 430 f.

Diese Auffassung vermag nicht zu überzeugen, denn zum einen ist es zumindest fragwürdig, ob eine solche Differenzierung den Urteilen (allein aufgrund dessen, dass *Daily Mail* einen identitätswahrenden Wegzug betraf?) entnommen werden kann. Zum anderen führt sie zu seltsam anmutenden Ergebnissen in Bezug auf den Wegzug der SE, denn das spezielle Privileg der Identitätswahrung bei Wegzug nach Art. 8 SE-VO würde ihr in diesem Punkt zum Nachteil gereichen und zur Anwendung der Grundsätze *Daily Mails* führen.

ii) Ansicht 2: Gesellschaftsrechtliche Urteile neben den steuerrechtlichen von Bedeutung

Nach einer anderen Auffassung in der Literatur bleiben die gesellschaftsrechtlichen Urteile hingegen für die Eröffnung der Niederlassungsfreiheit ausschlaggebend: Namentlich *Frotscher* betont, dass *de Lasteyrie du Saillant* allein zum Wegzug von natürlichen Personen ergangen sei. Die Übertragung auf juristische Personen sei zwar denkbar, jedoch ergebe sie sich nicht von selbst, da der EuGH durchaus Unterschiede zwischen natürlichen und juristischen Personen sehe. Ein solcher Unterschied bestehe nun gerade beim Wegzug darin, dass juristische Personen ihre Rechtspersönlichkeit aus der jeweiligen nationalen Rechtsordnung ableiteten.[308] Ebenso fordern *Eilers* und *Dondorf* eine „positive[.] Rechtfertigung der Übertragung dieser [sc. der in *Lasteyrie du Saillant* aufgestellten] Grundsätze von natürlichen Personen auf Kapitalgesellschaften."[309]

b) Kritische Würdigung

Die Urteile zur Wegzugsbesteuerung von natürlichen Personen waren insoweit von erheblicher Bedeutung, als sie erstmalig Maßstäbe speziell für die Wegzugsbesteuerung gesetzt haben. Diesbezüglich, also betreffend die *Beschränkung* der Niederlassungsfreiheit und eine mögliche *Rechtfertigung*, haben sie daher erste Anhaltspunkte für die europarechtliche Beurteilung der Wegzugsbesteuerung von Gesellschaften gebracht. Diesen beiden Punkten ist aber bei Gesellschaften, wie *Frotscher* überzeugend aufführt, nach den Urteilen *Daily Mail* und *Cartesio* noch ein entscheidender vorgelagert, der sich für natürliche Personen so nicht stellt: die *Eröffnung* der Niederlassungsfreiheit. Nur wenn die Niederlassungsfreiheit bei Wegzug der Gesellschaft eröffnet ist, können die Kriterien der steuerrechtlichen Urteile zur Beschränkung und zu einer möglichen Rechtfertigung übertragen werden.

---

308 *Frotscher*, IStR 2006, 65, 69; zudem *ders.*, in: Frotscher/Maas, KStG, § 12 (Jan. 2015), Rn. 106 f. Vgl. auch *Kraft/Gebhardt*, FR 2012, 403, 405; *L. Miele*, Corr. trib. 2010, 434, 437; *Stöber*, ZIP 2012, 1273, 1275 f.; *Weber*, ET 2003, 350, 352 f.

309 *Eilers/Dondorf*, in: Reimer, Europäisches Gesellschafts- und Steuerrecht, S. 193 ff., 209.

Die gesellschaftsrechtlichen wie auch die steuerrechtlichen Urteile sind mithin für die Beurteilung des Wegzugs einer SE von Bedeutung – auf zwei voneinander zu trennenden Stufen: Zunächst ist auf der ersten Stufe die gesellschaftsrechtliche Judikatur zur Entscheidung über die Eröffnung der Niederlassungsfreiheit heranzuziehen, um sodann – vorausgesetzt man bejaht diese Frage – auf der zweiten Stufe die Kriterien der steuerrechtlichen Urteile zur Beschränkung der Niederlassungsfreiheit und zur Rechtfertigung einer Beschränkung übertragen zu können („2-Stufen-Prüfung").[310]

c) Bestätigung durch das EuGH-Urteil in der Rs. National Grid Indus

Diese Auffassung ist nun vom EuGH in der die Wegzugsbesteuerung einer Gesellschaft betreffenden Entscheidung *National Grid Indus* bestätigt worden, in der er zunächst die „Vorfrage" erörtert, ob die Niederlassungsfreiheit bei Wegzug der SE überhaupt eröffnet ist, und dafür die in den Urteilen *Daily Mail* und *Cartesio* aufgestellten Grundsätze heranzieht.[311] Erst auf der Ebene der Beschränkung der Niederlassungsfreiheit und ihrer möglichen Rechtfertigung nimmt der Gerichtshof Bezug auf die zur Wegzugsbesteuerung natürlicher Personen ergangenen Urteile.[312] Damit hat der EuGH die soeben beschriebene „2-Stufen-Prüfung" durchgeführt.

2. Reichweite der gesellschaftsrechtlichen „Wegzug-Judikatur" des EuGH

Auf der ersten Prüfungsstufe, der Eröffnung der Niederlassungsfreiheit, sind die gesellschaftsrechtlichen Urteile des EuGH mithin auch für die Beurteilung der steuerrechtlichen Folgen eines Wegzugs von Bedeutung. Sie besagen, dass „eine aufgrund einer nationalen Rechtsordnung gegründete Gesellschaft jenseits der nationalen Rechtsordnung, die ihre Gründung und ihre Existenz regelt, keine Realität ha[be]."[313] Der Gründungsstaat könne nicht nur darüber bestimmen, unter welchen Voraussetzungen eine Gesellschaft ihre Existenz erlange, sondern darüber hinaus auch die Anknüpfungspunkte festlegen, unter denen ihr die Existenz weiterhin zuerkannt bleibe. Bildlich gesprochen wird der Gründungsstaat damit als „Schöpfer" „seiner" Gesellschaften deklariert, über deren Entstehen und Fortbestand, oder überspitzt formuliert: über deren Leben und Tod, er entscheiden könne. Erkenne der Gründungsstaat der Gesellschaft mit Wegzug ihre Existenz ab, mangele es bereits an einem Rechtssubjekt nach Art. 54 AEUV, das sich auf

---

310 Siehe auch *von der Laage*, StuW 2012, 182, 184.

311 EuGH v. 29.11.2011 – C-371/10 („National Grid Indus"), DStR 2011, 2334, 2336 f., Tz. 26 ff.

312 EuGH v. 29.11.2011 – C-371/10 („National Grid Indus"), DStR 2011, 2334, 2337 ff., Tz. 34 ff.

313 EuGH v. 16.12.2008 – C-210/06 („Cartesio"), Slg. 2008, I-9664, I-9697, Tz. 104.

die Niederlassungsfreiheit berufen könne. Die Niederlassungsfreiheit sei daher erst gar nicht eröffnet.[314]

a) Vorweg: kritische Anmerkung zur gesellschaftsrechtlichen EuGH-Judikatur

Die „Schöpfertheorie"[315] wird von vielen Seiten der Literatur zu Recht kritisiert.[316] Sie verkennt, dass es nach Art. 54 Abs. 1 AEUV für die Qualifizierung einer Gesellschaft als Niederlassungsfreiheitssubjekt ausreichend ist, dass sie „nach den Rechtsvorschriften eines Mitgliedstaates *gegründet*[.]" (Herv. durch Verf.) ist.[317] Eine Voraussetzung in Richtung: „und nach diesen auch weiter *fortbesteht*" enthält Art. 54 Abs. 1 AEUV nicht. Die Vorschrift mag dem Umstand Rechnung tragen, dass Gesellschaften anders als natürliche Personen Konstrukte einer Rechtsordnung sind, aus der sie ihre Existenz erlangen. Soweit ist dem EuGH zuzustimmen. In dem Moment aber, in dem die Gesellschaft gegründet und mit Rechtspersönlichkeit ausgestattet ist, ist die Niederlassungsfreiheit (abstrakt) eröffnet, da die Gesellschaft (abstrakt) Subjekt der Niederlassungsfreiheit wird und sich als solches im (konkreten) Wegzugsfall auf die Niederlassungsfreiheit berufen kann.[318] Könnten die Mitgliedstaaten nicht nur

---

314 So auch das Verständnis der EuGH-Urteile nach *Gebert/Fingerhuth*, IStR 2009, 445, 448; *Hennrichs/Pöschke/von der Laage/Kļaviņa*, WM 2009, 2009, 2011 f.; *Hey*, Der Konzern 2004, 577, 580. Vgl. zudem *Bayer/J. Schmidt*, ZIP 2012, 1481, 1482; *Crazzolara*, Riv. dir. trib. 2011, IV, 349, 352 f.; *Frobenius*, DStR 2009, 487, 489; *Körner*, IStR 2004, 424, 430; *Ringe*, Die Sitzverlegung der Europäischen Aktiengesellschaft, 2. Teil, A. II. 4. c), S. 76; *Stewen*, FR 2010, 18, 20 f.; a. A. wohl *Ziemons*, ZIP 2003, 1913, 1919.

315 Zumeist spricht die Literatur von der „Geschöpftheorie", vgl. *Bayer/J. Schmidt*, ZIP 2012, 1481, 1481; *Braun*, DZWIR 2012, 411, 411; *Kindler*, EuZW 2012, 888, 888; *Kruis/Widmayer*, CORPORATE FINANCE law 2012, 349, 349; *Mutter/Kruchen*, EuGH EWiR Art. 49 AEUV 3/12, 541, 542; *Richter/Heyd*, StuW 2010, 367, 369; (kritisch) *Teichmann*, DB 2012, 2085, 2089 f.; *Wöhlert/Degen*, GWR 2012, 33797, 432, 433.

316 Vgl. *Boers*, Rassegna Tributaria 2006, 1401, 1413; *Forsthoff*, in: Grabitz/Hilf/Nettesheim, Recht der EU, Art. 54 AEUV (Okt. 2011), Rn. 11; *Frobenius*, DStR 2009, 487, 488 f.; *Hennrichs/Pöschke/von der Laage/Kļaviņa*, WM 2009, 2009, 2013 f.; *Hey*, Der Konzern 2004, 577, 581; *Knobbe-Keuk*, DB 1990, 2573, 2579 ff.; *Leible*, ZGR 2004, 531, 536; *Mucciarelli*, EBOR 2008, 267, 296 ff.; *Ringe*, Die Sitzverlegung der Europäischen Aktiengesellschaft, 2. Teil, A. II. 4. c), S. 72 ff.; *Romano*, Rassegna Tributaria 2004, 1291, 1298 f.; *Stewen*, FR 2010, 18, 20 ff.; *Teichmann*, ZIP 2009, 393, 396 ff. Explizit zu Art. 54 AEUV: *Forsthoff*, EuR 2000, 167, 173. Zu Art. 54 AEUV ohne Bezug auf die EuGH-Urteile *Cervino*, Rassegna Tributaria 2000, 1873, 1884.

317 *Eidenmüller*, JZ 2004, 24, 29, und *ders.*, in: Baums/Cahn, Die Europäische Aktiengesellschaft, S. 164 ff., 173: auf die Niederlassungsfreiheit könne sich jede „einmal (wirksam) *gegründete* Gesellschaft" berufen (Herv. im Original). Ebenso *Forsthoff*, EuR 2000, 167, 173; *Mucciarelli*, Società di capitali, Kap. 3, 3.4., S. 114 f.

318 *Hennrichs/Pöschke/von der Laage/Kļaviņa*, WM 2009, 2009, 2013 f. Dahingehend auch *Frobenius*, DStR 2009, 487, 488 f.; *Hey*, Der Konzern 2004, 577, 581; *Knobbe-Keuk*, DB 1990, 2573, 2579 ff.; zumindest kritisch bzgl. der EuGH-Rechtsprechung *Forsthoff*, EuR 2000, 167, 173; *Leible*, ZGR 2004, 531, 536; *Mucciarelli*, EBOR 2008,

über die Entstehung, sondern auch über den Fortbestand „ihrer" Gesellschaften ohne Messung an den Grundfreiheiten bestimmen, „würde nationales Recht nicht nur eine Vorfrage der Niederlassungsfreiheit regeln, sondern über deren Anwendungsbereich selbst disponieren."[319] Ein widersprüchliches Ergebnis zur europäischen Normenhierarchie wäre die Folge.

Außerdem erfordert Art. 54 Abs. 1 AEUV lediglich, dass die Gesellschaft „ihren satzungsmäßigen Sitz, ihre Hauptverwaltung oder ihre Hauptniederlassung innerhalb der *Gemeinschaft* ha[t]" (Herv. durch Verf.) und dadurch einen fortbestehenden Bezug zur *Gemeinschaft* aufweist. Nicht hingegen lässt sich der Vorschrift entnehmen, dass die Mitgliedstaaten festlegen dürfen, welche Merkmale davon in „ihrem" Inland vorliegen müssen, damit die Gesellschaft Subjekt der Niederlassungsfreiheit bleibt.[320] Die „Schöpfertheorie" findet mithin keinen Halt im AEUV und ist daher abzulehnen.[321]

Zuletzt sei noch angemerkt, dass auch das Argument des EuGH, eine Harmonisierung sei europarechtlich im internationalen Gesellschaftsrecht noch nicht erzielt,[322] freilich zu keinem anderen Ergebnis führen kann. Denn eine fehlende Harmonisierung durch Sekundärrechtsakte bedeutet nicht, dass eine Überprüfung der nationalen Rechtsordnungen an den Grundfreiheiten ausbleiben dürfte.[323] Im Gegenteil bedarf der Binnenmarkt gerade in den nicht-harmonisierten Rechtsgebieten des Schutzes durch die Grundfreiheiten.

Die Kritik an der „Schöpfer-Theorie" ist aber, wie es scheint, zur Genüge ergangen und soll daher nicht Hauptaugenmerk dieser Arbeit sein. Im Folgenden soll vielmehr analysiert werden, welche Auswirkung die gesellschaftsrechtliche

---

267, 296 ff.; *ders.*, Società di capitali, Kap. 3, 3.4., S. 114 f.; *Ringe*, Die Sitzverlegung der Europäischen Aktiengesellschaft, 2. Teil, A. II. 4. c), S. 72 ff.; *Stewen*, FR 2010, 18, 21.

319 *Hennrichs/Pöschke/von der Laage/Kļaviņa*, WM 2009, 2009, 2014. Siehe auch *Däubler/Heuschmid*, NZG 2009, 493, 495.

320 *Hennrichs/Pöschke/von der Laage/Kļaviņa*, WM 2009, 2009, 2013. Siehe auch *Teichmann*, ZIP 2009, 393, 399 f.

321 Siehe *Hennrichs/Pöschke/von der Laage/Kļaviņa*, WM 2009, 2009, 2012 ff. Vgl. auch *Forsthoff*, EuR 2000, 167, 173; *Frobenius*, DStR 2009, 487, 488 f.; *Hey*, Der Konzern 2004, 577, 581; *Knobbe-Keuk*, DB 1990, 2573, 2579 ff.; *dies.*, ZHR 154 (1990), 325, 331 ff.; *Leible*, ZGR 2004, 531, 536; *Mucciarelli*, EBOR 2008, 267, 296 ff.; *Ringe*, Die Sitzverlegung der Europäischen Aktiengesellschaft, 2. Teil, A. II. 4. c), S. 72 ff.; *Stewen*, FR 2010, 18, 20 ff.

322 EuGH v. 27.09.1988 – 81/87 („Daily Mail"), Slg. 1988, 5505, 5511, Tz. 20: „Hinsichtlich dessen, was für die Gründung einer Gesellschaft an Verknüpfung mit dem nationalen Gebiet erforderlich ist, wie hinsichtlich der Möglichkeit einer nach einem nationalen Recht gegründeten Gesellschaft, diese Verknüpfung nachträglich zu ändern, bestehen erhebliche Unterschiede im Recht der Mitgliedstaaten."; v. 16.12.2008 – C-210/06 („Cartesio"), Slg. 2008, I-9664, I-9697, Tz. 105.

323 Zutr. *G. Colangelo*, Corriere giuridico 2003, 307, 312.

EuGH-Judikatur, die „Schöpfer-Theorie“, auf steuerrechtliche sowie auf handelsbilanzrechtliche Wegzugsfolgen hat. Konkret ist die Frage zu stellen, ob auch an einen grundsätzlich zugelassenen Wegzug nachteilhafte Folgen geknüpft werden dürfen, die „Schöpfermacht“ des Gründungsstaates mithin *jegliche* Wegzugskonsequenzen umfasst, oder ob der Gründungsstaat allein über die Existenz „seiner“ Gesellschaften, nicht aber über sonstige Wegzugsfolgen bestimmen darf, ohne dass diese an der Niederlassungsfreiheit zu messen wären.

b) Darstellung des Meinungsstandes

i) Ansicht 1: weite „Schöpfertheorie“

In der Literatur findet sich zum einen die Auffassung, die EuGH-Judikatur sei dahingehend zu verstehen, dass der Gründungsstaat an den Wegzug „seiner“ Gesellschaften *jegliche* Rechtsfolgen knüpfen dürfe. Die „Schöpfermacht“ des nationalen Gesetzgebers begrenze sich nicht auf die Bestimmungen, nach denen eine Gesellschaft Rechtspersönlichkeit erlange. Vielmehr seien sämtliche Folgen des Wegzugs, also auch steuer- und bilanzrechtliche, vom nationalen Gesetzgeber frei bestimmbar, ohne dass diese an der Niederlassungsfreiheit zu überprüfen seien.

Namentlich *Frotscher* ist in Bezug auf die steuerrechtlichen Wegzugsfolgen der Ansicht, dass nach der EuGH-Judikatur „der Staat, nach dessen Gesellschaftsstatut die Körperschaft gegründet ist, [...] negative gesellschaftsrechtliche und auch steuerrechtliche Konsequenzen an die Verlagerung der Körperschaft in den territorialen Bereich eines anderen Gesellschaftsstatuts knüpfen [könne] bis hin zur Auflösung und Liquidationsbesteuerung.“ Der EuGH habe in der Rs. *Überseering* allgemein von „Beschränkungen hinsichtlich der Verlegung des Verwaltungssitzes“ gesprochen, welche auch steuerrechtliche umfassten. Zudem sei es bei *Daily Mail* schließlich um steuerrechtliche Wegzugskonsequenzen gegangen. „Wenn das nationale Recht diese Vorgänge [...] der Auflösung und Liquidationsbesteuerung unterwerfen d[ü]rf[e], dann *erst recht* einer [...] eingeschränkten Steuerneutralität.“[324] (Herv. durch Verf.)

324 *Frotscher*, IStR 2006, 65, 70, auch Fn. 36. Ebenso *Gebert/Fingerhuth*, IStR 2009, 445, 448; *Thömmes*, ET 2004, 22, 26; *Weber*, ET 2003, 350, 352. Zum letzten Argument vgl. *Cordewener*, Europäische Grundfreiheiten und nationales Steuerrecht, 6. Kapitel, § 18, II. 3. c) bb), S. 413 f.; *Hey*, Der Konzern 2004, 577, 580; *Knobbe-Keuk*, ZHR 154 (1990), 325, 333; *Ringe*, Die Sitzverlegung der Europäischen Aktiengesellschaft, 3. Teil, C. I. 2., S. 169, III., S. 181 f. Dies vertritt im Ergebnis auch *Hofmeister*, in: FS Wassermeyer, 2005, S. 437 ff., 444, allerdings nicht bereits bei der Frage nach der Eröffnung der Niederlassungsfreiheit, sondern in der Rechtfertigung aus Kohärenzgesichtspunkten. Vgl. zudem *Stapperfend*, in: Herrmann/Heuer/Raupach, EStG/KStG, Jahresband 2007, § 15 EStG (Mai 2007), Rn. J 06–7. A.A. *Campos Nave*, BB 2009, 870, 872, nach dem bereits gesellschaftsrechtliche Hindernisse und daher „ auch die damit verbundenen nachteiligen steuerrechtlichen Auswirkungen“ nach *Cartesio* nicht zulässig sind.

Ebenso vertrat *Körner* noch zum Urteil *Daily Mail*, dass es dem Gründungsstaat nicht nur frei stehe, den Wegzug „seiner“ Gesellschaften zuzulassen, sondern auch die Rechtsfolgen zu bestimmen, die mit dem Wegzug ausgelöst werden. Die „Wegzugsbesteuerung von juristischen Personen [sei daher] europarechtlich zulässig.“[325]

Zu einer ähnlich weiten „Gründungsstaatenmacht“ gelangt die Ansicht von *Stewen*, nach der für die Überprüfung der steuerrechtlichen Nachteile eines Wegzugs an der Niederlassungsfreiheit die „steuerrechtliche Existenz“ der Gesellschaft erforderlich ist: Die Mitgliedstaaten könnten festlegen, wann eine Gesellschaft Steuersubjekt und damit in Bezug auf steuerrechtliche Nachteile Subjekt der Niederlassungsfreiheit sei. Werde ihr die Steuersubjektqualität aufgrund des Wegzugs entzogen, könne sie sich bezüglich der Wegzugsbesteuerung nicht auf die Niederlassungsfreiheit berufen.[326] Das Erfordernis der Qualifizierung als Steuersubjekt für die Eröffnung der Niederlassungsfreiheit vermag jedoch nicht zu überzeugen. Der EuGH fordert in *Cartesio* allein die (gesellschaftsrechtliche) Existenz eines Rechtssubjektes, damit sich dieses auf die Niederlassungsfreiheit berufen kann. Die Überprüfung steuerrechtlicher Nachteile kann nicht (zusätzlich) davon abhängen, dass das Rechtssubjekt auch *Steuer*subjekt ist. Eine nur „bereichsspezifische“ Eröffnung der Niederlassungsfreiheit ist Art. 49, 54 AEUV nicht zu entnehmen.

ii) Ansicht 2: enge „Schöpfertheorie“

Gegen ein so weites Verständnis der „Schöpfer-Theorie“ waren in der Literatur in Bezug auf die Wegzugsbesteuerung bereits vor der Rs. *Cartesio* Stimmen aufgekommen. So entspricht es nach *Schön* zwar der Aussage *Daily Mails*; er selbst hält dies aber für zu weit gehend: Der Gründungsstaat habe „es lediglich in der Hand, über die gesellschaftsrechtliche Entstehung einer Kapitalgesellschaft und damit ihren Zugang zur Niederlassungsfreiheit [...] zu entscheiden.“ Mit diesem Zugang seien aber „sämtliche weitergehende Niederlassungshindernisse“ zu überprüfen.[327] Auch *Eilers* und *Dondorf* erwidern dem EuGH, dass „das *Daily Mail*-Urteil über[sehe], dass eine nach dem Recht eines Mitgliedsstaates gegründete Kapitalgesellschaft ab dem Zeitpunkt ihrer Rechtsfähigkeit in den Anwendungsbereich der Niederlassungsfreiheit [falle].“[328]

---

325 *Körner*, IStR 2004, 424, 430, der sich aber mittlerweile der im Folgenden dargestellten Ansicht angeschlossen hat: *ders.*, IStR 2009, 741, 746 f.; *ders.*, IStR 2011, 527, 528.

326 *Stewen*, FR 2010, 18, 24.

327 *Schön*, IStR 2004, 289, 297; *ders.*, JbFfSt 2004/2005, 72, 80 ff.; *ders.*, in: Schön/Schindler, Die SE im Steuerrecht, IV. 1. a) aa) (2), Rn. 109. So auch (mittlerweile) *Körner*, IStR 2009, 741, 746 f.; *ders.*, IStR 2011, 527, 528. *Schaumburg*, in: FS Wassermeyer, 2005, S. 411 ff., 414. Vgl. auch *Weber*, ET 2003, 350, 353.

328 *Eilers/Dondorf*, in: Reimer, Europäisches Gesellschafts- und Steuerrecht, S. 193 ff., 209 f.

Diesen Äußerungen ist eine Kritik an *Daily Mail* aber nicht nur auf steuerrechtlicher, sondern auch auf gesellschaftsrechtlicher Ebene zu entnehmen: Mit *Ent*stehung der Gesellschaft sei der Zugang zur Niederlassungsfreiheit gewährleistet und die Entscheidung eines Mitgliedstaates über den *Fort*bestand der Gesellschaft bei Grenzübertritt an der Niederlassungsfreiheit zu messen.[329] Demgegenüber äußert sich *Schaumburg*, dass der EuGH in *Daily Mail* entschieden habe, dass sowohl die Entstehung einer Gesellschaft *als auch* ihr Fortbestand in die Befugnis des Gründungsstaates falle.[330] (Allein) in Bezug auf die steuerrechtlichen Folgen eines Wegzugs sei *Daily Mail* „durch die *Hughes-de-Lasteyrie-du-Saillant*-Entscheidung des EuGH [überlagert worden], wonach wegzugsbedingte steuerliche Nachteil nicht eintreten dürf[t]en."[331]

Diese Differenzierung hat der EuGH nach der Ansicht von *Behrens* nun in der Rs. *Cartesio* bestätigt: Zwar habe der Gerichtshof seine Auffassung zur gesellschaftsrechtlichen Würdigung *Daily Mails* wiederholt. In Bezug auf steuerrechtliche Wegzugsfolgen sei aber eine Korrektur der *Daily Mail*-Rechtsprechung zu erkennen: „Das dort [sc. in *Daily Mail*] relevante steuerrechtliche Mobilitätshindernis würde nach dem Cartesio-Urteil nicht mehr als ein solches betrachtet werden können, das seinen Grund in der für englische Gesellschaften maßgeblichen Inlandsverknüpfung hatte. Nach englischem Recht stand und steh[e] einer Trennung von rechtlichem und operativem Sitz ohnehin nichts entgegen. Das steuerrechtliche Mobilitätshindernis würde der EuGH heute als eine rechtfertigungsbedürftige Beschränkung der Niederlassungsfreiheit qualifizieren müssen."[332]

c) Kritische Würdigung

Für ein weites Verständnis der EuGH-Judikatur spricht, dass es in *Daily Mail* in erster Linie um *steuer*rechtliche Wegzugsfolgen und nicht um die *gesellschafts*rechtliche Existenz der Gesellschaft ging:[333] Das englische Gesellschaftsrecht hätte die Gesellschaft wegziehen lassen; allein die Finanzverwaltung verhinderte den Wegzug, solange die Gesellschaft ihre stillen Reserven nicht versteuerte. Zudem ist es auf den ersten Blick überzeugend, dass der Gründungsstaat, dem ermöglicht wird, bei Wegzug der Gesellschaft über das Bestehen ihrer Existenz und Rechtspersönlichkeit

---

329 So auch die Kritik an der EuGH-Rechtsprechung von *Hennrichs/Pöschke/von der Laage/Kļaviņa*, WM 2009, 2009, 2013 f.; *Hey*, Der Konzern 2004, 577, 581; *Mucciarelli*, EBOR 2008, 267, 298; *Teichmann*, ZIP 2009, 393, 396 ff.

330 *Schaumburg*, in: FS Wassermeyer, 2005, S. 411 ff., 414, 422.

331 *Schaumburg*, in: FS Wassermeyer, 2005, S. 411 ff., 422.

332 *Behrens*, EuZW 2009, Heft 3, V. Eine entsprechende Korrektur von *Daily Mail* forderte bereits vor *Cartesio Weber*, ET 2003, 350, 353. Vgl. auch *Braun*, DZWIR 2012, 411, 411; *Frobenius*, DStR 2009, 487, 490; *L. Miele*, Corr. trib. 2010, 434, 438.

333 So *Frotscher*, IStR 2006, 65, 70, Fn. 36; *Stapperfend*, in: Herrmann/Heuer/Raupach, EStG/KStG, Jahresband 2007, § 15 EStG (Mai 2007), Rn. J 06–7; zu Recht wendet *Engert*, DStR 2004, 664, 668, ein: „Indessen ging der EuGH auf die steuerrechtliche Fragestellung nicht ein, sondern löste den Fall auf gesellschaftsrechtlicher Ebene, [...]. Damit ist Daily Mail keine Entscheidung zu Gunsten der Wegzugsbesteuerung."

zu bestimmen, *erst recht* mildere Folgen wie eine wegzugsbedingte Besteuerung festlegen dürfen muss.[334]

Gegen ein so weites Verständnis der EuGH-Rechtsprechung spricht aber erstens, dass es zu einer unterschiedlichen Behandlung wirtschaftlich gleich gelagerter Fälle führt: Denn verbleibt die Gesellschaft im Inland und überführt nur *einzelne* Wirtschaftsgüter in ihre ausländische Betriebsstätte, erachtet auch diese Ansicht die Niederlassungsfreiheit für eröffnet.[335] Während also bei einem (unmittelbaren) Wegzug der gesamten Gesellschaft die steuerrechtlichen Folgen nicht an der Niederlassungsfreiheit zu überprüfen wären, könnten bei einem zeitlich gestreckten Wegzug, also zunächst Überführung einzelner Wirtschaftsgüter und erst dann Wegzug des Stammhauses, wenigstens ein paar stille Reserven unter dem Schutz der Niederlassungsfreiheit ins Ausland ziehen. Dies würde regelrecht zu Umgehungskonstruktionen verleiten.[336]

Zudem würde der Wegzug einer Limited aus Deutschland gegenüber dem Wegzug einer GmbH (ex § 4a GmbHG) bevorzugt werden: Da „einschränkungsfähiger" Gründungsstaat der Limited Großbritannien und nicht Deutschland ist, ist selbst nach dem weiten Verständnis der „Schöpfertheorie" eine vom deutschen Fiskus erhobene Wegzugsbesteuerung der Limited an der Niederlassungsfreiheit zu messen.[337] Bei der GmbH ist hingegen die Bundesrepublik Deutschland Gründungsstaat, so dass eine Wegzugsbesteuerung nicht an der Niederlassungsfreiheit zu messen wäre. Auch wenn diese Differenzierung dogmatisch betrachtet in sich stimmig ist, mutet es doch seltsam an, wenn zwei Gesellschaften, die beide unter Beibehaltung ihrer Rechtspersönlichkeit wegziehen können, steuerrechtlich derart unterschiedlich behandelt werden (können).

Zweitens ist, wie *Behrens* zu Recht anmerkt, (spätestens) *Cartesio* zu entnehmen, dass der Gründungsstaat „nur" über die (Fort-)Existenz einer Gesellschaft, nicht aber über sonstige Wegzugsfolgen bestimmen darf:[338] Er dürfe die Anknüpfungspunkte bestimmen, die vorliegen müssen, „damit sie [sc. die Gesellschaft] die ihr nach dem Recht dieses Staates zuerkannte *Rechtspersönlichkeit beibehalten* kann."[339] (Herv. durch Verf.) Diese Entscheidungsfreiheit über die (Fort-)Existenz einer Gesellschaft

---

334 Vgl. *Frotscher*, IStR 2006, 65, 70, sowie die Schlussanträge des Generalanwalts *Darmon* v. 07.06.1988 – 81/87 („Daily Mail"), Slg. 1988, 5500, 5503, Tz. 13.

335 *Körner*, IStR 2004, 424, 431. Vgl. auch Ergebnis bei *Schaumburg*, in: FS Wassermeyer, 2005, S. 411 ff., 414.

336 Siehe auch *von der Laage*, StuW 2012, 182, 185.

337 Vgl. *Körner*, IStR 2004, 424, 431. *Frotscher*, IStR 2006, 65, 71, hält eine Besteuerung aber wiederum für zulässig, wenn das Gründungsstaatenrecht „entsprechende Regelungen enthält, die auf den hier in Frage stehenden Fall (englische Ltd, die in Deutschland ansässig ist [sc. Scheinauslandsgesellschaft]) anwendbar sind."

338 Vgl. *Behrens*, EuZW 2009, Heft 3, V, nach dem *Cartesio* zwar im Grundsatz *Daily Mail* bestätigt hat, nicht aber bezüglich der Aussagen zu steuerrechtlichen Wegzugsbeschränkungen. Siehe auch *von der Laage*, StuW 2012, 182, 185.

339 EuGH v. 16.12.2008 – C-210/06 („Cartesio"), Slg. 2008, I-9664, I-9697 f., Tz. 107.

lässt sich damit erklären, dass Gesellschaften nach Ansicht des EuGH, anders als natürliche Personen, „imaginäre Konstrukte“ sind, die allein kraft einer Rechtsordnung „zum Leben erwachen“ und auch „am Leben bleiben“.[340] Wird einer Gesellschaft die Existenz aber mit Grenzübertritt nicht entzogen, so ist sie weiterhin ein (existierendes!) Rechtssubjekt, welches sich, wie jedes andere Rechtssubjekt auch, auf die Niederlassungsfreiheit berufen kann. Jegliche Wegzugsfolgen sind dann an der Niederlassungsfreiheit zu messen.

Mithin ist im Ergebnis der Auffassung *Schaumburgs* zuzustimmen: der Gründungsstaat darf nach dem EuGH zwar die „Anknüpfung“[341] für den Fortbestand der Existenz einer Gesellschaft bei Grenzübertritt festlegen, nicht hingegen über steuerliche Folgen oder sonstige Wegzugshindernisse bestimmen.

Dabei bedarf es der Erörterung, *welche* Anknüpfungspunkte genau unter seine Disposition fallen. Denn wäre er wiederum hierin frei, könnte er „verdeckt“ jegliche Wegzugshindernisse unter dem Deckmantel „Anknüpfung für den Fortbestand der Existenz“ an der Niederlassungsfreiheit „vorbeischleusen“. Er müsste es nur zur Voraussetzung für die Beibehaltung der Rechtspersönlichkeit machen, dass beispielsweise die im Inland entstandenen stillen Reserven vor Grenzübertritt versteuert worden sind; dies würde dann zu keinem anderen Ergebnis als unter dem weiten Verständnis der EuGH-Judikatur führen.

Grund für die Dispositionsfreiheit des Gründungsstaates ist die Überlegung, dass dieser bestimmen kann, unter welchen Voraussetzungen er einem Rechtsgebilde nach seiner Rechtsordnung die Rechtspersönlichkeit zuerkennt. Diese Bedingungen muss die Gesellschaft zum einen erfüllen, um zum Entstehen zu gelangen, wie auch zum anderen, um weiterhin fortbestehen zu können. Die Anknüpfungspunkte, unter denen der Gesellschaft die Existenz bei Grenzübertritt weiterhin zuerkannt bleibt, sind daher mit denen identisch, die zu ihrer Entstehung erforderlich waren. Man könnte vielleicht von „essentialia societatis“ sprechen, unter die beispielsweise eine bestimmte Anzahl von Gesellschaftern, die Verfolgung eines (bestimmten) Gesellschaftszweckes wie auch der inländische Verwaltungssitz fallen können. Die Besteuerung von Wertzuwächsen wird hingegen (soweit ersichtlich) von keiner Rechtsordnung zur Voraussetzung für die Entstehung der Rechtspersönlichkeit einer Gesellschaft gemacht. Gleiches gilt für handelsbilanzielle Vorgaben, die Folge, aber nicht Voraussetzung für das Bestehen einer Gesellschaft sein können. Auch bei Grenzübertritt stehen sie daher nicht zur „niederlassungsrechtsfreien“ Disposition des Gründungsstaates.

---

340 Vgl. EuGH v. 16.12.2008 – C-210/06 („Cartesio“), Slg. 2008, I-9664, I-9697, Tz. 104: „ [...] eine aufgrund einer nationalen Rechtsordnung gegründete Gesellschaft [hat] jenseits der nationalen Rechtsordnung, die ihre Gründung und ihre Existenz regelt, keine Realität [...].“

341 Dieser Begriff in EuGH v. 16.12.2008 – C-210/06 („Cartesio“), Slg. 2008, I-9664, I-9698 f., Tz. 110.

Zuletzt ist noch anzumerken, dass der EuGH bereits in der Rs. *Überseering* die „Schöpfermacht" des Gründungsstaates allein auf die für die gesellschaftsrechtliche Existenz erforderlichen Kriterien bezieht. Der EuGH äußert sich dort zu *Daily Mail* folgendermaßen:

> „[...] unterstreicht der Gerichtshof die Unterschiede zwischen den nationalen Rechtsordnungen hinsichtlich dessen, was *für die Gründung einer Gesellschaft an Verknüpfung* mit dem nationalen Gebiet erforderlich ist, wie hinsichtlich der Möglichkeit einer nach einem nationalen Recht gegründeten Gesellschaft, *diese* Verknüpfung nachträglich zu ändern."[342] (Herv. durch Verf.)

d) Bestätigung durch das EuGH-Urteil in der Rs. National Grid Indus

In dem ersten Urteil zur Wegzugsbesteuerung von Gesellschaften in der Rs. *National Grid Indus* hat sich der EuGH gegen ein weites Verständnis der „Schöpfertheorie" ausgesprochen. Dabei stützt er sich insbesondere auf das Urteil in der Rs. *Cartesio*, das er, wie hier vertreten, dahingehend auslegt, dass ein Mitgliedstaat „seinen" Gesellschaften nur Beschränkungen auferlegen darf, „damit sie die ih[nen] nach dem Recht dieses Staates zuerkannte *Rechtspersönlichkeit* behalten k[ö]nn[en]."[343] (Herv. durch Verf.) In dem ihm vorliegenden Fall sei der Gesellschaft National Grid Indus BV aber nach niederländischem Gesellschaftsrecht nicht verwehrt, unter Beibehaltung ihrer Rechtspersönlichkeit ins Ausland zu ziehen. Daher habe „diese Verlegung keine Auswirkungen auf ihre Möglichkeit, sich auf Art. 49 AEUV zu berufen."[344]

Auch der EuGH begrenzt damit die „Schöpfermacht" des Gründungsstaates explizit auf die (Fort-)Existenz der Gesellschaft. Bleibt ihr die Rechtspersönlichkeit mit Grenzübertritt weiterhin anerkannt, ist die Niederlassungsfreiheit eröffnet und nachteilhafte Konsequenzen, wie die Wegzugsbesteuerung, sind an ihr zu messen.[345]

3. Zusammenfassung und Bedeutung für den Wegzug der SE: Niederlassungsfreiheit eröffnet

Für das Verhältnis der gesellschafts- zur steuerrechtlichen EuGH-Judikatur hat sich ergeben, dass sie beide, allerdings auf zwei verschiedenen Prüfungsstufen, Relevanz haben: Für die Eröffnung der Niederlassungsfreiheit als erste Stufe sind weiterhin die gesellschaftsrechtlichen Urteile zu erörtern, die durch die steuerrechtliche Judikatur nicht überholt worden sind. Nur bei Bejahung dieser ersten

---

342 EuGH v. 05.11.2002 – C-208/00 („Überseering"), Slg. 2002, I-9943, I-9967, Tz. 68.

343 EuGH v. 29.11.2011 – C-371/10 („National Grid Indus"), DStR 2011, 2334, 2337, Tz. 27. Hierzu *Biermeyer/Elsener/Timba*, ECFR 2012, 101, 109 f.

344 EuGH v. 29.11.2011 – C-371/10 („National Grid Indus"), DStR 2011, 2334, 2337, Tz. 28 ff.

345 Siehe auch das Verständnis des EuGH-Urteils nach *Behme*, NZG 2012, 936, 937; *Crazzolara*, Riv. dir. trib. 2011, IV, 349, 354.

Stufe können sodann (auf einer zweiten Stufe) die Maßstäbe der steuerrechtlichen Entscheidungen in Bezug auf die Beschränkung der Niederlassungsfreiheit und eine mögliche Rechtfertigung herangezogen werden.

Auf der ersten Stufe, der Eröffnung der Niederlassungsfreiheit, ist es entscheidend, welche Reichweite den gesellschaftsrechtlichen Urteilen zukommt: Eine vollumfassende Befugnis des Gründungsstaates, zur Regelung des Grenzübertrittes „seiner" Gesellschaften ohne Überprüfung an der Niederlassungsfreiheit ist dem EuGH jedenfalls seit der Entscheidung in der Rs. *Cartesio* nicht (mehr) zu entnehmen. Die „Schöpfermacht" des Gründungsstaates bezieht sich allein auf das Entstehen und den Fortbestand der Rechtspersönlichkeit einer Gesellschaft, nicht aber auf sonstige die Gesellschaft betreffende Regelungen wie eine Wegzugsbesteuerung oder auch handelsbilanzielle Maßnahmen. Dies ist nun auch durch das Urteil in der Rs. *National Grid Indus* bestätigt worden. Zieht eine Gesellschaft unter Beibehaltung ihrer Rechtspersönlichkeit ins Ausland, ist die Niederlassungsfreiheit mithin eröffnet.

Für den Wegzug der SE bedeutet dieses Ergebnis, dass die Niederlassungsfreiheit stets eröffnet ist, denn in Art. 8 Abs. 1 SE-VO ist explizit festgelegt, dass sie unter Fortbestand ihrer Rechtspersönlichkeit innerhalb Europas umziehen kann. An den Wegzug anknüpfende Regelungen, handelsbilanzrechtlicher oder steuerrechtlicher Natur, sind daher an der Niederlassungsfreiheit zu messen.[346]

Nicht unerwähnt bleiben soll, dass auch unter einem (in der vorliegenden Arbeit abgelehnten) weiten Verständnis der „Schöpfertheorie" die Niederlassungsfreiheit in Bezug auf eine nationale Wegzugsbesteuerung der SE sowie auf handelsbilanzielle Wegzugsfolgen streng genommen eröffnet sein müsste. Denn auch wenn dem Gründungsstaat die Befugnis zur Regelung jeglicher Voraussetzungen und Folgen eines Grenzübertrittes „seiner" Gesellschaften zustehen sollte, bezieht sich dies nur auf seine Funktion als Gründer, als „Schöpfer", der Gesellschaftsform. Die SE leitet ihre Rechtspersönlichkeit aber aus der SE-Verordnung als europäisches Sekundärrecht ab, so dass ihr „Schöpfer" kein Mitgliedstaat, sondern allein die EU ist.[347] Nur der europäische Gesetzgeber dürfte daher an den Grenzübertritt nachteilhafte Folgen – ohne Überprüfung an der Niederlassungsfreiheit – knüpfen.[348] Sieht allein ein

---

346 Treffend *Brinkmann/Reiter*, DB 2012, 16, 17; *Körner*, IStR 2009, 741, 747; *Schön*, in: Schön/Schindler, Die SE im Steuerrecht, IV. 1. a) aa) (2), Rn. 109. Siehe auch *von der Laage*, StuW 2012, 182, 186. Vgl. zudem *Eilers/Dondorf*, in: Reimer, Europäisches Gesellschafts- und Steuerrecht, S. 193 ff., 209 f.; *Kessler/Philipp*, DStR 2012, 267, 269; *Körner*, IStR 2011, 527, 527 f.; *ders.*, IStR 2012, 1, 2; *Mitschke*, IStR 2011, 294, 295; *ders.*, IStR 2012, 6, 8.

347 Siehe Kapitel 2, A.

348 Zumeist wird vertreten, dass, wenn der nationale Gesetzgeber für „seine" Gesellschaften Mobilitätshindernisse aufstellen dürfe, ohne sie an der Niederlassungsfreiheit messen zu müssen, dies auch die Europäische Union für die von ihr „geschaffenen" Gesellschaften dürfen müsse: *Aßmann*, Steuer&Studium 2006, 131, 132; *M. Casper/Weller*, NZG 2009, 681, 683; *Eidenmüller*, JZ 2004, 24, 31; *Frotscher*, IStR 2006, 65,

nationaler Gesetzgeber (als „Nicht-Schöpfer“) eine Wegzugsbesteuerung der SE oder sonstige nachteilhafte Folgen des Wegzugs vor, müssten sie auch nach dieser Auffassung an der Niederlassungsfreiheit zu messen sein, da ihm die „Schöpfertheorie“ nicht zugutekommen kann.[349]

4. *Zudem: Das* obiter dictum *der* Cartesio-*Entscheidung*

Die Besonderheit des Grenzübertrittes der europäischen Aktiengesellschaft liegt zum einen darin, dass ihr dabei die Rechtspersönlichkeit nach Art. 8 Abs. 1 Satz 2 SE-VO weiterhin zuerkannt bleibt, zum anderen aber auch darin, dass sich das sekundär anwendbare nationale Aktienrecht ändert (vgl. Art. 9 Abs. 1 lit. c, ii SE-VO).[350] So äußerte sich der EuGH in der *Cartesio*-Entscheidung in Bezug auf die SE folgendermaßen:

> Zwar könne die SE ihren Sitz verlegen, „ohne dass dies zur Auflösung der ursprünglichen juristischen Person und zur Schaffung einer neuen juristischen Person führt, [...] eine solche Verlegung [bringe] aber dennoch zwangsläufig die Änderung des auf die betreffende Einheit anwendbaren nationalen Rechts mit sich [...].“[351]

Diesen Aspekt der SE setzt der EuGH im Weiteren sogar in einen Gegensatz zu dem Wegzugsfall in der Rs. *Cartesio*:

> „Im vorliegenden Fall möchte Cartesio jedoch nur ihren wahren Sitz von Ungarn nach Italien verlegen und zugleich eine Gesellschaft ungarischen Rechts bleiben, also ohne dass sich das anwendbare nationale Recht änderte.“[352]

Fraglich ist, welches Gewicht dieser Aussage im Hinblick auf die Eröffnung der Niederlassungsfreiheit bei Umzug einer SE beizumessen ist.

Als erstes ist an dieser Stelle zu betonen, dass das nach Art. 9 Abs. 1 lit. c, ii SE-VO anwendbare nationale Aktienrecht keine (!) Auswirkung auf die Rechtspersönlichkeit der SE hat. Die SE leitet ihre Rechtspersönlichkeit allein aus der SE-VO

70; *Oechsler*, in: MüKo AktG, Bd. 7, Art. 7 SE-VO, Rn. 2; *Ringe*, Die Sitzverlegung der Europäischen Aktiengesellschaft, 2. Teil, A. II. 4. a) cc), S. 67; *Schwarz*, SE-VO, Art. 7, Rn. 16; *Teichmann*, ZGR 2003, 367, 400; *D. Zimmer/Naendrup*, NJW 2009, 545, 549; *H. Zimmer*, EWS 2010, 222, 227; im Ergebnis ebenso *Ehricke*, in: Lutter/Hommelhoff/Teichmann, SE, Art. 64, Rn. 4; *Schindler*, RdW 2003, 122, 124 f.

349 Vgl. dahingehend *Weber*, ET 2003, 350, 353. Auch werden sog. Scheinauslandsgesellschaften, die nicht nach den Vorschriften des Wegzugs-, sondern nach denen eines anderen Staates gegründet worden sind, nicht von der „Schöpfertheorie“ erfasst, siehe *Körner*, IStR 2004, 424, 430 f.; zudem *Frotscher*, IStR 2006, 65, 71; *ders.*, in: Frotscher/Maas, KStG, § 12 (Sept. 2014), Rn. 108.

350 Siehe Kapitel 1, A. II. 5.

351 EuGH v. 16.12.2008 – C-210/06 („Cartesio“), Slg. 2008, I-9664, I-9700, Tz. 117.

352 EuGH v. 16.12.2008 – C-210/06 („Cartesio“), Slg. 2008, I-9664, I-9701, Tz. 119.

ab, die ihr diese nach Art. 1 Abs. 3 SE-VO[353] zuerkennt, während Art. 8 Abs. 1 Satz 2 SE-VO als Flankenregelung statuiert, dass der SE die Rechtspersönlichkeit auch nicht mit Umzug innerhalb der EU/dem EWR entzogen wird.[354] Das bedeutet, dass die SE unabhängig (!) vom sekundär anwendbaren nationalen Aktienrecht der Mitgliedstaaten als existierendes Rechtssubjekt umziehen und sich als solches auf die Niederlassungsfreiheit berufen kann. Die diesbezüglich ausgeführte Aussage im Abschnitt zuvor bleibt mithin aufrecht erhalten.

Möchte man der Änderung des nach Art. 9 Abs. 1 lit. c, ii SE-VO anwendbaren nationalen Rechts dennoch Gewicht beimessen, wie offensichtlich der EuGH, so ist darauf mit dem *obiter dictum* der *Cartesio*-Entscheidung zu antworten. In diesem äußert sich der EuGH in Bezug auf einen Wegzug unter *Änderung* des anwendbaren nationalen Rechts wie folgt:

> „Der Fall einer [...] Verlegung des Sitzes einer [...] Gesellschaft in einen anderen Mitgliedstaat *ohne Änderung des für sie maßgeblichen Rechts* ist jedoch von dem Fall zu unterscheiden, dass eine Gesellschaft aus einem Mitgliedstaat in einen anderen Mitgliedstaat *unter Änderung des anwendbaren nationalen Rechts* verlegt [...] wird."[355] (Herv. durch Verf.) Weiter: „Ein [...] Hemmnis für die tatsächliche Umwandlung, ohne vorherige Auflösung und Liquidation, einer solchen Gesellschaft in eine Gesellschaft des nationalen Rechts des Mitgliedstaats, in den sie sich begeben möchte [sc. Wegzug unter Änderung des nationalen Rechts], stellt eine Beschränkung der Niederlassungsfreiheit der betreffenden Gesellschaft dar [...]."[356]

Bei einem Wegzug unter Änderung des anwendbaren nationalen Rechts erachtet der EuGH mithin die Niederlassungsfreiheit für eröffnet. Möchte man also dem Umstand Bedeutung beimessen, dass sich das auf die SE anwendbare nationale Recht mit Grenzübertritt ändert, führt dies zu keinem anderen Ergebnis als das zuvor erörterte: die Niederlassungsfreiheit ist eröffnet und den Wegzug betreffende Hindernisse sind an ihr zu messen.[357]

Zwar enthält das *obiter dictum* noch einen in seiner Bedeutung umstrittenen Nebensatz:

> „[...] soweit dies [sc. die Änderung der anwendbaren nationalen Vorschriften] nach diesem Recht [sc. des Zuzugsstaates] möglich ist."[358]

---

353 Art. 1 Abs. 3 SE-VO: „Die SE besitzt Rechtspersönlichkeit."; vgl. die italienische Fassung: „personalità giuridica", die französische: „personnalité juridique", sowie die englische: „legal personality".

354 Siehe Kapitel 1, A. II. 1.

355 EuGH v. 16.12.2008 – C-210/06 („Cartesio"), Slg. 2008, I-9664, I-9699, Tz. 111.

356 EuGH v. 16.12.2008 – C-210/06 („Cartesio"), Slg. 2008, I-9664, I-9699, Tz. 113.

357 Dahingehend auch (zum Einheitlichkeitsprinzip nach Art. 7 SE-VO) *H. Zimmer*, EWS 2010, 222, 227. Zu steuerrechtlichen Folgen eines formwechselnden Wegzugs siehe *Otte/Rietschel*, GmbHR 2009, 983, 987.

358 EuGH v. 16.12.2008 – C-210/06 („Cartesio"), Slg. 2008, I-9664, I-9699, Tz. 112.

Die Diskussion darüber, ob der Nebensatz dahingehend zu verstehen ist, dass es im Ermessen[359] des Zuzugsstaates steht, den die anwendbaren Vorschriften wechselnden Zuzug zuzulassen, oder ob er dazu verpflichtet[360] ist, ist für den Umzug einer SE aber nicht von Bedeutung, denn nach Art. 8 Abs. 1 SE-VO *müssen* alle Mitgliedstaaten den SE-Umzug und nach Art. 9 Abs. 1 lit. c, ii SE-VO die Anwendung ihrer nationalen Aktienrechtsvorschriften[361] zulassen. Überdies hat sich der EuGH mittlerweile in der Rs. *VALE* dahingehend geäußert, dass der Nebensatz in *Cartesio* nicht dahingehend zu verstehen sei, dass der Zuzugsstaat über die Umwandlung einer ausländischen Gesellschaft in eine inländische Gesellschaftsrechtsform frei bestimmen dürfe, sondern lediglich generell die Voraussetzungen für eine solche Umwandlung, also für in- und ausländische Gesellschaften gleichermaßen, vorgeben dürfe.[362]

Weiter ist umstritten, ob sich das *obiter dictum* allein auf den rechtstechnische Umwandlung bezieht, oder ob untechnisch alle Änderungen des anwendbaren nationalen Rechts erfasst sind.[363] In Bezug auf den Umzug der SE ist aber zu sagen, dass, wenn man (entgegen der hier vertretenen Auffassung) der Änderung der anwendbaren nationalen Vorschriften ein besonderes Gewicht beimessen möchte, man dann auch konsequent einen Schritt weitergehen und dies einem Umzug unter Wechsel der Gesellschaftsrechtsform[364] gleichsetzen muss – unabhängig von der sonstigen Diskussion um den Begriff der „Umwandlung" im *obiter dictum*. Beim Wegzug der SE ist daher auch nach dem *obiter dictum* die Niederlassungsfreiheit eröffnet.

Die Aussage des *obiter dictum* lässt sich wie folgt in die Systematik der „Schöpfertheorie" eingliedern: Mit der Änderung der anwendbaren Rechtsvorschriften wechselt die Gesellschaft ihre „Existenzableitung". Sie bezieht ihre Existenz nun nicht mehr von

---

359 *Däubler/Heuschmid*, NZG 2009, 493, 495. So nun auch OLG Nürnberg v. 13.02.2012 – 12 W 2361/11, ZIP 2012, 572, 574.

360 Nach *Frobenius*, DStR 2009, 487, 490 f.; *Otte/Rietschel*, GmbHR 2009, 983, 985, und *Stöber*, ZIP 2012, 1273, 1276, besteht eine Verpflichtung, wenn einen vergleichbare innerstaatliche Umwandlung nach dem Recht des Zuzugsstaates vorgesehen ist. Vgl. zudem *Campos Nave*, BB 2009, 870, 872; *Gebert/Fingerhuth*, IStR 2009, 445, 446; *Richter/Heyd*, StuW 2010, 367, 368.

361 Zur Klassifizierung des Art. 9 Abs. 1 lit. c, ii SE-VO als Rechtsanwendungsbefehl s. *Hommelhoff/Teichmann*, in: Lutter/Hommelhoff/Teichmann, SE, Art. 9 SE-VO, Rn. 5; *Schwarz*, SE-VO, Art. 9, Rn. 23.

362 EuGH v. 12.07.2012 – C-378/10 („VALE"), ZIP 2012, 1394, 1396, Tz. 32. Vgl. hierzu auch *Bayer/J. Schmidt*, ZIP 2012, 1481, 1485 f.; *Behme*, NZG 2012, 936, 938; *Ege/Klett*, DStR 2012, 2442, 2442. Darstellung des Urteils unter Kapitel 2, C. II. 2. b).

363 Siehe hierzu *Hennrichs/Pöschke/von der Laage/Kļaviņa*, WM 2009, 2009, 2012; *Stöber*, ZIP 2012, 1273, 1276; *D. Zimmer/Naendrup*, NJW 2009, 545, 547 f.

364 *Blumenberg*, IStR 2009, 549, 549, spricht beim Wegzug der SE von einem „gesetzlich angeordneten Formwechsel"; *ders.*, in: FS Schaumburg, 2009, S. 559 ff., 562: „[...] Wechsel des für die SE ergänzend anwendbaren nationalen Gesellschaftsrechts, mithin zu einer Art Formwechsel [...]."; *Ringe*, in: Lutter/Hommelhoff/Teichmann, SE, Art. 8 SE-VO, Rn. 90: „subsidiären Formwechselmodell".

den Rechtsvorschriften betreffend das „alte Rechtskleid“, sondern von denen des „neuen Rechtskleides“.[365] Weiter bildlich gesprochen endet die Macht des „Schöpfers“ des alten Rechtskleides in dem Moment, in dem die Gesellschaft dieses nicht mehr trägt. Als im neuen Rechtskleid existierende Gesellschaft ist sie Subjekt der Niederlassungsfreiheit und kann sich auf diese berufen – unabhängig (!) von der Anerkennung ihrer Existenz durch den Schöpfer des alten Rechtskleides.

Unter diesem Verständnis ist auch ersichtlich, weshalb der Wechsel der anwendbaren nationalen Vorschriften beim Umzug der SE keine besondere Bedeutung beizumessen ist. „Schöpfer“ des Rechtskleides der SE ist vor Umzug und bleibt nach dem Umzug der europäische Gesetzgeber. Seine „Schöpfermacht“ endet gerade nicht mit Umzug der SE. Das Rechtskleid besteht in seiner Grundversion fort, nur die „Bestickung“ mit nationalen Vorschriften ändert sich. Ihre Existenz erlangt die SE kraft SE-VO als Grundversion des Rechtskleides; die „Bestickung“ ist zwangsläufige Folge, nicht aber Voraussetzung für ihre Rechtspersönlichkeit.

II. Eröffnung der Niederlassungsfreiheit bei Zuzugsmaßnahmen

Obwohl der Grenzübertritt einer Gesellschaft *tatsächlich* einen einzigen Vorgang darstellt, teilt der EuGH diesen *rechtlich* in einen Wegzugs- und einen Zuzugsvorgang auf. Dabei beurteilt er den Zuzugsfall scheinbar gänzlich anders als den des Wegzugs und erkannte die Niederlassungsfreiheit in den Zuzugsurteilen – teilweise sogar ohne tiefgehendere Erörterung – stets für eröffnet an.

Im Folgenden werden die einzelnen Urteile in die Systematik der „Schöpfertheorie“[366] des EuGH eingeordnet und ihre Bedeutung für den Zuzug einer SE erläutert.

1. *Auswertung der zum Zuzug ergangenen EuGH-Urteile*

a) Centros, Überseering *und* Inspire Art

Das Pendant zu den Urteilen *Daily Mail* und *Cartesio*[367] stellen die Rechtssachen *Centros, Überseering* und *Inspire Art* dar: Sie behandeln den Zuzug einer Gesellschaft unter Beibehaltung ihrer vom Gründungsstaat anerkannten Rechtspersönlichkeit und damit ohne Änderung des anwendbaren Gesellschaftsrechts.

Anders als in den „Wegzugsfällen“ *Daily Mail* und *Cartesio* hat der EuGH die Eröffnung der Niederlassungsfreiheit in allen drei Urteilen bejaht.[368] In *Centros* und

365 Zutreffend *Stöber*, ZIP 2012, 1273, 1276.

366 Siehe soeben Kapitel 2, D. I. 2.

367 Darstellung der Urteile in Kapitel 2, C. I. 1.

368 Vgl. hierzu *Behme*, NZG 2012, 936, 937; *Crazzolara*, Riv. dir. trib. 2011, IV, 349, 354; *Hennrichs/Pöschke/von der Laage/Kļaviņa*, WM 2009, 2009, 2010 f.; *Hey*, Der Konzern 2004, 577, 579 f.; *Melis*, Il trasferimento della residenza fiscale, Kap. 2, 4., S. 200 ff.; *Mucciarelli*, EBOR 2008, 267, 277 f.; *ders.*, Società di capitali, Kap. 3, 2.4.-2.6., S. 95 ff.; *Portale*, Europa e diritto privato 2005, 101, 125 ff.; *ders.*, Diritto

Inspire Art wurde sie nicht einmal problematisiert. Allerdings ging es in diesen beiden Urteilen auch „nur" um die Errichtung einer Zweigniederlassung im Ausland und nicht um den Umzug der Gesellschaft selbst.

Hingegen erörterte der EuGH in der Rs. *Überseering* durchaus die Eröffnung der Niederlassungsfreiheit und differenzierte hier sogar zu der Wegzugsproblematik der Rs. *Daily Mail*: Der Unterschied liege darin, dass es in *Daily Mail* nicht um die Annahme „von einer nach dem Recht *eines* Mitgliedstaats *gegründeten* Gesellschaft nach dem Recht eines *anderen* Mitgliedstaats" gegangen sei [Herv. durch Verf.].[369]

Diese Argumentation erscheint auf den ersten Blick nicht gerade aussagekräftig. Ordnet man sie aber in die „Schöpfertheorie" des EuGH ein, so ist sie durchaus in sich stimmig. Denn danach ist als „Schöpfer" nur der Mitgliedstaat anzusehen, aus dessen Rechtsordnung die Gesellschaft ihre Rechtspersönlichkeit ableitet, mithin der Gründungsmitgliedstaat. Da die Gesellschaft allein kraft seiner Rechtsordnung existiert, darf er – aber auch nur er – über ihren (Fort-)Bestand entscheiden, ohne dass dies an der Niederlassungsfreiheit zu messen wäre. Die übrigen Mitgliedstaaten sind hingegen nicht als „Schöpfer" der Gesellschaft anzusehen und dürfen daher nicht über ihre Existenz bestimmen, sondern müssen sie so aufnehmen, wie sie zu ihnen hereinkommt.[370]

Der Wegzug und der Zuzug einer Gesellschaft unterscheiden sich in der Systematik der „Schöpfertheorie" des EuGH mithin in der Tat voneinander:[371] Während der Gründungsstaat nämlich bei Wegzug „seiner" Gesellschaft über ihre (Fort-)Existenz bestimmen kann, ohne dass dies an der Niederlassungsfreiheit zu messen wäre, weil dann schließlich kein Rechtssubjekt mehr bestehe, das sich auf die Grundfreiheit berufen könne, kommt dem Nicht-Gründungsstaat bei Zuzug der Gesellschaft nicht diese Freiheit zu. Denn die Gesellschaft besteht nach der Rechtsordnung eines anderen Mitgliedstaates fort und *ist* somit ein Rechtssubjekt, das von der Niederlassungsfreiheit Gebrauch machen kann.

b) VALE

Die Rechtssache *VALE* stellt hingegen nicht das Pendant zu den (Gesamt-)Urteilen *Daily Mail* und *Cartesio*, sondern zu dem im Urteil *Cartesio* enthaltenen *obiter dictum* dar.[372] Es behandelt mithin den Zuzug unter *Änderung* des auf die Gesellschaft anzuwendenden Rechts, nämlich unter Umwandlung in eine inländische Gesellschaftsrechtsform.[373]

Privato Comparato, Parte generale, Kap. 1, 6.6, S. 42; *Ringe*, Die Sitzverlegung der Europäischen Aktiengesellschaft, 2. Teil, A. II. 1., S. 57 f.

369 EuGH v. 05.11.2002 – C-208/00 („Überseering"), Slg. 2002, I-9943, I-9968, Tz. 71.

370 *Hennrichs/Pöschke/von der Laage/Kļaviņa*, WM 2009, 2009, 2011 f.

371 Zu dieser Differenzierung siehe *Frobenius*, DStR 2009, 487, 487; *Hennrichs/Pöschke/von der Laage/Kļaviņa*, WM 2009, 2009, 2011 f.; *Hey*, Der Konzern 2004, 577, 579 f.; *Melis*, Il trasferimento della residenza fiscale, Kap. 2, 4., S. 204 f.; *Mucciarelli*, Società di capitali, Kap. 3, 2.5., S. 98.

372 Siehe hierzu insbesondere Kapitel 2, D. I. 4.

373 Siehe auch *Behme*, NZG 2012, 936, 936 f.

An dieser Stelle sei daher zunächst noch einmal[374] betont, dass der Grenzübertritt der SE *nicht* zu einem Wechsel des anwendbaren Rechts in diesem Sinne führt. Zwar bringt der Grenzübertritt nach Art. 9 Abs. 1 lit. c, ii SE-VO eine Änderung des auf die SE sekundär anwendbaren *nationalen* Aktienrechts mit sich. Dies hat jedoch keine Auswirkungen auf die Rechtspersönlichkeit der SE, die sich allein aus der SE-VO ableitet (gem. Art. 1 Abs. 3 SE-VO).[375] Der EuGH stellt nach der „Schöpfertheorie" grundlegend darauf ab, welche Rechtsordnung der Gesellschaft Rechtspersönlichkeit verleiht – diese wechselt bei der SE gerade nicht.
Da der EuGH in der Rs. *Cartesio* der Änderung des nach Art. 9 Abs. 1 lit. c, ii SE-VO anwendbaren nationalen Rechts bei Grenzübertritt der SE dennoch Gewicht beigemessen hat, sei das Urteil in der Rs. *VALE* kurz erörtert und in die Systematik der „Schöpfertheorie" eingefügt.

Der EuGH behandelt in diesem Urteil die Frage nach der Eröffnung der Niederlassungsfreiheit relativ ausführlich. Dabei ruft er auch hier zunächst die in *Daily Mail* und *Cartesio* entwickelte „Schöpfertheorie" ins Gedächtnis.[376] Nach dieser könne nicht nur der Wegzugsstaat, sondern auch ein Zuzugsstaat frei bestimmen, welche Anknüpfungspunkte erfüllt sein müssen, um nach seiner Rechtsordnung als Gesellschaft anerkannt zu werden. Denn „eine aufgrund einer nationalen Rechtsordnung gegründete Gesellschaft [existiere] nur vermittels der nationalen Rechtsvorschriften, die für ihre Gründung und ihre Funktionsweise maßgebend sind."[377]

Damit ist im Endeffekt nichts anderes gesagt, als dass jeder Mitgliedstaat „Schöpfer" „seiner" Gesellschaften ist. Er darf festlegen, welche „essentialia societatis"[378], wie das Aufbringen eines bestimmten Mindestkapitals oder die Anzahl der Gesellschafter, erfüllt sein müssen, damit die Gesellschaft nach seiner Rechtsordnung Rechtspersönlichkeit verliehen bekommt. Möchte eine ausländische Gesellschaft sich nun in eine „seiner" Gesellschaftsrechtsformen umwandeln, so müsse sie die dafür vom Zuzugsstaat aufgestellten „essentialia societatis" erfüllen, ohne dass diese an der Niederlassungsfreiheit zu überprüfen seien.

Weiter äußert sich der EuGH sogar im Sinne der engen „Schöpfertheorie"[379]: Denn wenn die Gesellschaft die in dieser Arbeit als „essentialia societatis" bezeichneten Anknüpfungspunkte[380] erfülle, sei die Niederlassungsfreiheit eröffnet. Zusätzliche Voraussetzungen, wie in der Rs. *VALE* die Bedingung, dass die Gesellschaft nicht zuvor als Gesellschaft ausländischen Rechts bestanden habe, seien an der Niederlassungsfreiheit zu messen.

374 Siehe Kapitel 2, D. I. 4.
375 Siehe Kapitel 2, A.
376 Siehe hierzu Kapitel 2, D. I. 2.
377 EuGH v. 12.07.2012 – C-378/10 („VALE"), ZIP 2012, 1394, 1395, Tz. 27, zudem Tz. 29.
378 Siehe zu diesem Begriff Kapitel 2, D. I. 2. c).
379 Zu dieser siehe Kapitel 2, D. I. 2. b) ii), c).
380 Siehe Kapitel 2, D. I. 2. c).

Daher sei auch der in der Rs. *Cartesio* als *obiter dictum* aufgeführte Zusatz „soweit dies [sc. die Umwandlung in eine inländische Gesellschaft] nach diesem Recht [sc. des Zuzugsstaates] möglich ist" lediglich dahin zu verstehen, dass der Zuzugsstaat darüber entscheiden dürfe, ob und unter welchen Voraussetzungen (i.S.v. „essentialia societatis") er generell eine Umwandlung in eine „seiner" Gesellschaftsformen ermögliche, nicht aber, dass es im Ermessen der Zuzugsstaates stehe, auch ausländische Gesellschaften daran zu beteiligen.[381]

2. Bedeutung der Urteile für den Zuzug der SE: Niederlassungsfreiheit eröffnet

Da die SE ihre Rechtspersönlichkeit aus der SE-Verordnung als europäisches Sekundärrecht ableitet (vgl. Art. 1 Abs. 3 SE-VO), führt ihr Grenzübertritt innerhalb Europas nicht zu einer Änderung des auf sie (primär) anwendbaren Gesellschaftsrechts. Der Wechsel des sekundär auf die SE gem. Art. 9 Abs. 1 lit. c, ii SE-VO anwendbaren nationalen Rechts ist hingegen irrelevant, da es keine Auswirkungen auf die Rechtspersönlichkeit der SE und damit auf die „Schöpfer"-Eigenschaft des europäischen Gesetzgebers hat.[382]

Mithin ist die grenzüberschreitende Sitzverlegung der SE nicht mit dem Grenzübertritt unter Wechsel der Gesellschaftsrechtsform nach dem Urteil *VALE* vergleichbar, sondern vielmehr den Rechtssachen *Centros*, *Überseering* und *Inspire Art* zuordnen: das Gesellschaftsrecht, aus dem die SE ihre Rechtspersönlichkeit ableitet, bleibt gleich. Da die SE-Verordnung den Wegzug unter Aufrechterhaltung ihrer Rechtspersönlichkeit zulässt (Art. 8 Abs. 1 SE-VO), muss der Zuzugsstaat die SE so aufzunehmen, wie sie hereinkommt. Die Niederlassungsfreiheit ist eröffnet und jegliche, an den Zuzug anknüpfende Maßnahmen an der Niederlassungsfreiheit zu messen.

Die in der vorliegenden Arbeit relevanten handelsbilanziellen sowie steuerrechtlichen Folgen des Zuzugs der SE sind daher primärrechtlich zu überprüfen.

---

381 EuGH v. 12.07.2012 – C-378/10 („VALE"), ZIP 2012, 1394, 1395, Tz. 29: „[...] nicht dahin verstanden werden, dass damit die Rechtsvorschriften des Aufnahmemitgliedstaats über die Umwandlung von Gesellschaften von vornherein den Regeln des AEU-Vertrags über die Niederlassungsfreiheit entzogen werden sollen; vielmehr soll damit schlicht die Erwägung zum Ausdruck gebracht werden, dass eine aufgrund einer nationalen Rechtsordnung gegründete Gesellschaft nur vermittels der nationalen Rechtsvorschriften existiert, die somit die Gründung der Gesellschaft ‚ermöglichen', wenn die hierfür aufgestellten Bedingungen erfüllt sind." Hierzu *Mutter/Kruchen*, EuGH EWiR Art. 49 AEUV 3/12, 541, 542. Vgl. auch *Bayer/J. Schmidt*, ZIP 2012, 1481, 1485 f.; *Behme*, NZG 2012, 936, 938; *Ege/Klett*, DStR 2012, 2442, 2442; *Kruis/Widmayer*, CORPORATE FINANCE law 2012, 349, 350, sowie KG Berlin v. 21.03.2016 – 22 W 64/15, ZIP 2016, 1223, 1223 ff., nach dem bei einem Formwechsel einer französischen in eine deutsche GmbH die §§ 191, 226 UmwG anzuwenden sind, auch wenn sie eigentlich abschließend die Rechtsträger benennen würden, die einen Formwechsel durchführen können; nicht hingegen finde Art. 8 SE-VO Anwendung.

382 Siehe Kapitel 2, A., D. I. 4.

Da der EuGH in der Rs. *Cartesio* dem Wechsel des auf die SE nach Art. 9 Abs. 1 lit. c, ii SE-VO anwendbaren nationalen Gesellschaftsrechts eine gewisse Bedeutung beigemessen hat,[383] soll auch hier kurz darauf eingegangen werden, welche Auswirkungen dies auf die Eröffnung der Niederlassungsfreiheit hätte. In diesem Fall wäre der Zuzug der SE mit der Rs. *VALE* zu vergleichen, bei der es ebenfalls zu einer Änderung des anwendbaren Rechts kommen sollte. Auch unter dieser Prämisse wäre aber die Niederlassungsfreiheit eröffnet, denn nach der *VALE*-Judikatur dürfen mit Zuzug „lediglich" die „essentialia societatis" festgelegt werden, nach denen die Rechtspersönlichkeit der Gesellschaft im Zuzugsstaat anerkannt wird. Die zuziehende SE erfüllt aber bereits die Voraussetzungen, unter denen ihr gem. Art. 1 Abs. 3, 8 Abs. 1 Satz 2 SE-VO Rechtspersönlichkeit zukommt. Jegliche weitere Voraussetzungen sind daher an der Niederlassungsfreiheit zu messen und somit auch die handelsbilanziellen und steuerrechtlichen Folgen des Zuzugs der SE.

III. Zusammenfassung

Es hat sich ergeben, dass die Niederlassungsfreiheit beim Wegzug der SE eröffnet ist. Denn nach der „Schöpfertheorie" des EuGH darf der Gründungsstaat einer Gesellschaft nur die gesellschaftsrechtlichen, „lebenswichtigen" Anknüpfungspunkte der Gesellschaft (die „essentialia societatis"), nicht hingegen sonstige Folgen des Wegzugs bestimmen, ohne dass diese an der Niederlassungsfreiheit zu überprüfen wären. Zieht eine Gesellschaft unter Beibehaltung ihrer Rechtspersönlichkeit ins Ausland, so die SE nach Art. 8 Abs. 1 Satz 2 SE-VO, ist die Niederlassungsfreiheit mithin eröffnet und nachteilhafte Wegzugsfolgen an ihr zu überprüfen.

Zum anderen ergibt sich die Eröffnung der Niederlassungsfreiheit seit der Rs. *Cartesio* auch für den Fall, dass dem Wechsel des (subsidiär) anwendbaren nationalen Rechts mit Umzug der SE besondere Bedeutung beigemessen wird, da dieser Wechsel dann mit einem Wegzug unter Umwandlung in eine Rechtsform des Zuzugsstaates vergleichbar wäre, bei dem nach dem *obiter dictum* des EuGH in der Rs. *Cartesio* die Niederlassungsfreiheit eröffnet ist.

Die in dieser Arbeit relevanten bilanzrechtlichen und steuerrechtlichen Wegzugsmaßnahmen sind daher selbst nach der „Schöpfer"-Judikatur des EuGH an der Niederlassungsfreiheit zu messen.

Ebenfalls ist bei Zuzug der SE die Niederlassungsfreiheit eröffnet, wie es der EuGH auch in den Urteilen *Centros*, *Überseering* und *Inspire Art* angenommen hat. Denn gleich den von diesen Rechtssachen betroffenen Gesellschaften leitet auch die SE ihre Rechtspersönlichkeit nicht vom Recht des Zuzugsstaates ab (sondern aus der SE-Verordnung), so dass der Zuzugsstaat nicht als „Schöpfer" über die Gesellschaft bestimmen darf. Jegliche an den Grenzübertritt anknüpfende Maßnahmen müssen sich mithin an der Niederlassungsfreiheit messen lassen.

---

383 Siehe Kapitel 2, D. I. 4.

Zudem ist selbst für den Fall, dass dem Wechsel der sekundär auf die SE anwendbaren Rechtsvorschriften größere Bedeutung beizumessen und der Grenzübertritt mit einer Umwandlung in eine Gesellschaftsrechtsform vergleichbar wäre, auch beim Zuzugsfall die Niederlassungsfreiheit eröffnet. Denn die Voraussetzungen, unter denen der SE die Rechtspersönlichkeit nach der SE-Verordnung zuerkannt wird, (die „essentialia societatis") erfüllt die zuziehende SE bereits und jegliche weitere Maßnahmen sind daher an der Niederlassungsfreiheit zu messen.

Auch die an den Zuzug einer SE anknüpfenden bilanz- und steuerrechtlichen Folgen sind somit an den Grundfreiheiten zu überprüfen.

Letzten Endes beschränkt sich die „Schöpfertheorie" des EuGH in der Annahme, dass der Gründungsgesetzgeber einer Gesellschaft (ihr „Schöpfer") frei darin sei, über die Entstehung sowie den Fortbestand „seiner" Gesellschaft zu bestimmen, und begründet das damit, dass die Gesellschaft schließlich allein kraft seiner Rechtsordnung bestehe. Das bedeutet aber einschränkend auch, dass erstens diese Befugnis allein dem Gründungsgesetzgeber obliegt und zweitens auch er „lediglich" über die (Fort-)Existenz der Gesellschaft bestimmen, also die „lebensnotwendigen" Voraussetzungen, die „essentialia societatis", festlegen darf. Verbinden andere Gesetzgeber nachteilhafte Folgen mit dem Grenzübertritt der Gesellschaft oder sieht der Gründungsgesetzgeber über die „essentialia societatis" hinausgehende Folgen vor, müssen sich diese an der Niederlassungsfreiheit messen lassen. Denn in dem Moment zieht ein existierendes Rechtssubjekt über die Grenze, welches sich als solches nach Art. 49, 54 AEUV auf die Niederlassungsfreiheit berufen kann.

Für die in der vorliegenden Arbeit interessierenden handelsbilanz- und steuerrechtlichen Maßnahmen, die ein Mitgliedstaat an den Wegzug oder an den Zuzug einer SE knüpft, ergibt sich die Eröffnung der Niederlassungsfreiheit mithin sogar aus zwei Gründen: erstens ist weder der Weg- noch der Zuzugsmitgliedstaat „Schöpfer" der SE, sondern der europäische Gesetzgeber, der ihr gem. Art. 1 Abs. 3 SE-VO Rechtspersönlichkeit verleiht, so dass den Mitgliedstaaten ohnehin keine „Schöpfermacht" zukommt, und zweitens sind die bilanz- und steuerrechtlichen Bestimmungen nicht Teil der „essentialia societatis", so dass sie die Fortexistenz der SE nicht tangieren und diese sich beim Grenzübertritt als (nach Art. 8 Abs. 1 Satz 2 SE-VO) weiterhin bestehendes Rechtssubjekt auf die Niederlassungsfreiheit berufen kann.

Zudem würde dieser zweite Aspekt auch dann greifen, wenn nicht ein Mitgliedstaat, sondern der europäische Gesetzgeber an den Grenzübertritt bilanz- oder steuerrechtliche Folgen knüpfen würde. Denn dann wäre die Maßnahme zwar vom „Schöpfer" der SE vorgesehen, es wären aber nicht die „essentialia societatis" betroffen, so dass sich die SE als (weiterhin) bestehendes Rechtssubjekt auf die Niederlassungsfreiheit berufen könnte.

Endlich darf nicht in Vergessenheit geraten, dass die „Schöpfertheorie" des EuGH im Schrifttum zu Recht kritisiert worden ist. Eine Gesellschaft wird bereits mit ihrer Entstehung gem. Art. 54 AEUV (abstrakt) Subjekt der Niederlassungsfreiheit und kann sich als solches bei Grenzübertritt (konkret) auf die Niederlassungsfreiheit berufen. Daher steht es auch dem Gründungsgesetzgeber nicht frei, über den Fortbestand „seiner" Gesellschaftsformen ohne Messung an der Niederlassungsfreiheit zu entscheiden.

E. Beschränkung der Niederlassungsfreiheit und ihre Rechtfertigung

I. Beschränkung bereits durch marginale Einschränkungen

Die Niederlassungsfreiheit wird nach dem EuGH nicht erst bei tatsächlicher Verhinderung einer grenzüberschreitenden Tätigkeit beschränkt, sondern bereits dann, wenn eine Maßnahme geeignet ist, die Ausübung der Niederlassungsfreiheit zu beeinträchtigen. Es ist ausreichend, wenn die – grundsätzlich mögliche (!) – Betätigung im Ausland weniger attraktiv gemacht wird.[384] Eine Beschränkung liegt daher nach dem EuGH schon in jeder kleinsten Beeinträchtigung der Niederlassungsfreiheit.[385]

Unproblematisch ist daher eine Sofortbesteuerung[386] bei Wegzug der Gesellschaft als Beschränkung zu werten sowie bei Zuzug die Weigerung, die Gesellschaft in das Unternehmensregister des Zuzugsstaates einzutragen,[387] oder die

---

384 EuGH v. 11.03.2004 – C-9/02 („Lasteyrie du Saillant"), Slg. 2004, I-2431, I-2452 f., Tz. 45 f.; v. 07.09.2006 – C-470/04 („N"), Slg. 2006, I-7445, I-7458 f., Tz. 34 f.; v. 23.10.2008 – C-157/07 („Krankenheim Ruhesitz Wannsee"), Slg. 2008, I-8061, I-8079, Tz. 30; v. 29.11.2011 – C-371/10 („National Grid Indus"), DStR 2011, 2334, 2337, Tz. 36; v. 06.09.2012 – C-38/10 („Kommission/Portugal"), ZIP 2012, 1801, 1803, Tz. 26. Vgl. auch *Boers*, Rassegna Tributaria 2006, 1401, 1407; *Körner*, IStR 2004, 424, 424; *De Pietro*, Rassegna Tributaria 2006, 1377, 1386.

385 Vgl. EuGH v. 11.03.2004 – C-9/02 („Lasteyrie du Saillant"), Slg. 2004, I-2431, I-2452 f., Tz. 45 f.; v. 07.09.2006 – C-470/04 („N"), Slg. 2006, I-7445, I-7458 f., Tz. 34 f.; v. 23.10.2008 – C-157/07 („Krankenheim Ruhesitz Wannsee"), Slg. 2008, I-8061, I-8079, Tz. 30; v. 29.11.2011 – C-371/10 („National Grid Indus"), DStR 2011, 2334, 2337, Tz. 36.

386 EuGH v. 11.03.2004 – C-9/02 („Lasteyrie du Saillant"), Slg. 2004, I-2431, I-2452 f., Tz. 46; v. 29.11.2011 – C-371/10 („National Grid Indus"), DStR 2011, 2334, 2338, Tz. 37; v. 21.05.2015 – C-657/13 („Verder LabTec"), DStR 2015, 1166, 1169, Tz. 36. Vgl. auch die Europäische Kommission zu den Sofortbesteuerungssystemen von Spanien und Portugal, IP/09/1460; *Boers*, Rassegna Tributaria 2006, 1401, 1414; *Brinkmann/Reiter*, DB 2012, 16, 18; *Köhler*, in: FS Schaumburg, 2009, S. 813 ff., 826 f.; *Kolbe*, in: Herrmann/Heuer/Raupach, EStG/KStG, Jahresband 2007, § 12 KStG (Mai 2007), Rn. J 06–8; *Schindler*, IStR 2004, 300, 302. Zudem *Malmer*, CDFI 2002, Vol. LXXXVIIb, 79, 87: „The reply to the first question, ‚Are emigration taxes restrictive on the Treaty freedoms?', is clearly ‚yes'."; *L. Miele*, Corr. trib. 2010, 434, 435; *Richter/Heyd*, StuW 2010, 367, 375; *Romano*, Rassegna Tributaria 2004, 1291, 1296; *Uckmar/Corasaniti/De' Capitani di Vimercate*, Diritto tributario internazionale, Kap. 4, Sez. I, 4., S. 156; *Wassermeyer*, IStR 2011, 813, 814; *Zizzo*, Corriere Tributario 2008, 3581, 3583; vgl. auch *Corabi*, Corriere tributario 2000, 1885, 1885 f. Eine *diskriminierende* Wirkung hingegen nehmen *Englisch*, IFSt-Schrift, Nr. 449 (2008), II. 3. b) aa), S. 78 f., sowie *Ficari*, Rassegna Tributaria 2004, 2146, 2156, an. *Ismer/Reimer/Rust*, EWS 2004, 207, 212, sprechen von einer „diskriminierenden Beschränkung".

387 EuGH v. 09.03.1999 – C-212/97 („Centros"), Slg. 1999, I-1484, I-1492 f., Tz. 24 ff.

Aberkennung der Rechts- und Parteifähigkeit der zuziehenden Gesellschaft[388]. Diese Maßnahmen kommen schließlich der Untersagung der grenzüberschreitenden Tätigkeit sehr nahe.

Ebenso hat der EuGH aber auch wesentlich weniger einschneidende Maßnahmen als Beschränkung gewertet: Beim Wegzug wird die Forderung nach Sicherheitsleistungen für einen Besteuerungsaufschub[389] sowie ebenfalls der rein bürokratische Aufwand[390] zur Feststellung der bei Wegzug bestehenden stillen Reserven vom EuGH als Beschränkung der Niederlassungsfreiheit eingestuft. Und nach der Rs. *N* stellt es eine den Wegzug weniger attraktiv machende Maßnahme dar, wenn „nach der Verlegung des Wohnsitzes eintretende Wertminderungen [...] nicht steuermindernd berücksichtigt [werden]."[391] Beim Zuzug einer Gesellschaft wurde zudem der Vermerk im Handelsregister als ausländische Gesellschaft als Beschränkung erachtet.[392]

Dieser strenge Maßstab ist zu begrüßen; zu Recht sieht der EuGH bereits in marginalen Maßnahmen eine Beschränkung der Niederlassungsfreiheit. Denn zum einen ist anderenfalls kaum festzulegen, ab wann eine Maßnahme einschneidend genug ist, um eine Beschränkung darzustellen. Zum anderen führt die schnelle Annahme einer Beschränkung nicht zu einer „Alles-oder-nichts"-Lösung, sondern ermöglicht gerade eine „Feinjustierung" der einzelnen Maßnahmen auf der Ebene der Rechtfertigung: Kleinste Maßnahmen beschränken zwar die Niederlassungsfreiheit, lassen sich aber – unter der Prämisse eines Rechtfertigungsgrundes – aufgrund ihrer Verhältnismäßigkeit leicht rechtfertigen.

Hingegen stellen an den Grenzübertritt anknüpfende Maßnahmen zumeist keine Diskriminierung dar:[393] Mit dem Diskriminierungsverbot wird sichergestellt, dass der Ausländer gleich den Inländern eines Mitgliedstaates behandelt wird; das Beschränkungsverbot beinhaltet stattdessen die Pflicht, den Grenzübertritt von Bürgern nicht zu beeinträchtigen.[394] Die Konsequenzen eines Weg- oder auch Zuzuges betreffen aber In- wie Ausländer gleichermaßen, knüpfen mithin (auch) nicht (indirekt) an die Staatsangehörigkeit[395] an.

---

388 EuGH v. 05.11.2002 – C-208/00 („Überseering"), Slg. 2002, I-9943, I-9970 f., Tz. 79 ff.

389 EuGH v. 11.03.2004 – C-9/02 („Lasteyrie du Saillant"), Slg. 2004, I-2431, I-2455, Tz. 56; v. 07.09.2006 – C-470/04 („N"), Slg. 2006, I-7445, I-7459, Tz. 36. Zudem *Ismer/Reimer/Rust*, EWS 2004, 207, 212.

390 EuGH v. 07.09.2006 – C-470/04 („N"), Slg. 2006, I-7445, I-7460, Tz. 38. Siehe zudem *Ismer/Reimer/Rust*, EWS 2004, 207, 212.

391 EuGH v. 07.09.2006 – C-470/04 („N"), Slg. 2006, I-7445, I-7459, Tz. 37.

392 EuGH v. 30.09.2003 – C-167/01 („Inspire Art"), Slg. 2003, I-10195, I-10224 f., Tz. 99 ff.

393 Siehe auch *Knobbe-Keuk*, ZHR 154 (1990), 325, 353; *Melis*, Il trasferimento della residenza fiscale, Kap. 5, 9.1., S. 613 ff; a. A. *Englisch*, IFSt-Schrift, Nr. 449 (2008), II. 3. b) aa), S. 78 f.; *Ficari*, Rassegna Tributaria 2004, 2146, 2156; *M. Lang*, in: FS Spindler, 2011, S. 297 ff., 300 f.

394 Siehe bereits Kapitel 3, B. I. 1. a).

395 Zur Anknüpfung an die Staatsangehörigkeit *Kotzur*, in: Geiger/Khan/Kotzur, EUV/AEUV, Art. 49 AEUV, Rn. 8 ff.; *Müller-Graf*, in: Streinz, EUV/AEUV, Art. 49 AEUV, Rn. 43 ff.

II. Vom EuGH anerkannte Rechtfertigungsgründe

All diese mehr oder weniger einschneidenden Maßnahmen stellen mithin Beschränkungen der Niederlassungsfreiheit dar, die einer Rechtfertigung bedürfen. Dafür ist nach ständiger Rechtsprechung des EuGH erforderlich, dass mit der Maßnahme ein zwingenden Gründen des Allgemeininteresses dienendes Ziel verfolgt wird.[396]

1. Rechtfertigungsgründe der Wegzugsurteile

In den bisher vom EuGH entschiedenen Wegzugsfällen kam es bis zur Frage der Rechtfertigung der Wegzugsmaßnahme allein in den steuerrechtlich geprägten Urteilen. In den gesellschaftsrechtlichen Urteilen verneinte der EuGH hingegen bereits die Eröffnung der Niederlassungsfreiheit.[397] Die bei den Wegzugsmaßnahmen anerkannten Rechtfertigungsgründe begründen sich daher alle auf steuerrechtlichen Erwägungen.

a) Die Vermeidung von Steuerflucht (Missbrauchsbekämpfung)

Als Rechtfertigungsgrund für eine Wegzugsbesteuerung scheint zunächst die Vermeidung der Steuerflucht bzw. die Missbrauchsbekämpfung in Betracht zu kommen. Im Grundsatz ist sie als ein im Allgemeininteresse stehendes Ziel anerkannt[398] und wurde für die Wegzugsbesteuerung natürlicher Personen in der Rs. *Lasteyrie du Saillant* als Rechtfertigungsgrund vorgetragen. Der EuGH lehnte die Missbrauchsbekämpfung aber mit der Begründung ab, die Vorschrift des französischen Steuerrechts sei nicht auf Missbrauchssachverhalte ausgerichtet, sondern erfasse im Allgemeinen jegliche Wegzüge von Steuerpflichtigen.[399] Ebenso äußerte sich der

---

396 St. Rspr. seit der Rs. *Gebhard*: EuGH v. 30.11.1995 – C-55/94 („Gebhard"), Tz. 37; v. 21.11.2002 – C-436/00 („X und Y"), Slg. 2002, I-10847, I-10864 f., Tz. 49; v. 11.03.2004 – C-9/02 („Lasteyrie du Saillant"), Slg. 2004, I-2431, I-2453, Tz. 49; v. 07.09.2006 – C-470/04 („N"), Slg. 2006, I-7445, I-7460, Tz. 40; v. 23.10.2008 – C-157/07 („Krankenheim Ruhesitz Wannsee"), Slg. 2008, I-8061, I-8081, Tz. 40; v. 29.11.2011 – C-371/10 („National Grid Indus"), DStR 2011, 2334, 2338, Tz. 42. Vgl. *Aßmann*, Steuer&Studium 2006, 131, 135, 139; *Frobenius*, DStR 2009, 487, 487; *Ismer/Reimer/Rust*, EWS 2004, 207, 212; *Knobbe-Keuk*, DB 1990, 2573, 2577; *Körner*, IStR 2004, 424, 425; *De Pietro*, Rassegna Tributaria 2006, 1377, 1396; *Schindler*, IStR 2004, 300, 303 f.; *Schwarz*, SE-VO, Einl., Rn. 35; *Ulmer*, NJW 2004, 1201, 1204.

397 Siehe soeben Kapitel 2, C. I. 1.

398 Hierzu *Hey*, FR 2008, 1033, 1037; *Ismer/Reimer/Rust*, EWS 2004, 207, 212; *L. Miele/Russo*, Corr. trib. 2010, 630, 634; *Mössner*, in: Mössner, Steuerrecht international tätiger Unternehmen, Kap. 1, F. I. 4. e) bb), Rn. 1.111; *Musil*, DB 2009, 1037, 1042; *Schwenke*, DStZ 2007, 235, 241; *Wagner*, Der Konzern 2009, 235, 236.

399 EuGH v. 11.03.2004 – C-9/02 („Lasteyrie du Saillant"), Slg. 2004, I-2431, I-2454, Tz. 50. Hierzu *Boers*, Rassegna Tributaria 2006, 1401, 1409; *Körner*, IStR 2004, 424, 425; *Romano*, Rassegna Tributaria 2004, 1291, 1302; *Schwenke*, DStZ 2007, 235,

EuGH in dem die Wegzugsbesteuerung von Gesellschaften betreffenden Urteil *National Grid Indus*, dass „der Umstand allein, dass eine Gesellschaft ihren Sitz in einen anderen Mitgliedstaat verlegt, nicht die allgemeine Vermutung der Steuerhinterziehung begründen und keine die Ausübung einer vom Vertrag garantierten Grundfreiheit beeinträchtigende Maßnahme rechtfertigen [könne]."[400]

Der Rechtfertigungsgrund der Vermeidung der Steuerflucht kann eine Wegzugsbesteuerung mithin nur dann rechtfertigen, wenn sie speziell und allein in den Situationen eingreift, in denen von einem Missbrauchsfall ausgegangen werden kann. Die meisten Wegzugsbesteuerungen sind jedoch nicht hierzu angelegt, sondern greifen bei jedem Wegzug eines Steuerpflichtigen auf die im Inland angewachsenen stillen Reserven zu.[401] Eine Rechtfertigung mit der Begründung der Missbrauchsbekämpfung kommt daher zumeist nicht in Betracht.

b) Verhinderung von Steuermindereinnahmen

Steuermindereinnahmen hingegen stellen bereits keinen zwingenden Grund des Allgemeininteresses dar. Allein mit der Begründung, dem Mitgliedstaat gingen ohne eine Wegzugsbesteuerung Steuereinnahmen verloren, weil er nach dem Wegzug auf die stillen Reserven keinen Zugriff mehr habe, kann die Beschränkung der Niederlassungsfreiheit nicht gerechtfertigt werden.[402]

c) Das sog. Kohärenzprinzip

i) Das Kohärenzprinzip zur Rechtfertigung einer Wegzugsbesteuerung

Als möglicher Rechtfertigungsgrund für eine Wegzugsbesteuerung kommt das Kohärenzprinzip in Betracht,[403] das nach herrschender Meinung einen zwingenden

---

241. Vgl. zudem EuGH v. 21.11.2002 – C-436/00 („X und Y"), Slg. 2002, I-10847, I-10862 f., Tz. 40 ff.

400 EuGH v. 29.11.2011 – C-371/10 („National Grid Indus"), DStR 2011, 2334, 2343, Tz. 84.

401 Vgl. auch *Frotscher*, in: Frotscher/Maas, KStG, § 12 (Sept. 2014), Rn. 79; *Hofmeister*, in: FS Wassermeyer, 2005, S. 437 ff., 442; *Körner*, IStR 2004, 424, 425; *Lenz*, in: Erle/Sauter, KStG, § 12, Rn. 64; *Melis*, Dir. prat. trib. int. 2004, 13, 61 f.; *ders.*, Il trasferimento della residenza fiscale, Kap. 5, 9.3., S. 639; *Schindler*, IStR 2004, 300, 305; zu § 6 AStG a. F. *Ismer/Reimer/Rust*, EWS 2004, 207, 212. Zudem *Avolio/Capitta*, Corriere tributario 2004, 1592, 1594 f.; *L. Miele/Russo*, Corr. trib. 2010, 630, 634.

402 EuGH v. 21.11.2002 – C-436/00 („X und Y"), Slg. 2002, I-10847, I-10865, Tz. 50; v. 11.03.2004 – C-9/02 („Lasteyrie du Saillant"), Slg. 2004, I-2431, I-2456, Tz. 60; *Avolio/Capitta*, Corriere tributario 2004, 1592, 1594 f.; *Hofmeister*, in: FS Wassermeyer, 2005, S. 437 ff., 442; *Körner*, IStR 2004, 424, 426; *Ungemach*, Ubg 2011, 251, 254. Vgl. auch *Rödder*, DStR 2004, 1629, 1630; *Wagner*, Der Konzern 2009, 235, 237. Nach *Schindler*, IStR 2004, 300, 303, sind Steuermindereinnahmen lediglich „rein wirtschaftlicher Natur".

403 Nach *Englisch*, IFSt-Schrift, Nr. 449 (2008), IV. 1., S. 123, Fn. 382, kann der Kohärenzgedanke bereits auf Tatbestands- anstatt erst auf Rechtfertigungsebene erörtert werden. Dahingehend auch *Hey*, AöR 128 (2003), 226, 236.

Zusammenhang zwischen einer „Nachteil“-Regelung und einer „Vorteil“-Regelung erfordert.[404] Von einem solchen Zusammenhang ist auszugehen, wenn die Anwendung nur einer der beiden Regelungen zu widersprüchlichen Ergebnissen im nationalen Steuersystem führen würde.[405]

(1) EuGH-Judikatur

Seinen Ursprung hat das Kohärenzprinzip in der Rs. *Bachmann*:[406] Dort wurde ein Zusammenhang zwischen der steuerlichen Abzugsfähigkeit von Versicherungsbeiträgen und der Besteuerung der vom Versicherer in Erfüllung der Versicherungsverträge geschuldeten Beträge gesehen. Zur Wahrung dieses Zusammenhangs dürften die Mitgliedstaaten die Abzugsfähigkeit der Beiträge an die Bedingung knüpfen, dass auch ihr Gegenpol, nämlich die zu versteuernden Beträge, in diesem Mitgliedstaat versteuert werden.

In der Rs. *Lasteyrie du Saillant* wollte die niederländische Regierung die Wegzugsbesteuerung damit rechtfertigen, dass ein „unmittelbarer Zusammenhang zwischen dem Aufschub der jährlichen Besteuerung des mit den Wertpapieren verbundenen Kapitalzuwachses und der tatsächlichen Erhebung der Steuer bei Verlegung des Wohnsitzes ins Ausland“ bestehe. Die Wegzugsbesteuerung sei „notwendig, um die Kohärenz des französischen Steuersystems zu wahren“. Der EuGH widersprach dieser Argumentation damit, dass die französische Wegzugsbesteuerung „nicht das Ziel verfolg[e], allgemein in dem Fall, dass ein Steuerpflichtiger seinen Wohnsitz ins Ausland verlegt, die Besteuerung der Wertsteigerungen sicherzustellen, die während

---

404 EuGH v. 18.09.2003 – C-168/01 („Bosal“), Slg. 2003, I-9430, I-9442 f., Tz. 29 ff.; v. 21.11.2002 – C-436/00 („X und Y“), Slg. 2002, I-10847, I-10865 f., Tz. 52 f.; v. 30.01.2007 – C-150/04 („Kommission/Dänemark“), Slg. 2007, I-1193, I-1217, Tz. 70; v. 23.10.2008 – C-157/07 („Krankenheim Ruhesitz Wannsee“), Slg. 2008, I-8061, I-8082, Tz. 42; v. 16.04.2015 – C-591/13 („Kommission/Deutschland“), DStR 2015, 870, 873, Tz. 74; Schlussanträge der Generalanwältin *Kokott* v. 08.09.2011 – C-371/10 („National Grid Indus“), Slg. 2011, Tz. 95; *Cordewener*, Europäische Grundfreiheiten und nationales Steuerrecht, Kap. 7, § 21, II. 2., S. 968; *Elicker*, IStR 2005, 89, 89; *Englisch*, IFSt-Schrift, Nr. 449 (2008), IV. 1., S. 123; *Ficari*, Rassegna Tributaria 2004, 2146, 2154; *Hey*, AöR 128 (2003), 226, 235; *Hofmeister*, in: FS Wassermeyer, 2005, S. 437 ff., 442; *Ismer/Reimer/Rust*, EWS 2004, 207, 212 f.; *Körner*, IStR 2004, 424, 428; *Mössner*, in: Mössner, Steuerrecht international tätiger Unternehmen, Kap. 1, F. I. 4. e) bb), Rn. 1.111; *De Pietro*, Rassegna Tributaria 2006, 1377, 1392; *Rödder*, DStR 2004, 1629, 1630; *ders.*, in: FS Wassermeyer, 2005, S. 163 ff., 167; *Ungemach*, Ubg 2011, 251, 255; *Wagner*, Der Konzern 2009, 235, 237.

405 *Hey*, in: Herrmann/Heuer/Raupach, EStG/KStG, Einf. KSt (Sept. 1999), Rn. 112; *dies.*, AöR 128 (2003), 226, 235; *Jacobs*, Internationale Unternehmensbesteuerung, 2. Teil, Kap. 3, D. II. 5. (8), S. 213.

406 EuGH v. 28.01.1992 – C-204/90 („Bachmann“), Slg. 1992, I-276. Siehe zudem EuGH v. 28.01.1992 – C-300/90 („Kommission/Belgien“), Slg. 1992, I-314; v. 23.10.2008 – C-157/07 („Krankenheim Ruhesitz Wannsee“), Slg. 2008, I-8061, I-8082, Tz. 42 f.

seines Aufenthalts in Frankreich eingetreten sind." Vielmehr werde beabsichtigt, „der allein aus steuerlichen Gründen erfolgenden vorübergehenden Wohnsitzverlegung ins Ausland vor[zu]beugen".[407]

Ob eine allgemeine Regelung, die grundsätzlich stille Reserven erfasst, bevor sie steuerentstrickt werden (und darauf auch abzielt[408]), mit dem Prinzip der Kohärenz gerechtfertigt werden kann, ist in der Rs. *Lasteyrie du Saillant* damit offen geblieben.[409]

Ebenfalls kaum Erkenntnisse sind aus dem EuGH-Urteil *National Grid Indus* zu gewinnen, in dem der Gerichtshof das Kohärenzprinzip als Rechtfertigungsgrund nur kurz erwähnt, ohne klare Aussagen über sein Eingreifen im konkreten Fall zu tätigen.[410] Hingegen äußerte sich die Generalanwältin *Kokott* in ihren Schlussanträgen zu *National Grid Indus* ausführlich: „Bestimmte Gewinne würden [...] auf die Zukunft vorgetragen. Steuerlich würde das in der Erwartung, sie zu einem späteren Zeitpunkt besteuern zu können, akzeptiert."[411] „Könnten die Niederlande die latenten Gewinne, die während der Steueransässigkeit von National Grid Indus in ihrem Hoheitsbereich entstanden sind, wegen des Wegzugs nicht mehr besteuern, so wäre eine kohärente Besteuerung nicht mehr möglich."[412] Daher war nach Auffassung der Generalanwältin der Rechtfertigungsgrund der Kohärenz einschlägig. Überdies unterschied sie zu dem Urteil *Lasteyrie du Saillant* wie folgt: „Anders als die französische Wegzugssteuer [...] verfolg[e] die niederländische Schlussrechnungssteuer [...] das Ziel, allgemein in dem Fall, dass ein steuerpflichtiges Unternehmen seinen Sitz ins Ausland verlegt, die Besteuerung der Wertzuwächse sicherzustellen, die während seiner Ansässigkeit in den Niederlanden entstanden sind."[413]

---

407 EuGH v. 11.03.2004 – C-9/02 („Lasteyrie du Saillant"), Slg. 2004, I-2431, I-2456 ff., Tz. 61–67; die Missbrauchsvermeidungsabsicht sei aber wiederum, so der EuGH, nicht mit der allgemeinen Wegzugsbesteuerung durchsetzbar, siehe oben unter Kapitel 4, B. I. 2. b) i) (1). Siehe zudem *De Pietro*, Rassegna Tributaria 2006, 1377, 1395; *Schwenke*, DStZ 2007, 235, 242.

408 *Körner*, IStR 2004, 424, 426, geht soweit, dass „der Normzweck einer beschränkenden Regelung die Herstellung von Kohärenz" sein müsse. Ähnlich *Elicker*, IStR 2005, 89, 90: „Intention der Regelung". In der Tat hat der EuGH die Kohärenz an der mangelnden Intention des Gesetzgebers scheitern lassen.

409 Diese Frage aufwerfend *Körner*, IStR 2004, 424, 426, und *Schön*, IStR 2004, 289, 296; *ders.*, JbFfSt 2004/2005, 72, 78. Zweifelnd *Hey*, Der Konzern 2004, 577, 583; *Rödder*, in: FS Wassermeyer, 2005, S. 163 ff., 175; *Schwenke*, DStZ 2007, 235, 242. Hingegen erachtet *Wagner*, Der Konzern 2009, 235, 242, die Situation der deutschen Wegzugsbesteuerungen als mit der in der Rs. *Lasteyrie du Saillant* vergleichbar.

410 EuGH v. 29.11.2011 – C-371/10 („National Grid Indus"), DStR 2011, 2334, 2342, Tz. 80. Zum Territorialitätsprinzip sogleich unter Kapitel 2, E. II. 1. d).

411 Schlussanträge der Generalanwältin *Kokott* v. 08.09.2011 – C-371/10 („National Grid Indus"), Slg. 2011, Tz. 97.

412 Schlussanträge der Generalanwältin *Kokott* v. 08.09.2011 – C-371/10 („National Grid Indus"), Slg. 2011, Tz. 99.

413 Schlussanträge der Generalanwältin *Kokott* v. 08.09.2011 – C-371/10 („National Grid Indus"), Slg. 2011, Tz. 98.

(2) Meinungsstand im Schrifttum

In Übereinstimmung mit den Schlussanträgen der Generalanwältin *Kokott* wird von Seiten der Literatur das Kohärenzprinzip in Bezug auf Wegzugsbesteuerungen zumeist für einschlägig erachtet. Der für die Kohärenz erforderliche zwingende Regelungszusammenhang sei zwischen dem „Besteuerungsaufschub" und der späteren Besteuerung bei tatsächlicher Realisierung zu sehen.[414] Ein Mitgliedstaat gewähre mit dem sog. Realisationsprinzip den „Besteuerungsaufschub" von (potentiellen) Wertsteigerungen bis zu ihrer Realisierung allein unter der Bedingung, dass er sie später tatsächlich besteuern könne. Gingen die stillen Reserven mit Grenzübertritt vollständig verloren, käme es zu einem Widerspruch innerhalb des nationalen Steuersystems. Die steuerliche Erfassung der wegziehenden stillen Reserven wahre daher die Kohärenz des Steuersystems.

Englisch sieht im Kohärenzprinzip hingegen einen Ausdruck „interpersonaler Belastungsgerechtigkeit". Durch die Kohärenz werde im Ergebnis eine gleichmäßige Steuerbelastung aller Steuerpflichtigen hergestellt; es ginge um einen „individuellen Vorteilsausgleich".[415] (Jedenfalls) bei einer unmittelbar anfallenden Wegzugsbesteuerung sei das Kohärenzprinzip aber nicht einschlägig, da ein individueller Vorteilsausgleich gerade nicht erfolge: Die „Verschonung von einer späteren Besteuerung" könne einen Ausgleich zur Sofortbesteuerung nicht bieten, „weil nicht gewiss [sei], ob zu einem späteren Zeitpunkt überhaupt solche Gewinne realisiert werden, und vor allem weil eine vorgezogene Besteuerung mit zusätzlichen Liquiditätsnachteilen verbunden [sei]."[416]

Nach dieser Auffassung bedarf es mithin für das Kohärenzprinzip eines Vorteils des Wegziehenden, der durch die Wegzugsbesteuerung ausgeglichen wird. Den Blick für die zu beseitigenden Vor- und Nachteile richtet *Englisch* auf den Steuerpflichtigen und nicht auf den Mitgliedstaat. Hierauf wird sogleich[417] zurückzukommen sein.

Nach *Franz* lässt sich sogar eine Sofortbesteuerung nach dem Gedanken der Gleichheit steuerlicher Belastungen rechtfertigen: auch im Liquidationsfall der Gesellschaft würden die stillen Reserven besteuert werden. Eine Sofortbesteuerung bei Wegzug der Gesellschaft führe daher alleine dazu, dass „im Ergebnis die nationalen und die transnationalen

---

414 *Boers*, Rassegna Tributaria 2006, 1401, 1414; vorsichtig *Eilers/Dondorf*, in: Reimer, Europäisches Gesellschafts- und Steuerrecht, S. 193 ff., 201; *Hofmeister*, in: FS Wassermeyer, 2005, S. 437 ff., 443; *Ismer/Reimer/Rust*, EWS 2004, 207, 213; *Montuori/P. Palma*, Il Fisco 2005, 11640, 11642 f.; *De Pietro*, Rassegna Tributaria 2006, 1377, 1392. Im Ergebnis auch *Elicker*, IStR 2005, 89, 92; *Schindler*, IStR 2004, 300, 305; *Zizzo*, Corriere Tributario 2008, 3581, 3583. Vgl. zudem *Malmer*, CDFI 2002, Vol. LXXXVIIb, 79, 88.

415 *Englisch*, IFSt-Schrift, Nr. 449 (2008), IV. 1., S. 123. Ähnlich auch *Elicker*, IStR 2005, 89, 89; *Sedemund*, DStZ 2003, 407, 409.

416 *Englisch*, IFSt-Schrift, Nr. 449 (2008), II. 3., S. 63 f.

417 Kapitel 2, E. II. 1. c) ii) (2), (3).

Fälle, in denen eine Kapitalgesellschaft als Steuersubjekt verlustig geht, gleichbehandelt werden."[418] Dagegen ist jedoch einzuwenden, dass eine Gesellschaft bei Wegzug im Gegensatz zur Liquidation gerade weiter fortbesteht (es sei denn, gesellschaftsrechtlich ist die Auflösung vorgesehen), eine vergleichbare Situation daher nicht vorliegt.

(3) Stellungnahme

In der das Kohärenzprinzip bejahenden Rs. *Bachmann* wollte Belgien den Abzug der Versicherungsbeiträge, die in Deutschland gezahlt worden waren, nur unter der Bedingung zulassen, dass auch die spätere Auszahlung der Versicherungssumme der belgischen Steuer unterfällt.[419] Es ging also um zwei Vorgänge: zum einen um den Abzug der Beitragszahlungen, zum anderen um die Versteuerung der Versicherungsleistungen. Zwar hat der EuGH anerkannt, dass sie in einem für die Kohärenz erforderlichen Zusammenhang stehen, dennoch sind sie im Grundsatz zwei voneinander zu unterscheidende steuerliche Gegebenheiten. Der Wegzugsbesteuerung liegt hingegen die Überlegung zugrunde, dass der Mitgliedstaat das Realisationsprinzip nur unter der Bedingung der späteren Erfassung der stillen Reserven gewähre. Damit ist ein einziger Vorgang, die Besteuerung der stillen Reserven, betroffen. Es gilt mithin nicht zwei unterschiedliche Maßnahmen in einen Zusammenhang zu bringen, sondern *eine* Maßnahme, die durch das sog. Realisationsprinzip zeitlich gesplittet ist. Eine identische Situation ist folglich nicht gegeben.[420]

Dennoch ist der Literaturansicht zuzustimmen, die die Erfassung der wegziehenden stillen Reserven als notwendige Bedingung für die Gewährung des Realisationsprinzips und damit als Wahrung der Kohärenz des Steuersystems erachtet.[421] Es würde zu widersprüchlichen Ergebnissen führen, wenn auf der einen

---

418 Bzgl. § 12 Abs. 1 KStG a. F. *Franz*, EuZW 2004, 270, 272; a. A. *Englisch*, IFSt-Schrift, Nr. 449 (2008), II. 3. b) aa), S. 80.

419 EuGH v. 28.01.1992 – C-204/90 („Bachmann"), Slg. 1992, I-276, I-282, Tz. 21: „As regards the need to preserve the cohesion of the tax system, the Court held, [...] that there exists under the Belgian rules a connection between the deductibility of contributions and the liability to tax of sums payable by the insurers under pension and life assurance contracts."

420 Treffend *Schindler*, IStR 2004, 300, 305 f. Vgl. auch EuGH v. 21.11.2002 – C-436/00 („X und Y"), Slg. 2002, I-10847, I-10867 f., Tz. 58 f., nach dem sich dieser Unterschied auf die Verhältnismäßigkeit der Maßnahmen auswirkt, nämlich bei einer Wegzugsbesteuerung „die Kohärenz der Steuerregelung durch weniger einschneidende oder die Niederlassungsfreiheit weniger beeinträchtigende Maßnahmen erreicht werden" könne. Hingegen ähnlicher der Situation der Wegzugsbesteuerung: EuGH v. 23.10.2008 – C-157/07 („Krankenheim Ruhesitz Wannsee"), Slg. 2008, I-8061, I-8082, Tz. 42: „Hierzu ist festzustellen, dass die [...] vorgesehene Hinzurechnung der Verluste nicht von der vorangegangenen Berücksichtigung *dieser* Verluste getrennt werden darf." (Herv. durch Verf.)

421 Vgl. dahingehend mittlerweile auch EuGH v. 16.04.2015 – C-591/13 („Kommission/Deutschland"), DStR 2015, 870, 873, Tz. 75.

Seite Wertsteigerungen erst bei tatsächlicher Realisierung besteuert werden, auf der anderen Seite ihre steuerliche Erfassung bei Realisierung nicht sichergestellt ist. Ein für das Kohärenzprinzip erforderlicher zwingender Zusammenhang kann daher zwischen dem „Besteuerungsaufschub" und der späteren Besteuerung gesehen werden. Ob dadurch sogar eine Sofortbesteuerung bei Wegzug gerechtfertigt ist, auf die sich *Englisch* bezieht, ist dann eine Frage der Verhältnismäßigkeit. Eine irgendwie geartete (verhältnismäßige!) Erfassung der stillen Reserven ist dem Staat aber zu gewährleisten.

ii) Einschränkung des Rechtfertigungsgrundes der Kohärenz durch eine DBA-rechtlich erzielte „Makro-Kohärenz"

(1) EuGH-Judikatur

In der Rs. *X und Y*[422] hat das Kohärenzprinzip als Rechtfertigungsgrund für die Wegzugsbesteuerung eine Einschränkung erfahren: Basierend auf entsprechenden Aussagen im Urteil der Rs. *Wielockx*[423] befand der EuGH, dass durch den Abschluss von Doppelbesteuerungsabkommen „die steuerliche Kohärenz" von der Ebene der Einzelperson („Mikro-Ebene") auf die Doppelbesteuerungsebene („Makro-Ebene")[424] verlagert werden könne: Werde in einem Abkommen vereinbart, dass das Besteuerungsrecht zwischen den Vertragsstaaten danach aufzuteilen ist, in welchem Staat der Steuerpflichtige ansässig ist, und nicht danach, in welchem die stillen Reserven entstanden sind, verzichte der Staat auf der einen Seite auf die Besteuerung von stillen Reserven des in den anderen Vertragsstaat ziehenden Steuerpflichtigen, dürfe aber spiegelbildlich die (im Ausland angewachsenen) stillen Reserven des zu ihm zugezogenen Steuerpflichtigen besteuern. Ein neuer Zusammenhang zwischen Regelungen, nämlich auf DBA-Ebene, sei entstanden („Makro-Kohärenz").[425] Den Rechtfertigungsgrund der „Mikro-Kohärenz" hätten die Vertragsstaaten damit aufgegeben.[426]

---

422 EuGH v. 21.11.2002 – C-436/00 („X und Y"), Slg. 2002, I-10847, dargestellt in Kapitel 2, C. I. 2. a).

423 EuGH v. 11.08.1995 – C-80/94 („Wielockx"), Slg. 1995, I-2508, I-2516, Tz. 24.

424 Eingängige Bezeichnung der „Mikro"- und „Makro"-Ebene nach *Englisch*, IFSt-Schrift, Nr. 449 (2008), IV., S. 122, und *Schindler*, IStR 2004, 300, 305 ff.

425 EuGH v. 21.11.2002 – C-436/00 („X und Y"), Slg. 2002, I-10847, I-10866, Tz. 53 f.

426 Vgl. hierzu *Cordewener*, Europäische Grundfreiheiten und nationales Steuerrecht, Kap. 7, § 21, II. 2., S. 969; *Elicker*, IStR 2005, 89, 89 f.; *Jacobs*, Internationale Unternehmensbesteuerung, 2. Teil, Kap. 3, D. II. 5. (8), S. 214; *Körner*, IStR 2004, 424, 428; *De Pietro*, Rassegna Tributaria 2006, 1377, 1399; *Rödder*, DStR 2004, 1629, 1633; *ders.*, in: FS Wassermeyer, 2005, S. 163 ff., 175; *Schön*, IStR 2004, 289, 296; *ders.*, JbFfSt 2004/2005, 72, 76, 79; *Sedemund*, DStZ 2003, 407, 410. Zur Rs. *Wielockx*: *Ismer/Reimer/Rust*, EWS 2004, 207, 214; *Malmer*, CDFI 2002, Vol. LXXXVIIb, 79, 88. Kritisch *Englisch*, IFSt-Schrift, Nr. 449 (2008), IV. 2., S. 126 ff.

Hingegen hat der Gerichtshof in dem erst kürzlich ergangenen EuGH-Urteil *National Grid Indus* die Rechtfertigung einer Wegzugsbesteuerung bejaht, die sich allein aufgrund von DBA-Regelungen ergab: der Wegzugsmitgliedstaat müsse die stillen Reserven erfassen dürfen, die nach dem Grenzübertritt DBA-rechtlich nicht mehr seiner Besteuerungsbefugnis unterfielen.[427] Auf die Frage nach einer „Makro-Kohärenz" ist er dabei nicht eingegangen – möglicherweise, weil er hauptsächlich das Territorialitätsprinzip, nicht hingegen das Kohärenzprinzip als Rechtfertigungsgrund erörtert hat. Dies allein ist als Grund jedoch nicht ausreichend, da sich beide Prinzipien, wie der EuGH zu Recht sagt, in ihrem Anliegen decken.[428] Mangels expliziter Abstandnahme von dem Prinzip der „Makro-Kohärenz" bleibt abzuwarten, wie sich dieses Prinzip in der künftigen EuGH-Rechtsprechung entwickeln wird.

(2) Meinungsstand im Schrifttum

Schön bezeichnet die Aussage des EuGH zur Einschränkung des Kohärenzprinzips auf „Makro-Ebene" als zu „undifferenziert". Die Wegzugsstaaten verzichteten nach DBA nur auf die *nach* dem Wegzug entstehenden stillen Reserven, nicht hingegen auf die bis dahin bereits entstandenen. Es gehe zu weit, den Wegzugsstaaten die bei ihnen angewachsenen stillen Reserven zu entziehen.[429]

Zudem ist die Ansicht von *Englisch* aufzuzeigen, die sich vollständig gegen die „Makro-Kohärenz" wendet: Wie gerade gesehen, versteht *Englisch* die „Mikro-Kohärenz" als Wahrung einer „inter*personalen* Belastungsgerechtigkeit".[430] Mit Erhebung der Kohärenz auf die „Makro-Ebene" wendet sich der Blick aber von dem einzelnen Steuerpflichtigen und damit von der Verfolgung eines interpersonalen Ausgleichs ab; er richtet sich nun auf den Mitgliedstaat, der auf wegziehende stille Reserven verzichtet, aber dafür das Besteuerungsrecht an zuziehenden stillen Reserven erhält. Selbst unter Zugrundelegung einer grenzüberschreitenden Betrachtung kann nach *Englisch* der „Makro"-Ausgleich nicht zwangsläufig eine („supranationale") Belastungsgerechtigkeit der Steuerpflichtigen gewährleisten, da die nationalen Steuersysteme i.d.R. nicht vollständig miteinander übereinstimmten. Eine Verknüpfung der „Mikro-" mit einer „Makro-Ebene" lehnt *Englisch* daher ab.[431]

(3) Stellungnahme

Die Versagung des Kohärenzprinzips als Rechtfertigungsgrund für eine Wegzugsbesteuerung in dem Fall, dass die stillen Reserven aufgrund eines Abkommens dem Wegzugsstaat entzogen werden, mag auf den ersten Blick verwundern und man stellt

---

427 EuGH v. 29.11.2011 – C-371/10 („National Grid Indus"), DStR 2011, 2334, 2335, Tz. 13, 2339, Tz. 47.

428 EuGH v. 29.11.2011 – C-371/10 („National Grid Indus"), DStR 2011, 2334, 2342, Tz. 80.

429 *Schön*, IStR 2004, 289, 296; *ders.*, JbFfSt 2004/2005, 72, 76. Ebenso *Schindler*, IStR 2004, 300, 307, der für eine teleologische Auslegung der DBA plädiert.

430 Soeben unter Kapitel 2, E. II. 1. c) i) (2).

431 *Englisch*, IFSt-Schrift, Nr. 449 (2008), IV. 2., S. 126 ff.

sich die Frage, in welchen Fällen eine Wegzugsbesteuerung dann überhaupt noch zu rechtfertigen ist. Auf einen zweiten Blick ist aber die Auffassung des EuGH durchaus nachvollziehbar: Scheitert die steuerliche („Mikro"-)Kohärenz eines Mitgliedstaates allein daran, dass er freiwillig (!) entgegenstehende bilaterale Vereinbarungen getroffen hat, soll er sich nicht gegen die daraus entstehenden Folgen zu Lasten des Steuerpflichtigen zur Wehr setzen können. Ein anderes Ergebnis wäre auch aus steuersystematischen Gründen nicht überzeugend: es wäre unstimmig, wenn ein Mitgliedstaat auf der einen Seite vereinbart, dass er die stillen Reserven von zuziehenden Steuerpflichtigen besteuern darf, auf der anderen Seite aber die stillen Reserven von wegziehenden Steuerpflichtigen ebenfalls erfasst. Und letztlich würde die Gefahr einer Doppelbesteuerung entstehen, wenn der Zuzugsstaat abkommensgemäß die stillen Reserven erfasst, der Wegzugsstaat sie aber ebenfalls besteuert. Die Einschränkung des Kohärenzprinzips durch eine sog. „Makro-Kohärenz" vermag daher zu überzeugen. Als Anwendungsbereich für die („Mikro"-)Kohärenz bleiben damit nur innerstaatliche Entstrickungen oder „faktische", bei denen die Besteuerung zwar rechtlich möglich, tatsächlich aber nicht hinreichend durchsetzbar ist.[432]

Wenn *Englisch* einwendet, die „Makro-Kohärenz" bewirke keine „inter*personale* Belastungsgerechtigkeit" und könne daher nicht zur Aufhebung der „Mikro-Kohärenz" als Rechtfertigungsgrund führen, ist dem zu entgegnen, dass es bei der „Makro-Kohärenz" zwar in der Tat nicht um die Herstellung einer Belastungsgerechtigkeit in Bezug auf den einzelnen Steuerpflichtigen geht, sondern der Blick auf den Mitgliedstaat gerichtet ist und bei diesem zu einem Ausgleich von Vor- und Nachteilsregelungen führt. Aber gerade durch die Anerkennung der „Makro-Kohärenz" hat der EuGH gezeigt, dass das Ziel des Kohärenzgedankens nicht die „interpersonale Belastungsgerechtigkeit", sondern die Stimmigkeit eines Steuersystems ist.[433]

Möchte man dem entgegenhalten, in der Rs. *Bosal* habe der EuGH die Kohärenz mit der Begründung verneint, Mutter- und Tochterunternehmen seien nicht dasselbe Steuersubjekt, ist darauf zu erwidern, dass der EuGH dabei nicht ausschlaggebend auf den Steuersubjektbezug an sich abgestellt hat, sondern darauf, dass es deshalb an dem für die Kohärenz erforderlichen Zusammenhang zwischen Vor- und Nachteilregelung fehlte.[434]

Auf den Einwand von *Schön*, die Wegzugsstaaten verzichteten nach DBA nur auf die *nach* dem Wegzug entstehenden stillen Reserven, ist hingegen zu erwidern, dass

---

432 Hierzu unter Kapitel 4, B. II. 2. b), und F. II. 1. Bereits *von der Laage*, StuW 2012, 182, 188. In diese Richtung mittlerweile auch der EuGH, Urteil v. 23.01.2014 – C-164/12 („DMC"), DStR 2014, 193, 198, Tz. 56 ff.; hierzu *Hennrichs*, in: Tipke/Lang, Steuerrecht, § 9, Rn. 477.

433 Hierzu näher unter Kapitel 2, E. II. 1. e). Vgl. auch *Jacobs*, Internationale Unternehmensbesteuerung, 2. Teil, Kap. 3, D. II. 5. (8), S. 214, nach dem „[d]ie strenge Wechselbeziehung [...] im Regelfall des Vorliegens eines DBA nicht auf Ebene der Einzelperson hergestellt, sondern auf die Ebene der DBA verlagert [wird]."

434 EuGH v. 18.09.2003 – C-168/01 („Bosal"), Slg. 2003, I-9430, I-9443, Tz. 32.

dies von der (zumeist umstrittenen)[435] Auslegung der jeweiligen Abkommensregel abhängt. Nur wenn sie dem Zuzugsstaat auch die *bis* zum Wegzug entstandenen stillen Reserven zuweist, also den Wechsel der Besteuerungsbefugnis bei Umzug in Bezug auf *jegliche* stille Reserven vorsieht, unabhängig davon, ob diese im Weg- oder im Zuzugsstaat angewachsen sind, ist der Rechtfertigungsgrund der („Mikro"-) Kohärenz durch eine auf DBA-(„Makro"-)Ebene entstandene Kohärenz verlagert. Unbedeutend ist dafür im Übrigen, zu welchem Zeitpunkt die Abkommensregelung greift, also ob erst eine logische Sekunde nach Wegzug und damit eigentlich noch nicht im Moment der Wegzugsbesteuerung oder bereits vor Wegzug. Entscheidend ist allein, dass das Besteuerungsrecht bezüglich der stillen Reserven unabhängig von dem Ort ihrer Entstehung dem Staat zufällt, in dem sie sich realisieren.[436]

Bezieht sich der in dem Abkommen vereinbarte Wechsel der Besteuerungsbefugnisse hingegen nur auf die *nach* Wegzug, also im Zuzugsstaat entstehenden stillen Reserven, hat der Wegzugsstaat seine Besteuerungskompetenz bezüglich der bei ihm angewachsenen stillen Reserven nicht aufgegeben. Der steuerlichen Erfassung dieser stillen Reserven kann nicht die „Makro-Kohärenz" als Einschränkung der „Mikro-Kohärenz" entgegengehalten werden.

Der hingegen zutreffenden Aussage von *Schön*, dass die Erfassung der wegziehenden stillen Reserven aus *abkommensrechtlichen* Gründen nicht gegen die jeweilige DBA-Regelung verstoßen darf,[437] ist daher hinzuzufügen, dass dies auch *europarechtlich* wegen der möglichen Bildung einer sog. „Makro-Kohärenz" erforderlich ist. Abkommens- und europarechtliche Erwägungen sind hier miteinander verzahnt.[438]

d) Das „Territorialitätsprinzip" als Rechtfertigungsgrund

Als weiteren Rechtfertigungsgrund hat der EuGH das sog. Territorialitätsprinzip anerkannt,[439] welches er in der Rs. *N* als Zulässigkeit der „am Territorialitätsprinzip

---

435 Für eine Auslegung des Art. 13 Abs. 5 OECD-MA dahingehend, dass auch die bis zum Wegzug angewachsenen stillen Reserven dem Wegzugsstaat verloren gehen, *Ismer/Reimer/Rust*, EWS 2004, 207, 208; *Reimer*, in: Vogel/Lehner, DBA, Art. 13, Rn. 201. Zu den DBA-Regelungen zudem unter Kapitel 4, F. I.

436 Treffend *Schindler*, IStR 2004, 300, 306 f.

437 *Schön*, IStR 2004, 289, 297; *ders.*, JbFfSt 2004/2005, 72, 79.

438 Weiter als das Abkommensrecht gehen die europarechtlichen Vorgaben aber dann, wenn der Wegzugsstaat abkommensrechtlich eine logische Sekunde vor Wegzug (noch) besteuerungsbefugt ist, da dies europarechtlich dennoch zu einer „Makro-Kohärenz" führt.

439 EuGH v. 15.05.1997 – C-250/95 („Futura Participations und Singer"), Slg. 1997, I-2492, I-2499, Tz. 22; v. 13.12.2005 – C-446/03 („Marks & Spencer"), Slg. 2005, I-10866, I-10880, Tz. 39; v. 23.01.2014 – C-164/12 („DMC"), DStR 2014, 193, 197, Tz. 46; *Englisch*, IFSt-Schrift, Nr. 449 (2008), II. 2. a) aa), S. 36 ff.; *Körner*, IStR 2004, 424, 427; *Scarioni*, Boll. Trib. 2008, 461, 461; *Schwenke*, DStZ 2007, 235, 242; *Weber-Grellet*, DStR 2009, 1229, 1230.

orientierte[n] Aufteilung der Besteuerung des Wertzuwachses zwischen den Mitgliedstaaten" begreift.[440] Auch in der Rs. *National Grid Indus* erachtet der EuGH diesen Rechtfertigungsgrund für einschlägig und erkennt den Mitgliedstaaten das Recht zu, „nach dem Grundsatz der steuerlichen Territorialität, verbunden mit einem zeitlichen Element, nämlich der Steueransässigkeit des Steuerpflichtigen im Inland während der Entstehung der nicht realisierten Wertzuwächse, [...] diese Wertzuwächse zum Zeitpunkt des Wegzugs des Steuerpflichtigen zu besteuern."[441] Die Mitgliedstaaten müssen nach diesem Rechtfertigungsgrund mithin nicht auf die in ihrem Hoheitsgebiet („Territorium") angewachsenen stillen Reserven durch den Wegzug des Steuerpflichtigen verzichten.[442]

Hingegen ist das Urteil in der Rs. *Lasteyrie* auch bezüglich dieses Rechtfertigungsgrundes wenig ergiebig. Der EuGH stützt sich alleine darauf, „dass es in dem Rechtsstreit weder um die Aufteilung der Besteuerungsrechte zwischen den Mitgliedstaaten noch um das Recht der französischen Behörden [ginge], latente Wertsteigerungen zu besteuern, um auf künstliche Wohnsitzverlegungen zu reagieren, sondern um die Frage, ob die hierzu erlassenen Maßnahmen im Einklang mit der Niederlassungsfreiheit [stünden]."[443] Damit entsprechende Maßnahmen aber überhaupt im Einklang mit der

---

440 EuGH v. 07.09.2006 – C-470/04 („N"), Slg. 2006, I-7445, I-7460 ff., Tz. 41–47. Hierzu Europäische Kommission, KOM(2006) 825 endg., S. 4; *Englisch*, IFSt-Schrift, Nr. 449 (2008), II. 3. a)., S. 66 ff.; *Hey*, in: FS Schaumburg, 2009, S. 767 ff., 787; *De Pietro*, Rassegna Tributaria 2006, 1377, 1393; *Ungemach*, Ubg 2011, 251, 253 f. Ähnlich *Musil*, FR 2011, 545, 548: „Wahrung der Aufteilung der Besteuerungsbefugnisse". Aus dem Territorialitätsprinzip schließt *Mitschke*, FR 2009, 326, 331; *ders.*, IStR 2011, 294, 298, sogar die Europarechtskonformität einer Sofortbesteuerung.

441 EuGH v. 29.11.2011 – C-371/10 („National Grid Indus"), DStR 2011, 2334, 2339, Tz. 46.

442 EuGH v. 07.09.2006 – C-470/04 („N"), Slg. 2006, I-7445, I-7462, Tz. 46. Insofern auch FG Rheinland-Pfalz v. 07.01.2011 – 1 V 1217/10, EFG 2011, 1096, 1098, Tz. 57. Vgl. zudem *Crazzolara*, Riv. dir. trib. 2011, IV, 349, 356 f.; *L. Miele/M. Miele*, Corr. trib. 2012, 113, 114.
In dem die grenzüberschreitende Verlustverrechnung betreffenden Urteil v. 15.03.2008 – C-414/06 („Lidl Belgium"), Slg. 2008, I-3617, überlegt der EuGH, ob es möglicherweise neben dem Rechtfertigungsgrund der Wahrung der Aufteilung der Besteuerungsbefugnis (der dem des Territorialitätsprinzips jedenfalls sehr nahe kommt, vgl. EuGH v. 07.09.2006 – C-470/04 („N"), Slg. 2006, I-7445, I-7460 f., Tz. 41 f., v. 29.11.2011 – C-371/10 („National Grid Indus"), DStR 2011, 2334, 2339, Tz. 46) weiterer Rechtfertigungsgründe bedarf (Tz. 39–42); in den Urteilen zur Wegzugsbesteuerung wurden diese Überlegungen hingegen (zu Recht) nicht angestellt. Letzten Endes dürfte das Erfordernis mehrerer Rechtfertigungsgründe nur bei „schwachen" Gründen vertretbar sein. Zum Verhältnis von Kohärenz- und (möglicherweise „schwächerem") Territorialitätsprinzip siehe unter Kapitel 2, E. II. 1. e).

443 EuGH v. 11.03.2004 – C-9/02 („Lasteyrie du Saillant"), Slg. 2004, I-2431, I-2458, Tz. 68. Siehe auch *Körner*, IStR 2004, 424, 427; *Schindler*, IStR 2004, 300, 304.

Niederlassungsfreiheit stehen können, muss den Mitgliedstaaten das grundsätzliche Recht zustehen, die wegziehenden stillen Reserven irgendwie steuerlich zu erfassen. Es bedarf daher zunächst eines Rechtfertigungsgrundes für die Einführung (beschränkender) Maßnahmen zur Sicherstellung des steuerlichen Zugriffs auf im Inland entstandene stille Reserven, bevor es darum gehen kann, ob die konkrete Maßnahme auch verhältnismäßig ist.

e) Zum Verhältnis von Kohärenz- und Territorialitätsprinzip

Die steuerliche Erfassung wegziehender stiller Reserven wird sowohl vom Kohärenzprinzip als auch vom Territorialitätsprinzip anerkannt; wie der EuGH in der Rs. *National Grid Indus* zutreffend dargelegt hat, „decken sich [hier] die Anliegen" der beiden Rechtfertigungsgründe.[444] Dennoch liegt beiden Prinzipien eine andere Systematik zugrunde: Das Kohärenzprinzip soll ein widersprüchliches Steuersystem verhindern; das Territorialitätsprinzip rechnet innerterritoriale Vorgänge dem nationalen Fiskus zu. Es stellt sich folglich die Frage, in welchem Verhältnis die Prinzipien zueinander stehen.

Nach *Englisch* und *Wagner* unterscheiden sich die beiden Prinzipien dadurch, dass mit dem Kohärenzprinzip eine „inter*personale* Belastungsgerechtigkeit", also zwischen den Steuerpflichtigen, hergestellt werden soll, während das Territorialitätsprinzip das Ziel einer ausgewogenen Aufteilung der Besteuerungsbefugnisse zwischen den einzelnen Mitgliedstaaten verfolge.[445]

Sicherlich führt ein kohärentes Steuersystem in der Regel auch zu einer Ausgewogenheit der Besteuerungsregeln für den Steuerpflichtigen und nicht nur für den Mitgliedstaat. Dies ist aber nicht stets der Fall und auch nicht vom EuGH beabsichtigt: Die Rechtfertigungsmöglichkeit der „Mikro-Kohärenz", bei der der Bezug zum einzelnen Steuerpflichtigen zumeist vorliegt, verneint der EuGH nämlich in dem Moment, in dem der Mitgliedstaat eine Kohärenz auf „Makro-Ebene" geschaffen hat, die keinen Bezug mehr zum einzelnen Steuerpflichtigen aufweist. Auf dieser Ebene geht es allein um die Stimmigkeit des Steuersystems eines Mitgliedstaates, so dass es dem EuGH mit dem Kohärenzgedanken nicht auf eine „interpersonale Belastungsgerechtigkeit" ankommen kann.[446]

Vielmehr kann sich das Prinzip der Kohärenz, wie sich bei der Erfassung der wegziehenden stillen Reserven gezeigt hat, mit dem der Territorialität decken: Mit der Möglichkeit, die im Inland angewachsenen stillen Reserven zu besteuern, unabhängig davon, wo sie sich realisieren, wird sowohl die *territoriale* Aufteilung der Wertsteigerungen als auch die Verknüpfung von zunächst erfolgender Nichtbesteuerung

---

444 EuGH v. 29.11.2011 – C-371/10 („National Grid Indus"), DStR 2011, 2334, 2342, Tz. 80.

445 *Englisch*, IFSt-Schrift, Nr. 449 (2008), IV. 1., S. 123 ff.; *Wagner*, Der Konzern 2009, 235, 238.

446 Siehe bereits Kapitel 2, E. II. 1. c) ii) (3).

der stillen Reserven („Besteuerungsaufschub“ durch das Realisationsprinzip) und späterer Besteuerung, also die („Mikro“-)*Kohärenz*, gewahrt.

Das Kohärenzprinzip kann aber unter Umständen über das Territorialitätsprinzip hinausgehen oder es einschränken[447]. Eingeschränkt wird es beispielsweise, wenn durch DBA eine andere Zuordnung der stillen Reserven als durch das Territorialitätsprinzip vorgesehen ist: Wird eine „Makro-Kohärenz“ hergestellt, kann nicht nur die Rechtfertigung nach dem „Mikro-Kohärenzprinzip“, sondern auch nach dem Territorialitätsprinzip nicht mehr greifen, denn gegen diese Aufteilung haben sich die Abkommensstaaten dann gerade entschieden. Es wäre widersprüchlich, wenn ein Mitgliedstaat einerseits bewusst von dem Territorialitätsgedanken als Aufteilungsprinzip Abstand nimmt und eine andere Aufteilung der stillen Reserven DBA-rechtlich vereinbart, andererseits aber die Besteuerung der in seinem Hoheitsgebiet angewachsenen stillen Reserven mit der Bezugnahme auf das Territorialitätsprinzip durchzusetzen versucht. Die „Makro-Kohärenz“ schränkt daher auch das Territorialitätsprinzip als Rechtfertigungsgrund ein.

Über das Territorialitätsprinzip hinaus geht das Kohärenzprinzip beispielsweise in der Rs. *Bachmann*, in der gerade nicht entscheidend war, wo Aufwendungen und Erträge entstanden sind (i.S.d. Territorialitätsprinzips), sondern welche in zwingendem Zusammenhang stehen und daher – unabhängig von ihrer territorialen Entstehung – auch zusammen Berücksichtigung finden müssen (i.S.d. Kohärenzprinzips). Daran zeigt sich, dass das Territorialitätsprinzip „nur“ eine Möglichkeit darstellt, die Kohärenz des Steuersystems zu wahren.[448]

f) Zwischenergebnis

Als Rechtfertigungsgründe stehen der Wegzugsbesteuerung der SE sowohl das Territorialitäts- als auch das („Mikro“-)Kohärenzprinzip zur Verfügung. Vereinbaren die Staaten aber DBA-rechtlich, dass dem Zuzugsstaat das Besteuerungsrecht auch an den im Wegzugsstaat angewachsenen stillen Reserven zustehen soll, haben sie die Kohärenz auf eine „Makro-Ebene“ verlagert und den Rechtfertigungsgrund der

---

447 Vgl. auch *Arginelli*, Intertax 2007, 82, 95.

448 Ähnlich *Cordewener*, Europäische Grundfreiheiten und nationales Steuerrecht, Kap. 7, § 21, II. 1., S. 965; *De Pietro*, Rassegna Tributaria 2006, 1377, 1392: „Il principio di coerenza è, dunque, strettamente connesso a quello di territorialità [...].“ („Das Prinzip der Kohärenz ist mithin eng verbunden mit dem der Territorialität [...].“), und *Schindler*, IStR 2004, 300, 305 f., der das Territorialitätsprinzip als „Teilaspekt der Kohärenz“ versteht. Treffend zudem *Weber-Grellet*, DStR 2009, 1229, 1231 f.: „Ausdruck der Kohärenz ist auch der Aspekt der Ausgewogenheit der Aufteilung der Besteuerungsbefugnisse oder auch der Aspekt der Aufteilung der Besteuerungshoheiten. Mit diesen Topoi berücksichtigt der EuGH das nationalstaatliche Element, das Territorialitätsprinzip und die nach wie vor bestehende Eigenstaatlichkeit der Mitgliedstaaten.“, und *Sedemund*, Ubg 2009, 560, 564: „[...] dass das so genannte Korrespondenz- und Symmetrieprinzip sowie der Territorialitätsgrundsatz letztlich ein Ausdruck der steuerlichen Kohärenz sind [...].“

„Mikro-Kohärenz“ sowie des Territorialitätsprinzips aufgegeben. Auf diese können sie sich daher nicht mehr zur Rechtfertigung einer Wegzugsbesteuerung berufen.

2. *Rechtfertigungsgründe der Zuzugsurteile*

Als Rechtfertigungsgrund hat der EuGH wie bei den Wegzugsurteilen auch in der Zuzugsjudikatur die Missbrauchsbekämpfung anerkannt. Zusätzlich ist den Zuzugsurteilen ist als Rechtfertigungsgrund gesellschaftsrechtlicher Natur der Schutz von Gläubigern und Minderheitsgesellschaftern zu entnehmen.[449]

Im Unterschied zu den Rechtfertigungsgründen der Wegzugsurteile sind diese Rechtfertigungsgründe nicht weiter umstritten, so dass eine tiefergehende Auseinandersetzung nicht notwendig ist. Anzumerken sei nur, dass der Rechtfertigungsgrund der Missbrauchsbekämpfung – wie bei einer Wegzugsbesteuerung[450] – in den meisten Zuzugsfällen nicht greift. Denn der Grenzübertritt alleine vermag nicht die Annahme begründen, dass die Gesellschaft die Auswahl zwischen den Rechtssysteme der Mitgliedstaaten, die durch die Niederlassungsfreiheit gewährleistet wird, rechtsmissbräuchlich ausnutzen möchte. Hauptaugenmerk gilt es daher auf den Rechtfertigungsgrund des Schutzes von Gläubigern und Minderheitsgesellschaftern zu legen.

Das aus den EuGH-Urteilen zur Wegzugsbesteuerung bekannte Kohärenzprinzip[451] ist in den Zuzugsurteilen hingegen – soweit ersichtlich – vom EuGH nie zur Rechtfertigung herangezogen worden.

III. Das Kriterium der Verhältnismäßigkeit

Zusätzlich zum Vorliegen eines Rechtfertigungsgrundes muss die beschränkende Maßnahme, um nicht gegen die Niederlassungsfreiheit zu verstoßen, verhältnismäßig sein: „ihre Anwendung [muss] zur Erreichung des damit verfolgten Zieles geeignet sein und darf nicht über das hinausgehen, was hierzu erforderlich ist.“[452]

---

449 Darstellung der Urteile unter Kapitel 2, C. II. 1. Siehe auch *Bayer/J. Schmidt*, ZIP 2012, 1481, 1487; *Bröhmer*, in: Calliess/Ruffert, EUV/AEUV, Art. 54 AEUV, Rn. 17; *Carmini*, Le operazioni di gestione straordinaria in ambito internazionale, Kap. 1, 7., S. 37; *Eidenmüller*, in: Baums/Cahn, Die Europäische Aktiengesellschaft, S. 164 ff., 173; *Stöber*, ZIP 2012, 1273, 1275.

450 Soeben Kapitel 2, E. II. 1. a).

451 Kapitel 2, E. II. 1. c) i).

452 St. Rspr. seit der Rs. *Gebhard*: EuGH v. 30.11.1995 – C-55/94 („Gebhard“), Tz. 37; v. 21.11.2002 – C-436/00 („X und Y“), Slg. 2002, I-10847, I-10864 f., Tz. 49; v. 11.03.2004 – C-9/02 („Lasteyrie du Saillant“), Slg. 2004, I-2431, I-2453, Tz. 49; v. 07.09.2006 – C-470/04 („N“), Slg. 2006, I-7445, I-7460, Tz. 40; v. 23.10.2008 – C-157/07 („Krankenheim Ruhesitz Wannsee“), Slg. 2008, I-8061, I-8081, Tz. 40; v. 29.11.2011 – C-371/10 („National Grid Indus“), DStR 2011, 2334, 2338, Tz. 42. Vgl. *Aßmann*, Steuer&Studium 2006, 131, 135, 139; *Frobenius*, DStR 2009, 487, 487; *Ismer/Reimer/Rust*, EWS 2004, 207, 212; *Knobbe-Keuk*, DB 1990, 2573, 2577; *Körner*,

Welche Maßnahme konkret als verhältnismäßig einzustufen ist, ist in Bezug auf die bilanziellen und die steuerrechtlichen Maßnahmen durchaus unterschiedlich, so dass die Verhältnismäßigkeit in dem jeweiligen Kapitel (3 und 4) erörtert werden soll.[453] Erst in Verbindung mit der Darstellung der einzelnen Problematiken und der Umsetzung in den Rechtsordnungen lässt sich herauskristallisieren, welche konkreten Maßnahmen als verhältnismäßig zu erachten sind.

IStR 2004, 424, 425; *De Pietro*, Rassegna Tributaria 2006, 1377, 1396; *Schindler*, IStR 2004, 300, 303 f.; *Schwarz*, SE-VO, Einl., Rn. 35; *Ulmer*, NJW 2004, 1201, 1204.

453 Kapitel 3, B. I. 1.; Kapitel 4, B. I. 2.

Kapitel 3 – Handelsbilanzielle Aspekte der Sitzverlegung einer SE

Die Sitzverlegung der SE führt zu einem Wechsel der auf sie anwendbaren Bilanzierungsvorschriften. Es stellt sich daher die Frage, wie die Aufnahme der Gesellschaft in das Bilanzierungssystem des Zuzugsstaates zu vollziehen ist.

Zur Untersuchung dieser Frage sollen zunächst die Problematik (unter A.) und sodann ihre europarechtlichen Vorgaben näher dargestellt werden. Dabei ist sowohl auf die Niederlassungsfreiheit als Primärrecht (unter B. I.) als auch auf sekundärrechtliche Vorgaben der SE-VO sowie der Bilanzrichtlinie (unter B. II.) einzugehen. Nach dieser konzeptionellen Grundlegung wird der Blick konkret auf den Grenzübertritt zwischen Deutschland und Italien gelenkt (unter C.) und ausgewählte Unterschiede zwischen dem Bilanzrecht der beiden Mitgliedstaaten aufgeführt werden. Im Anschluss (unter D.) wird diskutiert werden, wie die Aufnahme der SE im Zuzugsstaat konkret erfolgen könnte. Es sollen zunächst mögliche Aufnahmesysteme geschildert werden (unter D. I.). Sodann werden die im Schrifttum vertretenen und in der Praxis gelebten Ansichten dargestellt werden (unter D. II.). Es folgt ein Vergleich mit ähnlichen Situationen, wie Umwandlungsvorgängen und Gesetzesänderungen in der Bilanzierung (unter D. III.). Im Anschluss soll eine Stellungnahme erfolgen (unter D. IV.), um sodann (unter E.) die konkrete Umsetzung des europarechtskonformen Aufnahmesystems darzustellen.

Auch beim Wegzugsstaat kann der Wechsel der Bilanzierungsvorschriften der SE Fragen aufwerfen, konkret: ob eine Schlussbilanz vor Grenzübertritt aufzustellen ist. Hierauf soll daher am Ende (unter F.) ebenfalls noch eingegangen werden.

A. Einführung in die Problematik

I. Wechsel der anwendbaren Rechnungslegungsvorschriften

Detaillierte Rechnungslegungsvorschriften sind in der SE-Verordnung nicht (mehr) enthalten und auch der noch im Entwurf von 1991 vorgesehene Verweis auf die Bilanzrichtlinien ist im Laufe der Entstehungsgeschichte der SE wieder entnommen worden.[454] Diese Lücke wird nun dadurch gefüllt, dass Art. 61 SE-VO auf die nationalen Rechnungslegungsvorschriften des Mitgliedstaates verweist, in dem sich der Satzungssitz der SE befindet.[455] Dies hat zur Folge, dass sich mit Sitzverlegung der SE das auf sie anzuwendende Bilanzrecht ändert und die Frage stellt, wie ein solcher Wechsel vollzogen werden kann.

---

454 Siehe Kapitel 1, A. I.

455 Hierzu kritisch *Ambrosiani*, Società 2002, 1499, 1507. Die Verweisung erfolgt in Form einer Sachnormverweisung, siehe Kapitel 1, B. I. 1.

Zwar scheinen seit der Harmonisierung durch die vierte gesellschaftsrechtliche EG-Richtlinie (vierte Gesellschaftsrechtsrichtlinie)[456] nur noch begrenzt Unterschiede zwischen den nationalen Rechnungslegungsvorschriften innerhalb Europas zu bestehen. In der Richtlinie sind aber zahlreiche Mitgliedstaatenwahlrechte[457] enthalten, die einen erheblichen Spielraum für weitere Differenzen zwischen den Mitgliedstaaten ließen.[458] Mittlerweile ist die vierte Gesellschaftsrechtrichtlinie durch die sog. Bilanzrichtlinie[459] ersetzt worden. Doch auch sie enthält weiterhin Mitgliedstaatenwahlrechte und hat die entsprechenden Spielräume sogar eher noch erweitert. Überdies wurde von manchen Mitgliedstaaten, unter ihnen Italien, die Möglichkeit nach Art. 5 IAS-VO wahrgenommen, die ins europäische Recht übernommenen internationalen Rechnungslegungsstandards (endorsed IFRS)[460] für die Aufstellung des Jahresabschlusses zuzulassen oder sogar vorzuschreiben.[461] Da Deutschland von diesem Wahlrecht keinen Gebrauch gemacht hat,[462] können auch insofern Unterschiede in der Rechnungslegung der SE vor und nach Grenzübertritt bestehen. Sofern bei der Aufstellung des Konzernabschlusses der SE gem. Art. 4 IAS-VO in ganz Europa die endorsed IFRS zu beachten sind, führt der Grenzübertritt freilich zu keiner Änderung des insofern anzuwendenden (Konzern-)Bilanzrechts; in der vorliegenden Arbeit werden daher ausschließlich Jahresabschlüsse, nicht hingegen Konzernabschlüsse betrachtet.

Der Wechsel der Bilanzierungsvorschriften führt beim Zuzugsstaat zu der Schwierigkeit, wie die Aufnahme der SE in sein Bilanzierungssystem vorzunehmen ist. Dabei stellt sich konkret die Frage, ob im Zeitpunkt des Zuzugs eine Eröffnungsbilanz zu erstellen ist und ob die bisherigen Bilanzposten an die Rechnungslegungsvorschriften des Zuzugsstaates anzupassen sind oder ob die im Wegzugsstaat angesetzten Posten zu übernehmen und fortzuführen sind.

---

456 Vierte Richtlinie 78/660/EWG des Rates v. 25.07.1978, mehrfach modifiziert, zuletzt durch Richtlinie 2009/49/EG des Europäischen Parlaments und des Rates v. 18.06.2009.

457 Siehe *Cera*, Rivista delle società 1980, 1148, 1149; *Eikenberg*, Der Jahresabschluss deutscher und italienischer Kapitalgesellschaften, 1. Teil, § 2, A. II., S. 30; *Hennrichs*, Wahlrechte im Bilanzrecht, Kap. 3, B. I. 4), S. 91; *Van Hulle*, in: FS Budde, 1995, S. 313 ff., 318; *Jaeger*, Giur. comm. 1984, I, 471, 471; *Niehus*, ZGR 1985, 536, 537.

458 Vgl. auch *Palmieri*, in: Corapi/Pernazza, La Società Europea, Art. 61 e 62, 3., S. 260 f.; *Venuti*, Il bilancio di esercizio fino agli IFRS, Teil 3, 10., S. 349 f.

459 Richtlinie 2013/34/EU des Europäischen Parlaments und des Rates v. 26.06.2013, ABl. L 182 vom 29.06.2013, S. 19.

460 Zum sog. Endorsementprozess siehe *Driesch*, in: Beck'sches IFRS-Handbuch, § 1, Rn. 70 ff.; *Hennrichs*, in: MüKo Bilanzrecht, Bd. 1, Einf (Juli 2008), Rn. 48; *Lanfermann/Röhricht*, BB 2008, 826, 826 ff.; *Scognamiglio*, in: A.B.I., IAS/IFRS, S. 29 ff., 39 ff.; *Theile*, in: Heuser/Theile, IFRS, Rn. 55 ff.; *Venuti*, Il bilancio di esercizio fino agli IFRS, Teil 3, 10.3., S. 362 ff.; *Wojcik*, Die IAS/IFRS als europäisches Recht.

461 Siehe Kapitel 1, B. I. 3.

462 Siehe Kapitel 1, B. I. 2.

Welche Aufnahmelösung gefunden wird, ist speziell mit Blick auf den tradierten Gläubigerschutz von Interesse, der auf einer bilanzgestützten Ausschüttungsbemessung basiert und für Aktiengesellschaften in den Artikeln 15 und 16 der zweiten Gesellschaftsrechtsrichtlinie[463] niedergelegt ist. Denn die im Wegzugsstaat entstandenen Bilanzansätze können sich von denen des Zuzugsstaates unterscheiden und zu Ausschüttungspotentialen führen, die nach der Rechtsordnung des Zuzugsstaates nicht entstanden wären.

II. Fehlende (nationale) Vorschriften zur Regelung des Wechsels

Für die Aufnahme der SE im Rechnungslegungssystem des Zuzugsstaates sehen weder Deutschland noch Italien besondere Regelungen vor. Soweit ersichtlich, sind auch in anderen Mitgliedstaaten keine Aufnahmeregelungen für den Zuzug der SE eingeführt worden.

Europarechtlich schreibt Art. 61 SE-VO zwar die Anwendung der nationalen Bilanzrechte vor. Er macht jedoch keine explizite Aussage darüber, wie ein Wechsel der Bilanzierungssysteme bei grenzüberschreitender Sitzverlegung der SE konkret vollzogen werden soll.

Zur Ermittlung der anzuwendenden Übergangsmethode ist die Vorschrift des Art. 61 SE-VO mithin europarechtskonform auszulegen (unter D. IV). Zuvor sollen aber die europarechtlichen Vorgaben speziell in Bezug auf den Zuzug der SE vertieft dargestellt werden (unter B.).

Neben der Frage nach der aktuellen Aufnahme der SE ohne nationale Vorschriften stellt sich die Frage, ob und, wenn ja, welche nationalen Regelungen die Mitgliedstaaten vorsehen dürften. Auch darauf wird später (unter E. III.) einzugehen sein.

B. Europarechtliche Grundlegung

I. Primärrechtliche Vorgaben für die „bilanzielle Aufnahme" der SE, insbesondere Verhältnismäßigkeit

Europarechtliche Vorgaben für die Aufnahme der SE im Bilanzierungssystem des Zuzugsstaates sind zunächst den europäischen Grundfreiheiten, speziell der Niederlassungsfreiheit zu entnehmen, die beim Zuzug der SE zu wahren ist. Dabei hat sich bereits in Kapitel 2, E., herausgestellt, dass jegliche, nur so geringe Maßnahmen, seien sie auch bloß bürokratischer Natur, die Niederlassungsfreiheit beschränken,

---

463 Zweite Richtlinie 77/91/EWG des Rates v. 13.12.1976, ABl. L 26 v. 31.01.1977, S. 1, geändert durch Richtlinie 92/101/EWG des Rates v. 23.11.1992, Richtlinie 2006/68/EG des Europäischen Parlaments und des Rates v. 06.09.2006 sowie durch Richtlinie 2009/109/EG des Europäischen Parlaments und des Rates v. 16.09.2009, neugefasst durch Richtlinie 2012/30/EU des Europäischen Parlaments und des Rates v. 25.10.2012, Abl. 2012 L 315/74.

sich aber gleichwohl unter dem Gebot der Verhältnismäßigkeit rechtfertigen lassen können.

1. *Zur Verhältnismäßigkeit bilanzieller Aufnahmemöglichkeiten*

Stellt eine Aufnahmemethode in das Bilanzierungssystem des Zuzugsstaates eine Beschränkung der Niederlassungsfreiheit dar, so kann diese durch den Rechtfertigungsgrund des Gläubiger- und Aktionärsschutzes[464] im Grundsatz gerechtfertigt werden. Denn der Jahresabschluss bezweckt durch Ausschüttungsbemessung und Information auch den Schutz von Gläubigern und Minderheitsaktionären.[465] Die Aufnahmemethode muss allerdings verhältnismäßig sein und darf daher nicht über das Erforderliche hinausgehen.

In den unter Kapitel 2 (C. II.) aufgeführten Zuzugsurteilen verneinte der EuGH in der Regel die Verhältnismäßigkeit der jeweiligen Zuzugsmaßnahme. So sah er in der Rs. *Centros* die vollständige Verweigerung der Handelsregistereintragung als nicht für den Gläubigerschutz erforderlich an.[466] Ebenso wurde in *Überseering* die Aberkennung von der Rechts- und Parteifähigkeit der Gesellschaft für nicht verhältnismäßig eingestuft, da ihr die „Negierung der den Gesellschaften [...] zuerkannten Niederlassungsfreiheit gleich[komme]."[467] Bei *Inspire Art* bemängelte der EuGH allein, dass nicht hinreichend dargelegt worden sei, dass die Zuzugsmaßnahme verhältnismäßig sei,[468] und in der Rs. *VALE* betonte er, dass die generelle Untersagung der Umwandlung einer ausländischen in eine inländische Gesellschaftsrechtsform „über das hinaus[gehe], was zur Erreichung der im Schutz der genannten Interessen bestehenden Ziele erforderlich [sei]."[469]

Besonders interessant ist zudem die Ausführung des EuGH in den Rechtssachen *Centros* und *Inspire Art*, in denen der Zuzug nur unter Einzahlung eines bestimmten Mindestkapitals zugelassen werden sollte.[470] Denn nach Ansicht des Gerichtshofs ist es für einen effektiven Gläubigerschutz ausreichend, wenn die Gesellschaft als eine solche des Wegzugsmitgliedstaates firmiere, also ihre ausländische Bezeichnung trage. Damit sei den Gläubigern bekannt, dass sie mit einer Gesellschaft in Verbindung treten würden, die nicht den inländischen Gesellschaftsrechtsvorschriften unterliegt und mithin möglicherweise nicht über ein entsprechendes Haftkapital

---

464 Kapitel 2, E. II. 2.

465 Sogleich Kapitel 3, B. II. 2. a).

466 EuGH v. 09.03.1999 – C-212/97 („Centros"), Slg. 1999, I-1484, I-1496, Tz. 37 f.

467 EuGH v. 05.11.2002 – C-208/00 („Überseering"), Slg. 2002, I-9943, I-9974, Tz. 93.

468 EuGH v. 30.09.2003 – C-167/01 („Inspire Art"), Slg. 2003, I-10195, I-10235, Tz. 140 f.

469 EuGH v. 12.07.2012 – C-378/10 („VALE"), ZIP 2012, 1394, 1396, Tz. 40. Siehe zur generellen Versagung der Hineinumwandlung auch *Stöber*, ZIP 2012, 1273, 1275.

470 Zu diesem Aspekt vgl. auch *Melis*, Il trasferimento della residenza fiscale, Kap. 2, 4., S. 200 ff.; *Mucciarelli*, Società di capitali, Kap. 3, 2.4., S. 96, 2.6., S. 99.

verfügt.[471] Der Einzahlung der inländischen Mindestkapitalziffer bei Zuzug bedürfe es daher nicht.

In Bezug auf den Zuzug der SE vermag diese Einschränkung jedoch nicht zu greifen. Denn bei einer SE ist es gerade nicht durch einfachen Blick auf ihre Firmierung ersichtlich, in welchem Mitgliedstaat sie gegründet wurde und welchen Vorschriften sie bis zum Zuzug unterlag. Während die englische Limited mithin bereits durch ihren Namenszusatz eine „Warnfunktion“ erfüllt, ist dies bei der SE nicht gegeben. Eine Rechtfertigung der Zuzugsmethode durch den Schutz von Gläubigern und Minderheitsaktionären ist bei der SE daher durchaus möglich. Sie muss aber im Vergleich zu anderen Methoden verhältnismäßig sein.

2. Primärrechtskonformität des Wechsels der anzuwendenden Vorschriften

An dieser Stelle sei auf die Europarechtskonformität des Wechsels der auf die SE anzuwendenden Vorschriften an sich eingegangen. Nach Art. 61 SE-VO (bzw. allgemein nach Art. 9 Abs. 1 lit. c, ii SE-VO) ist auf die SE subsidiär das Recht des jeweiligen Sitzmitgliedstaates anwendbar, welches bei grenzüberschreitender Sitzverlegung der SE mithin wechselt. Der Wechsel der Vorschriften an sich ist von dem Folgeproblem, wie der Wechsel sodann zu vollziehen ist, zu unterscheiden; und Hauptaugenmerk soll in der vorliegenden Arbeit auf dieses Folgeproblem gelegt werden. Kurze Überlegungen sind aber auch in Bezug auf die europarechtliche Beurteilung des Wechsels an sich angebracht.

Im Schrifttum hat namentlich *Schwarz* angemerkt, dass die „notwendige[.] Umorganisation der SE bei einer Sitzverlegung (Art. 8) im Widerspruch zu der Rechtsprechung des EuGH in Sachen Centros, Überseering und Inspire Art steh[e], welche eine Anknüpfung an das jeweilige Gründungsrecht proklamier[e], ohne dass sich die Gesellschaften nach der Sitzverlegung umorganisieren müss[t]en.“[472]

Als Alternative zum Wechsel des auf die SE anwendbaren Mitgliedstaatenrechtes mit Grenzübertritt erscheinen jedoch nur zwei Möglichkeiten in Betracht zu kommen: entweder müsste die SE-Verordnung ausreichend Detailregelungen vorsehen, um auf subsidiär anwendbares Mitgliedstaatenrecht verzichten zu können, oder es müsste stets, also auch nach einem Grenzübertritt, weiter das Recht des Mitgliedstaates Anwendung finden, in dem die SE gegründet wurde.

Die erste der beiden Möglichkeiten war noch in den frühen Entwürfen für eine europäische Aktiengesellschaft vorgesehen, jedoch rechtspolitisch nicht umsetzbar.[473] Und bis heute sind Detailregelungen auf europäischer Ebene (noch?) nicht erzielbar, wie sich an dem Vorschlag für die SPE-Verordnung zeigt, der aufgrund der

471 EuGH v. 09.03.1999 – C-212/97 („Centros“), Slg. 1999, I-1484, I-1495, Tz. 36; v. 30.09.2003 – C-167/01 („Inspire Art“), Slg. 2003, I-10195, I-10234, Tz. 135.

472 *Schwarz*, SE-VO, Einl., Rn. 39.

473 Siehe Kapitel 1, A. I.

mangelnden Einigung in den Einzelregelungen erst einmal als gescheitert erachtet werden muss.[474] Ohne den Verweis auf die Mitgliedstaatenrechte wäre daher wohl auch die SE eine reine Zukunftsvision geblieben.

Hingegen erscheint die zweite Möglichkeit der Beibehaltung der Vorschriften des Gründungsmitgliedstaates rechtspolitisch einfacher erzielbar. Allerdings ist fragwürdig, ob die EuGH-Judikatur dies wirklich fordert. Denn sofern der Wechsel der sekundär auf die SE anwendbaren nationalen Rechtsvorschriften die Niederlassungsfreiheit beschränken sollte, ließe sich dies mit dem Argument des Gläubigerschutzes rechtfertigen. Schließlich könnte bei Beibehaltung des Gründungsstaatenrechtes eine SE zuziehen, die einem anderen Gläubigerschutzniveau unterliegt als die Gesellschaftsformen des Zuzugsstaates; mehr noch: einem anderen Gläubigerschutzniveau als die im Zuzugsstaat gegründeten SEs.

Dagegen lässt sich bei Zuzug einer SE – anders als bei den EuGH-Urteilen in den Rechtssachen *Centros* und *Inspire Art* mit Zuzug von nationalen Gesellschaften – nicht einwenden, dass die zuziehende Gesellschaft weiterhin als Gesellschaft des Wegzugsstaates auftrete und daher „den Gläubigern weiter bekannt [sei], daß sie nicht dem dänischen Recht [sc. dem Recht des Zuzugsstaates] über die Errichtung von Gesellschaften mit beschränkter Haftung unterlieg[e]".[475] Denn wie soeben ausgeführt, tritt die SE gerade nicht als Gesellschaft des Mitgliedstaates auf, in dem sie gegründet wurde, sondern als supranationale Gesellschaftsform. Eine weitere Anwendung der Vorschriften des Gründungsmitgliedstaates wäre für die Gläubiger nicht ersichtlich. Zwar könnte darüber nachgedacht werden, eine entsprechende Publizität durch den Firmenzusatz (bspw. „SE dt.") zu erreichen. Dies würde aber wiederum dem supranationalen Charakter der SE nicht hinreichend gerecht werden.

Für diese Arbeit soll es ausreichen, vor voreiligen Schlüssen aus der Zuzugsjudikatur des EuGH auf den Wechsel des auf die SE (subsidiär) anwendbaren Rechts bei Grenzübertritt zu warnen. Nach *Knittel* und *Eble* reicht „allein der Wechsel zwischen verschiedenen nationalen Rechnungslegungsregimen [...] [sogar] nicht für die Annahme einer Einschränkung der Kapitalverkehrsfreiheit aus."[476]

II. (Zusätzliche) sekundärrechtliche Vorgaben für die „bilanzielle Aufnahme" der SE

Abgesehen von den primärrechtlichen Vorgaben des Europarechts sind für die bilanzielle Behandlung des Grenzübertrittes auch sekundärrechtliche Vorgaben zu beachten, die im Folgenden dargestellt werden sollen. Dabei ist zunächst auf die

---

474 Siehe *Ulrich*, GmbHR 2011, R 241, R 241 f. Nicht ganz so negativ bewerten *Schädle/Eich*, DStR 2012, 2341, 2341, die Erfolgsaussichten der SPE.

475 EuGH v. 09.03.1999 – C-212/97 („Centros"), Slg. 1999, I-1484, I-1495, Tz. 36. Zudem EuGH v. 30.09.2003 – C-167/01 („Inspire Art"), Slg. 2003, I-10195, I-10234, Tz. 135. Siehe soeben Kapitel 3, B. I. 1.

476 *Knittel/Eble*, BB 2008, 2283, 2286.

SE-Verordnung selbst ein Blick zu werfen (unter II. 1.) und sodann die Bilanzrichtlinie (unter II. 2.) vorzustellen. Auch ist auf Besonderheiten durch die IAS-Verordnung einzugehen (unter II. 3.).

1. *Vorgaben der SE-Verordnung*

Für die bilanzielle Aufnahme der SE im Zuzugsstaat sind der SE-Verordnung drei wichtige Aspekte zu entnehmen.

Zunächst einmal erkennt sie an, dass es beim Grenzübertritt der SE eines Schutzes von Gläubigern und Minderheitsgesellschaftern bedarf und regelt in Art. 8 Abs. 2 ff. SE-VO entsprechende Verfahrensabläufe, die diesen gewährleisten sollen.

Das Verfahren nach Art. 8 der SE-Verordnung sieht vor, dass in einem Verlegungsplan über den Schutz ihrer Rechte Angaben zu machen sind (Abs. 2 lit. e), es muss ein Bericht des Leitungs- oder Verwaltungsorgans über die rechtlichen Auswirkung der Sitzverlegung für Gläubiger und Aktionäre erfolgen (Abs. 3) und nach Abs. 4 besteht für Gläubiger wie für Aktionäre ein Recht zur Einsicht und Abschrift des Verlegungsplans und des Berichtes. Den Mitgliedstaaten ist nach Abs. 5 überdies gestattet, Schutzvorschriften für die Minderheitsaktionäre vorzusehen, die sich gegen die Sitzverlegung ausgesprochen haben. Und als flankierende Gläubigerschutzvorschrift ist in Abs. 7 vorgesehen, dass die zuständige Behörde die Bescheinigung über die Durchführung der der Sitzverlegung vorangehenden Rechtshandlungen und Formalitäten erst ausfüllen darf, wenn die SE den Nachweis erbracht hat, dass die Interessen ihrer Gläubiger angemessen geschützt sind. Zuletzt sieht Abs. 16 des Art. 8 SE-VO vor, dass die SE in Bezug auf alle Forderungen, die vor der Eintragung der Gesellschaft ins Handelsregister des Zuzugsstaates entstanden sind, weiterhin als SE mit Sitz im Wegzugsmitgliedstaat gilt.

Die Schutzintention des europäischen Gesetzgebers, die auch in den Erwägungsgründen der SE-Verordnung deutlich wird,[477] darf für die bilanzielle Aufnahme der SE im Zuzugsstaat nicht aus den Augen gelassen werden. Allerdings zeigen die speziellen Verfahrensvorschriften auch, dass der europäische Gesetzgeber dieses Schutzbedürfnis bereits selbst umgesetzt hat und anzunehmen ist, dass er seiner Ansicht nach den Interessen von Gläubigern und Aktionären dadurch hinreichend gerecht wird.

Es stellt sich daher die Frage, ob Methoden zur bilanziellen Aufnahme der SE, die die Niederlassungsfreiheit beschränken, über den Rechtfertigungsgrund des Gläubiger- und Aktionärsschutzes überhaupt zu rechtfertigen sind. Hierbei ist zu differenzieren: Fehlen – wie *de lege lata* – nationale Regelungen und ist daher europarechtlich eine Aufnahmemethode durch Auslegung des Art. 61 SE-VO zu

477 Vgl. Erwägungsgrund Nr. 24 der SE-VO: „[...] ein angemessener Schutz der Interessen der Minderheitsaktionäre [...] sowie der Interessen der Gläubiger [...] in einem ausgewogenen Verhältnis [zur Möglichkeit der Sitzverlegung] stehen.“

ermitteln,[478] so vermag eine Rechtfertigung über das Erfordernis des Gläubiger- und Aktionärsschutzes nicht zu gelingen: Der europäische Gesetzgeber fordert einen weitergehenden als den bisherigen Schutz gerade nicht. Die europarechtskonforme Auslegung des Art. 61 SE-VO wird daher nicht zu einer Aufnahmemethode führen können, die die Niederlassungsfreiheit beschränkt.

Möchten hingegen nationale Gesetzgeber *de lege ferenda* bilanzielle Aufnahmevorschriften für die SE regeln, ist es von Bedeutung, dass der europäische Gesetzgeber einen stärkeren Gläubiger- und Aktionärsschutz auch nicht untersagt. Vielmehr hat er bewusst nur einen Mindestschutz vorgesehen und lässt ein weiteres Schutzbedürfnis zu, wie sich am Mitgliedstaatenwahlrecht des Art. 8 Abs. 5 SE-VO und speziell im Bilanzrecht an dem weiten Umsetzungsspielraum der Mitgliedstaaten beim Vorsichtsprinzip zeigt.[479] Da der europäische Gesetzgeber ein unterschiedliches Schutzbedürfnis der nationalen Gesetzgeber mithin anerkennt, können nationale Aufnahmemethoden, die die Niederlassungsfreiheit der SE beschränken, durch den Gläubiger- und Aktionärsschutz durchaus gerechtfertigt werden. Bei der Prüfung der Verhältnismäßigkeit ist allerdings ein besonders strenger Maßstab anzusetzen: Im Rahmen der Erforderlichkeit ist zu beachten, dass der europäische Gesetzgeber selbst mildere Mittel für hinreichend schützend erachtet.

Weiterer wichtiger Aspekt der SE-Verordnung ist die grenzüberschreitende Mobilitätsfreiheit der SE. Es zeichnet sie im Gegensatz zu anderen Gesellschaften aus, dass sie nach Art. 8 Abs. 1 SE-VO in einen anderen Mitgliedstaat ziehen kann, ohne dabei ihre Rechtspersönlichkeit zu verlieren.[480] Dieses Prinzip der Identitätswahrung wird als „zentrale Wertungsgrundlage bei der Konkretisierung der einzelnen Rechtsfolgen der Sitzverlegung an[ge]sehen."[481] Auch die Aufnahme der SE in das Bilanzierungssystem des Zuzugsstaates muss daher diesem Aspekt Rechnung tragen und darf die SE nicht so behandeln, als sei mit Zuzug ein neues Bilanzierungssubjekt entstanden.[482]

Als letzten Aspekt ist der Zeitpunkt zu nennen, zu dem der Wechsel der Rechnungslegungsvorschriften vollzogen wird: mit der Eintragung in das Handelsregister des Zuzugsstaates (Art. 8 Abs. 10 SE-VO). Bis zu diesem Zeitpunkt findet nach Art. 61 SE-VO rechtmäßig das Bilanzrecht des Wegzugsstaates und ab diesem Zeitpunkt das Bilanzrecht des Zuzugsstaates Anwendung.[483] Auch dieser Aspekt wird später von grundlegender Bedeutung sein.[484]

---

478 Siehe bereits Kapitel 3, A. II., und vertieft Kapitel 3, D. IV.
479 Hierzu sogleich Kapitel 3, B. II. 2. a), b) iv).
480 Siehe Kapitel 1, A. II. 1.
481 *Oechsler*, in: MüKo AktG, Bd. 7, Art. 8 SE-VO, Rn. 3.
482 Vgl. auch *Knittel/Eble*, BB 2008, 2283, 2286.
483 Vgl. auch *IDW HFA*, FN 2007, 506, 507.
484 Siehe insbesondere Kapitel 3, D. IV. 2. a) i).

2. *Vorgaben der Bilanzrichtlinie*

Mit der vierten gesellschaftsrechtlichen EG-Richtlinie[485] hatte der Rat der Europäischen Gemeinschaften im Jahre 1978 zum ersten Mal die Harmonisierung der Jahresabschlüsse von Kapitalgesellschaften in Angriff genommen. In Italien erfolgte die Umsetzung der Bilanzrichtlinie durch das decreto legislativo vom 9. April 1991, Nr. 127, (d.lgs. 127/1991)[486] und in Deutschland durch das sog. Bilanzrichtliniengesetz (BiRiLiG) vom 19. Dezember 1985.[487] Mittlerweile ist die vierte Gesellschaftsrechtsrichtlinie zusammen mit der siebenten Gesellschaftsrechtsrichtlinie (sog. Konzernrichtlinie)[488] durch die sog. Bilanzrichtlinie[489] aufgehoben und überarbeitet worden.[490] Hauptanlass war, die Bilanzierungsvorgaben insbesondere für kleine und mittlere Unternehmen zu vereinfachen.[491]

In Deutschland ist die neue Bilanzrichtlinie mit dem sog. Bilanzrichtlinie-Umsetzungsgesetz (BilRUG) vom 17. Juli 2015[492] umgesetzt worden, welches für die nach

485 Vierte Richtlinie 78/660/EWG des Rates v. 25.07.1978, modifiziert durch folgende Richtlinien: Richtlinie 84/569/EWG des Rates v. 27.11.1984, Richtlinie 90/604/EWG des Rates v. 08.11.1990, Richtlinie 90/605/EWG des Rates v. 08.11.1990, Richtlinie 94/8/EG des Rates v. 21.03.1994, Richtlinie 1999/60/EG des Rates v. 17.06.1999, Richtlinie 2001/65/EG des Europäischen Parlaments und des Rates v. 27.09.2001, Richtlinie 2003/38/EG des Rates v. 13.05.2003, Richtlinie 2003/51/EG des Europäischen Parlaments und Rates v. 18.06.2003, Richtlinie 2006/43/EG des Europäischen Parlaments und Rates v. 17.05.2006, Richtlinie 2006/46/EG des Europäischen Parlamentes und Rates v. 14.06.2006, Richtlinie 2009/49/EG des Europäischen Parlaments und des Rates v. 18.06.2009.

486 „Attuazione delle Direttive n. 78/660/CEE e n. 83/349/CEE in materia societaria, relative ai conti annuali e consolidati, ai sensi dell'art. 1, comma 1, della legge 26 marzo 1990, n. 69", Supplemento Ordinario alla G.U. v. 17.04.1991, Nr. 27.

487 Gesetz zur Durchführung der Vierten, Siebenten und Achten Richtlinie des Rates der Europäischen Gemeinschaften zur Koordinierung des Gesellschaftsrechts (Bilanzrichtlinien-Gesetz – BiRiLiG) v. 19.12.1985, BGBl. I 1985, 2355.

488 Siebente Richtlinie 83/349/EWG des Rates v. 13.06.1983 über den konsolidierten Abschluß, ABl. L 193 v. 18.07.1983, S. 1, mehrfach geändert.

489 Richtlinie 2013/34/EU des Europäischen Parlaments und des Rates v. 26.06.2013, ABl. L 182 v. 29.06.2013, S. 19.

490 Hierzu *Hennrichs*, GmbHR 2011, 1065, 1071 f.; *Lanfermann*, BB 2011, 3051, 3051 ff.; *Scheffler*, AG 2011, R425, R425 f.; *Zülch/Güth/Stamm*, DB 2012, 413, 413 ff.; *Zwirner/Froschhammer*, StuB 2012, 419, 419 ff.

491 Vgl. KOM(2011) 684 final, S. 8. Siehe auch *Lanfermann*, BB 2011, 3051, 3051; *Mezzabotta*, Bilancio e Reddito d'Impresa 2014, 36, 36 f.; *Scheffler*, AG 2011, R425, R425; *Zwirner*, StuB 2015, 123, 131; *ders./Froschhammer*, StuB 2012, 419, 419.

492 Gesetz zur Umsetzung der Richtlinie 2013/34/EU des Europäischen Parlaments und des Rates vom 26. Juni 2013 über den Jahresabschluss, den konsolidierten Abschluss und damit verbundene Berichte von Unternehmen bestimmter Rechtsformen und zur Änderung der Richtlinie 2006/43/EG des Europäischen Parlaments und des Rates

dem 31. Dezember 2015 beginnende Geschäftsjahre anzuwenden ist.[493] In Italien ist die Regierung mit Gesetz vom 7. Oktober 2014, Nr. 154, beauftragt worden, die Richtlinie umzusetzen. Mittlerweile ist dies mit decreto legislativo vom 18. August 2015, Nr. 139, (d.lgs. 139/2015)[494] erfolgt, der nach Art. 12 Abs. 1 d.lgs. 139/2015 für alle Jahresabschlüsse Anwendung findet, die ab dem 1. Januar 2016 beginnen.[495]

a) Der Gläubiger- und Aktionärsschutz der Bilanzrichtlinie

Der europäische Gesetzgeber betonte bereits in den Erwägungsgründen der vierten Gesellschaftsrechtsrichtlinie den Schutz von Gläubigern und (Minderheits-) Aktionären: Dem Jahresabschluss komme „im Hinblick auf den Schutz der Gesellschafter sowie Dritter besondere Bedeutung zu."[496]

Dieser Schutzfunktion wird der Jahresabschluss auf zwei Weisen gerecht: Zum einen durch die Darstellung der Vermögens- und Ertragslage der Gesellschaft (sog. Informationsfunktion). Denn dadurch können die (potentiellen) Gläubiger und Aktionäre einen Einblick in die wirtschaftliche Lage der Gesellschaft erhalten.[497] Zum anderen werden die Gläubiger und Minderheitsaktionäre durch die Dividendenbemessung geschützt (sog. Ausschüttungsbemessungsfunktion[498]): Zur Sicherung der Gläubigerforderungen soll die Haftmasse der Gesellschaft nicht übermäßig reduziert werden können[499] und in Bezug auf die Minderheitsaktionäre ist die zutreffende Ermittlung

---

und zur Aufhebung der Richtlinien 78/660/EWG und 83/349/EWG des Rates (Bilanzrichtlinie-Umsetzungsgesetz – BilRUG) v. 17.7.2015, BGBl. I 2015, 1245.

493 Hierzu *Oser/Orth/Wirtz*, DB 2015, 197, 197.

494 Attuazione della direttiva 2013/34/UE relativa ai bilanci d'esercizio, ai bilanci consolidati e alle relative relazioni di talune tipologie di imprese, recante modifica della direttiva 2006/43/CE e abrogazione delle direttive 78/660/CEE e 83/349/CEE, per la parte relativa alla disciplina del bilancio di esercizio e di quello consolidato per le societa' di capitali e gli altri soggetti individuati dalla legge, GU Nr. 205 v. 4.9.2015.

495 *Campobasso*, Diritto delle società, Kap. 13, 2., S. 451; *Venuti*, Giur. comm. 2016, I, 188, 188.

496 Erwägungsgrund Nr. 1. Siehe zudem *Hennrichs*, ZGR 1997, 66, 72.

497 Siehe *Arbeitskreis Hochschullehrer Rechtswissenschaft*, BB 2002, 2372, 2373; *Hennrichs*, Wahlrechte im Bilanzrecht, Kap. 3, B. I. 4) b) (i), S. 94 f., C. II. 2), S. 139; *Kirsch*, in: Hofbauer/Kupsch, Rechnungslegung, Einf. B (Okt. 2015), Rn. 106; *Moxter*, BB 1995, 1463, 1464; *OIC* Nr. 11, S. 7; *D. Schubert*, Der Ansatz von gewissen und ungewissen Verbindlichkeiten in der HGB-Bilanz, Kap. 2, A. I. 2., S. 12 f.

498 Zu dieser Funktion des Jahresabschlusses siehe *Caratozzolo*, Società 2004, 306, 306; *Hennrichs*, RWS-Forum 25, Gesellschaftsrecht 2003/2004, 101, 123; *Moxter*, BB 1984, 1780, 1781 f.; *Strampelli*, Rivista delle società 2006, 243, 243 f.; *Thiele/Stellbrink/Ziesemer*, in: Baetge/Kirsch/Thiele, Bilanzrecht, Einf. (Sept. 2002), Rn. 37.

499 *Hennrichs*, Wahlrechte im Bilanzrecht, Kap. 3, B. I. 4) b) (i), S. 96; *ders.*, RWS-Forum 25, Gesellschaftsrecht 2003/2004, 101, 124; *D. Schubert*, Der Ansatz von gewissen und ungewissen Verbindlichkeiten in der HGB-Bilanz, Kap. 2, A. I. 3., 4., S. 14 f. Siehe auch *Kirsch*, in: Hofbauer/Kupsch, Rechnungslegung, Einf. B

des ausschüttungsfähigen Gewinns der erste Schritt, um ein „Aushungern" durch den Mehrheitsgesellschafter zu verhindern.[500]

Diese Ausschüttungsbemessungsfunktion des Jahresabschlusses wird zudem durch die Verbindung der Bilanzrichtlinie mit der zweiten Gesellschaftsrechtsrichtlinie[501] deutlich, die die Kapitalerhaltung von Aktiengesellschaften auf den bilanziell ermittelten Gewinn stützt (vgl. Art. 15 ff. der Richtlinie).[502]

Vergleichbar mit der SE-Verordnung bezweckt die Bilanzrichtline mithin den Schutz von Gläubigern und Minderheitsaktionären, sieht aber entsprechende Schutzvorschriften bereits selbst durch die Vorgabe von Bilanzierungsmethoden vor. Alle Bilanzierungssysteme, die die Richtlinienvorgaben umsetzen, erachtet der europäische Gesetzgeber für hinreichend gläubiger- und aktionärsschützend; das Bilanzrecht des Wegzugsstaates und des Zuzugsstaates sind europarechtlich gleichwertig. Wie schon soeben zur SE-VO ausgeführt, bedeutet dies zweierlei: Auf der einen Seite ist *de lege lata* bei der europarechtlichen Ermittlung einer Aufnahmemethode durch Auslegung des Art. 61 SE-VO der Rechtfertigungsgrund des Gläubiger- und Aktionärsschutzes verschlossen, denn der europäische Gesetzgeber verlangt schließlich keinen weitergehenden Schutz. Die Auslegung des Art. 61 SE-VO kann mithin nicht zu einer bilanziellen Aufnahmemethode führen, die die Niederlassungsfreiheit beschränkt. Auf der anderen Seite ist die unterschiedliche Ausprägung des Gläubiger- und Aktionärsschutzes durch die Mitgliedstaaten gerade der Bilanzrichtlinie geschuldet, die bei der Umsetzung des bilanziellen Vorsichtsprinzips den Mitgliedstaaten einen erheblichen Spielraum lässt. Der europäische Gesetzgeber toleriert mithin, dass die einzelnen Mitgliedstaaten ein anderes und untereinander auch unterschiedliches Verständnis von „Vorsicht" haben. Nationale Aufnahmevorschriften *de lege ferenda* können daher dennoch durch den Aspekt des Gläubiger- und Aktionärsschutzes gerechtfertigt werden, müssen dabei aber besonders enge Grenzen der Verhältnismäßigkeit beachten.

(Okt. 2015), Rn. 106; *Miola*, Rivista delle società 2005, 1199, 1283; *Wulf/Klein/Azaiz*, DStR 2005, 260, 262.

500 *Hennrichs*, Wahlrechte im Bilanzrecht, Kap. 3, B. I. 4) b) (i), S. 95.

501 Zweite Richtlinie 77/91/EWG des Rates v. 13.12.1976, ABl. L 26 v. 31.01.1977, S. 1, geändert durch Richtlinie 92/101/EWG des Rates v. 23.11.1992, ABl. L 347 v. 28.11.1992, S. 64, Richtlinie 2006/68/EG des Europäischen Parlaments und des Rates v. 06.09.2006, ABl. L 264 v. 25.09.2006, S. 32, Richtlinie 2009/109/EG des Europäischen Parlaments und des Rates v. 16.09.2009, ABl. L 259 v. 02.10.2009, S. 14, neugefasst durch Richtlinie 2012/30/EU des Europäischen Parlaments und des Rates v. 25.10.2012, Abl. 2012 L 315/74.

502 Siehe *Arbeitskreis Hochschullehrer Rechtswissenschaft*, BB 2002, 2372, 2373; *Eikenberg*, Der Jahresabschluss deutscher und italienischer Kapitalgesellschaften, 1. Teil, § 3, B. II. 1), S. 49; *Hennrichs*, Wahlrechte im Bilanzrecht, Kap. 3, B. I. 4) b) (i), S. 95 f.; *ders.*, RWS-Forum 25, Gesellschaftsrecht 2003/2004, 101, 123 f.

b) Relevante Bilanzierungsprinzipien

Sowohl die vierte Gesellschaftsrechtsrichtlinie als auch die „neue" Bilanzrichtlinie sehen Bilanzierungsprinzipien vor, die für den Grenzübertritt der SE von Bedeutung sein können: das true and fair view-Gebot, das going concern-Gebot, der Stetigkeitsgrundsatz, das Vorsichtsprinzip und das Prinzip der Bilanzidentität. Sie sollen im Folgenden dargestellt und ihre Auswirkung auf den Wechsel der Rechnungslegungsprinzipien durch Grenzübertritt der SE analysiert werden.

i) True and fair view

Das sog. true and fair view-Gebot war vorrangiges Bilanzierungsprinzip der vierten Gesellschaftsrechtsrichtlinie und hat diese Stellung in der „neuen" Bilanzrichtlinie nicht aufgegeben. Das Prinzip ist nun in Art. 4 Abs. 3 Satz 1 der Bilanzrichtlinie verortet und besagt, dass „the financial statements shall give a true and fair view of the undertaking's assets, liabilities, financial position and profit or loss." Dies bedeutet im Grunde, dass ein der Realität *möglichst nahe kommendes* bilanzielles Abbild vermittelt werden soll.[503] Denn die „absolute Richtigkeit", so hob *Colombo* bereits zur vierten Gesellschaftsrechtsrichtlinie überzeugend hervor, „k[ö]nn[e] [niemand] [...] garantieren".[504]

In der konkreten Ausgestaltung der true and fair view-Vorgabe kann auf die Aussage der europäischen Kommission und des Rates zur vierte Gesellschaftsrechtsrichtlinie verwiesen werden, nach der „es normalerweise ausreicht, die Richtline anzuwenden, damit das gewünschte den tatsächlichen Verhältnissen entsprechende Bilde [sc. ein true and fair view] entsteh[e]."[505] Dem hat sich ein Großteil des Schrifttums angeschlossen[506] und auch der EuGH hat sich in der Rechtssache *GIMLE*

---

503 Vgl. *Colombo*, in: Colombo/Portale, Trattato delle società per azioni, Bd. 7*, S. 23 ff., 63; *ders.*, in: A. Palma, Il bilancio di esercizio, Kap. 5, 3., S. 81.

504 *Colombo*, in: A. Palma, Il bilancio di esercizio, Kap. 5, 3., S. 81: „Nessuno poù garantire (fuori di casi di ‚valori certi') l'esattezza assoluta del giudizio: [...].". Siehe auch *Colombo*, in: Colombo/Portale, Trattato delle società per azioni, Bd. 7*, S. 23 ff., 63; *ders.*, in: Jorio, Il progetto italiano di attuazione della IV direttiva CEE, S. 143 ff., 147; *Fortunato*, Giur. comm. 1992, I, 453, 463; *Giambanco*, in: Bussoletti, La nuova disciplina dei bilanci di società, Art. 2 e 3, S. 37; *Jaeger*, Giur. comm. 1984, I, 471, 488; *ders.*, in: Jorio, Il progetto italiano di attuazione della IV direttiva CEE, S. 115 ff., 120; *OIC* Nr. 11, S. 3. In der deutschen Literatur vgl. *Budde/Förschle*, in: Mellwig/Moxter/Ordelheide, Einzelabschluß und Konzernabschluß, S. 27 ff., 36: „Schließlich verlangt auch der Wortlaut des Gesetzes nicht ‚das' den tatsächlichen Verhältnissen entsprechende Bild, sondern ‚ein' entsprechendes Bild."; *Großfeld/Junker*, ZGR 1980, Sonderheft 2, 251, 272: „Ein den tatsächlichen Verhältnissen entsprechendes Bild ist ein Wunsch, der immer Wunsch bleiben wird."

505 Protokollerklärung zu Art. 2 Abs. 4 der Richtlinie; die zitierte Stelle ist abgedruckt etwa bei *Hennrichs*, Wahlrechte im Bilanzrecht, Kap. 3, C. II. 1) d), S. 137.

506 Siehe *Colombo*, in: A. Palma, Il bilancio di esercizio, Kap. 5, 6., S. 88; *Hennrichs*, Wahlrechte im Bilanzrecht, Kap. 3, C. II. 1) d), S. 137; *Jaeger*, Giur. comm. 1984, I,

dahingehend ausgesprochen.[507] Gleichsam sind die Einzelvorgaben der Richtlinie nach dem true and fair view-Gebot auszulegen, um eine entsprechende Umsetzung zu gewährleisten.[508]

Das true and fair view-Prinzip ist als Hauptzielsetzung der Richtlinie auch bei der bilanziellen Aufnahme der SE zu beachten. Sie darf daher nicht so gestaltet werden, dass ein true and fair view nicht mehr vermittelt wird. Wann dies der Fall ist, kann freilich nicht abstrakt beantwortet werden, sondern wird durch die anderen Bilanzierungsprinzipien konkretisiert, von denen die für den Grenzübertritt relevanten im Folgenden dargestellt werden.

ii) Going concern

Art. 6 Abs. 1 lit. a der Bilanzrichtline sieht das sog. going concern-Prinzip vor, nach dem „eine Fortsetzung der Unternehmenstätigkeit unterstellt [wird]." Die Vermögenswerte und Schulden sind danach im Jahresabschluss mit den Beträgen auszuweisen, die ihnen innerhalb des Unternehmens unter Weiterführung seiner Tätigkeit zukommen. *Colombo* spricht einprägsam von „Betriebswerten" („valori di funzionamento")[509] und nennt im Gegensatz hierzu die Zerschlagungswerte, die erst unter Aufgabe der going concern-Prämisse an Bedeutung gewinnen.[510] Anders

---

471, 488; *Niessen*, in: Jorio, Il progetto italiano di attuazione della IV direttiva CEE, S. 17 ff., 27. Siehe auch *Winkeljohann/Schellhorn*, in: Beck'scher Bilanzkommentar, § 264, Rn. 43. In Bezug auf die deutschen Rechnungslegungsvorschriften *ADS*, § 264 HGB, Rn. 62, 92; *Ludewig*, AG 1987, 12, 14 f. Zur (neuen) Bilanzrichtlinie vgl. *Arbeitskreis Hochschullehrer Rechtswissenschaft*, NZG 2014, 892, 892.

507 EuGH v. 03.10.2013 – C-322/12 („GIMLE"), NZG 2014, 36, 37, Tz. 32 ff.

508 Sog. Wechselwirkungstheorie nach *Hennrichs*, Wahlrechte im Bilanzrecht, Kap. 5, B. III. 4) d) (i) (d), S. 300. Ähnlich auch *Angelici*, in: Bussoletti, La nuova disciplina dei bilanci di società, Art. 2 e 3, S. 26; *Ludewig*, AG 1987, 12, 15. Anders die sog. Abkopplungsthese nach *Moxter*, BB 1978, 1629, 1630. Zur deutschen Umsetzung des true and fair view-Prinzips siehe auch: *Moxter*, in: FS Budde, 1995, S. 419 ff., 426 f. Sich anschließend *ADS*, § 264 HGB, Rn. 88 ff., 103 f.: „Generalnorm für den Anhang".

509 *Colombo*, in: Abbadessa/Portale, Il nuovo diritto delle società, Bd. 3, S. 154 ff., 155; *ders.*, in: A. Palma, Il bilancio di esercizio, Kap. 5, 7., S. 92. Siehe auch *Giambanco*, in: Bussoletti, La nuova disciplina dei bilanci di società, Art. 2 e 3, S. 51; *Libonati*, Giur. comm. 1984, I, 1012, 1014; *Vigano*, in: Jorio, Il progetto italiano di attuazione della IV direttiva CEE, S. 49 ff., 51.

510 *Colombo*, in: Colombo/Portale, Trattato delle società per azioni, Bd. 7*, S. 23 ff., 189 f.; *ders.*, in: Abbadessa/Portale, Il nuovo diritto delle società, Bd. 3, S. 154 ff., 156; *ders.*, in: A. Palma, Il bilancio di esercizio, Kap. 5, 7., S. 92 f. Siehe zudem *Bocchini*, Bilancio d'esercizio, Kap. 4, 3., S. 109 f.; *Bran*, in: Cendon, Codice Civile, Art. 2423-*bis*, Nr. 3, S. 1014; *Pontani*, in: A. Palma, Il bilancio di esercizio, Kap. 6, 2.3., S. 114 f.; *Salafia*, Società 1991, 1611; *Superti Furga*, Il bilancio di esercizio italiano, Teil 1, Kap. 2, 1., S. 13; *Tiedchen*, in: MüKo Bilanzrecht, Bd. 2, § 252 HGB, Rn. 20; *Winkeljohann/Büssow*, in: Beck'scher Bilanzkommentar, § 252, Rn. 9, im Einzelnen Rn. 17 ff.

als noch in der vierten Gesellschaftsrechtsrichtlinie erfasst das going concern-Prinzip der Bilanzrichtlinie nun eindeutig neben der Bewertung auch den Ansatz der einzelnen Posten.

Der Grenzübertritt der SE führt nicht zur Einstellung, sondern allein zu einer Verlagerung der Unternehmenstätigkeit der Gesellschaft. Dabei behält die SE nach Art. 8 Abs. 1 Satz 2 SE-VO sogar ihre Rechtspersönlichkeit bei, so dass es nicht einmal zu einem Wechsel des die Tätigkeit ausführenden Subjektes kommt. Mithin gebietet es das going concern-Prinzip, die Vermögenswerte und Schulden der Gesellschaft weiterhin zu ihren „Betriebswerten“ und nicht mit Zerschlagungswerten zu bewerten. Ebenfalls ist beim Ansatz der Bilanzposten die Fortsetzung der Unternehmenstätigkeit zu unterstellen. Der Grenzübertritt darf daher bilanziell nicht wie die Einstellung und anschließende Neugründung eines Gewerbes dargestellt werden, auch stellt er keinen Anschaffungsvorgang dar.

iii) Der Stetigkeitsgrundsatz

Als weiteren Bilanzierungsgrundsatz bestimmt Art. 6 Abs. 1 lit. b Bilanzrichtlinie das sog. Stetigkeitsprinzip (principio di continuità[511]), nach dem der Bilanzierer (allgemein formuliert) bilanzielle Ermessensentscheidungen stetig auszuüben und daher im Folgeabschluss beizubehalten hat.

(1) Stetigkeit auch im Ansatz

Vom Wortlaut her bezog sich das Stetigkeitsprinzip in der vierten Gesellschaftsrechtsrichtlinie allein auf „Bewertungsmethoden“, so dass umstritten war, ob dennoch auch Ansatzwahlrechte erfasst seien.[512] Dieser Frage ist mit der „neuen“ Bilanzrichtlinie nun endgültig geklärt, da sich die Stetigkeit nun nach dem Wortlaut der Norm auf Ansatzwahlrechte erstreckt.

(2) Reichweite der Stetigkeit in der Zeit

In zeitlicher Hinsicht ist das Stetigkeitsprinzip unstreitig bei zwei aufeinander folgenden Jahresabschlüssen anzuwenden.[513] Uneinigkeit bestand aber lange Zeit

---

511 Siehe *Caratozzolo*, Il bilancio d'esercizio, Teil 2, Kap. 5, 5.1.5., S. 198; *Colombo*, in: A. Palma, Il bilancio di esercizio, Kap. 5, 7., S. 95; *OIC* Nr. 11, S. 4, 15; *Santesso/Sòstero*, Il bilancio, Kap. 1, 1.8, S. 26. Hingegen spricht *Superti Furga*, Il bilancio di esercizio italiano, Teil 1, Kap. 2, 6., S. 25, von „coerenza“.

512 *Gegen* den Bezug auf Ansatzwahlrechte: *Leffson*, WPg 1988, 441, 444; *Tiedchen*, in: MüKo AktG, 2. Aufl., Bd. 5/1, § 252 HGB, Rn. 82; (zum nationalen Recht) *Forster*, in: FS v. Wysocki, 1985, S. 29 ff., 38; *dafür*: *Hennrichs*, Wahlrechte im Bilanzrecht, Kap. 5, B. III. 1) b), S. 268 ff.; vgl. zudem *Moxter*, BB 1995, 1463, 1464. Siehe auch *Eikenberg*, Der Jahresabschluss deutscher und italienischer Kapitalgesellschaften, 2. Teil, § 8, B. I., S. 197; (zur deutschen Umsetzung) *Förschle/Kropp*, ZfB 56. Jg. (1986), H. 9, 873, 879 f.

513 *Colombo*, in: Abbadessa/Portale, Il nuovo diritto delle società, Bd. 3, S. 154 ff., 162.

darüber, ob ein einmal ausgeübtes Wahlrecht den Bilanzierer auch noch für spätere Geschäftsjahre bindet. Denn in einigen Sprachfassungen der vierten Gesellschaftsrechtsrichtlinie, so auch der italienischen, nicht hingegen der deutschen Fassung, war als zeitliche Komponente vorgesehen, dass die Bewertungsmethoden „nicht von einem Geschäftsjahr zum anderen verändert werden [dürfen]" („i modi di valutazione non possono essere modificati da un esercizio all'altro").

Zudem ist die sachliche Reichweite des Stetigkeitsprinzips umstritten, also die Frage, ob ein Wahlrecht auf vergleichbare Vermögenswerte gleich auszuüben ist.[514] Von einer Erörterung auch dieser Frage soll in der vorliegenden Arbeit abgesehen werden.

Für eine Begrenzung der zeitlichen Reichweite des Stetigkeitsgebotes auf den Abschluss des folgenden Geschäftsjahres spricht der mittlerweile in der „neuen" Bilanzrichtlinie auch für die deutsche Sprachfassung vorgesehene Wortlaut,[515] nach dem die Stetigkeit „von einem Geschäftsjahr zum nächsten" zu beachten ist. Mit *Leffson* spricht auch der Telos der Vergleichbarkeit („comparabilità") der Abschlüsse[516] und der damit verbundenen Steigerung der ihnen enthaltenen Information nicht für eine weitreichende Bindung „in der Zeit". Denn die Vergleichbarkeit

---

514 Siehe hierzu *ADS*, § 252 HGB, Rn. 107; *Eikenberg*, Der Jahresabschluss deutscher und italienischer Kapitalgesellschaften, 2. Teil, § 8, B. I., S. 195; *Förschle/Kropp*, ZfB 56. Jg. (1986), H. 9, 873, 882 f.; *Leffson*, WPg 1988, 441, 443. Ablehnend möglicherweise *Giambanco*, in: Bussoletti, La nuova disciplina dei bilanci di società, Art. 2 e 3, S. 57: „[...] das Prinzip ist mit Bezug auf einen einzigen Jahresabschluss ohne Sinn." („[...] il principio stesso è privo di senso se riferito a un singolo bilancio.") Vgl. zu dieser Frage zudem *Colombo*, in: A. Palma, Il bilancio di esercizio, Kap. 5, 7., S. 96.

515 Entgegen *Leffson*, WPg 1988, 441, 443 f., galt dies auch nach der vierten Gesellschaftsrechtsrichtlinie, da abgesehen von der deutschen Fassung die übrigen Sprachfassungen (soweit ersichtlich) eine entsprechende zeitliche Begrenzung enthielten. Insofern zur deutschen Umsetzungsvorschrift *ADS*, § 252 HGB, Rn. 108; *Förschle/Kropp*, ZfB 56. Jg. (1986), H. 9, 873, 881; *Tiedchen*, in: MüKo AktG, 2. Aufl., Bd. 5/1, § 252 HGB, Rn. 87.

516 *Bran*, in: Cendon, Codice Civile, Art. 2423-*bis*, Nr. 6, S. 1016; *Colombo*, in: Abbadessa/Portale, Il nuovo diritto delle società, Bd. 3, S. 154 ff., 162; *Eikenberg*, Der Jahresabschluss deutscher und italienischer Kapitalgesellschaften, 2. Teil, § 8, S. 193; *Förschle/K. Hoffmann*, in: Budde/Förschle/Winkeljohann, Sonderbilanzen, K., Rn. 5; *Förschle/Kropp*, ZfB 56. Jg. (1986), H. 9, 873, 873, 875 f.; *Forster*, in: FS v. Wysocki, 1985, S. 29 ff., 35; *Giambanco*, in: Bussoletti, La nuova disciplina dei bilanci di società, Art. 2 e 3, S. 58; *Hennrichs*, Wahlrechte im Bilanzrecht, Kap. 5, B. III. 2) b), S. 274 f.; *Knittel/Eble*, BB 2008, 2283, 2286; *Leffson*, WPg 1988, 441, 443; *Libonati*, Giur. comm. 1984, I, 1012, 1014; *Pontani*, in: A. Palma, Il bilancio di esercizio, Kap. 6, 2.8., S. 126; *Tiedchen*, in: MüKo Bilanzrecht, Bd. 2, § 252 HGB, Rn. 88; *Vigano*, in: Jorio, Il progetto italiano di attuazione della IV direttiva CEE, S. 49 ff., 53; *Winkeljohann/Büssow*, in: Beck'scher Bilanzkommentar, § 252, Rn. 55. So auch zu den IFRS: *Wawrzinek/Lübbig*, in: Beck'sches IFRS-Handbuch, § 2, Rn. 76 ff.

der Abschlüsse durch die Wahlrechtsausübung werde von „völlig unregelmäßig anfallen[den]“ Sachverhalten nicht beeinträchtigt, so dass nicht ersichtlich sei, warum der Bilanzierende an die Ausübung eines Wahlrechtes von vor mehreren Jahren weiterhin gebunden sein solle.[517]

Trotz dieser zeitlichen Begrenzung kann es freilich zu einer mehrjährigen Bindung kommen, indem jedes Geschäftsjahr wieder das nächste bindet.[518] Dabei ist zu berücksichtigen, dass für die Ansatzwahlrechte auch die Entscheidung gegen einen Ansatz eine (negative) Wahlrechtsausübung darstellt und damit eine Bindungswirkung entfaltet. Nur so kann verhindert werden, dass ein Ansatzwahlrecht, welches jahrelang nicht (besser: negativ) ausgeübt wurde, plötzlich willkürlich zu einem Ansatz führen kann. Allein wenn im Vorjahr die Voraussetzungen nicht vorgelegen haben, besteht keine Stetigkeitsbindung und das Wahlrecht kann frei ausgeübt werden. Es ist also zu differenzieren zwischen der Situation, in der im Vorjahr ein entsprechender Ansatz fehlte, weil die Voraussetzungen nicht vorlagen, und dem Fall, dass zwar die Voraussetzungen vorlagen, aber der Ansatz willentlich unterblieben ist.

(3) Bedeutung für den Grenzübertritt der SE

Für die Auswirkung des Stetigkeitsgrundsatzes auf die Sitzverlegung der SE sind drei Fälle zu unterscheiden: erstens die Situation, dass im Weg- wie im Zuzugsstaat gleichermaßen ein Wahlrecht gewährt wird, zweitens, dass das Wahlrecht des Wegzugsstaates im Zuzugsstaat nicht besteht, und drittens – genau umgekehrt –, dass nicht im Wegzugsstaat, sondern nur im Zuzugsstaat ein Wahlrecht vorliegt.

Im ersten Fall des vor wie nach Grenzübertritt bestehenden Wahlrechtes wirkt der Stetigkeitsgrundsatz auch über die Grenze hinweg und bindet an die im Wegzugsstaat vorgenommene Wahlrechtsausübung weiterhin im Zuzugsstaat.

Beim zweiten und dritten Fall ist das Stetigkeitsprinzip hingegen nicht anwendbar: Im zweiten Fall sieht der Zuzugsstaat das im Wegzugsstaat bestehende Wahlrecht nämlich erst gar nicht vor, so beispielsweise wenn der Zuzugsstaat als Bewertungsvereinfachungsverfahren nicht das Fifo- (First-in-first-out), sondern nur das Lifo-Verfahren (Last-in-first-out) zulässt. Im Zuzugsstaat ist dann zwangsläufig auf das Lifo-Verfahren umzuschwenken, falls es nicht zuvor schon angewendet wurde. Denn ohne Wahlmöglichkeit des Bilanzierenden kann eine Bindung über den Stetigkeitsgrundsatz nicht bestehen.[519]

Ebenso stellt sich die Situation dar, wenn im Wegzugsstaat ein im Zuzugsstaat vorgesehenes Wahlrecht nicht besteht. In diesem Fall gebührt dem Bilanzierenden

---

517 *Leffson*, WPg 1988, 441, 445.

518 Zutreffend *Förschle/Kropp*, ZfB 56. Jg. (1986), H. 9, 873, 881 f.

519 Zu der Frage, ob es bei zwingenden Gesetzesregelungen überhaupt um eine Abweichung vom Stetigkeitsprinzip nach Art. 31 Abs. 2 Bilanzrichtlinie geht, vgl. *Hennrichs*, Wahlrechte im Bilanzrecht, Kap. 5, B. III. 4) d) (i) (a), S. 294 f., (ii) (e), S. 309 f.

zwar ab Grenzübertritt die Ausübung des Wahlrechtes. Da er zuvor aber keine entsprechende Entscheidung vornehmen musste, kann er an diese auch nicht gebunden sein. Zwar könnte das Wahlrecht so auszuüben sein, dass es mit dem vor dem Umzug bestehenden zwingenden Recht übereinstimmt. Es würde aber die mit dem Wahlrecht bezweckte Bilanzierungsfreiheit unnötig einengen, wenn es allein aufgrund des Grenzübertrittes nicht ausgeübt werden dürfte.

Eine Bindung durch den Stetigkeitsgrundsatz besteht mithin nur, aber immerhin, wenn ein Bilanzierungswahlrecht sowohl vom Weg- als auch vom Zuzugsstaat vorgesehen ist. Dabei bezieht sich die Bindung sowohl auf Ansatz- als auch auf Bewertungswahlrechte.[520] Unter zeitlichen Aspekten bezieht sich die Stetigkeit aber nur auf den Vorjahresabschluss, so dass eine weiter zurückliegende Wahlrechtsausübung für den Abschluss im Zuzugsstaat nicht mehr bindend ist.

iv) Das Vorsichtsprinzip

(1) Grundlegendes

Besondere Bedeutung kommt dem Prinzip der Vorsicht zu. Es ist in Art. 6 Abs. 1 lit. c Satz 1 der Bilanzrichtlinie geregelt, nach dem „[b]ei Ansatz und Bewertung [...] der Grundsatz der Vorsicht in jedem Fall zu beachten [ist]“. Aufgrund des eindeutigen Wortlautes des Bilanzrichtlinie, nach dem auch Ansatzvorschriften dem Vorsichtsgebot unterliegen,[521] hat sich auch hier die frühere Diskussion[522] um die Reichweite des Vorsichtsprinzips erledigt.

Nach tradierter, kontinentaleuropäischer Vorstellung wird das Vorsichtsprinzip hauptsächlich im Zusammenhang mit der Ausschüttungsbemessungsfunktion des Jahresabschlusses gesehen. Es soll verhindern, dass für zu unsicher erachtete Werte das Ausschüttungspotential erhöhen[523] und damit die Haftmasse der Gesellschaft verringern. Es bezweckt den Kapitalschutz der Gesellschaft und dadurch insbesondere den Schutz der Gläubiger.[524] So stützt die zweite Gesellschaftsrechtsrichtlinie die Kapitalerhaltung von Aktiengesellschaften weiterhin auf den bilanziell

---

520 Siehe ergänzend Kapitel 3, E. I. 4.

521 Vgl. auch die italienische Fassung: „la rilevazione e la valutazione sono effettuate secondo il principio della prudenza“; und die englische: „recognition and measurement shall be on a prudent basis“.

522 Schon bisher für die Vorsicht auch im Ansatz: *Lutz/Schlag*, in: v. Wysocki u. a., HdJ, I/4 (Mai 2010), Rn. 18; *Merkt*, in: Baumbach/Hopt, HGB, 34. Aufl., § 252, Rn. 10; *Weber-Grellet*, Bilanzsteuerrecht, 2. Abschnitt, F. III. 2. d) aa), Rn. 54.

523 *Giambanco*, in: Bussoletti, La nuova disciplina dei bilanci di società, Art. 2 e 3, S. 51. Siehe auch *Enriques*, Giur. comm. 2005, I, 607, 611; *Lutter*, Kapital, Sicherung der Kapitalaufbringung und Kapitalerhaltung, Kap. 3, § 19, I. 1., S. 523; *Moxter*, BB 1984, 1780, 1781 f.; *Olivieri*, Riv. dir. civ. 2004, I, 257, 271.

524 *Merkt*, in: Baumbach/Hopt, HGB, § 252, Rn. 10; *Palmieri*, in: Corapi/Pernazza, La Società Europea, Art. 61 e 62, 3., S. 260; *Tiedchen*, in: MüKo Bilanzrecht, Bd. 2, § 252 HGB, Rn. 47. Zudem *Miola*, Rivista delle società 2005, 1199, 1283.

ermittelten Gewinn. Daneben ist das Vorsichtsprinzip auch unter Informationsaspekten von Bedeutung, denn der Jahresabschluss soll lediglich verlässlich ermittelte Werte widerspiegeln und nicht zu Fehlannahmen verleiten.[525]

Für die Aufstellung eines Abschlusses nach den IFRS ist alleine der Informationsaspekt relevant, denn die internationalen Rechnungslegungsstandards sind nicht darauf ausgerichtet, die Höhe der Dividendenausschüttung zu ermitteln.[526] Dem Vorsichtsprinzip kommt bei den IFRS daher ein wesentlich geringerer Stellenwert zu als nach tradierter Vorstellung.[527] Dies zeigt sich beispielsweise im Ansatz eines über den Anschaffungs- oder Herstellungskosten liegenden Zeitwertes (sog. fair value, vgl. IAS 16.29, 38.72, 39.46, 40.30, .34, 41.12 f.)[528] oder auch an der allein außerordentlichen Abschreibung des Geschäfts- oder Firmenwertes nach dem sog. impairment test (siehe IFRS 3.54 f. (2004))[529].

(2) Zu den Unterprinzipien der Realisation und der Imparität

Der europäische Gesetzgeber bestimmt im Anschluss an das Vorsichtsprinzip unter Art. 6 Abs. 1 lit. c der Bilanzrichtlinie weiter, dass der Grundsatz der Vorsicht „insbesondere [bedeute]", dass die Unterprinzipien[530] der Realisation und Imparität eingehalten werden.

---

525 Vgl. hierzu *Pontani*, in: A. Palma, Il bilancio di esercizio, Kap. 6, 2.1., S. 106 f.

526 *Arbeitskreis Hochschullehrer Rechtswissenschaft*, BB 2002, 2372, 2373; *Bohl*, IAS/IFRS für Juristen, A. I. 2. b), Rn. 9 f.; *Claßen/Schulz*, StuB 2011, 3, 6; *Colombo*, ECFR 2007, 553, 554; *Dettmeier/Pöschke*, JuS 2007, 313, 316; *Hennrichs*, RWS-Forum 25, Gesellschaftsrecht 2003/2004, 101, 106; *Strampelli*, Rivista delle società 2006, 243, 252; *Venuti*, in: A.B.I., IAS/IFRS, S. 245 ff., 247 f.; *Wawrzinek/Lübbig*, in: Beck'sches IFRS-Handbuch, § 2, Rn. 38 ff.

527 *ADS*, § 252 HGB, Rn. 72; *Colombo*, in: A. Palma, Il bilancio di esercizio, Kap. 5, 5., S. 86; *Merkt*, in: Baumbach/Hopt, HGB, 34. Aufl., § 252, Rn. 57; *D. Schubert*, Der Ansatz von gewissen und ungewissen Verbindlichkeiten in der HGB-Bilanz, Kap. 2, A. II., S. 18; *Venuti*, in: A.B.I., IAS/IFRS, S. 245 ff., 249. Siehe auch Kapitel 3, B. II. 3. b).

528 Siehe Kapitel 3, C. II. 1. e).

529 Siehe Kapitel 3, C. II. 1. c) ii).

530 Siehe *Bran*, in: Cendon, Codice Civile, Art. 2423-*bis*, Nr. 2, S. 1012 f.; *Colombo*, in: Colombo/Portale, Trattato delle società per azioni, Bd. 7*, S. 23 ff., 190 f.; *ders.*, in: Abbadessa/Portale, Il nuovo diritto delle società, Bd. 3, S. 154 ff., 158; *Giambanco*, in: Bussoletti, La nuova disciplina dei bilanci di società, Art. 2 e 3, S. 46; *Moxter*, BB 1984, 1780, 1781; *OIC* Nr. 11, S. 13; *Pontani*, in: A. Palma, Il bilancio di esercizio, Kap. 6, 2.1., S. 110; *Salafia*, Società 1991, 1611; *Schulze-Osterloh*, in: Baumbach/Hueck, GmbHG, 18. Aufl., § 42, Rn. 20; *Tiedchen*, in: MüKo Bilanzrecht, Bd. 2, § 252 HGB, Rn. 55, 62.

Das sog. Realisationsprinzip umschreibt die Bilanzrichtlinie damit, dass „nur die am Bilanzstichtag realisierten Gewinne [...] ausgewiesen [werden]". Offen bleibt dabei aber, *wann* eine Realisierung vorliegt.[531] Die inhaltliche Ausgestaltung erfolgt daher erst durch die Einzelvorgaben. Hierbei bestehen aber zahlreiche Mitgliedstaatenwahlrechte. So wird den Mitgliedstaaten in Art. 7 und 8 der neuen Bilanzrichtlinie freigestellt, bei einzelnen Vermögensgegenständen eine Bewertung über den Anschaffungs- oder Herstellungskosten vorzusehen.[532] Der konkrete Inhalt des Realisationsprinzips hängt also entscheidend von der Umsetzung durch die Mitgliedstaaten ab.

Nach dem sog. Imparitätsprinzip (principio di dissimmetria) des Art. 6 Abs. 1 lit. c, ii der Bilanzrichtlinie „müssen alle Risiken [ital. Fassung: „tutte le passività"] berücksichtigt werden, die im Laufe des betreffenden Geschäftsjahres oder eines früheren Geschäftsjahres entstanden sind [ital. Fassung: ihren „Ursprung" haben]". Nach Art. 6 Abs. 5 Bilanzrichtlinie können die Mitgliedstaaten sogar gestatten oder vorschreiben, dass „alle voraussehbaren Verbindlichkeiten und potenziellen Verluste angesetzt werden". Verluste und Risiken sind nach dem Imparitätsprinzip – anders als Gewinne – also auch zu berücksichtigen, wenn sie noch nicht realisiert worden sind.[533] Die Vorsicht gebietet es, Gewinne und Verluste mit unterschiedlichen Maßstäben zu messen, wodurch sich der Begriff der Imparität erklärt (vom lateinischen „imparitas" = „Ungleichheit").

(3) Bedeutung für den Grenzübertritt der SE

Nach dem Vorsichtsprinzip ist eine sorgsame Ermittlung der Bilanzansätze erforderlich. Noch nicht realisierte Werte dürfen das Ausschüttungsergebnis nicht erhöhen und Risiken sind ergebnismindernd zu erfassen.

Diese Vorgaben führen beim Grenzübertritt der SE zu zwei Überlegungen. Als erstes ist es freilich Aufgabe des Bilanzierers, den Grenzübertritt nicht (bewusst oder unbewusst) als Grund zu nehmen, weniger sorgfältig bei der Ermittlung und Auswertung aller für die Bilanzierung maßgeblichen Umstände vorzugehen.

Ein zweiter Aspekt bezieht sich speziell auf den mit dem Vorsichtsprinzip verbundenen Gläubigerschutz durch Ausschüttungsbemessung.[534] Denn auch dieser darf nicht unter dem Grenzübertritt „leiden". Da die Richtlinie den Mitgliedstaaten aber an dieser Stelle einen sehr weiten Spielraum lässt, können sich die einzelnen Mitgliedstaatenregelungen in dem zulässigen Ausschüttungsvolumen unterscheiden. Konkret kann es dazu kommen, dass der Wegzugsstaat Bilanzansätze

---

531 *Eikenberg*, Der Jahresabschluss deutscher und italienischer Kapitalgesellschaften, 2. Teil, § 7, A. I. S. 106; *Hennrichs*, Wahlrechte im Bilanzrecht, Kapitel 3, C. II. 4) e), S. 152.

532 Siehe im Einzelnen *Arbeitskreis Hochschullehrer Rechtswissenschaft*, NZG 2014, 892, 896.

533 *ADS*, § 252 HGB, Rn. 92; *Tiedchen*, in: MüKo Bilanzrecht, Bd. 2, § 252 HGB, Rn. 55.

534 Hierzu Kapitel 3, B. II. 2. a).

zulässt, die der Zuzugsstaat für zu unvorsichtig erachtet und die bei Übernahme im Zuzugsstaat zu einer höheren Ausschüttungsmasse führen als unter den nationalen Bilanzierungsvorschriften des Zuzugsstaates. Es erscheint daher verständlich, wenn der Zuzugsstaat entsprechend höhere Ausschüttungen unterbinden möchte.

Wie bereits zum Gläubiger- und Aktionärsschutz von SE-VO und Bilanzrichtlinie ausgeführt wurde,[535] wird dies vom europäischen Gesetzgeber aber nicht gefordert. Vielmehr erachtet er alle Umsetzungen der Bilanzrichtlinie mit dem Vorsichtsprinzip für vereinbar[536] und fordert keine darüber hinausgehenden Ausschüttungsbegrenzungen. Anders gewendet: solange sich die Mitgliedstaaten in ihrer Umsetzung an die Vorgaben der Richtlinie halten, ist ihr Bilanzierungssystem als hinreichend vorsichtig zu erachten. Bei Auslegung des Art. 61 SE-VO zur europarechtlichen Ermittlung der Aufnahmemethode vermag das Vorsichtsprinzip daher Beschränkungen der Niederlassungsfreiheit nicht zu rechtfertigen.

Allerdings ist zu beachten, dass den Mitgliedstaaten gerade beim Vorsichtsprinzip anheim gestellt wurde, dieses strenger oder weniger streng umzusetzen. Der europäische Gesetzgeber lässt es zu, dass die Mitgliedstaaten ein strengeres Vorsichtsprinzip für erforderlich erachten als er selbst. Sofern ein Mitgliedstaat die bilanzielle Aufnahme der SE durch nationale Vorschriften regeln möchte, kann das Vorsichtsprinzip und damit der Schutz von Gläubigern- und Aktionären daher dennoch zu Rechtfertigung von möglichen Beschränkungen der Niederlassungsfreiheit herangezogen werden. Allerdings ist hier ein besonders strenger Maßstab der Verhältnismäßigkeit anzulegen, da der europäische Gesetzgeber eben seinen „Basisschutz" für hinreichend erachtet.[537]

v) Das Gebot der Bilanzidentität

Zuletzt ist noch auf das Gebot der Bilanzidentität einzugehen, das nach Art. 6 Abs. 1 lit. e der Bilanzrichtlinie bestimmt, dass „die Eröffnungsbilanz eines Geschäftsjahres [...] mit der Schlußbilanz des vorhergehenden Geschäftsjahres übereinstimmen [muss]." Zwischen den beiden Abschlüssen, also zwischen der Schluss- und der Eröffnungsbilanz, dürfen nach diesem Grundsatz keine Buchungen stattfinden und auch sonst keine Änderungen vorgenommen werden.[538] Denn anderenfalls könnten Gewinne den Aktionären vorenthalten[539] und auch der Informationsgehalt des Abschlusses geschmälert werden. Zudem ist Folge der Fortführung der bisherigen Bilanzansätze die sog. Zweischneidigkeit der Bilanz, durch die sich die bisherigen Ansätze im Folgejahr entgegengesetzt auswirken, beispielsweise höhere

535 Kapitel 3, B. II. 1., 2. a).

536 Vgl. dahingehend auch *Knittel/Eble*, BB 2008, 2283, 2286: „Es ist davon auszugehen, dass Bilanzierungssysteme als gleichwertig zu betrachten sind."

537 Siehe oben Kapitel 3, B. II. 1., 2. a).

538 *ADS*, § 252 HGB, Rn. 10; *Winkeljohann/Büssow*, in: Beck'scher Bilanzkommentar, § 252, Rn. 3.

539 *ADS*, § 252 HGB, Rn. 9.

Wertansätze zu stärkeren Abschreibungen führen und umgekehrt. Dadurch wird überperiodisch betrachtet die zutreffende Erfassung des Gesamtgewinns gewährleistet.[540]

Für die Bewertung bedeutet die Bilanzidentität konkret, dass „eine ‚Neubewertung' in der Eröffnungsbilanz [...] unzulässig [ist]."[541] Doch gilt die Bilanzidentität wiederum nicht nur für die Bewertung, wie die vierte Gesellschaftsrechtsrichtlinie noch vermuten ließ,[542] sondern auch für den Ansatz von Posten.[543]

Auch für die Aufnahme der SE im Bilanzierungssystem des Zuzugsstaates bedeutet das Gebot der Bilanzidentität, dass zu Beginn eines Geschäftsjahres die Posten und Beträge anzusetzen sind, mit denen das vorhergehende Geschäftsjahr geschlossen wurde. Der erste Jahresabschluss im Zuzugsstaat muss mithin die Bilanzposten des letzten Jahresabschlusses des vorhergehenden Geschäftsjahres übernehmen – und dies unabhängig davon, ob das vorherige Geschäftsjahr „fremden" Bilanzierungsvorschriften, nämlich denen des Wegzugsstaates unterlegen hat. Sofern es erforderlich und zulässig sein sollte, die Bilanzposten zu korrigieren, gebietet es die Bilanzidentität, diese erst im Anschluss an die Aufstellung der Eröffnungsbilanz und damit bilanzsichtbar vorzunehmen.

3. *Vorgaben der IAS-Verordnung*

Neben der Umsetzung der Vorgaben der Bilanzrichtlinie in nationales Recht können die Mitgliedstaaten seit dem Erlass der IAS-VO den Unternehmen auch gestatten oder sogar vorschreiben, den Jahresabschluss nach den in das europäische Recht übernommenen (sog. endorsed) IFRS aufzustellen (Art. 5 IAS-VO). Während Deutschland von dieser Möglichkeit keinen Gebrauch gemacht hat, hat der italienische Gesetzgeber sie wahrgenommen und die Anwendung der IFRS zugelassen und teilweise auch verpflichtend vorgesehen.[544]

Da die (italienische) SE dem Anwendungsbereich der endorsed IFRS unterfallen kann,[545] gilt es zu erörtern, welche Bilanzierungsprinzipien nach der IAS-Verordnung i.V.m. den IFRS für den Grenzübertritt der SE relevant sein können.

---

540 *Merkt*, in: Baumbach/Hopt, HGB, § 252, Rn. 6; *Tiedchen*, in: MüKo Bilanzrecht, Bd. 2, § 252 HGB, Rn. 11; *Weber-Grellet*, Bilanzsteuerrecht, 2. Abschnitt, F. III. 2. b), Rn. 52; *Winkeljohann/Büssow*, in: Beck'scher Bilanzkommentar, § 252, Rn. 4.

541 *ADS*, § 252 HGB, Rn. 12.

542 Vgl. auch zu den Prinzipien der Stetigkeit und der Vorsicht: Kapitel 3, B. II. 2. b) iii) (1), iv) (1).

543 So bereits zur vierten Gesellschaftsrechtsrichtlinie bzw. ihre deutsche Umsetzung: *ADS*, § 252 HGB, Rn. 13; *Tiedchen*, in: MüKo Bilanzrecht, Bd. 2, § 252 HGB, Rn. 9; *Winkeljohann/Büssow*, in: Beck'scher Bilanzkommentar, 9. Aufl., § 252, Rn. 7.

544 Siehe Kapitel 1, B. I. 3.

545 Siehe Kapitel 1, B. I. 3.

a) *Zur (Ir-)Relevanz der Prinzipien der Bilanzrichtlinie*

Zunächst einmal könnten die Rechnungslegungsprinzipien der Bilanzrichtlinie auch im Rahmen der IAS-Verordnung Geltung beanspruchen. Dies hängt davon ab, wie sich die beiden Sekundärrechtsakte zueinander verhalten.

Explizit wird in der europäischen Normenpyramide keinem der beiden Rechtsakte ein Vorrang zugesprochen, auch wenn die Verordnung in Art. 288 AEUV vor der Richtlinie genannt wird und ihr eine unmittelbare und damit scheinbar vorrangige Wirkung zukommt.[546] Auch lässt sich der Vorgabe des Art. 3 Abs. 2 Alt. 1 IAS-VO, nach der die IFRS nur dann ins europäische Recht übernommen werden dürfen, wenn sie dem true and fair view-Prinzip nicht zuwiderlaufen, kein eindeutiger Hinweis entnehmen. Denn auf der einen Seite könnte dies bedeuten, dass die Bilanzrichtlinie über den IFRS steht.[547] Auf der anderen Seite wäre es eigentlich nicht erforderlich, die Vereinbarkeit mit dem true and fair view-Prinzip explizit vorauszusetzen, wenn sich die IAS-VO ohnehin in das System der Bilanzrichtlinie eingliedern müsste.[548]

Eine Entscheidung über das Verhältnis der beiden Sekundärrechte zueinander kann hier aber offen bleiben, denn die IFRS enthalten selbst Prinzipien, die denen der Bilanzrichtlinie nahe kommen.[549] Jedenfalls diese sind daher bei Aufnahme der SE im IFRS-Bilanzierungssystem des Zuzugsstaates zu beachten. Zwar können sich im Einzelnen Unterschiede in der Ausprägung der Prinzipien ergeben, so insbesondere beim Vorsichtsprinzip.[550] Dies wäre aber selbst dann der Fall, wenn man die Prinzipien der Bilanzrichtlinie unmittelbar auf die IAS-Verordnung und damit auf die endorsed IFRS für anwendbar erachtet. Denn die Prinzipien werden häufig erst durch die jeweiligen Einzelvorschriften konkretisiert.[551] Und eine Konkretisierung durch die IFRS gibt gerade dem Vorsichtsprinzip eine andere Färbung als bei Konkretisierungen durch nationale Rechnungslegungssysteme. Welche IFRS-Einzelvorschriften dabei keine Konkretisierung mehr der Prinzipien darstellen würden, würde den Forschungsgegenstand der vorliegenden Arbeit überschreiten und soll daher nicht erörtert werden.

---

546 Vgl. aber *Kotzur*, in: Geiger/Khan/Kotzur, EUV/AEUV, Art. 288 AEUV, Rn. 5: „Es besteht keine ausdrückliche Regelung zur Rangordnung der Handlungsarten. Aufgrund der Eingenart des jeweiligen Handlungstyps wird man folgende Grundsätze annehmen können: Die Verordnung geht der Richtlinie [...] vor."

547 So *Hennrichs*, GmbHR 2011, 1065, 1070. Vgl. zudem *Bohl*, in: Beck'sches IFRS-Handbuch, 3. Aufl., § 1, Rn. 31; *Hennrichs*, RWS-Forum 25, Gesellschaftsrecht 2003/2004, 101, 121.

548 Zum Verhältnis zwischen den endorsed IFRS und der Bilanzrichtlinie auch unter dem Aspekt des true and fair view vgl. *Venuti*, Il bilancio di esercizio fino agli IFRS, Teil 3, 10.2., S. 360, der von einer „compatibilità allargata" („ausgedehnte Kompatibilität") zwischen der (noch nicht modernisierten) Richtlinie und den IFRS spricht.

549 Sogleich Kapitel 3, B. II. 3. b).

550 Vgl. bereits Kapitel 3, B. II. 2. b) iv) (1).

551 Siehe Kapitel 3, B. II. 2. b) iv).

b) Die Bilanzierungsprinzipien der IFRS und mögliche Besonderheiten

Es gilt zu erörtern, welche der für den Grenzübertritt der SE relevanten Bilanzierungsprinzipien auch in den IFRS vorgesehen sind und welche Besonderheiten bestehen.

Zwar ist das sog. Framework („Rahmenkonzept"), in dem grundsätzlich die allgemeinen Vorgaben gemacht werden,[552] nicht vom Übernahmeverfahren in das europäische Recht erfasst.[553] Die meisten Prinzipien sind aber auch in den Standards selbst, insbesondere in IAS 1 und IAS 8,[554] verankert, so dass sie mit endorsed wurden.

Zunächst ist zu betonen, dass auch die IFRS das Prinzip der fair presentation kennen (IAS 1.15 ff.), das mit dem true and fair view-Prinzip der Richtlinie vergleichbar ist.[555] Zudem ist der Grundsatz des going concern in F.4.1 und IAS 1.25 f. vorgesehen. Er gilt als „fundamental accounting assumption" und nimmt daher sogar eine übergeordnete Rolle ein.[556] Weiter kennen die Internationalen Rechnungslegungsstandards auch den Grundsatz der Stetigkeit (vgl. IAS 1.45 f., 8.13). Das Prinzip gilt sowohl für Bewertungsmethoden als auch für Ansatzwahlrechte.[557] Auch der Grundsatz der Bilanzidentität liegt nach herrschender Ansicht den IFRS zugrunde und ist aus IAS 8 abzuleiten.[558] Er werde aber durch Einzelregelungen wie den IAS 8.14 ff., 21.35 eingeschränkt.[559]

---

552 Vgl. *Theile*, in: Heuser/Theile, IFRS, Rn. 32; *Vacca*, in: A.B.I., IAS/IFRS, S. 211 ff., 218: „linee guida" („Leitlinien"); *Wawrzinek/Lübbig*, in: Beck'sches IFRS-Handbuch, § 2, Rn. 1: „theoretische[s] Fundament". Eine den Standards übergeordnete Bedeutung kommt dem Framework jedoch nicht zu, *Bohl*, in: Beck'sches IFRS-Handbuch, 3. Aufl., § 1, Rn. 34; *Gaetano*, in: A.B.I., IAS/IFRS, S. 523 ff., 527.

553 Erfasst sind nur die Standards (IAS, IFRS) und die Interpretationen (SIC, IFRIC), siehe *Hennrichs*, in: MüKo Bilanzrecht, Bd. 1, Einf (Juli 2008), Rn. 59; *Kleindiek*, in: MüKo Bilanzrecht, Bd. 1, Einf (Juli 2008), Rn. 86; *Scognamiglio*, in: A.B.I., IAS/IFRS, S. 29 ff., 70; *Theile*, in: Heuser/Theile, IFRS, Rn. 56; *Venuti*, Il bilancio di esercizio fino agli IFRS, Teil 3, 10.3., S. 367.

554 Vgl. *Wawrzinek/Lübbig*, in: Beck'sches IFRS-Handbuch, § 2, Rn. 11: „IAS 1 und IAS 8 können somit nach ihrem Inhalt neben dem Rahmenkonzept als allgemeine Teile der IFRS bezeichnet werden. Sie sollen sicherstellen, dass die im Rahmenkonzept formulierten Ziele auch umgesetzt werden."

555 *Caratozzolo*, Società 2004, 306, 309; *Van Hulle*, EAR 1997, 711, 718; *Wawrzinek/Lübbig*, in: Beck'sches IFRS-Handbuch, § 2, Rn. 44.

556 *Venuti*, Il bilancio di esercizio fino agli IFRS, Teil 3, 10.5., S. 391, 10.6., S. 393; *Winkeljohann/Büssow*, in: Beck'scher Bilanzkommentar, 9. Aufl., § 252, Rn. 82.

557 Siehe *Merkt*, in: Baumbach/Hopt, HGB, 34. Aufl., § 252, Rn. 55; *Wawrzinek/Lübbig*, in: Beck'sches IFRS-Handbuch, § 2, Rn. 77.

558 *Merkt*, in: Baumbach/Hopt, HGB, 34. Aufl., § 252, Rn. 54; *Winkeljohann/Büssow*, in: Beck'scher Bilanzkommentar, 9. Aufl., § 252, Rn. 81. Siehe auch *Bran*, in: Cendon, Codice Civile, Art. 2423-*bis*, Nr. 6, S. 1016.

559 *Merkt*, in: Baumbach/Hopt, HGB, 34. Aufl., § 252, Rn. 54.

Wie bereits angedeutet,[560] kennen die IFRS sogar den Grundsatz der Vorsicht („prudence", IAS 8.10 lit. b, iv). In der konkreten Ausgestaltung unterscheidet sich das Vorsichtsprinzip der IFRS jedoch von dem Prinzip der Bilanzrichtlinie:[561] Es tritt hinter dem Grundsatz der Periodisierung zurück (vgl. IAS 18.29 f. [2008]), so dass für den Zeitpunkt der Gewinnerfassung nicht die tatsächliche Realisation, sondern die reine Realisierbarkeit im Vordergrund steht.[562] Die IFRS erkennen das Vorsichtsprinzip mithin lediglich als Ausprägung des Sorgfaltsmaßstabes an, nach dem zu bilanzieren ist.[563]

c) Bedeutung für den Grenzübertritt der SE

Durch das in Art. 5 IAS-VO vorgesehene Mitgliedstaatenwahlrecht zur Anwendung der IFRS auf den Jahresabschluss kann die SE mit Grenzübertritt in oder aus einem Mitgliedstaat ziehen, bei dem ihr Jahresabschluss nach den (endorsed) IFRS aufgestellt werden kann oder sogar muss.

In Bezug auf die zu beachtenden Bilanzierungsprinzipien ist dabei folgendes zu bedenken: Zunächst sind auch in diesem Fall bei Grenzübertritt die Prinzipien des true and fair view, des going concern, der Stetigkeit, der Vorsicht und der Bilanzidentität zu beachten, denn sie finden auch bei den endorsed IFRS, je nach Auffassung, entweder über die Bilanzrichtlinie Anwendung oder sie sind den IFRS selbst zu entnehmen. Im Grundsatz sind die oben aus den Prinzipien gewonnenen Erkenntnisse[564] mithin auch bei einem Grenzübertritt aus oder in ein IFRS-Rechnungslegungssystem relevant.

Allerdings kann den Prinzipien eine andere Prägung unter den endorsed IFRS zukommen. Dies wird insbesondere beim Vorsichtsprinzip deutlich, das die IFRS wesentlich weniger streng verstehen als die tradierten kontinentaleuropäischen Bilanzierungssysteme.[565] Ähnlich wie bei der unterschiedlichen Umsetzung der Bilanzrichtlinie in die nationalen Rechtsordnungen können sich daher im Wegzugsstaat Bilanzansätze gebildet haben, die das Zuzugsstaatenrecht für zu unsicher erachtet und daher nicht zugelassen hätte.

---

560 Kapitel 3, B. II. 2. b) iv) (1).

561 *ADS*, § 252 HGB, Rn. 72; *Venuti*, Il bilancio di esercizio fino agli IFRS, Teil 3, 10.6., S. 396; *ders.*, in: A.B.I., IAS/IFRS, S. 245 ff., 249; *Wawrzinek/Lübbig*, in: Beck'sches IFRS-Handbuch, § 2, Rn. 91.

562 *Winkeljohann/Büssow*, in: Beck'scher Bilanzkommentar, 9. Aufl., § 252, Rn. 84. Vgl. auch *Caratozzolo*, Società 2004, 306, 308; *Gaetano*, in: A.B.I., IAS/IFRS, S. 523 ff., 529; *Heuser*, in: Heuser/Theile, IFRS, Rn. 12.

563 *Caratozzolo*, Società 2004, 306, 308; *Gaetano*, in: A.B.I., IAS/IFRS, S. 523 ff., 534; *Wawrzinek/Lübbig*, in: Beck'sches IFRS-Handbuch, § 2, Rn. 92. Siehe auch *Venuti*, Il bilancio di esercizio fino agli IFRS, Teil 3, 10.6., S. 395; *ders.*, in: A.B.I., IAS/IFRS, S. 245 ff., 249.

564 Soeben unter Kapitel 3, B. II. 2. b).

565 Siehe bereits Kapitel 3, B. II. 2. b) iv) (1).

Dies ist aber auch hier europarechtlich unproblematisch. Denn der europäische Gesetzgeber erachtet auch die IFRS für ausreichend vorsichtig – und zwar sowohl im Hinblick auf ihre Informationswerte als auch auf die Ausschüttungsbemessung. Denn anderenfalls hätte er nicht die Aufstellung eines Jahresabschlusses nach den IFRS zugelassen. Europarechtlich ist daher auch hier ein zusätzlicher Schutz für Gläubiger und Aktionäre nicht erforderlich.

III. Zwischenergebnis

Bei der europarechtskonformen Auslegung des Art. 61 SE-VO zur Ermittlung einer Aufnahmemethode sind drei Rechtsquellen zu berücksichtigen:

Primärrechtlich ist die Niederlassungsfreiheit zu wahren. Die bilanzielle Aufnahme der SE sollte daher die Grundfreiheit nach Möglichkeit erst gar nicht beschränken, indem sie keine für die Gesellschaft bei Grenzübertritt nachteilhaften Maßnahmen vorsieht. Sollten aber Maßnahmen zur Eingliederung der SE unumgänglich sein, muss die daraus resultierende Beschränkung der Niederlassungsfreiheit gerechtfertigt werden, welches zum Schutz von Gläubigern oder Minderheitsgesellschaftern grundsätzlich möglich ist. Der europäische Gesetzgeber hat aber bereits mit der SE-VO und der Bilanzrichtlinie einen Schutzrahmen abgesteckt und hält weitergehende Maßnahmen auch bei Grenzübertritt der SE nicht für erforderlich. Durch Auslegung des Art. 61 SE-VO können sich daher nur solche Aufnahmemethoden ergeben, die einer Rechtfertigung durch den Gläubiger- und Aktionärsschutz nicht bedürfen.

Dennoch hat der europäische Gesetzgeber den Mitgliedstaaten gerade beim Vorsichtsprinzip der Bilanzrichtlinie eine strengere Umsetzung als das von ihm vorgesehene Mindest-Schutzmaß zugelassen. Mögliche nationale Regelungen, die die Niederlassungsfreiheit beschränken, können sich daher dennoch zum Schutz von Gläubigern oder Minderheitsgesellschaftern rechtfertigen lassen, müssen sich aber einer besonders strengen Verhältnismäßigkeitsprüfung unterziehen.

Nach der SE-Verordnung als europäisches Sekundärrecht behält die SE mit Grenzübertritt zudem ihre Rechtspersönlichkeit gem. Art. 8 Abs. 1 Satz 2 SE-VO bei. Sie darf daher durch die bilanzielle Aufnahmemethode nicht wie eine neu entstandene Gesellschaft, wie ein neues Bilanzierungssubjekt, behandelt werden. Zudem bestimmt Art. 8 Abs. 10 SE-VO den Zeitpunkt, zu dem der Wechsel der Rechnungslegungsvorschriften vollzogen wird: mit Eintragung in das Handelsregister des Zuzugsstaates. Bis zu diesem Zeitpunkt findet nach Art. 61 SE-VO das Bilanzrecht des Wegzugsstaates und erst ab diesem Zeitpunkt das Bilanzrecht des Zuzugsstaates Anwendung.

Der Bilanzrichtlinie ist zudem zu entnehmen, dass eine Kontinuität der bilanziellen Abbildung der SE – auch bei Grenzübertritt – zu gewähren ist: So ist nach dem Stetigkeitsprinzip eine Wahlrechtsausübung, die sowohl der Wegzugs- als auch der Zuzugsstaat gewährt, im Bilanzierungssystem des Zuzugsstaates beizubehalten. Dem Prinzip der Bilanzidentität ist zu entnehmen, dass der erste im Zuzugsstaat zu erstellende Jahresabschluss zu Beginn eines Geschäftsjahres die Bilanzposten übernehmen muss, mit denen das vorhergehende Geschäftsjahr geschlossen wurde; Änderungen zwischen der Schlussbilanz eines Geschäftsjahres und der Eröffnungsbilanz des folgenden Geschäftsjahres dürfen nicht vorgenommen werden. Das going concern-Prinzip untersagt beim Zuzug der SE den Ansatz von Zerschlagungswerten und generell die bilanzielle Abbildung einer Einstellung und anschließender Neugründung des Gewerbes.

Werden die Bilanzierungsprinzipien mit Grenzübertritt gewahrt, so steht das Aufnahmesystem der SE in die Rechnungslegung des Zuzugsstaates auch im Einklang mit der Hauptzielsetzung der Richtlinie, der Erzielung eines true and fair view, der durch die Prinzipien erst konkretisiert wird.

C. Spezielle Betrachtung der Problematik beim Grenzübertritt zwischen Deutschland und Italien

Bevor sich der nachfolgende Abschnitt (unter D.) mit den bilanziellen Aufnahmemöglichkeiten der SE im Zuzugsstaat auseinandersetzen wird, ist an dieser Stelle zunächst auf die Unterschiede in den Bilanzierungssystemen Deutschlands und Italiens einzugehen. Denn erst durch konkrete Beispiele vermag die bilanzielle Problematik des Grenzübertrittes verdeutlicht zu werden und können Lösungsansätze ermittelt werden.

Dabei wird zunächst (unter I.) auf Unterschiede in der Umsetzung der von der Richtlinie vorgesehenen Bilanzierungsprinzipien eingegangen; sodann (unter II.) werden ausgewählte Unterschiede zwischen den Bilanzierungsvorschriften der beiden Mitgliedstaaten dargestellt.

I. Umsetzung der Bilanzierungsprinzipien ins deutsche und italienische nationale Recht

1. Vergleichbare Umsetzungen

Die meisten der soeben aufgeführten Bilanzierungsprinzipien haben der deutsche und der italienische Gesetzgeber vergleichbar umgesetzt. Auch wenn nicht immer im Wortlaut, so entsprechen sich nationalen Regelungen dennoch inhaltlich.

Bei der Umsetzung des true and fair view-Prinzips in Art. 2423 Abs. 2–5 c.c. hat sich der italienische Gesetzgeber weitestgehend an den Wortlaut der vierten Gesellschaftsrechtsrichtlinie gehalten.[566] Die deutsche Umsetzung des true and fair view-Prinzips weicht hingegen vom Wortlaut der Richtlinienvorgabe ab, indem das Prinzip nach § 264 Abs. 2 Satz 1 HGB „unter Beachtung der Grundsätze ordnungsmäßiger Buchführung“ (GoB) zu gewährleisten ist. Allerdings sind die GoB nach mittlerweile

566 *Eikenberg*, Der Jahresabschluss deutscher und italienischer Kapitalgesellschaften, 2. Teil, § 6, C. I., S. 93.

herrschender Meinung deduktiv, also aus den Gesetzesvorgaben herzuleiten.[567] Das true and fair view-Prinzip seinerseits wird durch die Einzelnormen geprägt,[568] so dass die Beachtung der GoB bei der Anwendung des true and fair view-Prinzips selbstverständlich ist und eine inhaltliche Änderung der Richtlinienvorgabe nicht besteht. Weitere Abweichungen im Wortlaut der deutschen Umsetzung betreffen das Erfordernis von Anhangsangaben nach Art. 4 Abs. 3 Satz 2 der Bilanzrichtlinie sowie das Abweichungserfordernis nach Art. 4 Abs. 4 der Bilanzrichtlinie. Doch auch durch sie wurde das true and fair view-Prinzips nicht inhaltlich verändert.[569]

Das Prinzip des going concern ist hingegen unproblematisch in Art. 2423-*bis* Abs. 1 Nr. 1 Fall 2 c.c. sowie § 252 Abs. 1 Nr. 2 HGB umgesetzt worden. Dabei ist der Zusatz der deutschen Vorschrift „sofern nicht tatsächliche oder rechtliche Gegebenheiten [dem going concern] entgegenstehen" lediglich dahingehend zu verstehen, dass freilich (nur) solange eine positive Prognose zur Unternehmensfortführung besteht, diese bilanziell widerzuspiegeln ist.[570]

Das Stetigkeitsprinzip bezieht sich in der deutschen Umsetzung seit[571] dem BilMoG mit §§ 246 Abs. 3 Satz 1 und 252 Abs. 1 Nr. 6 HGB sowohl auf Ansatz- als auch auf Bewertungswahlrechte. Hingegen scheint sich im italienischen Recht der Wortlaut des Art. 2423-*bis* Abs. 1 Nr. 6 c.c. allein auf „Bewertungskriterien" („criteri di valutazione") zu beziehen. Aber ebenso wie unter dem Wortlaut „Bewertung" der vierten Gesellschaftsrechtsrichtlinie auch Ansatzregeln zu subsumieren waren,[572] scheint der Codice civile den Begriff der Bewertung in einem weiten Sinne zu verwenden. So wird unter dem mit der Überschrift „Bewertungskriterien" bezeichneten Art. 2426 c.c. in Nr. 5 erörtert, *ob* Entwicklungskosten aktivierbar sind. Deutlicher noch spricht Art. 2426 Nr. 6 c.c. davon, dass der Geschäfts- oder Firmenwert aktiviert werden kann („l'avviamento può essere iscritto nell'attivo"). Auch

567 *Hennrichs/Pöschke*, in: Fink/Schultze/Winkeljohann, Bilanzpolitik und Bilanzanalyse nach neuem Handelsrecht, S. 47 ff., 51.

568 Siehe Kapitel 3, B. II: 2. b) i).

569 Vgl. *Arbeitskreis Hochschullehrer Rechtswissenschaft*, NZG 2014, 892, 892; *Budde/Förschle*, in: Mellwig/Moxter/Ordelheide, Einzelabschluß und Konzernabschluß, S. 27 ff., 42.

570 Im Einzelnen zum (deutschen) Halbsatz: *Winkeljohann/Büssow*, in: Beck'scher Bilanzkommentar, § 252, Rn. 14 ff.

571 Zur vorher umstrittenen Umsetzung siehe *Eikenberg*, Der Jahresabschluss deutscher und italienischer Kapitalgesellschaften, 2. Teil, § 8, S. 193 ff.; *Förschle/Kropp*, ZfB 56. Jg. (1986), H. 9, 873, 876 ff.; *Leffson*, WPg 1988, 441, 443 ff.; *Hennrichs*, Wahlrechte im Bilanzrecht, Kap. 5, B., S. 251 ff.; *Tiedchen*, in: MüKo AktG, 2. Aufl., Bd. 5/1, § 252 HGB, Rn. 88.

572 *Hennrichs*, Wahlrechte im Bilanzrecht, Kap. 5, B. III. 1) b), S. 268 ff.; *Moxter*, BB 1995, 1463, 1464. Siehe auch *Eikenberg*, Der Jahresabschluss deutscher und italienischer Kapitalgesellschaften, 2. Teil, § 8, B. I., S. 197; (zur deutschen Umsetzung) *Förschle/Kropp*, ZfB 56. Jg. (1986), H. 9, 873, 879 f.

beim Stetigkeitsgebot des Art. 2423-*bis* Abs. 1 Nr. 6 c.c. ist daher von einem weiten Verständnis des Begriffes „Bewertung“ auszugehen.[573]

In zeitlicher Hinsicht erstreckt sich das Stetigkeitsgebot in der deutschen wie auch der italienischen Vorschrift klar nur auf das nächste Geschäftsjahr und setzt somit die Richtlinienvorgabe um.

Das Gebot der Bilanzidentität ist im deutschen Bilanzrecht in § 252 Abs. 1 Nr. 1 HGB aufgeführt und besagt, dass „die Wertansätze in der Eröffnungsbilanz des Geschäftsjahrs [...] mit denen der Schlussbilanz des vorhergehenden Geschäftsjahrs übereinstimmen [müssen].“ Die Wortwahl „Eröffnungsbilanz“ erscheint missverständlich, denn der Grundsatz der Bilanzidentität verpflichtet den Bilanzierenden nicht dazu, jedes Geschäftsjahr eine vollständig neue Bilanz im formellen Sinne zu erstellen. Vielmehr ist nur gemeint, dass die Eröffnungswerte der Bestandskonten mit den Schlusswerten der Vorperiode übereinstimmen müssen.[574]

Der italienische Gesetzgeber hat zwar auf eine explizite Kodifizierung des Gebots der Bilanzidentität verzichtet. Hierdurch sollte aber nicht von dem Prinzip Abstand genommen werden. Vielmehr wurde es nach der Gesetzesbegründung generell „nicht für erforderlich gehalten, alle Vorschriften, die in Art. 31 der Vierten Richtlinie enthalten sind, wiederzugeben, da manche von ihnen offensichtlich und implizit in anderen ausdrücklich formulierten enthalten [seien] [...].“[575] So ist in Bezug auf die Bilanzidentität von Bedeutung, dass auch im italienischen Bilanzrecht die Vergleichbarkeit der Abschlüsse eine wichtige Rolle spielt (vgl. Art. 2423-*bis* Abs. 1 Nr. 6, 2423-*ter* Abs. 5 c.c.). Denn für eine Vergleichbarkeit bedarf es der Übernahme der Bilanzposten des vorangegangenen Geschäftsjahres im

---

573 Siehe auch *Eikenberg*, Der Jahresabschluss deutscher und italienischer Kapitalgesellschaften, 2. Teil, § 8, C. I. 1), S. 206.

574 *ADS*, § 252 HGB, Rn. 11; *W.-D. Hoffmann*, StuB 2011, 201, 202; *Tiedchen*, in: MüKo Bilanzrecht, Bd. 2, § 252 HGB, Rn. 10; *Winkeljohann/Büssow*, in: Beck'scher Bilanzkommentar, § 252, Rn. 5.

575 Relazione (Begründung) zum Art. 3 des d.lgs. 127/1991: „Non si è stimato necessario riprodurre tutte le regole contenute nell'art. 31 della IV direttiva, perché alcune di esse erano ovvie e implicite in altre esplicitamente enunciate [...].“, zitiert bei *Giambanco*, in: Bussoletti, La nuova disciplina dei bilanci di società, Art. 2 e 3, S. 46. Hierzu *Pontani*, in: A. Palma, Il bilancio di esercizio, Kap. 6, 2., S. 105. Siehe auch *Bran*, in: Cendon, Codice Civile, Art. 2423-*bis*, Nr. 1, S. 1012; *Superti Furga*, Il bilancio di esercizio italiano, Teil 1, Kap. 2, 1., S. 17.
Speziell zum Prinzip der Bilanzidentität vgl. *Caratozzolo*, Il bilancio d'esercizio, Teil 2, Kap. 5, 5.1.7., S. 205, und *Colombo*, in: Jorio, Il progetto italiano di attuazione della IV direttiva CEE, S. 143 ff., 145. Zu der hohen Bedeutung des Prinzips der Bilanzidentität siehe *Fortunato*, Giur. comm. 1992, I, 453, 464. Siehe auch *Libonati*, Giur. comm. 1984, I, 1012, 1014: „grundlegend [...] unentbehrlich“ („fondamentale [...] indispensabili“); *Paciello*, in: Jorio, Il progetto italiano di attuazione della IV direttiva CEE, S. 253 ff., 262. Vgl. in der deutschen Literatur auch *Tiedchen*, in: MüKo AktG, 2. Aufl., Bd. 5/1, § 252 HGB, Rn. 13: „[...] ist die Bilanzidentität für jedes System, das aufeinander folgende Jahresabschlüsse vorsieht, eine Selbstverständlichkeit.“

neuen Geschäftsjahr und damit der Identität der Schluss- mit der nächsten Eröffnungsbilanz.[576] Schließlich wäre der Vergleich von Werten zum Ende eines jeden Geschäftsjahres nur wenig sinnvoll, wenn die Anfangswerte nicht die jeweiligen Endwerte fortführten. Auch als ungeschriebenes Prinzip der Rechungslegung ist das Gebot der Bilanzidentität daher im italienischen Bilanzrecht zu beachten.[577]

2. Unterschiede in der Umsetzung des Vorsichtsprinzips

Ein entscheidender Unterschied besteht jedoch in der Umsetzung des Vorsichtsprinzips. Auch wenn eine relativ wortlautgetreue Umsetzung des Vorsichtsprinzips in § 252 Abs. 1 Nr. 4 Halbs. 1 HGB und Art. 2423-*bis* Abs. 1 Nr. 1 Alt. 1 c.c. sowie des Realisationsprinzips in § 252 Abs. 1 Nr. 4 Halbs. 2 HGB und Art. 2423-*bis* Abs. 1 Nr. 2 c.c. erfolgte.

Im Grundsatz gehen zwar beide Rechtsordnungen davon aus, dass es für eine Realisierung eines Umsatzaktes am Markt bedarf.[578] Auch wird dabei grundsätzlich der Zeitpunkt für ausschlaggebend gehalten, zu dem die (Preis-)Gefahr auf den anderen Vertragspartner übergeht.[579] Im Einzelnen wird nach italienischem Bilanzrecht aber teilweise der Ansatz von Werten zugelassen, die nach tradierter deutscher Vorstellung (noch) nicht für realisiert erachtet werden. So ist in Italien beispielsweise bei langfristigen Fertigungen ein quotaler Gewinn nach der sog. percentage of completion-Methode bereits vor Abnahme des Werkes erfassbar[580] und auf

576 Ähnlich für die IFRS *Winkeljohann/Büssow*, in: Beck'scher Bilanzkommentar, § 252, 9. Aufl., Rn. 81. In diesem Zusammenhang nennt auch *Cera*, Rivista delle società 1980, 1148, 1157, das Prinzip der Bilanzidentität.

577 Vgl. zum Steuerbilanzrecht zudem Cassazione civile sez. trib. v. 13.07.2012 – Nr. 11949: „[...] das sog. Prinzip der Kontinuität der Bilanzwerte, kraft dessen die Endwerte eines Abschlusses die Anfangswerte des folgenden Abschlusses darstellen [...]." („[...] il c.d. principio di continuità dei valori di bilancio, in forza del quale le rimanenze finali di un esercizio costituiscono esistenze iniziali dell'esercizio successivo [...]."). Siehe zudem *Colombo*, in: Abbadessa/Portale, Il nuovo diritto delle società, Bd. 3, S. 154 ff., 175, Fn. 35: „eine [...] selbstverständliche Bilanzierungsregel" („una regola contabile [...] ovvia").

578 *Colombo*, in: Abbadessa/Portale, Il nuovo diritto delle società, Bd. 3, S. 154 ff., 158; *Großfeld*, Bilanzrecht, 3. Aufl., Rn. 167; *Hommel/Berndt*, BB 2009, 2190, 2190; *Strampelli*, Rivista delle società 2006, 243, 245 f.; *Tiedchen*, in: MüKo Bilanzrecht, Bd. 2, § 252 HGB, Rn. 62. Siehe auch *Gelhausen/u. a.*, in: IDW, WP Handbuch, Bd. 1, E, Rn. 298.

579 BFH v. 08.09.2005 – IV R 40/04, BStBl. II 2006, 26, 27, Tz. 18; *ADS*, § 252 HGB, Rn. 82; *Eikenberg*, Der Jahresabschluss deutscher und italienischer Kapitalgesellschaften, 2. Teil, § 7, C. III., S. 147; *Giambanco*, in: Bussoletti, La nuova disciplina dei bilanci di società, Art. 2 e 3, S. 50; *Großfeld*, Bilanzrecht, 3. Aufl., Rn. 167; *Tiedchen*, in: MüKo Bilanzrecht, Bd. 2, § 252 HGB, Rn. 66; *Vigano*, in: Jorio, Il progetto italiano di attuazione della IV direttiva CEE, S. 49 ff., 52.

580 Siehe Kapitel 3, C. II. 1. g).

Beteiligungen an beherrschten oder assoziierten Unternehmen kann die sog. equity-Methode angewandt werden, die die Bewertung der Beteiligung von dem prozentualen Anteil am Eigenkapital der beherrschten oder assoziierten Gesellschaft abhängig macht.[581] Zudem erachten Teile des italienischen Schrifttums gerade diese beiden Beispiele für mit dem Realisationsprinzip vereinbar, da bei den Fertigungsaufträgen die künftige Realisierung ausreichend sicher sei[582] und durch die equity-Methode nur solche Beträge berücksichtigt würden, die jedenfalls von dem Tochterunternehmen bereits realisiert worden seien.[583]

Das etwas weitere italienische Verständnis vom Vorsichtsprinzip wird zudem darin sichtbar, dass in Italien die Aufstellung des Jahresabschlusses nach den (endorsed) IFRS teilweise gestattet wird und für manche Gesellschaften sogar verpflichtend vorgeschrieben ist.[584] Der deutsche Gesetzgeber hat diese Möglichkeit hingegen nicht wahrgenommen.[585] Denn den IFRS liegt ein anderes Verständnis des Vorsichtsprinzips zugrunde,[586] das sich gerade in einem sehr weiten Realisationsprinzip widerspiegelt, welches mehr auf den Zeitpunkt der Realisier*bar*keit anstatt der tatsächlichen Realisation abstellt (vgl. IAS 18.29 f. [2008]).[587] Entsprechend lassen sie häufig die Bewertung zu einem auch über den Anschaffungs- oder Herstellungskosten liegenden Zeitwert (sog. fair value) zu.[588]

Dennoch unterscheidet sich die italienische Vorstellung vom Vorsichts- und Realisationsprinzip im Hinblick auf die Ausschüttungsbemessungsfunktion des Jahresabschlusses nicht grundlegend von der deutschen. Denn viele der im Codice civile höheren Ansätze werden flankiert durch eine Ausschüttungssperre.[589] Und auch für die Anwendung der endorsed IFRS im Jahresabschluss hat der italienische Gesetzgeber Ausschüttungssperren vorgeschrieben.[590] Der italienische Gesetzgeber bedient sich mithin nur eines anderen Sperrmechanismus als der deutsche, der bereits den Ansatz der Werte untersagt. Dies trifft aber nicht auf alle – nach deutschem Verständnis – unvorsichtigen Werte zu, so ist beispielsweise für die percentage of completion-Methode nach Codice civile wie nach IFRS und auch für

---

581 Kapitel 3, C. II. 1. f).

582 *Colombo*, in: Colombo/Portale, Trattato delle società per azioni, Bd. 7*, S. 23 ff., 303 ff.; *Strampelli*, Rivista delle società 2006, 243, 248, Fn. 10.

583 *Colombo*, in: Colombo/Portale, Trattato delle società per azioni, Bd. 7*, S. 23 ff., 202, 284 f.; *ders.*, in: A. Palma, Il bilancio di esercizio, Kap. 5, 7., S. 94; *Strampelli*, Rivista delle società 2006, 243, 248 f.

584 Siehe Kapitel 1, B. I. 3.

585 Siehe Kapitel 1, B. I. 2.

586 Siehe Kapitel 3, B. II. 2. b) iv) (1), 3. b).

587 *Winkeljohann/Büssow*, in: Beck'scher Bilanzkommentar, § 252, 9. Aufl., Rn. 84.

588 Siehe Kapitel 3, C. II. 1. e).

589 Siehe Kapitel 3, C. II. 2. c).

590 Siehe Kapitel 3, C. II. 2. d).

die Anwendung des sog. impairment only approach nach den IFRS keine Sperre vorgesehen.[591]

Bei der Umsetzung des Imparitätsprinzips (principio di dissimmetria) unterscheiden sich das deutsche und das italienische Bilanzrecht dadurch voneinander, dass nur der deutsche Gesetzgeber das Mitgliedstaatenwahlrecht nach (mittlerweile) Art. 6 Abs. 5 der (neuen) Bilanzrichtlinie ausgeübt hat: § 252 Abs. 1 Nr. 4 Halbs. 1 HGB sieht vor, dass „alle *vorhersehbaren* Risiken und Verluste [...] zu berücksichtigen sind [Herv. durch Verf.]“, während Art. 2423-*bis* Abs. 1 Nr. 4 c.c. lediglich bestimmt, dass „die Risiken und Verluste des Geschäftsjahres“ („dei rischi e delle perdite di competenza dell'esercizio“) Berücksichtigung finden müssen. Dementsprechend wird in der italienischen Literatur die Vorschrift des Art. 2423-*bis* Abs. 1 Nr. 4 c.c. hauptsächlich als Ausdruck des Periodisierungsprinzips anstatt des Vorsichtsprinzips erachtet.[592] „[D]enn wenn der Verlust oder die Last schon sicher [seien], [sei] ihre Angabe eine reine Frage der zuzuordnenden Periode und nicht der Vorsicht.“[593] Dies bestätigt sich auch in der systematischen Stellung der Vorschrift unmittelbar hinter dem Prinzip der Periodisierung (Art. 2423-*bis* Abs. 1 Nr. *3* c.c.) und nicht hinter dem Vorsichtsprinzip (Art. 2423-*bis* Abs. 1 Nr. *1* c.c.).

Dennoch wird die Bilanzierung von nur voraussehbaren, noch nicht realisierten Verlusten im italienischen Schrifttum für erforderlich gehalten, da anderenfalls der ausgewiesene Gewinn nicht hinreichend sicher sei („priva l'utile del requisito della certezza“).[594] Auch wenn sich die Normen im Wortlaut unterscheiden, führt dies mithin nicht zu einem grundsätzlichen Unterschied im Bilanzierungssystem der beiden Mitgliedstaaten.

3. *Zusammenfassung*

Die Rechnungslegungsprinzipien der Bilanzrichtlinie sind im deutschen und italienischen Bilanzrecht sehr ähnlich umgesetzt worden. Allein beim Vorsichtsprinzip lassen sich Unterschiede erkennen. Diese Unterschiede könnten insbesondere den

---

591 Siehe Kapitel 3, C. II. 1. g), 2. d).

592 Vgl. *Bran*, in: Cendon, Codice Civile, Art. 2423-*bis*, Nr. 2, S. 1013; *Colombo*, in: Abbadessa/Portale, Il nuovo diritto delle società, Bd. 3, S. 154 ff., 158; *ders.*, in: A. Palma, Il bilancio di esercizio, Kap. 5, 7., S. 95; *Pontani*, in: A. Palma, Il bilancio di esercizio, Kap. 6, 2.6., S. 122; *Salafia*, Società 1991, 1611; *Superti Furga*, Il bilancio di esercizio italiano, Teil 1, Kap. 2, 4., S. 21 f.

593 *Bran*, in: Cendon, Codice Civile, Art. 2423-*bis*, Nr. 2, S. 1013: „[...] poiché se la perdita o l'onere sono già certi, la loro rivelazione è pura questione di competenza e non di prudenza.“

594 *Bran*, in: Cendon, Codice Civile, Art. 2423-*bis*, Nr. 2, S. 1013. Siehe zudem *Colombo*, in: Colombo/Portale, Trattato delle società per azioni, Bd. 7*, S. 23 ff., 191; *Colombo*, in: Abbadessa/Portale, Il nuovo diritto delle società, Bd. 3, S. 154 ff., 158; *OIC* Nr. 11, S. 13; *Superti Furga*, Il bilancio di esercizio italiano, Teil 1, Kap. 2, 1., S. 17; *Venuti*, in: A.B.I., IAS/IFRS, S. 245 ff., 249 f., Fn. 6.

deutschen Gesetzgeber dazu veranlassen, bei Zuzug der SE aus Italien Maßnahmen vorzusehen, um die zuziehenden Bilanzansätze mit dem (strengeren) deutschen Vorsichtsprinzip kompatibel zu machen.

Dazu seien zwei Punkte erneut betont: Erstens fordert das europäische Recht nicht die Einführung einer entsprechenden Maßnahme, denn alle in Umsetzung der Bilanzrichtlinie ergangenen Bilanzierungssysteme werden vom europäischen Gesetzgeber für hinreichend vorsichtig erachtet.[595] Zweitens müsste sich eine Aufnahmevorschrift an der Niederlassungsfreiheit messen lassen, die zwar aus Gläubiger- und Aktionärsschutzgründen – und damit grundsätzlich auch zur Umsetzung des Vorsichtsprinzips – eine Rechtfertigung zulässt, dabei aber der Verhältnismäßigkeitsgrundsatz gewahrt sein muss.[596]

II. Ausgewählte Unterschiede in den deutschen und italienischen Einzelvorschriften zur Aufstellung des Jahresabschlusses

Zur Veranschaulichung, welche Problempunkte sich tatsächlich beim Zuzug der SE aus einem anderen Bilanzierungssystem ergeben können, sollen im Folgenden ausgewählte Divergenzen zwischen dem deutschen und dem italienischen Bilanzrecht dargestellt werden. Dabei sind die Unterschiede zu Italien sowohl bei Bilanzierung nach dem Codice civile als auch nach den (endorsed) IFRS darzustellen.

Die ausgewählten Unterschiede sollen später bei der Umsetzung einer europarechtskonformen Aufnahmemethode der SE aufgegriffen werden (unter Kapitel 3, E. II.) und eine Erörterung an konkreten Beispielen ermöglichen.

Keine Erörterung wird die richtlinienkonforme Auslegung der einzelnen nationalen Vorschriften finden; vielmehr soll die Darstellung an dieser Stelle auf die nach herrschender Meinung bestehenden Regelungen beschränkt werden.

1. Darstellung der Unterschiede

a) Grundsätzliche Aktivierungsvoraussetzungen eines Vermögensgegenstandes

Bevor auf ausgewählte Bilanzierungsvorschriften eingegangen wird, sollen zunächst grundsätzliche Voraussetzungen der Aktivierung eines Vermögensgegenstandes nach deutschem und italienischem Bilanzrecht aufgeführt werden: die abstrakte Aktivierbarkeit sowie die Zurechnung des Vermögensgegenstandes zum Bilanzierer. Bereits an dieser Stelle werden sich Unterschiede zwischen den Rechtsordnungen ergeben und die Entwicklung der Bilanzierungssysteme wie die den Systemen zugrunde liegenden Auffassungen deutlich werden.

---

595 Kapitel 3, B. II. 1, 2. a), b) iv).

596 Siehe Kapitel 3, B. II. 1., 2. a), b) iv) (3).

i) (Abstrakte) Aktivierbarkeit eines Vermögensgegenstandes

Die Voraussetzungen, die ein Vermögensgegenstand abstrakt[597] erfüllen muss, um in der Bilanz aktiviert werden zu können, sind in der deutschen wie auch in der italienischen Literatur umstritten. Die dazu bestehenden Ansichten hängen von der grundsätzlichen Frage ab, welche Zwecke der Jahresabschluss erfüllt bzw. erfüllen sollte, konkret: ob und inwiefern der aktivierte Vermögensgegenstand zur Schuldendeckung und dadurch zum Gläubigerschutz beitragen können muss.[598]

(1) Entwicklungen des HGB

Im deutschen Bilanzrecht wird für die Aktivierung eines Vermögensgegenstandes zumeist seine selbstständige Verkehrsfähigkeit verlangt. Wann jedoch ein Vermögensgegenstand als selbstständig verkehrsfähig anzusehen ist, ist hoch umstritten: Die hauptsächlich vertretenen Auffassungen reichen von dem Erfordernis der Einzel*verwertbar*keit[599] des Vermögensgegenstandes über das (demgegenüber engere) Kriterium der Einzel*veräußerbar*keit[600] bis hin zu der Ansicht, die sogar eine Einzel*vollstreckbar*keit[601] fordert. Ein zusätzliches Kriterium wird teilweise in der selbstständigen *Bewertbar*keit des Vermögensgegenstandes gesehen.[602]

---

597 Zusätzlich sind als konkrete Aktivierungsvoraussetzungen mögliche Ansatzverbote oder Wahlrechte zu berücksichtigen, siehe *Baetge/Kirsch/Thiele*, Bilanzen, Kap. 3, 211., S. 166, 221., S. 174 f.; *Hennrichs*, in: MüKo Bilanzrecht, Bd. 2, § 246 HGB, Rn. 18; *Kirsch*, in: Hofbauer/Kupsch, Rechnungslegung, § 246 HGB (April 2011), Rn. 66 f.

598 Vgl. *ADS*, § 246 HGB, Rn. 13, 15 ff.; *Hennrichs*, in: MüKo Bilanzrecht, Bd. 2, § 246 HGB, Rn. 21 ff.; *Hüffer*, in: Staub, Großkomm. HGB, 4. Aufl., Bd. 3/1, Anh. § 243, Rn. 15; *Kahle/Günter*, in: Schmiel/Breithecker, Steuerliche Gewinnermittlung nach dem BilMoG, S. 69 ff., 70; *Knobbe-Keuk*, Bilanz- und Unternehmenssteuerrecht, Kap. 1, § 4, IV. 2. b), S. 88; *Lutz/Schlag*, in: v. Wysocki u. a., HdJ, I/4 (Mai 2010), Rn. 3 f., 33; *Portale*, Rivista delle società 1969, 242, 242 f., 247; *Schulze-Osterloh*, in: Baumbach/Hueck, GmbHG, 18. Aufl., § 42, Rn. 77; *J. Wüstemann/S. Wüstemann*, in: FS Krawitz, 2010, S. 751 ff., 761.

599 *ADS*, § 246 HGB, Rn. 26; *Baetge/Kirsch/Thiele*, Bilanzen, Kap. 3, 214., S. 174; *Mindermann*, StuB 2010, 658, 659. Ergänzt um die Einzelvollstreckbarkeit: *Kahle/Günter*, in: Schmiel/Breithecker, Steuerliche Gewinnermittlung nach dem BilMoG, S. 69 ff., 72 f.; *Lutz/Schlag*, in: v. Wysocki u. a., HdJ, I/4 (Mai 2010), Rn. 34.

600 Siehe *Hüffer*, in: Staub, Großkomm. HGB, 4. Aufl., Bd. 3/1, Anh. § 243, Rn. 15, 22; *Knobbe-Keuk*, Bilanz- und Unternehmenssteuerrecht, Kap. 1, § 4, IV. 2. b), S. 87 f.; *Merkt*, in: Baumbach/Hopt, HGB, § 246, Rn. 5; *Moxter*, BB 1978, 1629, 1631.

601 *Tiedchen*, Der Vermögensgegenstand, Teil 1, III. 3., S. 44 ff.; zustimmend *Schulze-Osterloh*, in: Baumbach/Hueck, GmbHG, 18. Aufl., § 42, Rn. 77. Siehe zudem *Lutz/Schlag*, in: v. Wysocki u. a., HdJ, I/4 (Mai 2010), Rn. 34 (mit der Alternative der Einzelverwertbarkeit). Kritisch *Döllerer*, BB 1971, 535, 536.

602 Siehe *ADS*, § 246 HGB, Rn. 29: „notwendige, aber noch nicht hinreichende Bedingung"; *Hennrichs*, DB 2008, 537, 540; *Knobbe-Keuk*, Bilanz- und Unternehmenssteuerrecht, Kap. 1, § 4, IV. 2. b), S. 87; *Merkt*, in: Baumbach/Hopt, HGB,

Hingegen fordert der Bundesfinanzhof im Steuerbilanzrecht für die Aktivierbarkeit eines Vermögensgegenstandes (den der Gerichtshof mit dem steuerrechtlichen Begriff des Wirtschaftsgutes gleichsetzt[603]) seine „Greifbarkeit“[604]. Dass die Aufwendungen zu einem sich über mehrere Jahre erstreckenden Nutzen führen, wird mittlerweile nicht mehr verlangt.[605] Der Vermögensgegenstand müsse aber gegenüber dem Geschäfts- oder Firmenwert einzeln abgrenzbar[606], mithin selbstständig bewertbar[607] sein.[608] Eine selbstständige Verkehrsfähigkeit ist nach Auffassung des BFH hingegen nicht erforderlich, vielmehr sei die Übertragbarkeit des Vermögensgegenstandes zusammen mit dem Unternehmen ausreichend.[609]

Mit dem Bilanzrechtsmodernisierungsgesetz ist zwar immer noch keine Legaldefinition des Begriffes „Vermögensgegenstand“ in das HGB aufgenommen worden. Dennoch hat sich der Gesetzgeber in der Gesetzesbegründung dahingehend geäußert, dass „vom Vorliegen eines Vermögensgegenstandes [dann] auszugehen [sei], wenn das [...] Gut nach der Verkehrsauffassung einzeln *verwertbar* [sei].“[610]

---

§ 246, Rn. 4; a. A. *Schulze-Osterloh*, in: Baumbach/Hueck, GmbHG, 18. Aufl., § 42, Rn. 77; *Tiedchen*, Der Vermögensgegenstand, Teil 1, III. 4. a), S. 59 ff.

603 BFH v. 07.08.2000 – GrS 2/99, BStBl. II 2000, 632, 635, Tz. 45. Hierzu kritisch *Kahle/Günter*, in: Schmiel/Breithecker, Steuerliche Gewinnermittlung nach dem BilMoG, S. 69 ff., 77 ff.

604 Bereits RFH v. 21.10.1931 – VI A 2002/29, RFHE 30, 142, 146; BFH v. 09.07.1986 – I R 218/82, BStBl. II 1987, 14, 15, Tz. 16; v. 10.08.1989 – X R 176–177/87, BStBl. II 1990, 15, 16, Tz. 14; v. 07.08.2000 – GrS 2/99, BStBl. II 2000, 632, 635, Tz. 46. Hierzu ausführlich *Moxter*, Bilanzrechtsprechung, Kap. 1, § 2, I. 2., S. 6 ff.

605 BFH v. 26.11.2014 – X R 20/12, DStR 2015, 340, 343, Tz. 32.

606 BFH v. 04.12.1991 – I R 148/90, BStBl. II 1992, 383, 384, Tz. 17; v. 07.08.2000 – GrS 2/99, BStBl. II 2000, 632, 635, Tz. 46.

607 Bereits RFH v. 21.10.1931 – VI A 2002/29, RFHE 30, 142, 145; BFH v. 09.07.1986 – I R 218/82, BStBl. II 1987, 14, 14, Tz. 9 f.; v. 10.08.1989 – X R 176–177/87, BStBl. II 1990, 15, 16, Tz. 14; v. 04.12.1991 – I R 148/90, BStBl. II 1992, 383, 384, Tz. 17. Hierzu *Kahle/Günter*, in: Schmiel/Breithecker, Steuerliche Gewinnermittlung nach dem BilMoG, S. 69 ff., 76 f.; *Moxter*, Bilanzrechtsprechung, Kap. 1, § 2, I. 3., S. 8 f.

608 Vgl. BFH v. 09.07.1986 – I R 218/82, BStBl. II 1987, 14, 14, Tz. 9: „[...] wenn ein fremder Dritter bei Fortführung des Unternehmens diesen Gegenstand im Rahmen der Kaufpreisbemessung berücksichtigen würde.“; zudem BFH v. 10.08.1989 – X R 176–177/87, BStBl. II 1990, 15, 16, Tz. 14. Vgl. auch *Hennrichs*, DB 2008, 537, 539.

609 BFH v. 10.08.1989 – X R 176–177/87, BStBl. II 1990, 15, 16, Tz. 14; v. 04.12.1991 – I R 148/90, BStBl. II 1992, 383, 384, Tz. 16.

610 BT-Dr. 16/10067, S. 50. Hierzu *Arbeitskreis Bilanzrecht der Hochschullehrer Rechtswissenschaft*, BB 2008, 152, 157; *Gelhausen/Fey/Kämpfer*, Rechnungslegung und Prüfung nach dem Bilanzrechtsmodernisierungsgesetz, E, Rn. 36, 58; *Hennrichs*, DB 2008, 537, 539; *Hommel/Berndt*, BB 2009, 2190, 2192; *Kahle/Günter*, in: Schmiel/Breithecker, Steuerliche Gewinnermittlung nach dem BilMoG, S. 69 ff., 82; *Kirsch*, in: Hofbauer/Kupsch, Rechnungslegung, § 246 HGB (April 2011), Rn. 61; *W. Schubert/F. Huber*, in: Beck'scher Bilanzkommentar, § 247, Rn. 377; *Theile*, WPg 2008, 1064, 1067; kritisch *J. Wüstemann/S. Wüstemann*, in: FS Krawitz, 2010, S. 751 ff., 761 f.

(Herv. durch Verf.) Der Vermögensgegenstand müsse getrennt vom Unternehmen veräußert, verarbeitet, verbraucht oder sonst verwendet werden können.[611] Zudem wird durch die Vorschrift des § 248 Abs. 2 Satz 2 HGB, die die Aktivierung von nicht vom Geschäfts- oder Firmenwert abgrenzbaren Vermögensgegenständen untersagt,[612] deutlich, dass es auch der selbstständigen *Be*wertbarkeit des Vermögensgegenstandes bedarf.[613] Demnach ist ein Vermögensgegenstand aktivierbar, wenn er selbstständig *ver*wertbar und einzel*be*wertbar ist.

(2) Entwicklungen des Codice civile

Wie im HGB ist im Codice civile nicht explizit bestimmt, unter welchen Kriterien ein Vermögensgegenstand aktivierbar, ein sog. „bene iscrivibile in bilancio"[614], ist. Entsprechend hat sich auch das italienische Schrifttum verstärkt mit der Frage auseinandergesetzt und diesbezüglich eine entscheidende Entwicklung genommen.

Mitte des letzten Jahrhunderts war das italienische Schrifttum noch von der Vorstellung geprägt, dass das in der Bilanz abgebildete Vermögen eine Garantiefunktion für die Gläubiger übernehmen müsse. Nur so werde Gläubigerschutz erzielt und die Haftungsbeschränkung von Kapitalgesellschaften gerechtfertigt.[615] Insbesondere von *Simonetto* wurde vertreten, dass Vermögensgegenstände nur aktiviert werden dürften, wenn sie der Zwangsvollstreckung unterliegen könnten.[616]

---

611 Dies ergänzte der Referentenentwurf eines Gesetzes zur Modernisierung des Bilanzrechts (Bilanzrechtsmodernisierungsgesetzes – BilMoG) v. 08.11.2007, S. 98. Vgl. zum Begriff der Einzelverwertbarkeit *ADS*, § 246 HGB, Rn. 28; *Theile*, WPg 2008, 1064, 1067 f.

612 *Baetge/Kirsch/Thiele*, Bilanzen, Kap. 3, 222., S. 176.

613 Siehe *Kahle/Günter*, in: Schmiel/Breithecker, Steuerliche Gewinnermittlung nach dem BilMoG, S. 69 ff., 86; *Merkt*, in: Baumbach/Hopt, HGB, § 246, Rn. 4; *W. Schubert/F. Huber*, in: Beck'scher Bilanzkommentar, § 247, Rn. 378. Hingegen kann § 248 Abs. 2 Satz 2 HGB auch als zusätzliche (konkrete) Aktivierungsvoraussetzung verstanden werden (so *Baetge/Kirsch/Thiele*, Bilanzen, Kap. 3, 222., S. 176). *Gelhausen/Fey/Kämpfer*, Rechnungslegung und Prüfung nach dem Bilanzrechtsmodernisierungsgesetz, E, Rn. 36, erachten die Einzelbewertbarkeit als „notwendige, implizite Voraussetzung der Einzelverwertbarkeit"; vgl. zudem *Hommel/Berndt*, BB 2009, 2190, 2192.

614 *Caratozzolo*, Il bilancio d'esercizio, Teil 2, Kap. 3, 3.3., S. 125; *Colombo*, in: Colombo/Portale, Trattato delle società per azioni, Bd. 7*, S. 23 ff., 174; *Portale*, Rivista delle società 1969, 242, 242.

615 *Simonetto*, I bilanci, 13., S. 51, 32., S. 97, 33., S. 100 ff., 34., S. 104, 35. ff., S. 107 ff.; *ders.*, Riv. dir. civ. 1967, I, 299, 299. Vgl. zudem *Allegri*, Rivista delle società 1968, 51, 62, Fn. 25; *Auletta*, Rivista delle società 1961, 1, 5; *Simonetto*, Riv. dir. comm. 1956, I, 48 ff., 112 ff., 196 ff.

616 *Simonetto*, I bilanci, 34., S. 104. Vgl. auch die Ausführungen bei *Lutter*, Kapital, Sicherung der Kapitalaufbringung und Kapitalerhaltung, Kap. 1, § 8, I. A. 5. b),

Diese Auffassung unterlag bereits Ende der 60er Jahre des letzten Jahrhunderts einem Wandel, der namentlich von *Portale* angestoßen wurde.[617] Dieser betonte zwar weiterhin die Gläubigerschutzfunktion der Bilanz. Der Gläubigerschutz werde aber nicht dadurch gewährleistet, dass Gegenstände notfalls der Zwangsvollstreckung unterliegen könnten, sondern dadurch, dass sich die (potenziellen) Gläubiger von der „komplexen Situation des Unternehmens ein Bild machen könn[t]en."[618] Bereits bestehende Gesellschaftsgläubiger hätten überdies zwei Interessen: zum einen, dass die Einlagen der Gesellschafter nicht wieder ausgekehrt würden, zum anderen aber auch, dass die „Produktivität des Unternehmens gesichert werde". Denn davon hinge entscheidend ab, ob die Forderungen der Gläubiger beglichen werden könnten.[619] Damit verknüpfte *Portale* den Gläubigerschutz erstmalig mit der Erzielung von Erträgen durch ein funktionsfähiges Unternehmen. Für die Aktivierbarkeit eines Vermögensgegenstandes sei es daher erforderlich, dass dieser dem Unternehmen einen künftigen Nutzen bringe.[620] Dennoch dürften – auch vor dem Hintergrund der Ausschüttungsbemessung der Bilanz[621] – nicht reine Schätzwerte abgebildet werden; zur Aktivierung müssten die Vermögensgegenstände vielmehr objektiv zuverlässig bewertbar sein.[622] Dieser Auffassung schlossen sich immer mehr Stimmen im Schrifttum an,[623] so dass sie nun als in Italien vorherrschend bezeichnet werden kann.

(3) Der „asset"-Begriff nach IFRS

Auch nach den IFRS ist die Qualifizierung einer Position als Vermögensgegenstand (sog. asset) abstrakte Voraussetzung für seine Aktivierung. Außerhalb des asset-Begriffs darf eine Aktivierung nur vorgenommen werden, wenn ein Standard dies ausdrücklich vorsieht.[624] Ein asset ist nach F.4.4 lit. a „eine in der Verfügungsmacht des Unternehmens stehende Ressource, die ein Ergebnis von Ereignissen der Vergangenheit darstellt und von der erwartet wird, dass dem Unternehmen aus ihr

c), S. 231 f.; *Simonetto*, Riv. dir. comm. 1956, I, 48 ff., 112 ff., 196 ff.; *ders*, Riv. dir. civ. 1967, I, 299, 299 ff.

617 *Portale*, Rivista delle società 1969, 242, 242 ff.

618 *Portale*, Rivista delle società 1969, 242, 282: „[...] di rendersi conto della situazione complessiva dell'impresa.", zudem 281.

619 *Portale*, Rivista delle società 1969, 242, 285.

620 *Portale*, Rivista delle società 1969, 242, 260, auch 265.

621 Vgl. *Portale*, Rivista delle società 1969, 242, 243, 277 f.

622 Siehe *Portale*, Rivista delle società 1969, 242, 269, 277; *ders.*, Rivista delle società 1978, 303, 347.

623 Mit einzelnen Unterschieden: *Caratozzolo*, Il bilancio d'esercizio, Teil 2, Kap. 3, 3.3., S. 126 f.; *Colombo*, in: Colombo/Portale, Trattato delle società per azioni, Bd. 7*, S. 23 ff., 176, 183 ff.

624 *Wawrzinek/Lübbig*, in: Beck'sches IFRS-Handbuch, § 2, Rn. 120.

künftiger wirtschaftlicher Nutzen zufließt."[625] Zudem muss der Vermögenswert einer verlässlichen Bewertung zugänglich sein, vgl. F.4.44.[626]

Der Begriff des assets ist grundlegend im Rahmenkonzept (F.4.4 lit a) definiert, welches aber nicht vom Übernahmeverfahren in das EU-Recht (endorsement-Prozess) erfasst ist.[627] Gleichwohl beansprucht er Gültigkeit im Rahmen der IAS-VO, da sich die Definition in den einzelnen (endorsed) Standards wiederfindet, so beispielsweise in IAS 38.8.

Immaterielle Vermögensgegenstände (intangible assets) müssen nach IAS 38.11 überdies identifizierbar sein, um sich von Geschäfts- oder Firmenwert abgrenzen zu können.[628] Dies ist gem. IAS 38.12 bereits dann gegeben, wenn der Vermögenswert auf einer rechtlich begründeten Position beruht (also aus vertraglichen oder gesetzlichen Rechten entsteht), anderenfalls, wenn er vom Unternehmen separiert, also veräußert, übertragen, lizensiert, vermietet oder getauscht, werden kann. Es wird aber keine *selbstständige* Separierbarkeit des Vermögensgegenstandes gefordert, sondern nach IAS 38.12 lit. a Satz 2, .36 f., IFRS 3 (2008) B33 f. die Verwertung „in Verbindung mit einem Vertrag, einem [anderen] Vermögensgegenstand oder einer Schuld" für ausreichend erachtet.[629]

(4) Resultierende Unterschiede

Die Aktivierbarkeit eines Vermögensgegenstandes wird im deutschen und italienischen Bilanzrecht unterschiedlich beurteilt: Während es für die deutsche Bilanz

625 Hierzu *Böcking/Wiederhold*, in: MüKo Bilanzrecht, Bd. 1, IAS 38 (Sept. 2010), Rn. 10; *Hennrichs*, in: MüKo Bilanzrecht, Bd. 2, § 246 HGB, Rn. 33; *ders.*, DB 2008, 537, 539; *Kahle/Günter*, in: Schmiel/Breithecker, Steuerliche Gewinnermittlung nach dem BilMoG, S. 69 ff., 83; *Kleindiek*, in: MüKo Bilanzrecht, Bd. 1, Einf (Juli 2008), Rn. 104, 115; *Lüdenbach/W.-D. Hoffmann/Freiberg*, in: Lüdenbach/Hoffmann/Freiberg, IFRS, § 1, Rn. 83; *Lutz/Schlag*, in: v. Wysocki u. a., HdJ, I/4 (Mai 2010), Rn. 52; *Wawrzinek/Lübbig*, in: Beck'sches IFRS-Handbuch, § 2, Rn. 121 ff.

626 *Kleindiek*, in: MüKo Bilanzrecht, Bd. 1, Einf (Juli 2008), Rn. 115, 117; *Lüdenbach/W.-D. Hoffmann/Freiberg*, in: Lüdenbach/W.-D. Hoffmann/Freiberg, IFRS, § 1, Rn. 90.

627 Erfasst sind nur die Standards (IAS, IFRS) und die Interpretationen (SIC, IFRIC), *Hennrichs*, in: MüKo Bilanzrecht, Bd. 1, Einf (Juli 2008), Rn. 59; *Kleindiek*, in: MüKo Bilanzrecht, Bd. 1, Einf (Juli 2008), Rn. 86; *Scognamiglio*, in: A.B.I., IAS/IFRS, S. 29 ff., 70; *Theile*, in: Heuser/Theile, IFRS, Rn. 56; *Venuti*, Il bilancio di esercizio fino agli IFRS, Teil 3, 10.3., S. 367.

628 *Böcking/Wiederhold*, in: MüKo Bilanzrecht, Bd. 1, IAS 38 (Sept. 2010), Rn. 14; *Caratozzolo*, Il bilancio d'esercizio, Teil 2, Kap. 5, 5.2.2.2., S. 229; *Hennrichs*, DB 2008, 537, 539; *Kahle/Günter*, in: Schmiel/Breithecker, Steuerliche Gewinnermittlung nach dem BilMoG, S. 69 ff., 85; *Lüdenbach/W.-D. Hoffmann/Freiberg*, in: Lüdenbach/Hoffmann/Freiberg, IFRS, § 13, Rn. 4, 13; *Ramscheid*, in: Beck'sches IFRS-Handbuch, § 4, Rn. 11; *Wawrzinek/Lübbig*, in: Beck'sches IFRS-Handbuch, § 2, Rn. 129.

629 *Hennrichs*, DB 2008, 537, 539; *Kahle/Günter*, in: Schmiel/Breithecker, Steuerliche Gewinnermittlung nach dem BilMoG, S. 69 ff., 85.

der *Einzel*verwertbarkeit des Vermögensgegenstandes bedarf, wird es im italienischen Schrifttum für ausreichend erachtet, dass der Vermögensgegenstand *innerhalb des Unternehmens* einen künftigen Nutzen bringt. Zusätzlich fordert die deutsche Literatur eine *Einzel*bewertbarkeit des Vermögenswertes und das italienische Schrifttum lediglich die objektive Zuverlässigkeit der Bewertung, ohne dass diese getrennt vom Unternehmen vorliegen muss. Dieser Unterschied spiegelt sich beispielsweise bei den Ingangsetzungsaufwendungen wider, die nach italienischem, nicht aber nach deutschem Bilanzrecht abstrakt aktivierbar sind.[630]

Ebenfalls unterscheidet sich der asset-Begriff der IFRS von dem Vermögensgegenstandsbegriff nach deutschem HGB. Er stellt auf die Beherrschung einer Ressource ab, die künftigen wirtschaftlichen Nutzen bringt und verlässlich bewertbar ist. So kann er beispielsweise auch Kunden- und Lieferantenbeziehungen umfassen (vgl. IAS 38.16),[631] die nach HGB zumeist mangels Einzelverwertbarkeit nicht als Vermögensgegenstand verstanden werden.[632]

ii) (Subjektive) Zurechnung eines Vermögensgegenstandes

Als subjektive Aktivierungsvoraussetzung muss der Vermögensgegenstand dem Bilanzierenden zuzurechnen sein; nur dann hat er ihn in seiner Bilanz anzusetzen.[633] Auch an diesem Punkt können sich wieder Unterschiede zwischen dem Jahresabschluss nach HGB auf der einen Seite und dem Codice civile bzw. den IFRS auf der anderen Seite ergeben.

(1) Zurechnungskriterien des HGB

Im deutschen Bilanzrecht ist in § 246 Abs. 1 Satz 2 HGB i.d.F. des BilMoG vorgesehen, dass ein Vermögensgegenstand grundsätzlich in der Bilanz des (rechtlichen) Eigentümers aufzunehmen ist; nur wenn der Vermögensgegenstand ausnahmsweise einem anderen als dem Eigentümer aus wirtschaftlichen Gründen zuzurechnen ist

---

630 Im deutschen Bilanzrecht wurde die frühere Regelung des § 269 HGB a.F. entsprechend als reine Bilanzierungshilfe verstanden, siehe BT-Dr. 16/10067, S. 64; *ADS*, § 269 HGB, Rn. 1. Zum italienischen Bilanzrecht siehe *Caratozzolo*, Il bilancio d'esercizio, Teil 2, Kap. 3, 3.3., S. 133 f.; *Portale*, Rivista delle società 1969, 242, 249 ff., insbes. 254; vgl. zudem *Colombo*, in: Colombo/Portale, Trattato delle società per azioni, Bd. 7*, S. 23 ff., 183 f. (auch Fn. 33), 187; a.A. *Simonetto*, I bilanci, 34., S. 103 (insbes. Fn. 40), 39., S. 119 f, 41., S. 131 f., 48., S. 161 ff.; *ders.*, Riv. dir. civ. 1967, I, 299, 299 ff.

631 Siehe *Böcking/ Wiederhold*, in: MüKo Bilanzrecht, Bd. 1, IAS 38 (Sept. 2010), Rn. 11, 15; *Hennrichs*, DB 2008, 537, 539.

632 Vgl. *Schulze-Osterloh*, in: Baumbach/Hueck, GmbHG, 18. Aufl., § 42, Rn. 78.

633 *Colombo*, in: Colombo/Portale, Trattato delle società per azioni, Bd. 7*, S. 23 ff., 176; *Hennrichs*, in: MüKo Bilanzrecht, Bd. 2, § 246 HGB, Rn. 156.

(sog. wirtschaftlicher Eigentümer[634]), hat ihn dieser in seiner Bilanz zu erfassen. Wann aber eine ausreichende Verbindung zum Nicht-Eigentümer vorliegt, damit der Vermögensgegenstand ihm bilanziell zugerechnet wird, bestimmt das Gesetz nicht näher.

Angelehnt an die Einzelregelungen der früheren Vorschrift des § 246 Abs. 1 Satz 2 HGB i.d.F. vor BilMoG arbeiteten Rechtsprechung und Schrifttum allgemeine Kriterien für eine Zurechnung zum wirtschaftlichen Eigentümer heraus, die auch nach dem BilMoG weiterhin maßgeblich sind:[635] Es bedarf einer „auch rechtlich [!] abgesicherte[n] Position [...], die es ihm [sc. dem Nicht-Eigentümer] ermöglich[e], diesen [sc. den rechtlichen Eigentümer] dauerhaft dergestalt von der Einwirkung auf die betreffenden Vermögensgegenstände auszuschließen, daß seinem Herausgabeanspruch bei typischem Verlauf zumindest tatsächlich keine nennenswerte praktische Bedeutung zukomm[e].“[636] „Nach dem Gesamtbild der Verhältnisse“ müssen „Besitz, Gefahr, Nutzungen und Lasten“ „dauerhaft, d.h. für die wirtschaftliche Nutzungsdauer“ des Gegenstands, beim Nicht-Eigentümer liegen.[637] Entsprechend hat sich der Gesetzgeber des BilMoG selbst dahingehend geäußert, dass „die wirtschaftliche Zurechnung [...] anhand der Verteilung der Chancen und Risiken zu beurteilen [sei], die aus dem zu bilanzierenden Vermögensgegenstand

---

634 Zu Recht kritisch zum Begriff des wirtschaftlichen Eigentums: *Döllerer*, BB 1971, 535, 535; *Drüen*, in: Tipke/Kruse, AO, § 39 (Juni 2012), Rn. 21; *Hennrichs*, in: MüKo Bilanzrecht, Bd. 2, § 246 HGB, Rn. 157; *Kleindiek*, in: Staub, Großkomm. HGB, Bd. 5, § 246, Rn. 45; *Schulze-Osterloh*, in: Baumbach/Hueck, GmbHG, 18. Aufl., § 42, Rn. 90.

635 Siehe auch *Kirsch*, in: Hofbauer/Kupsch, Rechnungslegung, § 246 HGB (April 2011), Rn. 74; *J. Schneider*, PiR 2009, 38, 39. Zu möglichen Veränderungen in Einzelfällen siehe aber *Kühne/Melcher*, DB 2009, 15, 18 f.

636 BGH v. 06.11.1995 – II ZR 164/94, NJW 1996, 458, 459, Tz. 7. Siehe auch BFH v. 08.08.1990 – X R 149/88, BStBl. II 1991, 70, 71, Tz. 14; *Kirsch*, in: Hofbauer/Kupsch, Rechnungslegung, § 246 HGB (April 2011), Rn. 75; *Kühne/Melcher*, DB 2009, 15, 16; *Moxter*, Bilanzrechtsprechung, Kap. 1, § 4, I. 1., S. 36; *St. Schmidt/Ries*, in: Beck'scher Bilanzkommentar, § 246, Rn. 5; *J. Schneider*, PiR 2009, 38, 38. Zweifel bzgl. der rechtlichen Absicherung bei *Döllerer*, BB 1971, 535, 536.

637 *ADS*, § 246 HGB, Rn. 263; *Hennrichs*, in: MüKo Bilanzrecht, Bd. 2, § 246 HGB, Rn. 159 f.; *Kirsch*, in: Hofbauer/Kupsch, Rechnungslegung, § 246 HGB (April 2011), Rn. 75. Siehe auch BGH v. 06.11.1995 – II ZR 164/94, NJW 1996, 458, 459, Tz. 7; BFH v. 14.05.2002 – VIII R 30/98, BStBl. II 2002, 741, 743, Tz. 27; *Baetge/Kirsch/Thiele*, Bilanzen, Kap. 3, 23, S. 180; (bereits) *Döllerer*, BB 1971, 535, 535 f.; *Gelhausen/Fey/Kämpfer*, Rechnungslegung und Prüfung nach dem Bilanzrechtsmodernisierungsgesetz, B, Rn. 9; *Kleindiek*, in: Staub, Großkomm. HGB, Bd. 5, § 246, Rn. 46; *Kühne/Melcher*, DB 2009, 15, 16; *St. Schmidt/Ries*, in: Beck'scher Bilanzkommentar, § 246, Rn. 6; *J. Schneider*, PiR 2009, 38, 38; *Kleindiek*, in: Staub, Großkomm. HGB, Bd. 5, § 246, Rn. 46.

erwachsen."[638] Hingegen sind Schulden gem. § 246 Abs. 1 Satz 3 HGB stets in der Bilanz des Schuldners aufzunehmen.

Im Einzelnen ist der Vermögensgegenstand bei (fiduziarischen) Treuhandverhältnissen, beim Erwerb unter Eigentumsvorbehalt sowie bei der Sicherungsübereignung dem Treugeber bzw. dem Sicherungsgeber zuzurechnen.[639] Bei einem sog. Finanzierungsleasing wird der Leasinggegenstand in der Regel (abhängig von der vertraglichen Ausgestaltung) dem Leasingnehmer als wirtschaftlichen Eigentümer zugerechnet, da das Leasing in diesem Fall weniger einer Miete als einem Finanzierungsgeschäft gleicht.[640] Dabei orientiert sich die Praxis vorwiegend an den sog. Leasingerlassen der Finanzverwaltung,[641] die die bilanzielle Behandlung im Einzelnen von folgenden Kriterien abhängig machen: Mobilien- oder Immobilienleasing, Voll- oder Teilamortisationsvertrag wie auch von einer dem Leasingnehmer zugesicherten Kaufoption.[642]

---

638 BT-Dr. 16/10067, S. 47. Sich dieser Formulierung anschließend BFH v. 01.02.12 – I R 57/10, DStR 2012, 841, 843, Tz. 20. Vgl. zudem *Baetge/Kirsch/Thiele*, Bilanzen, Kap. 13, 121., S. 677; *Claßen/Schulz*, StuB 2011, 3, 4; *Ernst/Seidel*, BB 2009, 766, 766; *Kirsch*, in: Hofbauer/Kupsch, Rechnungslegung, § 246 HGB (April 2011), Rn. 74; *Kühne/Melcher*, DB 2009, 15, 17; *J. Schneider*, PiR 2009, 38, 39.

639 *Gelhausen/Fey/Kämpfer*, Rechnungslegung und Prüfung nach dem Bilanzrechtsmodernisierungsgesetz, B, Rn. 18; *Kirsch*, in: Hofbauer/Kupsch, Rechnungslegung, § 246 HGB (April 2011), Rn. 81 ff.; *St. Schmidt/Ries*, in: Beck'scher Bilanzkommentar, § 246, Rn. 11, 19. Siehe auch bereits *Döllerer*, BB 1971, 535, 535; *Gelhausen/u. a.*, in: IDW, WP Handbuch, Bd. 1, E, Rn. 48 ff.; *Schulze-Osterloh*, in: Baumbach/Hueck, GmbHG, 18. Aufl., § 42, Rn. 91. Nach *Hennrichs*, in: Gedenkschrift für Hübner, 2012, S. 507 ff., 515 ff., erfolgt eine Zurechnung zum Verpfänder bzw. Sicherungsgeber im Allgemeinen auch noch während der Verwertung des Vermögensgegenstandes bis zur tatsächlichen Veräußerung.

640 *Kirsch*, in: Hofbauer/Kupsch, Rechnungslegung, § 246 HGB (April 2011), Rn. 108; *St. Schmidt/Ries*, in: Beck'scher Bilanzkommentar, § 246, Rn. 39. Vor BilMoG: *Hennrichs*, in: MüKo Bilanzrecht, Bd. 2, § 246 HGB, Rn. 210. Für eine ausführliche Auseinandersetzung mit der Zurechnung beim Leasing siehe *Döllerer*, BB 1971, 535, 536 ff.

641 Siehe (vorsichtig) *ADS*, § 246 HGB, Rn. 392; *Baetge/Kirsch/Thiele*, Bilanzen, Kap. 13, 121., S. 677, 123., S. 683; *Claßen/Schulz*, StuB 2011, 3, 4; *Kirsch*, in: Hofbauer/Kupsch, Rechnungslegung, § 246 HGB (April 2011), Rn. 108; *Morfeld*, in: Beck'sches IFRS-Handbuch, § 22, Rn. 188; *Pawelzik*, in: Heuser/Theile, IFRS, Rn. 1610.

642 Siehe BMF-Schreiben v. 19.04.1971 – IV B/2 – S 2170 – 31/71, BStBl. I 1971, 264; v. 21.03.1972 – F/IV B 2 – S 2170 – 11/72, BStBl. I 1972, 188; v. 22.12.1975 – IV B 2 – S 2170 – 161/75; v. 23.12.1991 – IV B 2 – S 2170 – 115/91, BStBl. I 1992, 13; v. 09.01.1996 – IV B 2 – S 2170 – 135/95, BStBl. I 1996, 9. Vgl. zudem *ADS*, § 246 HGB, Rn. 389 ff.; *Baetge/Kirsch/Thiele*, Bilanzen, Kap. 13, 122., S. 677 ff.; *Claßen/Schulz*, StuB 2011, 3, 5; *Kirsch*, in: Hofbauer/Kupsch, Rechnungslegung, § 246 HGB (April 2011), Rn. 110 ff.; *St. Schmidt/Ries*, in: Beck'scher Bilanzkommentar, § 246, Rn. 41 ff.

(2) Zurechnungskriterien des Codice civile

Im italienischen Codice civile war eine allgemeine Zurechnungsregelung lange Zeit nicht enthalten.[643] Die Zurechnung zum sog. wirtschaftlichen Eigentümer, die unter anderem unter dem englischen Begriff „substance over form" (oder der italienischen Übersetzung: „sostanza sulla forma") diskutiert wird,[644] war bisher nur für die Bilanzen von Banken in Art. 7 Abs. 4 des decreto legislativo vom 27. Januar 1992, Nr. 87, (d.lgs. 87/1992) geregelt, der in Umsetzung der Art. 8–12 der Bankbilanzrichtlinie[645] erfolgte.[646] Die Vorschrift ermächtigt die Banca d'Italia, in ihren Vorgaben zur Überwachung der Kredit- und Finanzinstitute vorzusehen, dass die Bilanzkonten vorzugsweise (soweit möglich) nach dem Prinzip des substance over form geführt werden müssen. Dies nahm die Banca d'Italia wahr und erlies eine entsprechende Vorgabe mit der Circolare („Rundschreiben") vom 30. Juli 1992, Nr. 166,[647] (dort in Kapitel 2, 1., Abs. 2).[648]

Teile des italienischen Schrifttums – teilweise sogar unter Zustimmung der Finanzrechtsprechung[649] – hatten sich aber für eine allgemeine Gültigkeit der Regelung des substance over form ausgesprochen: die Zurechnung eines Vermögensgegenstandes könne sich nicht alleine nach den rechtlichen Eigentumsverhältnissen richten, sondern hänge davon ab, in wessen „Macht" („potere") der

643 Vgl. *Balzarini*, in: Notari/Bianchi, Obbligazioni/Bilancio, Commento sub Artt. 2423 – 2423-*bis*, 7., S. 400; *Colombo*, in: Abbadessa/Portale, Il nuovo diritto delle società, Bd. 3, S. 154 ff., 165; *Portale*, Banca borsa tit. credito 2001, II, 356, 359.

644 Siehe *Balzarini*, in: Notari/Bianchi, Obbligazioni/Bilancio, Commento sub Artt. 2423 – 2423-*bis*, 2., S. 338; *Colombo*, in: A. Palma, Il bilancio di esercizio, Kap. 5, 7., S. 97 ff.; *Piacentini*, in: Notari/Bianchi, Obbligazioni/Bilancio, Commento sub Artt. 2423-*ter* – 2427-*bis*, 2.3., S. 438; *Portale*, Banca borsa tit. credito 2001, II, 356, 356 ff.

645 Richtlinie 86/635/EWG des Rates v. 08.12.1986, mehrfach modifiziert, zuletzt durch Richtlinie 2006/46/EG des Europäischen Parlaments und des Rates v. 14.06.2006.

646 *Piacentini*, in: Notari/Bianchi, Obbligazioni/Bilancio, Commento sub Artt. 2423-*ter* – 2427-*bis*, 2.2., S. 437; *Portale*, Banca borsa tit. credito 2001, II, 356, 360. Zur deutschen Umsetzung durch § 6 RechKredV siehe *Mathews*, BB 1992, 738, 739.

647 Aktualisiert am 17.01.1995, am 11.08.1998 und 30.07.2002.

648 *Portale*, Banca borsa tit. credito 2001, II, 356, 360. Die Allgemeingütigkeit der Regelung hinterfragend *Balzarini*, in: Notari/Bianchi, Obbligazioni/Bilancio, Commento sub Artt. 2423 – 2423-*bis*, 6., S. 398. Beachte zudem die Einzelregelungen der Circolare unter 2.; für Leasing-Güter ist dabei nach 2.10 Abs. 1 eine Zurechnung zum Leasinggeber (als rechtlichen Eigentümer!) vorgesehen; siehe auch *Piacentini/Strampelli*, in: Notari/Bianchi, Obbligazioni/Bilancio, Commento sub Artt. 2423-*ter* – 2427-*bis*, 1.1., S. 423.

649 Vgl. Cassazione, Sezione tributaria, (Revisionsgericht, Steuerdezernat) v. 26.05.2003, n. 8292, Società 2003, 1164, 1164 f.

Vermögensgegenstand stehe.[650] Unter Betrachtung der Gesamtumstände könne daher ein Vermögensgegenstand auch einem Nicht-Eigentümer zuzurechnen sein. Dies sei beispielsweise bei Erwerb unter Eigentumsvorbehalt der Fall, da dem Erwerber bereits vor der Eigentumserlangung der Besitz sowie eine dem Eigentümer ähnliche Rechtsposition zukomme.[651] Für die (umstrittenen) Fälle der Sicherungsübereignung und des Leasings mit Kaufoption wird teilweise sogar auf die Auffassung des deutschen Schrifttums verwiesen.[652] Zudem hat sich in Bezug auf die (echte) fiduziarische Treuhand (sog. „fiducia romanistica"), bei der es zu einer Übertragung des Eigentums bzw. (bei Forderungen) der Inhaberschaft auf den Treuhänder kommt,[653] eine Auffassung in der Literatur gebildet, nach der der Vermögensgegenstand beim Treu*geber* (als Nicht-Eigentümer) zu aktivieren ist, da dem Vollrecht des Treuhänders im Innenverhältnis aufgrund der (schuldrechtlichen) Treuhandabrede keine tatsächliche Bedeutung zukomme und der Vermögensgegenstand der Nutzung und den Bestimmungen des Treugebers unterliege.[654]

Auch die Finanzverwaltung hat in der Risoluzione (Verwaltungsentscheidung) vom 2. Dezember 2002, Nr. 377/E, in Bezug auf einen „Auftrag ohne Stellvertretung" („mandato senza rappresentanza"), bei dem der Auftragnehmer in eigenem Namen aber für Rechnung des Auftraggebers Güter erwirbt, die Beachtung des Prinzips „substance over form" in der Steuerbilanz anerkannt: Die Gewinn- und Verlustrechnung des Auftragnehmers dürfe nicht von Erträgen und Aufwendungen beeinflusst werden, die für Rechnung des Auftraggebers erfolgt seien.[655]

---

650 *Colombo*, in: Colombo/Portale, Trattato delle società per azioni, Bd. 7*, S. 23 ff., 176; zustimmend *Piacentini/Strampelli*, in: Notari/Bianchi, Obbligazioni/Bilancio, Commento sub Artt. 2423-*ter* – 2427-*bis*, 1.1., S. 424. Die Auffassung von *Colombo* referierend *Caratozzolo*, Il bilancio d'esercizio, Teil 2, Kap. 3, 3.3., S. 127 f.

651 *Colombo*, in: Colombo/Portale, Trattato delle società per azioni, Bd. 7*, S. 23 ff., 177. Die Auffassung referierend *Caratozzolo*, Il bilancio d'esercizio, Teil 2, Kap. 3, 3.3., S. 128.

652 *Colombo*, in: Colombo/Portale, Trattato delle società per azioni, Bd. 7*, S. 23 ff., 178 f.

653 Vgl. hingegen die sog. Ermächtigungstreuhand („fiducia germanistica"), bei der nicht das Vollrecht auf den Treuhänder übertragen wird, sondern diesem nur eine Verfügungsbefugnis i.S.v. § 185 BGB zukommt, ausführlich *Portale*, Banca borsa tit. credito 2001, II, 356, 357 f.; *ders./Ginevra*, Rivista delle società 2011, 813, 822 f., 832 ff.

654 Jedenfalls in Bezug auf die Bilanz von Bankinstituten *Portale*, Banca borsa tit. credito 2001, II, 356, 360 ff. Zu der Problematik *Colombo*, in: Colombo/Portale, Trattato delle società per azioni, Bd. 7*, S. 23 ff., 178 f., Fn. 13. Zur Bedeutung des „substance over form" bei einer Treuhand an Gesellschaftsanteilen *Portale/Ginevra*, Rivista delle società 2011, 813, 813 ff., insbes. 815, 829 f.

655 Hierzu *Balzarini*, in: Notari/Bianchi, Obbligazioni/Bilancio, Commento sub Artt. 2423 – 2423-*bis*, 9., S. 407.

Die Hoffnung[656], dass eine entsprechende Vorschrift endlich eingeführt werde, blieb auch mit der Gesellschaftsrechtsreform 2003[657] zunächst noch unerfüllt: Es wurde lediglich in Art. 2423-*bis* Abs. 1 Nr. 1 c.c. ergänzt, dass der *ökonomischen Funktion* des jeweiligen Aktiv- oder Passivelementes Rechnung zu tragen ist („[...] tenendo conto della funzione economica dell'elemento dell'attivo o del passivo considerato.");[658] die Zurechnung von Vermögensgegenständen nach dem Prinzip des substance over form wurde nicht explizit geregelt, welches auf Kritik von Seiten der Literatur stieß.[659] Nur als Einzelregelung wurde für „Übereignungen mit Verpflichtung zur Rückübereignung zu einem bestimmten Termin" („contratti di compravendita con obbligo di retrocessione a termine") in Art. 2424-*bis* Abs. 5 c.c. die bilanzielle Zurechnung zum Veräußerer festgelegt.[660] Aus dieser Regelung wie auch aus der Überlegung, dass mit Art. 2423-*bis* Abs. 1 Nr. 1 c.c. anderenfalls etwas geregelt worden wäre, was ohnehin selbstverständlich sei, nämlich die Beachtung wirtschaftlicher Gegebenheiten bei der Bilanzierung, schlossen Teile des Schrifttums, dass die Regelung des Art. 2423-*bis* Abs. 1 Nr. 1 c.c. dahingehend zu interpretieren sei, dass das Prinzip des substance over form (auch) für die Zurechnung von Vermögensgegenständen zu beachten sei.[661] Diese Auffassung war jedoch nicht unbestritten.[662]

---

656 Vgl. Ausführungen bei *Balzarini*, in: Notari/Bianchi, Obbligazioni/Bilancio, Commento sub Artt. 2423 – 2423-*bis*, 7., S. 401, Fn. 76; *Colombo*, in: A. Palma, Il bilancio di esercizio, Kap. 5, 7., S. 97; *ders.*, in: Abbadessa/Portale, Il nuovo diritto delle società, Bd. 3, S. 154 ff., 164, 166; *ders.*, in: A.B.I., IAS/IFRS, S. 7 ff., 13; *Piacentini/Strampelli*, in: Notari/Bianchi, Obbligazioni/Bilancio, Commento sub Artt. 2423-*ter* – 2427-*bis*, 1.1., S. 423.

657 Decreto legislativo vom 17.01.2003, Nr. 6, (d.lgs. 6/2003).

658 Vgl. *Caratozzolo*, Società 2005, 148, 150 f.; zur entsprechenden Richtlinienvorgabe *Colombo*, in: A.B.I., IAS/IFRS, S. 7 ff., 13.

659 Siehe *Colombo*, in: A. Palma, Il bilancio di esercizio, Kap. 5, 7., S. 97 ff.; *ders.*, in: A.B.I., IAS/IFRS, S. 7 ff., 13. Kritisch zudem *Superti Furga*, Il bilancio di esercizio italiano, Teil 1, Kap. 2, 1., S. 19; *Vacca*, in: A.B.I., IAS/IFRS, S. 211 ff., 219.

660 Hierzu *Balzarini*, in: Notari/Bianchi, Obbligazioni/Bilancio, Commento sub Artt. 2423 – 2423-*bis*, 8., S. 403; *Caratozzolo*, Società 2005, 148, 153 f.; *Colombo*, in: A. Palma, Il bilancio di esercizio, Kap. 5, 7., S. 98; *ders.*, in: Abbadessa/Portale, Il nuovo diritto delle società, Bd. 3, S. 154 ff., 166; *ders.*, in: A.B.I., IAS/IFRS, S. 7 ff., 13; *OIC* Nr. 11, S. 10; *Piacentini*, in: Notari/Bianchi, Obbligazioni/Bilancio, Commento sub Artt. 2423-*ter* – 2427-*bis*, 2.3., S. 437; *Vacca*, in: A.B.I., IAS/IFRS, S. 211 ff., 230.

661 *Colombo*, in: A. Palma, Il bilancio di esercizio, Kap. 5, 7., S. 98 f.; *ders.*, in: Abbadessa/Portale, Il nuovo diritto delle società, Bd. 3, S. 154 ff., 166 ff.; *OIC* Nr. 11, S. 2.

662 Siehe *Balzarini*, in: Notari/Bianchi, Obbligazioni/Bilancio, Commento sub Artt. 2423 – 2423-*bis*, 7., S. 401, 8., S. 402 f., der sich für eine explizite Kodifizierung einer allgemeinen Regelung des Prinzips „substance over form" ausspricht, S. 404 f. Zu den unterschiedlichen Meinungen im Schrifttum vgl. *Strampelli, in:* Abbadessa/Portale, Le società per azioni, Bd. 1, art. 2423 *bis*, 6., S. 2201.

Für Auslegungsunsicherheiten sorgte dabei insbesondere die vom Gesetzgeber für das Leasing („locazione finanziaria“, wörtlich: „Finanzierungsmiete“) vorgesehene Regelung: Denn die Gliederungsvorschrift des Art. 2424 Abs. 2 B. c.c. sieht vor, dass im Anlagevermögen auch die Vermögensgegenstände anzugeben sind, die (wörtlich) „finanziell vermietet werden“ („concesse in locazione finanziaria“). Damit scheint eine Zurechnung zum Leasing*geber* – und nicht dem Leasingnehmer als wirtschaftlichen Eigentümer – implizit vorausgesetzt. Allein zu Anhangsangaben ist der Leasingnehmer gem. Art. 2427 Abs. 1 Nr. 22 c.c. bei einem Leasing, bei dem hauptsächlich ihm die Risiken und Vorteile des Leasinggutes gebühren, verpflichtet.[663]

Hingegen ist für den Ausweis eines Veräußerungsgewinnes aus einem „sale and lease back“-Vertrag eine wirtschaftliche Betrachtung vorzunehmen: nach Art. 2425-*bis* Abs. 4 c.c. ist dieser auf die zeitliche Dauer des Leasingvertrages zu verteilen.[664] Darüber hinausgehende Sonderregelungen für die Bilanzierung eines sale and lease back sind jedoch nicht vorgesehen.[665]

Mit der Umsetzung der neuen Bilanzrichtlinie ist nunmehr das Prinzip des „substance over form“ explizit kodifiziert worden:[666] Nach Art. 2423-*bis* Abs. 1 Nr. 1-*bis* c.c. erfolgt „die Aufnahme und Darstellung der Posten unter Berücksichtigung der Substanz des jeweiligen Geschäftes oder Vertrages“ („la rilevazione e la presentazione delle voci è effettuata tenendo conto della sostanza dell'operazione o del contratto“). Unter welchen Voraussetzungen ein Vermögensgegenstand danach konkret

---

663 Vgl. *Bocchini*, Bilancio d'esercizio, Kap. 6, 9., S. 209; *Caratozzolo*, Società 2005, 148, 151 f.; *Colombo*, in: A. Palma, Il bilancio di esercizio, Kap. 5, 7., S. 98 f.; *ders.*, in: Abbadessa/Portale, Il nuovo diritto delle società, Bd. 3, S. 154 ff., 168; *Piacentini/Strampelli*, in: Notari/Bianchi, Obbligazioni/Bilancio, Commento sub Artt. 2423-*ter* – 2427-*bis*, 1., S. 422 ff.; *Venuti*, in: A.B.I., IAS/IFRS, S. 245 ff., 281 f. Vgl. zudem *Balzarini*, in: Notari/Bianchi, Obbligazioni/Bilancio, Commento sub Artt. 2423 – 2423-*bis*, 8., S. 403 f., 9., S. 406; *De Angelis*, in: A.B.I., IAS/IFRS, S. 383 ff., 402; *Pontani*, in: A. Palma, Il bilancio di esercizio, Kap. 6, 1., S. 113 f.; *Superti Furga*, Il bilancio di esercizio italiano, Teil 2, Kap. 4, 2.1., S. 50 ff.

664 Siehe *Balzarini*, in: Notari/Bianchi, Obbligazioni/Bilancio, Commento sub Artt. 2423 – 2423-*bis*, 8., S. 403; *Piacentini/Strampelli*, in: Notari/Bianchi, Obbligazioni/Bilancio, Commento sub Artt. 2423-*ter* – 2427-*bis*, 1.5., S. 432 ff. Die Vorschrift ist erst nach der Gesellschaftsrechtsreform 2003 mit dem decreto legislativo vom 28.12.2004, Nr. 310, eingeführt worden.

665 Siehe *Piacentini/Strampelli*, in: Notari/Bianchi, Obbligazioni/Bilancio, Commento sub Artt. 2423-*ter* – 2427-*bis*, 1.5., S. 434.

666 *Campobasso*, Diritto delle società, Kap. 13, 2., S. 454, spricht davon, dass das Prinzip des substance over form nunmehr klarer geregelt worden sei („riformulato in termini più chiari“). Zu dem Prinzip siehe *Bocchini*, Bilancio d'esercizio, Kap. 4, 1., S. 103.

dem sog. Nicht-Eigentümern zugerechnet werden soll, ist jedoch nicht geregelt,[667] so dass hierzu die Auslegung in Rechtsprechung und Literatur abzuwarten bleibt. Auch die bisher bestehenden Unsicherheiten aufgrund von Einzelregelungen wie dem Art. 2424 Abs. 2 B. c.c. sind mit der Neuregelung noch nicht beseitigt worden.

(3) Zurechnungskriterien der IFRS

Auch nach den IFRS muss ein asset dem Bilanzierenden zuzurechnen sein. Hier spielt das Prinzip der *wirtschaftlichen* Betrachtungsweise („substance over form") eine wesentliche Rolle.[668] Bereits im Framework ist in F.4.6 Satz 1 verankert, dass „attention needs to be given to its underlying substance and economic reality and not merely its legal form." Und speziell in Bezug auf die Zurechnung von assets bestimmt F.4.12 Satz 2, dass „the right of ownership is not essential". Im Einzelnen ist für die Zurechnung gem. IAS 17.4 Abs. 3, .8 Satz 1 entscheidend, welche Vertragspartei „substantially all the risks and rewards" trägt.[669]

Wie soeben erwähnt,[670] ist das Rahmenkonzept nicht vom Übernahmeverfahren in das EU-Recht (endorsement-Prozess) erfasst.[671] Da sich das Prinzip des substance over form aber in den einzelnen Standards wiederfindet, ist es für die auf der IAS-VO basierenden Abschlüsse dennoch von Bedeutung. So ist die Zurechnung nach der wirtschaftlichen Betrachtungsweise beispielsweise in IAS 17 bei den Leasingverhältnissen relevant (hierzu sogleich) und spiegelt sich auch in dem asset-Merkmal der Beherrschung (control) nach IAS 38.8[672] wider.

---

667 Vgl. *Bocchini*, Bilancio d'esercizio, Kap. 4, 4., S. 113 f. (speziell zur Frage, wann und ob das Prinzip substance over form auf Leasingverträge Anwendung findet: *Bocchini*, Bilancio d'esercizio, Kap. 6, 9., S. 211 f.); *Strampelli, in:* Abbadessa/Portale, Le società per azioni, Bd. 1, art. 2423 *bis*, 6., S. 2202. Ebenfalls kritisch zur Neuregelung *Beghetto*, Studium Iuris 2016, 154, 165.

668 Hierzu *Balzarini*, in: Notari/Bianchi, Obbligazioni/Bilancio, Commento sub Artt. 2423 – 2423-*bis*, 4., S. 393 f.; *Kleindiek*, in: MüKo Bilanzrecht, Bd. 1, Einf (Juli 2008), Rn. 97; *Lüdenbach/ W.-D. Hoffmann/Freiberg*, in: Lüdenbach/Hoffmann/Freiberg, IFRS, § 1, Rn. 80; *J. Schneider*, PiR 2009, 38, 40; *Vacca*, in: A.B.I., IAS/IFRS, S. 211 ff., 217; *Venuti*, in: A.B.I., IAS/IFRS, S. 245 ff., 256.

669 *Lüdenbach/ W.-D. Hoffmann/Freiberg*, in: Lüdenbach/Hoffmann/Freiberg, IFRS, § 15, Rn. 15. Siehe auch *Vacca*, in: A.B.I., IAS/IFRS, S. 211 ff., 214; *Venuti*, in: A.B.I., IAS/IFRS, S. 245 ff., 264. Vgl. zudem IAS 38.13 Satz 1, hierzu *Theile*, in: Heuser/Theile, IFRS, Rn. 321.

670 Siehe Kapitel 3, C. II. 1. a) i) (3).

671 Erfasst sind nur die Standards (IAS, IFRS) und die Interpretationen (SIC, IFRIC), *Hennrichs*, in: MüKo Bilanzrecht, Bd. 1, Einf (Juli 2008), Rn. 59; *Kleindiek*, in: MüKo Bilanzrecht, Bd. 1, Einf (Juli 2008), Rn. 86; *Scognamiglio*, in: A.B.I., IAS/IFRS, S. 29 ff., 70; *Theile*, in: Heuser/Theile, IFRS, Rn. 56; *Venuti*, Il bilancio di esercizio fino agli IFRS, Teil 3, 10.3., S. 367.

672 Siehe soeben unter Kapitel 3, C. II. 2. a) i). Nach *Theile*, in: Heuser/Theile, IFRS, Rn. 321, entspricht der Begriff „control" „dem des wirtschaftlichen Eigentums

Eine in sich geschlossene Zurechnungskonzeption gibt es in den IFRS dennoch nicht. Allein für Leasingverhältnisse ist mit IAS 17 (2008)[673], IFRS 16 (2019) ein eigener Standard vorgesehen, der das Prinzip des substance over form im Einzelnen regelt.[674] Dabei wird der Leasinggegenstand bei sog. Finanzierungsleasingverträgen, wie grundsätzlich auch nach deutschem Recht, dem Leasing*nehmer* zugeordnet, vgl. IAS 17.20 (2008).[675] Im Einzelnen können sich aber dennoch Unterschiede ergeben, so beispielsweise bei sog. Teilamortisationsverträgen,[676] die sich dadurch kennzeichnen, dass die Anschaffungs- oder Herstellungskosten des Leasinggegenstandes sowie die Finanzierungs- und Nebenkosten nach Ablauf der Grundmietzeit nicht vollständig, sondern nur teilweise abgedeckt sind.[677]

(4) Resultierende Unterschiede

In der Zurechnung von Vermögensgegenständen bestehen trotz Annäherung der Bilanzierungssysteme in Umsetzung der neuen Bilanzrichtlinie weiterhin Unterschiede zwischen der HGB-Bilanz und der Bilanz nach dem Codice civile wie auch den IFRS: Der deutsche Gesetzgeber sieht in § 246 Abs. 1 Satz 2 HGB eine allgemeine Zurechnungsvorschrift vor, nach der ein Vermögensgegenstand zwar grundsätzlich dem (zivilrechtlichen) Eigentümer, unter wirtschaftlichen Aspekten aber auch dem Nicht-Eigentümer (als sog. wirtschaftlichen Eigentümer) zugerechnet werden kann. In Italien bestand eine entsprechende Regelung lange Zeit nicht. Nur für die „Übereignungen mit Verpflichtung zur Rückübereignung zu einem bestimmten Termin“ sah Art. 2424-*bis* Abs. 5 c.c. die Zurechnung zum Nicht-Eigentümer vor. Mit der Umsetzung der neuen Bilanzrichtlinie hat das Prinzip des substance over form

---

im deutschen Bilanzrechtsverständnis […].“ Vgl. zudem *Wawrzinek/Lübbig*, in: Beck'sches IFRS-Handbuch, § 2, Rn. 125.

673 Zu möglichen Änderungen nach dem IFRS Exposure Draft „Leases“ (ED/2010/9) siehe *Claßen/Schulz*, StuB 2011, 3, 7 ff.; *Lorenz*, BB 2010, 2555, 2555 ff.

674 Vgl. *Claßen/Schulz*, StuB 2011, 3, 6; *Doll*, in: Beck'sches IFRS-Handbuch, 3. Aufl., § 22, Rn. 2 f.; *Morfeld*, in: Beck'sches IFRS-Handbuch, § 22, Rn. 2 f.; *Pawelzik*, in: Heuser/Theile, IFRS, Rn. 1622; *Piacentini/Strampelli*, in: Notari/Bianchi, Obbligazioni/Bilancio, Commento sub Artt. 2423-*ter* – 2427-*bis*, 1.2., S. 427; *Venuti*, in: A.B.I., IAS/IFRS, S. 245 ff., 279 f.

675 *Baetge/Kirsch/Thiele*, Bilanzen, Kap. 13, 142., S. 686; *Claßen/Schulz*, StuB 2011, 3, 7; *Förschle/Kroner*, in: Beck'scher Bilanzkommentar, 9. Aufl., § 246, Rn. 165; *Lüdenbach/ W.-D. Hoffmann/Freiberg*, in: Lüdenbach/Hoffmann/Freiberg, IFRS, § 15, Rn. 19; *Mellwig/Sabel*, in: MüKo Bilanzrecht, Bd. 1, IAS 17 (Juli 2008), Rn. 150; *Morfeld*, in: Beck'sches IFRS-Handbuch, § 22, Rn. 130; *Pawelzik*, in: Heuser/Theile, IFRS, Rn. 1601; *Vacca*, in: A.B.I., IAS/IFRS, S. 211 ff., 214.

676 *Morfeld*, in: Beck'sches IFRS-Handbuch, § 22, Rn. 194; *J. Schneider*, PiR 2009, 38, 40.

677 Für weitere Unterschiede siehe *Claßen/Schulz*, StuB 2011, 3, 6 f.; *Lüdenbach/ W.-D. Hoffmann/Freiberg*, in: Lüdenbach/Hoffmann/Freiberg, IFRS, § 15, Rn. 112 ff.; *Morfeld*, in: Beck'sches IFRS-Handbuch, § 22, Rn. 192 ff.; *Pawelzik*, in: Heuser/Theile, IFRS, Rn. 1610.

nunmehr als einer der Bilanzierungsprinzipien des Art. 2423-*bis* c.c. wesentliche Bedeutung erlangt. Die konkrete Zurechnung eines Vermögensgegenstandes zum sog. Nicht-Eigentümer ist jedoch weiterhin nicht geregelt.

Die IFRS folgen ohnehin dem Prinzip des substance over form, enthalten aber ebenfalls keine Zurechnungsregel von assets. Nur in Bezug auf Leasingverträge ist in IAS 17 eine konkrete Regelung vorgesehen.

b) Selbst geschaffene immaterielle Vermögensgegenstände des Anlagevermögens

i) Unterschiede zwischen HGB und Codice civile

Die Aktivierung von immateriellen Vermögensgegenständen des Anlagevermögens scheint in HGB und Codice civile ähnlich geregelt zu sein: denn mittlerweile[678] besteht nach dem Wortlaut sowohl des § 248 Abs. 2 Satz 1 HGB als auch des Art. 2426 Nr. 5 Satz 1 Fall 2 c.c. ein Ansatz*wahlrecht*.[679] Zudem sehen beide Rechnungslegungssysteme nach § 268 Abs. 8 HGB sowie Art. 2426 Nr. 5 Satz 4 c.c. eine Ausschüttungssperre vor, auf die später gesondert eingegangen wird.[680]

Anders als § 248 Abs. 2 Satz 1 HGB erfasst die Vorschrift des Art. 2426 Nr. 5 Satz 2 c.c. nach herrschender Meinung aber nur solche immateriellen Vermögensgegenstände, die sich (noch) nicht zu Rechten (wie Patente, Lizenzen u.ä., sogar Marken) verdichtet haben[681]. Für selbst geschaffene immaterielle Vermögensgegenstände, die rechtlich geschützt sind („i beni immateriali [...] rappresentati da diritti giuridicamente tutelati“[682]), besteht hingegen ein Aktivierungs*gebot*[683] und auch die Ausschüttungssperre des Art. 2426 Nr. 5 Satz 4 c.c. findet auf sie keine Anwendung.

---

678 Zur Entwicklung in Italien siehe *Portale*, Rivista delle società 1969, 242, 270 f.; in Deutschland siehe *Arbeitskreis Bilanzrecht der Hochschullehrer Rechtswissenschaft*, BB 2008, 152, 157; *Flume*, DB 1958, 1045, 1045 ff.; *Hommel/Berndt*, BB 2009, 2190, 2191; *Theile*, WPg 2008, 1064, 1064 ff.; *J. Wüstemann/S. Wüstemann*, in: FS Krawitz, 2010, S. 751 ff., 764 ff.

679 Entgegen dem Wortlaut für eine Ansatzpflicht: *Colombo*, in: Colombo/Portale, Trattato delle società per azioni, Bd. 7*, S. 23 ff., 258; *Strampelli, in:* Abbadessa/Portale, Le società per azioni, Bd. 1, art. 2426, 5., S. 2293. Zur deutschen Regelung siehe *Ernst/Seidel*, BB 2009, 766, 767; *Gelhausen/u. a.*, in: IDW, WP Handbuch, Bd. 1, E, Rn. 94; *Merkt*, in: Baumbach/Hopt, HGB, § 248, Rn. 3; *St. Schmidt/Usinger*, in: Beck'scher Bilanzkommentar, § 248, Rn. 11; kritisch *J. Wüstemann/S. Wüstemann*, in: FS Krawitz, 2010, S. 751 ff., 764 ff.

680 Unter Kapitel 3, C. II. 2. b), c).

681 Hierzu *Caratozzolo*, Il bilancio d'esercizio, Teil 2, Kap. 6, 5.2.2.2., S. 236, 239. Vgl. zudem *Colombo*, in: Colombo/Portale, Trattato delle società per azioni, Bd. 7*, S. 23 ff., 244 ff.; *Villa*, in: A. Palma, Il bilancio di esercizio, Kap. 8, 3.2.1., S. 227.

682 *OIC* Nr. 24, S. 5 f., Tz. 6.

683 *Colombo*, in: Colombo/Portale, Trattato delle società per azioni, Bd. 7*, S. 23 ff., 249 f.; *Eikenberg*, Der Jahresabschluss deutscher und italienischer Kapitalgesellschaften, 2. Teil, § 7, C. V. 2) c), S. 162. Vgl. zudem *Caratozzolo*, Il bilancio d'esercizio, Teil 2, Kap. 6, 5.2.2.2., S. 236; *W. Husemann/Jungen*, WPg 1989, 264, 269.

Zusätzliche Unterschiede können sich in der Ansatzhöhe ergeben, denn das deutsche Bilanzrecht lässt nach § 255 Abs. 2a Satz 1 HGB nur die Aktivierung der Entwicklungskosten zu; Forschungskosten dürfen nach § 255 Abs. 2 Satz 4 HGB nicht angesetzt werden.[684] Sind beide Phasen nicht verlässlich voneinander trennbar, muss eine Aktivierung nach § 255 Abs. 2a Satz 4 HGB sogar vollständig unterbleiben.[685]

Zu welchem Zeitpunkt die Entwicklungskosten nach HGB aktiviert werden dürfen, ist nicht eindeutig. Nach der Gesetzesbegründung soll es zwar auf der einen Seite ausreichend sein, dass „*mit hoher Wahrscheinlichkeit* [...] ein einzeln verwertbarer immaterieller Vermögensgegenstand des Anlagevermögens zur Entstehung gelangt."[686] [Herv. nicht im Original] Auf der anderen Seite betont der Gesetzgeber, dass „§ 246 Abs. 1 Satz 1 HGB nur die Aktivierung von Vermögensgegenständen erlaub[e] [und daher] immer zu prüfen [sei], ob das zu aktivierende Gut als Vermögensgegenstand im handelsbilanziellen Sinn klassifiziert werden k[ö]nn[e]."[687] Wie *Theile* zutreffend feststellt, hat „sich der Gesetzgeber [hier] in einen Begründungswiderspruch [verstrickt]."[688] Entsprechend unstimmig sind auch die Auffassungen im Schrifttum und lassen als Aktivierungszeitpunkt teilweise bereits die *wahrscheinliche Entstehung* eines Vermögensgegenstandes zu;[689] teilweise wird hingegen ein *schon entstandener* immaterieller Vermögensgegenstand gefordert.[690]

Im italienischen Bilanzrecht war bislang (selbst für rechtlich nicht geschütztes immaterielles Anlagevermögen) nach Art. 2426 Nr. 5 Satz 1 c.c. a.F. zusätzlich zu den Entwicklungskosten auch der Ansatz von Forschungskosten zulässig, vorausgesetzt

---

684 *Merkt*, in: Baumbach/Hopt, HGB, § 255, Rn. 22; *Mindermann*, StuB 2010, 658, 660; *W. Schubert/Pastor*, in: Beck'scher Bilanzkommentar, § 255, Rn. 486. Zum Nichtansatz der Forschungskosten zudem *Hennrichs*, DB 2008, 537, 540; *Theile*, WPg 2008, 1064, 1064.

685 *Gelhausen/Fey/Kämpfer*, Rechnungslegung und Prüfung nach dem Bilanzrechtsmodernisierungsgesetz, E, Rn. 72; *Merkt*, in: Baumbach/Hopt, HGB, § 255, Rn. 22; *Mindermann*, StuB 2010, 658, 660; *W. Schubert/Pastor*, in: Beck'scher Bilanzkommentar, § 255, Rn. 483; *Theile*, WPg 2008, 1064, 1065.

686 Regierungsentwurf für ein Gesetz zur Modernisierung des Bilanzrechts (Bilanzrechtsmodernisierungsgesetz – BilMoG), S. 132.

687 BT-Dr. 16/10067, S. 50.

688 *Theile*, WPg 2008, 1064, 1067. Vgl. auch *J. Wüstemann/S. Wüstemann*, in: FS Krawitz, 2010, S. 751 ff., 763, die von einer „Verwirrung" sprechen.

689 *Gelhausen/Fey/Kämpfer*, Rechnungslegung und Prüfung nach dem Bilanzrechtsmodernisierungsgesetz, E, Rn. 64; *Gelhausen/u. a.*, in: IDW, WP Handbuch, Bd. 1, E, Rn. 96; (wenn auch kritisch) *Mindermann*, StuB 2010, 658, 659.

690 *Arbeitskreis Bilanzrecht der Hochschullehrer Rechtswissenschaft*, BB 2008, 152, 157; *Baetge/Fey/Weber/Sommerhoff*, in: Küting/Pfitzer/Weber, Handbuch der Rechnungslegung, § 248 HGB (März 2010), Rn. 18; *Hennrichs*, DB 2008, 537, 538; *ders.*, in: MüKo Bilanzrecht, Bd. 2, § 248, Rn. 23; *Theile*, WPg 2008, 1064, 1067 f. Wohl auch *Hommel/Berndt*, BB 2009, 2190, 2191.

dem getätigten Aufwand kommt ein künftiger Nutzen zu („utilità pluriennale", wörtlich: „mehrjährige Nutzbarkeit"). Entsprechend unterteilte das italienische Schrifttum die Forschungskosten in Aufwand für Grundlagenforschung („costi di ricerca di base") und Aufwand für „angewandte und zielgerichtete Forschung" („costi di ricerca applicata o finalizzata").[691] Da bei der reinen Grundlagenforschung gerade nicht sicher sei, dass die entstandenen Kosten in den Folgejahren nutzbar seien und zu Erträgen führten, seien sie nicht aktivierungsfähig.[692] Mit der Umsetzung der neuen Bilanzrichtlinie in Italien ist die Aktivierbarkeit von Forschungskosten nunmehr gänzlich gestrichen worden, so dass auch im italienischen Bilanzrecht nur noch der Ansatz von Entwicklungskosten zulässig ist.[693] Damit haben sich die Unterschiede zum deutschen Bilanzrecht erheblich verringert.

Es bleibt mithin festzuhalten, dass im italienischen Bilanzrecht ein Aktivierungswahlrecht (mittlerweile nur noch) für Entwicklungskosten besteht, welches mit Begründung eines Rechts (bspw. durch Patentierung oder Lizensierung) zu einer Aktivierungspflicht wechselt. Hingegen ist im deutschen Bilanzrecht der Ansatz von Entwicklungskosten nach teilweiser Auffassung im Schrifttum erst in dem Moment zulässig (Wahlrecht), in dem ein immaterieller Vermögensgegenstand vorliegt, welches jedenfalls bei Begründung eines selbstständigen Rechts gegeben wäre. Die mittlerweile sehr ähnlichen Vorschriften unterscheiden sich damit weiterhin unter zeitlichen Aspekten: wenn das italienische Aktivierungswahlrecht zu einer Aktivierungspflicht erstarkt, lässt das deutsche Wahlrecht nach teilweise vertretener Auffassung den Ansatz überhaupt erst zu.

Weitere Unterschiede können sich in der Folgebewertung ergeben: Zwar sehen beide Rechtssysteme für Anlagegegenstände mit begrenzter Nutzungsdauer nach § 253 Abs. 3 Satz 1, 2 HGB und Art. 2426 Nr. 2 Satz 1 c.c. eine planmäßige Abschreibung (ammortizzazione) über die voraussichtliche Nutzungsdauer vor.[694] Zudem bestimmen beide Systeme eine Pflicht zur außerplanmäßigen Abschreibung

691 *Caratozzolo*, Il bilancio d'esercizio, Teil 2, Kap. 6, 5.2.2.2., S. 233 f.; *Colombo*, in: Colombo/Portale, Trattato delle società per azioni, Bd. 7*, S. 23 ff., 256; *Eikenberg*, Der Jahresabschluss deutscher und italienischer Kapitalgesellschaften, 2. Teil, § 7, C. V. 2) e) bb), S. 167; *OIC* Nr. 24, S. 12, Tz. 43 f.; *Santesso/Sòstero*, Il bilancio, Kap. 3, 3.1.2, S. 92; *Superti Furga*, Il bilancio di esercizio italiano, Teil 3, Kap. 7, 5., S. 187.

692 *Caratozzolo*, Il bilancio d'esercizio, Teil 2, Kap. 6, 5.2.2.2., S. 233; *OIC* Nr. 24, S. 12, Tz. 43; *Santesso/Sòstero*, Il bilancio, Kap. 3, 3.1.2, S. 92.

693 Hierzu *Beghetto*, Studium Iuris 2016, 295, 299 f.; *Bocchini*, Bilancio d'esercizio, Kap. 6, 14., S. 229 ff.; *Strampelli, in:* Abbadessa/Portale, Le società per azioni, Bd. 1, art. 2426, 5., S. 2291 f.

694 Zur deutschen Vorschrift *Gelhausen/Fey/Kämpfer*, Rechnungslegung und Prüfung nach dem Bilanzrechtsmodernisierungsgesetz, E, Rn. 101 ff.; *Hennrichs*, DB 2008, 537, 541; *Merkt*, in: Baumbach/Hopt, HGB, § 253, Rn. 10; *W. Schubert/Andrejewski/Roscher, in:* Beck'scher Bilanzkommentar, § 253, Rn. 212 ff. Zur italienischen Vorschrift *OIC* Nr. 19, Tz. 78.

(svalutazione), § 253 Abs. 3 Satz 5 HGB, Art. 2426 Nr. 3 Satz 1 c.c.[695] Für selbst geschaffene immaterielle Vermögensgegenstände, die noch keine Rechte darstellen, sah bislang aber allein das italienische Recht in Art. 2426 Nr. 5 Satz 1 c.c. a.F. eine grundsätzliche Höchstdauer der planmäßigen Abschreibung von fünf Jahren vor.[696] Überschritt die voraussichtliche Nutzungsdauer die fünf Jahre, unterschieden sich die deutsche und die italienische Abschreibung.

Mit dem BilRUG ist nunmehr auch im deutschen Bilanzrecht eine entsprechende Bestimmung über den Abschreibungszeitraum in § 253 Abs. 3 Satz 3 HGB eingeführt worden, sofern die voraussichtliche Nutzungsdauer eines immateriellen Vermögensgegenstandes des Anlagevermögens nicht verlässlich geschätzt werden kann. Damit ist im deutschen Bilanzrecht jedoch, anders als im italienischen, nicht eine *Höchst*dauer der Abschreibung und die Dauer auch nicht auf fünf Jahre festgelegt worden. Vielmehr sind bei nicht verlässlicher Schätzung planmäßige Abschreibungen über einen Zeitraum von stets 10 Jahren vorgesehen.[697]

In Umsetzung der neuen Bilanzrichtlinie ist auch die italienische Vorschrift verändert worden: nach Art. 2426 Nr. 5 Satz 3 c.c. sind die Entwicklungskosten nun im Grundsatz gemäß ihrer Nutzungsdauer abzuschreiben. Allein für den Fall, dass diese nicht verlässlich geschätzt werden kann, ist eine Höchstdauer[698] von (weiterhin) fünf Jahren vorgesehen. Auch an dieser Stelle haben sich die beiden Bilanzierungssysteme mithin deutlich angenähert.

ii) Unterschiede zwischen HGB und IFRS

Die bilanzielle Abbildung von immateriellen Vermögensgegenständen (intangible assets) des Anlagevermögens regeln die IFRS in IAS 38 und IFRS 3.[699] Dabei besteht

695 Zur deutschen Vorschrift *Gelhausen/Fey/Kämpfer*, Rechnungslegung und Prüfung nach dem Bilanzrechtsmodernisierungsgesetz, E, Rn. 110 ff.; *Hennrichs*, DB 2008, 537, 541; *W. Schubert/Andrejewski/Roscher*, in: Beck'scher Bilanzkommentar, § 253, Rn. 300 ff. Zur italienischen Vorschrift *OIC* Nr. 9, S. 5, Tz. 10.

696 *Colombo*, in: Colombo/Portale, Trattato delle società per azioni, Bd. 7*, S. 23 ff., 259; *OIC* S. 20, Tz. 86. Zum Fehlen einer maximalen Nutzungsdauer in Deutschland *Gelhausen/Fey/Kämpfer*, Rechnungslegung und Prüfung nach dem Bilanzrechtsmodernisierungsgesetz, E, Rn. 107.

697 Hierzu *Blöink/Knoll-Biermann*, Der Konzern 2015, 65, 71; *Kirsch*, IRZ 2015, 99, 100; *ders.*, DStZ 2015, 103, 107; *Oser/Orth/Wirtz*, DB 2015, 197, 199; *W. Schubert/Andrejewski/Roscher, in:* Beck'scher Bilanzkommentar, § 253, Rn. 318; *Zwirner*, StuB 2015, 123, 123 f.

698 Kritisch in Bezug auf die Angabe einer Höchstdauer: *Strampelli, in:* Abbadessa/Portale, Le società per azioni, Bd. 1, art. 2426, 5., S. 2293 f., der hierin eine Abweichung von der neuen Bilanzrichtlinie sieht. Hingegen versteht *Merkt*, in: Baumbach/Hopt, HGB, § 253, Rn. 17, auch die deutsche Regelung als „höchstzulässigen Abschreibungszeitraum".

699 Siehe *Böcking/Wiederhold*, in: MüKo Bilanzrecht, Bd. 1, IAS 38 (Sept. 2010), Rn. 5; *Theile*, in: Heuser/Theile, IFRS, Rn. 1005, 1008.

nach IAS 38.21 ein Aktivierungs*gebot*, wenn die asset-Kriterien[700] erfüllt sind, es also insbesondere wahrscheinlich ist, dass ein künftiger Nutzen zufließen wird, und die Anschaffungs- oder Herstellungskosten verlässlich bestimmbar sind (verlässliche Bewertbarkeit).[701] Für den Ansatz eines selbst geschaffenen intangible assets fordert IAS 38.57 zudem, dass die Fertigstellung technisch realisierbar und die entsprechenden Ressourcen hierfür verfügbar sind, beabsichtigt wird, das asset fertigzustellen sowie zu nutzen oder zu verkaufen und die Fähigkeit des assets hierzu besteht.[702] Ein Aktivierungswahlrecht, wie nach § 248 Abs. 2 Satz 1 HGB oder Art. 2426 Nr. 5 Satz 1 c.c., ist nicht vorgesehen; dennoch wird vertreten, dass die nur schwer greifbaren Voraussetzungen erhebliche Spielräume beinhalteten, weshalb faktisch ein Wahlrecht gegeben sei.[703]

Da sich der künftige wirtschaftliche Nutzen als Aktivierungsvoraussetzung in der Forschungsphase noch nicht nachweisen lasse (vgl. IAS 38.55), untersagt IAS 38.54 den Ansatz von Forschungskosten vollständig.[704] In diesem Ansatzverbot entspricht die Regelung mithin dem § 255 Abs. 2 Satz 4 HGB. Auch bestimmt IAS 38.53, vergleichbar der Vorschrift des § 255 Abs. 2a Satz 4 HGB, dass der Ansatz im Zweifel vollständig ausgeschlossen ist, wenn sich Forschungs- und Entwicklungsphase nicht unterscheiden lassen.[705] Beim Unternehmenserwerb richtet sich die Zugangsbewertung zudem nach IFRS 3, der die Kaufpreisaufteilung auf die einzelnen assets sowie die Abgrenzung zum Geschäfts- oder Firmenwert regelt.[706]

Im Aktivierungszeitpunkt besteht ein Unterschied zur HGB-Bilanzierung speziell dann, wenn man für eine Aktivierung nach HGB für erforderlich hält, dass die Voraussetzungen eines Vermögensgegenstandes vorliegen und seine Entstehung nicht lediglich wahrscheinlich ist. Denn die Kriterien des (deutschen) Vermögensgegenstandes sind wesentlich enger gefasst als die eines assets.[707]

---

700 Siehe Kapitel 3, C. II. 1. a) i) (3).

701 *Böcking/ Wiederhold*, in: MüKo Bilanzrecht, Bd. 1, IAS 38 (Sept. 2010), Rn. 40; *Förschle/ Usinger*, in: Beck'scher Bilanzkommentar, 9. Aufl., § 248, Rn. 63; *Hennrichs*, DB 2008, 537, 540.

702 *Böcking/ Wiederhold*, in: MüKo Bilanzrecht, Bd. 1, IAS 38 (Sept. 2010), Rn. 69; *Förschle/ Usinger*, in: Beck'scher Bilanzkommentar, 9. Aufl., § 248, Rn. 67; *Theile*, in: Heuser/Theile, IFRS, Rn. 1046.

703 Siehe *Arbeitskreis Hochschullehrer Rechtswissenschaft*, BB 2002, 2372, 2374; *Hennrichs*, in: MüKo AktG, 2. Aufl., Bd. 5/1, § 246 HGB, Rn. 69; *Hennrichs*, RWS-Forum 25, Gesellschaftsrecht 2003/2004, 101, 112.

704 *Caratozzolo*, Il bilancio d'esercizio, Teil 2, Kap. 6, 5.2.2.2., S. 234; *Förschle/ Usinger*, in: Beck'scher Bilanzkommentar, 9. Aufl., § 248, Rn. 65 f.; *Lüdenbach/ W.-D. Hoffmann/ Freiberg*, in: Lüdenbach/Hoffmann/Freiberg, IFRS, § 13, Rn. 25; *Ramscheid*, in: Beck'sches IFRS-Handbuch, § 4, Rn. 38. Vgl. auch *Böcking/ Wiederhold*, in: MüKo Bilanzrecht, Bd. 1, IAS 38 (Sept. 2010), Rn. 70; *Hennrichs*, DB 2008, 537, 540.

705 *Ramscheid*, in: Beck'sches IFRS-Handbuch, § 4, Rn. 37.

706 Hierzu sogleich Kapitel 3, C. II. 1. c) ii).

707 Siehe Kapitel 3, C. II. 1. a) i).

Für die Folgebewertung der intangible assets stellt IAS 38.72 zwei Möglichkeiten zur Verfügung: das Anschaffungs-/Herstellungskostenmodell (cost model) und – unter der Voraussetzung eines aktiven Marktes[708] – das Neubewertungsmodell (revaluation model). Das cost model gleicht dabei der deutschen und italienischen Folgebewertung, sieht also eine planmäßige Abschreibung (amortisation) über die Nutzungsdauer des assets sowie eine außerplanmäßige Abschreibung (impairment losses) vor, IAS 38.74, .97.[709] Hingegen ist nach dem Neubewertungsmodell gem. IAS 38.75 – wie der Name schon sagt – regelmäßig eine neue Bewertung des assets vorzunehmen, wodurch Wertsteigerungen in die Bilanz eingehen. Von dem anzusetzenden Zeitwert abgezogen werden aber dennoch spätere planmäßige sowie außerplanmäßige Abschreibungen.[710]

Die sich aus der Neubewertung ergebenden, über die ursprünglichen Anschaffungs- oder Herstellungskosten hinausgehenden Werterhöhungen sind nach IAS 38.85 erfolgsneutral in eine Neubewertungsrücklage (revaluation surplus) zu stellen und erhöhen somit nicht das Jahresergebnis.[711] Bei einer Aufstellung des Jahresabschlusses nach den IFRS werden diese Wertsteigerungen mithin nicht Teil der Ausschüttungsmasse; hierauf wird noch zurückzukommen sein.[712]

Eine Besonderheit in der Folgebewertung nach den IFRS besteht zudem in dem sog. impairment only approach: nach IAS 38.88 Satz 2 i.V.m. IAS 38.107 f. wird bei nicht verlässlicher Bestimmbarkeit der individuellen Nutzungsdauer des intangible assets auf eine planmäßige Abschreibung vollständig verzichtet und lediglich ein jährlicher Werthaltigkeitstest (sog. impairment test) durchgeführt.[713] Auch hierdurch können die immateriellen Vermögensgegenstände zu anderen Beträgen im Abschluss stehen als dies nach deutschem HGB der Fall wäre.

c) *Derivativer Geschäfts- oder Firmenwert*

i) Unterschiede zwischen HGB und Codice civile

Der Ansatz eines entgeltlich erworbenen Geschäfts- oder Firmenwertes ist sowohl im deutschen als auch im italienischen Jahresabschluss bekannt. Doch während der Wortlaut im italienischen Recht in Art. 2426 Nr. 6 c.c. ein Wahlrecht vorgibt („può

---

708 *Böcking/Wiederhold*, in: MüKo Bilanzrecht, Bd. 1, IAS 38 (Sept. 2010), Rn. 122 ff.; *Ramscheid*, in: Beck'sches IFRS-Handbuch, § 4, Rn. 117; *Theile*, in: Heuser/Theile, IFRS, Rn. 1100; *Venuti*, Il bilancio di esercizio fino agli IFRS, Teil 3, 10.5., S. 381.

709 Siehe *Böcking/Wiederhold*, in: MüKo Bilanzrecht, Bd. 1, IAS 38 (Sept. 2010), Rn. 121; *Ramscheid*, in: Beck'sches IFRS-Handbuch, § 4, Rn. 99 ff.; *Theile*, in: Heuser/Theile, IFRS, Rn. 1106 ff.

710 Hierzu *Böcking/Wiederhold*, in: MüKo Bilanzrecht, Bd. 1, IAS 38 (Sept. 2010), Rn. 130.

711 *Böcking/Wiederhold*, in: MüKo Bilanzrecht, Bd. 1, IAS 38 (Sept. 2010), Rn. 131.

712 Kapitel 3, C. II. 2. d).

713 *Böcking/Wiederhold*, in: MüKo Bilanzrecht, Bd. 1, IAS 38 (Sept. 2010), Rn. 120; *Hennrichs*, DB 2008, 537, 541; *Kirsch*, IRZ 2015, 99, 100.

essere iscritto", „kann angesetzt werden"),[714] fingiert das deutsche Bilanzrecht den derivativen Geschäfts- oder Firmenwert seit dem BilMoG nach § 246 Abs. 1 Satz 4 HGB als Vermögensgegenstand („gilt als"), so dass er vom Vollständigkeitsgebot des § 246 Abs. 1 Satz 1 HGB erfasst wird und eine Ansatzpflicht besteht.[715]

Zudem kann sich der Ansatzwert des Geschäfts- oder Firmenwertes in beiden Rechtsordnungen unterscheiden. Zwar stellt er nach HGB wie nach dem Codice civile eine Art „Restgröße" dar,[716] die sich aus der Differenz des Unternehmenswertes (bzw. der erbrachten Gegenleistung, vgl. § 246 Abs. 1 Satz 4 HGB, Art. 2426 Nr. 6 c.c.) und der Vermögensgegenstände abzüglich der Schulden errechnet. Da sich aber, wie oben dargestellt,[717] die Voraussetzungen für die Aktivierung eines Vermögensgegenstandes in beiden Mitgliedstaaten unterscheiden, kann sich ein anderer „Restwert" und somit ein anderer Wertansatz des Postens „Geschäfts- oder Firmenwert" ergeben.

Auch in Bezug auf die planmäßige Abschreibung des Postens unterschieden sich die beiden Bilanzierungssysteme bislang voneinander: Im italienischen Bilanzrecht bestimmte Art. 2426 Nr. 6 Satz 1 c.c. a.F., dass der Geschäfts- oder Firmenwert (typisiert) innerhalb von fünf Jahren abzuschreiben war; eine längere Abschreibungsdauer war nach Art. 2426 Nr. 6 Satz 2 c.c. a.F. nur möglich, wenn sie nicht die voraussichtliche Nutzungsdauer überstieg und ausreichend im Anhang begründet wurde.[718] Hingegen sah Deutschland nach § 253 Abs. 3 Sätze 1 und 2 HGB a.F. die planmäßige Abschreibung über die voraussichtliche Nutzungsdauer vor.

---

714 Zur Auslegung in Richtung eines Aktivierungsgebotes: *Colombo*, in: Colombo/Portale, Trattato delle società per azioni, Bd. 7*, S. 23 ff., 266; *W. Husemann/Jungen*, WPg 1989, 264, 269.

715 *Arbeitskreis Bilanzrecht der Hochschullehrer Rechtswissenschaft*, BB 2008, 152, 156; *Hennrichs*, in: FS Schaumburg, 2009, S. 367 ff., 369; *Kahle/Günter*, in: Schmiel/Breithecker, Steuerliche Gewinnermittlung nach dem BilMoG, S. 69 ff., 87 f.; *Merkt*, in: Baumbach/Hopt, HGB, § 246, Rn. 9. Siehe auch *Gelhausen/Fey/Kämpfer*, Rechnungslegung und Prüfung nach dem Bilanzrechtsmodernisierungsgesetz, E, Rn. 10; *Gelhausen/u. a.*, in: IDW, WP Handbuch, Bd. 1, E, Rn. 93; *Kußmaul*, in: Küting/Pfitzer/Weber, Handbuch der Rechnungslegung, § 246 HGB (Nov. 2009), Rn. 19. Zur entsprechenden Auslegung bereits des § 255 Abs. 4 Satz 1 HGB i.d.F. vor BilMoG siehe *Hennrichs*, Wahlrechte im Bilanzrecht, Kap. 4, A. III., S. 166 ff.; *ders.*, in: MüKo Bilanzrecht, Bd. 2, § 246 HGB, Rn. 142.

716 *St. Schmidt/Ries*, in: Beck'scher Bilanzkommentar, § 246, Rn. 82: „Residium". Vgl. zudem *Böcking/Wiederhold*, in: MüKo Bilanzrecht, Bd. 1, IAS 38 (Sept. 2010), Rn. 67; *Colombo*, in: Colombo/Portale, Trattato delle società per azioni, Bd. 7*, S. 23 ff., 261; *Merkt*, in: Baumbach/Hopt, HGB, § 246, Rn. 9; *OIC* S. 6, Tz. 7.

717 Siehe Kapitel 3, C. II. 1. a) i), ii).

718 Hierzu *Colombo*, in: Colombo/Portale, Trattato delle società per azioni, Bd. 7*, S. 23 ff., 266; *Eikenberg*, Der Jahresabschluss deutscher und italienischer Kapitalgesellschaften, 2. Teil, § 7, C. V. 2) f), S. 172; *OIC* Nr. 24, S. 20 f., Tz. 92; *Superti Furga*, Il bilancio di esercizio italiano, Teil 3, Kap. 7, 6., S. 198.

Mit der Umsetzung der neuen Bilanzrichtlinie ist nunmehr nach § 253 Abs. 3 Sätze 4 und 3 HGB i.d.F. des BilRUG wie auch nach Art. 2426 Nr. 6 Satz 2 c.c. i.d.F. des d.lgs. 139/2015 vorgesehen, dass der Geschäfts- oder Firmenwert grundsätzlich gemäß seiner voraussichtlichen Nutzungsdauer abzuschreiben ist. Sofern sich diese nicht verlässlich schätzen lässt, sieht das deutsche Bilanzrecht eine Abschreibung über 10 Jahre, das italienische Bilanzrecht auf „höchstens" 10 Jahre („non superiore a dieci anni") vor.[719]

Zudem kann der Geschäfts- oder Firmenwert nach beiden Rechtsordnungen außerplanmäßig abzuschreiben sein (§ 253 Abs. 3 Satz 5 HGB, Art. 2426 Nr. 3 Satz 1 c.c.). Dabei bestimmt Art. 2426 Nr. 3 Satz 2 Halbs. 1. c.c. allgemein eine Wertaufholung, sobald die Gründe für die Wertminderung wieder entfallen sind. Teilweise wurde hierzu bereits vor der Umsetzung der neue Bilanzrichtlinie vertreten, dass beim Geschäfts- oder Firmenwert eine Wertaufholung nicht zulässig sei.[720] Mittlerweile ist das Wertaufholungsverbot des Geschäfts- oder Firmenwertes in Art. 2426 Nr. 3 Satz 2 Halbs. 2 c.c. kodifiziert worden.[721] Im deutschen HGB sieht § 253 Abs. 5 Satz 2 HGB bereits seit der Fassung des BilMoG ein Wertaufholungsverbot für den Geschäfts- oder Firmenwert vor.

ii) Unterschiede zwischen HGB und IFRS

Eine Übereinstimmung der IFRS mit dem deutschen Bilanzrecht besteht in dem Ansatzgebot[722] für den derivativen Geschäfts- oder Firmenwert („goodwill acquired in a business combination"), das in IFRS 3.51 (2004) noch explizit vorgesehen war und sich nun aus der Qualifizierung des goodwill als ein asset nach IFRS 3.A (2008), IAS 36.81 ergibt.[723]

Dennoch können sich Unterschiede bereits in der Zugangsbewertung des Geschäfts- oder Firmenwertes ergeben: Zwar stellt der Geschäfts- oder Firmenwert

---

719 Hierzu *Blöink/Knoll-Biermann*, Der Konzern 2015, 65, 71; *Bocchini*, Bilancio d'esercizio, Kap. 6, 19., S. 245; *Campobasso*, Diritto delle società, Kap. 13, 6., S. 468; *Kirsch*, IRZ 2015, 99, 100; *ders.*, DStZ 2015, 103, 107; *W. Schubert/Andrejewski/Roscher*, in: Beck'scher Bilanzkommentar, § 253, Rn. 672; *Strampelli, in:* Abbadessa/Portale, Le società per azioni, Bd. 1, art. 2426, 6., S. 2296 f.; *Zwirner*, StuB 2015, 123, 124. Hingegen versteht *Merkt*, in: Baumbach/Hopt, HGB, § 253, Rn. 17, auch die deutsche Regelung als „höchstzulässigen Abschreibungszeitraum".

720 *OIC* Nr. 9, S. 8, Tz. 25, der auch für unter Art. 2426 Nr. 5 c.c. fallende Werte [sog. costi pluriennali, hierzu unter Kapitel 3, C. II. 1. b)] eine Wertaufholung ausschließt.

721 Hierzu *Strampelli, in:* Abbadessa/Portale, Le società per azioni, Bd. 1, art. 2426, 6., S. 2295.

722 *Berndt/Gutsche*, in: MüKo Bilanzrecht, Bd. 1, IFRS 3 (Sept. 2013), Rn. 82; *Hennrichs*, RWS-Forum 25, Gesellschaftsrecht 2003/2004, 101, 109; *ders.*, in: FS Schaumburg, 2009, S. 367 ff., 369; *Theile*, in: Heuser/Theile, IFRS, Rn. 1037.

723 Zur Neuregelung siehe *Berndt/Gutsche*, in: MüKo Bilanzrecht, Bd. 1, IFRS 3 (Sept. 2013), Rn. 82.

auch nach den IFRS eine Art „Restgröße" zwischen den Vermögensgegenständen abzüglich der Schulden und dem Unternehmenswert dar [vgl. IFRS 3.BC328 (2008)].[724] Zum einen kann diese „Restgröße" von der Methode her anders als nach HGB errechnet werden (s. IFRS 3.32: sog. full goodwill- oder der sog. purchased goodwill-Methode).[725] Zum anderen ergibt sich ein Unterschied dadurch, dass die Voraussetzungen für die Aktivierung eines Vermögensgegenstandes nach HGB und IFRS nicht identisch sind, wodurch sich ein anderer Restbetrag zum Unternehmenswert ergeben kann.[726]

Zudem unterscheiden sich die (Full-)IFRS in der Folgebewertung von der HGB-Bilanzierung, denn eine planmäßige Abschreibung des Geschäfts- oder Firmenwertes ist nach IFRS nicht (mehr)[727] vorgesehen. Nach IFRS 3.54 f. (2004), IAS 36 wird der goodwill allein außerplanmäßig nach dem sog. impairment only approach abgeschrieben.[728]

Überdies wird einer Wertminderung (impairment) anders als nach HGB-Vorschriften ermittelt: Der Geschäfts- oder Firmenwert wird hierfür sog. cash generating units (cgu) oder Gruppen von cgu zugewiesen, IAS 36.80. Eine cgu besteht in der „smallest identifiable group of assets that generates cash flows that are largely independent of the cash flows from other assets or groups of assets", IAS 36.6.[729] Grund hierfür ist die Überlegung, dass der Geschäfts- oder Firmenwert selbst keinen

---

724 *Berndt/Gutsche*, in: MüKo Bilanzrecht, Bd. 1, IFRS 3 (Sept. 2013), Rn. 82: „Residualgröße". Vgl. zudem *Böcking/Wiederhold*, in: MüKo Bilanzrecht, Bd. 1, IAS 38 (Sept. 2010), Rn. 67. Zum deutschen Bilanzrecht siehe Kapitel 3, C. II. 1. c).

725 Siehe ausführlich *Berndt/Gutsche*, in: MüKo Bilanzrecht, Bd. 1, IFRS 3 (Sept. 2013), Rn. 98 ff.; *Lüdenbach/W.-D. Hoffmann/Freiberg*, in: Lüdenbach/Hoffmann/Freiberg, IFRS, § 31, Rn. 129 ff. Zudem *Senger/Brune*, in: Beck'sches IFRS-Handbuch, § 34, Rn. 238.

726 Vgl. *Hennrichs*, DB 2008, 537, 539: „[...] die in der Restgröße Geschäfts- oder Firmenwert aufgehen." Zudem *Böcking/Wiederhold*, in: MüKo Bilanzrecht, Bd. 1, IAS 38 (Sept. 2010), Rn. 67. Zu den Aktivierungsvoraussetzungen siehe Kapitel 3, C. II. 2. a) i).

727 Anders noch nach IAS 22.44 (1998), siehe *Hennrichs*, in: FS Schaumburg, 2009, S. 367 ff., 372.

728 *Campobasso*, Diritto delle società, Kap. 13, 7., S. 474; *Caratozzolo*, Società 2004, 306, 307; *Giussani*, in: A.B.I., IAS/IFRS, S. 375 ff., 381; *Hennrichs*, RWS-Forum 25, Gesellschaftsrecht 2003/2004, 101, 109; *ders.*, in: FS Schaumburg, 2009, S. 367 ff., 372; *Kirsch*, IRZ 2015, 99, 103; *Kuhner/Hitz*, in: MüKo Bilanzrecht, Bd. 1, IAS 36 (April 2009), Rn. 116; *Lüdenbach/W.-D. Hoffmann/Freiberg*, in: Lüdenbach/Hoffmann/Freiberg, IFRS, § 31, Rn. 147; *Pawelzik/Dörschell*, in: Heuser/Theile, IFRS, Rn. 2001; *Racugno*, in: Buonocore, Diritto Commerciale, Teil 7, Kap. 4, 11.; *Senger/Brune*, in: Beck'sches IFRS-Handbuch, § 34, Rn. 238; *Venuti*, Il bilancio di esercizio fino agli IFRS, Teil 3, 10.5., S. 384.

729 Hierzu *Bocchini*, Bilancio d'esercizio, Kap. 14, 11., S. 605; *Fasselt/Radde*, in: Beck'sches Handbuch der Rechnungslegung, B 211a (Dez. 2014), Rn. 196 ff.; *Giussani*, in: A.B.I., IAS/IFRS, S. 375 ff., 379, 381; *Hennrichs*, in: FS Schaumburg, 2009, S. 367 ff., 380; *Pawelzik/Dörschell*, in: Heuser/Theile, IFRS, Rn. 2030; *Senger/Brune*,

cash flow erzeugen könne und daher – ohne Zuweisung zu den cgu – nicht auf eine Wertminderung überprüft werden könne (vgl. IAS 36.81 Satz 2). Dabei kann eine Zuordnung nicht nur zu cgu des erworbenen, sondern auch zu denen des Erwerberunternehmens erfolgen, vgl. IAS 38.80,[730] wodurch sich der derivative sogar mit dem originären goodwill vermischen kann.[731] Hingegen ist nach deutschem Bilanzrecht für die außerplanmäßige Abschreibung allein auf das erworbene Unternehmen abzustellen und eine außerplanmäßige Abschreibung des derivativen Geschäfts- oder Firmenwertes bereits dann vorzunehmen, wenn „die Rentabilität [allein] des *erworbenen* Unternehmens den Buchwert [...] nicht mehr rechtfertigt." [Herv. in Orig.][732]

d) Ingangsetzungsaufwendungen

Ein weiterer Unterschied der Bilanzierungssysteme besteht bei den Aufwendungen für Ingangsetzung und Erweiterung: Der Codice civile lässt ihre Aktivierung gem. Art. 2426 Nr. 5 Satz 1 Fall 1 c.c. zu (Aktivierungswahlrecht), unter der Voraussetzung, wie bei den immateriellen Vermögensgegenständen des Anlagevermögens,[733] dass ihnen ein künftiger Nutzen („utilità pluriennale") zukommt.[734] Ebenfalls sind sie mit einer Ausschüttungssperre flankiert. Zudem ist für die Ingangsetzungsaufwendungen nach Art. 2426 Nr. 5 Satz 2 c.c. auch i.d.F. des d.lgs. 139/2015 die Regelung beibehalten worden, nach der sie innerhalb einer Höchstdauer von fünf Jahren – unabhängig von ihrer tatsächlichen Nutzungsdauer – abzuschreiben sind.

Das bis zur Bilanzrechtsmodernisierung durch das BilMoG auch in Deutschland bestehende Aktivierungswahlrecht für Ingangsetzungs- und Erweiterungsaufwendungen nach § 269 HGB a. F. ist hingegen vollständig gestrichen worden – mit der Folge eines Aktivierungsverbotes.[735]

---

in: Beck'sches IFRS-Handbuch, § 34, Rn. 239; *Venuti*, Il bilancio di esercizio fino agli IFRS, Teil 3, 10.5., S. 384.

730 *Hennrichs*, in: FS Schaumburg, 2009, S. 367 ff., 380 ff., insbes. 383; *Pawelzik/Dörschell*, in: Heuser/Theile, IFRS, Rn. 2040.

731 Hierzu kritisch *Hennrichs*, in: FS Schaumburg, 2009, S. 367 ff., 380 ff., insbes. 383.

732 *Hennrichs*, in: FS Schaumburg, 2009, S. 367 ff., 378. Siehe auch *ADS*, § 255 HGB, Rn. 285.

733 Siehe Kapitel 3, C. II. 1. b) i).

734 *Colombo*, in: Colombo/Portale, Trattato delle società per azioni, Bd. 7*, S. 23 ff., 258, versteht hingegen Art. 2426 Nr. 5 c.c. als Ansatzpflicht. Vgl. zudem *W. Husemann/Jungen*, WPg 1989, 264, 269. Allgemein zu der Vorschrift: *Caratozzolo*, Il bilancio d'esercizio, Teil 2, Kap. 6, 5.2.2.2., S. 231; *Eikenberg*, Der Jahresabschluss deutscher und italienischer Kapitalgesellschaften, 2. Teil, § 7, C. V. 2) e) aa), S. 164 ff.; (zur Vorgängerregelung) *W. Husemann/Jungen*, WPg 1989, 264, 270; *Villa*, in: A. Palma, Il bilancio di esercizio, Kap. 8, 3.2.1., S. 223 f.

735 *Merkt*, in: Baumbach/Hopt, HGB, § 248, Rn. 1. Vgl. auch BT-Dr. 16/10067, S. 64 f.; *Baetge/Fey/Weber/Sommerhoff*, in: Küting/Pfitzer/Weber, Handbuch der Rechnungslegung, § 248 HGB (März 2010), Rn. 5, 7; *Hömberg/König*, in: Baetge/Kirsch/Thiele, Bilanzrecht, § 269 HGB a. F. (Juli 2009), Rn. 1.

Dieser Unterschied der beiden Bilanzierungssysteme lässt sich durch die unterschiedlichen Voraussetzungen zur abstrakten Aktivierbarkeit eines Vermögensgegenstandes erläutern: während das deutsche Handelsbilanzrecht die Einzelverwertbarkeit fordert, welches bei Ingangsetzungsaufwendungen gerade nicht gegeben ist, erachtet es das italienische Handelsbilanzrecht bereits für ausreichend, dass ein künftiger Nutzen innerhalb des Unternehmens erbracht wird.[736] Daher stellen Ingangsetzungsaufwendungen nach italienischen Bilanzrecht abstrakt aktivierbare Vermögensgegenstände dar.[737]

Wie das deutsche Bilanzrecht – aber anders als Art. 2426 Nr. 5 Satz 1 c.c. – untersagt IAS 38.69 lit. a den Ansatz von Ingangsetzungs- und Erweiterungsaufwendungen („expenditure on start-up activities").[738] Zwischen dem in Italien zulässigen Jahresabschluss nach den endorsed IFRS und dem Jahresabschluss nach HGB besteht daher in diesem Punkt kein Unterschied.

e) Speziell: Bewertung zum sog. fair value

Eine Besonderheit der IFRS besteht im Ansatz eines auch über den Anschaffungs- oder Herstellungskosten liegenden Zeitwertes (sog. fair value). Während in Deutschland eine fair value-Bewertung nur ausnahmsweise vorgesehen ist (siehe §§ 253 Abs. 1 Satz 4, 256a Satz 2, 340e Abs. 3 HGB), wird sie dem IFRS-Bilanzierer häufig zur Wahl gestellt (vgl. IAS 16.29, 38.72, 40.30) oder sogar vorgeschrieben (vgl. IAS 40.34 [2008], 41.12 f.). Dabei definiert sich der fair value nach den IFRS als „the price that would be received to sell an asset [...] in an orderly transaction between market participants" (vgl. bspw. IAS 16.6).[739]

Die einzelnen fair value-Bilanzierungen unterscheiden sich aber in ihrer Auswirkung auf das Jahresergebnis: Denn die aufgrund des sog. Neubewertungsmodells (revaluation model, s. IAS 16.31, 38.75) angesetzten Zeitwerte werden, soweit sie die ursprünglichen Anschaffungs- oder Herstellungskosten übersteigen, erfolgs*neutral* erfasst, indem sie unmittelbar im Eigenkapital unter dem Posten „Neubewertungsrücklage" („revaluation surplus") gestellt werden, vgl. IAS 16.39,

---

736 Siehe unter Kapitel 3, C. II. 1. a) i) (1), (2).

737 Im deutschen Bilanzrecht wurde die frühere Regelung des § 269 HGB a. F. entsprechend als reine Bilanzierungshilfe verstanden, siehe BT-Dr. 16/10067, S. 64; *ADS*, § 269 HGB, Rn. 1. Zum italienischen Bilanzrecht siehe *Caratozzolo*, Il bilancio d'esercizio, Teil 2, Kap. 3, 3.3., S. 133 f.; *Portale*, Rivista delle società 1969, 242, 249 ff., insbes. 254; vgl. zudem *Colombo*, in: Colombo/Portale, Trattato delle società per azioni, Bd. 7*, S. 23 ff., 183 f. (auch Fn. 33), 187; a. A. *Simonetto*, I bilanci, 34., S. 103 (insbes. Fn. 40), 39., S. 119 f, 41., S. 131 f., 48., S. 161 ff.; *ders.*, Riv. dir. civ. 1967, I, 299, 299 ff.

738 *Böcking/Wiederhold*, in: MüKo Bilanzrecht, Bd. 1, IAS 38 (Sept. 2010), Rn. 65; *Theile*, in: Heuser/Theile, IFRS, Rn. 1070.

739 *De Angelis*, in: A.B.I., IAS/IFRS, S. 383 ff., 387 f.; *Strampelli*, Rivista delle società 2006, 243, 253; *Venuti*, Il bilancio di esercizio fino agli IFRS, Teil 3, 10.5., S. 379; *ders.*, in: A.B.I., IAS/IFRS, S. 245 ff., 250 f.

38.85.[740] Sie beeinflussen damit nicht das auszuweisende Jahresergebnis. Und auch bei zur Veräußerung verfügbaren finanziellen Vermögensgegenständen (available-for-sale financial assets) erfolgt nach IAS 39.55 lit. b (2008) eine erfolgsneutrale Gegenbuchung.[741] Andere fair value-Bewertungen gehen hingegen erfolgs*wirksam* in die Gewinn- und Verlustrechnung ein („recognised in profit or loss", s. IAS 40.35, 41.26, .28) und wirken sich daher auf das Jahresergebnis aus.[742] Auch bei Bewertung von Finanzinstrumenten nach der Neuregelung des IFRS 9 ist teilweise eine erfolgsneutrale, teilweise eine erfolgswirksame Buchung vorzunehmen.[743]

Die Anwendung der fair value-Bewertung hatte Italien – wie auch Deutschland – bei Aufstellung des Jahresabschlusses mit Skepsis betrachtet: Insbesondere wurde befürchtet, dass sich die über den Anschaffungs-/Herstellungskosten liegenden Zeitwerte nicht oder nicht in ausgewiesener Höhe am Markt später tatsächlich realisieren würden; für die Ermittlung der Dividendenausschüttung werden sie daher vielfach für zu unsicher erachtet.[744] Anders als der deutsche Gesetzgeber hat der italienische daraus jedoch nicht den Schluss gezogen, auf die Aufstellung des Jahresabschlusses nach den IFRS zu verzichten, sondern eine Zwischenlösung gewählt und die fair value-Bewertung nach Art. 6 des d.lgs. 38/2005 mit Ausschüttungssperren flankiert.[745]

Mit Umsetzung der neuen Bilanzrichtlinie ins italienische Bilanzrecht durch das d.lgs. 139/2015 ist nunmehr auch nach dem Codice civile die Aktivierung von fair values bei derivativen Finanzinstrumenten gem. Art. 2426 Abs. 1 Nr. 11-*bis* c.c. vorgesehen,[746] während nach deutschem Bilanzrecht der Ansatz von fair values bei

740 *Strampelli*, Rivista delle società 2006, 243, 257; *Theile*, in: Heuser/Theile, IFRS, Rn. 432; *Venuti*, Il bilancio di esercizio fino agli IFRS, Teil 3, 10.5., S. 380.

741 *Löw/Theile*, in: Heuser/Theile, IFRS, Rn. 2480; *Lüdenbach/W.-D. Hoffmann/Freiberg*, in: Lüdenbach/Hoffmann/Freiberg, IFRS, § 28, Rn. 201; *Strampelli*, Rivista delle società 2006, 243, 257; *Venuti*, Il bilancio di esercizio fino agli IFRS, Teil 3, 10.5., S. 382.

742 *Löw/Theile*, in: Heuser/Theile, IFRS, Rn. 2480; *Strampelli*, Rivista delle società 2006, 243, 257 f.; *Venuti*, Il bilancio di esercizio fino agli IFRS, Teil 3, 10.5., S. 380 f.

743 Vgl. *Hartenberger*, in: Beck'sches IFRS-Handbuch, § 3, Rn. 398 ff.; *Lüdenbach/W.-D. Hoffmann/Freiberg*, in: Lüdenbach/Hoffmann/Freiberg, IFRS, § 28, Rn. 147 ff.

744 Siehe *Arbeitskreis Hochschullehrer Rechtswissenschaft*, BB 2002, 2372, 2374; *Caratozzolo*, Società 2004, 306, 311 ff.; *Colombo*, ECFR 2007, 553, 554 f.; *Hennrichs*, RWS-Forum 25, Gesellschaftsrecht 2003/2004, 101, 126; *von der Laage/Reusch*, NZG 2009, 245, 246 f.; *Miola*, Rivista delle società 2005, 1199, 1285; *Strampelli*, Rivista delle società 2006, 243, 253 ff.; *ders.*, Distribuzioni ai soci e tutela dei creditori, Kap. 2, Teil 1, 3., S. 97 ff. Siehe auch *Enriques*, Giur. comm. 2005, I, 607, 611; *Olivieri*, Riv. dir. civ. 2004, I, 257, 273.

745 Siehe Kapitel 3, C. II. 2. d).

746 Hierzu *Beghetto*, Studium Iuris 2016, 295, 302; *Bocchini*, Bilancio d'esercizio, Kap. 6, 28., S. 270 ff.; *Racugno*, in: Buonocore, Diritto Commerciale, Teil 7, Kap. 4, 8; *Strampelli, in:* Abbadessa/Portale, Le società per azioni, Bd. 1, art. 2426, 9., S. 2306 ff.; *Venuti*, Giur. comm. 2016, I, 188, 201 f.

zu Handelszwecken erworbenen Finanzinstrumenten gem. § 340e Abs. 3 HGB hingegen weiterhin lediglich für Kredit- und Finanzdienstleistungsinstitute vorgesehen ist.[747] Nur teilweise werden die entsprechend aktivierten fair values nach Art. 2426 Abs. 1 Nr. 11-*bis* Satz 2 Alt. 2 c.c. mit einer Ausschüttungssperre flankiert.

f) Bewertung von Beteiligungen

Ein entscheidender Unterschied im bilanziellen Ausweis kommt zudem der Bewertung von Beteiligungen zu. Zwar gilt grundsätzlich nach § 253 Abs. 1 Satz 1 HGB und Art. 2426 Nr. 1 c.c. das Anschaffungskostenprinzip. Für Beteiligungen an beherrschten oder verbundenen Unternehmen („imprese controllate o collegate")[748] lässt Italien aber gem. Art. 2426 Nr. 4 c.c. die Bewertung zur sog. equity-Methode („metodo del patrimonio netto", Wahlrecht[749]) zu.

Die equity-Methode[750] sieht nach Art. 2426 Nr. 4 c.c. vor, dass die Beteiligungen zum Wert ihres quotalen Anteils am Eigenkapital („patrimonio netto") angesetzt werden, das sich aus dem letzten Abschluss[751] des beherrschten oder verbundenen Unternehmens ergibt, unter Abzug der ausgezahlten Dividenden und unter Vornahme von einzelnen Berichtigungen. Der sich durch die Anwendung der equity-Methode ergebende Unterschiedsbetrag zum Vorjahresausweis ist aber in eine ausschüttungsgesperrte Rücklage zu stellen, auf die später noch zurückzukommen ist.[752]

Auch in der IFRS-Rechnungslegung ist die equity-Methode bekannt (vgl. IAS 28.13, 31.38). Dort findet sie aktuell seit dem Improvement Project vom 18. Dezember 2003[753] jedoch nur noch auf den Konzernabschluss und nicht mehr auf separate Einzelabschlüsse Anwendung (vgl. IAS 27.37 i.V.m. IAS 28.35, 31.46).[754] Mit dem

---

747 *Merkt*, in: Baumbach/Hopt, HGB, § 340e, Rn. 1.

748 Wann ein „beherrschtes oder verbundenes Unternehmen" vorliegt, regelt Art. 2359 Abs. 1, 3 c.c. Hierzu *Eikenberg*, Der Jahresabschluss deutscher und italienischer Kapitalgesellschaften, 2. Teil, § 7, C. IV. 1), S. 151.

749 *A. Palma*, in: A. Palma, Il bilancio di esercizio, Kap. 9, 4.3.3., S. 373.

750 Zu dieser Methode *Colombo*, in: A. Palma, Il bilancio di esercizio, Kap. 5, 7., S. 94; *Eikenberg*, Der Jahresabschluss deutscher und italienischer Kapitalgesellschaften, 2. Teil, § 7, C. IV. 1), S. 150 ff., D. II. 1) b), S. 177 f.; *OIC* Nr. 17, S. 37 ff., Tz. 148 ff.; *A. Palma*, in: A. Palma, Il bilancio di esercizio, Kap. 9, 4.3.3., S. 373 ff.; *Santesso/Sòstero*, Il bilancio, Kap. 5, 5.6, S. 177 ff.; *Superti Furga*, Il bilancio di esercizio italiano, Teil 3, Kap. 7, 4.4., S. 175 ff.

751 *Superti Furga*, Il bilancio di esercizio italiano, Teil 3, Kap. 7, 4.6., S. 184. Zu der Frage, welche Abschlüsse dabei zugrunde gelegt werden können, siehe *A. Palma*, in: A. Palma, Il bilancio di esercizio, Kap. 9, 4.3.3.3., S. 377 ff.

752 Kapitel 3, C. II. 2. c).

753 Hierzu *Zülch*, KoR 2004, 153, 153 ff.

754 Siehe *De Angelis*, in: A.B.I., IAS/IFRS, S. 383 ff., 433; *Köster*, in: MüKo Bilanzrecht, Bd. 1, IAS 28 (Juli 2008), Rn. 27; *von Oertzen*, in: Beck'sches IFRS-Handbuch, § 7, Rn. 85; *Theile/Pawelzik*, in: Heuser/Theile, IFRS, Rn. 6001; *Zülch*, KoR 2004, 153,

ED/2013/10 vom 2. Dezember 2013 und dem IAS 27-Änderungsstandard (veröffentlicht am 12. August 2014) wird die equity-Methode ab dem 1. Januar 2016 aber auch wieder im Einzelabschluss zugelassen.[755]

g) *Langfristige Fertigungen*

i) Unterschiede zwischen HGB und Codice civile

Eine besondere Problematik stellt im deutschen Recht die bilanzielle Abbildung von langfristigen Fertigungen dar. Darunter werden Fertigungsaufträge verstanden, die sich über mehrere Geschäftsjahre erstrecken und bei denen erst mit Fertigungsende eine Abnahmepflicht des Bestellers besteht.[756] Nach tradiertem deutschem Verständnis des Realisationsprinzips dürfen im Laufe der Fertigung nur die Herstellungskosten als „unfertige Erzeugnisse" (§ 266 Abs. 2 B. I. 2. HGB) aktiviert werden. Eine eventuelle Gewinnspanne soll hingegen erst bei Abnahme aktiviert werden dürfen. Und auch der Aufwand, der nicht unter den Begriff der Herstellungskosten subsumierbar ist, darf vorher nicht aktiviert werden.[757]

Diese Situation wird in Deutschland von manchen kritisiert, da der über mehrere Jahre erzielte Gewinn erst am Ende „auf einmal" ausgewiesen und so kein den tatsächlichen Verhältnissen entsprechendes Bild der Ertragslage widergespiegelt werde.[758]

161, 163 ff. Zur Entwicklung der Vorschriften innerhalb des Improvement Project siehe *Lüdenbach/Frowein*, BB 2003, 2449, 2449 f.

755 *Lüdenbach/W.-D. Hoffmann/Freiberg*, in: Lüdenbach/Hoffmann/Freiberg, IFRS, § 33, Rn. 5; http://www.drsc.de/service/projects/index.php?ixprj_do=index&ixprj_lang=de&prj_sec=iasb&prj_id=1&filter_state=active&ixprj_do=details&prj_id=95 (abgerufen am 08.07.2015).

756 Siehe *W. Schubert/Pastor*, in: Beck'scher Bilanzkommentar, § 255, Rn. 457. Anders zu beurteilen ist der Fall, wenn die Abnahme von Teilleistungen vereinbart ist, siehe BFH v. 18.12.1956 – I 84/56 U, BStBl. III 1957, 27, 27 f., Tz. 7; *Knobbe-Keuk*, Bilanz- und Unternehmenssteuerrecht, Kap. 1, § 6, I. 3., S. 250; *W. Schubert/Pastor*, in: Beck'scher Bilanzkommentar, § 255, Rn. 461; *Tiedchen*, in: MüKo Bilanzrecht, Bd. 2, § 252 HGB, Rn. 74.

757 Siehe im Einzelnen BFH v. 18.12.1956 – I 84/56 U, BStBl. III 1957, 27, 27, Tz. 7; v. 08.09.2005 – IV R 40/04, BStBl. II 2006, 26, 27, Tz. 19; *Knobbe-Keuk*, Bilanz- und Unternehmenssteuerrecht, Kap. 1, § 6, I. 4., S. 252; *Tiedchen*, in: MüKo Bilanzrecht, Bd. 2, § 252 HGB, Rn. 74. Vgl. zudem *Moxter*, in: FS Budde, 1995, S. 419 ff., 421 f.; *W. Schubert/Pastor*, in: Beck'scher Bilanzkommentar, § 255, Rn. 457 f.; *Schulze-Osterloh*, in: Baumbach/Hueck, GmbHG, 18. Aufl., § 42, Rn. 104; *J. Wüstemann/S. Wüstemann*, in: FS Krawitz, 2010, S. 751 ff., 771.

758 *Eikenberg*, Der Jahresabschluss deutscher und italienischer Kapitalgesellschaften, 2. Teil, § 7, B. III. 2), S. 116 f.; *Großfeld*, Bilanzrecht, 3. Aufl., Rn. 168; *Knobbe-Keuk*, Bilanz- und Unternehmenssteuerrecht, Kap. 1, § 6, I. 4., S. 251 f. Zudem *Moxter*, in: FS Budde, 1995, S. 419 ff., 421, und aus dem italienischen Schrifttum *Superti Furga*, Il bilancio di esercizio italiano, Teil 3, Kap. 7, 11., S. 243.

Teilweise wird daher ein anteiliger Ausweis des Gewinnes im Laufe der Fertigungsjahre für zulässig gehalten.[759]

Das italienische Bilanzrecht ermöglicht hingegen nach Art. 2426 Nr. 11 c.c. für Auftragsfertigungen (lavori in corso su ordinazione)[760] einen anteiligen Gewinnausweis ausdrücklich. Die jeweilige Quote hängt dabei von dem Fortschritt in der Vertragserfüllung ab und muss ausreichend sicher ermittelbar sein („sulla base dei corrispettivi contrattuali maturati con ragionevole certezza").[761] Diese sog. „percentuale di completamento"-Methode ist vom Wortlaut her als Wahlrecht ausgestaltet („possono", „können"),[762] wird aber zumeist als Anwendungs*pflicht* verstanden.[763] Eine entsprechende Ausschüttungssperre, wie es *Knobbe-Keuk* für eine potentielle Regelung im deutschen Recht fordert,[764] ist nicht vorgesehen.[765]

Bilanziell abzubilden ist die anteilige Erfassung der Gewinne in dem speziell im Umlaufvermögen vorgesehen Posten „Auftragsfertigungen" (Art. 2424 Abs. 2, C. I., Nr. 3 c.c.).[766]

ii) Unterschiede zwischen HGB und IFRS

Für die Bilanzierung von langfristigen Fertigung ist aktuell in der IFRS-Rechnungslegung zu differenzieren zwischen den sog. Fertigungsaufträgen (construction contracts), die nach IAS 11.3 (2008) kundenspezifisch (besser: „specifically negotiated") in Bezug auf nur einen oder mehrere aufeinander abgestimmte Gegenstände erbracht werden, und sonstigen Fertigungen. Nur die Fertigungsaufträge sind gem.

---

759 *ADS*, § 252 HGB, Rn. 86 ff., unter engen Voraussetzungen; *Gelhausen/u. a.*, in: IDW, WP Handbuch, Bd. 1, E, Rn. 317.

760 Siehe *Caratozzolo*, Il bilancio d'esercizio, Teil 2, Kap. 6, 6.4.3., S. 495; *OIC* Nr. 23, S. 6, Tz. 7; *Strampelli*, Rivista delle società 2006, 243, 248, Fn. 10. Darunter fallen nach *Colombo*, in: Colombo/Portale, Trattato delle società per azioni, Bd. 7*, S. 23 ff., 303 f., allein kundenspezifische Fertigungen.

761 Hierzu *Caratozzolo*, Il bilancio d'esercizio, Teil 2, Kap. 6, 6.4.3., S. 487 ff.; *Colombo*, in: Colombo/Portale, Trattato delle società per azioni, Bd. 7*, S. 23 ff., 305; *Eikenberg*, Der Jahresabschluss deutscher und italienischer Kapitalgesellschaften, 2. Teil, § 7, C. III., S. 148; *OIC* Nr. 23, S. 10 f., Tz. 36 ff.; *A. Palma*, in: A. Palma, Il bilancio di esercizio, Kap. 9, 6., S. 431; *Santesso/Sòstero*, Il bilancio, Kap. 4, 4.7, S. 154.

762 *Caratozzolo*, Il bilancio d'esercizio, Teil 2, Kap. 6, 6.4.3., S. 485, 494.

763 *Colombo*, in: Colombo/Portale, Trattato delle società per azioni, Bd. 7*, S. 23 ff., 306; *A. Palma*, in: A. Palma, Il bilancio di esercizio, Kap. 9, 6., S. 433; *Santesso/Sòstero*, Il bilancio, Kap. 4, 4.7, S. 159; *Superti Furga*, Il bilancio di esercizio italiano, Teil 3, Kap. 7, 11., S. 243.

764 *Knobbe-Keuk*, Bilanz- und Unternehmenssteuerrecht, Kap. 1, § 6, I. 4., S. 252. Siehe zudem *Eikenberg*, Der Jahresabschluss deutscher und italienischer Kapitalgesellschaften, 2. Teil, § 7, D. II. 1) a), S. 177.

765 *Eikenberg*, Der Jahresabschluss deutscher und italienischer Kapitalgesellschaften, 2. Teil, § 7, C. III., S. 149.

766 Beispiele bei *A. Palma*, in: A. Palma, Il bilancio di esercizio, Kap. 9, 6., S. 429 f., und *Santesso/Sòstero*, Il bilancio, Kap. 4, 4.7, S. 157 ff.

IAS 11.22 (2008) nach der sog. percentage of completion-Methode zu bilanzieren, also die Auftragserlöse und -kosten entsprechend dem Leistungsfortschritt zu erfassen.[767] Voraussetzung ist zudem, dass sich das Ergebnis (sog. outcome) aus dem Auftrag verlässlich ermitteln lässt.[768] Für andere Fertigungen ist hingegen IAS 2 anwendbar,[769] nach dem nur die unfertigen Erzeugnisse mit ihren Herstellungskosten angesetzt werden dürfen (IAS 2.9).[770]

Für Immobilienbauprojekte sind mit der Verabschiedung des IFRIC 15 zusätzliche Kriterien für die Annahme eines Fertigungsauftrags und damit für die Anwendung der percentage of completion-Methode aufgestellt worden.[771]

Wie die schrittweise Erfassung der Erträge und Aufwendungen nach der percentage of completion-Methode bilanziell abzubilden ist, bestimmt IAS 11 (2008) nicht im Einzelnen. IAS 11.42 (2008) sieht lediglich vor, dass bei einem sog. aktivischen Auftragssaldo ein asset und bei einem passivischen Saldo eine Schuld auszuweisen ist. Nach herrschender Meinung ist das asset aber als Forderung zu spezifizieren und die Schuld kann entweder als Verbindlichkeit oder als Rückstellung auszuweisen sein.[772] Der Saldo berechnet sich dabei nach IAS 11.43 f. (2008) aus den angefallenen Kosten zuzüglich anerkannter Gewinne und abzüglich anerkannter Verluste und Teilabrechnungen.[773]

Für Geschäftsjahre ab dem 1. Januar 2018[774] sind langfristige Fertigungen nach IFRS 15 zu bilanzieren. IFRS 15 ist auf Erlöse aus Kundenverträgen – unter Ausschluss bestimmter Vertragstypen wie Leasing- oder Versicherungsverträge[775] – anzuwenden und vereinheitlicht dabei mehrere Standards, so insbesondere IAS 18 und IAS 11. Die Erlöserfassung aus den Kundenverträgen knüpft IFRS 15.31 an die Erfüllung einzelner Leistungsverpflichtungen; maßgebend ist die Übertragung

767 *Brune*, in: Beck'sches IFRS-Handbuch, § 9, Rn. 4, 56; *Grottel/Pastor*, in: Beck'scher Bilanzkommentar, 9. Aufl., § 255, Rn. 600; *IDW* RS HFA 2, FN 2012, 380, 382, Tz. 2.1.; *Lüdenbach/ W.-D. Hoffmann/Freiberg*, in: Lüdenbach/Hoffmann/Freiberg, IFRS, § 18, Rn. 4; *Merkt*, in: Baumbach/Hopt, HGB, 34. Aufl., § 252, Rn. 47. Zudem *Hennrichs*, RWS-Forum 25, Gesellschaftsrecht 2003/2004, 101, 115.

768 Zu der anderenfalls anzuwendenden sog. zero profit-Methode nach IAS 11.32 siehe *Buhleier*, in: MüKo Bilanzrecht, Bd. 1, IAS 11 (Juli 2008), Rn. 67 ff.

769 *Brune*, in: Beck'sches IFRS-Handbuch, § 9, Rn. 6; *Theile*, in: Heuser/Theile, IFRS, Rn. 2306.

770 *Lüdenbach/ W.-D. Hoffmann/Freiberg*, in: Lüdenbach/Hoffmann/Freiberg, IFRS, § 18, Rn. 3.

771 Siehe *Brune*, in: Beck'sches IFRS-Handbuch, § 9, Rn. 111 ff.

772 Siehe im Einzelnen *IDW* RS HFA 2, FN 2012, 380, 384 f., Tz. 2.7.; *Riese*, in: Beck'sches IFRS-Handbuch, 3. Aufl., § 9, Rn. 85 f.; *Theile*, in: Heuser/Theile, IFRS, Rn. 2360 ff.

773 *Buhleier*, in: MüKo Bilanzrecht, Bd. 1, IAS 11 (Juli 2008), Rn. 181; *Riese*, in: Beck'sches IFRS-Handbuch, 3. Aufl., § 9, Rn. 84.

774 IFRS 15.IN2; *Lüdenbach/ W.-D. Hoffmann/Freiberg*, in: Lüdenbach/Hoffmann/Freiberg, IFRS, § 25, Rn. 234.

775 *Morich*, DB 2014, 1997, 1998; *J. Wüstemann/S. Wüstemann*, WPg 2014, 929, 931.

der Kontrolle an Ware oder Dienstleistung.[776] Bei Transportverträgen ist nach IFRS 15.35, BC126, zudem von einem kontinuierlichen Kontrollübergang auszugehen, „sofern ein anderes Unternehmen auf der Grundlage bereits erbrachter Leistungen den Vertrag übernehmen und erfüllen könnte."[777]

Nach IFRS 15 besteht die percentage of completion-Methode letztendlich fort und wird sogar ausgeweitet, da sie nicht mehr nur auf kundenspezifische Fertigungsaufträge Anwendung findet.[778] Auch bei der Messung des Leistungsfortschrittes sind kaum Änderungen vorgesehen,[779] so dass in der Bilanzierung langfristiger Fertigungen nach IFRS weiterhin ein wichtiger Unterschied zur HGB-Bilanzierung bestehen bleibt.

h) Rückstellungen

i) Unterschiede zwischen HGB und Codice civile

Nach deutschem Bilanzrecht besteht in § 249 Abs. 1 Satz 1 HGB die Pflicht zur Passivierung von sog. Verbindlichkeitsrückstellungen sowie von drohenden Verlusten aus schwebenden Geschäften (sog. Drohverlustrückstellungen). Dabei werden (Verbindlichkeits-)[780]Rückstellungen allgemein als Verpflichtungen verstanden, die dem Grund und/oder der Höhe nach ungewiss sind.[781]

Ähnlich ist im italienischen Bilanzrecht nach Art. 2424-*bis* Abs. 3 c.c. die Passivierung von Rückstellungen vorgesehen, wenn eine Verpflichtung entweder bereits in ihrem Bestehen unsicher ist oder/und in der Höhe unbestimmt ist. Allerdings führt dem Wortlaut des Art. 2424-*bis* Abs. 3 c.c. nach auch eine Unbestimmtheit in der Fälligkeit[782] („indíterminati [...] la data di sopravvenienza") zum Ansatz einer

776 *Morich*, DB 2014, 1997, 1998, 2002; *J. Wüstemann/S. Wüstemann*, WPg 2014, 929, 933 f.

777 *J. Wüstemann/S. Wüstemann*, WPg 2014, 929, 934.

778 *J. Wüstemann/S. Wüstemann*, WPg 2014, 929, 934 f.

779 *J. Wüstemann/S. Wüstemann*, WPg 2014, 929, 935.

780 Nach der wohl h.M. stellen Verlustrückstellungen eine Untergruppe der Verbindlichkeitsrückstellungen dar, siehe *Merkt*, in: Baumbach/Hopt, HGB, 34. Aufl., § 249, Rn. 10; vgl. auch *D. Schubert*, Der Ansatz von gewissen und ungewissen Verbindlichkeiten in der HGB-Bilanz, Kap. 3, A. I. 3. d), S. 57 f.; a. A. *Hommel*, in: Baetge/Kirsch/Thiele, Bilanzrecht, § 249 HGB (Juli 2011), Rn. 21 ff.

781 Siehe *Baetge/Kirsch/Thiele*, Bilanzen, Kap. 9, 1., S. 429; *Hennrichs*, in: MüKo Bilanzrecht, Bd. 2, § 249, Rn. 21; *Kirsch*, in: Hofbauer/Kupsch, Rechnungslegung, § 249 HGB (Mai 2015), Rn. 16.

782 Siehe zu diesem Merkmal *Colombo*, in: Colombo/Portale, Trattato delle società per azioni, Bd. 7*, S. 23 ff., 347; zustimmend *Villa*, in: A. Palma, Il bilancio di esercizio, Kap. 8, 4.2., S. 263 f.; a. A. *Caratozzolo*, Il bilancio d'esercizio, Teil 2, Kap. 5, 5.3.2.1., S. 302. Kritisch *Strampelli, in:* Abbadessa/Portale, Le società per azioni, Bd. 1, art. 2424 *bis*, 1., S. 2227.

Rückstellung.[783] Auch Drohverlustrückstellungen werden unter Art. 2424-*bis* Abs. 3 c.c. subsumiert[784] und sind somit passivierungspflichtig.

Ebenfalls vergleichbar in beiden Rechtsordnungen ist das geforderte Maß an Sicherheit, nach dem eine Verbindlichkeit be- oder entstehen muss, damit sie zu einer Rückstellungsbildung führt: sie muss „wahrscheinlich" („probabile") sein; die reine Möglichkeit für ihr Bestehen reicht nicht.[785] Zudem muss die Verbindlichkeit in beiden Rechtsordnungen zum Bilanzstichtag wirtschaftlich verursacht sein.[786] Die aus dem deutschen Schrifttum bekannte Diskussion, ob auch eine rechtlich bereits bestehende Verbindlichkeit wirtschaftlich verursacht sein muss,[787] wird im italienischen Bilanzrecht, soweit ersichtlich, nicht geführt.

Eine Besonderheit des deutschen Bilanzrechts besteht allerdings in Art. 28 Abs. 1 Satz 1 EGHGB, der für gewisse Pensionsverpflichtungen ein Passivierungswahlrecht vorsieht, wenn der Pensionsberechtigte seinen Rechtsanspruch vor dem 1. Januar 1987 erworben hat oder sich ein vor diesem Zeitpunkt erworbener Rechtsanspruch nach dem 31. Dezember 1986 erhöht.[788] Danach nicht-ausgewiesene Rückstellungen sind von Kapitalgesellschaften nach Art. 28 Abs. 2 EGHGB im Anhang anzugeben.

Ein weiterer Unterschied zwischen den beiden Rechtsordnungen besteht bei den sog. Aufwandsrückstellungen, also bei der Abbildung von Rückstellungen für reine Innenverpflichtungen. Denn im deutschen Bilanzrecht ist ihre Passivierung seit dem BilMoG nur noch für begrenzte, in § 249 Abs. 1 Satz 2 (Nr. 1)[789] HGB aufgeführte Fälle vorgesehen. Hingegen wird für das italienische Bilanzrecht vertreten, dass Rückstellungen für „regelmäßige Instandhaltungsaufwendungen" („lavori ciclici di manutenzione") zu bilden sind.[790]

---

783 *Bocchini*, Bilancio d'esercizio, Kap. 6, 51., S. 339; *Colombo*, in: Colombo/Portale, Trattato delle società per azioni, Bd. 7*, S. 23 ff., 345. Siehe auch *Caratozzolo*, Il bilancio d'esercizio, Teil 2, Kap. 5, 5.3.2.1., S. 301; *OIC* Nr. 31, S. 5; *Superti Furga*, Il bilancio di esercizio italiano, Teil 2, Kap. 4, 2.2., S. 66; *Villa*, in: A. Palma, Il bilancio di esercizio, Kap. 8, 4.2., S. 262 f.

784 Siehe *Colombo*, in: Colombo/Portale, Trattato delle società per azioni, Bd. 7*, S. 23 ff., 346 f.

785 BFH v. 01.08.1984 – I R 88/80, BStBl. II 1985, 44, 46, Tz. 31; v. 02.10.1992 – III R 54/91, BStBl. II 1993, 153, 154, Tz. 9; *Caratozzolo*, Il bilancio d'esercizio, Teil 2, Kap. 5, 5.3.2.1., S. 301; *Colombo*, in: Colombo/Portale, Trattato delle società per azioni, Bd. 7*, S. 23 ff., 346; *Hennrichs*, in: MüKo Bilanzrecht, Bd. 2, § 249 HGB, Rn. 50; *Weber-Grellet*, in: L. Schmidt, EStG, § 5, Rn. 376 f.

786 *Colombo*, in: Colombo/Portale, Trattato delle società per azioni, Bd. 7*, S. 23 ff., 346; *Hennrichs*, in: MüKo Bilanzrecht, Bd. 2, § 249 HGB, Rn. 55 ff.

787 Vgl. nur *Hennrichs*, in: MüKo Bilanzrecht, Bd. 2, § 249 HGB, Rn. 39.

788 *Grottel/Rhiel*, in: Beck'scher Bilanzkommentar, § 249, Rn. 260.

789 Umstritten ist, ob auch Nr. 2 unter die Aufwandsrückstellungen zu subsumieren ist; hierzu *Hennrichs*, in: MüKo Bilanzrecht, Bd. 2, § 249 HGB, Rn. 122.

790 *Caratozzolo*, Il bilancio d'esercizio, Teil 2, Kap. 5, 5.3.2.3., S. 315 f.; *Colombo*, in: Colombo/Portale, Trattato delle società per azioni, Bd. 7*, S. 23 ff., 346; *OIC* Nr. 31, S. 14 f., Tz. 74 ff.; *Santesso/Sòstero*, Il bilancio, Kap. 8, 8.2.3, S. 237.

Zuletzt können sich Unterschiede in der Bewertung der Rückstellungen ergeben, da das deutsche Bilanzrecht in § 253 Abs. 2 HGB eine Abzinsung der Rückstellungen verpflichtend vorsieht[791] und das italienische Bilanzrecht eine entsprechende Regelung nicht enthält.[792]

ii) Unterschiede zwischen HGB und IFRS

Die IFRS regeln den Ausweis von Rückstellung (sog. provisions) in IAS 37. Eine Rückstellung wird dabei definiert als „eine Schuld, die bezüglich ihrer Fälligkeit oder ihrer Höhe ungewiss ist" („a liability of uncertain timing or amount"), IAS 37.10.[793] Ist die Verpflichtungshöhe ausreichend verlässlich schätzbar, besteht eine Passivierungspflicht nach IAS 37.14.[794]

Von den Rückstellungen werden die Eventualschulden (contingent liabilities) unterschieden, die einem Ansatzverbot nach IAS 37.27 unterliegen.[795] Sie zeichnen sich durch eine höhere Unsicherheit als die Rückstellungen aus: Sprechen mehr Gründe für das Bestehen einer gegenwärtigen Verpflichtung und den Abfluss von Ressourcen als dagegen, liegt eine Rückstellung vor; bei mehr Gründen für das Nichtbestehen besteht eine Eventualschuld (s. IAS 37.16).[796] Wie nach HGB reicht es mithin nicht aus, wenn die Verbindlichkeit lediglich möglicherweise be- oder entsteht.[797]

Allerdings führt nach HGB eine allein in ihrer Fälligkeit unsichere Verpflichtung bereits zum Ansatz einer Verbindlichkeit (als Schuld i.e.S.), während nach IFRS noch eine Rückstellung zu passivieren wäre, s. IAS 37.10.[798] Zudem kennen die IFRS für Pensionsverpflichtungen eine dem Rückstellungswahlrecht des Art. 28 Abs. 1 Satz 1 HGB vergleichbare Regelung nicht.

---

791 Hierzu *J. Wüstemann/S. Wüstemann*, in: FS Krawitz, 2010, S. 751 ff., 768 f.

792 Siehe *Caratozzolo*, Il bilancio d'esercizio, Teil 2, Kap. 5, 5.3.2.2., S. 309; *OIC* Nr. 31, S. 8, Tz. 26.

793 *Caratozzolo*, Il bilancio d'esercizio, Teil 2, Kap. 5, 5.3.2.2., S. 306; *Lüdenbach/W.-D. Hoffmann/Freiberg*, in: Lüdenbach/Hoffmann/Freiberg, IFRS, § 21, Rn. 10.

794 Die übrigen Voraussetzungen des IAS 37.14 sind bereits zur Bejahung einer Schuld erforderlich, siehe *Pawelzik/Theile*, in: Heuser/Theile, IFRS, Rn. 3407; *Schrimpf-Dörges*, in: Beck'sches IFRS-Handbuch, § 13, Rn. 8. Zum Passivierungsgebot siehe *Schrimpf-Dörges*, in: Beck'sches IFRS-Handbuch, § 13, Rn. 8; *W. Schubert*, in: Beck'scher Bilanzkommentar, 9. Aufl., § 249, Rn. 332.

795 *Caratozzolo*, Il bilancio d'esercizio, Teil 2, Kap. 5, 5.3.2.2., S. 307; *Schrimpf-Dörges*, in: Beck'sches IFRS-Handbuch, § 13, Rn. 19; *W. Schubert*, in: Beck'scher Bilanzkommentar, 9. Aufl., § 249, Rn. 337.

796 *Grottel/Andrejewski*, in: Beck'scher Bilanzkommentar, 9. Aufl., § 253, Rn. 745; *Pawelzik/Theile*, in: Heuser/Theile, IFRS, Rn. 3430 f.; *Schrimpf-Dörges*, in: Beck'sches IFRS-Handbuch, § 13, Rn. 9, 16.

797 Zu Unterschieden im Detail dennoch *Pawelzik/Theile*, in: Heuser/Theile, IFRS, Rn. 3411; *Schrimpf-Dörges*, in: Beck'sches IFRS-Handbuch, § 13, Rn. 210.

798 *Schrimpf-Dörges*, in: Beck'sches IFRS-Handbuch, § 13, Rn. 210.

Bei den Drohverlustrückstellungen gleichen sich die Rechnungslegungssysteme wieder im Grundsatz: wie nach § 249 Abs. 1 Alt. 2 HGB ist gem. IAS 37.66 ein Passivierungsgebot vorgesehen.[799] Als Voraussetzung bedarf es eines sog. belastenden Vertrages („onerous contract"), der nach IAS 37.68 definiert ist als „ein Vertrag, bei dem die unvermeidbaren Kosten zur Erfüllung der vertraglichen Verpflichtungen höher als der erwartete wirtschaftliche Nutzen sind", es sich folglich ein Verpflichtungsüberhang ergibt.[800]

Hingegen unterscheiden sich die (endorsed) IFRS von der HGB-Bilanzierung in der Abbildung von Aufwandsrückstellungen. Denn während diese nach § 249 Abs. 1 Satz 2 Nr. 1 HGB auch nach dem BilMoG noch teilweise vorgesehen sind, untersagen die IFRS die Passivierung von Aufwandsrückstellungen vollständig, ex IAS 37.20, .63.[801]

In einem letzten Punkt sei noch auf die Unterschiede in der Abzinsung der Rückstellungen hingewiesen: Seit dem BilMoG sieht § 253 Abs. 2 Satz 1 HGB eine Abzinsung verpflichtend für alle Rückstellungen vor, die eine Restlaufzeit von mehr als einem Jahr aufweisen. Auch die IFRS schreiben nach IAS 37.45 eine Abzinsung vor, setzen dabei aber voraus, dass es sich um eine wesentliche Wirkung des Zinseffektes handelt („where the effect of the time value of money is material"), wodurch die Restlaufzeit der Rückstellung aber ebenfalls eine Rolle spielen kann.[802]

Festzuhalten bleibt mithin, dass sich die Bilanzierung von Rückstellungen nach IFRS und nach HGB im Grunde ähnelt, aber dennoch im Einzelnen Unterschiede bestehen, wie sich an den aufgeführten Punkten zeigt.

i) Währungsumrechnung

Bei der zumeist international tätigen Gesellschaftsform der SE ist zuletzt noch die Bewertung von auf fremde Währung lautenden Bilanzposten von Interesse. Da der Jahresabschluss in Euro aufzustellen ist (§ 244 HGB, Art. 2423 Abs. 6 c.c.), ist eine Umrechnung der Fremdwährung zum Ansatzzeitpunkt der Forderung bzw.

---

799 *W. Schubert*, in: Beck'scher Bilanzkommentar, 9. Aufl., § 249, Rn. 338; *Senger/Brune*, in: MüKo Bilanzrecht, Bd. 1, IAS 37 (Juli 2008), Rn. 116.

800 *Pawelzik/Theile*, in: Heuser/Theile, IFRS, Rn. 3445; *W. Schubert*, in: Beck'scher Bilanzkommentar, 9. Aufl., § 249, Rn. 338; *Senger/Brune*, in: MüKo Bilanzrecht, Bd. 1, IAS 37 (Juli 2008), Rn. 116.

801 *Schrimpf-Dörges*, in: Beck'sches IFRS-Handbuch, § 13, Rn. 211; *Hennrichs*, RWS-Forum 25, Gesellschaftsrecht 2003/2004, 101, 118; *Lüdenbach/W.-D. Hoffmann/Freiberg*, in: Lüdenbach/Hoffmann/Freiberg, IFRS, § 21, Rn. 27; *Senger/Brune*, in: MüKo Bilanzrecht, Bd. 1, IAS 37 (Juli 2008), Rn. 106.

802 *Caratozzolo*, Il bilancio d'esercizio, Teil 2, Kap. 5, 5.3.2.2., S. 309; *Lüdenbach/W.-D. Hoffmann/Freiberg*, in: Lüdenbach/Hoffmann/Freiberg, IFRS, § 21, Rn. 137; *Schrimpf-Dörges*, in: Beck'sches IFRS-Handbuch, § 13, Rn. 74; *Senger/Brune*, in: MüKo Bilanzrecht, Bd. 1, IAS 37 (Juli 2008), Rn. 58 f.

Verbindlichkeit zwar unproblematisch vorzunehmen.[803] Und auch die IFRS sehen bei Zugang eine Umrechnung in die sog. funktionale Währung („functional currency") vor (IAS 21.21).[804] Für die Folgebewertung stellt sich aber die Frage, ob und ggf. wie Währungsschwankungen zum Bilanzstichtag zu berücksichtigen sind.

i) Unterschiede zwischen HGB und Codice civile

In Deutschland ist seit dem BilMoG nach § 256a Satz 1 HGB eine Umrechnung von Fremdwährungsposten zum Devisenkassakurs am Abschlussstichtag vorgesehen. Ergänzend hierzu ist aber § 256a *Satz 2* HGB zu lesen, der bestimmt, dass (nur) bei einer Restlaufzeit von einem Jahr oder weniger die Höchstgrenze der Anschaffungs-/Herstellungskosten sowie das Realisations- und Imparitätsprinzip nicht zu beachten sind. Die Vorschrift macht mithin die bilanzielle Abbildung von Währungsschwankungen von der Restlaufzeit des Vermögensgegenstandes bzw. der Verbindlichkeit abhängig: Bei einer Laufzeit von über einem Jahr sind Fremdwährungsverluste zu antizipieren (Imparitätsprinzip), aber der Ausweis von Währungsgewinnen durch das Realisationsprinzip untersagt.[805] Bei einer Laufzeit von höchstens einem Jahr ist die Bindung des Realisationsprinzip aufgehoben und der Devisenkassakurs stets abzubilden, so dass ein Ausweis von Währungsgewinnen vorzeitig erfolgt.[806]

Die ausgewiesenen Kursschwankungen gehen erfolgswirksam in die Gewinn- und Verlustrechnung ein und sind dort gem. § 277 Abs. 5 Satz 2 HGB gesondert auszuweisen.[807] Kredit- und Finanzdienstleistungsinstitute haben zudem die Sondervorschrift des § 340h HGB zu beachten.[808]

Ebenfalls sieht das italienische Bilanzrecht nach Art. 2426 Nr. 8-*bis* c.c. eine differenzierte Behandlung von Währungsumrechnungen vor. Es stellt aber nicht auf die jeweilige Laufzeit des Vermögensgegenstandes bzw. der Verbindlichkeit ab. Bis zur Umsetzung der neuen Bilanzrichtlinie unterschied es vielmehr zwischen

---

803 Zum deutschen Recht siehe *Grottel/Leistner*, in: Beck'scher Bilanzkommentar, § 256a, Rn. 30 f., 36; *Merkt*, in: Baumbach/Hopt, HGB, § 256a, Rn. 2; *W. Schubert/Gadek*, in: Beck'scher Bilanzkommentar § 255, Rn. 258. Im italienischen Recht vgl. Art. 2425-*bis* Abs. 2 c.c., hierzu *Piacentini*, in: Notari/Bianchi, Obbligazioni/Bilancio, Commento sub Artt. 2423-*ter* – 2427-*bis*, 10.2., S. 539; *Santesso/Sòstero*, Il bilancio, Kap. 6, 6.4, S. 198. Vgl. zudem *Superti Furga*, Il bilancio di esercizio italiano, Teil 3, Kap. 7, 8., S. 202.

804 *Grottel/Leistner*, in: Beck'scher Bilanzkommentar, 9. Aufl., § 256a, Rn. 291; *Lüdenbach/W.-D. Hoffmann/Freiberg*, in: Lüdenbach/Hoffmann/Freiberg, IFRS, § 27, Rn. 15; *Theile*, in: Heuser/ Theile, IFRS, Rn. 570; *Wawrzinek/Lübbig*, in: Beck'sches IFRS-Handbuch, § 2, Rn. 209.

805 *Grottel/Leistner*, in: Beck'scher Bilanzkommentar, § 256a, Rn. 33.

806 *Grottel/Leistner*, in: Beck'scher Bilanzkommentar, § 256a, Rn. 50.

807 *Grottel/Leistner*, in: Beck'scher Bilanzkommentar, § 256a, Rn. 231; *St. Schmidt/Peun*, in: Beck'scher Bilanzkommentar § 277, Rn. 26.

808 *Grottel/Leistner*, in: Beck'scher Bilanzkommentar, § 256a, Rn. 3.

Anlagevermögen[809] auf der einen Seite und Aktivwerten unter Ausnahme des Anlagevermögens sowie Passivposten auf der anderen Seite. Dabei war das Anlagevermögen nach Art. 2426 Nr. 8-*bis* Satz 2 c.c. a.F. grundsätzlich nur im Erwerbszeitpunkt umzurechnen. Ein höherer Wert war vom Ansatz ausgeschlossen und selbst ein niedrigerer Wert durfte nur angesetzt werden, wenn sich die Wertverringerung als langanhaltend darstellte („se la riduzione debba giudicarsi durevole").[810] Hingegen war bei den restlichen Posten nach Art. 2426 Nr. 8-*bis* Satz 1 c.c. a.F. eine Umrechnung stets zum Bilanzstichtag vorzunehmen.[811]

Nach *Strampelli* war die Vorschrift bereits damals so zu verstehen, dass auch „monetäres" Anlagevermögen stets zum Bilanzstichtag umzurechnen sei.[812] In diesem Sinne ist nun durch den decreto legislativo 139/2015 zur Umsetzung der neuen Bilanzrichtlinie „klargestellt" („di rendere più esplicito") worden, dass es auf die Unterscheidung zwischen „monetären" und „nicht monetären" Posten ankomme und nur die „monetären" Posten zum Bilanzstichtag umzurechnen seien.[813] Der Wortlaut des Art. 2426 Nr. 8-*bis* c.c. sieht diese neue Differenzierung nun explizit vor.

Durch die Umrechnung entstehende Bewertungsunterschiede sind – wie in Deutschland – erfolgswirksam und in der Gewinn- und Verlustrechnung gesondert auszuweisen, vgl. Art. 2425 Nr. 17-*bis* c.c.[814] Allerdings sieht Art. 2426 Nr. 8-*bis* Satz 1 Halbs. 2 c.c. vor, dass sie sodann in eine ausschüttungsgesperrte Rücklage zu stellen sind.[815]

Die vom HGB und vom Codice civile vorgesehenen Kriterien zur Abbildung von Wechselkursschwankungen unterscheiden sich mithin im Grundsatz voneinander: das HGB differenziert nach der Laufzeit eines Postens und der Codice civile mittlerweile zwischen monetären und nicht monetären Posten, die jedoch nicht näher definiert werden.

ii) Unterschiede zwischen HGB und IFRS

Auch nach den IFRS stellt sich die Frage, ob und gegebenenfalls wie Wechselkursschwankungen in den Folgeperioden abzubilden sind. Dabei sehen auch die IFRS

---

809 Hierzu fasst *A. Palma*, in: A. Palma, Il bilancio di esercizio, Kap. 9, 9.2., S. 455, auch Passivposten, die längere Zeit gehalten werden.

810 *Piacentini*, in: Notari/Bianchi, Obbligazioni/Bilancio, Commento sub Artt. 2423-*ter* – 2427-*bis*, 10.4., S. 545; *A. Palma*, in: A. Palma, Il bilancio di esercizio, Kap. 9, 9.2., S. 455 f.

811 *A. Palma*, in: A. Palma, Il bilancio di esercizio, Kap. 9, 9.1., S. 453; *Piacentini*, in: Notari/Bianchi, Obbligazioni/Bilancio, Commento sub Artt. 2423-*ter* – 2427-*bis*, 10.2., S. 541.

812 *Strampelli*, Rivista delle società 2006, 243, 247.

813 *Venuti*, Giur. comm. 2016, I, 188, 205.

814 *Piacentini*, in: Notari/Bianchi, Obbligazioni/Bilancio, Commento sub Artt. 2423-*ter* – 2427-*bis*, 10.3., S. 543.

815 Hierzu *Piacentini*, in: Notari/Bianchi, Obbligazioni/Bilancio, Commento sub Artt. 2423-*ter* – 2427-*bis*, 10.3., S. 544 f.

zwei verschiedene Vorgehensweisen vor. Sie differenzieren aber nicht (wie § 256a HGB) nach der Restlaufzeit oder (vergleichbar der früheren Fassung des Art. 2426 Nr. 8-*bis* c.c.) zwischen Anlage- und Umlaufvermögen, sondern gem. IAS 21.23 zwischen monetären und nicht-monetären Posten. Dabei werden unter monetären Posten gem. IAS 21.16 solche verstanden, die auf Erhalt oder Zahlung von Geldleistungen gerichtet sind.[816]

Nur die sog. monetären Posten sind nach IAS 21.23 lit. a am Stichtag zum Wechselkurs umzurechnen. Die nicht-monetären Posten sind hingegen nach den allgemeinen Vorschriften zu behandeln: Die Posten, die zu den Anschaffungs-/Herstellungskosten anzusetzen sind, werden nach IAS 21.23 lit. b nur am Tag des Geschäftsvorfalls, also im Zugangszeitpunkt, umgerechnet; hingegen ist der Wechselkurs bei den Posten, die zum fair value bewertet werden, bei jeder Neubewertung zu beachten, also eine Umrechnung nach IAS 21.23 lit. c vorzunehmen.[817]

Die Differenzbeträge, die sich aus der Umrechnung ergeben, sind bei monetären Posten nach IAS 21.28 grundsätzlich erfolgswirksam zu erfassen. Bei nicht-monetären Posten, bei denen es aufgrund der fair value-Bewertung zu einer Umrechnung kommt, bestimmt hingegen IAS 21.30, dass die Umrechnungsdifferenz so zu behandeln ist, wie die fair value-Bewertung an sich: wird die Wertsteigerung erfolgsneutral im Eigenkapital verrechnet, ist entsprechend mit der Umrechnungsdifferenz zu verfahren; geht sie erfolgswirksam in die Gewinn- und Verlustrechnung ein, ist auch die Umrechnungsdifferenz erfolgswirksam zu erfassen.[818]

Da es nach § 256a HGB für die Abbildung von Wechselkursschwankungen auf die Restlaufzeit der Fremdwährungspositionen ankommt und nicht bedeutsam ist, ob der Posten monetär oder nicht-monetär ist, können sich auch an diesem zuletzt aufgeführten Punkt Unterschiede zwischen dem deutschen Abschluss nach HGB und dem italienischen Abschluss nach den (endorsed) IFRS ergeben.

2. *(Fehlende) Auswirkung auf die Dividendenausschüttung*

Es hat sich gezeigt, dass die Bilanzansätze im deutschen und italienischen Jahresabschluss divergieren können. Die Unterschiede wirken sich aber nicht immer auf die Höhe der Dividendenausschüttung aus: denn die höheren Bilanzansätze können mit einer Ausschüttungssperre flankiert sein, durch die die Ausschüttung der

---

816 Siehe *Grottel/Leistner*, in: Beck'scher Bilanzkommentar, 9. Aufl., § 256a, Rn. 292; *Theile*, in: Heuser/ Theile, IFRS, Rn. 571; *Venuti*, Il bilancio di esercizio fino agli IFRS, Teil 3, 10.5., S. 383, Fn. 73; *Wawrzinek/Lübbig*, in: Beck'sches IFRS-Handbuch, § 2, Rn. 210.

817 *Grottel/Leistner*, in: Beck'scher Bilanzkommentar, 9. Aufl., § 256a, Rn. 292; *Theile*, in: Heuser/ Theile, IFRS, Rn. 576; *Venuti*, Il bilancio di esercizio fino agli IFRS, Teil 3, 10.5., S. 383; *Wawrzinek/Lübbig*, in: Beck'sches IFRS-Handbuch, § 2, Rn. 210.

818 *Theile*, in: Heuser/ Theile, IFRS, Rn. 577; *Wawrzinek/Lübbig*, in: Beck'sches IFRS-Handbuch, § 2, Rn. 212 f.

entsprechenden Beträge an die Gesellschafter unterbunden wird. Dabei bestehen verschiedene Techniken, mit denen eine Sperrwirkung erzielt werden kann.

a) Vorüberlegung: mögliche Systeme der Ausschüttungssperrung

Die Ausschüttung von im Jahresabschluss aktivierten Beträgen[819] kann auf verschiedene Weise vermieden werden; im Grundsatz sind drei Arten von Sperrmechanismen denkbar.

Die erste Systematik der Ausschüttungssperrung besteht in einer erfolgsneutralen Gegenbuchung der zu sperrenden Beträge auf der Passivseite der Bilanz. Dadurch gehen die Beträge erst gar nicht in die Gewinn- und Verlustrechnung ein, sondern werden unmittelbar im Eigenkapital verrechnet. Im Jahresergebnis sind die Sperrbeträge daher nicht enthalten. Ein bekanntes Beispiel für eine solche Gegenbuchung stellt in der internationalen Rechnungslegung (IFRS) die sog. Neubewertungsrücklage dar, die beispielsweise nach IAS 38.75 für die Folgebewertung von intangible assets nach dem sog. Neubewertungsmodell (revaluation model) vorgesehen ist.[820]

Beispiel: Durch das Neubewertungsmodell kommt es zu einer Werterhöhung des Postens der intangible assets um 10. Der Buchungssatz lautet dann „intangible asset zu 10 an Neubewertungsrücklage zu 10".

Hingegen gehen bei den anderen beiden Sperrsystemen die zu sperrenden Beträge erfolgswirksam in die Gewinn- und Verlustrechnung ein. Sie führen damit zu einem Ertrag und erhöhen das Jahresergebnis. Erst in einem zweiten Schritt werden sie von der Ausschüttung ausgenommen.

Dabei schreibt die zweite Sperrart die Dotierung einer Rücklage in der Höhe des zu sperrenden Betrages vor. Diese Systematik ist aus dem deutschen Recht durch die Bildung der sog. gesetzlichen Rücklagen gem. §§ 150 AktG, 5a Abs. 3 GmbHG bekannt:[821] Die erfolgswirksam erfassten Beträge sind bei der Aufstellung der Bilanz nach § 270 Abs. 2 HGB in eine Gewinnrücklage zu stellen[822] und daher im Bilanzgewinn, auf den sich nach § 174 AktG der Gewinnverwendungsbeschluss

---

819 Freilich ist es am einfachsten, die Beträge, die nicht ausgeschüttet werden sollen, erst gar nicht zur Aktivierung zuzulassen, vgl. § 248 Abs. 2 i.d.F. vor dem BilMoG.

820 Siehe Kapitel 3, C. II. 1. b) ii).

821 Zu dieser Sperrsystematik in Italien siehe *Strampelli*, Rivista delle società 2006, 243, 250, sowie sogleich in Kapitel 3, C. II. 2. c), d).

822 *Hennrichs*, NZG 2009, 921, 924; *von der Laage*, WM 2012, 1322, 1323; *Lutter/Kleindiek*, in: Lutter/Hommelhoff, GmbHG, § 5a, Rn. 36 f. Vgl. zudem zu § 270 Abs. 2 HGB: *ADS*, § 270 HGB, Rn. 9; *Reiner*, in: MüKo HGB, Bd. 4, § 270, Rn. 7; *Winkeljohann/Taetzner*, in: Beck'scher Bilanzkommentar, § 270, Rn. 16.
Zur Einstellung der Rücklage des § 150 AktG in der Verlängerungsrechnung zur Gewinn- und Verlustrechnung nach § 158 Abs. 1 Satz 1 Nr. 4 lit. a AktG siehe : *ADS*, § 158 AktG, Rn. 18.

bezieht (bzw. nach § 29 Abs. 1 Satz 2 GmbHG[823] der Anspruch der Gesellschafter begrenzt), nicht mehr enthalten. Die Sperrwirkung greift damit zwar erst in einem zweiten Schritt, sie stellt sich aber dennoch durch die verpflichtende Rücklagenbildung „von selbst" ein.[824]

Anders als eben tangiert die Buchung also zunächst das Konto „Aufwendungen/Erträge" (Buchungssatz: „div. Aktiva zu 10 an Ertrag zu 10"); das Jahresergebnis wird erhöht. Erst später wird eine weitere Buchung aus dem Bilanzergebniskonto in das Rücklagenkonto vorgenommen, so dass die Beträge im Bilanzgewinn als Endbestand des Bilanzergebniskontos nicht mehr vorhanden sind.

Anders verhält es sich mit der dritten Sperrsystematik, bei der die Beträge ebenfalls erfolgswirksam zu erfassen sind, eine Rücklagendotierung aber nicht vorgeschrieben ist. Die zu sperrenden Beträge sind daher nicht nur im Jahresergebnis, sondern auch im Bilanzgewinn enthalten.[825] Die Ausschüttungssperre greift hier lediglich durch eine Verpflichtung der verantwortlichen Organe,[826] die Ausschüttung insoweit zu unterlassen, als die zu sperrenden Beträge danach nicht (mehr) durch ausreichend frei verfügbares Eigenkapital gedeckt sind. Diese dritte Sperrart ist durch die mit dem BilMoG eingeführte Ausschüttungssperre des § 268 Abs. 8 HGB als auch nach Art. 2426 Nr. 5 Satz 4 c.c. bekannt.[827]

b) Ausschüttungssperren nach HGB

Das deutsche Bilanzrecht greift nur selten auf die Systematik von Ausschüttungssperren zurück und bevorzugt es im Grundsatz, bereits auf den Ansatz von unsicheren Werten zu verzichten.[828] Mit dem BilMoG sollte aber der Informationsgehalt des Jahresabschlusses verbessert und daher der Ansatz von bisher für zu unsicher erachteten Werten teilweise zugelassen werden. Ein Hauptanliegen bestand dabei in der Aktivierung (als Wahlrecht) von selbst geschaffenen Vermögensgegenständen des Anlagevermögens,[829] die zuvor dem Ansatzverbot des § 248 Abs. 2 HGB i.d.F. vor dem BilMoG unterlagen. Da die Werte aber weiterhin nicht das Ausschüttungsvolumen erhöhen sollten, sind sie mit der Ausschüttungssperre nach § 268 Abs. 8 HGB flankiert worden.

---

823 Vgl. hierzu *Fastrich*, in: Baumbach/Hueck, GmbHG, § 29, Rn. 11.

824 *Gelhausen/Althoff*, WPg 2009, 584, 587; *von der Laage*, WM 2012, 1322, 1323.

825 Zu den Begriffen „Jahresergebnis" und „Bilanzgewinn" vgl. § 29 Abs. 1 GmbHG sowie eingängig *Verse*, in: Scholz, GmbHG, Bd. 1, § 29, Rn. 30 ff.

826 Siehe zu § 268 Abs. 8 HGB: *Gelhausen/Althoff*, WPg 2009, 584, 590; *Hennrichs*, NZG 2009, 921, 923; *von der Laage*, WM 2012, 1322, 1323; *Marx/Dallmann*, Stbg 2010, 453, 462. Vgl. auch die Ausführungen von *Strampelli*, Rivista delle società 2010, 395, 422 f., ECFR 2011, 1, 20, zur außerbilanziellen „Korrektur".

827 Siehe sogleich Kapitel 3, C. II. 2. b), c).

828 Vgl. die Darstellung der Einzelregelungen unter Kapitel 3, C. II. 1.

829 Siehe Kapitel 3, C. II. 1. b) i).

Zusätzlich zu den selbst geschaffenen immateriellen Vermögensgegenständen des Anlagevermögens betrifft die Sperre des § 268 Abs. 8 HGB die aktiven latenten Steuern nach § 274 Abs. 1 HGB, soweit sie die passiven Steuerlatenzen übersteigen,[830] sowie das sog. Planvermögen nach § 246 Abs. 2 Satz 2 HGB, soweit seine Bewertung zum Zeitwert die Anschaffungskosten übersteigt.[831]

Bei der Ausschüttungssperre des § 268 Abs. 8 HGB hat sich der deutsche Gesetzgeber von den möglichen Sperrsystemen, wie schon angedeutet,[832] für die dritte entschieden, die ihm bereits vor dem BilMoG u. a. zur Sperrung der damals noch aktivierbaren Ingangsetzungsaufwendungen nach § 269 HGB a. F. geläufig war.[833] Die Entscheidung für die dritte Sperrart bedeutet also, dass die Vorschrift des § 268 Abs. 8 HGB weder eine erfolgsneutrale Verrechnung der zu sperrenden Beträge im Eigenkapital (erste Sperrart) noch eine Rücklagendotierung der erfolgswirksam erfassten Beträge (zweite Sperrart) vorschreibt. Die Vorschrift des § 268 Abs. 8 HGB begrenzt sich vielmehr darauf, die Ausschüttung zu verbieten; *wie* die gesperrten Beträge zu thesaurieren sind, ist ihr nicht zu entnehmen.[834] Allein bedeutend ist, dass nach der Ausschüttung ausreichend frei verfügbares Eigenkapital zur Deckung der Sperrbeträge vorhanden ist. Damit wirkt die Ausschüttungssperre des § 268 Abs. 8 HGB allein im Wege einer Einschränkung als lex specialis zur ansonsten nach §§ 57, 174 AktG, §§ 29, 46 Nr. 1 GmbHG gegebenen Gewinnverwendungskompetenz der Organe.[835]

Ebenfalls für die dritte Sperrart entschied sich der deutsche Gesetzgeber bei der mit dem Wohnimmobilienkreditrichtlinienumsetzungsgesetz vom 11. März 2016 eingeführte Ausschüttungssperre, die sich auf die Abzinsung von Rückstellungen für Altersversorgungsverpflichtungen bezieht. Der nach § 253 Abs. 2 Satz 1 HGB grundsätzlich über sieben Geschäftsjahre zu ermittelnde Marktzinssatz ist für Altersversorgungsverpflichtungen auf zehn Geschäftsjahre erweitert worden; der sich hierbei ergebende Unterschiedsbetrag ist aber gem. § 253 Abs. 6 Satz 2 HGB n. F. von der Ausschüttung ausgenommen.[836]

---

830 *Gelhausen/Fey/Kämpfer*, Rechnungslegung und Prüfung nach dem Bilanzrechtsmodernisierungsgesetz, N, Rn. 49.

831 Zutreffend *Gelhausen/Fey/Kämpfer*, Rechnungslegung und Prüfung nach dem Bilanzrechtsmodernisierungsgesetz, N, Rn. 30. Siehe zudem *Küting/Lorson*, in: Küting/Pfitzer/Weber, Handbuch der Rechnungslegung, § 268 HGB (April 2011), Rn. 281; *Marx/Dallmann*, Stbg 2010, 453, 459.

832 Siehe soeben Kapitel 3, C. II. 2. a).

833 Siehe zudem die frühere Regelung des § 274 Abs. 2 Satz 3 HGB a. F.

834 *Gelhausen/Althoff*, WPg 2009, 584, 587, 590; *von der Laage*, WM 2012, 1322, 1323; *Simon*, NZG 2009, 1081, 1083 f. Zudem *Gelhausen/Fey/Kämpfer*, Rechnungslegung und Prüfung nach dem Bilanzrechtsmodernisierungsgesetz, N, Rdn. 55; *Petersen/Zwirner/Froschhammer*, KoR 2010, 334, 337.

835 *Gelhausen/Althoff*, WPg 2009, 584, 590; *Hennrichs*, NZG 2009, 921, 923; *von der Laage*, WM 2012, 1322, 1323; *Marx/Dallmann*, Stbg 2010, 453, 462.

836 *Merkt*, in: Baumbach/Hopt, HGB, § 253, Rn. 33.

Mit dem BilRUG ist nach § 272 Abs. 5 HGB für phasengleich vereinnahmte Beteiligungserträge eine weitere Ausschüttungssperre eingeführt worden.[837] Anders als für § 268 Abs. 8 HGB ist hier aber die zweite Sperrart vorgesehen worden, die Sperrbeträge sind also bei Aufstellung der Bilanz nach § 270 Abs. 2 HGB in eine Gewinnrücklage zu stellen.[838]

c) Ausschüttungssperren nach dem Codice civile

Wie mit der Darstellung der einzelnen Unterschiede in der Bilanzierung nach HGB und Codice civile sichtbar wurde, sind die italienischen Vorschriften weniger restriktiv in Bezug auf die Aktivierung von (eher unsicheren) Werten.[839] Die höhere Aktivierung bedingt aber nicht immer auch eine höhere Dividendenausschüttung, denn der italienische Gesetzgeber hat sich häufig des Mechanismus von Ausschüttungssperren bedient und greift dabei auf alle drei Sperrsysteme zurück.[840]

Die erste Sperrart der unmittelbaren erfolgsneutralen Gegenbuchung ist nach Art. 2423 Abs. 5 c.c. vorgesehen, wenn zur Erzielung eines true and fair view ausnahmsweise von Regelungen abgewichen wird. Satz 3 der Vorschrift bestimmt, dass die dadurch entstehenden Werterhöhungen „in eine ausschüttungsgesperrte Rücklage zu stellen sind" („essere iscritti in una riserva non distribuibile"), „wenn sie nicht dem Wert entsprechen, der wiedererlangt [i.S.v. tatsächlich realisiert oder von Abschreibungen gedeckt][841] wurde" („se non in misura corrispondente al valore recuperato").[842] Der Wortlaut scheint zwar auch eine erfolgswirksame Behandlung der Beträge mit anschließender Rücklagendotierung, also die zweite Sperrsystematik, zuzulassen. Nach überwiegender Meinung sollen die Beträge aber erst gar nicht die Gewinn- und Verlustrechnung tangieren.[843]

---

837 *Blöink/Knoll-Biermann*, Der Konzern 2015, 65, 72; *Kirsch*, IRZ 2015, 99, 99 f.; *ders.*, DStZ 2015, 103, 106; *Merkt*, in: Baumbach/Hopt, HGB, § 272, Rn. 12; *Oser/Orth/Wirtz*, DB 2015, 197, 199; *Zwirner*, DStR 2015, 375, 376.

838 *Oser/Orth/Wirtz*, DB 2015, 197, 199.

839 Vgl. Kapitel 3, C. II. 1.

840 Siehe *Strampelli*, Rivista delle società 2006, 243, 249 f.

841 *Giambanco*, in: Bussoletti, La nuova disciplina dei bilanci di società, Art. 2 e 3, S. 40; *Peradotto*, in: Jorio, Il progetto italiano di attuazione della IV direttiva CEE, S. 195 ff., 202.

842 *Giambanco*, in: Bussoletti, La nuova disciplina dei bilanci di società, Art. 2 e 3, S. 40, sieht darin die möglichen Missbräuche begrenzt. Zu der Dotierung der Rücklage und ihrer begrenzten Verwendungsmöglichkeit siehe *Colombo*, in: Colombo/Portale, Trattato delle società per azioni, Bd. 7*, S. 23 ff., 341 f. Hierzu auch *Superti Furga*, Il bilancio di esercizio italiano, Teil 1, Kap. 1, 4., S. 10.

843 Siehe stellvertretend *Colombo*, in: Colombo/Portale, Trattato delle società per azioni, Bd. 7*, S. 23 ff., 341; *Strampelli*, Rivista delle società 2006, 243, 250.

Zudem erfolgt eine erfolgsneutrale Verrechnung im Eigenkapital auch für solche Beträge, die sich durch die Anwendung der sog. Gesetze zur monetären Neubewertung („leggi di rivalutazione monetaria") ergeben,[844] nach denen die Wertansätze an die inflationären Umstände angepasst werden können.[845] Eine Regelung, die dem deutschen HGB fremd ist.[846]

Die zweite Sperrart, nach der die zu sperrenden Beträge zwar erfolgswirksam erfasst werden, aber eine entsprechende Rücklagendotierung vorgeschrieben ist, besteht zum einen für die aus der Währungsumrechnung[847] resultierenden Beträge nach Art. 2426 Nr. 8-*bis* c.c.: Sie durchlaufen die Gewinn- und Verlustrechnung und werden sodann erst in eine Rücklage gestellt.[848]

Zum anderen werden nach wohl überwiegender Auffassung in der Literatur auf diese Weise auch die Beträge gesperrt, die sich aus der Anwendung der sog. equity-Methode[849] gem. Art. 2426 Nr. 4 c.c. bei der Bewertung von Beteiligungen an verbundenen Unternehmen ergeben.[850] Nach einer anderen Auffassung dürfen die Beträge der equity-Methode, die über den Anschaffungskosten liegen, erst gar nicht die Gewinn- und Verlustrechnung durchlaufen und wären demnach bereits vom ersten Sperrsystem erfasst.[851]

Und zuletzt ist die dritte Sperrart für aktivierte Entwicklungskosten nach Art. 2426 Nr. 5 Satz 4 c.c. vorgesehen.[852] Denn die Regelung sieht (lediglich) vor, dass Dividenden nur ausgeschüttet werden dürfen, wenn ausreichend freie Rücklagen vorhanden sind, um die Sperrbeträge zu decken.[853] Enthält der Jahresabschluss bereits ausreichend freie Rücklagen, müssen in dem betroffenen Geschäftsjahr mithin

---

844 *Strampelli*, Rivista delle società 2006, 243, 250 f.

845 Siehe Gesetz v. 02.12.1975, Nr. 576; v. 19.03.1983, Nr. 72; v. 21.11.2000, Nr. 342, i.V.m. dem Gesetz v. 23.12.2005, Nr. 266.

846 Hierzu *Strampelli*, Rivista delle società 2006, 243, 249. Siehe zudem *W. Husemann/Jungen*, WPg 1989, 264, 265 f. Bei der Darstellung einzelner Unterschiede der Aufstellung des Jahresabschlusses nach HGB und dem Codice civile unter Kapitel 3, C. II. 1, ist auf eine Erörterung dieser Regelung verzichtet worden.

847 Zu der Regelung siehe Kapitel 3, C. II. 1. i).

848 *Strampelli*, Rivista delle società 2006, 243, 250.

849 Zur Regelung siehe Kapitel 3, C. II. 1. f).

850 *Colombo*, in: Colombo/Portale, Trattato delle società per azioni, Bd. 7*, S. 23 ff., 286; *Strampelli*, Rivista delle società 2006, 243, 250; *ders., in:* Abbadessa/Portale, Le società per azioni, Bd. 1, art. 2426, 4.1., S. 2288. Siehe auch die eingängigen Überlegungen von *A. Palma*, in: A. Palma, Il bilancio di esercizio, Kap. 9, 4.3.3.5., S. 389 ff.

851 *Bussoletti*, in: A.B.I., IAS/IFRS, S. 153 ff., 160.

852 Zur Regelung siehe Kapitel 3, C. II. 1. b).

853 *Colombo*, in: Colombo/Portale, Trattato delle società per azioni, Bd. 7*, S. 23 ff., 260 (insbes. Fn. 111); *Strampelli*, Rivista delle società 2006, 243, 270 ff. Siehe auch *Eikenberg*, Der Jahresabschluss deutscher und italienischer Kapitalgesellschaften, 1. Teil, § 4, A. I. 2), S. 65. Hingegen erachtet es *Superti Furga*, Il bilancio di esercizio italiano, Teil 3, Kap. 7, 5., S. 191, für erforderlich, eine Rücklage zu dotieren.

keine neuen gebildet werden. Von dieser Ausschüttungssperre sind zudem aktivierte Ingangsetzungsaufwendungen erfasst (siehe Art. 2426 Nr. 5 Sätze 1 und 4 c.c.).[854]

d) *Ausschüttungssperren nach italienischem Recht für die Aufstellung eines IFRS-Jahresabschlusses*

Im Vergleich zu den nationalen Rechnungslegungsvorschriften sehen die IFRS besonders viele und auch hohe Bilanzansätze vor. Denn sie sind allein auf die Informationsübermittlung und nicht auf eine Ausschüttungsbemessung ausgerichtet[855] und beinhalten daher eine andere Vorstellung vom Vorsichtsprinzip.[856] Einige Mitgliedstaaten, wie auch Deutschland, haben sich daher gegen die nach Art. 5 IAS-VO mögliche Anwendung der IFRS-Standards auf den Jahresabschluss entschieden.[857] Hingegen hat der italienische Gesetzgeber von dem Mitgliedstaatenwahlrecht Gebrauch gemacht und die befreiende Aufstellung des Jahresabschlusses nach den (endorsed) IFRS zugelassen und teilweise sogar vorgeschrieben.[858]

Doch auch der italienische Gesetzgeber wollte die Bemessung der Dividendenausschüttung nicht auf einen reinen IFRS-Abschluss basieren und hat daher die Anwendung der IFRS nach Art. 6 des d.lgs. 38/2005 mit Ausschüttungssperren flankiert.[859] Die Sperren beziehen sich allerdings lediglich auf solche Beträge, die durch eine fair value-Anwendung[860] oder die Bewertung von Beteiligungen nach der equity-Methode[861] entstehen.[862] Nicht erfasst werden andere Besonderheiten der IFRS-Rechnungslegung, wie solche Posten, die allein nach dem sog. impairment only approach[863] abgeschrieben werden.

---

854 Zu den Ingangsetzungsaufwendungen siehe Kapitel 3, C. II. 1. d). Von der Darstellung der Aktivierung von Werbungskosten, welches dem deutschen Bilanzrecht fremd ist, ist abgesehen worden.

855 Vgl. F.9; *Bohl*, IAS/IFRS für Juristen, A. I. 2. b), Rn. 9 f.; *Claßen/Schulz*, StuB 2011, 3, 6; *Dettmeier/Pöschke*, JuS 2007, 313, 316; *Strampelli*, Rivista delle società 2006, 243, 252; *Venuti*, in: A.B.I., IAS/IFRS, S. 245 ff., 247 f.

856 Siehe oben Kapitel 3, B. II. 2. b) iv) (1), 3. b).

857 Siehe Kapitel 1, B. I. 2.

858 Siehe Kapitel 1, B. I. 3.

859 Siehe *Colombo*, ECFR 2007, 553, 553 ff.; *Enriques*, Giur. comm. 2005, I, 607, 611; *Miola*, Rivista delle società 2005, 1199, 1288 f.; *Strampelli*, Rivista delle società 2006, 243, 253 ff., 260 f.; *ders.*, Distribuzioni ai soci e tutela dei creditori, Kap. 4, 1., S. 282 ff.

860 Siehe Kapitel 3, C. II. 1. e).

861 Zur Anwendung der equity-Methode im IFRS-Einzelabschluss siehe Kapitel 3, C. II. 1. f).

862 Siehe *Strampelli*, Rivista delle società 2006, 243, 260, Fn. 46. Nach *Strampelli*, Rivista delle società 2006, 243, 261 f, Fn. 48, sind die aus der Anwendung der equity-Methode resultierenden Beträge aber bereits nach Art. 2426 Nr. 4 c.c. ausschüttungsgesperrt; zweifelnd *Bussoletti*, in: A.B.I., IAS/IFRS, S. 153 ff., 163.

863 Kapitel 3, C. II. 1. b) ii), c) ii).

In ihrer Systematik greift die Regelung des Art. 6 d.lgs. 38/2005 auf die ersten beiden der soeben dargestellten Sperrsysteme zurück: Die unter Art. 6 Abs. 1 *lit. b* d.lgs. 38/2005 fallenden fair value-Beträge werden nach der ersten Sperrart in einen „direkten Gegenposten" („contropartita diretta"[864]) gestellt, ohne vorher die Gewinn- und Verlustrechnung zu durchlaufen.[865] Dabei ergibt sich diese erfolgsneutrale Behandlung der Beträge bereits aus den IFRS und Art. 6 Abs. 1 *lit. b* d.lgs. 38/2005 schreibt nur eine Verwendungsbeschränkung des Gegenpostens vor.[866] Hiervon erfasst werden beispielsweise die Beträge nach IAS 16.39 und IAS 38.85, für die das sog. Neubewertungsmodell anwendbar ist.[867]

Für andere aus der Anwendung der fair value-Bewertung resultierenden Beträge sowie für solche, die sich aus der equity-Methode ergeben, findet hingegen Art. 6 Abs. 1 *lit. a* d.lgs. 38/2005 Anwendung, nach dem die Beträge (nach Steuern, „al netto del relativo onere fiscale") ebenfalls nicht ausgeschüttet werden dürfen. Da die IFRS für diese Beträge eine Gegenbuchung nicht vorsehen, gehen sie (nach den IFRS) zunächst erfolgswirksam in die Gewinn- und Verlustrechnung ein (vgl. bspw. IAS 39.55 lit. a [2008], 40.35, 41.26).[868] Erst die nationale Regelung gibt in Absatz 2 des Art. 6 d.lgs. 38/2005 vor, dass die Wertsteigerungen in eine ausschüttungsgesperrte Rücklage (riserva indisponibile[869]) zu stellen sind.[870] Die Beträge werden hier also nach der zweiten Sperrart von der Ausschüttungsmasse ausgenommen.

Aus deutscher Sicht interessant ist dabei, dass die Ausschüttungssperre nicht für die fair value-Bewertung von zu Handelszwecken gehaltenen Finanzinstrumenten und für aus Währungsumrechnung und hedge accounting resultierende Beträge Anwendung findet. Der italienische Gesetzgeber hat die hierin enthaltenen unrealisierten Werte für unproblematisch erachtet, da sie schnell und einfach zu realisieren seien.[871]

Zuletzt ist anzumerken, dass nach einer Ansicht im italienischen Schrifttum die im Codice civile vorgesehenen Ausschüttungssperren ebenfalls auf den in Italien

---

864 *Bussoletti*, in: A.B.I., IAS/IFRS, S. 153 ff., 171; *Strampelli*, Rivista delle società 2006, 243, 261.

865 *Bussoletti*, in: A.B.I., IAS/IFRS, S. 153 ff., 177; *Strampelli*, Rivista delle società 2006, 243, 261, 272.

866 *Strampelli*, Rivista delle società 2006, 243, 261, 263 ff., 272.

867 Vgl. bereits Kapitel 3, C. II. 2. e). Zudem *Colombo*, ECFR 2007, 553, 560; *Strampelli*, Rivista delle società 2006, 243, 263.

868 Siehe bereits Kapitel 3, C. II. 1. e). Zudem *Colombo*, ECFR 2007, 553, 558; *Strampelli*, Rivista delle società 2006, 243, 265. Auch bei der equity-Methode kann es zur erfolgswirksamen Erfassung der Wertänderungen kommen, vgl. im Einzelnen *Hayn*, in: Beck'sches IFRS-Handbuch, § 36, Rn. 46, 49 ff.

869 *Strampelli*, Rivista delle società 2006, 243, 262.

870 *Bussoletti*, in: A.B.I., IAS/IFRS, S. 153 ff., 164; *Colombo*, ECFR 2007, 553, 558; *Strampelli*, Rivista delle società 2006, 243, 261 f., 265, 272 f.

871 Hierzu teilweise kritisch *Colombo*, ECFR 2007, 553, 557, und *Strampelli*, Rivista delle società 2006, 243, 262.

aufzustellenden IFRS-Jahresabschluss Anwendung finden.[872] Dies wird damit begründet, dass die Ausschüttungssperren nicht die Bilanzaufstellung, sondern die Dividendenausschüttung beträfen und daher in den Kompetenzbereich des nationalen Gesetzgebers fielen. Für überflüssig gehalten wird daher der Bezug des Art. 6 Abs. 1 lit. a d.lgs. 38/2005 auf sich aus der Anwendung der equity-Methode ergebenden Beträge, da diese bereits nach Art. 2426 Nr. 4 c.c. ausschüttungsgesperrt seien.[873]

e) (Fehlende) Weiterwirkung von Ausschüttungssperren des Wegzugsstaates

Beim Wechsel der Bilanzierungsvorschriften nach Art. 61 SE-VO durch grenzüberschreitende Sitzverlegung der SE stellt sich die Frage, ob die im Wegzugsstaat gebildete Ausschüttungssperren auch weiter im Zuzugsstaat Wirkung entfalten. Aufgrund des Wechsels des anzuwendenden Bilanzrechts (sowie auch des Gesellschaftsrechts)[874] nach Art. 61, 9 Abs. 1 lit. c, ii SE-VO sind die Ausschüttungssperren des Wegzugsstaates im Zuzugsstaat nicht mehr anwendbar.

Auch wirken die im Wegzugsstaat anzuwendenden Ausschüttungssperren im Zuzugsstaat nicht „fort“: In Bezug auf die dritte Sperrart ist dies evident, denn sie wirkt allein über die Einschränkung der Gewinnverwendungskompetenz der Organe, die im Zuzugsstaat eben nicht mehr Geltung beansprucht. Nichts anderes gilt aber für die erste und zweite Sperrart, auch wenn hier durch Rücklagendotierung das Jahresergebnis oder zumindest der Bilanzgewinn reduziert wurde. Diese Rücklagen können aber im Zuzugsstaat, soweit sie dort keinen besonderen Verwendungssperren unterliegen, wieder aufgelöst werden und damit zur Ausschüttung zur Verfügung stehen. Überperiodisch vermag daher keines der Sperrsysteme im Zuzugsstaat weiterzuwirken.

> Zuletzt verpflichten auch die in der Bilanzrichtlinie vorgesehenen Ausschüttungssperren, beispielweise nach Art. 9 Abs. 7 lit. c der Bilanzrichtlinie, den Bilanzierer nicht unmittelbar. Denn Richtlinien wenden sich grundsätzlich an die Mitgliedstaaten und können bei unterlassener oder mangelhafter Umsetzung unmittelbar nur zum Schutze und nicht zu Lasten des Bürgers herangezogen werden.

---

872 *Strampelli*, Rivista delle società 2006, 243, 261 f., Fn. 48. Allerdings sieht Art. 6 Abs. 1 lit. a d.lgs. 38/2005 vor, dass die aus Währungsumrechnungen resultierenden Beträge nicht ausschüttungsgesperrt sein sollen, weshalb auch Art. 2426 Nr. 8-*bis* c.c. keine Anwendung finden kann; zur Unterscheidung der Regelung siehe *Strampelli*, Rivista delle società 2006, 243, 262, Fn. 52.

873 *Strampelli*, Rivista delle società 2006, 243, 261 f., Fn. 48. Zweifelnd *Bussoletti*, in: A.B.I., IAS/IFRS, S. 153 ff., 163.

874 Da nach der SE-Verordnung sowohl das Bilanz- als auch das Gesellschaftsrecht wechselt, das auf die SE sekundär anzuwenden ist (siehe Kapitel 1, A. II. 4.), bedarf es hier keiner Entscheidung darüber, ob die Ausschüttungssperren bilanz- oder gesellschaftsrechtlicher Natur sind.

3. *Zusammenfassung*

Es hat sich gezeigt, dass einige Unterschiede zwischen dem deutschen HGB-Abschluss auf der einen Seite und dem Jahresabschluss nach dem Codice civile sowie nach den endorsed IFRS auf der anderen Seite bestehen. Dabei beruhen die meisten Unterschiede in Bewertungsfragen (bspw. durch den fair value, die equity-Methode oder einzelne Abschreibungsregelungen, insbesondere durch den impairment only approach) und in dem Zeitpunkt des Ausweises von Gewinnen und Verlusten (so bei langfristigen Fertigungen oder bei Währungsumrechnungen). Nur selten ist der Ansatz eines Bilanzpostens im anderen Bilanzrecht gänzlich untersagt (bei Ingangsetzungsaufwendungen). Allerdings können Unterschiede in den Ansatzvoraussetzungen dazu führen, dass ein Posten nach einem Bilanzrecht nicht mehr oder noch nicht anzusetzen ist, während das andere Bilanzrecht diesen Ansatz zulässt oder sogar vorschreibt (bspw. bei der Aktivierung von immateriellen Vermögensgegenständen des Anlagevermögens, der Bildung von Rückstellungen oder auch der subjektiven Zurechnung von Vermögensgegenständen).

Besonders interessant ist, dass sich die unterschiedlichen Bilanzposten nicht immer auf die Bemessung der Dividendenausschüttung auswirken, sondern in vielen Fällen mit Ausschüttungssperren flankiert sind, die entweder direkt durch eine Gegenbuchung den Eingang in die Gewinn- und Verlustrechnung verhindern, die erfolgswirksame Erfassung mit einer Rücklagendotierung versehen oder erst über die Beschränkung der Organkompetenzen wirken. Die im Wegzugsstaat bestehenden Ausschüttungssperren wirken aber nach Grenzübertritt nicht fort, so dass die Werte im Zuzugsstaat dennoch zur Ausschüttung zur Verfügung stehen können.

D. Aufnahmemöglichkeiten der SE im Bilanzierungssystem des Zuzugsstaates

Die Aufnahme der SE in das Bilanzierungssystem des Zuzugsstaates ist weder im deutschen noch im italienischen Bilanzrecht geregelt.[875] Daher seien zunächst die theoretisch denkbaren Möglichkeiten für eine bilanzielle Aufnahme dargelegt (unter I.). Daraufhin sollen die im Schrifttum vertretenen Auffassungen sowie der Umgang der Praxis mit dieser Fragestellung dargestellt werden (unter II.). Sodann wird ein Blick auf vergleichbare Situationen, wie der grenzüberschreitenden Umwandlung oder Gesetzesänderungen innerhalb einer Rechtsordnung, geworfen (unter III.), um im Abschluss eine Stellungnahme unter europarechtskonformer Auslegung des Art. 61 SE-VO abgeben zu können (unter IV.).

875 Kapitel 3, A. II.

I. Grundlegende Möglichkeiten der bilanziellen Aufnahme

1. Sog. prospektive Anwendung

Die Aufnahme der SE in das Bilanzierungssystem des Zuzugsstaates kann zum einen nach der sog. prospektiven[876] Anwendung erfolgen. Das würde bedeuten, dass die bisherigen, nach dem Wegzugsstaatenrecht gebildeten Buchwerte beibehalten und nach den Vorschriften des Zuzugsstaates fortgeführt werden. Geschäftsvorfälle, die sich bereits vor dem Grenzübertritt ereignet haben und in dem letzten Jahresabschluss im Wegzugsstaat abgebildet worden sind (sog. Altfälle), wären in den ersten Jahresabschluss im Zuzugsstaat zu übernehmen und nach den Regeln des Zuzugsstaates fortzuschreiben.

Die Altfälle würden demnach nicht aufgrund des Wechsels des anzuwendenden Rechtes an das Bilanzrecht des Zuzugsstaates anzupassen sein; die im Wegzugsstaat angesetzten Buchwerte wären vielmehr zu übernehmen. Allerdings wäre für die Folgebewertung ab Grenzübertritt das Recht des Zuzugsstaates anzuwenden. Für sog. Neufälle, also Geschäftsvorfälle, die nach dem Grenzübertritt anfallen, würde hingegen das Bilanzrecht des Zuzugsstaates gelten. Sie unterlägen bereits in Ansatz und Zugangsbewertung dem Zuzugsrecht.

2. Sog. retrospektive Anwendung

Bei der sog. retrospektiven[877] Anwendung der Bilanzierungsvorschriften des Zuzugsstaates wären die Vorschriften des Zuzugsstaates hingegen nicht nur auf die nach dem Grenzübertritt anfallenden Geschäftsvorfälle anzuwenden (sog. Neufälle), sondern auch auf die Altfälle, also auf Geschäftsvorfälle, die sich bereits vor Grenzübertritt ereignet haben. Das würde bedeutet, dass die Vermögensgegenstände und Schulden, die bereits in früheren Jahresabschlüssen angesetzt worden sind, nicht nur in ihrer Folgebewertung, sondern auch in Ansatz und Zugangsbewertung nach den Vorschriften des Zuzugsstaates abzubilden wären.

Der erste Jahresabschluss nach Grenzübertritt wäre nach der retrospektiven Anwendung mithin so aufzustellen, als wäre schon immer nach dem Bilanzrecht des Zuzugsstaates bilanziert worden. Zwar wären bisherige Jahresabschlüsse nicht rückwirkend zu korrigieren. In dem ersten Jahresabschluss nach Grenzübertritt wären die bisherigen Werte aber nicht einfach fortzuführen, sondern müssten an die Vorschriften des Zuzugsstaates angepasst werden.

---

876 Allgemein zu dem Begriff siehe *Ernst/Seidel*, BB 2009, 766, 769; *Kirsch*, DStR 2008, 1202, 1202; *OIC* Nr. 29, Tz. 12; *Oser/Roß/Wader/Drögemüller*, WPg 2008, 49, 52.

877 Allgemein zu dem Begriff siehe *Kirsch*, DStR 2008, 1202, 1202; *Küting/Boecker*, in: Küting/Pfitzer/Weber, Das neue deutsche Bilanzrecht, S. 559 ff., 561; *OIC* Nr. 29, Tz. 12; *Oser/Roß/Wader/Drögemüller*, WPg 2008, 49, 52; *Portale*, Rivista delle società 1983, 1281, 1281 ff.

Der Unterschied zur prospektiven Anwendung lässt sich durch folgendes Beispiel verdeutlichen: Die SE zieht Anfang 2013 von Italien nach Deutschland. Im Geschäftsjahr 2012 hat sie einen Vermögensgegenstand angeschafft, der nach italienischem Bilanzrecht zutreffend mit einem Wert von 100 angesetzt wurde. Nach deutschem Bilanzrecht hätte die Zugangsbewertung hingegen einem Wert von 120 betragen. Nach der prospektiven Anwendung wäre der Betrag von 100 zu übernehmen und sodann der deutschen Folgebewertung zu unterwerfen. Da diese (abgesehen von § 253 Abs. 5 Satz 1 HGB) keine Werterhöhungen vorsieht, ist der Vermögensgegenstand im Jahresabschluss 2013 mit (höchstens) 100 beizubehalten. Nach der retrospektiven Anwendung wäre hingegen eine Korrektur auf 120 und eine mögliche Abschreibung auf der Grundlage dieses Wertes vorzunehmen.

Unter retrospektiver Anwendung der Zuzugsregeln schließt sich die Folgefrage an, wie die vorzunehmenden Korrekturen zu buchen sind: diese können entweder erfolgswirksam durch die Gewinn- und Verlustrechnung laufen oder erfolgsneutral mit dem Eigenkapital zu verrechnen sein.

3. *Neubewertung nach Regeln des Zuzugsstaates zu Zeitwerten*

Anstelle einer prospektiven oder einer retrospektiven Anwendung der Zuzugsvorschriften könnte der erste Jahresabschluss im Zuzugsstaat unter Neubewertung aller Vermögensgegenstände und Schulden nach dem Recht des Zuzugsstaates aufzustellen sein. Vergleichbar mit der Eröffnung eines Handelsgewerbes wäre ein Inventar aufzustellen und der erste Jahresabschluss nach Grenzübertritt daran gemessen zu Zeitwerten zu erstellen. Diese Aufnahmemethode würde sich mithin auf Ansatz und Bewertung von Vermögensgegenständen und Schulden auswirken sowie einen Neubeginn der Abschreibungsdauer bewirken.

4. *Daneben: Aufstellung einer Eröffnungsbilanz?*

Zusätzlich zu diesen drei Aufnahmemethoden der SE im Bilanzierungssystem des Zuzugsstaates stellt sich die Frage, ob mit Wirksamwerden des Grenzübertrittes, also mit Eintragung der SE ins Handelsregister des Zuzugsstaates (Art. 8 Abs. 10 SE-VO), eine Eröffnungsbilanz aufzustellen ist. Insofern die jeweilige Aufnahmemethode eine Korrektur der Bilanzposten vorsieht, könnte es für erforderlich gehalten werden, diese zeitlich unmittelbar nach Grenzübertritt vorzunehmen. Alternativ zur Aufstellung einer Eröffnungsbilanz könnten die Korrekturen in dem ersten Jahresabschluss nach Sitzverlegung vorgenommen werden.

II. Darstellung der Ansichten in Schrifttum und Praxis

Im Schrifttum hat die Problematik der bilanziellen Aufnahme der SE im Zuzugsstaat kaum Aufmerksamkeit erfahren. Ein paar wenige Literaturmeinungen bestehen aber dennoch, die im Folgenden (unter II. 1.) aufgeführt werden sollen. Zudem soll (unter II. 2.) ein Blick auf der Handhabung der Problematik in der Praxis bei bisher tatsächlich erfolgten Sitzverlegungen geworfen werden.

1. *Im Schrifttum diskutierte Möglichkeiten der „bilanziellen Aufnahme"*

Es besteht im Schrifttum keine Einigkeit darüber, wie die SE bilanziell im Zuzugsstaat aufzunehmen, wie also der Übergang auf die nun neu von ihr anzuwendenden Rechnungslegungsvorschriften zu vollziehen ist.

a) Ansicht 1: Übernahme der im Wegzugsstaat gebildeten Bilanzansätze ohne Aufstellung einer Eröffnungsbilanz

Nach einer ersten Auffassung ist die Aufnahme der SE im Bilanzierungssystem des Zuzugsstaates prospektiv vorzunehmen und eine Eröffnungsbilanz nicht aufzustellen.

Namentlich hat sich der *Hauptfachausschuss des Instituts der Wirtschaftsprüfer* (IDW HFA) für eine Übernahme der im Wegzugsstaat gebildeten Bilanzansätze ausgesprochen: Er „tendier[e]" dazu, dass die SE im Zuzugsstaat ohne Aufstellung einer Eröffnungsbilanz die nach dem Recht des Wegzugsstaates gebildeten Buchwerte wie (fortgeführte) Anschaffungs- oder Herstellungskosten nach den Vorschriften des Zuzugsstaates fortzuführen habe. Dies gelte sogar, wenn im Zuzugsstaat der Ansatz von Posten gänzlich nicht vorgesehen sei, so zum Zeitpunkt der Stellungnahme des *IDW* der Ansatz von selbst erstellen immateriellen Anlagewerten nach § 248 Abs. 2 HGB i.d.F. vor BilMoG.[878]

Dabei geht der *HFA* sogar so weit, dass er das Geschäftsjahr bei unterjährigen Sitzverlegungen aufteilen möchte: Zwar sei der nächste aufzustellende Jahresabschluss bereits nach dem Recht des Zuzugsstaates zu erstellen. Für die vor Grenzübertritt angefallenen Geschäftsvorfälle habe aber noch das Wegzugsstaatenrecht gegolten und erst ab der Sitzverlegung, also mit Eintragung der SE in das Handelsregister des Zuzugsstaates (vgl. Art. 8 Abs. 10 SE-VO), sei das Bilanzrecht des Zuzugsstaates maßgeblich.[879]

Diese Vorgehensweise beeinträchtige nicht den Gläubigerschutz. Denn zum einen gelte „in Bezug auf die Rechnungslegung vor der Sitzverlegung [...] das Gläubigerschutzsystem des bisherigen Mitgliedstaates; [...]." Zum anderen sei der Schutz der Gläubiger und Minderheitsaktionäre durch die Vorschriften des Art. 8 Abs. 2 bis 13 SE-VO ausreichend sichergestellt.[880]

Zuletzt merkt der *HFA* an, dass das Stetigkeitsprinzip grundsätzlich auch die Beibehaltung von Bilanzierungswahlrechten gebiete, der Wechsel der Rechnungslegungsvorschriften bei Sitzverlegung der SE aber eine Ausnahme dieses Prinzips nach § 252 Abs. 2 HGB (im italienischen Recht: Art. 2423-*bis* Abs. 2 c.c.) darstellen könne.[881]

---

878 *IDW HFA*, FN 2007, 506, 507.
879 *IDW HFA*, FN 2007, 506, 507.
880 *IDW HFA*, FN 2007, 506, 507. Zu diesen Schutzvorschriften siehe Kapitel 3, B. II. 1.
881 *IDW HFA*, FN 2007, 506, 507.

Ebenso vertreten *Knittel* und *Eble*, dass die im Wegzugsstaat gebildeten Werte in das Bilanzierungssystem des Zuzugsstaates zu übernehmen seien. Auch sei zum Zuzugszeitpunkt keine Eröffnungsbilanz zu erstellen, da dies dem „identitätswahrenden Charakter der Sitzverlegung einer SE“ widerspreche.[882] Für die Bewertung von Fremdwährungsverbindlichkeiten (an deren Beispiel sie die Problematik erörtern) bedeute dies, dass sie im Zuzugsstaat mit dem Wert fortzuführen seien, der sich für die Verbindlichkeiten aus dem letzten Jahresabschluss im Wegzugsstaat ergebe.[883]

Ein Verstoß gegen das Vorsichtsprinzip des Zuzugsstaates sehen auch sie nicht, da „die abweichenden inländischen Regelungen zum Gläubigerschutz [...] die ursprünglich erfolgte rechtmäßige Anwendung der ausländischen Regelungen nicht rückwirkend unzulässig machen [könnten].“ Zudem stimmen sie dem *IDW HFA* darin zu, dass der Gläubigerschutz bei Sitzverlegung ausreichend nach Art. 8 Abs. 2–13 SE-VO geschützt sei.[884]

Zuletzt äußern sich *Knittel* und *Eble* in Bezug auf den Stetigkeitsgrundsatzes dahingehend, dass der Wechsel der anzuwendenden Bilanzierungsvorschriften aufgrund der Sitzverlegung eine Durchbrechung der Stetigkeit rechtfertige.[885]

b) Ansicht 2: Aufstellung einer Eröffnungsbilanz unter (teilweiser) Korrektur der übernommenen Bilanzansätze

Eine zweite Auffassung tendiert in Richtung retrospektiver Anwendung der Bilanzierungsvorschriften: Eine vollständige Anpassung an die Regeln des Zuzugsstaates wird zwar zumeist nicht gefordert, dennoch aber die Korrektur von einzelnen, dem Zuzugsstaat unbekannten Buchwerten. Zudem erachtet diese Auffassung die Aufstellung einer Eröffnungsbilanz für jedenfalls hilfreich.

Welf Müller betont in seinen Ausführungen zwar zunächst die Identitätswahrung der SE beim Grenzübertritt, weshalb – wie beim deutschen Formwechsel[886] – eine Eröffnungsbilanz grundsätzlich nicht erforderlich sei.[887] „Es m[ü]ss[e] aber in irgendeiner Weise die Änderung im Regime der Rechnungslegungsvorschriften verarbeitet werden. Letztlich k[ö]nn[e] dies [...] doch nur durch die Aufstellung einer Eröffnungsbilanz i.S. von § 242 HGB auf den Zeitpunkt der Wirksamkeit der Sitzverlegung erfolgen, denn nur so k[ö]nn[e] der Ausgangspunkt für die Buchführung und die Wertansätze von Vermögensgegenständen und Schulden im Hinblick auf Folgeabschlüsse unter dem neuen Rechnungslegungsregime zutreffend festgehalten werden.“[888] Die Identitätswahrung der SE bei Grenzübertritt äußere sich aber darin, dass die Buchwerte des Wegzugsstaates grundsätzlich zu übernehmen und fortzuführen

882 *Knittel/Eble*, BB 2008, 2283, 2286.
883 *Knittel/Eble*, BB 2008, 2283, 2284 ff.
884 *Knittel/Eble*, BB 2008, 2283, 2286.
885 *Knittel/Eble*, BB 2008, 2283, 2286.
886 Hierzu sogleich Kapitel 3, D. III. 1. b).
887 *W. Müller*, in: FS Raupach, 2006, S. 261 ff., 274 f.
888 *W. Müller*, in: FS Raupach, 2006, S. 261 ff., 275.

seien. Daher finde beispielsweise „für die Nutzungsdauerschätzung (Abschreibung) oder für die Bestimmung der Anschaffungs- oder Herstellungskosten (Wertaufholung) keine Unterbrechung mit Neuanfang“ statt. „Da für diese Eröffnungsbilanz [aber] schon die Jahresabschlussvorschriften des HGB gelten [würden] (§ 242 Abs. 1 Satz 2 HGB), [seien dennoch] ggf. gewisse Korrekturen von Posten erforderlich, die das HGB nicht kenn[e] (z. B. Rückführung einer Neubewertungsrücklage gegen fair value Werte auf der Aktivseite).“[889]

In dieselbe Richtung geht die Auffassung von *Wenz*, nach der die SE ebenfalls zum Zeitpunkt des Zuzugs eine Eröffnungsbilanz zu erstellen hat,[890] in der „ihre Vermögensgegenstände und Schulden anzusetzen und nach dem Prinzip der Unternehmensfortführung mit den fortgeführten Buchwerten [...] zu bewerten [seien].“ Dem fügt er aber hinzu, dass dies dennoch „auf der Grundlage der Bestimmungen des deutschen Handelsrechts“ vorzunehmen sei. „Ein originärer Geschäftswert [sei] dementsprechend ebenso wenig ansetzbar wie unentgeltlich erworbene immaterielle Vermögensgegenstände des Anlagevermögens [vgl. § 248 Abs. 2 HGB i.d.F. vor dem BilMoG].“[891] Auch *Wenz* vertritt mithin die Übernahme der bisherigen Bilanzansätze unter Vornahme von Korrekturen zur Anpassung an das Handelsbilanzrecht des Zuzugsstaates.

Wohl gänzlich zur retrospektiven Anwendung tendiert *Lanfermann*, nach dem in einer Eröffnungsbilanz „die fortgeführten Buchwerte an deutsche Bilanzierungsmethoden an[zu]pass[en] sind. Dabei [seien] gegebenenfalls Anpassungen hinsichtlich des Ansatzes, der Bewertung und des Ausweises der Vermögensgegenstände notwendig.“[892] Nach dem Grundsatz der Buchwertfortführung sei aber „eine Zeitwertbewertung der Vermögensgegenstände und Schulden ausgeschlossen“.[893] Ähnlich äußern sich *Plendl* und *Niehues*, dass sich die „aufzustellende Eröffnungsbilanz [...] nach den handelsrechtlichen Vorschriften [richte], d.h. es gelten die Ansatz- und Bewertungsvorschriften des HGB“.[894]

Zu der Frage, *wie* die bilanziellen Korrekturen vorgenommen werden sollen, also erfolgsneutral durch Verrechnung im Eigenkapital oder erfolgswirksam, wird allein die erfolgsneutrale Verrechnung vertreten. So spricht sich *Welf Müller* in Bezug auf erfolgsneutral gebildete Posten für eine auch erfolgsneutrale Rückbuchung aus („Rückführung einer Neubewertungsrücklage gegen fair value Werte auf der Aktivseite“)[895]. Allgemeiner erwägen *Knittel* und *Eble* für die Vornahme von Korrekturen – die sie ablehnen[896] – allein die erfolgs*neutrale* Vornahme der Korrekturen.[897]

---

889 *W. Müller*, in: FS Raupach, 2006, S. 261 ff., 275.
890 *Wenz*, BC 2004, 77, 81; *ders.*, in: Kölner Kommentar AktG, Art. 61 SE-VO, Rn. 34.
891 *Wenz*, BC 2004, 77, 81.
892 *Lanfermann*, in: Van Hulle/Maul/Drinhausen, SE, 10. Abschnitt, IX., Rn. 32.
893 *Lanfermann*, in: Van Hulle/Maul/Drinhausen, SE, 10. Abschnitt, IX., Rn. 32.
894 *Plendl/Niehues*, in: Theisen/Wenz, Die Europäische Aktiengesellschaft, S. 405 ff., 435.
895 *W. Müller*, in: FS Raupach, 2006, S. 261 ff., 275.
896 Siehe soeben Kapitel 3, D. II. 1. a).
897 *Knittel/Eble*, BB 2008, 2283, 2285.

Und *Lanfermann* äußert sich explizit, dass der sich durch die Korrekturen ergebende Unterschiedsbetrag „mit den Kapitalrücklagen iSv. § 272 Abs. 2 HGB verrechnet werden [solle]."[898] Wie zu verfahren ist, wenn nicht ausreichend Rücklagen vorhanden sind, wird nicht weiter ausgeführt.

2. Empirische Auswertung bisheriger Sitzverlegungen der SE

Nach den Untersuchungen der Europäischen Kommission waren bis 2010 drei SEs nach Deutschland und noch keine SE nach Italien zugezogen.[899] Aktuelleren Recherchen des ETUI (European Trade Union Institute) zufolge waren bis März 2014 acht SEs nach Deutschland zwei SEs nach Italien zugezogen.[900] Im April 2015 teile die ETUI auf Nachfragen im Zuge dieser Arbeit mit, dass mittlerweile 11 Zuzüge nach Deutschland und weiterhin allein zwei Zuzüge von SEs nach Italien bekannt seien.

Über das deutsche Unternehmensregister und das Handelsregister[901] konnten Einblicke in die Jahresabschlüsse von sechs[902] der bisher nach Deutschland gezogen SEs genommen werden. Die übrigen Gesellschaften haben seit Zuzug bis zum heutigen Datum (Juni 2015) ihre Jahresabschlüsse (noch) nicht veröffentlicht. Von den zwei[903] nach Italien gezogenen SEs waren die Jahresabschlüsse über die deutsch-italienische Handelskammer erhältlich. Die Auswertung der Jahresabschlüsse hat unterschiedliche Ergebnisse gebracht.

a) Aufstellung einer Eröffnungsbilanz

In Bezug auf die Aufstellung einer Eröffnungsbilanz hat die Auswertung der Abschlüsse ergeben, dass zwei der untersuchten Gesellschaften (JuRaManagement SE und TREVI HOLDING SE) mit Sitzverlegung der SE das Geschäftsjahr unterbrochen haben. Die JuRaManagement SE hat ein neues volles Geschäftsjahr beginnen lassen (vom 1. März 2007 bis zum 29. Februar 2008), hingegen hat die TREVI HOLDING

898 *Lanfermann*, in: Van Hulle/Maul/Drinhausen, SE, 10. Abschnitt, IX., Rn. 32.

899 Siehe Tabelle in SEC(2010) 1391 final, S. 17. Hierzu ausführlich in Kapitel 1, A. I. 4.

900 Siehe http://ecdb.worker-participation.eu/. Siehe hierzu Kapitel 1, A. I. 4.

901 Grds. sind die Jahresabschlüsse im Unternehmensregister frei abrufbar; bzgl. der JuRa Management SE ist im Unternehmensregister aber zu finden, dass von der Befreiung des § 264 Abs. 3 HGB Gebrauch gemacht werden, hingegen ist im Handelsregister der interessierende Jahresabschluss vom 29.02.2008 eingestellt.

902 Elster Group SE, zugezogen von Luxemburg am 23.02.2010; FAIRRANK SE, zugezogen von Österreich am 20.10.2011; GEHAG Vierte Beteiligung SE, zugezogen von den Niederlanden am 08.01.2013; JuRa Management SE, zugezogen von den Niederlanden am 26.02.2007; NordiTube Technologies SE, zugezogen von Schweden am 30.05.2008; OVG Humboldthafen Eins SE, zugezogen von den Niederlanden am 21.11.2012.

903 Galleria di Base del Brennero BBT SE, zugezogen von Österreich am 01.07.2011; TREVI HOLDING SE, zugezogen von Dänemark am 21.05.2011.

SE das Kalenderjahr als Geschäftsjahr beibehalten, aber nach der Sitzverlegung ein Rumpfgeschäftsjahr (vom 21. Mai 2012 bis zum 31. Dezember 2012) eingefügt. Eine externe Eröffnungsbilanz wurde, soweit ersichtlich, nicht aufgestellt. Alle übrigen untersuchten SEs haben das Geschäftsjahr nicht wegen des Grenzübertrittes unterbrochen, sondern ihr bisheriges Geschäftsjahr fortgeführt.

b) Angewandte Aufnahmemethoden

i) Zuzug nach Deutschland

Von den Aufnahmemethoden scheinen beim Zuzug nach Deutschland zwei der sechs untersuchten Gesellschaften die retrospektive Methode angewandt zu haben: Die GEHAG Vierte Beteiligung SE hat im ersten Jahresabschluss nach der Sitzverlegung sorgfältig in einer Dreispalten-Darstellung den Vorjahresabschluss nach Niederländischen GoB, den Vorjahresabschluss nach HGB und den aktuellen Abschluss nach HGB aufgeführt. Dabei wurden die Bilanzdarstellung und die Bezeichnungen der einzelnen Posten explizit an das deutsche Recht angepasst, beispielsweise wurden „[d]ie sonstigen Rückstellung [...] separat unter den Rückstellungen ausgewiesen (Vorjahr: gemeinsam unter ‚other liabilities, accruals and deferred income.')." Eine retrospektive Anpassung in der Bewertung der Posten scheint ebenfalls vorgenommen worden zu sein, auch wenn nicht explizit ausgeführt wird, ob die vorgenommenen „Wertabschläge" und „Wertberichtigungen" auf der Umstellung der Bilanzierungsvorschriften beruhen.

Die NordiTubeTechnologies SE hat zwar nicht eine Dreispalten-Darstellung gewählt, so aber doch im Anhang ausgeführt, dass sich „[d]ie Vorjahreszahlen [...] auf einen nach deutschen handelsrechtlichen Vorschriften aufgestellten Jahresabschluss [beziehen]." Da der vorherige Jahresabschluss aber nach dem schwedischem Annual accounts act aufgestellt war, ist offensichtlich eine Anpassung erfolgt. Für eine retrospektive Anpassung der Werte spricht auch ein Vergleich mit dem letzten Abschluss vor Umzug (so bspw. bei den Rückstellungen). Die sichtbaren Wertänderungen könnten allerdings auch auf der Währungsumrechnung von Schwedischen Kronen in Euro und nicht (allein) auf einer retrospektiven Anpassung beruhen. Die entsprechenden Wechselkursdifferenzen „wurden direkt mit de[m] Eigenkapital verrechnet."

Bei zwei weiteren Gesellschaften ist zu vermuten, dass sie ebenfalls eine Art retrospektive Aufnahmemethode bei Zuzug nach Deutschland angewandt haben. Bei der Elster Group SE ist im Anhang zu lesen, dass, „[s]oweit sich durch [das BilMoG] Änderungen bei Ansatz und Bewertung von Bilanzposten ergeben haben, [...] die Vorjahreswerte zum 31. Dezember 2009 nicht an die geänderten Ansatz- und Bewertungsmethoden angepasst [wurden]." Daraus könnte geschlossen werden, dass die Vorjahreswerte aber immerhin an das deutsche HGB *vor* BilMoG angepasst wurden. Anderenfalls wäre diese Information obsolet. Interessant ist, dass erst im Jahresabschluss nach Sitzverlegung, nicht aber in den Vorjahreszahlen Pensionsrückstellungen gebildet sind.

Bei der FAIRRANK SE fehlen im ersten Jahresabschluss nach Grenzübertritt jegliche Vorjahreszahlen. Eine Erläuterung hierzu findet sich im Anhang nicht. Es kann nur vermutet werden, dass der aktuelle Abschluss, nicht aber die Vorjahreszahlen nach der retrospektiven Methode angepasst wurden und diese nicht vergleichbar (und daher nicht aufgeführt) sind. Als weiterer Grund könnte allerdings auch die im Geschäftsjahr der Sitzverlegung stattgefundene Umwandlung der Gesellschaft von einer AG in die SE-Form in Betracht kommen.

Bei zwei weiteren nach Deutschland gezogenen SEs ist hingegen nicht ersichtlich, welche Aufnahmemethode sie angewandt haben. Bei der OVG Huboldthafen Eins SE sind keine Ausführungen zum Übergang gemacht worden und die Bilanz selbst ist diesbezüglich auch nicht aufschlussreich, da im selben Geschäftsjahr (neun Tage nach dem Grenzübertritt) eine Tochtergesellschaft auf die SE angewachsen ist und dies das Rechenwerk freilich grundlegend verändert. Dem Jahresabschluss der JuRa Management SE sind ebenfalls keine hinreichenden Hinweise auf die angewandte Aufnahmemethode zu entnehmen.

ii) Zuzug nach Italien

Von den beiden nach Italien gezogenen Gesellschaften scheint die Galleria di Base del Brennero BBT SE eine Art retrospektive Anpassung der Bilanzierung vorgenommen zu haben. In den Anhangangaben führt sie aus, dass der Jahresabschluss bisher nach österreichischem Recht und nun nach italienischem Bilanzrecht aufgestellt wurde und die Vorjahresdaten „neuklassifiziert" („riclassificati") wurden, um sie mit den aktuellen Werten vergleichen zu können. Inwiefern über die Anpassung der Bilanzgliederung hinaus auch eine inhaltliche Anpassung erfolgt ist, lässt sich nicht eindeutig feststellen. Denn es waren bspw. bereits im Vorjahr keine Ingangsetzungsaufwendungen oder selbst geschaffene immaterielle Vermögensgegenstände des Anlagevermögens aktiviert und die Rückstellungen sind insgesamt als „sonstige Rückstellungen" ausgewiesen. Auch in den Anhangangaben ist kein weiterer Hinweis gegeben, da z. B. der Geschäfts- oder Firmenwert auch nach Sitzverlegung in Italien (der Auffassung des *OIC* folgend)[904] keiner Wertaufholung unterworfen wird und Beteiligungen zu Anschaffungskosten angesetzt sind.

Bei der TREVI HOLDING SE spricht für eine retrospektive Anpassung, dass im ersten Jahresabschluss nach der Sitzverlegung die Vorjahreszahlen nicht aufgeführt sind, welches an der fehlenden Vergleichbarkeit mit nicht angepassten Vorjahreszahlen liegen könnte. Den Bilanzposten selbst ist hingegen kein Hinweis für die angewandte Methode zu entnehmen, da das Aktivvermögen der Gesellschaft (als Holding) fast ausschließlich aus Beteiligungen besteht. Für diese wird ausführlich berichtet, wann sie in Dänemark mit der equity-Methode und wann zu ihren Anschaffungskosten bewertet wurden, sowie dass in Italien die Anschaffungskosten abgebildet werden. In Italien sind aber beide Methoden zulässig,[905] so dass hier eine Anpassung auch unter der retrospektiven Methode nicht erforderlich war. Die bei

---

904 Siehe Kapitel 3, C. II. 1. c) i).
905 Siehe Kapitel 3, C. II. 1. f).

Beteiligungen notwendigen Rücklagen[906] wurden aber laut Anhangangaben unter Beachtung des italienischen Bilanzrechts überprüft und ausführlich dargelegt, dass eine Rücklage trotz Anschaffungskosten aufgrund der Währungsdifferenzen bei Umrechnung der Dänischen Kronen in Euro erforderlich sei.

c) Fazit

Der Untersuchung lagen nur acht Gesellschaften zugrunde, welches für eine repräsentative Erhebung zu gering erscheint. Dennoch lässt sich festhalten, dass sich die Bilanzersteller mangels gesetzlich ausdrücklicher Regelung nicht sicher sind, wie der Übergang in das Bilanzrecht des Zuzugsstaates zu vollziehen ist. Denn eine einheitliche Vorgehensweise lässt sich nicht erkennen, teilweise wurde es sogar für erforderlich gehalten, das laufende Geschäftsjahr durch die Sitzverlegung zu unterbrechen. Bei den Gesellschaften, die eine Art retrospektive Aufnahmemethode vorgenommen haben, ließ sich zudem aufgrund einer sehr zurückhaltenden Kommunikationsbereitschaft der Gesellschaften leider nicht eruieren, ob sie das nur aus der Sorge heraus vornahmen, eine so weitgehende Anpassung werde verlangt, und wie hoch der für die Gesellschaften hierdurch angefallene Aufwand tatsächlich war. Im Sinne erhöhter Rechtssicherheit und zur Förderung der Vergleichbarkeit der Abschlüsse sollte eine gesetzliche Regelung eingeführt werden.

III. Blick auf vergleichbare Situationen der „bilanziellen Aufnahme“

Bevor die im Schrifttum diskutierten bilanziellen Aufnahmemöglichkeiten kritisch beleuchtet werden, soll an dieser Stelle ein Blick auf andere Situationen geworfen werden, in denen es ebenfalls zu einer Änderung des anwendbaren Bilanzrechts kommt oder aus anderen Gründen die Frage nach der Fortführung bisheriger Bilanzansätze aufkommt. Hierbei sei an umwandlungsrechtliche Situationen sowie auch an Änderungen des Bilanzrechtes innerhalb einer Rechtsordnung gedacht.

1. (Grenzüberschreitende) Umwandlungen

a) Bilanzierung bei (grenzüberschreitender) Verschmelzung

Die Frage nach der Fortführung bisheriger Bilanzansätze ist speziell bei Verschmelzungen bekannt, bei der sich die Frage stellt, ob die beim übertragenden Rechtsträger angesetzten Buchwerte vom aufnehmenden Rechtsträger zu übernehmen sind oder stattdessen eine Neubewertung vorzunehmen ist. Zudem ist die Verschmelzung seit der Richtlinie über die Verschmelzung von Kapitalgesellschaften aus verschiedenen Mitgliedstaaten (sog. Richtlinie zur grenzüberschreitenden

---

906 Vgl. Kapitel 3, C. II. 1. f), 2. c).

Verschmelzung)[907] grenzüberschreitend möglich, bei der – ähnlich dem Grenzübertritt der SE – die anzuwendenden Bilanzierungsvorschriften wechseln und so die Frage aufkommt, ob nach ausländischem Bilanzrecht gebildete Buchwerte fortgeführt werden können.

Doch weder die Richtlinie zur grenzüberschreitenden Verschmelzung noch die sog. Verschmelzungsrichtlinie (dritte Gesellschaftsrechtsrichtlinie)[908], mit der allgemeine Vorgaben zur Verschmelzung gemacht wurden, enthalten konkrete Vorgaben zur bilanziellen Aufnahme der Vermögensgegenstände beim aufnehmenden Rechtsträger. Anhaltspunkte für eine mögliche Vorgehensweise beim Grenzübertritt der SE können daher allein den nationalen Umwandlungsvorschriften entnommen werden.

In Art. 11 Abs. 1 der Verschmelzungsrichtlinie sind allein Informationsrechte der Gesellschafter an der *bis zur Verschmelzung* bestehenden bilanziellen Situation der Gesellschaften vorgesehen. Auch in der Richtlinie zur grenzüberschreitenden Verschmelzung ist (in Art. 5 lit. k) lediglich geregelt, dass im Verschmelzungsplan „Angaben zur Bewertung des Aktiv- und Passivvermögens, das auf die aus der grenzüberschreitenden Verschmelzung hervorgehende Gesellschaft übertragen wird“, gemacht werden müssen.[909]

Das deutsche Umwandlungsrecht sieht in § 24 UmwG ein Wahlrecht vor, nach dem die übertragenen Vermögensgegenstände entweder zu Zeitwerten oder mit ihren Buchwerten vom aufnehmenden Rechtsträger übernommen werden können.[910] Die maßgeblichen Buchwerte sind dabei der Schlussbilanz zu entnehmen, die vom übertragenden Rechtsträger nach § 17 Abs. 2 UmwG aufzustellen war.[911]

---

907 Richtlinie 2005/56/EG des Europäischen Parlaments und Rates v. 26.10.2005, modifiziert durch die Richtlinie 2009/109/EG des Europäischen Parlaments und des Rates v. 16.09.2009 und die Richtlinie 2012/17/EU des Europäischen Parlaments und des Rates v. 13.06.2012.

908 Dritte Richtlinie (78/855/EWG) des Rates v. 09.10.1978, geändert durch Richtlinie 2007/63/EG des Europäischen Parlaments und des Rates v. 13.11.2007 und Richtlinie 2009/109/EG des Europäischen Parlaments und des Rates v. 16.09.2009, neugefasst durch Richtlinie 2011/35/EU des Europäischen Parlaments und des Rates v. 05.04.2011, Abl. 2011 L 110/1.

909 Siehe *W. Müller*, in: FS Raupach, 2006, 261, 263.

910 *Bula/Pernegger*, in: Sagasser/Bula/Brünger, Umwandlungen, Teil 2, § 5, I. 3., Rn. 9; *Förschle/K. Hoffmann*, in: Budde/Förschle/Winkeljohann, Sonderbilanzen, K., Rn. 5, 70; *IDW* ERS HFA 42, Rn. 4, 33, FN 2011, 603, 605, 609; *Moszka*, in: Semler/Stengel, UmwG, § 24, Rn. 3; *W. Müller*, in: FS Raupach, 2006, 261, 262 f.; *Priester*, in: Lutter, UmwG, § 24, Rn. 5; *Simon*, in: Kölner Kommentar UmwG, § 24, Rn. 2, 13, 31 ff.; *Wenz*, BC 2004, 77, 79.

911 *W. Müller*, in: Kallmeyer, UmwG, § 24, Rn. 3; *Simon*, in: Kölner Kommentar UmwG, § 24, Rn. 24. Zur Schlussbilanz siehe später unter Kapitel 3, F.

Das Wahlrecht des § 24 UmwG findet aufgrund der Verweisungsnorm des § 122a Abs. 2 UmwG auch auf die grenzüberschreitende Verschmelzung Anwendung.[912] Daher kann zur Buchwertfortführung auch dann optiert werden, wenn der übertragende Rechtsträger ausländischen Bilanzierungsvorschriften unterlag.[913] Die ausländischen Bilanzansätze können mithin beim aufnehmenden Rechtsträger übernommen werden. Aufgrund der Unterschiede in den Rechnungslegungssystemen der Mitgliedstaaten wird im Schrifttum dennoch teilweise vertreten, dass mit Aufstellung des ersten Jahresabschlusses nach der Verschmelzung Korrekturen zur Anpassung der Bilanzposten an die nationalen Vorschriften des Mitgliedstaates des übernehmenden Rechtsträgers erforderlich sein können.[914]

Eine gesonderte Eröffnungsbilanz muss der aufnehmende Rechtsträger nach herrschender Meinung nur bei einer Verschmelzung durch Neugründung aufstellen, da dann ein neues Handelsgewerbe nach § 242 Abs. 1 HGB entstehe. Bei einer Verschmelzung durch Aufnahme sei eine Eröffnungsbilanz hingegen nicht erforderlich, vielmehr sei die Übernahme der Werte als laufende Geschäftsvorfälle zu verbuchen.[915]

Das italienische Umwandlungsrecht stellt die Fortführung der Buchwerte des übertragenden Rechtsträgers nicht nur zur Wahl, sondern sieht diese in Art. 2504-*bis* Abs. 4 c.c. sogar zwingend vor:[916] „im ersten Abschluss nach der Verschmelzung [sind] die Aktiva und Passiva zu den Werten aufzunehmen, die sich aus den Rechnungslegungsunterlagen zum Zeitpunkt der Wirksamkeit dieser Verschmelzung

---

912 *Weyde/Hafemann*, in: FS Meilicke, 2010, S. 779 ff., 823, 826. Vgl. auch Auflistung der Verweisungsobjekte bei *Bayer*, in: Lutter, UmwG, § 122a, Rn. 29, und *Marsch-Barner*, in: Kallmeyer, UmwG, § 122a, Rn. 5. Bzgl. einer analogen Anwendung siehe *Pfitzer/Oser*, in: IDW, WP Handbuch, Bd. 2, E, Rn. 157.

913 *W. Müller*, in: FS Raupach, 2006, 261, 268 f., 271; *ders.*, in: Kallmeyer, UmwG, § 24, Rn. 63; *Priester*, in: Lutter, UmwG, § 24, Rn. 95 f.; *Simon*, in: Kölner Kommentar UmwG, § 24, Rn. 97; *Weyde/Hafemann*, in: FS Meilicke, 2010, S. 779 ff., 825 f.

914 *W. Müller*, in: FS Raupach, 2006, 261, 269, 271 f.; *ders.*, in: Kallmeyer, UmwG, § 24, Rn. 64. Dem folgend *Priester*, in: Lutter, UmwG, § 24, Rn. 96; *Simon*, in: Kölner Kommentar UmwG, § 24, Rn. 97; *Weyde/Hafemann*, in: FS Meilicke, 2010, S. 779 ff., 827. Weniger weitgehend *Pfitzer/Oser*, in: IDW, WP Handbuch, Bd. 2, E, Rn. 158.

915 *Budde/Zerwas*, in: Budde/Förschle/Winkeljohann, Sonderbilanzen, H., Rn. 121; *Förschle/K. Hoffmann*, in: Budde/Förschle/Winkeljohann, Sonderbilanzen, K., Rn. 1; *IDW* ERS HFA 42, Rn. 31, 39, FN 2011, 603, 609 f.; *Moszka*, in: Semler/Stengel, UmwG, § 24, Rn. 18 f.; *W. Müller*, in: Kallmeyer, UmwG, § 24, Rn. 5; *Priester*, in: Lutter, UmwG, § 24, Rn. 21 f.; *Wenz*, BC 2004, 77, 79.

916 Siehe *Bianchi*, in: Abbadessa/Portale, Il nuovo diritto delle società, Bd. 4, S. 333 ff., 343; *Cagnasso/D'Arrigo*, in: Cagnasso u. a., Trasformazione, fusione e scissione, artt. 2504-*bis* – 2504-*ter*, 1., S. 210; *Savioli*, Le operazioni di gestione straordinaria, Teil 1, Kap. 4, 4.5., S. 268. Relativierend: *Caratozzolo*, I bilanci straordinari, Teil 2, Kap. 8, 8.9.3., S. 533 f., 536 f.; *OIC* Nr. 4, 4.4.1., 4.4.4. Siehe bereits vor der Einführung des Art. 2504-*bis* Abs. 4 c.c., ebenfalls relativierend, *Portale*, Rivista delle società 1978, 303, 339, 358.

ergeben". Auch auf die grenzüberschreitende Verschmelzung sind die Regelungen der Art. 2501 ff. c.c. grundsätzlich anwendbar, allerdings unter Berücksichtigung der im decreto legislativo vom 30. Mai 2008, Nr. 108, aufgestellten Besonderheiten.[917] Dabei sieht das Dekret in Art. 16 Abs. 1 einen expliziten Verweis lediglich auf Absatz 1 des Art. 2504-*bis* c.c. vor und nicht auf Absatz 4, so dass durchaus fraglich ist, ob die zwingende Buchwertfortführung auch bei der grenzüberschreitenden Verschmelzung Anwendung findet.

Ob der aufnehmende Rechtsträger eine Eröffnungsbilanz aufzustellen hat, ist im italienischen Schrifttum umstritten, wird aber mehrheitlich bejaht.[918] Hierzu wird aufgeführt, dass es einer (jedenfalls internen) Eröffnungsbilanz bedürfe, um die Vermögensstruktur und die Bilanzposten nach der Verschmelzung darzulegen.[919] Zudem schreibe Art. 2504-*bis* Abs. 4 c.c. die Übernahme der Werte zum Zeitpunkt der Verschmelzung vor, wofür es einer Eröffnungsbilanz zu eben diesem Zeitpunkt bedürfe.[920] Und bereits vor der Einführung des Art. 2504-*bis* Abs. 4 c.c. wurde vertreten, dass Art. 2217 Abs. 1 c.c. (vergleichbar mit § 242 Abs. 1 HGB) nicht nur bei einer Verschmelzung durch Neugründung, sondern auch durch Aufnahme eine Eröffnungsbilanz fordere, denn „auch wenn diese Geschehnisse [sc. Verschmelzung und Wechsel der Rechtsform] keine Errichtung eines neuen Gesellschaftsverhältnisses mit sich bringen [würden], ‚sei sicher, dass sowohl der Wechsel der Rechtsform als auch die Verschmelzung derart entscheidende Ereignisse darstell[t]en, die in dem Verhältnis zu grundlegenden Änderungen führ[t]en, durch die sich das Leben des Unternehmens änder[e].'"[921] Eine Mindermeinung im italienischen Schrifttum lehnt jedoch die Aufstellung einer Eröffnungsbilanz ab und begründet dies unter anderem damit, dass die Verschmelzung nicht die Unternehmensaktivität neu

---

917 *Campobasso*, Diritto Commerciale, Teil 2, XXV. B. 5., S. 381. Zur grenzüberschreitenden Verschmelzung vor Erlass des decreto legislativo siehe *Benedettelli*, in: Abbadessa/Portale, Il nuovo diritto delle società, Bd. 4, S. 367 ff.; *Carmini*, Le operazioni di gestione straordinaria in ambito internazionale, Kap. 1, S. 5 ff.; *Preto/Desogus*, Contratto e impresa / Europa 2006, 234, 234 ff., insbes. 242 f.

918 Ausführlich zu den verschiedenen Ansichten *Bianchi*, in: Abbadessa/Portale, Il nuovo diritto delle società, Bd. 4, S. 333 ff., 337 ff.; *Caratozzolo*, I bilanci straordinari, Teil 2, Kap. 8, 8.9., S. 520 ff. **Für** eine jedenfalls interne Eröffnungsbilanz sprechen sich aus: *Caratozzolo*, I bilanci straordinari, Teil 2, Kap. 8, 8.9.2., S. 522 ff., insbes. S. 529 ff.; *OIC* Nr. 4, 4.4.1.; *Savioli*, Le operazioni di gestione straordinaria, Teil 1, Kap. 4, 4.5., S. 268. Grundlegend noch vor der Gesellschaftsrechtsreform 2003 *Portale*, Rivista delle società 1978, 303, 322. **Gegen** die Verpflichtung zu einer Eröffnungsbilanz ist hingegen *Bianchi*, in: Abbadessa/Portale, Il nuovo diritto delle società, Bd. 4, S. 333 ff., 339 ff.

919 *Caratozzolo*, I bilanci straordinari, Teil 2, Kap. 8, 8.9.2., S. 529 ff.

920 *OIC* Nr. 4, 4.4.1. Siehe auch *Caratozzolo*, I bilanci straordinari, Teil 2, Kap. 8, 8.9.2., S. 529 f.

921 *Portale*, Rivista delle società 1978, 303, 322 f., u. a. andere Autoren zitierend.

beginnen lasse, sondern die bisherige fortführe.[922] Auch sei aus Informationsaspekten eine Eröffnungsbilanz nicht erforderlich, sondern könne vielmehr sogar die „historische' Vergleichbarkeit der Abschlüsse des aufnehmenden Rechtsträgers beeinträchtigen."[923]

Bei einer Verschmelzung durch *Neu*gründung ist – wie nach deutschem Recht gem. § 242 Abs. 1 HGB – unstreitig, dass aufgrund des Beginns einer Unternehmenstätigkeit eine Eröffnungsbilanz gem. Art. 2217 Abs. 1 c.c. aufzustellen ist.[924]

Festzuhalten bleibt, dass das deutsche Umwandlungsrecht eine Übernahme der Buchwerte des übertragenden Rechtsträgers bei Verschmelzung zur Wahl stellt, während das italienische Umwandlungsrecht dies sogar verpflichtend vorsieht. Bei grenzüberschreitenden Umwandlungen wird teilweise eine Korrektur der übernommenen Bilanzposten zur Anpassung an die nationalen Vorschriften des Mitgliedstaates des übernehmenden Rechtsträgers für erforderlich erachtet.

Die Aufstellung einer Eröffnungsbilanz bei Verschmelzung durch Aufnahme wird dabei vom deutschen Schrifttum nicht für erforderlich erachtet, vom italienischen hingegen mehrheitlich jedenfalls als interne Aufstellung gefordert. Die Verschmelzung durch Neugründung stellt hingegen den Beginn eines Handelsgewerbes bzw. einer Unternehmenstätigkeit dar und bedarf daher nach § 242 Abs. 1 HGB bzw. Art. 2217 Abs. 1 c.c. einer Eröffnungsbilanz.

Zuletzt sei noch in Bezug auf die Bilanzierungsprinzipien angemerkt, dass für eine Verschmelzung, die in einer juristischen Sekunde zwischen zwei Geschäftsjahren erfolgt, teilweise für zulässig erachtet wird, die Übernahme der Bilanzposten des übertragenden Rechtsträgers bereits in der Eröffnungsbilanz des neuen Geschäftsjahres vorzunehmen, auch wenn dadurch die Bilanzidentität durchbrochen werde.[925] Zudem könne eine Durchbrechung des Stetigkeitsprinzips ausnahmsweise gerechtfertigt sein, wenn der übertragende und der aufnehmende Rechtsträger bis zur Verschmelzung ein Wahlrecht unterschiedlich ausgeübt hätten.[926]

---

922 *Bianchi*, in: Abbadessa/Portale, Il nuovo diritto delle società, Bd. 4, S. 333 ff., 339 ff., insbes. S. 341.

923 *Bianchi*, in: Abbadessa/Portale, Il nuovo diritto delle società, Bd. 4, S. 333 ff., 341 f.: „[...] di pregiudicare la comparabilità ‚storica' dei bilanci dell'incorporante."

924 Soweit auch *Caratozzolo*, I bilanci straordinari, Teil 2, Kap. 8, 8.9.1., S. 521; *OIC* Nr. 4, 4.4.1.; *Savioli*, Le operazioni di gestione straordinaria, Teil 1, Kap. 4, 4.5., S. 268. Zu der aus Art. 2217 Abs. 1 c.c. resultierenden Verpflichtung zur Erstellung einer Eröffnungsbilanz und nicht nur eines Inventars siehe grundlegend *Portale*, Rivista delle società 1978, 303, 322.

925 *ADS*, § 252 HGB, Rn. 17.

926 Im Einzelnen *Budde/Zerwas*, in: Budde/Förschle/Winkeljohann, Sonderbilanzen, H., Rn. 104 f.; *IDW* ERS HFA 42, Rn. 16, FN 2011, 603, 606.

b) *Bilanzierung bei Formwechsel und trasformazione als „Wechsel der Rechtsform"*

Besser als die Verschmelzung eignet sich der deutsche Formwechsel für einen Vergleich mit dem Grenzübertritt der SE.[927] Denn auch hier bleibt der Rechtsträger identisch,[928] so dass Aktiva und Passiva nicht einem neuen Rechtssubjekt zugeordnet werden müssen.[929] Ähnlich führt auch im italienischen Umwandlungsrecht die „trasformazione" (Wechsel der Rechtsform) zu einer Rechtsträgeridentität, ohne dass der bisherige Rechtsträger erlöschen würde und ein neuer erst entstehen müsste.[930]

Für den Wechsel der Rechtsform ist aber bisher (noch) keine EU-Richtlinie erlassen worden, die ihn grenzüberschreitend regeln würde.[931] Entsprechend bestehen deutsche und italienische Umwandlungsvorschriften explizit nur für den innerstaatlichen Formwechsel bzw. die innerstaatliche trasformazione.[932] Allerdings sei angemerkt, dass das europäische Primärrecht den grenzüberschreitenden Wechsel der Rechtsform fordert, wie sich (spätestens) aus der EuGH-Entscheidung *VALE* ergibt.[933]

Da der deutsche Formwechsel grundlegend auf dem Gedanken der Rechtsträgeridentität basiert und eine Vermögensübertragung von einem Rechtsträger auf einen

---

927 Für die Vergleichbarkeit der Sitzverlegung der SE mit einem Formwechsel: *W. Müller*, in: FS Raupach, 2006, S. 261 ff., 274; *Teichmann*, in: Van Hulle/Maul/Drinhausen, SE, 7. Abschnitt, I. 2., Rn. 14. Vgl. zudem *M. Casper/ Weller*, NZG 2009, 681, 684.

928 *Bula/Pernegger*, in: Sagasser/Bula/Brünger, Umwandlungen, Teil 2, § 5, I. 1., Rn. 3; *Förschle/K. Hoffmann*, in: Budde/Förschle/Winkeljohann, Sonderbilanzen, L., Rn. 10, 30; *IDW* RS HFA 41, Rn. 3, FN 2011, 539, 540. Für eine kritische Auseinandersetzung siehe *Hennrichs*, Formwechsel und Gesamtrechtsnachfolge bei Umwandlungen, B. IV. 2. a), S. 32 ff.

929 *IDW* RS HFA 41, Rn. 3, FN 2011, 539, 540; *Schlitt*, in: Semler/Stengel, UmwG, § 220, Rn. 12. Siehe auch *Bula/Pernegger*, in: Sagasser/Bula/Brünger, Umwandlungen, Teil 2, § 5, I. 1., Rn. 3; *Pfitzer/Oser*, in: IDW, WP Handbuch, Bd. 2, E, Rn. 133.

930 *Buonocore*, in: Buonocore, Diritto Commerciale, 9. Aufl., Teil 1, Kap. 9, 2., S. 486; *Campobasso*, Diritto Commerciale, Teil 2, XXV. A. 1., S. 376; *Caratozzolo*, I bilanci straordinari, Teil 2, Kap. 7, 7.1.1., S. 347; *Kindler*, EuZW 2012, 888, 889, wenn auch einschränkend für den Wechsel in eine ausländische Rechtsform: „Anders als beim innerstaatlichen Formwechsel erlischt hier nämlich der Ausgangsrechtsträger."

931 Vgl. *Ambrosiani*, Società 2002, 1351, 1352.

932 Zum deutschen Recht: OLG Nürnberg v. 13.02.2012 – 12 W 2361/11, WM 2012, 993, 994 f., Tz. 32 ff.; *Decher/Hoger*, in: Lutter, UmwG, Vor § 190, Rn. 33; *Marsch-Barner*, in: Kallmeyer, UmwG, Vor § 122a–122l, Rn. 14; *Semler*, in: Semler/Stengel, UmwG, § 1, Rn. 41; *Stöber*, ZIP 2012, 1273, 1274, der den grenzüberschreitenden Formwechsel durch europarechtskonfome Auslegung der deutschen Regelungen zulassen möchte. Zum italienischen Recht sei angemerkt, dass nach dem internationalen Privatrecht (Art. 25 Abs. 3 des Gesetzes v. 31.05.1995, Nr. 218) grenzüberschreitende Fusionen durchaus bedacht sind; siehe hierzu *Ambrosiani*, Società 2002, 1351, 1352.

933 Darstellung des Urteils unter Kapitel 2, C. II. 4. Zur EuGH-Rechtsprechung siehe *Benrath/König*, Der Konzern 2012, 377, 381; *Decher/Hoger*, in: Lutter, UmwG, Vor § 190, Rn. 37; *Marsch-Barner*, in: Kallmeyer, UmwG, Vor §§ 122a-122l, Rn. 14; *Kallmeyer*, in: Kallmeyer, UmwG, § 1, Rn. 4.

neuen nicht stattfindet, sind die Bilanzansätze beizubehalten und fortzuschreiben.[934] Auch die Erstellung einer Eröffnungsbilanz wird einhellig für nicht erforderlich gehalten.[935]

Etwas anderes ergibt sich auch nicht aus dem Verweis des § 197 UmwG auf die Gründungsvorschriften der neuen Rechtsform oder aus der nach § 220 Abs. 1 UmwG vorgeschriebenen Prüfung der Kapitalaufbringung bei einem Formwechsel in eine Kapitalgesellschaft. Diese Vorschriften sollen allein verhindern, dass die Kapitalaufbringungsregeln durch den Formwechsel umgangen werden können.[936] Daher ist zur Ermittlung der Deckung des gezeichneten Kapitals eine Zeitwertbewertung vorzunehmen.[937] Ist das gezeichnete Kapital unter Zeitwerten nicht gedeckt, ist der Formwechsel untersagt.[938] Diese Zeitwertbewertung hat mithin „lediglich" gesellschaftsrechtliche, nicht aber bilanzielle Konsequenzen: In der bilanziellen Abbildung der Vermögensgegenstände und Schulden bleibt es im Grundsatz bei der Übernahme der Buchwerte.[939] Das kann freilich dazu führen, dass das gezeichnete Kapital in der bilanziellen Abbildung nicht gedeckt und eine Unterbilanz auszuweisen ist.[940]

Die Buchwertfortführung wird selbst dann für anwendbar erachtet, wenn ein bestimmter Bilanzansatz nach dem Bilanzrecht der neuen Gesellschaftsform nicht zulässig wäre. So sind außerplanmäßige Abschreibungen, die nach dem Formwechsel gem. § 279 Abs. 1 Satz 1, Abs. 2 HGB i.d.F. vor BilMoG nicht hätten vorgenommen werden dürfen, beizubehalten.[941] Eine Beeinträchtigung des true and fair view-Prinzips wird hierin nicht gesehen.

---

934 *Bula/Pernegger*, in: Sagasser/Bula/Brünger, Umwandlungen, Teil 2, § 5, I. 1., Rn. 3; *Förschle/K. Hoffmann*, in: Budde/Förschle/Winkeljohann, Sonderbilanzen, L., Rn. 30, 75, 125, 165; *IDW* RS HFA 41, Rn. 5, 27, FN 2011, 539, 540, 544; *Pfitzer/Oser*, in: IDW, WP Handbuch, Bd. 2, E, Rn. 133; *Schlitt*, in: Semler/Stengel, UmwG, § 220, Rn. 23; *Wenz*, BC 2004, 77, 80.

935 *Bula/Pernegger*, in: Sagasser/Bula/Brünger, Umwandlungen, Teil 2, § 5, I. 1., Rn. 3; *Förschle/K. Hoffmann*, in: Budde/Förschle/Winkeljohann, Sonderbilanzen, L., Rn. 30, 140; *IDW* RS HFA 41, Rn. 3, 22, FN 2011, 539, 540, 543; *Pfitzer/Oser*, in: IDW, WP Handbuch, Bd. 2, E, Rn. 132.

936 *IDW* RS HFA 41, Rn. 4, FN 2011, 539, 540; *Joost*, in: Lutter, UmwG, § 220, Rn. 1; *Meister/Klöcker*, in: Kallmeyer, UmwG, § 197, Rn. 5; *Petersen*, in: Kölner Kommentar UmwG, § 197, Rn. 2; *Schlitt*, in: Semler/Stengel, UmwG, § 220, Rn. 1.

937 Siehe *Dirksen/Blasche*, in: Kallmeyer, UmwG, § 220, Rn. 7; *IDW* RS HFA 41, Rn. 16, FN 2011, 539, 542; *Joost*, in: Lutter, UmwG, § 220, Rn. 10; *Schlitt*, in: Semler/Stengel, UmwG, § 220, Rn. 13.

938 Siehe *Dirksen/Blasche*, in: Kallmeyer, UmwG, § 220, Rn. 1; *IDW* RS HFA 41, Rn. 15, FN 2011, 539, 542; *Joost*, in: Lutter, UmwG, § 220, Rn. 9; *Schlitt*, in: Semler/Stengel, UmwG, § 220, Rn. 11.

939 *W. Müller*, in: Kallmeyer, UmwG, § 220, Rn. 11.

940 *IDW* RS HFA 41, Rn. 9, 12, FN 2011, 539, 541 f.; *Schlitt*, in: Semler/Stengel, UmwG, § 220, Rn. 23.

941 *IDW* RS HFA 41, Rn. 3, 30, FN 2011, 539, 544 f.

Das italienische Umwandlungsrecht enthält ebenfalls keine spezielle Regelung für die bilanzielle Abbildung der trasformazione. Da aber auch sie von der Vorstellung der Rechtsträgeridentität geprägt ist, erscheint die Fortführung der Buchwerte naheliegend.[942] Dafür spricht zudem, dass das italienische Umwandlungsrecht sogar für die Verschmelzung verpflichtend die Buchwertfortführung vorsieht.[943]

Die Bilanzansätze könnten aber möglicherweise für die trasformazione einer Personengesellschaft in eine andere Gesellschaftsrechtsform zu ändern sein, für die Art. 2500-*ter* Abs. 2 c.c. vorschreibt,[944] dass das Gesellschaftsvermögen zu „aktuellen Werten" („valori attuali") zu bewerten ist. Vergleichbar dem deutschen Umwandlungsrecht soll dadurch sichergestellt werden, dass nicht „die Vorschriften zum Schutz der Effektivität des gezeichneten Kapitals umgangen werden".[945] Dabei sind jedoch sowohl der Bewertungsparameter als auch die Auswirkung auf die laufende Rechnungslegung umstritten: So wird diskutiert, ob mit den „aktuellen Werten" die Zeitwerte der einzelnen Bilanzposten gemeint sind oder ob vielmehr nur eine Art Überprüfung der bisherigen Buchwerte unter möglicher Anpassung an die Besonderheiten der neuen Rechtsform zu erfolgen hat.[946] Zudem besteht Unstimmigkeit bezüglich der Frage, ob die „aktuellen Werte" („valori attuali") in die laufende Rechnungslegung zu übernehmen sind.[947] Dabei verwundert es nicht, dass speziell der Teil des Schrifttums, nach dem keine Zeitwertbewertung vorzunehmen ist, die „valori attuali" unproblematisch in die laufende Rechnungslegung übernehmen möchte.[948] Bei einer Bewertung zu Zeitwerten wird hingegen teilweise vertreten, dass nur solche Werte zu übernehmen seien, die auf der Aktivseite

942 Vgl. auch *Savioli*, Le operazioni di gestione straordinaria, Teil 2, Kap. 1, 4.2.2., S. 551 f.

943 Siehe soeben Kapitel 3, D. III. 1. a).

944 Für eine darüber hinausgehende Anwendung der Norm siehe *Caratozzolo*, I bilanci straordinari, Teil 2, Kap. 7, 7.3.2., S. 373 ff.; *Savioli*, Le operazioni di gestione straordinaria, Teil 2, Kap. 1, 4.2., S. 550.

945 „[V]engano eluse le norme poste a salvaguardia dell'effettività del capitale della società trasformata", *Campobasso*, Diritto Commerciale, Teil 2, XXV. A. 2., S. 378. Siehe zudem *Buonocore*, in: Buonocore, Diritto Commerciale, 9. Aufl., Teil 1, Kap. 9, 4.1., S. 488 f.; *Caratozzolo*, I bilanci straordinari, Teil 2, Kap. 7, 7.3.1., S. 357; *Savioli*, Le operazioni di gestione straordinaria, Teil 2, Kap. 1, 4.3.1., S. 552.

946 Siehe im Einzelnen *Buonocore*, in: Buonocore, Diritto Commerciale, 9. Aufl., Teil 1, Kap. 9, 4.1., S. 488 f.; *Campobasso*, Diritto Commerciale, Teil 2, XXV. A. 2., S. 378; *Caratozzolo*, I bilanci straordinari, Teil 2, Kap. 7, 7.3.1., S. 362 ff.; *Cetra*, in: Abbadessa/Portale, Il nuovo diritto delle società, Bd. 4, S. 133 ff., 165; *Galgano*, Diritto Commerciale, XX. 1., S. 364; *Panzani*, in: Cagnasso u. a., Trasformazione, fusione e scissione, art. 2500-*ter*, 4., S. 50; *Savioli*, Le operazioni di gestione straordinaria, Teil 2, Kap. 1, 4.3.1., S. 552 ff.

947 Siehe zu den einzelnen Ansichten *Caratozzolo*, I bilanci straordinari, Teil 2, Kap. 7, 7.5.1., S. 389 f.; *Savioli*, Le operazioni di gestione straordinaria, Teil 2, Kap. 1, 4.2., S. 549, 4.3.1., S. 552 ff.

948 *Caratozzolo*, I bilanci straordinari, Teil 2, Kap. 7, 7.5.1., S. 390.

niedriger oder auf der Passivseite höher als der bisherige Buchwert ausfallen.[949] Die Übernahme in die laufende Bilanzierung sei dann durch Verrechnung mit dem Eigenkapital und damit erfolgsneutral vorzunehmen.[950]

Zuletzt ist auch die Frage umstritten, ob bei der trasformazione eine Eröffnungsbilanz zu erstellen ist.[951] Explizit sieht das Gesetz eine solche Verpflichtung nicht vor.[952] Dennoch wird unter weiter Auslegung des Art. 2217 Abs. 1 c.c. für die trasformazione einer Personengesellschaft in eine Aktiengesellschaft vertreten, dass eine Eröffnungsbilanz zu erstellen sei, und – wie bei der Verschmelzung – damit begründet, dass sie in diesem Fall ein derart einschneidendes Ereignis darstelle, das mit Begründung eines neuen Gesellschaftsverhältnisses vergleichbar sei.[953]

In Bezug auf die Bilanzierungsprinzipien sei auch hier erwähnt, dass der Wechsel der Rechtsform nach teilweiser Ansicht eine Durchbrechung des Stetigkeitsgrundsatzes insofern zu rechtfertigen vermag, „als für die neue Rechtsform abweichende Ansatz- oder Bewertungsmethoden angewandt werden müss[t]en oder dürf[t]en."[954]

c) Schlussfolgerung für den Zuzug der SE

Der Grenzübertritt der SE lässt sich aufgrund der Identitätswahrung nach Art. 8 Abs. 1 Satz 2 SE-Verordnung am besten mit dem deutschen Formwechsel bzw. der italienischen trasformazione vergleichen. Da hier – anders als bei der Verschmelzung – keine Übertragung von Aktiva und Passiva stattfindet, werden die bisherigen Buchwerte unstreitig fortgeführt und ein Ansatz zum Zeitwert nicht für zulässig erachtet. Auch beim Zuzug der SE ist eine Neubewertung zu Zeitwerten daher abzulehnen.

Da der Formwechsel bzw. die trasformazione bisher nicht grenzüberschreitend geregelt sind, bleibt offen, ob in diesem Fall die Buchwerte an die Bilanzierungsvorschriften des Zuzugsstaates anzupassen oder ob die bisherigen Werte fortzuführen sind, ob also die Bilanzierungsvorschriften des Zuzugsstaates retrospektive oder prospektive Anwendung finden. Wie bei der grenzüberschreitenden Verschmelzung würde die Literatur wohl auch hier beides vertreten. Schlussfolgerungen für den Grenzübertritt der SE lassen sich daher insofern nicht ziehen.

Ob bei Umwandlungsvorgängen eine Eröffnungsbilanz aufzustellen ist, wird in der deutschen wie in der italienischen Literatur für die Verschmelzung durch Neugründung unstreitig bejaht, da in diesem Fall die Unternehmensaktivität bzw. das Handelsgewerbe schließlich neu beginne. Anders verhält es sich aber beim Grenzübertritt der SE, bei dem es aufgrund der Identitätswahrung nach Art. 8 Abs. 1

---

949 *Savioli*, Le operazioni di gestione straordinaria, Teil 2, Kap. 1, 4.3.1., S. 554.
950 Siehe *Savioli*, Le operazioni di gestione straordinaria, Teil 2, Kap. 1, 4.4., S. 556.
951 Vgl. *Caratozzolo*, I bilanci straordinari, Teil 2, Kap. 7, 7.5.1., S. 388 f.
952 Siehe auch *Savioli*, Le operazioni di gestione straordinaria, Teil 2, Kap. 1, 4.2.2., S. 552.
953 *Portale*, Rivista delle società 1978, 303, 322 f., u. a. andere Autoren zitierend.
954 *IDW* RS HFA 41, Rn. 23, FN 2011, 539, 543.

Satz 2 SE-VO gerade nicht zu einem Neubeginn der Unternehmensaktivität kommt. Mit entsprechenden Argumenten kann daher eine Eröffnungsbilanz nicht verlangt werden. Im Gegenteil lehnt es das deutsche Schrifttum für den Formwechsel und die Verschmelzung durch Aufnahme, bei denen auch kein neues Handelsgewerbe entsteht, ab, eine Eröffnungsbilanz aufzustellen; in Italien ist diese Frage umstritten.

Im Bezug auf die Bilanzierungsprinzipien zeigen die Umwandlungsvorgänge, dass auch bei Grenzübertritt der SE (jedenfalls) der Stetigkeitsgrundsatz anzuwenden ist, eine Ausnahme hiervon sich aber möglicherweise rechtfertigen lässt.

2. Gesetzesänderungen innerhalb einer Rechtsordnung

Neben der (grenzüberschreitenden) Umwandlung sei ein Blick auf die Änderung von Bilanzierungsvorschriften innerhalb einer Rechtsordnung geworfen, bei der ebenfalls die Frage aufkommt, wie mit den Bilanzposten zu verfahren ist, die nach den ursprünglichen Vorschriften unter Geltung der „alten" Rechtslage aufgestellt worden sind, nun aber nicht mehr den aktuellen Bilanzierungsvorschriften entsprechen.

a) Änderungen im deutschen Bilanzrecht

In Deutschland hat sich die Frage nach der Umsetzung der Änderung von Bilanzrechtsvorschriften insbesondere mit dem Bilanzrechtsmodernisierungsgesetz gestellt. Dabei war zunächst unklar, ob die neuen Bilanzierungsvorschriften prospektiv oder retrospektiv angewendet werden sollen.[955] Letztendlich hat sich der Gesetzgeber mit den Art. 66, 67 EGBGB im Grundsatz für eine retrospektive Anwendung der neuen Vorschriften entschieden. Die Neuregelungen sind mithin nicht nur auf die ab dem jeweiligen[956] Stichtag anfallenden Geschäftsvorfälle (sog. Neufälle) anzuwenden, sondern auch auf sog. Altfälle und damit auf Geschäftsvorfälle früherer Geschäftsjahre, soweit Art. 66 Abs. 3, 7 EGHGB nichts Gegenteiliges regelt.[957] Die sich durch die Umstellung ergebenden Differenzbeträge sind in der Regel sofort erfolgswirksam zu erfassen.[958]

Ausnahmsweise dürfen bei einigen Altfällen die bisherigen Bilanzposten beibehalten werden. Ein solches Wahlrecht ist beispielsweise für Aufwandsrückstellungen nach § 249 Abs. 1 Satz 3, Abs. 2 HGB i.d.F. vor BilMoG, für niedrigere Wertansätze von Vermögensgegenständen aufgrund von Abschreibungen nach § 253 Abs. 3 Satz 3,

---

955 *Kirsch*, DStR 2008, 1202, 1202; *Küting/Boecker*, in: Küting/Pfitzer/Weber, Das neue deutsche Bilanzrecht, S. 559 ff., 561; *Oser/Roß/Wader/Drögemüller*, WPg 2008, 49, 51 f.

956 Der Stichtag, ab dem eine Neuregelung anzuwenden ist, kann variieren, vgl. die einzelnen Absätze des Art. 66 EGBGB.

957 *Ernst/Seidel*, BB 2009, 766, 769; *IDW* RS HFA 28, Rn. 4. Siehe zudem *Petersen/Zwirner/Künkele*, BB Beilage 2010, Nr. 4, 1, 4.

958 *Ernst/Seidel*, BB 2009, 766, 769; *IDW* RS HFA 28, Rn. 6. Siehe zudem *Petersen/Zwirner/Künkele*, BB Beilage 2010, Nr. 4, 1, 4.

Abs. 4 HGB i.d.F. vor BilMoG sowie für die Ingangsetzungsaufwendungen nach § 269 HGB i.d.F. vor BilMoG vorgesehen (vgl. Art. 67 Abs. 3 Satz 1, Abs. 4 Satz 1, Abs. 5 Satz 1 EGHGB).[959] Werden die bisherigen Posten beibehalten, so schreibt Art. 67 Abs. 3 Satz 1, Abs. 4 Satz 1, Abs. 5 Satz 1 EGHGB vor, dass ihre Fortführung unter weiterer Anwendung der bisherigen Vorschriften (also *vor* BilMoG) zu erfolgen habe.[960] Für die Ingangsetzungsaufwendungen bedeutet dies insbesondere die weitere Beachtung der Ausschüttungssperre des § 269 Satz 2 HGB i.d.F. vor BilMoG.[961]

Ebenfalls bestehen Ausnahmen von der erfolgswirksamen Erfassung der sich durch die Umstellung ergebenden Differenzbeträge, so beispielsweise für die Auflösung von Rückstellungen (Art. 67 Abs. 3 Satz 2 Halbs. 1 EGHGB) sowie für die Rückgängigmachung von niedrigen Wertansätzen (Art. 67 Abs. 4 Satz 2 Halbs. 1 EGHGB), die erfolgsneutral in den Gewinnrücklagen zu erfassen sind.[962]

Ob mit der Umstellung der Vorschriften eine Eröffnungsbilanz aufzustellen ist, regeln die Art. 66, 67 EGHGB nicht und wird in der Literatur uneinheitlich beantwortet: So sprechen *Petersen*, *Zwirner* und *Künkele* von der „Erstellung einer eigenständigen BilMoG-Eröffnungsbilanz“,[963] während es sich nach *Hoffmann* „bei einer so bezeichneten BilMoG-Eröffnungsbilanz [...] nur um ein buchungstechnisches Hilfsmittel handeln [könne], das man als ‚Gesamtheit der Saldenvorträge auf den Bestandskonten zu verstehen ha[be]‘.“[964] Denn „[s]ofern kein Beginn eines Handelsgewerbes [nach § 242 Abs. 1 Satz 1 HGB] vorlieg[e], k[ö]nn[e] es keine Eröffnungsbilanz geben.“[965]

Bei dem aktuellen Gesetzesvorhaben des Bilanzrichtlinie-Umsetzungsgesetzes stellt sich erneut die Frage, wie die neuen Vorgaben umzusetzen sind. Dem Wortlaut des Gesetzesentwurfes ist keine einheitliche Vorgabe zu entnehmen. Jedenfalls die Neuregelung des § 253 Abs. 3 HGB-E zur Abschreibungsdauer von selbst geschaffenen Vermögensgegenständen des Anlagevermögens und vom Geschäfts- oder Firmenwert ist aber prospektiv, nämlich nur für Aktivierungen nach dem 31. Dezember 2015, anzuwenden.[966]

---

959 *IDW* RS HFA 28, Rn. 8. Beispiele bei *Petersen/Zwirner/Künkele*, BB Beilage 2010, Nr. 4, 1, 5 f.

960 *IDW* RS HFA 28, Rn. 16 ff. Siehe auch *Zwirner/Künkele*, BC 2010, 532, 533.

961 *IDW* RS HFA 28, Rn. 20; *Petersen/Zwirner/Künkele*, BB Beilage 2010, Nr. 4, 1, 9; *Zwirner/Künkele*, BC 2010, 532, 534.

962 *IDW* RS HFA 28, Rn. 9 f. Vgl. hierzu *W.-D. Hoffmann*, StuB 2011, 201, 201.

963 *Petersen/Zwirner/Künkele*, BB Beilage 2010, Nr. 4, 1, 3, vgl. zudem S. 11. Ebenso *Zwirner/Künkele*, BC 2010, 532, 533 f.

964 *W.-D. Hoffmann*, StuB 2011, 201, 201, mit Zitat von *Fülbier/Kuschel/Selchert*, in: Küting/Pfitzer/Weber, Handbuch der Rechnungslegung, § 252 HGB (Dez. 2010), Rn. 33.

965 *W.-D. Hoffmann*, StuB 2011, 201, 201.

966 *Kirsch*, DStZ 2015, 103, 107; *Oser/Orth/Wirtz*, DB 2015, 197, 199; *Zwirner*, DStR 2015, 375, 375, 381.

In Bezug auf die Beachtung der Bilanzierungsprinzipien sind *Petersen*, *Zwirner* und *Künkele* der Ansicht, dass mit der BilMoG-Eröffnungsbilanz der „Bilanzzusammenhang durchbrochen" werde.[967] Hingegen äußert sich erneut *Hoffmann* entgegen dieser Ansicht: Die Änderung der einzelnen Posten erfolge „frühestens im Anschluss an die Übernahme der Vorjahresbilanzwerte in die neue Rechnung [...]. Wenn hier also etwas ‚durchbrochen' w[e]rd[e], dann die Zielsetzung der Bilanzidentität, nämlich die Ermittlung des Totalgewinns in der Summe der Einzelergebnisse über die Unternehmenslaufzeit."[968]

Zudem ist nach Auffassung des *IDW* das Stetigkeitsprinzip auch beim Wechsel der Bilanzierungsvorschriften zu beachten. Eine Durchbrechung des Prinzips sei aber „insb[esondere] zur besseren Vermittlung eines den tatsächlichen Verhältnissen entsprechenden Bildes der Vermögens-, Finanz- und Ertragslage, gemäß § 252 Abs. 2 ggf. i.V.m. § 246 Abs. 3 Satz 2 HGB möglich."[969] Ändern sich die bisher angewandten Bilanzierungs- oder Bewertungsmethoden durch das BilMoG, sieht Art. 67 Abs. 8 Satz 1 EGHGB die Nichtanwendung des Stetigkeitsprinzips vor.[970]

b) Änderungen im italienischen Bilanzrecht

Mit der Frage, wie Änderungen in der Bilanzierung nach italienischem Recht vorzunehmen sind, hat sich der *Organismo Italiano di Contabilità* (Italienisches Institut der Rechnungslegung, *OIC*) intensiv beschäftigt und den Standard Nr. 29 zu Änderungen von Bewertungsmethoden (bspw. von Lifo [„last-in-first-out"] in Fifo [„first-in-first-out"]) und Wertschätzungen (bspw. aufgrund zusätzlicher Informationen), zur Vornahme von Fehlerkorrekturen, zu außerordentlichen Geschäftsvorfällen und nach dem Bilanzstichtag bekannt gewordenen Risiken und Verlusten erlassen.

Dabei kann die Änderung von Bewertungsmethoden nach Auffassung des *OIC* sowohl retrospektiv als auch prospektiv vorgenommen werden („[...] considerandone gli effetti retroattivamente o prospetticamente.");[971] vorwiegend sei aber die retrospektive Anwendung zu wählen.[972] Bei retrospektiver Anwendung sollen die aus der Änderung resultierenden Differenzen erfolgswirksam erfasst werden.[973] Der Anhang soll sodann Angaben über die Anwendungsmethode (retrospektiv oder prospektiv) und ihre Auswirkungen enthalten.[974] Der *OIC* erachtet diese Vorgehensweise nicht nur für den

---

967 *Petersen/Zwirner/Künkele*, BB Beilage 2010, Nr. 4, 1, 3, vgl. zudem S. 11. Ebenso *Zwirner/Künkele*, BC 2010, 532, 533 f.
968 *W.-D. Hoffmann*, StuB 2011, 201, 202.
969 *IDW* RS HFA 28, Rn. 12.
970 *IDW* RS HFA 28, Rn. 29.
971 *OIC* Nr. 29, Tz. 11.
972 *OIC* Nr. 29, Tz. 13.
973 *OIC* Nr. 29, Tz. 16.
974 *OIC* Nr. 29, Tz. 21.

Wechsel von Bewertungsmethoden, sondern auch dann für anwendbar, wenn sich die Änderung in der Bilanzierung durch eine Gesetzesänderung ergebe.[975]

c) Umstellung auf die internationalen Rechnungslegungsstandards (IFRS)

Zuletzt kann sich eine Gesetzesänderung durch Umstellung der Rechnungslegung auf die internationalen Rechnungslegungsstandards ergeben. Für ihre Erstanwendung enthält IFRS 1.6 ff. spezielle Vorgaben: Es ist eine IFRS-Eröffnungsbilanz aufzustellen,[976] auf die die IFRS retrospektiv und damit auch in Bezug auf „alte" Geschäftsvorfälle anzuwenden sind.[977] Nicht nach den IFRS ansetzbare Werte sind nicht in der Bilanz aufzunehmen und auch die Bewertung ist allein nach den Regelungen der IFRS vorzunehmen.[978]

Zur Vereinfachung der Umstellung sieht IFRS 1.D1 ff. allerdings Befreiungsmöglichkeiten von einzelnen IFRS-Vorschriften vor.[979] So ist teilweise anstelle der vorgesehenen Bewertungsregelungen eine Bewertung zum fair value zulässig.[980] Für manche sehr komplexe IFRS-Vorschriften wie die Ausbuchung von finanziellen Vermögensgegenständen und Schulden nach IAS 39 schreibt IFRS 1.B1 ff. sogar ein Verbot der retrospektiven Anwendung vor.[981]

Die sich durch die Umstellung ergebenden Differenzbeträge sind nach IFRS 1.11 „direkt in den Gewinnrücklagen (oder, falls angemessen, in einer anderen Eigenkapitalkategorie) zu erfassen."[982] Durch diese erfolgsneutrale Verrechnung im Eigenkapital soll vermieden werden, dass Erträge und Aufwendungen in der Periode der Umstellung des Rechnungslegungssystems wirksam werden, ohne dass sie in dieser tatsächlich angefallen sind.[983]

---

975 *OIC* Nr. 1, Fn. 18. Hierzu kritisch *Colombo*, in: Abbadessa/Portale, Il nuovo diritto delle società, Bd. 3, S. 154 ff., 174 ff.

976 *Caratozzolo*, Il bilancio d'esercizio, Teil 2, Kap. 13, 13.2., S. 1102; *Driesch*, in: Beck'sches IFRS-Handbuch, § 44, Rn. 32; *Strampelli*, Rivista delle società 2006, 243, 263, Fn. 54; *Wulf/Klein/Azaiz*, DStR 2005, 260, 264.

977 *W.-D. Hoffmann/Lüdenbach*, BB 2005, 96, 97: „[...] als ob er immer schon das IFRS-Regelwerk (in seiner aktuellen Fassung) angewendet hätte [...]."

978 *Caratozzolo*, Il bilancio d'esercizio, Teil 2, Kap. 13, 13.2., S. 1104; *Driesch*, in: Beck'sches IFRS-Handbuch, § 44, Rn. 17, 34; *OIC*, Guida 1, Kap. 1, 2.; *Strampelli*, Rivista delle società 2006, 243, 263.

979 *Driesch*, in: Beck'sches IFRS-Handbuch, § 44, Rn. 48, 51; *OIC*, Guida 1, Kap. 1, 2., 3.; *Wulf/Klein/Azaiz*, DStR 2005, 260, 263.

980 *Driesch*, in: Beck'sches IFRS-Handbuch, § 44, Rn. 52; *OIC*, Guida 1, Kap. 1, 3.

981 *Driesch*, in: Beck'sches IFRS-Handbuch, § 44, Rn. 48 f.; *OIC*, Guida 1, Kap. 1, 4.

982 *Caratozzolo*, Il bilancio d'esercizio, Teil 2, Kap. 13, 13.2., S. 1104; *Driesch*, in: Beck'sches IFRS-Handbuch, § 44, Rn. 43; *W.-D. Hoffmann/Lüdenbach*, BB 2005, 96, 97; *OIC*, Guida 1, Kap. 1, 2.; *Strampelli*, Rivista delle società 2006, 243, 266.

983 Vgl. (auch kritisch) *W.-D. Hoffmann/Lüdenbach*, BB 2005, 96, 98.

Für das italienische Bilanzrecht, nach dem neben dem Konzernabschluss auch die Aufstellung des Jahresabschlusses gemäß der IFRS vorgesehen ist,[984] stellt sich ergänzend die Frage, inwiefern die durch die Erstanwendung der IFRS entstehenden Rücklagen zur Ausschüttung an die Gesellschafter zur Verfügung stehen. Der italienische Gesetzgeber beantwortet die Frage mit der Regelung des Art. 7 des d.lgs. 38/2005, die die Verfügbarkeit der Rücklagen – ähnlich dem Art. 6 des d.lgs. 38/2005[985] – differenziert nach der Grund für die Rücklagendotierung behandelt.

Im Einzelnen sind die Gewinnrücklagen *nicht* frei verfügbar, die aus der fair value-Bewertung von Finanzinstrumenten, die „disponibili per la vendita" („zum Verkauf bestimmt") sind, oder von materiellen oder immateriellen Aktivposten herrühren (Art. 7 Abs. 2 i.V.m. Art. 6 Abs. 1 lit. b des d.lgs. 38/2005), während solche Rücklagen nicht gesperrt sind, die aus der fair value-Bewertung von zu Handelszwecken gehaltenen Finanzinstrumenten oder aus Währungsumrechnung und hedge accounting resultieren (Art. 7 Abs. 3 des d.lgs. 38/2005).[986] Ebenfalls als frei verfügbares Eigenkapital qualifiziert Art. 7 Abs. 4, 5 des d.lgs. 38/2005 die nach bisheriger Rechnungslegung erfolgten planmäßigen Abschreibungen von materiellen Vermögensgegenständen sowie die außerplanmäßigen Abschreibungen und die Bildung von Rückstellungen, die jeweils nach IFRS nicht zulässig sind.[987] Besondere Verwendungsvorgaben sind zudem in Art. 7 Abs. 6 des d.lgs. 38/2005 für die Werte vorgesehen, die sich aus der für die Erstanwendung zulässigen Neubewertung von materiellen Vermögensgegenständen zum fair value ergeben.[988] Zuletzt sieht Art. 7 Abs. 7 d.lgs. 38/2005 vor, dass der Saldo von den Umrechnungsdifferenzen, die nicht in den vorherigen Absätzen geregelt sind, in eine *nicht* frei verwendbare Rücklage zu stellen ist.[989]

d) Schlussfolgerung für den Zuzug der SE

Vergleichbar mit der Änderung inländischer Bilanzierungsvorschriften wechselt mit Grenzübertritt das auf die SE anwendbare Bilanzrecht. Mögliche Erkenntnisse hieraus könnten mithin für den Zuzug der SE gewonnen werden.

Hierfür lässt sich zunächst festhalten, dass für den innerstaatlichen Wechsel der Bilanzierungsvorschriften einheitlich nach BilMoG, nach der Auffassung des *OIC* sowie nach den IFRS die retrospektive Anwendung bevorzugt wird. Allerdings wird sie nicht als einzig „richtige" Lösung erachtet: Beim BilMoG war bis zur entsprechenden gesetzlichen Regelung zunächst unklar, ob die Änderungen retro- oder

984 Siehe Kapitel 1, B. I. 3.

985 Siehe Kapitel 3, C. II. 2. d).

986 *Caratozzolo*, Il bilancio d'esercizio, Teil 2, Kap. 13, 13.3., S. 1115; *Strampelli*, Rivista delle società 2006, 243, 266.

987 *Caratozzolo*, Il bilancio d'esercizio, Teil 2, Kap. 13, 13.3., S. 1115.

988 *Strampelli*, Rivista delle società 2006, 243, 267 f. Siehe auch *Caratozzolo*, Il bilancio d'esercizio, Teil 2, Kap. 13, 13.3., S. 1116.

989 Hierzu *Caratozzolo*, Il bilancio d'esercizio, Teil 2, Kap. 13, 13.3., S. 1115 f.; (kritisch) *Strampelli*, Rivista delle società 2006, 243, 268 f.

prospektiv vorzunehmen sind; die retrospektive Anwendung ergab sich nicht von selbst durch den Wechsel der Bilanzierungsvorschriften. Und auch der *OIC* lässt neben der retrospektiven die prospektive Anwendung zu. Es mag daher zwar vorrangig zur retrospektiven Anwendung tendiert werden; sie ergibt sich aber nicht zwangsläufig aus dem (europäischen) Bilanzrecht. Auch für den Grenzübertritt der SE sollte daher die retrospektive Anwendung vorzugswürdig in Betracht gezogen, nicht aber als selbstverständlich erachtet werden.

Unter retrospektiver Anwendung der Bilanzierungsvorschriften spricht für eine erfolgswirksame Vornahme der Korrekturen das BilMoG und in Italien der *OIC*.

Ein Übergang auf die neuen Bilanzierungsvorschriften durch Neubewertung aller Aktiva und Passiva wird beim Wechsel der innerhalb eines Mitgliedstaates anzuwendenden Vorschriften hingegen (zutreffend) nicht in Erwägung gezogen.

Schlussfolgerungen bezüglich der Aufstellung einer Eröffnungsbilanz lassen sich hingegen nicht ziehen, da ihre Aufstellung nach BilMoG umstritten und nur nach den IFRS vorgeschrieben ist.

Für die Bilanzierungsprinzipien ergeben sich hingegen ähnliche Erkenntnisse wie bei den Umwandlungsvorgängen: Teilweise wird vertreten, dass mit Umstellung der Vorschriften die Bilanzidentität durchbrochen werden könne. Zudem wird das Stetigkeitsprinzip grundsätzlich für anwendbar, Durchbrechungen aber für möglich erachtet.

IV. Stellungnahme – europarechtskonforme Auslegung des Art. 61 SE-VO

Die bilanzielle Aufnahme der SE im Zuzugsstaat ist in Ermangelung nationaler Vorschriften durch Auslegung des Art. 61 SE-VO zu klären. Art. 61 SE-VO besagt, dass „[...] die SE hinsichtlich der Aufstellung ihres Jahresabschlusses [...] den Vorschriften [unterliegt], die für dem Recht des Sitzstaates der SE unterliegende Aktiengesellschaften gelten."

Bei grenzüberschreitender Verlegung des Satzungssitzes führt Art. 61 SE-VO mithin zum Wechsel der auf die SE anzuwendenden Bilanzierungsvorschriften. Alleine seinem Wortlaut ist jedoch nicht zu entnehmen, wie dieser Übergang erfolgen soll, ob prospektiv, retrospektiv oder sogar unter Neubewertung zu Zeitwerten, und ob eine Eröffnungsbilanz zu erstellen ist.

Auch aus der Systematik der Vorschrift des Art. 61 SE-VO neben Art. 9 Abs. 1 lit. c, ii SE-VO, der ohnehin schon vorsieht, dass sich das auf die SE anwendbare nationale Recht mit Sitzverlegung ändert, lassen sich keine weitergehenden Erkenntnisse ziehen. Denn ihre zusätzliche Stellung ist alleine historisch bedingt; ein über Art. 9 Abs. 1 lit. c, ii SE-VO hinausgehender Inhalt soll ihr nicht zukommen.[990]

Art. 61 SE-VO ist daher europarechtskonform auszulegen. Als europäisches Sekundärrecht ist es an den europäischen Grundfreiheiten zu messen und daher – ebenso

990 Siehe eingangs Kapitel 1, B. I.

wie nationale Vorschriften[991] – europa(-primär-)rechtskonform auszulegen. Zudem ist bei Auslegung der Vorschrift ihre systematische Stellung im Zusammenhang mit anderen europäischen Sekundärvorschriften zu beachten.

1. *Keine Neubewertung zu Zeitwerten*

Zunächst ist das Aufnahmemodell, nach dem alle Bilanzposten zum Zeitpunkt des Zuzugs der SE zu Zeitwerten zu bewerten sind, nicht von einer europarechtskonformen Auslegung des Art. 61 SE-VO gedeckt. Denn eine Neubewertung aller Aktiva und Passiva, wie es bei Neubegründung eines Handelsgewerbes erforderlich ist,[992] würde Art. 8 Abs. 1 Satz 2 SE-VO widersprechen, nach dem der Grenzübertritt der SE unter Aufrechterhaltung der Rechtspersönlichkeit erfolgt. Bei Zuzug der SE wird gerade keine neue Gesellschaft gegründet, sondern die bisherige identitätswahrend fortgeführt.[993] Auch stellt die Sitzverlegung keinen Anschaffungsvorgang dar,[994] der eine Neubewertung rechtfertigen könnte.

Darüber hinaus würde eine Neubewertung zu Zeitwerten dem going concern-Grundsatz widersprechen,[995] nach dem der Grenzübertritt bilanziell nicht wie die Einstellung und anschließende Neugründung eines Gewerbes erscheinen darf.[996] Dem entspricht, dass bei einem Formwechsel bzw. einer trasformazione, die ebenfalls identitätswahrend erfolgen, auch keine Neubewertung vorzunehmen ist.[997]

Bereits nach Auslegung des Art. 61 SE-VO im Kontext des Art. 8 Abs. 1 Satz 2 SE-VO ist mithin eine Neubewertung der Bilanzposten zu Zeitwerten nicht vorzunehmen. Gestützt wird dieses Ergebnis durch eine europa-*primär*-rechtskonforme Auslegung des Art. 61 SE-VO. Denn eine vollständige Neubewertung aller Aktiva und Passiva würde eine Beschränkung der Niederlassungsfreiheit darstellen, die nicht zu rechtfertigen wäre. Dieser Aspekt ist sogleich noch entscheidend, so dass auf die späteren Ausführungen verwiesen wird.[998]

2. *Retrospektive vs. prospektive Anwendung*

Schwieriger ist die Entscheidung zwischen retrospektiver und prospektiver Anwendung der Bilanzierungsvorschriften. Die im Wegzugsstaat gebildeten Buchwerte sind entweder nach den Vorschriften des Bilanzierungssystems des Zuzugsstaates

---

991 BGH v. 13.11.2001 – X ZR 134/00, BGHZ 149, 165, 173, Tz. 33; *Hatje*, in: Schwarze, EU-Kommentar, 2. Aufl., Art. 10 EGV, Rn. 30; *Jarass*, EuR 1991, 211, 223.
992 Siehe *Winnefeld*, Bilanz-Handbuch, N., Rn. 41.
993 Vgl. Ausführungen bei *W. Müller*, in: FS Raupach, 2006, S. 261 ff., 275.
994 *W. Müller*, in: FS Raupach, 2006, S. 261 ff., 275.
995 Vgl. *Wenz*, BC 2004, 77, 81. Im Ergebnis auch *Lanfermann*, in: Van Hulle/Maul/Drinhausen, SE, 10. Abschnitt, IX., Rn. 32.
996 Siehe Kapitel 3, B. II. 2. b) ii).
997 Soeben Kapitel 3, D. III. 1. b).
998 Kapitel 3, D. IV. 2. a) ii).

fortzuführen (prospektive Anwendung) oder aber an das neue Bilanzierungssystem anzupassen (retrospektive Anwendung).

Den Bilanzrechten der Mitgliedstaaten fehlt es an einem allgemeinen Rechtsanwendungsbefehl in Richtung einer prospektiven oder retrospektiven Anwendung der Bilanzierungsvorschriften. Die Vorschriften des § 242 Abs. 1 Satz 1 HGB und des Art. 2423 Abs. 1 c.c. statuieren allein die Verpflichtung zur Aufstellung eines Jahresabschlusses;[999] sie enthalten keine Vorgaben über den Inhalt des Abschlusses.[1000] Auch sehen § 240 Abs. 2 HGB und Art. 2217 Abs. 1 c.c. zwar vor, dass zum Ende jedes Geschäftsjahres ein Inventar aufzustellen ist, um die einzelnen Posten jährlich zu überprüfen und gegebenenfalls Änderungen im Jahresabschluss vornehmen. Die Überprüfung betrifft aber nur die durch die Inventur feststellbaren, also *tatsächliche* Veränderungen,[1001] die dann zur Ausbuchung oder Abschreibung etc. führen können. Eine normative Überprüfung von in früheren Geschäftsjahren angefallenen Geschäftsvorfällen ist hierbei nicht vorgesehen. Auch in diesen Normen kann somit keine Entscheidung für eine retrospektive Anwendung gesehen werden. Entsprechend war in Deutschland bei der Gesetzesänderung durch das BilMoG zunächst unklar, ob die neuen Vorschriften prospektiv oder retrospektiv vorgenommen werden sollten.[1002]

Die Entscheidung zwischen den beiden Anwendungsmethoden kann mithin allein durch europarechtskonforme Auslegung des Art. 61 SE-VO gefunden werden.

a) Europarechtliche Beurteilung der Aufnahmemethoden

i) Europäisches Sekundärrecht

Zunächst ist Art. 61 SE-VO im Zusammenhang mit europäischem Sekundärrecht auszulegen. In Verbindung mit der Vorschrift des Art. 8 Abs. 10 SE-VO wechseln die anzuwendenden Rechnungslegungsvorschriften in dem Zeitpunkt, in dem die SE in das Handelsregister des Zuzugsstaates eingetragen wird. Bis zu diesem Zeitpunkt findet rechtmäßig das Bilanzrecht des Wegzugsstaates und ab diesem Zeitpunkt das Bilanzrecht des Zuzugsstaates Anwendung.

Diese zeitliche Trennung in der Anwendung der Bilanzierungsvorschriften spricht gegen die retrospektive Aufnahmemethode und für die prospektive Methode. Denn die retrospektive Anwendung der Bilanzierungsvorschriften des Zuzugsstaates würde fordern, dass die im Wegzugsstaat gebildeten Buchwerte an das Bilanzrecht des Zuzugsstaates angepasst werden. Der erste Jahresabschluss nach Grenzübertritt würde so aufgestellt werden, als wäre schon immer nach dem Bilanzrecht

999 *ADS*, § 242 HGB, Rn. 1, § 246 HGB, Rn. 5.

1000 *ADS*, § 246 HGB, Rn. 5.

1001 Vgl. *ADS*, Vorbemerk. zu §§ 238–241 HGB, Rn. 3; *Winkeljohann/Philipps*, in: Beck'scher Bilanzkommentar, § 240, Rn. 52; *Winnefeld*, Bilanz-Handbuch, A, Rn. 511; „[...] bisherige Buchbestände aufgrund der Inventurfeststellungen zu korrigieren sind [...].“

1002 Siehe Kapitel 3, D. III. 2. a).

des Zuzugsstaates bilanziert worden, als hätte die SE bereits vor Grenzübertritt nach dem Recht des Zuzugsstaates bilanziert. Tatsächlich hat sie aber bis zum Zeitpunkt des Grenzübertrittes ihren Jahresabschluss rechtmäßig – nämlich in Übereinstimmung mit Art. 61 SE-VO i.V.m. Art. 8 Abs. 10 SE-VO – nach dem Bilanzrecht des Wegzugsstaates aufgestellt und nicht nach dem des Zuzugsstaates.[1003]

Auch wenn die nach der retrospektiven Methode erforderlichen Korrekturen freilich nicht rückwirkend in den bisherigen Jahresabschlüssen vorzunehmen wären, sondern erst in dem Jahresabschluss nach Grenzübertritt, fingiert sie dennoch, dass bereits bisher nach den Regelungen des Zuzugsstaates bilanziert wurde. Dadurch könnte für den Bilanzleser der Eindruck entstehen, dass die nach dem Wegzugsstaatenrecht gebildeten Bilanzposten nicht zutreffend gewesen seien. Denn die Berichtigung fehlerhafter Jahresabschlüsse kann neben einer rückwärtigen Korrektur der früheren Jahresabschlüsse auch durch Berücksichtigung der Korrekturen erst im nächsten aufzustellenden Jahresabschluss erfolgen.[1004] Von dieser zweiten Möglichkeit unterscheidet sich die retrospektive Anwendung im Ergebnis jedoch nicht, denn auch sie korrigiert den aktuellen Jahresabschluss so, als sei in bisherigen Abschlüssen anders bilanziert worden. Der Anschein von bisher fehlerhaften Bilanzansätzen sollte aber wegen Art. 61, 8 Abs. 10 SE-VO vermieden werden.

Hingegen spiegelt die prospektive Aufnahmemethode die zeitliche Trennung in der Anwendung der Bilanzierungsvorschriften von Weg- und Zuzugsstaat exakt wider: Die Geschäftsvorfälle, die bis zum Grenzübertritt angefallen sind (sog. Altfälle), bleiben nach dem Bilanzrecht des Wegzugsstaates bilanziert, die Geschäftsvorfälle, die nach Grenzübertritt anfallen (sog. Neufälle), werden nach dem Bilanzrecht des Zuzugsstaates beurteilt.

Die Auslegung des Art. 61 SE-VO im Zusammenhang mit europäischem Sekundärrecht spricht daher für die prospektive Aufnahmemethode.

ii) Europäisches Primärrecht

Daneben ist Art. 61 SE-VO im Zusammenhang mit europäischem Primärrecht, insbesondere der Niederlassungsfreiheit, auszulegen.

(1) Beschränkung der Niederlassungsfreiheit

Primärrechtlich ist zu beachten, dass nach dem EuGH bereits kleinste Beeinträchtigungen des Grenzübertrittes eine Beschränkung der Niederlassungsfreiheit darstellen. Selbst ein rein bürokratischer Aufwand ist eine Beschränkung, die einer Rechtfertigung bedarf.[1005]

1003 Ähnlich *Knittel/Eble*, BB 2008, 2283, 2286.

1004 Zu den Möglichkeiten der Vornahme eine Korrektur siehe *ADS*, § 252 HGB, Rn. 19; *Hennrichs*, in: Tipke/Lang, Steuerrecht, § 9, Rn. 31 ff.

1005 Siehe Kapitel 2, E. I.

Nach der retrospektiven Anwendung sind die bisherigen, im Wegzugsstaat gebildeten Buchwerte an das Bilanzrecht des Zuzugsstaates anzupassen. Alle Bilanzposten sind zu überprüfen und entsprechende Korrekturen vorzunehmen. Nicht nur die dem Zuzugsrecht unbekannten Posten sind auszubuchen, sondern jegliche Geschäftsvorfälle der letzten Geschäftsjahre sind zu überprüfen und gegebenenfalls zu korrigieren. So wäre der Erwerb eines Vermögensgegenstandes zunächst für das Geschäftsjahr der Anschaffung auf Ansatz und Zugangsbewertung zu kontrollieren und sodann für die folgenden Geschäftsjahren in der Folgebewertung, damit der aktuell nach Zuzugsstaatenrecht anzusetzende Wert eruiert werden kann. Mehr noch: auch solche Geschäftsvorfälle sind zu ermitteln, die nach bisherigem Bilanzrecht nicht im Jahresabschluss anzusetzen waren, nach dem Zuzugsstaatenrecht aber anzusetzen gewesen wären.

Selbst bei einer computerunterstützten Buchführung stellt die Vornahme dieser Korrekturen einen Aufwand dar, der aufgrund des Grenzübertrittes anfällt und damit diesen weniger attraktiv macht. Mithin würde die retrospektive Aufnahmemethode die Niederlassungsfreiheit der SE beschränken.

Hingegen müsste die SE bei prospektiver Anwendung der Bilanzierungsvorschriften keine zusätzlichen Maßnahmen ergreifen. Wie bei einem Inlandssachverhalt müsste sie lediglich die bisherigen Buchwerte fortführen. Eine Überprüfung und Korrektur der im Wegzugsstaat gebildeten Bilanzwerte ist nicht vorzunehmen. Im Vergleich zum Inlandssachverhalt fallen mithin keine zusätzlichen Maßnahmen an, so dass die prospektive Methode keine Beschränkung der Niederlassungsfreiheit darstellt.

Festzuhalten bleibt mithin, dass die retrospektive Aufnahmemethode, nicht aber die prospektive Methode die Niederlassungsfreiheit der SE beschränkt.

(2) Rechtfertigungsgrund des Gläubiger- und Aktionärsschutzes

Die Beschränkung der Niederlassungsfreiheit durch die retrospektive Aufnahmemethode könnte sich rechtfertigen lassen. Als Rechtfertigungsgrund kommt grundsätzlich der Schutz von Gläubigern und Aktionären in Betracht, den der EuGH bei Beschränkung der Zuzugsfreiheit regelmäßig anerkannt hat.[1006] Auch ist der Rechtfertigungsgrund im Bilanzrecht im Grundsatz anwendbar, da der Jahresabschluss den Schutz von Gläubigern und Aktionären bezweckt.[1007]

Daher könnte es naheliegen, die retrospektive Aufnahmemethode damit zu rechtfertigen, dass sie den auf die Ausschüttungsbemessung gestützten Gläubiger- und Aktionärsschutz gewährleiste. Denn sie würde Sorge tragen, dass der Jahresabschluss der SE gänzlich den Bilanzierungsvorschriften des Zuzugsstaates entspricht und damit nur solche Beträge der Dividendenauszahlung unterliegen, die auch nach dem Recht des Zuzugsstaates ausschüttbar sind.

1006 Siehe Kapitel 2, E. II. 2.
1007 Siehe Kapitel 3, B. II. 2. a).

Diese Schlussfolgerung wäre aber voreilig. Denn das Europarecht fordert eine entsprechende Anpassungen an die Rechnungslegungsvorschriften des Zuzugsstaates gerade nicht: Der europäische Gesetzgeber hat mit der Bilanzrichtlinie festgelegt, welche Bilanzierungsvorgaben er für notwendig erachtet und knüpft für Aktiengesellschaften hieran die Zulässigkeit von Ausschüttungen (vgl. Art. 15 ff. der zweiten Gesellschaftsrechtsrichtlinie)[1008]. Alle Bilanzierungssysteme, die die Bilanzrichtlinie umsetzen, nehmen aus europarechtlicher Sicht den auf die Ausschüttungsbemessung gestützten Gläubiger- und Aktionärsschutz hinreichend wahr und sind für gleichwertig zu erachten.[1009] Dabei hat der europäische Gesetzgeber den Mitgliedstaaten bewusst einen weiten Spielraum in der Umsetzung der Richtlinienvorgaben gewährt und diesen auch mit der „neuen" Bilanzrichtlinie nicht eingeengt. Alle Umsetzungen, die sich innerhalb der Grenzen dieser Spielräume bewegen, schützen Gläubiger und Aktionäre in einem hinreichenden Maß. Insbesondere sind alle Ausprägungen des Vorsichtsprinzips[1010] europarechtlich zulässig.

Speziell für den Grenzübertritt der SE hält der europäische Gesetzgeber den bilanziellen Schutz von Gläubigern und Aktionären durch Umsetzung der Richtlinienvorgaben für hinreichend, wie die SE-VO selbst zeigt. Denn Art. 8 Abs. 2 ff. SE-VO sieht besondere Schutzvorschriften vor, ohne dabei zusätzliche bilanzielle Vorgaben zu machen.[1011]

Das bedeutet, dass es aus europäischer Sicht nicht erforderlich ist, zusätzliche Maßnahmen für den bilanziellen Gläubiger- und Aktionärsschutz bei Zuzug der SE vorzusehen. Eine Anpassung der Buchwerte an das Bilanzrecht des Zuzugsstaates durch die retrospektive Aufnahmemethode ist nicht erforderlich. Offen bleiben kann an dieser Stelle, ob es dadurch auch den nationalen Gesetzgebern verwehrt ist, zusätzliche Schutzvorschriften vorzusehen.[1012] Gefordert werden sie jedenfalls vom europäische Gesetzgeber nicht, so dass bei der europarechtskonformen Auslegung des Art. 61 SE-VO eine Rechtfertigung der retrospektiven Aufnahmemethode über den Gedanken des Gläubiger- und Aktionärsschutzes nicht gelingen kann.

(3) Rechtfertigungsgrund der Kohärenz

Fraglich ist, ob die Beschränkung der Niederlassungsfreiheit durch die retrospektive Methode über den Rechtfertigungsgrund der Kohärenz gerechtfertigt werden könnte. So könnte erwogen werden, dass die retrospektive Anwendung zu einer in sich schlüssigen, nämlich den Vorschriften allein eines Mitgliedstaates folgenden, Abbildung des Jahresabschlusses führen würde. Bisher wurde der aus den EuGH-Urteilen

---

1008 Siehe oben Kapitel 3, B. II. 2. a).

1009 Vgl. auch *Knittel/Eble*, BB 2008, 2283, 2286: „Es ist davon auszugehen, dass Bilanzierungssysteme als gleichwertig zu betrachten sind."

1010 Siehe zu den Umsetzungen des Vorsichtsprinzips Kapitel 3, B. II. 2. b) iv).

1011 Den in Art. 8 Abs. 2–13 SE-VO vorgesehenen Schutz für ausreichend erachten: *IDW HFA*, FN 2007, 506, 507; *Knittel/Eble*, BB 2008, 2283, 2286.

1012 Hierzu unter Kapitel 3, E. III.

zur Wegzugsbesteuerung bekannte Rechtfertigungsgrund der Kohärenz[1013] in Zuzugsurteilen – soweit ersichtlich – vom EuGH nicht in Betracht gezogen.

Das Kohärenzprinzip erfordert nach herrschender Meinung einen zwingenden Zusammenhang zwischen einer „Nachteil"-Regelung und einer „Vorteil"-Regelung; ein solcher Zusammenhang ist gegeben, wenn die Anwendung nur einer der beiden Regelungen zu widersprüchlichen Ergebnissen im nationalen System führen würde. So würde es im Steuerrecht zu widersprüchlichen Ergebnissen führen, wenn auf der einen Seite Wertsteigerungen erst bei tatsächlicher Realisierung besteuert werden, auf der anderen Seite ihre steuerliche Erfassung bei Realisierung nicht sichergestellt ist.[1014] Kohärenz bedeutet mithin nicht die allgemeine Herstellung von Systemstimmigkeit innerhalb einer Rechtsordnung, sondern vermeidet widersprüchliche Ergebnisse in einem konkreten Regelungszusammenhang.

Beim Wechsel der Bilanzierungsvorschriften mit Grenzübertritt der SE fällt es bereits schwer, den Zusammenhang zwischen einer „Nachteil"-Regelung und einer „Vorteil"-Regelung festzustellen; hier geht es vielmehr um die Gesamtanwendung eines nationalen Bilanzierungssystems. Zudem würde die retrospektive Aufnahmemethode nicht widersprüchliche Ergebnisse vermeiden. Es mag zwar nicht besonders „schön" sein, wenn alte und neue Geschäftsvorfälle innerhalb eines Jahresabschlusses unterschiedlichen Regelungen unterliegen. Widersprüchlich ist dies aber nicht, sondern stringente Folge des Wechsels der auf die SE anzuwendenden Vorschriften. Die zeitliche Trennung der anzuwendenden Bilanzierungsvorschriften ist im System des SE-Statutes gerade in sich stimmig. Etwas anderes würde gelten, wenn sachlich eine Trennung vorgenommen werden würde, also beispielsweise nur die Aktiva den Vorschriften des Wegzugsstaates, die Passiva denen des Zuzugsstaates unterliegen würden; dies würde in der Tat zu unstimmigen Ergebnissen führen.

Das Kohärenzprinzip ist daher als Rechtfertigungsgrund für die retrospektive Aufnahmemethode in das Bilanzierungssystem des Zuzugsstaates nicht einschlägig.

iii) Zwischenergebnis

Es lässt sich mithin festhalten, dass die europarechtskonforme Auslegung des Art. 61 SE-VO zur Anwendung der prospektiven Methode führt. Sie entspricht zum einen der zeitlichen Trennung des Art. 8 Abs. 10 SE-VO, nach der die vor dem Grenzübertritt angefallenen Geschäftsvorfälle rechtmäßig nach dem Bilanzrecht des Wegzugsstaates zu beurteilen sind. Die retrospektive Anpassung der Bilanzposten an die Bilanzierungsvorschriften des Zuzugsstaates würde hingegen die zeitliche Trennung nicht widerspiegeln, sondern fingieren, dass bereits vor Grenzübertritt nach dem Recht des Zuzugsstaates bilanziert worden ist.

Primärrechtlich stellt die prospektive Aufnahmemethode zudem keine Beschränkung der Niederlassungsfreiheit dar. Die retrospektive Methode würde hingegen die Niederlassungsfreiheit beschränken, da mit Zuzug der SE die bisherigen

1013 Kapitel 2, E. II. 1. c) i).
1014 Kapitel 2, E. II. 1. c) i).

Geschäftsvorfälle zu überprüfen an die Vorgaben des Zuzugsstaatenrechtes anzupassen wären. Grundsätzlich ließe sich eine solche Beschränkung zwar durch den Rechtfertigungsgrund des Gläubiger- und Aktionärsschutzes rechtfertigen. Europarechtlich ist sie aber nicht erforderlich, da alle in Umsetzung der Bilanzrichtlinie ergangenen nationalen Bilanzierungssysteme für hinreichend vorsichtig erachtet werden. Innerhalb der europarechtskonformen Auslegung vermag der Rechtfertigungsgrund des Gläubiger- und Aktionärsschutzes mithin nicht zu greifen.

Auch ist der aus den EuGH-Urteilen zur Wegzugsbesteuerung bekannte Rechtfertigungsgrund der Kohärenz nicht einschlägig, da er nicht zur Herstellung allgemeiner Systemstimmigkeit herangezogen werden kann, sondern nur, wenn eine „Vorteil"- und einen „Nachteil"-Regelung in einem derartigen Zusammenhang stehen, dass die Anwendung nur einer der beiden Vorschriften zu Widersprüchen in der nationalen Rechtsordnung führen würde. Dies ist vorliegend nicht gegeben.

b) Daneben: Erfolgswirksamkeit oder -neutralität einer möglichen Korrektur

Sollte – entgegen hier vertretener Auffassung – eine retrospektive Anwendung der Bilanzierungsvorschriften des Zuzugsstaates für europarechtskonform erachtet, stellt sich die Folgefrage, wie eine solche Anpassung zu buchen ist, konkret: ob die sich ergebenden Wertdifferenzen erfolgswirksam in die Gewinn- und Verlustrechnung eingehen oder erfolgsneutral im Eigenkapital zu verrechnen sind. Da die retrospektive Methode nach hier vertretener Auffassung nicht vorzunehmen ist, sollen an dieser Stelle kurze Überlegungen genügen.

Das bisherige Schrifttum schlägt ohne weitgehende Erörterung allein die erfolgsneutrale Verrechnung vor.[1015] Dagegen ist aber vorzubringen, dass bilanzielle Änderungen im Grundsatz erfolgswirksam vorzunehmen sind[1016] und auch bei der Gesetzesänderung des BilMoG sowie nach der vom *OIC* zu Gesetzesänderungen vertretenen Auffassung eine erfolgswirksame Erfassung der Wertdifferenzen bevorzugt wird.[1017] Mangels anderweitiger Regelungen sollten die Bilanzänderungen daher auch bei Grenzübertritt der SE erfolgswirksam vorgenommen werden.

Unter europarechtlichen Aspekten erscheint es hingegen gleichgültig, wie die Korrekturen vorgenommen werden. Sollte man eine retrospektive Anwendung mit dem Aspekt des Gläubigerschutzes rechtfertigen wollen,[1018] so ist zu sagen, dass sowohl die erfolgswirksame als auch die erfolgsneutrale Korrektur dem ausschüttungsgestützten Gläubigerschutz gerecht werden würde: Bei der erfolgswirksamen Korrektur würden die nach Ansicht des Zuzugsstaates zu unvorsichtig angesetzten Posten bereits aus dem Jahresergebnis entfernt werden (Buchung z. B.: Aufwand an immaterielle Vermögensgegenstände) und stünden so nicht mehr zur Ausschüttung zur Verfügung. Bei einer erfolgsneutralen Verrechnung im Eigenkapital würde das

---

1015 Siehe Kapitel 3, D. II. 1. b).
1016 *Winnefeld*, Bilanz-Handbuch, I., Rn. 22.
1017 Kapitel 3, D. III. 2. a), b).
1018 Hierzu Kapitel 3, D. IV. 2. a) ii) (2).

Jahresergebnis zunächst unberührt bleiben. Es würde aber die Ausschüttungsmasse ebenfalls verringert werden durch eine Verrechnung mit Rücklagen und – sofern nicht hinreichend Rücklagen vorhanden sind – gegen das Grundkapital (Buchung z. B.: Gewinnrücklagen an immaterielle Vermögensgegenstände).

Zur erfolgswirksamen Verrechnung ist allerdings anzumerken, dass die dadurch entstehenden Aufwendungen/Erträge gesondert bezeichnet werden sollten, um dem Periodisierungsprinzip gerecht zu werden. Denn in dem Geschäftsjahr der Korrekturvornahme sind sie schließlich nicht generiert worden.[1019]

3. *Fehlendes Erfordernis einer Eröffnungsbilanz*

Zusätzlich zu den verschiedenen Methoden, die die Überleitung vom Bilanzrecht des Wegzugsstaates auf das des Zuzugsstaates regeln, stellt sich die Frage, ob die SE im Zeitpunkt ihres Zuzugs, also gem. Art. 8 Abs. 10 SE-VO mit Eintragung in das Handelsregister des Zuzugsstaates, eine Eröffnungsbilanz aufzustellen hat.

Mangels entsprechender Einzelregelung ist auch hier die Vorschrift des Art. 61 SE-VO europarechtskonform auszulegen. Dabei widerspricht insbesondere Art. 8 Abs. 1 Satz 2 SE-VO als europäisches Sekundärrecht der Aufstellung einer Eröffnungsbilanz. Denn wie *Knittel* und *Eble* zu Recht betonen, würde eine Eröffnungsbilanz dem „identitätswahrenden Charakter der Sitzverlegung einer SE“ nicht gerecht werden.[1020] Die Eröffnungsbilanz ist nach § 242 Abs. 1 HGB und Art. 2217 Abs. 1 c.c. zu Beginn eines Handelsgewerbes aufzustellen. Mit Zuzug der SE entsteht aber gerade kein neues Handelsgewerbe; ihre Rechtspersönlichkeit bleibt trotz Grenzübertritt bestehen. Auch stellt die Sitzverlegung kein einschneidendes, mit dem Beginn eines neuen Handelsgewerbes vergleichbares Ereignis dar, denn die SE behält ihre von der SE-Verordnung vorgegebene gesellschaftsrechtliche Struktur bei. Damit unterscheidet sich der Wechsel des auf die SE anwendbaren Rechts grundlegend von der Verschmelzung sowie auch von dem Wechsel einer Personengesellschaft in eine Aktiengesellschaft, für die in der italienischen Literatur die Aufstellung einer Eröffnungsbilanz teilweise vertreten wird.[1021] Der Grenzübertritt stellt wegen Art. 8 Abs. 1 Satz 2 SE-VO mithin bilanziell keinen relevanten Vorgang dar.

Zudem würde die Aufstellung einer Eröffnungsbilanz unter primärrechtlichen Aspekten eine Maßnahme darstellen, durch die der Grenzübertritt der SE weniger attraktiv gemacht wird, und damit die Niederlassungsfreiheit beschränken. Selbst wenn die Erstellung einer Eröffnungsbilanz durch computergestützte Buchführung keinen allzu großen Aufwand erfordern sollte, ist ein solcher ausreichend, um die

---

1019 Dies wenden *W.-D. Hoffmann/Lüdenbach*, BB 2005, 96, 98, zu Recht gegen eine erfolgswirksame Erfassung bei Änderung der Bilanzierungsvorschriften innerhalb einer Rechtsordnung ein. Vgl. auch *Colombo*, in: Abbadessa/Portale, Il nuovo diritto delle società, Bd. 3, S. 154 ff., 175 f.

1020 *Knittel/Eble*, BB 2008, 2283, 2286. Insofern auch *W. Müller*, in: FS Raupach, 2006, S. 261 ff., 274 f.

1021 Vgl. nur *Portale*, Rivista delle società 1978, 303, 322 f.

Niederlassungsfreiheit zu beschränken.[1022] Dabei vermag der Rechtfertigungsgrund des Schutzes von Gläubigern und Aktionären hier nicht zu greifen. Denn unter Ausschüttungsaspekten könnte die Eröffnungsbilanz nicht weiterhelfen. Sie alleine vermag nicht dazu führen, dass die vom Zuzugsstaat für zu unsicher erachteten Werte von der Ausschüttung ausgenommen werden. Und auch unter Informationsaspekten lässt sich die Aufstellung einer Eröffnungsbilanz mit dem Gläubiger- und Aktionärsschutz nicht rechtfertigen. Denn zum einen wird ein Einblick in die Vermögenslage der Gesellschaft bereits durch den regulären Jahresabschluss vermittelt. Zum anderen sind besonders aktuelle Informationen bei Grenzübertritt für Gläubiger und Aktionäre *nach* der Eintragung der SE in das Handelsregister des Zuzugsstaates nicht (mehr) von Bedeutung, da sie nun keine (Gegen-)Maßnahmen mehr einleiten können.[1023]

Zusammenfassend ist nach europarechtskonformer Auslegung des Art. 61 SE-VO die Aufstellung einer Eröffnungsbilanz nicht gefordert. Der erste im Zuzugsstaat aufzustellende Abschluss ist mithin der reguläre Jahresabschluss zum Ende des Geschäftsjahres. Freilich sind die Gesellschaften aber frei darin, rein intern eine Eröffnungsbilanz aufzustellen, sofern sie dies für erforderlich halten sollten.

4. Ergebnis

Im Ergebnis lässt sich als erstes festhalten, dass nach europarechtskonformer Auslegung des Art. 61 SE-VO zum Zeitpunkt des Zuzugs der SE weder eine Neubewertung der Bilanzposten zu Zeitwerten vorzunehmen noch eine Eröffnungsbilanz aufzustellen ist. Beides widerspricht der Vorschrift des Art. 8 Abs. 1 Satz 2 SE-VO, nach der die SE ihren Sitz unter Wahrung ihrer Identität verlegt.

Zweitens führt die europarechtskonforme Auslegung zur Anwendung der prospektiven Aufnahmemethode und untersagt die retrospektive Methode. Denn zum einen entspricht die prospektive Anwendung der Vorgabe des Art. 8 Abs. 10 i.V.m. Art. 61 SE-VO, nach dem die bis zur Eintragung der SE in das Handelsregister des Zuzugsstaates angefallenen Geschäftsvorfälle rechtmäßig nach dem Bilanzrecht des Wegzugsstaates beurteilt worden sind. Hingegen würde die retrospektive Anpassung der Bilanzposten die zeitliche Trennung negieren.

Zum anderen beschränkt die retrospektive Anwendung die Niederlassungsfreiheit der SE, indem sie die Überprüfung der Bilanzposten und daraus gegebenenfalls resultierenden Anpassungen fordert. Diese Beschränkung ist innerhalb der europarechtskonformen Auslegung des Art. 61 SE-VO nicht zu rechtfertigen, da alle in Umsetzung der Bilanzrichtlinie ergangenen Bilanzierungssysteme vom europäischen Gesetzgeber als gleichwertig und damit als hinreichend gläubiger- und aktionärsschützend erachtet werden. Die prospektive Aufnahmemethode stellt hingegen bereits keine Beschränkung dar.

1022 Kapitel 2, E. I.

1023 Vgl. hingegen zum Wegzug sogleich Kapitel 3, F. III.

Beim Zuzug der SE sind die nach dem Bilanzrecht des Wegzugsstaates aufgestellten Buchwerte folglich im ersten Jahresabschluss nach Grenzübertritt zu übernehmen und nach dem Recht des Zuzugsstaates fortzuführen. Eine Eröffnungsbilanz ist nicht zu erstellen.

E. Umsetzung einer europarechtskonformen Aufnahme der SE in das Rechnungslegungssystem des Zuzugsstaates

Nachdem die europarechtskonforme Auslegung des Art. 61 SE-VO ergeben hat, dass die Bilanzierungsvorschriften des Zuzugsstaates auf den Jahresabschluss der SE nach Grenzübertritt prospektiv anzuwenden sind, soll nun dargestellt werden, wie diese prospektive Methode im Einzelnen umzusetzen ist.

I. Einzelne Aspekte des prospektiven Systems

1. Fortführung „bekannter" Bilanzposten

Nach der prospektiven Aufnahmemethode sind die bisherigen, im Wegzugsstaat angesetzten Buchwerte im ersten Jahresabschluss nach Grenzübertritt zu übernehmen und nach dem Bilanzrecht des Zuzugsstaates fortzuschreiben.[1024] Das bedeutet, dass anders als bei der retrospektiven Methode die bisherigen Bilanzansätze nicht auszubuchen sind, nur weil sie nach dem Bilanzrecht des Zuzugsstaates nicht hätten angesetzt werden dürfen. Ebenfalls darf eine Korrektur des Buchwertes nicht aus dem Grund erfolgen, als die Zugangsbewertung nach Zuzugsstaatenrecht anders ausgefallen wäre. Denn Ansatz und Bewertung sind bisher zutreffend nach dem Bilanzrecht des Wegzugsstaates beurteilt worden.

Das bedeutet aber freilich nicht, dass die vor Grenzübertritt angesetzten Posten nicht mehr auszubuchen wären. Eine Ausbuchung erfolgt aber erst dann, wenn die Umstände, aufgrund derer im Wegzugsstaat der Bilanzposten gebildet wurde, nicht mehr gegeben sind, also aus tatsächlichen, nicht aus rechtlichen Gründen. So ist ein Vermögensgegenstand auszubuchen, sobald er bspw. veräußert wird, und eine Verbindlichkeit, sobald sie erfüllt wird. Dies entspricht auch der Vorschrift des § 240 Abs. 2 HGB bzw. Art. 2217 Abs. 1 c.c., nach der zum Ende eines jeden Geschäftsjahres ein Inventar aufzustellen ist, durch das die tatsächliche Veränderungen zu überprüfen sind und wodurch es bilanziell zu Ausbuchungen oder Abschreibungen kommen kann.

Die Folgebewertung der Bilanzposten richtet sich ab Grenzübertritt nach dem Bilanzrecht des Zuzugsstaates. Anders als es teilweise bei Gesetzesregelungen innerhalb eines nationalen Bilanzierungssystems vorgesehen ist,[1025] sind die bisherigen

1024 Siehe Kapitel 3, D. I. 1.
1025 Siehe Kapitel 3, D. III. 2. a).

Vorschriften hier nicht weiter anwendbar. Die Folgebewertung des Zuzugsstaates kann zwar mit der des Wegzugsstaates übereinstimmen, beispielsweise wenn in beiden Mitgliedstaaten eine planmäßige Abschreibung über die Nutzungsdauer des Vermögensgegenstandes vorzunehmen ist. Es können aber auch Unterschiede bestehen, so wenn einer der beiden Mitgliedstaaten nur außerplanmäßig, der andere aber auch planmäßig abschreibt, oder wenn die Abschreibungsdauer in den Mitgliedstaaten variiert.

Ändert sich die Folgebewertung, so ist für die Umsetzung der prospektiven Methode wiederum die SE-Verordnung als europäisches Sekundärrecht zu berücksichtigen: erstens die Anwendung der Vorschriften des Zuzugsstaates erst ab Grenzübertritt (Art. 61 i.V.m. Art. 8 Abs. 10 SE-VO) sowie zweitens die Identitätswahrung der SE bei Grenzübertritt (Art. 8 Abs. 1 Satz 2 SE-VO). Der erste Aspekt bestimmt, dass die Folgebewertung *bis* zum Grenzübertritt rechtmäßig nach dem Recht des Wegzugsstaates vorzunehmen war und nicht an das Zuzugsrecht anzupassen ist. Der zweite Aspekt der Identitätswahrung hat zur Folge, dass der Grenzübertritt nicht zu einem (neuen) Anschaffungsvorgang der Vermögensgegenstände und damit nicht zu einem Neubeginn der Abschreibungsdauer führt.

Ändert sich mit Grenzübertritt nun die vorgesehene Abschreibungsdauer (bspw. von einer typisierten zu einer an der Nutzungsdauer orientierten), so ist die im Zuzugsstaat geltende Abschreibungsdauer erst ab Grenzübertritt *anzuwenden* – denn erst dann sind die Regeln des Zuzugsstaates einschlägig. Sie ist aber nach dem Zuzugsstaatenrecht so zu *ermitteln*, als habe sie bereits von Anfang an gegolten – denn mangels Anschaffungsvorgang darf die Abschreibungsdauer nicht neu beginnen. Unterliegt ein Vermögensgegenstand im Wegzugsstaat beispielsweise einer typisierten Abschreibung von über vier Jahren, aber im Zuzugsstaat der Abschreibung über die Nutzungsdauer von unterstellt fünf Jahren und zieht die SE zwei Jahre nach Anschaffung des Vermögensgegenstandes über die Grenze, so ist dieser im Zuzugsstaat noch über die verbleibenden drei Jahre abzuschreiben. Eine ähnliche Vorgehensweise ist im nationalen Bilanzrecht bei der Anpassung von Nutzungsdauerschätzungen bekannt.[1026]

Komplizierter erscheint es, wenn im Wegzugsstaat lediglich außerplanmäßig abgeschrieben wurde und nun auf eine planmäßige Abschreibung im Zuzugsstaat umzuschwenken ist. Doch auch hier ist die Abschreibungsdauer des Zuzugsstaates bereits ab dem Ansatz des Vermögensgegenstandes zu *ermitteln*, ab dem Zuzug der SE aber dann erst *anzuwenden*. Wenn also ein Vermögensgegenstand zwei Jahre vor Grenzübertritt der SE im Wegzugsstaat angeschafft wurde und im Zuzugsstaat einer planmäßigen Abschreibung über vier Jahre unterliegt, ist der Vermögensgegenstand im Zuzugsstaat planmäßig noch über zwei Jahre abzuschreiben.

Eine im Zuzugsstaat vorgesehene außerplanmäßige Abschreibung ist wie gewöhnlich vorzunehmen, aber auf der Grundlage des „zugezogenen" Buchwertes: ist der nach dem Zuzugsrecht ermittelte aktuelle Wert des Vermögensgegenstandes

---

1026 Siehe *Winnefeld*, Bilanz-Handbuch, E., Rn. 1037 f.

zum Bilanzstichtag niedriger als der im Wegzugsstaat angesetzte Buchwert, so kann eine Abschreibung erforderlich sein.

Daher kann es dazu kommen, dass im Wegzugsstaat entstandene „fair values" im Zuzugsstaat bereits am ersten Bilanzstichtag nach Grenzübertritt wieder durch eine Abschreibung aus der Bilanz zu entfernen sind – dies aber nur, wenn die Voraussetzungen für eine außerplanmäßige Abschreibung vorliegen, so nach § 253 Abs. 3 Satz 5 HGB und Art. 2426 Abs. 1 Nr. 3 Satz 1 c.c. nur bei voraussichtlicher Dauerhaftigkeit der Wertminderung, nicht hingegen weil der Ansatz eines fair values nach Zuzugsstaatenrecht unzulässig ist.

Beispiel: Der Wegzugsstaat erlaubt eine fair value-Bewertung und setzt einen Vermögensgegenstand zu 120 an. Die Anschaffungskosten haben lediglich 100 betragen. Der Zuzugsstaat lässt keine fair value-Bewertung zu.
Nach Sitzverlegung der SE ist im Zuzugsstaat der Buchwert von 120 zu übernehmen. Ist der Vermögensgegenstand weiterhin 120 wert, darf im Zuzugsstaat auch nicht außerplanmäßig auf 100 abgeschrieben werden. Nur bei dauerhafter Wertminderung ist die Abschreibung nach § 253 Abs. 3 Satz 5 HGB und Art. 2426 Abs. 1 Nr. 3 Satz 1 c.c. vorzunehmen.

2. Behandlung „fremder" Bilanzposten

Eine Frage, die sich aufdrängt, liegt in der Folgebewertung von Bilanzposten, die das Bilanzrecht des Zuzugsstaates nicht kennt, besser: deren Ansatz es nicht zulässt. Denn schließlich sieht das Bilanzrecht des Zuzugsstaates für die Fortführung dieser Posten keine speziellen Regelungen vor.

Zunächst könnte erwogen werden, die Regelungen weiterhin anzuwenden, die der Wegzugsstaat für die jeweiligen Posten vorsieht. Ähnlich wurde es auch beim BilMoG für die Fortführung von nach neuem Recht nicht mehr zulässigen Bilanzansätzen vorgesehen.[1027] Gegen eine weitere Anwendung der Vorschriften des Wegzugsstaates spricht allerdings die zeitliche Trennung der Bilanzierungsvorschriften von Weg- und Zuzugsstaat nach Art. 8 Abs. 10 SE-VO i.V.m. Art. 61 SE-VO. Nach Grenzübertritt finden die Bilanzierungsvorschriften des Wegzugsstaates keine Anwendung mehr.

Es kann mithin nur auf Vorschriften des Zuzugsstaates zurückgegriffen werden. Auch wenn für die ihm „fremden" Posten keine speziellen Vorschriften zur Folgebewertung vorgesehen sind, so kann doch auf vergleichbare Vorschriften des Zuzugsstaates zurückzugriffen werden. Dabei ist zu bedenken, dass es völlig unbekannte Posten nicht gibt: Alle Bilanzrechte innerhalb der EU sind in Umsetzung der Bilanzrichtlinie (bzw. der früheren vierten Gesellschaftsrechtsrichtlinie) ergangen. Die einzelnen Ansätze sind dem Zuzugsstaat daher nicht „fremd"; er hat sich nur gegen sie entschieden.

1027 Siehe Kapitel 3, D. III. 2. a).

Als vergleichbar mit der Abschreibung von Ingangsetzungsaufwendungen kann beispielsweise die Abschreibung von Vermögensgegenständen gesehen werden. Schließlich können Ingangsetzungsaufwendungen – je nach Definition des Vermögensgegenstandsbegriffes – als Vermögensgegenstände erachtet werden, so bspw. in Italien.[1028] Sieht der Zuzugsstaat für Ingangsetzungsaufwendungen keine speziellen Regelungen vor, sind daher die für Vermögensgegenstände vorgesehenen Abschreibungsregeln anzuwenden. Da die Nutzungsdauer von Ingangsetzungsaufwendungen in der Regel nicht verlässlich geschätzt werden kann, würden sie nach deutschem Recht gem. § 253 Abs. 3 Satz 3 HGB über 10 Jahre planmäßig abzuschreiben sein.

3. *Unterjährige Sitzverlegungen*

Einer besonderen Erörterung bedarf die Frage, wie zu verfahren ist, wenn der Grenzübertritt während eines laufenden Geschäftsjahres erfolgt. Das Geschäftsjahr wird durch die Sitzverlegung nicht unterbrochen, eine Eröffnungsbilanz ist nicht aufzustellen.[1029] Es teilt sich mithin auf in Geschäftsvorfälle, die noch vor Grenzübertritt angefallen sind, und solchen, die erst nach Grenzübertritt anfallen. Der Jahresabschluss dieses „gespaltenen" Geschäftsjahres ist dann freilich erst nach Grenzübertritt aufzustellen.

Zu entscheiden ist nun, nach welchem Recht die Geschäftsvorfälle zu beurteilen sind. Die nach Grenzübertritt angefallenen Geschäftsvorfälle sind klar nach Zuzugsstaatenrecht zu beurteilen. Die hingegen noch vor Grenzübertritt angefallenen Geschäftsvorfälle könnten entweder nach dem Recht des Wegzugsstaates beurteilt werden, das zum Zeitpunkt des Geschäftsvorfalles schließlich noch anzuwenden war, oder nach dem Bilanzrecht des Zuzugsstaates, da sie „Teil" des ersten Jahresabschlusses nach Grenzübertritt sind und damit bereits dem Zuzugsstaatenrecht unterliegen.

Nach Auffassung des *IDW* ist diese Frage im ersteren Sinne zu beantworten. Zwar sei der nächste Jahresabschluss bereits nach dem Recht des Zuzugsstaates zu erstellen. Für bis zum Grenzübertritt angefallene Geschäftsvorfälle habe aber noch das Wegzugsstaatenrecht gegolten und erst ab der Sitzverlegung sei das Bilanzrecht des Zuzugsstaates maßgeblich.[1030]

Diese Auffassung setzt konsequent die zeitliche Aufteilung der Bilanzrechte um: bis zum Grenzübertritt gilt das Recht des Wegzugsstaates und danach erst das Recht des Zuzugsstaates. Allerdings beachtet sie nicht das Stichtagsprinzip (§ 252 Abs. 1 Nr. 3 HGB). Dieses ist zwar nicht explizit in der Bilanzrichtlinie (und auch nicht im Codice civile) genannt, es ergibt sich aber als logische Konsequenz[1031] aus dem Periodisierungsprinzip nach Art. 6 Abs. 1 lit. d der Bilanzrichtlinie sowie aus den Bewertungsregeln

---

1028 Siehe oben unter Kapitel 3, C. II. 1. a) i) (1) (2), d).

1029 Siehe Kapitel 3, D. IV. 3.

1030 *IDW HFA*, FN 2007, 506, 507. Siehe auch Kapitel 3, D. I. 1. a).

1031 *Baetge/Ziesemer/Schmidt*, in: Baetge/Kirsch/Thiele, Bilanzrecht, § 252 HGB (Okt. 2011), Rn. 92. Zum italienischen Recht *Pontani*, in: A. Palma, Il bilancio di esercizio, S. 101 ff., 128.

der Richtlinie[1032] und ist daher bei der europarechtlichen Auslegung des Art. 61 SE-VO ebenfalls zu berücksichtigen. Nach dem Stichtagsprinzip ist die rechtliche Beurteilung der einzelnen Geschäftsvorfälle am Ende eines jeden Geschäftsjahres, nämlich zum Bilanzstichtag vorzunehmen. Bilanziell entscheidend sind die zum Abschlussstichtag bestehenden Verhältnisse; erst zu diesem Zeitpunkt wird über den Ansatz und die Bewertung von Vermögensgegenständen und Schulden entschieden.[1033] Vorherige unterjährige Buchungen haben rechtlich keine Bedeutung; sie sind zum Abschlussstichtag zu überprüfen und gegebenenfalls zu korrigieren.[1034] Für den unterjährigen Grenzübertritt der SE bedeutet das, dass sich das gesamte Geschäftsjahr, in dem der Grenzübertritt stattfindet, bereits nach dem Bilanzrecht des Zuzugsstaates richtet. Auch die vor dem Grenzübertritt angefallenen Geschäftsvorfälle dieses Geschäftsjahres sind daher nach Zuzugsstaatenrecht zu beurteilen.

Dieses Ergebnis wird auch durch den Wortlaut des Art. 61 SE-VO bestätigt, nach dem die SE „hinsichtlich der *Aufstellung* ihres Jahresabschlusses [...] den Vorschriften [unterliegt], die für dem Recht des Sitzstaates der SE unterliegende Aktiengesellschaften gelten." [Herv. durch Verf.] Auch hier wird das Stichtagsprinzip deutlich: Nicht die unterjährigen Buchungen, sondern allein der Abschlussstichtag entscheiden darüber, welches nationale Bilanzrecht auf die SE Anwendung findet.

4. *Stetigkeit in der Ausübung von Wahlrechten*

Zuletzt ist der Einfluss der bisherigen Bilanzierung auf die im Zuzugsstaat bestehenden Wahlrechte zu erörtern. Dabei ist bereits eingangs in diesem Kapitel dargelegt worden, dass der Stetigkeitsgrundsatz auch bei der Sitzverlegung der SE zu beachten ist und die Ausübung von Ansatz- wie auch von Bewertungswahlrechten bindet, soweit ein Wahlrecht sowohl im Weg- als auch im Zuzugsstaat besteht.[1035] Entgegen der oben aufgeführten Literaturmeinungen[1036] ist es nicht erforderlich, den Stetigkeitsgrundsatz wegen des Grenzübertrittes zu durchbrechen. Vielmehr kann der Stetigkeitsgrundsatz denklogisch nur dann Anwendung finden, wenn sowohl das Wegzugsstaatenrecht als auch das Zuzugsstaatenrecht ein entsprechendes Wahlrecht vorsieht.

Im Einzelnen muss aber genau betrachtet werden, ob ein Wahlrecht nach Grenzübertritt überhaupt noch auszuüben ist. War das Wahlrecht nur einmalig vor Grenzübertritt auszuüben, so bei Wahlrechten des Ansatzes und der Zugangsbewertung,

1032 Noch zur vierten Gesellschaftsrechtsrichtlinie *Wohlgemuth/Radde*, in: Hofbauer/Kupsch, Rechnungslegung, § 252 HGB (Juni 2012), Rn. 23.

1033 *Baetge/Ziesemer/Schmidt*, in: Baetge/Kirsch/Thiele, Bilanzrecht, § 252 HGB (Okt. 2011), Rn. 92; *Ballwieser*, in: MüKo HGB, Bd. 4, § 252, Rn. 33; *Winnefeld*, Bilanz-Handbuch, E., Rn. 60; *Wohlgemuth/Radde*, in: Hofbauer/Kupsch, Rechnungslegung, § 252 HGB (Juni 2012), Rn. 24. Vgl. auch *Weber-Grellet*, Bilanzsteuerrecht, 2. Abschnitt, F. III. 2. f), Rn. 64.

1034 *Winnefeld*, Bilanz-Handbuch, A., Rn. 410 ff., 510 ff.

1035 Siehe Kapitel 3, B. II. 2. b) iii) (3).

1036 Siehe Kapitel 3, D. II. 1. a).

die nur zum potentiellen Ansatzzeitpunkt anfallen, war der damals angesetzte Bilanzposten allein dem Recht des Wegzugsstaates unterworfen und ist – unabhängig (!) vom Stetigkeitsprinzip – nicht nachträglich zu ändern. Dies gebietet bereits die prospektive Aufnahmemethode und erfordert keine Bindung durch den Stetigkeitsgrundsatz. Eine darüber hinausgehende Bindung durch die Stetigkeit ist nur gegeben, wenn man die Stetigkeitsbindung über den einzelnen Vermögensgegenstand hinaus auf andere, vergleichbare Vermögensgegenständen ausweiten möchte. Die Frage der sachlichen Reichweite des Stetigkeitsgebotes ist in der vorliegenden Arbeit aber nicht vertieft worden.[1037]

Wahlrechte der Folgebewertung können hingegen auch in Bezug auf einen Vermögensgegenstand mehrere Geschäftsjahre betreffen. Doch auch bei ihnen ist zeitlich aufzuteilen und darf eine bereits vor Grenzübertritt vorgenommene Wahlrechtsausübung – unabhängig von der Bindung durch die Stetigkeit – nicht revidiert werden. Erst bei der *nach* dem Grenzübertritt vorzunehmenden Folgebewertung kann das entsprechende Wahlrecht von einer Stetigkeitsbindung beeinflusst sein.

II. Konkrete Darstellung am Grenzübertritt zwischen Deutschland und Italien

Im Anschluss an die allgemeine Darlegung eines europarechtskonformen Systems der bilanziellen Aufnahme der SE im Zuzugsstaat soll nun eine konkrete Erörterung des Grenzübertritts zwischen Italien und Deutschland folgen. Dabei soll auf die einzelnen, oben (unter C. II.) beispielhaft aufgelisteten Unterschiede zwischen den Rechnungslegungssystemen der beiden Mitgliedstaaten eingegangen werden.

1. Bezüglich der Differenzen in den allgemeinen Aktivierungsvoraussetzungen eines Vermögensgegenstandes

a) Bei Unterschieden in der (abstrakten) Aktivierbarkeit eines Vermögensgegenstandes

Zunächst sei als grundlegender Unterschied zwischen den Bilanzierungssystemen Deutschlands und Italiens auf die abstrakte Aktivierbarkeit von Vermögensgegenständen eingegangen. Denn (bei Zugrundelegung der herrschender Meinung) sind sowohl der Codice civile als auch die in Italien auf den Jahresabschluss anwendbaren IFRS großzügiger in den Aktivierungsvoraussetzungen als das deutsche HGB.[1038] Dies hat zur Folge, dass in Deutschland weniger Vermögensgegenstände abstrakt aktivierbar sind als in Italien. Bei Grenzübertritt der SE von Italien nach Deutschland können daher im letzten Jahresabschluss vor Grenzübertritt mehr

1037 Vgl. Kapitel 3, B. II. 2. b) iv) (2). Siehe zu dieser Frage *ADS*, § 252 HGB, Rn. 107; *Förschle/Kropp*, ZfB 56. Jg. (1986), H. 9, 873, 882 f.; *Leffson*, WPg 1988, 441, 443. Vgl. zudem *Colombo*, in: A. Palma, Il bilancio di esercizio, Kap. 5, 7., S. 96.

1038 Siehe Kapitel 3, C. II. 1. a) i).

Vermögensgegenstände aktiviert sein, als es nach deutschem Bilanzrecht zulässig wäre. Andersherum sind bei einem Grenzübertritt von Deutschland nach Italien aus italienischer Sicht bisher zu wenige Vermögensgegenstände aktiviert worden.

Die unterschiedliche Quantität der Aktiva wirkt sich auf den Geschäfts- oder Firmenwert aus, der sich als Saldogröße[1039] zwischen dem Wert des Unternehmens und den angesetzten Vermögensgegenständen abzüglich der Schulden ergibt. Dieser darf aber mangels eines entgeltlichen Erwerbs (sog. originärer Geschäfts- oder Firmenwert) nach allen drei Bilanzierungssystemen nicht aktiviert werden.[1040]

Da nach hier vertretener Auffassung nur solche Geschäftsvorfälle nach dem Bilanzrecht des Zuzugsstaates zu beurteilen sind, die zeitlich nach dem Grenzübertritt anfallen, darf eine Korrektur der bisherigen Bilanzansätze aber nicht vorgenommen werden. Das bedeutet, dass weder in Italien Nachaktivierungen vorgenommen noch in Deutschland Ansätze gestrichen werden dürfen. Erst die Folgebewertung nach den Vorschriften des Zuzugsstaates kann zu einer schrittweisen Ausbuchung eines Vermögensgegenstandes führen.

Der Zeitpunkt des Ansatzes kann aber unter den Bilanzierungssystemen variieren und dann zu Schwierigkeiten führen, wenn sich der Anschaffungs- und Herstellungsvorgang eines Vermögensgegenstandes über einen längeren Zeitraum erstreckt und dabei sowohl das Recht des Weg- als auch des Zuzugsstaates tangiert, also vor Grenzübertritt beginnt und erst nach dem Grenzübertritt endet. Doch auch hier ist streng zwischen im Wegzugsstaat und im Zuzugsstaat anfallenden Ereignissen zu unterscheiden: Sowohl die Frage nach dem „Ob" als auch die nach der „Höhe" der Aktivierung ist nach dem jeweiligen Bilanzrecht vor oder nach dem Grenzübertritt zu beurteilen. Sind die Aktivierungsvoraussetzungen bereits vor Grenzübertritt erfüllt, so ist die Aktivierung zu eben diesem Zeitpunkt und in der nach dem Wegzugsstaatenrecht maßgeblichen Höhe vorzunehmen. Dieser Ansatz ist dann im Zuzugsstaat zu übernehmen und fortzuführen. Fallen nach dem Grenzübertritt neue (nachträgliche) Anschaffungs- oder

---

1039 *Berndt/Gutsche*, in: MüKo Bilanzrecht, Bd. 1, IFRS 3 (Sept. 2013), Rn. 82: „Residualgröße"; *Böcking/ Wiederhold*, in: MüKo Bilanzrecht, Bd. 1, IAS 38 (Sept. 2010), Rn. 67; *Colombo*, in: Colombo/Portale, Trattato delle società per azioni, Bd. 7*, S. 23 ff., 261; *Merkt*, in: Baumbach/Hopt, HGB, § 246, Rn. 9; *St. Schmidt/Ries*, in: Beck'scher Bilanzkommentar, § 246, Rn. 82: „Residium".

1040 Zum HGB siehe *Gelhausen/u. a.*, in: IDW, WP Handbuch, Bd. 1, E, Rn. 93; *Hennrichs*, in: FS Schaumburg, 2009, S. 367 ff., 369; *Kirsch*, in: Hofbauer/Kupsch, Rechnungslegung, § 246 HGB (April 2011), Rn. 183; *Merkt*, in: Baumbach/Hopt, HGB, § 246, Rn. 9. Zum Codice civile siehe *Caratozzolo*, Il bilancio d'esercizio, Teil 2, Kap. 5, 5.2.2.2., S. 243 f.; *Colombo*, in: Colombo/Portale, Trattato delle società per azioni, Bd. 7*, S. 23 ff., 261; *W. Husemann/Jungen*, WPg 1989, 264, 269; *Superti Furga*, Il bilancio di esercizio italiano, Teil 3, Kap. 7, 6., S. 196; *Villa*, in: A. Palma, Il bilancio di esercizio, Kap. 8, 3.2.1., S. 228. Zu den IFRS siehe *Böcking/ Wiederhold*, in: MüKo Bilanzrecht, Bd. 1, IAS 38 (Sept. 2010), Rn. 67; *Hennrichs*, in: FS Schaumburg, 2009, S. 367 ff., 369; *Ramscheid*, in: Beck'sches IFRS-Handbuch, § 4, Rn. 49.

Herstellungskosten an, so sind diese hingegen nach dem Recht des Zuzugsstaates zu beurteilen und möglicherweise nachzuaktivieren. Die bis zum Grenzübertritt anfallenden Anschaffungs-/Herstellungskosten unterliegen mithin dem Recht des Wegzugsstaates, die später anfallenden dem Recht des Zuzugsstaates. Eine nachträgliche Beurteilung der im Wegzugsstaat angefallenen Anschaffungs-/Herstellungskosten, die zu einer Nachaktivierung oder Verminderung der im Wegzugsstaat vorgenommenen Aktivierung führen könnte, darf nicht vorgenommen werden.

b) Bei Unterschieden in der (subjektiven) Zurechnung des aktivierbaren Vermögensgegenstandes

Weitere Unterschiede zwischen den Bilanzierungssystemen bestehen bei der subjektiven Zurechnung von Vermögensgegenständen.[1041] Im Wegzugsstaat kann ein Vermögensgegenstand aktiviert worden sein, der im Zuzugsstaat dem Bilanzierer nicht zuzurechnen wäre oder umgekehrt.

Doch auch hier sind die Geschäftsvorfälle, die zu einer Erstaktivierung oder auch zu einer Änderung der Zurechnung führen, stets nach dem Bilanzrecht zu beurteilen, in dem sich der Satzungssitz der SE befindet. Die im Wegzugsstaat erfolgten Bilanzierungen sind daher vom Zuzugsstaat zu übernehmen und dürfen nicht korrigiert werden.

Schwierigkeiten können sich aber ergeben, wenn eine Änderung in der Zurechnung des Vermögensgegenstandes zwar nach beiden Rechtsordnungen zu erfolgen hat, dafür aber jeweils auf einen anderen Zeitpunkt abgestellt wird. Ein Beispiel dafür bietet der Eigentumsvorbehaltskauf, der nach HGB bereits vor Bedingungseintritt der vollständigen Kaufpreiszahlung zu einer Zurechnung des Vermögensgegenstandes zum künftigen, bisher nur „wirtschaftlichen" Eigentümer führt, während in Italien vor der Anpassung des Codice civile an die neue Bilanzrichtlinie mit dem d.lgs. 139/2015 der Vermögensgegenstand (nach strengem Wortlautverständnis) erst bei Bedingungseintritt dem Erwerber zuzurechnen war. Ob sich dies nunmehr durch die allgemeine Kodifizierung des substance over form-Prinzips in Art. 2423-*bis* Abs. 1 Nr. 1-bis cc. geändert hat, ist anzunehmen, bleibt aber noch abzuwarten.[1042]

Ist der Vermögensgegenstand vor Grenzübertritt bereits der SE in Deutschland als Erwerberin zugerechnet worden, ist die Aktivierung im Zuzugsstaat Italien beizubehalten. Bei einem Umzug von Italien nach Deutschland könnte sich aber die Situation ergeben, dass in Italien der Vermögensgegenstand (mangels Bedingungseintritt) noch nicht dem Erwerber zuzurechnen war und in Deutschland der Zurechnungszeitpunkt bereits verstrichen ist (da bereits in Italien der Vertrag geschlossen wurde). Auch in diesem Fall ist zunächst die Nichtaktivierung mit Grenzübertritt beizubehalten. Um zu vermeiden, dass der Vermögensgegenstand aber letztendlich nie dem Erwerber zugerechnet wird, sollte zum nächsten, für eine Zurechnung ausschlaggebenden Zeitpunkt eine Aktivierung beim Erwerber erfolgen. Dieser Zeitpunkt liegt

---

1041 Siehe im Einzelnen Kapitel 3, C. II. 1. a) ii).

1042 Siehe Kapitel 3, C. II. 1. a) ii).

im Erwerb des (zivilrechtlichen) Eigentums und damit bei Bedingungseintritt. Zwar wäre nach deutschem Recht bereits vorher eine Zurechnung vorgenommen worden. Die Erlangung des (zivilrechtlichen) Eigentums ist aber auch nach HGB ein für die subjektive Zurechnung bedeutender Vorfall, der sich daher bilanziell auswirken sollte.

Verallgemeinert bedeutet dies, dass stets alle Vorfälle, die *potentiell* die Änderung der Zurechnung des Vermögensgegenstandes bewirken können, nach dem zu diesem Zeitpunkt anwendbaren Recht zu beurteilen sind. Dadurch kann es zu einer Zuweisungsänderung auch dann noch kommen, wenn sie nach dem Recht des Zuzugsstaates eigentlich bereits früher erfolgt wäre.

2. Bezüglich der Differenzen in Einzelregelungen der Bilanzierung

a) Zu den selbst geschaffenen immateriellen Vermögensgegenständen des Anlagevermögens

Von den Einzelregelungen ist für die bilanzielle Aufnahme der SE insbesondere die Behandlung von selbst geschaffenen immateriellen Vermögensgegenständen des Anlagevermögens interessant – und zwar unter vier Aspekten: erstens in Bezug auf das „Ob" des Ansatzes, da nach den Bilanzierungssystemen Deutschlands und Italiens teilweise ein Ansatzwahlrecht, teilweise eine Ansatzpflicht besteht. Zweitens unterscheidet sich der Zeitpunkt des Ansatzes und drittens war bislang die Zugangsbewertung von Bedeutung, da nach HGB und nach IFRS nur Entwicklungs-, nicht aber Forschungskosten angesetzt werden dürfen, während nach dem Codice civile i.d.F. vor Umsetzung der neuen Bilanzrichtlinie mit dem d.lgs. 139/2015 auch Kosten der „angewandten und zielgerichteten Forschung" der Aktivierung unterlagen. Zudem kann sich viertens die Folgebewertung unterscheiden.[1043]

Für den ersten Punkt, also das „Ob" der Aktivierung, ist wieder zunächst zu betonen, dass der Geschäftsvorfall, der zu einem Ansatz führen kann, jeweils nach dem Recht zu beurteilen ist, in dem sich der Satzungssitz der SE zum Abschlussstichtag befindet (Art. 61 SE-VO). Im Wegzugsstaat erfolgte oder auch unterlassene Aktivierungen sind mithin im Zuzugsstaat immer zu übernehmen. Zudem kann eine im Zuzugsstaat vorzunehmende Wahlrechtsausübung durch die Stetigkeit an die im Wegzugsstaat vorgenommene Ausübung gebunden sein, wenn sowohl im Weg- als auch im Zuzugsstaat ein Ansatzwahlrecht besteht.[1044]

Schwierigkeiten im Ansatz können sich aber ergeben, wenn die Ansatzzeitpunkte zwischen den Mitgliedstaaten variieren (zweiter Aspekt) und sich der Herstellungsprozess über einen längeren Zeitraum erstreckt, von dem sowohl der Weg- als auch der Zuzugsstaat betroffen ist. Eng mit diesem Aspekt verbunden ist auch der dritte Punkt, nämlich die Zugangsbewertung des immateriellen Vermögensgegenstandes, also die Frage, welche der angefallenen Kosten zu aktivieren sind.

1043 Siehe Kapitel 3, C. II. 1. b).
1044 Siehe Kapitel 3, B. II. 2. b) iii) (3), E. I. 4.

Beantworten lassen sich beide Aspekte, wenn man das Augenmerk auf die entstandenen Kosten richtet und die Frage stellt, welche der Kosten sich nach welchem Recht beurteilen und wann sie danach eine Aktivierung auslösen. Denn nach der in der vorliegenden Arbeit vertretenen prospektiven Aufnahmemethode ist nach der Entstehung der Kosten zu trennen: Die in dem Geschäftsjahr vor Grenzübertritt durch dort erfolgte Geschäftsvorfälle angefallenen Kosten sind nach Wegzugsstaatenrecht zu beurteilen und die im Geschäftsjahr nach Grenzübertritt durch sodann erfolgte Geschäftsvorfälle angefallenen Kosten nach dem Zuzugsstaatenrecht. Wie soeben allgemein für Anschaffungs- oder Herstellungsvorgänge erörtert wurde,[1045] ist der Entstehungsprozess des Vermögensgegenstandes mithin nach den einzeln anfallenden Herstellungskosten aufzuteilen.

Am besten lässt sich dies an der Aktivierung von Forschungskosten veranschaulichen, auch wenn diese mittlerweile auch nach italienischen Bilanzrecht seit Umsetzung der Bilanzrichtlinie nicht mehr anzusetzen sind:

Bei einem Grenzübertritt von Italien nach Deutschland innerhalb der Forschungsphase waren die im Geschäftsjahr bis zum Grenzübertritt angefallenen Forschungskosten nach italienischem Bilanzrecht zu beurteilen und können daher bereits zu einer Aktivierung nach Art. 2426 Nr. 5 Satz 1 Fall 2 c.c. a.F. geführt haben. Dieser Aktivposten ist dann von Deutschland als Zuzugsstaat zu übernehmen, auch wenn nach HGB eine Aktivierung von Forschungskosten nach § 255 Abs. 2 Satz 4 HGB untersagt ist. Die nach dem Grenzübertritt anfallenden Kosten beurteilen sich sodann nach deutschem Bilanzrecht, wodurch eine weitere Aktivierung der Kosten zunächst einmal ausbleiben muss, bis nicht auch nach deutschem Recht die Aktivierungsvoraussetzungen für selbst geschaffene immaterielle Anlagewerte erfüllt sind.

Betrachtet man den umgekehrten Fall des Grenzübertrittes von Deutschland nach Italien in der Forschungsphase, so sind die bis zum Grenzübertritt angefallenen Forschungskosten nach deutschem HGB nicht aktiviert worden. Dieser Nichtansatz muss ebenfalls von Italien als Zuzugsstaat übernommen werden, auch wenn nach dem Codice civile bereits eine Aktivierung erfolgt wäre. Erst die ab dem Grenzübertritt anfallenden Kosten beurteilen sich nach italienischem Bilanzrecht.

Allgemein lässt sich also sagen, dass ein im Wegzugsstaat erfolgter oder unterbliebener Ansatz im Zuzugsstaat zu übernehmen ist. Die im Wegzugsstaat nicht aktivierten Herstellungskosten dürfen nicht im Zuzugsstaat nachaktiviert werden und bereits aktivierte Kosten nicht wieder ausgebucht werden.

Der vierte und letzte Punkt betrifft die Folgebewertung, die zwischen HGB und Codice civile nur noch marginale Unterschiede aufweist, bei den IFRS aber gänzlich anders vorgenommen wird: Denn neben dem sog. cost model, das mit der Abschreibung nach HGB und Codice civile vergleichbar ist, besteht nach IAS 38.72 die Möglichkeit der Bewertung nach dem Neubewertungsmodell (sog. revaluation model), bei dem auch Wert*steigerungen* des Vermögensgegenstandes relevant sind.

1045 Siehe Kapitel 3, E. II. 1. a).

Zudem wird bei immateriellen Vermögensgegenständen, deren Nutzungsdauer nicht verlässlich bestimmbar ist, vollständig auf eine planmäßige Abschreibung verzichtet und nur ein sog. impairment only approach durchgeführt.[1046]

Auch hier ist zeitlich zwischen vor und nach dem Grenzübertritt vorzunehmenden Folgebewertungen zu unterscheiden und der im Wegzugsstaat angesetzte Buchwert vom Zuzugsstaat zu übernehmen – und zwar selbst, wenn im Wegzugsstaat der sog. impairment only approach durchgeführt wurde. Fortgeführt wird der Buchwert aber nach dem Grenzübertritt gemäß den Vorschriften des Zuzugsstaates.

b) Zum derivativen Geschäfts- oder Firmenwert

Auch die Bilanzierung des derivativen Geschäfts- oder Firmenwertes unterscheidet sich zwischen HGB, Codice civile und IFRS im „Ob" des Ansatzes, in der Zugangs- sowie in der Folgebewertung. Denn während HGB und IFRS ein Ansatzgebot vorsehen, gibt der Wortlaut des Codice civile ein Ansatzwahlrecht vor. In der Zugangsbewertung bestehen zudem Unterschiede durch die Ermittlung des Geschäfts- oder Firmenwertes als „Restgröße" zu den aktivierbaren Vermögensgegenständen abzüglich der Schulden sowie teilweise durch die unterschiedliche Berechnungsmethode dieses Restwertes (vgl. IFRS 3.32). Die Differenzen in der Folgebewertung zwischen HGB und Codice civile begrenzten sich bis zur Umsetzung der neuen Bilanzrichtlinie fast ausschließlich auf die Wertaufholung bei außerplanmäßigen Abschreibungen, die nunmehr ebenfalls angeglichen ist. Nach IFRS ist der Unterschied bedeutender, da dort der Geschäfts- oder Firmenwert dem impairment only approach unterliegt.[1047]

Da diese Problembereiche denen ähneln, die soeben bei den selbst geschaffenen immateriellen Anlagewerten erörtert wurden, kann hierauf[1048] verwiesen werden. Das bedeutet, dass der im Wegzugsstaat vorgenommene (oder unterbliebene) Ansatz vom Zuzugsstaat zum Buchwert zu übernehmen ist. Auch die in den Geschäftsjahren vor Grenzübertritt vorgenommene Zugangs- und Folgebewertung darf nicht geändert werden. Nach dem Grenzübertritt richtet sich die Folgebewertung aber nach dem Bilanzrecht des Zuzugsstaates. Es kann sich daher die Situation ergeben, dass bis zum Grenzübertritt der impairment only anwendbar war und der so ermittelte Wert die Grundlage für eine planmäßige Abschreibung im Zuzugsstaat bildet.

c) Zu den Ingangsetzungsaufwendungen

Beim Wechsel der Bilanzierungssysteme zwischen deutschem HGB und italienischem Codice civile kann sich ein weiterer Unterschied in der Aktivierung von Ingangsetzungs- und Erweiterungsaufwendungen ergeben. Denn anders als nach

---

1046 Siehe Kapitel 3, C. II. 1. b) ii).
1047 Siehe Kapitel 3, C. II. 1. c).
1048 Kapitel 3, E. II. 2. a).

HGB und IFRS, nach denen ihr Ansatz untersagt ist, sieht Art. 2426 Nr. 5 Satz 1 Fall 1 c.c. für sie ein Aktivierungswahlrecht vor.[1049]

Dabei ist zunächst zu sagen, dass freilich auch hier ein im Wegzugsstaat gebildeter oder unterbliebener Ansatz im Zuzugsstaat zu übernehmen ist. Das bedeutet, dass weder in Italien nachträglich Ingangsetzungsaufwendungen aktiviert werden dürfen, die in Deutschland angefallen sind, noch in Deutschland eine in Italien erfolgte Aktivierung wieder rückgängig gemacht werden darf. Zum italienischen Wahlrecht ist zudem zu ergänzen, dass es nicht durch das Stetigkeitsgebot gebunden ist, da nach HGB kein entsprechendes Wahlrecht besteht.[1050]

Als problematisch erweist sich aber die Folgebewertung der Ingangsetzungsaufwendungen, da in Deutschland als Zuzugsstaat keine entsprechenden Vorschriften (mehr) vorgesehen sind. Wie soeben erörtert wurde,[1051] darf dennoch nicht auf die Vorschriften des Wegzugsstaates weiterhin zurückgegriffen werden. Stattdessen erscheint es vorzugswürdig, Vorschriften des Zuzugsstaates entsprechend heranzuziehen. Die in Italien gebildeten Ingangsetzungsaufwendungen sind nach dem Grenzübertritt in Deutschland gem. § 253 Abs. 3 HGB analog der Abschreibung zu unterwerfen.[1052]

d) Speziell zur Bewertung zum sog. fair value

Stellt die SE in Italien ihren Jahresabschluss nach den IFRS auf, kann sich beim Grenzübertritt zu oder von Deutschland eine Diskrepanz in den Bilanzansätzen speziell aufgrund der Bewertung zu einem auch über den Anschaffungs- oder Herstellungskosten liegenden Zeitwert (sog. fair value) ergeben. Denn die IFRS-Rechnungslegung lässt seinen Ansatz wesentlich häufiger zu als nach HGB zulässig ist. Und auch nach dem Codice civile ist seit der Umsetzung der neuen Bilanzrichtlinie die Bewertung zum fair value für derivative Finanzinstrumente gem. Art. 2426 Abs. 1 Nr. 11-*bis* c.c. vorgesehen.[1053]

Auch wenn an dieser Stelle das unterschiedliche Verständnis vom Vorsichtsprinzip besonders deutlich wird, ist die retrospektive Methode nicht zulässig. Vielmehr sind nach der prospektiven Anwendung die im Wegzugsstaat gebildeten Buchwerte auch bei sog. fair values im Zuzugsstaat zu übernehmen. Nach dem Grenzübertritt sind die Werte aber gemäß dem Bilanzrecht des Zuzugsstaates fortzuführen. Das bedeutet, dass sie den Ausgangspunkt für mögliche planmäßige Abschreibungen bilden sowie auch einer außerplanmäßigen Abschreibung unterliegen können. Daher können im Wegzugsstaat aktivierte „fair values" bereits im ersten Jahresabschluss des Zuzugsstaates wieder zu entnehmen sein, sofern dies die Abschreibungsvorschriften gebieten: eine außerplanmäßige Abschreibung ist nach § 253 Abs. 3 Satz 5

1049 Siehe Kapitel 3, C. II. 1. d).
1050 Siehe Kapitel 3, B. II. 2. b) iii) (3), E. I. 4.
1051 Kapitel 3, E. I. 2.
1052 Ausführlich unter Kapitel 3, E. I. 2.
1053 Siehe Kapitel 3, C. II. 1. e).

HGB bei dauerhaften Wertminderungen vorzunehmen; bei Finanzanlagen ist gem. § 253 Abs. 3 Satz 6 HGB die voraussichtliche Dauerhaftigkeit der Wertminderungen nicht erforderlich.

Ebenfalls ist bei Zuzug nach Italien der HGB-Buchwert zunächst zu übernehmen. Auch dieser kann aber durch eine Neubewertung des assets bereits im ersten Jahresabschluss nach Grenzübertritt auf den fair value zu erhöhen sein.

e) Zur Bewertung von Beteiligungen nach der equity-Methode

Eine weitere Problematik bei der Übernahme der im Wegzugsstaat gebildeten Bilanzposten kann in der Bewertung von Beteiligungen liegen, wenn diese in Italien nach der sog. equity-Methode erfolgt, nach der die Beteiligungen zum Wert ihres quotalen Anteils am Eigenkapital der Tochtergesellschaft angesetzt werden.[1054]

Auch hier sind die im Wegzugsstaat gebildeten Werte im Zuzugsstaat einfach zu übernehmen und nach dem Bilanzrecht des Zuzugsstaates fortzuführen. Wurde in Italien mithin die equity-Methode angewandt, bilden die dadurch ermittelten Werte die Grundlage für die in Deutschland nach § 253 Abs. 3 Satz 1 HGB (beim Anlagevermögen) vorzunehmenden planmäßigen Abschreibung. Zudem unterliegen sie der außerplanmäßigen Abschreibung nach § 253 Abs. 3 Satz 5, Abs. 4 Satz 1 HGB. Andersherum sind die in Deutschland fortgeschriebenen Anschaffungskosten der Beteiligung im Zuzugsstaat Italien zu übernehmen.

f) Zu den langfristigen Fertigungen

Schwieriger als bei reinen Bewertungsfragen gestaltet sich der Übergang zwischen den Bilanzierungssystemen bei der Abbildung von langfristigen Fertigungen. Denn nach tradierter deutscher Auffassung dürfen im Laufe der Fertigung nur die Herstellungskosten als „unfertige Erzeugnisse" (§ 266 Abs. 2 B. I. 2. HGB) aktiviert werden; eine eventuelle Gewinnspanne soll erst bei Abnahme in der Bilanz angesetzt werden dürfen. Hingegen kennt die italienische Rechnungslegung (nach Codice civile sowie IFRS) den Ausweis von langfristigen Fertigungen nach der sog. percentage of completion-Methode, nach der mögliche Gewinnspannen im Laufe der Fertigungsarbeit bereits erfolgswirksam erfasst werden.[1055] Der Umzug von Italien nach Deutschland kann daher dazu führen, dass im Wegzugsstaat bereits Gewinne erfasst worden sind, die nach tradierter deutscher Auffassung (noch) nicht ausgewiesen werden dürfen. Andersherum kann bei einem Umzug von Deutschland nach Italien der nach italienischem Bilanzrecht erforderliche Gewinnausweis fehlen.

Nach der prospektiven Aufnahmemethode ist auch hier nach den einzelnen Geschäftsjahren bis zum Grenzübertritt und ab Grenzübertritt aufzuteilen. Die in den Jahresabschlüssen vor Grenzübertritt vorgenommenen Buchungen dürfen im Zuzugsstaat nicht korrigiert werden. Das bedeutet bei langfristigen Fertigungen, dass

---

1054 Siehe Kapitel 3, C. II. 1. f).

1055 Siehe Kapitel 3, C. II. 1. g).

die im Wegzugsstaat Italien erfolgswirksam erfassten Gewinne im Zuzugsstaat Deutschland nicht rückgängig gemacht werden dürfen. Als Folge bleibt bei Abnahme des Werkes nur noch ein geringerer Gewinn („Rest-Gewinnspanne") auszuweisen als bei alleiniger Anwendung des deutschen Rechts. Ebenso dürfen bei Zuzug nach Italien nicht nachträglich Gewinne ausgewiesen werden, die im Wegzugsstaat Deutschland noch nicht erfasst worden sind. Erst die ab dem Grenzübertritt erfolgenden Fertigungsfortschritte können zu einem Gewinnausweis nach italienischem Bilanzrecht führen. Entsprechend ist hier die Konsequenz, dass es bei Abnahme des Werkes zu einem Gewinnsprung kommt, der nach italienischem Bilanzrecht unter Anwendung der percentage of completion-Methode nicht bestanden hätte.

g) Zur Rückstellungsbildung und -auflösung

Die Vorschriften über die Abbildung von Rückstellungen ähneln sich zwar nach HGB, Codice civile und den IFRS. Im Detail bestehen aber auch hier Unterschiede, so insbesondere in Bezug auf die Passivierung von Aufwandsrückstellungen, von sog. Pensionsrückstellungen oder bei der Rückstellungsbewertung.[1056]

Nach der prospektiven Aufnahmemethode ist eine im Wegzugsstaat gebildete Rückstellung im ersten Jahresabschluss nach Grenzübertritt mit ihrem Buchwert zu übernehmen. Auch wenn der Zuzugsstaat eine entsprechende Passivierung nicht zulässt, muss die Rückstellung übernommen werden. Wurden in Italien beispielsweise Aufwandsrückstellungen gebildet, die nach deutschem Bilanzrecht nicht zulässig gewesen wären, so dürfen sie dennoch nicht aufgelöst werden. Denn aufzulösen sind Rückstellungen erst, wenn der Grund für ihre Passivierung entfallen ist,[1057] wie § 249 Abs. 2 Satz 2 HGB explizit ausführt. Also erst wenn die tatsächlichen Umstände, die zum Ansatz der Rückstellung geführt haben, nicht mehr vorliegen, ist sie aufzulösen. Entscheidend sind mithin allein tatsächliche, nicht rechtliche Gründe. Dass das Bilanzrecht des Zuzugsstaates die Rückstellungsbildung nicht zugelassen hätte, ist irrelevant. Folglich ist die im Wegzugsstaat gebildete Aufwandsrückstellung erst dann wieder aufzulösen, wenn die entsprechende Instandhaltung getätigt worden oder aber nicht mehr erforderlich ist.

Ebenfalls muss der *fehlende* Ansatz einer Rückstellung übernommen werden, so beispielsweise bei Pensionsrückstellungen, wenn für diese in Deutschland nach dem Wahlrecht des Art. 28 Abs. 1 Satz 1 EGHGB ein Ansatz unterblieben ist. Im ersten Jahresabschluss nach Grenzübertritt darf nicht nachträglich eine Pensionsrückstellung für die bereits vom Wahlrecht betroffenen Pensionen gebildet werden. Nur für nach Grenzübertritt neu hinzutretende Umstände, so beispielsweise die Erteilung

---

1056 Siehe Kapitel 3, C. II. 1. h).

1057 *Ballwieser*, in: MüKo HGB, Bd. 4, § 249, Rn. 86; *Herzig/Köster*, in: v. Wysocki u. a., HdJ, III/5 (April 1999), Rn. 32.

von Pensionszusagen gegenüber neuen Arbeitnehmern, kann im Zuzugsstaat zu einer entsprechenden Passivierung führen.

h) Zur Währungsumrechnung

Zuletzt sei noch darauf eingegangen, wie es sich auswirkt, dass die Währungsumrechnung in Deutschland und Italien unterschiedlich vorgenommen wird und daher Fremdwährungsschwankungen bis zum Grenzübertritt und ab Grenzübertritt unterschiedlich beurteilt werden.[1058]

Die Antwort liegt wieder in der zeitlichen Trennung der nationalen Bilanzierungsvorschriften: An den Bilanzstichtagen, die vor dem Grenzübertritt liegen, ist eine Bewertung nach dem Recht des Wegzugsstaates anzuwenden, während sich die Bewertung an Bilanzstichtagen nach dem Grenzübertritt nach dem Recht des Zuzugsstaates richtet. Bilanziell im Wegzugsstaat bereits erfasste Fremdwährungsgewinne sind im Zuzugsstaat zu übernehmen und dürfen nicht korrigiert werden. Ebenso darf eine unterbliebene Erfassung von Fremdwährungsgewinnen nicht geändert werden. Allerdings können neue gegenläufige Wertschwankungen nach Grenzübertritt die im Wegzugsstaat erfassten Erträge oder Aufwendungen wieder rückgängig machen.

III. Europarechtlich zulässige nationale Vorgaben

Die Auslegung des Art. 61 SE-VO hat ergeben, dass die Bilanzierungsvorschriften des Zuzugsstaates auf den Jahresabschluss der SE prospektiv anzuwenden sind und keine weiteren Maßnahmen, insbesondere keine Eröffnungsbilanz, von Art. 61 SE-VO gefordert werden. Fraglich ist aber, ob es europarechtlich zulässig wäre, wenn die Mitgliedstaaten national-rechtlich zusätzliche Maßnahmen für den Zuzug der SE vorsehen würden.

1. Keine Neubewertung zu Zeitwerten und keine Eröffnungsbilanz

Europarechtlich unzulässig wäre es jedenfalls, wenn der Zuzugsstaat eine Neubewertung zu Zeitwerten und/oder eine Eröffnungsbilanz vorschreiben würde. Denn beide Maßnahmen würden, wie oben festgestellt,[1059] gegen Art. 8 Abs. 1 Satz 2 SE-VO verstoßen, nach dem der Zuzug der SE identitätswahrend erfolgt und nicht wie die Eröffnung eines neuen Handelsgewerbes behandelt werden darf.

2. Keine retrospektive Anwendung

Ebenfalls wäre eine nationale Vorschrift europarechtswidrig, die bei Zuzug der SE die retrospektive Anwendung der Bilanzierungsvorschriften vorsieht. Denn nach hier vertretener Auffassung würde sie der zeitlichen Aufteilung nach Art. 8 Abs. 10

1058 Siehe Kapitel 3, C. II. 1. i).
1059 Kapitel 3, D. IV. 1., 3.

SE-VO i.V.m. Art. 61 SE-VO widersprechen, nach der die vor Grenzübertritt erfolgten Geschäftsvorfälle rechtmäßig nach Wegzugsstaatenrecht bilanziert worden sind und diese Buchwerte daher im ersten Jahresabschluss nach Grenzübertritt zu übernehmen sind.[1060]

Darüber hinaus würde eine retrospektive Anwendung der Bilanzierungsvorschriften des Zuzugsstaates die Niederlassungsfreiheit beschränken.[1061] Dabei könnte als Rechtsfertigung grundsätzlich der Gläubiger- und Aktionärsschutz angeführt werden. Denn auch wenn der europäische Gesetzgeber (wie bei der Auslegung des Art. 61 SE-VO ausgeführt wurde)[1062] alle Bilanzierungssysteme, die die Bilanzrichtlinie umsetzen, als hinreichend vorsichtig erachtet und somit eine Anpassung der im Wegzugsstaat gebildeten Bilanzposten an den Vorsichtsmaßstab des Zuzugsstaatenrechtes für nicht erforderlich hält, hat er den Mitgliedstaaten gleichsam bei der Umsetzung des Vorsichtsprinzips einen erheblichen Spielraum eingeräumt. Er erkennt an, dass einzelne Mitgliedstaaten einen strengeren Vorsichtsmaßstab für erforderlich halten als andere Mitgliedstaaten.[1063] Dem einzelnen Mitgliedstaat ist es daher nicht untersagt, zur Rechtfertigung einer nationalen Maßnahme den Gedanken des Gläubiger- und Aktionärsschutzes in Form des Vorsichtsprinzips anzuführen. Im Rahmen der Verhältnismäßigkeit ist allerdings zu beachten, dass mit Umsetzung der Richtlinie ein „Grundmaßstab" an Schutz für Gläubiger und Aktionäre bereits gewährt wird und der europäische Gesetzgeber diesen für hinreichend erachtet. Es ist daher ein strenger Maßstab anzulegen und nur besonders milde Maßnahmen für verhältnismäßig zu erachten.

Die retrospektive Anwendung würde eine vollständige Überprüfung jegliche Geschäftsvorfälle der letzten Geschäftsjahre erfordern und eine daran anschließende Anpassung an das Bilanzrecht des Zuzugsstaates. Es wären sowohl Ansatz und Zugangsbewertung zu überprüfen als auch die Folgebewertung in den darauf folgenden Geschäftsjahren. Selbst solche Geschäftsvorfälle wären zu ermitteln, die nach bisherigem Bilanzrecht nicht im Jahresabschluss anzusetzen waren, nach dem Zuzugsstaatenrecht aber anzusetzen gewesen wären. Durch diesen erheblichen Aufwand ist die retrospektive Anwendung unter dem hier erforderlichen strengen Maßstab der Verhältnismäßigkeit als für den Gläubiger- und Aktionärsschutz unverhältnismäßig einzustufen. Die Beschränkung der Niederlassungsfreiheit durch die retrospektive Anwendung ist daher dennoch nicht zu rechtfertigen.

3. *Speziell: die Vorgaben des IFRS 1*

Einer zusätzlichen Erörterung bedarf an dieser Stelle der Standard IFRS 1, der allgemein die Erstanwendung der International Financial Reporting Standards betrifft und damit auch die zuzugsbedingte Erstanwendung der IFRS zu regeln scheint. Da

1060 Kapitel 3, D. IV. 2. a) i).
1061 Kapitel 3, D. IV. 2. a) ii) (1).
1062 Kapitel 3, D. IV. 2. a) ii) (2).
1063 Siehe oben unter Kapitel 3, B. II. 2. b) iv).

der Standard in IFRS 1.7 die Anwendung der retrospektiven Methode und in IFRS 1.6 die Erstellung einer Eröffnungsbilanz vorsieht,[1064] stellt sich bei zuzugsbedingter Erstanwendung die Frage der Vereinbarkeit mit europäischem Primär- und Sekundärrecht.

Hierzu ist zunächst zu sagen, dass bei fakultativer IFRS-Bilanzierung im Zuzugsstaat die Niederlassungsfreiheit der SE nicht beschränkt wird. Denn die Vorgaben des IFRS 1 sind dann nicht Folge des Grenzübertrittes an sich, sondern der freiwilligen Wahl zur IFRS-Bilanzierung, wodurch der Grenzübertritt nicht weniger attraktiv wird.

Hingegen würde eine obligatorische Anwendung des IFRS 1 die Niederlassungsfreiheit beschränken und einer Rechtfertigung bedürfen. Dabei ist bereits fraglich, ob der Rechtfertigungsgrund des Gläubiger- und Aktionärsschutzes greifen kann. Denn den IFRS messen dem Vorsichtsprinzip einen wesentlich geringeren Stellenwert zu als die Bilanzrichtlinie und die hierauf basierenden nationalen Vorschriften.[1065] Allein der durch den Informationszweck des Abschlusses erzielte Gläubiger- und Aktionärsschutz könnte als Rechtfertigungsgrund dienen. Hierfür würde die Zielsetzung des IFRS 1 sprechen, durch den sichergestellt werden soll, dass „der erste IFRS-Abschluss [...] hochwertige Informationen enth[ä]lt[.], die für Abschlussadressaten transparent [...] sind." Doch auch unter der Annahme eines Rechtfertigungsgrundes ist die retrospektive Methode nach IFRS 1.7 jedenfalls nicht für verhältnismäßig zu erachten, da sie eine vollständige Überprüfung der Geschäftsvorfälle der letzten Geschäftsjahre erfordert.[1066] Eine Rechtfertigung der Beschränkung der Niederlassungsfreiheit vermag daher nicht zu gelingen.

Darüber hinaus würde die verpflichtende Erstellung einer Eröffnungsbilanz nach IFRS 1.6 der Vorschrift des Art. 8 Abs. 1 Satz 2 SE-VO als europäisches Sekundärrecht widersprechen, nach der der Zuzug der SE identitätswahrend erfolgt und nicht wie die Eröffnung eines neuen Handelsgewerbes behandelt werden darf.[1067]

Weiter könnte zwar erwogen werden, dass die SE nicht besser gestellt werden muss als inländische Gesellschaften, die bei obligatorischer Umstellung auf die IFRS ebenfalls die Vorschriften des IFRS 1.7 und IFRS 1.6 berücksichtigen müssen. Dieses Argument vermag allerdings lediglich im Zeitpunkt der verpflichtenden Umstellung zu greifen. Langfristig gesehen kann es nicht überzeugen: Wie bei allen Gesetzesänderungen müssen sich die inländischen Bilanzierer zunächst an die neuen Bilanzierungsvorgaben anpassen. Später ist dies jedoch nicht mehr erforderlich, denn bisherige Bilanzierungssubjekte haben sich dann bereits umgestellt und neu entstehende Bilanzierungssubjekte müssen eine Umstellung nach den Vorgaben des IFRS 1 erst gar nicht durchführen. Ein Vergleich der zuziehenden SE mit inländischen Gesellschaften kann daher nicht mehr gezogen werden.

1064 Siehe bereits unter Kapitel 3, D. III. 2. c).

1065 Kapitel 3, B. II. 3. b).

1066 Im Einzelnen soeben unter Kapitel 3, E. III. 2.

1067 Soeben unter Kapitel 3, E. III. 1.

Letztendlich sollten die in IFRS 1 enthaltenen Vorgaben daher restriktiv ausgelegt werden und sich darauf begrenzen, dass innerhalb einer Rechtsordnung ein Wechsel auf die IFRS erfolgt oder aber die IFRS freiwillig angewendet werden. Der Standard ist vergleichbar mit nationalen Übergangsvorschriften bei Gesetzesänderungen und soll nicht speziell die Aufnahme der SE nach Grenzübertritt in die Bilanzrechtsordnung des Zuzugsstaates regeln.

4. *Implementierung von Ausschüttungssperren*

Sofern der Zuzugsstaat aufgrund seines strengeren Vorsichtsverständnisses insbesondere zum Gläubigerschutz die seiner Meinung nach zu unsicheren Werte wenigstens aus der Ausschüttungsmasse nehmen möchte, ist an die Implementierung von Ausschüttungssperren zu denken. Eine solche würden nicht gegen Art. 8 Abs. 10 i.V.m. Art. 61 SE-VO verstoßen, sofern sie nicht die bisherigen Buchungen korrigiert, sondern lediglich gesellschaftsrechtlich die Ausschüttung der entsprechender Beträge untersagt.[1068]

Dennoch stellt auch die Vorgabe von Ausschüttungssperren eine Maßnahme dar, die allein aufgrund des Grenzübertrittes zu beachten wäre und daher die Niederlassungsfreiheit beschränkt. Auch sie würde mithin einer Rechtfertigung bedürfen, die über den Rechtfertigungsgrund des Gläubiger- und Aktionärsschutzes, wie soeben gesehen,[1069] nur in engen Grenzen der Verhältnismäßigkeit möglich ist.

Es wäre daher nicht zu rechtfertigen, wenn der Zuzugsstaat eine Ausschüttungssperre für jeden Wert, der nach seinem Bilanzrecht nicht hätte bilanziert werden dürfen, vorsehen würde. Denn dies würde – vergleichbar mit der retrospektiven Anwendung – eine vollständige Überprüfung der bisher bilanzierten Geschäftsvorfälle auf die Vereinbarkeit mit dem Zuzugsbilanzrecht und damit einen erheblichen Aufwand erfordern, der nicht verhältnismäßig wäre. Schließlich sind die entsprechenden Werte zulässigerweise nach dem Wegzugsstaatenrecht angesetzt worden und entsprechen dem vom europäischen Gesetzgeber mit der Bilanzrichtlinie vorgesehenen „Grund"-Schutz für Gläubiger und Aktionäre. Zudem hätten die Beträge bei einer (zulässigen) Ausschüttung noch vor Grenzübertritt ebenfalls die Haftmasse verringert. Daher erscheint es alleine verhältnismäßig, wenn durch eine Ausschüttungssperre einzelne, ganz bestimmte Beträge ausgenommen werden, die gänzlich nicht mit der Vorstellung des Zuzugsstaates von Vorsicht zu vereinbaren sind, so möglicherweise der Ansatz von immateriellen Vermögensgegenständen des Anlagevermögens oder ein sog. fair value.

Darüber hinaus sind Ausschüttungssperren für die Beträge als zulässig zu erachten, für die die Bilanzrichtlinie selbst entsprechende Sperren vorsieht, so Art. 9 Abs. 7 lit. c der Bilanzrichtlinie bei phasengleicher Dividendenaktivierung. Da in

1068 Zu den unterschiedlichen Funktionsweisen von Ausschüttungssperren siehe Kapitel 3, C. II. 2. a).

1069 Soeben Kapitel 3, E. III. 2.

diesen Fällen der europäische Gesetzgeber selbst das Vorsichtsprinzip nur mit einer Ausschüttungssperre für hinreichend gewährt erachtet, vermag hier der Rechtfertigungsgrund des Gläubiger- und Aktionärsschutzes unproblematisch zu greifen. Eine besonders strenge Verhältnismäßigkeitsprüfung ist hier nicht vorzunehmen.

5. *Regelung von Anhangangaben*

Zuletzt könnte vom Zuzugsstaat in Betracht gezogen werden, den Übergang in sein Bilanzrecht bei Zuzug der SE durch die Pflicht zu Anhangangaben hinreichend transparent zu gestalten. Ein Verstoß gegen sekundäres Europarecht, insbesondere Art. 8 Abs. 10 SE-VO, ist hierbei nicht ersichtlich. Doch primärrechtlich würde auch die Vorgabe von Anhangangaben die Niederlassungsfreiheit beschränken, da der EuGH eine Beschränkung bereits bei den kleinsten Maßnahmen für gegeben erachtet.[1070]

Eine Rechtfertigung könnte wiederum durch den Gläubiger- und Aktionärsschutz gelingen, der bilanziell nämlich nicht nur durch eine Ausschüttungsbegrenzung, sondern auch durch die Darlegung von Informationen gewährleistet wird.[1071] Doch auch hier sind wieder enge Grenzen der Verhältnismäßigkeit zu berücksichtigen. Denn der europäische Gesetzgeber erachtet zur Umsetzung des Gläubiger- und Aktionärsschutzes auch zusätzliche informative Maßnahmen für nicht erforderlich. Abgesehen von der Bilanzrichtlinie hat er speziell für die Sitzverlegung der SE mit Art. 8 Abs. 2 ff. SE-VO festgelegt, welche Informationen seines Erachtens ausreichend sind.

Entsprechend der Aussagen bei der retrospektiven Anwendung und den Ausschüttungssperren kann daher vom Bilanzierer nicht verlangt werden, dass er die bilanzielle Abbildung eines jeden Geschäftsvorfalls auf seine Vereinbarkeit mit Zuzugsstaatenrecht überprüft, um entsprechend detaillierte Angaben im Anhang machen zu können. Ein Hinweis darauf, welche Vorgaben des Zuzugs- und des Wegzugsstaates sich insbesondere unterscheiden und daher auf die bilanzielle Abbildung auswirken, ist aber ohne großen Aufwand möglich und lässt sich rechtfertigen. Die dadurch bewirkte höhere Transparenz ist zudem im Lichte des true and fair view für zulässig zu erachten.

IV. Zusammenfassung

Für die Umsetzung der prospektiven Aufnahmemethode lässt sich abschließend festhalten, dass die bisherigen, nach Wegzugsstaatenrecht gebildeten Buchwerte im ersten Jahresabschluss nach Grenzübertritt zu übernehmen sind. Die vor Grenzübertritt angesetzten Posten dürfen erst ausgebucht werden, wenn die Umstände, aufgrund derer sie im Wegzugsstaat gebildet wurden, nicht mehr gegeben sind, also allein aus tatsächlichen, nicht aus rechtlichen Gründen.

1070 Siehe Kapitel 2, E. I.
1071 Kapitel 3, B. II. 2. a).

Die Folgebewertung der Bilanzposten richtet sich sodann nach dem Bilanzrecht des Zuzugsstaates. Dabei ist zu berücksichtigen, dass der Grenzübertritt nicht zu einem Neubeginn der Abschreibungsdauer führt. Unterscheidet sich die Dauer in Wegzugs- und Zuzugsstaat, so ist die im Zuzugsstaat geltende Abschreibungsdauer zwar erst ab Grenzübertritt *anzuwenden*, aber nach dem Zuzugsstaatenrecht so zu *ermitteln*, als habe sie bereits von Anfang an gegolten.

Für Bilanzposten, deren Ansatz das Bilanzrecht des Zuzugsstaates nicht vorsieht, ist die Folgebewertung in analoger Weise durch vergleichbare Vorschriften des Zuzugsstaates zu gewährleisten, beispielsweise ist eine aktivierte Ingangsetzungsaufwendung wie ein Vermögensgegenstand abzuschreiben.

Wird die Sitzverlegung im laufenden Geschäftsjahr vorgenommen, so sind die noch im Wegzugsstaat angefallenen Geschäftsvorfälle dennoch erst zum Abschlussstichtag nach dem Grenzübertritt rechtlich zu beurteilen. Das Stichtagsprinzip gebietet es, das gesamte Geschäftsjahr einheitlich nach den Vorschriften des Zuzugsstaates zu beurteilen.

Zuletzt muss das Stetigkeitsgebot auch beim Grenzübertritt ausgeübt werden. Soweit ein Wahlrecht sowohl nach dem Bilanzrecht des Wegzugsstaates als auch des Zuzugsstaates vorgesehen ist, ist die Wahlrechtsausübung durch den Stetigkeitsgrundsatz gebunden. Ist das Wahlrecht allein in einem der beiden Mitgliedstaaten vorgesehen, ist das Stetigkeitsprinzip nicht einschlägig; einer Durchbrechung der Stetigkeit bedarf es dafür nicht.

Sofern die einzelnen Mitgliedstaaten neben diesem Aufnahmesystem nationale Vorschriften für die bilanzielle Aufnahme der SE vorsehen möchten, sind nur solche Vorschriften europarechtskonform, die als äußerst milde zu bewerten sind. Denn jegliche Maßnahmen, die an den Grenzübertritt der SE anknüpfen, beschränken die Niederlassungsfreiheit und lassen sich nur in engen Grenzen mit dem Rechtfertigungsgrund des Gläubiger- und Aktionärsschutzes rechtfertigen. Nach Auffassung des europäischen Gesetzgebers sind die Gläubiger und Aktionäre der SE nämlich bereits hinreichend durch die Umsetzung der Bilanzrichtlinie und die Vorgaben der SE-Verordnung geschützt. Auch wenn den Mitgliedstaaten ein weiter Spielraum bei der Umsetzung der Richtlinie gegeben ist, ist innerhalb der Verhältnismäßigkeitsprüfung ein strenger Maßstab anzulegen. Danach sind weder die retrospektive Methode noch die Implementierung von Ausschüttungssperren für jeden einzelnen Wert, der nach Zuzugsstaatenrecht nicht anzusetzen wäre, und selbst nicht die auf jeden einzelnen Posten bezogene Anhangangabe hinreichend milde. In allen Fällen wäre eine umfassende Überprüfung der bisherigen, im Wegzugsstaatenrecht erfolgten Geschäftsvorfälle erforderlich. Zulässig wäre es daher nur, für einzelne, spezielle Werte Ausschüttungssperren vorzusehen oder Anhangangaben vorzuschreiben, durch die einzelne relevante Änderungen in der Bilanzierung ersichtlich werden.

Zuletzt sei bereits an dieser Stelle ein kurzer Hinweis auf die Bedeutung des bilanziellen Aufnahmesystems für die Steuerbilanz erlaubt: Da einige Mitgliedstaaten der Europäischen Union die Steuerbilanz durch den sog. Maßgeblichkeitsgrundsatz mit dem Jahresabschluss verknüpfen, so wie es im Grundsatz in Deutschland und

Italien vorgesehen ist,[1072] kann sich das soeben vorgestellte System der bilanziellen Aufnahme der SE im Zuzugsstaat grundsätzlich auch auf die Steuerbilanz auswirken. Die steuerrechtlichen Folgen des Grenzübertrittes der SE unterliegen aber teilweise anderen europarechtlichen sowie zudem verfassungsrechtlichen Vorgaben,[1073] so dass steuerbilanzrechtlich eine andere Behandlung des Grenzübertrittes als handelsbilanzrechtlich erforderlich sein kann. Die steuerrechtlichen Aspekte werden daher in einem gesonderten Kapitel 4 im Anschluss erörtert. Wie *Welf Müller* zutreffend für das Steuerbilanzrecht bei grenzüberschreitenden Umwandlungen anführt, kann dann bei einer unterschiedlichen handels- und steuerbilanziellen Behandlung des Grenzübertrittes der Grundsatz der Maßgeblichkeit freilich nicht mehr gewährleistet werden.[1074]

F. Anschlussüberlegungen zur Aufstellung einer Schlussbilanz im Wegzugsstaat

Der Hauptaspekt der bilanziellen Behandlung der Sitzverlegung der SE liegt in der bisher erörterten Zuzugskonstellation. Denn dort stellt sich die Frage, wie der Wechsel der anwendbaren Bilanzierungsvorschriften nach Art. 61 SE-VO vorzunehmen, wie also die SE in das Bilanzierungssystem des Zuzugsstaates aufzunehmen ist. Der Wegzug der SE ist unter handelsbilanziellen Aspekten hingegen unkomplizierter, da mit ihm schlicht die Anwendung der Vorschriften des Wegzugsstaates endet. Die einzige Überlegung, die dennoch in der Wegzugskonstellation anzustellen ist, betrifft die Aufstellung einer Schlussbilanz. Diese soll daher kurz Erörterung finden.

I. Darstellung der Ansichten im Schrifttum

Das Erfordernis der Aufstellung einer Schlussbilanz bei Wegzug der SE wird auch im Schrifttum weniger diskutiert als die Aufnahme der SE bei Zuzug. Zumeist wird die Schlussbilanz lediglich im Zusammenhang mit der Aufstellung einer Eröffnungsbilanz im Zuzugsstaat erörtert, mit dem Ergebnis, dass sie in der Regel von den Stimmen für erforderlich gehalten wird, die auch eine Eröffnungsbilanz fordern.[1075]

1072 Zum Maßgeblichkeitsgrundsatz in Deutschland siehe *Crezelius*, in: Kirchhof, EStG, § 5, Rn. 1 ff.; *Hennrichs*, in: Tipke/Lang, Steuerrecht, § 9, Rn. 40 ff.; *Weber-Grellet*, in: L. Schmidt, EStG, § 5, Rn. 26 ff.; *ders.*, Bilanzsteuerrecht, 2. Abschnitt, G. I., Rn. 68 ff.; in Italien siehe *Santesso/Sòstero*, Il bilancio, Kap. 1, 1.11, S. 34 ff.; *Tesauro*, Diritto Tributario, parte speciale, Kap. 19, 6.1, S. 336 ff.

1073 Siehe Kapitel 4, B.

1074 *W. Müller*, in: FS Raupach, 2006, S. 261 ff., 272 f.

1075 *Plendl/Niehues*, in: Theisen/Wenz, Die Europäische Aktiengesellschaft, S. 405 ff., 435; *Wenz*, BC 2004, 77, 80; *ders.*, in: Kölner Kommentar AktG, Art. 61 SE-VO, Rn. 33. Von den Teilen des Schrifttums, die eine Eröffnungsbilanz nicht für erforderlich erachten [vgl. Kapitel 3, D. II. 1. a)] wird die Schlussbilanz zumeist gar nicht diskutiert.

Als Grund wird allein die Beendigung der Rechnungslegung nach den Vorschriften des Wegzugsstaates angebracht.[1076] Dabei sollen in der Schlussbilanz keine Zeitwerte, sondern die fortgeführten Buchwerte angesetzt werden.[1077]

Eine Ausnahme bildet die Ansicht von *Welf Müller*, der zwar eine Eröffnungsbilanz, nicht aber eine Schlussbilanz für erforderlich hält.[1078] Denn im Grundsatz erfordere der Grenzübertritt an sich gar keine gesonderte Aufstellung von Abschlüssen. Eine Eröffnungsbilanz sei nur deshalb notwendig, um „in irgendeiner Weise die Änderung im Regime der Rechnungslegungsvorschriften verarbeiten" zu können. Einer Schlussbilanz bedürfe es hingegen nicht.[1079]

II. Blick auf vergleichbare Situationen

Wie bei der bilanziellen Aufnahme der SE im Zuzugsstaat[1080] soll nun für die Entscheidung über die Aufstellung einer Schlussbilanz im Wegzugsstaat der SE ein vergleichender Blick auf umwandlungsrechtliche Vorgänge geworfen werden.

Für die Verschmelzung ist europarechtlich durch die Verschmelzungsrichtlinie die Aufstellung einer sog. Zwischenbilanz vorgesehen (vgl. Art. 11 Abs. 1 lit. c i.V.m. 2. Unterabschnitt der Verschmelzungsrichtlinie[1081]), von der jeder Aktionär vor der Hauptversammlung, mit der die Verschmelzung beschlossen werden soll, Kenntnis nehmen kann. Die Zwischenbilanz ist gem. Art. 11 Abs. 2 „nach denselben Methoden und in derselben Gliederung zu erstellen wie die letzte Jahresbilanz." Entsprechend sieht das deutsche Umwandlungsrecht in § 17 Abs. 2 Satz 1 UmwG vor, dass der Anmeldung der Verschmelzung eine Schlussbilanz des übertragenden Rechtsträgers beizufügen ist.[1082] Und auch nach italienischem Umwandlungsrecht ist für die beteiligten

1076 Vgl. *Plendl/Niehues*, in: Theisen/Wenz, Die Europäische Aktiengesellschaft, S. 405 ff., 435; *Wenz*, BC 2004, 77, 80; *ders.*, in: Kölner Kommentar AktG, Art. 61 SE-VO, Rn. 33.

1077 *Wenz*, BC 2004, 77, 80.

1078 *W. Müller*, in: FS Raupach, 2006, S. 261 ff., 274 ff. Siehe zudem *Lanfermann*, in: Van Hulle/Maul/Drinhausen, SE, 10. Abschnitt, IX., Rn. 33, nach dem zwar eine Eröffnungsbilanz erforderlich ist, die Schlussbilanz aber „freiwillig" aufgestellt werden könne.

1079 *W. Müller*, in: FS Raupach, 2006, S. 261 ff., 275.

1080 Siehe Kapitel 3, D. III. 1.

1081 In der aktuellen Fassung der Richtlinie 2009/109/EG.

1082 *Budde/Zerwas*, in: Budde/Förschle/Winkeljohann, Sonderbilanzen, H., Rn. 77; *Bula/Pernegger*, in: Sagasser/Bula/Brünger, Umwandlungen, Teil 3, § 10, I. 1., Rn. 3; *IDW* ERS HFA 42, Rn. 7, FN 2011, 603, 605; *W. Müller*, in: FS Raupach, 2006, 261, 262, 267, 269; *Wenz*, BC 2004, 77, 78. Die Vorschrift des § 17 Abs. 2 UmwG ist auch auf grenzüberschreitende Verschmelzungen anwendbar, siehe *W. Müller*, in: Kallmeyer, UmwG, § 17, Rn. 43; *Pfitzer/Oser*, in: IDW, WP Handbuch, Bd. 2, E, Rn. 155; *Simon*, in: Kölner Kommentar UmwG, § 24, Rn. 96; *Weyde/Hafemann*, in: FS Meilicke, 2010, S. 779 ff., 824.

Gesellschaften nach Art. 2501-*quarter* Abs. 1 c.c. eine Schlussbilanz zu erstellen.[1083] Da auf die Schlussbilanz die Vorschriften über die Jahresbilanz anzuwenden sind,[1084] kann aber in beiden Rechtssystemen auf den letzten Jahresabschluss zurückgegriffen werden, wenn dieser nicht älter als acht (§ 17 Abs. 2 Satz 4 UmwG)[1085] bzw. als sechs Monate (Art. 2501-*quarter* Abs. 2 c.c.)[1086] ist.

Als Funktionen der Schlussbilanz werden insbesondere drei genannt: Erstens die „Abgrenzung der Ergebnisse der Geschäftstätigkeit" des übertragenden und des übernehmenden Rechtsträgers,[1087] zweitens die Buchwertfortführung beim übernehmenden Rechtsträger, für die die Schlussbilanz die Grundlage bilden soll,[1088] und drittens der Gesellschafter- und Gläubigerschutz. Denn Gläubiger wie auch Gesellschafter sollen die Möglichkeit haben, sich über die Auswirkungen der Verschmelzung hinreichend zu informieren, um sich durch die Anmeldung einer Sicherheitsleistung bzw. durch ein Gegenvotum bei der Beschlussfassung in der Gesellschafterversammlung schützen zu können.[1089]

1083 Dabei ist nach *Campobasso*, Diritto Commerciale, Teil 2, XXV. B. 6., S. 383, insbesondere eine vorsichtige Bewertung maßgeblich. Zur Schlussbilanz siehe auch *Caratozzolo*, I bilanci straordinari, Teil 2, Kap. 8, 8.4., S. 416 ff., 8.8.1., S. 497; *Cagnasso/D'Arrigo*, in: Cagnasso u. a., Trasformazione, fusione e scissione, art. 2501-*quarter*, S. 175 f.; *OIC* Nr. 4, 4.1., 4.3.2.; *Portale*, Rivista delle società 1978, 303, 312 ff.; *Savioli*, Le operazioni di gestione straordinaria, Teil 1, Kap. 4, 4.1., S. 249 ff. Nach *Bianchi*, in: Abbadessa/Portale, Il nuovo diritto delle società, Bd. 4, S. 333 ff., 344 ff., 346 f., ist diese aber rein intern aufzustellen.

1084 Siehe *Budde/Zerwas*, in: Budde/Förschle/Winkeljohann, Sonderbilanzen, H., Rn. 93, 103; *Bula/Pernegger*, in: Sagasser/Bula/Brünger, Umwandlungen, Teil 2, § 5, I. 2., Rn. 4, Teil 3, § 10, I. 4., Rn. 28; *Campobasso*, Diritto Commerciale, Teil 2, XXV. B. 6., S. 383; *Decher*, in: Lutter, UmwG, § 17, Rn. 8; *IDW* ERS HFA 42, Rn. 13, FN 2011, 603, 605; *W. Müller*, in: Kallmeyer, UmwG, § 17, Rn. 28; *Priester*, in: Lutter, UmwG, § 24, Rn. 14; *Schwanna*, in: Semler/Stengel, UmwG, § 17, Rn. 15, 22.

1085 *IDW* ERS HFA 42, Rn. 8 f., FN 2011, 603, 605; *Schwanna*, in: Semler/Stengel, UmwG, § 17, Rn. 14. Siehe auch *W. Müller*, in: Kallmeyer, UmwG, § 17, Rn. 14, 17.

1086 *Savioli*, Le operazioni di gestione straordinaria, Teil 1, Kap. 4, 4.1., S. 251.

1087 *Bula/Pernegger*, in: Sagasser/Bula/Brünger, Umwandlungen, Teil 3, § 10, I. 4. a), Rn. 32. Zudem *Budde/Zerwas*, in: Budde/Förschle/Winkeljohann, Sonderbilanzen, H., Rn. 82; *IDW* ERS HFA 42, Rn. 10, FN 2011, 603, 605; *Schwanna*, in: Semler/Stengel, UmwG, § 17, Rn. 13.

1088 *Budde/Zerwas*, in: Budde/Förschle/Winkeljohann, Sonderbilanzen, H., Rn. 82; *Decher*, in: Lutter, UmwG, § 17, Rn. 7. Siehe auch *W. Müller*, in: Kallmeyer, UmwG, § 17, Rn. 11; *Schwanna*, in: Semler/Stengel, UmwG, § 17, Rn. 13.

1089 Vgl. *Budde/Zerwas*, in: Budde/Förschle/Winkeljohann, Sonderbilanzen, H., Rn. 82; *Cagnasso/D'Arrigo*, in: Cagnasso u. a., Trasformazione, fusione e scissione, art. 2501-*quarter*, S. 176; *Decher*, in: Lutter, UmwG, § 17, Rn. 7; *W. Müller*, in: Kallmeyer, UmwG, § 17, Rn. 11; *OIC* Nr. 4, 4.1.; *Portale*, Rivista delle società 1978, 303, 312 ff.; *Schwanna*, in: Semler/Stengel, UmwG, § 17, Rn. 13. Kritisch zu diesem Argument *Caratozzolo*, I bilanci straordinari, Teil 2, Kap. 8, 8.4.2., S. 427 ff.

Für den Formwechsel wird nach deutschem Umwandlungsrecht hingegen mangels Rechtsträgerwechsel keine Schlussbilanz gefordert.[1090] Auch zum Schutz von Gläubigern und Gesellschaftern wird dies nicht für erforderlich gehalten.

Ebenfalls ist im italienischen Umwandlungsrecht die Aufstellung einer Schlussbilanz für die trasformazione (als italienischer Wechsel der Rechtsform) nicht explizit vorgesehen.[1091] Dennoch spricht sich eine Ansicht im Schrifttum für eine Schlussbilanz aus,[1092] teilweise aber begrenzt auf die Fälle, in denen sich das „Haftungsregime der Gesellschafter" mit der trasformazione ändert.[1093]

III. Kritische Würdigung

Zunächst ist festzustellen, dass es weder nach deutschen oder italienischen Vorschriften noch nach der SE-Verordnung vorgesehen ist, bei Wegzug der SE eine Schlussbilanz aufzustellen.[1094] Es ist daher – vergleichbar der Vorgehensweise bei der bilanziellen Aufnahme der SE – zunächst unter europarechtskonformer Auslegung des Art. 61 SE-VO zu erörtern, ob dennoch europarechtlich eine Schlussbilanz erforderlich ist. Sodann ist darauf einzugehen, ob es den Mitgliedstaaten auf nationaler Ebene gestattet ist, die Aufstellung einer Schlussbilanz vorzusehen.

1. Europarechtskonforme Auslegung des Art. 61 SE-VO

Bei der europarechtskonformen Auslegung ist zunächst das europäische Sekundärrecht zu berücksichtigen, das zwar nicht über dem Art. 61 SE-VO steht, aus systematischen Aspekten aber bei der Auslegung zu berücksichtigen ist. Dabei ist von besonderer Bedeutung, dass nach Art. 8 Abs. 2 ff. SE-VO detaillierte Vorgaben für die vor Grenzübertritt der SE vorzunehmenden Maßnahmen bestehen. So ist insbesondere ein Verlegungsplan aufzustellen und ein Bericht zu verfassen, in dem die Auswirkungen der Sitzverlegung für Gläubiger und Aktionäre aufzuführen sind, Art. 8 Abs. 2, 3 SE-VO. Hingegen wird die Aufstellung einer Schlussbilanz in Art. 8 Abs. 2 ff. SE-VO nicht genannt. Im Umkehrschluss ist zu folgern, dass der europäische Gesetzgeber eine Schlussbilanz für nicht erforderlich erachtet.

Unter primärrechtlichen Auslegungsaspekten würde die Aufstellung der Schlussbilanz überdies ein Maßnahme darstellen, die den Grenzübertritt weniger attraktiv macht und damit die Niederlassungsfreiheit beschränkt. Als Rechtfertigungsgrund

---

1090 *Bula/Pernegger*, in: Sagasser/Bula/Brünger, Umwandlungen, Teil 2, § 5, I. 1., Rn. 3; *Förschle/K. Hoffmann*, in: Budde/Förschle/Winkeljohann, Sonderbilanzen, L., Rn. 30; *Pfitzer/Oser*, in: IDW, WP Handbuch, Bd. 2, E, Rn. 132.

1091 *Savioli*, Le operazioni di gestione straordinaria, Teil 2, Kap. 1, 4.2.1., S. 550.

1092 *Caratozzolo*, I bilanci straordinari, Teil 2, Kap. 7, 7.4., S. 380.

1093 *Savioli*, Le operazioni di gestione straordinaria, Teil 2, Kap. 1, 4.2.1., S. 550 f.

1094 *Plendl/Niehues*, in: Theisen/Wenz, Die Europäische Aktiengesellschaft, S. 405 ff., 435; *Wenz*, BC 2004, 77, 80; *ders.*, in: Kölner Kommentar AktG, Art. 61 SE-VO, Rn. 33.

würde zwar auch hier der Schutz von Gläubigern und Aktionären greifen. Denn eine Schlussbilanz könnte den Gläubigern und (Minderheits-)Aktionären wichtige Informationen für die Entscheidung liefern, ob sie Schutzmaßnahmen wie die Leistung von Sicherheiten oder die Inanspruchnahme eines Abfindungsangebotes (vgl. Art. 8 Abs. 2 Satz 2 lit. e, Abs. 5 SE-VO i.V.m. §§ 12, 13 Abs. 1 SEAG) wahrnehmen sollten.[1095] Ähnlich ist der Gläubiger- und Aktionärsschutz auch bei der Verschmelzung einer der Gründe für die Aufstellung der Schlussbilanz.[1096] Bei der Sitzverlegung der SE ist eine Schlussbilanz nach der Auffassung des europäischen Gesetzgebers aber gerade nicht erforderlich. Innerhalb der europarechtskonformen Auslegung vermag eine Rechtfertigung daher nicht zu gelingen.

Im Ergebnis ist nach europarechtskonformer Auslegung des Art. 61 SE-VO beim Wegzug der SE keine Schlussbilanz aufzustellen. Dem entspricht, dass weder beim Formwechsel noch bei der italienischen trasformazione die Aufstellung einer Schlussbilanz vorgesehen ist[1097] und der Grenzübertritt der SE aufgrund der Identitätswahrung am ehesten mit dem Formwechsel bzw. der trasformazione vergleichbar ist.

2. Mögliche nationale Vorgaben

Abgesehen davon, dass eine Schlussbilanz vom europäischen Gesetzgeber nicht gefordert wird, ist zu erörtern, ob die Mitgliedstaaten die SE zur Aufstellung einer Schlussbilanz bei grenzüberschreitender Sitzverlegung durch nationale Vorschriften verpflichten könnten.

Hierbei ist von Bedeutung, dass der europäische Gesetzgeber den Schutz von Gläubigern und Minderheitsaktionären beim Wegzug der SE gem. Art. 8 Abs. 5, Abs. 7 SE-VO in die Hand der Mitgliedstaaten gelegt hat: Nach Art. 8 Abs. 5 SE-VO können die Mitgliedstaaten Vorschriften erlassen, um die Minderheitsaktionäre, die sich gegen die Verlegung ausgesprochen haben, angemessen zu schützen. Für den Schutz von Gläubigern enthält Art. 8 Abs. 7 SE-VO zwar nicht explizit eine Mitgliedstaaten-Ermächtigung. Nach überwiegender Meinung in der Literatur ist die Formulierung der Vorschrift, nach der die Interessen der Gläubiger „im Einklang mit den Anforderungen des Mitgliedstaates" angemessen geschützt sein müssen, aber als stillschweigende Ermächtigung zu verstehen.[1098]

1095 Zu den Gläubiger- und Aktionärschutzmaßnahmen siehe ausführlich *M. Casper*, in: Spindler/Stilz, AktG, Art. 8 SE-VO, Rn. 14 ff., 24 ff.; *Mezzacapo*, in: Capriglione, Società europea, Teil 3, Kap. 13, S. 343 ff.; *Oechsler*, in: MüKo AktG, Bd. 7, Art. 8 SE-VO, Rn. 17 ff.; *Ringe*, in: Lutter/Hommelhoff/Teichmann, SE, Art. 8 SE-VO, Rn. 32 ff.; *A. Schröder*, in: Manz/Mayer/Schröder, SE, Teil B, Art. 8 SE-VO, Rn. 57 ff.; *Schwarz*, SE-VO, Art. 8, Rn. 29 ff.; *Wenz*, in: Theisen/Wenz, Die Europäische Aktiengesellschaft, S. 189 ff., 241 ff.

1096 Siehe Kapitel 3, F. II.

1097 Siehe soeben Kapitel 3, F. II.

1098 *Schwarz*, SE-VO, Art. 8, Rn. 34; *Wenz*, in: Theisen/Wenz, Die Europäische Aktiengesellschaft, S. 189 ff., 242.

Die Bundesrepublik Deutschland hat von dieser Möglichkeit Gebrauch gemacht und in den §§ 12 und 13 SEAG ein Abfindungsangebot für Minderheitsaktionäre sowie Sicherheitsleistungen für Gesellschaftsgläubiger vorsehen. In Italien ist kein vergleichbares Ausführungsgesetz der SE-VO vorgesehen, so dass entsprechende Regelungen fehlen.[1099]

Auch wenn der europäische Gesetzgeber es nicht für erforderlich hält, weitergehende Vorgaben als die in der SE-Verordnung vorgesehenen zum Schutz von Gläubigern und Aktionären aufzustellen, so eröffnet er dennoch den Mitgliedstaaten die Möglichkeit, im Vorfeld der Sitzverlegung weitergehende Schutzmaßnahmen zu ergreifen. Sollte es ein Mitgliedstaat für erforderlich halten, zur umfassenden Information von Gläubigern und Minderheitsaktionären eine Schlussbilanz aufzustellen, so kann er ihre Aufstellung vorschreiben. Dabei ist die Schlussbilanz von den Ermächtigungsvorschriften des Art. 8 Abs. 5, 7 SE-VO gedeckt, denn ihr können wertvolle Informationen für eine eventuelle Abfindung oder Sicherheitsleistung entnommen werden.

Dennoch müsste sich eine entsprechende Vorgabe an der Niederlassungsfreiheit als europäisches Primärrecht messen lassen. Dabei würde das Erfordernis einer Schlussbilanz die Niederlassungsfreiheit beschränken, könnte sich aber über den Gläubiger- und Aktionärsschutz rechtfertigen lassen. Schließlich hat der europäische Gesetzgeber die Einführung von zusätzlichen nationalen Schutzvorschriften in Art. 8 Abs. 5, 7 SE-VO selbst vorgesehen. Um aber die Verhältnismäßigkeit zu wahren, sollte es ausreichen, für die Schlussbilanz[1100] auf den letzten Jahresabschluss zurückzugreifen, wenn dieser nicht älter als acht Monate ist. Auch bei der Verschmelzung wird dies schließlich für hinreichend erachtet.

3. *Keine analoge Anwendung des Umwandlungsrechtes*

Da in Italien kein dem deutschen SEAG vergleichbares Ausführungsgesetz besteht, wird in der italienischen Literatur diskutiert, ob durch entsprechende Anwendung nationaler Vorschriften diese Umsetzungslücke geschlossen werden könnte. Speziell in Bezug auf den Gläubiger- und Aktionärsschutz i.S.d. Art. 8 Abs. 5, 7 SE-VO wird teilweise eine analoge Anwendung der Vorschriften des italienischen Umwandlungsrechtes befürwortet.[1101]

Gegen die analoge Anwendung der Umwandlungsvorschriften sprechen aber mehrere Punkte. Speziell in Bezug auf die Aufstellung einer Schlussbilanz ist zunächst anzumerken, dass für die trasformazione (als italienischer Wechsel der Rechtsform), die aufgrund der Identitätswahrung der Sitzverlegung der SE am nächsten kommt, auch das italienische Umwandlungsrecht eine Schlussbilanz jedenfalls nicht explizit vorsieht.[1102] Zudem sind generell für den Schutz von Gläubigern

---

1099 *Allotti*, in: Corapi/Pernazza, La Società Europea, Articoli 7 e 8, S. 57 f.

1100 Kapitel 3, F. II.

1101 *Allotti*, in: Corapi/Pernazza, La Società Europea, Articoli 7 e 8, S. 58 f.

1102 Kapitel 3, F. II.

und Aktionären die Voraussetzungen einer Analogie nicht gegeben. Denn sie erfordert eine Regelungslücke im Sinne einer planwidrigen Unvollständigkeit des Gesetzes.[1103] Dies bemisst sich unter subjektiv-historischen Aspekten nach der dem Gesetz zugrunde liegenden Regelungsabsicht des Gesetzgebers.[1104] Für den Wegzug der SE hatten aber weder der europäische noch der italienische Gesetzgeber die Absicht, die Aufstellung einer Schlussbilanz vorzusehen: Der europäische Gesetzgeber hat die seiner Ansicht nach erforderlichen Vorschriften zum Schutz von Gläubigern und Aktionären selbst geregelt und dabei nicht zur Aufstellung einer Schlussbilanz verpflichtet. Der italienische Gesetzgeber hat zwar kein SE-Ausführungsgesetz erlassen, doch aber mit dem decreto legislativo vom 19. August 2005, Nr. 188, (d.lgs. 188/2005) die SE-Mitbestimmungsrichtlinie umgesetzt.[1105] Hätte er es für erforderlich gehalten, zum Schutze von Gläubigern und Minderheitsaktionären weitere Vorgaben aufzustellen, so hätte er dies in diesem Zuge vorgeben können. Auch der italienische Gesetzgeber scheint mithin die in der SE-Verordnung vorgesehenen Regelungen für hinreichend zu erachten.

Im Ergebnis sind daher die Vorschriften des Umwandlungsrechtes zum Schutz von Gläubigern und Aktionären nicht auf die Sitzverlegung der SE anzuwenden.

IV. Zusammenfassung

Beim Wegzug der SE stellt sich aus bilanzieller Sicht die Frage, ob eine Schlussbilanz aufzustellen ist. Hierbei ist abschließend festzuhalten, dass der europäische Gesetzgeber dies nicht für erforderlich hält. Denn er hat Schutzvorschriften bei Wegzug der SE vorgesehen, die Aufstellung einer Schlussbilanz dabei aber nicht geregelt. Allein aus dem europäischen Recht ergibt sich daher unter Auslegung des Art. 61 SE-VO i.V.m. Art. 8 Abs. 2 ff. SE-VO keine Pflicht zur Aufstellung einer Schlussbilanz.

Der europäische Gesetzgeber hat aber nach Art. 8 Abs. 5, 7 SE-VO die nationalen Gesetzgeber ermächtigt, Vorschriften zum Schutz für Gläubiger und Minderheitsaktionäre bei Wegzug der SE zu erlassen. Da eine Schlussbilanz aus Informationsaspekten diese Schutzfunktion erfüllen kann, dürften die Mitgliedstaaten die SE mithin zur Aufstellung einer Schlussbilanz verpflichten. Allerdings würde dies die Niederlassungsfreiheit der SE beschränken und müsste daher verhältnismäßig ausgestaltet sein. Vergleichbar der Schlussbilanz bei Verschmelzungen sollte daher der letzte Jahresabschluss als Schlussbilanz dienen können, sofern er nicht älter als acht Monate ist.

1103 *Larenz*, Methodenlehre, II. Teil, Kap. 5, 2. b), S. 381; *Sprau*, in: Palandt, BGB, Einl., Rn. 48.

1104 Vgl. BGH v. 13.11.2001 – X ZR 134/00, BGHZ 149, 165, 174; BFH v. 26.01.2006 – III R 51/05, BStBl. II 2006, 515, 516; *Larenz*, Methodenlehre, II. Teil, Kap. 5, 1., S. 366, Kap. 5, 2. a), S. 373; *Sprau*, in: Palandt, BGB, Einl., Rn. 55; *Tipke*, Steuerrechtsordnung, Bd. 1, Teil III, § 6, 4.1, S. 178.

1105 Siehe Kapitel 1, A. I. 3.

Ohne explizite nationale Vorgaben besteht die Pflicht zur Schlussbilanz aber nicht durch analoge Anwendung der Umwandlungsrechtsvorschriften. Denn zum einen wäre der Formwechsel bzw. die trasformazione am besten mit der Sitzverlegung der SE vergleichbar und für diese ist eine Schlussbilanz gerade nicht vorgesehen. Zum anderen liegen die Voraussetzungen einer Analogie – auch im italienischen Recht – nicht vor. Denn die Regelungslücke ist nicht planwidrig. Vielmehr halten sowohl der europäische als auch der italienische (bzw. sonstige nationale) Gesetzgeber die Schutzvorschriften der SE-Verordnung für hinreichend.

Kapitel 4 – Steuerrechtliche Folgen der grenzüberschreitenden Sitzverlegung einer SE

Unter finanziellen Aspekten bedeutsamer als die handelsbilanzielle Behandlung des Grenzübertrittes der SE sind ihre steuerrechtlichen Folgen. In dem vorliegenden Kapitel soll daher insbesondere der Wegzug der SE erörtert werden, der eine Besteuerung durch den Wegzugsstaat auslösen könnte. Aber auch die gegenteilige Situation der Aufnahme der SE in die Steuerhoheit des Zuzugsstaates soll behandelt werden.

Dafür ist zunächst (unter A.) in die Problematik der steuerrechtlichen Behandlung des Grenzübertrittes einzuführen und ihr Bezug zu Doppelbesteuerungsabkommen darzulegen. Die Untersuchung der Problematik wird sodann (unter B.) mit der Darstellung der europarechtlichen wie auch der verfassungsrechtlichen Vorgaben beginnen. Im Anschluss (unter C.) ist die deutsche Entstrickungsbesteuerung zu untersuchen und einer kritischen Würdigung zu unterziehen. Im gesamten Abschnitt soll stets auf die europarechtlichen Vorgaben Rückbezug genommen werden und eine Gesamtwürdigung der Entstrickungsbesteuerung des § 12 Abs. 1 KStG unter europarechtlichen sowie auch verfassungsrechtlichen Aspekten den Abschnitt beenden.

Hier schließt (unter D.) die Erörterung der italienischen Wegzugsbesteuerung an, die ebenfalls kritisch betrachtet werden soll. Besondere Aufmerksamkeit verdient zudem der Wegzugszeitpunkt aus Italien (D. III.).

Nachdem die Wegzugssituation behandelt wurde, wird im Abschnitt E. auch der spiegelbildliche Vorgang des Zuzuges der SE Erörterung finden. Hierbei ist speziell der Frage nachzugehen, zu welchen Werten die zuziehenden Wirtschaftsgüter aufzunehmen sind (sog. Steuerverstrickung).

Im letzten Abschnitt des Kapitels (unter F.) soll ein Spagat zwischen den Besteuerungsbedürfnissen der Mitgliedstaaten und der Niederlassungsfreiheit der SE gewagt und Möglichkeiten für eine europarechtskonform gestaltete Wegzugsbesteuerung aufgezeigt werden.

A. Einführung in die Problematik

I. Das Besteuerungsbedürfnis der Mitgliedstaaten

Die durch Art. 8 Abs. 1 SE-VO ermöglichte Freizügigkeit der Europäischen Aktiengesellschaft innerhalb Europas wird als eines ihrer Hauptvorteile gegenüber nationalen Gesellschaften angesehen. Die Europäische Kommission spricht davon, dass „the possibility to transfer the registered office to another Member State is considered an essential driver and a real comparative advantage of the SE compared to national companies.“[1106]

1106 Report v. 17.11.2010, COM(2010) 676 final, 3.1, S. 3.

Diese rechtliche Freiheit kann jedoch faktisch dadurch eingeschränkt werden, dass der Umzug „zu viel kostet“: Unter steuerrechtlichen Aspekten führt er zu einem Wechsel zwischen den unterschiedlichen Besteuerungssystemen[1107] sowie zwischen den Besteuerungs*rechten* der einzelnen Mitgliedstaaten. Da die Steuerbilanzrechtssysteme der Mitgliedstaaten (weitestgehend und in unterschiedlichen Ausprägungen) das Realisationsprinzip befolgen,[1108] haben sich aber bis zum Umzug regelmäßig stille Reserven (plusvalenze latenti) gebildet, die noch nicht besteuert worden sind; erst im Moment der tatsächlichen Realisierung wird die Besteuerung erhoben. Entzieht sich die SE nun vor Realisierung dem Steuerzugriff, bleibt es dem Staat verwehrt, im Zeitpunkt der Realisierung die in seinem Wirtschafts- und Rechtssystem herangewachsenen stillen Reserven zu besteuern. Dementsprechend möchte er die Steuer noch in der letzten möglichen Sekunde vor Wegzug erheben. Für die Gesellschaft würde der Umzug dann aber die unmittelbare Aufdeckung und Besteuerung ihrer stillen Reserven bedeuten, so dass sie geneigt sein kann, allein aus diesem Grund den Umzug zu unterlassen. Es wird mithin das Bedürfnis sichtbar nach einer steuerrechtlichen Regelung des Umzugs der Gestalt, dass sowohl die Freizügigkeit der SE nicht unangemessen eingeschränkt als aber auch dem Besteuerungsbedürfnis der Mitgliedstaaten entsprochen wird.

II. Die Funktion von Doppelbesteuerungsabkommen

Der Grenzübertritt ist unter Fiskalaspekten mithin dann relevant, wenn und soweit ein Mitgliedstaat sein Besteuerungsrecht verliert. Dies kann zum einen durch den Wegzug der SE aus dem Anwendungsbereich der innerstaatlichen Besteuerungsvorschriften erfolgen. Zum anderen können auch sog. Doppelbesteuerungsabkommen nationale Besteuerungsrechte einschränken und somit ebenfalls bewirken, dass der Wegzugsstaat sein Besteuerungsrecht verliert. Dies sei kurz erläutert.

Doppelbesteuerungsabkommen (DBA) sind bilaterale Abkommen zur Vermeidung, wie der Name schon sagt, von Doppelbesteuerungen, die sich durch die Besteuerung *eines* Vorgangs durch *zwei* Staaten ergeben können. Mit Zustimmungsgesetz nach Art. 59 Abs. 2 GG erhalten sie in Deutschland den Rang eines Bundesgesetzes.[1109] Vergleichbar werden sie in Italien in der Regel Teil des einfachen Rechts

---

1107 Noch in Entwürfen zur SE-VO vorgesehene Vorschriften zur Besteuerung der SE sind letzten Endes nicht Bestandteil der SE-VO geworden, siehe oben unter Kapitel 1, A. I.

1108 Für Deutschland siehe *Hennrichs*, in: Tipke/Lang, Steuerrecht, § 9, Rn. 401; *Knobbe-Keuk*, Bilanz- und Unternehmenssteuerrecht, Kap. 1, § 6, II. 1., S. 254 f.; für Italien vgl. Art. 85 f. TUIR, hierzu *Girelli*, in: Tinelli, TUIR, Art. 85, Art. 86; *Zizzo*, in: Falsitta, Diritto Tributario, Parte speciale, Kap. 3, II. 12. f., S. 409 ff.

1109 BVerfG v. 26.03.1957 – 2 BvG 1/55, BVerfGE 6, 309, 363, Tz. 224; *Rupp/Knies/Ott/Faust*, Internationales Steuerrecht, Kap. 1, Teil C, 2., S. 26; *Englisch*, in: Tipke/Lang, Steuerrecht, § 5, Rn. 26; *Schaumburg*, Internationales Steuerrecht, Kap. 16, E. II. 1., Rn. 16.37; *Tillmanns/Mössner*, in: Mössner, Steuerrecht internationale tätiger

(„legge ordinaria").[1110] Doppelbesteuerungssituationen entstehen zumeist dann, wenn der Ansässigkeitsstaat den Steuerpflichtigen nach dem Welteinkommensprinzip unbegrenzt besteuert, während der sog. Quellenstaat zumindest auf die bei ihm erzielten Einkünfte zugreifen möchte. Die Abkommen regeln in diesen Fällen, welchem der beiden Staaten das Besteuerungsrecht zukommt. Sie führen dabei aber nicht zu Steueransprüchen, sondern umgrenzen innerstaatliche Ansprüche in Form von Erlaubnis- und Schrankennormen: Erlaubnisnormen als Grenze, bis zu der ein Staat seinen Steueranspruch ausüben kann – aber nicht muss (!),[1111] und Schrankennormen, da der Steueranspruch im Moment des Überschreitens dieser Grenze eingeschränkt wird.[1112]

Für diese Umgrenzung ist die Unterscheidung zwischen Ansässigkeits- und Quellenstaat von grundlegender Bedeutung, denn von ihr machen die Art. 6 ff. OECD-MA die Zuweisung der Besteuerungsrechte abhängig. Unternehmensgewinne stehen bspw. nach Art. 7 Abs. 1 OECD-MA im Grundsatz dem Ansässigkeitsstaat zu, es sei denn, im anderen Vertragsstaat wird eine Betriebsstätte unterhalten. In letzterem Fall hat der Betriebsstättenstaat als Quellenstaat das Besteuerungsrecht bezüglich der Betriebsstätteneinkünfte inne. Für den Ansässigkeitsstaat bedeutet das, dass er die ausländische Steuer entweder anrechnen, Art. 23B OECD-MA, oder die entsprechenden Einkünfte sogar freistellen muss, Art. 23A OECD-MA.[1113]

Welcher Staat als Ansässigkeitsstaat zu erachten ist, regelt Art. 4 OECD-MA. Nach Abs. 1 des Art. 4 OECD-MA ist eine Gesellschaft in dem Vertragsstaat ansässig, der sie aufgrund „des Ortes ihrer Geschäftsleitung oder eines anderen ähnlichen Merkmals" der unbeschränkten Steuerpflicht unterwirft. Ist dies in beiden Staaten der Fall (bspw. wegen des Ortes der Geschäftsleitung in Staat A und dem Satzungssitz in Staat B), löst die sog. tie-breaker-rule nach Art. 4 Abs. 3 OECD-MA die Doppelansässigkeit zugunsten des Staates, in dem sich der „Ort der tatsächlichen Geschäftsleitung" befindet.[1114]

Unternehmen, B. V. 1. a), Rn. B 398; *Vogel*, in: Vogel/Lehner, DBA, 5. Aufl., Einl., Rn. 59. Vgl. differenziert *Frotscher*, in: FS Schaumburg, 2009, S. 687 ff., 691 ff.

1110 Siehe im Einzelnen *Uckmar/Corasaniti/De' Capitani di Vimercate*, Diritto tributario internazionale, Kap. 1, Sez. I, 4., S. 6.

1111 *Hidien*, in: Kirchhof/Söhn/Mellinghoff, EStG, § 49 (März 2007), Rn. D 936; *Wassermeyer*, in: Piltz/Schaumburg, Internationale Betriebsstättenbesteuerung, S. 25 ff., 30. Siehe auch *Uckmar/Corasaniti/De' Capitani di Vimercate*, Diritto tributario internazionale, Kap. 1, Sez. I, 5., S. 11.

1112 *Debatin*, DB 1989, 1692, 1692; *Hidien*, in: Kirchhof/Söhn/Mellinghoff, EStG, § 49 (März 2007), Rn. D 936; *Wassermeyer*, in: Piltz/Schaumburg, Internationale Betriebsstättenbesteuerung, S. 25 ff., 30.

1113 *Schaumburg*, Internationales Steuerrecht, Kap. 16, A., Rn. 16.5 ff., H. I., Rn. 16.174.

1114 *Mayr*, Corr. trib. 1990, 905, 906; *ders./Fort*, Corr. trib. 2001, 2086, 2087; *Melis*, Il trasferimento della residenza fiscale, Kap. 2, 6.2., S. 260; *Schädle/Eich*, DStR 2012, 2341, 2343; *Schaumburg*, Internationales Steuerrecht, Kap. 16, K. II., Rn. 16.209; *Wassermeyer/*

Der Umzug der SE zwischen zwei Staaten kann daher den Wechsel des Ansässigkeitsstaates bewirken. Der Wegzugsstaat verliert dann sein Besteuerungsrecht als Ansässigkeitsstaat, beispielsweise bezüglich der Unternehmensgewinne nach Art. 7 Abs. 1 OECD-MA, der Zuzugsstaat erhält dieses Recht. Allerdings verbleibt dem Wegzugsstaat das Recht zur Besteuerung als Quellenstaat, soweit ihm ein solches nach dem jeweiligen Doppelbesteuerungsabkommen zugewiesen wird,[1115] so bei Betriebsstätteneinkünften nach Art. 7 Abs. 1 OECD-MA. Auch unter DBA-rechtlichen Aspekten ist der Umzug der SE mithin zu erörtern.

B. Konzeptionelle Grundlegung

I. Europarechtliche Vorgaben

Wie für die handelsbilanzrechtlichen, so sind auch für die steuerrechtlichen Folgen des Grenzübertrittes der SE die speziellen europarechtlichen Vorgaben zu erörtern. Dafür ist zunächst auf die bereits in Kapitel 2 behandelten Aspekte zu verweisen: die SE ist als (supranationales) Subjekt der Niederlassungsfreiheit zu qualifizieren und trotz „Schöpfertheorie“ des EuGH ist die Niederlassungsfreiheit bei Grenzübertritt der SE eröffnet.

Zusätzlich ist nun an dieser Stelle in Bezug auf die steuerrechtlichen Konsequenzen der Sitzverlegung der konkrete europarechtliche Prüfungsmaßstab zu erörtern (unter 1.), nämlich erstens, ob das Steuerrecht überhaupt an den Grundfreiheiten zu messen ist, zweitens die sekundärrechtlichen Besonderheiten der Fusionsrichtlinie und drittens, ob die Niederlassungsfreiheit sekundärrechtlich „konkretisiert“ wird und eine Wegzugsbesteuerung dadurch zulässig sein könnte. Im Anschluss wird erörtert werden, unter welchen Aspekten die Beschränkung der Niederlassungsfreiheit durch eine Wegzugsbesteuerung zu rechtfertigen wäre (unter 2.). Und auch die spiegelbildliche Situation, die steuerrechtliche Behandlung des Zuzugs der SE, (unter 3.) wird diskutiert werden.

1. Grundlagen für eine Wegzugsbesteuerung der SE

a) Die Grundfreiheiten als Maßstab des Steuerrechts

Die europäische Union hat bezüglich der Regulierung der direkten Steuern zwar keine originäre „Gesetzgebungs“-Kompetenz; für den Erlass von Verordnungen oder Richtlinien bedarf es in diesem Bereich daher der Einstimmigkeit, Art. 115 AEUV. Der EuGH hat aber in ständiger Rechtsprechung betont, dass die Mitgliedstaaten

---

Kaeser, in: Wassermeyer, DBA, Art. 4 MA (März 2013), Rn. 95 ff.; *Zizzo*, in: Sacchetto/Alemanno, Diritto Tributario Internazionale, S. 210.

1115 Siehe *Baggio*, Riv. d. trib. 2006, 537, 547; *Lehner*, in: Vogel/Lehner, DBA, Art. 4, Rn. 30 f.; *Mayr*, Corr. trib. 1990, 905, 906; *Schaumburg*,, in:ternationales Steuerrecht, Kap. 16, H. I., Rn. 16.174; *Wassermeyer*, in: Flick/Wassermeyer/Kempermann, DBA Schweiz, Art. 4 (Juli 2000), Rn. 191 f.

auch bei Ausübung ihrer Gesetzgebungskompetenz bezüglich der direkten Steuern die Grundfreiheiten zu wahren haben.[1116] Sie sind daher für die steuerliche Behandlung des Grenzübertritts der SE zu beachten.

b) *Sekundärrechtlich: die (geänderte) Fusionsrichtlinie*

Neben dem europäischen Primärrecht ist sekundärrechtlich die Fusionsrichtlinie beim Grenzübertritt der SE einschlägig. Als sie am 23. Juli 1990 erlassen wurde, hatte sie zwar zunächst zum Ziel, steuerrechtliche Benachteiligungen grenzüberschreitender Fusionen, Spaltungen, Einbringungen von Unternehmensteilen und beim Austausch von Anteilen zu verhindern, nicht hingegen die bloße Sitzverlegung einer Gesellschaft zu regeln.[1117] Mit der Einführung der europäischen Gesellschaftsformen der SE (am 8. Oktober 2001) und der SCE (Europäische Genossenschaft, am 22. Juli 2003)[1118], die sich besonders durch ihre Mobilität innerhalb Europas auszeichnen, kam aber das Bedürfnis auf, auch die Sitzverlegung derart steuerrechtlich abzusichern, dass sie nicht durch „dem Gemeinschaftsrecht zuwiderlaufende[.] Steuervorschriften der Mitgliedstaaten [...] behindert [wird]."[1119] Am 17. Februar 2005 wurde u. a. aus diesem Grund die Fusionsrichtlinie geändert und unter Titel IVb spezielle „Regeln für die Sitzverlegung einer SE oder SCE" eingefügt.[1120] Weiter wurde die Richtlinie anlässlich des Beitritts neuer EU-Mitgliedstaaten modifiziert,[1121] so dass sie „aus Gründen der Klarheit und Übersichtlichkeit" aufgehoben und mit der Richtlinie vom 19.10.2009 neu gefasst wurde.[1122] Die Regelungen bezüglich der Sitzverlegung der SE wurden unverändert, nun aber unter den Art. 12 ff., beibehalten.

Besondere Bedeutung kommt für die vorliegende Arbeit der Richtlinienvorgabe nach Art. 12 Abs. 1 zu, nach der die Sitzverlegung „keine Besteuerung des [...]

1116 EuGH v. 21.11.2002 – C-436/00 („X und Y"), Slg. 2002, I-10847, I-10860, Tz. 32; v. 11.03.2004 – C-9/02 („Lasteyrie du Saillant"), Slg. 2004, I-2431, I-2452, Tz. 44; v. 07.09.2006 – C-470/04 („N"), Slg. 2006, I-7445, I-7458, Tz. 33; *Aßmann*, Steuer&Studium 2006, 131, 136; *Körner*, IStR 2004, 424, 424; *Malmer*, CDFI 2002, Vol. LXXXVIIb, 79, 83; *Romano*, Rassegna Tributaria 2004, 1291, 1296; *Schindler*, IStR 2004, 300, 302; *Sedemund*, DStZ 2003, 407, 410; *ders.*, Ubg 2009, 560, 561; *Wagner*, Der Konzern 2009, 235, 235; *Weber-Grellet*, DStR 2009, 1229, 1229. Allgemein zur Beachtung von Grundfreiheiten trotz Sachkompetenz der Mitgliedstaaten *Jarass*, EuR 2000, 705, 707.

1117 Richtlinie v. 23.07.1990, 90/434/EWG, Abl. 1990 L 225/1.

1118 Verordnung (EG) v. 22.07.2003, Nr. 1435/2003, Abl. 2003 L 207/1.

1119 Richtlinie 2005/19/EG des Rates v. 17.02.2005, Abl. 2005 L 58/19, Erwägungsgrund Nr. 6.

1120 Richtlinie 2005/19/EG des Rates v. 17.02.2005, Abl. 2005 L 58/19.

1121 Durch Beitrittsakte v. 1994, Anhang I, Nr. XI.B.I.2, Abl. 1994 C 241/196; v. 2003, Anhang II, Nr. 9.7, Abl. 2003 L 236/559; Richtlinie 2006/98/EG des Rates v. 20.11.2006, Abl. 2006 L 363/129.

1122 Richtlinie 2009/133/EG des Rates v. 19.10.2009, Abl. 2009 L 310/34, Erwägungsgrund Nr. 1.

Veräußerungsgewinns aus dem Aktiv- und Passivvermögen einer SE oder SCE auslösen [darf], das in der Folge tatsächlich einer Betriebsstätte der SE bzw. der SCE in dem Mitgliedstaat, von dem der Sitz verlegt wurde, zugerechnet bleibt, und das zur Erzielung des steuerlich zu berücksichtigenden Ergebnisses beiträgt." Dieser sog. Betriebsstättenvorbehalt untersagt mithin die Besteuerung von stillen Reserven, die trotz Wegzug des SE in einer inländischen Betriebsstätte verbleiben.

Flankierend zum Betriebsstättenvorbehalt des Art. 12 FRL sieht Art. 13 FRL (ehemals Art. 10c) vor, dass ganz oder teilweise steuerbefreite Rückstellungen und Rücklagen sowie auch Verluste, die bei Verbleiben im Inland noch hätten vor- oder rückgetragen werden können, in der im Inland verbleibenden Betriebsstätte übernommen werden dürfen.[1123]

Eine weitere Besonderheit der Fusionsrichtlinie besteht für die Sitzverlegung der SE (sowie der SCE), die gem. Art. 14 Abs. 1 FRL keine Besteuerung auf Anteilseignerebene auslösen darf. Für die Besteuerung der Gesellschaft selbst ist eine entsprechende Regelung aber nicht vorgesehen.

c) „Konkretisierung" der Niederlassungsfreiheit durch Sekundärrecht?

Die Rahmenvorgabe der Grundfreiheiten als Primärrecht füllt der europäische Gesetzgeber durch Erlass von sekundärrechtlichen Vorschriften nach Art. 288 AEUV. Wie weit diese sekundärrechtliche „Gesetzgebungs"-Kompetenz im Verhältnis zu den Grundfreiheiten gehen darf, ist jedoch umstritten.

In Bezug auf die Wegzugsbesteuerung der SE wird in der Literatur teilweise vertreten, dass der europäische „Sekundärrechtgeber" die Niederlassungsfreiheit in Richtung einer Zulässigkeit der Wegzugsbesteuerung in Form einer Sofortbesteuerung „konkretisiert" habe. Daher ist zum einen zu überprüfen, ob bestehende sekundärrechtliche Regelungen tatsächlich dahingehend zu verstehen sind, und zum anderen ist die allgemeine Frage aufgeworfen, ob eine solche „Konkretisierung" des Primär- durch das Sekundärrecht überhaupt zulässig wäre. Zuletzt sei kurz unter Bezug auf die Erörterungen in Kapitel 2 überlegt, ob sich bei der SE Besonderheiten dadurch ergeben könnten, dass der Europäische Gesetzgeber ihr „Schöpfer" ist.

1123 Hierzu siehe *Bartone/Klapdor*, Die Europäische Aktiengesellschaft, Teil 4, 2.6.2, S. 154; *Blumenberg*, in: FS Schaumburg, 2009, S. 559 ff., 565; *ders./Lechner*, in: Blumenberg/Schäfer, SEStEG, C. II. 2. a) aa) (1), S. 84; *dies.*, BB-Special 8/2006, 25, 30; *Blumers/Kinzl*, BB 2005, 971, 972 f.; *Eilers/Dondorf*, in: Reimer, Europäisches Gesellschafts- und Steuerrecht, S. 193 ff., 197 f.; *Lammel/Maier*, in: Manz/Mayer/Schröder, SE, Teil D, Kap. 6, Rn. 14 f., Kap. 2, Rn. 4; *Sallustio*, in: Corapi/Pernazza, La Società Europea, Art. 13 della direttiva 2009/133/CE, S. 361 ff.; *Schindler*, IStR 2005, 551, 554; *Schön*, in: Schön/Schindler, Die SE im Steuerrecht, IV. 1. a) cc) (1), Rn. 131, IV. 1. a) ff), Rn. 158 ff. Zu steuerfreien Rücklagen nach deutschem Recht siehe *Hennrichs*, in: Tipke/Lang, Steuerrecht, § 9, Rn. 421 ff.

i) Sekundärrechtliche „Konkretisierungsmöglichkeiten“

(1) Der sog. Betriebsstättenvorbehalt der Fusionsrichtlinie

Eine „Konkretisierung“ der Niederlassungsfreiheit könnte zum einen in der Vorschrift des Art. 12 Abs. 1 FRL[1124] gesehen werden. Danach dürfen solche stille Reserven bei Wegzug der SE *nicht* besteuert werden, die in einer inländischen Betriebsstätte verankert bleiben, sog. Betriebsstättenvorbehalt. Könnte daraus in einem Umkehrschluss gefolgert werden, dass die übrigen stillen Reserven unmittelbar einer Besteuerung unterliegen dürfen, so wäre eine Sofortbesteuerung bei Wegzug jedenfalls nach europäischem Sekundärrecht zulässig.

Namentlich *Frotscher* vertritt die Auffassung, Art. 12 Abs. 1 FRL sei zu entnehmen, dass lediglich die stillen Reserven nicht einer Besteuerung unterworfen werden dürften, die auch nach dem Wegzug der SE einer inländischen Betriebsstätte zugerechnet blieben. Die übrigen stillen Reserven könnten bei Wegzug aufgedeckt und besteuert werden. So sei sichergestellt, dass „stille Reserven nicht steuerneutral ‚exportiert‘ werden könn[t]en.“[1125]

Dagegen wenden *Eilers* und *Dondorf* ein, dass aus Art. 12 Abs. 1 FRL gerade „nicht deutlich [werde], ob eine solche Schlussbesteuerung den Mitgliedstaaten offengehalten werden soll oder angesichts der schlichten Nichterwähnung auch nicht geregelt wurde.“[1126]

1124 Bisher Art. 10b Abs. 1 FRL i.d.F. v. 23.07.1990, 90/434/EWG. Zu den Modifikationen der Fusionsrichtlinie siehe oben unter Kapitel 4, A. III.

1125 *Frotscher*, IStR 2006, 65, 66. Ebenso *Aßmann*, Steuer&Studium 2006, 131, 135, 137; *Blumenberg/Lechner*, BB-Special 8/2006, 25, 29; *dies.*, in: Blumenberg/Schäfer, SEStEG, C. II. 1., S. 80; *Englisch*, IFSt-Schrift, Nr. 449 (2008), II. 3. c), S. 87; *Mitschke*, IStR 2011, 294, 294; *Rödder*, DStR 2004, 1629, 1633; vorsichtiger *ders.*, in: FS Wassermeyer, 2005, S. 163 ff., 176. Vgl. ebenso zum Wortlaut der Vorschrift *Schön*, IStR 2004, 289, 297; allerdings betont *ders.*, JbFfSt 2004/2005, 72, 82 f., dass die Richtlinie nicht das Ziel verfolge, die Grundfreiheiten einzuengen, so dass sie nicht „als Einschränkung der Grundfreiheiten [ausgelegt werden könne], sondern nur als sekundärrechtliche Zusatzmaßnahmen, um die freie Reorganisation von Unternehmen in Europa zu stärken.“

1126 *Eilers/Dondorf*, in: Reimer, Europäisches Gesellschafts- und Steuerrecht, S. 193 ff., 199, Fn. 26. Nach *Körner*, IStR 2009, 741, 741; *ders.*, IStR 2012, 1, 5, ist die Auslegung i.S.e. Umkehrschlusses durch das Primärrecht verboten. Vgl. zudem Europäische Kommission, KOM(2006) 825 endg., S. 6; *Biermeyer/Elsener/Timba*, ECFR 2012, 101, 103; *Brinkmann/Reiter*, DB 2012, 16, 17; *Köhler*, IStR 2010, 337, 338, auch Fn. 13; *ders.*, in: FS Schaumburg, 2009, S. 813 ff., 825; *Körner*, IStR 2011, 527, 528; *Lammel/Reimer*, in: Reimer, Europäisches Gesellschafts- und Steuerrecht, S. 164 ff., 171, Fn. 30; *L. Miele/Russo*, Corr. trib. 2010, 630, 635; *Rautenstrauch/Seitz*, Ubg 2012, 14, 19. *Schön/Schindler*, IStR 2004, 571, 576, plädieren für „eine Auslegung der FRL, die von vornherein nicht als Beschränkung der Grundfreiheiten erscheint und die Aussagen der FRL-V für die ‚wegziehenden‘ stillen Reserven schlicht als ‚Nicht-Regelung‘

Dem Wortlaut der Vorschrift ist in der Tat eine Aussage lediglich bezüglich derjenigen stillen Reserven zu entnehmen, die in einer inländischen Betriebsstätte verbleiben: sie dürfen keiner Besteuerung unterliegen. Zu den restlichen stillen Reserven äußert sich die Vorschrift nicht. Auch wenn in einem Umkehrschluss gefolgert werden könnte, dass die übrigen stillen Reserven eben nicht von einer Wegzugsbesteuerung ausgenommen werden müssen und daher bei Wegzug aufgedeckt und besteuert werden dürfen, ist dies jedenfalls nicht zwingend.[1127] Zudem hätte sich der Richtliniengeber für einen entsprechenden Regelungsgehalt einfach eines einschränkenden Zusatzwortes bedienen können, in etwa: „*Nur* solche stillen Reserven dürfen einer Wegzugsbesteuerung nicht unterworfen werden, die in einer inländischen Betriebsstätte verankert bleiben." Dies ist aber gerade nicht erfolgt, auch nicht mit der letzten Überarbeitung der Fusionsrichtlinie, bei der der Betriebsstättenvorbehalt des Art. 10b Abs. 1 FRL a.F. in Art. 12 Abs. 1 FRL n.F.[1128] aufgenommen wurde, der Wortlaut dabei aber keine Änderung erfahren hat.

Abgesehen davon wäre eine Sofortbesteuerung nicht mit dem Ziel der Fusionsrichtlinie vereinbar. Diese soll Besteuerungshindernisse abbauen (!), nicht schaffen.[1129] Im Erwägungsgrund Nr. 11 Satz 1 der Richtlinie heißt es: „Eine von einer Europäischen Gesellschaft (SE) [...] beschlossene Umstrukturierung durch

---

versteht."; ebenso *Schön*, in: Schön/Schindler, Die SE im Steuerrecht, IV. 1. a) ff), Rn. 157.

1127 Ein Umkehrschluss ist auch in anderen Sprachfassungen der Richtlinie, die bei Auslegungsfragen gleichermaßen heranzuziehen sind (*Hennrichs*, Wahlrechte im Bilanzrecht, Kap. 2, C. I., S. 128; *Hommelhoff/Teichmann*, in: Lutter/Hommelhoff/Teichmann, SE, Art. 9 SE-VO, Rn. 36; *Schwarz*, SE-VO, Einl., Rn. 70; *Teichmann*, ZGR 2002, 383, 404), nicht zwingend. Vgl. die englische Fassung: „shall not give rise to any taxation of capital gains, [...], in the Member State from which the registered office has been transferred, derived from those assets and liabilities of the SE [...] which, in consequence, remain effectively connected with a permanent establishment of the SE", die französische: „n'entraîne pas d'imposition des plus-values, [...], dans l'État membre duquel le siège statutaire a été transféré, résultant des éléments d'actif et de passif de la SE [...] qui, à la suite de ce transfert ou de cette cessation, restent effectivement rattachés à un établissement stable de la SE [...] dans l'État membre duquel le siège statutaire a été transféré et qui concourent à la formation des profits ou des pertes pris en compte aux fins de la fiscalité", sowie die italienische Fassung: „non dà luogo all'imposizione delle plusvalenze, [...], nello Stato membro dal quale è stata trasferita la sede sociale, risultanti dagli elementi d'attivo e di passivo della SE [...] i quali, di conseguenza, rimangono effettivamente collegati con una stabile organizzazione della SE [...] nello Stato membro dal quale è stata trasferita la sede sociale e contribuiscono agli utili o alle perdite presi in considerazione per scopi fiscali".

1128 Richtlinie 2009/133/EG des Rates v. 19.10.2009.

1129 Vgl. zudem *Schön*, JbFfSt 2004/2005, 72, 83; *ders.*in Schön/Schindler, Die SE im Steuerrecht, IV. 1. a) ff), Rn. 157: „Die Richtlinie ist darauf angelegt, die Grundfreiheiten zu stärken, nicht jedoch, ihre Ausübung zu behindern."

Sitzverlegung sollte nicht durch diskriminierende steuerliche Vorschriften oder durch Beschränkungen, Nachteile und Verzerrungen, die sich aus dem Gemeinschaftsrecht zuwiderlaufenden Steuervorschriften der Mitgliedstaaten ergeben, behindert werden."[1130] Zwar schränkt Satz 2 des Erwägungsgrundes dies scheinbar wieder ein: „Die Verlegung [...] kann zu einer Besteuerung in dem Mitgliedstaat führen, in dem die Gesellschaft vorher ihren Sitz hatte." Die Ergänzung ist aber allein dahingehend zu verstehen, dass eine steuerlicher Erfassung der stillen Reserven nicht *gänzlich* versagt wird, und nicht, dass eine *Sofort*besteuerung zulässig wäre. Dies zeigt sich zum einen an den anderen Sprachfassungen, die von einer „irgendwie gearteten Steuer" sprechen [vgl. die engl. Fassung: „may give rise to *some form of* taxation", die französische: „peut donner lieu à *une certaine forme* d'imposition" und die italienische Fassung: „può dar luogo a *un certo tipo di* imposizione", Herv. durch Verf.].[1131] Zum anderen bestünde ansonsten – unter der Annahme, dass eine Sofortbesteuerung gegen die Niederlassungsfreiheit verstößt – ein Widerspruch zu Satz 1 des Erwägungsgrundes, der „dem Gemeinschaftsrecht zuwiderlaufende[.] Steuervorschriften der Mitgliedstaaten" gerade untersagt.

Die Fusionsrichtlinie erkennt mithin das Besteuerungsrecht des Wegzugsstaates an „seinen" inländischen stillen Reserven an, nicht aber konstatiert sie eine *Sofortbesteuerung*.[1132]

(2) Das Einspruchsrecht gegen die Sitzverlegung nach Art. 8 Abs. 14 SE-VO

Möglicherweise könnte aber Art. 8 Abs. 14 SE-VO eine Art Billigung der Sofortbesteuerung entnommen werden: Danach wird den Mitgliedstaaten ermöglicht, Regelungen zu schaffen, nach denen nationale Behörden gegen die Sitzverlegung der SE bei Gründen des öffentlichen Interesses Einspruch erheben können. Die Vorschrift

---

1130 Auch hier im Vergleich andere Sprachfassungen: engl.: „The decision of an SE [...] to reorganise its business by transferring its registered office should not be unduly hampered by discriminatory tax rules or by restrictions, disadvantages or distortions arising from national tax legislation which is contrary to Community Law.", franz.: „La décision d'une SE [...] de réorganiser ses activités en transférant son siège statutaire ne devrait pas être entravée par des règles fiscales discriminatoires ou par des restrictions, pénalisations ou distorsions découlant de législations fiscales nationales contraires au droit communautaire.", ital.: „La decisione della SE [...] di riorganizzare la sua attività mediante un trasferimento della sede sociale non dovrebbe essere ostacolata da norme fiscali discriminatorie né da restrizioni, svantaggi o distorsioni derivanti da disposizioni fiscali nazionali incompatibili con il diritto comunitario."

1131 Zum Erfordernis, bei der Auslegung europäischer Rechtsakte die verschiedenen Sprachfassungen zu vergleichen, siehe *Hennrichs*, Wahlrechte im Bilanzrecht, Kap. 2, C. I., S. 128; *Schwarz*, SE-VO, Einl., Rn. 70; *Teichmann*, ZGR 2002, 383, 404.

1132 Eine möglicherweise entgegenstehende Intention der Kommission (KOM 2003/613 endg., S. 14 f.) ist insoweit unerheblich, als sie keinen hinreichenden Ausdruck in der Richtlinie gefunden hat.

wurde auf britischen Wunsch in die SE-Verordnung aufgenommen, da die Engländer die Sitzverlegung einer Gesellschaft weiterhin davon abhängig machen wollten, dass die Gesellschaft sämtliche Steuerschulden bezahlt hat.[1133]

Dabei könnten zu den Steuerschulden, die ein Einspruchsrecht auslösen dürfen, eventuell auch solche gefasst werden, die erst durch den Wegzug entstehen; mit anderen Worten: der Wegzugsstaat könnte mithilfe eines Einspruchsrechtes vorsehen, die SE erst dann wegziehen zu lassen, wenn sie ihre stillen Reserven aufgedeckt und die daraus resultierenden Steuerschulden beglichen hat. Zumeist wird aber in der Literatur gerade aufgrund möglicher Widersprüche zur Niederlassungsfreiheit darauf hingewiesen, dass Art. 8 Abs. 14 SE-VO „eng auszulegen" sei.[1134]

Selbst wenn die Mitgliedstaaten von dem Einspruchsrecht keinen Gebrauch gemacht haben, stellt sich die Frage, ob Art. 8 Abs. 14 SE-VO eine Art Billigung einer Sofortbesteuerung entnommen werden kann. Dagegen spricht zum einen, dass ein weitgehendes Verständnis der Regelung mit der gerade dem Art. 8 SE-VO (nach seinem Absatz 1) zugrundeliegenden Mobilität der SE nicht zu vereinbaren wäre. Zum anderen ist der Vorschrift keine Aussage darüber zu entnehmen, *welche* der zu sichernden Ansprüche des Wegzugsstaates als zulässig erachtet werden können, sondern nur, dass zur Sicherung von (zulässigen) Ansprüchen ein behördliches Einspruchsrecht vorgesehen werden darf. Für die Bestimmung der Zulässigkeit der Ansprüche sind daher weiterhin die Grundfreiheiten heranzuziehen.

(3) Zwischenergebnis: keine sekundärrechtliche „Konkretisierung" in Richtung einer Sofortbesteuerung

Eine sekundärrechtliche „Konkretisierung" der Niederlassungsfreiheit dahingehend, dass eine Sofortbesteuerung bei Wegzug der SE für zulässig zu erachten ist, kann weder dem sog. Betriebsstättenvorbehalt nach Art. 12 Abs. 1 der Fusionsrichtlinie entnommen werden; sein Regelungsgehalt bezieht sich alleine auf die in einer inländischen Betriebsstätte verbleibenden stillen Reserven. Noch enthält das in Art. 8 Abs. 14 SE-VO vorgesehenen Einspruchsrecht des Wegzugsstaates zur Sicherung von Ansprüchen eine Aussage darüber, welche Ansprüche für zulässig zu erachten sind.

ii) (Un-)Zulässigkeit einer entsprechenden „Konkretisierung"

Geht man entgegen der hier vertretenen Ansicht hingegen davon aus, dass europarechtlichem Sekundärrecht die Zulässigkeit einer Sofortbesteuerung bei Wegzug der SE entnommen werden kann, stellt sich die Folgefrage, ob das Sekundärrecht

---

1133 *Oechsler*, in: MüKo AktG, Bd. 7, Art. 8 SE-VO, Rn. 31; *Ringe*, in: Lutter /Hommelhoff, SE, Art. 8, Rn. 61. Zur Möglichkeit des Einspruchs wegen Steuerschulden *Malatesta*, Rivista di diritto internazionale privato e processuale 2002, 613, 624; *Schindler*, RdW 2003, 122, 124; *Schwarz*, SE-VO, Art. 8, Rn. 42.

1134 *Ringe*, in: Lutter/Hommelhoff/Teichmann, SE, Art. 8, Rn. 63; *Schröder*, in: Manz/ Mayer/Schröder, SE, Teil B, Art. 8 SE-VO, Rn. 118. Vgl. auch *Oechsler*, in: MüKo AktG, Bd. 7, Art. 8 SE-VO, Rn. 31.

nicht an den Grundfreiheiten als Primärrecht zu messen ist und möglicherweise selbst gegen diese verstößt.[1135]

(1) Überblick über den Meinungsstand

Nach mittlerweile überwiegender Literaturmeinung besteht grundsätzlich eine Bindung der Gemeinschaftsorgane an die Grundfreiheiten,[1136] so dass europäisches Sekundärrecht an diesen zu überprüfen ist. Dennoch variieren die einzelnen Ansichten im Hinblick auf die Reichweite der Bindung.

Dabei ist zunächst die Ansicht von *Möstl* zu nennen, nach der die Grundfreiheiten keine generelle Freiheit im Binnenmarkt gewährleisten, sondern sich nur auf die Zugangshemmnisse zwischen Mitgliedstaaten beziehen. Maßnahmen der europäischen Organe beträfen aber den gesamten europäischen Wirtschaftsraum und könnten daher in der Regel nicht gegen die Grundfreiheiten verstoßen.[1137] Ähnlich ist nach *Leible* danach zu differenzieren, ob die Maßnahme eine spezifische Marktzutrittsverhinderung beinhaltet. Dies sei beispielsweise bei Vorgabe eines bestimmten Mindestkapitals innerhalb der gesamten EU nicht der Fall.[1138]

Als zweite Ansicht ist die von *Carsten Schäfer* zu nennen, nach der Maßnahmen der EU-Organe durchaus die Grundfreiheiten tangieren können. Allerdings sei der Rat als Gemeinschaftsorgan anders als die Mitgliedstaaten dazu befugt, das Primärrecht umzusetzen und daher auch die „sehr allgemein gefasste Niederlassungsfreiheit auszufüllen." Den Gemeinschaftsorganen stehe diesbezüglich „auf Grund ihres Konkretisierungsauftrages jedenfalls ein weites gesetzgeberisches Ermessen bei Interpretation der Ziele und Auswahl der zur Umsetzung eingesetzten Mittel zu, solange sie die jeweiligen Grundfreiheiten in ihrem Kern unangetastet [ließen]."[1139]

1135 Nach einer Ansicht führt ein Verstoß gegen das Primärrecht zu einer materiellen Unwirksamkeit des Sekundärrechtes (*Hennrichs/D. Schubert*, ZIP 2007, 563, 569; *Schön*, BB 2004, 763, 767), nach anderer Ansicht bleibt dieses hingegen bis zur Aufhebung durch den EuGH materiell wirksam (*Dettmeier/Pöschke*, JuS 2007, 313, 314, Fn. 14; vgl. zudem *Nettesheim*, in: Grabitz/Hilf/Nettesheim, Recht der EU, Art. 288 AEUV (Aug. 2012), Rn. 226).

1136 A.A. im Ansatz *Becker*, in: Schwarze, EU-Kommentar, Art. 34 AEUV, Rn. 5.

1137 *Möstl*, EuR 2002, 318, 328 ff. Ähnlich in der Argumentation *J. Caspar*, EuZW 2000, 237, 240 f.

1138 *Leible*, ZGR 2004, 531, 540 ff.; so auch *Teichmann*, ZGR 2011, 639, 657.

1139 *C. Schäfer*, NZG 2004, 785, 788. Bejahung eines Ermessensspielraums bei unbestimmten Gewährleistungsgehalt der Grundfreiheit und bei komplexen Abwägungen nach *Leible*, ZGR 2004, 531, 543 f. In diese Richtung auch *Horn*, DB 2005, 147, 153: „[...] diese Freiheit [der Niederlassung] wird vielmehr durch die SE-VO in zulässiger Weise konkretisiert." Enger *Ringe*, Die Sitzverlegung der Europäischen Aktiengesellschaft, 2. Teil, A. I. 1., S. 54, nach dem „ein[.] weite[r] Ermessensspielraum für die Abwägung von Rechtfertigungsgründen" besteht, der aber je nach Materie oder Reichweite der jeweiligen Grundfreiheiten variieren könne.

Die Bindung der Gemeinschaftsorgane an die Grundfreiheiten unter der Einschränkung, dass die betroffenen Maßnahmen einem anderen „Kontrollmaß" unterliegen als solche der Mitgliedstaaten, vertritt auch *Schönberger*, der darauf abstellt, dass das Gemeinschaftsrecht Hemmnisse abbauen und auf die Rechtsordnungen der Mitgliedstaaten einwirken wolle und eine zu starke Kontrolle dafür nur kontraproduktiv sei.[1140]

Eine dritte Literaturmeinung vertritt indes die Auffassung, dass das europäische Sekundärrecht vollumfänglich und mit vergleichbarem Maßstab wie Mitgliedstaatenrecht am Primärrecht zu messen sei. Speziell im Bezug auf die Frage nach der Zulässigkeit einer unmittelbar anfallenden Wegzugsbesteuerung durch „Konkretisierung" der Niederlassungsfreiheit hat sich in der Literatur verstärkt die Meinung gebildet, dass dem europäischen Gesetzgeber nicht mehr Freiheit zukomme als den Mitgliedstaaten. Dabei weist *Frotscher* darauf hin, dass die europäischen Organe ihre Regelungskompetenz aus dem Vertrag ableiteten, vgl. Art. 249, 7 EG a.F. (Art. 288, 13 Abs. 2 AEUV), und sich die erlassenen Maßnahmen daher „im Rahmen des EG-Vertrages halten" müssten.[1141] Und auch *Schön* bezweifelt, dass es „in der Macht der Mitgliedstaaten steh[e], durch Verabschiedung einer europäischen Richtlinie im Ministerrat die Durchschlagskraft der Grundfreiheiten einzuschränken und für den Fall der Sitzverlegung das Besteuerungsrecht des Wegzugsstaates im Hinblick auf die seinem Zugriff künftig entzogenen stillen Reserven anzuordnen."[1142]

1140 *Schönberger*, EuR 2003, 600, 621 f.

1141 *Frotscher*, IStR 2006, 65, 68; zudem *ders.*, in: Frotscher/Maas, KStG, § 12 (Mai 2012), Rn. 105a. Klar auch BFH v. 17.07.2008 – I R 77/06, BStBl. II 2009, 464, 469, Tz. 40: „[...] vielmehr muss sich das EU-Sekundärrecht seinerseits an den Grundfreiheiten des EG messen lassen." Siehe zudem *Aßmann*, Steuer&Studium 2006, 131, 138; *Eilers/Dondorf*, in: Reimer, Europäisches Gesellschafts- und Steuerrecht, S. 193 ff., 200; *Englisch*, IFSt-Schrift, Nr. 449 (2008), II. 3. c), S. 89 f.; *Fischer*, in: MüKo AktG, Bd. 7, SteuerR, Rn. 8; *Gosch*, Ubg 2009, 73, 75; *Hennrichs/D. Schubert*, ZIP 2007, 563, 564, 566; *Jarass*, EuR 2000, 705, 715; *Kessler/Philipp*, DStR 2011, 1888, 1890; *Körner*, IStR 2009, 741, 747; *Melis*, Il trasferimento della residenza fiscale, Kap. 5, 9.3., S. 633 f.; *Müller-Graff*, in: Streinz, EUV/AEUV, Art. 49 AEUV, Rn. 37; *N. Schneider/Oepen*, FR 2009, 22, 26; *Schroeder*, in: Streinz, EUV/AEUV, Art. 288 AEUV, Rn. 24; vorsichtig *Klingberg/van Lishaut*, Der Konzern 2005, 698, 714, und *Ziemons*, ZIP 2003, 1913, 1918; hingegen kritisch *Mitschke*, FR 2008, 1144, 1144.

1142 *Schön*, IStR 2004, 289, 297. Vgl. auch *Blumenberg/Lechner*, in: Blumenberg/Schäfer, SEStEG, C. II. 1., S. 80; *Crazzolara*, Riv. dir. trib. 2011, IV, 349, 355; *Eilers/Dondorf*, in: Reimer, Europäisches Gesellschafts- und Steuerrecht, S. 193 ff., 199 f., Fn. 26; *Körner*, IStR 2011, 527, 529; *L. Miele/Russo*, Corr. trib. 2010, 630, 635; *Rödder*, DStR 2004, 1629, 1633; *Schindler*, IStR 2005, 551, 556 f.; *Schön*, in: Schön/Schindler, Die SE im Steuerrecht, I. 2. c), Rn. 31; *ders./Schindler*, IStR 2004, 571, 576; hingegen kritisch *Schwenke*, DStZ 2007, 235, 246. Den Konflikt zwischen Primär- und Sekundärrecht zeichnet auch *Romano*, Rassegna Tributaria 2004, 1291, 1312, auf.

(2) Kritische Würdigung

Die Ansichten, nach denen für sekundäres Europarecht ein geringerer Kontrollmaßstab als für nationales Recht der Mitgliedstaaten bestehen soll, basieren auf der sicherlich zutreffenden Annahme, dass das Europarecht in der Regel von harmonisierungsfreundlichen Motiven geleitet wird.[1143] Den Gemeinschaftsorganen wird daher von Natur aus weniger Skepsis entgegen gebracht als den Mitgliedstaaten. Nur: dies kann nicht dazu führen, dass eine Überprüfung der europäischen Rechtsakte an den Grundfreiheiten ausbleibt. Im Gegenteil dürfen die europäischen Organe zur Verfolgung des Ziels der Gewährleistung eines Binnenmarktes und der Grundfreiheiten erst recht nicht grundfreiheitswidrige Maßnahmen ergreifen.[1144] *Frotscher* vermag mit dem Argument zu überzeugen, dass die europäischen Organe ihre Kompetenz aus den Verträgen ableiten und daher in ihren Befugnissen durch die Verträge und durch die in ihnen inkorporierten Grundfreiheiten begrenzt werden.[1145]

Den Gemeinschaftsorganen sollte dabei aber die politische Ausgestaltungsfreiheit der Harmonisierungsmaßnahmen nicht vollständig entzogen werden; ihnen sollten Einschätzungen über Schnelligkeit, Reichweite und Möglichkeit einer Harmonisierungsmaßnahme zugebilligt werden. Dies führt zu der bereits innerstaatlich bekannten Frage, „*wie weit* [...] die Befugnis zur gerichtlichen Kontrolle" der Legislative reicht (Herv. durch Verf.).[1146] Bei den deutschen Grundrechten wird diese Abwägung zwischen „politischem Gestaltungsspielraum des Gesetzgebers und verfassungsrechtlicher Kontrollkompetenz"[1147] insbesondere innerhalb der sog. Verhältnismäßigkeit im weiteren Sinne wahrgenommen: grundsätzlich besteht zwar eine Kontrolle, dem Gesetzgeber wird aber in Bezug auf die Geeignetheit und Erforderlichkeit ein sog. Einschätzungs- und Prognosespielraum zugebilligt.[1148] *Stern* bezeichnet die Verhältnismäßigkeit i.w.S. daher auch als „Übermaßverbot".[1149]

1143 *Schön*, in: Schön/Schindler, Die SE im Steuerrecht, I. 2. c), Rn. 31.

1144 Ähnlich *Schön*, in: Schön/Schindler, Die SE im Steuerrecht, I. 2. c), Rn. 31.

1145 Siehe soeben Kapitel 4, B. I. 1. c) ii) (1).

1146 *Stern*, Staatsrecht, Bd. III/2, § 84, II 2 b), S. 777.

1147 *Stern*, Staatsrecht, Bd. III/2, § 84, II 2 b), S. 777. Vgl. in Hinblick auf Art. 20 Abs. 3 GG *Sachs*, in: Sachs, GG, Art. 20, Rn. 94: „Die Bindung bedeutet primär die Verpflichtung der jeweils zuständigen Gesetzgebungsorgane, die Vorgaben der verfassungsmäßigen Ordnung für ein ‚wirksames Gesetz' zu beachten, was Bereiche Gestaltungsfreiheit nicht ausschließt." und *Stern*, Staatsrecht, Bd. I, § 20, IV 1 b), S. 788: „Kein Gesetz darf im Widerspruch zur Verfassung stehen. [...] Der Gesetzgeber darf nicht nur in ‚Zielen' denken, sondern ‚er muß beachten, dass auch jeder Schritt auf dem Weg dahin sich vor der Verfassung und ihren unverzichtbaren Postulaten zu rechtfertigen hat.' Daraus folgt nicht, dass Gesetzgebung bloßer Verfassungsvollzug wäre; sie darf nur nicht im Widerspruch zur Verfassung stehen. Dies zu überwachen, ist Aufgabe der Verfassungsgerichtsbarkeit, die so zum Schlussstein des Rechtsstaates geworden ist."

1148 *Sachs*, Grundrechte, A 10, V. 2. b), Rn. 38, S. 149.

1149 *Stern*, Staatsrecht, Bd. III/2, § 84, S. 761 ff.

Ähnlich sollte mit der (politischen) Ausgestaltung der Harmonisierung durch die Gemeinschaftsorgane verfahren werden: Eine Überprüfung an den Grundfreiheiten muss zwar erfolgen, den Organen ist aber *innerhalb* der Rechtfertigung bei der Frage nach der Geeignetheit und der Erforderlichkeit einer Maßnahme eine Einschätzungsprärogative zuzubilligen.[1150]

Die stete Überprüfung des Sekundärrechts an den Grundfreiheiten, allerdings mit einer Einschätzungsprärogative innerhalb der Verhältnismäßigkeitsprüfung, ist auch mit der Rs. *Rewe-Zentral*[1151] vereinbar, auf die sich Literaturansichten beziehen, nach denen Maßnahmen der Gemeinschaft seltener an den Grundfreiheiten zu messen sind als solche der Mitgliedstaaten.[1152] In diesem Urteil legte der EuGH zunächst fest, dass die Grundfreiheiten, auch wenn sie sich „in erster Linie auf einseitige Maßnahmen der Mitgliedstaaten" bezögen, als fundamentale Binnenmarktgrundsätze auch von den Gemeinschaftsorganen beachtet werden müssten.[1153] Den Gemeinschaftsorganen sei dabei aber „notwendigerweise ein Ermessensspielraum insbesondere hinsichtlich der Möglichkeit zuzubilligen, die Harmonisierung nur in Etappen vorzunehmen und nur einen schrittweisen Abbau der einseitig von den Mitgliedstaaten getroffenen Maßnahmen zu verlangen."[1154]

Eine solche schrittweise Harmonisierung kann dadurch erreicht werden, dass der europäische Gesetzgeber nur in manchen Punkten Vorgaben macht – die ihrerseits nicht gegen die Grundfreiheiten verstoßen dürfen, bei denen dem Gemeinschaftsgesetzgeber aber ein Einschätzungsspielraum innerhalb der Verhältnismäßigkeit zugestanden wird. Über diese Minimalvorgaben hinaus geben dann (alleine) die Grundfreiheiten Maßstäbe vor.

So ist auch mit dem Betriebsstättenvorbehalt des Art. 12 Abs. 1 FRL als Minimalregelung vorgegeben worden, die in einer inländischen Betriebsstätte verbleibenden stillen Reserven nicht einer Wegzugsbesteuerung zu unterwerfen. Eine darüber hinausgehende Regelung für die restlichen stillen Reserven ist nicht getroffen worden. Diesbezüglich können die Mitgliedstaatenregelungen mithin variieren, solange sie nur mit den Grundfreiheiten vereinbar sind.[1155]

1150 Ähnlich *Schön*, in: Schön/Schindler, Die SE im Steuerrecht, I. 2. c), Rn. 32, der dem Gemeinschaftsgesetzgeber „bei der Durchsetzung von Allgemeininteressen" einen „erhebliche[n] Definitionsspielraum" zugestehen, ihn allerdings „auch insoweit an den Grundsatz der Erforderlichkeit und Verhältnismäßigkeit" binden möchte.

1151 EuGH v. 29.02.1984 – 37/83 („Rewe-Zentral"), Slg. 1984, 1229.

1152 *Möstl*, EuR 2002, 318, 328 ff. Ähnlich in der Argumentation *J. Caspar*, EuZW 2000, 237, 240 f., der den Spielraum des Gemeinschaftsgesetzgebers aber speziell in der Verhältnismäßigkeit verankert und damit in die Richtung der hier vertretenen Ansicht geht.

1153 EuGH v. 29.02.1984 – 37/83 („Rewe-Zentral"), Slg. 1984, 1229, 1248 f., Tz. 18.

1154 EuGH v. 29.02.1984 – 37/83 („Rewe-Zentral"), Slg. 1984, 1229, 1249, Tz. 19 f.

1155 Zu diesem Ergebnis gelangt auch *Schön*, in: Schön/Schindler, Die SE im Steuerrecht, I. 2. c), Rn. 33. Ähnlich *Altmeppen/Ego*, in: MüKo AktG, Bd. 7, Europ. Niederlassungsfreiheit, Rn. 135 f.

iii) (K)eine Besonderheit bei der SE durch die „Schöpfer"-Eigenschaft des Europäischen Gesetzgebers

Zuletzt ist noch darauf einzugehen, welche Konsequenzen sich für die Überprüfung des europäischen Sekundärrechtes daraus ergeben, dass die SE ihre Rechtspersönlichkeit aus der SE-Verordnung ableitet, der europäische Gesetzgeber mithin „Schöpfer" der SE ist.[1156] Denn wie in Kapitel 2, D., ausgeführt wurde, vertritt der EuGH in seiner Rechtsprechung zur Niederlassungsfreiheit von Gesellschaften die sog. „Schöpfertheorie", nach der es dem Gründungsstaat frei steht, über die (Fort-) Existenz „seiner" Gesellschaften zu bestimmen, ohne dass dies an der Niederlassungsfreiheit zu überprüfen ist.

Vielfach wird im Schrifttum vertreten, dass, wenn eine solche „Schöpfermacht" den Mitgliedstaaten zustehe, diese auch dem Europäischen Gesetzgeber in seiner Funktion als „Schöpfer" zukommen müsse. Auch er könne daher für seine „Geschöpfe", wie die SE, Mobilitätshindernisse ohne Überprüfung an der Niederlassungsfreiheit aufstellen.[1157] Eine für die SE sekundärrechtlich vorgesehene Wegzugsbesteuerung könnte daher möglicherweise doch nicht an der Niederlassungsfreiheit zu überprüfen sein.

Eilers und *Dondorf* äußern hierzu Bedenken. Denn zum einen stelle nicht nur Sekundärrecht (v.a. die SE-VO), sondern auch die Niederlassungsfreiheit als Primarrecht „Gemeinschaftsrecht dar, das die Realität der SE gestalte[.]". Zum anderen würde es sonst zu einer „Ungleichbehandlung[.] gegenüber vergleichbaren nationalen Rechtsformen der Mitgliedsstaaten kommen [...], [bei denen] auch gemeinschaftsrechtliches Sekundärrecht an den Grundfreiheiten zu messen [sei]."[1158]

Die Richtigkeit der „Schöpfertheorie" unterstellt, erscheint es angebracht, nicht nur den Mitgliedstaaten, sondern auch – und vielleicht sogar erst recht – dem europäischen Gesetzgeber in Bezug auf die von ihm „geschaffenen" Gesellschaftsformen zuzugestehen, über ihren (Fort-)Bestand zu bestimmen. Denn hier ist es gerade das europäische Recht, aus dem sie ihre Existenz ableiten und ohne das sie nicht bestehen würden. Zwar stellt in der Tat auch die Niederlassungsfreiheit europäisches Recht dar, das die Realität der SE grundsätzlich gestaltet. Für die „Schöpfertheorie" von Bedeutung ist aber allein der Umstand, *dass* der SE die Rechtsfähigkeit nach der

---

1156 Siehe Kapitel 2, A.

1157 *M. Casper/ Weller*, NZG 2009, 681, 683; *Eidenmüller*, JZ 2004, 24, 31; *Frotscher*, IStR 2006, 65, 70; *Ringe*, Die Sitzverlegung der Europäischen Aktiengesellschaft, 2. Teil, A. II. 4. a) cc), S. 67; *Schwarz*, SE-VO, Art. 7, Rn. 16; *Teichmann*, ZGR 2003, 367, 400; *D. Zimmer/Naendrup*, NJW 2009, 545, 549; im Ergebnis ebenso *Ehricke*, in: Lutter/Hommelhoff/Teichmann, SE, Art. 64, Rn. 4.

1158 *Eilers/Dondorf*, in: Reimer, Europäisches Gesellschafts- und Steuerrecht, S. 193 ff., 200 f. Vgl. zudem FG Rheinland-Pfalz v. 07.01.2011 – 1 V 1217/10, EFG 2011, 1096, 1097, Tz. 52, nach dem es bei der SE „gerade [als] einer erweiterten EU-Mobilität dienenden Rechtsform [...] zweifelhaft" ist, die EuGH-Rechtsprechung in den Rs. *Daily Mail* und *Cartesio* zu übertragen.

SE-Verordnung unter bestimmten Kriterien zugesprochen wird und ihr diese daher bei Nichtbeachtung der Kriterien ebenso wieder entnommen werden kann. Dadurch kommt es entgegen der Auffassung von *Eilers* und *Dondorf* auch nicht zu einer Ungleichbehandlung mit nationalen Gesellschaftsformen. Denn zwar ist bei ihnen das europäische Sekundärrecht an der Niederlassungsfreiheit zu messen,[1159] dafür aber nicht das nationale Gesellschaftsrecht, kraft dessen sie existieren. Eine Einschränkung ist in beiden Fällen jeweils (nur) durch den Gründungsgesetzgeber als „Schöpfer" möglich.

Dennoch ist die Niederlassungsfreiheit in Bezug auf eine im europäischen Sekundärrecht angelegte Wegzugsbesteuerung eröffnet. Denn die „Schöpfermacht" des Gründungsgesetzgebers bezieht sich allein auf die Anknüpfungspunkte, die die Gesellschaft aufweisen muss, damit sie zur Entstehung gelangt und auch weiterhin fortbesteht. Nur über diese „essentialia societatis" darf der „Schöpfer" frei bestimmen. Sonstige, darüber hinausgehende Kriterien sind hingegen an der Niederlassungsfreiheit zu überprüfen, da dann die Gesellschaft unter Aufrechterhaltung ihrer Rechtspersönlichkeit über die Grenze zieht und sich damit als (weiterhin) bestehendes Rechtssubjekt auf die Niederlassungsfreiheit berufen kann. Da steuerrechtliche Aspekte aber nicht „lebensnotwendig" für die SE sind, keine „essentialia societatis" darstellen, wäre eine vom europäischen Gesetzgeber angelegte Wegzugsbesteuerung der SE auch nach der „Schöpfertheorie" an der Niederlassungsfreiheit zu messen.[1160]

d) Zusammenfassung

Zusammenfassend lässt sich für die europarechtliche Vorgaben in Bezug auf die steuerliche Behandlung des Grenzübertrittes der SE erstens sagen, dass sich auch diese an den Grundfreiheiten und insbesondere der Niederlassungsfreiheit messen lassen müssen, obwohl der europäischen Union in Bezug auf die direkten Steuern keine „Gesetzgebungs"-Kompetenz zukommt.

Zweitens wird die Niederlassungsfreiheit als Prüfungsmaßstab auch nicht durch europäisches Sekundärrecht „konkretisiert": Zum einen ist die Zulässigkeit einer Sofortbesteuerung sekundärrechtlich weder durch den sog. Betriebsstättenvorbehalt der Fusionsrichtlinie noch durch das Einspruchsrecht nach Art. 8 Abs. 14 SE-VO vorgesehen. Zum anderen müsste sich eine solche sekundärrechtliche Regelung an den primärrechtlichen Vorgaben der europäischen Verträge messen lassen, denn die Gemeinschaftsorgane sind wie die Mitgliedstaaten an die Grundfreiheiten gebunden. Allerdings kommt ihnen – vergleichbar mit der Bindung des nationalen Gesetzgebers an die Grundrechte – eine Einschätzungsprärogative innerhalb der Verhältnismäßigkeitsprüfung zu. Und zuletzt hindert auch die „Schöpfer"-Judikatur des EuGH nicht die Überprüfung einer sekundärrechtlich verankerten Wegzugsbesteuerung an der Niederlassungsfreiheit, da diese nicht die (Fort-) Existenz der

1159 Soeben Kapitel 4, B. I. c) ii) (2).
1160 Siehe Kapitel 2, D. III.

SE betreffen würde und die SE sich mithin als weiterhin bestehendes Rechtssubjekt auf die Niederlassungsfreiheit berufen kann.

2. *Rechtfertigung einer Wegzugsbesteuerung als Beschränkung der Niederlassungsfreiheit, insbesondere Verhältnismäßigkeit*

Bereits in Kapital 2 (unter E. I.) wurde ausgeführt, dass jegliche Maßnahmen, die ein Mitgliedstaat für den Wegzug der SE vorsieht, diese in ihrer Niederlassungsfreiheit beschränken. Nicht nur eine Sofortbesteuerung der bisher unbesteuerten stillen Reserven, sondern auch weniger einschneidende Maßnahmen wie die Sicherheitsleistungen für einen Besteuerungsaufschub oder der rein bürokratische Aufwand zur Ermittlung der stillen Reserven stellen Beschränkungen dar. Auch die fehlende Berücksichtigung von nach der Verlegung des Wohnsitzes eintretenden Wertminderungen ist nach dem EuGH als Beschränkung zu werten.

Eine Beschränkung der Niederlassungsfreiheit lässt sich aber rechtfertigen durch das Territorialitäts- und das („Mikro"-) Kohärenzprinzip,[1161] soweit die Maßnahme verhältnismäßig ist. Hierbei gilt es die vom EuGH zum Wegzug von natürlichen Personen ergangenen Urteilen[1162] auf der einen Seite sowie die zum Wegzug von Gesellschaften, insbesondere in der Rs. *National Grid Indus* und *DMC*[1163] aufgestellten Kriterien auf der anderen Seite zu würdigen.

a) *Unterschiedliche Kriterien des EuGH zur Wegzugsbesteuerung von natürlichen Personen und von Gesellschaften*

i) Zwischen Sofortbesteuerung und Steueraufschub (Zeitkriterium)

Nach den zum Wegzug von natürlichen Personen ergangenen EuGH-Urteilen ist eine unmittelbar bei Grenzübertritt anfallende Wegzugbesteuerung „angesichts des mit der Bestimmung verfolgten Zweckes weder erforderlich noch verhältnismäßig."[1164] Diese Aussage hat das FG Rheinland-Pfalz auf die Wegzugsbesteuerung von Gesellschaften, speziell der SE, für übertragbar erachtet. Es sei „nicht einzusehen, aus welchen Gründen dies bei einer Gesellschaft anders zu beurteilen sein sollte."[1165] Eine „sinngemäße Anwendung" der für den Wegzug von natürlichen Personen vorgesehenen Stundungslösung des § 6 Abs. 5 AStG, erscheine möglich.[1166] Entsprechend erachtete die überwiegende Ansicht im Schrifttum lange Zeit auch

1161 Kapitel 2, E. II. 1.
1162 Darstellung der Urteile in Kapitel 2, C. I. 2.
1163 Dargestellt in Kapitel 2, C. I. 3.
1164 EuGH v. 21.11.2002 – C-436/00 („X und Y"), Slg. 2002, I-10847, I-10867, Tz. 57. Dahingehend auch EuGH v. 11.03.2004 – C-9/02 („Lasteyrie du Saillant"), Slg. 2004, I-2431, I-2454, Tz. 52.
1165 FG Rheinland-Pfalz v. 07.01.2011 – 1 V 1217/10, EFG 2011, 1096, 1099, Tz. 59.
1166 FG Rheinland-Pfalz v. 07.01.2011 – 1 V 1217/10, EFG 2011, 1096, 1099, Tz. 60.

beim Wegzug von Gesellschaften eine Sofortbesteuerung für unverhältnismäßig.[1167] Dem Einwand des Gesetzgebers, die Stundung der Steuer bis zur tatsächlichen Realisierung sei beim Wegzug von Gesellschaften nicht administrierbar,[1168] wurde entgegengehalten, dass verwaltungstechnische Schwierigkeiten die Beschränkung von Grundfreiheiten i.d.R. nicht zu rechtfertigen vermögen.[1169] Nur vereinzelt wurde damals schon befürchtet, dass beim Wegzug von Gesellschaften die Verfolgung der stillen Reserven im Ausland schwierig zu bewältigen sein könnte[1170] und möglicherweise Vollzugsdefizite entstehen könnten, die (jedenfalls) verfassungsrechtlich nicht hinnehmbar seien.[1171]

In der Rs. *National Grid Indus* äußerte sich der EuGH das erste Mal selbst zu dieser Frage und differenzierte zu den bisherigen Urteilen: Bei Gesellschaften könne der mit dem Steueraufschub verbundene Verwaltungsaufwand zur Verfolgung der stillen Reserven andere Dimensionen annehmen als bei natürlichen Personen. Denn „die Vermögenssituation einer Gesellschaft [könne] sich derart komplex darstellen, dass eine präzise grenzüberschreitende Nachverfolgung des Schicksals sämtlicher Anlage- und Umlaufvermögen einer Gesellschaft gehörender Gegenstände bis zur Realisierung darin vorhandener latenter Wertzuwächse fast unmöglich [sei]."[1172] Für die Gesellschaft selbst könne die Nachverfolgung der stillen Reserven „eine erhebliche oder sogar übermäßige Belastung bedeuten".[1173] Daher schlägt der Gerichtshof vor, der Gesellschaft die Wahl zwischen der Sofortbesteuerung und einem mit Verwaltungsaufwand verbundenen Aufschub der Steuer bis zur tatsächlichen

1167 *Aßmann*, Steuer&Studium 2006, 131, 139; *Boers*, Rassegna Tributaria 2006, 1401, 1414; *Eickmann/Stein*, DStZ 2007, 723, 727; *Kessler/Philipp*, DStR 2011, 1888, 1889; zum UmwStG *Klingberg/van Lishaut*, Der Konzern 2005, 698, 700; *Rödder*, DStR 2004, 1629, 1633; *ders.*, IStR 2005, 297, 298; *ders.*, in: FS Wassermeyer, 2005, S. 163 ff., 175; *Schaumburg*, in: FS Wassermeyer, 2005, S. 411 ff., 413; *ders.*, StJB 2008/2009, 193, 202; vgl. auch Europäische Kommission, KOM(2006) 825 endg., S. 7; a.A. *Mitschke*, Ubg 2011, 328, 336; *ders.*, IStR 2011, 294, 298.

1168 BT-Dr. 16/2710, S. 26 f.; BT-Dr. 318/1/10, S. 9.

1169 *Eickmann/Stein*, DStZ 2007, 723, 728; *Frobenius*, DStR 2009, 487, 490; (vorsichtig) *Richter/Heyd*, StuW 2010, 367, 377; *dies.*, Ubg 2011, 172, 175; *Sieker*, FR 2012, 352, 353; kritisch zudem *Schenke/Mohr*, DStZ 2009, 439, 446. Vgl. auch BFH v. 28.10.2009 – I R 99/08, BFHE 227, 83, 91 f., Tz. 31, I R 28/08, BFH/NV 2010, 432, 438, Tz. 62: „Jedenfalls sind allein die faktischen Schwierigkeiten beim Vollzug des späteren Besteuerungszugriffs nicht geeignet, [...]."

1170 *Hofmeister*, in: FS Wassermeyer, 2005, S. 437 ff., 448; *Klingberg/van Lishaut*, Der Konzern 2005, 698, 705; *Mitschke*, Ubg 2011, 328, 336; *ders.*, IStR 2011, 294, 298; *Müller-Gatermann*, in: FS Schaumburg, 2009, S. 939 ff., 942, 949 f.

1171 *Englisch*, IFSt-Schrift, Nr. 449 (2008), II. 3. b) bb), S. 84 f.; *Klingberg/van Lishaut*, Der Konzern 2005, 698, 705; teilweise *Schwenke*, DStZ 2007, 235, 246.

1172 EuGH v. 29.11.2011 – C-371/10 („National Grid Indus"), DStR 2011, 2334, 2341, Tz. 70. Kritisch *Wassermeyer*, IStR 2011, 813, 815.

1173 EuGH v. 29.11.2011 – C-371/10 („National Grid Indus"), DStR 2011, 2334, 2341, Tz. 70 f.

Realisierung zu ermöglichen.[1174] Optiere die Gesellschaft zur Steuerstundung und halte sie diese nicht für übermäßig aufwendig, so könne auch „der Aufwand, der auf der Steuerverwaltung des Herkunftsmitgliedstaats laste[.] [...], nicht als übermäßig eingestuft werden."[1175]

Mit dem Urteil in der Rs. *DMC* geht der EuGH diese Linie weiter und ergänzt, dass ein Steueraufschub dabei nicht bis zur tatsächlichen Realisierung erfolgen müsse, sondern eine „Staffelung der Zahlung der [...] Steuer in fünf Jahresraten in Anbetracht des mit der Zeit steigenden Risikos der Nichteinbringung [...] angemessen und verhältnismäßig [sei]."[1176]

ii) Voraussetzungen für einen Steueraufschub

Überdies hat sich der EuGH in der Judikatur zur Wegzugsbesteuerung natürlicher Personen zu der Frage geäußert, ob es dem Wegzugsmitgliedstaat gestattet ist, den Aufschub der Wegzugsbesteuerung nur unter zusätzlichen Voraussetzungen zu gewähren. Dabei hat er das Erfordernis der Stellung von Sicherheiten abgelehnt und damit begründet, dass es innerhalb Europas aufgrund der Amtshilfe-[1177] und Beitreibungsrichtlinie[1178] weniger einschneidende Möglichkeiten gebe, die Besteuerung der stillen Reserven zu sichern.[1179] Auch dürfe die Streckung nicht erst auf Antrag gewährt werden oder mit der zusätzlichen Zahlung von Zinsen belastet sein.[1180] Nach dem überwiegenden Schrifttum sollten auch diese Kriterien auf den Wegzug von Gesellschaften übertragbar sein.[1181]

1174 EuGH v. 29.11.2011 – C-371/10 („National Grid Indus"), DStR 2011, 2334, 2341 f., Tz. 73. Bestätigend EuGH v. 06.09.2012 – C-38/10 („Kommission/Portugal"), IStR 2012, 763, 765 Tz. 31 f.; v. 23.01.2014 – C-164/12 („DMC"), DStR 2014, 193, 198, Tz. 61. Zu einer ähnlichen Wahlmöglichkeit siehe auch schon Europäische Kommission, KOM(2006) 825 endg., S. 8.

1175 EuGH v. 29.11.2011 – C-371/10 („National Grid Indus"), DStR 2011, 2334, 2342, Tz. 77.

1176 EuGH v. 23.01.2014 – C-164/12 („DMC"), DStR 2014, 193, 198, Tz. 62; Bestätigt durch EuGH v. 21.05.2015 – C-657/13 („Verder LabTec"), DStR 2015, 1166, 1170, Tz. 5.

1177 Richtlinie 77/799/EWG des Rates v. 19.12.1977, geändert durch Richtlinie 79/1070/EWG des Rates v. 06.12.1979, Richtlinie 2003/93/EG des Rates v. 07.10.2003, Richtlinie 2004/56/EG des Rates v. 21.04.2004, Richtlinie 2004/106/EG des Rates v. 16.11.2004, neugefasst durch Richtlinie 2011/16/EU des Rates v. 15.02.2011, Abl. 2011 L 64/1.

1178 Richtlinie 76/308/EWG des Rates v. 15.03.1976, geändert durch Richtlinie 79/1071/EWG des Rates v. 06.12.1979, Richtlinie 2001/44/EG des Rates v. 15.06.2001, neugefasst durch Richtlinie 2008/55/EG des Rates v. 26.05.2008, Abl. 2008 L 150/28.

1179 EuGH v. 07.09.2006 – C-470/04 („N"), Slg. 2006, I-7445, I-7463 f., Tz. 51 ff.

1180 Vgl. EuGH v. 11.03.2004 – C-9/02 („Lasteyrie du Saillant"), Slg. 2004, I-2431, I-2455, Tz. 56.

1181 Vgl. *Aßmann*, Steuer&Studium 2006, 131, 139 f.; *Eickmann/Stein*, DStZ 2007, 723, 728 f.; *Richter/Heyd*, StuW 2010, 367, 378, mit der Einschränkung, dass ein

Allein den Bürokratieaufwand zur Ermittlung der stillen Reserven im Zeitpunkt des Wegzugs und die Übermittlung der Daten an die Steuerverwaltung stufte der EuGH als verhältnismäßig ein. Die Steuer erst bei tatsächlicher Realisierung festzusetzen, erfordere „alle Belege für die Ermittlung des Verkaufswerts [...] zum Zeitpunkt der Verlegung seines Wohnsitzes sowie für gegebenenfalls abzugsfähige Kosten aufzubewahren", was zu keiner geringeren Belastung führe.[1182] Dem schloss sich die Literatur abermals an.[1183]

Für den Wegzug von Gesellschaften erachtete es der EuGH in der Rs. *National Grid Indus* hingegen für möglich, dass der Gesellschaft für den Steueraufschub Zinsen berechnet werden. Zudem lehnte er die Stellung von Sicherheiten nicht grundsätzlich ab; so könne „das Risiko einer Nichteinziehung der Steuer" von Seiten des Mitgliedstaates durch „Maßnahmen wie d[er] Stellung einer Bankgarantie" begrenzt werden.[1184] In der Rs. *DMC* schränkte der EuGH dies aber wieder dahingehend ein, dass die Stellung einer Banksicherheit aufgrund ihrer beschränkenden Wirkung „nicht grundsätzlich ohne vorherige Bewertung des Nichteinbringungsrisikos" gefordert werden könne.[1185]

iii) Berücksichtigung späterer Wertminderungen (Höhenkriterium)

Zuletzt ist die Wegzugsbesteuerung natürlicher Personen nach dem EuGH in der Rs. *N* ihrer Höhe nach um die nach dem Grenzübertritt möglicherweise eintretenden Wertminderungen zu reduzieren, um als verhältnismäßig eingestuft zu werden, „soweit sie [sc. die Wertminderungen] nicht bereits im Aufnahmemitgliedstaat berücksichtigt worden sind."[1186] Nach einem Großteil des Schrifttums sollte dies wiederum für den Wegzug von Gesellschaften gelten.[1187] Doch auch hier gab es Stimmen, nach denen

---

Antragserfordernis zulässig sei; *Rödder*, DStR 2004, 1629, 1633; *ders.*, IStR 2005, 297, 298; *ders.*, in: FS Wassermeyer, 2005, S. 163 ff., 175; *Schön*, IStR 2004, 289, 296 f.; *ders.*, JbFfSt 2004/2005, 72, 80.

1182 EuGH v. 07.09.2006 – C-470/04 („N"), Slg. 2006, I-7445, I-7462, Tz. 48.

1183 *De Pietro*, Rassegna Tributaria 2006, 1377, 1396; *Ungemach*, Ubg 2011, 251, 254. Ebenso FG Düsseldorf v. 05.12.2013 – 8 K 3664/11 F, EFG 2014, 119, 121, Tz. 38. Vgl. auch *Schindler*, IStR 2004, 300, 309, der „eine Mitwirkungspflicht des Steuerpflichtigen, sich in jährlichen Abständen (formlos) über die betroffenen Beteiligungen zu erklären bzw. Auskunft zu erteilen" für verhältnismäßig hält. Kritisch hingegen *M. Lang*, in: FS Spindler, 2011, S. 297 ff., 323.

1184 EuGH v. 29.11.2011 – C-371/10 („National Grid Indus"), DStR 2011, 2334, 2342, Tz. 73 f. Hierzu *Crazzolara*, Riv. dir. trib. 2011, IV, 349, 363 f.; *Ege/Klett*, DStR 2012, 2442, 2449; *Körner*, IStR 2012, 1, 4; *Mitschke*, IStR 2012, 6, 10 f.; *ders.*, DStR 2012, 629, 635 f.; *Prinz*, GmbHR 2012, 195, 198.

1185 EuGH v. 23.01.2014 – C-164/12 („DMC"), DStR 2014, 193, 198 f., Tz. 65 ff. Dahingehend auch *Sieker*, FR 2012, 352, 353.

1186 EuGH v. 07.09.2006 – C-470/04 („N"), Slg. 2006, I-7445, I-7464, Tz. 54.

1187 Vgl. *Aßmann*, Steuer&Studium 2006, 131, 140; *Rödder*, DStR 2004, 1629, 1633; *ders.*, IStR 2005, 297, 298; *ders.*, in: FS Wassermeyer, 2005, S. 163 ff., 175; *Schön*, IStR

die aus der Berücksichtigung von Wertminderungen folgenden Dokumentations- und Kontrollpflichten die Finanzverwaltung überfordern und hieraus Vollzugsdefizite resultieren könnten.[1188]

Für den Wegzug von Gesellschaften entschied der EuGH in der Rs. *National Grid Indus* hingegen, dass „die Nichtberücksichtigung der Wertminderungen [...] nicht als unverhältnismäßig betrachtet werden."[1189] Denn „die Vermögenswerte einer Gesellschaft [seien] unmittelbar wirtschaftlichen Tätigkeiten zugewiesen. Außerdem w[e]rd[e] die Höhe des steuerpflichtigen Gewinns einer Gesellschaft zum Teil durch die Bewertung der Aktiva in der Bilanz der Gesellschaft beeinflusst, da die Abschreibungen die Besteuerungsgrundlage verringer[te]n."[1190] Das bedeute freilich nicht, dass die Wertminderungen gar nicht zu berücksichtigen seien, sondern nur, dass dies nicht durch den Wegzugsstaat erfolgen müsse. Vielmehr sei dazu der Zuzugsstaat verpflichtet. Dies gebiete die „Symmetrie zwischen dem Recht zur Besteuerung der Gewinne und der Möglichkeit, Verluste in Abzug zu bringen".[1191] Selbst wenn der Zuzugsstaat keine Berücksichtigung der Wertminderungen zulasse, müsse dies nicht der Wegzugsstaat ausgleichen. „Die Niederlassungsfreiheit k[ö]nn[e] nämlich nicht dahin verstanden werden, dass ein Mitgliedstaat verpflichtet [sei], seine Steuervorschriften auf diejenigen eines anderen Mitgliedstaates abzustimmen, um in allen Situationen eine Besteuerung zu gewährleisten, die jede Ungleichheit, die sich aus den nationalen Steuerregelungen ergibt, beseitig[e]."[1192] Daher sei es als verhältnismäßig zu erachten, dass der Wegzugsstaat den „Betrag der Steuer auf die nicht realisierten Wertzuwächse [...] endgültig – ohne Berücksichtigung möglicherweise später eintretender Wertminderungen oder Wertzuwächse – zu dem Zeitpunkt" ihrer Entstrickung festsetzt.[1193]

2004, 289, 297; *ders.*, JbFfSt 2004/2005, 72, 79; *ders.*, in: Schön/Schindler, Die SE im Steuerrecht, IV. 1. a) ff), Rn. 155; *Stewen*, FR 2010, 18, 24. Beachte auch Europäische Kommission, KOM(2006) 825 endg., S. 5, 7. A.A. *Hofmeister*, in: FS Wassermeyer, 2005, S. 437 ff., 446 f., nach dem die Wertveränderungen des Wirtschaftsgutes nach Umzug in die Besteuerungshoheit des Zuzugsstaates fallen.

1188 *Englisch*, IFSt-Schrift, Nr. 449 (2008), II. 3. b) bb), S. 84 f.; *Klingberg/van Lishaut*, Der Konzern 2005, 698, 705.

1189 EuGH v. 29.11.2011 – C-371/10 („National Grid Indus"), DStR 2011, 2334, 2340, Tz. 56.

1190 EuGH v. 29.11.2011 – C-371/10 („National Grid Indus"), DStR 2011, 2334, 2340, Tz. 57.

1191 EuGH v. 29.11.2011 – C-371/10 („National Grid Indus"), DStR 2011, 2334, 2340, Tz. 58.

1192 EuGH v. 29.11.2011 – C-371/10 („National Grid Indus"), DStR 2011, 2334, 2340 f., Tz. 62.

1193 EuGH v. 29.11.2011 – C-371/10 („National Grid Indus"), DStR 2011, 2334, 2341, Tz. 64. Hierzu *Biermeyer/Elsener/Timba*, ECFR 2012, 101, 107 ff.; (kritisch) *Brinkmann/Reiter*, DB 2012, 16, 18; *Crazzolara*, Riv. dir. trib. 2011, IV, 349, 357 ff.

b) *Kritische Würdigung*

Für besonders mild zu erachten wäre eine Wegzugsbesteuerung, die den Steuerpflichtigen möglichst so stellt, wie er bei Verbleiben im Inland stehen würde. Dafür dürfte die Steuerlast erstens nicht früher als im Inlandsfall, also erst bei tatsächlicher Realisierung, anfallen (Zeitkriterium), zweitens dürften keine Voraussetzungen wie die Stellung von Sicherheiten dem Steuerpflichtigen auferlegt werden und drittens dürfte der Steueranfall nicht höher ausfallen als im Inlandsfall, spätere Wertminderungen müssten mithin zu berücksichtigen sein (Höhenkriterium). Wie der EuGH in seinem Urteil *National Grid Indus* aber zutreffend herausgestellt hat, ist fraglich, ob eine so ausgestaltete Wegzugsbesteuerung für den Wegzug von Gesellschaften als geeignet und damit als verhältnismäßig i.w.S. erachtet werden kann.

i) Zwischen Sofortbesteuerung und Steueraufschub (Zeitkriterium)

In zeitlicher Hinsicht stellt ein Besteuerungsaufschub bis zur tatsächlichen Realisierung der stillen Reserven im Verhältnis zur Sofortbesteuerung zweifelsohne das mildere Mittel dar. Anders als bei natürlichen Personen eignet er sich jedoch beim Wegzug von Gesellschaften nicht ausreichend zur Sicherung der Besteuerung der inländischen Wertsteigerungen. Vielmehr ist hier, wie der EuGH zu Recht betont, zwischen natürlichen Personen und Gesellschaften zu unterscheiden. Denn für einen Steueraufschub bis zur tatsächlichen Realisierung bedarf es der Ermittlung der konkreten Zeitpunkte, in denen sich die stillen Reserven des Wegzugsstaates im Ausland realisieren. Die einzelnen Realisationsmomente müssen verfolgt und die Realisierung der stillen Reserven des *Wegzugsstaates* von der Realisierung der neu im *Zuzugsstaat* entstandenen stillen Reserven abgegrenzt werden. Dieser Aufwand hält sich bei der Wegzugsbesteuerung des § 6 Abs. 5 AStG zum Wegzug von natürlichen Personen in einem noch überschaubaren Rahmen. Schließlich betrifft die Norm durch ihren Bezug auf § 17 EStG allein im Privatvermögen gehaltene Beteiligungen,[1194] deren stille Reserven nur ausnahmsweise dann zu besteuern sind, wenn es zu einer Veräußerung kommt.

Beim Wegzug von Kapitalgesellschaften ist ein wesentlich höheres Potential an stillen Reserven betroffen. Denn abgesehen von ihrer zumeist ohnehin anderen Größenordnung trägt hier das gesamte Betriebsvermögen zur Erzielung der gewerblichen Einkünfte bei und ist somit steuerverstrickt (sog. Dualismus der Einkunftsarten[1195]). Für den Steueraufschub wären sämtliche, im Betriebsvermögen verhaftete Wertzuwächse im Ausland zu verfolgen. Hinzu kommt, dass sich stille Reserven des Betriebsvermögens nicht nur durch Veräußerung, sondern auch durch laufende Gewinne

---

1194 *Elicker*, in: Blümich, EStG/KStG/GewStG, § 6 AStG (Okt. 2015), Rn. 33; *Gropp*, in: Lademann, EStG, § 6 AStG (Sept. 2009), Rn. 26; *Kraft*, in: Kraft, AStG, § 6, Rn. 15; *Schaumburg*, StJB 2008/2009, 193, 213.

1195 BVerfG v. 07.07.2010 – 2 BvL 14/02, 2 BvL 2/04 u. a., BVerfGE 127, 1, 22 f., 29, Tz. 69, 83; *Hey*, in: Tipke/Lang, Steuerrecht, § 8, Rn. 181 ff.; *Schaumburg*, StJB 2008/2009, 193, 201.

realisieren können,[1196] so insbesondere bei Wirtschaftsgütern des Anlagevermögens, deren Wertgehalt durch Nutzung des Wirtschaftsgutes, bspw. durch Ingebrauchnahme einer Maschine, in den laufenden Gewinn einfließt. Dadurch ist die Ermittlung des Realisierungsmomentes der stillen Reserven sowie die Unterscheidung zu der Realisierung von stillen Reserven des Zuzugsstaates nochmals erschwert.[1197] Bei Betriebsvermögen, und insbesondere bei solchem von Kapitalgesellschaften, bedingt die Nachverfolgung der stillen Reserven mithin eine wesentlich höhere Dokumentation und Kontrolle als beim Privatvermögen natürlicher Personen,[1198] so dass hier eine Besteuerung erst bei tatsächlicher Realisierung im Ausland nicht so effizient durchführbar wäre und zu Vollzugsdefiziten führen könnte. Dieses Wegzugsbesteuerungsmodell ist daher zur (zuverlässigen) Erfassung der inländischen Wertsteigerungen nicht geeignet und kann unter europarechtlichen Aspekten nicht als verhältnismäßig erachtet werden. Dem ergänzt sich die verfassungsrechtliche Relevanz der Vollzugsdefizite in Bezug auf das Erfordernis der Rechtsanwendungsgleichheit[1199], wie bereits Teile des Schrifttums zutreffend angemerkt haben.

Neben den Vollzugsdefiziten kann der Verwaltungsaufwand auch für den Steuerpflichtigen derart schwer wiegen, dass er diesen von der Ausübung der Niederlassungsfreiheit abhalten könnte; insofern ist dem EuGH in der Rs. *National Grid Indus* zuzustimmen.

Zur Reduzierung dieses Verwaltungsaufwandes muss aber nicht auf die Sofortbesteuerung zurückgegriffen werden. Vielmehr ist der Verwaltungsaufwand so zu begrenzen, dass die Steuerstreckung weder die Finanzverwaltung noch den Steuerpflichtigen in Umsetzungsschwierigkeiten bringt und somit der Sofortbesteuerung als milderes, dann aber gleich geeignetes Mittel gegenüber steht.

Die vom EuGH im Urteil *National Grid Indus* vorgeschlagene Wahlfreiheit des Steuerpflichtigen zwischen der Sofortbesteuerung und dem Steueraufschub bis zur tatsächlichen Realisierung könnte möglicherweise den Bedürfnissen des Steuerpflichtigen im Einzelfall gerecht werden. Letzten Endes muss sich der Steuerpflichtige dann

---

1196 Siehe *L. Miele/M. Miele*, Corr. trib. 2012, 113, 116; *Rautenstrauch/Seitz*, Ubg 2012, 14, 15; *Rödder*, IStR 2005, 297, 299; *Sieker*, FR 2012, 352, 354; *Wassermeyer*, in: Piltz/Schaumburg, Internationale Betriebsstättenbesteuerung, 2001, S. 25 ff., 37; *ders.*, DB 2006, 1176, 1179. Vgl. zudem Schlussanträge des Generalanwalts Jääskinen v. 26.02.2015 – C-657/13 („Verder LabTec"),Tz. 20.

1197 Siehe auch *von der Laage*, StuW 2012, 182, 189. Zudem *Schönfeld*, IStR 2010, 133, 136 f.

1198 Siehe auch *von der Laage*, StuW 2012, 182, 189; *L. Miele/Russo*, Corr. trib. 2010, 630, 636; *Mitschke*, IStR 2011, 294, 298; *Thiel*, DB 2005, 2316, 2318. Zudem *Mitschke*, DStR 2012, 629, 630; a. A. jedenfalls bei einem Betriebsvermögen, das nur aus wenigen Wirtschaftsgütern besteht, *Kessler/Philipp*, DStR 2011, 1888, 1889.

1199 Hierzu BVerfG v. 27.06.1991 – 2 BvR 1493/89, BVerfGE 84, 239; v. 09.03.2004 – 2 BvL 17/02, BVerfGE 110, 94; *Birk*, StuW 2004, 277, 277 ff.; *Hey*, in: Tipke/Lang, Steuerrecht, § 3, Rn. 111 ff.; *Kirchhof*, StbJb. 1994/95, 5, 14 ff.; *Mellinghoff*, FR 2012, 989, 993; *Tipke*, Steuerrechtsordnung, Bd. 1, Teil III, § 7, 5.93, S. 359 ff.

aber zwischen zwei „Übeln" entscheiden: entweder er wählt die Sofortbesteuerung und nimmt damit Liquiditätsnachteile in Kauf oder er optiert zum Steueraufschub und muss dem dabei entstehenden Verwaltungsaufwand gerecht werden.[1200] Außerdem ist die Aussage des EuGH in Frage zu stellen, dass die Einschätzung des Verwaltungsaufwandes durch den Steuerpflichtigen auch für die Finanzverwaltung gelten könne:[1201] Allein weil der Steuerpflichtige hofft (!), dass er den Verwaltungsaufwand schon bewältigen werde, bedeutet dies nicht, dass auch der Finanzverwaltung kein übermäßiger Aufwand entstehen wird.[1202]

Eine verhältnismäßige Wegzugsbesteuerung kann aber erzielt werden, indem der Besteuerungszeitpunkt im Ausland typisiert wird. Die Besteuerung der stillen Reserven würde dann nicht zum tatsächlichen, sondern zum typisierten Realisationszeitpunkt anfallen.[1203] Diese Methode ist im Vergleich zur Sofortbesteuerung wesentlich milder und vermeidet zugleich den Verwaltungsaufwand, der bei Ermittlung der tatsächlichen Realisationsmomente im Ausland anfallen würde.

Auch verfassungsrechtlich sind Typisierungen anerkannt, soweit für sie ein erkennbares Bedürfnis besteht und sie zur Vereinfachung geeignet, erforderlich sowie verhältnismäßig i.e.S. sind.[1204] Zudem muss tatsächlich der „typische Fall", hier also möglichst realitätsgerechte Durchschnittsrealisationszeitpunkte, widergespiegelt werden.[1205]

1200 Dies sieht auch EuGH v. 29.11.2011 – C-371/10 („National Grid Indus"), DStR 2011, 2334, 2341 f., Tz. 73. Kritisch zudem *Heurung/Engel/Thiedemann*, EWS 2012, 46, 47; *von der Laage*, StuW 2012, 182, 190.

1201 EuGH v. 29.11.2011 – C-371/10 („National Grid Indus"), DStR 2011, 2334, 2342, Tz. 77. Dem EuGH zustimmend *Kessler/Philipp*, DStR 2012, 267, 271.

1202 Siehe auch *von der Laage*, StuW 2012, 182, 190.

1203 Siehe auch *von der Laage*, StuW 2012, 182, 189. Für einen entsprechenden Vorschlag im Einzelnen siehe Kapitel 4, F. II. 3.
Zur Erlangung von Rechtsanwendungsgleichheit durch Typisierung siehe *Tipke*, Steuerrechtsordnung, Bd. 1, Teil III, § 7, 5.93, S. 360; zudem *Birk/Desens/Tappe*, Steuerrecht, 1. Teil, § 2, B. IV., Rn. 218. Vgl. zudem die ähnlichen Vorschläge von *Hofmeister*, in: FS Wassermeyer, 2005, S. 437 ff., 448; *L. Miele/Russo*, Corr. trib. 2010, 630, 636; *Mitschke*, DStR 2012, 629, 630; *Richter/Heyd*, StuW 2010, 367, 377 ff.

1204 Vgl. BVerfG v. 04.04.2001 – 2 BvL 7/98, BVerfGE 103, 310, 319; v. 17.11.2009 – 1 BvR 2192/05 („Körperschaftsteuerminderungspotential"), BVerfGE 125, 1, 37, Tz. 87: „im rechten Verhältnis zu der mit der Typisierung notwendig verbundenen Ungleichheit der steuerlichen Belastung"; v. 12.10.2010 – 1 BvL 12/07, BVerfGE 127, 224, 245 f., 253 ff., Tz. 52, 72 ff.; *Birk/Desens/Tappe*, Steuerrecht, 1. Teil, § 2, B. IV., Rn. 218; *Hey*, in: Tipke/Lang, Steuerrecht, § 3, Rn. 147; *Tipke*, Steuerrechtsordnung, Bd. 1, Teil III, § 7, 5.921, S. 348 ff., eigene Stellungnahme S. 354 ff.; siehe zudem *Kirchhof*, in: Kirchhof, EStG, Einl., Rn. 30 ff.; *Weber-Grellet*, FR 2011, 1028, 1031. Zu Typisierungen im italienischen Steuerrecht siehe *Falsitta*, Diritto Tributario, Parte generale, 1. Teil, 6. Kap., II. 5., S. 176 f.

1205 BVerfG v. 25.09.1992 – 2 BvL 5/91 u.a. („Grundfreibetrag"), BVerfGE 87, 153, 172; v. 07.12.1999 – 2 BvR 301/98 („häusliches Arbeitszimmer"), BVerfGE 101,

Eine typisierte Steuerstreckung ist bereits *de lege lata* durch die Vorschriften der §§ 4g, 36 Abs. 5 EStG sowie Art. 1 Abs. 1 Satz 1 des Ministerialdekrets vom 2. Juli 2014 (Gazzetta Ufficiale Nr. 156 vom 8. Juli 2014) teilweise möglich. Jedoch ist fraglich, ob die von ihnen vorgesehene ratierliche Streckung auf fünf bzw. sechs Jahre als für alle Wirtschaftsgüter realitätsgerecht angesehen werden kann.[1206] Zwar hat der EuGH in der Rs. *DMC* die Streckung auf fünf Jahre für verhältnismäßig erachtet, dies allerdings nur „in Anbetracht des mit der Zeit steigenden Risikos der Nichteinbringung [...]."[1207]

Doch ist die aus dem Verfassungsrecht bekannte Realitätsnähe einer Typisierung auch europarechtlich zu wahren, um verhältnismäßig zu sein. Dies vermag eine Steuerstreckung auf fünf Jahre für alle Wirtschaftsgüter ohne jegliche Differenzierung nicht zu wahren:[1208] Speziell stille Reserven des Anlagevermögens realisieren sich häufig erst *nach* fünf Jahren. Denn zumeist reicht die Nutzungsdauer der Anlagegüter weit über fünf Jahre hinaus,[1209] so dass sich ihre stillen Reserven durch die Nutzung des Wirtschaftsgutes auch teilweise so spät erst in den laufenden Gewinnen widerspiegeln.[1210] So kann bspw. eine Biegemaschine mit einer Nutzungsdauer (nach der AfA-Tabelle)[1211] von 13 Jahren auch im letzten Jahr noch zum Produktionsgewinn beitragen.

ii) Voraussetzungen für einen Steueraufschub

Für die Umsetzung des Steueraufschubs hält es der EuGH beim Wegzug von Gesellschaften für zulässig, dass der Wegzugsmitgliedstaat Sicherheiten von der Gesellschaft verlangt; beim Wegzug von natürlichen Personen hat er dieses Erfordernis

---

297, 310; v. 17.11.2009 – 1 BvR 2192/05 („Körperschaftsteuerminderungspotential"), BVerfGE 125, 1, 37, Tz. 87; v. 06.07.2010 – 2 BvL 13/09 („häusliches Arbeitszimmer"), BVerfGE 126, 268, 278 f., Tz. 38; v. 12.10.2010 – 1 BvL 12/07, BVerfGE 127, 224, 245 f., 253 ff., Tz. 52, 72 ff.; *Birk/Desens/Tappe*, Steuerrecht, 1. Teil, § 2, B. IV., Rn. 218; *Drüen*, Ubg 2009, 23, 26; *Kirchhof*, in: Kirchhof, EStG, Einl., Rn. 32; *Weber-Grellet*, FR 2011, 1028, 1031.

1206 Siehe auch *Lenz*, in: Erle/Sauter, KStG, § 12, Rn. 66; a. A. *Mitschke*, DStR 2012, 629, 631.

1207 EuGH v. 23.01.2014 – C-164/12 („DMC"), DStR 2014, 193, 198, Tz. 62.

1208 Siehe auch *von der Laage*, StuW 2012, 182, 190; *Lenz*, in: Erle/Sauter, KStG, § 12, Rn. 66; a. A. *Mitschke*, DStR 2012, 629, 631.

1209 Vgl. nur BMF, AfA-Tabelle für die allgemein verwendbaren Anlagegüter („AV"), Nr. 0 der Tabellenliste.

1210 Zur zeitlichen Verknüpfung der Besteuerung stiller Reserven nach Wegzug mit ihrer Nutzungsdauer siehe auch *Rödder*, IStR 2005, 297, 299; *Schaumburg*, StJB 2008/2009, 193, 208 f., Fn. 54; *Schönfeld*, IStR 2010, 133, 137; *Wassermeyer*, in: Piltz/Schaumburg, Internationale Betriebsstättenbesteuerung, 2001, S. 25 ff., 37; *ders.*, DB 2006, 1176, 1179; *ders.*, IStR 2010, 461, 464. Siehe im Einzelnen Kapitel 4, G. II. 3.

1211 BMF, AfA-Tabelle für die allgemein verwendbaren Anlagegüter („AV"), Nr. 0 der Tabellenliste.

hingegen für unverhältnismäßig erachtet. Diese Unterscheidung begründet sich wiederum in der schwierigeren Nachverfolgung der stillen Reserven von Gesellschaften und vermag daher im Grundsatz zu überzeugen.

Bei dem Modell der Steuerstreckung mit typisierten Realisationsmomenten fällt der Nachverfolgungsaufwand aber gerade weg, so dass sich die Stellung von Sicherheiten nicht mehr als erforderlich erweist. Die Sicherung der späteren Durchsetzung der bereits im Moment des Wegzugs festgesetzten Steuer ist auch bei Gesellschaften mit der Beitreibungsrichtlinie ausreichend abgesichert. Wieso diese im Grundsatz weniger „vertrauenswürdig" sein sollen, ist nicht nachvollziehbar. Entsprechend hat der EuGH in der Rs. *DMC* die Sicherheitsleistung durch Gesellschaften auch wieder eingeschränkt und „nicht grundsätzlich ohne vorherige Bewertung des Nichteinbringungsrisikos" zugelassen.[1212]

Ebenso differenziert der EuGH zwischen natürlichen Personen und Gesellschaften für die Frage nach der Verzinsung der Steuerschuld. Anders als bei der Stellung von Sicherheiten ist hierfür der Grund jedoch nicht ersichtlich. Auch beim Wegzug von Gesellschaften sollte der Besteuerungsaufschub unverzinst möglich sein.[1213] Zudem sollte eine Steuerstreckung auch bei Gesellschaften nicht eines Antrags des Steuerpflichtigen bedürfen.

In Bezug auf den Bürokratieaufwand zur Angabe der im Moment des Wegzugs bestehenden stillen Reserven ist dem EuGH hingegen beizupflichten, dass dieser nicht als unverhältnismäßig zu erachten ist.[1214] Beim typisierten Steueraufschub wäre eine erst spätere Erfassung nicht denkbar, da zur Vermeidung des Verwaltungsaufwandes gerade nicht auf die tatsächlichen Realisationsmomente im Ausland abgestellt werden soll.

iii) Berücksichtigung späterer Wertminderungen (Höhenkriterium)

Zuletzt stellt sich die Frage, in welcher Höhe die Wertsteigerungen zu versteuern sind, genauer: ob nach dem Wegzug entstehende Wertminderungen bei der Ermittlung der Steuerlast zu berücksichtigen sind. Auch diesbezüglich scheint der EuGH zwischen dem Wegzug von natürlichen Personen und dem von Gesellschaften zu differenzieren und die Berücksichtigung späterer Wertminderung allein bei Gesellschaften für nicht erforderlich zu erachten.[1215]

Bei näherer Betrachtung fordert der EuGH hingegen auch für den Wegzug von natürlichen Personen die Berücksichtigung der nach dem Grenzübertritt entstehenden Wertminderungen nicht: nach der Rs. *N* sind spätere Wertminderungen nämlich nur steuermindernd zu beachten, soweit sie nicht vom Zuzugsstaat berücksichtigt

---

1212 EuGH v. 23.01.2014 – C-164/12 („DMC"), DStR 2014, 193, 198 f., Tz. 65 ff.

1213 Siehe auch *Benecke/Staats*, in: Dötsch/Pung/Möhlenbrock, KSt, § 12 (April 2016), Rn. 40; *Kessler/Philipp*, DStR 2012, 267, 272; *Sieker*, FR 2012, 352, 353.

1214 A.A. *Kraft/Gebhardt*, FR 2012, 403, 406.

1215 Vgl. EuGH v. 29.11.2011 – C-371/10 („National Grid Indus"), DStR 2011, 2334, 2340, Tz. 56: „Anders als in der Rechtssache, die dem Urteil *N* zugrunde lag, [...]."

werden.[1216] Dabei wird wohl eine DBA-rechtliche Vereinbarung der Staaten dahingehend, dass jeweils der Zuzugsstaat die späteren Wertverluste zu berücksichtigen hat, für ausreichend erachtet werden können. Doch auch ohne entsprechende DBA-rechtliche Regelung muss der Wegzugsstaat die Berücksichtigung der Wertminderungen nicht vom Zuzugsstaat abhängig machen: Wie auch der EuGH in der Rs. *National Grid Indus* erkennen lässt,[1217] entspricht es gerade der am Territorialitätsprinzip orientierten Kohärenz, Wertzuwächse wie auch -minderungen in dem Staat zu erfassen, in dem sie tatsächlich angefallen sind.[1218] Eine andere Aufteilung gilt nur, soweit die Staaten dies DBA-rechtlich vereinbart haben.

Finden die Wertminderungen im Zuzugsstaat nicht ausreichend Berücksichtigung, ist allein diesem die Europarechtswidrigkeit vorzuwerfen.[1219] Es kann nicht vom Wegzugsstaat verlangt werden, zu überprüfen, ob sich der Zuzugsstaat an die Aufteilung der Wertzuwächse und -minderungen hält. So stellt der EuGH in der Rs. *National Grid Indus* für den Wegzug von Gesellschaften treffend fest, dass der Wegzugsstaat seine Besteuerung nicht von der Aufnahme des Steuerpflichtigen im Zuzugsstaat abhängig machen muss. „Die Niederlassungsfreiheit k[ö]nn[e] nämlich nicht dahin verstanden werden, dass ein Mitgliedstaat verpflichtet [sei], seine Steuervorschriften auf diejenigen eines anderen Mitgliedstaates abzustimmen [...]."[1220] Diesem Grundsatz ist uneingeschränkt zuzustimmen und allgemeine Geltung – auch für den Wegzug von natürlichen Personen (!) – zuzuerkennen.

Einschränkend ist aber anzumerken, dass sich der Wegzugsstaat aufgrund der für Kohärenz- und Territorialitätsprinzip erforderlichen Systemstimmigkeit[1221] nur dann auf das Territorialitätsprinzip berufen darf, wenn er entsprechend bei Zuzügen die bei ihm entstandenen Wertminderungen berücksichtigt.

c) Zusammenfassung

Zusammenfassend ist festzuhalten, dass die Sofortbesteuerung freilich über das hinausgeht, was zur Sicherung der inländischen stillen Reserven erforderlich ist, und damit unverhältnismäßig ist. Da beim Wegzug von Kapitalgesellschaften die Verfolgung der stillen Reserven im Ausland jedoch einen erheblichen Verwaltungsaufwand bedingen würde, ist die Steuerstreckung unter typisierter Berücksichtigung der Realisationsmomente im Ausland als verhältnismäßig zu werten.

1216 EuGH v. 07.09.2006 – C-470/04 („N"), Slg. 2006, I-7445, I-7464, Tz. 54.

1217 EuGH v. 29.11.2011 – C-371/10 („National Grid Indus"), DStR 2011, 2334, 2340, Tz. 58.

1218 Dahingehend auch *Hofmeister*, in: FS Wassermeyer, 2005, S. 437 ff., 446 f.

1219 Vgl. *Sedemund*, Ubg 2009, 560, 567: „Danach kann ein Mitgliedstaat nicht zur Kompensation eines steuerlichen Nachteils gezwungen werden, wenn dieser Nachteil ursächlich auf eine Steuernorm eines anderen Mitgliedstaates zurückzuführen ist."

1220 EuGH v. 29.11.2011 – C-371/10 („National Grid Indus"), DStR 2011, 2334, 2340, Tz. 61 f.

1221 Auf eine „Symmetrie" des Steuersystems stellt auch der EuGH ab, v. 29.11.2011 – C-371/10 („National Grid Indus"), DStR 2011, 2334, 2340, Tz. 58. Siehe sogleich Kapitel 4, B. I. 3. b) ii).

Voraussetzung für den Besteuerungsaufschub darf weder die Stellung von Sicherheiten noch die Verzinsung der Steuer sein; allein der Bürokratieaufwand zur Ermittlung der zum Zeitpunkt des Wegzugs bestehenden stillen Reserven ist verhältnismäßig.

Bezüglich der Besteuerungshöhe hat sich ergeben, dass nach dem Wegzug entstehende Wertminderungen nur zu berücksichtigen sind, wenn dies DBA-rechtlich festgelegt wurde. Ansonsten entspricht es dem Territorialitätsprinzip, nur die im Inland entstandenen Wertminderungen bei der Berechnung der Wegzugssteuer einzubeziehen. Allerdings kann sich der Wegzugsstaat auf dieses nur berufen, wenn er spiegelbildlich bei Zuzug die Wertminderungen berücksichtigt, das System insoweit in sich stimmig ist.

3. Steuerliche Behandlung eines Zuzugs der SE

Aufmerksamkeit verdient bei Zuzügen die Frage nach der europarechtlichen (Un-) Zulässigkeit einer Zuzugsbesteuerung sowie den europarechtlichen Vorgaben für den Bewertungsmaßstab eines zuziehenden Wirtschaftsgutes.

a) Europarechtliche Unzulässigkeit einer Zuzugsbesteuerung

Eine an den Zuzug anknüpfende Besteuerung würde den Grenzübertritt weniger attraktiv machen und somit eine beschränkende Maßnahme darstellen. Die Rechtfertigung einer solchen Maßnahme scheitert sodann am erforderlichen Rechtfertigungsgrund: Kohärenz- und Territorialitätsprinzip lassen nur die Besteuerung solcher stiller Reserven zu, die ansonsten dem inländischen Steuerzugriff entzogen werden würden;[1222] durch den Zuzug werden aber inländische stille Reserven (bspw. einer inländischen Betriebsstätte) nicht *ent*strickt, vielmehr werden ausländische stille Reserven vom Zuzugsstaat aufgenommen und damit *ver*strickt.[1223]

Die früher vereinzelt vertretene Auffassung, die den Zuzug unter § 11 KStG a.F. (z.T. i.V.m. § 12 Abs. 2 KStG a.F.) subsumierte und dadurch zu einer Zuzugsbesteuerung kam, dürfte aber ohnehin aufgrund der nun neuen Ent- und Verstrickungskonzeption des SEStEG nicht mehr haltbar sein.[1224] Auch Italien sieht keine Zuzugsbesteuerung vor.[1225]

b) Europarechtliche Vorgaben für die Zuzugsbewertung

So klar das Schicksal der Zuzugsbesteuerung erscheint, so unklar sind die europarechtlichen Vorgaben für die Bewertung von zuziehenden Wirtschaftsgütern. Im Grundsatz gibt es drei Bewertungsmöglichkeiten: erstens kann die Verstrickung

---

1222 Kapitel 2, E. II. 1. c), d).

1223 Vgl. bereits (ohne europarechtlichen Bezug) *Knobbe-Keuk*, StuW 1990, 372, 377 f. Vgl. im Ergebnis zudem *Birk*, IStR 2003, 469, 473; *Rödder*, DStR 2004, 1629, 1634; *Schön*, IStR 2004, 289, 298.

1224 Bereits vor dem SEStEG kritisch: *Knobbe-Keuk*, StuW 1990, 372, 377 f., und *Schön*, IStR 2004, 289, 298.

1225 Siehe die Risoluzione (Verwaltungsentscheidung) v. 05.08.2008, Nr. 345/E.

zum gemeinen Wert (als eine Art Zeitwert) erfolgen, zweitens zu den (fortgeführten) Anschaffungs- oder Herstellungskosten oder drittens zu dem Wert, auf dem jeweils die Besteuerung des Wegzugsstaates basiert.

i) Beschränkung der Niederlassungsfreiheit?

Als problematisch erweist sich bei der Frage nach den europarechtlichen Vorgaben für die Verstrickungsbewertung bereits, ob in einer der möglichen Bewertungsmethoden eine Beschränkung der Niederlassungsfreiheit liegen könnte, ob sie also den Grenzübertritt weniger attraktiv machen würde. Ein vergleichbarer Inlandssachverhalt steht nicht zur Verfügung, da bei Umzügen innerhalb eines Staates die Frage nach einer Verstrickung nicht aufkommt. Denkbar wäre es höchstens, eine Beschränkung in der mit der Wahl der Bewertungsmethode verbundenen Gefahr der Doppelbesteuerung durch Erfassung von stillen Reserven sowohl im Wegzugs- als auch im Zuzugsstaat zu sehen. Jedoch ist es umstritten, ob in der unterlassenen Vermeidung von Doppelbesteuerungen eine Diskriminierung oder Beschränkung der Grundfreiheiten gesehen werden kann.[1226] Allerdings kann der Streit hier offen bleiben, da die Prinzipien der Kohärenz und der Territorialität unabhängig davon bei der Zuzugsbewertung zu beachten sind, wie im Folgenden zu zeigen ist.

ii) Berücksichtigung von Kohärenz- und Territorialitätsprinzip bei der *Zuzugs*bewertung zur Erhaltung der Rechtfertigungsgründe für eine *Wegzugs*besteuerung – das Erfordernis von Systemstimmigkeit und -symmetrie

Unabhängig davon, ob eine Zuzugsbewertung zur Beschränkung der Niederlassungsfreiheit führen kann, kommt den Rechtfertigungsgründen des Kohärenz- und des Territorialitätsprinzips eine erhebliche Bedeutung für sie zu. Denn diese beim *Weg*zug relevanten Rechtfertigungsgründe erfordern eine Stimmigkeit und Symmetrie des Regelungssystems:

Das Kohärenzprinzip soll gerade Widersprüche in der Steuerrechtsordnung vermeiden[1227] und verfolgt damit das Ziel eines in sich stimmigen Steuersystems. Dies zeigt sich auch in der Versagung des Rechtfertigungsgrundes der „Mikro-Kohärenz“

1226 Der EuGH hat sich bisher lediglich dahingehend geäußert, dass „das Gemeinschaftsrecht [...] bei seinem gegenwärtigen Stand [...] in Bezug auf die Beseitigung der Doppelbesteuerung innerhalb der Gemeinschaft keine allgemeinen Kriterien für die Verteilung der Kompetenzen der Mitgliedstaaten untereinander vor[schreibt].“ [EuGH v. 14.11.2006 – C-513/04 („Kerckhaert und Morres“), Slg. 2006, I-10981, I-10989, Tz. 22]. Siehe zu dieser Frage *Englisch*, IFSt-Schrift, Nr. 449 (2008), II. 3. a) aa), S. 71 f., III., S. 110 ff.; *Lehner*, in: Vogel/Lehner, DBA, 5. Aufl., Einl., Rn. 264a; *Sallustio*, Riv. dir. trib. 2011, I, 829, 853 ff.

1227 Siehe oben unter Kapitel 2, E. II. 1. c) i).

bei Vorliegen einer „Makro-Kohärenz“, bei der ein Mitgliedstaat auf die bei ihm angewachsenen stillen Reserven verzichtet, aber stattdessen „fremde“ stille Reserven des zuziehenden Steuerpflichtigen hinzugewinnt,[1228] und bereits dadurch die Stimmigkeit in seinem Steuersystem hergestellt wird. Die „Makro-Kohärenz“ zeigt weiter, dass auch eine Symmetrie des Steuersystems und hier genauer: zwischen Wegzugs- und Zuzugssituation erforderlich ist,[1229] denn der Wegzugsstaat verzichtet auf die Besteuerung „seiner“ stillen Reserven bei Wegzug nur aus dem Grund, dass er bei Zuzug „ausländische“ stille Reserven erfassen darf. Ebenso muss bei einer „Mikro-Kohärenz“ der Wegzugsstaat, der bei Wegzug „seine“ stille Reserven besteuern darf, die Symmetrie beachten und darf bei einem Zuzug die im Ausland angewachsenen Wertsteigerungen nicht erfassen.

Auch in Bezug auf das Territorialitätsprinzip hat sich der EuGH in der Rs. *National Grid Indus* dahingehend geäußert, dass die „Symmetrie“ innerhalb eines Steuersystems zu wahren sei, nämlich „zwischen dem Recht zur Besteuerung der Gewinne und der Möglichkeit, Verluste in Abzug zu bringen“.[1230]

Ist die Systemstimmigkeit und -symmetrie nicht hergestellt, können Kohärenz- und Territorialitätsprinzip nicht als Rechtfertigung für die steuerliche Erfassungsmethode von *wegziehenden* stillen Reserven herangezogen werden. Eine Rechtfertigung ist für die Wegzugsbesteuerung aber stets erforderlich, denn schließlich wird bereits der bürokratische Aufwand, die Höhe der stillen Reserven bei Wegzug festzustellen, vom EuGH als rechtfertigungsbedürftige Beschränkung der Niederlassungsfreiheit erachtet.[1231] Unabhängig von einer Beschränkung der Niederlassungsfreiheit durch die *Zuzugs*bewertung muss sie daher den Vorgaben des Kohärenz- und Territorialitätsprinzips entsprechen.

iii) Konsequenzen für die Zuzugsbewertung

Da der Zuzug von Wirtschaftsgütern das spiegelbildliche Pendant zu ihrem Wegzug darstellt, ist die Zuzugsbewertung, um eine Symmetrie des Steuersystems herzustellen, in Übereinstimmung mit der Wegzugsbesteuerung festzulegen.

1228 Siehe oben unter Kapitel 2, E. II. 1. c) ii).

1229 Ähnlich *Schindler*, IStR 2004, 300, 305 f. Vgl. zudem *Ismer/Reimer/Rust*, EWS 2004, 207, 213; *Kessler/Huck*, StuW 2005, 193, 214; *Weber-Grellet*, DStR 2009, 1229, 1231 f. Auch nach *Lupi*, Dialoghi di diritto tributario 2007, 582, 582, sollten Weg- und Zuzugsbewertung „nach dem gleichen Maßstab“ („secondo lo stesso parametro“) erfolgen.

1230 EuGH v. 29.11.2011 – C-371/10 („National Grid Indus“), DStR 2011, 2334, 2340, Tz. 58. Vgl. zum Erfordernis einer „equilibrata ripartizione del potere impositivo“ („ausgewogenen Aufteilung der Besteuerungsbefugnis“) zudem *Crazzolara*, Riv. dir. trib. 2011, IV, 349, 357.

1231 Siehe unter Kapitel 2, E. I.

(1) Zumeist: Verstrickung zum gemeinen Wert

Werden beim Wegzug alle im Inland angewachsenen stillen Reserven durch Abstellen auf den gemeinen Wert steuerlich erfasst, muss der gemeine Wert auch beim Zuzug maßgeblich sein. Weg- und Zuzugsbewertung müssen dabei aber mit möglichen DBA-Vorgaben übereinstimmen: Geben sie eine Aufteilung der stillen Reserven nach ihrem Entstehungs- und nicht nach dem Realisierungsort vor, wird dies am ehesten durch eine Anknüpfung an den gemeinen Wert für Weg- und Zuzug gewährleistet werden können.[1232] Aber auch ohne DBA-Vorgaben führt der gemeine Wert zu einer am Territorialitätsprinzip orientierten und damit kohärenten Aufteilung. Nimmt der andere Staat dennoch eine andere Bewertung bei Weg- oder Zuzug vor, ist (allein!) dieser verpflichtet, eine am Territorialitätsprinzip orientierte Aufteilung vorzunehmen und so Doppelbesteuerungen zu vermeiden.[1233]

(2) Verstrickung zu den (fortgeführten) Anschaffungs- oder Herstellungskosten als Erfordernis bei einer sog. „Makro-Kohärenz" – die „Makro-Kohärenz" als selbstständiger Rechtfertigungsgrund

Eine andere Verstrickungsbewertung als zum gemeinen Wert ist also nur dann zulässig, wenn die Mitgliedstaaten entsprechende DBA-rechtliche Vereinbarungen getroffen haben. Sehen diese beispielsweise vor, dass dem Zuzugsstaat die Besteuerung sämtlicher stiller Reserven zusteht, unabhängig davon, ob sich diese in Zuzugs- oder Wegzugsstaat gebildet haben, so darf die Verstrickung zu den (fortgeführten) Anschaffungs- oder Herstellungskosten erfolgen. Allerdings dürfen die Vertragsstaaten aufgrund des Erfordernisses einer Systemstimmigkeit dann auch spiegelbildlich im Wegzugsfall keinen Anspruch auf die im Inland entstandenen stillen Reserven erheben. Denn eine Wegzugsbesteuerung ließe sich nicht mehr mit dem Kohärenzprinzip rechtfertigen.[1234]

Mehr noch: eine Verstrickung „nur" zum gemeinen Wert wäre nicht zulässig, wenn der Wegzug keinerlei steuerliche Relevanz erfährt. Auf den ersten Blick erscheint die Verstrickung zum gemeinen Wert zwar für den Mitgliedstaat nachteilhaft, erfasst sie doch weniger stille Reserven, als ihm durch ein DBA-stimmiges System und damit nach der „Makro-Kohärenz" zustehen würden, so dass überlegt werden könnte, dies trotz Systemunstimmigkeit für zulässig zu erachten. Vor Umzug können sich aber auch Wert*minderungen* gebildet haben, die nur dann in Wegzugsfällen unberücksichtigt bleiben dürfen, wenn systemstimmig bei Zuzug

---

1232 Vgl. diesbezüglich *Körner*, IStR 2009, 741, 741 f., 747; *Zizzo*, Corriere Tributario 2008, 3581, 3585 ff.

1233 So treffend BFH v. 23.09.2008 – I B 92/08, BStBl. II 2009, 524, 526, Tz. 17. Vgl. zudem, wenn auch in anderem Zusammenhang, *Sedemund*, Ubg 2009, 560, 567: „Danach kann ein Mitgliedstaat nicht zur Kompensation eines steuerlichen Nachteils gezwungen werden, wenn dieser Nachteil ursächlich auf eine Steuernorm eines anderen Mitgliedstaates zurückzuführen ist."

1234 Siehe Kapitel 4, B. I. 3. b) ii).

entsprechende Wertminderungen erfasst werden.[1235] Anders gewendet: die steuerliche Nichtberücksichtigung eines Wegzugs kann die Niederlassungsfreiheit beschränken, wenn dadurch Wertminderungen, die sich im Inland gebildet haben, unberücksichtigt bleiben (und nicht z. B. durch außerordentliche Abschreibungen berücksichtigt wurden). Dies ist aber dann gerechtfertigt, wenn der Staat im Sinne einer „Makro-Kohärenz" umkehrt bei Zuzugsfällen dafür sich im Ausland gebildete Wertminderungen erfasst. Die „Makro-Kohärenz" ist in diesen Fällen mehr als nur ein Ausschluss der „Mikro-Kohärenz": sie selbst ist Rechtfertigungsgrund.[1236]

(3) Keine Verstrickungsbewertung in Abhängigkeit von der Entstrickungsbewertung des Wegzugsstaates

Abschließend noch: eine Verstrickungsbewertung in Abhängigkeit von der Entstrickungsbewertung des jeweiligen Wegzugsstaates führt zu einer System*un*stimmigkeit,[1237] denn damit greift der Zuzugsstaat auf stille Reserven zu, auf die er an anderer Stelle nicht verzichtet hat, oder er erfasst Wertminderungen nicht, obwohl er diese auch bei Wegzügen nicht zu berücksichtigen braucht.[1238] Der Ansicht, nach der die Anknüpfung an die Wegzugsbewertung erforderlich ist, um sog. „weiße Einkünfte"[1239] sowie Doppelbesteuerungen zu verhindern, ist zu entgegnen, dass diese erst gar nicht entstehen, wenn sich beide Staaten an das Territorialitätsprinzip bzw. an die davon abweichenden DBA-Regeln halten. Widerspricht die Regelung eines Staates den Vorgaben, ist allein dieser verpflichtet, dies zu unterlassen.[1240]

c) Zusammenfassung

Festzuhalten bleibt als erstes, dass eine Zuzugsbesteuerung europarechtlich unzulässig wäre und entsprechend weder in Deutschland noch in Italien vorgesehen ist.

1235 Unter dem Aspekt der zu berücksichtigenden Wertminderungen diskutiert *Stevanato*, Dialoghi di diritto tributario 2007, 579, 581, eine Anknüpfung der Verstrickungsbewertung in Abhängigkeit von der Bewertung des Wegzugsstaates.

1236 *Kessler/Huck*, StuW 2005, 193, 210, hingehen sehen in der „Makro-Kohärenz" keinen Rechtfertigungsgrund, sondern allein eine Einschränkung der „Mikro-Kohärenz".

1237 Vgl. auch *Zizzo*, Corriere Tributario 2008, 3581, 3586.

1238 Vgl. (auch in Bezug auf im Ausland entstandene Wertminderungen) *Lupi*, Dialoghi di diritto tributario 2007, 582, 583.

1239 *Fischer*, in: MüKo AktG, 2. Aufl., Bd. 9/2, SteuerR, Rn. 58. Für eine Anknüpfung an den Wert des Wegzugsstaates, wenn dieser den Marktwert zugrunde legt, spricht sich auch der Rat der Europäischen Kommission [Entschließung des Rates v. 02.12.08 zur Koordinierung im Bereich der Wegzugsbesteuerung (2008/C 323/01)] aus.

1240 Vgl. EuGH v. 29.11.2011 – C-371/10 („National Grid Indus"), DStR 2011, 2334, 2340 f., Tz. 62; BFH v. 23.09.2008 – I B 92/08, BStBl. II 2009, 524, 526, Tz. 17; sowie *Sedemund*, Ubg 2009, 560, 567: „Danach kann ein Mitgliedstaat nicht zur Kompensation eines steuerlichen Nachteils gezwungen werden, wenn dieser Nachteil ursächlich auf eine Steuernorm eines anderen Mitgliedstaates zurückzuführen ist."

Als zweiter Aspekt ist fraglich, ob die Bewertungsvorgaben bei Zuzug die Niederlassungsfreiheit beschränken. Dies kann aber offen bleiben, da die für die Rechtfertigung der Wegzugsbesteuerung erforderlichen Prinzipien der Kohärenz und der Territorialität eine Systemstimmigkeit und -symmetrie erfordern und somit indirekt Maßstäbe für die Zuzugsbewertung vorgeben. Das bedeutet im Einzelnen, dass die Verstrickungsbewertung das Spiegelbild zur Wegzugsbewertung darstellen und evtl. DBA-rechtliche Vereinbarungen berücksichtigen muss, um nicht eine Rechtfertigung der Wegzugsbesteuerung zu verhindern. In der Regel wird damit der gemeine Wert zulässiger Zuzugsmaßstab sein, denn er ist zumeist für den Wegzug relevant und entspricht einer DBA-rechtlichen Aufteilung der stillen Reserven nach ihrem Entstehungsort sowie auch dem Territorialitätsprinzip. Eine andere Zuzugsbewertung ist nur dann zulässig, wenn dies DBA-rechtlich entsprechend vereinbart wurde und die Vorgaben auch im Wegzugsfall eingehalten werden. Eine an die Entstrickungsbewertung des Wegzugsstaates anknüpfende Zuzugsbewertung vermag daher nicht zur Systemstimmigkeit führen und ist somit nicht für zulässig zu erachten.

Die Aufnahme der zuziehenden Wirtschaftsgüter in das Steuersystem und damit auch in das Steuer*bilanz*system des Zuzugsstaates erfolgt mithin unter anderen Kriterien, als die Aufnahme in das Handelsbilanzrecht des Zuzugsstaates, das in Kapitel 3 der Arbeit erörtert wurde. Während die Aufnahme ins Handelsbilanzrechtssystem von der Frage bestimmt wird, wie eine möglichst geringe Belastung für die SE erzielt werden kann, da eine Beschränkung der Niederlassungsfreiheit nur ausnahmsweise unter dem Aspekt des Gläubiger- und Aktionärsschutzes zu rechtfertigen ist,[1241] ist die steuerliche Aufnahme von den Prinzipien der Kohärenz und der Territorialität geprägt, nach denen es jedem Mitgliedstaat zusteht, die bei ihm angewachsenen stillen Reserven zu besteuern und durch die eine Beschränkung der Niederlassungsfreiheit – unter der Voraussetzung der Verhältnismäßigkeit der Maßnahme – gerechtfertigt ist. Um diese Rechtfertigung anführen zu können, muss die steuerliche Aufnahme im Zuzugsstaat systemstimmig zu dessen Behandlung einer Wegzugssituation sein. Anders als im Handelsbilanzrecht wird der Zuzug daher nicht von der (konkreten) Wegzugssituation im Wegzugsmitgliedstaat geprägt, sondern von der (generellen) Behandlung eines Wegzuges durch den Zuzugsstaat.

II. Verfassungsrechtliche Vorgaben: Folgerichtigkeit und Systemstimmigkeit der Besteuerung

Zusätzlich zu den europarechtlichen Grundfreiheiten können sich Vorgaben für die Wegzugzugsbesteuerung auch aus nationalem Verfassungsrecht ergeben.

1. *Grundsätzliches*

In Deutschland wird nach ständiger Rechtsprechung des Bundesverfassungsgerichts der Steuergesetzgeber in seinem Gestaltungsspielraum durch die Art. 3 Abs. 1 GG

1241 Siehe Kapitel 3, D. IV.

entspringenden Prinzipien der Leistungsfähigkeit und der Folgerichtigkeit begrenzt.[1242] Inwieweit das Prinzip der Leistungsfähigkeit den Gesetzgeber bereits bei der Auswahl des Besteuerungsgegenstandes beschränkt, wird kontrovers diskutiert.[1243] Das BVerfG äußert sich dahingehend, dass dem Gesetzgeber „bei der Auswahl des Steuergegenstandes als auch bei der Bestimmung des Steuersatzes und des Steuermaßstabs" ein „weitreichender Entscheidungsspielraum" zukomme.[1244]

Hat der Gesetzgeber aber eine Belastungsentscheidung einmal getroffen, muss er diese (unstreitig) „folgerichtig im Sinne der Belastungsgleichheit umsetzen."[1245] Das Gebot der Folgerichtigkeit fordert mithin die konsequente Umsetzung der einmal getroffenen Belastungsentscheidung und der ihr zugrunde liegenden Prinzipien innerhalb eines Systems und führt dadurch zur Stimmigkeit des Systems.[1246] Die Maßstäbe für eine beim Verstoß erforderliche Rechtfertigung sind jedoch umstritten:

1242 BVerfG v. 06.03.2002 – 2 BvL 17/99 („Rentenbesteuerung"), BVerfGE 105, 73, 125, Tz. 197; v. 08.06.2004 – 2 BvL 5/00 („Teilkindergeld"), BVerfGE 110, 412, 433, Tz. 64; v. 12.05.2009 – 2 BvL 1/00 („Jubiläumsrückstellungen"), BVerfGE 123, 111, 120, Tz. 26; v. 06.07.2010 – 2 BvL 13/09 („häusliches Arbeitszimmer"), BVerfGE 126, 268, 277 f., Tz. 36; v. 07.07.2010 – 2 BvL 14/02 u. a., BVerfGE 127, 1, 27 f., Tz. 79; v. 12.10.2010 – 1 BvL 12/07, BVerfGE 127, 224, 245, Tz. 51. Siehe zudem *Mellinghoff*, FR 2012, 989, 990.

1243 Vgl. FG Niedersachsen v. 21.04.2004 – 4 K 317/91, EFG 2004, 1065, Tz. 106 f.; *Hennrichs*, in: FS Lang, 2010, S. 237 ff., 241 ff.; *Hey*, FR 2008, 1033, 1034; *dies.*, DStR 2009, 2561, 2563; *Tipke*, Steuerrechtsordnung, Bd. 1, § 7, 5.86, S. 321 ff.; *ders.*, StuW 2007, 201, 207 ff.; *ders.*, JZ 2009, 533, 533 ff.

1244 BVerfG v. 03.09.2009 – 1 BvR 2384/08, BFH/NV 2010, 154, Tz. 31. Siehe auch BVerfG v. 06.03.2002 – 2 BvL 17/99 („Rentenbesteuerung"), BVerfGE 105, 73, 126, Tz. 198; v. 12.05.2009 – 2 BvL 1/00 („Jubiläumsrückstellungen"), BVerfGE 123, 111, 120, Tz. 26, 32; v. 06.07.2010 – 2 BvL 13/09 („häusliches Arbeitszimmer"), BVerfGE 126, 268, 277 f., Tz. 36; v. 07.07.2010 – 2 BvL 14/02 u. a., BVerfGE 127, 1, 27, Tz. 79; v. 12.10.2010 – 1 BvL 12/07, BVerfGE 127, 224, 245, Tz. 51. Siehe zudem *Mellinghoff*, in: FS Spindler, 2011, S. 153 ff., 161; *ders.*, Ubg 2012, 369, 370; *Weber-Grellet*, FR 2011, 1028, 1031.

1245 BVerfG v. 27.06.1991 – 2 BvR 1493/89, BVerfGE 84, 239, 271, Tz. 108; v. 22.06.1995 – 2 BvL 37/91, BVerfGE 93, 121, 136, Tz. 46; v. 06.03.2002 – 2 BvL 17/99 („Rentenbesteuerung"), BVerfGE 105, 73, 126, Tz. 198; v. 15.01.2008 – 1 BvL 2/04, („Gewerbesteuerfreiheit"), BVerfGE 120, 1, 44, Tz. 113; v. 12.05.2009 – 2 BvL 1/00 („Jubiläumsrückstellungen"), BVerfGE 123, 111, 120, Tz. 26; v. 12.10.2010 – 1 BvL 12/07, BVerfGE 127, 224, 245, Tz. 51; *Hennrichs*, DStJG 24 (2001), 301, 310; *Hey*, DStR 2009, 2561, 2563; *Mellinghoff*, in: FS Spindler, 2011, S. 153 ff., 162, 164; *ders.*, Ubg 2012, 369, 370; *Tipke*, StuW 2007, 201, 205 ff.; *Weber-Grellet*, FR 2011, 1028, 1031.

1246 *Birk*, in: FS Schaumburg, 2009, S. 3 ff., 12; *Hennrichs*, in: FS Lang, 2010, S. 237 ff., 250; *Hey*, BB 2000, 1453, 1454; *dies.*, DStR 2009, 2561, 2565. Siehe zudem BVerfG v. 07.07.2010 – 2 BvL 14/02 u. a., BVerfGE 127, 1, 29, Tz. 83: „systematische und insofern folgerichtige Konsequenz"; *J. Lang*, in: Tipke/Lang, Steuerrecht, 20. Aufl., § 4, Rn. 78 f.; *Schlotter*, FR 2007, 951, 953; *Tipke*, JZ 2009, 533, 534 ff. Vgl. auch *Hey*, in: Tipke/Lang, Steuerrecht, § 3, Rn. 99; kritisch *Weber-Grellet*, FR 2011, 1028, 1034.

Während das BVerfG in Entscheidungen zur Einkommensteuer durchaus strenge Rechtfertigungsmaßstäbe anlegt,[1247] scheint es im Bereich des Unternehmensteuerrechts eher restriktiv vorzugehen.[1248]

Demgegenüber zeichnet sich die italienische Verfassung dadurch aus, dass das Leistungsfähigkeitsprinzip nicht nur dem allgemeinen Gleichheitssatz zu entnehmen, sondern explizit in Art. 53 Abs. 1 vorgesehen ist: „Jedermann ist verpflichtet, im Verhältnis zu seiner Leistungsfähigkeit [„capacità contributiva"] zu den öffentlichen Ausgaben beizutragen."[1249] Eine strengere Handhabung wird dadurch jedoch nicht gewährleistet: vielmehr gewährt auch das italienische Verfassungsgericht dem Gesetzgeber einen weitreichenden Entscheidungsspielraum bei der Auswahl des Steuergegenstandes.[1250] Zudem lässt es als Leistungsfähigkeitsindikator jede Art von Vermögen ausreichen.[1251]

Inwieweit im Einzelnen eine „Systemgerechtigkeit" zu fordern ist, ist umstritten; hierzu *Hey*, BB 2000, 1453, 1454; eingehend *Tipke*, Steuergerechtigkeit, VI., (insbes.) S. 49. Siehe auch *Prokisch*, in: FS Vogel, 2000, S. 293 ff., 294 ff., der aus der Systemgerechtigkeit das Gebot der Folgerichtigkeit ableitet; BVerfG v. 22.02.1984 – 1 BvL 10/80, BVerfGE 66, 214, 223 f., Tz. 26: „Zwar führt Systemwidrigkeit für sich allein noch nicht zu einem Verstoß gegen Art. 3 Abs. 1 GG. Eine Verletzung der vom Gesetz selbst statuierten Sachgesetzlichkeit kann aber einen solchen Verstoß indizieren."

1247 BVerfG v. 30.09.1998 – 2 BvR 1818/91 („Verlustabzug"), BVerfGE 99, 88; v. 06.03.2002 – 2 BvL 17/99 („Rentenbesteuerung"), BVerfGE 105, 73; v. 09.12.2008 – 2 BvL 1/07 u. a., BVerfGE 122, 210.

1248 Vgl. BVerfG v. 12.05.2009 – 2 BvL 1/00 („Jubiläumsrückstellungen"), BVerfGE 123, 111. Zu diesem Vorwurf siehe: *Drüen*, Ubg 2009, 23, 24; *Hennrichs*, in: FS Lang, 2010, S. 237 ff., 237 f.; *Hey*, BB 2000, 1453, 1453 ff.; *dies.*, DStR 2009, 2561, 2562, 2566 ff.; *J. Lang/Hey/Seer*, in: Tipke/Lang, Vorwort zur 20. Aufl.; *Mellinghoff*, FR 2012, 989, 992; *Schulze-Osterloh*, in: FS Lang, 2010, S. 255 ff., 255 ff.

1249 Zusätzlich wird das Leistungsfähigkeitsprinzip aber auch als im Gleichheitsgrundrecht (Art. 3 Costituzione italiana – italienische Verfassung) verankert erachtet, siehe *Falsitta*, Diritto Tributario, Parte generale, 1. Teil, Kap. 6, II. 4., S. 169 ff.; *Tesauro*, Diritto Tributario, parte generale, Kap. 4, 7., S. 43 f.

1250 Corte Costituzionale v. 21.05.2001, Nr. 156, Giurisprudenza costituzionale 2001, 1229, 1253: „[...] rientra nella discrezionalità del legislatore [...] la determinazione dei singoli fatti espressivi della capacità contributiva [...]." („[...] liegt im Ermessen des Gesetzgebers, [...] die einzelnen Bestandteile der Leistungsfähigkeit festzulegen [...]." Siehe hierzu *Amatucci*, StuW 2007, 285, 288; *De Mita*, Principi di Diritto Tributario, Teil 1, Kap. 11, 2., S. 85; *F. Moschetti*, in: FS Lang, 2010, S. 1079 ff., 1088.

1251 Corte Costituzionale v. 21.05.2001, Nr. 156, Giurisprudenza costituzionale 2001, 1229, 1253: „[...] capacità contributiva che [...] può essere desunta da qualsiasi indice che sia rivelatore di ricchezza e non solamente dal reddito individuale." („[...] die Leistungsfähigkeit, die [...] sich jedem Indiz, aus dem sich Reichtum entwickeln kann, und nicht nur dem individuellen Einkommen entnehmen lassen kann."). Hierzu *Tesauro*, Diritto Tributario, parte generale, Kap. 4, 4., S. 39 f.; kritisch *F. Moschetti*, in: FS Lang, 2010, S. 1079 ff., 1088 f.; ein engeres Verständnis des Leistungsfähigkeitsprinzips vertritt *Falsitta*, Diritto Tributario, Parte generale, 1. Teil, Kap. 6, II. 4., S. 169 ff.

Von besonderer Bedeutung auch im italienischen Steuerrecht ist aber das Prinzip der Folgerichtigkeit („coerenza“).[1252]

2. *Zur Verletzung der folgerichtigen Umsetzung des Realisationsprinzips*

a) *Das Realisationsprinzip als folgerichtig umzusetzende Belastungsentscheidung*

Bei einer Wegzugsbesteuerung, die unabhängig von Realisationszeitpunkten auf Wertzuwächse zugreift, steht zwangsläufig eine Durchbrechung des Realisationsprinzips im Raum. Dabei wird im deutschen Steuerrecht vielfach vertreten, dass das Realisationsprinzip verfassungsrechtlich im Prinzip der Leistungsfähigkeit[1253] und ggf. in Art. 14 GG[1254] verankert sei und daher nicht abgeschafft werden könne. Jedenfalls aber stellt das das Realisationsprinzip ein grundeigenes Besteuerungsprinzip dar,[1255] welches der Gesetzgeber folgerichtig umzusetzen hat.

b) *Rechtfertigung eines Ersatzrealisationstatbestandes bei Wegzug*

Durchbrechungen des Realisationsprinzips durch sog. Ersatzrealisationstatbestände lassen sich rechtfertigen, wenn dem Fiskus anderenfalls die stillen Reserven entzogen würden, denn dem Prinzip liegt die Vorstellung zugrunde, dass zum

---

1252 Siehe Corte Costituzionale v. 12.07.1965, Nr. 69, Giurisprudenza costituzionale 1965, 855, 855 ff.; *Falsitta*, Diritto Tributario, Parte generale, 1. Teil, Kap. 6, II. 4., S. 173 ff.; *De Mita*, Principi di Diritto Tributario, Teil 1, Kap. 11, 6., S. 89 f.

1253 Vgl. *Kessler/Huck*, StuW 2005, 193, 205; *Knobbe-Keuk*, Bilanz- und Unternehmenssteuerrecht, Kap. 1, § 6, II. 1., S. 254 f., § 7, I., S. 269; *von der Laage/Reusch*, NZG 2009, 245, 247 f.; *Musil*, FR 2011, 545, 546; *Richter/Heyd*, StuW 2010, 367, 375; *Schaumburg*, StJB 2008/2009, 193, 200; *Stadler/Elser*, BB-Special 8/2006, 18, 22; *dies.*, in: Blumenberg/Schäfer, SEStEG, B. II. 2. h), S. 57; a. A. *Thiel/Lüdtke-Handjery*, Bilanzrecht, § 4, VI. 8., Rn. 363; *Tipke*, DStJG 4 (1981), 1, 4.

1254 *Kessler/Huck*, StuW 2005, 193, 205 f.; *Schlotter*, FR 2007, 951, 956.

1255 Treffend *Knobbe-Keuk*, Bilanz- und Unternehmenssteuerrecht, Kap. 1, § 7, I., S. 268. Zudem BFH v. 28.10.2009 – I R 99/08, BFHE 227, 83, 91, Tz. 30, I R 28/08, BFH/NV 2010, 432, 438, Tz. 61: „[...] es ist vielmehr Ausfluss des allgemeinen Grundsatzes, nach dem Gewinne erst besteuert werden, wenn sie sich tatsächlich realisiert haben.“; *Englisch*, in: FS Lang, 2010, S. 167 ff., 182; *Hey*, BB 2007, 1303, 1303: „[...] an die Grundfesten des Ertragsteuerrechts, die keine Diskussion zulassen: [...] Realisationsprinzip.“; *Musil*, FR 2011, 545, 546: „Das Realisationsprinzip gehört zu den tragenden Grundsätzen [...] steuerlicher Gewinnermittlung.“; *Pezzer*, DStJG 14 (1991), 3, 23: „das systemtragende Prinzip der einkommensteuerrechtlichen Gewinnermittlung“; dahingehend auch *Hennrichs*, DStJG 24 (2001), 301, 315 ff.; *ders.*, in: FS Lang, 2010, S. 237 ff., 239; a. A. *Tipke*, DStJG 4 (1981), 1, 2 ff. Zur Unzulässigkeit der Besteuerung von „Scheingewinnen“ („utili fittizi“) im italienischen Steuerrecht siehe *De Mita*, Principi di Diritto Tributario, Teil 2, Kap. 6, 34., S. 190.

Zeitpunkt der tatsächlichen Realisierung am Markt eine Besteuerung tatsächlich erfolgen kann.[1256]

Beim Ersatzrealisationstatbestand der Entstrickungsbesteuerung scheint eine solche Rechtfertigung auf der Hand zu liegen, schließlich ist eine spätere Besteuerung zum Realisationszeitpunkt nicht mehr möglich, wenn der Wegzug zu einer Steuerentstrickung und damit per definitionem zu einem Ausscheiden der stillen Reserven aus dem Steuerzugriff führt.

Könnte dies als Rechtfertigung der Durchbrechung des Realisationsprinzips ausreichen, würde es aber das Erfordernis einer Rechtfertigung ad absurdum führen: Der Gesetzgeber bräuchte nur die Tatbestände, in denen eine Verstrickung noch gegeben ist, einzuengen, so dass es schneller zu einer Entstrickung kommen würde und ein Ersatzrealisationstatbestand als Durchbrechung des Realisationsprinzips gerechtfertigt wäre. Damit könnte sich der Gesetzgeber selber von den „Fesseln" des Folgerichtigkeitsgebots befreien. Dies kann freilich nicht sein. Der Gesetzgeber muss vielmehr dafür Sorge tragen, dass dem Fiskus der Besteuerungszugriff bis zum Zeitpunkt der tatsächlichen Realisierung möglich bleibt. Nur wenn dies nicht erreichbar ist, kann ein Ersatzrealisationstatbestand gerechtfertigt werden.

Da sich die stillen Reserven bei der Wegzugsbesteuerung auch später noch am Markt realisieren können und allein der zu eng gefasste Besteuerungstatbestand eine weitere Erfassung der wegziehenden stillen Reserven verhindert, lässt sich der Ersatzrealisationstatbestand hier nicht rechtfertigen. Anders ist dies beim Ersatzrealisationstatbestand der Privatentnahme, bei der der Steuerpflichtige eine spätere Realisierung der stillen Reserven am Markt durch die Entnahme aus dem Betrieb ausschließt.

Eine mangelnde Rechtfertigung liegt nicht nur bei innerstaatlichen, sondern auch bei abkommensrechtlichen Entstrickungen vor, denn der im Abkommen liegende Grund der Entstrickung ändert nichts daran, dass der Gesetzgeber selbst sein Besteuerungsrecht bzgl. der stillen Reserven aufgegeben hat; möchte er auf diese zugreifen, muss er dies – auch abkommensrechtlich – gewährleisten.

In eine ähnliche Richtung geht der Gedanke von *Knobbe-Keuk*, nach der ein Ersatzrealisationstatbestand auf dem Willen des Steuerpflichtigen beruhen muss: „Gegen die Besteuerung stiller Reserven auch ohne Realisierung, auch ohne daß liquide Mittel zur Verfügung stehen, ist dann – aber auch nur dann – nichts einzuwenden, wenn der Steuerpflichtige eben die Ersatzrealisierung [...] vornimmt."[1257]

Mit dem Grenzübertritt führt der Steuerpflichtige zwar eine Handlung durch. Diese ist aber nicht unmittelbar auf eine Entstrickung gerichtet; der Steuerpflichtige

1256 *Hennrichs*, DStJG 24 (2001), 301, 317; *ders.*, in: Tipke/Lang, Steuerrecht, § 9, Rn. 450; *Pezzer*, DStJG 14 (1991), 3, 23; *Schaumburg*, StJB 2008/2009, 193, 201.

1257 *Knobbe-Keuk*, Bilanz- und Unternehmenssteuerrecht, Kap. 1, § 7, I., S. 283 ff., Zitat S. 285. Vgl. auch BFH v. 16.12.1975 – VIII R 3/74, BStBl. II 1976, 246, 247; *Kessler/Huck*, StuW 2005, 193, 206: „freiwillige Disposition des Steuerpflichtigen".

nimmt damit – anders bei einer Überführung ins Privatvermögen – keine gewollte Ersatzrealisierung vor. Denn die stillen Reserven sollen weiterhin im Betriebsvermögen verankert bleiben und da bestenfalls auch realisiert werden. Die Entstrickung ist lediglich mittelbare Folge des Wegzugs, die vom Gesetzgeber jeder Zeit geändert werden könnte, und damit keine auf dem Willen des Steuerpflichtigen, sondern auf dem des Gesetzgebers beruhende Folge darstellt.

Ist die Besteuerung bei Realisierung im Ausland aber *tatsächlich* erschwert – man könnte von einer „faktischen Entstrickung" sprechen –,[1258] ist es dem Fiskus auch bei weiterhin bestehender rechtlicher Verstrickung der stillen Reserven nicht immer möglich, auf die realisierten Werte zuzugreifen. In diesem Fall könnte daher eine Ersatzrealisierung gerechtfertigt sein. Auch kann diese zur Vermeidung von Vollzugsdefiziten sogar erforderlich sein, die nach Art. 3 Abs. 1 GG (Rechtsanwendungsgleichheit) nicht zulässig sind.[1259]

Eine Ersatzrealisierung in Form einer Sofortbesteuerung vorzunehmen, wird man aber nicht als verhältnismäßig einstufen können. Vielmehr ist zur Vermeidung von Vollzugsdefiziten der Rückgriff auf Typisierungen anerkannt:[1260] Durch die Wegzugsbesteuerung in Form einer typisierten Steuerstreckung kann ein Gleichgewicht zwischen folgerichtiger Umsetzung des Realisationsprinzips und der Gewährung der Rechtsanwendungsgleichheit erreicht werden. Damit ist die bereits unter europarechtlichen Kriterien vorgeschlagene Wegzugsbesteuerung unter Beachtung typisierter Realisationsmomente[1261] auch verfassungsrechtlich das überzeugendste Modell.

3. *Systemstimmigkeit im Hinblick auf die Zuzugssituation?*

Folgerichtigkeit bedeutet nicht nur die konsequente Umsetzung von Belastungsentscheidungen, sondern auch eine Konsequenz innerhalb der Ausnahmen, wodurch es erst zu einer Systemstimmigkeit kommen kann.[1262] Fraglich ist, inwieweit Systemstimmigkeit in Bezug auf die Behandlung von Zuzugssituationen erforderlich ist. Dem Zugriff auf die inländischen stillen Reserven bei Wegzug liegt sicherlich die Grundvorstellung des Gesetzgebers zugrunde, die im Inland angewachsenen stillen Reserven besteuern zu wollen. Doch erscheint der Umkehrschluss, dass er ausländische stille Reserven nicht besteuern wolle, gewagt und widerspräche der Besteuerung nach dem Welteinkommensprinzip. Jedenfalls wäre eine entsprechende

1258 Über die Möglichkeit einer Entstrickung aufgrund einer „erschwerten Durchsetzung des Steueranspruchs" denkt *Hey*, in: Tipke/Lang, Steuerrecht, 20. Aufl., § 17, Rn. 238, nach. Vgl. zudem *Mitschke*, IStR 2012, 6, 10.

1259 Siehe bereits Kapitel 4, B. I. 2. b) i).

1260 *Tipke*, Steuerrechtsordnung, Bd. 1, Teil III, § 7, 5.93, S. 360; zudem *Birk/Desens/Tappe*, Steuerrecht, 1. Teil, § 2, B. IV., Rn. 218.

1261 Siehe Kapitel 4, B. I. 2. b) i).

1262 *Englisch*, in: FS Lang, 2010, S. 167 ff., 210. Siehe auch *Schaumburg*, StJB 2008/2009, 193, 196.

Belastungsentscheidung eher von geringer Grundsatzbedeutung, so dass dem Gesetzgeber hier mitunter ein relativ weiter Ermessenspielraum zuzubilligen ist.

Da mit dem SEStEG in Deutschland aber nicht nur die Entstrickung, sondern auch die Verstrickung zum gemeinen Wert zu bewerten ist, wäre eine erforderliche Systemstimmigkeit sogar gewahrt. In Italien ist es hingegen umstritten, zu welchem Wert eine Verstrickung vorzunehmen ist.[1263]

4. *Zusammenfassung*

Gesetzgeberische Entscheidungen werden durch das Gebot der folgerichtigen Umsetzung einmal getroffener Belastungsentscheidungen begrenzt. Das durch eine Wegzugbesteuerung möglicherweise durchbrochene Realisationsprinzip stellt als grundeigenes Besteuerungsprinzip eine Belastungsentscheidung in diesem Sinne dar, die mithin folgerichtig umzusetzen ist. Zwar ist die Rechtfertigung einer Durchbrechung des Realisationsprinzips grundsätzlich möglich. Nicht ausreichend ist dafür aber, dass dem Fiskus lediglich aufgrund zu „enger" Besteuerungstatbestände ein späterer Besteuerungszugriff nicht möglich ist. In diesen Fällen obliegt es vielmehr dem Gesetzgeber, den Besteuerungstatbestand zu erweitern, anstatt auf die Wegzugsbesteuerung als Ersatzrealisationstatbestand zurückzugreifen. Ist der Steuerzugriff hingegen faktisch nicht möglich, ist zur Vermeidung von Vollzugsdefiziten eine Typisierung heranzuziehen. Auch als verfassungsrechtlich zulässiger Ersatzrealisationstatbestand kommt daher eine typisierte Steuerstreckung in Betracht.

Zudem ist Systemstimmigkeit zu schaffen. Allerdings scheint dem Gesetzgeber keine Grundentscheidung dahingehend entnommen werden zu können, dass er allein inländische stille Reserven besteuern wolle (vgl. das Welteinkommensprinzip), so dass der Wegzugsbesteuerung unter diesem Aspekt keine Vorgaben für die Verstrickung zuziehender stiller Reserven entnommen werden kann.

C. Die deutsche Entstrickungsbesteuerung beim Wegzug der SE

Die vom deutschen Gesetzgeber vorgesehene Wegzugsbesteuerung knüpft mit der Vorschrift des § 12 Abs. 1 KStG an die Entstrickung von stillen Reserven an: Steht der Bundesrepublik Deutschland durch Wegzug der SE das Besteuerungsrecht an den in der SE ruhenden stillen Reserven nicht mehr zu, so bestimmt § 12 Abs. 1 KStG, dass diese aufgedeckt und besteuert werden.

Im Folgenden soll zunächst (I.) der in § 12 Abs. 1 KStG implementierte Besteuerungsauslöser der Steuerentstrickung näher beleuchtet und (II.) ermittelt werden, welche stillen Reserven mit der SE wegziehen und von der Besteuerung nach § 12 Abs. 1 KStG erfasst werden. Weiter (unter III.) wird auf die Rechtsfolge einer Sofortbesteuerung und mögliche Abmilderungen eingegangen, sodann (IV.) ein kurzer

1263 Siehe Kapitel 4, E. II.

Blick auf die Ebene der Gesellschafter geworfen, um am Ende dieses Abschnitts (V.) eine Gesamtwürdigung der deutschen Entstrickungsbesteuerung unter europa- wie auch verfassungsrechtlichen Aspekten vorzunehmen.

I. Der Besteuerungsauslöser: die sog. Steuerentstrickung

1. Die Wegzugsbesteuerung nach dem SEStEG

Der deutsche Steuergesetzgeber setzte mit dem Gesetz über steuerliche Begleitmaßnahmen zur Einführung der Europäischen Gesellschaft und zur Änderung weiterer steuerrechtlicher Vorschriften (SEStEG) vom 7. Dezember 2006[1264] die Vorgaben der europäischen Fusionsrichtlinie um[1265] und modifizierte dabei die deutsche Wegzugsbesteuerung. Bis zum SEStEG wurde der Wegzug einer Körperschaft mit einer Liquidationsbesteuerung nach § 12 Abs. 1 KStG a.F. i.V.m. § 11 KStG regelrecht sanktioniert. Besteuerungsauslöser war damals der Verlust der unbeschränkten Steuerpflicht, während der Umzug „kleinerer Einheiten", wie einzelner Wirtschaftsgüter, unbeachtlich blieb. Auch die Rechtsfolge erging nach dem „Alles-oder-Nichts"-Prinzip und erfasste mit der Liquidationsbesteuerung *sämtliche* stille Reserven – unabhängig davon, ob sie weiterhin in Deutschland steuerverstrickt blieben oder nicht.

Der mit dem SEStEG neu gefasste § 12 Abs. 1 KStG geht nun differenzierter vor und unterscheidet zwischen „entstrickten" und „verstrickten" stillen Reserven, wodurch die Besteuerung auf solche stille Reserven beschränkt wird, die auch tatsächlich dem deutschen Besteuerungszugriff entzogen werden:[1266] Besteuerungsauslöser ist nun die Entstrickung von stillen Reserven; Rechtsfolge ist die Besteuerung („nur") der sich tatsächlich entstrickenden stillen Reserven.

Die Liquidationsbesteuerung nach § 11 KStG ist über § 12 Abs. 3 KStG nur noch für die Fälle vorgesehen, in denen „die unbeschränkte Steuerpflicht in der Europäischen Union oder im Europäischen Wirtschaftsraum verloren geht"[1267], also in denen die Körperschaft in keinem Mitgliedstaat mehr unbeschränkt steuerpflichtig ist.[1268] Da die SE sich nur *innerhalb* der Gemeinschaft (inkl. EWR) bewegen

---

1264 BGBl. I 2006, 2782.

1265 Zudem sollten SE und SCE steuerlich „begleitet" und die Rechtsprechung des EuGH zur Wegzugsbesteuerung beim Wegzug natürlicher Personen umgesetzt werden, BT-Dr. 16/2710, S. 1. Zur Fusionsrichtlinie unter Kapitel 4, B. I. 1. b).

1266 Zur Terminologie von „Entstrickung" und „Verstrickung" sogleich unter Kapitel 4, C. I. 2.

1267 BT-Dr. 16/2710, S. 31, Nr. 7.

1268 *Benecke/Staats*, in: Dötsch/Pung/Möhlenbrock, KSt, § 12 (Dez. 2012), Rn. 505; *Binnewies*, GmbH-StB 2007, 117, 120; *Blumenberg/Lechner*, BB-Special 8/2006, 25, 32, Fn. 82; *dies.*, in: Blumenberg/Schäfer, SEStEG, C. II. 3., S. 89; *Dötsch/Pung*, DB 2006, 2648, 2650; *Ege/Klett*, DStR 2012, 2442, 2448; *Eickmann/Stein*, DStZ 2007, 723, 724; *Frotscher*, in: Frotscher/Maas, KStG, § 12 (Sept. 2014), Rn. 168; *Hruschka*, StuB 2006, 631, 636; *Kolbe*, in: Herrmann/Heuer/Raupach, EStG/KStG, Jahresband 2007, § 12

(sog. Territorialitätserfordernis gem. Art. 7 Satz 1 SE-VO)[1269] und damit nicht in einen Drittstaat ziehen kann, findet die Liquidationsbesteuerung des § 12 Abs. 3 KStG auf die SE im Grundsatz keine Anwendung.[1270]

Nur in den wenigen Ausnahmefälle, in denen zwar Satzungssitz und Hauptverwaltung in der Gemeinschaft verbleiben, der Ort der Geschäftsleitung aber in einen Drittstaat zieht,[1271] kann Satz 2 des § 12 Abs. 3 KStG anwendbar sein, wenn die dadurch entstehende Doppelansässigkeitssituation von dem anwendbaren DBA[1272] mit der sog. tie-breaker-rule i.S.d. Art. 4 Abs. 3 OECD-MA zugunsten des Geschäftsleitungsstaates[1273] gelöst wird. Die SE ist dann DBA-rechtlich nicht mehr als in einem Mitgliedstaat ansässig anzusehen, wodurch die Folgen des § 12 Abs. 3 KStG ausgelöst werden. Daneben kann § 12 Abs. 3 KStG auch auf die SE anwendbar sein, wenn Hauptverwaltung oder Satzungssitz in einen Drittstaat ziehen, da der Verstoß gegen Art. 7 SE-VO nicht automatisch, sondern erst nach erfolglosem Fristablauf zur Liquidation der Gesellschaft führt.[1274]

2. Terminologie der Steuerentstrickung und Konstellationen beim Wegzug der SE

Ausschlaggebend für die Wegzugsbesteuerung des § 12 Abs. 1 KStG i.d.F. des SEStEG ist die Entstrickung stiller Reserven. Dabei ist unter dem Begriff der Entstrickung das Ausscheiden von stillen Reserven aus dem Besteuerungszugriff eines Staates

---

KStG (Mai 2007), Rn. J 06–30; *Lenz*, in: Erle/Sauter, KStG, § 12, Rn. 85; *Pfirrmann*, in: Blümich, EStG/KStG/GewStG, § 12 KStG (Mai 2015), Rn. 94.

1269 Siehe eingangs Kapitel 1, A. II. 2., sowie *Eickmann/Stein*, DStZ 2007, 723, 725; *Heuschmid/Schmidt*, NZG 2007, 54, 55; *Schön*, in: Schön/Schindler, Die SE im Steuerrecht, IV. 5., Rn. 188; *ders./Schindler*, IStR 2004, 571, 572.

1270 *Frotscher*, in: Frotscher/Maas, KStG, § 12 (Sept. 2014), Rn. 166. Zudem *Eickmann/Stein*, DStZ 2007, 723, 725, und *Lammel/Maier*, in: Manz/Mayer/Schröder, SE, Teil D, Kap. 6, Rn. 32, die eine Anwendung generell ausschließen. A.A. *Dötsch/Pung*, DB 2006, 2648, 2650; *Bilitewski*, FR 2007, 57, 60, bei der es sich aber um einen Tippfehler zu handeln scheint, da die Autorin inhaltlich eindeutig auf § 12 Abs. 1 KStG und nicht auf Abs. 3 Bezug nimmt.

1271 Dieser kann sich vom Ort der Hauptverwaltung unterscheiden, siehe eingangs Kapitel 1, A. II. 3.

1272 Zu den einzelnen Unterschieden der DBA in diesem Punkt vgl. *Lehner*, in: Vogel/Lehner, DBA, Art. 4, Rn. 290 ff.

1273 Zwar ist der Begriff der Geschäftsleitung i.S.v. Art. 4 Abs. 3 OECD-MA im Gegensatz zu Art. 4 Abs. 1 OECD-MA autonom auszulegen, jedoch stimmt er zumeist mit dem Geschäftsleitungsbegriff i.S.v. § 10 AO überein, *Drüen*, in: Tipke/Kruse, AO, § 10 (Aug. 2014), Rn. 11; *Lehner*, in: Vogel/Lehner, DBA, Art. 4, Rn. 263 ff.

1274 *Schön*, in: Schön/Schindler, Die SE im Steuerrecht, IV. 5., Rn. 189. Zum gesellschaftsrechtlichen Ablauf siehe *Schwarz*, SE-VO, Art. 64, Rn. 15, 19.

sowie die Beschränkung[1275] des Zugriffsrechtes zu verstehen. Spiegelbildlich meint der Terminus der Verstrickung die Erfassung von Werten in einem Besteuerungssystem. Anders gewendet: kann der Fiskus stille Reserven bei ihrer Aufdeckung besteuern, sind sie verstrickt, anderenfalls sind sie entstrickt.[1276]

Um stille Reserven besteuern zu können, müssen sie sowohl innerstaatlich als auch DBA-rechtlich dem deutschen Steuerzugriff unterliegen – nur dann sind sie im deutschen Besteuerungssystem „verstrickt". Eine Entstrickung entsteht dementsprechend bereits dann, wenn die stillen Reserven aufgrund von innerstaatlichen *oder* aufgrund von DBA-rechtlichen Vorschriften aus dem deutschen Besteuerungsrecht ausscheiden.

Beim Wegzug der SE werden in der Regel sowohl Geschäftsleitung (§ 10 AO) als auch Satzungssitz (§ 11 AO) ins Ausland verlagert, so dass die Gesellschaft in Deutschland beide Anknüpfungspunkte für eine unbeschränkte Steuerpflicht nach § 1 Abs. 1 KStG verliert.[1277] Denn Satzungssitz und (gesellschaftsrechtliche) Hauptverwaltung der SE müssen sich gem. Art. 7 Satz 1 SE-VO im gleichen Mitgliedstaat befinden und der Ort der Hauptverwaltung stimmt zumeist mit dem (steuerrechtlichen) Ort der Geschäftsleitung überein.[1278] Mit diesem Verlust der unbeschränkten Steuerpflicht werden alle stillen Reserven der SE (bereits nach innerstaatlichem Recht) steuerentstrickt, die nicht über eine beschränkte Steuerpflicht nach § 2 Nr. 1 KStG i.V.m. § 49 EStG erfasst bleiben.[1279]

Zu einem Auseinanderfallen von Satzungssitz und Ort der Geschäftsleitung kann es beim Wegzug der SE aber kommen, wenn entweder der Ort der Hauptverwaltung i.S.d. SE-Verordnung nicht dem (steuerrechtlichen) Ort der Geschäftsleitung entspricht oder wenn der Ort der Hauptverwaltung entgegen Art. 7 SE-VO (vorübergehend) nicht im selben Mitgliedstaat liegt wie der Satzungssitz.[1280] Verbleibt einer

---

1275 Eine Beschränkung des Besteuerungsrechtes liegt vor, wenn zwar ein grundsätzliches Besteuerungsrecht besteht, die vom anderen Staat erhobene Steuer aber durch Anrechnung zu berücksichtigen ist, *Bode*, in: Kirchhof, EStG, § 4, Rn. 108; *Lenz*, in: Erle/Sauter, KStG, § 12, Rn. 36.

1276 Vgl. *Binnewies*, GmbH-StB 2007, 117, 119; *Blumenberg*, in: FS Schaumburg, 2009, S. 559 ff., 571; *Kessler/Huck*, StuW 2005, 193, 197; *Klingberg/van Lishaut*, Der Konzern 2005, 698, 704; *Meurer*, in: Lademann, EStG, § 4 (Mai 2008), Rn. 346; *Prinz*, GmbHR 2007, 966, 967 f.; *Schaumburg*, StJB 2008/2009, 193, 193, 196; *ders.*, Internationales Steuerrecht, Kap. 5, E. II. 2., Rn. 5.347; *Stadler/Elser*, BB-Special 8/2006, 18, 18, 23.

1277 *Fischer*, in: MüKo AktG, Bd. 7, SteuerR, Rn. 88; *Schön*, in: Schön/Schindler, Die SE im Steuerrecht, IV. 1. a) bb) (3), Rn. 119.

1278 Siehe oben Kapitel 1, A. II. 3.

1279 *Kolbe*, in: Herrmann/Heuer/Raupach, EStG/KStG, Jahresband 2007, § 12 KStG (Mai 2007), Rn. J 06–13. Zur fortbestehenden Verstrickung durch die beschränkte Steuerpflicht siehe Kapitel 4, C. I. 2. b).

1280 Siehe *Schön*, in: Schön/Schindler, Die SE im Steuerrecht, II. 2. a) cc), Rn. 54. Zur zweiten Möglichkeit auch *Aßmann*, Steuer&Studium 2006, 131, 132. Zur Terminologie von Geschäftsleitungsort und Ort der Haupverwaltung siehe unter Kapitel 1, A. II. 3.

der beiden steuerrechtlichen Anknüpfungspunkte in Deutschland, bleibt die SE nach § 1 Abs. 1 KStG unbeschränkt steuerpflichtig und es kommt nach innerstaatlichen Vorschriften nicht zu einer Entstrickung.

Allerdings kann es zu einer Entstrickung aufgrund von Doppelbesteuerungsabkommen kommen: Das Auseinanderfallen der Anknüpfungspunkte führt i.d.R. zu einer doppelten Ansässigkeit der Gesellschaft (auch andere Staaten knüpfen die unbeschränkte Steuerpflicht an eben diese Merkmale), die DBA-rechtlich mit Art. 4 Abs. 3 OECD-MA entsprechenden Regeln gelöst wird, nach denen die Gesellschaft in dem *Geschäftsleitungs*staat[1281] als ansässig gilt. Der Nicht-Geschäftsleitungsstaat kann daher nur eine Quellenbesteuerung erheben, soweit er Quellenstaat ist und das Besteuerungsrecht nach DBA dem Quellenstaat zugewiesen wird,[1282] also nur bei Einkünften inländischer Betriebsstätten nach Art. 7 Abs. 1, 13 Abs. 2 OECD-MA und im Inland belegenem unbeweglichen Vermögen nach Art. 6 Abs. 1, 13 Abs. 1 OECD-MA.

1281 Art. 4 Abs. 3 OECD-MA spricht vom „Ort der tatsächlichen Geschäftsleitung". Zwar ist der Begriff autonom auszulegen, also unabhängig von innerstaatlichen Begriffen. Nach Ziff. 24 des OECD-MA Kommentars wird er aber als der Ort bestimmt, „an dem die grundlegenden [...] Entscheidungen [...] getroffen werden." Damit ist er mit dem Ort der Geschäftsleitung nach § 10 AO zu vergleichen, siehe *Schaumburg*, Internationales Steuerrecht, Kap. 16, K. II., Rn. 16.209; *Wassermeyer/Kaeser*, in: Wassermeyer, DBA, Art. 4 MA (März 2013), Rn. 103; sowie mit der italienischen „sede amministrativa" [zu dieser Kapitel 4, D. I. 1. a) i)]: *Sallustio*, in: Corapi/Pernazza, La Società Europea, Art. 12 della direttiva 2009/133/CE, 2., S. 342. Siehe näher zu dem Begriff: *Lehner*, in: Vogel/Lehner, DBA, Art. 4, Rn. 264 ff.; *Mayr/Fort*, Corr. trib. 2001, 2086, 2087 ff.; *Melis*, Il trasferimento della residenza fiscale, Kap. 2, 6.2., S. 260; *Zizzo*, in: Sacchetto/Alemanno, Diritto Tributario Internazionale, S. 210.
Allerdings vertritt Italien, dass für die Auslegung des „Ortes der tatsächlichen Geschäftsleitung" nicht alleine ausschlaggebend sein könne, wo die grundlegenden Entscheidungen getroffen werden. Es seien vielmehr *auch* andere Merkmale zu berücksichtigen, insbesondere wo die Haupttätigkeit ausgeübt werde (vgl. Ziff. 25 des OECD-Kommentars; hierzu *Mayr/Fort*, Corr. trib. 2001, 2086, 2088; *Melis*, Il trasferimento della residenza fiscale, Kap. 2, 6.2., S. 261; *Uckmar/Corasaniti/De' Capitani di Vimercate*, Diritto tributario internazionale, Kap. 2, Sez. I, 6., S. 56). Da in Deutschland dieses Merkmal aber – anders als in Italien [siehe Kapitel 4, D. I. 1. a) i)] – keine unbeschränkte Steuerpflicht nach § 1 Abs. 1 KStG begründet, soll in dieser Arbeit zur Vereinfachung davon ausgegangen werden, dass für die Bestimmung des „Ortes der tatsächlichen Geschäftsleitung" der tie-breaker-rule die Merkmale des (innerstaatlichen) Ortes der Geschäftsleitung ausschlaggebend sind. Kritisch bzgl. der italienischen Anmerkung *Melis*, Il trasferimento della residenza fiscale, Kap. 2, 6.2., S. 262, und Ausführungen zu den neusten Entwicklungen des OECD-MA S. 263 ff.

1282 Siehe *Baggio*, Riv. d. trib. 2006, 537, 547; *Mayr*, Corr. trib. 1990, 905, 906; *Schaumburg*, Internationales Steuerrecht, Kap. 16, H. I., Rn. 16.174; *Wassermeyer*, in: Flick/Wassermeyer/Kempermann, DBA Schweiz, Art. 4 (Juli 2000), Rn. 191 f.

Verbleibt der Ort der Geschäftsleitung mithin im Inland, ist der Bundesrepublik Deutschland das Besteuerungsrecht als Ansässigkeitsstaat weiterhin zugewiesen.[1283] Die Wegzugsbesteuerung nach § 12 Abs. 1 KStG wird mangels Entstrickung weder nach innerstaatlichen Regeln noch DBA-rechtlich ausgelöst.[1284]

Da dem Nicht-Geschäftsleitungsstaat aber die Besteuerung als Quellenstaat zusteht, Art. 4 Abs. 3 OECD-MA, kann es zu einer Entstrickung kommen, wenn Wirtschaftsgüter zusammen mit der Hauptverwaltung und/oder dem Satzungssitz ins Ausland überführt werden und dort eine Betriebsstätte bilden oder einer zugeführt werden und so das deutsche Besteuerungsrecht an diesen stillen Reserven entweder ausgeschlossen (bei Freistellungsmethode) oder beschränkt wird (bei Anrechnungsmethode), Art. 7 Abs. 1, 23A, 23 B OECD-MA.

Zieht hingegen der Ort der Geschäftsleitung ins Ausland, verliert Deutschland seinen Status als Ansässigkeitsstaat der SE, auch wenn der Satzungssitz und eventuell sogar der Ort der Hauptverwaltung im Inland verbleiben. Deutschland steht mithin kein Besteuerungsrecht mehr als Ansässigkeitsstaat, sondern nur noch als Quellenstaat zu.[1285] Trotz (innerstaatlicher) unbeschränkter Steuerpflicht der SE kommt es zu einer Entstrickung (auf Doppelbesteuerungsebene) mit den Rechtsfolgen des § 12 Abs. 1 KStG,[1286] sofern die stillen Reserven nicht einer deutschen Quellenbesteuerung unterworfen werden können.

3. Verlust des Besteuerungsrechts allein bezüglich künftiger Wertsteigerungen?

Mit dem Wegzug der SE kann es mithin sowohl nach innerstaatlichem Recht als auch auf DBA-Ebene zum Verlust des Besteuerungsrechtes kommen. Dabei ist aber fraglich, ob dies nur bedeutet, dass die *künftigen* stillen Reserven nicht mehr dem deutschen Besteuerungsrecht unterfallen, oder ob der deutsche Fiskus das Besteuerungsrecht auch bezüglich der *bis zum Wegzug* entstandenen stillen Reserven verliert.

Zu dieser Frage sind in den letzten Jahren drei entscheidende Urteile des BFH ergangen, ein erstes zur Überführung von Wirtschaftsgütern in eine ausländische Betriebsstätte [unter a) i)] und die anderen beiden zum Wegzug des Steuerpflichtigen selbst [unter a) ii)]. Im Folgenden sollen die Urteile kurz dargestellt [unter a)] sowie ihre Relevanz für den Wegzug einer SE [unter b)] und die Reaktion des Gesetzgebers auf die Urteile [unter c)] behandelt werden.

1283 *Lehner*, in: Vogel/Lehner, DBA, Art. 4, Rn. 168; *Schön*, in: Schön/Schindler, Die SE im Steuerrecht, IV. 1. a) bb) (3), Rn. 120.

1284 *Schön*, in: Schön/Schindler, Die SE im Steuerrecht, IV. 1. a) bb) (3), Rn. 120 f., 125.

1285 *Lehner*, in: Vogel/Lehner, DBA, Art. 4, Rn. 168; *Schön*, in: Schön/Schindler, Die SE im Steuerrecht, IV. 1. a) bb) (3), Rn. 120.

1286 *Schön*, in: Schön/Schindler, Die SE im Steuerrecht, IV. 1. a) bb) (3), Rn. 122.

a) *Die Entscheidungen zur Aufgabe der sog. finalen Entnahme- und Betriebsaufgabetheorie*

i) BFH-Urteil zur Aufgabe der sog. „finalen Entnahmetheorie“

Der Bundesfinanzhof hat sich im Urteil vom 17. Juli 2008[1287] entgegen seiner bisherigen Rechtsprechung zu der Frage geäußert, ob bei Überführung eines Wirtschaftsgutes vom inländischen Stammhaus in eine ausländische Betriebsstätte mit Freistellungsmethode das Besteuerungsrecht Deutschlands an den sich im inländischen Stammhaus gebildeten stillen Reserven des Wirtschaftsgutes ausgeschlossen werde.

Bisher bejahte der BFH mit der sog. „finalen Entnahmetheorie“ diese Frage: Nach Überführung seien die stillen Reserven des Wirtschaftsgutes vollständig der ausländischen Betriebsstätte zuzuweisen und durch die Freistellungsmethode dem deutschen Steuerzugriff entzogen.[1288] Damit rechtfertigte der BFH die Annahme der Verwirklichung des Ersatzrealisationstatbestandes der „Entnahme“ bei Überführung von Wirtschaftsgütern in eine ausländische (Freistellungs-) Betriebsstätte.[1289]

Mit dem Urteil vom 17. Juli 2008 änderte der BFH nun seine Auffassung und gab damit explizit die sog. „finale Entnahmetheorie“ auf:[1290] Die Überführung eines Wirtschaftsgutes vom Stammhaus in die ausländische Betriebsstätte führe nicht dazu, dass die stillen Reserven des Wirtschaftsgutes nun vollständig der Betriebsstätte und nicht mehr dem Stammhaus zuzuweisen seien. Vielmehr seien sie zwischen Stammhaus und Betriebsstätte aufzuteilen. Das Besteuerungsrecht Deutschlands bestehe daher an dem Teil eines späteren Veräußerungsgewinns, der sich im Stammhaus gebildet hat, auch nach der Überführung in die ausländische Betriebsstätte fort.

Der BFH argumentiert wie folgt: Der inländische Besteuerungszugriff nach Art. 13 Abs. 2 OEDC-MA gehe mit Überführung in die ausländische Betriebsstätte „nur in jenem Umfang verloren, in dem das Vermögen der Betriebsstätte auch tatsächlich zuzuordnen ist und in dem die realisierten Gewinne durch jene Betriebsstätte erwirtschaftet wurden.“ Dies gelte auch für die Selbstständigkeitsfiktion

---

1287 BFH v. 17.07.2008 – I R 77/06, BStBl. II 2009, 464.

1288 BFH v. 16.07.1969 – I 266/65, BStBl. II 1970, 175, 176.

1289 BFH v. 16.07.1969 – I 266/65, BStBl. II 1970, 175, 177. Bei der Anrechnungsmethode befänden sich die stillen Reserven hingegen weiterhin im Besteuerungszugriff des Stammhausstaates; so zur innerstaatlichen Anrechnung nach § 34c EStG BFH v. 16.07.1969 – I 266/65, BStBl. II 1970, 175, 176.

1290 BFH v. 17.07.2008 – I R 77/06, BStBl. II 2009, 464, 469, Tz. 43: „Der Senat hält an dieser Rechtsprechung nicht fest. Sie findet im Gesetz keine hinreichende Grundlage und beruht auf einer unzutreffenden Beurteilung der Abgrenzung zwischen den inländischen und den ausländischen Einkünften [...] und der Wirkung der abkommensrechtlichen Freistellung.“ Siehe zudem *Lendewig/Jaschke*, StuB 2011, 90, 91; a. A. *Benecke*, IStR 2010, 101, 102: „Trotz der anderslautenden Leitsätze der Entscheidung hat der I. Senat somit nicht die finale Entnahmetheorie an sich aufgegeben [...].“ Auf das Urteil reagierte das BMF mit einem Nichtanwendungserlass v. 20.05.2009 – IV C 6 – S 2134/07/10005, BStBl. I 2009, 671; hierzu kritisch *Körner*, IStR 2009, 741, 744 f., und *Lendewig/Jaschke*, StuB 2011, 90, 92.

der Betriebsstätte nach Art. 7 Abs. 2 OECD-MA, „die abkommensrechtlich eine Aufteilung des künftigen Veräußerungsgewinns zwischen Stammhaus und Betriebsstätte nach Verursachungsbeiträgen [ermögliche] und [...] damit das Besteuerungsrecht des Stammhausstaates auf die dem Stammhaus zuzurechnenden Gewinnanteile unberührt" lasse.[1291]

Die Auswirkungen auf die Rechtslage nach dem SEStEG ließ der BFH in seinem Urteil offen.[1292] Da aber im vorliegenden Fall das Besteuerungsrecht der Bundesrepublik Deutschland seiner Ansicht nach bestehen bleibt, die im Inland gebildeten stillen Reserven mithin nicht entstrickt werden, können auch nach geltender Rechtslage die Voraussetzungen der Entstrickungsbesteuerungen nach § 4 Abs. 1 Satz 3 EStG, § 12 Abs. 1 KStG nicht vorliegen.[1293]

Eine Entstrickung dennoch damit zu begründen, dass mit der Überführung des Wirtschaftsgutes sich *künftig* bildende stille Reserven dem deutschen Besteuerungsrecht entzogen würden,[1294] vermag nicht zu überzeugen, denn *künftige* stille Reserven können von einer Entstrickungsbesteuerung zum Zeitpunkt des Wegzugs schließlich nicht erfasst werden. Hätte der Gesetzgeber mit § 4 Abs. 1 Satz 3 EStG,

---

1291 BFH v. 17.07.2008 – I R 77/06, BStBl. II 2009, 464, 470, Tz. 45 ff.

1292 BFH v. 17.07.2008 – I R 77/06, BStBl. II 2009, 464, 470, Tz. 45.

1293 Vorsichtig *Blumenberg*, IStR 2009, 549, 550, und *ders.*, in: FS Schaumburg, 2009, S. 559 ff., 577; *Brähler/Bensmann*, DStZ 2011, 702, 705; *Ditz*, IStR 2009, 115, 120: „ins Leere laufen"; *Girlich/Philipp*, Ubg 2012, 150, 156 f.; zu Freistellungsbetriebsstätten *Gosch*, BFH-PR 2008, 499, 499 f.: „Tiger ohne Zähne"; *ders.*, in: FS Spindler, 2011, S. 379 ff., 395; *Hey*, in: Tipke/Lang, Steuerrecht, 20. Aufl., § 17, Rn. 238: „läuft [...] weitgehend leer"; *W.-D. Hoffmann*, DB 2008, 2286, 2287: „das Fundament entzogen"; *Jungbluth*, BFH EWiR § 4 EStG 1/09, 19, 20, spricht von einer Kollision; vorsichtig *Köhler*, in: FS Schaumburg, 2009, S. 813 ff., 830; detailliert *ders.*, IStR 2010, 337, 339; bereits vor dem Urteil *Kolbe*, in: Herrmann/Heuer/Raupach, EStG/KStG, Jahresband 2007, § 12 KStG (Mai 2007), Rn. J 06–15; *Korn*, BeSt 2009, 1, 2; nach *Körner*, IStR 2009, 741, 744, ist diese Interpretation europarechtlich geboten; *Lambrecht*, in: Gosch, KStG, § 12, Rn. 38; *Lendewig/Jaschke*, StuB 2011, 90, 92 f.; *Prinz*, DB 2009, 807, 810 f.; bereits vor dem Urteil *ders.*, GmbHR 2007, 966, 971; *ders.*, JbFfSt 2009/2010, 457, 469; *Roser*, DStR 2008, 2389, 2394, erachtet den Anwendungsbereich der Entstrickungsregeln als obsolet; *Schaumburg*, Internationales Steuerrecht, Kap. 5, E. II. 1., Rn. 5.346; *N. Schneider/Oepen*, FR 2009, 22, 28; *Schönfeld*, IStR 2010, 133, 136; bereits vor dem Urteil *Wassermeyer*, DB 2006, 1176, 1180: „§ 4 Abs. 1 Satz 3 EStG-E läuft weitgehend ins Leere"; vgl. zudem *ders.*, in: FS Loukota, 2005, S. 651 ff., 657; dahingehend außerdem FG Rheinland-Pfalz v. 07.01.2011 – 1 V 1217/10, EFG 2011, 1096, 1099, Tz. 62; a. A. BMF im Nichtanwendungserlass v. 20.05.2009 – IV C 6-S 2134/07/10005, 2009/0300414, BStBl. I 2009, 671, mit der Begründung, dass der Gesetzgeber „von einer anderen Auslegung des Abkommensrechts" ausgehe; sowie *Mitschke*, FR 2009, 326, 329 f.; *ders.*, Ubg 2011, 328, 329; *Müller-Gatermann*, in: FS Schaumburg, 2009, S. 939 ff., 943.

1294 *Benecke*, IStR 2010, 101, 102; *Förster*, DB 2007, 72, 73; *Werra/Teiche*, DB 2006, 1455, 1455 f. In diesem Sinn auch *Mitschke*, FR 2009, 326, 329.

§ 12 Abs. 1 KStG auch künftige Veräußerungsgewinne erfassen wollen, so hat er dafür jedenfalls nicht die „passende" Rechtsfolge gewählt.[1295] Das Urteil zur Aufgabe der finalen Entnahmetheorie erlangt daher auch bei geltender Rechtslage nach dem SEStEG Bedeutung.

ii) BFH-Urteile zur Aufgabe der sog. „Theorie der finalen Betriebsaufgabe"

Die Entscheidung zur Aufgabe der sog. „finalen Entnahmetheorie" bestätigte der BFH sodann mit den Urteilen vom 28. Oktober 2009[1296] durch die Aufgabe der parallel verlaufenden „Theorie der finalen Betriebsaufgabe". Nach früherer Rechtsprechung war „eine Betriebsaufgabe [...] auch dann zu bejahen, wenn der Betrieb durch einen Rechtsvorgang in seiner ertragsteuerlichen Einordnung so verändert wird, dass die Erfassung der stillen Reserven nicht mehr gewährleistet ist"[1297], so dass auch bei Verlust des deutschen Besteuerungsrechts aufgrund von DBA eine Besteuerung erhoben wurde, sog. „Theorie der finalen Betriebsaufgabe".[1298]

In dem ersten Urteil vom 28. Oktober 2009 (I R 99/08) ging es um die Verlegung des Wohnsitzes und Betriebes eines Freiberuflers nach Belgien, womit bereits innerstaatlich der Verlust der unbeschränkten Steuerpflicht einherging und für die in Belgien erwirtschafteten Gewinne auch die beschränkte Steuerpflicht nach § 49 Abs. 1 Satz 1 Nr. 3 EStG nicht eingreifen konnte.[1299] Für die sich im Inland gebildeten stillen Reserven aber, so der BFH, bestehe eine beschränkte Steuerpflicht nach § 1 Abs. 4 EStG i.V.m. § 49 Abs. 1 Satz 1 Nr. 3 EStG fort, da es sich um selbstständige

1295 *Köhler*, in: FS Schaumburg, 2009, S. 813 ff., 832; *ders.*, IStR 2010, 337, 340; *N. Schneider/Oepen*, FR 2009, 22, 25, 28; *Schönfeld*, IStR 2010, 133, 135; auf den Telos der Entstrickungsnormen abstellend *Wassermeyer*, DB 2006, 1176, 1176. Vgl. auch *Blumenberg*, in: FS Schaumburg, 2009, S. 559 ff., 570, 578; *Frotscher*, in: Frotscher/Maas, KStG, § 12 (Mai 2011), Rn. 24j; *Lendewig/Jaschke*, StuB 2011, 90, 92; *Prinz*, DB 2009, 807, 810; *Wissenschaftliche Beirat von Ernst & Young tax*, DB 2010, 1776, 1778. Zudem BFH v. 17.07.2008 – I R 77/06, BStBl. II 2009, 464, 471, Tz. 50: „[...] vermag der Senat dem nicht zu folgen. Denn auf künftige Wertsteigerungen und Dividenden könnte der deutsche Fiskus auch im Falle einer Sofortbesteuerung der stillen Reserven nicht zugreifen."

1296 BFH v. 28.10.2009 – I R 99/08, BFHE 227, 83, und I R 28/08, BFH/NV 2010, 432. Auf das erstgenannte Urteil reagierte das BMF wiederum mit einem Nichtanwendungserlass v. 18.11.2011 – IV C 6 – S 2134/10/10004, BStBl. I 2011, 1278.

1297 BFH v. 13.12.1983 – VIII R 90/81, BStBl. II 1984, 474.

1298 BFH v. 28.04.1971 – I R 55/66, BStBl. II 1971, 630, Leitsatz: „Verlegt ein Steuerpflichtiger seinen Gewerbebetrieb aus dem Inland in das Ausland, so ist dieser Vorgang als Aufgabe des Gewerbebetriebs nach § 16 Abs. 3 EStG zu beurteilen, wenn der Gewinn aus dem in das Ausland verlegten Gewerbebetrieb auf Grund eines Doppelbesteuerungsabkommens nicht der inländischen Besteuerung unterliegt." Vgl. zudem BFH v. 13.10.1976 – I R 261/70, BStBl. II 1977, 76; v. 13.12.1983 – VIII R 90/81, BStBl. II 1984, 474. Hierzu *Wacker*, in: L. Schmidt, EStG, § 16, Rn. 175.

1299 BFH v. 28.10.2009 – I R 99/08, BFHE 227, 83, 87, Tz. 18.

Arbeit handele, die „im Inland ausgeübt worden [sei]", so dass „auch nachträgliche Einkünfte, die auf der im Inland ausgeübten selbständigen Arbeit beruhen, [...] der beschränkten Steuerpflicht [unterlägen]".[1300] Zudem verliere Deutschland auch abkommensrechtlich nicht das Besteuerungsrecht, denn die Gewinne aus einer festen Einrichtung nach Art. 14 Abs. 1 OECD-MA bzw. bei Unternehmensgewinnen aus einer Betriebsstätte nach Art. 7 Abs. 1 OECD-MA stünden schließlich dem Quellenstaat zu. „Soweit der künftige Gewinn aus der Realisierung der vor der Betriebsverlegung entstandenen stillen Reserven einer vormaligen, in Deutschland belegenen festen Einrichtung des Klägers zugerechnet werden [könne], steh[e] das Besteuerungsrecht demnach abkommensrechtlich weiterhin der Bundesrepublik Deutschland zu. Auch in abkommensrechtlicher Hinsicht steh[e] der Zuordnung nicht entgegen, dass die feste Einrichtung, in der die stillen Reserven erwirtschaftet worden sind, zum Zeitpunkt der Realisierung nicht mehr besteh[e]."[1301]

Das parallel laufende Urteil „I R 28/08" behandelte den Wegzug eines selbstständigen Handelsvertreters nach Luxemburg. In dem hier relevanten Teil des Urteils ging es wieder um die Frage nach dem Verlust des deutschen Besteuerungsrechts. Wie in dem ersten Urteil kommt es mit Wegzug zum Verlust der unbeschränkten Steuerpflicht und für die in Luxemburg erzielten Gewinne ist wiederum die beschränkte Steuerpflicht nicht einschlägig, § 49 Abs. 1 Satz 1 Nr. 2 lit. a EStG. Die sich im Inland gebildeten, wenn auch erst später realisierten, Gewinne seien aber – so der BFH – der bisherigen inländischen Tätigkeit zuzurechnen und führten daher zu einer beschränkten Steuerpflicht nach § 1 Abs. 4 EStG i.V.m. § 49 Abs. 1 Satz 1 Nr. 2 lit. a EStG:

> „Denn es handelt sich dabei um Einkünfte aus Gewerbebetrieb, die durch die vormalige inländische Betriebsstätte erwirtschaftet worden sind. Aus der Formulierung in § 49 Abs. 1 Satz 1 Nr. 2 Buchst. 1 EStG 1990, dass für den Gewerbebetrieb im Inland eine Betriebsstätte ‚unterhalten wird' [im Gegensatz zu § 49 Abs. 1 Satz 1 Nr. 3 EStG, der nach seinem Wortlaut sogar einen Vergangenheitsbezug aufweist: „ausgeübt worden ist"[1302]], folgt nicht, dass die inländische Betriebsstätte zu dem Zeitpunkt, in dem die Realisation eintritt und die Einkünfte erzielt werden, noch existieren muss. Entscheidend für die Zuordnung ist nicht der zeitliche, sondern der wirtschaftliche Zusammenhang mit der inländischen Betriebsstätte. Deshalb können auch *nachträgliche* Einkünfte, die *durch eine nicht mehr bestehende inländische Betriebsstätte veranlasst* worden sind, als inländische Einkünfte der beschränkten Steuerpflicht unterfallen."[1303] (Herv. durch Verf.)

Ebenso trete DBA-rechtlich kein Verlust des deutschen Besteuerungsrechts ein. Nach Art. 7 OECD-MA stehe dem Betriebsstättenstaat das Besteuerungsrecht für die Unternehmensgewinne insoweit zu, als sie in der Betriebsstätte erwirtschaftet

---

1300 BFH v. 28.10.2009 – I R 99/08, BFHE 227, 83, 89, Tz. 23.

1301 BFH v. 28.10.2009 – I R 99/08, BFHE 227, 83, 89 f., Tz. 25 ff.

1302 Auf diesen Unterschied weist *Schönfeld*, IStR 2010, 133, 137, hin.

1303 BFH v. 28.10.2009 – I R 28/08, BFH/NV 2010, 432, 437 f., Tz. 57.

würden, und dies treffe auf die sich im Inland gebildeten stillen Reserven schließlich zu – und zwar unabhängig davon, ob zum Zeitpunkt der Realisierung die Betriebsstätte im Inland weiterhin bestehe:

> „Somit handelt es sich bei dem künftigen Gewinn aus der Realisierung der vor der Betriebsverlegung in der deutschen Betriebsstätte entstandenen stillen Reserven um Einkünfte, die im Rahmen der abkommensrechtlichen Abgrenzung der Betriebsstätteneinkünfte der vormaligen, in Deutschland belegenen Betriebsstätte zuzuordnen sind.“[1304]

Der BFH gelangt damit zu dem Schluss, dass die Theorie der finalen Betriebsaufgabe auf einer „unzutreffenden Prämisse“ beruhe, da dem deutschen Fiskus innerstaatlich sowie DBA-rechtlich auch nach dem Wegzug das Besteuerungsrecht bzgl. der inländischen stillen Reserven zustehe; „dass zum Realisierungszeitpunkt in Deutschland keine Betriebsstätte [...] mehr besteh[e], [sei] insoweit unerheblich.“[1305]

Die Auswirkung der Urteile auf die Rechtslage nach SEStEG bei mangelnder Entstrickung liegt auch hier auf der Hand und wird in diesen Urteilen vom BFH klarer angesprochen, indem er die Neuregelung des § 4 Abs. 1 Satz 3 EStG mit der bisherigen „Theorie der finalen Betriebsaufgabe“ als vergleichbar bezeichnet.[1306]

b) Relevanz der Urteile für den Wegzug der SE

Für den Wegzug einer SE bleibt das Urteil vom 17. Juli 2008 zur Aufgabe der „Theorie der finalen Entnahme“ ohne Auswirkung: Betroffen war vom Urteil in erster Linie nicht die Aufteilung des Besteuerungsrechtes stiller Reserven *zwischen Staaten*, sondern zwischen Stammhaus und Betriebsstätte, also *innerhalb eines Unternehmens*. Es besagt, dass auch nach der Überführung eines Wirtschaftsgutes vom Stammhaus in die Betriebsstätte der im Stammhaus entstandene Anteil eines späteren Veräußerungsgewinns dem Stammhaus zugewiesen bleibe. Mit anderen Worten: die stillen Reserven sind dem Teil des Unternehmens zuzuweisen, bei dem sie sich gebildet haben. Erst darauf basiert in einem zweiten Schritt die Schlussfolgerung, dass das Besteuerungsrecht Deutschlands an diesen stillen Reserven nicht ausgeschlossen wird.

Beim Wegzug der SE kommt es aber nicht zu einer Umverteilung von Wirtschaftsgütern innerhalb des Unternehmens, sondern zum Wegzug des gesamten Unternehmens oder jedenfalls eines Unternehmensteils. Es geht daher nicht um die Frage, welchem Unternehmensteil die stillen Reserven nun zuzuordnen sind, sondern unmittelbar um die Frage, dem Besteuerungsrecht welchen Staates die stillen Reserven des weggezogenen Unternehmensteils zustehen. Dies wird jedoch

---

1304 BFH v. 28.10.2009 – I R 28/08, BFH/NV 2010, 432, 438, Tz. 59.

1305 BFH v. 28.10.2009 – I R 99/08, BFHE 227, 83, 91, Tz. 29, I R 28/08, BFH/NV 2010, 432, 438, Tz. 60.

1306 BFH v. 28.10.2009 – I R 99/08, BFHE 227, 83, 86, Tz. 16, I R 28/08, BFH/NV 2010, 432, 437, Tz. 50.

vom Urteil nicht behandelt, so dass es für den Wegzug der SE ohne Konsequenzen bleibt.[1307]

Bei den beiden BFH-Urteilen vom 28. Oktober 2009 ging es hingegen nicht mehr um die Überführung einzelner Wirtschaftsgüter, sondern um den Wegzug von Betrieben selbst. Die Fallkonstellation ist daher durchaus mit dem Wegzug der SE vergleichbar.[1308] Insbesondere das Urteil „I R 28/08" hat Aussagekraft für den Wegzug einer SE, denn die für den Einzelgewerbebetrieb relevanten inner- und DBA-rechtlichen Vorschriften sind ebenso hier anwendbar. Auch erst nach dem Wegzug der SE realisierte Gewinne würden demnach gem. §§ 2 Nr. 1, 8 Abs. 1 KStG, 49 Abs. 1 Satz 1 Nr. 2 lit. a EStG i.V.m. Art. 7 OECD-MA weiterhin dem deutschen Fiskus zufallen und nicht steuerentstrickt werden. Ohne Entstrickung laufen die „Entstrickungsbesteuerungsvorschriften" aber leer.[1309]

c) Reaktion des Gesetzgebers

Es war bereits anzunehmen, dass der Gesetzgeber des SEStEG von einem anderen Verständnis der Entstrickung ausging[1310] und durch die neue Rechtsprechung das Entstrickungsbesteuerungskonzept – zu Recht – in Gefahr sehen würde.[1311] Mit dem Jahressteuergesetz 2010 (JStG 2010)[1312] wurde daher § 12 Abs. 1 KStG „klarstellend"[1313] (sic!) um einen Satz 2 ergänzt, nach dem „ein Ausschluss oder eine Beschränkung des Besteuerungsrechts hinsichtlich des Gewinns aus der Veräußerung eines Wirtschaftsguts insbesondere vor[liegt], wenn ein bisher einer inländischen Betriebsstätte einer Körperschaft [...] zuzuordnendes Wirtschaftsgut einer ausländischen Betriebsstätte dieser Körperschaft [...] zuzuordnen ist."

Eindeutig von der Entstrickungsbesteuerung erfasst wird nach dem Wortlaut mithin die Überführung eines Wirtschaftsgutes von einer inländischen in eine ausländische Betriebsstätte und damit der vom (ersten) Urteil der „Aufgabe der Theorie der finalen Entnahme" betroffene Fall. Keine explizite Regelung findet im KStG hingegen der Wegzug des Unternehmens selbst.

Anders wurde im EStG *zusätzlich* zu einer § 12 Abs. 1 Satz 2 KStG entsprechenden Ergänzung, die in § 4 Abs. 1 Satz 4 EStG eingefügt wurde, auch die bisherige „Theorie

---

1307 A.A. in Bezug auf einen „Einzelgewerbetreibenden [...], der seinen Betrieb in das Ausland verlegt" *Gosch*, BFH-PR 2008, 499, 499; bzgl. eines Stammhauswegzugs jedenfalls für den Fall, dass eine inländische Betriebsstätte verbleibt, *Köhler*, in: FS Schaumburg, 2009, S. 813 ff., 831.

1308 Ebenso *Köhler*, IStR 2010, 337, 341.

1309 *Köhler*, IStR 2010, 337, 340 ff.; a. A. *Benecke*, IStR 2010, 101, 102; *Mitschke*, Ubg 2010, 355, 356.

1310 Nach *Mitschke*, Ubg 2010, 355, 356 f., soll der Wille des Gesetzgebers sogar dazu führen, dass die neuen Entstrickungsvorschriften nicht leer laufen.

1311 Siehe BT-Dr. 318/1/10, S. 10 f.

1312 Gesetz v. 08.12.2010, BGBl. I 2010, 1768.

1313 BT-Dr. 318/1/10, S. 10.

der finalen Betriebsaufgabe“ in § 16 Abs. 3a EStG geregelt:[1314] „Einer Aufgabe des Gewerbebetriebs steht der Ausschluss oder die Beschränkung des Besteuerungsrechts der Bundesrepublik Deutschland hinsichtlich des Gewinns aus der Veräußerung sämtlicher Wirtschaftsgüter des Betriebs oder eines Teilbetriebs gleich; [...].“

Von dieser Sonderregelung des EStG ist mithin nun explizit auch der Wegzug eines Betriebes (oder Teilbetriebes) erfasst. Da die Vorschrift aber allein im EStG vorgesehen wurde, ohne ein entsprechendes Pendant auch im KStG zu kodifizieren, stellt sich die Frage, ob sie dennoch auch im Körperschaftsteuerrecht (z. B. über § 8 Abs. 1 KStG) Anwendung findet.

Der Gesetzgeber hatte mit der Neuregelung die Intention, die bisherige Rechtsprechung zur Theorie der finalen Entnahme und finalen Betriebsaufgabe zu kodifizieren,[1315] ohne dass ersichtlich wäre, dass dabei (gerade!) der Wegzug von Körperschaften ausgelassen werden sollte. Das bedeutet aber nicht, dass die Vorschrift des § 16 Abs. 3a EStG über § 8 Abs. 1 KStG anzuwenden ist.[1316] Dagegen spricht vielmehr, dass für eine Anwendung der §§ 4 Abs. 1 Satz 5, 4g, 15 Abs. 1a EStG im Körperschaftsteuerrecht in der Vorschrift des § 12 Abs. 1 Satz 1 KStG selbst ein Verweis eingeführt wurde, der hingegen für § 16 Abs. 3a EStG nicht vorgesehen ist. Zudem wurde § 16 Abs. 3a EStG auch aus dem Grund eingeführt, die Vorschrift des § 34 EStG zur Korrektur erhöhter Belastungen bei außerordentlichen Einkünften heranziehen zu können,[1317] die aber für Körperschaftsteuerpflichtige keine Relevanz hat, da aufgrund des linearen Steuersatzes keine durch eine Progression überproportionale Belastung entstehen kann.

Die Anwendung des § 16 Abs. 3a EStG ist für die Erfassung des Wegzugs von Körperschaften zudem nicht erforderlich, da dieser unproblematisch unter § 12 Abs. 1 KStG subsumiert werden kann, wie es auch vor dem JStG 2010 der Fall war. Neu hinzugefügt ist mit Satz 2 lediglich ein Regelbeispiel („insbesondere“),[1318] das mithin nicht abschließend ist, sondern vielmehr vergleichbare Sachverhalte daneben erfasst werden. Der Wegzug einer Körperschaft unterfällt daher weiterhin dem Entstrickungstatbestand des § 12 Abs. 1 Satz 1 KStG.[1319]

Mit dem JStG 2010 hat der Gesetzgeber zum Ausdruck bringen wollen, dass die Überführung eines Wirtschaftsgutes ins Ausland sowie der Wegzug eines ganzen Betriebes sowohl innerstaatlich als auch DBA-rechtlich den Verlust des Besteuerungsrechts Deutschlands herbeiführen kann – und zwar nicht nur in Bezug auf

---

1314 Siehe BT-Dr. 318/1/10, S. 32.

1315 BR-Dr. 318/1/10, S. 32.

1316 A.A. *Benecke/Staats*, in: Dötsch/Pung/Möhlenbrock, KSt, § 12 (Dez. 2012), Rn. 639; *Mitschke*, IStR 2011, 294, 297. Unsicher hingegen *Richter/Heyd*, Ubg 2011, 172, 176.

1317 BR-Dr. 318/1/10, S. 32.

1318 BT-Dr. 318/1/10, S. 10.

1319 Im Ergebnis ebenso *Brinkmann/Reiter*, DB 2012, 16, 17; *Prinz*, GmbHR 2012, 195, 196.

künftige, sondern auch auf bereits entstandene stille Reserven.[1320] Da zudem die anderweitige Auslegung des BFH durchaus umstritten[1321] ist und auch vom EuGH in dem Urteil *National Grid Indus* nicht geteilt wurde,[1322] wird dieser Arbeit die Annahme zugrunde gelegt, dass der Wegzug der SE die Entstrickungsbesteuerung nach § 12 Abs. 1 KStG auslösen kann.

4. *Zwischenergebnis*

Mit dem SEStEG hat der deutsche Gesetzgeber die Wegzugsbesteuerung von Körperschaften in § 12 Abs. 1 KStG geregelt und als Besteuerungsauslöser die Entstrickung von stillen Reserven festgelegt. Eine Entstrickung ist gegeben, wenn stille Reserven aus dem inländischen Steuerzugriff entzogen werden. Dies kann entweder aufgrund von innerstaatlichen Regelungen erfolgen oder auch abkommensrechtlich begründet sein.

Beim Wegzug der SE kommt es in der Regel bereits durch innerstaatliche Vorschriften zur Entstrickung, da Geschäftsleitung wie Satzungssitz ins Ausland

---

1320 Siehe auch *Brähler/Bensmann*, DStZ 2011, 702, 707; *Fischer*, in: MüKo AktG, Bd. 7, SteuerR, Rn. 89; *Reiß*, in: Kirchhof, EStG, § 16, Rn. 207; vgl. zudem *Stöber*, ZIP 2012, 1273, 1278. Der *Wissenschaftliche Beirat von Ernst & Young tax*, DB 2010, 1776, 1777, ist hingegen der Ansicht, dass dies dem Gesetzgeber auch mit dem JStG 2010 nicht gelungen ist: „Denkfehler"; ebenfalls Zweifel äußern *Girlich/Philipp*, Ubg 2012, 150, 158; *Kessler/Philipp*, DStR 2012, 267, 270, und *Ungemach*, Ubg 2011, 251, 261.

1321 Teilweise kritisch bzgl. der Auslegungen des BFH *Wassermeyer*, IStR 2010, 461, 461 ff., insbes. 465: „Die Zugehörigkeit der stillen Reserven zu den inländischen Einkünften i.S. des § 49 Abs. 1 Nr. 2 und 3 EStG ist bei einer nur ehemaligen inländischen Betriebsstätte zumindest fragwürdig. Es spricht deshalb eine relativ hohe Wahrscheinlichkeit dafür, dass ein großer Teil der internationalen Staatenwelt der Auffassung des BFH nicht folgen wird. § 4 Abs. 1 Satz 3 EStG und § 12 Abs. 1 KStG sind unbeschadet der Mängel, die die Vorschriften aufweisen, Ausdruck dieser international vertretenen anderen Auffassung, für die man auch ein gewisses Verständnis haben sollte." Zudem auch *Frotscher*, in: Frotscher/Maas, KStG, § 12 (Mai 2011), Rn. 24c f.; *Mitschke*, Ubg 2010, 355, 355 ff.; *ders.*, IStR 2011, 294, 296 f.; *Musil*, FR 2011, 545, 549. Verschiedene Ansichten zur Frage nach einer **innerstaatlichen** Erfassung späterer Einkünfte: *Frotscher*, in: Frotscher/Maas, KStG, § 12 (Mai 2011), Rn. 24d; *Loschelder*, in: L. Schmidt, EStG, § 49, Rn. 15; *Roth*, in: Herrmann/Heuer/Raupach, EStG, § 49 (Juni 2014), Rn. 53; *Schönfeld*, IStR 2010, 133, 137; *Schwenke*, DStZ 2007, 235, 245. Verschiedene Ansichten zur Frage nach einer **DBA-rechtlichen** Erfassung späterer Einkünfte: *Blumenberg/Lechner*, BB-Special 8/2006, 25, 27; *Buciek*, in: Flick/Wassermeyer/Kempermann, DBA Schweiz, Art. 7 (Juli 2003), Rn. 208; *Mitschke*, Ubg 2010, 355, 356; *Schwenke*, DStZ 2007, 235, 245 f.; *Vogel*, in: Vogel/Lehner, DBA, 5. Aufl., Vor Art. 6–22, Rn. 8; *Wassermeyer*, DB 2006, 1176, 1180; *ders.*, IStR 2011, 361, 367.

1322 EuGH v. 29.11.2011 – C-371/10 („National Grid Indus"), DStR 2011, 2334, 2335, Tz. 13, 2339, Tz. 47; Darstellung des Urteils unter Kapitel 2, C. I. 3. b). Ebenso *Mitschke*, DStR 2012, 629, 632 f.; für ein anderes Verständnis des Urteils siehe *Brinkmann/Reiter*, DB 2012, 16, 18; *Kessler/Philipp*, DStR 2012, 267, 270.

verlagert werden und sie damit ihre unbeschränkte Steuerpflicht verliert. Nur ausnahmsweise kann es zum Auseinanderfallen beider Merkmale kommen. Wird der der Ort der Geschäftsleitung ins Ausland verlagert, tritt aber jedenfalls DBA-rechtlich Entstrickung ein.

Der Gesetzgeber hat mit dem JStG 2010 zum Ausdruck gebracht, dass er weiterhin davon ausgeht, dass der innerstaatliche sowie der DBA-rechtliche Verlust der Besteuerungsbefugnis nicht nur künftige, sondern auch bereits entstandene stille Reserven betreffe und somit die Entstrickungsbesteuerung auslöse. Dieses Verständnis soll Grundlage der Arbeit sein.

II. Der Entstrickungsbesteuerung unterliegende Werte

Da der Wegzug der SE nach § 12 Abs. 1 KStG eine Aufdeckung und Besteuerung der stillen Reserven hervorruft, die durch den Wegzug entstrickt werden, solche aber unberührt lässt, die in Deutschland steuerverstrickt bleiben, ist im Folgenden in einem ersten Schritt zu erörtern, welche Werte die SE „mit ins Ausland nimmt" (unter 3.). In einem weiteren Schritt ist darauf einzugehen, welche dieser Werte unter die Besteuerungsvorschrift des § 12 Abs. 1 KStG zu subsumieren sind (unter 4.). Ein besonderes Augenmerk soll dabei auf den originären Geschäfts- oder Firmenwert gelegt werden, in dem zum Teil nicht unerhebliche stille Reserven „schlummern" [unter 3. b), 4. a) ii)]. Vor diesen Ausführungen ist kurz der Betriebsstättenvorbehalt zu erläutern, der mit dem SEStEG umgesetzt wurde (unter 1.) sowie auf den Begriff der Betriebsstätte nach innerstaatlichem Recht und nach DBA einzugehen (unter 2.).

1. Umsetzung des Betriebsstättenvorbehalts

Nach Art. 12 Abs. 1 der Fusionsrichtlinie dürfen bei Wegzug einer SE (oder SCE) solche stillen Reserven nicht besteuert werden, die in einer inländischen Betriebsstätte verbleiben, sog. Betriebsstättenvorbehalt.[1323] Dieser Vorbehalt wird im deutschen Steuerrecht dadurch gewahrt, dass die Wegzugsbesteuerung des § 12 Abs. 1 KStG nur die stille Reserven erfasst, die steuer*ent*strickt werden: Die Einkünfte aus einer inländischen Betriebsstätte bleiben auch nach dem Wegzug der SE noch steuer*ver*strickt, da sie sowohl innerstaatlich gem. § 49 Abs. 1 Nr. 2 lit. a EStG i.V.m. §§ 8 Abs. 1, 2 Nr. 1 KStG, als auch DBA-rechtlich nach Art. 7 Abs. 1, 13 Abs. 2 OECD-MA[1324] i.V.m.

1323 Siehe Kapitel 4, B. I. 1. b).

1324 Für die Gewinnermittlung nach Art. 13 Abs. 2 OECD-MA gelten die Grundsätze des Art. 7 OECD-MA, vgl. OECD-MA-Kommentar, Art. 13, Rn. 24, 27; *Reimer*, in: Vogel/Lehner, DBA, Art. 13, Rn. 85; *Schaumburg*, Internationales Steuerrecht, Kap. 16, L. VII. 3., Rn. 16.390. Zur Abgrenzung der beiden Regelungen siehe *Roth*, in: Lüdicke, Zurechnung von Wirtschaftsgütern im Internationalen Steuerrecht, S. 87 ff., 106; *Schaumburg*, in: Lüdicke, Zurechnung von Wirtschaftsgütern im Internationalen Steuerrecht, S. 53 ff., 79.

Art. 23 A/B OECD-MA weiterhin dem Besteuerungsrecht Deutschlands unterliegen, und sind so von der Wegzugsbesteuerung des § 12 Abs. 1 KStG ausgenommen.

Der deutsche Gesetzgeber ist bei der Umsetzung der Richtlinie sogar weiter gegangen als von dieser gefordert: Denn während Art. 12 Abs. 1 FRL nur die in einer Betriebsstätte verstrickten stillen Reserven von einer Besteuerung ausschließt, bezieht § 12 Abs. 1 KStG *jegliche* Steuerverstrickungsmöglichkeit und daher auch Einkünfte aus inländischen Immobilien (vgl. § 49 Abs. 1 Nr. 2 lit. f EStG i.V.m. §§ 8 Abs. 1, 2 Nr. 1 KStG, Art. 6 Abs. 1, 13 Abs. 1 OECD-MA) ein.[1325] § 12 Abs. 1 KStG enthält daher nicht nur einen „Betriebsstättenvorbehalt", sondern einen „generellen Verstrickungsvorbehalt". Zudem ist der persönliche Anwendungsbereich des § 12 Abs. 1 KStG weiter als es die Regelung des Art. 12 FRL vorsieht, da der „Verstrickungsvorbehalt" des § 12 Abs. 1 KStG nicht nur auf die SE und die SCE, sondern auf alle Körperschaftsteuersubjekte Anwendung findet.[1326]

2. *Exkurs: Der Begriff der Betriebsstätte nach innerstaatlichem Recht sowie nach Abkommensrecht*

Damit die stillen Reserven in einer inländischen Betriebsstätte verstrickt bleiben, muss freilich eine Betriebsstätte vorliegen – wiederum nach innerstaatlichem Recht (§ 12 AO) sowie nach DBA (Art. 5 OECD-MA).

Nach § 12 AO ist eine Betriebsstätte „jede feste Geschäftseinrichtung oder Anlage, die der Tätigkeit eines Unternehmens dient." Von der Rechtsprechung wurde die Definition dahingehend konkretisiert, dass die geforderte Festigkeit der Geschäftseinrichtung oder Anlage eine räumliche *und* zeitliche Komponente[1327] voraussetze, und eine gewisse, nicht nur vorübergehende Verfügungsmacht[1328] des Steuerpflichtigen erforderlich sei.[1329] Ähnlich lautet die Betriebsstättendefinition nach Art. 5 OECD-MA,

---

1325 Siehe Ausführungen bei *Binnewies*, GmbH-StB 2007, 117, 119; *Blumenberg/Lechner*, in: Blumenberg/Schäfer, SEStEG, C. II. 2. a) aa), S. 80; *Eickmann/Stein*, DStZ 2007, 723, 726; *Frotscher*, IStR 2006, 65, 68; *Hruschka*, StuB 2006, 631, 637; *Schön*, in: Schön/Schindler, Die SE im Steuerrecht, IV. 1. a) cc) (1), Rn. 132. Zu Art. 6 OECD-MA *Knobbe-Keuk*, Bilanz- und Unternehmenssteuerrecht, Kap. 1, § 8 a II. 3., S. 318; zu Art. 6 Abs. 1, 13 Abs. 1 OECD-MA und ihre gegenseitige Abgrenzung vgl. *Reimer*, in: Vogel/Lehner, DBA, Art. 6, Rn. 11.
Zur Verstrickung von Anteilen an inländischen Kapitalgesellschaften siehe *Lammel/Maier*, in: Manz/Mayer/Schröder, SE, Teil D, Kap. 6, Rn. 36; *Schön*, in: Schön/Schindler, Die SE im Steuerrecht, IV. 1. a) cc) (1), Rn. 132.

1326 *Eickmann/Stein*, DStZ 2007, 723, 726; *Frotscher*, IStR 2006, 65, 67; *ders.*, in: Frotscher/Maas, KStG, § 12 (Mai 2012), Rn. 91. Zu § 12 Abs. 1 KStG: *Lenz*, in: Erle/Sauter, KStG, § 12, Rn. 4.

1327 St. Rspr., vgl. BFH v. 28.08.1986 – V R 20/79, BStBl. II 1987, 162, 163.

1328 St. Rspr., vgl. BFH v. 11.10.1989 – I R 77/88, BStBl. II 1990, 166, 167.

1329 Hierzu *Ditz*, Internationale Gewinnabgrenzung bei Betriebsstätten, 2.1.2.1 ff., S. 11 ff.; *Drüen*, in: Tipke/Kruse, AO, § 12 (Aug. 2014), Rn. 4 ff.; *Hidien*, in: Kirchhof/Söhn/Mellinghoff, EStG, § 49 (März 2007), Rn. D 535 ff.; *Seltenreich*, IStR 2004, 589, 590.

die eine räumlich und zeitlich feste Geschäftseinrichtung unter der Verfügungsmacht des Steuerpflichtigen fordert, die die Unternehmenstätigkeit (ganz oder teilweise) ausübt.[1330]

Zum einen unterliegen die Begriffe des innerstaatlichen und des DBA-Rechts aber nicht der gleichen Auslegung und können daher – je nach Abkommen – voneinander abweichen.[1331] Zum anderen ergibt sich ein Unterschied in den beiden Betriebsstättendefinitionen an folgender Stelle: Für eine Betriebsstätte i.S.v. § 12 Satz 1 AO ist eine Tätigkeit ausreichend, die *dem Unternehmen dient*, während die Geschäftseinrichtung nach Art. 5 Abs. 1 OECD-MA die *Unternehmenstätigkeit* (selbst) *ausüben* muss, vgl. auch den Negativkatalog des Art. 5 Abs. 4 OECD-MA, der Vorbereitungs- und Hilfstätigkeiten ausschließt.[1332] Nach § 12 AO können mithin im Gegensatz zu Art. 5 OECD-MA auch reine Hilfs- und Nebentätigkeiten eine Betriebsstätte begründen.[1333]

Erfüllt der im Inland zurückbleibende „Teil" der SE die Voraussetzungen einer Betriebsstätte lediglich nach § 12 AO, nicht hingegen nach Art. 5 OECD-MA, wird das Besteuerungsrecht nach Art. 7 Abs. 1, 13 Abs. 2 OECD-MA dem Ansässigkeitsstaat zugewiesen, so dass der Bundesrepublik Deutschland kein Besteuerungsrecht als Quellenstaat an der (innerstaatlichen) Betriebsstätte zusteht.[1334] Mithin entscheidet in der Regel das OECD-MA aufgrund des engeren Betriebsstättenbegriffs[1335] über die Frage nach einer Ent- bzw. Verstrickung.[1336]

1330 *Ditz*, Internationale Gewinnabgrenzung bei Betriebsstätten, 2.1.3.1.2 ff., S. 25 ff.; *Görl*, in: Vogel/Lehner, DBA, Art. 5, Rn. 10 ff.; *Schaumburg*, Internationales Steuerrecht, Kap. 16, L. III. 3. b), Rn. 16.242 ff.; *Uckmar/Corasaniti/De' Capitani di Vimercate*, Diritto tributario internazionale, Kap. 2, Sez. I, 7., S. 56 ff.

1331 *Ditz*, Internationale Gewinnabgrenzung bei Betriebsstätten, 2.1.3.1.2, S. 26; *Görl*, in: Vogel/Lehner, DBA, Art. 5, Rn. 8; *Drüen*, in: Tipke/Kruse, AO, § 12 (Aug. 2014), Rn. 44. Zur Auslegung von Doppelbesteuerungsabkommen siehe *Rupp/Knies/Ott/Faust*, Internationales Steuerrecht, Kap. 2, Teil A, 3., S. 192 ff.; *Schaumburg*, Internationales Steuerrecht, Kap. 16, F. I. 2., Rn. 16.52: „[...] das Gebot, Abkommen aus sich selbst heraus dergestalt auszulegen, dass die Ergebnisse der Auslegung von beiden Vertragsstaaten akzeptiert werden."; *Uckmar/Corasaniti/De' Capitani di Vimercate*, Diritto tributario internazionale, Kap. 1, Sez. I, 6., S. 11 ff.

1332 *Ditz*, Internationale Gewinnabgrenzung bei Betriebsstätten, 2.1.3.4.1, S. 31; *Görl*, in: Vogel/Lehner, DBA, Art. 5, Rn. 86.

1333 *Ditz*, Internationale Gewinnabgrenzung bei Betriebsstätten, 2.1.3.4.1, S. 32; *Drüen*, in: Tipke/Kruse, AO, § 12 (Aug. 2014), Rn. 19. Zu Art. 5 OECD-MA auch *Girlich/Philipp*, Ubg 2012, 150, 151.

1334 Vgl. *Seltenreich*, IStR 2004, 589, 591 f.

1335 *Ditz*, Internationale Gewinnabgrenzung bei Betriebsstätten, 2.1.3.4.1, S. 31 f.; *Drüen*, in: Tipke/Kruse, AO, § 12 (Aug. 2014), Rn. 41; *Frotscher*, Internationales Steuerrecht, § 7, II. 1., Rn. 412; *Göttsche/Stangl*, DStR 2000, 498, 500; *Hidien*, in: Kirchhof/Söhn/Mellinghoff, EStG, § 49 (März 2007), Rn. D 509; *Seltenreich*, IStR 2004, 589, 591; a. A. BMF-Schreiben v. 24.12.1999, Tz. 1.2.1.1.

1336 Im Ergebnis auch *Binnewies*, GmbH-StB 2007, 117, 119; *Frotscher*, IStR 2006, 65, 66; *Ritzer*, in: Rödder/Herlinghaus/van Lishaut, UmwStG, Anh. 6, Rn. 118.

3. *Zuordnung von Wirtschaftsgütern zwischen wegziehendem Stammhaus und im Inland verbleibender Betriebsstätte*

Dass der Betriebsstättenvorbehalt die in einer inländischen Betriebsstätte steuerverhafteten stillen Reserven von einer Besteuerung bei Wegzug der SE ausnimmt, führt zu der Folgefrage, *welche* stillen Reserven in der Betriebsstätte verhaftet bleiben. Dafür bedarf es einer Entscheidung über die Zuweisung von stillen Reserven zwischen Stammhaus[1337] und Betriebsstätte.

Diese Zuweisung bereitet im Hinblick auf die zivilrechtliche Unselbstständigkeit[1338] der Betriebsstätte Schwierigkeiten: Weder kann das zivilrechtliche Eigentum an Wirtschaftsgütern als Indiz dienen, noch können Betriebsstätte und Stammhaus Verträge schließen, die über eine Zuordnung nach dem sog. „wirtschaftlichen Eigentum" Aufschluss geben könnten.[1339]

a) *Darstellung der Zuordnungsregeln*

i) Die Zuordnungsregeln der Doppelbesteuerungsabkommen

(1) Zuordnung nach dem sog. „dealing at arm's length"-Prinzip

Der zivilrechtlichen Unselbstständigkeit von Betriebsstätten begegnen die Doppelbesteuerungsabkommen mit Art. 7 Abs. 2 OECD-MA entsprechenden Regelungen, die das sog. „dealing at arm's length"-Prinzip vorsehen. Der Begriff entstammt der Fechtersprache und enthält das Bild zweier miteinander in Abstand einer Armeslänge kämpfenden Fechtern. Es soll damit fingiert (!) werden, dass Betriebsstätte und Stammhaus „wie Fechter" in angemessenem Abstand einen fairen Wettkampf führen,[1340] die Betriebsstätte mithin selbstständig und unabhängig von Stammhaus ist. Diese Fiktion führt dazu, dass der Betriebsstätte die Gewinne zugewiesen[1341]

1337 Das Stammhaus wird steuerrechtlich als Gegenbegriff zur „Betriebsstätte" verwendet und auch als „Geschäftsleitungsbetriebsstätte" bezeichnet, *Wassermeyer*, DB 2006, 1176, 1177.

1338 *Ditz*, Internationale Gewinnabgrenzung bei Betriebsstätten, 5.2.5.4.1, S. 288 f. Vgl. auch *Wassermeyer*, in: FS Loukota, 2005, S. 651 ff., 655 f.

1339 Vgl. auch *Frotscher*, Internationales Steuerrecht, § 7, IV. 1., Rn. 452; *Hidien*, in: Kirchhof/Söhn/Mellinghoff, EStG, § 49 (Mai 2007), Rn. D 2588. Zur bilanziellen Zurechnung von Vermögenswerten nach dem sog. wirtschaftlichen Eigentum siehe Kapitel 3, C. II. 1. a) ii).

1340 *Schaumburg*, Internationales Steuerrecht, Kap. 16, L. III. 3. c), Rn. 16.266, Fn. 5; *Wassermeyer*, in: Piltz/Schaumburg, Internationale Betriebsstättenbesteuerung, S. 25 ff., 26; *ders.*, in: FS Loukota, 2005, S. 651 ff., 653.

1341 Die Gewinn*zuweisung* ist im Gegensatz zur Gewinn*ermittlung* DBA-rechtlich geregelt, vgl. *Bendlinger*, SWI 2007, 496, 500; *Debatin*, DB 1989, 1692, 1694, f.; *Frotscher*, Internationales Steuerrecht, § 7, IV. 1., Rn. 449; *Hidien*, in: Kirchhof/Söhn/Mellinghoff, EStG, § 49 (März 2007), Rn. D 48, D 880; *Kessler/Jehl*, IWB 2007/15, Fach 10, Gruppe 2, 1977, 1983.

werden, die sie unter gleichen oder ähnlichen Bedingungen als selbstständiges Unternehmen erzielt hätte, Art. 7 Abs. 2 OECD-MA.

Mittlerweile hat die OECD das „dealing at arm's length"-Prinzip sogar verstärkt und mit dem sog. „Authorised OECD approach" (AOA)[1342] zwischen Stammhaus und Betriebsstätte – anstelle von zivilrechtlichen Verträgen – sog. dealings anerkannt. Die meisten DBA sind aber noch nicht an den AOA angepasst worden.[1343]

Ebenso wie für die Zuweisung von Gewinnen wird für die Zuordnung von Wirtschaftsgütern die Selbstständigkeit der Betriebsstätte fingiert. Ihr werden die Wirtschaftsgüter zugeordnet, die sie sich für ihre Tätigkeit als selbstständiges Unternehmen angeschafft hätte, derer sie also für ihre wirtschaftliche Betätigung bedarf. Ausschlaggebendes Kriterium für die Zuordnung eines Wirtschaftsgutes ist daher, ob es der Tätigkeit der Betriebsstätte *dient*.[1344] Hierfür ist eine funktionale Betrachtungsweise geboten: Die Funktion des Wirtschaftsgutes muss der Gesamtfunktion der Betriebsstätte dienen, sie muss in ihr „aufgehen".[1345] Der BFH behilft sich hierbei eines sog. Fremdvergleichs.[1346]

(2) Exkurs: Verknüpfung der Zuweisung von Gewinnen mit der von Wirtschaftsgütern

Gegen die Zuordnung von Wirtschaftsgütern auf der Basis des Art. 7 Abs. 2 OECD-MA wird teilweise angeführt, dass Art. 7 OECD-MA keine Aussage diesbezüglich treffe, sondern sich nach seinem Wortlaut nur auf die Zurechnung von *Gewinnen*

1342 Vgl. den „Report on the Attribution of Profits to Permanent Establishments" der OECD v. 17.07.2008 und hierzu *Blumenberg*, in: FS Schaumburg, 2009, S. 559 ff., 573; *Ditz*, ISR 2012, 48, 48 ff.; *ders./Tcherveniachki*, Ubg 2012, 101, 105. *Frotscher*, Internationales Steuerrecht, § 7, IV. 1., Rn. 453.

1343 *Frotscher*, Internationales Steuerrecht, § 7, IV. 1., Rn. 453. Siehe zudem *Hemmelrath*, in: Vogel/Lehner, DBA, Art. 7, Rn. 14a ff.

1344 BFH v. 29.07.1992 – II R 39/89, BStBl. II 1993, 63, 65, zum DBA Japan: „Das ist insbesondere bei solchen Vermögensgegenständen der Fall, die das wirtschaftliche Ergebnis der Betriebsstätte ‚zwangsläufig und maßgeblich beeinflussen und ihre Erträge zu gewährleisten oder zu steigern imstande sind' [...].'"; *Blumers*, DB 2006, 856, 856; *Ditz*, Internationale Gewinnabgrenzung bei Betriebsstätten, 5.2.5.4.1, S. 288; *Frotscher*, Internationales Steuerrecht, § 7, IV. 3. b), Rn. 477.

1345 Vgl. *Blumers*, DB 2006, 856, 856; *ders.*, DB 2008, 1765, 1766, bzgl. BFH-Rspr.; *Ditz*, Internationale Gewinnabgrenzung bei Betriebsstätten, 5.2.5.4.1, S. 288; *Hemmelrath*, in: Vogel/Lehner, DBA, Art. 7, Rn. 115.

1346 Danach dienen der Betriebsstätte „sämtliche Wirtschaftsgüter [...], die ein selbständiger Gewerbebetrieb am gleichen Ort und unter gleichen oder ähnlichen Bedingungen zur Erzielung eines vergleichbaren Geschäftserfolges benötigt.", BFH v. 21.01.1972 – III R 57/71, BStBl. II 1972, 374, 375, zum DBA BRD/GB; v. 29.07.1992 – II R 39/89, BStBl. II 1993, 63, 65, zum DBA BRD/Japan. Ähnlich *Blumers*, DB 2008, 1765, 1767: „[...], die bei (unterstellter) Selbstständigkeit der Betriebsstätte [...] als wirtschaftliches Eigentum zuzurechnen wären."

beziehe.[1347] Dem ist jedoch zu erwidern, dass die Regelung durch die Zuweisung von Gewinnen zwangsläufig auch eine Aussage zu der Zuordnung von Wirtschaftsgütern trifft, da beides miteinander verknüpft ist:

Nach dem „dealing at arm's length“-Prinzip werden der Betriebsstätte die Gewinne zugerechnet, die sie unter gleichen oder ähnlichen Bedingungen als selbstständiges Unternehmen erzielt hätte, Art. 7 Abs. 2 OECD-MA. „Unter gleichen oder ähnlichen Bedingungen“ bedeutet aber auch: mit den der Betriebsstätte zur Verfügung stehenden Wirtschaftgütern.[1348] Welche Wirtschaftsgüter zur Betriebsstätte gehören, ist mithin ausschlaggebend dafür, welche Gewinne sie als selbstständiges Unternehmen erzielen würde. Die Zuweisung der Gewinne „folgt“ in gewisser Weise der der Wirtschaftsgüter.[1349]

> Aber auch unter der Annahme, Art. 7 OECD-MA treffe keine Aussage zur Zuordnung von Wirtschaftsgütern, sondern nur von Gewinnen, würde Art. 7 OECD-MA für die Frage nach Ent- bzw. Verstrickung heranzuziehen sein. Denn diese hängt streng genommen nicht von der Zuweisung der Wirtschaftsgüter, sondern von der in ihnen enthaltenen stillen Reserven ab.[1350] Letztendlich kommt es daher darauf an, wem die Gewinne zuzurechnen sind, die bei Aufdeckung der stillen Reserven entstehenden.[1351]

(3) Zusätzliches Erfordernis innerstaatlicher Zuweisungsregeln

Die Doppelbesteuerungsabkommen enthalten mithin Regelungen über die Zuweisung von Gewinnen und Wirtschaftsgütern zur Betriebsstätte. Fraglich ist, ob diese Regelungen als ausreichend erachtet werden können, oder ob sie einer Ausfüllung durch nationales Recht bedürfen.

Nach den Vertretern der „Lehre von der self executing-Wirkung“[1352] kommt dem in Art. 7 Abs. 2 OECD-MA verankerten „dealing at arm's length“-Prinzip unmittelbare

---

1347 *Blumenberg*, IStR 2009, 549, 550; *ders./Lechner*, in: Blumenberg/Schäfer, SEStEG, C. II. 2. a) aa) (1), S. 81; *dies.*, BB-Special 8/2006, 25, 29.

1348 Vgl. BFH v. 21.01.1972 – III R 57/71, BStBl. II 1972, 374, 375, zum DBA GB; v. 29.07.1992 – II R 39/89, BStBl. II 1993, 63, 65, zum DBA BRD/Japan.

1349 BFH v. 18.12.2002 – I R 92/01, BFHE 201, 447, 452, Tz. 21, zum DBA BRD/Schweiz; *Ditz*, Internationale Gewinnabgrenzung bei Betriebsstätten, 5.2.5.4.1, S. 287; *Frotscher*, Internationales Steuerrecht, § 7, IV. 3. c), Rn. 488; *Hidien*, in: Kirchhof/Söhn/Mellinghoff, EStG, § 49 (März 2007), Rn. D 878; *IDW*, WPg 1987, 648, 652; *Kessler/Jehl*, IWB 2007/15, Fach 10, Gruppe 2, 1977, 1979; *Roth*, in: Lüdicke, Zurechnung von Wirtschaftsgütern im Internationalen Steuerrecht, S. 87 ff., 110. Siehe zudem *Blumers*, DB 2008, 1765, 1767 f.

1350 Siehe oben unter Kapitel 4, C. I. 2. a).

1351 Vgl. § 12 Abs. 1 KStG: „[...] das Besteuerungsrecht der Bundesrepublik Deutschland hinsichtlich des *Gewinns* aus der Veräußerung [...] ausgeschlossen oder beschränkt [...].“ (Herv. durch Verf.)

1352 *Kluge*, StuW 1975, 294, 300 ff.; *Schaumburg*, Internationales Steuerrecht, Kap. 16, L. III. 3. c), Rn. 16.266; einschränkend *Ditz*, Internationale Gewinnabgrenzung bei Betriebsstätten, 2.2.4.2.6, S. 67.

Anwendung zu, so dass es keiner Ausfüllung durch innerstaatliches Recht bedürfe. Denn eine einheitliche Gewinnzuordnung vermeide im grenzüberschreitenden Bereich „trotz unterschiedlicher [innerstaatlicher] Gewinnzuordnungsvorschriften eine Doppelbesteuerung oder eine Besteuerungslücke".[1353]

Allerdings ist eine „self executing"-Wirkung mit Sinn und Zweck der Doppelbesteuerungsabkommen nicht vereinbar:[1354] Die DBA stellen Grenzen für die Vertragsstaaten auf, innerhalb derer sie sich frei bewegen können. Diese Grenzen müssen die Vertragsstaaten aber keineswegs ausfüllen; die Doppelbesteuerungsabkommen stellen insofern Erlaubnisnormen dar.[1355] Zudem kommt ihnen der Charakter von Schrankennormen zu, da sie bei Überschreiten der Grenzen die Vertragsstaaten verpflichten, Steuerbefreiungen oder -ermäßigungen vorzunehmen.[1356] Sinn und Zweck der Doppelbesteuerungsabkommen ist nicht, eine Steuerpflicht, -tatbestand oder -anspruch zu begründen, sondern dies zu begrenzen.[1357] Daher bedürfen sie stets einer Ausfüllung durch innerstaatliches Recht.[1358] Eine unmittelbare Wirkung dergestalt, dass es keiner (zusätzlichen) innerstaatlichen Regelung bedarf oder gar vorhandene Regelungen ersetzt werden, ist den DBA nicht immanent.[1359]

1353 *Schaumburg*, Internationales Steuerrecht, Kap. 16, L. III. 3. c), Rn. 16.266.

1354 *Wassermeyer*, in: Piltz/Schaumburg, Internationale Betriebsstättenbesteuerung, S. 25 ff., 30.

1355 *Hidien*, in: Kirchhof/Söhn/Mellinghoff, EStG, § 49 (März 2007), Rn. D 936; *Wassermeyer*, in: Piltz/Schaumburg, Internationale Betriebsstättenbesteuerung, S. 25 ff., 30.

1356 *Debatin*, DB 1989, 1692, 1692; *Hidien*, in: Kirchhof/Söhn/Mellinghoff, EStG, § 49 (März 2007), Rn. D 936; *Wassermeyer*, in: Piltz/Schaumburg, Internationale Betriebsstättenbesteuerung, S. 25 ff., 30.

1357 *Blumenberg*, in: FS Schaumburg, 2009, S. 559 ff., 571; *Hidien*, in: Kirchhof/Söhn/Mellinghoff, EStG, § 49 (März 2007), Rn. D 53, D 507; *Uckmar/Corasaniti/De' Capitani di Vimercate*, Diritto tributario internazionale, Kap. 1, Sez. I, 5., S. 11.

1358 BFH v. 12.03.1980 – I R 186/76, BStBl. II 1980, 531, 532 f.; v. 29.07.1992 – II R 39/89, BStBl. II 1993, 63, 67, zum DBA BRD/Japan; *Bendlinger*, SWI 2007, 496, 503; *Debatin*, DB 1989, 1692, 1692; *Ditz*, Internationale Gewinnabgrenzung bei Betriebsstätten, 2.1.3.1.1, S. 23; *ders.*, IStR 2009, 115, 118; *Hruschka/Lüdemann*, IStR 2005, 76, 76 ff.; *Kessler/Huck*, StuW 2005, 193, 199, 203; *Kumpf/Roth*, in: FS Raupach, 2006, S. 579 ff., 581; *Roth*, in: Herrmann/Heuer/Raupach, EStG/KStG, § 49 EStG (Juni 2014), Rn. 41; *Wassermeyer*, in: FS Loukota, 2005, S. 651 ff., 653; *ders.*, DB 2006, 1176, 1177; *ders.*, in: Piltz/Schaumburg, Internationale Betriebsstättenbesteuerung, S. 25 ff., 30.

1359 *Wassermeyer*, in: Piltz/Schaumburg, Internationale Betriebsstättenbesteuerung, S. 25 ff., 30. Siehe zudem *Bendlinger*, SWI 2007, 496, 503; *Ditz*, IStR 2009, 115, 118; *Hidien*, in: Kirchhof/Söhn/Mellinghoff, EStG, § 49 (März 2007), Rn. D 936; *Kessler/Huck*, StuW 2005, 193, 203; *Lüdicke*, in: Lademann, EStG, § 49 (Sept. 1991), Rn. 379; *Roth*, in: Lüdicke, Zurechnung von Wirtschaftsgütern im Internationalen Steuerrecht, S. 87 ff., S. 118.

Die Doppelbesteuerungsabkommen enthalten zwar Regelungen über die Zuweisung von Gewinnen und Wirtschaftsgütern zur Betriebsstätte. Da sie aber selbst einen Steueranspruch nicht begründen können, bedürfen sie der Ausfüllung durch Zuweisungsvorschriften des innerstaatlichen Rechtes.

ii) Zuweisungsregeln nach innerstaatlichem Recht

Das deutsche innerstaatliche Recht enthielt lange Zeit für die Zuweisung von Wirtschaftsgütern und Gewinnen zur Betriebsstätte keine explizite Regel.[1360] Zwar fordern § 49 Abs. 1 Nr. 2 lit. a EStG und § 34d Nr. 2 lit. a EStG für die Besteuerung als Betriebsstätteneinkünfte einen irgendwie gearteten Zusammenhang zwischen der Betriebsstätte und den Einkünften. Wann genau ein solcher Zusammenhang besteht, ist dem Wortlaut der Vorschriften aber nicht zu entnehmen.

Zumeist wird die Zurechnung nach dem Kriterium des „wirtschaftlichen Zusammenhangs" vorgenommen.[1361] Als normativer Anknüpfungspunkt diene § 50 Abs. 1 Satz 1 EStG, der für die Zurechnung von Betriebsausgaben bzw. Werbungskosten zu inländischen Einkünften auf den „wirtschaftlichen Zusammenhang" abstellt.[1362] Ähnlich erfordert die Vorschrift des § 34c Abs. 1 Satz 4 EStG[1363] für den Abzug von Betriebsausgaben und -vermögensminderungen bei ausländischen Einkünften einen wirtschaftlichen Zusammenhang. Daneben enthält § 4 Abs. 4 EStG das sog. „Veranlassungsprinzip", das von Teilen der Literatur auch für die Zuweisung von Gewinnen und Wirtschaftsgütern zur Betriebsstätte herangezogen wird[1364] – teilweise in Verbindung mit[1365] dem „Prinzip der wirtschaftlichen Zugehörigkeit".

1360 *Girlich/Philipp*, Ubg 2012, 150, 151; *Hidien*, in: Kirchhof/Söhn/Mellinghoff, EStG, § 49 (März 2007), Rn. D 52, D 903; *Kessler/Huck*, StuW 2005, 193, 201; *Kumpf/Roth*, in: FS Raupach, 2006, S. 579 ff., 581; *Schaumburg*, Internationales Steuerrecht, Kap. 18, B. I., Rn. 18.13. Siehe auch *Ditz*, ISR 2012, 48, 52.

1361 BFH v. 18.09.1996 – I R 59/95, BFHE 181, 419, Orientierungssatz. Ausführlich und kritisch zu den unterschiedlichen Ausprägungen des „Prinzips der wirtschaftlichen Zugehörigkeit" *Hidien*, in: Kirchhof/Söhn/Mellinghoff, EStG, § 49 (März 2007), Rn. D 915 ff., D 919 f. Kritisch zudem *Wassermeyer*, DB 2006, 1176, 1177.

1362 Hiezu *Girlich/Philipp*, Ubg 2012, 150, 151; *Hidien*, in: Kirchhof/Söhn/Mellinghoff, EStG, § 49 (März 2007), Rn. D 52, D 903, D 915.

1363 Hierzu *Hidien*, in: Kirchhof/Söhn/Mellinghoff, EStG, § 49 (März 2007), Rn. D 903.

1364 *Kessler/Huck*, StuW 2005, 193, 201 f.; *Wassermeyer*, IStR 2005, 84, 85 f.; *ders.*, in: FS Loukota, 2005, S. 651 ff., 656, 668; *ders.*, DB 2006, 1176, 1177; *ders.*, in: Piltz/Schaumburg, Internationale Betriebsstättenbesteuerung, S. 25 ff., 34. Kritisch *Hidien*, in: Kirchhof/Söhn/Mellinghoff, EStG, § 49 (März 2007), Rn. D 951 ff., D 958 ff.

1365 Siehe *Girlich/Philipp*, Ubg 2012, 150, 151 f.; *Schaumburg*, Internationales Steuerrecht, Kap. 18, B. I., Rn. 18.14; *Wied*, in: Blümich, EStG/KStG/GewStG, § 49 EStG (Febr. 2012), Rn. 75. Zudem *Hruschka/Lüdemann*, IStR 2005, 76, 77.

Mit dem Amtshilferichtlinie-Umsetzungsgesetz[1366] hat sich der deutsche Gesetzgeber jedenfalls für die grenzüberschreitende Einkünfteabgrenzung zwischen Stammhaus und Betriebsstätte für die Selbstständigkeitsfiktion des „Authorised OECD approach" entschieden und in § 1 Abs. 5 Satz 2 AStG n. F. vorgesehen, dass die „Betriebsstätte [im Grundsatz] wie ein eigenständiges und unabhängiges Unternehmen zu behandeln" ist.[1367] Auch innerstaatlich ist damit nach dem sog. „dealing at arm's length"-Prinzip die Zuordnung zwischen Stammhaus und Betriebsstätte vorzunehmen.

iii) Zuweisungsregeln der deutschen Finanzverwaltung

Die Finanzverwaltung äußert sich zur Zuweisung von Gewinnen und Wirtschaftsgütern in den sog. Betriebsstätten-Verwaltungsgrundsätze (BS-VWG)[1368] im Grundsatz ähnlich der DBA-Regeln:[1369] Der Betriebsstätte sind nach Tz. 2.4 BS-VWG – vergleichbar den Zurechnungskriterien nach Art. 7 OECD-MA – die Wirtschaftsgüter zuzuordnen, die „der Erfüllung der Betriebsstätten*funktion dienen*". Es wird auch hier eine funktionale Betrachtungsweise[1370] herangezogen.

Der entscheidende Unterschied zu der Zuordnung nach dem „dealing at arm's length"-Prinzip des Art. 7 Abs. 2 OECD-MA liegt in der zu Recht stets kritisierten[1371] sog. „Zentralfunktion des Stammhauses": Nach Tz. 2.4 BS-VWG werden Finanzmittel, die dem Gesamtunternehmen dienen, und Beteiligungen, sofern sie nicht „einer in der Betriebsstätte ausgeübten Tätigkeit dienen", dem Stammhaus zugeordnet. Durch eine solche pauschale Zuweisung zum Stammhaus würde aber die Möglichkeit einer verbleibenden Verstrickung in einer inländischen Betriebsstätte bei Wegzug des Stammhauses erheblich eingeschränkt werden.

Überdies wird der „Zentralfunktion des Stammhauses" zumeist eine sehr weite Bedeutung beigemessen: Dem Stammhaus sollen danach zum größten Teil auch die

---

1366 Amtshilferichtlinie-Umsetzungsgesetz – AmtshilfeRLUmsG v. 26.06.2013 – BGBl. I 2013, 1809.

1367 Hierzu *Frotscher*, Internationales Steuerrecht, § 7, IV. 1., Rn. 453 ff.; *Pohl*, in: Blümich, EStG/KStG/GewStG, § 1 AStG (Mai 2015), Rn. 195 ff.

1368 BMF-Schreiben v. 24.12.1999 – IV B 4 – S 1300 – 111/99, BStBl. I 1999, 1076, geändert durch den sog. Betriebsstättenerlass v. 25.09.2009 – IV B 5-S 1341/07/10004, BStBl. I 2009, 888.

1369 Siehe *Hidien*, in: Kirchhof/Söhn/Mellinghoff, EStG, § 49 (März 2007), Rn. D 918. Zudem wird innerhalb der Erörterung der Zentralfunktion des Stammhauses auf BFH-Urteile zu DBA-Fällen verwiesen, so BFH v. 30.08.1995 – I R 112/94, BStBl. II 1996, 563 (zum DBA BRD/Schweiz).

1370 *Blumers*, DB 2006, 856, 857; *Göttsche/Stangl*, DStR 2000, 498, 503.

1371 *Blumers*, DB 2006, 856, 857, 859; *ders.*, DB 2008, 1765, 1767; *Ditz*, Internationale Gewinnabgrenzung bei Betriebsstätten, 5.2.5.4.1, S. 290 f.; *Kessler/Jehl*, IWB 2007/15, Fach 10, Gruppe 2, 1977, 1986 ff.; *Roth*, in: Lüdicke, Zurechnung von Wirtschaftsgütern im Internationalen Steuerrecht, S. 87 ff., 99 f.; *Strunk*, in: Mössner, Steuerrecht international tätiger Unternehmen, Kap. 4, B. III. 3., Rn. 4.102.

immateriellen Wirtschaftsgüter, darunter der Geschäfts- oder Firmenwert, sowie die Beteiligungen zugeordnet werden.[1372] Demnach sind durchaus bedeutsame Wirtschaftsgüter betroffen, denen nicht selten erhebliche stille Reserven innewohnen. Solche Werte würden bei Wegzug des Stammhauses mithin nie in einer inländischen Betriebsstätte verbleiben können.

Mit der neuen Betriebsstättengewinnaufteilungsverordnung (BsGaV)[1373], die auf der Grundlage von § 1 Abs. 6 AStG und im Zuge der Umsetzung des sog. „Authorised OECD approach“ in Deutschland eingeführt wurde, ist unklar, ob die Finanzverwaltung weiterhin an der Zentralfunktion des Stammhauses festhalten möchte. Denn der BsGaV selbst ist eine Zentralfunktion nicht zu entnehmen, die Betriebsstätten-Verwaltungsgrundsätze (BS-VWG) sind aber bislang nicht aufgehoben worden. Es bleibt mithin abzuwarten, wie sich die Finanzverwaltung entscheiden wird.[1374]

Die BS-VWG schränken mit der sog. Zentralfunktion des Stammhauses die Zuordnung von Wirtschaftsgütern zur Betriebsstätte erheblich ein. Für den Wegzug einer SE bedeutet ihre Anwendung daher eine Reduzierung der Verstrickungsmöglichkeit in einer im Inland verbleibenden Betriebsstätte. Eine explizite Entscheidung gegen die Zentralfunktion von Seiten des Gesetzgebers oder der Finanzverwaltung wäre daher wünschenswert.

b) Ausgewählte Problematik: Zuweisung (von Teilen) des Geschäfts- oder Firmenwertes

Nach der allgemeinen Darlegung der Problematik der Zuordnung von Wirtschaftsgütern und Gewinnen zwischen Stammhaus und Betriebsstätte soll nun dem sog. Geschäfts- oder Firmenwert besondere Aufmerksamkeit gewidmet werden. Es ist zu erörtern, ob er stets vollständig dem Stammhaus zuzuordnen ist und daher mit diesem ins Ausland zieht und entstrickt wird, oder ob möglicherweise (Teile des) Geschäfts- oder Firmenwertes in einer inländischen Betriebsstätte verbleiben. Dafür soll zunächst auf die Natur des Geschäfts- oder Firmenwertes eingegangen und seine vom BFH vertretene stete Bindung zu Betrieben oder Teilbetrieben kritisch hinterfragt werden, um in einem weiteren Schritt auf seine Zuordnung bei der Wegzugsbesteuerung eingehen zu können.

1372 Siehe im Einzelnen *Blumenberg*, in: FS Schaumburg, 2009, S. 559 ff., 572, wenn auch einschränkend auf S. 574 ff.; *Brinkmann/Reiter*, DB 2012, 16, 18 f.; *Hruschka*, StuB 2006, 631, 636; *Kessler/Jehl*, IWB 2007/15, Fach 10, Gruppe 2, 1977, 1980; *Körner*, IStR 2011, 527, 530; *Schön*, in: Schön/Schindler, Die SE im Steuerrecht, IV. 1. a) cc) (2), Rn. 133. Differenzierender *Ritzer*, in: Rödder/Herlinghaus/van Lishaut, UmwStG, Anh. 6, Rn. 126; *Roth*, in: Lüdicke, Zurechnung von Wirtschaftsgütern im Internationalen Steuerrecht, IV.1., S. 101 f.

1373 Rechtsverordnung v. 13.10.2014, BGBl. I 2014, 1603.

1374 Vgl. Ausführungen bei *Frotscher*, Internationales Steuerrecht, § 7, IV. 1., Rn. 453, 455.

i) Der sog. Geschäfts- oder Firmenwert als Gewinnchancen eines Unternehmens

Zur Natur des Geschäfts- oder Firmenwertes ist zu lesen, dass dieser die Gewinnchancen eines lebenden Unternehmens widerspiegelt, die durch sog. geschäftswertbildende Faktoren wie Standortlage, Kundenstamm, Organisation(-sstruktur), Ruf und Mitarbeiterfähigkeiten verkörpert werden.[1375] Er besteht mithin aus „weichen" Elementen, die sich einzeln zumeist nicht erfassen lassen, den wirtschaftlichen Erfolg des Unternehmens aber prägend beeinflussen. Ihr Wert zeichnet sich daher in den künftigen Gewinnen des Unternehmens ab.[1376] *Hennrichs* spricht von „unrealisierten Ertragserwartungen".[1377] *Adler, Düring, Schmalz* bezeichnen den Geschäfts- oder Firmenwert als „theoretisch [den] Betrag, um den der Ertragswert des Unternehmens (diskontierte zukünftige Einnahmenüberschüsse) die Summe der Zeitwerte aller Vermögensgegenstände, vermindert um die Schulden, übersteigt."[1378] Nach *Schmalenbach* ist er nichts anderes als der „Kapitalisierungsmehrwert" eines Unternehmens[1379] und bei *Saage* ist zu lesen: „Es ist der Unterschied zwischen dem ‚Substanzwert', dem Wert der übernommenen betriebsnotwendigen Gegenstände des Unternehmens und dem ‚Ertragswert'. Es ist der

1375 BFH v. 29.07.1982 – IV R 49/78, BStBl. II 1982, 650, 651; v. 02.09.2008 – X R 32/05, BStBl. II 2009, 634, 638; v. 26.11.2009 – III R 40/07, BStBl. II 2010, 609, 610. Vgl. auch BFH v. 27.03.1996 – I R 60/95, BStBl. II 1996, 576, 577; v. 27.03.2001 – I R 42/00, BStBl. II 2001, 771, 772; *ADS*, § 255, Rn. 257; *Hennrichs*, in: FS Schaumburg, 2009, S. 367 ff., 368; *Ortmann-Babel*, in: Lademann, EStG, § 6 (März 1998), Rn. 467; *Plewka/Schmidt*, in: Lademann, EStG, § 5 (März 1998), Rn. 711 f.; *W. Schubert/F. Huber*, in: Beck'scher Bilanzkommentar, § 247, Rn. 405 f.; *Weber-Grellet*, in: L. Schmidt, EStG, § 5, Rn. 221. Zudem *Doralt*, Firmenwert, S. 104; *Kleindiek*, in: Staub, Großkomm. HGB, Bd. 5, § 246, Rn. 77; *Knobbe-Keuk*, Bilanz- und Unternehmenssteuerrecht, Kap. 1, § 4, IV. 3. b) aa), S. 95; *Kropff*, in: Geßler, AktG, § 153, Rn. 63; *Moxter*, BB 1979, 741, 743; *Oestreicher/Wilcke*, Ubg 2010, 225, 230. Für Italien siehe *OIC* Nr. 24, S. 6, Tz. 7.

1376 BFH v. 06.03.1970 – III R 20/66, BStBl. II 1970, 489, 491; *Bocchini*, Bilancio d'esercizio, Kap. 6, 19., S. 243; *Doralt*, Firmenwert, S. 13; *Fasselt/Radde*, in: Beck'sches Handbuch der Rechnungslegung, B 211a (Dez. 2014), Rn. 7 f.; *Knobbe-Keuk*, Bilanz- und Unternehmenssteuerrecht, Kap. 1, § 4, IV. 3. b) aa), S. 95; *Kropff*, in: Geßler, AktG, § 153, Rn. 63; *Piltz*, Unternehmensbewertung, S. 198; *Saage*, DB 1969, 1709, 1710; *Tiedchen*, Der Vermögensgegenstand, S. 164.

1377 *Hennrichs*, in: FS Schaumburg, 2009, S. 367 ff., 369. Vgl. auch *Piltz*, Unternehmensbewertung, S. 198; *Saage*, DB 1969, 1709, 1710; *Söffing*, in: FS Döllerer, 1988, S. 593 ff., 595.

1378 *ADS*, § 255, Rn. 257. Vgl. auch BFH v. 26.11.2009 – III R 40/07, BStBl. II 2010, 609, 610; v. 27.03.1996 – I R 60/95, BStBl. II 1996, 576, 577; *Kirsch*, in: Hofbauer/Kupsch, Rechnungslegung, § 246 HGB (April 2011), Rn. 181; *Piltz*, Unternehmensbewertung, S. 33, 197 f.

1379 *Schmalenbach*, Beteiligungsfinanzierung, S. 69, 71, 73.

kapitalisierte, nachhaltig erzielbare Mehrertrag, den der Erwerber einer Unternehmung gemessen am ‚Normalertrag' aus dem erworbenen Unternehmen zu erzielen hofft."[1380]

ii) (Ständige?) Verbindung von Geschäfts- oder Firmenwerten mit Betrieben oder Teilbetrieben

Der Geschäfts- oder Firmenwert stellt die Gewinnchancen eines lebenden Unternehmens am Markt dar. Es liegt damit auf der Hand, dass er nur durch (selbstständig) am Markt teilnehmende Unternehmen(-steile) gebildet werden kann – nur ein Unternehmen, nicht eine bloße Ansammlung von Maschinen, kann Erträge am Markt generieren und damit auch einen Geschäfts- oder Firmenwert (als Mehrwert dieser Erträge über dem Substanzwert der einzelnen Wirtschaftsgüter) bilden. Es fragt sich jedoch, ob die einmal entstandenen, den Geschäfts- oder Firmenwert bildenden Faktoren unweigerlich an diesem Unternehmen hängen bleiben und sich bei Trennung von ihm „auflösen" oder wertlos werden.

(1) (Steuer-)Rechtsprechung des Bundesfinanzhofs

Der BFH vertritt die Auffassung, dass die Übertragung des Geschäfts- oder Firmenwertes nur in Zusammenhang mit einem Betrieb oder Teilbetrieb möglich ist, also mit einer selbstständigen, in sich geschlossenen und lebensfähigen Einheit[1381] – denn auch der Teilbetrieb erfordert „ein[en] organisch geschlossene[n], mit einer gewissen Selbstständigkeit ausgestattete[n] Teil eines Gesamtbetriebs [...], der für sich allein lebensfähig ist".[1382] Wird ein unselbstständiger, da bspw. ohne eigene Organisation oder feste Mitarbeiter ausgestatteter,[1383] Unternehmensteil übertragen, könne ein Geschäfts- oder Firmenwert(-teil) nicht übergehen.

1380 *Saage*, DB 1969, 1709, 1710. Vgl. auch *Fasselt/Radde*, in: Beck'sches Handbuch der Rechnungslegung, B 211a (Dez. 2014), Rn. 7; *Mellerowicz*, Der Wert der Unternehmung als Ganzes, S. 116.

1381 BFH v. 29.01.1975 – I R 135/70, BStBl. II 1975, 553, 556; v. 17.03.1977 – IV R 218/72, BStBl. II 1977, 595, 596; v. 24.11.1982 – I R 123/78, BStBl. II 1983, 113, 114; v. 27.03.2001 – I R 42/00, BStBl. II 2001, 771, 772; v. 02.09.2008 – X R 32/05, BStBl. II 2009, 634, 638; v. 26.11.2009 – III R 40/07, BStBl. II 2010, 609, 610. Siehe hierzu *Plewka/Schmidt*, in: Lademann, EStG, § 5 (März 1998), Rn. 713 f.; *Söffing*, in: FS Döllerer, 1988, S. 593 ff., 593, 602 f.; *Weber-Grellet*, in: L. Schmidt, EStG, § 5, Rn. 221.

1382 BFH v. 17.07.2008 – I R 77/06, BStBl. II 2009, 464, 467, Tz. 31. Ebenso BFH v. 07.10.1970 – I R 1/68, BStBl. II 1971, 69, 71; v. 17.03.1977 – IV R 218/72, BStBl. II 1977, 595, 596. Siehe zur Teilbetriebsdefinition *Gratz/Uhl-Ludäscher*, in: Herrmann/Heuer/Raupach, EStG/KStG, § 6 EStG (Sept. 2015), Rn. 1215; *Werndl*, in: Kirchhof/Söhn/Mellinghoff, EStG, § 6 (Okt. 2004), Rn. J 12 f.

1383 BFH v. 24.11.1982 – I R 123/78, BStBl. II 1983, 113, 113.

(2) Der (derivative) Geschäfts- oder Firmenwert in der (Handels-)Bilanzierung

Die Verknüpfung des Geschäfts- oder Firmenwertes mit dem Unternehmen findet sich zudem in seiner handelsbilanziellen Handhabung wieder. Zwar ist der originäre Geschäfts- oder Firmenwert als Ausdruck „unrealisierter Ertragserwartungen" nach guter kaufmännischer Übung nicht in der Bilanz anzusetzen.[1384] Für den derivativen, bei einem sog. „asset deal"[1385] erworbenen, Geschäfts- oder Firmenwert besteht aber ein Ansatzgebot nach § 246 Abs. 1 Satz 4 HGB i.V.m. § 246 Abs. 1 Satz 1 HGB (Vollständigkeitsgebot),[1386] das allerdings – und dies ist hier von Interesse – einen *Unternehmens*erwerb voraussetzt.

Nach herrschender Meinung ist unter „Unternehmenserwerb" i.S.v. § 246 Abs. 1 Satz 4 HGB zwar auch der Erwerb lediglich eines Unternehmens*teils* zu fassen, dies aber nur, wenn der Unternehmensteil am Wirtschaftsverkehr selbstständig teilnehmen könne. Entscheidend sei dabei nicht, dass die Einheit tatsächlich selbstständig ist, sondern, dass ihr die Fähigkeit innewohnt, selbstständig geführt werden zu können.[1387] *Adler, Düring, Schmalz* drücken es wie folgt aus: „Er [sc. der Unternehmensteil] muß also mehr sein als nur eine Ansammlung von Grundstücken, Maschinen und Ausstattungen; er muß über eine entsprechende Organisation, über Mitarbeiter, Kundenbeziehungen und dergleichen verfügen."[1388] Teilweise wird sogar auf den steuerrechtlichen Terminus des Teilbetriebs hingewiesen.[1389] Wird ein unselbstständiger Unternehmensteil erworben, darf ein gegebenenfalls bezahlter Mehrwert mithin nicht aktiviert werden.

1384 *ADS*, § 255, Rn. 257; *Hennrichs*, in: FS Schaumburg, 2009, S. 367 ff., 369; *Kropff*, in: Geßler, AktG, § 153, Rn. 63. Vgl. § 248 Abs. 2 Satz 2 HGB und für die Steuerbilanz § 5 Abs. 2 EStG.

1385 Zu der Unterscheidung zum sog. „share deal" vgl. *ADS*, § 255, Rn. 261; *Fasselt/Radde*, in: Beck'sches Handbuch der Rechnungslegung, B 211a (Dez. 2014), Rn. 19; *Hennrichs*, Wahlrechte im Bilanzrecht, S. 162 f.; *ders.*, in: FS Schaumburg, 2009, S. 367 ff., 370; *Kirsch*, in: Hofbauer/Kupsch, Rechnungslegung, § 246 HGB (April 2011), Rn. 197.

1386 Ebenso steuerbilanziell aufgrund der Klassifizierung als Wirtschaftsgut i.V.m. dem Vollständigkeitsprinzip; siehe im Einzelnen *Hennrichs*, in: FS Schaumburg, 2009, S. 367 ff., 368 f., sowie Kapitel 3, C. II. 1. c), 2. c).

1387 *ADS*, § 255, Rn. 260; *Kirsch*, in: Hofbauer/Kupsch, Rechnungslegung, § 246 HGB (April 2011), Rn. 196; *Kleindiek*, in: Staub, Großkomm. HGB, Bd. 5, § 246, Rn. 82; *W. Schubert/F. Huber*, in: Beck'scher Bilanzkommentar, § 247, Rn. 420; *Söffing*, in: FS Döllerer, 1988, S. 593 ff., 601. In diese Richtung auch *Kropff*, in: Geßler, AktG, § 153, Rn. 66.

1388 *ADS*, § 255, Rn. 260.

1389 *Kleindiek*, in: Staub, Großkomm. HGB, Bd. 5, § 246, Rn. 82; *W. Schubert/F. Huber*, in: Beck'scher Bilanzkommentar, § 247, Rn. 423; *Schulze-Osterloh*, in: Baumbach/Hueck, GmbHG, 18. Aufl., § 42, Rn. 120; *Söffing*, in: FS Döllerer, 1988, S. 593 ff., 601.

(3) Kritische Überlegungen

(aa) Mögliche Übertragung geschäftswertbildender Faktoren zusammen mit unselbstständigen Unternehmensteilen

Auch wenn freilich nur ein selbstständig am Markt teilnehmendes Unternehmen einen Geschäfts- oder Firmenwert i.S.e. künftigen Unternehmensgewinns generieren kann, so besagt dies nicht, dass die geschäftswertbildenden Faktoren, wie Mitarbeiterfähigkeiten oder der Kundenstamm, (ggf. zusammen mit unselbstständigen Unternehmensteilen) nicht auf ein anderes Unternehmen übertragen werden können. Ist eine Übertragung dieser Faktoren aber möglich, bedeutet das nichts anderes, als dass Teile des Geschäfts- oder Firmenwertes übergehen. *Doralt* stellt treffend fest: „Verkauft ein Unternehmer einen Teil seines Kundenstocks, vermindert er damit seinen Firmenwert [...]."[1390]

Diese Ansicht bestätigt sich zudem in der neueren Entwicklung der BFH-Rechtsprechung, nach der von dem Grundsatz, dass der Geschäfts- oder Firmenwert stets mit einem Betrieb oder Teilbetrieb verflochten ist, eine Ausnahme zu machen sei, wenn „ein Unternehmen den Betrieb eines anderen ganz oder teilweise übernimmt und hierbei geschäftswertbildende Faktoren von dem übertragenden Unternehmen auf das übernehmende übergehen." In diesem Fall „folg[e] er [sc. der Geschäftswert] denjenigen geschäftswertbildenden Faktoren, die durch ihn verkörpert werden."[1391]

Im Einzelnen ist nach den geschäftswertbildenden Faktoren zu differenzieren: Die Organisationsstruktur eines Gesamtunternehmens wird sich bei Aufteilung des Unternehmens in einzelne, unselbstständige Unternehmensteile auflösen und kann nicht zusammen mit den einzelnen Teilen übertragen werden. Anders aber der geschäftswertbildende Faktor „Standortlage": der Standort einer Betriebsstätte wird bei Trennung dieser vom Unternehmen zwangsläufig mit abgelöst – und zwar auch, wenn die Betriebsstätte nicht selbstständig am Markt teilnehmen könnte, also keinen Teilbetrieb darstellt. Dies soll folgendes Beispiel verdeutlichen: Der Buchhandelbetrieb A führt eine Verkaufsbetriebsstätte auf der Champs-Élysées, die über keine eigene Organisation und keine eigenen Mitarbeiter verfügt, mithin „unselbstständig" ist. Erwirbt nun der Buchhandelbetrieb B von A diese Betriebsstätte, so geht unweigerlich der Faktor „Standortlage" auf diesen über, er „klebt" gewissermaßen an der Betriebsstätte. Ein weiteres Beispiel soll am geschäftswertbildenden Faktor „Kundenstamm" dargestellt werden, der ebenfalls mit einem unselbstständigen Unternehmensteil vom Unternehmen getrennt werden kann:

1390 *Doralt*, Firmenwert, S. 31 ff., Zitat auf S. 35. Ähnlich *Benecke/Staats*, in: Dötsch/Pung/Möhlenbrock, KSt, § 12 (Dez. 2012), Rn. 321.

1391 BFH v. 27.03.2001 – I R 42/00, BStBl. II 2001, 771, 772; bestätigt durch das Urteil v. 16.06.2004 – X R 34/03, BStBl. II 2005, 378, 382. Allerdings grenzen *Beinert/Benecke*, FR 2010, 1009, 1017, die BFH-Entscheidung auf „teilbetriebsähnliche" Betriebsteile ein.

Unternehmen A hat einen unselbstständigen Verlag, der konkurrenzlos auf eine besondere Art von Büchern spezialisiert ist, so dass seine Kunden ihn durch keinen anderen Verlag ersetzen würden. In diesem Fall „hängt" der Kundenstamm mit dem Verlag zusammen und würde von einem Erwerber des Verlages miterworben werden. Selbst wenn Veräußerer- und Erwerberunternehmen dies nicht wollten, blieben die Kunden ihrem Verlag „treu". Davon, dass ein Geschäfts- oder Firmenwert(-teil) nicht vom Unternehmen getrennt und übertragen werden kann, kann mithin nicht grundsätzlich ausgegangen werden.[1392]

In der Praxis wird der geschäftswertbildende Faktor „Kundenstamm" teilweise sogar vollständig getrennt von Unternehmensteilen auf andere Unternehmen übertragen.[1393] Dies erkennt auch der BFH an, spricht hier aber nicht von Teilen des Geschäfts- oder Firmenwertes, sondern von „firmenwertähnlichen Wirtschaftsgütern".[1394] Dabei vermag zwar die Annahme eines selbstständigen Wirtschaftsgutes bei Einzelveräußerbarkeit der geschäftswertbildenden Faktoren – je nach Wirtschaftsgutdefinition[1395] – zu überzeugen. Nicht mehr vertretbar erscheint hingegen die „Konstruktion" von Wertkonglomeraten wie den sog. „Verlagswerten": Hiervon sollen einzelne unselbstständige Werte wie der Kundenstamm, die Organisation und selbst eine „Ertragschance für das ‚Verlagsunternehmen'" (sic!) erfasst sein, ohne aber dabei einen am Verlag „hängenden" Teil des Geschäfts- oder Firmenwertes anzuerkennen. Der Verlagswert sei vielmehr ein „firmenwertähnliches Wirtschaftsgut".[1396]

1392 Jedenfalls für eine Einzelverwertungsmöglichkeit *Doralt*, Firmenwert, S. 30, 34 f., 70, Fn. 207. A.A. *Mellerowicz*, Der Wert der Unternehmung als Ganzes, S. 112; *Tiedchen*, Der Vermögensgegenstand, S. 165: „[...] denn es ist weder tatsächlich möglich noch überhaupt vorstellbar, ihn ohne das Unternehmen, zu dem er gehört, zu veräußern."

1393 Siehe *Doralt*, Firmenwert, S. 34.

1394 BFH v. 24.11.1982 – I R 123/78, BStBl. II 1983, 113, 114. Siehe auch *Beinert/Benecke*, FR 2010, 1009, 1018; *Söffing*, in: FS Döllerer, 1988, S. 593 ff., 605.

1395 Für die Wirtschaftsgutdefinition an sich lässt der BFH die „Greifbarkeit" und damit die Verwertbarkeit zusammen mit dem Betrieb als Ganzen ausreichen, wodurch der Geschäfts- oder Firmenwert selbst als Wirtschaftsgut erachtet wird, vgl. BFH v. 24.03.1987 – I R 202/83, BStBl. II 1987, 705, 706; v. 23.11.1988 – II R 209/82, BStBl. II 1989, 82, 83. Siehe zudem bereits Kapitel 3, C. II. 1. a) i) (1).

1396 So aber BFH v. 14.03.1979 – I R 37/75, BStBl. II 1979, 470, 472; v. 24.11.1982 – I R 123/78, BStBl. II 1983, 113, 114. *Littmann*, StW 1948, 617 (zitiert in *K.-H. Husemann*, Grundsätze ordnungsmäßiger Bilanzierung für Anlagegegenstände, S. 283), führt treffend auf, dass Verlagswerte nichts anderes seien als Geschäfts- oder Firmenwerte des Verlages.
Zur Unterscheidung der „Verlagswerte" von „Verlagsrechten" als „Recht[e] eines Verlegers zur Vervielfältigung und Verbreitung eines Werkes der Literatur oder der Tonkunst" siehe BFH v. 14.03.1979 – I R 37/75, BStBl. II 1979, 470, 471 f.

(bb) Kein anderes Ergebnis aufgrund der erforderlichen Gesamtbewertung des Unternehmens zur Ermittlung des Geschäfts- oder Firmenwertes

Nun mag man anbringen, dass der Geschäfts- oder Firmenwert als Restgröße die „Notwendigkeit einer Gesamtbewertung“[1397] des Unternehmens mit sich bringe. Daraus folgt jedoch nicht, dass geschäftswertbildende Faktoren nicht getrennt von einem selbstständigen Unternehmen(-steil) veräußert und erworben werden können.[1398] Die Gesamtbewertung führt alleine dazu, dass sich der Wert eines geschäftswertbildenden Faktors mit Übertragung auf ein anderes Unternehmen ändern kann. Denn in jedem Unternehmen wirkt der geschäftswertbildende Faktor anders. Er wird beeinflusst durch andere Unternehmensfaktoren und kann zu einer anderen Höhe an künftigen Unternehmensgewinnen beitragen.[1399] Durch diese unterschiedliche Beeinflussung des Geschäfts- oder Firmenwertes ändert sich auch der Wert des erworbenen geschäftswertbildenden Faktors. So hängt die Nutzbarkeit von Mitarbeiterfähigkeiten mit der Organisation des jeweiligen Unternehmens zusammen. Für ihre Bewertung kommt es daher im Einzelfall darauf an, ob sie aus Erwerber-[1400] oder aus Veräußerersicht[1401] vorzunehmen ist.

(cc) Dennoch: keine Aktivierung von derivativen geschäftswertbildenden Faktoren

Von der Frage nach der Übertragbarkeit geschäftswertbildender Faktoren mit einem unselbstständigen Unternehmensteil muss jedoch ihre Aktivierbarkeit in der Erwerberbilanz unterschieden werden. Denn auch wenn nach der hier vertretenen

---

1397 *Richter*, in: v. Wysocki u.a., HdJ, Abt. II/9 (Juni 1990), Rn. 14. Siehe zudem *Mellerowicz*, Der Wert der Unternehmung als Ganzes, S. 112.

1398 So aber wohl *Richter*, in: v. Wysocki u. a., HdJ, Abt. II/9 (Juni 1990), Rn. 14. Ähnlich *Mellerowicz*, Der Wert der Unternehmung als Ganzes, S. 112.

1399 Vgl. zur Funktionsverlagerung gem. § 1 AStG *Oestreicher/Wilcke*, Ubg 2010, 225, 230: „Andererseits versteht es sich von selbst, dass nicht alle Vorteile, die bei einem abgebenden Unternehmen wirksam sind, sich auch bei einem aufnehmenden Unternehmen entfalten.“

1400 Soll der Wert der geschäftswertbildenden Faktoren für den Erwerber ermittelt werden, könnte der Unterschiedsbetrag zwischen dem Substanzwert der einzelnen Wirtschaftsgüter und dem entrichteten Kaufpreis einen Anhaltspunkt bieten, auch wenn der Mehrwert freilich nicht immer mit dem Wert der erworbenen Geschäfts- oder Firmenwertfaktoren übereinstimmt, wie *Hennrichs*, Wahlrechte im Bilanzrecht, Kap. 4, A. I., S. 155 f.; *Moxter*, BB 1979, 741, 743; *Söffing*, in: FS Döllerer, 1988, S. 593 ff., 604, in Bezug auf einen Unternehmenserwerb eingängig darlegen. Differenzierend *Doralt*, Firmenwert, S. 22, 102 ff.

1401 Aus Veräußerersicht müsste darauf abgestellt werden, welchen Wertverlust das Unternehmen erlitten hat, also die Differenz zwischen Unternehmenswert mit dem zu veräußernden Unternehmensteil und ohne ihn, um sodann wiederum den Substanzwert der enthaltenen Wirtschaftsgüter abzuziehen.

Auffassung geschäftswertbildende Faktoren teilweise übertragbar sind, so würde ihre Aktivierung dem bilanziellen Vorsichtsprinzip widersprechen.

Im Ausgangspunkt der Überlegung steht, dass nach allgemeiner Ansicht der originäre Geschäfts- oder Firmenwert als unsicherer Zukunftswert nicht aktiviert werden darf. Nur der derivative Geschäfts- oder Firmenwert wird aufgrund der (wenn auch nur einmaligen) Marktbestätigung für ausreichend sicher erachtet.[1402] Der aktivierte derivative Geschäfts- oder Firmenwert wird aber mit der Zeit von originären Geschäfts- oder Firmenwerten des Erwerberunternehmens „überlagert", denn die erworbenen geschäftswertbildenden Faktoren verflüchtigen sich; ein Werterhalt ist nur durch die nachhaltige Investition durch das Erwerberunternehmen möglich und damit durch Schaffung *originärer* Geschäfts- oder Firmenwerte.[1403] Zur Vermeidung einer schleichenden Aktivierung von originären Geschäfts- oder Firmenwerten werden mithin Abschreibungen des derivativen Geschäfts- oder Firmenwertpostens für erforderlich gehalten.[1404]

Während nun beim Erwerb eines *selbstständigen* Unternehmens(-teils) die derivativen von den originären Werten als Teile zweier (noch) voneinander unabhängiger Unternehmen wenigstens zu Anfang getrennt voneinander sind, findet beim Erwerb eines *unselbstständigen* Unternehmensteils unmittelbar eine Vermischung statt. Denn auch wenn der erworbene Teil geschäftswertbildende Faktoren wie die Standortlage mitbringt, fehlt es ihm doch an weiteren geschäftswertbildenden Faktoren, die gerade die selbstständige Markttätigkeit ausmachen. Es bedarf bspw. der

1402 Siehe soeben unter Kapitel 3, C. II. 1. c).

1403 So die ganz h.M., siehe *Colombo*, in: Colombo/Portale, Trattato delle società per azioni, Bd. 7*, S. 23 ff., 184, Fn. 32; *Hennrichs*, in: FS Schaumburg, 2009, S. 367 ff., 373; *Söffing*, in: FS Döllerer, 1988, S. 593 ff., 612 f.; ähnlich *Doralt*, Firmenwert, S. 72, der allerdings davon ausgeht, dass das Entgelt nur zum Teil einen derivativen Geschäfts- oder Firmenwert abdecke, sich „vielmehr danach [richte], ob man mit einem entsprechenden originären Firmenwert wird rechnen können." Vgl. zudem in den internationalen Rechnungslegungstandards IAS 36 BC 134 f. Ebenso außerdem der Ausgangspunkt der sog. Einheitstheorie der Steuerrechtsprechung BFH v. 15.04.1958 – I 61/57 U, BStBl. III 1958, 330, 331, Tz. 7: „Es besteht an sich durchaus die Möglichkeit, daß die Umstände, die zur Bildung eines entgeltlich erworbenen Geschäftswertes geführt haben, in ihrer Wirkungskraft nachlassen, ja vielleicht völlig schwinden, daß aber der Erwerber seinerseits durch geeignete Maßnahmen wie Umorganisation, Kundenwerbung usw. den Geschäftswert auf der gleichen Höhe hält."

1404 Für die außerplanmäßige Abschreibung sollte zudem auf die Werthaltigkeit allein des *erworbenen* Geschäfts- oder Firmenwertes abgestellt werden, treffend und ausführlich *Hennrichs*, in: FS Schaumburg, 2009, S. 367 ff., 370 ff. Sehr deutlich auch *ADS*, § 255, Rn. 285; vgl. zudem *Strampelli, in:* Abbadessa/Portale, Le società per azioni, Bd. 1, art. 2426, 6., S. 2295; ebenso für die Teilwertabschreibung im Steuerbilanzrecht *Söffing*, in: FS Döllerer, 1988, S. 593 ff., 613; *Stobbe*, in: Herrmann/Heuer/Raupach, EStG/KStG, § 6 EStG (Juli 1997), Rn. 726; a. A. *Doralt*, Firmenwert, S. 27 f., 68, 99 f.

Organisation und ggf. des Mitarbeitereinsatzes u.ä. des *erwerbenden* Unternehmens, um eine unselbstständige Betriebsstätte betreiben zu können. Die derivativen und die originären geschäftswertbildenden Faktoren vermischen sich mithin bereits von Anfang an oder jedenfalls wesentlich schneller als beim Erwerb eines selbstständigen Unternehmens(-teils). Besonders deutlich wird dies bei der Vermischung des Know-how der mit einer Betriebsstätte erworbenen Mitarbeiter mit dem Know-how der dort ggf. zusätzlich eingesetzten Mitarbeiter.

Um die Aktivierung originärer Geschäfts- oder Firmenwerte zu vermeiden, sollte der Ansatz von Geschäfts- oder Firmenwertteilen bei Erwerb eines unselbstständigen Unternehmensteils daher unterbleiben.[1405] Die derzeitige Rechtslage bzgl. der Aktivierbarkeit geschäftswertbildender Faktoren sollte mithin – trotz ergangener Kritik bzgl. ihrer Übertragbarkeit – beibehalten werden.

iii) Zur Zuweisung des Geschäfts- oder Firmenwertes in der Wegzugsproblematik

Nach der Darstellung der Natur des Geschäfts- oder Firmenwertes und der Kritik an der Annahme, dass er (besser: Teile von ihm) nicht losgelöst vom Betrieb oder Teilbetrieben auf ein anderes Unternehmen übertragen werden können, soll im Weiteren seine Zuweisung innerhalb eines Unternehmens bei Wegzug eines Unternehmensteils im Hinblick auf die Wegzugsbesteuerung erörtert werden. Dabei kann folgender Fall vor Augen geführt werden: Die Buchhandel SE zieht von Berlin nach Rom, behält aber auf dem Kurfürstendamm eine unselbstständige Filiale bei, die aufgrund ihres Standortes besonders hohe Gewinne erzielt. Es stellt sich nun die Frage, ob der gesamte Geschäfts- oder Firmenwert mit dem Buchhandel mitzieht, oder ob jedenfalls ein Teil von ihm in der Betriebsstätte am Kurfürstendamm steuerverstrickt bleibt.

(1) Der Geschäfts- oder Firmenwert in der früheren finalen Entnahme- / Betriebsaufgabe-Rechtsprechung

Aus der Annahme einer steten Bindung des Geschäft- oder Firmenwertes an Betrieben oder Teilbetrieben folgerte der BFH in der (früheren) Rechtsprechung zur finalen Entnahme-/Betriebsaufgabetheorie[1406], dass der Geschäfts- und Firmenwert auch nur im Zusammenhang mit Betrieben oder Teilbetrieben ins Ausland überführt

1405 Vgl. auch *Crezelius*, in: Kirchhof, EStG, § 5, Rn. 72, der die Aktivierung eines Geschäfts- oder Firmenwertes bei Erwerb des Unternehmens(-teils) allein zum Zwecke der Stilllegung mit dem Argument verneint, dass die „damit verbundenen Aufwendungen nur Aufwendungen zur Verbesserung des eigenen Geschäftswerts" seien. Ebenso *W. Schubert/F. Huber*, in: Beck'scher Bilanzkommentar, § 247, Rn. 421; *Söffing*, in: FS Döllerer, 1988, S. 593 ff., 603; *Weber-Grellet*, in: L. Schmidt, EStG, § 5, Rn. 222.

1406 Nun aufgehoben mit den Urteilen v. 17.07.2008 (I R 77/06) und 28.10.2009 (I R 99/08, I R 28/08), siehe oben unter Kapitel 4, C. I. 3.

werden könne.[1407] Dadurch ist er noch einen Schritt weiter gegangen als seine oben dargestellte Ansicht zur Übertragung von Geschäfts- oder Firmenwert(-teilen) auf andere Unternehmen:[1408] Nicht nur bei einer Trennung von Unternehmensteilen, sondern auch *innerhalb* eines Unternehmens weist er den Geschäfts- oder Firmenwert dem Betrieb oder Teilbetrieb und damit alleine selbstständigen Unternehmensteilen zu.

Unter dieser Annahme würde bei dem gerade skizzierten Fall der gesamte Geschäfts- oder Firmenwert mit der Buchhandel SE ins Ausland ziehen. In der inländischen Filiale könnten mangels Selbstständigkeit keine Teile des Geschäfts- oder Firmenwertes verbleiben.[1409]

(2) Der Geschäfts- oder Firmenwert in der Gesetzesbegründung zum SEStEG

Wie der BFH scheint auch der Gesetzgeber davon auszugehen, dass der Geschäfts- oder Firmenwert innerhalb eines Unternehmens allein selbstständigen Teilen zugeordnet werden kann. Jedenfalls äußert er sich in der Gesetzesbegründung zum SEStEG dahingehend, dass der Geschäfts- oder Firmenwert nur dann der Entstrickungsbesteuerung zu unterwerfen sei, wenn ein Betrieb oder Teilbetrieb (oder Mitunternehmeranteil[1410]) wegziehe.

(3) Kritische Überlegungen

Wie im Abschnitt zuvor dargestellt wurde, ist bereits der Ansicht zu widersprechen, nach der Geschäfts- oder Firmenwert(-teile) nur zusammen mit Betrieben oder Teilbetrieben übertragen werden können. Aber selbst wenn man ihr folgen möchte, ist sie erstens nicht auf die Aufteilung innerhalb eines Unternehmens zu übertragen und damit zweitens für die Wegzugsbesteuerungsproblematik ohne Auswirkung. Rechtsprechung und Gesetzgeber ist insofern zu widersprechen.

Zunächst ist zu Punkt zwei zu betonen, dass bei der Wegzugsbesteuerungsproblematik die Aufteilung des Geschäfts- oder Firmenwertes nicht bei Trennung von Unternehmensteilen, sondern innerhalb eines Unternehmens entscheidend ist. Die Wegzugsbesteuerung soll nicht die Veräußerung von Unternehmensteilen erfassen – denn damit wäre bereits ein Besteuerungstatbestand gegeben –, sondern die Fälle, in denen Vermögenswerte *ohne* vorherige Besteuerung dem deutschen Fiskus entzogen werden. Es werden mithin nicht Wirtschaftsgüter oder gar Unternehmensteile „abgespalten", sondern allein ein Ortswechsel vollzogen. Dabei bleibt das Unternehmen an sich vollständig bestehen.

1407 BFH v. 24.11.1982 – I R 123/78, BStBl. II 1983, 113, 113 f.

1408 Siehe gerade unter Kapitel 4, C. II. 3. b) ii) (1).

1409 Zu Recht kritisch *Blumenberg*, in: FS Schaumburg, 2009, S. 559 ff., 576: „Meines Erachtens wäre es nicht sachgerecht, den Goodwill immer dem Stammhaus zuzurechnen."

1410 Der Bezug zum Mitunternehmeranteil erklärt sich aus dem Transparenzprinzip der Personengesellschaften.

Nun zum ersten Punkt: die (hier abgelehnte) Auffassung zur *Trennung* von Unternehmensteilen basiert auf der Grundüberlegung, dass Geschäfts- oder Firmenwerte nur im Zusammenhang mit selbstständigen Unternehmen(-steilen) bestehen können und bei Trennung von ihnen – bildhaft gesprochen – „verpuffen". Bei der Aufteilung *innerhalb* eines Unternehmens kommt es aber gerade nicht zu einer Abtrennung von Geschäfts- oder Firmenwert(-teilen). Es ist daher für sie irrelevant, ob sich die Werte bei Trennung auflösen würden.

(4) Vorschlag für eine „entstrickungsspezifische" Aufteilung des Geschäfts- oder Firmenwertes

Im Folgenden wird sich zeigen, dass (jedenfalls für die Entstrickungsbesteuerung) Teile des Geschäfts- oder Firmenwertes auch auf unselbstständige Unternehmensteile aufzuteilen sind. Die Vorschrift des § 12 Abs. 1 KStG macht die Wegzugsbesteuerung nämlich davon abhängig, dass das deutsche Besteuerungsrecht ausgeschlossen oder beschränkt wird, dass stille Reserven entstrickt werden. Bleiben Teile des Geschäfts- oder Firmenwertes bei Wegzug der Gesellschaft in Deutschland steuerverstrickt, sind sie nach § 12 Abs. 1 KStG mithin nicht einer Besteuerung zu unterwerfen, auch nicht durch „künstliche" Zuordnung zum wegziehenden Stammhaus. Es ist also eine „entstrickungsspezifische" Zuweisung von Geschäfts- oder Firmenwertteilen innerhalb des Unternehmens vorzunehmen.

(aa) Steuerent- und -verstrickte Geschäfts- oder Firmenwert(-teile) grenzüberschreitend tätiger Unternehmen

Um der Frage nachzugehen, wann ein Geschäfts- oder Firmenwert im Inland verstrickt bleibt, ist es notwendig, erneut auf seine besondere Natur einzugehen: Der Geschäfts- oder Firmenwert stellt künftige Gewinne dar. Er besteht aus „unrealisierten Ertragserwartungen"[1411] und damit aus stillen Reserven, die im Ertragswert des Unternehmens „schlummern", soweit dieser die Summe der Zeitwerte aller Wirtschaftsgüter, vermindert um die Schulden,[1412] übersteigt. Ob (Teile des) Geschäfts- oder Firmenwertes steuerverstrickt sind, hängt mithin davon ab, ob Deutschland das Besteuerungsrecht in Bezug auf (Teile der) künftige(n) Gewinne des Unternehmens zukommt.

Für die „entstrickungsspezifische" Zuweisung von Geschäft- oder Firmenwertteilen zu einer inländischen Betriebsstätte müssen mithin künftige Gewinne des Unternehmens dem deutschen Besteuerungsrecht unterfallen. Welche Unternehmensgewinne und vor allem nach welcher Methode Gewinne nach innerstaatlichem Recht (§ 49 Abs. 1 Nr. 2 lit. a EStG) unter das Besteuerungsrecht Deutschlands

1411 *Hennrichs*, in: FS Schaumburg, 2009, S. 367 ff., 369. Vgl. auch *Saage*, DB 1969, 1709, 1710; *Söffing*, in: FS Döllerer, 1988, S. 593 ff., 595.

1412 Siehe oben unter Kapitel 4, C. II. 3. b) i).

als Betriebsstättenstaat fallen, ist, wie oben dargestellt wurde,[1413] umstritten. Die Frage kann aber an dieser Stelle auch zurückgestellt werden, da allen Methoden gemeinsam ist, *dass* Betriebsstätten Teile der Unternehmensgewinne zuzuweisen sind – und zwar ohne dass dafür zwischen selbstständigen und unselbstständigen Betriebsstätten unterschieden werden würde.[1414]

Die im Zusammenhang mit der Betriebsstätte stehenden Gewinne können sich aber nicht frei machen von „weichen" Faktoren, die die Einkünfteerzielung erhöht oder gar erst ermöglicht haben. Im obigen Beispiel erzielt die Buchhandel SE besonders hohe Gewinne aufgrund der Standortlage der Filiale am Kurfürstendamm und realisiert dadurch einen Teil des Geschäfts- oder Firmenwertes. Ebenso schlägt sich das Know-how der Mitarbeiter einer Produktionsbetriebsstätte im Produktionsgewinn nieder.[1415] Diese Teile des Geschäfts- oder Firmenwertes wirken sich mithin in der innerstaatlichen Betriebsstättenbesteuerung aus und unterfallen damit dem Zugriff des deutschen Fiskus.

Teilweise wirken sich in den der Betriebsstätte zuzuweisenden Gewinnen sogar solche geschäftswertbildenden Faktoren aus, die nicht alleine der Betriebsstätte anhaften. Hat die Betriebsstätte bspw. keine eigene Organisation, sondern ist eingebunden in der Gesamtorganisation des Unternehmens, wirkt sich eine gute Organisationsstruktur in der Regel auch auf den Funktionsablauf und damit letzten Endes auf die Effektivität und die Gewinne der Betriebsstätte aus.

Damit unterscheidet sich die „entstrickungsspezifische" Zuweisung von Teilen des Geschäfts- oder Firmenwertes innerhalb eines Unternehmens von der Zuweisung bei Übertragung von Unternehmensteilen auf ein Erwerberunternehmen. Wird nämlich ein Unternehmensteil abgetrennt, das über keine eigene Organisation verfügt, geht die Organisation des Gesamtunternehmens nicht auf den Erwerber mit über. Sie hat den Ablauf in dem Unternehmensteil bisher zwar bestimmt, mit Übertragung auf das Erwerberunternehmen unterliegt es aber nun einer neuen Organisation.

Diese Zuordnung von Teilen des Geschäfts- oder Firmenwertes entspricht zudem der DBA-Sichtweise: Denn zum einen subsumiert der OECD-MA-Kommentar unter Betriebsstättenvermögen auch den Geschäfts- oder Firmenwert.[1416] Zum anderen steht dies im Einklang mit dem „dealing at arm's length"-Prinzip des Art. 7 Abs. 2

1413 Kapitel 4, C. II. 3. a) ii).

1414 Deutlich *Hidien*, in: Kirchhof/Söhn/Mellinghoff, EStG, § 49 (April 2007), Rn. D 1008: „Ungeachtet ihrer unterschiedlichen ‚Wege' und Ansatzpunkte [...] geht es beiden Verfahren um die ‚richtige' verursachungsgerechte Gewinnabgrenzung: Im Wege einer Gewinnabspaltung ist festzustellen, welcher Teil des Gesamtergebnisses auf die (inländische) Betriebsstätte entfällt." Vgl. zudem *Gosch*, in: Kirchhof, EStG, § 49, Rn. 15.

1415 Zur Zuweisung von „Vertriebserlös" und „Produktionserlös" siehe *Wassermeyer*, DB 2006, 1176, 1179; zudem *Schönfeld*, IStR 2010, 133, 135.

1416 OECD-MA-Kommentar, Art. 13, Rn. 24.

OECD-MA, das die Selbstständigkeit der Betriebsstätte und ihre Unabhängigkeit vom Unternehmen fingiert.[1417] Diese Fiktion vermag freilich nicht zur *Entstehung* eines *eigenen* Geschäfts- oder Firmenwertes der Betriebsstätte zu führen – sie kann nicht darüber hinweghelfen, dass die Betriebsstätte nicht selbstständig am Markt tätig ist und somit keine eigenen Gewinnchancen generieren kann. Ihre Bedeutung liegt allein in der *Zuordnung* von Vermögenswerten.[1418] Dies lässt sich an materiellen Wirtschaftsgütern verdeutlichen: Die Fiktion vermag der Betriebsstätte nicht zivilrechtlich Eigentum an ihnen zu verschaffen; dennoch können sie ihr unstreitig zugeordnet werden. Der fehlende Punkt, die Selbstständigkeit, wird gerade fingiert. Es wird der Betriebsstätte das zugewiesen, was sie als selbstständiges Unternehmen inne hätte – so auch einen (Teil-)Geschäfts- oder Firmenwert.

Sowohl innerstaatlich als auch DBA-rechtlich bleiben mithin Teile des Geschäfts- oder Firmenwertes bei Wegzug des Stammhauses in einer im Inland verbleibenden Betriebsstätte steuerverstrickt. Sie sind daher „entstrickungsspezifisch" dieser zuzuweisen.

(bb) Europarechtlich bedingtes Erfordernis der Aufteilung des Geschäfts- und Firmenwertes bei der Wegzugsbesteuerung

Diese „entstrickungsspezifische" Zuweisung von Teilen des Geschäfts- oder Firmenwertes zu einer im Inland verbleibenden Betriebsstätte ist zudem europarechtlich bedingt. Denn die Rechtfertigungsgründe der Kohärenz und des Territorialitätsprinzips stehen zwar grundsätzlich[1419] bei Beschränkung der Niederlassungsfreiheit durch eine Wegzugsbesteuerung zur Verfügung. Ihnen liegt aber die Vorstellung zugrunde, dass der Fiskus (nur) die stillen Reserven erfassen darf, die sich im Inland gebildet haben und ansonsten nicht mehr der inländischen Besteuerung unterfielen. Die weiterhin im Inland steuerverstrickten stillen Reserven einer Wegzugsbesteuerung zu unterwerfen, wäre daher – unabhängig von der Ausgestaltung der Wegzugsbesteuerung – nicht zu rechtfertigen und damit ein Verstoß gegen die Niederlassungsfreiheit.

Die von § 12 Abs. 1 KStG vorgenommene Differenzierung nach Ent- und Verstrickung der Werte ist mithin europarechtlich begrüßenswert und muss auch für den Geschäfts- oder Firmenwert Anwendung finden.

(cc) Vergleich: Zuweisung des Geschäfts- oder Firmenwertes bei anderen Regelungen

Die Zuweisung von Gewinnchancen zu unselbstständigen Unternehmensteilen ist auch aus der sog. Funktionsverlagerung nach § 1 Abs. 3 Satz 9 AStG bekannt. § 1 AStG soll verhindern, dass Einkünfte eines Steuerpflichtigen dadurch gemindert

---

1417 Siehe oben unter Kapitel 4, C. II. 3. a) i) (1).

1418 *Wassermeyer*, in: Piltz/Schaumburg, Internationale Betriebsstättenbesteuerung, S. 25 ff., 31.

1419 Siehe oben unter Kapitel 2, E. II. 1. c), d).

werden, dass er Geschäfte mit einer ihm nahe stehenden Person im Ausland zu Preisen abschließt, die voneinander unabhängige Dritte nicht vereinbart hätten (Fremdvergleich), § 1 Abs. 1 Satz 1 AStG.[1420] Dabei regelt § 1 Abs. 3 Satz 9 AStG den speziellen Fall, dass eine sog. „Funktion einschließlich der dazugehörigen Chancen und Risiken" verlagert wird, wobei unter „Funktion" die Geschäftstätigkeit eines Unternehmensteils zu verstehen ist, ohne dass – und dies ist für diese Arbeit von Interesse – ein Teilbetrieb vorliegen muss.[1421] Für den Fremdvergleich ist zudem im Grundsatz[1422] auf das gesamte sog. „Transferpaket" abzustellen, so dass nicht nur die enthaltenen Wirtschaftsgüter und Dienstleistungen, sondern auch die übergehenden Chancen und Risiken zu berücksichtigen sind. Ob für den „Mehrwert" des sog. Transferpaketes über die in ihm enthaltenen Wirtschaftsgüter und Dienstleistungen der Terminus „Geschäfts- oder Firmenwert(-teil)" verwendet werden kann, ist in der Literatur freilich umstritten.[1423] Klar ist jedoch, dass ein über den Wirtschaftsgütern liegender Mehrwert mit übergeht und Berücksichtigung finden muss. Mehr noch: § 3 Abs. 1 FVerlV spricht sogar von aus dieser Funktion erwachsenden „Gewinnpotentialen" des Unternehmens.[1424]

Ohne eine rechtliche oder gar rechtspolitische Bewertung des § 1 AStG vornehmen zu wollen, soll festgehalten werden, dass die Zuordnung von Gewinnchancen zu unselbstständigen Unternehmensteilen keineswegs neuartig oder gar undurchführbar ist.

Nicht unerwähnt bleiben soll zudem, dass auch die IFRS die Aufteilung des Geschäfts- oder Firmenwertes (sog. goodwill) innerhalb eines Unternehmens kennen. Für die Abschreibung nach dem sog. impairment test weisen sie ihn sog. cash generating units (cgu) oder Gruppen von cgu zu, IAS 36.80. Eine solche cgu besteht in der „smallest identifiable group of assets that generates cash flows that are largely

---

1420 Siehe im Einzelnen *Kaligin*, in: Lademann, EStG, § 1 AStG (Sept. 2011), Rn. 3 ff.; *Kraft*, in: Kraft, AStG, § 1, Rn. 10 ff.; *Pohl*, in: Blümich, EStG/KStG/GewStG, § 1 AStG (Mai 2015), Rn. 31 ff.

1421 § 1 Abs. 1 Satz 2 Funktionsverlagerungsverordnung (FVerlV). Siehe zudem *Greinert*, in: Schaumburg/Rödder, Unternehmensteuerreform 2008, Teil 3, G.V.1., S. 559; *Kaligin*, in: Lademann, EStG, § 1 AStG (März 2011), Rn. 189; *Kraft*, in: Kraft, AStG, § 1, Rn. 360.

1422 Kritisch zu den einzelnen Ausnahmen, in denen eine Einzelbewertung zulässig sein soll, *Oestreicher/Wilcke*, Ubg 2010, 225, 225 ff.

1423 Siehe im Einzelnen *Greinert*, in: Schaumburg/Rödder, Unternehmensteuerreform 2008, Teil 3, G.V.1., S. 559 f.; *Kahle*, Der Konzern 2007, 647, 650 ff.; *Kaligin*, in: Lademann, EStG, § 1 AStG (März 2011), Rn. 189; *Kaminski/Strunk*, DB 2008, 2501, 2504 f.; *Kraft*, in: Kraft, AStG, § 1, Rn. 401; *Oestreicher/Wilcke*, Ubg 2010, 225, 229.

1424 § 3 Abs. 1 Funktionsverlagerungsverordnung: „Ist [...] der Wert für ein dem verlagernden Unternehmen zuzurechnendes Transferpaket als Ganzes zu bestimmen, muss dieser Wert [...] aus der Sicht der beteiligten Unternehmen *in Übereinstimmung mit den Gewinnen* stehen, die zum Zeitpunkt der Verlagerung *aus der Ausübung der Funktion erwartet werden können und der Funktion zuzuordnen sind (Gewinnpotentiale).*" (Herv. durch Verf.)

independent of the cash flows from other assets or groups of assets", IAS 36.6.[1425] Zwar verlangen die IFRS eine wesentliche „Unabhängigkeit" („independence") der cgu. Ausschlaggebend ist hier aber – anders als bei den Teilbetrieben i.S.d. deutschen Steuerrechts – nicht, dass die cgu selbstständig am Markt teilnehmen könnte, also bspw. über eine eigene Organisation verfügt. Vielmehr kommt es auf den von der cgu produzierten cash flow und seine Unabhängigkeit von anderen cash flows an. Als Beispiel nennt IAS 36.68 ein Busunternehmen, welches als Ganzes eine cgu darstelle. Den einzelnen Buslinien hingegen ließen sich zwar cash flows zuordnen, doch seien diese cash flows nicht unabhängig voneinander, da eine einzelne Linie nicht einfach aufgegeben werden könne. Als anderes Beispiel wird die einzelne Filiale einer Einzelhandelskette genannt (IAS 36.IE 1 ff.), die alleine aufgrund ihrer regionalen Unterschiede über einen eigenen Kundenstamm verfüge und damit unabhängig cash flows generiere.[1426] Festzuhalten bleibt mithin, dass die Aufteilung des Geschäfts- oder Firmenwertes innerhalb eines Unternehmens auch den IFRS bekannt ist.

(5) Auswirkungen und Umsetzung der „entstrickungsspezifischen" Aufteilung des Geschäfts- oder Firmenwertes innerhalb eines Unternehmens

Die „entstrickungsspezifische" Zuweisung von Teilen des Geschäfts- oder Firmenwertes innerhalb eines Unternehmens wirkt sich in zwei Richtungen aus: Bei Wegzug des Stammhauses unterfällt der Wegzugsbesteuerung nur der Teil des Geschäfts- oder Firmenwertes, der sich nicht in Gewinnen einer im Inland verbleibenden Betriebsstätte widerspiegelt. Bei Wegzug allein einer Betriebsstätte unterliegt aber ebenfalls ein Teil des Geschäfts- oder Firmenwertes der Wegzugsbesteuerung, denn auch hier verliert der Wegzugsstaat das Besteuerungsrecht an den künftigen Gewinnen der Betriebsstätte.

Schwierigkeiten bereitet es aber festzustellen, in welcher Höhe der Geschäfts- oder Firmenwert entstrickt wird, welcher (quantitative) Teil dem Stammhaus und welcher der Betriebsstätte zuzuweisen ist.

Grundsätzlich wird zur Ermittlung des Geschäfts- oder Firmenwertes auf die Differenz zwischen dem Unternehmenswert und dem Substanzwert der einzelnen

1425 Siehe hierzu bereits Kapitel 3, C. II. 1. c) ii). Zudem *Giussani*, in: A.B.I., IAS/IFRS, S. 375 ff., 379, 381; *Hennrichs*, in: FS Schaumburg, 2009, S. 367 ff., 380; *Pawelzik/Dörschell*, in: Heuser/Theile, IFRS, Rn. 2030; *Senger/Brune*, in: Beck'sches IFRS-Handbuch, § 34, Rn. 239; *Venuti*, Il bilancio di esercizio fino agli IFRS, Teil 3, 10.5., S. 384.

1426 Zu den Beispielen *Pawelzik/Dörschell*, in: Heuser/Theile, IFRS, Rn. 2032 ff. Weitere Beispiele auch zur Zuweisung eines erworbenen goodwill und dem impairmenttest der (einzelnen) cgu bei *Bartels/Jonas*, in: Beck'sches IFRS Handbuch, § 27, Rn. 131 ff.

Wirtschaftsgüter, abzüglich der Schulden, abgestellt.[1427] Der Unternehmenswert wird dafür als sog. „Zukunftserfolgswert"[1428] des Unternehmens mittels „Diskontierung der künftigen finanziellen Überschüsse [...] ermittelt".[1429] Es ist mithin eine Zukunftsprognose anzustellen, für die aber die Vergangenheitswerte des Unternehmens den Ausgangspunkt bilden und zur Vornahme von Plausibilitätsbeurteilungen dienen.[1430] Für die Erstellung der Zukunftsprognose ist außerdem auf – bestenfalls bereits vorhandene – Planungsrechnungen des Unternehmens zurückzugreifen.[1431]

Um nun zu dem Wert zu gelangen, der den Teil des Geschäfts- oder Firmenwertes ausmacht, der durch Wegzug ins Ausland entstrickt wird, darf – anders als bei Trennung und Veräußerung eines Unternehmensteils – nicht ermittelt werden, welcher Wert dem Unternehmen ohne den abgetrennten Unternehmensteil zukommt, oder bei Ermittlung des Wertes des getrennten Unternehmensteils selbst, welcher Differenzwert sich bei einer Unternehmensbewertung mit und ohne den Teil ergibt. Denn bei der Wegzugsbesteuerung werden Stammhaus und Betriebsstätte allein örtlich, nicht aber tatsächlich getrennt. Sie bilden weiterhin eine Einheit, innerhalb derer Synergieeffekte bestehen[1432] und durch die der

---

1427 Zu Eigenschaft des Geschäfts- oder Firmenwertes siehe oben Kapitel 4, C. II. 3. b) i), sowie *Körner*, IStR 2009, 741, 746. Auch zu weiteren Berechnungsmethoden des Geschäfts- oder Firmenwertes: *Helbling*, Unternehmensbewertung, 124, S. 120 ff.; *Mellerowicz*, Der Wert der Unternehmung als Ganzes, S. 112 ff.; *Piltz*, Unternehmensbewertung, S. 326 ff.

1428 *Großfeld*, Unternehmensbewertung, 2. Teil, A. II., Rn. 142, 4. Teil, A., Rn. 287 ff.; *IDW* S 1, Rn. 7, 85; *Schultze*, Unternehmensbewertung, IV. B., S. 328 f. Zum Prinzip der Zukunftsbezogenheit *Helbling*, Unternehmensbewertung, 121.2, S. 75 f.; *Moxter*, Unternehmensbewertung, 4. Kap., § 14, I., S. 102.

1429 *IDW* S 1, Rn. 85. Siehe auch *ADS*, § 255, Rn. 257; *Kirsch*, in: Hofbauer/Kupsch, Rechnungslegung, § 246 HGB (April 2011), Rn. 181; *Kuhner/Maltry*, Unternehmensbewertung, 2.1.6, S. 48; *Piltz*, Unternehmensbewertung, S. 142 f.
Die gängigsten Verfahren sind dabei das Ertragswert- und das sog. Discounted Cash Flow-Verfahren, *Großfeld*, Unternehmensbewertung, 3. Teil, A. II., Rn. 267; *IDW* S 1, Rn. 101 ff.; *Kuhner/Maltry*, Unternehmensbewertung, 2.6, S. 68; *Schultze*, Unternehmensbewertung, IV., S. 205.

1430 *Ballwieser*, Unternehmensbewertung, 4.2.1, S. 17 ff.; *Großfeld*, Unternehmensbewertung, 4. Teil, C. II., Rn. 301, 5. Teil, A. I. 1., Rn. 385 f.; *Helbling*, Unternehmensbewertung, 313.1, S. 367 ff.; *IDW* S 1, Rn. 70, 72, 75; *Mellerowicz*, Der Wert der Unternehmung als Ganzes, S. 47 f.; *Moxter*, Unternehmensbewertung, 4. Kap., § 13, I., S. 97 ff., § 15, I., S. 107; *Piltz*, Unternehmensbewertung, S. 19 f., 144 f.; *Schmalenbach*, Beteiligungsfinanzierung, S. 36 ff.; *Schultze*, Unternehmensbewertung, III. B. 4.2, S. 121 ff.

1431 *Großfeld*, Unternehmensbewertung, 5. Teil, B. V., Rn. 401, 6. Teil, A., Rn. 428 ff.; *IDW* S 1, Rn. 75 ff.; *Mellerowicz*, Der Wert der Unternehmung als Ganzes, S. 50 f.; *Piltz*, Unternehmensbewertung, S. 20 f.; *Schultze*, Unternehmensbewertung, III. B. 4., S. 105 ff. Siehe auch *Helbling*, Unternehmensbewertung, 121.4, S. 81 f.

1432 Vgl. hierzu *Großfeld*, Unternehmensbewertung, 4. Teil, H. I., Rn. 326; *Schultze*, Unternehmensbewertung, II. B. 2., S. 16.

Betriebsstätte möglicherweise ein anderer Wert zukommt als innerhalb eines anderen Unternehmens.[1433] Zudem muss der Bewertungsanlass der Entstrickungsbesteuerung Beachtung finden:[1434] Es gilt den Wert zu ermitteln, der nach Wegzug nicht mehr der deutschen Besteuerung unterliegt. Maßgebend sind mithin die Aufteilungsgrundsätze, mit denen bei grenzüberschreitend tätigen Unternehmen ein Teil der Gewinne der Betriebsstätte zugewiesen wird. Auf dieser Aufteilung muss die Bewertung des Unternehmensteils basieren. Nach Möglichkeit könnten bereits die „Vergangenheitswerte" des Gesamtunternehmens aufgeteilt werden. Die sich mit dem Wegzug gegebenenfalls ergebenden Veränderungen, bspw. Wegfall einer besonderen Standortlage, sind aber entsprechend zu korrigieren.[1435] Teilweise werden jedenfalls bei größeren Unternehmen für die Zukunftsprognose sogar Planungsrechnungen in Bezug auf den wegziehenden Teil bereits zur Verfügung stehen, da ein solcher Schritt i.d.R. sorgfältig durchdacht ist. Ist so der auf den wegziehenden Unternehmensteil fallende Anteil des Unternehmenswertes ermittelt,[1436] kann in einem zweiten Schritt durch Abzug der Zeitwerte „seiner" Wirtschaftsgüter und Hinzurechnung „seiner" Schulden[1437] „sein" Teil des Geschäfts- oder Firmenwertes abgeleitet werden.

iv) Zusammenfassung

Die Aufteilung des Geschäfts- oder Firmenwertes innerhalb eines Unternehmens, also zwischen Stammhaus und Betriebsstätten, wirft aufgrund seiner nur schweren Greifbarkeit (als über den Substanzwerten der Wirtschaftsgüter liegenden Ertragserwartungen eines Unternehmens) größte Schwierigkeiten auf.

Der Bundesfinanzhof vertritt die Auffassung, dass der Geschäfts- oder Firmenwert nur von selbstständigen, lebenden Unternehmen geschaffen werden könne und daher stets am Betrieb oder an Teilbetrieben hinge. Er könne mit unselbstständigen Unternehmensteilen weder auf andere Unternehmen übertragen noch innerhalb eines Unternehmens mit ihnen ins Ausland überführt werden.

1433 Siehe auch unter Kapitel 4, C. II. 3. b) ii) (3) (bb).

1434 Zur Bedeutung des Bewertungszweckes *Ballwieser*, Unternehmensbewertung, 1.1, S. 1; *Moxter*, Unternehmensbewertung, 1. Kap., § 1, S. 5 ff.; *Schultze*, Unternehmensbewertung, II. A., S. 5.

1435 Zur Korrektur von Vergangenheitswerten bei Unternehmensbewertungen siehe *Helbling*, Unternehmensbewertung, 312, S. 357 ff.; *IDW* S 1, Rn. 73, 103; *Piltz*, Unternehmensbewertung, S. 145 f.; *Schmalenbach*, Beteiligungsfinanzierung, S. 40 ff.

1436 Als Bewertungsobjekt sind auch ansonsten kleinere Einheiten als Betriebe anerkannt, vgl. *Ballwieser*, Unternehmensbewertung, 2.1, S. 6, 4.2.1.2, S. 18; *Helbling*, Unternehmensbewertung, 115.2, S. 58; *IDW* S 1, Rn. 73; *Piltz*, Unternehmensbewertung, S. 199, spricht von „Betriebsstätten".

1437 Zur Zuweisung von Passiva zu Betriebsstätten siehe *Roth*, in: Lüdicke, Zurechnung von Wirtschaftsgütern im Internationalen Steuerrecht, S. 87 ff., S. 95; *ders.*, in: Herrmann/Heuer/Raupach, EStG/KStG, § 49 EStG (Juni 2014), Rn. 274.

Dem ist zu entgegnen, dass zwar Geschäfts- oder Firmenwerte als künftige Ertragswerte eines Unternehmens nur von selbstständig am Markt tätigen Unternehmen geschaffen werden können, dies aber erstens nicht bedeutet, dass die geschäftsw ertbildenden Faktoren nicht (zusammen mit unselbstständigen Unternehmensteilen) auf andere Unternehmen übertragen werden können und damit den Geschäfts- oder Firmenwert des Ursprungunternehmens reduzieren sowie den des Erwerberunternehmens erhöhen. Zweitens führt selbst die Annahme, dass eine Abtrennung und Übertragung der geschäftswertbildenden Faktoren nicht möglich ist, nicht zwangsläufig zu einer Zuweisung des Geschäfts- oder Firmenwertes bei Wegzugsfällen allein zu den selbstständigen Unternehmensteilen. Denn in diesen Fällen findet lediglich ein Ortswechsel statt, so dass die Frage, ob sie auch ohne das Unternehmen bestehen können, nicht erheblich ist. Drittens ist jedenfalls für die Entstrickungsbesteuerung eine „entstrickungsspezifische" Aufteilung des Geschäfts- oder Firmenwertes maßgebend. Da der Geschäfts- oder Firmenwert künftige Ertragswerte darstellt, hängt die Aufteilung davon ab, welche der Werte dem deutschen Besteuerungsrecht unterliegen, also verstrickt sind, und welche nicht. Mithin sind die Aufteilungsgrundsätze, nach denen bei grenzüberschreitend tätigen Unternehmen ein Teil der Gewinne der Betriebsstätte zugewiesen wird, relevant.

Der danach einer inländischen Betriebsstätte zugewiesene Teil des Geschäfts- oder Firmenwertes bleibt daher trotz Wegzug des Stammhauses steuerverstrickt und unterliegt nicht der Wegzugsbesteuerung nach § 12 Abs. 1 KStG. Andersherum kann aber auch allein der Wegzug einer Betriebsstätte zur Entstrickung eines Teils des Geschäfts- oder Firmenwertes führen.

4. *Reichweite der Entstrickungsbesteuerung – Welche dem Stammhaus zuzuordnenden Werte werden von § 12 Abs. 1 KStG erfasst?*

An die Zuordnung von stillen Reserven zum wegziehenden Stammhaus schließt sich die Frage an, welche dieser Werte einer Besteuerung nach § 12 Abs. 1 Satz 1 KStG unterworfen werden. Hierfür soll der Wortlaut der Norm vor Augen geführt werden:

> „Wird bei der Körperschaft [...] das Besteuerungsrecht der Bundesrepublik Deutschland hinsichtlich des Gewinns aus der Veräußerung [...] eines Wirtschaftsguts ausgeschlossen oder beschränkt, gilt dies als Veräußerung [...] des Wirtschaftsguts zum gemeinen Wert; [...]."

a) Erfasste „Einzel"-Werte

i) Stille Reserven einzelner Wirtschaftsgüter

Nach dem Wortlaut des § 12 Abs. 1 Satz 1 KStG unterfallen der Entstrickungsbesteuerung aus dem deutschen Besteuerungsrecht ausscheidende stille Reserven von *Wirtschaftsgütern*. Unproblematisch erfasst sind also einzelne Wirtschaftsgüter und damit freilich nicht nur materielle, sondern auch immaterielle (inklusive der selbst geschaffenen).[1438]

Dem kann nicht die Vorschrift des § 5 Abs. 2 EStG entgegengehalten werden,[1439] denn seine Anwendung führt gerade zur Bildung von stillen Reserven, die durch den Wegzug dem deutschen Fiskus nicht entzogen werden sollen. Ebenso wenig ist schließlich das Anschaffungs- und Herstellungskostenprinzip auf die Wegzugsbesteuerung anzuwenden, da es ansonsten keinen fiktiven (über den Anschaffungs-/Herstellungskosten liegenden – sic!) Veräußerungswert geben könnte.

ii) Geschäfts- oder Firmenwert(-teile)

Fraglich ist, ob der Geschäfts- oder Firmenwert unter die Vorschrift des § 12 Abs. 1 Satz 1 KStG zu subsumieren ist: erstens aufgrund des Bezugs auf „Wirtschaftsgüter", zweitens wegen der Fiktion einer Veräußerung und drittens durch die Bewertung zum gemeinen Wert.

Zunächst zum ersten Punkt: der Wortlaut des § 12 Abs. 1 Satz 1 KStG bezieht sich auf „Wirtschaftsgüter". Ob der Geschäfts- oder Firmenwert als Wirtschaftsgut zu erachten ist, ist umstritten und abhängig von der Definition des Wirtschaftsgutsbegriffes. Hält man die Einzelveräußerbarkeit für erforderlich,[1440] wird man ihn nicht als Wirtschaftsgut verstehen können. Denn er besteht aus „weichen" Faktoren (bspw. Organisationsstruktur oder Know-how der Mitarbeiter), die den Ertragswert des Unternehmens bestimmen, sich aber außer im Zusammenhang mit dem Unternehmen oder mit (wenn auch unselbstständigen)[1441] Unternehmensteilen zumeist nicht erfassen lassen.

Nach ständiger Rechtsprechung des BFH ist der Geschäfts- oder Firmenwert als Wirtschaftsgut zu klassifizieren, da es ausreichend sei, ihn gemeinsam mit dem Unternehmen veräußern zu können.[1442] Diese Rechtsprechung mag sich zwar unter

---

1438 *Benecke/Staats*, in: Dötsch/Pung/Möhlenbrock, KSt, § 12 (Dez. 2012), Rn. 320; *Dötsch/Pung*, DB 2006, 2648, 2648; *Frotscher*, in: Frotscher/Maas, KStG, § 12 (Mai 2011), Rn. 19 f.; *Lambrecht*, in: Gosch, KStG, § 12, Rn. 95. Vgl. zudem im Ergebnis (allerdings mit dem Sachgesamtheitsbezug begründend): BT-Dr. 16/2710, S. 28; *Bilitewski*, FR 2007, 57, 59.

1439 So aber *Roser*, DStR 2008, 2389, 2395. Im Ergebnis wie hier *Frotscher*, in: Frotscher/Maas, KStG, § 12 (Mai 2011), Rn. 20b. Zur vergleichbaren Problematik bei der Entnahme siehe *Meurer*, in: Lademann, EStG, § 4 (Juli 2000), Rn. 331.

1440 Zu der Frage, ob die Einzelveräußerbarkeit für die Definition als Wirtschaftsgut bzw. Vermögensgegenstand erforderlich ist, ausführlich *Hennrichs*, in: MüKo Bilanzrecht, Bd. 2, § 246 HGB, Rn. 21 ff.; *Knobbe-Keuk*, Bilanz- und Unternehmenssteuerrecht, § 4, IV. 2., S. 86 ff. Siehe zudem oben Kapitel 3, C. II. 1. a) i) (1).

1441 Hierzu in Kapitel 4, C. II. 3. b) ii) (3) (aa).

1442 BFH v. 24.03.1987 – I R 202/83, BStBl. II 1987, 705, 706; v. 23.11.1988 – II R 209/82, BStBl. II 1989, 82, 83. Auf die Qualifikation des Geschäfts- oder Firmenwertes (steuerrechtlich) als Wirtschaftsgut stellt auch *Frotscher*, in: Frotscher/Maas, KStG, § 12 (Mai 2011), Rn. 21, ab.

Umständen in Zukunft ändern,[1443] sollte der BFH weiterhin an der Gleichsetzung der Begriffe Wirtschaftsgut und Vermögensgegenstand festhalten.[1444] Denn mit dem BilMoG wurde der Geschäfts- oder Firmenwert gerade nicht als Vermögensgegenstand anerkannt, sondern als solcher lediglich *fingiert*, § 246 Abs. 1 Satz 4 HGB.[1445] Zum Zeitpunkt der Schaffung des SEStEG war diese mögliche Rechtsprechungsänderung aber noch nicht ersichtlich, so dass wohl von der Wirtschaftsguteigenschaft des Geschäfts- oder Firmenwertes ausgegangen wurde. Zudem könnte der BFH eine Übernahme nicht nur der Vermögensgegenstandsdefinition, sondern auch der *Fiktion* als Vermögensgegenstand (ggf. über § 5 Abs. 1 EStG) erwägen, so dass § 12 Abs. 1 Satz 1 KStG auf das (dann fingierte) Wirtschaftsgut „Geschäfts- oder Firmenwert" anzuwenden wäre.

Die zweite Schwierigkeit betrifft die in § 12 Abs. 1 Satz 1 KStG fingierte („gilt dies als") Veräußerung, jedenfalls wenn damit die *Einzel*veräußerung gemeint sein sollte,[1446] die beim Geschäfts- oder Firmenwert eben nicht gegeben ist. Allerdings darf nicht übersehen werden, dass es mit Wegzug des Stammhauses tatsächlich nicht zu einer Veräußerung kommt. Die lediglich fingierte Veräußerung soll verhelfen, einen Besteuerungstatbestand zu schaffen.

Auch ist für § 12 Abs. 1 Satz 1 KStG keine „getrennte Einzelbewertung"[1447] und damit Einzelbewertbarkeit[1448] des Geschäfts- oder Firmenwert(-teils) erforderlich. Die Entstrickungsbesteuerung soll (insgesamt) das erfassen, was dem Zugriff des deutschen Fiskus entzogen wird. Ist dies ein ganzes Unternehmen, gilt es, die Bewertung auf das Gesamtunternehmen zu beziehen.

Die mangelnde Einzelveräußerbarkeit bereitet im dritten Punkt bei der Ermittlung des gemeinen Wertes Schwierigkeiten: Der gemeine Wert ist nach § 9 Abs. 2 Satz 1 BewG der Wert, der im gewöhnlichen Geschäftsverkehr bei Veräußerung zu erzielen wäre. Ohne Einzelveräußerbarkeit hat der Geschäfts- oder Firmenwert streng genommen keinen gemeinen Wert.[1449]

1443 Mit Urteil v. 29.04.2011 – VIII B 42/10, BFH/NV 2011, 1345, hat der BFH aber an seiner bisherigen Rechtsprechung zum Wirtschaftsgutsbegriff festgehalten.

1444 BFH v. 07.08.2000 – GrS 2/99, BStBl. II 2000, 632, 635, Tz 45. Vgl. auch *Saage*, DB 1969, 1709, 1711 ff. Nach *Doralt*, Firmenwert, S. 43, übt der BFH hingegen eine „‚autonome[.]' Begriffsbestimmung des Wirtschaftsgutes im Steuerrecht" aus.

1445 Siehe Kapitel 3, C. II. 1. c) i).

1446 Dies wendet *Förster*, DB 2007, 72, 74, ein. Auf die Schwierigkeiten verweisen *Rödder/Schumacher*, DStR 2006, 1481, 1485.

1447 So *Köhler*, in: FS Schaumburg, 2009, S. 813 ff., 823.

1448 Diese bejaht (für den derivativen Geschäfts- oder Firmenwert) *Moxter*, Grundsätze ordnungsgemäßer Rechnungslegung, § 5, II.1. b), S. 24 f.; verneinend hingegen *Söffing*, in: FS Döllerer, 1988, S. 593 ff., 598 ff.

1449 *Frotscher*, in: Frotscher/Maas, KStG, § 12 (März 2008), Rn. 51; *Köhler*, in: FS Schaumburg, 2009, S. 813 ff., 822; *Kolbe*, in: Herrmann/Heuer/Raupach, EStG/KStG, Jahresband 2007, § 12 KStG (Mai 2007), Rn. J 06–17; *Lenz*, in: Erle/Sauter,

Aus diesem Grund Geschäfts- oder Firmenwertteile bei der Entstrickungsbesteuerung nicht zu erfassen,[1450] vermag aber nicht zu überzeugen.[1451] Es liegt in der Natur des Geschäfts- oder Firmenwertes, sich in den Gewinnen des Unternehmens widerzuspiegeln. Diese würden bei weiterer Betätigung im Inland der Besteuerung unterliegen und sind daher auch bei der Entstrickungsbesteuerung zu berücksichtigen. Denn diese „dient der Sicherstellung der Aufdeckung und Besteuerung [aller] in der Bundesrepublik Deutschland entstandenen stillen Reserven".[1452]

Bei Wegzug eines Unternehmens(-teils) ist dieses (Gesamt-)Bewertungsobjekt und Bezugspunkt für den gemeinen Wert. Dadurch wird auch der in ihm enthaltene Geschäfts- oder Firmenwert(-teil) erfasst. Es wäre widersprüchlich, getrennt auf den Geschäfts- oder Firmenwert abzustellen, ihm aber im gleichen Atemzug „vorzuwerfen", dass er nicht selbstständig betrachtbar sei.

iii) Stille Lasten

Nicht nur stille Reserven, sondern auch stille Lasten sind bei der Entstrickungsbesteuerung zu berücksichtigen.[1453] Sie reduzieren den Wert, der bei Verbleiben im Inland der Besteuerung unterlegen hätte und nun durch Wegzug dieser entzogen wird. Da die Entstrickungsbesteuerung nur die Beträge sichern soll, die durch den Wegzug dem deutschen Fiskus entzogen werden,[1454] dürfen die stillen Lasten nicht unberücksichtigt bleiben.[1455] Dies gilt freilich auch für Pensionsrückstellungen,[1456]

KStG, § 12, Rn. 19; *Ritzer*, in: Rödder/Herlinghaus/van Lishaut, UmwStG, Anh. 6, Rn. 126; *Rautenstrauch/Seitz*, Ubg 2012, 14, 17 f.

1450 *Förster*, DB 2007, 72, 74; *Frotscher*, in: Frotscher/Maas, KStG, § 12 (März 2008), Rn. 51.

1451 Im Ergebnis ebenso *Lenz*, in: Erle/Sauter, KStG, § 12, Rn. 52. *Birkemeier*, in: Rödder/Herlinghaus/van Lishaut, UmwStG, § 3, Rn. 71, spricht von einem „modifizierten Begriff des gemeinen Werts". *Ritzer*, in: Rödder/Herlinghaus/van Lishaut, UmwStG, Anh. 6, Rn. 126, stellt auf die „Bewertung der Sachgesamtheit" ab.

1452 BT-Dr. 16/2710, S. 28.

1453 *Benecke*, NWB Fach 3 (37/2007), 14733, 14740; *Blumenberg/Lechner*, BB-Special 8/2006, 25, 28; *Dötsch/Pung*, DB 2006, 2648, 2648; *Förster*, DB 2007, 72, 74; *Klingberg/van Lishaut*, Der Konzern 2005, 698, 707; *Köhler*, in: FS Schaumburg, 2009, S. 813 ff., 821 f.; *Rödder/Schumacher*, DStR 2006, 1481, 1485.

1454 Vgl. BT-Dr. 16/2710, S. 28.

1455 A.A. *Lenz*, in: Erle/Sauter, KStG, § 12, Rn. 22, nach dem Verbindlichkeiten und Rückstellungen nicht mit dem gemeinen Wert, sondern nach „den allgemeinen Ansatz- und Bewertungsregeln" anzusetzen sind.

1456 Der Verweis in § 12 Abs. 1 KStG-E auf § 6a EStG ist nicht Gesetz geworden, vgl. *Blumenberg/Lechner*, in: Blumenberg/Schäfer, SEStEG, C. I. 1. b) cc), S. 70; *Köhler*, in: FS Schaumburg, 2009, S. 813 ff., 822, Fn. 32; *A. Schneider*, NWB 2007, Fach 4, 5139, 5140. Siehe zudem *Dötsch/Pung*, DB 2006, 2648, 2648. Kritisch zum Verweis des Entwurfs *Blumenberg/Lechner*, BB-Special 8/2006, 25, 27, und *dies.*, in: Blumenberg/Schäfer, SEStEG, C. I. 1. b) bb), S. 70: „sinnwidriges Ergebnis"; *IDW*, WPg 2006, 749, 752; *Rödder/Schumacher*, DStR 2006, 1481, 1489. Zur Irrelevanz des § 6a

die in der Steuerbilanz zumeist zu gering[1457] ausgewiesen sind. Dem kann nicht entgegengehalten werden, Rückstellungen seien allein „Zukunftsverbindlichkeiten" und ihrem Grund oder in ihrer Höhe nach noch nicht sicher. Denn auch Rückstellungen stellen bereits *gegenwärtige* wirtschaftliche Lasten dar, auch wenn sie erst in der Zukunft zu erfüllen sind.[1458]

Zudem sind die stillen Lasten aus europarechtlichen Gründen zu erfassen: Die Rechtfertigungsgründe der Kohärenz und des Territorialitätsprinzips gestatten es den Mitgliedstaaten, die im Inland entstandenen Wertsteigerungen trotz Wegzug weiterhin zu erfassen. Dabei muss das Gesamtsystem aber in sich stimmig sein und Symmetrien beachten.[1459] Dies erfordert die Berücksichtigung auch latenter Wertminderungen, die schließlich den im Inland angewachsenen Gewinn mindern. Anderenfalls kann eine Wegzugsbesteuerung nicht gerechtfertigt werden.

Die stillen Lasten können unter den Wortlaut des § 12 Abs. 1 KStG als „passive" oder „negative" Wirtschaftsgüter subsumiert werden.[1460] Stellt man aber zur Bewertung des Geschäfts- oder Firmenwertes ohnehin auf das gesamte Unternehmen(-steil), das wegzieht, ab, werden so die darin enthaltenen die stillen Lasten erfasst.

b) Konsequente Erfassung ganzer „Sachgesamtheiten"

Um bei einem Wegzug eines gesamten Unternehmens oder Unternehmensteils, die in ihm enthaltenen stillen Reserven, inklusive (Teilen des) Geschäfts- oder Firmenwertes, sowie stille Lasten zu erfassen, ist es zu begrüßen, dass die Gesetzesbegründung auf die wegziehende Sach*gesamt*heit abstellt.[1461]

EStG bei Unternehmensbewertungen *Großfeld*, Unternehmensbewertung, 5. Teil, A. III., Rn. 391.

1457 Siehe *Hennrichs*, in: FS Lang, 2010, S. 237 ff., 245, 248: „[...] gem. § 6a EStG (nicht realitätsgerechte Bewertung von Pensionsrückstellungen) systemwidrig unterbewertet. [...], dass die Wertansätze in den Steuerbilanzen um diesen Betrag (50 Mrd. Euro) zu niedrig angesetzt sind."

1458 Vgl. allgemein *Hennrichs*, in: MüKo Bilanzrecht, Bd. 2, § 249, Rn. 8; *Lambrecht*, in: Kirchhof/Söhn/Mellinghoff, EStG, § 5 (Jan. 1999), Rn. Ea 18.

1459 Siehe oben unter Kapitel 4, B. I. 3. b) ii).

1460 *Benecke*, NWB Fach 3 (37/2007), 14733, 14740; *ders./Staats*, in: Dötsch/Pung/Möhlenbrock, KSt, § 12 (Dez. 2012), Rn. 319; a. A. *Frotscher*, in: Frotscher/Maas, KStG, § 12 (Mai 2011), Rn. 22b. Zur Verwendung des Begriffes „negatives Wirtschaftsgut" siehe BFH v. 10.12.1991 – VIII R 69/86, BStBl. II 1992, 385, 387, Tz. 26; v. 25.01.2000 – VIII R 55/97, BStBl. II 2000, 458, 459, Tz. 13; v. 11.12.2001 – VIII R 58/98, BStBl. II 2002, 420, 424, Tz. 29; v. 17.12.2007 – GrS 2/04, BStBl. II 2008, 608, 613, Tz. 69; „passive Wirtschaftsgüter" bei *Hennrichs*, in: Tipke/Lang, Steuerrecht, § 9, Rn. 126; kritisch hingegen *Kanzler*, in: Herrmann/Heuer/Raupach, EStG/KStG, Vor §§ 4–7 EStG (Jan. 2015), Rn. 118.

1461 BT-Dr. 16/2710, S. 28. Ebenso *Blumenberg/Lechner*, BB-Special 8/2006, 25, 28; a. A. *Benecke*, NWB Fach 3 (37/2007), 14733, 14740.

i) Schwierigkeiten des Sachgesamtheitsbezugs

Gegen das Abstellen auf die Sachgesamtheit wird teilweise hervorgebracht, der Wortlaut des § 12 Abs. 1 Satz 1 KStG spreche allein von „Wirtschaftsgütern" und gebe daher den Bezug zur Sachgesamtheit nicht her.[1462] Eine Gesamtheit von Wirtschaftsgütern als Ganzes zu betrachten, ist aber keineswegs ungewöhnlich. Auch beim Unternehmenserwerb (von Kapitalgesellschaften) in Form eines Anteilskaufs, sog. Share Deal, werden die einzelnen (Anteile an) Wirtschaftsgüter(n) nicht selbstständig betrachtet, sondern gehen unter in der Beteiligung, die selbst als Wirtschaftsgut ausgewiesen wird.[1463]

Zudem bietet der Wortlaut einer Norm lediglich erste Hinweise zur Auslegung und kann insbesondere bei umstrittenen Rechtsbegriffen wie dem des Wirtschaftsgutes,[1464] nicht hinreichend sein. „Höher als der Wortlaut des Gesetzes steht sein Sinn und Zweck."[1465] Nach dem Telos der Entstrickungsbesteuerung, die „Aufdeckung und Besteuerung der in der Bundesrepublik Deutschland entstandenen stillen Reserven" sicherzustellen,[1466] sind neben den stillen Reserven einzelner Wirtschaftsgüter auch die sich entstrickenden Teile des Geschäfts- oder Firmenwertes sowie stille Lasten zu berücksichtigen. Dies kann entweder durch eine „Atomatisierung" des Unternehmens in die einzelnen Teile geschehen, wobei der Geschäfts- oder Firmenwert, wie gesehen, ohnehin eine Gesamtbetrachtung erfordert, oder aber es wird gleich auf die wegziehende Sachgesamtheit abgestellt. Diese ist daher unter dem Begriff des Wirtschaftsgutes i.S.d. § 12 Abs. 1 Satz 1 KStG (normspezifisch) subsumierbar.

Dem widerspricht nicht, dass dann der „gemeine Wert der Sachgesamtheit" und nicht der gemeine Wert der einzelnen Wirtschaftsgüter angesetzt wird.[1467] Der Wert

---

1462 *IDW*, FN 2007, 642, 644; *Rödder/Schumacher*, DStR 2006, 1481, 1485. Vgl. zudem *Köhler*, in: FS Schaumburg, 2009, S. 813 ff., 822 f.

1463 Vgl. § 6 Abs. 1 Nr. 2 Satz 1 EStG; BFH v. 14.02.1973 – I R 76/71, BStBl II 1973, 397, 398; *Ehmcke*, in: Blümich, EStG/KStG/GewStG, § 6 EStG (Aug. 2014), Rn. 805; *H. Richter*, in: Herrmann/Heuer/Raupach, EStG/KStG, § 6 EStG (Dez. 2011), Rn. 790.

1464 Zu dem umstrittenen Wirtschaftsgutsbegriff soeben unter Kapitel 4, C. II. 4. a) ii), vgl. zudem Kapitel 3, C. II. 1. a) i) (1).

1465 BGH v. 18.05.1955 – I ZR 8/54, BGHZ 17, 266, 276; *Canaris*, in: FS Fikentscher, 1998, S. 11 ff., 30; *Hennrichs*, NZG 2009, 1161, 1163. Zum Verhältnis zwischen Wortlaut und Telos im italienischen (Steuer-)Recht siehe *Falsitta*, Diritto Tributario, Parte generale, parte prima, Kap. 7, 3., 4., S. 199 ff.; *Tesauro*, Diritto Tributario, parte generale, Kap. 3, 3., S. 27 ff.

1466 BT-Dr. 16/2710, S. 28.

1467 Siehe *Benecke/Staats*, in: Dötsch/Pung/Möhlenbrock, KSt, § 12 (Dez. 2012), Rn. 318; *Blumenberg/Lechner*, BB-Special 8/2006, 25, 28; *Lenz*, in: Erle/Sauter, KStG, § 12, Rn. 52.; a. A. *Kolbe*, in: Herrmann/Heuer/Raupach, EStG/KStG, Jahresband 2007, § 12 KStG (Mai 2007), Rn. J 06–17. *Förster*, DB 2007, 72, 74, wendet kritisch ein, dass § 9 Abs. 2 BewG für den gemeinen Wert nicht von einer „Gesamtveräußerung [...], sondern von einer Veräußerung der einzelnen Wirtschaftsgüter"

der einzelnen Wirtschaftsgüter entspricht bei Betrachtung der Sachgesamtheit dann zwar vielmehr einem Teilwert, nämlich dem Wert, den der fiktive Erwerber der Sachgesamtheit für das einzelne Wirtschaftsgut ansetzen würde, vgl. § 10 Satz 2 BewG.[1468] Doch auch hier ist zu beachten, dass § 12 Abs. 1 KStG nach seinem Sinn und Zweck die Werte erfassen soll, die bei Verbleiben im Inland einer Besteuerung unterliegen würden: Wird eine Sach*gesamt*heit entstrickt, ist darauf abzustellen, welche Gewinne die ganze Sachgesamtheit bei Verbleiben im Inland erzielen würde.[1469] Der gemeine Wert wurde vom Gesetzgeber nur gewählt, um auch die über den Wiederbeschaffungskosten liegenden Gewinnspannen erfassen zu können.[1470] Dies ist beim Abstellen auf die Sachgesamtheit aber gewährleistet: denn in den Gewinnen der Sachgesamtheit inbegriffen sind auch die Produktionsgewinne und damit auch (über den Wiederbeschaffungskosten liegenden) Veräußerungsgewinne einzelner Wirtschaftsgüter des Umlaufvermögens. Beim Anlagevermögen ist ohnehin keine vergleichbare Gewinnspanne durch eine Veräußerung zu erwarten; seine Rolle ist es vielmehr, dem Unternehmen zur wirtschaftlichen Tätigkeit und damit zu laufenden Gewinnen zu verhelfen.

Zuletzt könnte dem Bezug zur Sachgesamtheit entgegengehalten werden, dass er den Einzelbewertungsgrundsatz des § 6 Abs. 1 Halbs. 1 EStG verletze,[1471] der steuerrechtlich den Schutz vor Überbewertung bezweckt.[1472] Allerdings macht es die Bewertung des Geschäfts- oder Firmenwertes als „Restgröße"[1473] unumgänglich, eine

ausgehe; ebenso *Meurer*, in: Lademann, EStG, § 6 (Mai 2008), Rn. 903. Kritisch zudem *Frotscher*, in: Frotscher/Maas, KStG, § 12 (März 2008), Rn. 50.

1468 Kritisch insofern *Schaumburg*, StJB 2008/2009, 193, 208; anders hingegen *Körner*, IStR 2009, 741, 746: „Jedoch ist m. E. wegen der Gesetzesbegründung darauf abzustellen, dass [...] deren [sc. der Sachgesamtheit] gemeiner Wert nur auf ihre Bestandteile aufgeteilt wird."

1469 Zur Ermittlung dieses Wertes siehe sogleich Kapitel 4, C. II. 4. b) iii).

1470 BT-Dr. 16/2710, S. 28: „Der gemeine Wert erfasst auch einen Gewinnaufschlag."; ebenfalls *Lenz*, in: Erle/Sauter, KStG, § 12, Rn. 50.

1471 Dahingehend *Meurer*, in: Lademann, EStG, § 6 (Mai 2008), Rn. 903. So in Bezug auf die Funktionsverlagerung nach § 1 AStG *Hey*, BB 2007, 1303, 1308.

1472 *Hey*, BB 2007, 1303, 1308.

1473 *Stobbe*, in: Herrmann/Heuer/Raupach, EStG/KStG, § 6 EStG (Juli 1997), Rn. 725. Zum Geschäfts- oder Firmenwert als „Unterschiedsbetrag" siehe unter Kapitel 4, D. II. 3. b) i), sowie § 246 Abs. 1 Satz 4 HGB, § 5 Abs. 1 Satz 1 EStG unter Kapitel 3, C. II. 1. c). BFH v. 12.07.2007 – X R 5/05, BStBl. II 2007, 959, 960; v. 23.10.2006 – III B 17/05; v. 27.03.1996 – I R 60/95, BStBl. II 1996, 576, 577; v. 18.02.1993 – IV R 40/92, BStBl. II 1994, 224, 225; v. 29.07.1982 – IV R 49/78, BStBl. II 1982, 650, 651; FG Baden-Württemberg v. 25.06.1998 – 14 K 290/96, EFG 1998, 1529, 1531; LG Mannheim v. 18.07.2008 – 7 O 10/08; *Stobbe*, in: Herrmann/Heuer/Raupach, EStG/KStG, § 6 EStG (Juli 1997), Rn. 725; *Werndl*, in: Kirchhof/Söhn/Mellinghoff, EStG, § 6 (Okt. 2010), Rn. B 480.

Gesamtbetrachtung vorzunehmen.[1474] Zur Begrenzung der Gefahr einer Überbewertung sollte ein Bewertungsabschlag vorgenommen werden.[1475]

ii) „Entstrickungsspezifische" Definition der Sachgesamtheit

Ist für die Entstrickungsbesteuerung mithin auf die Sachgesamtheit als Ganzes abzustellen, wird erörterungsbedürftig, wann es sich um eine Sachgesamtheit handelt. Nach der Gesetzesbegründung zum SEStEG liegt eine solche vor, wenn mehrere Wirtschaftsgüter „zusammen einen Betrieb, Teilbetrieb [...] bilden".[1476] Da Betriebe und Teilbetriebe durch eine (potenzielle) selbstständige Marktteilnahme gekennzeichnet sind,[1477] würde nach dieser Definition auf die Sachgesamtheit nur dann abgestellt werden, wenn ein *selbstständiger* Unternehmensteil wegzieht.

Ebenso wie es für die Aufteilung des Geschäfts- oder Firmenwertes relevant ist, welche Werte bei Wegzug der deutschen Besteuerung entzogen werden und welche verstrickt bleiben,[1478] ist dies auch für die Definition der Sachgesamtheit ausschlaggebend. Denn nochmal: Sinn und Zweck des § 12 Abs. 1 KStG ist es, die Werte zu erfassen, die bei Verbleiben im Inland einer Besteuerung unterliegen würden, aufgrund des Wegzugs aber steuerentstrickt werden.[1479] Es gilt daher, die Sachgesamtheit „entstrickungsspezifisch" zu definieren und darauf abzustellen, nach welchen Merkmalen die Besteuerungsrechte der beteiligten Staaten aufgeteilt werden.

Besteuerungsberechtigt ist grundsätzlich der Ansässigkeitsstaat, es sei denn, im anderen Staat wird eine Betriebsstätte gehalten, vgl. §§ 1, 2 KStG i.V.m. § 8 Abs. 1 KStG, § 49 Abs. 1 Nr. 2 lit. a EStG, Art. 7 Abs. 1 OECD-MA. Sowohl innerstaatlich als auch DBA-rechtlich ist mithin das Vorliegen einer Betriebsstätte für die Aufteilung der Besteuerungsbefugnisse der einzelnen Staaten maßgebend. Zieht eine Betriebsstätte ins Ausland, werden die ihr zugewiesenen (noch

---

1474 *Ellrott/Brendt*, in: Beck'scher Bilanzkommentar, 6. Aufl., § 255, Rn. 511; *Richter*, in: v. Wysocki u. a., HdJ, Abt. II/9 (Juni 1990), Rn. 13.

1475 Hierzu sogleich unter Kapitel 4, C. II. 4. b) iii).

1476 BT-Dr. 16/2710, S. 28. Ebenfalls als Sachgesamtheit gelten danach Mitunternehmeranteile. Dies erklärt sich aus dem steuerlichen Transparenzprinzip der Personengesellschaften, nach dem bei einem Share Deal (transparent) auf die Anteile an den zum Gesellschaftsvermögen gehörenden Wirtschaftsgütern abgestellt wird, BFH v. 18.02.1993 – IV R 40/92, BStBl. II 1994, 224, 225; v. 06.07.1995 – IV R 30/93, BStBl. II 1995, 831, 831; *Arnold*, Die Bilanzierung des Geschäfts- oder Firmenwertes in der Handels-, Steuer- und Ergänzungsbilanz, 1997, S. 175; *Hennrichs*, in: FS Schaumburg, 2009, S. 367 ff., 370; *W. Schubert/F. Huber*, in: Beck'scher Bilanzkommentar, § 247, Rn. 423.

1477 Zur Teilbetriebsdefinition siehe oben unter Kapitel 4, C. II. 3. b) ii) (1).

1478 Siehe Kapitel 4, C. II. 3. b) iii) (4).

1479 BT-Dr. 16/2710, S. 28: „[...] dient der Sicherstellung der Aufdeckung und Besteuerung der in der Bundesrepublik Deutschland entstandenen stillen Reserven."; S. 25: „[...] werden [...] deutsche Besteuerungsrechte gesichert."

unrealisierten) Unternehmensgewinne entstrickt – eben diese sind daher auch der Entstrickungsbesteuerung zu unterwerfen.

Der Gesetzgeber hat verkannt, dass durch das Abstellen auf Betriebe und Teilbetriebe der vom ihm verfolgte Gesetzeszweck nicht erreicht wird. Der Begriff der Sachgesamtheit ist nach dem Telos der Norm vielmehr i.S.e. Betriebsstätte zu verstehen, die sowohl in einem Stammhaus (als Geschäftsleitungsbetriebsstätte) wie auch in kleinsten, unselbstständigen Betriebsstätten liegen kann.

iii) Zur Ermittlung des Entstrickungswertes einer Sachgesamtheit

Der Bezug auf die Betriebsstätte als Sachgesamtheit führt zu der Anschlussfrage, wie der besteuerungsrelevante Wert einer Sachgesamtheit ermittelt werden kann. Nach dem Telos des § 12 Abs. 1 KStG sind von der Entstrickungsbesteuerung solche Werte zu erfassen, die bei Wegzug der Sachgesamtheit bereits anhaften und bei Verbleiben im Inland einer Besteuerung unterliegen würden. Es geht mithin um die der Sachgesamtheit *gegenwärtig* anhaftenden *künftigen* Gewinne.

Ebenso wird bei Unternehmenskäufen dem Kaufpreis der (diskontierte) *künftige* Unternehmenserfolgswert zugrunde gelegt, denn an diesem macht sich fest, welchen Preis der Erwerber (gegenwärtig) zu zahlen bereit ist.[1480] Der Unternehmenswert wird daher auch als „Zukunftserfolgswert“[1481] bezeichnet. Seine Ermittlung durch „Diskontierung der künftigen finanziellen Überschüsse“[1482] erfordert Zukunftserfolgsprognosen, für die die Vergangenheitswerte lediglich Anhaltspunkte bieten.[1483] Daher erscheint es sinnvoll, die bei Unternehmenskäufen gängigen Bewertungsverfahren[1484] auch für die Wegzugsbesteuerung heranzuziehen.[1485] Früher wurden diese zwar im

---

1480 Vgl. *Großfeld*, Unternehmensbewertung, 1. Teil, A. I., Rn. 2, 4. Teil, A., Rn. 287; *Schultze*, Unternehmensbewertung, II. C., S. 23.

1481 *Großfeld*, Unternehmensbewertung, 2. Teil, A. II., Rn. 142, 4. Teil, A., Rn. 287 ff.; *IDW* S 1, Rn. 7, 85; *Schultze*, Unternehmensbewertung, IV. B., S. 328 f. Zum Prinzip der Zukunftsbezogenheit *Helbling*, Unternehmensbewertung, 121.2, S. 75 f.; *Moxter*, Unternehmensbewertung, Kap. 4, § 14, I., S. 102.

1482 *IDW* S 1, Rn. 85. Siehe auch *ADS*, § 255, Rn. 257; *Kirsch*, in: Hofbauer/Kupsch, Rechnungslegung, § 246 HGB (April 2011), Rn. 181; *Kuhner/Maltry*, Unternehmensbewertung, 2.1.6, S. 48; *Piltz*, Unternehmensbewertung, S. 142 f.
Die gängigsten Verfahren sind dabei das Ertragswert- und das sog. Discounted Cash Flow-Verfahren, *Großfeld*, Unternehmensbewertung, 3. Teil, A. II., Rn. 267; *IDW* S 1, Rn. 101 ff.; *Kuhner/Maltry*, Unternehmensbewertung, 2.6, S. 68; *Schultze*, Unternehmensbewertung, IV., S. 205.

1483 Siehe oben Kapitel 4, C. II. 3. b) iii) (5).

1484 Die gängigsten Verfahren sind das Ertragswert- und das sog. Discounted Cash Flow-Verfahren, *Großfeld*, Unternehmensbewertung, 3. Teil, A. II., Rn. 267; *IDW* S 1, Rn. 101 ff.; *Kuhner/Maltry*, Unternehmensbewertung, 2.6, S. 68; *Schultze*, Unternehmensbewertung, IV., S. 205.

1485 *Benecke*, NWB Fach 3 (37/2007), 14733, 14743, schlägt vor, „in sinngemäßer Anwendung von § 1 Abs. 3 AStG die Bewertung zum gemeinen Wert im Wege einer Verrechnungspreisfindung für die Sachgesamtheit (Transferpaket)“ vorzunehmen.

Steuerrecht nicht angewandt, sondern ein „eigenes“ sog. Stuttgarter Verfahren (§ 11 Abs. 2 BewG a. F.) entwickelt.[1486] (Spätestens)[1487] mit der Änderung des § 11 Abs. 2 Satz 2 BewG (i.V.m. § 109 BewG) sind nun aber die „im gewöhnlichen Geschäftsverkehr für nichtsteuerliche Zwecke üblichen Methode[n]“ anerkannt.[1488]

Bewertungsobjekt ist dabei allein die Sachgesamtheit, also der Teil des Unternehmens, der entstrickt wird. Dies kann das gesamte Unternehmen, das Unternehmen ohne die im Inland verbleibende Betriebsstätte oder auch nur eine Betriebsstätte sein.[1489] Dabei stellt sich bei Unternehmens*teilen* die Frage, welcher Teil des Gesamtunternehmenserfolgswertes der wegziehenden Sachgesamtheit zukommt, welcher Teil der (erwarteten) Jahresergebnisse des Gesamtunternehmens die Basis für die Bewertung des Unternehmensteiles darstellt.[1490] Da es bei der Entstrickungsbesteuerung festzustellen gilt, welcher Wert nach dem Wegzug nicht mehr der deutschen Besteuerung unterliegt,[1491] ist auch hier[1492] die Aufteilung der Jahresergebnisse des Gesamtunternehmens nach den innerstaatlichen und DBA-rechtlichen Aufteilungsgrundsätzen vorzunehmen, § 49 Abs. 1 Nr. 2 lit. a EStG, Art. 7 Abs. 1 OECD-MA. Hilfreich für die Prognose kann dabei bereits die Aufteilung von vergangenen Jahresergebnissen sein.

Zu beachten ist bei der Sachgesamtheitsbewertung aber zum einen, dass für die Entstrickungsbesteuerung nur solche Zukunftswerte Berücksichtigung finden

---

1486 Siehe im Einzelnen: *Großfeld*, Unternehmensbewertung, 30. Teil, F., Rn. 1361; *Helbling*, Unternehmensbewertung, 124.1, S. 121 f., 532.2, S. 554 ff.; *Moxter*, Unternehmensbewertung, Kap. 2, § 8, II., S. 65 ff.; *Piltz*, Unternehmensbewertung, S. 39 f., 89, 317 ff. Kritisch zum Stuttgarter Verfahren *Benecke*, NWB Fach 3 (37/2007), 14733, 14743.

1487 Bereits mit dem SEStEG war in § 11 Abs. 2 BewG ein Satz hinzugefügt worden, nach dem das Stuttgarter Verfahren nicht mehr auf ertragssteuerliche Zwecke anzuwenden war, BT-Dr. 16/2710, S. 56. Hierzu *Mannek*, in: Gürsching/Stenger, BewG/ErbstG, § 11 BewG (März 2011), Rn. 455.

1488 Änderung durch das Gesetz zur Reform des Erbschaftsteuer- und Bewertungsrechts v. 24.12.2008, BGBl. I 2008, 3018. Hierzu *Benecke*/*Staats*, in: Dötsch/Pung/Möhlenbrock, KStG, § 12 (Dez. 2012), Rn. 374; *Immes*, in: Wilms/Jochum, ErbStG, § 11 BewG (Okt. 2013), Rn. 28 ff.; *Mannek*, in: Gürsching/Stenger, BewG/ErbstG, § 11 BewG (März 2011), Rn. 530 ff. Nach *Eisele*, in: Rössler/Troll, BewG, § 11 (Nov. 2014), Rn. 35, § 109 (April 2012), Rn. 1 ff., sind die Bewertungsverfahren des IDW S 1 sogar schon unter den Halbsatz „unter Berücksichtigung der Ertragsaussichten der Kapitalgesellschaft [zu ermitteln]“ zu fassen.

1489 Siehe soeben Kapitel 4, C. II. 4. b) ii).

1490 Sowohl bei der Ertragswert- als auch bei der sog. Discounted Cash Flow-Methode bilden die Jahresergebnisse die Basis für die Unternehmensbewertung, siehe *IDW* S 1, Rn. 102, 127.

1491 Zur Bedeutung des Bewertungszweckes *Ballwieser*, Unternehmensbewertung, 1.1, S. 1; *Moxter*, Unternehmensbewertung, Kap. 1, § 1, S. 5 ff.; *Schultze*, Unternehmensbewertung, II. A., S. 5.

1492 Siehe oben zur „entstrickungsspezifischen“ Aufteilung des Geschäfts- oder Firmenwertes, Kapitel 4, C. II. 3. b) iii) (5).

dürfen, die bereits zum Entstrickungszeitpunkt „angelegt“ sind,[1493] denn es sind die sich im Inland gebildeten Werte zu besteuern, nicht hingegen solche, die im Ausland erst entstehen werden, selbst wenn sie schon in Planungsrechnungen einkalkuliert sein sollten. Ein sich erst im Ausland ergebender Standortvorteil darf daher nicht berücksichtigt werden. Zum anderen bildet das Unternehmen auch nach Wegzug eine Einheit (es wird lediglich örtlich getrennt), so dass Einflussfaktoren[1494] anderer Unternehmensteile weiterhin bestehen. Insofern ist es – abgesehen vom Wegzug des Gesamtunternehmens – im Grundsatz verfehlt, wenn § 12 Abs. 1 Satz 1 KStG einen Veräußerungstatbestand fingiert, bei dem sich aufgrund der Abtrennung des veräußerten Unternehmensteils und Eingliederung in ein anderes Unternehmen andere Werte ergeben können.[1495]

Diese unsichere, auf Zukunftsprognosen basierende Unternehmensbewertung sollte zugunsten des Steuerpflichtigen sodann durch Risikoabschläge „abgefedert“ werden.[1496] Zudem könnten zur Reduzierung der Komplexität und Kostspieligkeit auch „grobe“ Rechnungen (insbesondere für kleinere Unternehmen) zugelassen werden – zu denken wäre eventuell an das sog. vereinfachte Ertragswertverfahren nach §§ 199 ff. BewG, soweit es „nicht zu offensichtlich unzutreffenden Ergebnissen führt“, vgl. § 199 Abs. 1 a. E. BewG.[1497]

iv) Europarechtliche Würdigung der Erfassung von Sachgesamtheiten

Der Bezug auf die wegziehende Sachgesamtheit und ihre Definition als (auch unselbstständige) Betriebsstätte ist europarechtlich nicht nur zulässig, sondern sogar erforderlich. Denn der für die Wegzugsbesteuerung entscheidende Rechtfertigungsgrund der Kohärenz bezieht sich allein auf die stillen Reserven, die dem Wegzugsstaat ohne steuerliche Erfassung verloren gingen, mithin entstrickt werden. Er basiert auf dem Gedanken, dass ein Staat das Realisationsprinzip nur unter der Bedingung der späteren Besteuerungsmöglichkeit gewährt (zwingender Zusammenhang).[1498] Bleiben stille Reserven aber weiter steuer*ver*strickt, ist dieser Zusammenhang ohnehin

---

1493 Zur in der Rechtsprechung ohnehin bestehenden sog. „Wurzeltheorie“ siehe *Großfeld*, Unternehmensbewertung, 4. Teil, G. III., Rn. 315 ff.; *Helbling*, Unternehmensbewertung, 313.4, S. 374 f.; *Kuhner/Maltry*, Unternehmensbewertung, 3.1.4, S. 78; kritisch *Piltz*, Unternehmensbewertung, S. 114 ff.

1494 *Großfeld*, Unternehmensbewertung, 4. Teil, H. I., Rn. 326; *Schultze*, Unternehmensbewertung, II. B. 2., S. 16.

1495 Siehe oben Kapitel 4, C. II. 3. b) iii) (5), sowie auch ii) (3) (bb).

1496 Zu sog. Risikoabschlägen siehe *Piltz*, Unternehmensbewertung, S. 327. Zum Umgang mit Risiken in der Unternehmensbewertung *Großfeld*, Unternehmensbewertung, 12.-14. Teil, Rn. 667 ff.

1497 Zu dieser bereits von Gesetzes wegen vorgesehenen Einschränkung siehe *Eisele*, in: Rössler/Troll, BewG, § 199 (Nov. 2014), Rn. 7 ff.; *Schnitter*, in: Wilms/Jochum, ErbStG, § 199 BewG (Aug. 2012), Rn. 29 ff.

1498 Siehe Kapitel 2, E. II. 1. c) i).

gewahrt, so dass es keiner Wegzugsbesteuerung zur Herstellung eines kohärenten Steuersystems bedarf. Ihre Erfassung wäre daher nicht zu rechtfertigen.

Es ist mithin europarechtlich danach zu differenzieren, ob Werte durch den Grenzübertritt entstrickt werden oder verstrickt bleiben. Dem wird der Bezug auf einzelne Wirtschaftsgüter nur solange gerecht, wie lediglich einzelne Wirtschaftsgüter ins Ausland überführt werden. Zieht hingegen eine Sachgesamtheit weg, werden nicht nur stille Reserven der einzelnen Wirtschaftsgüter, sondern auch der ihr zuzurechnende Teil des (Gesamt-)Unternehmensgewinnes entstrickt, auf den sich auch im Inland gebildete stille Lasten sowie Teile des Geschäfts- oder Firmenwertes auswirken. Verbleibt (im spiegelbildlichen Fall) eine Sachgesamtheit im Inland, bleiben die ihr zuzurechnenden Gewinne steuerverstrickt und dürfen nicht aufgrund des Grenzübertrittes steuerlich erfasst werden.

Innerstaatlich sowie DBA-rechtlich ist die Betriebsstätte Anknüpfungspunkt für die zwischenstaatliche Aufteilung der Besteuerungsbefugnisse und entscheidet daher über die Frage nach Ent- und Verstrickung von Werten. Da diese Frage ebenso europarechtlich das entscheidende Kriterium ist, ist der Bezug auf die Betriebsstätte als Sachgesamtheit europarechtlich erforderlich, was sich im Übrigen auch darin zeigt, dass Art. 12 der Fusionsrichtlinie den sog. Betriebsstättenvorbehalt vorsieht.[1499]

c) Zusammenfassung

Von der Entstrickungsbesteuerung des § 12 Abs. 1 KStG werden nicht nur einzelne Wirtschaftsgüter, sondern auch ganze Unternehmen(-steile) als sog. Sachgesamtheiten erfasst. Der Besteuerung unterfallen dann sowohl die stillen Reserven der der Sachgesamtheit zugewiesenen Wirtschaftsgüter, stille Lasten sowie auch (Teile des) Geschäfts- oder Firmenwertes. Welche Werte aber genau betroffen sind, bestimmt sich im Einzelfall danach, welche mit dem Wegzug der Sachgesamtheit tatsächlich entstrickt und damit dem Zugriff des deutschen Fiskus entzogen werden. Entscheidend ist die Aufteilung der Besteuerungsbefugnisse zwischen Weg- und Zuzugsstaat. Da sich diese bei grenzüberschreitend tätigen Unternehmen nach dem Vorliegen von Betriebsstätten richtet, ist die Sachgesamtheit „entstrickungsspezifisch" als Betriebsstätte zu definieren, worunter sowohl kleine, unselbstständige Betriebsstätten wie auch Gesamtunternehmen fallen können.

III. Rechtsfolge der deutschen Entstrickungsbesteuerung

1. Die Sofortbesteuerung und ihre europarechtliche Würdigung

Als Rechtsfolge löst die Vorschrift des § 12 Abs. 1 KStG die Aufdeckung aller sich entstrickenden stillen Reserven und ihre sofortige Besteuerung zum gemeinen Wert i.S.v. § 9 Abs. 2 Satz 1 BewG aus. Die Steuer fällt unmittelbar sowie in voller Höhe an und ist sofort fällig.

1499 Zum Betriebsstättenvorbehalt siehe oben Kapitel 4, C. II. 1.

Mag die Sofortbesteuerung auch die einfachste Art der Wegzugsbesteuerung darstellen, so ist sie keineswegs die mildeste: Zwar ist die für den Wegzug von natürlichen Personen nach § 6 Abs. 5 AStG vorgesehene Stundung der Steuer bis zur tatsächlichen Realisierung der stillen Reserven im Ausland für den Wegzug von Kapitalgesellschaften aufgrund des hohen Dokumentations- und Kontrollaufwandes nicht als geeignet zu erachten.[1500] Als milderes und gleich geeignetes Mittel besteht aber die Möglichkeit, die im Inland gebildeten stillen Reserven zum Zeitpunkt des Wegzugs festzuhalten und sodann typisiert über einen bestimmten Zeitraum nach Wegzug zu versteuern.[1501] Die Sofortbesteuerung des § 12 Abs. 1 KStG wahrt daher nicht die Verhältnismäßigkeit und ist somit europarechts*in*konform.

2. Keine Abmilderung durch die Ausgleichspostenmethode des § 4g EStG

Auch der Bundesrat äußerte bezüglich der Sofortbesteuerung europarechtliche Bedenken und schlug zur „Abmilderung" eine Streckung der Steuer auf mehrere Jahre vor.[1502] Daraufhin wurde im Entwurf zum SEStEG die Vorschrift des § 4g EStG aufgenommen, der dem Steuerpflichtigen die Möglichkeit gibt, auf Antrag die aus der Entstrickung resultierende Steuerlast auf fünf Jahre zu strecken, indem er einen Ausgleichsposten in Höhe des Unterschiedsbetrages zwischen Buchwert und gemeinem Wert ansetzt und sodann ratierlich auflöst (sog. „Ausgleichspostenmethode").

Mit Einführung des SEStEG sah § 12 Abs. 1 KStG zunächst keinen Verweis auf § 4g EStG vor, so dass die Frage aufkam, ob die Ausgleichspostenmethode auf Kapitalgesellschaften Anwendung finden kann. Allerdings schien der fehlende Verweis allein auf einem redaktionellen Versehen[1503] zu basieren, weshalb eine Anwendung des § 4g EStG auf Körperschaften entweder über § 8 Abs. 1 KStG[1504] oder in analoger Weise[1505] vertreten wurde.[1506]

1500 Siehe oben Kapitel 4, B. I. 2. b) i).

1501 Siehe ebenfalls Kapitel 4, B. I. 2. b), und zum entsprechenden Lösungsansatz Kapitel 4, F. II. 3.

1502 BT-Dr. 16/2710, S. 57.

1503 Protokollerklärung des BMF v. 17.11.06; *Benecke/Schnitger*, IStR 2007, 22, 23; *Blumenberg*, in: Van Hulle/Maul/Drinhausen, SE, 9. Abschnitt, § 2, III. 1. a), Rn. 7; *Lenz*, in: Erle/Sauter, KStG, § 12, Rn. 58; *A. Schneider*, NWB 2007, Fach 4, 5139, 5142; *Wied*, in: Blümich, EStG/KStG/GewStG, § 4g EStG (Aug. 2014), Rn. 5.

1504 *Bilitewski*, FR 2007, 57, 60; *Binnewies*, GmbH-StB 2007, 117, 118; *Lenz*, in: Erle/Sauter, KStG, § 12, Rn. 58; *A. Schneider*, NWB 2007, Fach 4, 5139, 5142; a. A. *Frotscher*, in: Frotscher/Maas, KStG, § 12 (März 2008), Rn. 55; *Prinz*, GmbHR 2007, 966, 968.

1505 *Schön*, in: Schön/Schindler, Die SE im Steuerrecht, IV. 1. a) ee), Rn. 149.

1506 Vgl. auch die Forderung des Bundesrates, BT-Dr. 16/2710, S. 57: „Bei der Entstrickungsregelung des § 12 Abs. 1 KSG [sei] entsprechend [...] zu verfahren." A.A. *Kolbe*, in: Herrmann/Heuer/Raupach, EStG/KStG, Jahresband 2008, § 12 KStG (Febr. 2008), Rn. J 07–2; *Prinz*, in: Herrmann/Heuer/Raupach, EStG/KStG, Jahresband 2007, Vor § 4 EStG (Mai 2007), Rn. J 06–2.

Mit dem JStG 2008 ist ein „klarstellender“[1507] Verweis in § 12 Abs. 1 Satz 1 Halbs. 2 KStG eingeführt worden.[1508]

a) *Schwierigkeiten in der Anwendung der Ausgleichspostenmethode beim Wegzug einer SE*

Die Möglichkeit der Bildung eines Ausgleichspostens ist nach § 4g Abs. 1 Satz 1 EStG (i.V.m. § 12 Abs. 1 Satz 1 Halbs. 2 KStG) nur für „*unbeschränkt* Steuerpflichtige[.] [...] [bei Überführung] eines Wirtschaftsguts des *Anlagevermögens* [...] [vorgesehen], soweit das Wirtschaftsgut infolge seiner Zuordnung zu einer Betriebsstätte desselben Steuerpflichtigen in einem anderen Mitgliedstaat der Europäischen Union [sc. „nicht EWR“[1509]!] gemäß § 4 Abs. 1 Satz 3 [EStG] als entnommen gilt.“

Mit § 4g EStG lehnt sich der Gesetzgeber an die Merkpostenmethode nach Tz. 2.6.1 des BMF-Schreibens vom 24.12.1999[1510] an. Während aber die Merkpostenmethode für Wirtschaftsgüter des Anlage- *sowie* des Umlaufvermögens vorgesehen war, bezieht sich § 4g EStG vom Wortlaut her allein auf das Anlagevermögen. Zudem richtete sich die Auflösungszeit des Merkpostens im BMF-Schreiben nach der Art des Wirtschaftsgutes, betrug aber maximal 10 Jahre. Der Ausgleichsposten nach § 4g EStG hingegen ist unabhängig von der Art des Wirtschaftsgutes innerhalb von 5 Jahren aufzulösen.[1511] Letztlich sah die Merkpostenmethode auch keine räumliche Einschränkung auf den EU-Raum (auch nicht auf den EU/EWR-Raum) vor.[1512] Das BMF-Schreiben wurde nun freilich an die Vorgaben des § 4g EStG angepasst.[1513]

Ob die Ausgleichspostenmethode bei Wegzügen einer SE herangezogen werden kann, ist daher zum einen durch die Wortlauteingrenzung auf Wirtschaftsgüter des Anlagevermögens problematisch: Die SE wird bei Wegzug ins Ausland i.d.R. auch Wirtschaftsgüter des Umlaufvermögens mitnehmen, dürfte für darin enthaltene stille Reserven aber nach dem Wortlaut des § 4g EStG keinen Ausgleichsposten bilden.

1507 BT-Dr. 16/6290, S. 74: „Die Ergänzung des § 12 Abs. 1 KStG dient der Klarstellung.“

1508 Hierzu *Benecke*, NWB Fach 3 (37/2007), 14733, 14753; *Crezelius*, in: Kirchhof, EStG, § 4g, Rn. 4; *Roser*, DStR 2008, 2389, 2391.

1509 Im Gegensatz zu § 6 Abs. 5 AStG. Vgl. *Benecke/Staats*, in: Dötsch/Pung/Möhlenbrock, KStG, § 12 (Dez. 2012), Rn. 614; *Crezelius*, in: Kirchhof, EStG, § 4g, Rn. 6; *Frotscher*, in: Frotscher/Maas, KStG, § 12 (März 2008), Rn. 61; *Heinicke*, in: L. Schmidt, EStG, § 4g, Rn. 4; *IDW*, FN 2007, 642, 644. Nach *Prinz*, GmbHR 2007, 966, 971, hingegen „dürfte die Ausgleichspostenbildung auch bei Überführungen in EWR-Staaten gelten.“

1510 BMF-Schreiben v. 24.12.1999 – IV B 4 – S 1300 – 111/99, BStBl. I. 1999, 1076, 1086.

1511 Vgl. *Crezelius*, in: Kirchhof, EStG, § 4g, Rn. 1 f. Zudem zu der Nichterfassung des Umlaufvermögens *Brähler/Bensmann*, DStZ 2011, 702, 705; zum zeitlichen Aspekt *Hennrichs*, in: Tipke/Lang, Steuerrecht, § 9, Rn. 476.

1512 *Heinicke*, in: L. Schmidt, EStG, § 4g, Rn. 4.

1513 BMF-Schreiben v. 25.08.2009 – IV B 5 – S 1341/07/10004, BStBl. I. 2009, 888. Hierzu *Brähler/Bensmann*, DStZ 2011, 702, 706.

Allerdings ist nach hier vertretener Auffassung bei Wegzug einer Sachgesamtheit diese selbst Wirtschaftsgut i.S.d. § 12 Abs. 1 KStG.[1514] Eine Segmentierung in einzelne Wirtschaftsgüter erfolgt gerade nicht. Nun allein für die Ausgleichspostenmethode die stillen Reserven auf solche des Anlage- und des Umlaufvermögens aufzuteilen, würde daher der vom Gesetzgeber beabsichtigten[1515] Gesamtbetrachtung der Sachgesamtheit widersprechen. Auch für die Bildung eines Ausgleichspostens ist mithin auf die Sachgesamtheit abzustellen und sind die stillen Reserven des Umlaufvermögens nicht auszusondern.[1516]

Zum anderen bezieht sich der Wortlaut des § 4g Abs. 1 Satz 1 EStG allein auf „*un*beschränkt Steuerpflichtige". Bei ihrem Wegzug ins Ausland verliert die SE aber in der Regel ihre unbeschränkte Steuerpflicht nach § 1 Abs. 1 KStG. Nur ausnahmsweise kann es dazu kommen, dass allein der Ort der Geschäftsleitung ins Ausland verlegt und die unbeschränkte Steuerpflicht durch den inländischen Satzungssitz beibehalten wird.[1517] Mithin hängt die Anwendung des § 4g EStG bei Wegzug einer SE entscheidend davon ab, ob das Merkmal der „unbeschränkten Steuerpflicht" lediglich *bis* zum Wegzug oder auch *danach* noch bestehen muss.

b) Auslegung des Tatbestandsmerkmals „unbeschränkte Steuerpflicht" des § 4g EStG

Die wegziehende SE könnte von der Ausgleichspostenmethode profitieren, wenn man mit *Förster* die Erfüllung des Tatbestandsmerkmals der unbeschränkten Steuerpflicht allein *bis* zur Entstrickung fordert.[1518] Nach wohl herrschender Ansicht ist die Vorschrift des § 4g EStG aber so zu verstehen, dass eine *fortbestehende* unbeschränkte Steuerpflicht verlangt wird,[1519] so dass die Ausgleichspostenmethode auf den Wegzug der SE i.d.R. keine Anwendung finden kann. Im Folgenden soll durch

---

1514 Siehe oben unter Kapitel 4, C. II. 4. b) ii).

1515 BT-Dr. 16/2710, S. 28.

1516 A.A. *Prinz*, GmbHR 2007, 966, 971.

1517 Die Verlegung allein des Satzungssitzes löst bereits keine Entstrickung aus, da der unbeschränkte Steuerzugriff nach § 1 Abs. 1 KStG i.V.m. Art. 4 Abs. 3 OECD-MA erhalten bleibt. Siehe oben unter Kapitel 4, C. I. 2.

1518 *Förster*, DB 2007, 72, 75.

1519 *Benecke*, NWB Fach 3 (37/2007), 14733, 14753; *ders./Schnitger*, IStR 2007, 22, 23; *Binnewies*, GmbH-StB 2007, 117, 118; *Blumenberg*, in: Van Hulle/Maul/Drinhausen, SE, 9. Abschnitt, § 2, V. 2. a), Rn. 74; *ders.*, in: FS Schaumburg, 2009, S. 559 ff., 566; *ders./Lechner*, in: Blumenberg/Schäfer, SEStEG, C. I. 1. b) bb), S. 69; *Fischer*, in: MüKo AktG, Bd. 7, SteuerR, Rn. 91; *Frotscher*, in: Frotscher/Maas, KStG, § 12 (März 2008), Rn. 57, (Mai 2012), Rn. 104; *IDW*, FN 2007, 642, 644; *Lenz*, in: Erle/Sauter, KStG, § 12, Rn. 60; *Prinz*, GmbHR 2012, 195, 196; *Rautenstrauch/Seitz*, Ubg 2012, 14, 19; *Reiß*, in: Kirchhof, EStG, § 16, Rn. 211a; *Ritzer*, in: Rödder/Herlinghaus/van Lishaut, UmwStG, Anh. 6, Rn. 141; *Rödder/Schumacher*, DStR 2007, 369, 372; *Schaumburg*, Internationales Steuerrecht, Kap. 6, C. II. 2., Rn. 6.35; *Schön*, in: Schön/Schindler, Die SE im Steuerrecht, IV. 1. a) ee), Rn. 149. Vgl. auch *Crezelius*,

Auslegung ermittelt werden, zu welchem Zeitpunkt auf das Merkmal der unbeschränkten Steuerpflicht abzustellen ist.

i) Subjektiv-historische Auslegung

Der Wortlaut des § 4g EStG grenzt das Merkmal der unbeschränkten Steuerpflicht in zeitlicher Hinsicht nicht ein, so dass er beide Deutungen (das Erfordernis bis zur Entstrickung sowie das der fortbestehenden unbeschränkten Steuerpflicht) zulässt. Möglicherweise lässt sich aber durch historische Auslegung ermitteln, „welche Deutung [...] der Regelungsabsicht des Gesetzgebers [...] am besten entspricht",[1520] also für welche Entstrickungsfälle er die Ausgleichspostenmethode vorsehen wollte, konkret: ob er mit der Ausgleichspostenmethode auch für den Wegzug der SE eine Steuerstreckung bezweckte.

Im Bericht des Finanzausschusses zum SEStEG-Regierungsentwurf ist zu lesen, dass entsprechend dem Antrag des Bundesrates „für die Überführung von Wirtschaftsgütern [...] eines inländischen Stammhauses in eine innerhalb der EU belegene Betriebsstätte [...] eine zeitlich gestreckte Besteuerung der stillen Reserven ermöglicht [wird]."[1521] Mithin hatte der Gesetzgeber die Entstrickungsfälle bei Überführung eines Wirtschaftsgutes im Blick, nicht aber die durch Wegzug des Steuerpflichtigen selbst. Genauer gesagt, wollte er sogar nur die von einem unbeschränkt Steuerpflichtigen getätigten Überführungen regeln, denn weiter führt der Finanzausschuss aus: „Keine Anwendung findet die Regelung bei der Überführung von Wirtschaftsgütern in ein ausländisches Stammhaus [...]."[1522]

Keine Aussage enthalten die Gesetzesmaterialien jedoch zu der Entstrickungssituation, in der die unbeschränkte Steuerpflicht durch Wegzug des Steuerpflichtigen selbst verloren geht. Aus diesem Schweigen muss aber nicht zwangsläufig geschlossen werden, dass § 4g EStG bei Verlust der unbeschränkten Steuerpflicht keine Anwendung finden soll. Zumal der Finanzausschuss die Fälle aufgelistet hat, die die Ausgleichspostenmethode *nicht* umfassen soll, Entstrickungen durch Wegzug des Steuerpflichtigen selbst dabei aber nicht nennt.[1523]

Eine Antwort darauf, ob das Merkmal der unbeschränkten Steuerpflicht auch *nach* dem Wegzug noch bestehen muss, ob also die Ausgleichspostenmethode auch bei Wegzug einer SE Anwendung finden kann, lässt sich den Gesetzesmaterialien mithin nicht eindeutig entnehmen.

---

in: Kirchhof, EStG, § 4g, Rn. 7; *Dötsch/Pung*, DB 2006, 2648, 2651; *Köhler*, IStR 2010, 337, 339; *ders.* in FS Schaumburg, 2009, S. 813 ff., 825.

1520 *Larenz*, Methodenlehre, II. Teil, Kap. 4, 2. c), S. 328. Zur historischen Auslegung siehe zudem *Säcker*, in: MüKo BGB, Bd. 1, Einl., Rn. 139.

1521 BT-Dr. 16/3369, S. 5.

1522 BT-Dr. 16/3369, S. 5. Vgl. zudem *Gebert/Fingerhuth*, IStR 2009, 445, 447.

1523 Siehe BT-Dr. 16/3369, S. 5.

ii) Objektiv-teleologische Auslegung nach der Funktionsweise der Ausgleichspostenmethode

Ein Auslegungsergebnis ist durch die teleologische Auslegung zu erzielen. Dabei ist zu beachten, dass vom Telos einer Norm nur der Fall erfasst sein kann, bei dem die Normregelung überhaupt „funktioniert". Es sind „die Strukturen des geregelten Sachbereichs, tatsächliche Gegebenheiten [bei der Auslegung zu berücksichtigen], an denen auch der Gesetzgeber nichts ändern kann".[1524] Daher sind die Deutungsmöglichkeiten des Wortlautes auszuschließen, bei denen die Norm nicht „passt" und ihren Regelungszweck nicht erfüllen kann.

Dies bedeutet für die Ausgleichspostenmethode, dass (nur) der Zeitpunkt für die „unbeschränkte Steuerpflicht" maßgeblich sein kann, bei dem die Methode überhaupt angewendet werden kann. Dafür ist es erforderlich, ihre Funktionsweise zu erfassen, wobei ein vergleichender Blick auf die Stundungslösung des § 6 Abs. 5 AStG hilfreich erscheint.

Stundungslösung und Ausgleichspostenmethode verfolgen das gleiche Ziel: die Abmilderung der Sofortbesteuerung. Sie führen beide dazu, dass die Entstrickungsbesteuerung den Steuerpflichtigen nicht sofort vollständig belastet. Zur Verfolgung dieses Ziels wenden sie aber unterschiedliche Methoden an.

Die Stundungslösung setzt bei der Fälligkeit des Steueranspruchs an und wirkt, wie der Name schon sagt, über eine Stundung des Anspruchs, vgl. § 6 Abs. 5 Satz 1 AStG a. E.: „[...] so ist die nach Absatz 1 *geschuldete Steuer* [...] zu *stunden*." Die Entstehung des Steueranspruchs lässt sie hingegen unberührt,[1525] so dass er – wie bei der Sofortbesteuerung – eine logische Sekunde *vor* Entstrickung entsteht.[1526]

Stattdessen beeinflusst die Ausgleichspostenmethode bereits die Entstehung des Anspruchs: Denn ein Steueranspruch entsteht (erst) mit Verwirklichung des Steuertatbestandes, vgl. § 38 AO, zu dem auch die Bemessungsgrundlage als Quantifizierung des Steuerobjektes gehört.[1527] Die Bildung eines Ausgleichspostens in Höhe der aufgedeckten stillen Reserven verhindert aber eine entsprechende Steigerung des Steuerbilanzgewinnes und damit[1528] der Bemessungsgrundlage. Erst durch die ratierliche Auflösung des Postens wird der Steuerbilanzgewinn erhöht (vgl. § 4g Abs. 2 Satz 1 EStG: „Der Ausgleichsposten ist [später] *gewinnerhöhend aufzulösen*."), wodurch es dann zur Entstehung des Steueranspruchs in entsprechender Höhe kommt. Mithin tangiert die Ausgleichspostenmethode nicht allein die Fälligkeit des Anspruchs, sondern funktioniert über eine zeitliche Streckung der Anspruchs*entstehung*.[1529]

1524 *Larenz*, Methodenlehre, II. Teil, Kap. 4, 2. d), S. 333.

1525 Eine erst später eintretende Fälligkeit verhindert freilich die Entstehung des Anspruchs nicht, vgl. *Seer*, in: Tipke/Lang, Steuerrecht, § 6, Rn. 23.

1526 *Kraft*, in: Kraft, AStG, § 6, Rn. 47.

1527 *Drüen*, in: Tipke/Kruse, AO, § 38 (Febr. 2011), Rn. 3; *Seer*, in: Tipke/Lang, Steuerrecht, § 6, Rn. 20, 44.

1528 Siehe *Thiel/Lüdtke-Handjery*, Bilanzrecht, § 4, II., S. 104, Rn. 286.

1529 Vgl. auch *Wied*, in: Blümich, EStG/KStG/GewStG, § 4g EStG (Aug. 2014), Rn. 13.

Hierin liegt der für die Auslegung des Begriffs „unbeschränkte Steuerpflicht" in zeitlicher Hinsicht entscheidende Unterschied zur Stundungslösung: Damit die Ausgleichspostenmethode „funktioniert", muss die Auflösung des Ausgleichspostens zur Entstehung einer Steuerschuld führen können. Der potentielle Steuerschuldner muss also bezüglich der „weggezogenen" stillen Reserven weiterhin steuerpflichtig sein. Denn ist er zum Zeitpunkt der Auflösung des Ausgleichspostens in Deutschland nicht mehr steuerpflichtig, kann ihm die sich durch die Auflösung ergebende Gewinnerhöhung nicht mehr zugerechnet werden. Eine Steuerschuld kann dann nicht entstehen[1530] und die Ausgleichspostenmethode würde ins Leere laufen.

Bleibt nun nach der Entstrickung die *un*beschränkte Steuerpflicht fortbestehen, ist das Steuersubjekt aufgrund des Welteinkommensprinzips des § 1 Abs. 2 KStG auch bzgl. der durch die Ausgleichspostenmethode später entstehenden Gewinne steuerpflichtig, so dass ein Steueranspruch entstehen und die Ausgleichspostenmethode greifen kann. Verliert er hingegen die unbeschränkte Steuerpflicht, ist er nur noch bzgl. der Gewinne steuerpflichtig, die ihm über die beschränkte Steuerpflicht nach § 49 EStG (i.V.m. §§ 2 Nr. 1, 8 Abs. 1 KStG) zugerechnet werden.[1531]

Eine beschränkte Steuerpflicht speziell für die durch Auflösung des Ausgleichspostens ausgelösten Gewinne ist in § 49 Abs. 1 EStG jedoch nicht vorgesehen und andere Einkünfte als die in § 49 Abs. 1 EStG abschließend aufgelisteten lösen auch dann, wenn sie einen Inlandsbezug aufweisen, keine beschränkte Steuerpflicht aus.[1532] Zudem können die Gewinne des weggezogenen Stammhauses nicht einer möglicherweise im Inland verbleibenden Betriebsstätte zugerechnet werden und so steuerverstrickt bleiben.[1533]

Bei Verlust der unbeschränkten Steuerpflicht kann die Ausgleichspostenmethode mithin nicht „funktionieren" und ihren Zweck der verzögerten Besteuerung nicht erfüllen. Nach teleologischer Auslegung bedarf es für die Ausgleichspostenmethode des § 4g EStG daher einer *fortbestehenden un*beschränkten Steuerpflicht.

1530 Die Steuerschuld entsteht mit Verwirklichung des Steuertatbestandes, zu dem auch das Steuersubjekt gehört, dem das Steuerobjekt zugerechnet werden muss. Siehe *Drüen*, in: Tipke/Kruse, AO, § 38 (Febr. 2011), Rn. 3; *Seer*, in: Tipke/Lang, Steuerrecht, § 6, Rn. 20, 30, 42.

1531 Vgl. im Allgemeinen, ohne Bezug zur Ausgleichspostenmethode, *Seer*, in: Tipke/Lang, Steuerrecht, § 6, Rn. 42 f.

1532 *Roth/Peffermann*, in: Herrmann/Heuer/Raupach, EStG/KStG, § 49 EStG (Juni 2014), Rn. 111. Siehe auch *Gosch*, in: Kirchhof, EStG, § 49, Rn. 1; *Loschelder*, in: L. Schmidt, EStG, § 49, Rn. 1.

1533 Vgl. *Gosch*, in: Kirchhof, EStG, § 49, Rn. 15: „Besteuert werden (nur) die Gewinne der inländischen Betriebsstätte [...]."
Hingegen hat sich der BFH in den Urteilen v. 28.10.2009 (I R 99/08, I R 28/08) dahingehend geäußert, dass die im Inland vor Wegzug gebildeten, wenn auch erst später realisierten, Gewinne der bisherigen inländischen Tätigkeit zuzurechnen seien und zu einer beschränkten Steuerpflicht i.S.v. § 49 Abs. 1 EStG führten; hierzu siehe oben unter Kapitel 4, C. I. 3. a).

iii) Europarechtskonforme Auslegung

Als weiteres Auslegungskriterium kommt die sog. europarechtskonforme Auslegung in Betracht. Darunter fällt zum einen die allgemein anerkannte richtlinienkonforme Auslegung.[1534] Der hier betroffenen Fusionsrichtlinie sind jedoch keine Vorgaben für eine Abmilderung der Wegzugsbesteuerung zu entnehmen; im Gegenteil: teilweise wird angenommen, dass sie eine Sofortbesteuerung sogar billige.[1535] Zum anderen sind bei der europarechtskonformen Auslegung aber auch die *primär*rechtlichen Vorgaben zu berücksichtigen.[1536] Denn besteht eine Deutungsmöglichkeit des Wortlautes, durch die der Norm Primärrechtskonformität zukommt, ist ihr vor anderen Deutungsmöglichkeiten, die zu einer Primärrechtswidrigkeit der Norm führen würden, der Vorzug zu geben.[1537]

Zwar würde nach hier vertretener Auffassung eine mit der Ausgleichpostenmethode erzielte Streckung der Steuer auf fünf Jahre nicht zu einer vollständigen Europarechtskonformität der Wegzugsbesteuerung verhelfen.[1538] Ihre Anwendung würde aber die sonst greifende Sofortbesteuerung wenigstens abmildern und so zu einer immerhin europarechtskonform*er*en Gestaltung der Entstrickungsbesteuerung führen.

Jedoch vermag die europarechtskonforme Auslegung nicht gegenüber den anderen Auslegungskriterien zu überwiegen. Sie ist, wie auch die verfassungskonforme Auslegung,[1539] „lediglich" *eines* der Kriterien. Bei der Wegzugsbesteuerung kann sie

---

1534 Siehe hierzu BGH v. 26.11.2008 – VIII ZR 200/05 („Quelle"), BGHZ 179, 27; *Di Fabio*, NJW 1990, 947, 948 ff.; *Hatje*, in: Schwarze, EU-Kommentar, 2. Aufl., Art. 10 EGV, Rn. 28; *Hennrichs*, Wahlrechte im Bilanzrecht, Kap. 3, B. I., S. 84 ff.; *Jarass*, EuR 1991, 211, 215 ff.

1535 Siehe oben Kapitel 4, B. I. 1. c) i) (1).

1536 BGH v. 13.11.2001 – X ZR 134/00, BGHZ 149, 165, 173, Tz. 33: „Die Prinzipien der richtlinienkonformen Auslegung mögen auf das übrige Gemeinschaftsrecht und damit neben dem Primärrecht [...] übertragbar sein."; *Hatje*, in: Schwarze, EU-Kommentar, 2. Aufl., Art. 10 EGV, Rn. 30; *Jarass*, EuR 1991, 211, 223.

1537 Vgl. zum Gebot der verfassungskonformen Auslegung BVerfG v. 24.04.1985 – 2 BvF 2/83 u. a., BVerfGE 69, 1, 55, Tz. 120: „Lassen der Wortlaut, die Entstehungsgeschichte, der Gesamtzusammenhang der einschlägigen Regelungen und deren Sinn und Zweck mehrere Deutungen zu, von denen jedenfalls eine zu einem verfassungsgemäßen Ergebnis führt, so ist eine Auslegung geboten, die mit dem Grundgesetz in Einklang steht."; *Larenz*, Methodenlehre, II. Teil, Kap. 4, 2. e), S. 339: „Ist eine Auslegung, die den Verfassungsprinzipien nicht widerspricht, nach den übrigen Auslegungskriterien möglich, so ist sie jeder anderen, bei der die Bestimmung verfassungswidrig sein würde, vorzuziehen."

1538 Siehe Kapitel 4, B. I. 2. b) i).

1539 Siehe BVerfG v. 22.10.1985 – 1 BvL 44/83, BVerfGE 71, 81, 105, Tz. 56: „Die verfassungskonforme Auslegung findet ihre Grenzen dort, wo sie mit dem Wortlaut und dem klar erkennbaren Willen des Gesetzes in Widerspruch treten würde; im Wege der Auslegung darf einem nach Wortlaut und Sinn eindeutigen Gesetz nicht ein entgegengesetzter Sinn verliehen, der normative Gehalt der auszulegenden

daher nicht darüber hinweghelfen, dass die Ausgleichspostenmethode von ihrer Funktion her einer fortbestehenden unbeschränkten Steuerpflicht bedarf[1540] und das europarechtlich wünschenswerte Ergebnis der Anwendung der Ausgleichspostenmethode daher nicht erreicht werden kann.

c) Auslegungsergebnis und Konsequenzen für den Wegzug einer SE

Die Auslegung des § 4g EStG ergibt daher, dass für seine Anwendung auch noch *nach* Entstrickung eine unbeschränkte Steuerpflicht bestehen muss, damit die stillen Reserven bei Auflösung des Ausgleichspostens besteuert werden können.

Auf den ersten Blick scheint dieses Ergebnis widersprüchlich, kommt es doch definitionsgemäß nur dann zu einer Entstrickung, wenn der deutsche Fiskus seine Zugriffsmöglichkeit auf stille Reserven *verliert*.[1541] Ohne Entstrickung kommt es aber nicht zu einer Entstrickungsbesteuerung, die einer Abmilderung durch die Ausgleichspostenmethode bedürfen würde. Hier muss differenziert werden: Damit ein Steueranspruch durch Auflösung des Ausgleichspostens entstehen kann, bedarf es auf erster Ebene eines innerstaatlichen Steuerzugriffs: der Steuerpflicht bzgl. der zu versteuernden stillen Reserven. *Innerstaatlich* dürfen diese für die Anwendung des Ausgleichspostens mithin nicht entstrickt werden. Ein solcher Steueranspruch kann aber wiederum auf zweiter Ebene, nämlich durch Doppelbesteuerungsabkommen, eingeschränkt oder ausgeschlossen werden. Nur in diesen Fällen, also nur bei *abkommensrechtlichen* Entstrickungen, kann § 4g EStG greifen.

Damit führt § 4g EStG zu DBA-widersprechenden Steueransprüchen, mithin zu einem sog. „treaty override". Ob dem Wortlaut des § 4g EStG die teilweise geforderte, ausreichende Kenntlichmachung des beabsichtigten Vorrangs der innerstaatlichen Norm vor der DBA-Regelung,[1542] entnommen werden kann, ist durchaus fraglich, kann aber dahinstehen bleiben, da eine den DBA widersprechende Wegzugsbesteuerung europarechtlich ohnehin aufgrund der sog. „Makro-Kohärenz" nicht zu rechtfertigen ist.[1543]

Typischer Anwendungsfall der Ausgleichspostenmethode ist daher die (im Bericht des Finanzausschusses explizit genannte)[1544] Überführung eines Wirtschaftsgutes aus einem inländischen Stammhaus in eine ausländische Betriebsstätte. Denn die Überführung des einzelnen Wirtschaftsgutes lässt die unbeschränkte Steuerpflicht der Gesellschaft unberührt. Die Entstrickung wird erst durch DBA-Regeln hervorgerufen.

Norm nicht grundlegend neu bestimmt oder das gesetzgeberische Ziel nicht in einem wesentlichen Punkt verfehlt werden."; *Jarass*, EuR 1991, 211, 214 f.; *Larenz*, Methodenlehre, II. Teil, Kap. 4, 2. e), S. 339, f), S. 344 ff.

1540 Siehe soeben Kapitel 4, C. III. 2. b) ii).

1541 Siehe oben Kapitel 4, C. I. 2.

1542 Vgl. *Brombach-Krüger*, Ubg 2008, 324, 324; *Gosch*, IStR 2008, 413, 418. Zum sog. treaty override siehe Kapitel 4, C. IV.

1543 Siehe oben Kapitel 2, E. II. 1. b) ii).

1544 Vgl. soeben Kapitel 4, C. III. 2. b) i), und BT-Dr. 16/3369, S. 5.

Für den Wegzug einer SE bedeutet der enge Anwendungsbereich des § 4g EStG hingegen, dass die Sofortbesteuerung i.d.R. nicht durch einen Ausgleichsposten abgemildert werden kann.[1545] Denn aufgrund von Art. 7 Satz 1 SE-VO nimmt sie beim Umzug Satzungssitz *und* Hauptverwaltung mit, die in der Regel dem steuerrechtlichen Begriff des Ortes der Geschäftsleitung entspricht.[1546] Damit verliert sie die Anknüpfungspunkte für eine unbeschränkte Steuerpflicht nach § 1 Abs. 1 KStG und erfüllt die Voraussetzung der *fortbestehenden* unbeschränkten Steuerpflicht nicht.

Nur wenn sich ausnahmsweise der Ort der Geschäftsleitung und der der Hauptverwaltung nicht entsprechen oder Satzungssitz und Hauptverwaltung entgegen Art. 7 Satz 1 SE-VO (vorübergehend) auseinanderfallen,[1547] kann es auch beim Wegzug der SE zur Anwendung des § 4g EStG kommen: Zieht nämlich (nur) der Ort der Geschäftsleitung (und ggf. auch die Hauptverwaltung der SE) weg, wird aber der inländische Satzungssitz beibehalten, bleibt die unbeschränkte Steuerpflicht nach § 1 Abs. 1 KStG bestehen. Zu einer (DBA-rechtlichen) Entstrickung führt dann die sog. tie-breaker-rule des Art. 4 Abs. 3 OECD-MA, die bei doppelter Ansässigkeit den Geschäftsleitungsstaat als Ansässigkeitsstaat anerkennt und Deutschland als Satzungssitzstaat mithin nur noch als Quellenstaat besteuern kann.[1548]

3. *Abmilderung durch die Steuerstreckung nach § 36 Abs. 5 EStG*

Die mit dem JStG 2010 eingeführte Vorschrift des § 16 Abs. 3a EStG, nach der die Entstrickung sämtlicher Wirtschaftsgütern eines Betriebs oder Teilbetriebs der Aufgabe des Gewerbebetriebs gleichsteht, wurde mit dem § 36 Abs. 5 EStG flankiert, der vorsieht, dass die bei Wegzug in einen anderen Mitgliedstaat der EU/des EWR, mit dem die Bundesrepublik Amtshilfe vereinbart hat, festgesetzte Steuer auf Antrag des Steuerpflichtigen zinslos in fünf gleichen Jahresraten entrichtet werden kann.

Die Steuerstreckung des § 36 Abs. 5 EStG setzt in ihrer Funktionsweise – vergleichbar mit § 6 Abs. 5 AStG – bei der Fälligkeit des Steueranspruchs an, wie der Wortlaut des § 36 Abs. 5 Satz 2 EStG deutlich macht („[...] jeweils am 31. Mai der Folgejahre fällig.“) und wirkt mithin über eine Stundung[1549] des Anspruchs. Anders als § 4g EStG, der die Entstehung des Steueranspruchs betrifft, erfordert § 36 Abs. 5 EStG daher keine fortdauernde unbeschränkte Steuerpflicht. Die Vorschrift wäre daher auch beim Wegzug der SE ein taugliches Instrument zur Abmilderung der Entstrickungsbesteuerung.

1545 Ebenso *Schön*, in: Lutter/Hommelhoff/Teichmann, SE, Die SE im Steuerrecht, Rn. 97.

1546 Siehe hierzu Kapitel 1, A. II. 3., sowie Kapitel 4, C. I. 2.

1547 Siehe Kapitel 4, C. I. 2.

1548 Vgl. treffend *Köhler*, in: FS Schaumburg, 2009, S. 813 ff., 819; zweifelnd hingegen *Müller-Gatermann*, in: FS Schaumburg, 2009, S. 939 ff., 946. Verbleibt stattdessen der Ort der Geschäftsleitung im Inland, kommt es nach Art. 4 Abs. 3 OECD-MA bereits nicht zu einer Entstrickung.

1549 BR-Dr. 318/1/10, S. 33.

Der Wegzug von Kapitalgesellschaften wird jedoch nach zutreffender Ansicht nicht von § 16 Abs. 3a EStG, sondern allein von § 12 Abs. 1 KStG erfasst.[1550] Letzterer verweist aber nicht auf § 36 Abs. 5 EStG, noch umgekehrt. Nach systematischer Auslegung findet die Steuerstundung des § 36 Abs. 5 EStG daher keine Anwendung bei Wegzug der SE. Betrachtet man aber den Telos der Norm, zeigt sich, dass die Einführung des § 36 Abs. 5 EStG neben § 4g EStG alleine aus dem Grund Sinn macht, dass die Ausgleichspostenmethode des § 4g EStG bei Wegzug eines Betriebes unter Verlust der unbeschränkten Steuerpflicht nicht greifen kann.[1551] Ebenso wie bei § 16 Abs. 3a EStG kann es auch bei der Entstrickungsbesteuerung des § 12 Abs. 1 KStG durch Wegzug von Kapitalgesellschaften, insbesondere der SE, zu einem Verlust der unbeschränkten Steuerpflicht und damit zum Ausschluss der Ausgleichspostenmethode kommen. Daher sollte § 36 Abs. 5 EStG auch hier Anwendung finden, welches durch die Verweisungsnorm des § 8 Abs. 1 KStG möglich ist.

Im Gegensatz zur Stundungslösung des § 6 Abs. 5 AStG kann der Abmilderung des § 36 Abs. 5 EStG auch nicht vorgehalten werden, sie sei bei Kapitalgesellschaften aufgrund des hohen Dokumentations- und Kontrollaufwandes nicht durchführbar, denn gerade anders als § 6 Abs. 5 AStG sieht sie keine Stundung bis zum tatsächlichen Realisierungszeitpunkt vor, sondern streckt die Besteuerung typisiert auf fünf Jahre.

4. *Zusammenfassung*

Bei der Ausgleichspostenmethode des § 4g EStG kann ein Steueranspruch durch Auflösung des Postens nur entstehen, wenn diesbezüglich auch nach Wegzug noch eine Steuerpflicht besteht. Da aber eine beschränkte Steuerpflicht gem. § 49 Abs. 1 EStG bezüglich der weggezogenen stillen Reserven nicht vorgesehen ist, ergibt die Auslegung des § 4g EStG, dass die Ausgleichspostenmethode nur bei fortbestehend unbeschränkt Steuerpflichtigen Anwendung finden kann. Damit würde die Anwendung des § 4g EStG beim Wegzug einer SE im Grundsatz ausscheiden.

Anders sieht die Vorschrift des § 36 Abs. 5 EStG – vergleichbar mit der Funktionsweise des § 6 Abs. 5 AStG – eine Stundung der bereits entstandenen Wegzugsbesteuerung vor, so dass eine fortbestehende Steuerpflicht nach dem Wegzug nicht erforderlich ist. Über die Verweisungsnorm des § 8 Abs. 1 KStG kann die Vorschrift nach hier vertretener Auffassung auch auf § 12 Abs. 1 KStG anzuwenden, so dass die Entstrickungssteuer bei Wegzug der SE über sie gestreckt werden kann.

1550 Siehe oben unter Kapitel 4, C. I. 3. c).

1551 Kapitel 4, C. III. 2. b). Vgl. zudem BR-Dr. 318/1/10, S. 32: „Durch § 36 Absatz 5 wird eine Möglichkeit geschaffen, bei Verlegung des Betriebs in einen anderen EU- oder EWR-Staat, die auf den Aufgabegewinn und den durch den Wechsel der Gewinnermittlungsart erzielten Gewinn festgesetzte Steuer auf Antrag zinslos in fünf gleichen Jahresraten zu entrichten."

IV. Anmerkung zur Entstrickung auf Anteilseignerebene

Grundsätzlich kann der Wegzug einer Gesellschaft nicht nur auf Gesellschafts-, sondern auch auf Anteilseignerebene eine Besteuerung nach sich ziehen, wenn hierdurch der Veräußerungsgewinn der Anteile von der Besteuerung ausgeschlossen oder beschränkt wird (§ 17 Abs. 5 Satz 1 EStG für Anteile im Privatvermögen, § 4 Abs. 1 Satz 3 EStG für Anteile im Betriebsvermögen und § 12 Abs. 1 KStG für Körperschaften als Anteilseigner). Daher seien kurz Anmerkungen zur Anteilseignerebene erlaubt.

Von der Entstrickungsbesteuerung hat der Gesetzgeber in Umsetzung von Art. 14 Abs. 1 FRL für den Wegzug der SE (sowie der SCE) nach §§ 4 Abs. 1 Satz 5 EStG (ggf. i.V.m. § 12 Abs. 1 Satz 1 Halbs. 2 KStG) und § 17 Abs. 5 Satz 2 EStG eine Ausnahme vorgesehen. Anstelle der Sofortbesteuerung sehen § 15 Abs. 1a Satz 1 EStG (i.V.m. § 12 Abs. 1 Satz 1 Halbs. 2 KStG) und § 17 Abs. 5 Satz 3 EStG erst im Zeitpunkt der Veräußerung, also der tatsächlichen Realisierung, eine Besteuerung vor, so als hätte „keine Sitzverlegung stattgefunden".

Den Ausnahmevorschriften kommt in der Praxis jedoch nur eine geringe Bedeutung zu, denn der Wegzug der Gesellschaft, an der die Anteile gehalten werden, führt bei im Inland ansässigen Anteilseignern ohnehin nur selten zu einer Entstrickung und damit zu einer Entstrickungsbesteuerung: die meisten[1552] Doppelbesteuerungsabkommen ordnen (wie es die Regelung des Art. 13 Abs. 5 OECD-MA vorsieht) das Besteuerungsrecht an den Veräußerungsgewinnen aus Gesellschaftsanteilen[1553] dem Wohnsitzstaat des *Anteilseigners* zu, so dass das Besteuerungsrecht der Bundesrepublik Deutschland durch den Wegzug der Gesellschaft nicht tangiert wird.[1554]

Diese spätere Besteuerung soll „ungeachtet der Bestimmungen eines Abkommens zur Vermeidung der Doppelbesteuerung" erfolgen, setzt sich also über DBA hinweg und stellt damit einen sog. „treaty override"[1555] dar.

1552 Vgl. Auflistung bei *Reimer*, in: Vogel/Lehner, DBA, Art. 13, Rn. 225.

1553 Zur Ausnahmeregelung für Anteile an Immobiliengesellschaften nach Art. 13 Abs. 4 OECD-MA siehe *Benecke*, NWB Fach 3 (38/2007), 14757, 14760; *ders./Schnitger*, IStR 2006, 765, 768; *Frotscher*, in: Frotscher/Maas, KStG, § 12 (Sept. 2014), Rn. 116; *Schönherr/Lemaitre*, GmbHR 2006, 561, 565. „Die Mehrzahl der älteren deutschen DBA enthält noch keine dem Art. 13 Abs. 4 OECD-MA entsprechende Klausel.", *Reimer*, in: Vogel/Lehner, DBA, Art. 13, Rn. 152.

1554 *Benecke*, NWB Fach 3 (38/2007), 14757, 14760; *ders./Schnitger*, IStR 2006, 765, 767 f.; *Bilitewski*, FR 2007, 57, 60; *Binnewies*, GmbH-StB 2007, 117, 120; *Blumenberg*, in: FS Schaumburg, 2009, S. 559 ff., 567; *ders./Lechner*, BB-Special 8/2006, 25, 31; *Dötsch/Pung*, DB 2006, 2648, 2650; *Frotscher*, IStR 2006, 65, 68; *Gosch*, in: Kirchhof, EStG, § 17, Rn. 143; *Hruschka*, StuB 2006, 631, 637; *Müller-Gatermann*, in: FS Schaumburg, 2009, S. 939 ff., 950; *Schön*, in: Lutter/Hommelhoff/Teichmann, SE, Die SE im Steuerrecht, Rn. 128.

1555 *Englisch*, in: Tipke/Lang, Steuerrecht, § 5, Rn. 26; *Frotscher*, Internationales Steuerrecht, § 5, I. 4., Rn. 305 f.; *Schaumburg*, Internationales Steuerrecht, Kap. 3, D. III.,

Während im Verhältnis zum anderen Staat ein solches treaty override einen Vertragsbruch und damit eine Völkerrechtsverletzung[1556] darstellt und dieser entsprechende Maßnahmen[1557] völkerrechtlich ergreifen kann, ist es umstritten, ob es vom Steuerpflichtigen selbst angegriffen werden kann.[1558]

Erst kürzlich hat der erste Senat des BFH die Frage nach der Verfassungsmäßigkeit eines treaty override dem BVerfG vorgelegt: Da die Vorschrift des § 50d Abs. 8 Satz 1 EStG als treaty override gegen Völkervertragsrecht verstoße, seien die Kläger „infolgedessen in ihrem subjektiven Grundrecht auf die Einhaltung der verfassungsmäßigen Ordnung verletzt". Überdies widerspreche das treaty override Art. 3 Abs. 1 GG.[1559] Damit weicht der Senat von seiner bisherigen Spruchpraxis ab und eröffnet dem Steuerpflichtigen die Möglichkeit, sich eines treaty override zu erwehren. Diese Bedenken teilte das Bundesverfassungsgericht nicht: Die Vorschrift des § 50d Abs. 8 Satz 1 EStG sei „weder aufgrund seines (möglichen) Widerspruchs zu völkerrechtlichen Verträgen noch wegen eines Verstoßes gegen Art. 3 Abs. 1 GG verfassungswidrig."[1560]

Ob die Anwendung von treaty overrides mit dem Europarecht als vereinbar angesehen werden kann, ist in der Literatur ebenfalls streitig.[1561] Der EuGH hat sich zu dieser Frage in der Rechtssache *Columbus Container Services*[1562] geäußert und judiziert, dass der ihm vorgelegte Fall nicht gegen Europarecht verstoße. Ob dem Urteil eine allgemeine Aussage dahingehend entnommen werden kann, dass ein treaty override generell nicht dem Europarecht widerspreche, würde jedoch über den Untersuchungsgegenstand dieser Arbeit hinausgehen.[1563]

Die Besonderheit des hier interessierende treaty override der §§ 15 Abs. 1a, 17 Abs. 5 Satz 3 EStG liegt darin, dass es in Umsetzung von Art. 14 Abs. 2 FRL

Rn. 3.26. Vgl. hierzu *Drüen*, in: Tipke/Kruse, AO, § 2 (Mai 2014), Rn. 2. Zum italienischen Recht *Uckmar/Corasaniti/De' Capitani di Vimercate*, Diritto tributario internazionale, Kap. 1, Sez. I, 4., S. 8.

1556 *Vogel*, in: Vogel/Lehner, DBA, 5. Aufl., Einl., Rn. 194. Ebenso *Brombach-Krüger*, Ubg 2008, 324, 328; *Frotscher*, in: FS Schaumburg, 2009, S. 687 ff., 690.

1557 Zu einzelnen völkerrechtlichen Maßnahmen *Frotscher*, Internationales Steuerrecht, § 5, I. 4., Rn. 308; *ders.*, in: FS Schaumburg, 2009, S. 687 ff., 693.

1558 Siehe aktuelle Vorlagen vor dem BVerfG: BFH v. 10.01.2012 – I R 66/09, BFHE 236, 304; v. 11.12.2013 – I R 4/13, BStBl. II 2014, 791. Zudem *Englisch*, in: Tipke/Lang, Steuerrecht, § 5, Rn. 26; *Frotscher*, Internationales Steuerrecht, § 5, I. 4., Rn. 309; *ders.*, in: FS Schaumburg, 2009, S. 687 ff., 694 f.; *Gosch*, IStR 2008, 413, 418; *J. Lang*, in: Tipke/Lang, Steuerrecht, 20. Aufl., § 5, Rn. 14.

1559 BFH v. 10.01.2012 – I R 66/09, BFHE 236, 304, Tz. 14 ff.

1560 BVerfG v. 15.12.2015 – 2 BvL 1/12, DStR 2016, 359, 359 ff.

1561 Siehe *Brombach-Krüger*, Ubg 2008, 324, 324 ff.; *Gosch*, IStR 2008, 413, 419 ff.

1562 EuGH v. 06.12.2007 – C-298/05 („*Columbus Container Services*"), Slg. 2007, I-10497.

1563 Eine Verallgemeinerung des Urteils nehmen *Brombach-Krüger*, Ubg 2008, 324, 327; *Vogel*, in: Vogel/Lehner, DBA, 5. Aufl., Einl., Rn. 199, vor. Zur Vereinbarkeit von treaty override mit Europarecht vgl. *Brombach-Krüger*, Ubg 2008, 324, 324 ff.; *Gosch*, IStR 2008, 413, 419 ff.

erfolgen sollte und diese Vorschrift selbst einen treaty override vorzusehen scheint. So wird teilweise vertreten, dass sie dem Wortlaut des Art. 14 Abs. 2 FRL entsprechen würden und daher (zumindest) mit europäischem Sekundärrecht vereinbar seien.[1564]

Art. 14 Abs. 2 FRL besagt, dass „die Mitgliedstaaten nicht [gehindert sind], den Gewinn aus einer späteren Veräußerung der Anteile am Gesellschaftskapital der ihren Sitz verlegenden SE bzw. SCE zu besteuern." Der Wortlaut lässt dabei sicherlich einen Bezug auf den *gesamten* späteren Veräußerungsgewinn zu. Dies ist jedoch keineswegs zwingend und unter systematischen Gesichtspunkten in Bezug auf den Abs. 1 des Art. 14 FRL wohl eher zweifelhaft: Absatz 1 untersagt dem Wegzugsstaat zunächst, sofort auf „seine" stillen Reserven zuzugreifen. Ihm soll aber nicht vollständig die Besteuerungskompetenz genommen, sondern allein der Besteuerungszeitpunkt hinausgezögert werden. Daher gewährt Absatz 2 dem Wegzugsstaat die Möglichkeit, *diese* stillen Reserven später noch besteuern zu dürfen. Mithin begrenzt sich die aufgeschobene Besteuerung auf die stillen Reserven, die in dem jeweiligen Staat angewachsen sind.[1565]

Zudem würde ein anderes Verständnis des Art. 14 Abs. 2 FRL dem Telos der Fusionsrichtlinie widersprechen, die Doppelbesteuerungen nämlich gerade vermeiden möchte.[1566] Zu Recht weist *Frotscher* darauf hin, dass „die Regelungen der Fusionsrichtlinie darauf ausgerichtet [sind], dem Staat dasjenige, aber auch nur dasjenige Besteuerungsrecht zu belassen, das er bis zum Zeitpunkt der Sitzverlegung hatte. Dem widerspr[e]ch[e] es, wenn das Besteuerungsrecht über diesen Zeitpunkt hinaus ausgedehnt wird."[1567]

Das treaty override der §§ 15 Abs. 1a, 17 Abs. 5 Satz 3 EStG kann daher nicht als mit der Fusionsrichtlinie als europäisches Sekundärrecht vereinbar angesehen werden.

1564 BT-Dr. 16/2710, S. 28; BT-Dr. 16/3369, S. 5; *Benecke*, NWB Fach 3 (37/2007), 14733, 14744; *ders.*, NWB Fach 3 (38/2007), 14757, 14762; *ders./Staats*, in: Dötsch/Pung/Möhlenbrock, KStG, § 12 (Aug. 2014), Rn. 359; *Benecke/Schnitger*, IStR 2006, 765, 768; *Gosch*, in: Kirchhof, EStG, § 17, Rn. 143; *ders.*, IStR 2008, 413, 417; *Reiß*, in: Kirchhof, EStG, § 15, Rn. 160; *Rödder/Schumacher*, DStR 2006, 1481, 1487; *Schaumburg*, Internationales Steuerrecht, Kap. 5, E. II. 3., Rn. 5.352, Fn. 3; *Schön*, in: Schön/Schindler, Die SE im Steuerrecht, IV. 1. b), Rn. 169.

1565 Im Ergebnis ebenso *Stapperfend*, in: Herrmann/Heuer/Raupach, EStG/KStG, Jahresband 2007, § 15 EStG (Mai 2007), Rn. J 06–7.

1566 Dritter Grund der Richtlinie 2005/19/EG des Rates vom 17.02.2005: „[...] Hindernisse für das Funktionieren des Binnenmarkts – wie die Doppelbesteuerung – zu beseitigen."

1567 *Frotscher*, IStR 2006, 65, 68. Ebenso *IDW*, WPg 2006, 749, 750; *Stapperfend*, in: Herrmann/Heuer/Raupach, EStG/KStG, Jahresband 2007, § 15 EStG (Mai 2007), Rn. J 06–7.

V. Gesamtwürdigung der deutschen Entstrickungsbesteuerung

1. Unter europarechtlichen Kriterien

Die Wegzugsbesteuerung des § 12 Abs. 1 KStG wird ausgelöst durch die Entstrickung von stillen Reserven. Vom Grundsatz her ist das europarechtlich der „richtige“ Anknüpfungspunkt, denn der EuGH erkennt das Bedürfnis der Mitgliedstaaten für eine Wegzugsbesteuerung nur in Bezug auf die stillen Reserven an, die ansonsten dem Besteuerungszugriff verloren gingen. Allein auf sie bezieht sich der Rechtfertigungsgrund der Kohärenz, der bei der Wegzugsbesteuerung auf der Annahme basiert, dass ein Staat eine erst bei Realisierung erfolgende Besteuerung (sog. Realisationsprinzip) nur unter der Bedingung der dann auch noch tatsächlichen Besteuerungsmöglichkeit gewährt.[1568] Bleiben die stillen Reserven aber weiterhin steuerverstrickt, ist dieser Zusammenhang ohnehin gewahrt, so dass es keiner Wegzugsbesteuerung bedarf. Sie wäre daher nicht zu rechtfertigen.

Es ist mithin europarechtlich zu begrüßen, dass zwischen ent- und verstrickten Werten unterschieden wird – und dies grundsätzlich sogar innerhalb eines Unternehmens, so dass nur der sich entstrickende Unternehmensteil der Wegzugsbesteuerung unterliegt. So sind im Inland verbleibende Betriebsstätten von der Besteuerung ausgenommen, wodurch auch dem in Art. 12 Abs. 1 FRL aufgeführten Betriebsstättenvorbehalt Rechnung getragen wird.

Als europarechtlich problematisch entpuppt sich der Besteuerungsauslöser „Entstrickung“ aber insoweit, als davon auch DBA-rechtliche Entstrickungen erfasst werden, denen nämlich die sog. „Makro-Kohärenz“ entgegensteht: Hat der Mitgliedstaat durch DBA grenzüberschreitend eine Kohärenz hergestellt, indem ihm zwar bei Wegzug stille Reserven entzogen, aber auch bei Zuzug stille Reserven neu zugewiesen werden, ist es ihm verwehrt, sich zu Erfassung der wegziehenden stillen Reserven darauf zu stützen, dass er innerhalb seines Steuersystems Kohärenz herstellen wolle.[1569] § 12 Abs. 1 KStG nimmt eine entsprechende Differenzierung zwischen DBA-bedingter und (allein!) innerstaatlicher Entstrickung jedoch nicht vor. Dies wäre auch nicht erforderlich, wenn die DBA entsprechend regelten, dass der Zuzugsstaat die im Wegzugsstaat angewachsenen stillen Reserven nicht erfasst. Dazu führt zwar nach Ansicht des BFH (Entscheidungen zur Aufgabe der finalen Entnahme-/Betriebsaufgabetheorie) bereits die Auslegung der derzeitig bestehenden DBA.[1570] Da diese Auslegung aber umstritten ist, sollte in § 12 Abs. 1 KStG festgelegt werden, dass mögliche DBA-bedingte Entstrickungen, anders als es der Gesetzgeber des SEStEG anstrebte,[1571] nicht erfasst werden.

In Bezug auf die von der Wegzugsbesteuerung erfassten Werte ist es europarechtlich nicht zu rechtfertigen, den Geschäfts- oder Firmenwertes stets dem

---

1568 Siehe oben unter Kapitel 2, E. II. 1. c) i) (3).

1569 Kapitel 2, E. II. 1. c) ii) (3).

1570 Kapitel 4, C. I. 3. a).

1571 BT-Dr. 16/2710, S. 28.

wegziehenden Stammhaus zuzuordnen und damit vollständig zu besteuern. Denn der Rechtfertigungsgrund der Kohärenz greift allein bei den Werten, die sich auch tatsächlich entstricken. Nach den Gewinnzuweisungsgrundsätzen grenzüberschreitend tätiger Unternehmen können aber Teile des Geschäfts- oder Firmenwertes in einer inländischen Betriebsstätte steuerverstrickt bleiben. Entsprechend ist die Aufteilung der Werte innerhalb eines Unternehmens „entstrickungsspezifisch" vorzunehmen. Da dies aber der bisherigen Rechtsprechung zur finalen Entnahme-/Betriebsaufgabetheorie widerspricht,[1572] wäre eine Klarstellung im Gesetzeswortlaut zu begrüßen.

Letztlich lässt sich die Rechtsfolge des § 12 Abs. 1 KStG in Form einer Sofortbesteuerung europarechtlich nicht rechtfertigen, da eine Steuerstreckung wesentlich milder und eine Sofortbesteuerung nicht verhältnismäßig ist.[1573]

Eine solche Streckung ist nach hier vertretener Auffassung zwar über § 8 Abs. 1 KStG durch die Stundungslösung des § 36 Abs. 5 EStG auch beim Wegzug einer SE zu erreichen. Allerdings wahrt die vorgesehene ratierliche Steuerstreckung auf fünf Jahre das Erfordernis der Realitätsnähe einer Typisierung nicht ausreichend:[1574] Speziell stille Reserven des Anlagevermögens realisieren sich häufig erst *nach* fünf Jahren. Denn zumeist reicht die Nutzungsdauer der Anlagegüter weit über fünf Jahre hinaus,[1575] so dass sich ihre stillen Reserven durch die Nutzung des Wirtschaftsgutes auch teilweise so spät erst in den laufenden Gewinnen widerspiegeln.[1576] So kann bspw. eine Biegemaschine mit einer Nutzungsdauer (nach der AfA-Tabelle)[1577] von 13 Jahren auch im letzten Jahr noch zum Produktionsgewinn beitragen. Spiegelt der typisierte Besteuerungsaufschub aber nicht realitätsgerecht die Realisierungszeitpunkte wider, so ist er – neben der verfassungsrechtlichen Relevanz, wonach eine Realitätsnähe der Typisierung gefordert wird – im Vergleich zu einer realitätsgerechteren (späteren) Besteuerung weniger milde und damit unter europarechtlichen Aspekten nicht verhältnismäßig.[1578]

1572 Siehe Kapitel 4, C. I. 3. a).

1573 Siehe Kapitel 4, B. I. 2. b) i).

1574 Siehe auch *von der Laage*, StuW 2012, 182, 190; *Lenz*, in: Erle/Sauter, KStG, § 12, Rn. 66; a. A. *Mitschke*, DStR 2012, 629, 631.

1575 Vgl. nur BMF, AfA-Tabelle für die allgemein verwendbaren Anlagegüter („AV"), Nr. 0 der Tabellenliste.

1576 Zur zeitlichen Verknüpfung der Besteuerung stiller Reserven nach Wegzug mit ihrer Nutzungsdauer siehe auch *Rödder*, IStR 2005, 297, 299; *Schaumburg*, StJB 2008/2009, 193, 208 f., Fn. 54; *Schönfeld*, IStR 2010, 133, 137; *Wassermeyer*, in: Piltz/Schaumburg, Internationale Betriebsstättenbesteuerung, 2001, S. 25 ff., 37; *ders.*, DB 2006, 1176, 1179; *ders.*, IStR 2010, 461, 464. Siehe im Einzelnen Kapitel 4, F. II. 3.

1577 BMF, AfA-Tabelle für die allgemein verwendbaren Anlagegüter („AV"), Nr. 0 der Tabellenliste.

1578 Siehe Kapitel 4, B. I. 2. b) i).

Kritisch bleibt zudem anzumerken, dass beide Steuerstreckungen erst auf Antrag des Steuerpflichtigen eingreifen, auf das i.S.e. gleich geeigneten, aber milderen Mittels zu verzichten wäre.[1579]

Die Nichtberücksichtigung späterer Wertminderungen durch die Sofortbesteuerung (Höhenkriterium) ist hingegen europarechtlich unproblematisch, da dies nur bei entsprechenden DBA-Regeln erforderlich wäre. Ansonsten entspricht es vielmehr dem Territorialitätsprinzip, nur die im Inland anfallenden Wertminderungen zu berücksichtigen. Allerdings muss der Mitgliedstaat die Systemstimmigkeit wahren und spiegelbildlich die nach einem Zuzug bei ihm anfallenden Wertminderungen berücksichtigen.[1580] Durch die Zugangsbewertung mit dem gemeinen Wert nach § 6 Abs. 1 Nr. 5a EStG i.V.m. § 8 Abs. 1 KStG wird dieses Kriterium aber erfüllt.

2. *Im Hinblick auf das Gebot der Folgerichtigkeit i.S.d. Art. 3 Abs. 1 GG*

Aus verfassungsrechtlichen Aspekten ist zu berücksichtigen, dass eine von der tatsächlichen Realisierung unabhängige Wegzugsbesteuerung die Durchbrechung des nach Art. 3 Abs. 1 GG folgerichtig umzusetzenden Realisationsprinzips bedeutet und daher einer Rechtfertigung bedarf. Als Rechtfertigung könnte zwar die Steuerentstrickung der Werte als ausreichend angesehen werden, denn zum Zeitpunkt der tatsächlichen Realisierung kann der Fiskus nicht mehr auf die stillen Reserven zugreifen. Bei der Wegzugsbesteuerung liegt es aber – anders als bei der Privatentnahme – in den Händen des Gesetzgebers, noch zum Realisationszeitpunkt eine Verstrickung zu gewährleisten. Kommt er dem nicht nach, kann er sich nicht zur Rechtfertigung des Ersatzrealisationstatbestandes auf die später fehlende Besteuerungsmöglichkeit berufen.[1581]

Zwar können die bei einer Realisierung im Ausland entstehenden Vollzugsdefizite eine typisierte Wegzugsbesteuerung zur Gewährung der Rechtsanwendungsgleichheit erforderlich machen, wodurch auch die Durchbrechung des Folgerichtigkeitsprinzips gerechtfertigt werden kann.[1582] Die Sofortbesteuerung vermag jedoch nicht die erforderlichen Kriterien einer zulässigen Typisierung zu erfüllen: Verhältnismäßigkeit i.w.S.[1583] und Realitätsnähe[1584]. Denn zum einen ist die Sofortbesteuerung nicht als

1579 Siehe Kapitel 4, B. I. 2. b) ii).

1580 Kapitel 4, B. I. 2. b) iii).

1581 Siehe unter Kapitel 4, B. II. 2. b).

1582 BVerfG v. 06.07.2010 – 2 BvL 13/09 („häusliches Arbeitszimmer"), BVerfGE 126, 268, 278, Tz. 37; v. 12.10.2010 – 1 BvL 12/07, BVerfGE 127, 224, 245 f., Tz. 52.

1583 Zum Erfordernis der Verhältnismäßigkeit siehe BVerfG v. 04.04.2001 – 2 BvL 7/98, BVerfGE 103, 310, 319; v. 17.11.2009 – 1 BvR 2192/05 („Körperschaftsteuerminderungspotential"), BVerfGE 125, 1, 37, Tz. 87; v. 12.10.2010 – 1 BvL 12/07, BVerfGE 127, 224, 245 f., Tz. 52; *Birk/Desens/Tappe*, Steuerrecht, 1. Teil, § 2, B. IV., Rn. 218; *Hey*, in: Tipke/Lang, Steuerrecht, § 3, Rn. 147; *Tipke*, Steuerrechtsordnung, Bd. 1, Teil III, § 7, 5.921, S. 348 ff., eigene Stellungnahme S. 354 ff.; siehe zudem *Kirchhof*, in: Kirchhof, EStG, Einl., Rn. 30 ff.

1584 Zum Erfordernis der Realitätsgerechtigkeit siehe BVerfGE v. 25.09.1992 – 2 BvL 5/91 u.a. („Grundfreibetrag"), BVerfGE 87, 153, 172; v. 07.12.1999 – 2 BvR 301/98

verhältnismäßig anzusehen, da eine Streckung der bei Wegzug festgesetzten Steuer wesentlich milder wäre. Zum anderen realisieren sich die im Inland angewachsenen stillen Reserven nicht mit Wegzug, sondern erst wesentlich später, so dass die Sofortbesteuerung auch nicht als „realitätsgerecht" beurteilt werden kann.

Abgesehen davon darf der Ersatzrealisationstatbestand freilich nicht Werte besteuern, die steuerverstrickt bleiben, da hier eine spätere Realisierung noch möglich ist und die Durchbrechung des Realisationsprinzips nicht zu rechtfertigen wäre. Nicht nur europarechtlich, sondern auch unter verfassungsrechtlichen Aspekten ist eine „entstrickungsspezifische" Aufteilung des Geschäfts- oder Firmenwertes daher erforderlich.

D. Im Vergleich: Die italienische Wegzugsbesteuerung

Nachdem die steuerlichen Folgen des Wegzugs einer SE aus Deutschland erörtert worden sind, soll nun auf die Steuerfolgen bei einem Wegzug aus Italien eingegangen werden. Dabei wird zunächst die entsprechende Regelung dargestellt und insbesondere in Bezug auf die Punkte erörtert, die oben bei der deutschen Entstrickungsbesteuerung in Augenschein genommen wurden (unter I.). Sodann wird (unter II.) auch die italienische Wegzugsbesteuerung auf ihre Europarechts(in)konformität untersucht. Zuletzt soll (unter III.) als besondere Problematik der Zeitpunkt von Wegzug und Wegzugsbesteuerung beim Umzug zwischen Italien und Deutschland erörtert und einer europarechtskonformen Auslegung unterzogen werden.

I. Darstellung der Regelung

1. *Behandlung der Gesellschaftsebene*

Das italienische Steuerrecht sah bis 1995 keine Regelung für den Wegzug einer Gesellschaft ins Ausland vor;[1585] mit dem Decreto legge vom 23. Februar 1995, Nr. 41, wurde zum ersten Mal das Problem des Wegzugs aufgegriffen und eine Besteuerung in Art. 20-*bis* TUIR a.F. eingeführt.[1586] Im Jahre 2003 wurde die Regelung

---

(„häusliches Arbeitszimmer"), BVerfGE 101, 297, 310; v. 06.07.2010 – 2 BvL 13/09 („häusliches Arbeitszimmer"), BVerfGE 126, 268, 278 f., Tz. 38; v. 17.11.2009 – 1 BvR 2192/05 („Körperschaftsteuerminderungspotential"), BVerfGE 125, 1, 37, Tz. 87; v. 12.10.2010 – 1 BvL 12/07, BVerfGE 127, 224, 245 f., Tz. 52, 72 ff.; *Birk/Desens/Tappe*, Steuerrecht, 1. Teil, § 2, B. IV., Rn. 218; *Drüen*, Ubg 2009, 23, 26; *Kirchhof*, in: Kirchhof, EStG, Einl., Rn. 32; *ders.*, StbJb. 1994/95, 5, 20 f.

1585 *Cavallaro*, Il diritto fallimentare delle società commerciali 2005, 951, 960; *Melis*, Il trasferimento della residenza fiscale, Kap. 1, 4.2.1., 4.2.2., S. 42 ff.; *Varazi*, Rassegna Tributaria 1995, 687, 691; *Zizzo*, in: Sacchetto/Alemanno, Diritto Tributario Internazionale, S. 209.

1586 *Ardito*, in: Tinelli, TUIR, Art. 166, Nr. 1, S. 1418; *Cavallaro*, Il diritto fallimentare delle società commerciali 2005, 951, 960; *Leo*, TUIR, Art. 166, 1., S. 2459; *Mayr*, Corr. trib. 1995, 2707, 2707; *Melis*, Il trasferimento della residenza fiscale, Kap. 1, 4.2.2.,

sodann durch den Decreto legislativo (d.lgs.) vom 12. Dezember 2003, Nr. 344, leicht verändert und in Art. 166 TUIR angesiedelt.[1587] Die heutige Fassung des Art. 166 TUIR bezieht sich auf Steuersubjekte, die ein Handelsgewerbe betreiben („soggetti che esercitano imprese commerciali") und findet auf Kapitalgesellschaften, mithin auch auf den Wegzug einer SE, unstreitig Anwendung.[1588] Die letzte Änderung der Vorschrift zur Anpassung an die Vorgaben der EuGH-Rechtsprechung in der Rs. *National Grid Indus* erfolgte durch das Gesetzesdekret (decreto legge) vom 24. Januar 2012, Nr. 1, welches in Verbindung mit dem Ministerialdekret (decreto ministeriale) vom 2. Juli 2014[1589] weitreichende Änderungen brachte.[1590]

a) *Der Wegzug unter Verlust der unbeschränkten Steuerpflicht als Besteuerungsauslöser*

Die Vorschrift des Art. 166 Abs. 1 TUIR nennt als Voraussetzungen für die Wegzugsbesteuerung erstens den Wegzug des Steuersubjektes („trasferimento della residenza") und zweitens den daran anknüpfenden Verlust der „residenza fiscale", welches in der deutschen Terminologie dem Verlust der unbeschränkten Steuerpflicht gleich kommt. Anders als bei der deutschen Wegzugsbesteuerung ist Besteuerungsauslöser des Art. 166 Abs. 1 TUIR mithin nicht die Entstrickung stiller Reserven, sondern der Wegzug des Steuersubjekts unter Verlust der unbeschränkten Steuerpflicht. Damit ähneln die Voraussetzungen des Art. 166 Abs. 1 TUIR der Fassung des § 12 Abs. 1 KStG vor dem SEStEG, die darauf abstellte, dass eine Gesellschaft Sitz und/oder Geschäftsleitung ins Ausland verlegt und dadurch aus der unbeschränkten Steuerpflicht ausscheidet.[1591]

S. 44; Kap. 5, 4.1.1., S. 486 f.; *Varazi*, Rassegna Tributaria 1995, 687, 691; *Zizzo*, in: Sacchetto/Alemanno, Diritto Tributario Internazionale, S. 209. Zur Regelung des Art. 20-*bis* TUIR a. F. siehe *Bernoni/Colacicco*, Il Fisco 1996, 10066, 10066 ff.; *Cervino*, Rassegna Tributaria 2000, 1873, 1877; *Corabi*, Corriere tributario 2000, 1885, 1885 f.; *Mayr*, Corr. trib. 1995, 2707, 2707 ff. Zur Frage, ob der Regelung konstitutive oder lediglich deklarative Wirkung zukam, siehe *Melis*, in: Fantozzi, TUIR, Art. 166, I., Rn. 2; *ders.*, Il trasferimento della residenza fiscale, Kap. 5, 4.2., S. 485 ff.; zudem *Ardito*, in: Tinelli, TUIR, Art. 166, Nr. 1, S. 1419; *Zizzo*, in: Sacchetto/Alemanno, Diritto Tributario Internazionale, S. 209.

1587 *Cavallaro*, Il diritto fallimentare delle società commerciali 2005, 951, 961; *Leo*, TUIR, Art. 166, 1., S. 2459; *Melis*, in: Fantozzi, TUIR, Art. 166, II., Rn. 1; *L. Miele*, Corr. trib. 2005, 2209, 2209; *Muscolino*, G.T. – Rivista di giurisprudenza tributaria 2004, 513, 517.

1588 *Ardito*, in: Tinelli, TUIR, Art. 166, Nr. 2, S. 1420; noch zur alten Fassung des Art. 166 TUIR: *Cavallaro*, Il diritto fallimentare delle società commerciali 2005, 951, 962; *Romano*, Rassegna Tributaria 2004, 1291, 1308; explizit zur Anwendung auf die SE *Melis*, in: Fantozzi, TUIR, Art. 166, II., Rn. 3; *ders.*, Il trasferimento della residenza fiscale, Kap. 5, 4.2., S. 524.

1589 Gazzetta Ufficiale Nr. 156 vom 08.07.2014.

1590 Für Anwendungshinweise siehe das Schreiben der italienischen Finanzverwaltung (Agenzia delle entrate) Protocollo Nr. 2014/92134 v. 10.07.2014.

1591 Siehe Kapitel 4, C. I. 1.

Im Folgenden soll zunächst dargelegt werden, wann eine Gesellschaft die italienische unbeschränkte Steuerpflicht verliert, um sodann auf die eigentlich erste Voraussetzung des Wegzugs eingehen zu können.

Ob auch die Übertragung einzelner Wirtschaftsgüter ins Ausland eine Wegzugsbesteuerung auslöst, ist in Art. 166 Abs. 1 Satz 2 TUIR allein für den Fall geregelt, dass *nach* („successivamente") dem Wegzug der Gesellschaft einzelne Wirtschaftsgüter von der inländischen Betriebsstätte ins Ausland „hinterher"-gebracht werden. Offen bleibt vom Wortlaut her aber, ob Art. 166 Abs. 1 TUIR auch dann Anwendung findet, wenn ohne oder vor Wegzug einzelne Wirtschaftsgüter in eine ausländische Betriebsstätte ziehen.[1592] Nach Art. 1 Abs. 1 Satz 3 des Ministerialdekrets vom 2. Juli 2014 erfasst die Wegzugsbesteuerung mittlerweile jedenfalls auch den Wegzug einzelner Betriebsstätten.

i) Voraussetzung für den Verlust der unbeschränkten Steuerpflicht nach italienischem Recht

Die unbeschränkte Steuerpflicht einer Gesellschaft erfordert in Italien nach Art. 73 Abs. 3 TUIR, dass ihre „sede legale", ihre „sede dell'amministrazione" oder ihr „oggetto principale" die meiste Zeit des Steuerjahres im Inland liegt.[1593]

Die „sede legale" entspricht dabei unproblematisch dem deutschen Begriff des Satzungssitzes,[1594] während sich die „sede dell'amministrazione" nach überwiegender Auffassung auf den Ort bezieht, an dem sich der maßgebliche Wille der Geschäftsleitung *bildet*,[1595] und damit vergleichbar ist mit dem Ort der Geschäftsleitung nach § 10 AO. Ein weiteres Merkmal für die unbeschränkte Steuerpflicht ist dem deutschen Körperschaftsteuerrecht fremd, vgl. § 1 Abs. 1 KStG. Das italienische Steuerrecht erachtet hingegen auch den „oggetto principale" für ausreichend, der nach Art. 73 Abs. 4 Satz 2 TUIR als der Ort definiert ist, an dem die Hauptunternehmensaktivität vollzogen und dadurch die Primärzwecke der Gesellschaft realisiert

---

1592 Nach *Melis*, Il trasferimento della residenza fiscale, Kap. 5, 4.1.3., S. 508, werden sie nicht von Art. 166 TUIR erfasst.

1593 *Baggio*, Riv. d. trib. 2006, 537, 545; *Cociani*, in: Tinelli, TUIR, Art. 73, Nr. 4 f., S. 624 ff.; *Leo*, TUIR, Art. 73, 2., S. 1323; *L. Miele*, Corr. trib. 2005, 2209, 2209; *Peverini*, in: Fantozzi, TUIR, Art. 73, V., Rn. 1; *Zizzo*, in: Falsitta, Diritto Tributario, Parte speciale, Kap. 3, I. 5., S. 309 ff.

1594 Vgl. Definition bei *Peverini*, in: Fantozzi, TUIR, Art. 73, V., Rn. 3; *Zizzo*, in: Falsitta, Diritto Tributario, Parte speciale, Kap. 3, I. 5., S. 310.

1595 *Cociani*, in: Tinelli, TUIR, Art. 73, Nr. 5, S. 627; *Melis*, Il trasferimento della residenza fiscale, Kap. 2, 5.2.3., S. 226; *Peverini*, in: Fantozzi, TUIR, Art. 73, V., Rn. 4; *Zizzo*, in: Sacchetto/Alemanno, Diritto Tributario Internazionale, S. 210; *ders.*, in: Falsitta, Diritto Tributario, Parte speciale, Kap. 3, I. 5., S. 310. Siehe zur Begriffsbestimmung *Sallustio*, in: Corapi/Pernazza, La Società Europea, Art. 12 della direttiva 2009/133/CE, 2., S. 342.

werden.[1596] Damit ist der Begriff vergleichbar mit der aus Art. 54 Abs. 1 AEUV bekannten „Hauptniederlassung“ der Gesellschaft.[1597] Verbleibt auch nur eines der drei Merkmale in Italien, behält die Gesellschaft ihre unbeschränkte Steuerpflicht bei, so dass eine Wegzugsbesteuerung nach Art. 166 Abs. 1 TUIR im Grundsatz nicht ausgelöst wird.[1598]

Dieses dritte Anknüpfungsmerkmal für die unbeschränkte Steuerpflicht kann dazu führen, dass bei Wegzug von Satzungssitz und Ort der Geschäftsleitung, aber im Inland verbleibendem „oggetto principale“ (Hauptniederlassung)[1599] die SE nach italienischem Steuerrecht ihre unbeschränkte Steuerpflicht beibehält, so dass die Wegzugsbesteuerung nach Art. 166 TUIR eigentlich nicht greifen würde. Hingegen verliert die SE in entsprechender Konstellation nach deutschem Steuerrecht (§ 1 Abs. 1 KStG) die unbeschränkte Steuerpflicht, für die eine im Inland verbleibende Hauptniederlassung nämlich kein ausreichendes Merkmal darstellt; Folge ist die Entstrickungsbesteuerung nach § 12 Abs. 1 KStG.

Bei doppelter Ansässigkeit einer Gesellschaft, die sich in solchen Konstellationen ergeben kann, werden die Besteuerungsrechte DBA-rechtlich nach der sog. tie-breaker-rule des Art. 4 Abs. 3 OECD-MA aufgeteilt, nach der als Ansässigkeitsstaat der Staat zu erachten ist, in dem sich der Ort der Geschäftsleitung befindet.[1600] Wird nun der Ort der Geschäftsleitung aus Italien verlegt, aber im Inland der Satzungssitz oder die Hauptniederlassung beibehalten, bleibt zwar innerstaatlich die unbeschränkte Steuerpflicht bestehen. Dennoch verliert Italien DBA-rechtlich das Besteuerungsrecht als Ansässigkeitsstaat. Ob diese DBA-rechtliche Entstrickung eine Wegzugsbesteuerung nach Art. 166 Abs. 1 TUIR auslösen kann, war in der Literatur lange umstritten:[1601] Zwar scheint der Wortlaut der Norm nur auf den Verlust

---

1596 *Melis*, Il trasferimento della residenza fiscale, Kap. 2, 5.2.4., S. 240; *L. Miele*, Corr. trib. 2005, 2209, 2209; *Peverini*, in: Fantozzi, TUIR, Art. 73, V., Rn. 5; *Zizzo*, in: Sacchetto/Alemanno, Diritto Tributario Internazionale, S. 210. Hierzu *Sallustio*, in: Corapi/Pernazza, La Società Europea, Art. 12 della direttiva 2009/133/CE, 2., S. 343.

1597 Zur Abgrenzung der unterschiedlichen Ansässigkeitsbegriffe siehe eingangs Kapitel 1, A. II. 3.

1598 *Ardito*, in: Tinelli, TUIR, Art. 166, Nr. 2, S. 1421, Fn. 8; *Bernoni/Colacicco*, Il Fisco 1996, 10066, 10066; *Cavallaro*, Il diritto fallimentare delle società commerciali 2005, 951, 964; *L. Miele*, Corr. trib. 2005, 2209, 2209 f.; *Sallustio*, in: Corapi/Pernazza, La Società Europea, Art. 12 della direttiva 2009/133/CE, 2., S. 348; *Varazi*, Rassegna Tributaria 1995, 687, 694. Vgl. darüber hinaus die differenzierenden Ausführungen bei *Miccinesi*, G.T. – Rivista di giurisprudenza tributaria 2008, 97, 97 f.

1599 Zum Auseinanderfallen der einzelnen Sitze bei Wegzug einer SE siehe oben Kapitel 4, C. I. 2.

1600 Siehe *Zizzo*, in: Sacchetto/Alemanno, Diritto Tributario Internazionale, S. 210, und oben unter Kapitel 4, C. I. 2.

1601 Dafür *Baggio*, Riv. d. trib. 2006, 537, 548 f.; *Zizzo*, in: Sacchetto/Alemanno, Diritto Tributario Internazionale, S. 210; a. A. *Melis*, in: Fantozzi, TUIR, Art. 166, IX; *ders.*, Il trasferimento della residenza fiscale, Kap. 5, 4.8., S. 559; *Montuori/P. Palma*, Il Fisco 2005, 11640, 11641 f.

der unbeschränkten Steuerpflicht nach innerstaatlichem Recht abzustellen.[1602] Ihr Telos, aus der Steuerverstrickung sich lösende stille Reserven zu erfassen,[1603] spricht aber für eine Anwendung des Art. 166 TUIR.[1604]

Mit dem Ministerialdekret vom 2. Juli 2014 scheint dieser Streit beigelegt, da nach Art. 2 des Dekrets „der Wegzug des Steuersubjektes unter Berücksichtigung der Doppelbesteuerungsabkommen [...] zu bestimmen ist" („il trasferimemto della residenza è determinato tenendo conto delle Convenzioni in materia di doppie imposizione"). Auch eine DBA-rechtliche Entstrickung scheint damit von Art. 166 Abs. 1 TUIR erfasst.

Weitere Voraussetzung für die italienische unbeschränkte Steuerpflicht ist nach Art. 73 Abs. 3 TUIR als Zeitkriterium, dass eines der drei Merkmale sich *die meiste Zeit des Steuerjahres* im Inland befindet. Damit wird ein Splitting der Steuerjahre vermieden; das Steuersubjekt kann nur das gesamte Steuerjahr unbeschränkt steuerpflichtig sein oder gar nicht. Dieses Zeitkriterium bringt zwei Probleme mit sich: Zum einen ist zu beachten, dass die deutsche unbeschränkte Steuerpflicht ein entsprechendes Zeitkriterium nicht vorsieht, so dass sich bei Umzügen der SE zwischen Italien und Deutschland Friktionen dergestalt ergeben können, dass sie entweder in keinem oder in beiden Staaten für unbeschränkt steuerpflichtig erachtet wird. Zum anderen stellt sich die Frage, zu welchem Zeitpunkt die italienische Wegzugsbesteuerung greift: zum tatsächlichen Wegzugszeitpunkt oder zum Zeitpunkt, zu dem nach Art. 73 Abs. 3 TUIR die unbeschränkte Steuerpflicht verloren geht. Diese spezielle „Zeitpunktproblematik" soll gesondert in Kapitel 4, D. III., behandelt werden.

ii) „Wegzug" i.S.d. Art. 166 Abs. 1 TUIR

Der Wortlaut des Art. 166 Abs. 1 TUIR nennt als Voraussetzung für die Wegzugsbesteuerung nicht allein den Verlust der unbeschränkten Steuerpflicht, sondern stellt zunächst auf den Wegzug der „residenza" (offen übersetzt: „Ansässigkeit") ab, durch den dann erst der Verlust der unbeschränkten Steuerpflicht (der „residenza fiscale") bewirkt wird. Damit stellt sich die Frage, was unter dem Wegzug der „residenza" zu verstehen ist, wenn dieser zwar zum Verlust der „residenza fiscale" führen können soll, die getrennte Nennung der beiden „residenze" im Wortlaut aber vermuten lässt, dass sie nicht identisch sind.

Nach einer Ansicht im Schrifttum ist das Kriterium der (ersten) „residenza" im gesellschaftsrechtlichen Sinne zu verstehen.[1605] Nach einer anderen Ansicht bezieht sich der Wegzug der „residenza" auf den Verlust *jeglicher* Anknüpfungsmerkmale, steuer- wie

1602 *Montuori/P. Palma*, Il Fisco 2005, 11640, 11641 f. Kritisch *Melis*, in: Fantozzi, TUIR, Art. 166, IX.

1603 *L. Miele*, Corr. trib. 2005, 2209, 2209; *Uckmar/Corasaniti/De' Capitani di Vimercate*, Diritto tributario internazionale, Kap. 4, Sez. I, 4., S. 155.

1604 Dahingehend sogar *Melis*, in: Fantozzi, TUIR, Art. 166, IX.

1605 *Ardito*, in: Tinelli, TUIR, Art. 166, Nr. 2, S. 1420.

gesellschaftsrechtlicher Art.[1606] Beiden Ansätzen ist aber entgegenzuhalten, dass der Wegzug gesellschaftsrechtlicher Kriterien solange für Art. 166 TUIR irrelevant ist, wie dies nicht zu einem Verlust der unbeschränkten Steuerpflicht führt. Da aber nur der Wegzug der steuerrechtlichen Anknüpfungspunkte zu einem Verlust der unbeschränkten Steuerpflicht führen können, kann sich der Wegzug der „residenza" auch nur auf eben diese beziehen.[1607]

Jedenfalls kann mit dem Kriterium der „residenza" nicht alleine der gesellschaftsrechtliche Satzungssitz gemeint sein. Denn ansonsten würde der Wegzug der Hauptniederlassung oder des Ortes der Geschäftsleitung bei einem sich bereits im Ausland befindenden Satzungssitz trotz Verlust der residenza fiscale (der unbeschränkten Steuerpflicht), keine Wegzugsbesteuerung ausgelösen, weil das Kriterium des Wegzugs des Satzungssitzes nicht erfüllt wäre.[1608] Zudem wurde der ursprünglich – zusätzlich zur Verlegung der „residenza" – bestehende Bezug auf den Wegzug der „sede" (des Sitzes) vom Gesetzgeber mit der Begründung aus Art. 166 TUIR herausgenommen, dass die „sede" ohnehin von dem Begriff der „residenza" mit umfasst sei.[1609] Nun *allein* auf den Satzungssitz abzustellen, kann daher nicht vom Gesetzgeber gewollt sein.

b) Von der Wegzugsbesteuerung erfasste Werte

i) Umsetzung des sog. Betriebsstättenvorbehalts

Folge des Verlustes der „residenza fiscale" ist die Aufdeckung und Besteuerung der stillen Reserven, die nicht in einer inländischen Betriebsstätte verbleiben. Damit entspricht das italienische Recht dem sog. Betriebsstättenvorbehalt des Art. 12 Abs. 1 FRL. Auf andere Möglichkeiten einer Verstrickung geht die Regelung jedoch, anders als § 12 Abs. 1 KStG, nicht ein.[1610]

Dabei spricht Art. 166 TUIR von einer inländischen Betriebsstätte („una stabile organizzazione situata nel territorio dello Stato"), ohne dass aus dem Wortlaut deutlich

---

1606 Dahingehend wohl *Michelutti/Prampolini*, Corriere tributario 2013, 3559, 3562; *Stesuri/Grammatico*, Il Fisco 2004, 15962, 15966, Fn. 33.

1607 Zutr. *Cavallaro*, Il diritto fallimentare delle società commerciali 2005, 951, 964; *Melis*, Dir. prat. trib. int. 2004, 13, 15, Fn. 3; *ders.*, in: Fantozzi, TUIR, Art. 166, II., Rn. 1; *ders.*, Il trasferimento della residenza fiscale, Kap. 5, 4.2., S. 518 f.; *Montuori/P. Palma*, Il Fisco 2005, 11640, 11641; *Romano*, Rassegna Tributaria 2004, 1291, 1310 f. So bereits zu Art. 20-*bis* TUIR a. F. *Mayr*, Corr. trib. 1995, 2707, 2708.

1608 So zutr. *Cavallaro*, Il diritto fallimentare delle società commerciali 2005, 951, 964 f.

1609 Vgl. *Ardito*, in: Tinelli, TUIR, Art. 166, Nr. 2, S. 1420, Fn. 7, mit Hinweis auf die Relazione di accompagnamento (Begleitbericht) zum d.lgs. 18.11.2005, Nr. 247: „considerarsi assorbito dal riferimento alla residenza" („durch dem Bezug auf die ‚residenza' für erfasst zu erachten"); sowie *L. Miele*, Corr. trib. 2005, 2209, 2210.

1610 *Baggio*, Riv. d. trib. 2006, 537, 548.
Zu der besonderen Regelung in Bezug auf ausländische Betriebsstätten nach Art. 166 Abs. 1 Satz 3 TUIR i.V.m. Art. 179 Abs. 3 Satz 3 TUIR siehe *Sallustio*, in: Corapi/Pernazza, La Società Europea, Art. 12 della direttiva 2009/133/CE, 1., S. 358 f.

wird, ob diese nach innerstaatlichen (Art. 162 TUIR) oder nach abkommensrechtlichen Kriterien vorliegen muss.[1611] Hingegen stellt die deutsche Regelung des § 12 Abs. 1 KStG allgemein darauf ab, ob weiterhin eine Steuerverstrickung gegeben ist, so dass für die Verhinderung der deutschen Entstrickungsbesteuerung sowohl nach innerstaatlichem als auch nach DBA-rechtlichem Verständnis eine Betriebsstätte vorliegen muss.[1612]

Ein Teil der Literatur möchte für das Merkmal der inländischen Betriebsstätte des Art. 166 TUIR allein auf die innerstaatlichen Kriterien abstellen.[1613] Dagegen wird eingewandt, dass dies zu unerwünschten Ergebnissen führen könne, wenn sich die Begriffe der innerstaatlichen und der abkommensrechtlichen Betriebsstätte[1614] nicht deckten. So könne ein engerer abkommensrechtlicher Betriebsstättenbegriff dazu führen, dass nach Art. 166 TUIR zwar aufgrund des Vorliegens einer Betriebsstätte nach innerstaatlichen Kriterien keine Besteuerung erfolgt, die darin verankerten stillen Reserven aber DBA-rechtlich nach Art. 7 OECD-MA nicht mehr dem italienischen Besteuerungsrecht unterliegen, wenn nach den DBA-Kriterien eine inländische Betriebsstätte nicht gegeben ist.[1615] Als mögliche Lösung dieses Konfliktes wird vorgeschlagen, stets auf den engeren Betriebsstättenbegriff abzustellen oder Art. 169 TUIR als einschlägig zu erachten, nach dem die Regeln des TUIR vor den Doppelbesteuerungsabkommen Vorrang genießen, wenn sie für den Steuerpflichtigen günstiger sind; dann wäre zwischen den Begriffen je nach Vorteil des Steuerpflichtigen zu wählen.[1616]

ii) Konkret von der Besteuerung erfasste Werte

Bleiben die in einer inländischen Betriebsstätte verankerten Werte von der Wegzugsbesteuerung nach Art. 166 TUIR ausgenommen, stellt sich auch hier die Frage, nach welchen Kriterien stille Reserven zwischen Betriebsstätte und Stammhaus aufzuteilen sind. Dies ist auch bei der italienischen Wegzugsbesteuerung umstritten. Dabei muss sich für die Diskussion vor Augen geführt werden, dass bei der italienischen Wegzugsbesteuerung die Verknüpfung mit einer inländischen

---

1611 Zum Betriebsstättenbegriff des Art. 162 TUIR und Abweichungen von dem OECD-Betriebsstättenverständnis siehe *Uckmar/Corasaniti/De' Capitani di Vimercate*, Diritto tributario internazionale, Kap. 4, Sez. I, 7., S. 161 ff.

1612 Siehe oben unter Kapitel 4, C. II., 1., 2.

1613 *Stesuri/Grammatico*, Il Fisco 2004, 15962, 15969.

1614 Die Betriebsstättenbegriffe ähneln sich sehr; der innerstaatliche ist generell etwas weiter, an machen Stellen aber auch enger als der DBA-rechtliche gefasst, siehe im Einzelnen *Uckmar/Corasaniti/De' Capitani di Vimercate*, Diritto tributario internazionale, Kap. 4, Sez. I, 7., S. 161 ff.

1615 *Melis*, in: Fantozzi, TUIR, Art. 166, XI., Rn. 1 f.; *ders.*, Il trasferimento della residenza fiscale, Kap. 5, 5.1., S. 565 f.

1616 Siehe *Melis*, in: Fantozzi, TUIR, Art. 166, XI., Rn. 1; *ders.*, Il trasferimento della residenza fiscale, Kap. 5, 5.1., S. 566 f. Zum zweiten Lösungsvorschlag auch *Zizzo*, Corriere Tributario 2008, 3581, 3584 f.

Betriebsstätte die einzige Möglichkeit darstellt, die Besteuerung nach Art. 166 TUIR zu vermeiden.[1617]

Die Literaturansichten lassen sich in drei Stränge unterteilen: Nach einer Ansicht kommt der Betriebsstätte eine sog. Attraktionskraft zu, nach der alle im Inland verbleibenden Wirtschaftsgüter und alle aus inländischen Quellen resultierende Gewinne der Betriebsstätte zuzuweisen sind.[1618] Eine andere Ansicht erachtet hingegen die Betriebsstättenbilanz als relevantes Abgrenzungskriterium und stellt darauf ab, welche Wirtschaftsgüter in der Bilanz aufgeführt sind. Als Begründung führt sie an, dass ansonsten die spezielle Regelung des Art. 166 Abs. 1 *Satz 3* TUIR überflüssig sei, deren Wortlaut für die Zuweisung von Wirtschaftsgütern zu *Drittstaaten*-Betriebsstätten eine entsprechende Zuordnungsfreiheit durch Bilanzierung des Steuerpflichtigen gerade nicht hergebe.[1619] Nach einer dritten Literaturstimme ist hingegen ein wirtschaftlicher oder funktionaler Zusammenhang zur Betriebsstätte erforderlich.[1620]

Der Ansicht, nach der die Betriebsstättenbilanz ausschlaggebend ist, ist entgegenzuhalten, dass es zu einer weitgehenden Freiheit des Steuerpflichtigen führen würde, selbst über die Folgen des Art. 166 TUIR ermessen zu können. Einen wirtschaftlichen oder funktionalen Zusammenhang, ähnlich der deutschen Vorgehensweise, zur Betriebsstätte zu fordern, würde aber bei der Regelung des Art. 166 TUIR dazu führen, dass sich die Wegzugsbesteuerung auch auf solche Werte erstrecken würde, die keiner inländischen Betriebsstätte zugewiesen werden können, aber eigentlich weiterhin im Inland steuerverstrickt bleiben. Dies wäre europarechtlich nicht zu rechtfertigen: Durch das Kohärenzprinzip wird nur die Erfassung solcher stillen Reserven gerechtfertigt, auf die der Staat bei tatsächlicher Realisierung nicht mehr zugreifen könnte.[1621] Um die Nichtbesteuerung der im Inland verbleibenden stillen Reserven zu gewährleisten, erscheint das Prinzip der Attraktionskraft der Betriebsstätte am ehesten geeignet,

1617 Siehe soeben Kapitel 4, D. I. 1. b) i).

1618 Vgl. *Bernoni/Colacicco*, Il Fisco 1996, 10066, 10070; *Righini*, Il Fisco 2005, 16075, 16079; *Varazi*, Rassegna Tributaria 1995, 687, 692. Die Attraktionskraft der Betriebsstätte sei Art. 151 Abs. 2 TUIR zu entnehmen.

1619 *Zizzo*, in: Sacchetto/Alemanno, Diritto Tributario Internazionale, S. 212; *ders.*, Corriere Tributario 2008, 3581, 3584. Sich dem anschließend *Sallustio*, in: Corapi/Pernazza, La Società Europea, Art. 12 della direttiva 2009/133/CE, 4., S. 353. Vorsichtig und einschränkend *Melis*, Dir. prat. trib. int. 2004, 13, 38, Fn. 53, „erscheint dies das aus betrieblicher Hinsicht wahrscheinlich ausgewogendste [Kriterium]"; *ders.*, Il trasferimento della residenza fiscale, Kap. 5, 5.2., S. 577.

1620 So (zur grenzüberschreitenden Umwandlung) *Lovisolo*, in: Studi in onore Uckmar, 1997, II, 775 ff., 789, jedoch nur für die Zuweisung von im Ausland belegenden Wirtschaftsgütern zur inländischen Betriebsstätte; bei im Inland belegenen Wirtschaftsgütern sei hingegen ihr Ausweis in der Betriebsstättenbilanz ausreichend.

1621 Siehe oben unter Kapitel 2, E. II. 1. c) i).

da es gerade dazu führt, dass die inländischen Werte der Betriebsstätte zugeordnet und dadurch der Wegzugsbesteuerung entzogen werden.[1622]

Da der Wortlaut des Art. 166 Abs. 1 TUIR von der Besteuerung der „componenti dell'azienda“ („Unternehmenskomponenten“) spricht, ist in der Literatur zudem die Frage aufgekommen, ob allein solche Werte der Wegzugsbesteuerung unterliegen, die funktional der Unternehmenstätigkeit zugeordnet, also als im wirtschaftlichen Sinne zum Unternehmen gehörend angesehen werden können („aziendali in senso economico“[1623]). Die Folge wäre, dass Einkünfte bspw. durch Immobilien oder auch durch kleinere, für die Unternehmensaktivität unwichtige Beteiligungen nicht von der Wegzugsbesteuerung erfasst würden.[1624] Die Literaturansichten spalten sich freilich auch hier: Zum Teil wird in der Tat vertreten, dass diese Wirtschaftsgüter keine „componenti dell'azienda“ und daher nicht von der Wegzugsbesteuerung erfasst seien.[1625] Nach anderer Ansicht sind hingegen all die Werte zu erfassen, auf die der Fiskus bis zum Wegzug Zugriff hat, also alle „beni relative all'impresa“ gem. Art. 65 TUIR, bei einer Gesellschaft alle ihr zugehörigen Wirtschaftsgüter.[1626] Nach dem Telos der Wegzugsbesteuerung, die Werte zu erfassen, die dem Fiskus ansonsten verloren gingen,[1627] ist letzterer Ansicht zuzustimmen, so dass alle zuvor steuerverstrickten Werte der Wegzugsbesteuerung unterliegen und nicht nur solche, die im wirtschaftlichen Sinne als zum Unternehmen gehörend angesehen werden können.

Als letzter Punkt ist auf die Berücksichtigung von stillen Lasten (minusvalenze latenti) einzugehen, die freilich nicht nur bei der deutschen Entstrickungsbesteuerung,[1628] sondern auch bei der italienischen Regelung des Art. 166 TUIR diskutiert wird. Gegen ihre Erfassung scheint zu sprechen, dass in Abs. 1 Satz 3 des Art. 166 TUIR – der sich jedoch nur auf ausländische Betriebsstätten bezieht –, allein von stillen Reserven („plusvalenze“) die Rede ist. Für ihre Berücksichtigung werden in der Literatur

1622 Verbleibt hingegen keine Betriebsstätte im Inland, vermag auch die Attraktionskraft die (Wegzugs-) Besteuerung der weiter im Inland verstrickten Werte nicht zu vermeiden, vgl. Wortlaut des Art. 166 Abs. 1 TUIR.

1623 *Zizzo*, in: Sacchetto/Alemanno, Diritto Tributario Internazionale, S. 211 f.

1624 Zu dieser Problematik siehe *Cavallaro*, Il diritto fallimentare delle società commerciali 2005, 951, 967 f.; *Righini*, Il Fisco 2005, 16075, 16079; *Zizzo*, in: Sacchetto/Alemanno, Diritto Tributario Internazionale, S. 211 f.; *ders.*, Corriere Tributario 2008, 3581, 3583 f.

1625 *Bernoni/Colacicco*, Il Fisco 1996, 10066, 10069 f.; *Mayr*, Corr. trib. 1995, 2707, 2711; *Melis*, Il trasferimento della residenza fiscale, Kap. 5, 4.4.2., S. 535.

1626 *Baggio*, Riv. d. trib. 2006, 537, 541; *Leo*, TUIR, Art. 166, 1., S. 2461. Dahingehend auch *Michelutti/Prampolini*, Corriere tributario 2013, 3559, 3559 f.; *Righini*, Il Fisco 2005, 16075, 16079; *Zizzo*, Corriere Tributario 2008, 3581, 3583 f.

1627 Siehe *Leo*, TUIR, Art. 166, 1., S. 2461; *L. Miele*, Corr. trib. 2005, 2209, 2209; *Righini*, Il Fisco 2005, 16075, 16079; *Uckmar/Corasaniti/De' Capitani di Vimercate*, Diritto tributario internazionale, Kap. 4, Sez. I, 4., S. 155.

1628 Siehe oben Kapitel 4, C. II. 4. a) iii).

hingegen erhebliche Argumente vorgebracht: So sei eine „Bruttobesteuerung" ohne Berücksichtigung stiller Lasten unter verfassungsrechtlichen und systematischen Aspekten nicht vertretbar. Zudem spreche sich der „Begleitbericht" (relazione di accompagnamento) zum d.lgs. vom 6. November 2007, Nr. 199, in Punkt 17 dahingehend aus, dass auch stille Lasten zu erfassen seien.[1629] Nach der hier vertretenen Ansicht, erfordert zudem das Europarecht ihre Berücksichtigung.[1630]

iii) Insbesondere: Besteuerung des Geschäfts- oder Firmenwertes?

Besondere Bedeutung bei der Wegzugsbesteuerung kommt freilich auch in Italien der Frage nach der Besteuerung des Geschäfts- oder Firmenwertes zu.[1631] Ein Teil der Literatur vertritt, dass der Geschäfts- oder Firmenwert nicht der Besteuerung nach Art. 166 TUIR unterliege, da der Wegzug zum einen kein typischer Fall der Besteuerung des Geschäfts- oder Firmenwertes, wie der Inhaberwechsel („cambiamento nella titolarità giuridica") von Unternehmen, sei und zum anderen die Vorschrift allein bilanzierte Wirtschaftsgüter und damit nicht den Geschäfts- oder Firmenwert erfasse.[1632] Eine wohl überwiegende Ansicht hält den Geschäfts- oder Firmenwert hingegen als klaren Bestandteil des Gesellschaftsvermögens für von der Wegzugsbesteuerung erfasst.[1633] Zudem spreche der Art. 166 TUIR neben „Unternehmen" („azienda") von ganzen Unternehmenskomplexen „complesso aziendale", bei denen jedenfalls der dazugehörige Geschäfts- oder Firmenwert mit eingeschlossen sei.[1634] Nicht zuletzt sei es Telos der Wegzugsbesteuerung, die im Inland angewachsenen Werte zu erfassen und damit auch den inländischen Geschäfts- oder Firmenwert.[1635] Dieser sei auch durchaus fähig, Erträge zu generieren.[1636] Der Gesetzgeber habe den Wegzug nunmal mit einer Veräußerung („cessione") des Unternehmens gleichsetzen wollen, bei der der Geschäfts- oder Firmenwert – anders als bei einer Liquidierung – erfasst werde.[1637]

1629 Im Einzelnen siehe *Melis*, in: Fantozzi, TUIR, Art. 166, IV., Rn. 4; *ders.*, Dir. prat. trib. int. 2004, 13, 39 f.; *ders.*, Il trasferimento della residenza fiscale, Kap. 5, 4.4.3., S. 537 f. Nach *Albano*, Corriere tributario 2014, 1294, 1296, ist dem Ministerialdekret vom 02.08.2013 zu entnehmen, dass stille Lasten zu berücksichtigen sind.

1630 Kapitel 4, C. II. 4. a) iii).

1631 Eine ausführliche Darstellung bei *Melis*, in: Fantozzi, TUIR, Art. 166, IV., Rn. 2. Siehe zudem *Ardito*, in: Tinelli, TUIR, Art. 166, Nr. 3, S. 1422.

1632 Bzgl. Einzelkaufmannsbetriebe *Mayr*, Corr. trib. 1995, 2707, 2708.

1633 *Bernoni/Colacicco*, Il Fisco 1996, 10066, 10068 f.; *Ficari*, Rassegna Tributaria 2004, 2146, 2157; *Righini*, Il Fisco 2005, 16075, 16078.

1634 *Cavallaro*, Il diritto fallimentare delle società commerciali 2005, 951, 968 f.; *Melis*, Il trasferimento della residenza fiscale, Kap. 5, 4.4.1., S. 532.

1635 *Righini*, Il Fisco 2005, 16075, 16080.

1636 *Ficari*, Rassegna Tributaria 2004, 2146, 2157; *Melis*, Il trasferimento della residenza fiscale, Kap. 5, 4.4.1., S. 532.

1637 *Cavallaro*, Il diritto fallimentare delle società commerciali 2005, 951, 968 f.; *Stesuri/Grammatico*, Il Fisco 2004, 15962, 15967.

Wie bereits oben zur deutschen Entstrickungsbesteuerung dargelegt wurde,[1638] stellt der Geschäfts- oder Firmenwert Ertragserwartungen dar, die sich später durch die tatsächliche Erzielung von Gewinnen in entsprechender Höhe realisieren. Haben sich diese Ertragserwartungen im Inland gebildet, ist es verständlich, dass der Fiskus auf sie, wie auch auf die übrigen inländischen stillen Reserven, zugreifen können möchte. Dem steht nicht entgegen, dass der (originäre) Geschäfts- oder Firmenwert nicht in der Bilanz in Erscheinung tritt, denn den stillen Reserven ist es gerade zu eigen, dass sie bisher nicht in der Bilanz sichtbar und daher auch nicht besteuert worden sind. Es kann keinen Unterschied machen, ob ein Wirtschaftsgut bisher überhaupt nicht oder nur nicht mit seinem vollständigen Wert bilanziert wurde.[1639] Daher ist der Ansicht zuzustimmen, die eine Besteuerung des Geschäfts- oder Firmenwertes als von Art. 166 Abs. 1 TUIR erfasst ansieht.

Mittlerweile ist mit dem Ministerialdekret vom 2. Juli 2014 in Art. 1 Abs. 1 Satz 2 klargestellt worden, dass der Geschäfts- oder Firmenwert erfasst wird, „einschließlich von Funktionen und übertragenen Risiken" („include anche il valore dell'avviamento, comprensivo delle funzioni e dei rischi trasferiti"). Zur Bestimmung der Höhe des Geschäfts- oder Firmenwertes sei ein Fremdvergleich anzustellen (Art. 1 Abs. 1 Satz 2 a. E.).

c) Rechtsfolge der italienischen Wegzugsbesteuerung

Rechtsfolge des Art. 166 Abs. 1 TUIR ist die Aufdeckung der stillen Reserven zum sog. „valore normale" (Art. 166 Abs. 1 Satz 1 TUIR „[...] costituisce realizzo, al valore normale, [...]."). Der „valore normale" richtet sich gem. Art. 9 Abs. 3, 4 TUIR nach dem von vergleichbaren Gütern unter möglichst ähnlichen Umständen im freien Wettbewerb erzielten Gegenwert und kann als Marktwert („valore di mercato") bezeichnet werden.[1640] Er ist damit vergleichbar mit dem für die deutsche Entstrickungsbesteuerung nach § 12 Abs. 1 KStG einschlägigen „gemeinen Wert" i.S.d. § 9 Abs. 2 Satz 1 BewG.

i) Ursprüngliche Sofortbesteuerung

Die Wegzugsbesteuerung des Art. 166 TUIR war lange Zeit als Sofortbesteuerung ausgestaltet, ohne dass eine spezielle Steuerstreckung (wie nach §§ 4g, 36 Abs. 5 EStG) vorgesehen war.[1641] Nur teilweise wurde vertreten, dass eine Streckung über Art. 86 Abs. 4 TUIR möglich sei.[1642] Nach dieser Vorschrift steht es u. a. bei entgeltlichen

---

1638 Kapitel 4, C. II. 3. b) i), 4. a) ii).

1639 Vgl. auch Kapitel 4, C. II. 4. a).

1640 *Cavallaro*, Il diritto fallimentare delle società commerciali 2005, 951, 966 f.; *Mencarelli*, in: Tinelli, TUIR, Art. 9, Nr. 3, S. 9 f. Zum „valore normale" im Vergleich zum fair value nach den IFRS siehe *Sallustio*, Riv. dir. trib. 2011, I, 829, 837 ff.

1641 *Albano*, Corriere tributario 2014, 1294, 1294.

1642 *Melis*, in: Fantozzi, TUIR, Art. 166, VII., Rn. 1; *ders.*, Il trasferimento della residenza fiscale, Kap. 5, 4.6., S. 548 f.

Veräußerungen („cessioni a titolo oneroso") zur Wahl, die Wertsteigerungen von Wirtschaftsgütern, die der Steuerpflichtige für mindestens drei Jahre besessen hat, in konstanten Quoten auf dieses und die folgenden Steuerjahre zu verteilen, aber nicht über das vierte Steuerjahr hinaus („[...] in quote costanti nell'esercizio stesso e nei successivi, ma non oltre il quarto.").[1643]

ii) Wahlrecht zum Besteuerungsaufschub seit *National Grid Indus*

In Umsetzung der EuGH-Rechtsprechung in der Rs. *National Grid Indus* hat der italienische Gesetzgeber mit Art. 91 Abs. 1 des Gesetzesdekrets (decreto legge) vom 24. Januar 2012, Nr. 1,[1644] neben der Sofortbesteuerung die Wahl zum Steueraufschub eingeführt: Die Vorschrift des Art. 166 TUIR wurde um den Absatz 2-*quarter* ergänzt, nach dem bei Wegzug in Mitgliedstaaten der EU / des EWR, mit denen Italien gegenseitige Amtshilfe vereinbart hat, alternativ zur Sofortbesteuerung ein Besteuerungsaufschub beantragt werden kann. Nach dem ebenfalls ergänzten Art. 166 Abs. 2-*quinquies* TUIR sind die Einzelheiten durch Ministerialdekret festzulegen. Dafür wurde zunächst das Ministerialdekret (decreto ministeriale) vom 2. August 2013 eingeführt,[1645] welches durch das bereits erwähnte Ministerialdekret vom 2. Juli 2014[1646] ersetzt wurde.

Im Einzelnen eröffnet Art. 1 Abs. 1 Satz 1 des Ministerialdekrets vom 2. Juli 2014 sogar zwei Arten der Steuerstreckung:[1647] Entweder kann ein Aufschub der Besteuerung bis zur tatsächlichen Realisierung gewählt werden, Art. 1 Abs. 1 Satz 1, Abs. 6 des Ministerialdekrets, wobei als Realisationsmomente[1648] auch Abschreibungsquoten zu berücksichtigen sind. Allerdings ist die Steuerstundung gedeckelt auf längstens 10 Jahre (Satz 2). Alternativ kann der Steuerpflichtige nach Art. 1 Abs. 1 Satz 1, Abs. 7 Satz 1 des Ministerialdekrets eine ratierliche Streckung über 6 Jahresraten[1649] zu gleichhohen Beträgen wählen. Die jährliche Überwachung der stillen Reserven und der ständige Informationsaustausch mit der italienischen Finanzverwaltung würde bei dieser ratierlichen Streckung wegfallen, Art. 1 Abs. 7 Satz 2 des Ministerialdekrets.[1650] Die punktuelle Wahl zwischen den

---

1643 Siehe hierzu *Girelli*, in: Tinelli, TUIR, Art. 86, Nr. 6, S. 707 f.

1644 In Gesetzesfassung gebracht und leicht verändert durch das Gesetz vom 24.03.2012, Nr. 27.

1645 Gazzetta Ufficiale Nr. 188 vom 12.08.2013. Hierzu *Albano*, Corriere tributario 2014, 1294, 1294 f.

1646 Gazzetta Ufficiale Nr. 156 vom 08.07.2014.

1647 So auch bereits das Ministerialdekret vom 02.08.2013, hierzu *Albano*, Corriere tributario 2014, 1294, 1294 f.

1648 Hierzu nach dem Ministerialdekret vom 02.08.2013 *Albano*, Corriere tributario 2014, 1294, 1298.

1649 Art. 1 Abs. 9 des Ministerialdekrets vom 02.08.2013 sah noch eine Streckung über 10 Jahre vor, *Albano*, Corriere tributario 2014, 1294, 1299; *Avolio/Pezzella*, Corriere tributario 2014, 616, 617.

1650 Zum Ministerialdekret vom 02.08.2013, *Albano*, Corriere tributario 2014, 1294, 1299.

beiden Steueraufschubmethoden nach einem sog. cherry picking ist gem. Art. 1 Abs. 5 Satz 1 des Ministerialdekrets nicht zulässig.[1651] Im Gesamtunternehmen ist die Steuer entweder bis zur tatsächlichen Realisierung oder nach gleichen Raten zu strecken.

Festzustellung sind die stillen Reserven nach Art. 1 Abs. 3 des Ministerialdekrets am Ende des Steuerjahres, in dem die unbeschränkte Steuerpflicht endet;[1652] spätere Wertminderungen sind nicht zu berücksichtigen. Zudem ist die Steuerschuld nach Art. 1 Abs. 1 Satz 4 des Ministerialdekrets zu verzinsen; die Verpflichtung zu Sicherheitsleistungen wie Garantien kann nach Art. 1 Abs. 9 des Ministerialdekrets durch Schreiben der Finanzverwaltung festgelegt werden.

2. Behandlung der Gesellschafterebene

Bereits mit d.lgs. vom 6. November 2007, Nr. 199, wurde Art. 166 TUIR ein Abs. 2-*ter* angefügt, nach dem der Wegzug einer Kapitalgesellschaft auf Gesellschafterebene keine Besteuerung auslöst.[1653] Damit entspricht die italienische Wegzugsbesteuerung den Vorgaben des Art. 14 Abs. 1 der Fusionsrichtlinie – und geht sogar noch über diese (sowie über die deutsche Umsetzung)[1654] hinaus, da sie sich nicht nur auf den Wegzug einer SE, sondern aller Kapitalgesellschaften bezieht.[1655]

Im Unterschied zur deutschen Umsetzung der Richtlinienvorgabe ist auch keine den §§ 17 Abs. 5 Satz 3, 15 Abs. 1a Satz 1 EStG (i.V.m. § 12 Abs. 1 Satz 1 Halbs. 2 KStG) entsprechende Regelung vorgesehen, nach der im Zeitpunkt der tatsächlichen Realisierung, eine Besteuerung erfolgt, als hätte „keine Sitzverlegung stattgefunden". Die oben diskutierten Folgen[1656] dieses Zusatzes in Form eines treaty overrides stellen sich mithin nicht.

Freilich besagt Art. 166 Abs. 2-*ter* TUIR nicht, dass die Gesellschafter unter keinen Umständen mehr zu besteuern sind, sondern nur, dass eine Besteuerung nicht *allein* aufgrund des Wegzugs erfolgt („non dà luogo *di per se* all'imposizione" [Herv. durch Verf.]). Eine anderweitige Besteuerung, beispielsweise nach Art. 47 Abs. 7

1651 Anders noch das Ministerialdekret vom 02.08.2013, *Albano*, Corriere tributario 2014, 1294, 1296.

1652 Zu diesem zeitlichen Aspekt siehe sogleich unter Kapitel 4, D. III. 2.

1653 *Ardito*, in: Tinelli, TUIR, Art. 166, Nr. 7, S. 1424, betont, dass auch vor Einführung dieser Regelung der alleinige Wegzug der Kapitalgesellschaft auf Ebene der Gesellschafter keine Besteuerung ausgelöst habe, die Vorschrift des Art. 166 Abs. 2-*ter* TUIR mithin rein zu Klarstellung in das Gesetz aufgenommen wurde. Siehe auch *Sallustio*, in: Corapi/Pernazza, La Società Europea, Art. 13 della direttiva 2009/133/CE, 1., S. 366.

1654 Siehe oben Kapitel 4, C. IV.

1655 *Sallustio*, in: Corapi/Pernazza, La Società Europea, Art. 13 della direttiva 2009/133/CE, 1., S. 367.

1656 Siehe Kapitel 4, C. IV.

TUIR aufgrund einer möglichen Liquidierung der Gesellschaft[1657] oder wenn der Gesellschafter selbst wegzieht,[1658] ist damit nicht gesperrt.

Kritisiert wird in der Literatur, dass die Regelung nicht zwischen im Inland und im Ausland ansässigen Gesellschaftern unterscheidet.[1659] Sowohl innerstaatlich als auch DBA-rechtlich kann dies aber in der Tat einen Unterschied dahingehend machen, ob Italien durch den Wegzug der Gesellschaft das Besteuerungsrecht an den Beteiligungen verliert.[1660]

3. *Zusammenfassung*

Auch das italienische Steuerrecht sieht mit Art. 166 TUIR eine Wegzugsbesteuerung vor. Steuerauslöser ist aber nicht allgemein die Entstrickung von stillen Reserven, sondern – ähnlich der Regelung des § 12 Abs. 1 KStG i.d.F. vor dem SEStEG – der Wegzug des Unternehmens unter Verlust der unbeschränkten Steuerpflicht.

Von der Besteuerung ausgenommen sind allein die Werte, die in einer inländischen Betriebsstätte verbleiben, was dazu führt, eine Zurechnung von Werten zur inländischen Betriebsstätte wesentlich schneller anzunehmen als es bei § 12 Abs. 1 KStG erforderlich ist, da Letzterer jegliche Art von Steuerverstrickungen ausreichen lässt. Über eine Anerkennung einer sog. Attraktionskraft der Betriebsstätte, nach der alle inländischen Wirtschaftsgüter der Betriebsstätte zuzuordnen sind, besteht bei der italienischen Wegzugsbesteuerung die Möglichkeit, eigentlich außerhalb der Betriebsstätte stehende, aber dennoch steuerverstrickte Wirtschaftsgüter (bspw. Immobilien, Art. 25 TUIR i.V.m. Art. 23 Abs. 1 lit. a, 151 TUIR) von der Wegzugsbesteuerung auszunehmen.

Mit der überwiegenden Literaturmeinung ist zudem davon auszugehen, dass Art. 166 TUIR nicht nur die stillen Reserven solcher Wirtschaftsgüter erfasst, die funktional der Unternehmenstätigkeit zuzuordnen sind, sondern jeglicher Wirtschaftsgüter des Unternehmens. Auch stille Lasten und – spätestens seit dem Ministerialdekret vom 2. Juli 2014 auch – der Geschäfts- oder Firmenwert sind zu berücksichtigen.

Rechtsfolge des Art. 166 TUIR ist die Aufdeckung der stillen Reserven zum „valore normale", der mit dem gemeinen Wert vergleichbar ist. Die Besteuerung kann nach Art. 166 Abs. 2-*quarter* TUIR i.V.m. Art. 1 des Ministerialdekrets vom 2. Juli 2014 bei Wegzug in Mitgliedstaaten der EU / des EWR, mit denen Italien gegenseitige Amtshilfe vereinbart hat, bis zur tatsächlichen Realisierung – höchstens

---

1657 *Melis*, in: Fantozzi, TUIR, Art. 166, III., Rn. 6; *ders.*, Il trasferimento della residenza fiscale, Kap. 5, 4.3., S. 529. Siehe auch *Sallustio*, in: Corapi/Pernazza, La Società Europea, Art. 13 della direttiva 2009/133/CE, 1., S. 366.

1658 *Stesuri/Grammatico*, Il Fisco 2004, 15962, 15965, zu Art. 166 TUIR a.F., der auch auf nicht kommerziell-tätige natürliche Personen Anwendung fand.

1659 Siehe im Einzelnen *Melis*, in: Fantozzi, TUIR, Art. 166, III., Rn. 6; *ders.*, Il trasferimento della residenza fiscale, Kap. 5, 4.3., S. 529.

1660 *Melis*, in: Fantozzi, TUIR, Art. 166, III., Rn. 1. Siehe unter Kapitel 4, C. IV.

aber auf 10 Jahre – gestundet oder ratierliche über 6 Jahren gestreckt werden. Spätere Wertminderungen sind nicht zu berücksichtigen und die Steuerschuld ist zu verzinsen.

Auf Gesellschafterebene löst der Wegzug der Kapitalgesellschaft keine Besteuerung aus, Art. 166 Abs. 2-*ter* TUIR. Dabei lässt die Regelung aber eine Differenzierung danach, ob der Gesellschafter sich im Ausland oder im Inland befindet, missen.

II. Europarechts(in)konformität der italienischen Wegzugsbesteuerung

Die Wegzugsbesteuerung nach Art. 166 TUIR macht den Wegzug ins Ausland weniger attraktiv, so dass eine Beschränkung der Niederlassungsfreiheit gegeben ist. Als Rechtfertigungsgrund vermag die Missbrauchsvermeidung – wie bei der deutschen Entstrickungsbesteuerung – nicht zu greifen, da Art. 166 TUIR allgemein jegliche Wegzüge erfasst und sich nicht auf solche beschränkt, bei denen der Steuerpflichtige eine Besteuerung zu vermeiden versucht.[1661] Hingegen kommt zur Rechtfertigung auch hier das Kohärenzprinzip in Betracht, da der italienische Fiskus die wegziehenden stillen Reserven bisher wegen des Realisationsprinzips noch nicht besteuert hatte und nun nicht auf sie verzichten möchte. Die Wegzugsbesteuerung stellt die Kohärenz im Besteuerungssystem wieder her.[1662]

Allerdings bestehen zwei Einschränkungen: Zum einen differenziert Art. 166 TUIR nicht danach, welche Werte weiterhin steuerverstrickt bleiben und welche tatsächlich entstrickt werden. Vom Wortlaut des Art. 166 TUIR her vermeiden allein Verstrickungen in inländischen Betriebsstätten die Wegzugsbesteuerung. Durch die sog. Attraktionskraft der Betriebsstätte können zwar sämtliche steuerverstrickte stille Reserven von der Wegzugsbesteuerung ausgenommen werden. Im Wortlaut des Art. 166 TUIR ist dies jedoch nicht verankert. Das Kohärenzprinzip rechtfertigt aber nur den Zugriff auf solche stillen Reserven, auf die der Fiskus anderenfalls nicht mehr zugreifen könnte.[1663]

Zum anderen ist auch bei der italienischen Wegzugsbesteuerung zu beachten, dass der Rechtfertigungsgrund der („Mikro"-)Kohärenz wegfällt, sobald eine sog.

1661 Siehe zur Missbrauchsbekämpfung Kapitel 2, E. II. 1. a). So auch *Cavallaro*, Il diritto fallimentare delle società commerciali 2005, 951, 973 f.; *Ficari*, Rassegna Tributaria 2004, 2146, 2157 f.; *Romano*, Rassegna Tributaria 2004, 1291, 1311. Vgl. zudem *Miccinesi*, G.T. – Rivista di giurisprudenza tributaria 2008, 97, 98; *L. Miele/Russo*, Corr. trib. 2010, 630, 634 f.; *Zizzo*, Corriere Tributario 2008, 3581, 3582. A.A. *Muscolino*, G.T. – Rivista di giurisprudenza tributaria 2004, 513, 518.

1662 Siehe auch *Montuori/P. Palma*, Il Fisco 2005, 11640, 11642 f.; *Muscolino*, G.T. – Rivista di giurisprudenza tributaria 2004, 513, 518; *Zizzo*, Corriere Tributario 2008, 3581, 3583.

1663 Auch kritisiert *Zizzo*, Corriere Tributario 2008, 3581, 3583 f., die nicht vollständige Systemstimmigkeit der Wegzugsbesteuerung, die aber für das Kohärenzprinzip erforderlich ist.

„Makro-Kohärenz“ besteht.[1664] Verliert Italien sein Besteuerungsrecht an den wegziehenden stillen Reserven zwar DBA-rechtlich, stehen ihm dafür aber spiegelbildlich zuziehende stille Reserven zu, ist eine sog. „Makro-Kohärenz“ entstanden. Italien kann sich dann nicht mehr damit rechtfertigen, dass es durch die Wegzugsbesteuerung eine Kohärenz seines Besteuerungssystems herstellen möchte, denn diese hat es dann bereits auf DBA-Ebene erlangt.

Im Weiteren muss freilich auch die italienische Wegzugsbesteuerung dem Verhältnismäßigkeitsprinzip entsprechen. Der italienische Steuergesetzgeber hat im Gesetzestext des Art. 166 Abs. 2-*quarter* TUIR explizit auf das Urteil in der Rs. *National Grid Indus* verwiesen. Ein solcher Verweis ist – anders als im deutschen Recht – in Italien durchaus üblich. Entsprechend dem Urteil hat der Steuerpflichtige damit die Wahl zwischen Sofortbesteuerung und Steueraufschub bis zur tatsächlichen Realisierung.[1665] Zusätzlich zum EuGH-Urteil erlaubt der italienische Gesetzgeber eine ratierliche Besteuerung über sechs Jahre.

Dies ist zunächst zu begrüßen. Denn während der Steuerpflichtige nach dem EuGH-Urteil zwischen zwei „Übeln“ zu entscheiden hätte – entweder er wählt die Sofortbesteuerung und nimmt damit Liquiditätsnachteile in Kauf oder er optiert zum Steueraufschub und muss dem dabei entstehenden Verwaltungsaufwand gerecht werden –,[1666] gibt ihm Art. 1 Abs. 1 Satz 1 des Ministerialdekrets vom 2. Juli 2014 zusätzlich die Möglichkeit, die Steuerschuld typisiert über mehrere Jahre zu strecken.

Dennoch sind zwei Aspekte kritisch anzumerken: Als erstes ist – ähnlich wie § 4g EStG und § 36 Abs. 5 EStG – auch dieser ratierlichen Steuerstreckung vorzuwerfen, dass die Verteilung der stillen Reserven auf sechs Jahre nicht für alle Wirtschaftsgüter als realitätsgerecht erachtet werden kann. Insbesondere stille Reserven des Anlagevermögens können sich noch weit über diesen Zeitrahmen hinaus durch Nutzung des Wirtschaftsgutes realisieren. Sie ist daher nach der hier vertretenen Auffassung nicht verhältnismäßig.[1667]

Als zweites ist zu bedenken, dass eine Steuerstreckung bis zur tatsächlichen Realisierung auch dann die Verwaltung überlasten und dadurch zu Vollzugsdefiziten führen kann, wenn der Steuerpflichtige selbst sie für überschaubar hält. Da Vollzugsdefizite aber Ungleichbehandlungen schüren, sollte der Steueraufschub bis zur tatsächlichen Realisierung für Gesellschaften nicht zugelassen werden.

Die Festsetzung der Steuer bei Wegzug ohne Berücksichtigung späterer Wertminderungen ist hingegen europarechtlich zulässig und entspricht dem Kohärenzprinzip.[1668] Auf die Verzinsung sollte nach hier vertretener Auffassung hingegen

1664 Kapitel 2, E. II. 1. c) ii).
1665 Kapitel 4, B. I. 2. a) i).
1666 Hierzu kritisch oben Kapitel 4, B. I. 2. b) i).
1667 Siehe oben Kapitel 4, B. I. 2. b) i).
1668 Kapitel 4, B. I. 2. b) iii).

verzichtet werden und auch das Erfordernis von Sicherheitsleistungen ist jedenfalls für den Fall der ratierlichen Steuerstreckung nicht europarechtskonform.[1669]

III. Besondere Problematik: Zeitliche Aspekte des Wegzugs der SE aus Italien

Besondere Aufmerksamkeit soll nun der Frage gewidmet werden, zu welchem Zeitpunkt die SE als aus Italien weggezogen zu erachten ist. Grund für eine besondere Erörterung ist die Vorschrift des italienischen Steuerrechts (Art. 73 Abs. 3 TUIR), nach der die unbeschränkte Steuerpflicht davon abhängig gemacht wird, dass eines der „Inlandsmerkmale" (inländischer Satzungssitz, Ort der Geschäftsleitung oder die Hauptniederlassung) die meiste Zeit des Steuerjahres i.S.v. Art. 76 TUIR[1670] im Inland liegt. Während nach deutschem Recht die unbeschränkte Steuerpflicht innerhalb eines Steuerjahres anfangen oder enden kann (vgl. § 7 Abs. 3 Satz 3 KStG), ist dies nach italienischem Steuerrecht mithin nicht möglich: die unbeschränkte Steuerpflicht des *gesamten* Steuerjahres „steht und fällt" mit der Dauer der Ansässigkeit innerhalb des Steuerjahres.

Zwar könnte man annehmen, dass mit Umzug einer Gesellschaft das bisher laufende Steuerjahr beendet und ein neues begonnen wird, so dass es nicht mehr auf die Frage nach der Dauer der Ansässigkeit innerhalb des Steuerjahres ankäme: Die Gesellschaft wäre unproblematisch bis zum Umzug im Wegzugsstaat und danach im Zuzugsstaat unbeschränkt steuerpflichtig. Das Revisionsgericht „Commissione tributaria regionale Veneto" hat aber diesbezüglich entschieden, dass durch den Umzug einer Gesellschaft (jedenfalls)[1671] unter Beibehaltung ihrer Rechtspersönlichkeit („continuità giuridica") das Geschäfts- und Steuerjahr i.S.v. Art. 76 TUIR nicht unterbrochen werde.[1672] Die eben erwähnte Vorschrift des Art. 73 Abs. 3 TUIR sei anzuwenden, so dass die Gesellschaft entweder für das gesamte Steuerjahr oder

---

1669 Kapitel 4, B. I. 2. b) ii).

1670 Das Steuerjahr besteht in der Regel in einem Kalenderjahr, wenn nicht durch Gesetz oder Gesellschaftsvertraglich etwas anderes geregelt ist, vgl. Art. 76 Abs. 2 TUIR.

1671 Einen Neubeginn des Steuerjahres, wenn die Rechtspersönlichkeit der Gesellschaft nicht beibehalten wird, vertreten die Finanzverwaltung, Risoluzione (Verwaltungsentscheidung) v. 17.01.2006, Nr. 9 (hierzu *Lollio*, Boll. Trib. 2007, 1275, 1276; *Pellecchia*, Rassegna tributaria 2015, 1410), und *Uckmar/Corasaniti/De' Capitani di Vimercate*, Diritto tributario internazionale, Kap. 4, Sez. I, 5., S. 157.

1672 Commissione tributaria regionale Veneto, Sez. VI, Urteil v. 29.05.2008 (21.04.2008), Nr. 17, G.T. – Rivista di giurisprudenza tributaria 2008, 1010, 1011. Der Entscheidung in diesem Punkt zustimmend *Dominici*, G.T. – Rivista di giurisprudenza tributaria 2008, 1013, 1014 f.
In diesem Sinne hat sich auch die Finanzverwaltung [„Agenzia delle Entrate"] geäußert: Risoluzione (Verwaltungsentscheidung) v. 17.01.2006, Nr. 9 (hierzu *Lollio*, Boll. Trib. 2007, 1275, 1275 f.); v. 05.08.2008, Nr. 345/E. Zudem *Uckmar/Corasaniti/De' Capitani di Vimercate*, Diritto tributario internazionale, Kap. 4, Sez. I, 5., S. 157.

gar nicht als steuerlich ansässig zu erachten sei. Da sich die SE nach Art. 8 SE-VO unter Beibehaltung ihrer Rechtspersönlichkeit innerhalb Europas bewegen kann, bedeutet diese Rechtsprechung für Umzüge der SE, dass sie nicht zur Unterbrechung des Steuerjahres führen.

Teile der Literatur geben zu bedenken, dass sich das Steuerjahr gem. Art. 76 Abs. 2 TUIR nur sekundär nach dem Kalenderjahr richte und vorrangig von Gesetz oder Gesellschaftsvertrag („atto costitutivo") bestimmt werde. Der Zuzug in das neue Rechtssystem könne u.U. als ein gesellschaftsvertraglich vorgesehener Beginn eines neuen Steuerjahres erachtet werden.[1673] Abgesehen davon könne die Unterwerfung einer nun anderen Steuerrechtsordnung als ausreichender Grund für eine Spaltung des Steuerjahres in zwei Abschnitte angesehen werden, so dass mit Zuzug ein neuer Abschnitt und damit unmittelbar die unbeschränkte Steuerpflicht beginne.[1674] Diese Annahmen würden zu einem Gleichklang mit den deutschen Vorschriften führen.

1. Für die laufende Besteuerung relevanter Zeitpunkt

Die Divergenz zwischen italienischem (Art. 73 Abs. 3 TUIR) und deutschem (§ 7 Abs. 3 Satz 3 KStG) Steuerrecht führt dazu, dass die SE in keinem oder sogar in beiden Staaten unbeschränkt steuerpflichtig sein kann: Eine doppelte unbeschränkte Steuerpflicht ergibt sich, wenn die SE in der zweiten Hälfte des Steuerjahres, bei Gleichlauf mit dem Kalenderjahr bspw. am 1. Oktober, von Italien nach Deutschland zieht, denn dann erfasst der italienische Fiskus das gesamte Steuerjahr, während der deutsche Fiskus zusätzlich in den Monaten Oktober bis Dezember die SE als unbeschränkt Steuerpflichtige besteuert. Vollständig fehlen würde die unbeschränkte Steuerpflicht für ein paar Monate hingegen bei einem Umzug von Italien nach Deutschland bspw. am 1. März, denn der italienische Fiskus würde die SE in dem gesamten Jahr als nicht unbeschränkt steuerpflichtig ansehen, während der deutsche Fiskus nur die letzten zehn Monate erfassen würde.[1675]

Damit stellt sich die Frage, wie mit den unterschiedlichen Regelungen bezüglich der unbeschränkten Steuerpflicht im Hinblick auf die laufende Besteuerung zu verfahren ist, zu welchem Zeitpunkt die SE als „steuerlich umgezogen" gilt.

1673 *Lollio*, Boll. Trib. 2007, 1275, 1278.

1674 So für den Zuzug in der zweiten Hälfte des Steuerjahres *Gallio*, Il Fisco 2006, 16843, 16845 f.; *ders.*, Dialoghi di diritto tributario 2007, 145, 146 ff.; ziehe die Gesellschaft bereits in der ersten Hälfte des Steuerjahres zu, könne sie als im gesamten Steuerjahr unbeschränkt steuerpflichtig erachtet werden; Doppelbesteuerungen seien abkommensrechtlich zu vermeiden.

1675 Das Problem hat auch die Finanzverwaltung gesehen, Risoluzione (Verwaltungsentscheidung) v. 17.01.2006, Nr. 9. Vgl. zudem *Benigni*, Pratica Fiscale e Professionale 2014, 35, 38.

a) *Problematik der doppelten unbeschränkten Steuerpflicht*

Zu einer doppelten unbeschränkten Steuerpflicht kommt es mithin in den Fällen, in denen Merkmale der unbeschränkten Steuerpflicht in Italien die meiste Zeit des Steuerjahres und in Deutschland zu dem kürzeren Teil des Steuerjahres vorliegen; in diesem kürzeren Steuerjahresteil unterfällt die SE dann in beiden Staaten der unbeschränkten Steuerpflicht.

Diese doppelte Besteuerungssituation ist bilateral nach Art. 4 des DBA BRD/Ital. (vgl. Art. 4 OECD-MA) zu lösen; die Vorschrift regelt, welcher Staat als Ansässigkeitsstaat zu erachten ist und welcher lediglich als Quellenstaat besteuern darf. Absatz 1 des Art. 4 besagt zunächst, dass eine (natürliche oder juristische)[1676] Person in dem Staat ansässig ist, in dem sie „aufgrund ihres Wohnsitzes, ihres Aufenthalts, des Orts ihrer Geschäftsleitung oder eines anderen ähnlichen Merkmals steuerpflichtig ist." Die (abkommensrechtliche) Ansässigkeit richtet sich mithin zunächst nach der (innerstaatlichen) unbeschränkten Steuerpflicht in den beiden Vertragsstaaten.

Damit scheint das hier relevante Problem der doppelten unbeschränkten Steuerpflicht nicht gelöst zu werden, denn schließlich greift die unbeschränkte Steuerpflicht zu einem Zeitraum des Steuerjahres *gleichzeitig* sowohl in Deutschland als auch in Italien.[1677] Stellt man hingegen für Art. 4 Abs. 1 DBA BRD/Ital. allein auf die Belegenheit der *Merkmale*, die zur unbeschränkten Steuerpflicht führen, wie bspw. den Ort der Geschäftsleitung, ab,[1678] ist Italien nur für den Zeitraum des Steuerjahres Ansässigkeitsstaat, in dem sich das jeweilige Merkmal im Inland befindet; die Ausdehnung der unbeschränkten Steuerpflicht auf das restliche Steuerjahr nach Art. 73 Abs. 3 TUIR wäre irrelevant. Unter letzterem Verständnis[1679] des Absatzes 1 wäre das Besteuerungsrecht zeitanteilig nach der Belegenheit der Merkmale der

---

1676 Unter Art. 4 Abs. 1 DBA BRD/Ital. sind sowohl natürliche Personen als auch Gesellschaften zu subsumieren; vgl. Art. 3 Abs. 1 lit. d DBA BRD/Ital. Zu der entsprechenden Regelung des DBA BRD/Schweiz: *Wassermeyer*, in: Flick/Wassermeyer/Kempermann, DBA Schweiz, Art. 4 (Juli 2000), Rn. 184. Zum OECD-MA: *Wassermeyer/Kaeser*, in: Wassermeyer, DBA, Art. 4 MA (März 2013), Rn. 21.

1677 Dahingehend *Melis*, Il trasferimento della residenza fiscale, Kap. 3, 2., S. 295, Fn. 562; *Saccardo*, Riv. dir. trib. 2000, IV, 63, 71 ff.

1678 Dahingehend FG München v. 13.06.2003 – 7 K 3871/00, EFG 2004, 478, 479, Tz. 21: „[...] die Verteilungsnorm des Art. 4 [fordert] nicht, dass die Person tatsächlich (unbeschränkt) besteuert wird. Sie setzt nur voraus, dass die Person zumindest zu einem der Vertragsstaaten – dem Wohnsitzstaat – diejenige Beziehung aufweist, die zu ihrer unbeschränkten Steuerpflicht führen könnte."; *Lehner*, in: Vogel/Lehner, DBA, Art. 4, Rn. 82, 172.

1679 Zur Auslegung von Doppelbesteuerungsabkommen siehe BFH v. 15.06.1973 – III R 118/70, BStBl. II 1973, 810, 811; *Rupp/Knies/Ott/Faust*, Internationales Steuerrecht, Kap. 2, Teil A, 3., S. 192 ff.; *Schaumburg*, Internationales Steuerrecht, Kap. 16, F., Rn. 16.49 ff.; *Tesauro*, Diritto Tributario, Allg. Teil, Kap. 3, 3., S. 28 f.; *Uckmar/Corasaniti/De' Capitani di Vimercate*, Diritto tributario internazionale, Kap. 1, Sez. I, 6., S. 11 ff.; *Vogel*, in: Vogel/Lehner, DBA, 5. Aufl., Einl., Rn. 95 ff.

unbeschränkten Steuerpflicht innerhalb des Steuerjahres aufzuteilen und die Problematik der Doppelbesteuerung gelöst.

Ob von einer solchen Auslegung des Absatzes 1 ausgegangen werden kann, kann aber offen bleiben, denn auch wenn man dem ersten Verständnis des Absatzes 1 folgt und sich daher eine doppelte Ansässigkeit der SE ergibt, wird diese über die sog. tie-breaker-rule des Art. 4 Abs. 3 DBA BRD/Ital. gelöst, die den Vertragsstaat als Ansässigkeitsstaat erachtet, „in dem sich der Ort [der] tatsächlichen Geschäftsleitung befindet."

Richtet sich die Ansässigkeit also nach dem tatsächlichen Kriterium des Ortes der Geschäftsleitung, wechselt der Staat, der als Ansässigkeitsstaat besteuern darf, mit dem tatsächlichen Umzug des Ortes der Geschäftsleitung – und damit ebenfalls *innerhalb* eines Steuerjahres. Zwar könnte auch vertreten werden, dass der Ort der tatsächlichen Geschäftsleitung nach Abs. 3 lediglich den Anknüpfungspunkt für die Ansässigkeit bietet, die Qualifizierung als Ansässigkeitsstaat aber nicht zeitanteilig innerhalb eines Steuerjahres, sondern nur *einheitlich* für das gesamte Steuerjahr – vergleichbar der italienischen innerstaatlichen Regelung des Art. 73 Abs. 3 TUIR – erfolgen kann. Entsprechendes ist der Vorschrift des Art. 4 Abs. 3 DBA BRD/Ital. aber nicht zu entnehmen; vielmehr stellt sie allein auf den tatsächlichen Umstand des Ortes der Geschäftsleitung ab.

Zudem sieht selbst der OECD-MA Kommentar in Nr. 10 zu Art. 4 die zeitanteilige Aufteilung der Ansässigkeit (bzgl. der tie-breaker-rule natürlicher Personen) in einer entsprechenden Situation vor:[1680]

> „Anzuwenden sind diese Regeln [der tie-breaker-rule] auf die tatsächlichen Umstände des Zeitraums, für den die Ansässigkeit die Steuerpflicht begründet; er kann kürzer als der gesamte Besteuerungszeitraum sein. Eine Person sei z. B. während eines Kalenderjahres im Staat A nach dessen Steuerrecht vom 1. Januar bis zum 31. März ansässig gewesen und verziehe dann in den Staat B. Da die Person im Staat B länger als 183 Tage ansässig wird, behandelt sie das dortige Steuerrecht für das gesamte Jahr als eine im Staat B ansässige Person. Bei Anwendung der besonderen Regeln auf die Zeit vom 1. Januar bis 31. März war die Person im Staat A ansässig. Deshalb sollten Staat A und Staat B die Person für diese Zeit als eine im Staat A, und vom 1. April bis zum 31. Dezember als eine im Staat B ansässige Person behandeln."

Hieran angelehnt sehen manche DBA die zeitanteilige Aufteilung – jedenfalls für den Umzug natürlicher Personen – explizit vor;[1681] so auch Nr. 3 des Protokolls zum DBA BRD/Ital.:[1682]

1680 Siehe hierzu *Lüdicke*, in: FS Fischer, 1999, S. 731 ff., 742.

1681 Entsprechende Regelungen sind in Nr. 3 des Protokolls zum DBA BRD/Ital., in Art. 4 Abs. 5 DBA BRD/Schweiz, Art. 19 Abs. 1 DBA Frankreich/Dänemark und Art. 4 Abs. 4 DBA Frankreich/Schweiz enthalten. Die (dennoch) unzureichende DBA-rechtliche Regelung des Problems bemängeln *Uckmar/Corasaniti/De' Capitani di Vimercate*, Diritto tributario internazionale, Kap. 4, Sez. I, 5., S. 157.

1682 Unstreitig ist die Regelung i.V.m. der Ansässigkeitsregel des Art. 4 *Abs. 1* DBA BRD/Ital. anzuwenden, siehe *Krabbe*, in: Wassermeyer, DBA, Art. 4 Italien (Mai 2005),

„Gilt eine natürliche Person in einem Vertragsstaat nur während eines Teils des Jahres und im anderen Vertragsstaat während des übrigen Jahres als ansässig im Sinne des Artikels 4 (Wohnsitzwechsel), so endet die Steuerpflicht, sofern für diese die Ansässigkeit maßgebend ist, im erstgenannten Staat mit Ablauf des Tages, an dem der Wohnsitzwechsel stattgefunden hat. Im anderen Staat beginnt die Steuerpflicht, sofern für diese die Ansässigkeit maßgebend ist, am Tag nach dem Wohnsitzwechsel."

Jedoch wird die Anwendung der Regelung auf Umzüge von juristischen Personen von der wohl überwiegenden Literaturansicht[1683] mit dem Argument abgelehnt, dass bei ihnen kein Bedürfnis für eine entsprechende Regelung bestehe, da sie zum einen regelmäßig einem einheitlichen Steuersatz[1684] und zum anderen bei Wegzug einer Schlussbesteuerung[1685] nach § 12 KStG (a. F.) unterlägen.

Sicherlich kommen Auswirkungen der Regelung auf einen Progressionsvorbehalt aufgrund des einheitlichen Steuersatzes bei juristischen Personen nicht in Betracht. Damit erübrigt sich aber nicht die Frage nach der zeitlichen Begrenzung der (unbeschränkten) Besteuerung innerhalb des „Umzugsteuerjahres". Auch wird diese Frage nicht (mehr) durch die Wegzugsbesteuerung gelöst: Durch die vor dem SEStEG bestehende Liquidationsbesteuerung wurde zwar in der Tat der laufenden Besteuerung ein Ende gesetzt.[1686] Seit dem SEStEG greift die Wegzugsbesteuerung nach § 12 Abs. 1 KStG aber nur ein, wenn stille Reserven aus dem Besteuerungsrecht ausscheiden. Die Beendigung der laufenden Besteuerung ist mithin nicht mehr Folge, sondern Voraussetzung der Wegzugsbesteuerung. Zudem ist in Bezug auf die italienische Wegzugsbesteuerung gerade streitig, ob sie zum tatsächlichen Wegzugszeitpunkt oder erst

---

Rn. 35, 38; zu der entsprechenden Regelung des DBA BRD/Schweiz: *Wassermeyer*, in: Flick/Wassermeyer/Kempermann, DBA Schweiz, Art. 4 (Juli 2000), Rn. 141 ff. Ihre Anwendung auf die tie-breaker-rule ist hingegen umstritten, wird von der wohl h. M. aber zu Recht angenommen, siehe *Krabbe*, in: Wassermeyer, DBA, Art. 4 Italien (Mai 2005), Rn. 35, 38; zu der entsprechenden Regelung des DBA BRD/Schweiz: *Wassermeyer*, in: Flick/Wassermeyer/Kempermann, DBA Schweiz, Art. 4 (Juli 2000), Rn. 147, der sich für eine sinngemäße Anwendung auf die tie-braker-rule ausspricht.

1683 *Krabbe*, in: Wassermeyer, DBA, Art. 4 Italien (Mai 2005), Rn. 40. Zu der entsprechenden Regelung des DBA BRD/Schweiz: *Hammiger*, in: Wassermeyer, DBA, Art. 4 Schweiz (Mai 2012), Rn. 152; *Wassermeyer*, in: Flick/Wassermeyer/Kempermann, DBA Schweiz, Art. 4 (Juli 2000), Rn. 149.

1684 Zu der entsprechenden Regelung des DBA BRD/Schweiz: *Wassermeyer*, in: Flick/Wassermeyer/Kempermann, DBA Schweiz, Art. 4 (Juli 2000), Rn. 149.

1685 Zu der entsprechenden Regelung des DBA BRD/Schweiz: *Hammiger*, in: Wassermeyer, DBA, Art. 4 Schweiz (Mai 2012), Rn. 152; *Wassermeyer*, in: Flick/Wassermeyer/Kempermann, DBA Schweiz, Art. 4 (Juli 2000), Rn. 149.

1686 Und für einen Wegzug in die Schweiz als nicht EU-/EWR-Staat gilt dies nach § 12 Abs. 3 KStG weiterhin; daher weiter zutr. *Hammiger*, in: Wassermeyer, DBA, Art. 4 Schweiz (Mai 2012), Rn. 152; *Wassermeyer*, in: Flick/Wassermeyer/Kempermann, DBA Schweiz, Art. 4 (Juli 2000), Rn. 149.

zum Ende des Steuerjahres greift,[1687] so dass sie für die Aufteilung der (laufenden) Besteuerung innerhalb des Steuerjahres nicht hilfreich ist.

Doch ist zuzustimmen, dass der Wortlaut der Nr. 3 des Protokolls zum DBA BRD/Ital. allein von natürlichen Personen spricht, so dass eine direkte Anwendung auf juristische Personen ausgeschlossen ist. Dennoch gibt die Regelung jedenfalls eine vom Abkommen anerkannte Lösung für entsprechende Wegzugskonstellationen vor. Dass für juristische Personen eine andere Lösung bevorzugt würde, ist dem DBA nicht zu entnehmen; vielmehr führte bereits die Wortlautauslegung des Art. 4 Abs. 3 DBA zu eben diesem Ergebnis.[1688]

Das Problem der doppelten unbeschränkten Steuerpflicht bei Umzug der SE zwischen Deutschland und Italien ist mithin dahingehend zu lösen, dass das Besteuerungsrecht als Ansässigkeitsstaat zeitanteilig innerhalb des „Umzugsteuerjahres" aufzuteilen ist. Für den Teil des Steuerjahres, in dem die SE in beiden Staaten der unbeschränkten Steuerpflicht unterliegt, wird die innerstaatliche italienische unbeschränkte Steuerpflicht mithin DBA-rechtlich (nach Abs. 1 oder Abs. 3 des Art. 4) dahingehend eingeschränkt, dass Italien nur noch als Quellenstaat besteuern darf.

b) Problematik der fehlenden unbeschränkten Steuerpflicht

Zu einer fehlenden unbeschränkten Steuerpflicht kann es hingegen im umgekehrten Fall kommen, also wenn Merkmale der unbeschränkten Steuerpflicht in Deutschland die meiste Zeit des Steuerjahres und in Italien nur zu dem kürzeren Teil des Steuerjahres vorliegen; in diesem kürzeren Steuerjahrsteil unterfällt die SE dann weder der italienischen (vgl. Art. 73 Abs. 3 TUIR) noch der deutschen unbeschränkten Steuerpflicht.

Welcher Staat in diesem kürzeren Teil des Steuerjahres als Ansässigkeitsstaat zu erachten ist, hängt wiederum von der Auslegung[1689] des Art. 4 Abs. 1 DBA BRD/Ital. ab.[1690] Weist er das Recht der Besteuerung als Ansässigkeitsstaat dem Staat zu, der die Gesellschaft der unbeschränkten Steuerpflicht tatsächlich unterwirft,[1691] kann es nicht Italien zukommen, da die Gesellschaft nach italienischen Steuerrecht schließlich im

---

1687 Hierzu sogleich unter Kapitel 4, D. III. 2.

1688 So ist auch nach *Saccardo*, Riv. dir. trib. 2000, IV, 63, 72 f. (insbes. Fn. 26), bzgl. des Umzugs natürlicher Personen die spezielle Regelung zur zeitanteiligen Aufteilung der Besteuerungsrechte nicht erforderlich, sondern bereits der tie-breaker-rule des Art. 4 Abs. 2 OECD-MA zu entnehmen.

1689 Zur Auslegung von Doppelbesteuerungsabkommen siehe BFH v. 15.06.1973 – III R 118/70, BStBl. II 1973, 810, 811; *Rupp/Knies/Ott/Faust*, Internationales Steuerrecht, Kap. 2, Teil A, 3., S. 192 ff.; *Schaumburg*, Internationales Steuerrecht, Kap. 16, F., Rn. 16.49 ff.; *Tesauro*, Diritto Tributario, Allg. Teil, Kap. 3, 3., S. 28 f.; *Uckmar/Corasaniti/De' Capitani di Vimercate*, Diritto tributario internazionale, Kap. 1, Sez. I, 6., S. 11 ff.; *Vogel*, in: Vogel/Lehner, DBA, 5. Aufl., Einl., Rn. 95 ff.

1690 Hierzu bereits soeben Kapital 4, D. III. 1. a).

1691 Dahingehend *Melis*, Il trasferimento della residenza fiscale, Kap. 3, 2., S. 295 Fn. 562; *Saccardo*, Riv. dir. trib. 2000, IV, 63, 71 ff.

gesamten Steuerjahr nicht unbeschränkt steuerpflichtig ist. Und Deutschland könnte in diesem Fall nur dann Ansässigkeitsstaat sein, wenn die *zeitanteilige* innerstaatliche unbeschränkte Steuerpflicht DBA-rechtlich für eine Ansässigkeit im *gesamten* Steuerjahr ausreichen sollte.[1692]

Knüpft Absatz 1 hingegen allein an das Vorliegen der ortsbezogenen Merkmale im Inland an, die zu einer unbeschränkten Steuerpflicht führen *könnten*,[1693] ist Italien für den kürzeren Zeitraum als Ansässigkeitsstaat zu erachten, da dort die Ansässigkeitsmerkmale, wie der Ort der Geschäftsleitung, der SE liegen. Dass Italien die Gesellschaft dennoch nicht als unbeschränkt steuerpflichtig erachtet, liegt allein an dem im italienischen Steuerrecht vorgesehenen zeitlichen Kriterium „die meiste Zeit des Steuerjahres“ (vgl. Art. 73 Abs. 3 TUIR).

Doch wie im Abschnitt zuvor kann auch hier offen bleiben, welchem der beiden Verständnisse des Art. 4 Abs. 1 DBA BRD/Ital. zu folgen ist. Denn dies würde allein klären, welcher Staat Ansässigkeitsstaat ist und damit die SE der unbeschränkten Steuerpflicht unterwerfen *dürfte*. Da Doppelbesteuerungsabkommen aber selbst zu keiner Steuerpflicht führen können, sondern stets der Ausfüllung durch innerstaatliches Recht bedürfen,[1694] würde dies nichts daran ändern, dass keiner der beiden Staaten die SE (in dem kürzeren Zeitraum des Steuerjahres) *tatsächlich* der unbeschränkten Steuerpflicht unterwirft; sie ist für den Zeitraum in beiden Staaten lediglich mit ihren Quelleneinkünften *beschränkt* steuerpflichtig.

2. Für die Wegzugsbesteuerung relevanter Zeitpunkt – (europarechtskonforme) Auslegung des Art. 166 TUIR

Im Hinblick auf Art. 166 TUIR stellt sich weiter die Frage, welcher Zeitpunkt für die Wegzugsbesteuerung relevant ist: der tatsächliche Wegzugszeitpunkt der Merkmale der unbeschränkten Steuerpflicht oder der Zeitpunkt, zu dem innerstaatlich nach Art. 73 Abs. 3 TUIR die unbeschränkte Steuerpflicht verloren geht, also – je nachdem – zu Ende oder zu Beginn des Steuerjahres (bzw. Ende des vorhergehenden Steuerjahres).

Die Verwaltung hat sich auf der einen Seite wage dahingehend geäußert, dass bei einem Wegzug in der zweiten Hälfte des Steuerjahres die Vorschrift des Art. 166 TUIR eventuell mit Beendigung des Steuerjahres greife („[...] si renderà eventualmente applicabile al termine del relativo periodo d'imposta [...]). Bei Wegzug in der ersten Hälfte des Steuerjahres scheint hingegen der tatsächliche Wegzugszeitpunkt Relevanz zu bekommen: Das Unternehmen sei dann nämlich „von Anfang des Steuerjahres als nicht ansässig zu erachten, *es sei denn* der zitierte Art. 166 TUIR [sei]

1692 Dies wurde soeben für den Fall der doppelten unbeschränkten Steuerpflicht abgelehnt, siehe Kapitel 4, D. III. 1. a).

1693 Dahingehend FG München v. 13.06.2003 – 7 K 3871/00, EFG 2004, 478, 479, Tz. 21; *Lehner*, in: Vogel/Lehner, DBA, Art. 4, Rn. 82, 172.

1694 Siehe oben Kapitel 4, C. II. 3. a) i) (3).

anzuwenden" („[...] considerato soggetto non residente sin dall'inizio dell'esercizio, *fatta salva* l'applicazione del citato art. 166 del TUIR." [Herv. durch Verf.]).[1695] In der Literatur wird vereinzelt vertreten, dass für die Bewertung zum „valore normale" auf den tatsächlichen Wegzugszeitpunkt abzustellen sei.[1696]

Bei Auslegung[1697] der Vorschrift des Art. 166 TUIR fällt auf, dass sie von beiden Aspekten spricht, vom Wegzug der „residenza", also der ortsbezogenen Merkmale der unbeschränkten Steuerpflicht, sowie von dem dadurch erfolgenden Verlust der „residenza fiscale" (der unbeschränkten Steuerpflicht).[1698] Dabei ist *Grund* für die Wegzugsbesteuerung des Art. 166 TUIR gerade der Verlust der „residenza fiscale", also der Verlust der unbeschränkten Steuerpflicht. Als *zeitlichen Auslöser* hingegen zeigt sich der tatsächliche Wegzug der „residenza"; vgl. Art. 166 Abs. 1 Satz 1 TUIR: „Der Wegzug der ‚residenza' [...], der zum Verlust der ‚residenza' zum Zweck der Einkommens-/ Körperschaftsteuer [sc. „residenza fiscale"] führt, begründet Realisierung zum ‚valore normale' [...]." Vom Wortlaut her löst mithin der tatsächliche Wegzug der „residenza", also der ortsbezogenen Merkmale der unbeschränkten Steuerpflicht, unter zeitlichen Aspekten die Realisierung zum „valore normale" aus.[1699]

Zu eben diesem Ergebnis führt auch eine europarechtskonforme Auslegung:[1700] Der Rechtfertigungsgrund der Kohärenz[1701] lässt sich nur für solche stillen Reserven heranziehen, die tatsächlich im Inland angewachsen sind. Die erst nach dem tatsächlichen Wegzug und damit im Ausland entstandenen stillen Reserven darf der Wegzugsstaat nicht besteuern. Eine Bewertung zum „valore normale" erst am Ende des Steuerjahres würde aber auch die nach dem Wegzug herangewachsenen stillen Reserven erfassen. Hingegen bereits zum Ende des vorherigen Steuerjahres die Bewertung vorzunehmen, erscheint im ersten Moment vorteilhaft, da nur die bis zu diesem Zeitpunkt herangewachsenen stillen Reserven erfasst würden. Allerdings können zwischen Wegfall der unbeschränkten Steuerpflicht und tatsächlichem Wegzug Wertminderungen eintreten, die der Wegzugsstaat noch zu berücksichtigen hat. Eine „zu frühe" Bewertung ist damit auch nicht zulässig.

1695 Risoluzione (Verwaltungsentscheidung) v. 17.01.2006, Nr. 9.

1696 *Melis*, in: Fantozzi, TUIR, Art. 166, VIII., Rn. 2, jedenfalls wenn danach erst die unbeschränkte Steuerpflicht wegfällt; *Zizzo*, in: Sacchetto/Alemanno, Diritto Tributario Internazionale, S. 211; a. A. *Baggio*, Riv. d. trib. 2006, 537, 546; *Michelutti/ Prampolini*, Corriere tributario 2013, 3559, 3562; *Piazza/D'Angelo/Valsecchi*, Il Fisco 2015, 1, 22.

1697 Zur Auslegung von Normen des italienischen Steuerrechts siehe *Falsitta*, Diritto Tributario, Parte generale, Teil 1, Kap. 7, S. 193 ff.; *Tesauro*, Diritto Tributario, Allg. Teil, Kap. 3, S. 25 ff.

1698 Siehe soeben unter Kapitel 4, D. I. 1. a).

1699 Ähnlich *Melis*, in: Fantozzi, TUIR, Art. 166, VIII., Rn. 1; *ders.*, Il trasferimento della residenza fiscale, Kap. 5, 4.7., S. 551 ff.

1700 Zum Erfordernis einer europarechtskonformen Auslegung siehe Kapitel 4, C. III. 2. b) iii).

1701 Siehe oben Kapitel 2, E. II. 1. c) i).

Das Ministerialdekret vom 2. Juli 2014 bestimmt nun in Art. 1 Abs. 3, dass die stillen Reserven am Ende des Steuerjahres, in dem die unbeschränkte Steuerpflicht endet, festzustellen sind. Dies schafft zwar wenigstens Rechtsklarheit, ist aber nach hier vertretener Auffassung mit dem Europarecht nicht vereinbar.

3. *Zusammenfassung*

Der Wegzug der SE aus Italien brachte in zeitlicher Hinsicht zwei Fragestellungen mit sich: Zum einen war erörterungsbedürftig, zu welchem Zeitpunkt die SE im Hinblick auf die laufende Besteuerung für nicht mehr in Italien ansässig zu erachten ist. Nach innerstaatlichem Recht hängt dies davon ab, ob die meiste Zeit des Steuerjahres der Ort der Geschäftsleitung, der Satzungssitz oder die Hauptniederlassung der SE im Inland belegen sind, Art. 73 Abs. 3 TUIR. Ist dies der Fall, unterliegt die SE für das gesamte Steuerjahr der italienischen unbeschränkten Steuerpflicht. Der innerstaatliche Steueranspruch wird jedoch DBA-rechtlich dahingehend eingeschränkt, dass Italien nur bis zum Zeitpunkt des Wegzugs des Ortes der Geschäftsleitung als Ansässigkeitsstaat besteuern darf; ab diesem Zeitpunkt steht ihm nur das Besteuerungsrecht als Quellenstaat zu.

Das gegenläufige Problem der fehlenden unbeschränkten Steuerpflicht ergibt sich, wenn die ortsbezogenen Merkmale *nicht* die meiste Zeit des Steuerjahres in Italien belegen sind, denn dann ist die SE dort überhaupt nicht unbeschränkt steuerpflichtig, während der Zuzugsstaat Deutschland nur für den Teil des Steuerjahres ab Zuzug die unbeschränkte Steuerpflicht erhebt. Dieses Problem lässt sich hingegen nicht abkommensrechtlich lösen, weil DBA keine Steuerpflicht begründen und somit nicht darüber hinweg verhelfen können, dass keiner der beiden Staaten für die erste Zeit des Steuerjahres die unbeschränkte Steuerpflicht erhebt. Die SE ist in diesem Zeitraum lediglich beschränkt steuerpflichtig.

Zum anderen bedurfte es der Bestimmung des Zeitpunktes, zu dem die Wegzugsbesteuerung des Art. 166 TUIR greift. Nach dem Wortlaut des Art. 166 Abs. 1 TUIR sowie europarechtskonformer Auslegung ist der tatsächliche Wegzug der „residenza“, also der ortsbezogenen Merkmale der unbeschränkten Steuerpflicht, ausschlaggebend für die Erfassung der stillen Reserven – unabhängig davon, zu welchem Zeitpunkt die unbeschränkte Steuerpflicht nach Art. 73 Abs. 3 TUIR entfällt. Die Bewertung der stillen Reserven nach Art. 166 TUIR muss daher zum tatsächlichen Wegzugszeitpunkt erfolgen. Die mittlerweile anderweitige Regelung nach Art. 1 Abs. 3 des Ministerialdekrets vom 2. Juli 2014 ist nicht europarechtskonform.

E. Der steuerrechtliche Zuzug einer SE

Nachdem bisher steuerrechtlich nur der Wegzug der SE erörtert wurde, soll nun der Zuzug dargestellt werden. Abgesehen von der freilich auch hier bestehenden Frage nach dem Zuzugszeitpunkt beim Umzug der SE zwischen Deutschland und Italien (III.) ist zu erörtern, zu welchem Wert der Zuzugsstaat die Wirtschaftsgüter aufzunehmen hat (I., II.).

I. Die deutsche Verstrickungsregel

Mit dem SEStEG hat der deutsche Gesetzgeber Regelungen vorgesehen, die bestimmen, wie zuziehende Wirtschaftsgüter im deutschen Besteuerungssystem aufzunehmen sind, sog. Verstrickungsregeln. Im Folgenden sollen diese kurz dargestellt und sodann vor allem unter europarechtlichen, aber auch unter verfassungsrechtlichen Aspekten gewürdigt werden.

1. Zur Steuerverstrickung in Deutschland beim Zuzug der SE

Mit Zuzug nach Deutschland tritt die SE gem. § 1 Abs. 1 KStG in die unbeschränkte Steuerpflicht ein und die mit ihr ziehenden stillen Reserven werden steuerverstrickt. Zu welchem Wert die SE in das deutsche Steuersystem aufgenommen wird, regelt das KStG selbst nicht. Durch den Verweis des § 8 Abs. 1 KStG finden aber die Einkommensteuervorschriften der §§ 4 Abs. 1 Satz 8 Halbs. 2, 6 Abs. 1 Nr. 5a EStG Anwendung,[1702] die eine Verstrickung zum gemeinen Wert i.S.d. § 9 Abs. 2 BewG vorsehen. In Bezug auf die Bewertung stellt die Verstrickung damit das Pendant zur Entstrickung dar: Während der deutsche Fiskus bei Wegzug die bis dahin entstandenen stillen Reserven für eine Besteuerung sichert, greift er bei Zuzug allein auf die ab nun entstehenden stillen Reserven zu.

Nicht als Pendant hingegen zeigt sich die Verstrickungsregelung an zwei anderen Stellen: Im Gegensatz zur Entstrickung, die bereits eine *Beschränkung* des Besteuerungsrechts ausreichen lässt, z. B. durch einen Wechsel von Anrechnungs- zu Freistellungsmethode, erfolgt eine Verstrickung nur bei *Begründung* des deutschen Besteuerungsrechts; eine „Verstärkung“ allein reicht nicht aus.[1703] Zudem ist, anders

1702 *Benecke*, NWB Fach 3 (37/2007), 14733, 14755; *Binnewies*, GmbH-StB 2007, 117, 121; *Blumenberg/Lechner*, BB-Special 8/2006, 25, 31; *dies.*, in: Blumenberg/Schäfer, SEStEG, C. I. 4., S. 77; *Fischer*, in: MüKo AktG, Bd. 7, SteuerR, Rn. 99; *Kolbe*, in: Herrmann/Heuer/Raupach, EStG/KStG, Jahresband 2007, § 12 KStG (Mai 2007), Rn. J 06–5; *Schaumburg*, Internationales Steuerrecht, Kap. 6, C. III. 2., Rn. 6.50.

1703 *Benecke/Staats*, in: Dötsch/Pung/Möhlenbrock, KSt, § 12 (Dez. 2012), Rn. 74; *Benecke/Schnitger*, IStR 2006, 765, 767, die von einem „systematischen Bruch“ sprechen; *Bode*, in: Kirchhof, EStG, § 4, Rn. 110: „Systembruch“; *Förster*, DB 2007, 72, 76; *IDW*, FN 2007, 642, 643: „systemwidrig“; *Prinz*, GmbHR 2007, 966, 970: „Systembruch“. Siehe zudem *Stadler/Elser*, BB-Special 8/2006, 18, 23; *dies.*, in: Blumenberg/Schäfer, SEStEG, B. III. 1., S. 59 f.
Mangels „Verstärkungsverstrickung“ nicht erfasst wäre mithin der Wechsel von Freistellungs- zu Anrechnungsverfahren (*Binnewies*, GmbH-StB 2007, 117, 119; a. A. *Benecke*, NWB Fach 3 (37/2007), 14733, 14739, 14755), sowie bspw. die Überführung eines Wirtschaftsgutes von einer ausländischen Betriebsstätte mit DBA-Anrechnungsmethode in ein inländisches Stammhaus (*Benecke*, NWB Fach 3 (37/2007), 14733, 14739, 14755; *ders./Schnitger*, IStR 2006, 765, 767; *Förster*, DB 2007, 72, 76; *IDW*, FN 2007, 642, 643; *Stadler/Elser*, BB-Special 8/2006, 18, 23; *dies.*, in: Blumenberg/Schäfer, SEStEG, B. III. 1., S. 59).

als bei den Entstrickungsvorschriften, die Verstrickung von *Nutzungs*einlagen nicht geregelt.[1704]

Für die Gesellschaft*er*ebene ist zu unterscheiden: Werden die Gesellschaftsanteile im Betriebsvermögen gehalten, ist die Verstrickung zum gemeinen Wert nach §§ 4 Abs. 1 Satz 8 Halbs. 2, 6 Abs. 1 Nr. 5a EStG vorgesehen. Für im Privatvermögen gehaltene Anteile besteht hingegen kein „Verstrickungs-Gegenpol" zu der Entstrickungsvorschrift des § 17 Abs. 5 EStG.[1705] Die in § 17 Abs. 2 Satz 3 EStG angesiedelte Verstrickungsregel spricht allein von der „Begründung der unbeschränkten Steuerpflicht nach § 1 Abs. 1 EStG" und betrifft damit lediglich den Zuzug des Gesellschaft*ers* selbst. Damit ist sie der Gegenpol zu der Vorschrift des § 6 AStG, die sich auf den Wegzug natürlicher Personen bezieht. Keine Anwendung findet die Verstrickungsvorschrift auf den Zuzug der Gesellschaft, an der der Gesellschafter seine Anteile hält.[1706]

2. *Würdigung unter europarechtlichen Aspekten*

Für den Zuzug einer SE ist mithin auf Gesellschaftsebene sowie für im Betriebsvermögen gehaltene Anteile auch auf Gesellschafterebene die Verstrickung zum gemeinen Wert vorgesehen. Damit erfolgt die Verstrickungsbewertung unabhängig davon, ob und in welcher Höhe der jeweilige Wegzugsstaat die Entstrickung steuerlich beurteilt.[1707] Unterlässt er die Erfassung der stillen Reserven, werden sie dennoch nicht in Deutschland steuerverstrickt und bleiben damit gänzlich unversteuert; es entstehen sog. weiße Einkünfte.[1708] Umgekehrt kann es zu einer Doppelbesteuerung kommen, wenn die steuerliche Erfassung des Wegzugsstaates über den gemeinen

---

Zu entstehenden Problemen siehe *Benecke*, NWB Fach 3 (37/2007), 14733, 14755; *ders./Schnitger*, IStR 2006, 765, 767; *Binnewies*, GmbH-StB 2007, 117, 119.

1704 Hierzu *Benecke*, NWB Fach 3 (37/2007), 14733, 14755; *ders./Schnitger*, IStR 2006, 765, 767; *Benecke/Staats*, in: Dötsch/Pung/Möhlenbrock, KStG, § 12 (Dez. 2012), Rn. 73; *Dötsch/Pung*, DB 2006, 2648, 2651; *Förster*, DB 2007, 72, 76; *IDW*, FN 2007, 642, 643: „systemwidrig"; *Prinz*, GmbHR 2007, 966, 970: „Systembruch"; *Werra/Teiche*, DB 2006, 1455, 1457.

1705 *Benecke*, NWB Fach 3 (38/2007), 14757, 14769; *Schaumburg*, Internationales Steuerrecht, Kap. 6, C. III. 2., Rn. 6.52.

1706 *Benecke*, StuB 2007, 3, 5; *Binnewies*, GmbH-StB 2007, 117, 121. Für eine entsprechende Erweiterung oder analoge Anwendung des § 17 Abs. 2 Satz 3 EStG spricht sich *ders.*, GmbH-StB 2007, 117, 121, aus.

1707 BT-Dr. 16/2710, S. 28: „[...] unabhängig von der steuerlichen Behandlung im abgebenden Staat [...]." *Müller-Gatermann*, in: FS Schaumburg, 2009, S. 939 ff., 951, bezeichnet die Regelung daher als „großzügig".

1708 *Bartone/Klapdor*, Die Europäische Aktiengesellschaft, 2.6.3, S. 157; sog. steuerfreier „step up", siehe *Binnewies*, GmbH-StB 2007, 117, 119, und *Stadler/Elser*, BB-Special 8/2006, 18, 23. Vgl. hierzu auch Europäische Kommission, KOM(2006) 825 endg., S. 8.

Wert hinausgeht.[1709] Diese Divergenzen würden freilich vermieden werden, wenn die Verstrickungsbewertung in Abhängigkeit von der Wegzugsbewertung des Wegzugsstaates erfolgen würde.

So sah noch der Referentenentwurf zum SEStEG in § 6 Abs. 1 Nr. 5a S. 1 EStG-E vor, „das Wirtschaftsgut mit dem Wert anzusetzen, mit dem es anlässlich der Überführung in dem Staat der ausländischen Betriebsstätte einer Besteuerung unterlegen hat; höchstens [sollte] jedoch der gemeine Wert anzusetzen [sein]."[1710] Eine vergleichbare Regelung enthält § 17 Abs. 2 Satz 3 EStG für den Zuzug des Anteilseigners, der seine Beteiligung im Privatvermögen hält.

Zu Recht wird einer solchen Verstrickung in Abhängigkeit von der ausländischen Entstrickung aber Kritik entgegengebracht:[1711] Zum einen sei der Entstrickungswert des Wegzugsstaates, insbesondere bei Stundungsmodellen, mitunter schwierig zu ermitteln.[1712] Zum anderen – und dieser Punkt ist europarechtlich von Bedeutung – stünde eine solche Verstrickung „im systematischen Widerspruch zur ausnahmslosen Besteuerung im Entstrickungsfall".[1713]

Unter europarechtlichen Aspekten, speziell dem Kohärenzprinzip, müssen sich die Verstrickungsregeln in das Gesamtsystem „Aufteilung der stillen Reserven" stimmig einfügen. Das bedeutet, dass sie ein Spiegelbild zu den Entstrickungsregeln darstellen sowie den DBA-rechtlichen Vorgaben entsprechen müssen.[1714] Eine Anknüpfung der Verstrickung an den im Wegzugsstaat steuerlich erfassten Wert würde dieser Systemstimmigkeit nicht gerecht: denn die Verstrickung muss nicht der ausländischen, sondern der „eigenen" inländischen Entstrickungsregel spiegelbildlich entsprechen. Zudem führt die Klausel, dass „*höchstens* jedoch der gemeine Wert anzusetzen" sei, sogar dazu, dass der scheinbare Vorteil der Vermeidung von Doppelbesteuerungen nicht erreicht werden kann, da eine über den gemeinen

---

1709 *Dötsch/Pung*, DB 2006, 2648, 2651; *Stadler/Elser*, BB-Special 8/2006, 18, 23. Vgl. auch Europäische Kommission, KOM(2006) 825 endg., S. 8.

1710 Hierzu *Hruschka*, StuB 2006, 631, 634 f.; *Rödder/Schumacher*, DStR 2006, 1481, 1486; *Schönherr/Lemaitre*, GmbHR 2006, 561, 565.

1711 *Rödder/Schumacher*, DStR 2006, 1481, 1487, plädieren in Bezug auf § 6 Abs. 1 Nr. 5a EStG-E dafür, generell zum gemeinen Wert zu verstricken. Als zusätzliches Problem stellt sich bei § 17 Abs. 2 Satz 3 EStG, dass die ausländische Besteuerung der des § 6 AStG vergleichbar sein muss, hierzu kritisch *Rödder/Schumacher*, DStR 2006, 1481, 1487; *Schönherr/Lemaitre*, GmbHR 2006, 561, 566. Positiv gegenüber § 17 Abs. 2 Satz 3 EStG äußert sich hingegen *Müller-Gatermann*, in: FS Schaumburg, 2009, S. 939 ff., 951, nach dem „diese Regelung [...] konsequent weiße Einkünfte [vermeide]" und es verwundere, dass der Gesetzgeber keine entsprechende Regelung in § 4 EStG vorgesehen habe.

1712 *Eilers/Dondorf*, in: Reimer, Europäisches Gesellschafts- und Steuerrecht, S. 193 ff., 204 f.; *Schönherr/Lemaitre*, GmbHR 2006, 561, 566 zur Regelung in § 17 Abs. 2 S. 3 EStG-E.

1713 *Schönherr/Lemaitre*, GmbHR 2006, 561, 565. Ebenso *Eilers/Dondorf*, in: Reimer, Europäisches Gesellschafts- und Steuerrecht, S. 193 ff., 204.

1714 Siehe unter Kapitel 4, B. I. 3. b).

Wert hinausgehende Besteuerung des Wegzugsstaates gerade nicht abgefedert wird. Es werden allein sog. weiße Einkünfte vermieden und von den nicht im Ausland besteuerten, dort aber angewachsenen Werten profitiert. Der deutsche Gesetzgeber hat daher gut daran getan, bei Verstrickung zum gemeinen Wert zu bewerten.

Nochmal zu betonen ist aber, dass die Entstrickungsbesteuerung zum gemeinen Wert und damit auch die entsprechende Verstrickungsbewertung dann europarechtlich nicht zulässig ist, wenn DBA-rechtlich vereinbart ist, dass sämtliche stille Reserven sowie Lasten dem Zuzugsstaat zufallen. In diesem Fall ist eine Verstrickung zu den (fortgeführten) Anschaffungs-/Herstellungskosten erforderlich.[1715]

An dieser Stelle sei auf den Unterschied zur *handels*bilanziellen Aufnahme der SE im Zuzugsstaat hingewiesen, die europarechtlich andere Maßstäbe beachten muss. Während die Aufnahme der SE in das Steuerbilanzrecht zu berücksichtigen hat, dass Weg- und auch Zuzugsmitgliedstaat die bei ihm angewachsenen stillen Reserven – aber auch nur diese (!) – nach dem Kohärenz- und Territorialitätsprinzip besteuern darf, ist die Aufnahme ins Handelsbilanzrecht von der Frage bestimmt, wie eine möglichst geringe Belastung für die SE erzielt werden kann und welche Maßnahme sich ausnahmsweise unter Gläubiger- und Aktionärsschutzaspekten rechtfertigen lässt. Dieser Unterschied führt dazu, dass im Handelsbilanzrecht eine Fortführung der „ausländischen“ (!) Buchwerte, in der Steuerbilanz hingegen in der Regel eine Aufnahme zum gemeinen Wert vorzunehmen ist.

3. Würdigung im Hinblick auf das Prinzip der Folgerichtigkeit des Art. 3 Abs. 1 GG

Verfassungsrechtlich stellt sich die Frage, ob dem Erfordernis der folgerichtigen Umsetzung des Realisationsprinzips Vorgaben für den Verstrickungswert entnommen werden können. Dies muss wohl verneint werden, da das Realisationsprinzip allein besagt, dass Werte erst bei Realisierung und nur in der Höhe zu besteuern sind, in der sie sich realisiert haben. Eine Begrenzung auf nur bestimmte, z. B. im Inland angewachsene Werte kann ihm nicht entnommen werden.[1716]

Für die Beschränkung auf inländische stille Reserven müsste dem deutschen Steuerrecht vielmehr das Territorialitätsprinzip als grundlegendes Prinzip zugrunde liegen, so dass der Gesetzgeber dieses folgerichtig nach Art. 3 Abs. 1 GG auch für den Zuzug umsetzen müsste. Zwar bezieht sich die Entstrickungsbesteuerung allein auf die im Inland angewachsenen stillen Reserven. Es wäre aber wohl zu weit gegriffen, daraus die grundlegende Entscheidung des Gesetzgebers für das Territorialitätsprinzip entnehmen zu wollen. Mit der Verstrickung zum gemeinen Wert würde der Gesetzgeber einem entsprechenden Erfordernis aber sogar gerecht werden.

1715 Kapitel 4, B. I. 3. b) iii) (2).

1716 Siehe Kapitel 4, B. II. 3.

II. Bislang fehlende Zuzugsregel Italiens

Der italienische Gesetzgeber hatte bislang keine Verstrickungsregel als Pendant zur Entstrickungsbesteuerung des Art. 166 TUIR vorgesehen.[1717] In Literatur und Verwaltung wurde daher diskutiert, zu welchem Wert zuziehende Wirtschaftsgüter anzusetzen seien: zum sog. historischen Wert, zum Zeitwert bei Grenzübertritt oder zu dem Wert, zu dem der Wegzugsstaat das Wirtschaftsgut „entlassen“ hat.[1718] Mit Art. 12 Abs. 1 des decreto legislativo vom 14. September 2015, Nr. 147, (d.lgs. 147/2015) ist nunmehr Art. 166-*bis* TUIR eingefügt worden, der erstmalig den Zuzug eines Unternehmens nach Italien regelt.

1. Darstellung des bisherigen Meinungsstandes

Die Finanzverwaltung („Agenzia delle Entrate“) war in einem Umzugsfall einer natürlichen Person von Deutschland nach Italien von einer Verstrickung in Abhängigkeit von der (deutschen) Wegzugsbesteuerung ausgegangen.[1719] Sie stützte sich zunächst auf die spezielle Regelung der Nr. 12 des Protokolls zum DBA BRD/Ital., nach der bei Besteuerung eines „Vertragsstaates anlässlich des Wegzugs einer in diesem Staat ansässigen natürlichen Person [des] Wertzuwachs[es] einer wesentlichen Beteiligung an einer in diesem Staat ansässigen Gesellschaft [...] der andere Staat [...] den Betrag zugrunde [zu legen hat], den der erstgenannte Staat als fiktiven Wert der Beteiligung im Zeitpunkt des Wegzugs der natürlichen Person ermittelt hat.“ Weiter äußerte sich die Finanzverwaltung aber auch für den Fall, dass die Gesellschaft in einem Drittstaat ansässig ist, die Voraussetzungen der DBA-Regelung mithin nicht vorliegen, dahingehend, dass auf den „theoretischen Wert“ („valore ‚teorico‘“) abzustellen sei, den der Wegzugsstaat der Besteuerung unterworfen habe. Sie begründete dies wie folgt:

> „Ohne eine spezielle innerstaatliche Regelung und unter Berücksichtigung der normativen, auf natürliche Personen anzuwendende *exit tax* des Wegzugsmitgliedstaates

---

1717 Siehe Risoluzione (Verwaltungsentscheidung) v. 30.03.2007, Nr. 67/E; *L. Miele/M. Miele*, Corr. trib. 2012, 113, 116, 118; *Scarioni*, Boll. Trib. 2008, 461, 463; *Stevanato*, Dialoghi di diritto tributario 2007, 579, 579; *Uckmar/Corasaniti/De' Capitani di Vimercate*, Diritto tributario internazionale, Kap. 4, Sez. I, 5., S. 158; *Zizzo*, Corriere Tributario 2008, 3581, 3585. Zu einem möglichen Rückgriff auf andere innerstaatliche Normen siehe *Baggio*, Riv. d. trib. 2006, 537, 558 ff., und *Scarioni*, Boll. Trib. 2008, 461, 464 ff.

1718 Vgl. Risoluzione (Verwaltungsentscheidung) v. 30.03.2007, Nr. 67/E; v. 05.08.2008, Nr. 345/E; *Baggio*, Riv. d. trib. 2006, 537, 556 ff.; *Gallio/Furian*, Dialoghi di diritto tributario 2007, 575, 577 f.; *Lupi*, Dialoghi di diritto tributario 2007, 582, 582 ff.; *Scarioni*, Boll. Trib. 2008, 461, 462 ff.; *Stevanato*, Dialoghi di diritto tributario 2007, 579, 579 f.; *Uckmar/Corasaniti/De' Capitani di Vimercate*, Diritto tributario internazionale, Kap. 4, Sez. I, 5., S. 158; *Zizzo*, Corriere Tributario 2008, 3581, 3585 f.

1719 Risoluzione (Verwaltungsentscheidung) v. 30.03.2007, Nr. 67/E.

erscheint die Anwendung dieses Kriteriums nicht nur als die passendste, um das Besteuerungsrecht des Staates, in dem sich die Wertsteigerung der Beteiligung angesammelt hat, sicherzustellen, sondern auch als die wirksamste, um sowohl Phänomene der Doppelbesteuerung als auch ‚Sprünge in der Steuerschuld' [sc. weiße Einkünfte] zu vermeiden".[1720]

Nach *Gallio* und *Furian* lässt sich dieser Zusatz der Finanzverwaltung als Verallgemeinerung der DBA-Regelung lesen, die daher auch beispielsweise auf den Zuzug von juristischen Personen Anwendung finde. Konkret bedeute die Regelung, dass auf den Zeitwert (nur dann) abzustellen sei, wenn der Wegzugsstaat eine sog. exit tax vorsehe.[1721]

Für verallgemeinerbar hält auch *Lupi* die Aussage der Finanzverwaltung. Er geht aber einen Schritt weiter und erachtet den Zeitwert auch dann als für die Verstrickung maßgeblich, wenn der Wegzugsstaat keine sog. exit tax vornimmt. Der Verstrickungswert müsse nicht mit dem Wegzugswert des *ausländischen* Staates, sondern mit dem Wert der *italienischen* Wegzugsbesteuerung, also mit dem „valore normale" (entspricht dem gemeinen Wert)[1722], übereinstimmen. Dies zeige sich schon an dem Beispiel eines Zuzugs mit unmittelbar anschließendem Wegzug: Bei Verstrickung zu den Anschaffungs- und Herstellungskosten und einer Wegzugsbesteuerung zum „valore normale" würden stille Reserven besteuert, „ohne dass etwas wirtschaftlich Bemerkenswertes passiert [sei]".[1723]

Die Risoluzione (Verwaltungsentscheidung) vom 5. August 2008, Nr. 345/E, betraf hingegen einen formwechselnden Zuzug einer luxemburgischen Aktiengesellschaft (société anonyme) in eine italienische Aktiengesellschaft (società per azioni). Zu der Frage nach dem Verstrickungswert äußerte sich die Finanzverwaltung, dass das Abstellen auf die Anschaffungs- und Herstellungskosten für die Situationen passend sei, in denen die Wirtschaftsgüter nicht auf einen anderen Rechtsträger übertragen würden und der Fortbestand der steuerlichen Werte garantiert werden müsse. Der Zeitwert hingegen sei besser dafür geeignet, eine steuerrechtliche Diskontinuität und Ausscheiden von Wirtschaftsgütern aus dem Vermögen des Steuersubjekts darzustellen, sowie Doppelbesteuerungen zu vermeiden, wenn der Wegzugsstaat eine Wegzugsbesteuerung vorsehe. Da im vorliegenden Fall die Gesellschaft unter Fortbestand ihrer Rechtspersönlichkeit („continuità giuridico-civilistica") und ohne Übertragung von Wirtschaftsgütern

---

1720 Risoluzione (Verwaltungsentscheidung) v. 30.03.2007, Nr. 67/E.

1721 *Gallio/Furian*, Dialoghi di diritto tributario 2007, 575, 577 ff. Ähnlich auch *L. Miele/M. Miele*, Corr. trib. 2012, 113, 116; *Piazza/D'Angelo/Valsecchi*, Il Fisco 2015, 1, 23; *Stevanato*, Dialoghi di diritto tributario 2007, 579, 581 f.

1722 Siehe oben Kapitel 4, D. I. 1. c) i).

1723 *Lupi*, Dialoghi di diritto tributario 2007, 582, 582 ff. Zustimmend *Sallustio*, Riv. dir. trib. 2011, I, 829, 866 f. Im Ergebnis auch *Leo*, TUIR, Art. 73, 3.6., S. 1336 f.; *Uckmar/Corasaniti/De' Capitani di Vimercate*, Diritto tributario internazionale, Kap. 4, Sez. I, 5., S. 158.

auf andere Steuersubjekte sowie ohne eine Wegzugsbesteuerung in Luxemburg umgezogen sei, seien die Anschaffungs-/Herstellungskosten als maßgeblicher Verstrickungswert zu erachten.[1724]

Diese Stellungnahme der Finanzverwaltung war von *Zizzo* zu Recht kritisiert worden: Zum einen bedinge die Beibehaltung der Rechtspersönlichkeit nicht unbedingt die steuerliche Neutralität eines Vorgangs, wie schließlich die Wegzugsbesteuerung zeige. Für die Beibehaltung der Buchwerte ausschlaggebend sei vielmehr der Fortbestand eines Steuersystems („continuità di regime tributario"). Zum anderen sei die Verstrickung zu Anschaffungs-/Herstellungskosten aus systematischen Gründen zu beanstanden, da dadurch Werte erfasst würden, die entstanden seien, bevor eine Verknüpfung mit dem italienischen Steuerrecht bestand. Als Grund für die Erfassung dieser Werte sei allein die Steigerung des Steueraufkommens ersichtlich, wodurch eine Rechtfertigung aber nicht gelingen könne. Es sei daher vielmehr auf den Zeitwert abzustellen, durch den die erforderliche Differenzierung zwischen den im Ausland und den im Inland entstandenen stillen Reserven erreicht werden könne.[1725]

Baggio hingegen erachtete die Anschaffungs- und Herstellungskosten als den grundsätzlich maßgeblichen Verstrickungswert. Nur ausnahmsweise, beispielsweise wenn sich diese nicht ermitteln ließen, dürfe auf den „valore normale" (vergleichbar dem gemeinen Wert)[1726] abgestellt werden. Dies sei im italienischen Steuerrecht für die Überführungen von Wirtschaftsgütern aus dem Privat- in das Betriebsvermögen nach Art. 65 Abs. 3-*bis* TUIR i.V.m. dem Decreto des Präsidenten der Republik vom 23. Dezember 1974, Nr. 689, vorgesehen, welcher analog auch auf die grenzüberschreitende Verstrickung anzuwenden sei. Die Entstehung von Doppelbesteuerungen sei bei grenzüberschreitenden Tätigkeiten ein natürliches, im internationalen Steuerrecht zulässiges Phänomen. Auch bestehe kein wirkliches Prinzip dahingehend, dass nur die im Inland entstandenen Werte einer Besteuerung unterworfen werden dürften.[1727]

2. *Stellungnahme*

Betrachtet man die Frage nach dem Verstrickungswert unter europarechtlichen Aspekten, ist zur Anwendung des Kohärenzprinzips als Rechtfertigungsgrund für eine Wegzugsbesteuerung eine Symmetrie innerhalb des Gesamt-Ent-/Verstrickungssystems erforderlich. Die Verstrickung muss das Pendant zur Entstrickung darstellen.[1728] Da Art. 166 Abs. 1 TUIR eine Wegzugsbesteuerung zum „valore normale" vorsieht, muss spiegelbildlich auch die Verstrickung zum „valore normale"

1724 Risoluzione (Verwaltungsentscheidung) v. 05.08.2008, Nr. 345/E.

1725 *Zizzo*, Corriere Tributario 2008, 3581, 3585 f. Siehe auch *Sallustio*, Riv. dir. trib. 2011, I, 829, 894 f.

1726 Siehe Kapitel 4, D. I. 1. c) i).

1727 *Baggio*, Riv. d. trib. 2006, 537, 558 ff.

1728 Siehe oben Kapitel 4, B. I. 3. b).

erfolgen,[1729] welches zu einer am Territorialitätsprinzip orientierten Aufteilung der stillen Reserven führt. Ist das entsprechende DBA Italiens aber so zu verstehen, dass die stillen Reserven stets im Ansässigkeitsstaat zu besteuern sind, unabhängig davon, in welchem Staat sie sich gebildet haben,[1730] dürfte Italien (und müsste sogar)[1731] als Zuzugsstaat *sämtliche* stille Reserven (und Lasten) erfassen und daher eine Verstrickung zu den Anschaffungs-/Herstellungskosten vornehmen. Eine Wegzugsbesteuerung wäre dann aber nicht zulässig.

Die Verstrickung in Abhängigkeit von der Entstrickungsbewertung des Wegzugsstaates führt hingegen nicht zu einem in sich stimmigen Ent- und Verstrickungskonzept.[1732] Italien kann nicht auf der einen Seite die Wegzugsbesteuerung mit dem Bedürfnis rechtfertigen, die bei ihm angewachsenen stillen Reserven steuerlich erfassen zu wollen, um eine Kohärenz des Steuersystems herzustellen, und auf der anderen Seite beim Zuzugsfall auch auf solche stillen Reserven zugreifen, die gerade nicht in Italien angewachsen sind. Dies wäre kein in sich stimmiges Verhalten (im Zivilrecht würde man von einem „venire contra factum proprium" sprechen). Durch die „halbe" Anwendung des Territorialitätsprinzips allein zu seinen Gunsten würde dem Besteuerungssystem Italiens die Symmetrie fehlen, wodurch der Rechtfertigungsgrund der Kohärenz für mögliche beschränkende Maßnahmen innerhalb des Systems ausscheidet.

Zudem muss sich vor Augen geführt werden, dass die von der Entstrickung des Wegzugsstaates abhängige Verstrickungsbewertung nur dann zu anderen Ergebnissen kommt als die am Territorialitätsprinzip oder – je nachdem – die DBA-rechtlich orientierte Aufteilung, wenn der Wegzugsstaat sich nicht an die Vorgaben des Territorialitätsprinzips oder der davon gegebenenfalls abweichenden DBA-Regelung hält. Denn entspricht der Wegzugsstaat den Vorgaben, macht es für den Zuzugsstaat keinen Unterschied, ob er diese oder den Entstrickungswert des Wegzugsstaates heranzieht. Hält er sich hingegen nicht daran, liegt der „Fehler" beim Wegzugsstaat, der dies entsprechend zu berichtigen hat.[1733]

3. *Neuregelung des Art. 166-*bis *TUIR*

Der nunmehr neu eingeführte Art. 166-*bis* TUIR sieht in Absatz eins vor, dass bei Zuzug unter Erwerb der italienischen unbeschränkten Steuerpflicht von einem Staat, der in der Liste des Art. 11 Abs. 4 lit. c des decreto legislativo vom 1. April 1996, Nr. 239, aufgeführt ist, die Aktiva und Passiva zum valore normale zu bewerten sind. Damit sind Zuzüge aus solchen Staaten umfasst, mit denen

1729 Im Ergebnis ebenso *Lupi*, Dialoghi di diritto tributario 2007, 582, 582. Vgl. zudem die Ausführungen bei *Sallustio*, Riv. dir. trib. 2011, I, 829, 871.

1730 Zu unterschiedlichen italienischen DBA-Regelungen siehe *Scarioni*, Boll. Trib. 2008, 461, 462.

1731 Kapitel 4, B. I. 3. b) iii) (2).

1732 Siehe im Einzelnen unter Kapitel 4, B. I. 3. b).

1733 Kapitel 4, B. I. 3. b) iii) (3).

Italien einen angemessenen Informationsaustausch betreibt (Staaten der sog. white list)[1734]. Bei einem Zuzug aus einem anderen Staat bestimmt Art. 166-*bis* Abs. 2 Satz 1 TUIR, dass sich die Zuzugsbewertung auch dann nach dem valore normale richtet, sofern eine entsprechende Vereinbarung mit dem jeweiligen Staat (sog. tax ruling i.S.d. art. 31-*ter* des Decreto del Presidente della Repubblica vom 29. September 1973, Nr. 600)[1735] vorgesehen ist, anderenfalls sind gem. Art. 166-*bis* Abs. 2 Satz 1 TUIR die Aktiva mit dem niedrigsten der drei Werte „Anschaffungskosten", „Bilanzwert" und „valore normale", die Passiva mit dem höchsten der drei Werte anzusetzen.[1736]

Mit der Neuregelung ist klargestellt worden, dass in der Regel von einer Zuzugsbewertung nach dem valore normale auszugehen ist, welches europarechtlich zu begrüßen ist. Die Bestimmung des jeweils niedrigsten Wertes bei Aktiva bzw. des jeweils höchsten Wertes bei Passiva stellt hingegen eine regelrechte Sanktion des Zuzugs dar und enthält dabei eine Asymmetrie in der Bewertung von Aktiva und Passiva. Jedenfalls in Bezug auf europäische Staaten – die hiervon in der Regel nicht betroffen sein dürften – wäre die Regelung unzulässig.

III. Besondere Problematik: der Zuzugszeitpunkt

Von besonderer Bedeutung ist die Frage nach dem Zuzugszeitpunkt, dem Zeitpunkt, zu dem die SE mit dem in diesem Moment bestehenden Wert ihrer Wirtschaftsgüter in das Besteuerungssystem des Zuzugsstaates aufgenommen wird. Grundsätzlich wird die SE mit Eintritt in die unbeschränkte Steuerpflicht steuerverknüpft – abgesehen von vorher bereits möglichen Verknüpfungen durch die beschränkte Steuerpflicht. Die Begründung sowie der Verlust der unbeschränkten Steuerpflicht erfolgen jedoch in Italien und Deutschland nicht nach einem einheitlichen System.

Während Deutschland für die unbeschränkte Steuerpflicht nach § 1 Abs. 1 KStG alleine darauf abstellt, dass sich Geschäftsleitungsort oder Satzungssitz im Inland befinden, und zulässt, dass innerhalb eines Kalenderjahres sich unbeschränkte und beschränkte Steuerpflicht abwechseln, ex § 7 Abs. 3 Satz 3 KStG, macht das italienische Steuerrecht die Besteuerung nach der unbeschränkten Steuerpflicht nicht nur vom inländischen Satzungssitz, Ort der Geschäftsleitung oder auch von der inländischen Hauptniederlassung abhängig, sondern fordert zusätzlich als zeitliche Komponente, dass diese die meiste Zeit des Steuerjahres im Inland liegen, vgl. Art. 73 Abs. 3 TUIR. Die italienische unbeschränkte Steuerpflicht des *gesamten* Steuerjahres „steht und fällt" mit der Dauer der Ansässigkeit innerhalb des Steuerjahres: Zieht die SE gegen Ende des Steuerjahres nach Italien, resultieren ihre ab dann erzielten Einkünfte des Steuerjahres in keinem der beiden Staaten (unbeschränkt) steuerpflichtig. Bei

1734 *Gaiani*, Il Fisco 2015, 4536; *Pellecchia*, Rassegna tributaria 2015, 1410.
1735 *Gaiani*, Il Fisco 2015, 4536; *Pellecchia*, Rassegna tributaria 2015, 1410.
1736 Kritisch *Pellecchia*, Rassegna tributaria 2015, 1410.

einem Zuzug zu Beginn des Steuerjahres hingegen würden die bis dahin erzielten Einkünfte doppelt erfasst.[1737]

Zur Vermeidung einer so bei der laufenden Besteuerung entstehenden Doppelbesteuerung ist Art. 4 DBA BRD/Ital. dahingehend auszulegen, dass die Gesellschaft nur für den Teil des Steuerjahres auf Grundlage der unbeschränkten Steuerpflicht besteuert werden darf, in dem der Ort der Geschäftsleitung tatsächlich im Inland liegt, mithin erst ab dem Zeitpunkt des tatsächlichen Zuzugs. Davor ist eine gegebenenfalls bestehende innerstaatliche unbeschränkte Steuerpflicht Italiens auf die Quellenbesteuerungsrechte nach dem Abkommen zu reduzieren.[1738]

Für den Verstrickungs(bewertungs)moment ist zudem zu beachten, dass der Rechtfertigungsgrund des Territorialitäts- und Kohärenzprinzips nur angeführt werden kann, wenn der Staat auch tatsächlich allein auf die im Inland angewachsenen stillen Reserven zugreift. Die zuziehenden stillen Reserven sind daher mit dem Wert in das Steuersystem aufzunehmen, der ihnen zum Zeitpunkt des tatsächlichen Zuzugs zukommt – unabhängig davon, wann die unbeschränkte Steuerpflicht nach Art. 73 Abs. 3 TUIR greift. Die Argumentationsstruktur für den Zeitpunkt der Feststellung der stillen Reserven bei der Wegzugsbesteuerung nach Art. 166 TUIR ist hier spiegelbildlich anzuführen.[1739]

F. Möglichkeiten einer europarechtskonform gestalteten Wegzugsbesteuerung der SE: Spagat zwischen Europarechtskonformität und Besteuerungsbedürfnis der Mitgliedstaaten

Die Mitgliedstaaten haben verständlicherweise das Bedürfnis, die stillen Reserven, die sich unter ihrer Besteuerungshoheit angesammelt haben, einer Besteuerung zu unterwerfen. Dieses Bedürfnis erkennt der EuGH an und stellt ihnen den Rechtfertigungsgrund der Kohärenz sowie das Territorialitätsprinzip zur Seite, setzt diesen aber auch Grenzen: zum einen durch die sog. „Makro-Kohärenz", zum anderen durch die Verhältnismäßigkeit. Im Folgenden sollen Möglichkeiten aufgeführt werden, wie sowohl den europarechtlichen Vorgaben als auch dem Besteuerungsbedürfnis der Mitgliedstaaten Rechnung getragen werden kann. Auch verfassungsrechtliche Aspekte sind nicht außer Acht zu lassen.

I. Die „Makro-Kohärenz": europarechtliche Relevanz der DBA-Regelungen

Die Rechtfertigungsgründe der „Mikro-Kohärenz" und des Territorialitätsprinzips erkennen die Erfassung der im Inland angewachsenen stillen Reserven dem Wegzugsstaat nur zu, wenn nicht bereits eine Kohärenz auf „Makro-Ebene" besteht:

1737 Siehe oben unter Kapitel 4, D. III.
1738 Im Einzelnen unter Kapitel 4, D. III. 1.
1739 Siehe unter Kapitel 4, D. III. 2.

Regelt der Mitgliedstaat DBA-rechtlich, dass die stillen Reserven nicht von dem Staat besteuert werden dürfen, in dem sie entstanden sind, sondern von dem, in dem sie sich realisieren, gibt er bei Wegzug sein Besteuerungsrecht freiwillig auf und erhält im Gegenzug in Zuzugsfällen das Besteuerungsrecht an den im Ausland entstandenen stillen Reserven. Einer entgegenstehenden innerstaatlichen Wegzugsbesteuerung wird die Rechtfertigung dann europarechtlich (!) untersagt.[1740]

Die Mitgliedstaaten müssen sich folglich entscheiden, auf welcher Ebene (Mikro- oder Makro-) sie Kohärenz herstellen möchten und die DBA entsprechend anpassen. Im Einzelnen: entscheiden sie sich für die „Mikro-Kohärenz", steht ihnen die (verhältnismäßige) Besteuerung der bei ihnen angewachsenen stillen Reserven auch ohne entsprechende DBA-Regeln nach dem Territorialitätsprinzip zu. Es darf allerdings in den DBA nichts Gegenteiliges vorgesehen sein – vielmehr könnte eine Verfestigung des Territorialitätsprinzips in Erwägung gezogen werden.[1741]

Sollten sie hingegen die „Makro-Kohärenz" bevorzugen, bedarf es der Festlegung, dass demjenigen Staat die stillen Reserven steuerlich zuzuweisen sind, in dem sie sich realisieren. Eine entgegenstehende Wegzugsbesteuerung ist dem Wegzugsstaat dann – unabhängig von ihrer Ausgestaltung – verwehrt. Beim Zuzug ist hingegen die Steuerverknüpfung zu Buchwerten vorzunehmen, um die „ausländischen" stillen Reserven (wie auch stillen Lasten) aufzunehmen. Freilich haftet der „Makro-Kohärenz" damit der Nachteil an, dass die „eigenen" stillen Reserven „abwandern", unsicher aber bleibt, welche und ob überhaupt „fremde" bei Zuzügen dafür „zuwandern" werden.

Entschließt sich ein Mitgliedstaat gegen eine Kohärenz auf Makro- und für eine auf Mikro-Ebene, sollte er die DBA auf widersprechende Regelungen untersuchen und diese gegebenenfalls abändern. Zwar hat der BFH in den Urteilen vom 17. Juli 2008 und 28. Oktober 2009 die (deutschen DBA) dahingehend ausgelegt, dass die im Inland angewachsenen stillen Reserven weiterhin dem Wegzugsstaat zustünden,[1742] so dass eine „Makro-Kohärenz" zu verneinen wäre.[1743] Dieser Auslegung hat sich der EuGH in dem Urteil *National Grid Indus*[1744] jedoch nicht angeschlossen, so dass „auslegungsfeste" DBA-Regelungen erforderlich scheinen. Vorsichtshalber könnte zudem die innerstaatliche Vorschrift der Wegzugsbesteuerung so formuliert werden,

---

1740 Zutr. *Rödder*, DStR 2004, 1629, 1633; *ders.*, in: FS Wassermeyer, 2005, S. 163 ff., 175 f.; siehe Näheres in Kapitel 2, E. II. 1. c) ii).

1741 Durch eine solche „DBA-Verstärkung des Territorialitätsprinzips" könnte evtl. eine doppelte Besteuerung der stillen Reserven besser verhindert werden.

1742 Kapitel 4, C. I. 3. a). Zu Art. 13 Abs. 5 OECD-MA siehe zudem BFH v. 23.09.2008 – I B 92/08, BStBl. II 2009, 524, 525 f., Tz. 14 f.

1743 Dementsprechend schlägt *Schindler*, IStR 2004, 300, 307, vor, zur Vermeidung einer „Makro-Kohärenz" die bereits bestehenden DBA-Regelungen europarechtskonform auszulegen oder teleologisch zu reduzieren.

1744 EuGH v. 29.11.2011 – C-371/10 („National Grid Indus"), DStR 2011, 2334, 2335, Tz. 13, 2339, Tz. 47. Darstellung des Urteils unter Kapitel 2, C. I. 3. b).

dass sie allein bei rein innerstaatlichen Entstrickungen greift, also nur, wenn die stillen Reserven nicht DBA-rechtlich einem anderen Staat zugewiesen sind.

Entsprechende „auslegungsfeste" DBA-Regelungen bestehen teilweise bereits und könnten als Orientierung für weitere Regeln dienen. Beispielsweise stellt Art. 13 Abs. 7 DBA BRD/Kanada beim Wegzug natürlicher Personen zur Aufteilung der stillen Reserven zwischen den Vertragsstaaten auf den Marktwert zum Zeitpunkt des Umzugs ab.[1745] Dadurch wird sichergestellt, dass dem Wegzugsstaat die Wertsteigerungen bis und dem Zuzugsstaat ab Umzug zukommen. Der für die Vermeidung der „Makro-Kohärenz" entscheidende Punkt ist damit vorgesehen: Die stillen Reserven werden dem Staat zugewiesen, in dem sie sich gebildet haben. Anzumerken ist weiter, dass Art. 13 Abs. 7 DBA BRD/Kanada dem Wegzugsstaat das Besteuerungsrecht an „seinen" stillen Reserven nicht nur bei Wegzug, sondern auch noch zehn Jahre nach Wegzug zuerkennt. Ein solches weiterbestehendes Besteuerungsrecht wäre aber wohl nicht einmal erforderlich, um die „Makro-Kohärenz" zu vermeiden. Als ausreichend wird man hingegen ansehen können, dass die Besteuerung des Wegzugsstaates im Moment des Wegzugs zulässig ist *und* der Zuzugsstaat einen sog. step-up (Buchwerterhöhungsklausel) vornimmt, durch den ihm erst die ab dem Umzug entstehenden stillen Reserven zustehen, so beispielsweise in Bezug auf von natürlichen Personen gehaltene „wesentliche Beteiligungen" nach Nr. 12 des Protokolls zu Art. 13 DBA BRD/Italien.[1746]

Der Unterschied beider Regelungsarten (hier DBA BRD/Kanada und DBA BRD/Italien) liegt im Zeitpunkt, bis zu dem der Wegzugsstaat die bei ihm angewachsenen stillen Reserven noch besteuern darf. Dieser ist aber europarechtlich für die Vermeidung einer „Makro-Kohärenz" unerheblich, solange mit der Regelung ausreichend zum Ausdruck kommt, dass die stillen Reserven i.S.d. Territorialitätsprinzips, also nach dem Ort ihrer Entstehung, zuzuweisen sind. Um aber einen treaty override, also einen Verstoß gegen das Abkommensrecht zu vermeiden, muss bei nur im Wegzugszeitpunkt zulässiger Besteuerung (so DBA BRD/Italien) der Besteuerungsanspruch bereits im Moment des Wegzugs entstehen; die Ausgleichspostenmethode wäre daher nicht zulässig.

1745 Folgende Punkte der Vorschrift sind jedoch änderungsbedürftig: Die Regelung ist nur für natürliche Personen vorgesehen, der Zuzugsstaat muss die „ausländischen" stillen Reserven erst auf Entscheidung des Steuerpflichtigen von der Besteuerung ausnehmen und das Besteuerungsrecht des Wegzugsstaates ist nicht explizit auf die „inländischen" stillen Reserven beschränkt. Hierzu sowie zu entsprechenden Regelungen weiterer DBA siehe *Gosch*, in: Gosch/Kroppen/Grotherr, DBA, Art. 13 (2009), Rn. 163; *Gropp*, in: Lademann, EStG, § 6 AStG (Sept. 2009), Rn. 13; *Kraft*, in: Kraft, AStG, § 6, Rn. 48; *Reimer*, in: Vogel/Lehner, DBA, Art. 13, Rn. 308 ff.; *Schaumburg*, Internationales Steuerrecht, Kap. 5, E. IV. 2., Rn. 5.361, Fn. 4. Zu niederländischen DBA *Boers*, Rassegna Tributaria 2006, 1401, 1403 f.

1746 Siehe auch *Schindler*, IStR 2004, 300, 307. Zu entsprechenden DBA-Regelungen siehe *Gosch*, in: Gosch/Kroppen/Grotherr, DBA, Art. 13 (2009), Rn. 163; *Melis*, Dir. prat. trib. int. 2004, 13, 41 f.; *ders.*, Il trasferimento della residenza fiscale, Kap. 5, 6.1., S. 588; *Reimer*, in: Vogel/Lehner, DBA, Art. 13, Rn. 304, 317.

II. Ausgestaltung einer Wegzugsbesteuerung i.R.e. „Mikro-Kohärenz“

Besteht DBA-rechtlich keine „Makro-Kohärenz“, stehen dem Mitgliedstaat für die Ausgestaltung einer Wegzugsbesteuerung die Rechtfertigungsgründe der „Mikro-Kohärenz“ und des Territorialitätsprinzips zur Verfügung. Im Folgenden soll erörtert werden, wie eine verhältnismäßige Ausgestaltung der Wegzugsbesteuerung aussehen müsste.

Die Steuerpflicht bezüglich der wegziehenden stillen Reserven einfach auch nach dem Wegzug weiterhin anzuerkennen, wie es die Auslegung des BFH in den Urteilen vom 28. Oktober 2009 ergeben hat,[1747] kann nicht als ausreichend erachtet werden. Denn trotz Amtshilfe des Zuzugsstaates wird es für die Finanzverwaltung nur schwierig und unter erheblichem Kontrollaufwand möglich sein, zu ermitteln, wann sich die „inländischen“ stillen Reserven in welcher Höhe im Ausland realisieren. Mögliche Vollzugsdefizite wären verfassungsrechtlich i.R.e. Rechtsanwendungsgleichheit bedenklich sowie europarechtlich unter Verhältnismäßigkeitsgesichtspunkten im Vergleich zu anderen Erfassungssystemen nicht gleich geeignet.[1748]

1. *Besteuerungsauslöser*

Als Besteuerungsauslöser für eine europarechtskonforme Wegzugsbesteuerung ist die Entstrickung von stillen Reserven zu wählen. Denn das Kohärenzprinzip rechtfertigt eine an den Grenzübertritt anknüpfende Besteuerung nur, wenn dem Wegzugsstaat ansonsten bei ihm angewachsene Wertsteigerungen entzogen werden würden.[1749]

Einschränkend ist anzumerken, dass zur Wahrung der „Makro-Kohärenz“ als Besteuerungsauslöser nur die *innerstaatliche* Entstrickung dienen darf, also die Entstrickung von solchen stillen Reserven, die DBA-rechtlich weiterhin dem Wegzugsstaat zugewiesen sind. Dennoch ist der allgemeine Bezug der Steuernorm auf Entstrickungen ausreichend, solange DBA-rechtlich abgesichert ist, dass dem Wegzugsstaat „seine“ stillen Reserven weiterhin zur Besteuerung unterliegen.[1750]

Aber auch bei einer verbleibenden Verstrickung kann ein Steuervollzug im Ausland faktisch auf Grenzen stoßen, wenn die stillen Reserven und ihre mögliche Realisierung nur noch schwierig zu verfolgen sind. In diesen Fällen ist eine spätere Besteuerung zwar nicht rechtlich, so doch tatsächlich nicht sichergestellt („faktische Entstrickung“),[1751] so dass europarechtlich zur Herstellung der Kohärenz eine

1747 Oben unter Kapitel 4, C. I. 3. a).
1748 Vgl. hierzu oben Kapitel 4, B. I. 2. b) i).
1749 Siehe oben unter Kapitel 2, E. II. 1. c) i) (3).
1750 Hierzu soeben unter Kapitel 4, F. I.
1751 Siehe bereits Kapitel 2, E. II. 1. c) ii) (3).

Wegzugsbesteuerung erfolgen darf. Als Besteuerungsauslöser sollte daher die rechtliche (rein innerstaatliche) sowie die faktische Entstrickung gewählt werden.

Zwar ist zu ergänzen, dass unter verfassungsrechtlichen Aspekten eine Wegzugsbesteuerung lediglich bei einer faktischen Entstrickung mit dem Argument der Vermeidung von Vollzugsdefiziten (Art. 3 Abs. 1 GG) zu rechtfertigen ist; eine rein rechtliche Entstrickung muss der Gesetzgeber hingegen selbst verhindern, indem er die Verstrickungstatbestände entsprechend erweitert.[1752] Bei Grenzübertritt einer Kapitalgesellschaft kann aber davon ausgegangen werden, dass es zu Vollzugsdefiziten und daher (auch) zu faktischen Entstrickungen kommt.[1753]

2. *Betroffene Werte*

Weiterhin gibt das Kohärenzprinzip vor, dass nur die stillen Reserven von einer Wegzugsbesteuerung erfasst werden dürfen, die dem Besteuerungsrecht des Wegzugsstaates auch tatsächlich entzogen werden. In einer Steuerverstrickung verbleibende stille Reserven dürfen nicht der Wegzugsbesteuerung unterfallen, da bei ihnen eine spätere Besteuerung ohnehin gewährleistet ist.[1754] Das bedeutet, dass die Entstrickung nicht nur vorgibt, wann eine Wegzugsbesteuerung ausgelöst wird, sondern auch, welche Wert davon betroffen sind: nur die sich entstrickenden.

Und auch verfassungsrechtlich dürfen solche Werte nicht erfasst werden, die steuerverstrickt bleiben, da hier eine spätere Realisierung noch möglich ist und die Durchbrechung des Realisationsprinzips nicht zu rechtfertigen wäre.

Bei Entstrickung einer sog. Sachgesamtheit ist dabei zu beachten, dass zur Ermittlung ihres „Entstrickungswertes“ auf sie im Ganzen abzustellen ist, um so den ihr anhaftenden (Teil des) Geschäfts- oder Firmenwertes, wie auch stille Lasten zu berücksichtigen. Dies sollte, anders als bei § 12 Abs. 1 KStG, explizit festgelegt werden.

Auch ist die Aufteilung der stillen Reserven zwischen der wegziehenden Sachgesamtheit und dem gegebenenfalls im Inland verbleibenden Rest des Unternehmens „entstrickungsspezifisch“ vorzunehmen. Dabei kann auch der Geschäfts- oder Firmenwert innerhalb des Unternehmens aufzuteilen sein – je nach dem, welchem Unternehmensteil die künftigen, über dem Substanzwert der Wirtschaftsgüter liegenden Unternehmensgewinne zuzuweisen sind.[1755]

Entstehen nach dem Wegzug Wertminderungen, muss der Wegzugsstaat diese (abgesehen von anderweitigen DBA-Regelungen) nicht berücksichtigen. Die Rechtfertigungsgründe der „Mikro-Kohärenz“ und des Territorialitätsprinzips erfordern die Erfassung nur von im Inland entstandenen Wertminderungen. Auch wenn sich also die bei Wegzug bestehenden Wertsteigerungen aufgrund späterer Wertverluste letzten Endes nicht in entsprechender Höhe realisieren, liegt es allein am

1752 Siehe oben unter Kapitel 4, B. II. 2. b).
1753 Zu den Schwierigkeiten der Verfolgung der stillen Reserven im Ausland Kapitel 4, B. I. 2. b) i), F. II. 3.
1754 Siehe oben unter Kapitel 2, E. II. 1. c) i) (3).
1755 Kapitel 4, C. II. 3. b) iii) (4).

Zuzugsstaat, dies auszugleichen.[1756] Die der Wegzugsbesteuerung unterliegenden Werte können daher unproblematisch bereits zum Zeitpunkt des Wegzugs festgesetzt werden.

3. *Rechtsfolge: Typisierter Besteuerungsaufschub*

Die zum Zeitpunkt des Wegzugs erfassten stillen Reserven dürfen jedoch nicht unmittelbar besteuert werden; eine Sofortbesteuerung stellt nicht das mildeste Mittel dar, ist damit nicht verhältnismäßig und somit europarechtlich unzulässig.[1757] Allerdings ist eine Steuerstreckung bis zur tatsächlichen Realisierung der stillen Reserven im Ausland mit einem Dokumentations- und Kontrollaufwand verbunden, der beim Wegzug von Kapitalgesellschaften ein derartiges Maß annimmt, dass er zu Vollzugsdefiziten führen könnte.[1758] Daher ist diese Ausgestaltung der Wegzugsbesteuerung gegenüber einer Sofortbesteuerung nicht gleich geeignet und europarechtlich nicht zu fordern. Zudem wären Vollzugsdefizite verfassungsrechtlich i.R.d. Rechtsanwendungsgleichheit nicht hinnehmbar.[1759]

Eine erhebliche Reduzierung des Kontrollaufwandes und damit eine einfachere Durchführbarkeit der Wegzugsbesteuerung kann durch die Typisierung des Besteuerungszeitpunktes erreicht werden.[1760] Bei „unverhältnismäßigem Besteuerungsaufwand […], insbesondere durch besonders aufwendige Tatsachenermittlungen“[1761]

1756 Kapitel 4, B. I. 2. b) iii).

1757 Kapitel 4, C. III. 1.

1758 Siehe oben Kapitel 4, B. I. 2. b) i).

1759 Vgl. auch BT-Dr. 318/1/10, S. 9: „Zudem ist die neue Rechtsprechung nur schwer administrierbar und mit verfassungsrechtlich nicht hinnehmbaren Vollzugsdefiziten verbunden.“ Zum Erfordernis der Rechtsanwendungsgleichheit siehe BVerfG v. 27.06.1991 – 2 BvR 1493/89, BVerfGE 84, 239; v. 09.03.2004 – 2 BvL 17/02, BVerfGE 110, 94; *Birk*, StuW 2004, 277, 277 ff.; *Hey*, in: Tipke/Lang, Steuerrecht, § 3, Rn. 111 ff.; *Kirchhof*, StbJb. 1994/95, 5, 14 ff; *Tipke*, Steuerrechtsordnung, Bd. 1, Teil III, § 7, 5.93, S. 359 ff.

1760 So schlagen *Richter/Heyd*, StuW 2010, 367, 377 ff., für die Wegzugsbesteuerung im Fall des Hinausformwechsels eine gestreckte Besteuerung entsprechend der Merkpostenmethode der BS-VWG vor. Siehe zudem *von der Laage*, StuW 2012, 182, 189 f.; Zur Erlangung von Rechtsanwendungsgleichheit durch Typisierung siehe *Tipke*, Steuerrechtsordnung, Bd. 1, Teil III, § 7, 5.93, S. 360; zudem *Birk/Desens/Tappe*, Steuerrecht, 1. Teil, § 2, B. IV., Rn. 218. *Hofmeister*, in: FS Wassermeyer, 2005, S. 437 ff., 448, plädiert für eine „großzügige Stundungsregelung“ zur Vermeidung der Dokumentations- und Kontrollpflichten.

1761 *Tipke*, Steuerrechtsordnung, Bd. 1, Teil III, § 7, 5.9213, S. 355. Siehe zudem BVerfG v. 15.01.2008 – 1 BvL 2/04 („Gewerbesteuerfreiheit“), BverfGE 120, 1, 30, Tz. 116; v. 03.09.2009 (Nichtannahmebeschluss) – 1 BvR 2384/08, BFH/NV 2010, 154, Tz. 31; v. 12.10.2010 – 1 BvL 12/07, BVerfGE 127, 224, 245 f., Tz. 52, nach dem dem Gesetzgeber gestattet ist, bei einer „Massenregelung“ Typisierungen vorzunehmen, „um praktikabel zu sein“.

sind Typisierungen verfassungsrechtlich anerkannt, wenn durch sie legitime, zur Rechtfertigung von Typisierungsregeln geeignete Ziele, wie Vereinfachung, Vereinheitlichung der Besteuerung oder „Abwehr unerwünschter steuerlicher Gestaltungen“ verfolgt werden und die „Belastungswirkung relativ geringfügig“ ist.[1762] „Die steuerlichen Vorteile der Typisierung [müssen also] im rechten Verhältnis zu der mit der Typisierung notwendig verbundenen Ungleichheit der steuerlichen Belastung stehen.“[1763] Zudem ist die Typisierung „realitätsgerecht“ auszugestalten.[1764] Es dürfen mithin „keine atypischen Fälle als Leitbild [gewählt werden]. Erforderlich ist eine Orientierung an der Normalität, am Durchschnitt“.[1765]

Die Typisierung von Realisationsmomenten im Ausland reduziert im Verhältnis zum Abstellen auf die tatsächlichen Realisationszeitpunkte den Dokumentations- und Kontrollaufwand erheblich, wodurch ein Vereinfachungseffekt und damit ein legitimes Ziel für eine Typisierung erreicht wird. Zudem steht diesem Vorteil eine relativ geringe Belastungswirkung und Ungleichheit zwischen den Steuerpflichtigen gegenüber, da – im Unterschied zu der Vereinfachung durch die Sofortbesteuerung – die Realisationszeitpunkte immerhin typisiert Beachtung finden würden.

Die Belastungswirkung verringert sich umso mehr, je realitätsgerechter die Typisierung ausgestaltet ist. Dabei erscheint die von den Vorschriften der § 4g EStG/§ 36 Abs. 5 EStG und Art. 1 Abs. 7 Satz 1 des italienischen Ministerialdekrets vom 2. Juli 2014[1766] vorgesehene ratierliche Steuerstreckung auf fünf bzw. sechs Jahre jedoch nicht ausreichend realitätsnah.[1767] Denn auf der einen Seite unterliegen die stillen Reserven des Umlaufvermögens in der Regel einer sehr schnellen Realisierung, da

1762 Detaillierte Darstellung in BVerfG v. 12.10.2010 – 1 BvL 12/07, BVerfGE 127, 224, 253 ff., Tz. 71 ff.

1763 BVerfG v. 03.09.2009 (Nichtannahmebeschluss) – 1 BvR 2384/08, BFH/NV 2010, 154, Tz. 31; v. 17.11.2009 – 1 BvR 2192/05 („Körperschaftsteuerminderungspotential“), BVerfGE 125, 1, 37, Tz. 87; v. 12.10.2010 – 1 BvL 12/07, BVerfGE 127, 224, 245 f., 253 ff., Tz. 52, 72 ff.

1764 BVerfG v. 25.09.1992 – 2 BvL 5/91 u.a. („Grundfreibetrag“), BVerfGE 87, 153, 172; v. 07.12.1999 – 2 BvR 301/98 („häusliches Arbeitszimmer“), BVerfGE 101, 297, 310; v. 17.11.2009 – 1 BvR 2192/05 („Körperschaftsteuerminderungspotential“), BVerfGE 125, 1, 37, Tz. 87; v. 06.07.2010 – 2 BvL 13/09 („häusliches Arbeitszimmer“), BVerfGE 126, 268, 278 f., Tz. 38; v. 12.10.2010 – 1 BvL 12/07, BVerfGE 127, 224, 245 f., 253 ff., Tz. 52, 72 ff.; *Birk/Desens/Tappe*, Steuerrecht, 1. Teil, § 2, B. IV., Rn. 218; *Drüen*, Ubg 2009, 23, 26; *Kirchhof*, in: Kirchhof, EStG, Einl., Rn. 32; *Mellinghoff*, Ubg 2012, 369, 371.

1765 *Tipke*, Steuerrechtsordnung, Bd. 1, Teil III, § 7, 5.9212, S. 351. Zudem BVerfG v. 03.09.2009 (Nichtannahmebeschluss) – 1 BvR 2384/08, BFH/NV 2010, 154, Tz. 31; v. 17.11.2009 – 1 BvR 2192/05 („Körperschaftsteuerminderungspotential“), BVerfGE 125, 1, 37, Tz. 87; v. 06.07.2010 – 2 BvL 13/09 („häusliches Arbeitszimmer“), BVerfGE 126, 268, 278 f., Tz. 38; v. 12.10.2010 – 1 BvL 12/07, BVerfGE 127, 224, 245 f., Tz. 52; *Weber-Grellet*, FR 2011, 1028, 1031.

1766 Gazzetta Ufficiale Nr. 156 v. 08.07.2014.

1767 Siehe auch *von der Laage*, StuW 2012, 182, 190.

sie nicht im Betrieb verbleiben, sondern möglichst früh veräußert werden sollen. Auf der anderen Seite können sich stille Reserven des Anlagevermögens aufgrund der teilweise sehr langen Nutzungsdauer der Wirtschaftsgüter noch weit über fünf Jahre hinaus in laufenden Gewinnen widerspiegeln. So gehen die AfA-Tabellen bei den meisten Anlagegütern von einer wesentlich längeren Nutzungsdauer als fünf bzw. sechs Jahre aus: bei Wäschetrocknern vom acht Jahren, bei Autowaschanlagen von zehn Jahren, bei Abricht-/Biegemaschinen von 13 Jahren und bei Tresoranlagen sogar von einer Nutzungsdauer von 25 Jahren.[1768] Und dem Geschäfts- oder Firmenwert erkennt das Gesetz selbst nach § 7 Abs. 1 Satz 3 EStG eine Nutzungsdauer von 15 Jahren zu.[1769] Innerhalb dieser langen Zeiträume können sich also die stillen Reserven noch durch Nutzung der Wirtschaftsgüter realisieren.[1770]

Um eine realitätsnahe Ausgestaltung der Typisierung zu erreichen, müsste also zwischen den einzelnen Wirtschaftsgütern differenziert werden. Doch dies würde wiederum die Komplexität der Wegzugsbesteuerung erhöhen und ihre Durchführbarkeit erschweren. Als mögliches Mittelmaß könnte aber zwischen Umlaufvermögen, Anlagevermögen und dem Geschäfts- oder Firmenwert als eigene Kategorie unterschieden und jeder Kategorie eigene (typisierte) Realisationszeitpunkte zugewiesen werden. So könnten die stillen Reserven des Umlaufvermögens über drei Jahre, des Anlagevermögens über zehn Jahre und der Geschäfts- oder Firmenwert über 15 Jahre ratierlich besteuert werden.[1771]

Schwierig wird es aber, wenn eine Sach*gesamt*heit ins Ausland zieht, auf die nach hier vertretener Ansicht zur Ermittlung der stillen Reserven als Ganzes abzustellen ist.[1772] Müsste nun dieser im Ganzen ermittelte Wert wiederum zur Festlegung der typisierten Realisationszeitpunkte auf die einzelnen Kategorien aufgeteilt werden, würde die Komplexität der Wegzugsbesteuerung erneut gesteigert werden. Zudem müsste bei einer solchen Aufteilung auch eine Kategorie für die stillen Lasten vorgesehen werden, die schließlich beim Wegzug einer Sachgesamtheit „mitziehen".

Zur Vermeidung dieser erneut entstehenden Komplexität sollte daher auf eine entsprechende Aufteilung verzichten werden. Dabei ist der Gesamtbetrag an noch unversteuerten Werten dennoch möglichst realitätsgerecht zu versteuern. Es darf nicht unberücksichtigt bleiben, dass die Realisierung der stillen Reserven nach Wegzug rückläufig ist: In den ersten Jahren realisieren sich die stillen Reserven des

---

1768 BMF, AfA-Tabelle für die allgemein verwendbaren Anlagegüter („AV"), Nr. 0 der Tabellenliste.

1769 Eine allgemeine Streckung auf 15 Jahre fordert *Sieker*, FR 2012, 352, 354.

1770 Zur zeitlichen Verknüpfung der Besteuerung stiller Reserven nach Wegzug mit ihrer Nutzungsdauer siehe *Rödder*, IStR 2005, 297, 299; *Schaumburg*, StJB 2008/2009, 193, 208 f., Fn. 54; *Schönfeld*, IStR 2010, 133, 137; *Wassermeyer*, in: Piltz/Schaumburg, Internationale Betriebsstättenbesteuerung, 2001, S. 25 ff., 37; *ders.*, DB 2006, 1176, 1179; *ders.*, IStR 2010, 461, 464; *ders.*, IStR 2011, 813, 814.

1771 Siehe auch *von der Laage*, StuW 2012, 182, 190. In Bezug auf die 15 Jahre des Geschäfts- oder Firmenwertes vgl. nunmehr auch *Sieker*, FR 2012, 352, 354.

1772 Siehe Kapitel 4, C. II. 4. b).

Umlaufvermögens sowie auch schon solche des Anlagevermögens und Teile des Geschäfts- oder Firmenwertes. Sind aber (typisiert) nach den ersten drei Jahren die stillen Reserven des Umlaufvermögens bereits realisiert, sind nur noch stille Reserven des Anlagevermögens und solche des Geschäfts- oder Firmenwertes zu versteuern. Und zuletzt verbleiben nur noch die „Restwerte" des Geschäfts- oder Firmenwertes. Die Aufdeckung ist mithin regressiv vorzunehmen: am Anfang viele und mit der Zeit immer weniger stille Reserven – bis nach 15 Jahren (typisiert) davon ausgegangen werden kann, dass selbst die im Wegzugsstaat entstandenen Teile des Geschäfts- oder Firmenwertes realisiert worden sind. Für die stillen Lasten ist es ausreichend, dass sie bereits den Gesamtbetrag an stillen Reserven reduziert haben und somit dadurch Berücksichtigung finden, dass die ratierlich zu versteuernde Summe geringer ausfällt.

Festzuhalten bleibt mithin, dass bei Überführung einzelner Wirtschaftsgüter für die Auswahl der typisierten Realisationszeitpunkte zwischen dem Umlauf- und dem Anlagevermögen differenziert werden sollte, während bei Wegzug einer Sachgesamtheit auf eine Aufteilung verzichtet und der noch unversteuerte Gesamtwert der Sachgesamtheit über den Zeitraum von 15 Jahren unter regressivem Verlauf aufgedeckt werden sollte.

Als Methode für die Steuerstreckung kann sowohl das Stundungsmodell des § 6 Abs. 5 AStG herangezogen als auch auf die Ausgleichspostenmethode des § 4g EStG zurückgegriffen werden. Bei Letzterer muss aber beachtet werden, dass sie, um „funktionieren" zu können, einer auf die stillen Reserven beschränkten Steuerpflicht bedarf, da anderenfalls bei Verlust der unbeschränkten Steuerpflicht ein Steueranspruch nicht (mehr) entstehen kann.[1773] Eine entsprechende Ergänzung müsste in § 49 EStG aufgenommen werden. DBA-rechtlich erscheint das Stundungsmodell jedoch vorzugswürdig.[1774]

Um die europarechtlichen Vorgaben zu erfüllen, ist die typisierte Steuerstreckung außerdem zinslos, ohne Sicherheitsleistungen und ohne Antragserfordernis zu gewähren.[1775]

III. (Jeweils) korrespondierendes Verstrickungssystem

Die Rechtfertigungsgründe der Kohärenz und des Territorialitätsprinzips erfordern Systemstimmigkeit. Das Verstrickungssystem eines Mitgliedstaates muss daher spiegelbildlich zum Entstrickungssystem gestaltet werden: Ist DBA-rechtlich vereinbart, dass die stillen Reserven dem Staat zustehen, bei dem sie realisiert werden, und nicht dem, bei dem sie entstanden sind, sog. „Makro-Kohärenz", darf der Wegzugsstaat keine Besteuerung erheben, der Zuzugsstaat hingegen muss die stillen

1773 Siehe Kapitel 4, C. III. 2. b) ii).
1774 Siehe Kapitel 4, F. I.
1775 Siehe in Kapitel 4, B. I. 2. b) ii).

Reserven sowie stillen Lasten durch Ansatz der (fortgeführten) Anschaffungs- und Herstellungskosten erfassen.[1776]

Ohne eine abkommensrechtliche „Makro-Kohärenz“ sind die stillen Reserven hingegen zwischen Weg- und Zuzugsstaat danach aufzuteilen, wo sie entstanden sind. Im Zuzugsfall muss der Staat mithin gewährleisten, dass er nicht auf die im Wegzugsstaat angewachsenen stillen Reserven zugreift. Die Verstrickung ist daher zum gemeinen Wert vorzunehmen. Zwar gilt dies aufgrund des Territorialitätsprinzips auch ohne entsprechende DBA-Regelung. Klarstellend sollte aber ein entsprechender „step-up“ in den jeweiligen DBA vorgesehen werden.[1777]

Während also bei der „Makro-Kohärenz“ der Zuzugsstaat unproblematisch auf jegliche Wertsteigerungen zugreifen kann, müssen diese bei der „Mikro-Kohärenz“ zwischen Wegzugs- und Zuzugsstaat aufgeteilt werden. Dabei hilft die Verstrickung zum gemeinen Wert für Realisierungen durch Veräußerung, bei denen sich die nach dem Zuzug entstandenen stillen Reserven durch die Differenz zwischen Veräußerungspreis (weniger Veräußerungskosten) und gemeinem Wert bei Zuzug ermitteln lassen. Nicht alle stille Reserven werden aber durch Veräußerung realisiert. Besonders solche des Anlagevermögens oder auch der Geschäfts- oder Firmenwert realisieren sich vielmehr in laufenden Gewinnen durch Nutzung des Wirtschaftsgutes. Die laufenden Gewinne werden aber nicht nur von Werten beeinflusst, die im Zuzugsstaat entstanden sind, sondern auch von solchen des Wegzugsstaates. Beispielsweise erhöhen die Mitarbeiterfähigkeiten als geschäftswertbildender Faktor auch dann den laufenden Gewinn des Zuzugsstaates, wenn sie im Wegzugsstaat entstanden sind. Es stellt sich daher die Frage, wie Sorge getragen werden kann, dass nur die im Zuzugsstaat entstandenen stillen Reserven von diesem besteuert werden.

Eine Möglichkeit der Reduzierung der laufenden Gewinne stellen Abschreibungen dar:[1778] Die im Zuzugsstaat zum gemeinen Wert angesetzten Posten könnten in Bezug auf den im Wegzugsstaat der Besteuerung unterliegenden Teil, also die Differenz zwischen den fortgeführten Anschaffungs-/Herstellungskosten und dem gemeinen Wert, „speziell“ abgeschrieben werden. Diese Abschreibung sollte zur Systemstimmigkeit parallel zu den typisierten Realisierungszeitpunkten bei der Wegzugsbesteuerung verlaufen.[1779] Ein Wirtschaftsgut des Anlagevermögens wäre also über zehn Jahre jeweils zu einem Zehntel abzuschreiben. Der „Rest“ des Postens, also die fortgeführten Anschaffungs-/Herstellungskosten, sollte hingegen den allgemeinen Abschreibungsregeln unterliegen.

1776 Siehe bereits oben in Kapitel 4, B. I. 3. b) iii) (2).

1777 Dahingehend auch *Ismer/Reimer/Rust*, EWS 2004, 207, 210, 215. Zudem Kapitel 4, F. I.

1778 Siehe *Rödder*, IStR 2005, 297, 299; *Schönfeld*, IStR 2010, 133, 137. Zudem *Rautenstrauch/Seitz*, Ubg 2012, 14, 16; *Schön*, in: Schön/Schindler, Die SE im Steuerrecht, IV. 1. a) ff), Rn. 155.

1779 Hingegen schlägt *Schön*, in: Schön/Schindler, Die SE im Steuerrecht, IV. 1. a) ff), Rn. 155, vor, die Wegzugsbesteuerung in Abhängigkeit von Abschreibungen im Zuzugsstaat zu erheben.

Beispiel: Eine Maschine mit (unterstellt) fortgeführten Anschaffungskosten i.H.v. 10 und einem gemeinen Wert zum Zeitpunkt des Wegzugs i.H.v. 20 würden zu den ersten 10 ganz normal der Absetzung für Abnutzung unterliegen, während die restlichen 10 über zehn Jahre lang zu immer ein Zehntel, also im ersten Jahr i.H.v. 1 abzuschreiben wären.

Zur einfacheren Durchführbarkeit des Zuzugs könnte aber auch auf diese differenzierte Abschreibung verzichtet werden, solange sichergestellt ist, dass die Werte überhaupt und in ähnlicher Höhe abgeschrieben werden, wie stille Reserven im Wegzugsfall versteuert werden.

IV. Blick auf andere Lösungsvorschläge

Im Anschluss an diese Darstellung der Möglichkeiten für eine europarechtskonform gestaltete Wegzugsbesteuerung soll nun abschließend auf alternative Lösungsvorschläge geblickt werden.

Dabei ist als erstes die Ansicht zu nennen, die auch für den Wegzug von Kapitalgesellschaften einen Steueraufschub bis zur tatsächlichen Realisierung im Ausland und teilweise sogar unter Berücksichtigung späterer Wertminderungen fordert. Die Streckung sei unverzinslich, ohne Sicherheitsleistungen und ohne vorheriges Antragserfordernis durchzuführen.[1780] Erfolge die Realisierung nicht durch Veräußerung, sondern durch Nutzung des Wirtschaftsgutes, so sei auch dies entsprechend zu berücksichtigen.[1781]

1780 Siehe mit jeweils kleinen Unterschieden *Aßmann*, Steuer&Studium 2006, 131, 139 f.; allgemein bzgl. Betriebsvermögen *Kessler/Huck*, StuW 2005, 193, 209 ff.; ohne speziellen Bezug auf Kapitalgesellschaften *Melis*, Il trasferimento della residenza fiscale, Kap. 5, 9.3., S. 643 f.; *Richter/Heyd*, StuW 2010, 367, 377 ff., die aber für den Fall des Hinausformwechsels eine typisierte Steuerstreckung, wie sie die Merkpostenmethode der BS-VWG vorsah, bevorzugen; vorsichtig, mit Hinweis auf „beachtliche Probleme" *Rödder*, DStR 2004, 1629, 1633; *ders.*, in: FS Wassermeyer, 2005, S. 163 ff., 175; *Schaumburg*, StJB 2008/2009, 193, 207 ff.; *Schön*, in: Schön/Schindler, Die SE im Steuerrecht, IV. 1. a) ff), Rn. 155. Vgl. zudem Europäische Kommission, KOM(2006) 825 endg., S. 6 ff.

1781 Nach *Schaumburg*, StJB 2008/2009, 193, 208 f., Fn. 54, ist dann „auf das Ende der Nutzungsdauer abzustellen."; *Schön*, in: Schön/Schindler, Die SE im Steuerrecht, IV. 1. a) ff), Rn. 155, schlägt vor, „bereits laufend diese Abschreibungen [im Zuzugsstaat] (bis zur Höhe der steuerverhafteten stillen Reserven) gewinnwirksam [zuzurechnen]."; so auch *Rödder*, IStR 2005, 297, 299, der aber europarechtlich Bedenken äußert, da dies nicht im vergleichbaren Inlandsfall geschehe; siehe auch *Ruiner*, IStR 2012, 49, 51; nach *Wassermeyer*, DB 2006, 1176, 1179; *ders.*, DB 2006, 2420, 2423; *ders.*, IStR 2010, 461, 464, sind die stillen Reserven auf die voraussichtliche Nutzungsdauer zu verteilen; dies ließe sich nur im Wege einer Schätzung lösen. Die Europäische Kommission, KOM(2006) 825 endg., S. 9 f., erkennt an, dass „Mitgliedstaaten, die sich bei Inlandssachverhalten auf andere Steuertatbestände als die Veräußerung stützen, [...] vergleichbare Mechanismen auch bei grenzübergreifenden Sachverhalten an[.]wenden".

Ein solches Wegzugsbesteuerungsmodell wäre sicherlich das mildeste Mittel. Wie aber bereits ausgeführt wurde,[1782] würde die Verfolgung der stillen Reserven im Ausland (die Bestimmung des Realisationszeitpunktes und der Höhe der realisierten „inländischen" stillen Reserven) bei Kapitalgesellschaften einen nicht unerheblichen Verwaltungsaufwand erfordern. Daher kann dieses Wegzugsbesteuerungsmodell anderen Modellen gegenüber als nicht gleich geeignet angesehen werden und ist sogar verfassungsrechtlich aufgrund der möglichen Vollzugsschwierigkeiten unter dem Aspekt der Rechtsanwendungsgleichheit kritisch zu sehen. Zudem fordert das Kohärenzprinzip nach der hier vertretenen Auffassung nicht die Berücksichtigung von nach dem Wegzug eintretenden Wertminderungen. Darauf sollte dann auch im Hinblick auf die Reduzierung des Verwaltungsaufwandes verzichtet werden.[1783]

Zwar schlagen der EuGH sowie die Europäische Kommission vor, zur Erleichterung des Verwaltungsaufwandes dem Steuerpflichtigen die Möglichkeit zu bieten, alternativ zum Steueraufschub die Sofortbesteuerung zu wählen.[1784] Milder als die Sofortbesteuerung wäre aber die hier vorgeschlagene typisierte Steuerstreckung, die aufgrund des relativ geringen Dokumentationsaufwandes auch keine entsprechende Wahlmöglichkeit erfordern würde.

Schönfeld sieht die Schwierigkeit, auf eine tatsächliche Realisierung im Ausland abzustellen, zu Recht insbesondere beim Anlagevermögen, das i.d.R. nicht am Markt veräußert wird, und schlägt diesbezüglich – ähnlich dem hier vertretenen Lösungsansatz – vor, die inländischen stillen Reserven auf den voraussichtlichen Nutzungszeitraum zu verteilen. Doppelbesteuerungen würden dabei i.d.R. durch entsprechende Abschreibungen im Ausland verhindert. Bei einem Wegzug unter Verlust der unbeschränkten Steuerpflicht spricht sich *Schönfeld* zudem zur Umsetzung der Steuerstreckung für eine entsprechende Einführung einer beschränkten Steuerpflicht nach § 49 EStG aus. Aufgrund der „Vielzahl von Geschäftsvorfällen" könne dieses Modell aber zu „praktischen Problemen" führen, wofür auch spreche, dass von der früheren sog. „Merkpostenmethode" der Verwaltung in der Praxis kaum Gebrauch gemacht worden sei. Von diesem Gesichtspunkt her sei das Sofortbesteuerungsmodell doch „möglicherweise vorzugswürdig".[1785]

Diese praktischen Schwierigkeiten sollten aber dadurch reduziert werden können, dass – wie hier vorgeschlagen[1786] – die Realisationszeitpunkte sich nicht nach der jeweiligen Nutzungsdauer des einzelnen Wirtschaftsgutes richten, sondern einheitlich die stillen Reserven von Wirtschaftsgütern des Umlaufvermögens ratierlich über drei Jahre und solche des Anlagevermögens ratierlich über zehn Jahre besteuert

---

1782 Kapitel 4, B. I. 2. b) i).

1783 Kapitel 4, B. I. 2. b) iii).

1784 EuGH v. 29.11.2011 – C-371/10 („National Grid Indus"), DStR 2011, 2334, 2341 f., Tz. 73; Europäische Kommission, KOM(2006) 825 endg., S. 8.

1785 *Schönfeld*, IStR 2010, 133, 137. Vgl. zudem den ähnlichen Vorschlag von *L. Miele/M. Miele*, Corr. trib. 2012, 113, 116; *L. Miele/Russo*, Corr. trib. 2010, 630, 636. Zur Merkpostenmethode siehe unter Kapitel 4, C. III. 2. a).

1786 Siehe Kapitel 4, F. II. 3.

werden. Auf die Sofortbesteuerung sollte daher auch aus praktischen Gründen verzichtet werden können.

Als mögliche Alternative zur (unilateralen) Steuerstreckung führt *van Lishaut* (neben einer [abzulehnenden][1787] Aufgabe des Realisationsprinzips und der Möglichkeit einer „Makro-Kohärenz") die Lösung durch ein einheitliches, europaweites Konzept[1788] auf. Dabei könnten die Zuzugsstaaten an den Entstrickungswert des Wegzugsstaates anknüpfen oder die Wegzugssteuer auf ihre Steuer anrechnen. Auch sei die Aufteilung der Bemessungsgrundlage zwischen den Staaten denkbar.[1789]

Zugegebenermaßen hätte ein europaweites Konzept Charme, zumal durch ein solches klarere Vorgaben gemacht werden könnten, als dies dem EuGH durch die Einzelrechtsprechung möglich ist. Eine Umsetzung wäre aber aufgrund des Einstimmigkeitserfordernisses[1790] der Mitgliedstaaten mehr als fraglich.

Zuletzt schlägt *Wasssermeyer* vor, das Problem der steuerlichen Erfassung inländischer stiller Reserven nicht durch eine Wegzugsbesteuerung, sondern auf DBA-Ebene zu lösen.[1791] Dadurch könnte in der Tat unproblematisch gewährleistet werden, dass dem Wegzugsstaat „seine" inländischen stillen Reserven auch nach dem Wegzug DBA-rechtlich weiterhin zustehen. Ebenso könnten innerstaatliche Entstrickungen verhindert werden, indem die wegziehenden stillen Reserven vom innerstaatlichen Steuerzugriff weiter erfasst wären (vgl. dahingehend auch den BFH in den Urteilen vom 17. Juli 2008 und 28. Oktober 2009[1792]).

Doch auch wenn dem Wegzugsstaat die stillen Reserven weiterhin (rechtlich) zustehen, kann der Wegzug zu einer faktischen Entstrickung führen, denn trotz Amtshilfe des Zuzugsstaates kann es mitunter schwierig sein, zu ermitteln, wann sich die „inländischen" stillen Reserven in welcher Höhe im Ausland realisieren. Dadurch kann es zu Vollzugsdefiziten kommen, die verfassungsrechtlich i.R.e. Rechtsanwendungsgleichheit bedenklich sind. Auch ist es europarechtlich unter dem Aspekt des Kohärenzprinzips durchaus zulässig, den Zugriff des Mitgliedstaates auf „seine" stillen Reserven zu sichern. Eine verhältnismäßige Wegzugsbesteuerung sollte den Mitgliedstaaten daher zugestanden werden.

1787 Ebenfalls kritisch bzgl. einer „fair value"-Besteuerung *Kessler/Huck*, StuW 2005, 193, 214.

1788 Ein Konzept auf europarechtlicher Ebene fordern auch: *Boers*, Rassegna Tributaria 2006, 1401, 1416; *Melis*, Dir. prat. trib. int. 2004, 13, 64 ff.; *Schaumburg*, in: FS Wassermeyer, 2005, S. 411 ff., 416, 424; *Stevanato*, Dialoghi di diritto tributario 2007, 579, 581 f.

1789 *Klingberg/van Lishaut*, Der Konzern 2005, 698, 704 ff.

1790 Hierzu siehe oben Kapitel 4, B. I. 1. a).

1791 *Wassermeyer*, DStR 1987, 635, 638; *ders.*, in: FS Ha. Flick, 1997, S. 1057 ff., 1064 f. Zu einer Lösung auf DBA-Ebene siehe auch *Boers*, Rassegna Tributaria 2006, 1401, 1416; *Ruiner*, IStR 2012, 49, 50; *Schaumburg*, in: FS Wassermeyer, 2005, S. 411 ff., 416, 424.

1792 Oben unter Kapitel 4, C. I. 3. a).

V. Zusammenfassung

Zur Erfüllung der europarechtlichen Vorgaben können die Mitgliedstaaten zum einen eine Kohärenz auf „Makro“-Ebene wählen, indem sie DBA-rechtlich regeln, dass die stillen Reserven stets in dem Staat zu versteuern sind, in dem sie sich realisieren, und nicht in dem, in dem sie entstanden sind. Der Wegzug der stillen Reserven darf dann zu keiner steuerlichen Erfassung führen. Spiegelbildlich sind bei Zuzug hingegen die fortgeführten Anschaffungs- und Herstellungskosten anzusetzen.

Zum anderen können sich die Mitgliedstaaten auch für eine „Mikro“-Kohärenz entscheiden. In diesem Fall ist eine verhältnismäßige (!) Erfassung der „eigenen“ stillen Reserven (wie aber auch der stillen Lasten) bei Wegzug zulässig. Bei Zuzug dürfen dann aber entsprechend „fremde“ stille Reserven nicht erfasst werden, welches durch einen sog. „step-up“ auf den gemeinen Wert erreicht wird.

Dabei ist die Wegzugsbesteuerung so auszugestalten, dass *erstens* als Besteuerungsauslöser die rechtliche oder auch faktische (innerstaatliche) Entstrickung gewählt wird, damit nur dann stille Reserven erfasst werden, wenn sie ansonsten dem Steuerzugriff entzogen werden würden. *Zweitens* ist auch die Frage, *welche* Werte von der Besteuerung zu erfassen sind, „entstrickungsspezifisch“ zu beantworten: (nur) die sich entstrickenden Werte. Dabei ist der Geschäfts- oder Firmenwert innerhalb eines Unternehmens entsprechend „entstrickungsspezifisch“ aufzuteilen. Als Rechtsfolge sind *drittens* zur Wahrung der Verhältnismäßigkeit die zum Zeitpunkt des Umzugs festgestellten Werte über einen typisierten Zeitraum zu besteuern (typisierte Steuerstreckung). Dafür sollte zwischen den stillen Reserven des Umlaufvermögens, solchen des Anlagevermögens und dem Geschäfts- oder Firmenwert unterschieden werden. Zieht aber eine Sachgesamtheit weg, sollte eine entsprechende Aufteilung aus Vereinfachungsgründen vermieden und der Gesamtbetrag der stillen Reserven über einen einheitlichen Zeitraum, aber unter regressivem Verlauf versteuert werden.

Kapitel 5 – Zusammenfassung der Ergebnisse und Ausblick

Einer der Vorteile der Europäischen Aktiengesellschaft liegt in der identitätswahrenden Sitzverlegung innerhalb Europas nach Art. 8 Abs. 1 SE-VO. Die Europäische Kommission spricht davon, dass „the possibility to transfer the registered office to another Member State is considered an essential driver and a real comparative advantage of the SE compared to nationale companies."[1793] Mit dem Grenzübertritt der SE wechselt aber das auf die SE sekundär anzuwendende nationale Recht und es stellt sich die Frage, welche Auswirkungen ein solcher Wechsel hat und wie er im Einzelnen durchzuführen ist.

Die Untersuchung dieser Frage wurde in der vorliegenden Arbeit auf die Rechtsgebiete des Handelsbilanz- und des Körperschaftsteuerrechts begrenzt. Die zunächst noch im Entwurf für ein SE-Statut vorgesehenen selbstständige Regelungen in beiden Bereichen sind im Laufe der Entstehungsgeschichte der SE vollständig entfernt worden, so dass auch hier nationales Recht Anwendung findet. Dabei war Hauptaugenmerk der Untersuchung im Handelsbilanzrecht die Frage, wie die SE nach Grenzübertritt in das Bilanzierungssystem des Zuzugsstaates aufzunehmen ist. Mangels nationaler Regelungen war die Aufnahmemethode durch europarechtskonforme Auslegung des Art. 61 SE-VO zu ermitteln. Steuerrechtlich lag die Brisanz hingegen in der von den Mitgliedstaaten auferlegten Wegzugsbesteuerungen. Es galt einen Spagat zu wagen zwischen dem Besteuerungsbedürfnis der Mitgliedstaaten und der durch eine Wegzugsbesteuerung beschränkten Niederlassungsfreiheit der SE.

Die wesentlichen Untersuchungsergebnisse der drei Hauptkapitel lassen sich in folgende Thesen zusammenfassen:

Zunächst wurde europarechtlich in Kapitel 2 untersucht, ob sich die SE bei grenzüberschreitender Sitzverlegung auf die Niederlassungsfreiheit berufen kann und welche Rechtfertigungsgründe in Betracht kommen.

1. Im europäischen Primärrecht sind auch supranationale Gesellschaften und somit die SE als Subjekte der Niederlassungsfreiheit zu qualifizieren. Der Bezug des Art. 54 AEUV auf Gesellschaften, die „nach den Rechtsvorschriften eines Mitgliedstaats gegründet[.]" worden sind, soll lediglich Drittstaatengesellschaften aus dem Schutzbereich der Niederlassungsfreiheit ausschließen.
2. Die Niederlassungsfreiheit ist bei Grenzübertritt der SE eröffnet und die bilanz- und steuerrechtlichen Folgen an ihr zu messen.
   Die Diskussion um die Eröffnung der Niederlassungsfreiheit beim Wegzug von Gesellschaften begründet sich in den EuGH-Urteilen *Daily Mail* und *Cartesio*,

1793 Report v. 17.11.2010, COM(2010) 676 final, 3.1, S. 3.

nach denen ein Mitgliedstaat über das Entstehen sowie den Fortbestand „seiner“ Gesellschaften bestimmen darf (sog. Schöpfertheorie). Die „Schöpfermacht“ des Gründungsmitgliedstaates erstreckt sich aber allein auf die (Fort-)Existenz der Gesellschaft. Zieht eine Gesellschaft unter Fortbestand ihrer Rechtspersönlichkeit über die Grenze, besteht weiterhin ein Rechtssubjekt, das sich auf die Niederlassungsfreiheit berufen kann. Sonstige Rechtsfolgen des Grenzübertrittes sind daher an der Niederlassungsfreiheit zu messen.
Da die SE beim Grenzübertritt innerhalb Europas stets ihre Rechtspersönlichkeit gem. Art. 8 Abs. 1 Satz 2 SE-VO beibehält, ist die Niederlassungsfreiheit bei Wegzug der SE eröffnet und nachteilhafte Folgen an der Grundfreiheit zu überprüfen.

3. Für den Zuzug einer Gesellschaft unter Beibehaltung des anwendbaren Gesellschaftsrechts hat der EuGH die Eröffnung der Niederlassungsfreiheit stets bejaht (vgl. Rs. *Centros, Überseering, Inspire Art*). Denn hier besteht ein Rechtssubjekt kraft Rechtsordnung des Wegzugsstaates fort, das sich als solches auf die Niederlassungsfreiheit berufen kann. Anders gewendet: der Zuzugsstaat ist nicht „Schöpfer“ der Gesellschaft und kann daher nicht über ihre Fortexistenz bestimmen, ohne dass dies an der Niederlassungsfreiheit zu überprüfen wäre.
Auch der Zuzug einer SE erfolgt unter Aufrechterhaltung ihrer Rechtspersönlichkeit nach Art. 8 Abs. 1 Satz 2 SE-VO, so dass die Niederlassungsfreiheit eröffnet ist und sämtliche an den Zuzug anknüpfenden Maßnahmen an ihr zu messen sind.
4. Zusammenfassend lässt sich die Schöpfertheorie der EuGH-Judikatur darauf begrenzen, dass es erstens allein (!) dem Gründungsgesetzgeber einer Gesellschaftsrechtsform (sc. ihrem „Schöpfer“) frei steht, über die (Fort-) Existenz „seiner“ Gesellschaften zu bestimmen. Zweitens darf der „Schöpfer“ nur die „essentialia societatis“, also nur die für ihre Existenz grundlegenden Aspekte, festlegen und bei Grenzübertritt aberkennen, ohne dass dies an der Niederlassungsfreiheit zu überprüfen wäre.
5. Eine Beschränkung der Niederlassungsfreiheit besteht bereits bei der kleinsten Beeinträchtigung des Grenzübertrittes. Es ist ausreichend, dass eine Maßnahme geeignet ist, die Betätigung im Ausland weniger attraktiv zu machen.
6. Als Rechtfertigungsgründe hat der EuGH in den Wegzugsurteilen das („Mikro“-) Kohärenzprinzip sowie das Territorialitätsprinzip anerkannt. Das Kohärenzprinzip stellt darauf ab, dass ein zwingender Zusammenhang zwischen einer „Nachteil“-Regelung und einer „Vorteil“-Regelung besteht und die Anwendung nur einer der beiden Regelungen zu widersprüchlichen Ergebnissen im nationalen Steuersystem führen würde. Dieser Zusammenhang ist beim „Besteuerungsaufschub“ durch das sog. Realisationsprinzip und der später tatsächlichen Möglichkeit einer Besteuerung gegeben. Das Territorialitätsprinzip bestimmt eine am Staatsgebiet orientierte Aufteilung der Besteuerungsrechte zwischen den Mitgliedstaaten, wonach die sich im Inland gebildeten stillen Reserven ebenfalls erfasst werden dürfen.
Die („Mikro“-)Kohärenz wie auch das Territorialitätsprinzip werden durch das Prinzip der sog. Makro-Kohärenz eingeschränkt, das eine Rechtfertigung

ausschließt, wenn der Wegzugsstaat sein Besteuerungsrecht an den stillen Reserven aufgrund einer DBA-rechtlichen Vereinbarung aufgibt. Denn als Ausgleich zum Verlust des Besteuerungsrechtes an den wegziehenden stillen Reserven erhält der Mitgliedstaat DBA-rechtlich das Besteuerungsrecht an den zuziehenden stillen Reserven. Es wäre widersprüchlich, wenn er dennoch zusätzlich die wegziehenden stillen Reserven besteuern wollte.
In Zuzugsurteilen hat der EuGH zur Rechtfertigung von gesellschaftsrechtlichen Aspekten insbesondere den Schutz von Gläubigern und Minderheitsaktionären anerkannt.

Unter handelsbilanziellen Aspekten wurde in Kapitel 3 die Aufnahme der SE in das Bilanzierungssystem des Zuzugsstaates sowie der Austritt aus dem des Wegzugsstaates untersucht.

7. Als europarechtliche Grundlegung bedarf jede Aufnahmemethode, die den Grenzübertritt der SE weniger attraktiv macht, einer Rechtfertigung. Der Rechtfertigungsgrund des Gläubiger- und Aktionärsschutzes vermag aber bei der europarechtlichen Ermittlung einer bilanziellen Aufnahmemethode nicht zu greifen. Denn der europäische Gesetzgeber erachtet den durch die SE-Verordnung und die Bilanzrichtlinie vorgesehenen Gläubiger- und Aktionärsschutz auch beim Grenzübertritt der SE für hinreichend schützend und hält weitere Schutzmaßnahmen für nicht erforderlich.
   Davon zu trennen ist die Frage, welche Aufnahmemethoden die nationalen Gesetzgeber der einzelnen Mitgliedstaaten vorsehen könnten. Denn der europäische Gesetzgeber hat ihnen in der SE-VO sowie der Bilanzrichtlinie die Möglichkeit eröffnet, einen weitergehenden Gläubiger- und Aktionärsschutz zu verlangen. Daher können nationale Aufnahmevorschriften dennoch durch den Aspekt des Gläubiger- und Aktionärsschutzes gerechtfertigt werden, müssen aber besonders enge Grenzen der Verhältnismäßigkeit beachten.
8. Weitere Vorgaben für die bilanzielle Aufnahmemethode ergeben sich aus den europarechtlichen Sekundärrechtsakten. Die SE-Verordnung bestimmt in Art. 8 Abs. 1 Satz 2, dass die SE bei Grenzübertritt ihre Rechtspersönlichkeit beibehält, so dass sie auch bilanziell nicht wie ein neu entstandenes Bilanzierungssubjekt behandelt werden darf. Zudem sieht Art. 8 Abs. 10 SE-VO i.V.m. Art. 61 SE-VO eine klare zeitliche Trennung in der Anwendung der Bilanzierungsvorschriften vor: die des Wegzugsstaates bis zum Grenzübertritt und erst ab dann die des Zuzugsstaates.
   Mit der Bilanzrichtlinie sind bei der Wahl der Aufnahmemethode zudem Bilanzierungsprinzipien zu berücksichtigen: Das going concern-Prinzip untersagt beim Zuzug der SE den Ansatz von Zerschlagungswerten; auch im Ansatz darf der Grenzübertritt nicht wie die Einstellung und anschließende Neugründung eines Gewerbes dargestellt werden. Nach dem Stetigkeitsprinzip ist ein sowohl vom Weg- als auch vom Zuzugsstaat gewährtes Wahlrecht bei Grenzübertritt gleichbleibend auszuüben und nach dem Prinzip der Bilanzidentität dürfen Korrekturen

von Bilanzposten nicht zwischen der Schlussbilanz eines Geschäftsjahres und der Eröffnungsbilanz des folgenden Geschäftsjahres vorgenommen werden.

9. Als mögliche Aufnahmemethoden in das Bilanzierungssystem des Zuzugsstaates sind die folgenden drei untersucht worden: als erstes die prospektive Methode, nach der die bisherigen, nach dem Wegzugsstaatenrecht gebildeten Buchwerte beibehalten und nach den Vorschriften des Zuzugsstaates fortgeführt werden, als zweites die retrospektive Aufnahmemethode, nach der der erste Jahresabschluss im Zuzugsstaat so aufzustellen ist, als wäre schon immer nach dem Recht des Zuzugsstaates bilanziert worden, und als drittes die Neubewertungsmethode, nach der Vermögensgegenstände und Schulden mit Zuzug wie bei Neugründung eines Handelsgewerbes zu bewerten sind. Zusätzlich zu den drei Möglichkeiten galt es zu erörtern, ob im Zeitpunkt des Zuzugs eine Eröffnungsbilanz aufzustellen ist.

10. Bei europarechtlicher Ermittlung einer bilanziellen Aufnahmemethode unter Auslegung des Art. 61 SE-VO ergab sich als Ergebnis die prospektive Anwendung ohne Aufstellung einer Eröffnungsbilanz.
Die Neubewertungsmethode widerspricht der Vorgabe des Art. 8 Abs. 1 Satz 2 SE-VO, nach der der Grenzübertritt der SE identitätswahrend erfolgt und kein neues Handelsgewerbe, welches eine Neubewertung erfordern würde, gegründet wird. Zudem steht dieser Methode der going concern-Grundsatz entgegen.
Gegen die retrospektive Aufnahmemethode spricht die zeitliche Trennung der anzuwendenden Bilanzrechte nach Art. 8 Abs. 10 SE-VO. Denn vor dem Grenzübertritt war rechtmäßig das Bilanzrecht des Wegzugsstaates anzuwenden, während die retrospektive Methode mit den erforderlichen Anpassungen an das Zuzugsstaatenrecht fingiert, dass bereits vorher schon nach dem Recht des Zuzugsstaates bilanziert worden sei. Zudem würde die retrospektive Methode die Niederlassungsfreiheit beschränken, da sie eine vollständige Überprüfung der bisherigen Geschäftsvorfälle und Anpassung dieser an die Vorgaben des Zuzugsstaatenrechtes erfordert. Eine Rechtfertigung der Beschränkung durch den Grund des Gläubiger- und Aktionärsschutzes ist europarechtlich nicht möglich, da alle in Umsetzung der Bilanzrichtlinie ergangenen nationalen Bilanzierungssysteme für hinreichend vorsichtig erachtet werden. Auch ist der Rechtfertigungsgrund der Kohärenz nicht einschlägig, da er nicht zur Herstellung allgemeiner Systemstimmigkeit herangezogen werden kann, sondern nur, wenn eine „Vorteil"- und eine „Nachteil"-Regelung in einem derartigen Zusammenhang stehen, dass die Anwendung nur einer der beiden Vorschriften zu Widersprüchen in der nationalen Rechtsordnung führen würde.
Hingegen spiegelt die prospektive Methode die zeitliche Trennung in der Anwendung der Bilanzrechte nach Art. 8 Abs. 10 SE-VO wider. Zudem erfordert sie keinerlei Anpassungen oder sonstige Maßnahmen und stellt damit primärrechtlich keine Beschränkung der Niederlassungsfreiheit dar.
Letztlich ist eine Eröffnungsbilanz abzulehnen, da dies dem identitätswahrenden Charakter der Sitzverlegung nach Art. 8 Abs. 1 Satz 2 SE-VO widersprechen würde.

11. Dennoch ist es den nationalen Gesetzgebern europarechtlich gestattet, Maßnahmen zur Aufnahme der SE in ihr Bilanzierungssystem vorsehen. Denn der europäische Gesetzgeber hat den Mitgliedstaaten in der SE-VO sowie der Bilanzrichtlinie, insbesondere bei der Umsetzung des Vorsichtsprinzips, entsprechende Freiräume gewährt. Aufgrund der engen Grenzen der Verhältnismäßigkeit ist aber weder die retrospektive Methode noch die Implementierung von Ausschüttungssperren als verhältnismäßig zu erachten, sofern sich diese auf jegliche im Wegzugsstaat gebildete Ansätze, die nach Zuzugsstaatenrecht nicht zulässig wären, beziehen würde. Denn beides würde eine umfassende Überprüfung sämtlicher bisheriger Geschäftsvorfälle erfordern. Allein eine Ausschüttungssperre in Bezug auf einzelne, für zu unsicher erachtete Werte oder eine Anhangangabe, durch die einzelne, relevante Änderungen in der Bilanzierung ersichtlich würden, wäre hinreichend milde und damit für zulässig zu erachten.
12. Bei Wegzug der SE war die Aufstellung einer Schlussbilanz zu hinterfragen, die wiederum vom europäischen Gesetzgeber nicht gefordert wird. Denn speziell für den Wegzug der SE hat er Schutzvorschriften vorgesehen, ohne aber die Aufstellung einer Schlussbilanz zu regeln.
    Hingegen ist es auch hier den nationalen Gesetzgebern überlassen worden, eine Schlussbilanz zu verlangen. Denn Art. 8 Abs. 5, 7 SE-VO ermächtigt die Mitgliedstaaten, Vorschriften zum Schutz für Gläubiger und Minderheitsaktionäre bei Wegzug der SE zu erlassen. Primärrechtlich bedarf die Schlussbilanz als Beschränkung der Niederlassungsfreiheit aber einer Rechtfertigung, die nur unter Wahrung der Verhältnismäßigkeit gelingen kann. Daher sollte geregelt werden, dass der letzte Jahresabschluss als Schlussbilanz dient, sofern er nicht älter als acht Monate ist.

Die steuerrechtliche Untersuchung des Grenzübertrittes der SE in Kapitel 4 betraf die Frage, inwiefern die Mitgliedstaaten beim Wegzug der SE ihre stillen Reserven besteuern dürfen und mit welchem Wert die Wirtschaftsgüter beim Zuzug der SE zu verstricken sind.

13. Als europarechtliche Grundlegung ist zu beachten, dass die Niederlassungsfreiheit durch jede Art einer Wegzugsbesteuerung beschränkt wird. Nicht nur eine bei Wegzug greifende Sofortbesteuerung, sondern auch mildere Mittel wie der Leistung von Sicherheiten oder die rein bürokratische Erfassung der stillen Reserven stellen Beschränkungen dar. Zu rechtfertigen ist das Besteuerungsbedürfnis der Mitgliedstaaten aber über das („Mikro"-) Kohärenzprinzip sowie das Territorialitätsprinzip, soweit die Maßnahme verhältnismäßig ist.
    Eine Sofortbesteuerung ist nicht als verhältnismäßig zu erachten, denn milder ist stets der Aufschub der Besteuerung. Doch wie auch der EuGH in der Rs. *National Grid Indus* anmerkt, gestaltet sich ein Aufschub bis zur tatsächlichen Realisierung der stillen Reserven bei Gesellschaften – anders als bei natürlichen Personen – sowohl für die Finanzverwaltung als auch für den Steuerpflichtigen als aufwendig. Ohne wesentlichen Verwaltungsaufwand und dennoch milder

als die Sofortbesteuerung wäre ein Besteuerungsaufschub, der typisiert die Realisationsmomente der stillen Reserven berücksichtigt.

14. Beim Zuzug der SE stellt sich die Frage, zu welchem Wert die Wirtschaftsgüter in das Steuersystem des Zuzugsstaates aufzunehmen sind. Auch hierfür sind dem Kohärenz- und dem Territorialitätsprinzip Vorgaben zu entnehmen, denn die Prinzipien erfordern Systemstimmigkeit und -symmetrie und damit eine zur Wegzugsbewertung spiegelbildliche Behandlung der Zuzugsbewertung. Ist für den Wegzug eine Besteuerung unter Zugrundelegung des gemeinen Wertes vorgesehen, um die im Inland angewachsenen stillen Reserven zu erfassen, so sind die zuziehenden Wirtschaftsgüter entsprechend mit dem gemeinen Wert anzusetzen. Werden hingegen kraft DBA dem Wegzug die (fortgeführten) Anschaffungs- oder Herstellungskosten zugrunde gelegt, also auf eine Besteuerung der „inländischen" stillen Reserven verzichtet, so muss auch beim Zuzug eine Bewertung zu den (fortgeführten) Anschaffungs- oder Herstellungskosten erfolgen (sog. „Makro-Kohärenz").
15. Verfassungsrechtlich ist bei der Wegzugsbesteuerung das Realisationsprinzip über das Gebot der Folgerichtigkeit des Art. 3 Abs. 1 GG zu beachten. Die Besteuerung der stillen Reserven bei Wegzug der SE ohne entsprechende Realisierung bedarf mithin einer Rechtfertigung; diese ist möglich, wenn dem Fiskus der Steuerzugriff nach dem Wegzug faktisch erschwert ist und Vollzugsdefizite zu befürchten sind. Dann ist eine typisierte Besteuerung zulässig.
16. In Deutschland unterliegt der Wegzug einer SE einer Besteuerung nach § 12 Abs. 1 KStG. Die Norm knüpft als Besteuerungsauslöser an die Entstrickung von stillen Reserven an. Damit setzt der deutsche Gesetzgeber hinreichend den sog. Betriebsstättenvorbehalt der Fusionsrichtlinie um: Die in einer inländischen Betriebsstätte verhafteten stillen Reserven bleiben steuerverstrickt und sind daher von der Wegzugsbesteuerung ausgenommen.
17. Für die Reichweite der deutschen Entstrickungsbesteuerung ist mithin von Bedeutung, welche stillen Reserven im Inland (z. B. in einer Betriebsstätte) steuerverstrickt bleiben und welche mit dem Stammhaus der SE ins Ausland ziehen. In der Arbeit wurde speziell der Geschäfts- oder Firmenwert untersucht, der nach Auffassung des Bundesfinanzhofs stets an Betrieben oder Teilbetrieben (als selbstständige Unternehmensteile) hängt und nicht vom Unternehmen getrennt werden kann. Selbst innerhalb eines Unternehmens solle er nur selbstständigen Unternehmensteilen zuzuordnen sein. Dieser Ansicht ist jedenfalls für die Entstrickungsbesteuerung zu widersprechen, denn für sie ist allein ausschlaggebend, welche stillen Reserven nach dem Wegzug in der deutschen Steuerhoheit verstrickt bleiben. Sowohl innerstaatlich als auch DBA-rechtlich bleiben die Gewinne einer (wenn auch unselbstständigen) inländischen Betriebsstätte aber steuerverstrickt. Und auch die Gewinne einer Betriebsstätte werden von geschäftswertbildenden Faktoren, wie einer Standortlage, beeinflusst, so dass der auf sie entfallende Teil des Geschäfts- oder Firmenwertes ihr weiterhin zuzuordnen ist und nicht der Entstrickungsbesteuerung unterfällt. Diese „entstrickungsspezifische" Aufteilung des Geschäfts- oder Firmenwertes

ist zudem europarechtlich geboten, da die Rechtfertigungsgründe der Kohärenz und des Territorialitätsprinzips nicht für die Besteuerung von stillen Reserven greifen, die vom inländischen Fiskus weiterhin erfasst werden.

18. Als Rechtsfolge der Entstrickungsbesteuerung ist die nach § 12 Abs. 1 KStG vorgesehene Sofortbesteuerung europarechtsinkonform. Die über § 4g EStG mögliche Steuerstreckung erfordert jedoch eine fortbestehende unbeschränkte Steuerpflicht und ist daher auf den Wegzug der SE nicht anzuwenden. Hingegen vermag die Steuerstreckung des § 36 Abs. 5 EStG durch Stundung der bereits entstandenen Wegzugsbesteuerung, auch ohne fortbestehende Steuerpflicht zu greifen. Über die Verweisungsnorm des § 8 Abs. 1 KStG ist die Vorschrift nach hier vertretener Auffassung auch auf § 12 Abs. 1 KStG und den Wegzug der SE anzuwenden.

19. Unter europarechtlicher Würdigung ist der Besteuerungsauslöser „Entstrickung" zu begrüßen. Denn rechtfertigen lässt sich nur die Erfassung von solchen stillen Reserven, die sonst dem Besteuerungszugriff verloren gingen. Eingeschränkt werden sollte der Wortlaut des § 12 Abs. 1 KStG aber auf Entstrickungen durch innerstaatliches Recht; DBA-rechtlichen Entstrickungen steht die sog. „Makro-Kohärenz" entgegen: Hat der Mitgliedstaat durch DBA grenzüberschreitend eine Kohärenz hergestellt, ist ihm verwehrt, sich zu Erfassung der wegziehenden stillen Reserven darauf zu stützen, dass er innerhalb seines Steuersystems Kohärenz herstellen wolle.

    Ebenfalls europarechtlich nicht zu rechtfertigen ist es, den Geschäfts- oder Firmenwert stets dem wegziehenden Stammhaus zuzuordnen und damit vollständig zu besteuern. Denn nach den Gewinnzuweisungsgrundsätzen grenzüberschreitend tätiger Unternehmen können Teile des Geschäfts- oder Firmenwertes in einer inländischen Betriebsstätte steuerverstrickt bleiben. Entsprechend ist die Aufteilung der Werte innerhalb eines Unternehmens „entstrickungsspezifisch" vorzunehmen. Auch hier wäre eine Klarstellung im Gesetzeswortlaut zu begrüßen.

    Zuletzt ist die Rechtsfolge des § 12 Abs. 1 KStG in Form einer Sofortbesteuerung europarechtlich unzulässig. Zwar ist eine ratierliche Besteuerung nach hier vertretener Auffassung über § 36 Abs. 5 EStG i.V.m. § 8 Abs. 1 KStG erzielbar, die Streckung auf fünf Jahre ist aber als nicht hinreichend realitätsnah zu erachten: speziell stille Reserven des Anlagevermögens realisieren sich häufig erst *nach* fünf Jahren.

    Bei fehlender Realitätsnähe der Steuerstreckung ist es zudem verfassungsrechtlich nicht möglich, die Durchbrechung des Realisationsprinzips i.V.m. dem Folgerichtigkeitsgebot des Art. 3 Abs. 1 GG zu rechtfertigen.

20. Die italienische Wegzugsbesteuerung des Art. 166 Abs. 1 TUIR wird nicht durch die Entstrickung von stiller Reserven, sondern durch den Wegzug des Unternehmens unter Verlust der unbeschränkten Steuerpflicht ausgelöst.

    In Umsetzung des Betriebsstättenvorbehalts der Fusionsrichtlinie sind von der Wegzugsbesteuerung die in einer inländischen Betriebsstätte verbleibenden Werte ausgenommen. Anderweitige Verstrickungsmöglichkeiten verhindern die Wegzugsbesteuerung jedoch nicht. Für die Reichweite der

Wegzugsbesteuerung ist es daher umso entscheidender, welche stillen Reserven in einer inländischen Betriebsstätte verbleiben. Um die Besteuerung von weiterhin steuerverstrickten stillen Reserven zu vermeiden, vermag es zu überzeugen, der Betriebsstätte durch eine sog. Attraktionskraft alle inländischen Wirtschaftsgüter zuzuordnen. Ob der Geschäfts- oder Firmenwert zu den stillen Reserven zählt, die von der Wegzugsbesteuerung erfasst werden, war zunächst umstritten, ist aber mittlerweile klargestellt worden.
Rechtsfolge der italienischen Wegzugsbesteuerung war lange Zeit die Sofortbesteuerung der stillen Reserven zum „valore normale", der mit dem gemeinen Wert vergleichbar ist. Seit dem Ministerialdekrets vom 2. Juli 2014 kann der Steuerpflichtige daneben aber den Aufschub der Besteuerung bis zur tatsächlichen Realisierung oder eine typisierte Steuerstreckung über sechs Jahre wählen.

21. Unter einer europarechtlichen Würdigung des Art. 166 TUIR ist zu kritisieren, dass nur Verstrickungen in inländischen Betriebsstätten die Wegzugsbesteuerung vermeiden und die Vorschrift nicht nach Steuerentstrickung und -verstrickung differenziert. Denn das Kohärenzprinzip rechtfertigt nur die Besteuerung von stillen Reserven, die sich dem Steuerzugriff entziehen, mithin entstricken. Zudem beachtet auch die italienische Wegzugsbesteuerung nicht, dass der Rechtfertigungsgrund der („Mikro"-)Kohärenz wegfällt, wenn eine sog. „Makro-Kohärenz" besteht. Verliert Italien sein Besteuerungsrecht an den wegziehenden stillen Reserven DBA-rechtlich, stehen ihm dafür spiegelbildlich zuziehende stille Reserven zu; eine sog. „Makro-Kohärenz" ist entstanden und die Wegzugsbesteuerung nicht zu rechtfertigen.
Bei der Rechtsfolge ist zu begrüßen, dass eine Steuerstreckung ermöglicht wird. Dabei ist es gerade für große Gesellschaften von Vorteil, dass der italienische Steuergesetzgeber über das Urteil in der Rs. *National Grid Indus* hinausgeht und einen Steueraufschub nicht nur bis zur tatsächlichen Realisierung, sondern auch unter typisierter Streckung auf sechs Jahre zulässt, wodurch der Verwaltungsaufwand zur Verfolgung der stillen Reserven wegfällt. Allerdings ist die Verteilung der stillen Reserven auf sechs Jahre nicht für alle Wirtschaftsgüter realitätsgerecht. Insbesondere stille Reserven des Anlagevermögens können sich noch weit über diesen Zeitrahmen durch Nutzung des Wirtschaftsgutes realisieren.

22. Beim Zuzug wird die SE in das Steuersystem des Zuzugsstaates aufgenommen. Dabei ist die Aufnahme nach dem Kohärenzprinzip als Pendant zum Wegzug aus eben diesem Mitgliedstaat auszugestalten. Werden die Wirtschaftsgüter bei Wegzug zum gemeinen Wert besteuert, so sind sie auch bei Zuzug zum gemeinen Wert zu bewerten. Die deutsche Verstrickungsvorschrift ist daher europarechtskonform ausgestaltet. In Italien war bislang keine Verstrickungsregelung kodifiziert; da der Wegzug aber gem. Art. 166 Abs. 1 TUIR eine Besteuerung zum „valore normale" vorsieht, müssen die Wirtschaftsgüter auch bei Zuzug der Gesellschaft zum „valore normale" bewertet werden, welches nunmehr mit Einführung des Art. 166-*bis* TUIR auch grundsätzlich vorgesehen ist.

23. Eine besondere Problematik bei Grenzübertritt der SE aus oder nach Italien ergibt sich unter zeitlichen Aspekten, denn nach Art. 73 Abs. 3 TUIR hängt die italienische unbeschränkte Steuerpflicht davon ab, ob der Ort der Geschäftsleitung, der Satzungssitz oder die Hauptniederlassung einer Gesellschaft *die meiste Zeit des Steuerjahres* im Inland belegen ist. Die SE kann in Italien für das gesamte Steuerjahr nur ganz oder gar nicht unbeschränkt steuerpflichtig sein. Hingegen kann nach deutschem Recht die unbeschränkte Steuerpflicht innerhalb eines Steuerjahres anfangen oder enden (vgl. § 7 Abs. 3 Satz 3 KStG). Bei einem Wegzug aus Italien im zweiten Teil des Steuerjahres wird die SE daher die restlichen Monate des Steuerjahres immer noch in Italien, zusätzlich aber auch schon in Deutschland als unbeschränkt steuerpflichtig erachtet. Hingegen führt ein Wegzug im ersten Teil des Steuerjahres dazu, dass die SE in den ersten Monaten in keinem der beiden Mitgliedstaaten unbeschränkt steuerpflichtig ist. Die teilweise *doppelte* unbeschränkte Steuerpflicht wird DBA-rechtlich dahingehend eingeschränkt, dass Italien nur bis zum Zeitpunkt des Wegzugs des Ortes der Geschäftsleitung als Ansässigkeitsstaat besteuern darf; ab diesem Zeitpunkt steht ihm das Besteuerungsrecht nur als Quellenstaat zu. Die teilweise *fehlende* unbeschränkte Steuerpflicht kann hingegen nicht DBA-rechtlich gelöst werden, weil Doppelbesteuerungsabkommen keine Steuerpflicht begründen können. Die SE ist in diesem Zeitraum daher in beiden Staaten lediglich beschränkt steuerpflichtig.
Für die italienische Wegzugsbesteuerung stellt sich zudem die Frage, zu welchem Zeitpunkt sie greift: im Moment des Wegzugs der die Besteuerung auslösenden Merkmale, wie dem Ort der Geschäftsleitung, oder bei Verlust der unbeschränkten Steuerpflicht. Hier hat die Auslegung des Art. 166 Abs. 1 TUIR ergeben, dass auf den Zeitpunkt des Wegzugs der ortsbezogenen Merkmale abzustellen ist. Ebenfalls ist für den Zeitpunkt der Zuzugsbewertung auf den Grenzübertritt der ortsbezogenen Merkmale der Gesellschaft abzustellen. Denn für das Territorialitäts- und das Kohärenzprinzips ist es entscheidend, welche stillen Reserven tatsächlich im Inland angewachsen sind. Die mittlerweile anderweitige Regelung des Ministerialdekrets vom 2. Juli 2014 für den Wegzug einer Gesellschaft ist europarechtsinkonform.

24. Die Untersuchung hat gezeigt, dass zur Gestaltung einer europarechtskonformen Wegzugsbesteuerung der SE im Grunde zwei Möglichkeiten bestehen: das Modell der „Makro"- und das der „Mikro-Kohärenz". Wählt ein Mitgliedstaat die „Makro-Kohärenz", muss er DBA-rechtlich regeln, dass die stillen Reserven in dem Staat versteuert werden, in dem sie sich realisieren, und nicht in dem, in dem sie entstanden sind. Als Folge der „Makro-Kohärenz" dürfen die stillen Reserven beim Wegzug steuerlich nicht erfasst, eine Wegzugsbesteuerung mithin nicht vorgenommen werden. Beim Zuzug sind die fortgeführten Anschaffungs- und Herstellungskosten als Verstrickungswerte anzusetzen.
Wählt der Mitgliedstaat die „Mikro-Kohärenz", um die bei ihm angewachsenen stillen Reserven besteuern zu dürfen, sind stille Reserven zu dem Zeitpunkt und nur in der Höhe zu erfassen, in der sie ansonsten dem Steuerzugriff entzogen

werden würden. Sowohl zeitlich als Besteuerungsauslöser wie auch quantitativ ist auf die Entstrickung abzustellen. Spiegelbildlich dürfen die zuziehenden stillen Reserven nicht erfassen werden, was durch Bewertung bei Zuzug zum gemeinen Wert gewährleistet wird. Als Rechtsfolge ist eine typisierte Steuerstreckung zu wählen, nach der die zum Zeitpunkt des Grenzübertrittes festgestellten Werte über einen typisierten Zeitraum besteuert werden. Dafür sollte zwischen den stillen Reserven des Umlaufvermögens, denen des Anlagevermögens und dem Geschäfts- oder Firmenwert unterschieden werden. Zieht ein ganzes Unternehmen oder ein Unternehmensteil weg, sollte eine entsprechende Aufteilung aus Vereinfachungsgründen vermieden und der Gesamtbetrag der stillen Reserven über einen einheitlichen Zeitraum (unter regressivem Verlauf) versteuert werden.

Abschließend lässt sich festhalten, dass der Verweis in die nationale Rechtsordnung des Sitzstaates trotz europäischer Harmonisierung weiterhin für Schwierigkeiten sorgt. Die Aufnahme von gesonderten Vorschriften im SE-Statut selbst ist aber in nächster Zeit nicht absehbar. So betraf die letzte Überarbeitung des Statuts im Kern nur die Mitbestimmungsregeln.[1794] Zudem ist auch das Projekt zur Schaffung einer SPE (Societas privata europaea) als „kleine Schwester“ der SE momentan auf Eis gelegt worden.[1795] Die damals für die lange Entstehungsgeschichte der SE verantwortlichen politischen Diskrepanzen scheinen mithin selbst im 21. Jahrhundert noch nicht gänzlich überwunden und detaillierte Einzelregelungen weiterhin nicht konsensfähig zu sein.

Aktuell steht der Entwurf für die Richtlinie zur Schaffung einer sog. SUP (Societas unius personae)[1796] zur Diskussion, nach der europaweit eine GmbH-Form mit nur einem Gesellschafter eingeführt werden soll. Auch hier soll subsidiär auf das nationale Recht des jeweiligen Sitzstaates verwiesen werden. Anders als bei der SE ist aber keine grenzüberschreitende Sitzverlegung vorgesehen,[1797] so dass es nicht zum Wechsel des auf die SUP anwendbaren Rechts kommen kann. Die entsprechenden Fragestellungen bleiben mithin vorerst eine Besonderheit der Societas europaea.

1794 Vgl. Ausführungen bei *Teichmann*, BB 2013, Nr. 3, „Die erste Seite“.

1795 Rat der Europäischen Union, Entwurf eines Protokolls zur 3094. Tagung des Rates Wettbewerbsfähigkeit v. 15.07.2011 – 10917/11. Zudem *Teichmann*, BB 2013, Nr. 3, „Die erste Seite“.

1796 Vorschlag für eine Richtlinie des Europäischen Parlaments und des Rates über Gesellschaften mit beschränkter Haftung mit einem einzigen Gesellschafter, COM/2014/0212 final – 2014/0120 (COD).

1797 Explizit http://www.consilium.europa.eu/en/press/press-releases/2015/05/28-29-compet-single-member-private-companies/. Vgl. zudem Erwägungsgrund Nr. 11b, Art. 9 Abs. 1 Satz 2, Rat der Europäischen Union, 2014/0120 (COD) v. 21.05.2015 – 8811/15; *BDA/BDI/DIHK*, Gemeinsame Stellungnahme zum Vorschlag für eine Richtlinie über Gesellschaften mit beschränkter Haftung mit einem einzigen Gesellschafter, COM(2014) 212 final, S. 4.

§ 2 Sintesi italiana

Capitolo 1 – Introduzione e profilo societario

Una delle caratteristiche principali della Società europea consiste nella possibilità del trasferimento transfrontaliero della sede all'interno del territorio europeo mantenendo l'identità giuridica della società (si veda l'art. 8, co. 1, regolamento SE). Secondo la Commissione europea «the possibility to transfer the registered office to another Member State is considered an essential driver and a real comparative advantage of the SE compared to nationale companies»[1798].

Il presente studio muove dalla constatazione che il trasferimento transfrontaliero non è sufficientemente disciplinato nel regolamento SE. Anzi, a causa del rinvio alle norme nazionali dello Stato di residenza della SE, il trasferimento della sede porta ad un cambiamento della legge applicabile, facendo sorgere l'interrogativo circa le modalità di realizzazione del passaggio da un ordinamento all'altro. Per quanto riguarda il cambiamento del diritto applicabile ai bilanci, particolare importanza riveste la tutela dei creditori e dei soci di minoranza; nell'ambito tributario, invece, l'aspetto maggiormente delicato è rappresentato dalla ripartizione del potere impositivo tra lo Stato membro di partenza e quello di arrivo.

A. Della forma societaria europea «Societas Europaea» (SE)

I. La genesi della SE

L'idea di creare una forma societaria riconosciuta da più Stati è sorta decenni fa. Questa visione si dimostrava, però, politicamente ancora non realizzabile. Con lo sviluppo del mercato europeo e l'armonizzazione dei diritti societari nazionali, tuttavia, si è potuta sviluppare una reale prospettiva per una tale forma societaria[1799].

Già all'inizio del ventesimo secolo, il concetto di una forma societaria transnazionale sembrava vantaggioso: a Colonia, in occasione del 34. *Deutschen Juristentag* nel 1926, si parlava già di una società commerciale internazionale[1800] e, negli anni 1949 e 1952, il Consiglio europeo ha, perfino, sviluppato due progetti per una

---

1798 Report from the Commission to the European Parliament and the Council, 17 novembre 2010, COM(2010) 676 final, 3.1, S. 3.

1799 *Bianca*, Contratto e Impresa / Europa 2002, 453, 472; *Miola*, Rivista delle società 2003, 322, 322; *ders.*, in: Principe, Lo Statuto legale di Società Europea, S. 39 ff., 49. Cfr. *Minervini*, Rivista delle società 1966, 984, 990.

1800 *M. Casper*, in: Spindler/Stilz, AktG, Vor Art. 1 SE-VO, Rn. 5; *Siems*, in: Kölner Kommentar AktG, Vor Art. 1 SE-VO, Rn. 2; *Theisen/Wenz*, in: Theisen/Wenz, Die Europäische Aktiengesellschaft, S. 1 ff., 27 f. Si veda anche *Schröder*, in: Manz/Mayer/Schröder, SE, Teil A, Vorbemerkung, Rn. 1.

forma societaria europea la quale, però, doveva seguire meramente scopi pubblici[1801]. Si dovette attendere, comunque, fino al 1970, affinché la Commissione europea presentasse la prima bozza per uno Statuto di una Società europea. Questa bozza regolamentava con più di 400 prescrizioni in modo esaustivo il diritto della SE[1802], incluse la disciplina del bilancio e quella tributaria.

Il progetto per la creazione di uno Statuto per la Società europea fu sospeso, poco dopo, per la preoccupazione che ancora destava un tipo di società internazionale: venne ripreso non prima del 1985, con il c.d. libro bianco sul completamento del mercato interno. In questo contesto, la Commissione elaborò una bozza nuova per lo Statuto della Società europea che era decisamente ridotta rispetto alla prima versione e divisa in due parti: un regolamento e una direttiva sui problemi della c.d. *Mitbestimmung* (cogestione)[1803]. La *Mitbestimmung* restava, comunque, un punto discusso tra gli Stati membri, che non veniva chiarito prima dell'incontro svoltosi a Nizza in data 20 dicembre 2000[1804]. La versione definitiva dello Statuto SE, tuttavia, non disciplinava più i profili contabili e tributari della SE. Questa mancanza del regolamento costituisce la ragione della presente ricerca.

1801 *A. Schröder*, in: Manz/Mayer/Schröder, SE, Teil A, Vorbemerkung, Rn. 1; *Siems*, in: Kölner Kommentar AktG, Vor Art. 1 SE-VO, Rn. 3; *Theisen/ Wenz*, in: Theisen/Wenz, Die Europäische Aktiengesellschaft, S. 1 ff., 28. Si veda anche *Corapi*, in: Corapi/ Pernazza, La Società Europea, Introd., 1., S. 8; *Ducouloux Favard*, in: Principe, Lo Statuto legale di Società Europea, S. 23 ff., 23; *Fimmanò*, Rivista delle società 1994, 994, 994; *Laurini*, Rivista del notariato 1993, 757, 758; *Minervini*, Rivista delle società 1966, 984, 984; *Schwarz*, SE-VO, Einl., Rn. 2.

1802 *Lutter*, in: Lutter, Die europäische Aktiengesellschaft, Einführung, S. VI; *id.*, in: Lutter/Hommelhoff/Teichmann, SE, Einl. SE-VO, Rn. 10; *Schwarz*, SE-VO, Einl., Rn. 4; *id.*, Europäisches Gesellschaftsrecht, 4. Teil, C. I. 2., Rn. 1087. Cfr. anche *A. Schröder*, in: Manz/Mayer/Schröder, SE, Teil A, Vorbemerkung, Rn. 2 f.

1803 *Arnò/ Cancarini*, La società europea, 1.1, S. 6; *Bianca*, Contratto e Impresa / Europa 2002, 453, 463 f.; *Blanquet*, ZGR 2002, 20, 25; *Ducouloux Favard*, in: Principe, Lo Statuto legale di Società Europea, S. 23 ff., 26; *Fimmanò*, Rivista delle società 1994, 994, 1000; *Hommelhoff*, AG 1990, 422, 422; *Lutter*, in: Lutter/Hommelhoff/Teichmann, SE, Einl. SE-VO, Rn. 12; *id.*, AG 1990, 413, 415; *id.*, BB 2002, 1, 2; *Santosuosso*, Riv. dir. comm. 1990, 837, 837 f.; *A. Schröder*, in: Manz/Mayer/Schröder, SE, Teil A, Vorbemerkung, Rn. 4; *Schwarz*, SE-VO, Einl., Rn. 6; *Theisen/ Wenz*, in: Theisen/ Wenz, Die Europäische Aktiengesellschaft, S. 1 ff., 31 ff.

1804 *Arnò/ Cancarini*, La società europea, 1.1, S. 7; *Bianca*, Contratto e Impresa / Europa 2002, 453, 469; *Blanquet*, ZGR 2002, 20, 21, 33; *Buonocore*, in: Principe, Lo Statuto legale di Società Europea, Presentazione, S. 8; *Ducouloux Favard*, in: Principe, Lo Statuto legale di Società Europea, S. 23 ff., 29; *Hirte*, NZG 2002, 1, 1; *Lutter*, in: Lutter/Hommelhoff/Teichmann, SE, Einl. SE-VO, Rn. 17; *Paciello*, in: Principe, Lo Statuto legale di Società Europea, S. 119 ff., 119; *A. Schröder*, in: Manz/Mayer/ Schröder, SE, Teil A, Vorbemerkung, Rn. 8; *Schwarz*, SE-VO, Einl., Rn. 9; *Taschner/ Bodenschatz*, in: Jannott/Frodermann, Handbuch der Europäischen Aktiengesellschaft, Kap. 1, V., Rn. 49; *Theisen/ Wenz*, in: Theisen/Wenz, Die Europäische Aktiengesellschaft, S. 1 ff., 35.

II. Le regole societarie principali della Società europea

Ai fini del presente lavoro, fra le prescrizioni dello Statuto SE è opportuno richiamare, in primo luogo, l'art. 1, co. 3, del regolamento SE, in forza del quale alla Società europea viene riconosciuta personalità giuridica[1805]. In secondo luogo, un vantaggio particolare della SE[1806] rispetto alle società per azioni nazionali sussiste nella mobilità transnazionale: l'art. 8, co. 1, regolamento SE, stabilisce, infatti, che la SE può trasferire la sua sede sociale (nel senso di sede statutaria[1807]) in un altro Stato membro, il che – e questo è significativo – «non dà luogo a scioglimento né alla costituzione di una nuova persona giuridica». La società europea può, dunque, spostarsi da a uno Stato membro ad un altro mantenendo la sua personalità giuridica[1808].

Questa libertà di movimento viene, però, limitata attraverso due principi complementari previsti dall'art. 7, I periodo, del regolamento SE: il principio di territorialità, *da un lato*, ed il principio di unità tra sede sociale e amministrazione centrale[1809], *dall'altro*. Secondo il primo dei due principi, la sede sociale della SE deve essere situata costantemente all'interno della Comunità europea[1810], mentre il secondo

1805 *Lutter*, in: Lutter/Hommelhoff/Teichmann, SE, Art. 1 SE-VO, Rn. 13; *Schwarz*, SE-VO, Art. 1, Rn. 35. Si veda anche *Campobasso*, Diritto delle società, Kap. 21, 1., S. 675; *Ducouloux Favard*, in: Principe, Lo Statuto legale di Società Europea, S. 23 ff., 32; *A. Schröder*, in: Manz/Mayer/Schröder, SE, Teil B, Art. 1, Rn. 31.

1806 *Campobasso*, Diritto delle società, Kap. 21, 1., S. 675; *Ringe*, in: Lutter/Hommelhoff/Teichmann, SE, art. 8 SE-VO, Rn. 1; *Schwarz*, SE-VO, art. 8, Rn. 1; *Wymeersch*, Rivista delle società 2003, 723, 758.

1807 *Mucciarelli*, Società di capitali, Kap. 2, 6.1, S. 76; *Ringe*, in: Lutter/Hommelhoff/Teichmann, SE, Art. 8 SE-VO, Rn. 4; *A. Schröder*, in: Manz/Mayer/Schröder, SE, Teil B, Art. 8, Rn. 10; *Schwarz*, SE-VO, Art. 8, Rn. 4; *Teichmann*, ZGR 2002, 383, 456; *id.*, in: Van Hulle/Maul/Drinhausen, SE, 7. Abschnitt, I. 1., Rn. 9; *Thömmes*, in: Theisen/Wenz, Die Europäische Aktiengesellschaft, S. 505 ff., 576; *Urbani*, in: Capriglione, Società europea, Teil 3, Kap. 12, 2., S. 326.

1808 *Cavallaro*, Il diritto fallimentare delle società commerciali 2005, 951, 958; *Di Marco*, Società 2001, 746, 749; *Knittel/Eble*, BB 2008, 2283, 2283; *Ringe*, in: Lutter/Hommelhoff/Teichmann, SE, Art. 8 SE-VO, Rn. 1; *Schwarz*, SE-VO, Art. 8, Rn. 5. Cfr. anche *Carmini*, Le operazioni di gestione straordinaria in ambito internazionale, Kap. 1, 8., S. 42; *Pa. Didier/Ph. Didier*, Les sociétés commerciales, Untertitel II, Kap. 6, Teil 2, § 1, 1014., S. 771; *Malatesta*, Rivista di diritto internazionale privato e processuale 2002, 613, 623; *Righini*, Contratto e impresa 2006, 755, 772; *Teichmann*, in: Van Hulle/Maul/Drinhausen, SE, 7. Abschnitt, I. 2., Rn. 11; *Wymeersch*, Rivista delle società 2003, 723, 758. Sulla bozza del 1991, v. già: *Schwarz*, Europäisches Gesellschaftsrecht, 4. Teil, C. IV. 2., Rn. 1114.

1809 Termini secondo *Eickmann/Stein*, DStZ 2007, 723, 725. Si veda anche *M. Casper/Weller*, NZG 2009, 681, 681 ff.

1810 *Ducouloux Favard*, in: Principe, Lo Statuto legale di Società Europea, S. 23 ff., 31; *Heuschmid/C. Schmidt*, NZG 2007, 54, 55; *Laurini*, Rivista del notariato 1993, 757, 761; *Ringe*, in: Lutter/Hommelhoff/Teichmann, SE, Art. 7 SE-VO, Rn. 7;

principio statuisce l'obbligo di fare coincidere (e mantenere) la sede sociale nello Stato membro in cui si trova l'amministrazione centrale.

Un altro essenziale aspetto dello Statuto della SE consiste nel rinvio (secondo l'art. 9, co. 1, let. c, ii, del regolamento SE ed altri rinvii speciali) al diritto nazionale dello Stato membro in cui si trova la sede sociale. Questo rinvio è dovuto alle gravi lacune che si riscontrano nella versione finale dello Statuto SE e ha come conseguenza il cambiamento della legge applicabile nel momento in cui la società trasferisce la sua sede in un altro Stato membro[1811].

B. «Il» diritto del bilancio ed «il» diritto tributario applicabili alla Società Europea

Il regolamento SE non contiene disposizioni né per la contabilità della SE né per la sua tassazione. L'art. 61 del regolamento SE rinvia, quindi, per la redazione dei conti annuali e consolidati alle «disposizioni applicabili alle società per azioni che dipendono dalla giurisdizione dello Stato membro in cui [la società] ha la sede sociale». Altresì, per mezzo dell'art. 9, co. 1, lett. c, ii, oppure dell'art. 10 del regolamento SE – quale delle due regole sia applicabile, infatti, è un punto controverso[1812] – si applica il diritto tributario nazionale delle società per azioni. Questo porta al fatto che non ci sia *il* diritto contabile o *il* diritto tributario della SE, bensì 28 (insieme allo Spazio economico europeo, 31) – dopo il cd. Brexit soltanto 27 – diverse legislazioni potenzialmente applicabili.

Una Società europea con sede sociale in Germania deve, dunque, redigere il bilancio d'esercizio secondo le prescrizioni dei §§ 238 ss., 264 ss. *HGB*, 150 ss. *AktG*[1813].

A. Schröder, in: Manz/Mayer/Schröder, SE, Teil B, Art. 7, Rn. 6; *Urbani*, in: Capriglione, Società europea, Teil 3, Kap. 12, 2., S. 323.

1811 *Allotti*, in: Corapi/Pernazza, La Società Europea, Art. 7 e 8, 3., S. 56; *Horn*, DB 2005, 147, 147; *IDW HFA*, FN 2007, 506, 506; *Knittel/Eble*, BB 2008, 2283, 2283 f.; *Minervini*, Riv. dir. comm. 1992, 7, 10; *Ringe*, in: Lutter/Hommelhoff/Teichmann, SE, Art. 8 SE-VO, Rn. 8; *A. Schröder*, in: Manz/Mayer/Schröder, SE, Teil B, Art. 8, Rn. 5, 18; *Schwarz*, SE-VO, Art. 8, Rn. 67; *Teichmann*, in: Van Hulle/Maul/Drinhausen, SE, 7. Abschnitt, I. 3., Rn. 16.

1812 Per l'applicazione dell'art. 9, co. 1, lett. c, ii, del regolamento SE: *Bartone/Klapdor*, Die Europäische Aktiengesellschaft, Teil 4, 1., S. 109; *Büsching*, in: Jannott/Frodermann, Handbuch der Europäischen Aktiengesellschaft, Kap. 14, I., Rn. 1; *Sallustio*, in: Corapi/Pernazza, La Società Europea, Art. 12 della direttiva 2009/133/CE, 1., S. 339; *Schwarz*, SE-VO, Einl., Rn. 346. Per l'applicazione dell'art. 10 del regolamento SE: *Ringe*, Die Sitzverlegung der Europäischen Aktiengesellschaft, 3. Teil, C. I. 1., S. 168; *C. Schäfer*, in: MüKo AktG, Bd. 7, Art. 10 SE-VO, Rn. 3; *Schön*, in: Schön/Schindler, Die SE im Steuerrecht, II. 1., Rn. 38.

1813 *M. Casper*, in: Spindler/Stilz, AktG, Art. 61, 62 SE-VO, Rn. 3; *Fischer*, in: MüKo AktG, Bd. 7, Art. 61 SE-VO, Rn. 17; *Kleindiek*, in: Lutter/Hommelhoff/Teichmann, SE, Art. 61 SE-VO, Rn. 7 f.; *Knittel/Eble*, BB 2008, 2283, 2283 f.; *Lutter*, in: Lutter/

La redazione del bilancio d'esercizio secondo gli *IAS/IFRS* omologati non ha, invece, effetto liberatorio: la Germania non ha esercitato la facoltà, prevista dall'Unione europea all'art. 5 del regolamento *IAS*, di permettere o prescrivere l'applicazione degli *IAS/IFRS* per la redazione del bilancio d'esercizio. Una SE con sede sociale italiana deve, invece, redigere il bilancio d'esercizio o secondo gli artt. 2214 ss., 2423 ss. c.c.[1814] o secondo gli *IAS/IFRS* omologati, la quale applicazione è stata prevista da parte dell'Italia con il decreto legislativo n. 38 del 28 febbraio 2005 (d.lgs. 38/2005)[1815].

Per quanto riguarda il diritto tributario, la Società europea «tedesca» è soggetto passivo della tassazione delle imprese secondo la prescrizione del § 1, co. 1, n. 1, *KStG* ed è, perciò, da considerare obbligata all'imposizione con il c.d. reddito mondiale (§ 1, co. 1, co. 2, *KStG*, § 11 *AO*; *Welteinkommensprinzip*). A questo si può aggiungere l'obbligo di tassazione in un altro Stato (come l'Italia), se, ad esempio, si sia ivi stabilita una stabile organizzazione (si veda, per l'Italia: art. 23, co. 1, let. e, TUIR). Anche secondo il diritto tributario italiano la Società europea è considerata soggetto dell'Imposta sul reddito delle società (IRES; v. art. 73, co. 1, let. a, TUIR) e secondo l'art. 73, co. 3, TUIR obbligata alla tassazione delle imprese con il c.d. reddito mondiale. In caso dovesse mantenere una stabile organizzazione in un altro Stato (ad esempio nella Germania), si aggiunge anche qui una tassazione ai prodotti ivi fabbricati (si veda, per la Germania, § 2, n. 1, § 8, co. 1, *KStG*, § 49, co. 1, *EStG*).

Hommelhoff/Teichmann, SE, Einl. SE-VO, Rn. 47; *Schwarz*, SE-VO, Art. 61, Rn. 11. Si veda anche *IDW HFA*, FN 2007, 506, 506; in senso critico, *Wenz*, BC 2004, 77, 78.

1814 Critico verso il bilancio secondo il codice civile «giacché quest'ultimo non sempre delinea meccanismi che rendono una visione della realtà d'impresa», *Lemma*, in: Capriglione, Società europea, Teil 2, Kap. 9, 3., S. 250.

1815 Gazzetta Ufficiale n. 66, 21 marzo 2005.

Capitolo 2 – Presupposti basilari del diritto europeo per il trasferimento transfrontaliero della SE

A. Premessa: la SE come forma societaria dell'Unione Europea

Si osserverà in seguito come assuma rilievo centrale, nella presente analisi, il fatto che la Società europea sia una forma societaria dell'Unione europea e non, invece, una forma societaria di uno Stato membro della UE: è il regolamento SE e, con questo, il legislatore europeo che hanno dato vita alla Società europea e che stabiliscono la sua personalità giuridica attraverso l'art. 1, co. 3, del regolamento SE. Nient'altro risulta dal rinvio alle norme nazionali secondo quanto previsto dall'art. 9, co. 1, lett. c, ii, del regolamento SE, perché il rinvio non si basa sulla competenza legislativa degli Stati membri, bensì, unicamente, su quella dell'Unione europea[1816].

B. Le libertà fondamentali garantite nell'Unione Europea

I. La libertà di stabilimento

Dalle libertà fondamentali garantite dagli artt. 28 ss. del Trattato sul funzionamento dell'Unione europea (TFUE), è alla libertà di stabilimento (artt. 49, 54) che spetta importanza particolare per il trasferimento transfrontaliero di società. Questa libertà comprende, a grandi linee, l'integrazione stabile nell'economia di un altro Stato membro[1817] ed è protetta sia attraverso il divieto di discriminazione sia attraverso il divieto di restrizioni[1818], come ha manifestato la Corte dell'Unione europea nella causa *Daily Mail*[1819].

1816 *Hommelhoff/Teichmann*, in: Lutter/Hommelhoff/Teichmann, SE, Art. 9 SE-VO, Rn. 5; *Schwarz*, SE-VO, Art. 7, Rn. 16, Art. 9, Rn. 23. Cfr., anche, *Ringe*, Die Sitzverlegung der Europäischen Aktiengesellschaft, 2. Teil, A. I. 1., S. 49.

1817 Cfr. *Bröhmer*, in: Calliess/Ruffert, EUV/AEUV, Art. 49 AEUV, Rn. 12 ff.; *Müller-Graff*, in: Streinz, EUV/AEUV, Art. 49 AEUV, Rn. 11; *Schlag*, in: Schwarze, EU-Kommentar, Art. 49 AEUV, Rn. 1 f.; *Teichmann*, DB 2012, 2085, 2085, 2087; *Wicke*, DStR 2012, 1756, 1757 f. Restrittivo: *Forsthoff*, in: Grabitz/Hilf/Nettesheim, Recht der EU, Art. 49 AEUV (März 2011), Rn. 36.

1818 *Altmeppen/Ego*, in: MüKo AktG, Bd. 7, Europ. Niederlassungsfreiheit, Rn. 96; *Aßmann*, Steuer&Studium 2006, 131, 136; *Eickmann/Stein*, DStZ 2007, 723, 727; *Hey*, Der Konzern 2004, 577, 579; *Melis*, Dir. prat. trib. int. 2004, 13, 49; *L. Miele*, Corr. trib. 2010, 434, 435; *Romano*, Rassegna Tributaria 2004, 1291, 1297; *Schlag*, in: Schwarze, EU-Kommentar, Art. 49 AEUV, Rn. 3; *Schwarz*, SE-VO, Einl., Rn. 35; *Wenz*, in: Theisen/Wenz, Die Europäische Aktiengesellschaft, S. 189 ff., 215.

1819 EuGH v. 27.09.1988 – 81/87 (*Daily Mail*). Si veda anche EuGH v. 11.03.2004 – C-9/02 (*Lasteyrie du Saillant*); EuGH v. 29.11.2011 – C-371/10 (*National Grid Indus*); EuGH v. 06.09.2012 – C-38/10 (*commissione/Portugallo*).

Per il trasferimento di società è da considerare, inoltre, la libera circolazione dei capitali (art. 63 TFUE), la quale comprende «il trasferimento di capitale in denaro così come di beni in natura»[1820]. Visto che la libera circolazione dei capitali non esclude – secondo l'opinione comune[1821] – la libertà di stabilimento e considerata la comparabilità dei criteri del divieto di restrizione per entrambe le libertà[1822], in seguito ci si riferirà unicamente alla libertà di stabilimento, la quale, d'altronde, è stata da sempre il criterio rilevante nelle sentenze della Corte di giustizia dell'Unione europea che avevano come oggetto il trasferimento di società.

II. La SE come soggetto (sopranazionale) della libertà di stabilimento

La SE si qualifica come soggetto (supernazionale) della libertà di stabilimento, sebbene l'art. 54 TFUE si riferisca solamente a società «costituite conformemente alla legislazione di uno Stato membro» e, letteralmente[1823], non a società costituite secondo la legislazione dell'Unione europea. Questa disposizione restrittiva si spiega semplicemente con l'intenzione – ai tempi della redazione del trattato – di escludere le società di Stati terzi dalla tutela della libertà di stabilimento[1824]. Non si puntava, invece, ad escludere anche le società europee supernazionali che, allora, non esistevano ancora[1825]. Inoltre, la Società europea – con la sua mobilità transfrontaliera prevista dall'art. 8, co. 1, del regolamento SE – rappresenta in modo particolare il concetto del mercato interno europeo[1826]; a maggior ragione, le restrizioni a questa mobilità devono essere conforme alla libertà di stabilimento.

1820 *Birk*, in: FS Offerhaus, 1999, S. 163 ff., 172; *Glaesner*, in: Schwarze, EU-Kommentar, Art. 63 AEUV, Rn. 7; *Wojcik*, in: von der Groeben/Schwarze/Hatje, Europäisches Unionsrecht, Art. 63 AEUV, Rn. 1 ff.

1821 *Hey*, in: Herrmann/Heuer/Raupach, EStG/KStG, Einf. KSt (Sept. 1999), Rn. 110.

1822 Cfr. *Glaesner*, in: Schwarze, EU-Kommentar, Art. 63 AEUV, Rn. 11; *Ismer/Reimer/Rust*, EWS 2004, 207, 211; *Jürgen/Troberg*, in: von der Groeben/Schwarze/Hatje, Europäisches Unionsrecht, Art. 49 AEUV, Rn. 24.

1823 Per l'interpretazione letterale si veda *Ulmer*, NJW 2004, 1201, 1210.

1824 *Jung*, in: Schwarze, EU-Kommentar, Art. 54 AEUV, Rn. 11; *Müller-Graff*, in: Streinz, EUV/AEUV, Art. 54 AEUV, Rn. 7; *Schwarz*, SE-VO, Einl., Rn. 34.

1825 *Ehricke*, in: Lutter/Hommelhoff/Teichmann, SE, Art. 64 SE-VO, Rn. 3; *Schwarz*, SE-VO, Einl., Rn. 33. Cfr. *Diekmann*, in: Habersack/Drinhausen, SE-Recht, Art. 7 SE-VO, Rn. 23.

1826 Cfr. *Eilers/Dondorf*, in: Reimer, Europäisches Gesellschafts- und Steuerrecht, S. 193 ff., 200 f.; *Fischer*, in: MüKo AktG, Bd. 7, SteuerR, Rn. 87; *Jung*, in: Schwarze, EU-Kommentar, Art. 54 AEUV, Rn. 54; *Schwarz*, SE-VO, Einl., Rn. 32.

C. La giurisprudenza della Corte di giustizia dell'Unione europea rilevante per il trasferimento transfrontaliero della SE

Non ci sono ancora sentenze della Corte dell'Unione europea sul diritto contabile applicabile nel momento del trasferimento di una società da uno Stato membro in un altro. Lo stesso è valso per molto tempo per la c.d. *exit tax* come conseguenza tributaria dell'emigrazione di una società: nemmeno essa era oggetto della giurisdizione europea[1827]. La Corte europea si è, invece, espressa esplicitamente sulle restrizioni societarie per l'uscita di una società con le sentenze *Daily Mail* e *Cartesio*[1828]. L'effetto di queste sentenze sulle restrizioni tributarie è stato a lungo discusso (l'effetto sull'ambito del bilancio non è stato invece oggetto di dibattiti). Inoltre, ci sono stati giudizi europei sull'*exit tax* di persone fisiche (*X und Y*, *Hughes de Lasteyrie du Saillant*, *N*[1829]). Altresì, gli effetti di queste pronunce per l'*exit tax* delle società non erano chiari. Finalmente, in data 29 novembre 2011, è stata emessa, nella causa *National Grid Indus*[1830], la prima sentenza della Corte di giustizia specificatamente sul tema dell'*exit tax* di una società, seguita dalla sentenza *DCM*[1831]. Queste sentenze rivestono, dunque, un'importanza particolare per questo lavoro.

Per quanto riguarda l'*entrata* di una società in uno Stato membro, la Corte dell'Unione europea ha preso posizione con tre sentenze fondamentali: *Centros*, *Überseering* ed *Inspire Art*[1832]. Anche queste sentenze, tuttavia, riguardano soltanto restrizioni nell'ambito del diritto societario, il che porta di nuovo all'interrogativo circa le conseguenze che si potrebbero avere sul piano del diritto contabile e tributario nel momento dell'entrata di una società in un dato paese dell'Unione. A queste tre sentenze si è aggiunta la sentenza *VALE*[1833], la quale si occupa dell'ingresso di una società, con la particolarità del cambiamento del diritto ad essa applicabile.

1827 Benché la sentenza *Daily Mail* trovi la sua origine in ragioni fiscali, la Corte dell'Unione europea si è espressa, ivi, soltanto relativamente a questioni di diritto societario; così: *Boers*, Rassegna Tributaria 2006, 1401, 1413; *Cordewener*, Europäische Grundfreiheiten und nationales Steuerrecht, 6. Kapitel, § 18, II. 3. c), S. 408; *Engert*, DStR 2004, 664, 668.

1828 EuGH v. 27.09.1988 – 81/87 (*Daily Mail*); EuGH v. 16.12.2008 – C-210/06 (*Cartesio*).

1829 EuGH v. 21.11.2002 – C-436/00 (*X e Y*); EuGH v. 11.03.2004 – C-9/02 (*Lasteyrie du Saillant*); EuGH v. 07.09.2006 – C-470/04 (*N*).

1830 EuGH v. 29.11.2011 – C-371/10 (*National Grid Indus*).

1831 EuGH v. 23.01.2014 – C-164/12 (*DMC*).

1832 EuGH v. 09.03.1999 – C-212/97 (*Centros*); EuGH v. 05.11.2002 – C-208/00 (*Überseering*); EuGH v. 30.09.2003 – C-167/01 (*Inspire Art*).

1833 EuGH v. 12.07.2012 – C-378/10 (*VALE*).

D. L'accesso alla libertà di stabilimento in caso del trasferimento transfrontaliero della SE

I. L'applicazione della libertà di stabilimento nel momento dell'uscita di una Società europea da uno Stato membro

La questione europea di base in merito all'uscita di una società da uno Stato membro riguarda l'applicazione della libertà di stabilimento; nella lingua tedesca si parla, in modo figurativo, dell'«apertura» della libertà di stabilimento. In altre parole, è da chiarire se le restrizioni che lo Stato di partenza impone alla società che vuole uscire dal suo territorio siano da esaminare con il parametro della libertà di stabilimento o meno. È stata la Corte europea che ha innescato tale discussione dichiarando, con le sentenze *Daily Mail* e *Cartesio*, che uno Stato membro ha il diritto di decidere sia sulla costituzione sia sulla permanenza in vita delle «sue» società (c.d. *Schöpfertheorie*[1834] = teoria del creatore). Questo giudizio è stato, a ragione, consistentemente criticato da parte della dottrina[1835], cui si fa rinvio. Sulla base di questo giudizio della Corte europea, ci si chiede, però, quanto ampio sia il concetto del «potere creatore» dello Stato di costituzione. Questa domanda è stata discussa da parte della dottrina con particolare attenzione all'*exit tax* delle società.

A questo proposito c'è da precisare, in primo luogo, che la c.d. «teoria del creatore» delle società non è stata superata dalle sentenze aventi ad oggetto l'*exit tax* delle persone fisiche, poiché le suddette persone – diversamente dalle persone giuridiche – esistono indipendentemente da un ordinamento giuridico[1836]. Lo Stato di partenza non può, dunque, far venir meno l'esistenza dei singoli individui per effetto della loro uscita dal territorio statale e, perciò, non sorgono dubbi circa l'applicabilità della libertà di stabilimento. In secondo luogo, il «potere creatore» dello Stato membro fondatore si limita alla personalità giuridica di una società e

---

1834 La dottrina parla della «Geschöpftheorie»: *Bayer/J. Schmidt*, ZIP 2012, 1481, 1481; *Braun*, DZWIR 2012, 411, 411; *Kindler*, EuZW 2012, 888, 888; *Kruis/Widmayer*, CORPORATE FINANCE law 2012, 349, 349; *Mutter/Kruchen*, EuGH EWiR Art. 49 AEUV 3/12, 541, 542; *Richter/Heyd*, StuW 2010, 367, 369; (critico) *Teichmann*, DB 2012, 2085, 2089 f.; *Wöhlert/Degen*, GWR 2012, 33797, 432, 433.

1835 Cfr. *Boers*, Rassegna Tributaria 2006, 1401, 1413; *Forsthoff*, in: Grabitz/Hilf/Nettesheim, Recht der EU, Art. 54 AEUV (Okt. 2011), Rn. 11; *Frobenius*, DStR 2009, 487, 488 f.; *Hennrichs/Pöschke/von der Laage/Kļaviņa*, WM 2009, 2009, 2013 f.; *Hey*, Der Konzern 2004, 577, 581; *Knobbe-Keuk*, DB 1990, 2573, 2579 ff.; *Leible*, ZGR 2004, 531, 536; *Mucciarelli*, EBOR 2008, 267, 296 ff.; *Ringe*, Die Sitzverlegung der Europäischen Aktiengesellschaft, 2. Teil, A. II. 4. c), S. 72 ff.; *Romano*, Rassegna Tributaria 2004, 1291, 1298 f.; *Stewen*, FR 2010, 18, 20 ff.; *Teichmann*, ZIP 2009, 393, 396 ff.; esplicitamente per l'art. 54: *Cervino*, Rassegna Tributaria 2000, 1873, 1884; *Forsthoff*, EuR 2000, 167, 173.

1836 *Frotscher*, IStR 2006, 65, 69; *id.*, in: Frotscher/Maas, KStG, § 12 (Jan. 2015), Rn. 106 f. Cfr. anche *Kraft/Gebhardt*, FR 2012, 403, 405; *L. Miele*, Corr. trib. 2010, 434, 437; *Stöber*, ZIP 2012, 1273, 1275 f.; *Weber*, ET 2003, 350, 352 f.

non comprende le conseguenze al di fuori dell'esistenza della società: una società che si trasferisce in un altro Stato membro mantenendo la sua personalità giuridica, continua ad esistere come soggetto di diritto e, perciò, può appellarsi alla libertà di stabilimento. Tutte le (altre) conseguenze dell'uscita sono da commisurare, dunque, a questa libertà fondamentale[1837].

Giacché la SE mantiene, secondo quanto previsto dall'art. 8, co. 1, II periodo, del regolamento SE, la sua personalità giuridica pur trasferendosi in un altro Stato membro, la libertà di stabilimento è applicabile e restrizioni al trasferimento, come l'*exit tax* o conseguenze nell'ambito del diritto dei bilanci, sono da esaminare sotto questo profilo.

II. L'applicazione della libertà di stabilimento nel momento dell'entrata di una Società europea in uno Stato membro

Per l'entrata di una società in uno Stato membro, la Corte europea ha sempre considerato applicabile la libertà di stabilimento (si veda *Centros*, *Überseering*, *Inspire Art*). Al contrario di quanto potrebbe sembrare, questo giudizio non contrasta con le sentenze che riguardano l'uscita di una società, bensì si inserisce coerentemente nella sistematica della «teoria del creatore»: al momento dell'entrata di una società – la quale continua a dedurre la sua personalità giuridica dall'ordinamento giuridico dello Stato di partenza – esiste un soggetto giuridico il quale può chiedere la tutela della libertà di stabilimento. Dato che lo Stato di entrata non è il «creatore» della società, questo non ha il diritto di decidere sulla continuazione dell'esistenza della società, senza che questo verrebbe commisurato alla libertà di stabilimento[1838].

Ritornando alla Società europea, anche la sua entrata in uno Stato membro avviene con la continuazione della personalità giuridica secondo l'art. 8, co. 1, II periodo, del regolamento SE. La libertà di stabilimento, dunque, è applicabile e tutti i provvedimenti dello Stato di entrata sono da esaminare secondo questo parametro europeo.

III. Conclusioni

Si può, quindi, concludere che la «teoria del creatore» della Corte dell'Unione europea trova i suoi limiti sia nel fatto che dà «soltanto» al legislatore «creatore» (ed a nessun'altro legislatore) la libertà di decidere sull'esistenza delle «sue» società, sia nel fatto che persino il legislatore fondatore può determinare «meramente» le caratteristiche basilari per l'esistenza delle «sue» forme societarie (si potrebbe parlare di «essentialia societatis»). Di conseguenza, tutti gli altri effetti del trasferimento transnazionale sono da misurare secondo la libertà di stabilimento, poiché

1837 Cfr. *Behrens*, EuZW 2009, Heft 3, V; *Braun*, DZWIR 2012, 411, 411; *Frobenius*, DStR 2009, 487, 490; *von der Laage*, StuW 2012, 182, 185; *L. Miele*, Corr. trib. 2010, 434, 438; *Schaumburg*, in: FS Wassermeyer, 2005, S. 411 ff., S. 414, 422; *Weber*, ET 2003, 350, 353.

1838 Cfr. *Hennrichs/Pöschke/von der Laage/Kļaviņa*, WM 2009, 2009, 2011 f.

possedendo le «essentialia societatis» richieste dal legislatore fondatore, la società esiste e, quindi, configura un soggetto con libertà di stabilimento.

Questo significa che per il trasferimento della SE, la quale per legge europea mantiene la sua personalità giuridica, sia gli effetti del diritto contabile sia quelli tributari sono da misurare con la libertà di stabilimento.

E. Ostacoli alla libertà di stabilimento e possibili giustificazioni

La libertà di stabilimento viene ristretta non soltanto quando sia impedito il trasferimento transfrontaliero, bensì anche quando esso ne rende – a causa di un effetto dissuasivo – più difficile l'esercizio. È considerato sufficiente, dunque, che il trasferimento sia reso meno attraente[1839]. Qualsiasi restrizione costituisce pertanto un ostacolo alla libertà di stabilimento[1840], sicché perfino i provvedimenti meramente burocratici sono restrizioni della libertà[1841].

A giustificazione di tale orientamento la Corte di giustizia dell'Unione Europea ha posto – nei casi relativi all'uscita e principalmente in quelli concernenti l'*exit tax* – il c.d. principio di coerenza e il c.d. principio di territorialità. Il principio di coerenza è applicabile quando esiste un nesso vincolante fra la regola che porta uno svantaggio e una regola che porta un vantaggio, in modo che l'applicazione di soltanto una delle due regole porterebbe a risultati contraddittori nel sistema nazionale[1842]. Con il principio di territorialità, invece, si intende la ripartizione dell'imposizione delle plusvalenze fra gli Stati membri secondo il territorio ove si sono accumulate[1843].

1839 EuGH v. 11.03.2004 – C-9/02 (*Lasteyrie du Saillant*); EuGH v. 07.09.2006 – C-470/04 (*N*); EuGH v. 23.10.2008 – C-157/07 (*Krankenheim Ruhesitz Wannsee*); EuGH v. 29.11.2011 – C-371/10 (*National Grid Indus*); EuGH v. 06.09.2012 – C-38/10 (*Commissione/Portugallo*). Cfr. anche *Boers*, Rassegna Tributaria 2006, 1401, 1407; *Körner*, IStR 2004, 424, 424; *De Pietro*, Rassegna Tributaria 2006, 1377, 1386.

1840 EuGH v. 11.03.2004 – C-9/02 (*Lasteyrie du Saillant*); EuGH v. 07.09.2006 – C-470/04 (*N*); EuGH v. 23.10.2008 – C-157/07 (*Krankenheim Ruhesitz Wannsee*); EuGH v. 29.11.2011 – C-371/10 (*National Grid Indus*).

1841 EuGH v. 07.09. 2006 – C-470/04 (*N*). Si veda anche *Ismer/Reimer/Rust*, EWS 2004, 207, 212.

1842 *Boers*, Rassegna Tributaria 2006, 1401, 1414; vorsichtig *Eilers/Dondorf*, in: Reimer, Europäisches Gesellschafts- und Steuerrecht, S. 193 ff., 201; *Hofmeister*, in: FS Wassermeyer, 2005, S. 437 ff., 443; *Ismer/Reimer/Rust*, EWS 2004, 207, 213; *Montuori/P. Palma*, Il Fisco 2005, 11640, 11642 f.; *De Pietro*, Rassegna Tributaria 2006, 1377, 1392. Allo stesso risultato giungono: *Elicker*, IStR 2005, 89, 92; *Schindler*, IStR 2004, 300, 305; *Zizzo*, Corriere Tributario 2008, 3581, 3583; cfr., anche, *Malmer*, CDFI 2002, Vol. LXXXVIIb, 79, 88.

1843 EuGH v. 07.09.2006 – C-470/04 (*N*). Cfr. Europäische Kommission, KOM(2006) 825 endg., S. 4; *Englisch*, IFSt-Schrift, Nr. 449 (2008), II. 3. a)., S. 66 ff.; *Hey*, in: FS Schaumburg, 2009, S. 767 ff., 787; *De Pietro*, Rassegna Tributaria 2006, 1377, 1393; *Ungemach*, Ubg 2011, 251, 253 f. Simile *Musil*, FR 2011, 545, 548.

Entrambe le cause di giustificazione sono, però, ristrette dal c.d. principio di coerenza «macro»[1844], il quale esclude una giustificazione dove la perdita del diritto di imposizione dello Stato di partenza sia dovuta al fatto che esso abbia concluso una convenzione con lo Stato di arrivo, secondo la quale il diritto di imposizione appartiene allo Stato membro nel quale si realizzano le plusvalenze latenti e non allo Stato in cui si sono incrementate. In questo modo, lo Stato di partenza, *da un lato*, perde il suo diritto di imposizione verso le plusvalenze latenti «uscenti», ma, *dall'altro lato*, ottiene il diritto di tassare le plusvalenze che entrano nel suo territorio, venendosi così a creare un altro livello di coerenza[1845].

Per giustificare gli ostacoli alla libertà di stabilimento al momento dell'entrata di una società, la Corte di giustizia ha riconosciuto il principio della tutela dei creditori e degli azionisti di minoranza[1846].

La giustificazione di un ostacolo alla libertà di stabilimento richiede, inoltre, che il provvedimento sia proporzionale: esso deve essere «adeguat[o] a garantire la realizzazione [...] [di un obiettivo di interesse generale] e non ecced[ere] quanto è necessario per raggiungerlo»[1847].

1844 Cfr. *Cordewener*, Europäische Grundfreiheiten und nationales Steuerrecht, Kap. 7, § 21, II. 2., S. 969; *Elicker*, IStR 2005, 89, 89 f.; *Jacobs*, Internationale Unternehmensbesteuerung, 2. Teil, Kap. 3, D. II. 5. (8), S. 214; *Körner*, IStR 2004, 424, 428; *De Pietro*, Rassegna Tributaria 2006, 1377, 1399; *Rödder*, DStR 2004, 1629, 1633; *id.*, in: FS Wassermeyer, 2005, S. 163 ff., 175; *Schön*, IStR 2004, 289, 296; *id.*, JbFfSt 2004/2005, 72, 76, 79; *Sedemund*, DStZ 2003, 407, 410. Con riferimento alla causa *Wielockx*: *Ismer/Reimer/Rust*, EWS 2004, 207, 214; *Malmer*, CDFI 2002, Vol. LXXXVIIb, 79, 88; in senso critico, *Englisch*, IFSt-Schrift, Nr. 449 (2008), IV. 2., S. 126 ff.

1845 EuGH v. 21.11.2002 – C-436/00 (*X e Y*).

1846 Si veda *Bayer/J. Schmidt*, ZIP 2012, 1481, 1487; *Bröhmer*, in: Calliess/Ruffert, EUV/AEUV, Art. 54 AEUV, Rn. 17; *Carmini*, Le operazioni di gestione straordinaria in ambito internazionale, Kap. 1, 7., S. 37; *Eidenmüller*, in: Baums/Cahn, Die Europäische Aktiengesellschaft, S. 164 ff., 173; *Stöber*, ZIP 2012, 1273, 1275.

1847 Giurisprudenza consolidata: EuGH v. 30.11.1995 – C-55/94 (*Gebhard*); EuGH v. 21.11.2002 – C-436/00 (*X e Y*); EuGH v. 11.03.2004 – C-9/02 (*Lasteyrie du Saillant*); EuGH v. 07.09.2006 – C-470/04 (*N*); EuGH v. 23.10.2008 – C-157/07 (*Krankenheim Ruhesitz Wannsee*); EuGH v. 29.11.2011 – C-371/10 (*National Grid Indus*). Cfr. *Aßmann*, Steuer&Studium 2006, 131, 135, 139; *Frobenius*, DStR 2009, 487, 487; *Ismer/Reimer/Rust*, EWS 2004, 207, 212; *Knobbe-Keuk*, DB 1990, 2573, 2577; *Körner*, IStR 2004, 424, 425; *De Pietro*, Rassegna Tributaria 2006, 1377, 1396; *Schindler*, IStR 2004, 300, 303 f.; *Schwarz*, SE-VO, Einl., Rn. 35; *Ulmer*, NJW 2004, 1201, 1204.

Capitolo 3 – Gli aspetti contabili del trasferimento della sede di una SE

A. Premessa: introduzione al problema

Come sopra evidenziato, il regolamento SE non prevede prescrizioni per il bilancio d'esercizio della Società europea, bensì rinvia, con l'art. 61, alla legge nazionale dello Stato membro in cui sia situata la sede societaria. Il trasferimento in un altro Stato membro comporta, dunque, un cambiamento della legislazione contabile applicabile: da questo momento, si applicano le prescrizioni dello Stato di entrata e si termina l'applicazione delle norme dello Stato di partenza. Ciò posto, ci si deve domandare come debba operare il cambiamento della legge applicabile.

Né in Germania né in Italia sono previste norme specifiche per l'accoglienza della SE nel diritto contabile interno. Inoltre, l'art. 61 del regolamento SE dispone soltanto il cambiamento dei regolamenti applicabili, la norma non prescrive, però, come si dovrebbe attuare tale mutamento. Per elaborare un sistema di accoglienza conforme al diritto dell'Unione europea, l'art. 61 del regolamento SE è da interpretare avendo riguardo al diritto primario e a quello derivato. Inoltre, rimane da indagare, se sia ammissibile che gli Stati membri prevedano norme nazionali per l'accoglienza della SE nel loro sistema contabile.

B. Il fondamento normativo europeo per «l'accoglienza» nell'ordinamento giuridico di bilancio da parte dello Stato membro di arrivo

Secondo il diritto europeo primario, lo Stato di arrivo della Società europea deve, come prima esposto, rispettare la libertà di stabilimento: tutti i provvedimenti contabili previsti da uno Stato membro per l'entrata della SE necessitano di una giustificazione. Visto che il bilancio d'esercizio è diretto – determinando l'utile distribuibile e fornendo importanti informazioni– anche alla tutela dei creditori e degli azionisti di minoranza[1848], la giustificazione potrebbe sussistere in tale tutela[1849].

1848 Si veda *Arbeitskreis Hochschullehrer Rechtswissenschaft*, BB 2002, 2372, 2373; *Caratozzolo*, Società 2004, 306, 306; *Hennrichs*, RWS-Forum 25, Gesellschaftsrecht 2003/2004, 101, 123; *id.*, Wahlrechte im Bilanzrecht, Kap. 3, B. I. 4) b) (i), S. 94 f., C. II. 2), S. 139; *Kirsch*, in: Hofbauer/Kupsch, Rechnungslegung, Einf. B (Okt. 2015), Rn. 106; *Moxter*, BB 1984, 1780, 1781 f.; *id.*, BB 1995, 1463, 1464; *OIC* Nr. 11, S. 7; *D. Schubert*, Der Ansatz von gewissen und ungewissen Verbindlichkeiten in der HGB-Bilanz, Kap. 2, A. I. 2., S. 12 f.; *Strampelli*, Rivista delle società 2006, 243, 243 f.; *Thiele/Stellbrink/Ziesemer*, in: Baetge/Kirsch/Thiele, Bilanzrecht, Einf. (Sept. 2002), Rn. 37.

1849 Per questa giustificazione si veda *supra*: Capitolo 2, E.

Inoltre, il provvedimento deve essere proporzionale: occorre, dunque, che esso rappresenti il mezzo meno gravoso per raggiungere la tutela voluta.

Al diritto europeo primario si aggiungono i requisiti posti dal diritto derivato: secondo l'art. 8, co. 1, II periodo, del regolamento SE, la Società europea mantiene la sua personalità europea pur trasferendosi in un altro Stato membro. Questo implica che, anche sotto il profilo contabile, la SE non deve sembrare un nuovo soggetto contabile. La redazione del bilancio deve, anzi, rispecchiare la continuità giuridica del soggetto contabile. Inoltre, il regolamento SE prevede, agli artt. 8, co. 10, e 61, che le norme contabili dello Stato di partenza siano da rispettare fino all'iscrizione della SE nel registro delle imprese della nuova sede e che soltanto da questo momento in poi si applichino le norme dello Stato di arrivo. Di conseguenza, prima dell'iscrizione, il bilancio è da redigere legittimamente secondo le norme dello Stato di partenza.

Per il trasferimento della SE è da considerare inoltre la quarta direttiva UE[1850], ossia la nuova direttiva relativa ai bilanci[1851] e i relativi principi contabili. Anzitutto, è da richiamare il principio di continuità, il quale dispone che non si possa modificare nel momento del trasferimento il criterio di valutazione, se la scelta fra due criteri è concessa sia dallo Stato di partenza sia dallo Stato di arrivo. Inoltre, secondo il principio dell'identità del bilancio, non si devono effettuare eventuali correzioni dello stato patrimoniale fra l'apertura del nuovo esercizio e la chiusura di quello precedente. Infine, il principio di *going concern* vieta la valutazione con valori di liquidazione al momento dell'entrata della SE e fa sì che, entrando nel regolamento dello Stato di entrata, non si crei una nuova impresa, bensì continui l'attività imprenditoriale della società.

Il principio di prudenza, invece, a livello europeo, non dà presupposti per l'accoglienza della SE nello Stato di arrivo, poiché il legislatore europeo considera tutti i sistemi contabili in attuazione alla direttiva di bilancio sufficientemente prudenti[1852]. Nondimeno, il legislatore europeo ha riconosciuto, con la direttiva di bilancio e con il regolamento SE, che gli Stati membri possono predisporre una protezione più intesa di quanto previsto dalle norme europee, concedendo allo Stato membro di arrivo di considerare troppo imprudenti le voci di bilancio formatesi secondo le norme nazionali dello Stato di partenza. Sarebbe, perciò, comprensibile che lo Stato di arrivo voglia adattare il bilancio finora redatto al suo concetto del principio di prudenza. Una simile regola di accoglimento dev'essere, tuttavia, compatibile con la libertà di stabilimento e, perciò, proporzionale alla tutela voluta.

1850 Quarta direttiva 78/660/CEE, 25.07.1978, direttiva 2009/49/CE, 18.06.2009.

1851 Direttiva 2013/34/UE, 26.06.2013.

1852 Cfr. *Knittel/Eble*, BB 2008, 2283, 2286.

C. Principali divergenze fra il sistema contabile tedesco e quello italiano al momento del trasferimento della sede di una SE

Nell'Unione europea, il diritto contabile è stato armonizzato con la quarta direttiva UE, ora sostituita dalla c.d. direttiva relativa ai bilanci[1853]. Ciò nonostante, rimangono delle differenze notevoli fra i singoli diritti nazionali degli Stati membri: in primo luogo, la direttiva lascia delle opzioni agli Stati membri (c.d. *Mitgliedstaatenwahlrechte*) quanto alle singole prescrizioni. In secondo luogo, non tutti gli Stati membri hanno recepito la possibilità, prevista dall'art. 5 del regolamento *IAS*[1854], di permettere o prescrivere la redazione del bilancio d'esercizio secondo gli *IAS/IFRS*. L'Italia ha previsto la sua redazione con il decreto legislativo n. 38 del 28 febbraio 2005 (d.lgs. 38/2005)[1855], mentre la Germania ha respinto questa possibilità.

Le singole differenze contabili tra il sistema tedesco, basato sull'*HGB*, e quello italiano, basato sul Codice civile ovvero sugli *IAS/IFRS*, sussistono soprattutto nella valutazione delle voci del bilancio: si veda per esempio la valutazione al c.d. *fair value* o il metodo del patrimonio netto per la valutazione di partecipazioni, previsto solo per il bilancio d'esercizio italiano dall'art. 2426, n. 4, c.c. Sono diversi anche i termini in cui vengono iscritti utili e perdite: si vedano, per esempio, il c.d. criterio della percentuale di completamento relativo ai lavori in corso su ordinazione, previsto solo in Italia secondo l'art. 2426, n. 11, c.c., *IAS* 11.22/*IFRS* 17, oppure le variazioni nelle regole sulle attività e passività in valuta, disciplinate, rispettivamente, dal § 256a *HGB* e dall'art. 2426, n. 8-*bis*, c.c. ovvero dallo *IAS* 21.23. Raramente l'iscrivibilità in bilancio risulta completamente vietata in un sistema contabile: l'unica eccezione è costituita dall'iscrivibilità dei costi di impianto e di ampliamento, dato che essa è ammessa in Italia secondo l'art. 2426, n. 5, c.c. mentre è vietata in Germania. Piuttosto, i presupposti di iscrivibilità possono variare dal sistema tedesco a quello italiano, si vedono le immobilizzazioni immateriali secondo § 248, co. 2, *HGB*, art. 2426, n. 5, c.c. e *IAS* 38/*IFRS* 3 oppure i fondi per rischi e oneri secondo § 249, co. 1, *HGB*, art. 2424-*bis*, co. 3, c.c. e *IAS* 37.

Le differenze contabili non portano, tuttavia, sempre a un ammontare diverso dei dividendi distribuibili, perché gli Stati membri che permettono valutazioni più alte di altri Stati membri (come l'Italia rispetto alla Germania) spesso prevedono dei «limiti» alla distribuzione dei maggiori valori iscritti[1856]. Per il trasferimento

---

1853 Direttiva 2013/34/UE, 26.06.2013.

1854 Regolamento (EG) n. 1606/2002, 19.07.2002.

1855 Gazzetta Ufficiale n. 66, 21.03.2005. Le più recenti modifiche sono state previste dal d.lgs. n. 139/2015, recante attuazione della direttiva 2013/34/UE.

1856 *Colombo*, ECFR 2007, 553, 553 ff.; *Enriques*, Giur. comm. 2005, I, 607, 611; *Miola*, Rivista delle società 2005, 1199, 1288 f.; *Strampelli*, Rivista delle società 2006, 243, 253 ff., 260 f.; *id.*, Distribuzioni ai soci e tutela dei creditori, Kap. 2, Teil 1, 3., S. 282 ff.

transfrontaliero è, però, da sottolineare come i limiti alla distribuzione previsti dallo Stato di partenza non hanno effetto nello Stato di arrivo: se la distribuzione di un determinato ammontare non risulta vietata anche nello Stato di arrivo, gli utili che erano indistribuibili diventano distribuibili.

D. Possibilità di «accoglienza» nell'ordinamento contabile da parte dello Stato membro di arrivo

I. Illustrazione delle possibili modalità di accoglienza della Società europea nel nuovo ordinamento contabile

Si possono individuare tre modalità per l'inserimento della SE nel sistema contabile dello Stato di arrivo: in primo luogo, si potrebbe accogliere la SE secondo il c.d. metodo prospettivo[1857]. Con questo, i valori contabili iscritti secondo la legge dello Stato di partenza verrebbero mantenuti nel primo bilancio d'esercizio dopo il trasferimento; solo per la loro contabilizzazione successiva verrebbe applicato il diritto dello Stato di arrivo. Eventi e operazioni rilevati in esercizi precedenti continuerebbero ad essere riflessi nel bilancio in conformità alla legge dello Stato di partenza; il diritto dello Stato di arrivo verrebbe applicato solo ad eventi e operazioni a partire dal trasferimento.

In secondo luogo, si potrebbe accogliere la società secondo il c.d. metodo retroattivo[1858]: il che comporterebbe un'applicazione delle norme dello Stato di arrivo come se il bilancio d'esercizio fosse redatto da sempre secondo queste norme. La legge contabile dello Stato di arrivo si applicherebbe anche a fatti e operazioni avvenuti in esercizi precedenti a quello in cui interviene il trasferimento. Sarebbero richieste, quindi, modifiche dei fatti e delle operazioni degli esercizi precedenti che potrebbero dover transitare attraverso il conto economico (*erfolgswirksam*) o meno (*erfolgsneutral*).

In terzo luogo, sarebbe possibile gestire l'entrata nel nuovo ordinamento giuridico come l'inizio dell'esercizio di un'impresa, cioè rivalutando le attività e le passività – sulla base di un nuovo inventario – con i loro valori attuali di mercato.

Accanto al metodo di accoglienza, poi, si pone l'interrogativo se sia necessario che la SE, entrando nel nuovo Stato membro, rediga un bilancio di apertura.

1857 Si veda per il termine: *Ernst/Seidel*, BB 2009, 766, 769; *Kirsch*, DStR 2008, 1202, 1202; *OIC* Nr. 29, Tz. 12; *Oser/Roß/Wader/Drögemüller*, WPg 2008, 49, 52.

1858 Si veda per il termine: *Kirsch*, DStR 2008, 1202, 1202; *Küting/Boecker*, in: Küting/Pfitzer/Weber, Das neue deutsche Bilanzrecht, S. 559 ff., 561; *OIC* Nr. 29, Tz. 12; *Oser/Roß/Wader/Drögemüller*, WPg 2008, 49, 52; *Portale*, Rivista delle società 1983, 1281, 1281 ff.

II. Presa di posizione: interpretazione europea dell'art. 61 del regolamento SE

Mancando delle regole specifiche, il metodo di accoglienza di una SE nell'ordinamento contabile è da rintracciare attraverso un'interpretazione dell'art. 61 del regolamento SE conforme al diritto europeo primario e derivato.

Considerando l'art. 8, co. 1, II periodo, regolamento SE, è evidente come la SE non deve né redigere un bilancio di apertura né rivalutare le attività e le passività al valore del mercato, poiché il vantaggio della SE – secondo l'art. 8 del regolamento – consiste proprio nel fatto che la SE possa mantenere la sua identità giuridica pur trasferendosi in un altro Stato membro. Non nasce, dunque, un nuovo soggetto contabile e non viene iniziato un nuovo esercizio imprenditoriale. La SE cambia soltanto la sua sede societaria[1859].

Per quanto riguarda la scelta fra il metodo prospettivo e quello retroattivo, è determinante che il regolamento SE preveda, con gli artt. 8, co. 10, e 61, che i fatti e le operazioni avvenute in esercizi precedenti al trasferimento sono legittimamente considerati secondo il diritto contabile dello Stato di partenza. Soltanto per i fatti e le operazioni che accadono dopo l'iscrizione si applicano le norme dello Stato di arrivo. Mentre il metodo prospettivo rispecchia questa cesura temporale, il metodo retrospettivo la nega, fingendo che il diritto contabile dello Stato di arrivo sia stato da sempre applicato[1860]. Inoltre, il metodo retroattivo costituisce una restrizione alla libertà di stabilimento, imponendo di verificare le attività e le passività secondo il diritto contabile dello Stato di arrivo ed, eventualmente, di cambiarli conseguentemente. Questa restrizione, a livello europeo[1861], non è giustificabile nemmeno facendo riferimento alla tutela dei creditori e degli azionisti minoritari, dato che il legislatore europeo considera tutti i sistemi contabili nazionali in attuazione alla direttiva europea relativa ai bilanci sufficientemente protettivi. Il metodo prospettivo, invece, non configura una restrizione alla libertà di stabilimento.

E. Realizzazione di «un'accoglienza» nel sistema di contabilità dello Stato membro di arrivo conforme al diritto comunitario

I. Aspetti particolari del metodo prospettivo

Risulta, quindi, che l'accoglienza della SE nel sistema contabile dello Stato di arrivo è da effettuare con il c.d. metodo prospettivo. Le voci contabilizzate secondo il diritto dello Stato di partenza sono da mantenere nel primo bilancio d'esercizio redatto

---

1859 Cfr. *Knittel/Eble*, BB 2008, 2283, 2286; *W. Müller*, in: FS Raupach, 2006, S. 261 ff., 274 f.

1860 Simile *Knittel/Eble*, BB 2008, 2283, 2286.

1861 Non significa che gli Stato membri non possano prevedere ulteriori prescrizioni per l'accoglienza della SE, si veda Capitolo 3, E. II.

dopo il trasferimento nel nuovo Stato membro: sia la rilevazione sia la valutazione iniziale sono legittimamente effettuate secondo il diritto contabile dello Stato di partenza. Le voci sono da cancellare non prima che le ragioni per la loro iscrizione nello Stato di partenza vengano meno, conformemente a quanto previsto da § 240, co. 2, *HGB* ossia dall'art. 2217, co. 1, c.c. Vengono cancellate, quindi, soltanto per motivi di fatto e non per motivi giuridici. Per la loro valutazione successiva, invece, sono applicabili le norme dello Stato di arrivo dal momento del trasferimento in poi. La valutazione successiva deve, però, assicurare che il trasferimento transfrontaliero non porti un nuovo inizio della durata di ammortamento, perciò la SE mantiene la sua identità e non viene effettuato un nuovo acquisto[1862]. Risulta, dunque, che la durata dell'ammortamento secondo il diritto dello Stato di arrivo è *applicabile* non prima del trasferimento della sede, ma si *calcola* dall'inizio, ossia dal momento dell'iscrizione del bene.

Sono da adottare nel bilancio d'esercizio nello Stato di arrivo perfino le voci che non sono previste nel suo sistema contabile, come può darsi, ad esempio, per costi di impianto e di ampliamento. Per la loro valutazione successiva mancano, invero, delle regole nello Stato di arrivo, ma si possono applicare le prescrizioni simili dello Stato di arrivo in modo analogo. I costi di impianto e di ampliamento sarebbero da mantenere anche in Germania come Stato di arrivo – dove manca la corrispettiva voce[1863] – e da valutare successivamente secondo le regole tedesche per l'ammortamento degli *assets*.

Nel caso in cui il trasferimento venga effettuato durante un esercizio in corso, le operazioni che accadono prima del trasferimento ma dopo la chiusura dell'ultimo bilancio d'esercizio nello Stato di partenza, sono già da valutare secondo le norme del diritto di arrivo, poiché secondo il c.d. *Stichtagsprinzip*, il momento determinante per la valutazione dei voci è la chiusura dell'esercizio[1864].

II. Prescrizioni nazionali per l'accoglienza contabile *de lege ferenda* compatibili con il diritto comunitario

Benché, da un lato, il legislatore comunitario consideri il regolamento SE, affiancato dalla direttiva contabile, sufficientemente tutelante e non richieda ulteriori provvedimenti nel momento dell'entrata di una SE in un nuovo ordinamento giuridico, dall'altro lato riconosce il possibile interesse degli Stati membri di prevedere una tutela più estesa[1865]. Il legislatore europeo ha, dunque, previsto soltanto

1862 Cfr. *W. Müller*, in: FS Raupach, 2006, S. 261 ff., 275.

1863 Si veda Capitolo 3, C.

1864 *Baetge/Ziesemer/Schmidt*, in: Baetge/Kirsch/Thiele, Bilanzrecht, § 252 HGB (Okt. 2011), Rn. 92; *Ballwieser*, in: MüKo HGB, Bd. 4, § 252, Rn. 33; *Winnefeld*, Bilanz-Handbuch, E., Rn. 60; *Wohlgemuth/Radde*, in: Hofbauer/Kupsch, Rechnungslegung, § 252 HGB (Juni 2012), Rn. 24. Cfr. *Weber-Grellet*, Bilanzsteuerrecht, 2. Abschnitt, F. III. 2. f), Rn. 64.

1865 Si veda Capitolo 3, B.

una c.d. tutela minima e dà libertà ai legislatori nazionali di prevedere una tutela più ampia. Sarebbe ammissibile, pertanto, che lo Stato di arrivo introducesse – accanto al predetto metodo di accoglienza – ulteriori provvedimenti per inserire la SE derivante da un altro sistema contabile nel suo ordinamento. Nondimeno, tutti i provvedimenti renderebbero il trasferimento transfrontaliero meno attraente e, dunque, restringerebbero la libertà di stabilimento della SE. La possibile giustificazione in ragione della tutela dei creditori e azionisti di minoranza[1866] deve rispettare un parametro di proporzionalità molto stringente, visto che il legislatore comunitario considera il sistema europeo sufficientemente protettivo. Le prescrizioni di accoglienza nazionali devono, dunque, essere le meno gravose possibili.

Ciò detto, né il metodo retrospettivo né un'imposizione dei limiti di distribuzione di tutti i valori iscritti in bilancio e considerati poco prudenti risultano proporzionali, poiché richiederebbero un esame dettagliato di tutti i valori in precedenza iscritti. Sarebbe ammissibile, invece, prevedere o un limite di distribuzione per singoli valori o l'obbligo di fornire informazioni nella nota integrativa sui singoli cambiamenti rilevanti. L'ultima sarebbe una forma di tutela che non limita le distribuzioni ma che aumenta l'informazione fornita ai creditori e agli azionisti.

F. Considerazioni circa la redazione di un bilancio di chiusura nello Stato membro di partenza

Guardando, ora, la situazione di uscita di una Società europea, si pone l'interrogativo se la SE debba redigere un bilancio di chiusura. Come in relazione all'entrata della SE, è da distinguere fra un bilancio di chiusura *de lege lata*, previsto dalle norme europee, e l'imposizione di un bilancio di chiusura *de lege ferenda*, ad opera dei legislatori nazionali.

Per quanto riguarda il primo aspetto, il legislatore comunitario ha previsto nell'art. 8, co. 2 ss., regolamento SE delle prescrizioni dettagliate per il trasferimento transfrontaliero della SE. Nessuna di queste regole, però, prevede la redazione di un bilancio di chiusura, sicché si desume che, a livello europeo, esso non sia considerato necessario. In mancanza di norme nazionali, *de lege lata*, non è richiesta la redazione di un bilancio di chiusura al momento dell'uscita di una SE. Nondimeno, il legislatore comunitario ha esplicitamente previsto nell'art. 8, co. 5 e 7, regolamento SE la libertà dei legislatori nazionali di prevedere per l'«emigrazione» di una SE ulteriori prescrizioni per tutelare creditori e azionisti di minoranza. È, dunque, ammissibile, che lo Stato di partenza obblighi la Società europea a redigere un bilancio di chiusura nel momento dell'uscita. Anche detta misura costituirebbe, però, una restrizione alla libertà di stabilimento: per potere essere considerata giustificata sulla base di

1866 Si veda Capitolo 3, B.

esigenze di tutela dei creditori e degli azionisti essa deve presentarsi proporzionale, il che sembra possibile se il bilancio di chiusura può essere sostituito dal bilancio dell'ultimo esercizio, se questo è stato chiuso non oltre otto mesi prima, cfr. § 17, co. 2, frase 4, *UmwG*[1867], art. 2501-*quarter*, co. 2, c.c.[1868].

1867 *IDW* ERS HFA 42, Rn. 8 f., FN 2011, 603, 605; *Schwanna*, in: Semler/Stengel, UmwG, § 17, Rn. 14. Si veda anche *W. Müller*, in: Kallmeyer, UmwG, § 17, Rn. 14, 17.

1868 *Savioli*, Le operazioni di gestione straordinaria, Teil 1, Kap. 4, 4.1., S. 251.

Capitolo 4 – Conseguenze fiscali del trasferimento di sede di una SE

A. Premessa: introduzione al problema

Le conseguenze tributarie del trasferimento di sede di una Società europea sono più discusse degli effetti contabili. Il trasferimento transfrontaliero è fiscalmente importante, perché lo Stato membro di partenza può perdere, con esso, il diritto di tassazione delle plusvalenze latenti (*stille Reserven*)[1869]: o a causa del diritto tributario nazionale o a causa di convenzioni sulla doppia imposizione. Dato che queste plusvalenze latenti si sono accumulate nel territorio dello Stato di partenza e sono pertinenti alla sua economia, lo Stato di partenza vorrebbe, giustamente, approfittarne attraverso la tassazione. Gli Stati membri prevedono, perciò, *exit tax* con le quali assoggettano all'ultimo momento le plusvalenze latenti che escono dal loro territorio a tassazione, prima di perdere tale diritto.

Come di seguito precisato, tutti i metodi di *exit tax* configurano però, sotto il profilo del diritto comunitario, una restrizione della libertà di stabilimento della Società uscente, la quale è legittima solo rispettando dei criteri rigidi. È dunque necessario indagare in qual modo si potrebbe, da un lato, evitare una restrizione nei confronti della società uscente e, dall'altro, rispettare l'esigenza degli Stati membri di tassare le plusvalenze latenti accumulate nei loro territori.

B. Il Fondamento normativo europeo dell'analisi

I. Piena tutela della libertà di stabilimento

Come illustrato nel secondo capitolo, tra le libertà fondamentali comunitarie è soprattutto la libertà di stabilimento alla quale si rapporta l'*exit tax*. Con riguardo, poi, alla Società europea, è necessario anche tenere conto delle regole previste dal diritto europeo derivato: il regolamento SE e la direttiva 90/434/CEE[1870].

È, tuttavia, da sottolineare come né il regolamento SE né la direttiva 90/434/CEE «concretizzino» la libertà di stabilimento in modo da ammettere che un'*exit tax* immediata al momento dell'uscita di una Società europea[1871]. Da una parte, nessuno

1869 Il che significa la „tassazione della differenza positiva che emerge dal confronto tra il predetto valore normale e l'ultimo costo fisccalmente riconosciuto", *Cociani*, in: Tinelli, TUIR, Art. 166, n. 3, S. 1421.

1870 Direttiva 90/434/CEE, 23.07.1990, direttiva 2005/19/CE, 17.02.2005, direttiva 2009/133/CE, 19.10.2009.

1871 Per la discussione si veda: *Aßmann*, Steuer&Studium 2006, 131, 135, 137; *Biermeyer/Elsener/Timba*, ECFR 2012, 101, 103; *Blumenberg/Lechner*, BB-Special 8/2006, 25, 29; *id.*, in: Blumenberg/Schäfer, SEStEG, C. II. 1., S. 80; *Brinkmann/Reiter*, DB 2012,

dei due testi normativi di diritto derivato dell'Unione attribuisce esplicitamente il potere di imporre una tassazione al momento del trasferimento transfrontaliero; nemmeno in via indiretta si può desumere l'ammissibilità dell'*exit tax* immediata. Dall'altra parte, una siffatta prescrizione, qualora fosse prevista dal diritto europeo derivato, dovrebbe comunque confrontarsi con il diritto europeo primario[1872] e, dunque, con la libertà di stabilimento. Anche se in quest'ambito va riconosciuta al legislatore europeo – comparabile al vincolo del diritto costituzionale per il legislatore nazionale[1873] – una certa discrezionalità per quanto riguarda la proporzionalità della prescrizione.

Tuttavia, il fatto che il legislatore europeo sia il «creatore» della SE non esclude un riscontro degli atti normativi di diritto europeo derivato con la libertà di stabilimento, poiché il «potere creatore» si limita agli «essentialia societatis», cioè alle caratteristiche «vitali» di una società, e non include la sua tassazione[1874].

II. Giustificazione dell'*exit tax* come ostacolo alla libertà di stabilimento

Ogni *exit tax* si applica a causa del trasferimento transfrontaliero e rende, dunque, questo meno attraente. Sia l'*exit tax* immediata al momento dell'uscita della società, sia la prestazione di garanzie per un'imposta differita restringono la libertà di stabilimento e necessitano di una giustificazione. Come anticipato, detta giustificazione può essere ravvisata nel principio di coerenza ed in quello di principio di territorialità, a condizione che l'*exit tax* sia configurata in modo proporzionale[1875].

Sotto questo profilo, l'*exit tax* immediata al momento del trasferimento transfrontaliero non risulta giustificabile, perché evidentemente non è proporzionata, risultando meno gravosa la sospensione della tassazione. La sospensione fino alla realizzazione effettiva delle plusvalenze latenti appare però, come fa rimarcare anche la Corte di giustizia europea nella sentenza *National Grid Indus*[1876], nell'ambito

---

16, 17; *Eilers/Dondorf*, in: Reimer, Europäisches Gesellschafts- und Steuerrecht, S. 193 ff., 199, Fn. 26; *Englisch*, IFSt-Schrift, Nr. 449 (2008), II. 3. c), S. 87; *Frotscher*, IStR 2006, 65, 66; *Köhler*, IStR 2010, 337, 338, auch Fn. 13; *id.*, in: FS Schaumburg, 2009, S. 813 ff., 825; *Körner*, IStR 2011, 527, 528; *Lammel/Reimer*, in: Reimer, Europäisches Gesellschafts- und Steuerrecht, S. 164 ff., 171, Fn. 30; *L. Miele/Russo*, Corr. trib. 2010, 630, 635; *Mitschke*, IStR 2011, 294, 294; *Rautenstrauch/Seitz*, Ubg 2012, 14, 19; *Rödder*, DStR 2004, 1629, 1633; *id.*, in: FS Wassermeyer, 2005, S. 163 ff., 176; *Schön*, IStR 2004, 289, 297; *id.*, JbFfSt 2004/2005, 72, 82 f.

1872 Cfr. *Schön*, in: Schön/Schindler, Die SE im Steuerrecht, I. 2. c), Rn. 31.

1873 *Stern*, Staatsrecht, Bd. III/2, § 84, II 2 b), S. 777. Cfr. *Sachs*, in: Sachs, GG, Art. 20, Rn. 94.

1874 Si veda Capitolo 2, D. III.

1875 Si veda Capitolo 2, E.

1876 EuGH v. 29.11.2011 – C-371/10 (*National Grid Indus*), cif. 70. Critico *Wassermeyer*, IStR 2011, 813, 815.

delle società – diversamente che per le persone fisiche – difficilmente eseguibile. La proposta della Corte di far scegliere alla società fra la tassazione immediata e la sospensione fino alla realizzazione effettiva costituirebbe, tuttavia, una scelta fra due soluzioni svantaggiose e non appare pertanto convincente. Risulta, invece, sostenibile una rateizzazione rispettando dei termini di realizzazione tipizzati.

Non da ultimo, è da evidenziare che non sussiste un obbligo dello Stato di partenza di tener conto delle minusvalenze che si creano dopo il trasferimento transfrontaliero; secondo il principio di territorialità, ogni Stato deve rispettare soltanto le minusvalenze formate nel suo territorio nazionale e, quindi, prima del trasferimento[1877].

III. Conseguenze dell'entrata della SE in uno Stato membro sotto il profilo fiscale

Con riguardo all'entrata di una Società europea, nel diritto comunitario sono da rilevare due profili fiscali: in primo luogo, una tassazione al momento dell'entrata – la quale non è più prevista né in Germania né in Italia – non sarebbe ammissibile. Anche essa costituirebbe una restrizione alla libertà di stabilimento, la quale, però, non sarebbe giustificabile attraverso i principi di coerenza e di territorialità, visto che, entrando in uno Stato membro, questo non perde il diritto di tassazione, anzi, l'ottiene[1878].

In secondo luogo, i principi di coerenza e di territorialità contengono, comunque, presupposti per l'accoglimento della SE, per il valore con cui entrano gli *assets* nel sistema fiscale dello Stato di arrivo, c.d. *Verstrickung*: entrambi i principi esigono una coerenza e simmetria nel sistema fiscale[1879] e, quindi, una valutazione all'entrata della società esattamente speculare alla valutazione riservata all'*exit tax* dal medesimo sistema fiscale nazionale. Se lo Stato di partenza vuole, dunque, assoggettare a tassazione le plusvalenze latenti formatesi nel suo territorio e applica, di conseguenza, un'*exit tax* al valore normale nel momento di uscita, questo deve usare il valore normale anche per i beni che entrano nel suo sistema fiscale, in modo da omettere che le plusvalenze latenti accumulate nello Stato di partenza si inseriscano nel suo sistema nazionale[1880]. Se, diversamente, lo Stato di partenza rinuncia alle plusvalenze latenti «interne» attraverso una convenzione di doppia imposizione e non impone un'*exit tax*, esso può valutare i beni al momento di entrata di una società al loro costo di acquisto o di produzione. Ma c'è ancora di più: lo Stato membro sarebbe perfino obbligato ad usare il costo di acquisto o di produzione, perché altrimenti le minusvalenze «estere» non verrebbero considerate.

1877 In questo senso anche EuGH v. 29.11.2011 – C-371/10 (*National Grid Indus*), Tz. 56.

1878 Cfr. *Knobbe-Keuk*, StuW 1990, 372, 377 f. Per un risultato analogo v., anche, *Birk*, IStR 2003, 469, 473; *Rödder*, DStR 2004, 1629, 1634; *Schön*, IStR 2004, 289, 298.

1879 EuGH v. 29.11.2011 – C-371/10 (*National Grid Indus*), cif. 58. Cfr., per una «equilibrata ripartizione del potere impositivo»: *Crazzolara*, Riv. dir. trib. 2011, IV, 349, 357.

1880 Cfr. *Körner*, IStR 2009, 741, 741 f., 747; *Zizzo*, Corriere Tributario 2008, 3581, 3585 ff.

C. L'*exit tax* tedesca secondo quanto previsto dal § 12, co. 1, *KStG*

I. La prescrizione del § 12, co. 1, *KStG*

Secondo il diritto tributario tedesco, l'uscita della Società europea dallo Stato tedesco è soggetta all'*exit tax* in base a quanto previsto dal § 12, co. 1, *KStG*, c.d. *Entstrickungsbesteuerung*. Il presupposto principale della norma è la c.d. *Entstrickung*, che concerne l'uscita delle plusvalenze latenti dalla tassazione tedesca. In più, come conseguenza, la norma si limita a tassare «soltanto» le plusvalenze latenti in uscita.

L'*Entstrickungsbesteuerung* è stata introdotta con la legge del 7 dicembre 2006[1881], che ha predisposto la disciplina tributaria della SE nel sistema fiscale e attuato la direttiva sulle fusioni[1882]. Prima di detta legge, la norma del § 12, co. 1, *KStG* prevedeva come *exit tax* una tassazione a liquidazione (*Liquidationsbesteuerung*), la quale si applicava al momento della perdita di residenza fiscale di una società e aveva come conseguenza la tassazione di tutte le plusvalenze latenti della società. Mentre la norma precedente era fondata sul principio del «tutto o niente», la norma attuale distingue fra riserve «perse» e riserve ancora integrate nel sistema tributario nazionale. Questa distinzione è preferibile dal punto di vista del diritto comunitario: i principi di coerenza e di territorialità si applicano soltanto quando e nella misura in cui lo Stato membro perde il suo diritto di tassazione[1883].

II. I valori compresi nell'*exit tax* nel momento del trasferimento della Società europea

L'*exit tax* tedesca comprende tutte le plusvalenze latenti che escono dal sistema tributario tedesco. Secondo quanto previsto dall'art. 12 della direttiva sulle fusioni, sono escluse tutte le plusvalenze latenti confluite in una stabile organizzazione situata nel territorio dello Stato (§ 49, co. 1, n. 2, let. a, *EStG*, §§ 8, co. 1, 2, n. 1, *KStG*, art. 7, co. 1, art. 13, co. 2, *OCSE*). Oltretutto, sono escluse le plusvalenze latenti non confluite in una stabile organizzazione, ma collegate un altro modo al fisco tedesco, p.e. attraverso i redditi fondiari (§ 49, co. 1, n. 2, let. f, *EStG*, §§ 8, co. 1, 2 n. 1, *KStG*, art. 6, co. 1, art. 13, co. 1, *OCSE*[1884]). Ad ogni modo, è importante conoscere quali plusvalenze latenti rimangono imputate a una stabile organizzazione interna e quali si trasferiscono insieme alla società all'estero. Viene, in particolare, discusso

---

1881 C.d. *SEStEG*, BGBl. I 2006, 2782.

1882 Direttiva 2005/19/CE, 17.02.2005; direttiva 2009/133/CE, 19.10.2009.

1883 Capitolo 2, E.; Capitolo 4, B. II.

1884 *Binnewies*, GmbH-StB 2007, 117, 119; *Blumenberg/Lechner*, in: Blumenberg/Schäfer, SEStEG, C. II. 2. a) aa), p. 80; *Eickmann/Stein*, DStZ 2007, 723, 726; *Frotscher*, IStR 2006, 65, 68; *Hruschka*, StuB 2006, 631, 637; *Schön*, in: Schön/Schindler, Die SE im Steuerrecht, IV. 1. a) cc) (1), Rn. 132.

se l'avviamento o almeno una parte dell'avviamento possa restare imputato a una stabile organizzazione.

Secondo il *Bundesfinanzhof* (la suprema Corte tributaria tedesca), l'avviamento risulta sempre connesso con l'azienda oppure con il *Teilbetrieb* (come autonoma parte dell'azienda)[1885]. Da questo, la Corte deduce per l'*exit tax* come l'avviamento può trasferirsi all'estero soltanto insieme all'azienda o insieme ad un *Teilbetrieb*[1886]. Anche all'interno di un'azienda, secondo il *Bundesfinanzhof*, l'avviamento non può, quindi, essere aderente ad una stabile organizzazione non autonoma.

Al riguardo, possono essere eccepiti tre aspetti: in primo luogo, i fattori che formano l'avviamento, come ad esempio la localizzazione di un'azienda (o di parte dell'azienda) oppure le capacità del personale, possono trasferirsi (insieme a parti dell'azienda anche non autonome) ad altre aziende. Venendo meno questi fattori, si riduce anche l'avviamento dell'azienda stessa[1887]. In secondo luogo, l'*exit tax* tedesca distingue fra riserve che rimangono nel sistema fiscale nazionale e riserve che ne escono. Anche per l'avviamento si dovrebbe valutare, dunque, se rimane (o parti di esso rimangono) acquisito dalla stabile organizzazione: e cioè se aumentano o meno l'utile tassabile. In terzo luogo, anche il diritto comunitario richiede per l'*exit tax* di differenziare fra le riserve residuali e le riserve uscenti, perché soltanto per quelle che escono si applicano i principi di coerenza e di territorialità.

III. Conseguenze dell'*exit tax* tedesca alla luce del diritto europeo

Come conseguenza, l'*exit tax* del § 12, co. 1, *KStG* prevede, in linea generale, una tassazione immediata. Il che, come sopra sostenuto[1888], non è conforme al diritto europeo, perché è possibile utilizzare un mezzo meno gravoso, ma altrettanto efficace: la rateizzazione delle tasse per un periodo tipizzato. È possibile, comunque, arrivare ad una tale sospensione secondo quanto previsto dal § 4g *EStG* o § 36, co. 5, *EStG*. Mentre la norma del § 4g *EStG* non risulta applicabile all'emigrazione della Società europea, dato che necessita la residenza fiscale interna[1889] che la SE perde

1885 BFH v. 29.01.1975 – I R 135/70, BStBl. II 1975, 556; BFH v. 17.03.1977 – IV R 218/72, BStBl. II 1977, 596; BFH v. 24.11.1982 – I R 123/78, BStBl. II 1983, 114; BFH v. 27.03.2001 – I R 42/00, BStBl. II 2001, 772; BFH v. 02.09.2008 – X R 32/05, BStBl. II 2009, 638; BFH v. 26.11.2009 – III R 40/07, BStBl. II 2010, 610. Si veda *Plewka/Schmidt*, in: Lademann, EStG, § 5 (März 1998), Rn. 713 f.; *Söffing*, in: FS Döllerer, 1988, S. 593 ff., 593, 602 f.; *Weber-Grellet*, in: L. Schmidt, EStG, § 5, Rn. 221.

1886 BFH v. 24.11.1982 – I R 123/78, BStBl. II 1983, 113 s.

1887 *Doralt*, Firmenwert, S. 31 ff., Zitat auf S. 35. Simile *Benecke/Staats*, in: Dötsch/Pung/Möhlenbrock, KSt, § 12 (Dez. 2012), Rn. 321.

1888 Capitolo 4, B. II.

1889 *Benecke*, NWB Fach 3 (37/2007), 14733, 14753; *id./Schnitger*, IStR 2007, 22, 23; *Binnewies*, GmbH-StB 2007, 117, 118; *Blumenberg*, in: Van Hulle/Maul/Drinhausen, SE, 9. Abschnitt, § 2, V. 2. a), Rn. 74; *id.*, in: FS Schaumburg, 2009, S. 559 ff., 566; *id./*

trasferendosi all'estero, la prescrizione del § 36, co. 5, *EStG* è, a mio cauto giudizio, applicabile – attraverso il rinvio generale del § 8, co. 1, *KStG* – al trasferimento di sede di una SE all'estero.

Sotto il profilo comunitario, è criticabile che entrambe le norme prevedano una sospensione di soli cinque anni, che risulta insufficiente soprattutto per le immobilizzazioni, visto che esse hanno una durata di utilizzo superiore a cinque anni, con la conseguenza che le loro plusvalenze latenti possono realizzarsi anche dopo questo periodo.

D. L'*exit tax* italiana *ex* art. 166, co. 1, TUIR

I. Premessa: la prescrizione dell'art. 166, co. 1, TUIR e i valori compresi nell'*exit tax*

L'*exit tax* italiana secondo quanto previsto dall'art. 166, co. 1, TUIR si applica nel momento in cui la società trasferisce la sua residenza all'estero e perde, con ciò, la residenza ai fini delle imposte sui redditi. Come la versione precedente del § 12, co. 1, *KStG* la suddetta norma non richiede che le singole plusvalenze latenti escano dalla tassazione nazionale, ma si riferisce soltanto al trasferimento della residenza. Comunque, anche l'art. 166, co. 1, TUIR, rispetta la prescrizione dell'art. 12 della direttiva sulle fusioni ed esclude dalla tassazione i componenti dell'azienda che siano confluiti in una stabile organizzazione situata nel territorio italiano. Sotto il profilo europeo rimane, comunque, da criticare che le riserve non confluite in una stabile organizzazione interna vengano sottoposte all'*exit tax*, anche se rimangono collegate in un altro modo al fisco italiano, per esempio i redditi fondiari attraverso gli artt. 25, 23, co. 1, let. a, 151 TUIR[1890].

Per evitare l'*exit tax*, le plusvalenze latenti devono, dunque, confluire in una stabile organizzazione interna. In dottrina, risulta dibattuta l'individuazione delle plusvalenze latenti collegate ad una stabile organizzazione. Si possono distinguere tre orientamenti principali: il primo riconosce una forza di attrazione propria della stabile organizzazione per il tramite della quale sarebbe possibile «attribuire alla stabile organizzazione anche redditi (e beni) che non hanno un collegamento diret-

---

Lechner, in: Blumenberg/Schäfer, SEStEG, C. I. 1. b) bb), S. 69; *Fischer*, in: MüKo AktG, Bd. 7, SteuerR, Rn. 91; *Frotscher*, in: Frotscher/Maas, KStG, § 12 (März 2008), Rn. 57, (Mai 2012), Rn. 104; *IDW*, FN 2007, 642, 644; *Lenz*, in: Erle/Sauter, KStG, § 12, Rn. 60; *Prinz*, GmbHR 2012, 195, 196; *Rautenstrauch/Seitz*, Ubg 2012, 14, 19; *Reiß*, in: Kirchhof, EStG, § 16, Rn. 211a; *Ritzer*, in: Rödder/Herlinghaus/van Lishaut, UmwStG, Anh. 6, Rn. 141; *Rödder/Schumacher*, DStR 2007, 369, 372; *Schaumburg*, Internationales Steuerrecht, Kap. 6, C. II. 2., Rn. 6.35; *Schön*, in: Schön/Schindler, Die SE im Steuerrecht, IV. 1. a) ee), Rn. 149. Cfr. anche *Crezelius*, in: Kirchhof, EStG, § 4g, Rn. 7; *Dötsch/Pung*, DB 2006, 2648, 2651; *Köhler*, IStR 2010, 337, 339; *id.*, in: FS Schaumburg, 2009, S. 813 ff., 825. Contro *Förster*, DB 2007, 72, 75.

1890 Cfr. *Baggio*, Riv. d. trib. 2006, 537, 548

to con l'attività della stessa»[1891]. Secondo un altro orientamento, «[l]a confluenza nella stabile organizzazione è generalmente intesa come semplice aggregazione contabile»[1892]. Una terza posizione richiede, invece, una «effettiva connessione» alla stabile organizzazione[1893]. Per evitare un'imposizione delle riserve che rimangono connesse al sistema tributario italiano nel modo più ampio possibile, appare convincente l'opinione della forza di attrazione propria della stabile organizzazione, attraverso la quale anche le plusvalenze latenti che non concernano l'attività della stabile organizzazione non sarebbero assoggettate all'*exit tax.*

Con riguardo alla tassazione dell'avviamento della società che si trasferisce all'estero, è stato nel frattempo chiarito, con il decreto ministeriale del 2 luglio 2014[1894], che l'*exit tax* «include anche il valore dell'avviamento, comprensivo delle funzioni e dei rischi trasferiti».

II. Le conseguenze dell'*exit tax* italiana alla luce del diritto europeo

L'*exit tax* italiana prevede in generale – come anche l'*exit tax* tedesca – una tassazione immediata delle plusvalenze latenti al valore normale. In attuazione della giurisprudenza della Corte dell'Unione Europea nel caso *National Grid Indus*[1895] il legislatore italiano ha introdotto con l'art. 91, co. 1, del decreto legge del 24 gennaio 2012, n. 1[1896], accanto alla tassazione immediata, la possibilità di chiedere una sospensione (art. 166, co. 2-*quarter*, TUIR). Nel dettaglio, il decreto ministeriale del 2 luglio 2014[1897] prevede due possibili tipi di imposta differita[1898]: la sospensione fino al momento di realizzazione effettivo (massimo dieci anni) e la rateizzazione della riscossione delle imposte sui redditi, versate in sei rate annuali[1899].

Per quanto riguarda il diritto comunitario, è da constatare positivamente come l'Italia, oltre ad essersi impegnata a quanto richiesto dalla sentenza *National Grid*

1891 *Righini*, Il Fisco 2005, 16075, 16079. Si veda anche *Bernoni/Colacicco*, Il Fisco 1996, 10066, 10070; *Varazi*, Rassegna Tributaria 1995, 687, 692.

1892 *Zizzo*, in: Sacchetto/Alemanno, Diritto Tributario Internazionale, S. 212; *id.*, Corriere Tributario 2008, 3581, 3584; ripreso da *Sallustio*, in: Corapi/Pernazza, La Società Europea, Art. 12 della direttiva 2009/133/CE, 4., S. 353. In senso restrittivo *Melis*, Dir. prat. trib. int. 2004, 13, 38, Fn. 53; *id.*, Il trasferimento della residenza fiscale, Kap. 5, 5.2., S. 577.

1893 *Lovisolo*, in: Studi in onore Uckmar, 1997, II, 775 ff., 789.

1894 Gazzetta Ufficiale n. 156, 08.07.2014.

1895 EuGH v. 29.11.2011 – C-371/10 (*National Grid Indus*).

1896 Modificato dalla legge del 24 marzo 2012, n. 27.

1897 Gazzetta Ufficiale n. 156, 8 luglio 2014.

1898 Riferendosi al decreto ministeriale del 2 agosto 2013: *Albano*, Corriere tributario 2014, 1294, 1294 s.

1899 L'art. 1, co. 9, del decreto ministeriale del 2 agosto 2013 aveva previsto la rateizzazione di dieci anni: *Albano*, Corriere tributario 2014, 1294, 1299; *Avolio/Pezzella*, Corriere tributario 2014, 616, 617.

Indus, abbia previsto non solo la sospensione dell'imposta fino al realizzo, ma anche la rateizzazione della riscossione[1900]. Limitare la rateizzazione a sei rate annuali è, però, da considerare – come accade con le norme tedesche § 4g *EStG*, § 36, co. 5, *EStG* – poco realistico, soprattutto per le immobilizzazioni[1901].

III. Una questione particolare: i profili temporali dell'emigrazione di una Società europea dall'Italia

Una questione particolare circa l'emigrazione della Società europea dall'Italia si pone con riguardo agli aspetti temporali. Secondo l'art. 73, co. 3, TUIR la residenza fiscale di una società dipende dalla circostanza fatto che essa abbia per *la maggior parte del periodo di imposta* la sede legale o la sede dell'amministrazione o l'oggetto principale nel territorio dello Stato. La società viene, quindi, considerata fiscalmente residente soltanto per un intero esercizio. In Germania, per contro, la residenza fiscale (*unbeschränkte Steuerpflicht*) può iniziare e finire all'interno di un anno fiscale (si veda § 7, co. 3, III periodo, *KStG*). Ne consegue che quando la SE si trasferisce nella seconda metà dell'anno fiscale dall'Italia in Germania, essa risulta pure per gli ultimi mesi dell'esercizio fiscalmente residente in Italia, ma contemporaneamente anche già residente fiscalmente in Germania. Un trasferimento nella prima parte dell'anno fiscale comporta, invece, che la Società europea nei primi mesi dell'esercizio non risulti fiscalmente residente in alcuno dei due Stati membri[1902].

La parziale doppia residenza fiscale viene limitata dalle convenzioni sulla doppia imposizione, cosicché l'Italia può assoggettare la società a tassazione come Stato di residenza soltanto fino al momento in cui si trasferisce la sede dell'amministrazione (ossia la direzione effettiva). Da questo momento in poi, l'Italia mantiene soltanto il diritto di tassarla come Stato d'origine. La parziale mancanza di una residenza fiscale non può essere risolta attraverso le convenzioni sulla doppia imposizione, perché queste convenzioni non prevedono la tassazione, bensì la limitano[1903]: tal ché esse non possono ovviare al fatto che nessuno dei due Stati assoggetti la società ad una tassa di residenza fiscale. La SE risulta, dunque, per questo periodo in entrambi gli Stati membri fiscalmente non residente.

1900 Per una critica alla sentenza, si veda Capitolo 4, B. II.

1901 Capitolo 4, C. III.

1902 Sul problema, cfr. la risoluzione del 17 gennaio 2006, n. 9; *Benigni*, Pratica Fiscale e Professionale 2014, 35, 38.

1903 BFH v. 12.03.1980 – I R 186/76, BStBl. II 1980, 532 f.; BFH v. 29.07.1992 – II R 39/89, BStBl. II 1993, 67; *Bendlinger*, SWI 2007, 496, 503; *Debatin*, DB 1989, 1692, 1692; *Ditz*, Internationale Gewinnabgrenzung bei Betriebsstätten, 2.1.3.1.1, S. 23; *id.*, IStR 2009, 115, 118; *Hruschka/Lüdemann*, IStR 2005, 76, 76 ff.; *Kessler/Huck*, StuW 2005, 193, 199, 203; *Kumpf/Roth*, in: FS Raupach, 2006, S. 579 ff., 581; *Roth*, in: Herrmann/Heuer/Raupach, EStG/KStG, § 49 EStG (Juni 2014), Rn. 41; *Wassermeyer*, in: FS Loukota, 2005, S. 651 ff., 653; *id.*, DB 2006, 1176, 1177; *id.*, in: Piltz/Schaumburg, Internationale Betriebsstättenbesteuerung, S. 25 ff., 30.

E. L'«accoglienza» della Società europea nel sistema tributario al momento dell'entrata in uno Stato membro

«L'accoglienza» della SE nel sistema tributario dello Stato di arrivo deve, per quanto riguarda il diritto europeo, essere il *pendant* dell'uscita fiscale dal medesimo Stato membro: se esso impone un'*exit tax* alle plusvalenze latenti create sul suo territorio nel momento in cui la società esce dallo stesso, anche nel momento dell'entrata di una società l'erario può sottrarre a tassazione soltanto le plusvalenze che si creino sul suo territorio e, dunque, *dopo* l'entrata[1904].

L'ordinamento fiscale tedesco è conforme, sotto questo profilo, alla prescrizione europea: nel momento dell'uscita della SE, esso impone un'*exit tax* al valore normale (*gemeiner Wert*) e nel momento dell'entrata di una SE accoglie i beni che entrano altrettanto al valore normale, come previsto dai § 4, co. 1, VIII periodo, § 6, co. 1, n. 5a, *EStG*, § 8, co. 1, *KStG*[1905], e § 9, co. 2, *BewG*. In questo modo, il fisco tedesco assoggetta ad imposizione soltanto le plusvalenze latenti che si siano accumulate fino all'uscita della società, ovverosia dal momento dell'entrata in poi, considerando così le riserve costituitesi nel territorio nazionale tedesco.

Nell'ordinamento fiscale italiano, per tanto tempo, non era contenuta una prescrizione esplicita per l'entrata dei beni nello Stato italiano. Sia l'Agenzia delle entrate[1906] sia la dottrina[1907] consideravano, pertanto, dibattuta la questione riguardante il valore con il quale si dovrebbero iscrivere in bilancio i beni che entrano nel sistema tributario. Dato che l'*exit tax* italiana di cui all'art. 166, co. 1, TUIR prevede una tassazione al valore normale, tale valore deve applicarsi, secondo l'opinione espressa in questo lavoro, anche ai beni che immigrano nello Stato italiano[1908]. Con la codificazione del nuovo art. 166-*bis* TUIR, introdotto con il art. 12 del d.lgs. 147/2015, il legislatore italiano ha – a grandi linee – colmato questa lacuna: quando il soggetto

---

1904 Si veda Capitolo 4, B. III:

1905 *Benecke*, NWB Fach 3 (37/2007), 14733, 14755; *Binnewies*, GmbH-StB 2007, 117, 121; *Blumenberg/Lechner*, BB-Special 8/2006, 25, 31; *id.*, in: Blumenberg/Schäfer, SEStEG, C. I. 4., S. 77; *Fischer*, in: MüKo AktG, Bd. 7, SteuerR, Rn. 99; *Kolbe*, in: Herrmann/Heuer/Raupach, EStG/KStG, Jahresband 2007, § 12 KStG (Mai 2007), Rn. J 06–5; *Schaumburg*, Internationales Steuerrecht, Kap. 6, C. III. 2., Rn. 6.50.

1906 Risoluzione, 30 marzo 2007, n. 67/E; risoluzione, 5 agosto 2008, n. 345/E.

1907 *Baggio*, Riv. d. trib. 2006, 537, 558 ff.; *Gallio/Furian*, Dialoghi di diritto tributario 2007, 575, 577 ff.; *Leo*, TUIR, Art. 73, 3.6., S. 1336 f.; *Lupi*, Dialoghi di diritto tributario 2007, 582, 582 ff.; *L. Miele/M. Miele*, Corr. trib. 2012, 113, 116; *Piazza/D'Angelo/Valsecchi*, Il Fisco 2015, 1, 23; *Sallustio*, Riv. dir. trib. 2011, I, 829, 866 f.; *Stevanato*, Dialoghi di diritto tributario 2007, 579, 581 f.; *Uckmar/Corasaniti/De' Capitani di Vimercate*, Diritto tributario internazionale, Kap. 4, Sez. I, 5., S. 158; *Zizzo*, Corriere Tributario 2008, 3581, 3585 f.

1908 Cfr. *Lupi*, Dialoghi di diritto tributario 2007, 582, 582; *Sallustio*, Riv. dir. trib. 2011, I, 829, 871.

fiscale immigra da uno Stato che consente un adeguato scambio di informazioni con l'Italia (c.d. *white list*), le sue attività e passività assumono come valore fiscale il cd. valore normale[1909].

Se le prescrizioni delle convenzioni sulla doppia imposizione dovessero essere interpretate in modo che le plusvalenze latenti siano da tassare nello Stato in cui si realizzano, indipendentemente da dove siano state costituite, lo Stato di arrivo dovrebbe iscrivere i bene che entrano al costo di acquisto o di produzione (ammortizzato). Come *pendant*, un'*exit tax* non può aver luogo. Non è, invece, da ritenere ammissibile una valutazione dei beni dipendente dal valore di uscita previsto dello Stato di partenza[1910], perché l'accoglienza deve essere speculare al sistema di uscita del medesimo Stato[1911]: ogni Stato deve avere un sistema di tassazione coerente interno e non deve rispecchiare, invece, il sistema di un altro Stato membro.

F. Per un'*exit tax* della Società europea conforme al diritto comunitario

Per la creazione di un'*exit tax* della Società europea conforme al diritto comunitario si pongono due alternative: il modello della coerenza «macro» e quello della coerenza «micro».

I. La coerenza «macro»: rilevanza nel diritto europeo delle convenzioni sulla doppia imposizione

Se uno Stato membro dovesse scegliere come modello la coerenza «macro», esso dovrebbe prevedere attraverso le convenzioni sulla doppia imposizione che le plusvalenze latenti vengano tassate sempre nello Stato in cui si realizzano e non nello Stato in cui siano cresciute. Come conseguenza della coerenza «macro», nel momento dell'uscita di una società, lo Stato non ha il diritto di assoggettare a tassazione le plusvalenze latenti; nel momento dell'entrata di una società, invece, lo Stato deve «accogliere» i beni che entrano con i loro costi di acquisto o di produzione (ammortizzati), assoggettando a futura tassazione le plusvalenze che entrano.

1909 *Gaiani*, Il fisco 2015, 4536; *Pellecchia*, Rassegna tributaria 2015, 1410.

1910 Per l'opinione opposta, cfr. la risoluzione del 30 marzo 2007, n. 67/E; *Gallio/Furian*, Dialoghi di diritto tributario 2007, 575, 577 ff. Simile anche *L. Miele/M. Miele*, Corr. trib. 2012, 113, 116; *Piazza/D'Angelo/Valsecchi*, Il Fisco 2015, 1, 23; *Stevanato*, Dialoghi di diritto tributario 2007, 579, 581 f.

1911 *Lupi*, Dialoghi di diritto tributario 2007, 582, 582 ff.; *Sallustio*, Riv. dir. trib. 2011, I, 829, 866 f. Nel risultato anche: *Leo*, TUIR, Art. 73, 3.6., S. 1336 f.; *Uckmar/Corasaniti/De' Capitani di Vimercate*, Diritto tributario internazionale, Kap. 4, Sez. I, 5., S. 158.

II. Un'*exit tax* verso una coerenza «micro»

Qualora lo Stato membro dovesse, invece, scegliere il modello della coerenza «micro» per assoggettare a tassazione le plusvalenze latenti accumulate nel suo territorio, non avrebbe il diritto di rilevare le plusvalenze di una società che entra nel suo territorio statale, bensì dovrebbe prevedere per i beni che entrano un c.d. «step up» al valore normale. Inoltre, dovrebbe assicurare che le plusvalenze latenti vengano rilevate con l'*exit tax* soltanto quando e soltanto a coloro che, altrimenti, sarebbero sottratti dal sistema nazionale fiscale.

Il sistema, inoltre, deve presentarsi proporzionale per poter giustificare il suo ostacolo alla libertà di stabilimento. La tassazione dell'*exit tax* deve, in ultima analisi, prevedere una rateizzazione tipizzante. Per essere tale la rateizzazione deve rispettare il momento di realizzazione reale di media. Si dovrebbe, dunque, distinguere fra le plusvalenze latenti collocate nell'attivo circolante con una realizzazione di media di circa tre anni, le plusvalenze latenti collocate nelle immobilizzazioni con una realizzazione di media di circa dieci anni e l'avviamento con una realizzazione di media di circa quindici anni.

Capitolo 5 – Sintesi e prospettive

In conclusione, si può affermare che il rinvio alle norme nazionali dello Stato della sede della SE rimane problematico, malgrado l'armonizzazione europea. Non sembra, infatti, che l'Unione europea sia prossima a inserire regole specifiche nello Statuto della SE. L'ultima revisione dello Statuto si concentrava essenzialmente sulla c.d. *Mitbestimmung*[1912] ed il progetto di creare una «SPE» (*societas privata europaea*) come forma societaria a responsabilità limitata è stato messo da parte[1913]. Le discrepanze politiche fra gli Stati membri che rendevano difficile la nascita della SE non sembrano superate e le regole europee dettagliate per la SE non ancora raggiungibili.

Attualmente, è in discussione la bozza per una direttiva della «SUP» (*Societas unius personae*)[1914] che dovrebbe introdurre una forma societaria a responsabilità limitata con un unico socio. Anche per questa è previsto il rinvio alla legge nazionale dello Stato di sede. Diversamente dalla SE, la SUP non può, però, trasferire la sua sede in un altro Stato membro[1915]: il che evita un cambiamento della legge applicabile. I problemi qui esposti rimangono, dunque, una peculiarità della *Societas europaea*.

1912 Cfr. *Teichmann*, BB 2013, Nr. 3, „Die erste Seite".

1913 Meeting of the Council of the European Union, n. 3094, del 15 luglio 2011 – 10917/11; *Teichmann*, BB 2013, Nr. 3, „Die erste Seite".

1914 Proposta di direttiva del parlamento europeo e del consiglio relativa alle società a responsabilità limitata con un unico socio /* COM/2014/0212 final – 2014/0120 (COD) */.

1915 Esplicitamente http://www.consilium.europa.eu/en/press/press-releases/2015/05/28-29-compet-single-member-private-companies/. Cfr. anche considerazione n. 11b, art. 9, co. 1, II periodo, Consiglio europeo, 2014/0120 (COD) del 21 maggio 2015 – 8811/15; *BDA/BDI/DIHK*, Gemeinsame Stellungnahme zum Vorschlag für eine Richtlinie über Gesellschaften mit beschränkter Haftung mit einem einzigen Gesellschafter, COM(2014) 212 final, S. 4.

Übersetzung ausgewählter italienischer Vorschriften

Codice civile[1916]

Art. 2423-*bis* c.c.

(1) Nella redazione del bilancio devono essere osservati i seguenti principi:
1) la valutazione delle voci deve essere fatta secondo prudenza e nella prospettiva della continuazione dell'attività;
1-*bis*) la rilevazione e la presentazione delle voci è effettuata tenendo conto della sostanza dell'operazione o del contratto;
2) si possono indicare esclusivamente gli utili realizzati alla data di chiusura dell'esercizio;
3) si deve tener conto dei proventi e degli oneri di competenza dell'esercizio, indipendentemente dalla data dell'incasso o del pagamento;
4) si deve tener conto dei rischi e delle perdite di competenza dell'esercizio, anche se conosciuti dopo la chiusura di questo;
5) gli elementi eterogenei ricompresi nelle singole voci devono essere valutati separatamente;
6) i criteri di valutazione non possono essere modificati da un esercizio all'altro.

(2) Deroghe al principio enunciato nel numero 6) del comma precedente sono consentite in casi eccezionali. La nota integrativa deve motivare la deroga e indicarne l'influenza sulla rappresentazione della situazione patrimoniale e finanziaria e del risultato economico.

(1) Bei der Aufstellung des Jahresabschlusses sind folgende Grundsätze zu beachten:
1) die Bewertung der Posten muss mit Vorsicht erfolgen und mit Blick auf die Fortsetzung der Tätigkeit;
1-*bis*) die Aufnahme und Darstellung der Posten erfolgt unter Berücksichtigung der Substanz des Geschäftes oder des Vertrages;
2) es dürfen ausschließlich die Gewinne ausgewiesen werden, die bis zum Tag der Beendigung des Geschäftsjahres realisiert sind;
3) Aufwendungen und Erträge des Geschäftsjahrs sind unabhängig von den Zeitpunkten der entsprechenden Zahlungen im Jahresabschluss zu berücksichtigen;
4) es sind die Risiken und Verluste zu berücksichtigen, die auf das Geschäftsjahr entfallen, auch wenn sie erst nach dessen Beendigung bekannt werden;

1916 Die Übersetzung des Codice civile erfolgte in Anlehnung an die Übersetzung von *Bauer/Eccher/König/Kreuzer/Zanon*, Italienisches Zivilgesetzbuch, abrufbar unter http://www.provinz.bz.it/anwaltschaft/themen/zivilgesetzbuch.asp.

5) verschiedenartige Bestandteile in einzelnen Posten sind gesondert zu bewerten;
6) die Bewertungskriterien dürfen nicht von einem Geschäftsjahr auf das andere verändert werden.

(2) Abweichungen von dem in Ziffer 6 des vorhergehenden Absatzes genannten Prinzip sind in Ausnahmefällen zulässig. Im Anhang ist die Abweichung zu begründen und ihr Einfluss auf die Vermögens- und Finanzlage sowie auf das wirtschaftliche Ergebnis anzugeben.

Art. 2424-*bis* Abs. 3 c.c.

Gli accantonamenti per rischi ed oneri sono destinati soltanto a coprire perdite o debiti di natura determinata, di esistenza certa o probabile, dei quali tuttavia alla chiusura dell'esercizio sono indeterminati o l'ammontare o la data di sopravvenienza.

Die Rückstellungen für Risiken und Lasten sind nur dazu bestimmt, Verluste oder Verbindlichkeiten abzudecken, die ihrer Art nach bestimmt sind, deren Bestehen sicher oder wahrscheinlich ist, bei denen jedoch bei Beendigung des Geschäftsjahres entweder ihre Höhe oder ihre Fälligkeit unbestimmt ist.

Art. 2426 Nr. 4–6, Nr. 8-*bis* c.c.

Nr. 4) le immobilizzazioni consistenti in partecipazioni in imprese controllate o collegate possono essere valutate [...] per un importo pari alla corrispondente frazione del patrimonio netto risultante dall'ultimo bilancio delle imprese medesime, [...]. [...] Negli esercizi successivi le plusvalenze, derivanti dall'applicazione del metodo del patrimonio netto, rispetto al valore indicato nel bilancio dell'esercizio precedente sono iscritte in una riserva non distribuibile;
Nr. 5) i costi di impianto e di ampliamento e i costi di sviluppo aventi utilità pluriennale possono essere iscritti nell'attivo con il consenso, ove esistente, del collegio sindacale. I costi di impianto e ampliamento devono essere ammortizzati entro un periodo non superiore a cinque anni. I costi di sviluppo sono ammortizzati secondo la loro vita utile; nei casi eccezionali in cui non è possibile stimarne attendibilmente la vita utile, sono ammortizzati entro un periodo non superiore a cinque anni. Fino a che l'ammortamento dei costi di impianto e ampliamento e di sviluppo non è completato possono essere distribuiti dividendi solo se residuano riserve disponibili sufficienti a coprire l'ammontare dei costi non ammortizzati;
Nr. 6) l'avviamento può essere iscritto nell'attivo con il consenso, ove esistente, del collegio sindacale, se acquisito a titolo oneroso, nei limiti del costo per esso sostenuto. L'ammortamento dell'avviamento è effettuato secondo la sua vita utile; nei casi eccezionali in cui non è possibile stimarne attendibilmente la vita utile, è ammortizzato entro un periodo non superiore a dieci anni. Nella nota integrativa è fornita una spiegazione del periodo di ammortamento dell'avviamento;
Nr. 8-*bis*) le attività e le passività monetarie in valuta sono iscritte al cambio a pronti alla data di chiusura dell'esercizio; i conseguenti utili o perdite su cambi devono essere

imputati al conto economico e l'eventuale utile netto è accantonato in apposita riserva non distribuibile fino al realizzo. Le attività e passività in valuta non monetarie devono essere iscritte al cambio vigente al momento del loro acquisto;

Nr. 4) die Beteiligungen an beherrschten oder verbundenen Unternehmen des Anlagevermögens können [...] zu einem Betrag bewertet werden, der dem anteiligen, sich aus dem letzten Jahresabschluss dieser Unternehmen ergebenden Eigenkapital entspricht, [...]. [...] In den folgenden Geschäftsjahren muss die Wertsteigerung, die sich aus der Anwendung der equity-Methode im Vergleich zu dem im vorhergehenden Jahresabschluss angegebenen Wert ergibt, in eine ausschüttungsgesperrte Rücklage gestellt werden;
Nr. 5) die Aufwendungen für Ingangsetzung und Erweiterung sowie die Entwicklungskosten können, wenn sie einen mehrjährigen Nutzen bringen, mit Zustimmung des Aufsichtsrates, soweit vorhanden, aktiviert werden. Die Aufwendungen für Ingangsetzung und Erweiterung müssen über einen Zeitraum von höchstens fünf Jahren abgeschrieben werden. Die Forschungskosten sind über ihre Nutzungsdauer abzuschreiben; in Ausnahmefällen, in denen sich die Nutzungsdauer nicht verlässlich bestimmen lässt, sind sie über einen Zeitraum von höchstens fünf Jahren abzuschreiben. Bis zur vollständigen Abschreibung der Aufwendungen für Ingangsetzung und Erweiterung sowie der Entwicklungskosten dürfen Dividenden nur ausgeschüttet werden, wenn ausreichend frei verfügbare Rücklagen verbleiben, um den Betrag der noch nicht abgeschriebenen Aufwendungen zu decken;
Nr. 6) der Geschäftswert kann bei entgeltlichem Erwerb mit Zustimmung des Aufsichtsrats, soweit vorhanden, bis zu dem für ihn aufgewendeten Betrag aktiviert werden. Die planmäßige Abschreibung des Geschäftswertes erfolgt über den Zeitraum seiner Nutzungsdauer; in Ausnahmefällen, in denen sich die Nutzungsdauer nicht verlässlich bestimmen lässt, ist er über einen Zeitraum von höchstens zehn Jahren abzuschreiben. Im Anhang ist eine Begründung für die Abschreibungsdauer des Geschäftswertes anzugeben;
Nr. 8-*bis*) auf fremde Währung lautende „monetäre" Aktiv- und Passivposten sind zum Wechselkurs für Barzahlungen am Tag des Abschlusses des Geschäftsjahres auszuweisen; die daraus sich ergebenden Kursgewinne und -verluste durchlaufen die Gewinn- und Verlustrechnung und ein möglicher Nettogewinn ist in eine eigene, bis zur Realisierung nicht ausschüttbare Rücklage zu stellen. Auf fremde Währung lautende „nicht-monetäre" Aktiv- und Passivposten sind zum Wechselkurs im Zeitpunkt ihrer Anschaffung auszuweisen;

d.lgs. 38/2005

Art. 6 Abs. 1–2 d.lgs. 38/2005

(1) Le società che redigono il bilancio di esercizio secondo i principi contabili internazionale non possono distribuire:
   a) utili d'esercizio in misura corrispondente alle plusvalenze iscritte nel conto economico al netto del relativo onere fiscale e diverse da quelle riferibili agli

strumenti finanziari di negoziazione e all'operatività in cambi e di copertura, che discendono dall'applicazione del criterio del valore equo (fair value) o der patrimonio netto;

b) riserve del patrimonio netto costituite e movimentate in contropartita diretta della valutazione al valore equo (fair value) di strumenti finanziari e attività.

(2) Gli utili corrispondenti alle plusvalenze di cui al comma 1, lettera a), sono iscritti in una riserva indisponibile. [...]

(1) Die Gesellschaften, die ihren Jahresabschluss nach den internationalen Rechnungslegungsstandards aufstellen, dürfen nicht ausschütten:

a) die Gewinne in der Höhe der erfolgswirksamen Wertsteigerungen, die aus der fair value-Bewertung oder der equity-Methode resultieren, abzüglich der jeweiligen Steuerlast und der Beträge, die aus zu Handelszwecken gehaltene Finanzinstrumente und aus Währungsumrechnung sowie hedge accounting resultieren;

b) Rücklagen, die als direkter Gegenposten eingestellt wurden und sich aus der fair value-Bewertung von Finanzinstrumenten und Aktivposten ergeben.

(2) Die Gewinne, die den Wertsteigerungen nach Absatz 1 lit. a entsprechen, sind in eine nicht frei verfügbare Rücklage zu stellen. [...]

TUIR

Art. 9 Abs. 3 Satz 1 TUIR

Per valore normale [...] si intende il prezzo o corrispettivo mediamente praticato per i beni e i servizi della stessa specie o similari, in condizioni di libera concorrenza e al medesimo stadio di commercializzazione, nel tempo e nel luogo in cui i beni o servizi sono stati acquisiti o prestati, e, in mancanza, nel tempo e nel luogo più prossimi.

Als „valore normale" (vergleichbar dem gemeinen Wert) [...] versteht man den durchschnittlich üblichen Preis oder Gegenwert, der für diese oder ähnliche Güter oder Dienstleistungen im freien Wettbewerb und im gleichen Stadium der Vermarktung gezahlt werden würde, zu der Zeit und an dem Ort, an dem die Güter erworben oder Dienste geleistet worden sind, oder, falls dies nicht ermittelbar ist, zu einem möglichst nahen Zeitpunkt oder Ort.

Art. 23 Abs. 1 TUIR

Ai fini dell'applicazione dell'imposta nei confronti dei non residenti si considerano prodotti nel territorio dello Stato:

a) i redditi fondiari;

b)-d) [...]

e) i redditi d'impresa derivanti da attività esercitate nel territorio dello Stato mediante stabili organizzazioni;

f) [...]

g) i redditi di cui agli articoli 5, 115 e 116 imputabili a soci, associati o partecipanti non residenti.

Für die Besteuerung der beschränkt Steuerpflichtigen werden folgende Einkünfte als inländisch erachtet:

a) Einkünfte aus Grund und Boden;

b)-d) [...]

e) gewerbliche Einkünfte, die von einer im Inland durch Betriebsstätten ausgeführten Tätigkeit herrühren;

f) [...]

g) Einkünfte nach Artikel 5, 115 und 116, die den Gesellschaftern, Mitgliedern oder Teilhabern zuzurechnen sind.

Art. 25 Abs. 1 TUIR

Sono redditi fondiari quelli inerenti ai terreni e ai fabbricati situati nel territorio dello Stato che sono o devono essere iscritti, con attribuzione di rendita, nel catasto dei terreni o nel catasto edilizio urbano.

Als Einkünfte aus Grund und Boden gelten die Einkünfte, die mit dem Grund und Boden und mit den Gebäuden auf dem Grund und Boden zusammenhängen, die unter Zuweisung eines Ertrages im Grundbuch oder im Buch des städtischen Bauwesens eingetragen sind oder eingetragen werden müssen.

Art. 65 Abs. 1 TUIR

Per le imprese individuali, ai fini delle imposte sui redditi, si considerano relativi all'impresa, oltre ai beni indicati alle lettere a) e b) del comma 1 dell'articolo 85, a quelli strumentali per l'esercizio dell'impresa stessa ed ai crediti acquisiti nell'esercizio dell'impresa stessa, i beni appartenenti all'imprenditore che siano indicati tra le attività relative all'impresa nell'inventario tenuto a norma dell'articolo 2217 del codice civile. Gli immobili di cui al comma 2 dell'articolo 43 si considerano relativi all'impresa solo se indicati nell'inventario; [...].

Für die Einzelunternehmen werden zur Bestimmung der Steuer neben den Gütern i.S.d. Artikels 85 Abs. 1 lit. a, b, neben den zur wirtschaftlichen Betätigung des Unternehmens selbst erforderlichen Gütern und neben den mit der Unternehmenstätigkeit erlangten Forderungen, solche Güter als zum Unternehmen gehörend erachtet, die zum Unternehmer selbst gehören und zwischen den Tätigkeiten des Unternehmens im Inventar angegeben werden, das nach den Vorgaben des Artikels 2217 des codice civile aufgestellt wird. Die Immobilien nach Absatz 2 des Artikels 43 werden nur dann als zum Unternehmen gehörend erachtet, wenn sie im Inventar aufgeführt werden; [...].

Art. 73 Abs. 3 Satz 1, Abs. 4 Satz 2 TUIR

(3) Ai fini delle imposte sui redditi si considerano residenti le società e gli enti che per la maggior parte del periodo di imposta hanno la sede legale o la sede dell'amministrazione o l'oggetto principale nel territorio dello Stato.

(4) [...] Per oggetto principale si intende l'attività essenziale per realizzare direttamente gli scopi primari indicati dalla legge, dall'atto costitutivo o dallo statuto.

(3) Zur Bestimmung der Steuer werden die Gesellschaften und die Anstalten als ansässig erachtet, die für die meiste Zeit der Steuerperiode die „sede legale" (Satzungssitz), die „sede dell'amministrazione" (vergleichbar dem Ort der Geschäftsleitung) oder den „oggetto principale" (vergleichbar dem Verwaltungssitz) im Inland haben.

(4) [...] Der „oggetto principale" (vergleichbar dem Verwaltungssitz) bestimmt sich nach der Haupttätigkeit, mit der direkt die vorrangigen Ziele erreicht werden, die nach Gesetz, Gründungsvertrag oder Satzung vorgegeben sind.

Art. 76 Abs. 2 TUIR

Il periodo di imposta è costituito dall'esercizio o periodo di gestione della società o dell'ente, determinato dalla legge o dall'atto costitutivo. Se la durata dell'esercizio o periodo di gestione non è determinata dalla legge o dall'atto costitutivo, o è determinata in due o più anni, il periodo di imposta è costituito dall'anno solare.

Die Steuerperiode bestimmt sich nach dem Wirtschaftsjahr oder Geschäftsjahr der Gesellschaft oder der Anstalt, das von Gesetz oder Gründungsvertrag festgelegt ist. Wenn die Dauer des Wirtschafts- oder Geschäftsjahres nicht von Gesetz oder Gründungsvertrag festgelegt ist oder wenn sie zwei oder mehr Jahre betrifft, richtet sich die Steuerperiode nach dem Kalenderjahr.

Art. 86 Abs. 4 TUIR

Le plusvalenze realizzate, [...], concorrono a formare il reddito, per l'intero ammontare nell'esercizio in cui sono state realizzate ovvero, se i beni sono stati posseduti per un periodo non inferiore a tre anni [...] a scelta del contribuente, in quote costanti nell'esercizio stesso e nei successivi, ma non oltre il quarto. La predetta scelta deve risultare dalla dichiarazione dei redditi; se questa non è presentata la plusvalenza concorre a formare il reddito per l'intero ammontare nell'esercizio in cui è stata realizzata. [...]

Die realisierten Wertsteigerungen, [...], tragen in voller Höhe in dem Wirtschaftsjahr zum Einkommen bei, in dem sie realisiert worden sind, oder, wenn die Güter für einen Zeitraum von nicht weniger als drei Jahren besessen worden sind [...] nach Wahl des Steuerzahlers, in gleichen Raten in diesem Wirtschaftsjahr und in den folgenden, nicht aber über das vierte Jahr hinaus. Die Ausübung dieser Wahl muss sich aus der Einkommenserklärung ergeben; wenn diese nicht eingereicht wurde, muss die Wertsteigerung in voller Höhe in dem Wirtschaftsjahr zum Einkommen beitragen, in dem sie realisiert wurde. [...]

Art. 151 TUIR

(1) Il reddito complessivo delle società e degli enti commerciali non residenti [...] è formato soltanto dai redditi prodotti nel territorio dello Stato, [...].

(2) Si considerano prodotti nel territorio dello Stato i redditi indicati nell'articolo 23.

(1) Das Gesamteinkommen der Gesellschaften und der Handelsanstalten, die nicht im Inland ansässig sind, [...] besteht allein durch die im Inland erwirtschafteten Einkünfte, [...].
(2) Es werden diejenigen Einkünfte als im Inland erwirtschaftet erachtet, die in Artikel 23 aufgeführt sind.

Art. 162 Abs. 1 TUIR

[...] l'espressione „stabile organizzazione" designa una sede fissa di affari per mezzo della quale l'impresa non residente esercita in tutto o in parte la sua attività sul territorio dello Stato.

[...] der Ausdruck „Betriebsstätte" bezeichnet eine feste Geschäftseinrichtung, durch die das nicht ansässige Unternehmen gänzlich oder teilweise seine Tätigkeit im Staatsgebiet ausübt.

Art. 166 Abs. 1, 2-*ter*, 2-*quater* TUIR

(1) Il trasferimento all'estero della residenza dei soggetti che esercitano imprese commerciali, che comporti la perdita della residenza ai fini delle imposte sui redditi, costituisce realizzo, al valore normale, dei componenti dell'azienda o del complesso aziendale, salvo che gli stessi non siano confluiti in una stabile organizzazione situata nel territorio dello Stato. La stessa disposizione si applica se successivamente i componenti confluiti nella stabile organizzazione situata nel territorio dello Stato ne vengano distolti. Si considerano in ogni caso realizzate, al valore normale, le plusvalenze relative alle stabili organizzazioni all'estero. Per le imprese individuali e le società di persone si applica l'articolo 17, comma 1, lettere g) e l).
(2-ter) Il trasferimento della residenza fiscale all'estero da parte di una società di capitali non dà luogo di per sé all'imposizione dei soci della società trasferita.
(2-quater) I soggetti che trasferiscono la residenza, ai fini delle imposte sui redditi, in Stati appartenenti all'Unione europea ovvero in Stati aderenti all'Accordo sullo Spazio economico europeo [...], possono richiedere la sospensione degli effetti del realizzo ivi previsto.

(1) Die Verlegung der „residenza" (offen übersetzt: Ansässigkeit) von Handelsunternehmen ins Ausland, die zum Verlust der unbeschränkten Steuerpflicht führt, führt zur Realisierung zum „valore normale" (vergleichbar dem gemeinen Wert) der Bestandteile des Unternehmens oder des Unternehmenskomplexes, es sei denn diese verbleiben in einer inländischen Betriebsstätte. Dies gilt auch, wenn im Nachhinein die in der inländischen Betriebsstätte verbleibenden Bestandteile dieser entzogen werden. In jedem Fall sind die Wertsteigerungen einer ausländischen Betriebsstätte als zum „valore normale" realisiert anzusehen. Für die Einzelunternehmen und die Personengesellschaften ist Artikel 17 Abs. 1 lit. g) und l) anzuwenden.

(2-*ter*) Die Verlegung der „steuerlichen Ansässigkeit" einer Kapitalgesellschaft ins Ausland führt für sich allein nicht zur Besteuerung der Gesellschafter der weggezogenen Gesellschaft.
(2-*quater*) Die Subjekte, die ihre „steuerliche Ansässigkeit" in einen Mitgliedstaat der EU oder des EWR [...] verlegen, können einen Steueraufschub beantragen.

Art. 166-*bis* Abs. 1 TUIR

I soggetto che esercitano imprese commerciali provenienti da Stati o territori inclusi nella lista di cui all'articolo 11, comma 4, lettera c), del decreto legislativo 1° aprile 1996, n. 239, che, trasferendosi nel territorio dello Stato, acquisiscono la residenza ai fini delle imposte sui redditi assumono quale valore fiscale delle attività e delle passività il valore normale delle stesse, da determinarsi ai sensi dell'articolo 9.

Die Handelsunternehmen, die aus Staaten, die in der Liste nach Art. 11 Abs. 4 lit. c) des decreto legislativo vom 1. April 1996, Nr. 129, auf geführt sind, nach Italien ziehen und dadurch die unbeschränkte Steuerpflicht erlangen, werden steuerlich mit ihren Aktiva und Passiva zum „valore normale" bewertet, der sich nach Art. 9 bestimmt.

Art. 169 TUIR

Le disposizioni del presente testo unico si applicano, se più favorevoli al contribuente, anche in deroga agli accordi internazionali contro la doppia imposizione.

Die Bestimmungen dieses Gesetzes sind auch entgegen internationaler Doppelbesteuerungsabkommen anzuwenden, wenn dies für den Steuerzahler günstiger ist.

Literaturverzeichnis

Abbadessa, Pietro (Hrsg.) / Portale, Giuseppe B. (Hrsg.): Il nuovo diritto delle società, Liber amicorum Gian Franco Campobasso, Band 3: Controlli – Bilancio – Modificazioni dello statuto S.r.l. – Gruppi di società, Torino, 2007, Band 4: Scioglimento – Trasformazione – Fusione – Scissione – Società cooperative, Torino 2007 (zit.: *Bearbeiter*, in: Abbadessa/Portale, Il nuovo diritto delle società, Bd.)

– (Hrsg.) / Campobasso, Mario / Cariello, Vincenzo / Tombari, Umberto: Le società per azioni, Codice civile e norme complementari, Band 1: Parte introduttiva, Codice civile (artt. 2325–2435 *ter*), D.lg. 17 gennaio 2010, n. 39 (artt. 1–20), Milano 2016 (zit.: *Bearbeiter*, in: Abbadessa/Portale, Le società per azioni, Bd. 1)

Adler, Hans / Düring, Walther/ Schmaltz, Kurt: Rechnungslegung und Prüfung der Unternehmen, Kommentar zum HGB, AktG, GmbHG, PublG nach den Vorschriften des Bilanzrichtlinien-Gesetzes, 6. Auflage, Stuttgart 1995–2000 (Teilband 1–2 1995, Teilband 3 1996, Teilband 4–5 1997, Teilband 6 1998, Teilband 7–8 2000) (zit.: *ADS*)

Albano, Giacomo: In attesa dei provvedimenti attuativi la „exit tax“ trova spazio in UNICO, Corriere tributario 2014, 1294–1300 (zit.: *Albano*, Corriere tributario 2014, 1294)

Allegri, Vincenzo: Patrimonio sociale e poteri dell'assemblea nelle società per azioni, in: Rivista delle società 1968, S. 51–92 (zit.: *Allegri*, Rivista delle società 1968, 51)

Amatucci, Andrea: Konzepte der Besteuerung in Italien und in Deutschland, in: StuW 2007, S. 285–291 (zit.: *Amatucci*, StuW 2007, 285)

Ambrosiani, Fabio: Società europea e fusione internazionale, in: Società 2002, S. 1351–1356 (zit.: *Ambrosiani*, Società 2002, 1351)

–: Società europea e fusione internazionale (seconda parte), in: Società 2002, S. 1499–1507 (zit.: *Ambrosiani*, Società 2002, 1499)

Arbeitskreis Bilanzrecht der Hochschullehrer Rechtswissenschaft: Zur Fortentwicklung des deutschen Bilanzrechts, in: BB 2002, S. 2372–2381 (zit.: *Arbeitskreis Bilanzrecht der Hochschullehrer Rechtswissenschaft*, BB 2002, 2372)

–: Stellungnahme zu dem Entwurf eines BilMoG: Grundkonzept und Aktivierungsfragen, in: BB 2008, S. 152–158 (*Arbeitskreis Bilanzrecht der Hochschullehrer Rechtswissenschaft*, BB 2008, 152)

–: Überlegungen zur Umsetzung der EU-Bilanzrichtlinie RL 2013/34/EU vom 26.6.2013 in deutsches Recht, in: NZG 2014, S. 892–897 (zit.: *Arbeitskreis Bilanzrecht der Hochschullehrer Rechtswissenschaft*, NZG 2014, 892)

Arginelli, Paolo: The Discriminatory Taxation of Permanent Establishments by the Host State in the European Union: a Too Much Separate Entity Approach, in: Intertax 2007, S. 82–116 (zit.: *Arginelli*, Intertax 2007, 82)

Arnò, Gaetano / Cancarini, Stefano: La società europea – La disciplina comunitaria e il suo recepimento in Italia e nei principali Stati membri, Milano 2007 (zit.: *Arnò/Cancarini*, La società europea)

Aßmann, Dirk: Die steuerrechtliche Behandlung der Sitzverlegung einer Europäischen Gesellschaft (Societas Europaea – SE), in: Steuer&Studium 2006, S. 131–140 (zit.: *Aßmann*, Steuer&Studium 2006, 131)

Associazione Bancaria Italiana (A.B.I.) (Hrsg.): IAS/IFRS, La modernizzazione del diritto contabile in Italia, in: Quaderni di Giurisprudenza Commerciale 2007, Nr. 308, Milano 2007 (zit.: *Bearbeiter*, in: A.B.I., IAS/IFRS)

Auletta, Giuseppe: L'ordinamento della società per azioni, in: Rivista delle società 1961, S. 1–24 (zit.: *Auletta*, Rivista delle società 1961, 1)

Avolio, Diego / Capitta, Francesco: La tassazione di plusvalenze latenti in caso di trasferimento all'estero, in: Corriere tributario 2004, S. 1592–1595 (zit.: *Avolio/Capitta*, Corriere tributario 2004, 1592)

Avolio, Diego / Pezzella, Domenico: Quali trasferimenti di sede all'estero possono beneficiare della „exit tax", in: Corriere tributario 2014, S. 616–621 (zit.: *Avolio/Pezzella*, Corriere tributario 2014, 616)

Bachmann, Gregor: Die Societas Europaea und das europäische Privatrecht, in: ZEuP 2008, S. 32–58 (zit.: *Bachmann*, ZEuP 2008, 32)

Baetge, Jörg (Hrsg.) / Kirsch, Hans-Jürgen (Hrsg.) / Thiele, Stefan (Hrsg.): Bilanzrecht, 69. Ergänzungslieferung, Bonn 2016 (zit.: *Bearbeiter*, in: Baetge/Kirsch/Thiele, Bilanzrecht)

–: Bilanzen, 13. Auflage, Düsseldorf 2014 (zit.: *Baetge/Kirsch/Thiele*, Bilanzen)

Baggio, Roberto: La perdita e l'acquisto della residenza fiscale: quadro d'insieme ed aspetti controversi, in: Rivista di diritto tributario 2006, S. 537–560 (zit.: *Baggio*, Riv. d. trib. 2006, 537)

Ballwieser, Wolfgang: Unternehmensbewertung, Prozeß, Methoden und Probleme, 3. Auflage, Stuttgart 2011 (zit.: *Ballwieser*, Unternehmensbewertung)

Bamberger, Heinz Georg (Hrsg.) / Roth, Herbert (Hrsg.): Bürgerliches Gesetzbuch, 3. Auflage, München 2012 (zit.: *Bearbeiter*, in: Bamberger/Roth, BGB)

Bartone, Roberto / Klapdor, Ralf: Die Europäische Aktiengesellschaft – Recht, Steuer, Betriebswirtschaft, 2. Auflage, Berlin 2007 (zit.: *Bartone/Klapdor*, Die Europäische Aktiengesellschaft)

Baumbach, Adolf (Hrsg.) / Hopt, Klaus J. (Hrsg.): Handelsgesetzbuch, 34. Auflage, München 2010 (zit.: *Bearbeiter*, in: Baumbach/Hopt, HGB, 34. Aufl.); 37. Auflage, München 2016 (zit.: *Bearbeiter*, in: Baumbach/Hopt, HGB)

Baumbach, Adolf (Hrsg.) / Hueck, Alfred (Hrsg.): GmbH-Gesetz, 18. Auflage, München 2006 (zit.: *Bearbeiter*, in: Baumbach/Hueck, GmbHG, 18. Aufl.); 20. Auflage, München 2013 (zit.: *Bearbeiter*, in: Baumbach/Hueck, GmbHG)

Baums, Theodor (Hrsg.) / Cahn, Andreas (Hrsg.): Die Europäische Aktiengesellschaft, Umsetzungsfragen und Perspektiven, Berlin 2004 (zit.: *Bearbeiter*, in: Baums/Cahn, Die Europäische Aktiengesellschaft)

Bayer, Walter / Schmidt, Jessica: Das Vale-Urteil des EuGH: Die endgültige Bestätigung der Niederlassungsfreiheit als „Formwechselfreiheit", in: ZIP 2012, S. 1481–1492 (zit.: *Bayer/J. Schmidt*, ZIP 2012, 1481)

Beck'scher Bilanzkommentar, Handels- und Steuerbilanz, 6. Auflage, München 2006 (zit.: *Bearbeiter*, in: Beck'scher Bilanzkommentar, 6. Aufl.); 9. Auflage, München 2014 (zit.: *Bearbeiter*, in: Beck'scher Bilanzkommentar, 9. Aufl.); Handels- und Steuerbilanz, 10. Auflage, München 2016 (zit.: *Bearbeiter*, in: Beck'scher Bilanzkommentar)

Beck'sches Handbuch der Rechnungslegung, HGB und IFRS, 50. Ergänzungslieferung, München 2016 (zit.: *Bearbeiter*, in: Beck'sches Handbuch der Rechnungslegung)

Beck'sches IFRS-Handbuch, Kommentierung der IFRS/IAS, 3. Auflage, München Wien Bern 2009 (zit.: *Bearbeiter*, in: Beck'sches IFRS-Handbuch, 3. Aufl.); 5. Auflage, München Bern 2016 (zit.: *Bearbeiter*, in: Beck'sches IFRS-Handbuch)

Beghetto, Andrea: La nuova disciplina giuridica del bilancio di esercizio dopo l'approvazione del d. legisl. 18 agosto 2015, n. 139 (Parte prima), in: Studium Iuris 2016, S. 154–165 (zit.: *Beghetto*, Studium Iuris 2016, 154)

–: La nuova disciplina giuridica del bilancio di esercizio dopo l'approvazione del d. legisl. 18 agosto 2015, n. 139 (Seconda parte), in: Studium Iuris 2016, S. 295–305 (zit.: *Beghetto*, Studium Iuris 2016, 295)

Behme, Caspar: Der grenzüberschreitende Formwechsel von Gesellschaften nach Cartesio und Vale, in: NZG 2012, S. 936–939 (zit.: *Behme*, NZG 2012, 936)

Behrens, Peter: Cartesio bestätigt, aber korrigiert Daily Mail, in: EuZW 2009, Heft 3, S. V (zit.: *Behrens*, EuZW 2009, Heft 3, V)

Beinert, Stefanie / Benecke, Andreas: Internationale Aspekte der Umstrukturierung von Unternehmen, Erster Teil: Entstrickung bei Umwandlungen sowie FusionsRL und Teilbetriebsbegriff im UmwStG 2006, in: FR 2010, S. 1009–1023 (zit.: *Beinert/Benecke*, FR 2010, 1009)

Bendlinger, Stefan: Gewinnabgrenzung und Gewinnermittlung im DBA-Recht, Attribution and allocation of profits in tax law, in: SWI 2007, S. 496–503 (zit.: *Bendlinger*, SWI 2007, 496)

Benecke, Andreas: Internationalisierung des Ertragsteuerrechts durch das SEStEG – ein Überblick, in: StuB 2007, S. 3–9 (zit.: *Benecke*, StuB 2007, 3)

–: Entstrickung und Verstrickung bei Wirtschaftsgütern des Betriebsvermögens, Verhältnis zu den Gewinnkorrekturvorschriften und Auswirkungen auf die Betriebsstättenbesteuerung, in: NWB Fach 3 (37/2007), S. 14733–14756 (zit.: *Benecke*, NWB Fach 3 (37/2007), 14733)

–: Entstrickung und Verstrickung bei Wirtschaftsgütern des Privatvermögens, Wegzug eines Gesellschafters und einer Gesellschaft, in: NWB Fach 3 (38/2007), S. 14757–14770 (zit.: *Benecke*, NWB Fach 3 (38/2007), 14757)

–: Anmerkung zum BFH-Urteil v. 28.10.2009 – I R 99/08, in: IStR 2010, S. 101–102 (zit.: *Benecke*, IStR 2010, 101)

– / Schnitger, Arne: Neuregelung des UmwStG und der Entstrickungsnormen durch das SEStEG, in: IStR 2006, S. 765–779 (zit.: *Benecke/Schnitger*, IStR 2006, 765)

–: Letzte Änderungen der Neuregelungen des UmwStG und der Entstrickungsnormen durch das SEStEG – Beschlussempfehlung und Bericht des Finanzausschusses, in: IStR 2007, S. 22–28 (zit.: *Benecke/Schnitger*, IStR 2007, 22)

Benigni, Carlotta: L'Assonime commenta l'exit tax, in: Pratica Fiscale e Professionale 2014, S. 35–43 (zit.: *Benigni*, Pratica Fiscale e Professionale 2014, 35)

Benrath, Daniel / König, Ute: Nicht überraschend doch erforderlich: Die Rechtsprechung des EuGH zur grenzüberschreitenden Umwandlung durch Formwechsel, – Anmerkung zu EuGH, Urt. v. 12.7.2012 – Rs. C-378/10 (Vale) –, in: Der Konzern 2012, S. 377–382 (zit.: *Benrath/König*, Der Konzern 2012, 377)

Bernoni, Giuseppe / Colacicco, Marco: Il trasferimento all'estero della sede di una società di capitali: alcuni approfondimenti di ordine fiscale, in: Il Fisco 1996, S. 10066–10071 (zit.: *Bernoni/Colacicco*, Il Fisco 1996, 10066)

Bianca, Massimo: La Società Europea: considerazioni introduttive, in: Contratto e Impresa / Europa 2002, S. 453–487 (zit.: *Bianca*, Contratto e Impresa / Europa 2002, 453)

Biermeyer, Thomas / Elsener, Fabio / Timba, Fiona: The Compatibility of Corporate Exit Taxation with European Law, Case C-371/10 *National Grid Indus BV v Inspecteur van de BelastingdienstRijnmond/kantoor Rotterdam*, Judgement of the Court (Grand Chamber) of 29 November 2011, not yet reported, in: ECFR 2012, S. 101–110 (zit.: *Biermeyer/Elsener/Timba*, ECFR 2012, 101)

Bilitewski, Andrea: Gesetz über steuerliche Begleitmaßnahmen zur Einführung der Europäischen Gesellschaft und zur Änderung weiterer steuerrechtlicher Vorschriften (SEStEG), – Ein erster Überblick –, in: FR 2007, S. 57–65 (zit.: *Bilitewski*, FR 2007, 57)

Binnewies, Burkhard: Grenzüberschreitende Wirkungen des SEStEG – Das neue Steuerkonzept der Verstrickung und Entstrickung, in: GmbH-StB 2007, S. 117–121 (zit.: *Binnewies*, GmbH-StB 2007, 117)

Birk, Dieter: Wegzugsbesteuerung und Europarecht, Herausgeber: Kirchhof, Paul / Jakob, Wolfgang / Beermann, Albert, Festschrift für Klaus Offerhaus, Köln 1999, S. 163 (zit.: *Birk*, in: FS Offerhaus, 1999, S. 163 ff.)

–: Zuzug und Wegzug von Kapitalgesellschaften, – Zu den körperschaftsteuerlichen Folgen der Überseeringentscheidung des EuGH –, in: IStR 2003, S. 469–473 (zit.: *Birk*, IStR 2003, 469)

–: Das Gebot des gleichmäßigen Steuervollzugs und dessen Sanktionierung, Zum Urteil des Bundesverfassungsgerichts vom 9. März 2004 – 2 BvL 17/02, FR 2004, 470, in: StuW 2004, S. 277–282 (zit.: *Birk*, StuW 2004, 277)

–: Ordnungsmuster im Steuerrecht – Prinzipien, Maßstäbe und Strukturen, Herausgeber: Spindler, Wolfgang / Tipke, Klaus / Rödder, Thomas, Festschrift für Harald Schaumburg, Köln 2009, S. 3 (zit.: *Birk*, in: FS Schaumburg, 2009, S. 3 ff.)

– / Desens, Marc / Tappe, Henning: Steuerrecht, 17. Auflage, Heidelberg München Landsberg Frechen Hamburg 2014 (zit.: *Birk/Desens/Tappe*, Steuerrecht)

Blanquet, Françoise: Das Statut der Europäischen Aktiengesellschaft (Societas Europaea „SE"), Ein Gemeinschaftsinstrument für die grenzübergreifende Zusammenarbeit im Dienste der Unternehmen, in: ZGR 2002, S. 20–65 (zit.: *Blanquet*, ZGR 2002, 20)

Blöink, Thomas / Knoll-Biermann, Thomas: Bilanzrichtlinie-Umsetzungsgesetz (BilRUG), – Hintergrund und Kernelemente des Regierungsentwurfs vom 07.01.2015 –, in: Der Konzern 2015, S. 65–79 (zit.: *Blöink/Knoll-Biermann*, Der Konzern 2015, 65)

Blumenberg, Jens: Wegzug und Zuzug von Kapitalgesellschaften, in: IStR 2009, S. 549–551 (zit.: *Blumenberg*, IStR 2009, 549)

–: Steuerfragen im Zusammenhang mit der Sitzverlegung der Europäischen Gesellschaft, Herausgeber: Spindler, Wolfgang / Tipke, Klaus / Rödder, Thomas, Festschrift für Harald Schaumburg, Köln 2009, S. 559 (zit.: *Blumenberg*, in: FS Schaumburg, 2009, S. 559 ff.)

– / Lechner, Florian: Der Regierungsentwurf des SEStEG: Entstrickung und Sitzverlegung bei Kapitalgesellschaften, Neuerungen beim Einlagekonto, Körperschaftsteuerminderung und -erhöhung sowie sonstige Änderungen im Körperschaftsteuerrecht, in: BB-Special 8/2006, S. 25–36 (zit.: *Blumenberg/Lechner*, BB-Special 8/2006, 25)

Blumenberg, Jens (Hrsg.) / Schäfer, Karl P. (Hrsg.): Das SEStEG – Steuer- und gesellschaftsrechtliche Erläuterungen und Gestaltungshinweise, München 2007 (zit.: *Bearbeiter*, in: Blumenberg/Schäfer, SEStEG)

Blumers, Wolfgang: Die Europarechtswidrigkeit der Betriebsstättenzurechnung im Betriebsstättenerlass, in: DB 2006, S. 856–860 (zit.: *Blumers*, DB 2006, 856)

–: DBA-Betriebsstätten-Zurechnungen in der jüngsten BFH-Rechtsprechung, DB 2008, 1765–1771 (zit.: *Blumers*, DB 2008, 1765)

– / Kinzl, Ulrich-Peter: Änderung der Fusionsrichtlinie: Warten auf den EuGH, Oder: Wie Sekundärrecht gegen Primärrecht verstößt, in: BB 2005, S. 971–975 (zit.: *Blumers/Kinzl*, BB 2005, 971)

Blümich, Walter (Begr.) / Heuermann, Bernd (Hrsg.): Einkommensteuer, Körperschaftsteuer, Gewerbesteuer, 132. Ergänzungslieferung, München 2016 (zit.: *Bearbeiter*, in: Blümich, EStG/KStG/GewStG)

Bocchini, Ermanno: Diritto della contabilità delle imprese, 2. Bilancio d'esercizio, 4. Auflage, Milanofiori Assago 2016 (zit.: *Bocchini*, Bilancio d'esercizio)

Boers, Suzanne: Attualità ed esperienza nella *exit tax* olandese, in: Rassegna Tributaria 2006, S. 1401–1416 (zit.: *Boers*, Rassegna Tributaria 2006, 1401)

Bohl, Werner: IAS/IFRS für Juristen, München 2008 (zit.: *Bohl*, IAS/IFRS für Juristen)

Brähler, Gernot / Bensmann, Markus: Die Theorie der finalen Entnahme von 1969 bis 2011 – und noch immer kein Ende in Sicht –, in: DStZ 2011, S. 702–709 (zit.: *Brähler/Bensmann*, DStZ 2011, 702)

Braun, Dominik: Der grenzüberschreitende Rechtsformwechsel von Gesellschaften im Lichte des Konzepts und der Dogmatik der Niederlassungsfreiheit, in: DZWIR 2012, S. 411–415 (zit.: *Braun*, DZWIR 2012, 411)

Brinkmann, Jan / Reiter, Peter: National Grid Indus: Auswirkungen auf die deutsche Entstrickungsbesteuerung – Zugleich Anm. zum EuGH-Urteil vom 29.11.2011 – Rs. C-371/10, DB0462535 –, in: DB 2012, S. 16–20 (zit.: *Brinkmann/Reiter*, DB 2012, 16)

Brombach-Krüger, Monika: Treaty Override aus europarechtlicher und verfassungsrechtlicher Sicht, in: Ubg 2008, S. 324–330 (zit.: *Brombach-Krüger*, Ubg 2008, 324)

Budde, Wolfgang D. (Hrsg.) / Förschle, Gerhart (Hrsg.) / Winkeljohann, Norbert (Hrsg.): Sonderbilanzen, Von der Gründungsbilanz bis zur Liquidationsbilanz, 4. Auflage, München 2008 (zit.: *Bearbeiter*, in: Budde/Förschle/Winkeljohann, Sonderbilanzen)

Buonocore, Vincenzo (Hrsg.): Manuale di Diritto Commerciale, 9. Auflage, Torino 2009 (zit.: *Bearbeiter*, in: Buonocore, Diritto Commerciale, 9. Aufl.); 13. Auflage, Torino 2016 (zit.: *Bearbeiter*, in: Buonocore, Diritto Commerciale)

Bussoletti, Mario (Hrsg.): La nuova disciplina dei bilanci di società (Commento al d.lg. 9 aprile 1991 n. 127), Torino 1993 (zit.: *Bearbeiter*, in: Bussoletti, La nuova disciplina dei bilanci di società)

Cagnasso, Oreste / D'Arrigo, Marco / Gallarati, Alberto / Panzani, Luciano / Quaranta, Mariateresa (Gesamtautoren): Trasformazione, fusione e scissione, Milano 2012 (zit.: *Bearbeiter*, in: Cagnasso u. a., Trasformazione, fusione e scissione)

Calliess, Christian / Ruffert, Matthias: EUV/AEUV, Das Verfassungsrecht der Europäischen Union mit Europäischer Grundrechtecharta, 4. Auflage, München 2011 (zit.: *Bearbeiter*, in: Calliess/Ruffert, EUV/AEUV)

Campobasso, Gian Franco, überarbeitet von: Campobasso, Mario: Manuale di Diritto Commerciale, 6. Auflage, Milanofiori Assago 2016 (zit.: *Campobasso*, Diritto Commerciale)

–: Diritto Commerciale, 2. Diritto delle società, 9. Auflage, Milanofiori Assago 2015 (zit.: *Campobasso*, Diritto delle società)

Campos Nave, José A.: Das Ende der gegenwärtigen Wegzugsbesteuerung – Der zweite Blick auf Cartesio, in: BB 2009, S. 870–873 (zit.: *Campos Nave*, BB 2009, 870)

Canaris, Claus-Wilhelm: Die Problematik der Anwendung von § 564b BGB auf die Kündigung gegenüber dem Erben eines Wohnungsmieters gemäß § 569 BGB – ein Kapitel praktizierter Methodenlehre, Herausgeber: Großfeld, Bernhard / Sack, Rolf / Möllers, Thomas M. J. / Drexl, Josef / Heinemann, Andreas, Festschrift für Wolfgang Fikentscher, Tübingen 1998, S. 11 (zit.: *Canaris*, in: FS Fikentscher, 1998, S. 11 ff.)

Capriglione, Francesco (Hrsg.): La nuova discplina della Società europea, Padova 2008 (zit.: *Bearbeiter*, in: Capriglione, Società europea)

Caratozzolo, Matteo: Effetti giuridici dell'applicazione dei principi contabili internazionali in Italia, in: Società 2004, S. 306–315 (zit.: *Caratozzolo*, Società 2004, 306)

–: La nuova disciplina del bilancio d'esercizio, in: Società 2005, S. 148–156 (zit.: *Caratozzolo*, Società 2005, 148)

–: Il bilancio d'esercizio, 2. Auflage, Milano 2006 (zit.: *Caratozzolo*, Il bilancio d'esercizio)

–: I bilanci straordinari, 2. Auflage, Milano 2009 (zit.: *Caratozzolo*, I bilanci straordinari)

Carmini, Stefano: Le operazioni di gestione straordinaria in ambito internazionale con appendice normativa, Milano 2007 (zit.: *Carmini*, Le operazioni di gestione straordinaria in ambito internazionale)

Caspar, Johannes: Das europäische Tabakwerbeverbot und das Gemeinschaftsrecht, in: EuZW 2000, S. 237–243 (zit.: *J. Caspar*, EuZW 2000, 237)

Casper, Matthias / Weller, Marc-Philippe: Mobilität und grenzüberschreitende Umstrukturierung der SE, in: NZG 2009, S. 681–686 (zit.: *M. Casper*/*Weller*, NZG 2009, 681)

Cavallaro, Fabrizio: Il trasferimento della sede sociale all'estero tra norma civilistica e disciplina fiscale, in: Il diritto fallimentare e delle società commerciali 2005, S. 951–975 (zit.: *Cavallaro*, Il diritto fallimentare delle società commerciali 2005, 951)

Cendon, Paolo (Hrsg.): Commentario al codice civile, Aggiornamento 1991–2001 Bd. 3, artt. 2060–2642, Milano 2002 (zit.: *Bearbeiter*, in: Cendon, Codice Civile)

Cera, Mario: Quarta direttiva CEE sui conti annuali e adeguamento della normativa italiana, in: Rivista delle società 1980, S. 1148–1170 (zit.: *Cera*, Rivista delle società 1980, 1148)

Cervino, Giancarlo: Fusioni internazionali e trasferimento all'estero della sede dell'impresa. Profili civilistici e fiscali comparati a confronto e problematiche legate alle libertà fondamentali dell'Unione Europea. L'esempio Granduca di Lussemburgo – Italia, in: Rassegna Tributaria 2000, S: 1873–1885 (zit.: *Cervino*, Rassegna Tributaria 2000, 1873)

Claßen, Robert / Schulz, Sebastian: Konvergenz oder Divergenz nach BilMoG und ED/2010/9?, Leasingbilanzierung nach HGB und IFRS, in: StuB 2011, S. 3–10 (zit.: *Claßen*/*Schulz*, StuB 2011, 3)

Colangelo, Giuseppe: Uberseering e lo *shopping* giuridico dopo Centros, in: Corriere giuridico 2003, S. 307–312 (zit.: *Colangelo*, Corriere giuridico 2003, 307)

Colangelo, Margherita: La „Società Europea“ alla prova del mercato comunitario delle regole, in: Europa e diritto privato 2005, S. 147–178 (zit.: *Colangelo*, Europa e diritto privato 2005, 147)

Colombo, Giovanni E.: International Accounting Principles (IAS/IFRS), Share Capital and Net Worth, in: ECFR 2007, S. 553–570 (zit.: *Colombo*, ECFR 2007, 553)

– (Hrsg.) / Portale, Giuseppe B. (Hrsg.): Trattato delle società per azioni, Band 7*, Torino 1994 (zit.: *Bearbeiter*, in: Colombo/Portale, Trattato delle società per azioni, Bd. 7*)

Corabi, Giampaolo: Il trasferimento all'estero della sede dell'impresa, in: Corriere tributario 2000, S. 1885–1889 (zit.: *Corabi*, Corriere tributario 2000, 1885)

Corapi, Diego (Hrsg.) / Pernazza, Federico (Hrsg.): La Società Europea, Fonti comunitarie e modelli nazionali, Torino 2011 (zit.: *Bearbeiter*, in: Corapi/Pernazza, La Società Europea)

Cordewener, Axel: Europäische Grundfreiheiten und nationales Steuerrecht, „Konvergenz“ des Gemeinschaftsrechts und „Kohärenz“ der direkten Steuern in der Rechtsprechung des EuGH, Köln 2002 (zit.: *Cordewener*, Europäische Grundfreiheiten und nationales Steuerrecht)

Cozian, Maurice / Viandier, Alain / Deboissy, Florence: Droit des sociétés, 24. Auflage, Paris 2011 (zit.: *Cozian/Viandier/Deboissy*, Droit des sociétés)

Crazzolara, Arno: *National Grid Indus*: divieto di tassazione immediata nel caso del trasferimento della sede all'estero, in: Rivista di diritto tributario 2011, Teil 4, S. 349–366 (zit.: *Crazzolara*, Riv. dir. trib. 2011, IV, 349)

Däubler, Wolfang / Heuschmid, Johannes: Cartesio und MoMiG – Sitzverlagerung ins Ausland und Unternehmensmitbestimmung, in: NZG 2009, S. 493–496 (zit.: *Däubler/Heuschmid*, NZG 2009, 493)

Debatin, Helmut: Subjektsfähigkeit ausländischer Wirtschaftsgebilde im deutschen Steuerrecht, in: BB 1988, S. 1155–1160 (zit.: *Debatin*, BB 1988, 1155)

–: Das Betriebsstättenprinzip der deutschen Doppelbesteuerungsabkommen (Teil I), in: DB 1989, S. 1692–1697 (zit.: *Debatin*, DB 1989, 1692)

Dettmeier, Michael / Pöschke, Moritz: Schwerpunktbereich – Einführung in das „internationale“ Bilanzrecht – IAS/IFRS: Ein Fall für Juristen?, in: JuS 2007, S. 313–317 (zit.: *Dettmeier/Pöschke*, JuS 2007, 313)

Didier, Paul / Didier, Philippe: Droit commercial, Tome 2: Les sociétés commerciales, Paris 2011 (zit.: *Pa. Didier/Ph. Didier*, Les sociétés commerciales)

Di Fabio, Udo: Richtlinienkonformität als ranghöchstes Normauslegungsprinzip? Überlegungen zum Einfluß des indirekten Gemeinschaftsrechts auf die nationale Rechtsordnung, in: NJW 1990, S. 947–954 (zit.: *Di Fabio*, NJW 1990, 947)

Di Marco, Giuseppe: La „società europea“: un nuovo tipo societario per le imprese comunitarie, in: Società 2001, S. 746–751 (zit.: *Di Marco*, Società 2001, 746)

Ditz, Xaver: Internationale Gewinnabgrenzung bei Betriebsstätten – Ableitung einer rechtsformneutralen Auslegung des Fremdvergleichsgrundsatzes im internationales Steuerrecht, Berlin 2004 (zit.: *Ditz*, Internationale Gewinnabgrenzung bei Betriebsstätten)

–: Aufgabe der finalen Entnahmetheorie – Analyse des BFH-Urteils vom 17.7.2008 und seine Konsequenzen, IStR 2009, 115–121 (zit.: *Ditz*, IStR 2009, 115)

–: Betriebsstättengewinnabgrenzung nach dem „Authorised OECD Approach“ – Eine kritische Analyse, ISR 2012, 48–55 (zit.: *Ditz*, ISR 2012, 48)

– / Tcherveniachki, Vassil: Nutzungsüberlassung immaterieller Wirtschaftsgüter an ausländischen Betriebsstätten – Betriebsprüfungsfall zu § 12 Abs. 1 KStG, in: Ubg 2012, S. 101–107 (zit.: *Ditz/Tcherveniachki*, Ubg 2012, 101)

Döllerer, Georg: Leasing – wirtschaftliches Eigentum oder Nutzungsrecht?, in: BB 1971, S. 535–540 (zit.: *Döllerer*, BB 1971, 535)

Dominici, Remo: Individuazione del momento di acquisizione della residenza nello Stato in caso di trasferimento della sede sociale dall'estero all'Italia, in: G.T. – Rivista di giurisprudenza tributaria 2008, S. 1013–1016 (zit.: *Dominici*, G.T. – Rivista di giurisprudenza tributaria 2008, 1013)

Doralt, Werner: Der Firmenwert in der Handels- und Steuerbilanz, Berlin 1976 (zit.: *Doralt*, Firmenwert)

Dötsch, Ewald (Hrsg.) / Pung, Alexandra (Hrsg.) / Möhlenbrock, Rolf (Hrsg.): Die Körperschaftsteuer, 87. Ergänzungslieferung, Stuttgart 2016 (zit.: *Bearbeiter*, in: Dötsch/Pung/Möhlenbrock, KSt)

Dötsch, Ewald / Pung, Alexandra: SEStEG: Die Änderungen des KStG, in: DB 2006, S. 2648–2656 (zit.: *Dötsch/Pung*, DB 2006, 2648)

Drüen, Klaus-Dieter: Das Unternehmenssteuerrecht unter verfassungsgerichtlicher Kontrolle – Zur Gestaltungsfreiheit des Steuergesetzgebers zwischen Folgerichtigkeit und Systemwechsel, in: Ubg 2009, S. 23–29 (zit.: *Drüen*, Ubg 2009, 23)

Ducoulux Favard, Claude: Il Gruppo europeo di interesse economico (GEIE) e la Società europea (SE), in: Rivista del diritto commerciale e del diritto generale delle obbligazioni 1992, S. 13–23 (zit.: *Ducoulux Favard*, Riv. dir. comm. 1992, 13)

Ege, Reinhard / Klett, Sabine: Praxisfragen der grenzüberschreitenden Mobilität von Gesellschaften, in: DStR 2012, S. 2442–2450 (zit.: *Ege/Klett*, DStR 2012, 2442)

Eickmann, Marco / Stein, Thomas: Die Wegzugsbesteuerung von Kapitalgesellschaften nach dem SEStEG, in: DStZ 2007, S. 723–729 (zit.: *Eickmann/Stein*, DStZ 2007, 723)

Eidenmüller, Horst: Mobilität und Restrukturierung von Unternehmen im Binnenmarkt, Entwicklungsperspektiven des europäischen Gesellschaftsrechts im

Schnittfeld von Gemeinschaftsgesetzgeber und EuGH, in: JZ 2004, S. 24–33 (zit.: *Eidenmüller*, JZ 2004, 24)

– / Engert, Andreas / Hornuf, Lars: Die Societas Europaea: Empirische Bestandsaufnahme und Entwicklungslinien einer neuen Rechtsform, in: AG 2008, S. 721–730 (zit.: *Eidenmüller/Engert/Hornhuf*, AG 2008, 721)

–: Vom Wert der Wahlfreiheit: Eine empirische Analyse der Societas Europaea als Rechtsformalternative, in: AG 2009, S. 845–855 (zit.: *Eidenmüller/Engert/Hornhuf*, AG 2009, 845)

Eikenberg, Thorsten: Der Jahresabschluss deutscher und italienischer Kapitalgesellschaften, Frankfurt am Main 2008 (zit.: *Eikenberg*, Der Jahresabschluss deutscher und italienischer Kapitalgesellschaften)

Eilers, Stephan / Wienands, Hans-Gerd: Neue steuerliche und gesellschaftsrechtliche Aspekte der Doppelansässigkeit von Kapitalgesellschaften nach der EuGH-Entscheidung vom 9. 3. 1999, in: IStR 1999, S. 289–296 (zit.: *Eilers/Wienands*, IStR 1999, 289)

Elicker, Michael: Die „steuerrechtliche Kohärenz" in der Rechtsprechung des Europäischen Gerichtshofes – Zugleich eine Einordnung der Entscheidung vom 11. 3. 2004 „de Lasteyrie" –, in: IStR 2005, S. 89–92 (zit.: *Elicker*, IStR 2005, 89)

Endres, Dieter: Europa-AG und Steuern: das Flaggschiff ist da, es fehlt nur das Segel, in: RIW 2004, S. 735–740 (zit.: *Endres*, RIW 2004, 735)

Engert, Andreas: Umstrukturierungen unter Beteiligung von EU-Auslandsgesellschaften im deutschen Steuerrecht, in: DStR 2004, S. 664–672 (zit.: *Engert*, DStR 2004, 664)

Englisch, Joachim: Aufteilung der Besteuerungsbefugnisse – Ein Rechtfertigungsgrund für die Einschränkung von EG-Grundfreiheiten?, IFSt-Schrift, Nr. 449 (2008) (zit.: *Englisch*, IFSt-Schrift, Nr. 449 (2008))

–: Folgerichtiges Steuerrecht als Verfassungsgebot, Herausgeber: Tipke, Klaus / Seer, Roman / Hey, Johanna / Englisch, Joachim, Festschrift für Joachim Lang, Köln 2010, S. 167 (zit.: *Englisch*, in: FS Lang, 2010, S. 167 ff.)

Enriques, Luca: Capitale sociale, informazione contabile e sistema del netto: una risposta a Francesco Denozza, in: Giur. comm. 2005, I, S. 607–629 (zit.: *Enriques*, Giur. comm. 2005, I, 607)

Erle, Bernd (Hrsg.) / Sauter, Thomas (Hrsg.):Körperschaftsteuergesetz, Die Besteuerung der Kapitalgesellschaft und ihrer Anteilseigner, 3. Auflage, Heidelberg 2010 (zit.: *Bearbeiter*, in: Erle/Sauter, KStG)

Ernst, Christoph / Seidel, Holger: Gesetz zur Modernisierung des Bilanzrechts nach Verabschiedung durch den Bundestag, in: BB 2009, S. 766–771 (zit.: *Ernst /Seidel*, BB 2009, 766)

Falsitta, Gaspare: Manuale di Diritto Tributario, Parte generale, 9. Auflage, Vicenza 2015 (zit.: *Falsitta*, Diritto Tributario, Parte generale)

Falsitta, Gaspare (Hrsg.): Manuale di Diritto Tributario, Parte speciale, Il Sistema delle Imposte in Italia, 11. Auflage, Vicenza 2016 (zit.: *Bearbeiter*, in: Falsitta, Diritto Tributario, Parte speciale)

Fantozzi, Augusto (Hrsg.): Commentario breve alle Leggi Tributarie, Tomo III, Testo unico delle imposte sui redditi e leggi complementari, Padova 2010 (zit.: *Bearbeiter*, in: Fantozzi, TUIR)

Ficari, Valerio: Trasferimento della sede all'estero, continuità della destinazione imprenditoriale e contrarietà al trattato e dell'„exit tax" sulle plusvalenze latenti, in: Rassegna Tributaria 2004, S. 2146–2163 (zit.: *Ficari*, Rassegna Tributaria 2004, 2146)

Fimmanò, Francesco: Società Europea: ultimo atto, in: Rivista delle società 1994, S. 994–1041 (zit.: *Fimmanò*, Rivista delle società 1994, 994)

Fink, Christian (Hrsg.) / Schultze, Wolfgang (Hrsg.) / Winkeljohann, Norbert (Hrsg.): Bilanzpolitik und Bilanzanalyse nach neuem Handelsrecht, Stuttgart 2010 (zit.: *Bearbeiter*, in: Fink/Schultze/Winkeljohann, Bilanzpolitik und Bilanzanalyse nach neuem Handelsrecht)

Fleischer, Holger: Der Einfluss der Societas Europaea auf die Dogmatik des deutschen Gesellschaftsrechts, in: AcP 204 (2004), S. 502–543 (zit.: *Fleischer*, AcP 204 (2004), 502)

Flick, Hans (Hrsg.) / Wassermeyer, Franz (Hrsg.) / Kempermann, Michael (Hrsg.): Doppelbesteuerungsabkommen Deutschland-Schweiz, Steuern vom Einkommen und Vermögen, Nachlass- und Erbschaftsteuern, 44. Ergänzungslieferung, Köln 2016 (zit.: *Bearbeiter*, in: Flick/Wassermeyer/Kempermann, DBA Schweiz)

Flume, Werner: Die Forschungs- und Entwicklungskosten in Handels- und Steuerbilanz, in: DB 1958, S. 1045–1054 (zit.: *Flume*, DB 1958, 1045)

Förschle, Gerhart / Kropp, Manfred: Die Bewertungsstetigkeit im Bilanzrichtlinien-Gesetz, in: ZfB 56. Jg. (1986), H. 9, S. 873–893 (zit.: *Förschle/Kropp*, ZfB 56. Jg. (1986), H. 9, 873)

Förster, Guido: SEStEG: Rechtsänderungen im EStG, in: DB 2007, S. 72–80 (zit.: *Förster*, DB 2007, 72)

Forster, Karl-Heinz: Bewertungsstetigkeit – was sie ist und was sie nicht ist, Herausgeber: Gross, Gerhard, Festschrift für Klaus v. Wysocki, Düsseldorf 1985, S. 29 (zit.: *Forster*, in: FS v. Wysocki, 1985, S. 29 ff.)

Forsthoff, Ulrich: Niederlassungsrecht für Gesellschaften nach dem Centros-Urteil des EuGH: Eine Bilanz, in: EuR 2000, S. 167–196 (zit.: *Forsthoff*, EuR 2000, 167)

Fortunato, Sabino: Approccio legalistico e principi contabili in tema di struttura e valutazioni di bilancio, in: Giur. comm. 1992, I, S. 453–467 (zit.: *Fortunato*, Giur. comm. 1992, I, 453)

Franz, Theresa: Berührt „Hughes de Lasteyrie du Saillant" die durch den Wegzug veranlasste Besteuerung von Kapitalgesellschaften in Deutschland?, in: EuZW 2004, S. 270–272 (zit.: *Franz*, EuZW 2004, 270)

Frenz, Walter: Handbuch Europarecht, Band 1: Europäische Grundfreiheiten, 1. Auflage, Berlin Heidelberg 2004 (zit.: *Frenz*, Handbuch Europarecht, Bd. 1, 1. Aufl.); 2. Auflage, Berlin Heidelberg 2012 (zit.: *Frenz*, Handbuch Europarecht, Bd. 1)

Frobenius, Tilmann: „Cartesio": Partielle Wegzugsfreiheit für Gesellschaften in Europa, in: DStR 2009, S. 487–492 (zit.: *Frobenius*, DStR 2009, 487)

Frotscher, Gerrit: Zur Vereinbarkeit der „Betriebsstättenbedingung" bei Sitzverlegung und grenzüberschreitender Umwandlung mit den Grundfreiheiten, in: IStR 2006, S. 65–72 (zit.: *Frotscher*, IStR 2006, 65)

–: Zur Zulässigkeit des „Treaty Override", Herausgeber: Spindler, Wolfgang / Tipke, Klaus / Rödder, Thomas, Festschrift für Harald Schaumburg, Köln 2009, S. 687 (zit.: *Frotscher*, in: FS Schaumburg, 2009, S. 687 ff.)

–: Internationales Steuerrecht, 4. Auflage, München 2015 (zit.: *Frotscher*, Internationales Steuerrecht)

– (Hrsg.) / Maas, Ernst (Hrsg.): Körperschaftsteuer/Gewerbesteuer/Umwandlungssteuer, 134. Ergänzungslieferung, Freiburg 2016 (zit.: *Bearbeiter*, in: Frotscher/Maas, KStG)

Gaiani, Luca: Trasferimento in Italia di imprese estere e valore fiscale degli assets, in: Il Fisco, n. 47/2015, S. 4536 (zit.: *Gaiani*, Il Fisco 2015, 4536)

Galgano, Francesco: Il Diritto Commerciale in 25 lezioni, Milano 2007 (zit.: *Galgano*, Diritto Commerciale)

Gallio, Fabio: Il trasferimento della sede in Italia di una società estera secondo una recente sentenza della Commissione tributaria provinciale di Vicenza, in: Il Fisco, n. 48/2006, Heft 1, 7387–7390, S. 16843–16846 (zit.: *Gallio*, Il Fisco 2006, 16843)

–: Il trasferimento della sede in Italia secondo una recente sentenza della commissione tributaria provincialem, in: Dialoghi di diritto tributario 2007, S. 145–149 (zit.: *Gallio*, Dialoghi di diritto tributario 2007, 145)

– / Furian, Simone: Trasferimento della residenza, exit tax e valorizzazione dei beni nell'ordinamento di arrivo – Risoluzione n. 67/E del 30 marzo 2007 – Primo timido riconoscimento da parte delle Entrate sul recepimento dei valori correnti, ma solo se nello Stato di provenienza vi è exit tax, in: Dialoghi di diritto tributario 2007, S. 575–579 (zit.: *Gallio/Furian*, Dialoghi di diritto tributario 2007, 575)

Gebert, Daniel / Fingerhuth, Jörn: Die Verlegung des Ortes der Geschäftsleitung ins Ausland – Steuerliche Fallstricke im Licht aktueller gesellschaftsrechtlicher Entwicklungen, in: IStR 2009, S. 445–449 (zit.: *Gebert/Fingerhuth*, IStR 2009, 445)

Geiger, Rudolf / Khan, Daniel-Erasmus / Kotzur, Markus: EUV/AEUV, Vertrag über die Europäische Union und Vertrag über die Arbeitsweise der Europäischen

Union, 5. Auflage, München 2010 (zit.: *Bearbeiter*, in: Geiger/Khan/Kotzur, EUV/AEUV)

Gelhausen, Hans F. / Althoff, Frank: Die Bilanzierung ausschüttungs- und abführungsgesperrter Beträge im handelsrechtlichen Jahresabschluss nach dem BilMoG (Teil 1), in: WPg 2009, S. 584–592 (zit.: *Gelhausen/Althoff*, WPg 2009, 584)

Gelhausen, Hans F. / Fey, Gerd / Kämpfer, Georg: Rechnungslegung und Prüfung nach dem Bilanzrechtsmodernisierungsgesetz, Düsseldorf 2009 (zit.: *Gelhausen/Fey/Kämpfer*, Rechnungslegung und Prüfung nach dem Bilanzrechtsmodernisierungsgesetz)

Geßler, Ernst (Hrsg.) / Hefermehl, Wolfgang (Hrsg.) / Eckardt, Ulrich (Hrsg.) / Kropff, Bruno (Hrsg.): Aktiengesetz, München 1973 (zit.: *Bearbeiter*, in: Geßler, AktG)

Girlich, Gerhard / Philipp, Moritz: Entstrickungsaspekte bei der Hinausverschmelzung von Kapitalgesellschaften, in: Ubg 2012, S. 150–161 (zit.: *Girlich/Philipp*, Ubg 2012, 150)

Gosch, Dietmar: Über das Treaty Overriding – Bestandsaufnahme – Verfassungsrecht – Europarecht, in: IStR 2008, S. 413–421 (zit.: *Gosch*, IStR 2008, 413)

–: Keine „Steuerentstrickung" bei Überführung von Wirtschaftsgütern in eine ausländische Betriebsstätte, in: BFH-PR 2008, S. 499–501 (zit.: *Gosch*, BFH-PR 2008, 499)

–: Entwicklung und Rezeption der Rechtsprechung des EuGH aus Sicht des BFH, in: Ubg 2009, S. 73–79 (zit.: *Gosch*, Ubg 2009, 73)

– (Hrsg.): Körperschaftsteuergesetz, 3. Auflage, München 2015 (zit.: *Bearbeiter*, in: Gosch, KStG)

–: Über das Nichtanwenden höchstrichterlicher Rechtsprechung – aufgezeigt am Beispiel der Spruchpraxis des I. Senats des BFH, Herausgeber: Mellinghoff, Rudolf / Schön, Wolfgang / Viskorf, Hermann-Ulrich, Festschrift für Wolfgang Spindler, Köln 2011, S. 379 (zit.: *Gosch*, in: FS Spindler, 2011, S. 379 ff.)

– (Hrsg.) / Kroppen, Heinz-Klaus (Hrsg.) / Grotherr, Siegfried (Hrsg.): DBA-Kommentar, 29. Ergänzungslieferung, Herne 2016 (zit.: *Bearbeiter*, in: Gosch/Kroppen/Grotherr, DBA)

Göttsche, Max / Stangl, Ingo: Der Betriebsstättenerlass des BMF vom 24. 12. 1999 – Anmerkungen und Zweifelsfragen, in: DStR 2000, S. 498–508 (zit.: *Göttsche/Stangl*, DStR 2000, 498)

Grabitz, Eberhard (Hrsg.) / Hilf, Meinhard (Hrsg.) / Nettesheim, Martin (Hrsg.): Das Recht der Europäischen Union, 54. Ergänzungslieferung, München 2014 (zit.: *Bearbeiter*, in: Grabitz/Hilf/Nettesheim, Recht der EU)

Graf, Helmut / Bisle, Michael: Besteuerung und Rechnungslegung der britischen „private company limited by shares" (Limited) – Teil II, in: IStR 2004, S. 873–875 (zit.: *Graf/Bisle*, IStR 2004, 873) von der Groeben, Hans (Hrsg.) / Schwarze, Jürgen (Hrsg.): Vertrag über die Europäische Union und Vertrag zur Gründung der Europäischen Gemeinschaft, 6. Auflage, Baden-Baden 2003 (zit.: *Bearbeiter*, in: von der Groeben/Schwarze, EU/EG)

– (Hrsg.) / Hatje, Armin (Hrsg.): Europäisches Unionsrecht, 7. Auflage, Baden-Baden 2015 (zit.: *Bearbeiter*, in: von der Groeben/Schwarze/Hatje, Europäisches Unionsrecht)

Großfeld, Bernhard / Junker, Christoph: Die Prüfung des Jahresabschlusses im Lichte der 4. EG-Richtlinie, in: ZGR 1980, Sonderheft 2, S. 251–277 (zit.: *Großfeld/Junker*, ZGR 1980, Sonderheft 2, 251)

Großfeld, Bernhard: Bilanzrecht, Jahresabschluß, Konzernabschluß, Internationale Standards, 3. Auflage, Heidelberg 1998 (zit.: *Großfeld*, Bilanzrecht, 3. Aufl.)

–: Recht der Unternehmensbewertung, 7. Auflage, Köln 2012 (zit.: *Großfeld*, Unternehmensbewertung)

Grote, Ralf: Das neue Statut der Europäischen Aktiengesellschaft zwischen europäischem und nationalem Recht, Göttingen 1990 (zit.: *Grote*, Das neue Statut der Europäischen Aktiengesellschaft)

Guaccero, Andrea: La società europea a confronto con la società per azioni italiana a seguito dell'attuazione delle direttive CEE, in: Vita notarile 1993, S. 517–537 (zit.: *Guaccero*, Vita notarile 1993, 517)

Gürsching, Lorenz (Begr.) / Stenger, Alfons (Begr.): Bewertungsrecht, BewG/ErbstG, 128. Ergänzungslieferung, Köln 2015 (zit.: *Bearbeiter*, in: Gürsching/Stenger, BewG/ErbstG)

Habersack, Mathias: Das Konzernrecht der „deutschen" SE, Grundlagen, in: ZGR 2003, S. 724–742 (zit.: *Habersack*, ZGR 2003, 724)

– (Hrsg.) / Drinhausen, Florian (Hrsg.): SE-Recht mit grenzüberschreitender Verschmelzung, München 2013 (zit.: *Bearbeiter*, in: Habersack/Drinhausen, SE-Recht)

Helbling, Carl: Unternehmensbewertung und Steuern, 9. Auflage, Düsseldorf 1998 (zit.: *Helbling*, Unternehmensbewertung)

Hennrichs, Joachim: Formwechsel und Gesamtrechtsnachfolge bei Umwandlungen, Einschließlich Verschmelzung und Spaltung, Berlin 1995 (zit.: *Hennrichs*, Formwechsel und Gesamtrechtsnachfolge bei Umwandlungen)

–: Die Bedeutung der EG-Bilanzrichtlinie für das deutsche Handelsbilanzrecht, in: ZGR 1997, S. 66–88 (zit.: *Hennrichs*, ZGR 1997, 66)

–: Wahlrechte im Bilanzrecht der Kapitalgesellschaften unter besonderer Berücksichtigung der EG-Bilanz-Richtlinie, Köln 1999 (zit.: *Hennrichs*, Wahlrechte im Bilanzrecht)

–: Maßgeblichkeitsgrundsatz oder eigenständige Prinzipien für die Steuerbilanz?, in: DStJG 24 (2001), S. 301–328 (zit.: *Hennrichs*, DStJG 24 (2001), 301)

–: IAS für die Einzelbilanz? – Nationale und europarechtliche Aspekte, in: RWS-Forum 25, Gesellschaftsrecht 2003/2004, S. 101–138 (zit.: *Hennrichs*, RWS-Forum 25, Gesellschaftsrecht 2003/2004, 101)

–: Bilanz- und steuerrechtliche Aspekte der sog. Scheinauslandsgesellschaften – Am Beispiel der englischen Private Company Limited by Shares –, Herausgeber: Berger, Klaus Peter / Borges, Georg / Herrmann, Harald / Schlüter, Andreas / Wackerbarth, Ulrich, Festschrift für Norbert Horn, Berlin 2006, S. 387 (zit.: *Hennrichs*, in: FS Horn, 2006, S. 387 ff.)

–: Immaterielle Vermögensgegenstände nach dem Entwurf des Bilanzrechtsmodernisierungsgesetzes (BilMoG), – Gemeinsamkeiten und verbleibende Unterschiede zwischen modernisiertem HGB-Bilanzrecht und IFRS (IAS 38, IFRS 3) –, in: DB 2008, S. 537–542 (zit.: *Hennrichs*, DB 2008, 537)

–: Bilanzierung und Bewertung eines Geschäfts- oder Firmenwerts nach BilMoG, Steuerbilanzrecht und IFRS, Herausgeber: Spindler, Wolfgang / Tipke, Klaus / Rödder, Thomas, Festschrift für Harald Schaumburg, Köln 2009, S. 367 (zit.: *Hennrichs*, in: FS Schaumburg, 2009, S. 367 ff.)

–: Kapitalschutz bei GmbH, UG (haftungsbeschränkt) und SPE, in: NZG 2009, S. 921–928 (zit.: *Hennrichs*, NZG 2009, 921)

–: Die UG (haftungsbeschränkt) – Reichweite des Sacheinlageverbots und gesetzliche Rücklage, in: NZG 2009, S. 1161–1167 (zit.: *Hennrichs*, NZG 2009, 1161)

–: Leistungsfähigkeit – objektives Nettoprinzip – Rückstellung, Herausgeber: Tipke, Klaus / Seer, Roman / Hey, Johanna / Englisch, Joachim, Festschrift für Joachim Lang, Köln 2010, S. 237 (zit.: *Hennrichs*, in: FS Lang, 2010, S. 237 ff.)

–: Stand und Perspektiven des Europäischen Bilanzrechts, in: GmbHR 2011, S. 1065–1072 (zit.: *Hennrichs*, GmbHR 2011, 1065)

–: Verwertung von Sicherungsgut – Bilanzierung vor dem Hintergrund zivilrechtlicher Grundlagen, Herausgeber: Beckmann, Roland Michael / Matusche-Beckmann, Annemarie / Mansel, Heinz-Peter, Gedenkschrift für Ulrich Hübner, Heidelberg München u. a. 2012, S. 507 (zit.: *Hennrichs*, in: Gedenkschrift für Hübner, 2012, S. 507 ff.)

– / Schubert, Daniela: EG-Rechtswidrigkeit übermäßiger Angabepflichten der IFRS, Kritische Überlegungen zur Offenlegung des fair value der Gesellschaftereinlagen gem. Standardentwurf ED IAS 1.124D und 1.124E, in: ZIP 2007, S. 563–569 (zit.: *Hennrichs/D. Schubert*, ZIP 2007, 563)

Hennrichs, Joachim / Pöschke, Moritz / von der Laage, Gudrun / Kļaviņa, Zane: Die Niederlassungsfreiheit der Gesellschaften in Europa – Eine Analyse der Rechtsprechung des EuGH und ein Plädoyer für eine Neuorientierung –, in: WM 2009, S. 2009–2016 (zit.: *Hennrichs/Pöschke/von der Laage/Kļaviņa*, WM 2009, 2009)

Herrmann, Carl / Heuer, Gerhard / Raupach, Arndt: Einkommensteuer- und Körperschaftsteuergesetz, 275. Ergänzungslieferung, Köln 2016 (zit.: *Bearbeiter*, in: Herrmann/Heuer/Raupach, EStG/KStG)

Heurung, Rainer / Engel, Benjamin / Thiedemann, Bastian: Rechtsprechungskommentar, in: EWS 2012, S. 46–48 (zit.: *Heurung/Engel/Thiedemann*, EWS 2012, 46)

Heuschmid, Johannes / Schmidt, Claudia: Die europäische Aktiengesellschaft – auf dem Weg in die Karibik?, Eine rechtliche Würdigung der Sitzverlagerung europäischer Aktiengesellschaften von Luxemburg auf die Cayman Islands, in: NZG 2007, S. 54–56 (zit.: *Heuschmid/C. Schmidt*, NZG 2007, 54)

Heuser, Paul (Hrsg.) / Theile, Carsten (Hrsg.): IFRS Handbuch, Einzel- und Konzernabschluss, 5. Auflage, Köln 2012 (zit.: *Bearbeiter*, in: Heuser/Theile, IFRS)

Hey, Johanna: Verbot und Auflösung von Rückstellungen für Jubiläumszuwendungen: Gerechtigkeit in der Zeit?, in: BB 2000, S. 1453–1460 (zit.: *Hey*, BB 2000, 1453)

–: Saldierung von Vor- und Nachteilen in der Rechtfertigung von Grundrechtseingriffen und Ungleichbehandlungen, in: AöR 128 (2003), 226–254 (zit.: *Hey*, BB 2000, 1453)

–: Personalstatut und Steuerrecht, Auswirkungen der Rechtsprechung des Europäischen Gerichtshofs zur Sitztheorie auf die Besteuerung doppelansässiger Kapitalgesellschaften, in: Der Konzern 2004, S. 577–586 (zit.: *Hey*, Der Konzern 2004, 577)

–: Verletzung fundamentaler Besteuerungsprinzipien durch die Gegenfinanzierungsmaßnahmen des Unternehmensteuerreformgesetzes 2008, in: BB 2007, S. 1303–1309 (zit.: *Hey*, BB 2007, 1303)

–: Gestaltungsspielraum des Gesetzgebers und Sicherung des Steueraufkommens. Mit einem Plädoyer für eine Vorabprüfung durch die EU-Kommission, in: FR 2008, S. 1033–1040 (zit.: *Hey*, FR 2008, 1033)

–: Vorrecht des Quellenstaates und binnenmarktkonforme Besteuerung von Kapitalgesellschaften in der Europäischen Union, Herausgeber: Spindler, Wolfgang / Tipke, Klaus / Rödder, Thomas, Festschrift für Harald Schaumburg, Köln 2009, S. 767 (zit.: *Hey*, in: FS Schaumburg, 2009, S. 767 ff.)

–: Zur Geltung des Gebots der Folgerichtigkeit im Unternehmensteuerrecht. Zugleich Besprechung der Entscheidung des BVerfG zum Verbot von Jubiläumsrückstellungen vom 12.5.2009, in: DStR 2009, S. 2561–2568 (zit.: *Hey*, DStR 2009, 2561)

Hirte, Heribert: Die Europäische Aktiengesellschaft, in: NZG 2002, S. 1–10 (zit.: *Hirte*, NZG 2002, 1)

Hofbauer, Max A. (Hrsg.) / Kupsch, Peter (Hrsg.) / Kirsch, Hanno (Hrsg.): Rechnungslegung, Aufstellung, Prüfung und Offenlegung des Jahresabschlusses, 80. Ergänzungslieferung, Bonn 2016 (zit.: *Bearbeiter*, in: Hofbauer/Kupsch, Rechnungslegung)

Hoffmann, Wolf-Dieter: Anmerkung zum BFH-Urteil vom 17.7.2008 – I R 77/06, DB 2008, 2281–2286, in: DB 2008, S. 2286–2287 (zit.: *Hoffmann*, DB 2008, 2286)

–: Keine Pflicht zur Erstellung und Prüfung einer BilMoG-Eröffnungsbilanz, in: StuB 2011, S. 201–202 (zit.: *Hoffmann*, StuB 2011, 201)

– / Lüdenbach, Norbert: BB-Forum: Übergang zu den IFRS mit Rückfahrkarte? – HGB-Bilanzierung nach vorübergehender IFRS-Anwendung, in: BB 2005, S. 96–99 (zit.: *Hoffmann/Lüdenbach*, BB 2005, 96)

Hofmeister, Ferdinand: Sind die Rechtsfolgen des § 12 Abs. 1 KStG mit Art. 43, 48 EG-Vertrag vereinbar?, Herausgeber: Gocke, Rudolf / Gosch, Dietmar / Lang, Michael, Festschrift für Franz Wassermeyer, München 2005, S. 437 (zit.: *Hofmeister*, in: FS Wassermeyer, 2005, S. 437 ff.)

Hommel, Michael / Berndt, Thomas: Das Realisationsprinzip – 1884 und heute, in: BB 2009, S. 2190–2194 (zit.: *Hommel/Berndt*, BB 2009, 2190)

Hommelhoff, Peter: Gesellschaftsrechtliche Fragen im Entwurf eines SE-Statuts, in: AG 1990, S. 422–435 (zit.: *Hommelhoff*, AG 1990, 422)

Horn, Norbert: Die Europa-AG im Kontext des deutschen und europäischen Gesellschaftsrechts, in: DB 2005, S. 147–153 (zit.: *Horn*, DB 2005, 147)

Hruschka, Franz: Die Internationalisierung des KStG nach dem SEStEG, in: StuB 2006, S. 631–637 (zit.: *Hruschka*, StuB 2006, 631)

– / Lüdemann, Peter: Das Veranlassungsprinzip als Maßstab zur innerstaatlichen Betriebsstättengewinnermittlung, in: IStR 2005, S. 76–84 (zit.: *Hruschka/Lüdemann*, IStR 2005, 76)

Van Hulle, Karel: „True and Fair View", im Sinne der 4. Richtlinie, Herausgeber: Förschle, Gerhart / Moxter, Adolf / Kaiser, Klaus, Festschrift für Wolfgang Dieter Budde, München 1995, S. 313 (zit.: *Van Hulle*, in: FS Budde, 1995, S. 313 ff.)

–: The true and fair view override in the European Accounting Directives, in: The European Accounting Review 1997, S. 711–720 (zit.: *Van Hulle*, EAR 1997, 711)

– (Hrsg.) / Maul, Silja (Hrsg.) / Drinhausen, Florian (Hrsg.): Handbuch zur Europäischen Gesellschaft (SE), München 2007 (zit.: *Bearbeiter*, in: Van Hulle/Maul/Drinhausen, SE)

Husemann, Karl-Heinz: Grundsätze ordnungsmäßiger Bilanzierung für Anlagegegenstände, Düsseldorf 1970 (zit.: *Husemann*, Grundsätze ordnungsmäßiger Bilanzierung für Anlagegegenstände)

Husemann, Walter / Jungen, Dirk: Der handelsrechtliche Jahresabschluß in Italien, in: WPg 1989, S. 264–274 (zit.: *Husemann/Jungen*, WPg 1989, 264)

Icking, Jan: Die Rechtsnatur des Handelsbilanzrechts, Zugleich ein Beitrag zur Abgrenzung von öffentlichem und privatem Recht, Berlin 2000 (zit.: *Icking*, Die Rechtsnatur des Handelsbilanzrechts)

Institut der Wirtschaftsprüfer (IDW): Stellungnahme v. 12.05.2006 zum Entwurf eines Gesetzes über steuerliche Begleitmaßnahmen zur Einführung der Europäischen Gesellschaft und zur Änderung weiterer steuerlicher Vorschriften (SEStEG), in: WPg 2006, S. 749–755 (zit.: *IDW*, WPg 2006, 749)

–: Auslegungsfragen i.Z.m. dem SEStEG, Stellungnahme v. 30.10.2007, in: FN 2007, S. 642–654 (zit.: *IDW*, FN 2007, 642)

–: (Hrsg.): WP Handbuch 2012, Wirtschaftsprüfung, Rechnungslegung, Beratung, Band 1, 14. Auflage, Düsseldorf 2012 (zit.: *Bearbeiter*, in: IDW, WP Handbuch, Bd. 1); WP Handbuch 2008: Wirtschaftsprüfung, Rechnungslegung, Beratung,

Band 2, 13. Auflage, Düsseldorf 2007 (zit.: *Bearbeiter*, in: IDW, WP Handbuch, Bd. 2)

–: Grundsätze zur Durchführung von Unternehmensbewertungen, IDW S 1 i.d.F. 2008 Düsseldorf, 2008 (zit.: *IDW* S 1)

–: Arbeitskreis Unternehmensbewertung des Instituts der Wirtschaftsprüfer in Deutschland e.V. (AKU): Auflistung zur Erhebung wesentlicher Grundlagen und qualifizierter Daten für eine Unternehmensbewertung, in: WPg 1987, S. 648–652 (zit.: *IDW*, WPg 1987, 648)

–: Hauptfachausschuss (HFA): 208. Sitzung des HFA, in: FN 2007, S. 506–508 (zit.: *IDW HFA*, FN 2007, 506)

–: Hauptfachausschuss (HFA): IDW Stellungnahme zur Rechnungslegung: Übergangsregelungen des Bilanzrechtsmodernisierungsgesetzes (IDW RS HFA 28), Stand: 09.09.2010 (zit.: *IDW* RS HFA 28)

–: Hauptfachausschuss (HFA): Entwurf IDW Stellungnahme zur Rechnungslegung: Auswirkungen einer Verschmelzung auf den handelsrechtlichen Jahresabschluss (IDW ERS HFA 42), Stand: 10.06.2011, (zit.: *IDW* ERS HFA 42, FN 2011, 603)

–: Hauptfachausschuss (HFA): IDW Stellungnahme zur Rechnungslegung: Einzelfragen zur Anwendung von IFRS (IDW RS HFA 2), Stand: 06.06.2012 (zit.: *IDW* RS HFA 2, FN 2012, 380)

Ismer, Roland / Reimer, Ekkehart / Rust, Alexander: Ist § 6 AStG noch zu halten? – Die Wegzugsbesteuerung auf dem Prüfstand des Gemeinschaftsrechts nach der Entscheidung de Lasteyrie du Saillant, in: EWS 2004, S. 207–217 (zit.: *Ismer/Reimer/Rust*, EWS 2004, 207)

Jacobs, Otto H. (Hrsg.) / Endres, Dieter (Hrsg.) / Spengel, Christoph (Hrsg.): Internationale Unternehmensbesteuerung, 8. Auflage, München 2016 (zit.: *Jacobs*, Internationale Unternehmensbesteuerung)

Jaeger, Pier Giusto: La „clausola generale" del bilancio nella direttiva comunitaria e nel diritto italiano, in: Giur. comm. 1984, I, S. 471–493 (zit.: *Jaeger*, Giur. comm. 1984, I, 471)

Jannott, Dirk (Hrsg.) / Frodermann, Jürgen (Hrsg.): Handbuch der Europäischen Aktiengesellschaft – Societas Europaea –, 2. Auflage, Heidelberg München u. a. 2014 (zit.: *Bearbeiter*, in: Jannott/Frodermann, Handbuch der Europäischen Aktiengesellschaft)

Jarass, Hans D.: Richtlinienkonforme bzw. EG-rechtskonforme Auslegung nationalen Rechts, in: EuR 1991, S. 211–223 (zit.: *Jarass*, EuR 1991, 211)

–: Elemente einer Dogmatik der Grundfreiheiten II, in: EuR 2000, S. 705–723 (zit.: *Jarass*, EuR 2000, 705)

Jorio, Alberto (Hrsg.): Il progetto italiano di attuazione della IV direttiva CEE, in: Quaderni di Giurisprudenza Commerciale 1988, Nr. 97, Milano 1988 (zit.: *Bearbeiter*, in: Jorio, Il progetto italiano di attuazione della IV direttiva CEE)

Jungbluth, Jochen: Kurzkommentar zur Aufgabe der finalen Entstrickungstheorie, in: BFH EWiR § 4 EStG 1/09, S. 19–20 (zit.: *Jungbluth*, BFH EWiR § 4 EStG 1/09, 19)

Kahle, Holger: Die Ertragsbesteuerung von Funktionsverlagerungen nach der Unternehmensteuerreform 2008, in: Der Konzern 2007, S. 647–657 (zit.: *Kahle*, Der Konzern 2007, 647)

Kallmeyer, Harald (Hrsg.): Umwandlungsgesetz, 5. Auflage, Köln 2013 (zit.: *Bearbeiter*, in: Kallmeyer, UmwG)

Kaminski, Bert / Strunk, Günther: Funktionsverlagerungen in und von ausländischen Betriebsstätten und Personengesellschaften: Überlegungen zur (Nicht-) Anwendbarkeit der Grundsätze zum sog. Transferpaket, in: DB 2008, S. 2501–2507 (zit.: *Kaminski/Strunk*, DB 2008, 2501)

Kessler, Wolfgang / Huck, Friederike: Grenzüberschreitender Transfer von Betriebsvermögen, Die Verlagerung von Einzelwirtschaftsgütern, Betriebsstätten und Betrieben ins Ausland, in: StuW 2005, S. 193–215 (zit.: *Kessler/Huck*, StuW 2005, 193)

Kessler, Wolfgang / Jehl, Melanie: Kritische Analyse der Zentralfunktion des Stammhauses, in: IWB 2007/15, Fach 10, Gruppe 2, S. 1977–1988 (zit.: *Kessler/Jehl*, IWB 2007/15, Fach 10, Gruppe 2, 1977)

Kessler, Wolfgang / Philipp, Moritz: Hat sich die Entstrickung endgültig „verstrickt"? Neues zur Europarechtskonformität der deutschen Entstrickungsnormen, in: DStR 2011, S. 1888–1890 (zit.: *Kessler/Philipp*, DStR 2011, 1888)

–: Rechtssache National Grid Indus BV – Ende oder Bestätigung der Entstrickungsbesteuerung?, in: DStR 2012, S. 267–272 (zit.: *Kessler/Philipp*, DStR 2012, 267)

Kindler, Peter: Internationale Zuständigkeit und anwendbares Recht im italienischen IPR-Gesetz von 1995, in: RabelsZ 61 (1997), S. 227–284 (zit.: *Kindler*, RabelsZ 61 (1997), 227)

–: Einführung in das italienische Recht, Verfassungsrecht, Privatrecht und internationales Privatrecht, 2. Auflage, München 2008 (zit.: *Kindler*, Einführung in das italienische Recht)

–: Der reale Niederlassungsbegriff nach dem VALE-Urteil des EuGH, in: EuZW 2012, S. 888–893 (zit.: *Kindler*, EuZW 2012, 888)

Kirchhof, Paul: Grundlinien des Steuerverfassungsrechts in der Rechtsprechung des Bundesverfassungsgerichts, in: StbJb. 1994/95, S. 5–22 (zit.: *Kirchhof*, StbJb. 1994/95, 5)

– (Hrsg.): Einkommensteuergesetz, 15. Auflage, Köln 2016 (zit.: *Bearbeiter*, in: Kirchhof, EStG)

– / Söhn, Hartmut / Mellinghoff, Rudolf: Einkommensteuergesetz, 271. Ergänzungslieferung, Heidelberg 2016 (zit.: *Bearbeiter*, in: Kirchhof/Söhn/Mellinghoff, EStG)

Kirsch, Hanno: Geplante Übergangsvorschriften zum Jahresabschluss nach dem Regierungsentwurf des BilMoG, in: DStR 2008, S. 1202–1208 (zit.: *Kirsch*, DStR 2008, 1202)

–: BilRUG – Weitere Annäherungen des deutschen Bilanzrechts an IFRS?, in: IRZ 2015, S. 99–106 (zit.: *Kirsch*, IRZ 2015, 99)

–: Jahresabschlüsse nach dem Regierungsentwurf zum BilRUG – Wesentliche Veränderungen gegenüber dem Referentenentwurf, in: DStZ 2015, S. 103–112 (zit.: *Kirsch*, DStZ 2015, 103)

Kleinert, Jens / Probst, Peter: Endgültiges Aus für steuerliche Wegzugsbeschränkungen bei natürlichen und juristischen Personen – Anmerkung zum EuGH-Urteil vom 11. 3. 2004 Rs. C-9/02, de Lasteyrie du Saillant –, in: DB 2004, S. 673–675 (zit.: *Kleinert/Probst*, DB 2004, 673)

Klingberg, Dietgard / van Lishaut, Ingo: Die Internationalisierung des Umwandlungssteuerrechts, in: Der Konzern 2005, S. 698–723 (zit.: *Klingberg/van Lishaut*, Der Konzern 2005, 698)

Kluge, Volker: Zur unmittelbaren Anwendung von DBA-Vorschriften bei der Gewinnermittlung, in: StuW 1975, S. 294–305 (zit.: *Kluge*, StuW 1975, 294)

Knittel, Michael / Eble, Rüdiger: Bilanzielle Auswirkungen der Sitzverlegung einer Europäischen Aktiengesellschaft, in: BB 2008, S. 2283–2287 (zit.: *Knittel/Eble*, BB 2008, 2283)

Knobbe-Keuk, Brigitte: Niederlassungsfreiheit: Diskriminierungs- oder Beschränkungsverbot?, Zur Dogmatik des Art. 52 EWG-Vertrag – am Beispiel einiger gesellschaftsrechtlicher Beschränkungen, in: DB 1990, S. 2573–2584 (zit.: *Knobbe-Keuk*, DB 1990, 2573)

–: Der Wechsel von der beschränkten zur unbeschränkten Körperschaftsteuerpflicht und vice versa, in: StuW 1990, S. 372–379 (zit.: *Knobbe-Keuk*, StuW 1990, 372)

–: Umzug von Gesellschaften in Europa, in: ZHR 154 (1990), S. 325–356 (zit.: *Knobbe-Keuk*, ZHR 154 (1990), 325)

–: Die steuerliche Behandlung der Europäischen Aktiengesellschaft, in: AG 1990, S. 435–441 (zit.: *Knobbe-Keuk*, AG 1990, 435)

–: Bilanz- und Unternehmenssteuerrecht, 9. Auflage, Köln 1993 (zit.: *Knobbe-Keuk*, Bilanz- und Unternehmenssteuerrecht)

Kölner Kommentar zum Aktiengesetz, Band 8/1, 4. Teillieferung, Art. 1–10 SE-VO, 3. Auflage, Köln 2012; Band 8/2, Art. 43–70 SE-VO, §§ 1–47 SEBG, Schlussanträge, 3. Auflage, Köln 2010 (zit.: *Bearbeiter*, in: Kölner Kommentar AktG)

Kölner Kommentar zum Rechnungslegungsrecht, §§ 238–342e HGB, Köln 2011 (zit.: *Bearbeiter*, in: Kölner Kommentar Rechnungslegung)

Kölner Kommentar zum Umwandlungsgesetz, Köln 2009 (zit.: *Bearbeiter*, in: Kölner Kommentar UmwG)

Köhler, Stefan: Der Wegzug von Unternehmen und Unternehmensteilen in die EU, Herausgeber: Spindler, Wolfgang / Tipke, Klaus / Rödder, Thomas, Festschrift für Harald Schaumburg, Köln 2009, S. 813 (zit.: *Köhler*, in: FS Schaumburg, 2009, S. 813 ff.)

–: Grenzüberschreitende Outbound-Verschmelzung und Sitzverlegung vor dem Hintergrund der jüngsten BFH-Rechtsprechung, in: IStR 2010, S. 337–344 (zit.: *Köhler*, IStR 2010, 337)

Korn, Klaus: Verringerte Tragweite der finalen Entnahmelehre, Urteil des BFH v. 17.7.2008, I R 77/06, HFR 2008, 1237 = BFH/NV 2008, 1941, in: BeSt 2009, S. 1–3 (zit.: *Korn*, BeSt 2009, 1)

Körner, Andreas: Europarecht und Wegzugsbesteuerung – das EuGH-Urteil „de Lasteyrie du Saillant", in: IStR 2004, S. 424–432 (zit.: *Körner*, IStR 2004, 424)

–: Ent- und Verstrickung, in: IStR 2009, S. 741–750 (zit.: *Körner*, IStR 2009, 741)

–: Sofortige Entstrickungsbesteuerung bei Sitzverlegung?, Anmerkung zum Aussetzungsbeschluss des FG Rheinland-Pfalz vom 7.1.2011, 1 V 1217/10, IStR 2011, 308 ff. – Zugleich Erwiderung zu Mitschke, IStR 2011, 294 ff., in: IStR 2011, S. 527–532 (zit.: *Körner*, IStR 2011, 527)

–: Europarechtliches Verbot der Sofortbesteuerung stiller Reserven beim Transfer ins EU-Ausland, Anmerkung zum Urteil des EuGH vom 29.11.2011, C-371/10, in: IStR 2012, S. 1–5 (zit.: *Körner*, IStR 2012, 1)

Kraft, Gerhard (Hrsg.): Außensteuergesetz, München 2009 (zit.: *Bearbeiter*, in: Kraft, AStG)

– / Gebhardt, Roland: Das Postulat der Kapitalinhaberschaftsneutralität im Kontext der EuGH-Judikatur zu *National Grid Indus*, in: FR 2012, S. 403–406 (zit.: *Kraft/Gebhardt*, FR 2012, 403)

Kruis, Ferdinand / Widmayer, Gerhard: Grenzüberschreitende Umstrukturierungen nach der „VALE"-Entscheidung des EuGH – Gesellschafts- und steuerrechtliche Perspektiven, in: CORPORATE FINANCE law 2012, S. 349–352 (zit.: *Kruis/Widmayer*, CORPORATE FINANCE law 2012, 349)

Kühne, Erhard / Melcher, Winfried: Zur Umsetzung der HGB-Modernisierung durch das BilMoG: Wirtschaftliche Zurechnung von Vermögensgegenständen und Schulden sowie Erträgen und Aufwendungen, in: DB 2009, S. 15–19 (zit.: *Kühne/Melcher*, DB 2009, 15)

Kuhner, Christoph / Maltry, Helmut: Unternehmensbewertung, Berlin Heidelberg New York 2006 (zit.: *Kuhner/Maltry*, Unternehmensbewertung)

Kumpf, Wolfgang / Roth, Andreas: Gewinnabgrenzung bei internen Leistungen zwischen deutschen und ausländischen Betriebsstätten, Herausgeber: Kirchhof, Paul / Schmidt, Karsten / Schön, Wolfgang / Vogel, Klaus, Festschrift für Arndt Raupach, Köln 2006, S. 579 (zit.: *Kumpf/Roth*, in: FS Raupach, 2006, S. 579 ff.)

Küting, Karlheinz (Hrsg.) / Pfitzer, Norbert (Hrsg.) / Weber, Claus-Peter (Hrsg.), Das neue deutsche Bilanzrecht, Handbuch für den Übergang auf die Rechnungslegung nach dem Bilanzrechtsmodernisierungsgesetz (BilMoG), Stuttgart 2008 (zit.: *Bearbeiter*, in: Küting/Pfitzer/Weber, Das neue deutsche Bilanzrecht)

–: Handbuch der Rechnungslegung, Einzelabschluss, Kommentar zur Bilanzierung und Prüfung, 5. Auflage, 19. Ergänzungslieferung, Stuttgart 2014 (zit.: *Bearbeiter*, in: Küting/Pfitzer/Weber, Handbuch der Rechnungslegung)

von der Laage, Gudrun: Besteuerungsbedürfnis versus Europarechtskonformität beim Wegzug einer Europäischen Aktiengesellschaft – Anmerkung zum Beschluss des FG Rheinland-Pfalz vom 7.1.2011 – 1 V 1217/10, EFG 2011, 1096 –, in: StuW 2012, S. 182–191 (zit.: *von der Laage*, StuW 2012, 182)

–: Die Ausschüttungssperre des § 268 Abs. 8 HGB nach dem Bilanzrechtsmodernisierungsgesetz – Systematik der Sperre, ihre Anwendung auf Personengesellschaften i.S.d. § 264a HGB sowie Rechtsfolgen eines Verstoßes –, in: WM 2012, S. 1322–1329 (zit.: *von der Laage*, WM 2012, 1322)

– / Reusch, Susen: Deutsches Bilanzrecht und IFRS: Gewinnermittlung, Gewinnverwendung im Sinne von Ausschüttungsbemessung und Besteuerung, in: NZG 2009, S. 245–250 (zit.: *von der Laage/Reusch*, NZG 2009, 245)

Lademann, Fritz: Einkommensteuergesetz, 202. Ergänzungslieferung, Stuttgart 2014 (zit.: *Bearbeiter*, in: Lademann, EStG)

Lanfermann, Georg: Vorschlag für eine neue EU-Rechnungslegungsrichtlinie: Fokussierung auf kleine Unternehmen, in: BB 2011, S. 3051–3053 (zit.: *Lanfermann*, BB 2011, 3051)

– / Röhricht, Victoria: Auswirkungen des geänderten IFRS-Endorsement-Prozesses auf die Unternehmen, in: BB 2008, S. 826–830 (zit.: *Lanfermann/Röhricht*, BB 2008, 826)

Lang, Michael: 2005 – Eine Wende in der steuerlichen Rechtsprechung des EuGH zu den Grundfreiheiten?, Herausgeber: Mellinghoff, Rudolf / Schön, Wolfgang / Viskorf, Hermann-Ulrich, Festschrift für Wolfgang Spindler, Köln 2011, S. 297 (zit.: *M. Lang*, in: FS Spindler, 2011, S. 297 ff.)

Larenz, Karl: Methodenlehre der Rechtswissenschaft, 6. Auflage, Berlin Heidelberg New York u. a. 1991 (zit.: *Larenz*, Methodenlehre)

Laurini, Giancarlo: La società europea: luci, ombre e ... prospettive, in: Rivista del notariato 1993, S. 757–770 (zit.: *Laurini*, Rivista del notariato 1993, 757)

Leffson, Ulrich: Das Gebot der Stetigkeit im europäischen Bilanzrecht, in: WPg 1988, S. 441–446 (zit.: *Leffson*, WPg 1988, 441)

Leible, Stefan: Niederlassungsfreiheit und Sitzverlegungsrichtlinie, in: ZGR 2004, S. 531–558 (zit.: *Leible*, ZGR 2004, 531)

– / Hoffmann, Jochen: Cartesio – fortgeltende Sitztheorie, grenzüberschreitender Formwechsel und Verbot materiellrechtlicher Wegzugsbeschränkungen, in: BB 2009, S. 58–63 (zit.: *Leible/J. Hoffmann*, BB 2009, 58)

Lendewig, Christian / Jaschke, Jürgen: Was lange währt, wird endlich Recht?, Die Erneuerung der allgemeinen Entstrickungsvorschriften durch das JStG 2010, in: StuB 2011, S. 90–97 (zit.: *Lendewig/Jaschke*, StuB 2011, 90)

Leo, Maurizio / a cura di: D'Alessio, Gabriella / Pacitto, Paolo / Zaccaria, Laura: Le imposte sui redditi nel testo unico, Band 2, Milano 2007 (zit.: *Leo*, TUIR)

Libonati, Berardino: Il „quadro fedele" e i criteri di valutazione nella quarta direttiva comunitaria, in: Giur. comm. 1984, I, S. 1012–1030 (zit.: *Libonati*, Giur. comm. 1984, I, 1012)

Lollio, Carla: Il trasferimento in Italia della sede legale di una società estera e l'aquisto della residenza fiscale, in: Bollettino tributario d'informazioni 2007, S. 1275–1280 (zit.: *Lollio*, Boll. Trib. 2007, 1275)

Lorenz, Karsten: IFRS Exposure Draft „Leases": Abschaffung des wirtschaftlichen Eigentums bei Leasingverhältnissen?, in: BB 2010, S. 2555–2560 (zit.: *Lorenz*, BB 2010, 2555)

Lovisolo, Antonio: Profili fiscali della fusione transfrontaliera di società, Studi in onore (Festschrift) für Victor Uckmar, Padova 1997, Bd. 2, S. 775 (zit.: *Lovisolo*, in: Studi in onore Uckmar, 1997, II, 775 ff.)

Lüdenbach, Norbert / Frowein, Nils: Bilanzierung von Equity-Beteiligungen bei Verlusten – ein Vergleich zwischen HGB, IFRS und US-GAAP, in: BB 2003, S. 2449–2456 (zit.: *Lüdenbach/Frowein*, BB 2003, 2449)

Lüdenbach, Norbert (Hrsg.) / Hoffmann, Wolf-Dieter (Hrsg.) / Freiberg, Jens (Hrsg.): IFRS-Kommentar, 14. Auflage, Freiburg München 2016 (zit.: *Bearbeiter*, in: Lüdenbach/Hoffmann/Freiberg, IFRS)

Ludewig, Rainer: Die Einflüsse des „true and fair view" auf die zukünftige Rechnungslegung, in: AG 1987, S. 12–15 (zit.: *Ludewig*, AG 1987, 12)

Lüdicke, Jürgen: Doppelansässigkeit, Ansässigkeitswechsel und Progressionsvorbehalt, Herausgeber: Kleineidam, Hans-Jochen, Festschrift für Lutz Fischer, Berlin 1999, S. 731 (zit.: *Lüdicke*, in: FS Fischer, 1999, S. 731 ff.)

– (Hrsg.): Zurechnung von Wirtschaftsgütern im Internationalen Steuerrecht, Köln 2000 (zit.: *Bearbeiter*, in: Lüdicke, Zurechnung von Wirtschaftsgütern im Internationalen Steuerrecht)

Lupi, Raffaello: Trasferimento della residenza, exit tax e valorizzazione dei beni nell'ordinamento di arrivo – Risoluzione n. 67/E del 30 marzo 2007 – Una soluzione che va al di là delle ipotesi in cui esiste una „exit tax", in: Dialoghi di diritto tributario 2007, S. 582–584 (zit.: *Lupi*, Dialoghi di diritto tributario 2007, 582)

Lutter, Marcus: Kapital, Sicherung der Kapitalaufbringung und Kapitalerhaltung in den Aktien- und GmbH-Rechten der EWG, Eine Untersuchung zur Ausfüllung von Artikel 54 Absatz 3 lit. g des Vertrages über die Errichtung einer Europäischen Wirtschaftsgemeinschaft, Karlsruhe 1964 (zit.: *Lutter*, Kapital, Sicherung der Kapitalaufbringung und Kapitalerhaltung)

– (Hrsg.): Die europäische Aktiengesellschaft, Eine Stellungnahme zur Vorlage der Kommission an den Ministerrat der Europäischen Gemeinschaften über das

Statut für Europäische Aktiengesellschaften vom 30. April 1975, Köln Berlin Bonn München 1976 (zit.: *Bearbeiter*, in: Lutter, Die europäische Aktiengesellschaft)

–: Genügen die vorgeschlagenen Regelungen für eine „Europäische Aktiengesellschaft"?, in: AG 1990, S. 413–421 (zit.: *Lutter*, AG 1990, 413)

–: Europäische Aktiengesellschaft – Rechtsfigur mit Zukunft?, in: BB 2002, S. 1–7 (zit.: *Lutter*, BB 2002, 1)

– (Hrsg.) / Hommelhoff, Peter (Hrsg.): Die Europäische Gesellschaft, Prinzipien, Gestaltungsmöglichkeiten und Grundfragen aus der Praxis, Köln 2005 (zit.: *Bearbeiter*, in: Lutter/Hommelhoff, Die Europäische Gesellschaft)

– (Hrsg.) / Teichmann, Christoph (Hrsg.): SE-Kommentar, SE-VO, SEAG, SEBG, Steuerrecht, 2. Auflage, Köln 2015 (*Bearbeiter*, in: Lutter/Hommelhoff/Teichmann, SE)

– (Hrsg.): GmbH-Gesetz, 18. Auflage, Köln 2012 (zit.: *Bearbeiter*, in: Lutter/Hommelhoff, GmbHG)

Lutter, Marcus (Hrsg.) / Bayer, Walter (Hrsg.) / Vetter, Jochen (Hrsg.): Umwandlungsgesetz, 5. Auflage, Köln 2014 (zit.: *Bearbeiter*, in: Lutter, UmwG)

Malatesta, Alberto: Prime osservazioni sul regolamento CE n. 2157/2001 sulla società europea, in: Rivista di diritto internazionale privato e processuale 2002, S, 613–624 (zit.: *Malatesta*, Rivista di diritto internazionale privato e processuale 2002, 613)

Malmer, Kerstin: Emigration taxes and EC law, in: CDFI 2002, Vol. LXXXVIIb, S. 79–94 (zit.: *Malmer*, CDFI 2002, Vol. LXXXVIIb, 79)

Manz, Gerhard (Hrsg.) / Mayer, Barbara (Hrsg.) / Schröder, Albert (Hrsg.): Europäische Aktiengesellschaft, SE, 2. Auflage, Baden-Banden 2010 (zit.: *Bearbeiter*, in: Manz/Mayer/Schröder, SE)

Marx, Franz J. / Dallmann, Holger: Problembereiche und Anwendungsfragen der außerbilanziellen Ausschüttungssperre des § 268 Abs. 8 HGB, in: Stbg 2010, S. 453–464 (zit.: *Marx/Dallmann*, Stbg 2010, 453)

Mathews, Kurt: Bilanzierung von Treuhandvermögen, Die endgültige Regelung nach Umsetzung der EG-Bilanzrichtlinie in deutsches Recht, in: BB 1992, S. 738–740 (zit.: *Mathews*, BB 1992, 738)

Mayr, Siegfried: La doppia residenza fiscale nelle convenzioni contro le doppie imposizioni, in: Corriere tributario 1990, S. 905–907 (zit.: *Mayr*, Corr. trib. 1990, 905)

–: Effetti del trasferimento della sede all'estero, in: Corriere tributario 1997, S. 2707–2712 (zit.: *Mayr*, Corr. trib. 1995, 2707)

– / Fort, Giovanni: La residenza fiscale delle società: necessità di un cambiamento?, in: Corriere tributario 2001, 2086–2091 (zit.: *Mayr/Fort*, Corr. trib. 2001, 2086)

Melis, Giuseppe: Profili sistematici del „trasferimento" della residenza fiscale delle società, in: Diritto e pratica tributaria internazionale 2004, S. 13–66 (zit.: *Melis*, Dir. prat. trib. int. 2004, 13)

–: Il trasferimento della residenza fiscale nell'imposizione sui redditi, Profili critici e ipotesi ricostruttive, Roma 2008 (zit.: *Melis*, Il trasferimento della residenza fiscale)

Mellerowicz, Konrad: Der Wert der Unternehmung als Ganzes, Essen 1952 (zit.: *Mellerowicz*, Der Wert der Unternehmung als Ganzes)

Mellinghoff, Rudolf: Verfassungsbindung und weiter Gestaltungsspielraum des Gesetzgebers, Herausgeber: Mellinghoff, Rudolf / Schön, Wolfgang / Viskorf, Hermann-Ulrich, Festschrift für Wolfgang Spindler, Köln 2011, S. 153 (zit.: *Mellinghoff*, in: FS Spindler, 2011, S. 153 ff.)

–: Steuerverfassungsrecht im Gespräch, in: FR 2012, S. 989–993 (zit.: *Mellinghoff*, FR 2012, 989)

–: Der Beitrag der Rechtsprechung zur Systematisierung des Steuerrechts am Beispiel des Gebots der Folgerichtigkeit, in: Ubg 2012, S. 369–375 (zit.: *Mellinghoff*, Ubg 2012, 369)

Mellwig, Winfried (Hrsg.) / Moxter, Adolf (Hrsg.) / Ordelheide, Dieter (Hrsg.): Einzelabschluß und Konzernabschluß, Beiträge zum neuen Bilanzrecht, Band 1, Wiesbaden 1988 (zit.: *Bearbeiter*, in: Mellwig/Moxter/Ordelheide, Einzelabschluß und Konzernabschluß)

Mezzabotta, Claudia: Una nuova direttiva europea in materia di bilancio, in: Bilancio e Reddito d'Impresa 2014, S. 36–44 (zit.: *Mezzabotta*, Bilancio e Reddito d'Impresa 2014, 36)

Miccinesi, Marco: Elusione e trasferimento all'estero della sede della società: la montagna ha partorito il topolino, in: G.T. – Rivista di giurisprudenza tributaria 2008, S. 97–98 (zit.: *Miccinesi*, G.T. – Rivista di giurisprudenza tributaria 2008, 97)

Michelutti, Riccardo / Prampolini, Andrea: Oggetto, presupposto e momento impositivo della „exit tax", in: Corriere tributario 2013, S. 3559–3567 (zit.: *Michelutti/Prampolini*, Corriere tributario 2013, 3559)

Miele, Luca: Trasferimento di residenza all'estero di un'impresa, in: Corriere tributario 2005, S. 2209–2212 (zit.: *L. Miele*, Corr. trib. 2005, 2209)

–: „Exit tax" sul trasferimento della residenza fiscale all'estero, in: Corriere tributario 2010, S. 434–440 (zit.: *L. Miele*, Corr. trib. 2010, 434)

– / Miele, Michele: Legittima la „exit tax" solo se a riscossione differita, in: Corriere tributario 2012, S. 113–118 (zit.: *L. Miele/M. Miele*, Corr. trib. 2012, 113)

Miele, Luca / Russo, Valeria: „Exit tax" e coerenza del sistema dei beni di impresa, in: Corriere tributario 2010, S. 630–636 (zit.: *L. Miele/Russo*, Corr. trib. 2010, 630)

Mindermann, Torsten: Der Ansatz immaterieller Vermögensgegenstände des Anlagevermögens, in: StuB 2010, S. 658–660 (zit.: *Mindermann*, StuB 2010, 658)

Minervini, Gustavo: Alcuni problemi connessi alla creazione di una società di tipo europeo, in: Rivista delle società 1966, S. 984–993 (zit.: *Minervini*, Rivista delle società 1966, 984)

–: Note in tema di statuto della società europea, in: Rivista del diritto commerciale e del diritto generale delle obbligazioni 1992, S. 7–11 (zit.: *Minervini*, Riv. dir. comm. 1992, 7)

Miola, Massimo: Lo statuto di Società europea nel diritto societario comunitario: dall'armonizzazione alla concorrenza tra ordinamenti, in: Rivista delle società 2003, S. 322–374 (zit.: *Miola*, Rivista delle società 2003, 322)

–: Il sistema del capitale sociale e le prospettive di riforma nel diritto europeo delle società di capitali, in: Rivista delle società 2005, S. 1199–1313 (zit.: *Miola*, Rivista delle società 2005, 1199)

De Mita, Enrico: Principi di Diritto Tributario, 5. Auflage, Milano 2007 (zit.: *De Mita*, Principi di Diritto Tributario)

Mitschke, Wolfgang: Aufgabe der „finalen Entnahmetheorie", Nachlese zum BFH-Urt. v. 17.7.2008 – I R 77/06, FR 2008, 1149, in: FR 2008, S. 1144–1146 (zit.: *Mitschke*, FR 2008, 1144)

– Nochmals: Aufgabe der „finalen Entnahmetheorie" – Nachlese zum BFH-Urteil – I R 77/06, FR 2008, 1149, Zugleich eine Erwiderung auf Schneider/Oepen, FR 2009, 22ff.; in: FR 2009, S. 326–331 (zit.: *Mitschke*, FR 2009, 326)

–: Aufgabe der finalen Entnahmetheorie durch den BFH und gesetzliches Entstrickungskonzept des SEStEG – wie geht es weiter?, in: Ubg 2010, S. 355–357 (zit.: *Mitschke*, Ubg 2010, 355)

–: Konkretisierung der gesetzlichen Entstrickungsregelungen und Kodifizierung der finalen Betriebsaufgabetheorie durch das Jahressteuergesetz 2010, in: Ubg 2011, S. 328–336 (zit.: *Mitschke*, Ubg 2011, 328)

–: Kein steuerfreier Exit stiller Reserven bei Sitzverlegung einer SE von Deutschland nach Österreich, Anmerkung zum Aussetzungsbeschluss des FG Rheinland-Pfalz vom 7.1.2011, 1 V 1217/10, in: IStR 2011, S. 294–299 (zit.: *Mitschke*, IStR 2011, 294)

–: National Grid Indus – Ein Phyrrussieg für die Gegner der Sofortbesteuerung?, Zugleich eine Erwiderung auf Körner, in diesem Heft S. 1, in: IStR 2012, S. 6–12 (zit.: *Mitschke*, IStR 2012, 6)

–: Das EuGH-Urteil „National Grid Indus" vom 29.11.2011 – Eine Bestandsaufnahme und eine Bewertung aus Sicht der Finanzverwaltung, in: DStR 2012, S. 629–636 (zit.: *Mitschke*, DStR 2012, 629)

Montuori, Nicola / Palma, Piercarlo: Il trasferimento di residenza all'estero tra presunte restrizioni alla libertà di stabilimento ed effettive esigenze di chiusura del sistema, in: Il Fisco, n. 30/2005, Heft 1, 4700–4706, S. 11640–11646 (zit.: *Montuori/P. Palma*, Il Fisco 2005, 11640)

Morich, Sven: IFRS 15: Neue Regeln zur Erlöserfassung nach IFRS, in: DB 2014, S. 1997–2007 (zit.: *Morich*, DB 2014, 1997)

Moschetti, Francesco: Die Steuergerechtigkeitsgrundsätze der italienischen Verfassung als Grundlage der sich entwickelnden Rechtsordnung der Europäischen

Union, Herausgeber: Tipke, Klaus / Seer, Roman / Hey, Johanna / Englisch, Joachim, Festschrift für Joachim Lang, Köln 2010, S. 1079 (zit.: *F. Moschetti*, in: FS Lang, 2010, S. 1079 ff.)

Mössner, Manfred / Baumhoff, Hubertus / Dyckmans, Jan / Engel, Benjamin / Henkel, Udo / Hummel, David / Kubicki, Jan Christoph / Kuhn, Jürgen / Liebchen, Daniel / Menck, Thomas / Mick, Marcus / Schänzle, Thomas / Strunk, Günther: Steuerrecht international tätiger Unternehmen, Handbuch der Besteuerung von Auslandsaktivitäten inländischer Unternehmen und von Inlandsaktivitäten ausländischer Unternehmen, 4. Auflage, Köln 2012 (zit.: *Bearbeiter*, in: Mössner, Steuerrecht international tätiger Unternehmen)

Möstl, Markus: Grenzen der Rechtsangleichung im europäischen Binnenmarkt – Kompetenzielle, grundfreiheitliche und grundrechtliche Schranken des Gemeinschaftsgesetzgebers –, in: EuR 2002, S. 318–350 (zit.: *Möstl*, EuR 2002, 318)

Moxter, Adolf: Der Einfluß der EG-Bilanzrichtlinie auf das Bilanzsteuerrecht, in: BB 1978, S. 1629–1632 (zit.: *Moxter*, BB 1978, 1629)

–: Die Geschäftswertbilanzierung in der Rechtsprechung des Bundesfinanzhofs und nach EG-Bilanzrecht, in: BB 1979, S. 741–747 (zit.: *Moxter*, BB 1979, 741)

–: Grundsätze ordnungsmäßiger Unternehmensbewertung, 2. Auflage, Wiesbaden 1983, 2. Nachdruck 1990 (zit.: *Moxter*, Unternehmensbewertung)

–: Das Realisationsprinzip – 1884 und heute, in: BB 1984, S. 1780–1786 (zit.: *Moxter*, BB 1984, 1780)

–: Zum Verhältnis von handelsrechtlichen Grundsätzen ordnungsmäßiger Bilanzierung und True-and-fair-view-Gebot bei Kapitalgesellschaften, Herausgeber: Förschle, Gerhart / Moxter, Adolf / Kaiser, Klaus, Festschrift für Wolfgang Dieter Budde, München 1995, S. 419 (zit.: *Moxter*, in: FS Budde, 1995, S. 419 ff.)

–: Zum Umfang der Entscheidungskompetenz des Europäischen Gerichtshofs im Bilanzrecht, in: BB 1995, S. 1463–1466 (zit.: *Moxter*, BB 1995, 1463)

–: Grundsätze ordnungsgemäßer Rechnungslegung, Düsseldorf 2003 (zit.: *Moxter*, Grundsätze ordnungsgemäßer Rechnungslegung)

–: Bilanzrechtsprechung, 6. Auflage, Tübingen 2007 (zit.: *Moxter*, Bilanzrechtsprechung)

Mucciarelli, Federico: Company 'Emigration' and EC Freedom of Establishment: Daily Mail Revisited, in: EBOR 2008, S. 267–303 (zit.: *Mucciarelli*, EBOR 2008, 267)

–: Società di capitali, trasferimento all'estero della sede sociale e arbitraggi normativi, in: Quaderni di Giurisprudenza Commerciale 2010, Nr. 341, Milano 2010 (zit.: *Mucciarelli*, Società di capitali)

Müller, Welf: Bilanzierungsfragen bei der grenzüberschreitenden Umwandlung und Sitzverlegung, Herausgeber: Kirchhof, Paul / Schmidt, Karsten / Schön, Wolfgang / Vogel, Klaus, Festschrift für Arndt Raupach, Köln 2006, S. 261 (zit.: *W. Müller*, in: FS Raupach, 2006, S. 261 ff.)

Müller-Gatermann, Gert: Das SEStEG im Überblick – Entstrickung und Verstrickung sowie neues Umwandlungssteuerrecht, Herausgeber: Spindler, Wolfgang / Tipke, Klaus / Rödder, Thomas, Festschrift für Harald Schaumburg, Köln 2009, S. 939 (zit.: *Müller-Gatermann*, in: FS Schaumburg, 2009, S. 939 ff.)

Münchener Kommentar zum Aktiengesetz, Band 5/1 (§§ 148–151, 161–178 AktG, §§ 238–264c, 342, 342a HGB), 2. Auflage, München 2003 (zit.: *Bearbeiter*, in: MüKo AktG, 2. Aufl., Bd. 5/1); Band 9/2 (§§ 329–410 AktG, SE-VO, SEBG, Europäische Niederlassungsfreiheit, Die Richtlinien zum Gesellschaftsrecht), 2. Auflage, München 2006 (zit.: *Bearbeiter*, in: MüKo AktG, 2. Aufl., Bd. 9/2); Band 7 (Europäisches Aktienrecht, SE-VO, SEBG, Europäische Niederlassungsfreiheit), 3. Auflage, München 2012 (zit.: *Bearbeiter*, in: MüKo AktG, Bd. 7)

Münchener Kommentar Bilanzrecht, Band 1, IFRS, 5. Ergänzungslieferung, München 2014 (zit.: *Bearbeiter*, in: MüKo Bilanzrecht, Bd. 1); Band 2, §§ 238–342e HGB, 1. Auflage, München 2013 (zit.: *Bearbeiter*, in: MüKo Bilanzrecht, Bd. 2)

Münchener Kommentar zum Bürgerlichen Gesetzbuch, Band 1, Allgemeiner Teil, §§ 1 – 240, ProstG, AGG, 7. Auflage, München 2015; Band 11, Internationales Privatrecht II, Internationales Wirtschaftsrecht, Einführungsgesetz zum Bürgerlichen Gesetzbuche (Art. 25–248), 6. Auflage, München 2015 (zit.: *Bearbeiter*, in: MüKo BGB, Bd.)

Münchener Kommentar zum Handelsgesetzbuch, Band 4, Drittes Buch. Handelsbücher (§§ 238–342e HGB), 3. Auflage, München 2013 (zit.: *Bearbeiter*, in: MüKo HGB, Bd. 4)

Muscolino, Mario: Tassazione delle plusvalenze latenti in caso di trasferimento all'estero e libertà di stabilimento, in: G.T. – Rivista di giurisprudenza tributaria 2004, S. 513–518 (zit.: *Muscolino*, G.T. – Rivista di giurisprudenza tributaria 2004, 513)

Musil, Andreas: Rechtsprechungswende des EuGH bei den Ertragsteuern? – Eine Analyse aktueller Leitentscheidungen des EuGH –, in: DB 2009, S. 1037–1043 (zit.: *Musil*, DB 2009, 1037)

–: Die Ergänzung des Entstrickungstatbestands durch § 4 Abs. 1 Satz 4 EStG – Herrscht nun endlich Klarheit?, in: FR 2011, S. 545–551 (zit.: *Musil*, FR 2011, 545)

Mutter, Stefan / Krucher, Carsten: Kurzkommentar zur Rs. Vale, in: EuGH EWiR Art. 49 AEUV 3/12, S. 541–542 (zit.: *Mutter/Kruchen*, EuGH EWiR Art. 49 AEUV 3/12, 541)

Niehus, Rudolf J.: Zur Transformation der 4. EG-(Bilanz-)Richtlinie in den Mitgliedstaaten der Europäischen Gemeinschaft – Überblick und erste Würdigung –, in: ZGR 1985, S. 536–566 (zit.: *Niehus*, ZGR 1985, 536)

Notari, Mario (Hrsg.) / Bianchi, Luigi A. (Hrsg.): Obbligazioni / Bilancio, Artt. 2410–2435-*bis* c.c., Commentario alla riforma delle società, Gesamt-Herausgeber: Marchetti, Piergaetano / Bianchi, Luigi A. / Ghezzi, Federico / Notari, Mario, 1. Auflage, Milano 2006 (zit.: *Bearbeiter*, in: Notari/Bianchi, Obbligazioni/Bilancio)

Oestreicher, Andreas / Wilcke, Dirk: Die Einzelbewertung des Firmenwerts, Verrechnungspreise in Fällen einer Funktionsverlagerung nach dem Gesetz zur Umsetzung steuerlicher EU-Vorgaben sowie zur Änderung steuerlicher Vorschriften, in: Ubg 2010, S. 225–232 (zit.: *Oestreicher/Wilcke*, Ubg 2010, 225)

Olivieri, Gustavo: Capitale e patrimonio nella riforma delle società, in: Rivista di diritto civile 2004, Teil 1, S. 257–275 (zit.: *Olivieri*, Riv. dir. civ. 2004, I, 257)

Organismo Italiano di Contabilità (OIC): I principali effetti della riforma del diritto societario sulla redazione del bilancio d'esercizio (OIC 1), Stand: 25.10.2004 (zit.: *OIC* Nr. 1)

–: Svalutazioni per perdite durevoli di valore delle immobilizzazioni materiali e immateriali (OIC 9), Stand: August 2014 (zit.: *OIC* Nr. 9)

–: Bilancio d'esercizio – finalità e postulati (OIC 11), Stand: 30.05.2005 (zit.: *OIC* Nr. 11)

–: Bilancio consolidato e metodo del patrimonio netto (OIC 17), Stand: August 2014 (zit.: *OIC* Nr. 17)

–: Lavori in corso su ordinazione (OIC 23), Stand: August 2014 (zit.: *OIC* Nr. 23)

–: Immobilizzazioni immateriali (OIC 24), Stand: Januar 2015 (zit.: *OIC* Nr. 24)

–: Cambiamenti di principi contabili, cambiamenti di stime contabili, correzione di errori, eventi e operazioni straordinari, fatti intervenuti dopo la data di chiusura dell'esercizio (OIC 29), Stand: August 2014 (zit.: *OIC* Nr. 29)

–: I fondi per rischi ed oneri e trattamento di fine rapporto (OIC 31), Stand: August 2014 (zit.: *OIC* Nr. 31)

–: Guida operativa per la transizione ai principi contabili internazionali (IAS/IFRS) (Guida 1), Stand: Oktober 2005 (zit.: *OIC*, Guida 1)

Oser, Peter / Orth, Christian / Wirtz, Holger: Neue Vorschriften zur Rechnungslegung und Prüfung durch das Bilanzrichtlinie-Umsetzungsgesetz – Anmerkungen zum RegE vom 07.01.2015 –, in: DB 2015, S. 197–206 (zit.: *Oser/Orth/Wirtz*, DB 2015, 197)

Oser, Peter / Roß, Norbert / Wader, Dominic / Drögemüller, Steffen: Ausgewählte Neuregelungen des Bilanzrechtsmodernisierungsgesetzes (BilMoG) – Teil 1, in: WPg 2008, S. 49–62 (zit.: *Oser/Roß/Wader/Drögemüller*, WPg 2008, 49)

Otte, Sabine / Rietschel, Knut: Freifahrschein für den grenzüberschreitenden Rechtsformwechsel nach „Cartesio"?, in: GmbHR 2009, S. 983–988 (zit.: *Otte/Rietschel*, GmbHR 2009, 983)

Paciello, Andrea: La società europea, in: Rivista di diritto dell'impresa 2001, S. 317–332 (zit.: *Paciello*, Riv. dir. dell'impresa 2001, 317)

Palandt, Otto (Begr.): Bürgerliches Gesetzbuch, 75. Auflage, München 2016 (zit.: *Bearbeiter*, in: Palandt, BGB)

Palma, Angelo (Hrsg.): Il bilancio di esercizio, Aspetti istituzionali e profili evolutivi nell'attuale assetto normativo italiano, 4. Auflage, Milano 2008 (zit.: *Bearbeiter*, in: A. Palma, Il bilancio di esercizio)

Pellecchia, Massimo: Il trasferimento di residenza in Italia, in: Rassegna tributaria 2015, S. 1410 (zit.: *Pellecchia*, Rassegna tributaria 2015, 1410)

Petersen, Karl / Zwirner, Christian / Froschhammer, Matthias: Funktionsweise und Problembereiche der im Rahmen des BilMoG neu eingeführten außerbilanziellen Ausschüttungssperre des § 268 Abs. 8 HGB, in: KoR 2010, S. 334–341 (zit.: *Petersen/Zwirner/Froschhammer*, KoR 2010, 334)

Petersen, Karl / Zwirner, Christian / Künkele, Kai Peter: Umstellung auf das neue deutsche Bilanzrecht: Übergangsregelungen des BilMoG nach IDW RS HFA 28 – Darstellung, Beispiele und Tipps für die Umsetzung in der Praxis –, in: BB Beilage 2010, Nr. 4, S. 1–27 (zit.: *Petersen/Zwirner/Künkele*, BB Beilage 2010, Nr. 4, 1)

Pezzer, Heinz-Jürgen: Bilanzierungsprinzipien als sachgerechte Maßstäbe der Besteuerung, in: DStJG 14 (1991), S. 3–27 (zit.: *Pezzer*, DStJG 14 (1991), 3)

Piazza, Marco / D'Angelo, Giacomo / Valsecchi, Marcella: Aspetti fiscali del trasferimento della sede in Italia, in: Il Fisco 2015, S. 1–56 (zit.: *Piazza/D'Angelo/Valsecchi*, Il Fisco 2015, 1)

De Pietro, Carla: Compatibilità comunitaria di *exit tax* su partecipazioni rilevanti, in: Rassegna Tributaria 2006, S. 1377–1400 (zit.: *De Pietro*, Rassegna Tributaria 2006, 1377)

Piltz, Detlev J.: Die Unternehmensbewertung in der Rechtsprechung, 3. Auflage, Düsseldorf 1994 (zit.: *Piltz*, Unternehmensbewertung)

– (Hrsg.) / Schaumburg, Harald (Hrsg.): Internationale Betriebsstättenbesteuerung, Köln 2001 (zit.: *Bearbeiter*, in: Piltz/Schaumburg, Internationale Betriebsstättenbesteuerung)

Portale, Giuseppe B.: I „beni" iscrivibili nel bilancio di esercizio e la tutela dei creditori nella società per azioni, in: Rivista delle società 1969, S. 242–287 (zit.: *Portale*, Rivista delle società 1969, 242)

–: I bilanci straordinari delle società per azioni, in: Rivista delle società 1978, S. 303–402 (zit.: *Portale*, Rivista delle società 1978, 303)

–: Clausole di „retroattività" e bilanci nelle fusioni di società per azioni, in: Rivista delle società 1983, S. 1281–1313 (zit.: *Portale*, Rivista delle società 1983, 1281)

–: Fiducia „romanistica" e „prevalenza della sostanza sulla forma" nel bilancio bancario d'esercizio, in: Banca, borsa e titoli di credito 2001, Teil 2, S. 356–362 (zit.: *Portale*, Banca borsa tit. credito 2001, II, 356)

–: La riforma delle società di capitali tra diritto comunitario e diritto internazionale privato, in: Europa e diritto privato 2005, S. 101–145 (zit.: *Portale*, Europa e diritto privato 2005, 101)

–: Lezioni di Diritto Privato Comparato, 2. Auflage, Torino 2007 (zit.: *Portale*, Diritto Privato Comparato)

– / Ginevra, Enrico: Intestazione a società fiduciaria di azioni non interamente liberate e responsabilità per i conferimenti residui, in: Rivista delle società 2011, S. 813–840 (zit.: *Portale/Ginevra*, Rivista delle società 2011, 813)

Preto, Antonio / Desogus, Claudia: La direttiva comunitaria sulle fusioni transfrontaliere di società di capitali, in: Contratto e impresa / Europa 2006, S. 234–262 (zit.: *Preto/Desogus*, Contratto e impresa / Europa 2006, 234)

Principe, Angela (Hrsg.): Lo Statuto legale di Società Europea, Atti di Convegno di studi, Salerno 6 giugno 2001, Napoli 2002 (zit.: *Bearbeiter*, in: Principe, Lo Statuto legale di Società Europea)

Prinz, Ulrich: „Teilwegzug" von Unternehmen in das europäische Ausland – Das neue ertragsteuerliche Entstrickungskonzept bei gemischtem Mitunternehmerkreis: GmbHR 2007, S. 966–972 (zit.: *Prinz*, GmbHR 2007, 966)

–: Gesetzgeberische Wirrungen um Grundsätze der Betriebsstättenbesteuerung, in: DB 2009, S. 807–812 (zit.: *Prinz*, DB 2009, 807)

–: Abschied von der finalen Entnahmelehre, in: JbFfSt 2009/2010, S. 457–474 (zit.: *Prinz*, JbFfSt 2009/2010, 457)

–: Steuerliches Entstrickungskonzept – gelungen oder reparaturbedürftig?, in: GmbHR 2012, S. 195–199 (zit.: *Prinz*, GmbHR 2012, 195)

Prokisch, Rainer: Von der Sach- und Systemgerechtigkeit zum Gebot der Folgerichtigkeit, Herausgeber: Kirchhof, Paul / Lehner, Moris / Raupach, Arndt / Rodi, Michael, Festschrift für Klaus Vogel, Heidelberg 2000, S. 293 (zit.: *Prokisch*, in: FS Vogel, 2000, S. 293 ff.)

Rautenstrauch, Gabriele / Seitz, Georg: *National Grid Indus*: Europarechtliche Implikationen für den Wegzug und die internationale Umwandlung von Gesellschaften, in: Ubg 2012, S. 14–25 (zit.: *Rautenstrauch/Seitz*, Ubg 2012, 14)

Reimer, Ekkehart (Hrsg.) / Dillmann, Meiko (Hrsg.) / Laier, Matthias (Hrsg.) / Lammel, Stefan (Hrsg.) / Schmitz, Matthias M. (Hrsg.): Europäisches Gesellschafts- und Steuerrecht, Grundlagen – Entwicklungen – Verbindungslinien, Münchener Schriften zum Internationalen Steuerrecht, hrsg. von Lehner, Moris, Heft 27, München 2007 (zit.: *Bearbeiter*, in: Reimer, Europäisches Gesellschafts- und Steuerrecht)

Rescio, Giuseppe A.: La partecipazione di società italiane alla costituzione di SE (Società Europee), in: Società 2007, S. 359–367 (zit.: *Rescio*, Società 2007, 359)

Richter, Lutz / Heyd, Steffen: Die Bedeutung des EuGH-Urteils in der Rs. Cartesio für die deutsche Wegzugsbesteuerung unter besonderer Beachtung des grenzüberschreitenden Rechtsformwechsels, in: StuW 2010, S. 367–380 (zit.: *Richter/Heyd*, StuW 2010, 367)

–: Die Konkretisierung der Entstrickungsregelungen und Kodifizierung der finalen Betriebsaufgabe durch das Jahressteuergesetz 2010, Ubg 2011, S. 172–177 (zit.: *Richter/Heyd*, Ubg 2011, 172)

Righini, Alberto: Alcune problematiche fiscali del trasferimento della sede all'estero – La tassazione die valori immateriali, in: Il Fisco, n. 43/2005, Heft 1, 6735–6740, S. 16075–16080 (zit.: *Righini*, Il Fisco 2005, 16075)

–: Il trasferimento transnazionale della sede sociale, in: Contratto e impresa 2006, S. 755–785 (zit.: *Righini*, Contratto e impresa 2006, 755)

Ringe, Wolf-Georg: Die Sitzverlegung der Europäischen Aktiengesellschaft, Tübingen 2006 (zit.: *Ringe*, Die Sitzverlegung der Europäischen Aktiengesellschaft)

Rödder, Thomas: Bilanzierung und Besteuerung der Europäischen Aktiengesellschaft (Teil I) – Regelungen und Auswirkungen des Statut-Entwurfes der EG-Kommission – in: WPg 1991, S. 200–208 (zit.: *Rödder*, WPg 1991, 200)

–: Bilanzierung und Besteuerung der Europäischen Aktiengesellschaft (Teil II) – Regelungen und Auswirkungen des Statut-Entwurfes der EG-Kommission –, in: WPg 1991, S. 229–241 (zit.: *Rödder*, WPg 1991, 229)

–: Deutsche Unternehmensbesteuerung im Visier des EuGH, in: DStR 2004, S. 1629–1634 (zit.: *Rödder*, DStR 2004, 1629)

–: Steuerfreier Exit von stillen Reserven beim Wegzug von Unternehmen aus Deutschland?, in: IStR 2005, S. 297–299 (zit.: *Rödder*, IStR 2005, 297)

–: Deutsche Unternehmensbesteuerung im Visier des EuGH, Herausgeber: Gocke, Rudolf / Gosch, Dietmar / Lang, Michael, Festschrift für Franz Wassermeyer, München 2005, S. 163 (zit.: *Rödder*, in: FS Wassermeyer, 2005, S. 163 ff.)

– / Herlinghaus, Andreas / van Lishaut, Ingo: Umwandlungssteuergesetz, 2. Auflage, Köln 2013 (zit.: *Bearbeiter*, in: Rödder/Herlinghaus/van Lishaut, UmwStG)

Rödder, Thomas / Schumacher, Andreas: Das kommende SEStEG – Teil I: Die geplanten Änderungen des EStG, KStG und AStG – Der Regierungsentwurf eines Gesetzes über steuerliche Begleitmaßnahmen zur Einführung der Europäischen Gesellschaft und zur Änderung weiterer steuerrechtlicher Vorschriften, in: DStR 2006, S. 1481–1494 (zit.: *Rödder/Schumacher*, DStR 2006, 1481)

–: Das SEStEG – Überblick über die endgültige Fassung und die Änderungen gegenüber dem Regierungsentwurf, in: DStR 2007, S. 369–377 (zit.: *Rödder/Schumacher*, DStR 2007, 369)

Romano, Carlo: Sull'illegittimità delle imposizioni fiscali connesse al trasferimento di residenza all'interno dell'Unione Europea, in: Rassegna Tributaria 2004, S. 1291–1316 (zit.: *Romano*, Rassegna Tributaria 2004, 1291)

Roser, Frank: Überführung von Wirtschaftsgütern ins Ausland – eine Grundsatzentscheidung mit vielen Fragen, in: DStR 2008, S. 2389–2397 (zit.: *Roser*, DStR 2008, 2389)

Rössler, Rudolf (Begr.) / Troll, Max (Begr.): Bewertungsgesetz, 21. Ergänzungslieferung, München 2014 (zit.: *Bearbeiter*, in: Rössler/Troll, BewG)

Ruiner, Christoph: Überlegungen zur deutschen Wegzugsbesteuerung von Gesellschaften im Licht des EuGH-Urteils in der Rs. National Grid Indus BV, in: IStR 2012, S. 49–51 (zit.: *Ruiner*, IStR 2012, 49)

Rupp, Thomas / Knies, Jörg-Thomas / Ott, Johann-Paul / Faust, Tanja: Internationales Steuerrecht, 3. Auflage, Stuttgart 2014 (zit.: *Rupp/Knies/Ott/Faust*, Internationales Steuerrecht)

Saage, Gustav: Veränderte Grundlagen der Gewinnermittlung nach Handels- und Steuerrecht (II), in: DB 1969, S. 1709–1714 (zit.: *Saage*, DB 1969, 1709)

Saccardo, Nicola: Considerazioni in materia di perdita e acquisto della residenza in corso d'anno, in: Rivista di diritto tributario 2000, Teil 4, S. 63–75 (zit.: *Saccardo*, Riv. dir. trib. 2000, IV, 63)

Sacchetto, Claudio (Hrsg.) / Alemanno, Lauro (Hrsg.): Materiali di Diritto Tributario Internazionale, Milano 2002 (zit.: *Bearbeiter*, in: Sacchetto/Alemanno, Diritto Tributario Internazionale)

Sachs, Michael: Verfassungsrecht II – Grundrechte, 2. Auflage, Berlin Heidelberg 2002 (zit.: *Sachs*, Grundrechte)

– (Hrsg.): Grundgesetz, 7. Auflage, München 2014 (zit.: *Bearbeiter*, in: Sachs, GG)

Sagasser, Bernd (Hrsg.) / Bula, Thomas (Hrsg.) / Brünger, Thomas R. (Hrsg.): Umwandlungen, Verschmelzung – Spaltung – Formwechsel – Vermögensübertragung, 4. Auflage, München 2011 (zit.: *Bearbeiter*, in: Sagasser/Bula/Brünger, Umwandlungen)

Salafia, Vincenzo: Caratteri generali del bilancio e principi di redazione, in: Società 1991, S. 1611 (zit.: *Salafia*, Società 1991, 1611)

Sallustio, Carlo: Il regime fiscale dei beni in entrata in occasione del trasferimento di residenza fiscale transfrontaliero. Profili nazionali e comunitari, in: Rivista di diritto tributario 2011, Teil 1, S. 829–895 (zit.: *Sallustio*, Riv. dir. trib. 2011, I, 829)

Sanders, Pieter: Die europäische Aktiengesellschaft, Probleme des Zugangs und der Mitbestimmung, in: AG 1967, S. 344–348 (zit.: *Sanders*, AG 1967, 344)

Santesso, Erasmo / Sòstero, Ugo: Il bilancio – Principi generali, struttura e regole die valutazione, 3. Auflage, Milano 2006 (zit.: *Santesso/Sòstero*, Il bilancio)

Santosuosso, Daniele U.: La società europea, in: Rivista del diritto commerciale e del diritto generale delle obbligazioni 1990, S. 837–844 (zit.: *Santosuosso*, Riv. dir. comm. 1990, 837)

Savioli, Giuseppe: Le operazioni di gestione straordinaria, 4. Auflage, Milano 2012 (zit.: *Savioli*, Le operazioni di gestione straordinaria)

Scarioni, Paolo: Individuazione del costo fiscale delle partecipazioni sociali possedute da una persona fisica che trasferisce la propria residenza in Italia, in: Bollettino Tributario 2008, S. 461–466 (zit.: *Scarioni*, Boll. Trib. 2008, 461)

Schädle, Tobias / Eich, Maximilian F.: Die grenzüberschreitende Sitzaufspaltung der SPE aus Sicht des deutschen Steuerrechts, in: DStR 2012, S. 2341–2346 (zit.: *Schädle/Eich*, DStR 2012, 2341)

Schäfer, Carsten: Das Gesellschaftsrecht (weiter) auf dem Weg nach Europa – am Beispiel der SE-Gründung, in: NZG 2004, S. 785–791 (zit.: *C. Schäfer*, NZG 2004, 785)

Schaumburg, Harald: Der Wegzug von Unternehmen, Herausgeber: Gocke, Rudolf / Gosch, Dietmar / Lang, Michael, Festschrift für Franz Wassermeyer, München 2005, S. 411 (zit.: *Schaumburg*, in: FS Wassermeyer, 2005, S. 411 ff.)

–: Die Dogmatik der internationalen Steuerentstrickung, in: StJB 2008/2009, S. 193–221 (zit.: *Schaumburg*, StJB 2008/2009, 193)

–: Internationales Steuerrecht – Außensteuerrecht – Doppelbesteuerungsrecht, 3. Auflage, Köln 2011 (zit.: *Schaumburg*, Internationales Steuerrecht)

– (Hrsg.) / Rödder, Thomas (Hrsg.): Unternehmensteuerreform 2008, Gesetze, Materialien, Erläuterungen, München 2007 (zit.: *Bearbeiter*, in: Schaumburg/Rödder, Unternehmensteuerreform 2008)

Scheffler, Eberhard: Vorschlag für eine neue EU-Bilanzrichtlinie, in: AG 2011, S. R425-R426 (zit.: *Scheffler*, AG 2011, R425)

Schenke, Ralf Peter / Mohr, Martin: Auswirkungen des europäischen Gemeinschaftsrechts auf das deutsche Steuerrecht – Prominente Beispiele aus dem EStR, KStR, GewStR und AStR –, in: DStZ 2009, S. 439–452 (zit.: *Schenke/Mohr*, DStZ 2009, 439)

Schindler, Clemens Philipp: „Überseering" und Societas Europaea: Vereinbar oder nicht vereinbar, das ist hier die Frage, in: Österreichisches Recht der Wirtschaft 2003, S. 122–125 (zit.: *Schindler*, RdW 2003, 122)

–: Hughes de Lasteyrie du Saillant als Ende der (deutschen) Wegzugsbesteuerung?, in: IStR 2004, S. 300–310 (zit.: *Schindler*, IStR 2004, 300)

–: Generalthema II: Die Änderung der Fusionsbesteuerungsrichtlinie, in: IStR 2005, S. 551–557 (zit.: *Schindler*, IStR 2005, 551)

Schlotter, Carsten: Verfassungsrechtliche Grenzen bei der Ausgestaltung des Steuerbilanzrechts, in: FR 2007, S. 951–959 (zit.: *Schlotter*, FR 2007, 951)

Schmalenbach, Eugen / Bauer, Richard (Überarbeitung): Die Beteiligungsfinanzierung, 9. Auflage, Köln Opladen 1966 (zit.: *Schmalenbach*, Beteiligungsfinanzierung)

Schmidt, Ludwig: Einkommensteuergesetz, 35. Auflage, München 2016 (zit.: *Bearbeiter*, in: L. Schmidt, EStG)

Schmiel, Ute (Hrsg.) / Breithecker, Volker (Hrsg.): Steuerliche Gewinnermittlung nach dem Bilanzrechtsmodernisierungsgesetz, Berlin 2008 (zit.: *Bearbeiter*, in: Schmiel/Breithecker, Steuerliche Gewinnermittlung nach dem BilMoG)

Schneider, Alexander: Änderungen im Körperschaftsteuerrecht nach dem SEStEG – Stellungsnahme des Finanzausschusses führte zu wesentlichen Änderungen des Regierungsentwurfs, in: NWB 2007, Fach 4, S. 5139–5150 (zit.: *A. Schneider*, NWB 2007, Fach 4, 5139)

Schneider, Jürgen: Wirtschaftliches Eigentum und Ertragsrealisierung bei Grundstücksgeschäften, in: PiR 2009, S. 38–43 (zit.: *J. Schneider*, PiR 2009, 38)

Schneider, Norbert / Oepen, Wolfgang: Finale Entnahme, Sicherstellung stiller Reserven und Entstrickung, Anmerkung zum BFH-Urt. v. 17.7.2008 – I R 77/06, FR 2008, 1149, in: FR 2009, S. 22–29 (zit.: *N. Schneider/Oepen*, FR 2009, 22)

Schnitger, Arne: Verstoß der Wegzugsbesteuerung (§ 6 AStG) und weiterer Entstrickungsnormen des deutschen Ertragsteuerrechts gegen die Grundfreiheiten des EG-Vertrags, Auswirkungen der Rs. Lasteyrie du Saillant auf den deutschen Rechtskreis, in: BB 2004, S. 804–813 (zit.: *Schnitger*, BB 2004, 804)

Scholz, Franz (Hrsg.): GmbH-Gesetz, mit Anhang Konzernrecht, Band 1, 11. Auflage, Köln 2012 (zit.: *Bearbeiter*, in: Scholz, GmbHG, Bd. 1)

Schön, Wolfgang: Kompetenzen der Gerichte zur Auslegung von IAS/IFRS, in: BB 2004, S. 763–768 (zit.: *Schön*, BB 2004, 763)

–: Besteuerung im Binnenmarkt – die Rechtsprechung der EuGH zu den direkten Steuern, in: IStR 2004, S. 289–300 (zit.: *Schön*, IStR 2004, 289)

–: Wegzugsbesteuerung und EG-Recht, in: JbFfSt 2004/2005, S. 72–86 (zit.: *Schön*, JbFfSt 2004/2005, 72)

– / Schindler, Clemens Philipp: Seminar D: Zur Besteuerung der grenzüberschreitenden Sitzverlegung einer Europäischen Aktiengesellschaft, in: IStR 2004, S. 571–576 (zit.: *Schön/Schindler*, IStR 2004, 571)

–: Die SE im Steuerrecht, Sonderausgabe aus: Lutter/Hommelhoff, SE Kommentar, 2008, Köln 2008 (zit.: *Bearbeiter*, in: Schön/Schindler, Die SE im Steuerrecht)

Schönberger, Christoph: Normenkontrolle im EG-Föderalismus – Die Logik gegenläufiger Hierarchisierungen im Gemeinschaftsrecht, in: EuR 2003, S. 600–627 (zit.: *Schönberger*, EuR 2003, 600)

Schönfeld, Jens: Entstrickung über die Grenze aus Sicht des § 4 Abs. 1 Satz 3 EStG anhand von Fallbeispielen, Zugleich Besprechung der jüngsten BFH-Rechtsprechung zur Aufgabe der „Theorie der finalen Entnahme“ sowie zur „finalen Betriebsaufgabe“, in: IStR 2010, S. 133–138 (zit: *Schönfeld*, IStR 2010, 133)

Schönherr, Frank / Lemaitre, Claus: Der Entwurf des SEStEG: Geplante Änderungen im Einkommen-, Körperschaft- und Gewerbesteuergesetz – Überblick und erste Anmerkungen, in: GmbHR 2006, S. 561–569 (zit.: *Schönherr/Lemaitre*, GmbHR 2006, 561)

Schubert, Daniela: Der Ansatz von gewissen und ungewissen Verbindlichkeiten in der HGB-Bilanz, Insbesondere zur wirtschaftlichen Belastung und zu faktischen

Verpflichtungen, Düsseldorf 2007 (zit.: *D. Schubert*, Der Ansatz von gewissen und ungewissen Verbindlichkeiten in der HGB-Bilanz)

Schultze, Wolfgang: Methoden der Unternehmensbewertung, Gemeinsamkeiten, Unterschiede, Perspektiven, Düsseldorf 2001 (zit.: *Schultze*, Unternehmensbewertung)

Schulze-Osterloh, Joachim: Das Bundesverfassungsgericht und die Unternehmensbesteuerung, Herausgeber: Tipke, Klaus / Seer, Roman / Hey, Johanna / Englisch, Joachim, Festschrift für Joachim Lang, Köln 2010, S. 255 (zit.: *Schulze-Osterloh*, in: FS Lang, 2010, S. 255 ff.)

Schumann, Alexander: Die englische Limited mit Verwaltungssitz in Deutschland: Buchführung, Rechnungslegung und Strafbarkeit wegen Bankrotts, in: ZIP 2007, S. 1189–1196 (zit.: *Schumann*, ZIP 2007, 1189)

Schwarz, Günter Christian: Europäisches Gesellschaftsrecht, Ein Handbuch für Wissenschaft und Praxis, Baden-Baden 2000 (zit.: *Schwarz*, Europäisches Gesellschaftsrecht)

–: SE-VO – Verordnung (EG) Nr. 2157/2001 des Rates über das Statut der Europäischen Gesellschaft (SE), München 2006 (zit.: *Schwarz*, SE-VO)

Schwarze, Jürgen (Hrsg.) / Becker, Ulrich (Mithrsg.) / Hatje, Armin (Mithrsg.) / Schoo, Johann (Mithrsg.): EU-Kommentar, 2. Auflage, Baden-Baden 2009 (zit.: *Bearbeiter*, in: Schwarze, EU-Kommentar, 2. Aufl.); 3. Auflage, Baden-Baden 2012 (zit.: *Bearbeiter*, in: Schwarze, EU-Kommentar)

Schwenke, Michael: Europarechtliche Vorgaben und deren Umsetzung durch das SEStEG, in: DStZ 2007, S. 235–247 (zit.: *Schwenke*, DStZ 2007, 235)

Sedemund, Jan: Steuerneutrales Ausscheiden aus der deutschen Steuerpflicht auf EG-Ebene möglich!, in: DStZ 2003, S. 407–412 (zit.: *Sedemund*, DStZ 2003, 407)

–: Der Rote Faden in der EuGH-Rechtsprechung zu den direkten Steuern, in: Ubg 2009, S. 560–567 (zit.: *Sedemund*, Ubg 2009, 560)

Seltenreich, Stephan: Inländisches Warenlager ausländischer Gesellschaften – Rechtslage und Gestaltungsmöglichkeiten –, in: IStR 2004, S. 589–595 (zit.: *Seltenreich*, IStR 2004, 589)

Semler, Johannes (Hrsg.) / Stengel, Arndt (Hrsg.): Umwandlungsgesetz, mit Spruchverfahrensgesetz, 3. Auflage, München 2012 (zit.: *Bearbeiter*, in: Semler/Stengel, UmwG)

Sieker, Susanne: Folgerungen aus „National Grid Indus" für die Besteuerung der Betriebsverlegung ins Ausland nach nationalem Recht, in: FR 2012, S. 352–354 (zit.: *Sieker*, FR 2012, 352)

Simon, Stefan: Ausschüttungs- und Abführungssperre als gläubigerschützendes Institut in der reformierten HGB-Bilanzierung, Zur Regelung des § 268 VIII HGB n. F., in: NZG 2009, S. 1081–1087 (zit.: *Simon*, NZG 2009, 1081)

Simonetto, Ernesto: Concetto e composizione del capitale sociale, in: Rivista di diritto commerciale 1956, Teil 1, S. 48–72, S. 112–165, S. 196–219 (zit.: *Simonetto*, Riv. dir. comm. 1956, I, 48 ff., 112 ff., 196 ff.)

–: I bilanci, Appunti dalle lezioni di diritto commerciale tenute nell'anno accademico 1966–67 nella Facoltà di Economia e commercio dell'Università di Padova sede distaccata di Verona, Padova 1967 (zit.: *Simonetto*, I bilanci)

–: Le spese di impianto e di ampliamento, in: Rivista di diritto civile 1967, Teil 1, S. 299–318 (zit.: *Simonetto*, Riv. dir. civ. 1967, I, 299)

Söffing, Günter, Der Geschäfts- oder Firmenwert, Herausgeber: Knobbe-Keuk, Brigitte / Klein, Franz / Moxter, Adolf, Festschrift für Georg Döllerer, Düsseldorf 1988, S. 593 (zit.: *Söffing*, in: FS Döllerer, 1988, S. 593 ff.)

Spindler, Gerald (Hrsg.) / Stilz, Eberhard (Hrsg.): Kommentar zum Aktiengesetz, 3. Auflage, München 2015 (zit.: *Bearbeiter*, in: Spindler/Stilz, AktG)

Stadler, Rainer / Elser, Thomas: Der Regierungsentwurf des SEStEG: Einführung eines allgemeinen Entstrickungs- und Verstrickungstatbestandes und andere Änderungen des EStG, in: BB-Special 2006, Nr. 8, S. 18–25 (zit.: *Stadler/Elser*, BB-Special 8/2006, 18)

Staub, Hermann (Begr.): Großkommentar HGB, Band 3/1 (§§ 238–289), 4. Auflage, Berlin 2002 (zit.: *Bearbeiter*, in: Staub, Großkomm. HGB, 4. Aufl., Bd. 3/1); Band 5 (§§ 238–289a), 5. Auflage, Berlin 2014 (zit.: *Bearbeiter*, in: Staub, Großkomm. HGB, Bd. 5)

von Staudinger, Julius: Kommentar zum Bürgerlichen Gesetzbuch mit Einführungsgesetz und Nebengesetzen, Einführungsgesetz zum Bürgerlichen Gesetzbuche/IPR, Internationales Gesellschaftsrecht, Berlin 1998 (zit.: *Bearbeiter*, in: Staudinger, EGBGB/IPR/IntGesR)

Stern, Klaus: Das Staatsrecht der Bundesrepublik Deutschland, Band I, 2. Auflage, München 1984 (zit.: *Stern*, Staatsrecht, Bd. I); Band III/2, München 1994 (zit.: *Stern*, Staatsrecht, Bd. III/2)

Stesuri, Aldo / Grammatico, Francesco: Il trasferimento della sede all'estero alla luce della riforma fiscale, in: Il Fisco, n. 44/2004, Heft 1, 7454–7463, S. 15962–15971 (zit.: *Stesuri/Grammatico*, Il Fisco 2004, 15962)

Stevanato, Dario: Trasferimento della residenza, exit tax e valorizzazione dei beni nell'ordinamento di arrivo – Risoluzione n. 67/E del 30 marzo 2007 – La valorizzazione fiscale di beni immessi nell'ordinamento italiano: il „valore corrente" è un criterio di generale applicazione?, in: Dialoghi di diritto tributario 2007, S. 579–582 (zit.: *Stevanato*, Dialoghi di diritto tributario 2007, 579)

Stewen, Tobias: Zuzugsfreiheit ohne Wegzugsfreiheit und Grundfreiheiten unter Harmonisierungsvorbehalt?, Kritische Analyse der Entscheidung des EuGH in Sachen „Cartesio" und Schlussfolgerungen für die Wegzugsbesteuerung, in: FR 2010, S. 18–25 (zit.: *Stewen*, FR 2010, 18)

Stöber, Michael: Grenzüberschreitende Umwandlungen und ihre Besteuerung im Lichte der Niederlassungsfreiheit, in: ZIP 2012, S. 1273–1280 (zit.: *Stöber*, ZIP 2012, 1273)

Strampelli, Giovanni: Le riserve da *fair value*: profili di disciplina e riflessi sulla configurazione e la natura del patrimonio netto, in: Rivista delle società 2006, S. 243–337 (zit.: *Strampelli*, Rivista delle società 2006, 243)

–: Distribuzioni ai soci e tutela dei creditori, L'effetto degli IAS/IFRS, Torino 2009 (zit.: *Strampelli*, Distribuzioni ai soci e tutela dei creditori)

–: Gli IAS/IFRS dopo la crisi: alla ricerca dell'equilibrio tra regole contabili non prudenziali e tutela della stabilità patrimoniale della società, in: Rivista delle società 2010, S. 395–446 (zit.: *Strampelli*, Rivista delle società 2010, 395); englische Fassung: The IAS/IFRS after the crisis: limiting the impact of fair value accounting on companies' capital, in: ECFR 2011, S. 1–29 (zit.: *Strampelli*, ECFR 2011, 1)

Streinz, Rudolf (Hrsg.): EUV/AEUV, Vertrag über die Europäische Union und Vertrag über die Arbeitsweise der Europäischen Union, 2. Auflage, München 2012 (zit.: *Bearbeiter*, in: Streinz, EUV/AEUV)

Superti Furga, Ferdinando: Il bilancio di esercizio italiano secondo la normativa europea, 4. Auflage, Milano 2004 (zit.: *Superti Furga*, Il bilancio di esercizio italiano)

Teichmann, Christoph: Die Einführung der Europäischen Aktiengesellschaft, Grundlagen der Ergänzung des europäischen Statuts durch den deutschen Gesetzgeber, in: ZGR 2002, S. 383–464 (zit.: *Teichmann*, ZGR 2002, 383)

–: Minderheitenschutz bei Gründung und Sitzverlegung der SE, in: ZGR 2003, S. 367–401 (zit.: *Teichmann*, ZGR 2003, 367)

– Cartesio: Die Freiheit zum formwechselnden Wegzug, Zugleich Besprechung EuGH v. 16.12.2008 – Rs C-210/06, ZIP 2009, 24 – Cartesio, in: ZIP 2009, S. 393–404 (zit.: *Teichmann*, ZIP 2009, 393)

–: Gesellschaftsrecht im System der Europäischen Niederlassungsfreiheit, in: ZGR 2011, S. 639–689 (zit.: *Teichmann*, ZGR 2011, 639)

–: Der grenzüberschreitende Formwechsel ist spruchreif: das Urteil des EuGH in der Rs. Vale, in: DB 2012, S. 2085–2092 (zit.: *Teichmann*, DB 2012, 2085)

–: EU-Aktionsplan zum Gesellschaftsrecht: Transparenz, Aktionäre und Konzernrecht, in: BB 2013, Nr. 3, „Die erste Seite" (zit.: *Teichmann*, BB 2013, Nr. 3, „Die erste Seite")

Tesauro, Francesco: Compendio di Diritto Tributario, 6. Auflage, Milanofiori Assago 2016 (zit.: *Tesauro*, Diritto Tributario)

Theile, Carsten: Immaterielle Vermögensgegenstände nach RegE BilMoG – Akzentverschiebung beim Begriff des Vermögensgegenstands?, in: WPg 2008, S. 1064–1069 (zit.: *Theile*, WPg 2008, 1064)

Theisen, Manuel René (Hrsg.) / Wenz, Martin (Hrsg.): Die Europäische Aktiengesellschaft, Recht, Steuern und Betriebswirtschaft der Societas Europaea (SE),

2. Auflage, Stuttgart 2005 (zit.: *Bearbeiter*, in: Theisen/Wenz, Die Europäische Aktiengesellschaft)

Thiel, Jochen: Europäisierung des Umwandlungssteuerrechts: Grundprobleme der Verschmelzung, in: DB 2005, S. 2316–2321 (zit.: *Thiel*, DB 2005, 2316)

Thiel, Jochen / Lüdtke-Handjery, Alexander: Bilanzrecht, Handelsbilanz, Steuerbilanz, 5. Auflage. Heidelberg 2005 (zit.: *Thiel/Lüdtke-Handjery*, Bilanzrecht)

Thömmes, Otmar: EC Law Aspects of the Transfer of Seat of an SE, in: European Taxation 2004, S. 22–27 (zit.: *Thömmes*, ET 2004, 22)

Tiedchen, Susanne: Der Vermögensgegenstand im Handelsbilanzrecht, Köln 1991 (zit.: *Tiedchen*, Der Vermögensgegenstand)

Tinelli, Giuseppe (Hrsg.): Commentario al Testo Unico delle Imposte sui Redditi, Milano 2009 (zit.: *Bearbeiter*, in: Tinelli, TUIR)

Tipke, Klaus: Rechtfertigung des Themas; Ziel der Tagung, Tagung: Gewinnrealisierung im Steuerrecht, in: DStJG 4 (1981), S. 1–12 (zit.: *Tipke*, DStJG 4 (1981), 1)

–: Steuergerechtigkeit in Theorie und Praxis, Köln 1981 (zit.: *Tipke*, Steuergerechtigkeit)

–: Die Steuerrechtsordnung, Band 1, Wissenschaftsorganisatorische, systematische und grundrechtlich-rechtsstaatliche Grundlagen, 2. Auflage, Köln 2000 (zit.: *Tipke*, Steuerrechtsordnung, Bd. 1)

–: Steuergerechtigkeit unter besonderer Berücksichtigung des Folgerichtigkeitsgebots, in: StuW 2007, S. 201–220 (zit.: *Tipke*, StuW 2007, 201)

–: Mehr oder weniger Entscheidungsspielraum für den Steuergesetzgeber?, in: JZ 2009, S. 533–540 (zit.: *Tipke*, JZ 2009, 533)

– (Hrsg.) / Kruse, Heinrich Wilhelm (Hrsg.): Abgabenordnung, Finanzgerichtsordnung, 139. Ergänzungslieferung, Köln 2015 (zit.: *Bearbeiter*, in: Tipke/Kruse, AO)

Tipke, Klaus (Hrsg.) / Lang, Joachim (Hrsg.): Steuerrecht, 20. Auflage, Köln 2010 (zit.: *Bearbeiter*, in: Tipke/Lang, Steuerrecht, 20. Aufl.); 22. Auflage, Köln 2015 (zit.: *Bearbeiter*, in: Tipke/Lang, Steuerrecht)

Uckmar, Victor / Corasaniti, Giuseppe / De' Capitani di Vimercate, Paolo: Diritto tributario internazionale, Padova 2009 (zit.: *Uckmar/Corasaniti/De' Capitani di Vimercate*, Diritto tributario internazionale)

Ulmer, Peter: Gläubigerschutz bei Scheinauslandsgesellschaften – Zum Verhältnis zwischen gläubigerschützendem nationalem Gesellschafts-, Delikts- und Insolvenzrecht und der EG-Niederlassungsfreiheit –, in: NJW 2004, S. 1201–1210 (zit.: *Ulmer*, NJW 2004, 1201)

Ulrich, Stephan: Die Societas Privata Europaea – endgültig abgelehnt!, in: GmbHR 2011, S. R 241-R 242 (zit.: *Ulrich*, GmbHR 2011, R 241)

Ungemach, Markus: Europarechtliche und abkommensrechtliche Beurteilung der Entstrickungsregelungen des deutschen Umwandlungssteuerrechts, in: Ubg 2011, S. 251–261 (zit.: *Ungemach*, Ubg 2011, 251)

Varazi, Filippo: Reddito d'impresa e trasferimento di sede all'estero, in: Rassegna Tributaria 1995, S. 687–694 (zit.: *Varazi*, Rassegna Tributaria 1995, 687)

Venuti, Marco: Il bilancio di esercizio fino agli IFRS, Finalità, principi e deroghe, Milano 2006 (zit.: *Venuti*, Il bilancio di esercizio fino agli IFRS)

–: I principi ispiratori della nuova disciplina dei bilanci societari, in: Giurisprudenza commerciale 2016, I, S. 188–207 (zit.: *Venuti*, Giur. comm. 2016, I, 188)

Vogel, Klaus (Begr.) / Lehner, Moris (Hrsg.): Doppelbesteuerungsabkommen der Bundesrepublik Deutschland auf dem Gebiet der Steuern vom Einkommen und Vermögen, Kommentar auf der Grundlage der Musterabkommen, 5. Auflage. München 2008 (zit.: *Bearbeiter*, in: Vogel/Lehner, DBA, 5. Aufl.); 6. Auflage, München 2015 (zit.: *Bearbeiter*, in: Vogel/Lehner, DBA)

Wagner, Siegfried: Die verwirrende Rechtsprechung des EuGH in der Frage von Kohärenz und Symmetrie als Rechtfertigungsgründe, in: Der Konzern 2009, S. 235–243 (zit.: *Wagner*, Der Konzern 2009, 235)

Wassermeyer, Franz: 15 Jahre Außensteuergesetz, in: DStR 1987, S. 635–641 (zit.: *Wassermeyer*, DStR 1987, 635)

–: 25 Jahre Außensteuergesetz, Herausgeber: Klein, Franz / Stihl, Hans Peter / Wassermeyer, Franz, Festschrift für Hans Flick, Köln 1997, S. 1057 (zit.: *Wassermeyer*, in: FS Ha. Flick, 1997, S. 1057 ff.)

–: Steuerliche Konsequenzen aus dem EuGH-Urteil „Hughes de Lasteyrie du Saillant", in: GmbHR 2004, S. 613–618 (zit.: *Wassermeyer*, GmbHR 2004, 613)

–: Das Veranlassungsprinzip als Maßstab zur innerstaatlichen Betriebsstättengewinnermittlung, in: IStR 2005, S. 84–88 (zit.: *Wassermeyer*, IStR 2005, 84)

–: Dealing at arm's length bei der Betriebsstättengewinnermittlung, Herausgeber: Lang, Michael / Jirousek, Heinz, Festschrift für Helmut Loukota, Wien 2005, S. 651 (zit.: *Wassermeyer*, in: FS Loukota, 2005, S. 651 ff.)

–: Verliert Deutschland im Fall der Überführung von Wirtschaftsgütern in eine ausländische Betriebsstätte das Besteuerungsrecht?, in: DB 2006, S. 1176–1180 (zit.: *Wassermeyer*, DB 2006, 1176)

–: Entstrickung durch Beschränkung des deutschen Besteuerungsrechts, in: DB 2006, S. 2420–2424 (zit.: *Wassermeyer*, DB 2006, 2420)

–: Das Besteuerungsrecht für nachträgliche Einkünfte im internationalen Steuerrecht, in: IStR 2010, S. 461–466 (zit.: *Wassermeyer*, IStR 2010, 461)

–: Nachträgliche „ausländische" Einkünfte, in: IStR 2011, S. 361–368 (zit.: *Wassermeyer*, IStR 2011, 361)

–: Entstrickungsbesteuerung und EU-Recht, in: IStR 2011, S. 813–816 (zit.: *Wassermeyer*, IStR 2011, 813)

– (Hrsg.): Doppelbesteuerung, Kommentar zu allen deutschen Doppelbesteuerungsabkommen, 133. Ergänzungslieferung, München 2016 (zit.: *Bearbeiter*, in: Wassermeyer, DBA)

Weber, Dennis: Exit Taxes on the Transfer of Seat and the Applicability oft the Freedom of Establishment after *Überseering*, in: European Taxation 2003, S. 350–354 (zit.: *Weber*, ET 2003, 350)

Weber-Grellet, Heinrich: Neu-Justierung der EuGH-Rechtsprechung, in: DStR 2009, S. 1229–1236 (zit.: *Weber-Grellet*, DStR 2009, 1229)

–: Das Koordinatensystem des BVerfG bei der Prüfung von Steuergesetzen, in: FR 2011, S. 1028–1034 (zit.: *Weber-Grellet*, FR 2011, 1028)

–: Bilanzsteuerrecht, 13. Auflage, Münster 2015 (zit.: *Weber-Grellet*, Bilanzsteuerrecht)

Wenz, Martin: Die Europäische Aktiengesellschaft (SE) – Praxishinweise zur Rechnungslegung – Gründung und Sitzverlegung, in: BC 2004, S. 77–81 (zit.: *Wenz*, BC 2004, 77)

Werra, Matthias / Teiche, Andreas: Das SEStBeglG aus der Sicht international tätiger Unternehmen, in: DB 2006, S. 1455–1462 (zit.: *Werra/Teiche*, DB 2006, 1455)

Weyde, Daniel / Hafemann, Jens: Praxisrelevante gesellschaftsrechtliche und steuerrechtliche Aspekte bei grenzüberschreitenden Verschmelzungen, Herausgeber: Herlinghaus, Andreas / Hirte, Heribert / Hüttemann, Rainer / Heidel, Thomas, Festschrift für Wienand Meilicke, Baden-Baden 2010, S. 779 (zit.: *Weyde/Hafemann*, in: FS Meilicke, 2010, S. 779 ff.)

Wicke, Hartmut: Zulässigkeit des grenzüberschreitenden Formwechsels, Rechtssache „Vale" des Europäischen Gerichtshofs zur Niederlassungsfreiheit, in: DStR 2012, S. 1756–1759 (zit.: *Wicke*, DStR 2012, 1756)

Wilms, Heinrich (Hrsg.) / Jochum, Georg (Hrsg.) / Götz, Hellmut (Hrsg.) / Meßbacher-Hönsch, Christine (Hrsg.): Erbschaftsteuer- und Schenkungsteuergesetz mit Bewertungsgesetz und Grunderwerbsteuergesetz, 74. Ergänzungslieferung, Bonn 2015 (zit.: *Bearbeiter*, in: Wilms/Jochum, ErbStG)

Winnefeld, Robert: Bilanz-Handbuch, 4. Auflage, München 2006 (zit.: *Winnefeld*, Bilanz-Handbuch)

Wissenschaftlicher Beirat von Ernst & Young tax: Die Systematik der sog. Entstrickungsbesteuerung – Eine kritische Gesamtbetrachtung anhand von praktischen Einzelfällen –, in: DB 2010, S. 1776–1789 (zit.: *Wissenschaftliche Beirat von Ernst & Young tax*, DB 2010, 1776)

Wöhlert, Helge-Torsten / Degen, Stephan: Die neue Mobilität von Gesellschaften in Europa nach „Vale" und „National Grid Indus", in: GWR 2012, 33797, S. 432–435 (zit.: *Wöhlert/Degen*, GWR 2012, 33797, 432)

Wojcik, Karl-Philipp: Die internationalen Rechnungslegungsstandards IAS/IFRS als europäisches Recht, Berlin 2008 (zit.: *Wojcik*, Die IAS/IFRS als europäisches Recht)

Wulf, Martin / Klein, Michael / Azaiz, Karim: Umstellung des Konzernabschlusses auf IFRS (Teil I), in: DStR 2005, S. 260–264 (zit.: *Wulf/Klein/Azaiz*, DStR 2005, 260)

Wüstemann, Jens / Wüstemann, Sonja: Das System der Grundsätze ordnungsmäßiger Buchführung nach dem Bilanzrechtsmodernisierungsgesetz, Herausgeber: Baumhoff, Hubertus / Dücker, Reinhard / Köhler, Stefan, Festschrift für Norbert Krawitz, Wiesbaden 2010, S. 751 (zit.: *J. Wüstemann/S. Wüstemann*, in: FS Krawitz, 2010, S. 751 ff.)

–: Grundsätze für die Erfassung von Umsatzerlösen aus Verträgen mit Kunden – IFRS 15 „Revenue from Contracts with Customers", in: WPg 2014, S. 929–937 (zit.: *J. Wüstemann/S. Wüstemann*, WPg 2014, 929)

Wymeersch, Eddy: Il trasferimento della sede della società nel diritto societario europeo, in: Rivista delle società 2003, S. 723–764 (zit.: *Wymeersch*, Rivista delle società 2003, 723)

von Wysocki, Klaus (Hrsg.) / Schulze-Osterloh, Joachim (Hrsg.) / Hennrichs, Joachim (Hrsg.) / Wüstemann, Jens (Hrsg.): Handbuch des Jahresabschlusses, 62. Ergänzungslieferung, Köln 2015 (zit.: *Bearbeiter*, in: v. Wysocki u. a., HdJ)

Ziemons, Hildegard: Freie Bahn für den Umzug von Gesellschaften nach Inspire Art?!, in: ZIP 2003, S. 1913–1920 (zit.: *Ziemons*, ZIP 2003, 1913)

Zimmer, Daniel / Naendrup, Christoph: Das Cartesio-Urteil des EuGH: Rück- oder Fortschritt für das internationale Gesellschaftsrecht?, in: NJW 2009, S. 545–550 (zit.: *D. Zimmer/Naendrup*, NJW 2009, 545)

Zimmer, Heiko: Das „Kopplungsgebot" der SE-VO auf dem Prüfstand, in: EWS 2010, S. 222–228 (zit.: *H. Zimmer*, EWS 2010, 222)

Zizzo, Giuseppe: Le riorganizzazioni societarie: il trasferimento all'estero o dall'estero della sede, in: Corriere Tributario 2008, S. 3581–3587 (zit.: *Zizzo*, Corriere Tributario 2008, 3581)

Zülch, Henning: Das IASB Improvement Project – Wesentliche Neuerungen und ihre Würdigung –, in: KoR 2004, S. 153–167 (zit.: *Zülch*, KoR 2004, 153)

–/ Güth, Simon / Stamm, Andreas: Der Entwurf einer neuen Bilanzrichtlinie – Implikationen für die künftige Ausgestaltung des Europäischen Bilanzrechts, in: DB 2012, S. 413–419 (zit.: *Zülch/Güth/Stamm*, DB 2012, 413)

Zwirner, Christian: Reformierung des HGB: Änderungen durch das BilRUG auf Basis des Regierungsentwurfs, in: StuB 2015, S. 123–131 (zit.: *Zwirner*, StuB 2015, 123)

–: Reform des HGB durch das BilRUG – mehr als nur eine Rechnungslegungsreform, in: DStR 2015, S. 375–381 (zit.: *Zwirner*, DStR 2015, 375)

– / Froschhammer, Matthias: EU-Bilanzrechtsreform, in: StuB 2012, S. 419–424 (zit.: *Zwirner/Froschhammer*, StuB 2012, 419)

– / Künkele, Kai Peter: BilMoG: Umstellungsempfehlungen nach IDW RS HFA 28, in: BC 2010, S. 532–537 (zit.: *Zwirner/Künkele*, BC 2010, 532)

Schriften zum Gesellschafts-, Bilanz- und Unternehmensteuerrecht

Herausgegeben von Barbara Grunewald und Joachim Hennrichs

Band 1 Moritz Pöschke: Eigenkapital mittelständischer Gesellschaften nach IAS/IFRS. 2009.

Band 2 Ulrike Lehmann: Gesellschaftsrechtliche Gestaltungen im Erbschaft- und Schenkungsteuerrecht. Eine Untersuchung der Erbschaft- und Schenkungsteuersubjektivität der Personengesellschaft sowie der mittelbaren Anteilsschenkung. 2009.

Band 3 Christian Graw: Das Konzept der Anteilseignerbesteuerung nach § 22 UmwStG 2006 – insbesondere im Vergleich zu § 21 UmwStG 1995. 2009.

Band 4 Christopher M. Picot: Die Rechte der Aktionäre beim Delisting börsennotierter Gesellschaften. 2009.

Band 5 Pascal Alexander Salomon: Regelungsaufträge in der Societas Privata Europea. Einführung in eine neue Rechtsform unter besonderer Berücksichtigung des Gesetzgebungsinstruments des Regelungsauftrages. 2010.

Band 6 Anna Sabrina Cryns: Gesellschafterfremdfinanzierung in Frankreich und Zinsschranke – ein Rechtsvergleich. 2011.

Band 7 Björn Karst: Das Marktmanipulationsverbot gem. § 20a WpHG. Unter besonderer Berücksichtigung der „Safe-Harbor"-Regelung. 2011.

Band 8 Ulrike Petig: Verdeckte Sacheinlagen im GmbH- und Aktienrecht. Die Veränderungen durch MoMiG und ARUG. 2012.

Band 9 Jochen Möller: Vorteilsanrechnung bei nützlichen Pflichtverletzungen im Kapitalgesellschafts- und Kartellrecht. 2012.

Band 10 Alexander Kersten: Zinsschranke und IFRS. Rechtssystematische Einordnung einer punktuellen Maßgeblichkeit der IFSR im Steuerrecht am Beispiel der Zinsschranke. 2012.

Band 11 Tobias Strohmeier: Special Purpose Acquisition Companies. SPACs im Spannungsfeld von deutschem Aktien- und Kapitalmarktrecht. 2012.

Band 12 Ruth Winter: Die steuerliche Behandlung von Scheinauslandsgesellschaften. Eine Untersuchung zur doppelansässigen Kapitalgesellschaft. 2013.

Band 13 Daniel Krey: IFRS und Ausschüttungsbemessung. 2013.

Band 14 Gabriel Jakob Litzenberger: Sanierungspflichten in der Krise von AG und GmbH. 2014.

Band 15 Franziska Neumann: Rechtliche Probleme von PIPE-Transaktionen. 2014.

Band 16 Jan Winzen: Vorzugsaktie und KGaA. Instrumente zur Kontrollerhaltung bei der Eigenkapitalfinanzierung. Unter besonderer Berücksichtigung der Vereinheitlichung von Aktiengattungen. 2014.

Band 17 Andreas Gerten: Angemessenheit und Steuern. Verdeckte Einkommensverwendung bei Kapitalgesellschaften im internationalen Vergleich. 2014.

Band 18 Isabel Kristin Fischer: Die Partnerschaftsgesellschaft mit beschränkter Berufshaftung. Rechtliche Einordnung und Haftungsverfassung unter Berücksichtigung der englischen LLP. 2015.

Band 19 Leif Klinkert: Probleme der neuen Ansatzrechte im Sinne des § 268 Abs. 8 HGB und der entsprechenden Ausschüttungssperren. Zugleich ein Vergleich zur kalifornischen Ausschüttungsregelung. 2016.

Band 20 Kai Sofia Loth: Die Haftung der Organe einer Aktiengesellschaft bei Entscheidungen unter Rechtsunsicherheit. De lege lata et ferenda. 2016.

Band 21 Nikolaus Moench: Die Societas Unius Personae (SUP). 2016.

Band 22 Moritz Evertz: Unternehmensstrafrecht aus gesellschaftsrechtlicher Sicht. Eine Untersuchung am Beispiel des nordrhein-westfälischen Gesetzesentwurfs zur Einführung eines Verbandsstrafgesetzbuchs. 2016.

Band 23 Gudrun Dorothea von der Laage: Handelsbilanzielle und körperschaftsteuerliche Aspekte der Sitzverlegung einer Europäischen Aktiengesellschaft (SE). Profili contabili e fiscali (dell'IRES) del trasferimento di sede di una Società Europea (SE). 2017.

www.peterlang.com

www.ingramcontent.com/pod-product-compliance
Ingram Content Group UK Ltd.
Pitfield, Milton Keynes, MK11 3LW, UK
UKHW041119041026
8980IPUK00024B/136

9 783631 716946